GUILHERME
MAGALHÃES MARTINS

JOÃO VICTOR
ROZATTI LONGHI

COORDENADORES

DIREITO
DIGITAL

**DIREITO PRIVADO
E INTERNET**

Dados Internacionais de Catalogação na Publicação (CIP) (Câmara Brasileira do Livro, SP, Brasil)

D598

Direito digital: direito privado e internet / Allan Rocha de Souza ... [et al.]. - 4. ed. - Indaiatuba : Editora Foco, 2021.
848 p. ; 17cm x 24cm.

Inclui bibliografia e índice.
ISBN: 978-65-5515-277-7

1. Direito. 2. Direito digital. 3. Direito privado. 4. Internet. I. Souza, Allan Rocha de. II. Barreto, Ana Amelia Menna. III. Barbosa-Fohrmann, Ana Paula. IV. Ferraro, Angelo Viglianisi. V. Klee, Antonia Espíndola Longoni. VI. Silva, JrAntonio dos Reis. VII. Vecchio, Antonio. VIII. Miragem, Bruno. IX. Bioni, Bruno Ricardo. X. Souza, Carlos Affonso Pereira de. XI. Dantas, Cecília. XII. Lima, Cíntia Rosa Pereira de. XIII. Vasconcelos, Cláudio Lins de. XIV. Doneda, Danilo. XV. Barbosa, Fernanda Nunes. XVI. Borges, Gabriel Oliveira de Aguiar. XVII. Furtado, Gabriel Rocha. XVIII. Martins, Guilherme Magalhães. XIX. Galvão, Helder. XX. Orleans, Helen Cristina Leite de Lima. XXI. Longhi, João Victor Rozatti. XXII. Faleiros Júnior, José Luiz de Moura. XXIII. Madalena, Juliano. XXIV. Fritz, Karina Nunes. XXV. Masseno, Manuel David. XXVI. Lucca, Newton De. XXVII. Pereira, Paula Moura Francesconi de Lemos. XXVIII. Martinic, Pedro Goic. XXIX. Barbosa, Pedro Marcos Nunes. XXX. Modenesi, Pedro. XXXI. Zanatta, Rafael A. F. XXXII. Maciel, Renata Mota. XXXIII. Blum, Renato M. S. Opice. XXXIV. Porto, Renato. XXXV. Densa, Roberta. XXXVI. Branco, Sérgio. XXXVII. Vial, Sophia Martini. XXXVIII. Limberger, Têmis. XXXIX. Trevizan, Thaita Campos. XL. Klein, Vinícius. XLI. Padrão, Vinicius. XLII. Almeida, Vitor. XLIII. Capanema, Walter Aranha. XLIV. Título.

2021-1235 CDD 340.004.678 CDU 34:004

Elaborado por Vagner Rodolfo da Silva – CRB-8/9410
Índices para Catálogo Sistemático:
1. Direito Digital 340.004.678   2. Direito Digital 34:004

2021 QUARTA EDIÇÃO

GUILHERME
MAGALHÃES MARTINS

JOÃO VICTOR
ROZATTI LONGHI

COORDENADORES

DIREITO DIGITAL

DIREITO PRIVADO E INTERNET

2021 © Editora Foco

Coordenação: Guilherme Magalhães Martins e João Victor Rozatti Longhi

Autores: Allan Rocha de Souza, Ana Amelia Menna Barreto, Ana Paula Barbosa-Fohrmann, Angelo Viglianisi Ferraro, Antonia Espíndola Longoni Klee, Antonio dos Reis Silva Jr, Antonio Vecchio, Bruno Miragem, Bruno Ricardo Bioni, Carlos Affonso Pereira de Souza, Cecília Dantas, Cíntia Rosa Pereira de Lima, Cláudio Lins de Vasconcelos, Danilo Doneda, Fernanda Nunes Barbosa, Gabriel Oliveira de Aguiar Borges, Gabriel Rocha Furtado, Guilherme Magalhães Martins, Helder Galvão, Helen Cristina Leite de Lima Orleans, João Victor Rozatti Longhi, José Luiz de Moura Faleiros Júnior, Juliano Madalena, Karina Nunes Fritz, Manuel David Masseno, Newton De Lucca, Paula Moura Francesconi de Lemos Pereira, Pedro Goic Martinic, Pedro Marcos Nunes Barbosa, Pedro Modenesi, Rafael A. F. Zanatta, Renata Mota Maciel, Renato M. S. Opice Blum, Renato Porto, Roberta Densa, Sérgio Branco, Sophia Martini Vial, Têmis Limberger, Thaita Campos Trevizan, Vinícius Klein, Vinicius Padrão, Vitor Almeida e Walter Aranha Capanema

Diretor Acadêmico: Leonardo Pereira
Editor: Roberta Densa
Assistente Editorial: Paula Morishita
Revisora Sênior: Georgia Renata Dias
Capa Criação: Leonardo Hermano
Diagramação: Ladislau Lima
Impressão miolo e capa: GRAFNORTE

DIREITOS AUTORAIS: É proibida a reprodução parcial ou total desta publicação, por qualquer forma ou meio, sem a prévia autorização da Editora FOCO, com exceção do teor das questões de concursos públicos que, por serem atos oficiais, não são protegidas como Direitos Autorais, na forma do Artigo 8º, IV, da Lei 9.610/1998. Referida vedação se estende às características gráficas da obra e sua editoração. A punição para a violação dos Direitos Autorais é crime previsto no Artigo 184 do Código Penal e as sanções civis às violações dos Direitos Autorais estão previstas nos Artigos 101 a 110 da Lei 9.610/1998. Os comentários das questões são de responsabilidade dos autores.

NOTAS DA EDITORA:

Atualizações e erratas: A presente obra é vendida como está, atualizada até a data do seu fechamento, informação que consta na página II do livro. Havendo a publicação de legislação de suma relevância, a editora, de forma discricionária, se empenhará em disponibilizar atualização futura.

Erratas: A Editora se compromete a disponibilizar no site www.editorafoco.com.br, na seção Atualizações, eventuais erratas por razões de erros técnicos ou de conteúdo. Solicitamos, outrossim, que o leitor faça a gentileza de colaborar com a perfeição da obra, comunicando eventual erro encontrado por meio de mensagem para contato@editorafoco.com.br. O acesso será disponibilizado durante a vigência da edição da obra.

Impresso no Brasil (03.2021) – Data de Fechamento (03.2021)

2021
Todos os direitos reservados à
Editora Foco Jurídico Ltda.
Avenida Itororó, 348 – Sala 05 – Cidade Nova
CEP 13334-050 – Indaiatuba – SP

E-mail: contato@editorafoco.com.br
www.editorafoco.com.br

SUMÁRIO

SOBRE OS COORDENADORES E AUTORES XI

NOTA DOS COORDENADORES
    Guilherme Magalhães Martins e João Victor Rozatti Longhi.................... XXI

PARTE I
SITUAÇÕES JURÍDICAS EXISTENCIAIS NA SOCIEDADE DA INFORMAÇÃO

1. O DISCURSO DE ÓDIO NA INTERNET
    Ana Paula Barbosa-Fohrmann e Antonio dos Reis Silva Jr. 3

2. O DIREITO FUNDAMENTAL À PROTEÇÃO DE DADOS PESSOAIS
    Danilo Doneda 33

3. LIBERDADE DE IMPRENSA E OS DIREITOS À IMAGEM, À INTIMIDADE E À PRIVACIDADE NA DIVULGAÇÃO DE FOTOS POSTADAS EM MODO PÚBLICO NAS REDES SOCIAIS
    Gabriel Oliveira de Aguiar Borges 51

4. O DIREITO AO ESQUECIMENTO NA INTERNET
    Guilherme Magalhães Martins 65

5. TRAIR E COÇAR, É SÓ COMEÇAR: BREVE ANÁLISE ACERCA DA RESPONSABILIDADE CIVIL NOS CASOS DE INFIDELIDADE VIRTUAL
    Helen Cristina Leite de Lima Orleans 97

6. MARCO CIVIL DA INTERNET NO BRASIL: BREVES CONSIDERAÇÕES SOBRE SEUS FUNDAMENTOS, PRINCÍPIOS E ANÁLISE CRÍTICA DO REGIME DE RESPONSABILIDADE CIVIL DOS PROVEDORES
    João Victor Rozatti Longhi 121

7. A RESPONSABILIDADE CIVIL DO ADMINISTRADOR DE GRUPO DE *WHATSAPP*

    José Luiz de Moura Faleiros Júnior 153

8. REGULAÇÃO DAS FRONTEIRAS DA INTERNET: UM PRIMEIRO PASSO PARA UMA TEORIA GERAL DO DIREITO DIGITAL

    Juliano Madalena 179

9. HERANÇA DIGITAL: QUEM TEM LEGITIMIDADE PARA FICAR COM O CONTEÚDO DIGITAL DO FALECIDO?

    Karina Nunes Fritz 201

10. A PROTEÇÃO DE DADOS PESSOAIS NO BRASIL A PARTIR DA LEI 13.709/2018: EFETIVIDADE?

    Newton De Lucca e Renata Mota Maciel 221

11. LIBERDADE DE EXPRESSÃO, INTERNET E SIGNOS DISTINTIVOS

    Pedro Marcos Nunes Barbosa 239

12. INTERNET DAS COISAS: A INAUGURAÇÃO DO NOVO MUNDO E SUAS INTERCORRÊNCIAS JURÍDICAS

    Renato M. S. Opice Blum 265

13. CRITÉRIOS PARA APLICAÇÃO DO DIREITO AO ESQUECIMENTO À LUZ DO ORDENAMENTO JURÍDICO BRASILEIRO

    Sérgio Branco e Vinicius Padrão 281

14. INFORMAÇÃO EM REDE: UMA COMPARAÇÃO DA LEI BRASILEIRA DE PROTEÇÃO DE DADOS PESSOAIS E O REGULAMENTO GERAL DE PROTEÇÃO DE DADOS EUROPEU

    Têmis Limberger 293

15. A TUTELA DA IMAGEM DA PESSOA HUMANA NA INTERNET NA EXPERIÊNCIA JURISPRUDENCIAL BRASILEIRA

    Thaita Campos Trevizan 317

PARTE II
A PROTEÇÃO DO CONSUMIDOR NA INTERNET

16. BLOQUEIO JUDICIAL DO *WHATSAPP*: O CAMINHO DA LEGALIDADE
Ana Amelia Menna Barreto 333

17. O CONCEITO DE ESTABELECIMENTO EMPRESARIAL VIRTUAL E A PROTEÇÃO DO CONSUMIDOR NOS CONTRATOS ELETRÔNICOS: ALGUMAS REFLEXÕES
Antonia Espíndola Longoni Klee 341

18. ABRINDO A "CAIXA DE FERRAMENTAS" DA LGPD PARA DAR VIDA AO CONCEITO AINDA ELUSIVO DE *PRIVACY BY DESIGN*
Bruno Ricardo Bioni 375

19. A INFRAESTRUTURA JURÍDICA DA ECONOMIA DOS DADOS: DOS PRINCÍPIOS DE JUSTIÇA ÀS LEIS DE DADOS PESSOAIS
Bruno Ricardo Bioni e Rafael A. F. Zanatta 393

20. NOVO PARADIGMA TECNOLÓGICO, MERCADO DE CONSUMO E O DIREITO DO CONSUMIDOR
Bruno Miragem 421

21. O PAPEL DA AUTORIDADE NACIONAL DE PROTEÇÃO DE DADOS (ANPD) NA CONCRETIZAÇÃO DA LGPD
Cíntia Rosa Pereira de Lima 459

22. INFORMAÇÃO E CONSUMO: A PROTEÇÃO DA PRIVACIDADE DO CONSUMIDOR NO MERCADO CONTEMPORÂNEO DA OFERTA
Fernanda Nunes Barbosa 471

23. COMO A UNIÃO EUROPEIA PROCURA PROTEGER OS CIDADÃOS-CONSUMIDORES EM TEMPOS DE *BIG DATA*
Manuel David Masseno 495

24. O USO DA INTERNET NA PRESTAÇÃO DE SERVIÇOS MÉDICOS
Paula Moura Francesconi de Lemos Pereira 515

25. CONTRATOS ELETRÔNICOS DE CONSUMO: ASPECTOS DOUTRINÁRIO, LEGISLATIVO E JURISPRUDENCIAL
  Pedro Modenesi 559

26. PEQUENOS NAVEGANTES: A INFLUÊNCIA DA MÍDIA NOS HÁBITOS DE CONSUMO DO PÚBLICO INFANTOJUVENIL
  Renato Porto 619

27. VIRTUALIZAÇÃO DA MOEDA: ASPECTOS, FUNÇÕES E PROBLEMAS DO *E-MONEY*
  Sophia Martini Vial 629

28. AS CONTRATAÇÕES ELETRÔNICAS INTEREMPRESARIAIS E O PRINCÍPIO DA BOA-FÉ OBJETIVA: O CASO DO EDI
  Vinícius Klein... 643

29. A TUTELA DO CONSUMIDOR E O COMÉRCIO ELETRÔNICO COLETIVO: NOVOS DESAFIOS
  Gabriel Rocha Furtado e Vitor Almeida 657

30. NOTAS SOBRE PUBLICIDADE DIGITAL: *COOKIES* E *SPAMS*
  Roberta Densa e Cecília Dantas 689

31. OS DESAFIOS DA COOPERAÇÃO JUDICIAL DAS EMPRESAS DE INTERNET
  Walter Aranha Capanema.. 705

PARTE III
DIREITOS AUTORAIS E TECNOLOGIA

32. CULTURA, REVOLUÇÃO TECNOLÓGICA E OS DIREITOS AUTORAIS
  Allan Rocha de Souza 717

33. DIREITOS AUTORAIS, TECNOLOGIA E TRANSFORMAÇÕES NA CRIAÇÃO E NO LICENCIAMENTO DE OBRAS INTELECTUAIS
  Carlos Affonso Pereira de Souza 735

34. AS LIMITAÇÕES, O *FAIR USE* E A GUINADA UTILITARISTA DO DIREITO AUTORAL BRASILEIRO
Cláudio Lins de Vasconcelos 757

35. PLÁGIO E INTERNET
Helder Galvão... 779

36. ¿QUÉ PERSPECTIVAS TIENE EL DERECHO DE AUTOR EN LA ERA *BLOCKCHAIN*?
Pedro Goic Martinic, Antonio Vecchio e Angelo Viglianisi Ferraro 793

SOBRE OS COORDENADORES E AUTORES

COORDENADORES:

Guilherme Magalhães Martins – Promotor de Justiça titular da 5ª Promotoria do Consumidor e Contribuinte da Capital-Rio de Janeiro. Professor associado de Direito Civil da Faculdade Nacional de Direito – Universidade Federal do Rio de Janeiro – UFRJ. Professor permanente do Doutorado em Direito, Instituições e Negócios da Universidade Federal Fluminense – UFF. Doutor em Direito Civil (2006), Mestre em Direito Civil (2001) e Bacharel (1994) pela Faculdade de Direito da Universidade do Estado do Rio de Janeiro. Pós-doutorando em Direito Comercial pela Faculdade de Direito da Universidade de São Paulo – USP – Largo de São Francisco. É professor adjunto (licenciado) da Faculdade de Direito da Universidade Cândido Mendes-Centro. Foi professor visitante do Mestrado e Doutorado em Direito e da Graduação em Direito da Universidade do Estado do Rio de Janeiro (2009-2010). É Membro Honorário do Instituto dos Advogados Brasileiros – IAB NACIONAL, junto à Comissão de Direito do Consumidor. Leciona Direito Civil, Direito do Consumidor e temas ligados ao Direito da Tecnologia da Informação e aos novos direitos. Segundo. Vice-Presidente do BRASILCON, Diretor institucional do IBERC, membro fundador do IAPD e associado do IBDFAM, tem participado como palestrante de diversos congressos e simpósios jurídicos, nacionais e internacionais. Autor dos livros *Contratos eletrônicos de consumo* (3.ed. São Paulo: Atlas, 2016) e *Responsabilidade civil por acidente de consumo na Internet* (3.ed. São Paulo: Revista dos Tribunais, 2020). Coordenador das obras coletivas Direito Digital: *Direito privado e Internet* (3.ed. Indaiatuba: Foco, 2020), *Responsabilidade civil e novas tecnologias* (Foco: Indaiatuba, 2020), *Estatuto da Pessoa com Deficiência; Comentários à Lei 13.146/15* (Indaiatuba: Foco, 2019), *Temas de responsabilidade civil* (Rio de Janeiro: Lumen Juris, 2012) e *Temas de direito do consumidor* (Rio de Janeiro: Lumen Juris, 2010).

João Victor Rozatti Longhi – Defensor Público do Estado do Paraná. Professor do Centro de Ensino Superior de Foz do Iguaçu (CESUFOZ). Pós-Doutor em Direito na Universidade Estadual do Norte do Paraná (UENP). Doutor em Direito do Estado na Faculdade de Direito da Universidade de São Paulo (USP). Mestre em Direito Civil pela Universidade do Estado do Rio de Janeiro (UERJ). Bacharel em Direito pela Universidade Estadual Paulista – UNESP, com intercâmbio na Universidade de Santiago de Compostela (Espanha). Bolsista CAPES em nível Pós-Doutorado. Foi pesquisador bolsista da Fundação Carlos Chagas Filho de Amparo à Pesquisa do Estado do Rio de Janeiro (FAPERJ), nível mestrado, e da Fundação de Amparo à Pesquisa do Estado de São Paulo (FAPESP), em grau de iniciação científica. Foi professor Adjunto da Faculdade de Direito da Universidade Federal de Uberlândia-MG (UFU) em graduação, pós-graduação *lato sensu* (especialização) e pós-graduação *stricto sensu* (mestrado). Atua como professor convidado em programas de pós graduação *lato sensu*, como o da Escola da Magistratura do Estado do Paraná. Foi professor dos cursos de pós-graduação no Complexo Damásio de Jesus, Faculdade de Direito de Ribeirão Preto-USP, Curso Proordem, Universidade Pitágoras, PUC-Rio, ESA/OAB-RJ e dos programas executivos do IBMEC-Rio. Foi tutor de pesquisas da Escola de Direito do Rio de Janeiro da Fundação Getúlio Vargas (FGV-Rio). Aprovado em 1º lugar no III Concurso da Defensoria Pública do Estado do Paraná. Autor de obras dedicadas ao estudo do Direito Digital.

AUTORES:

Allan Rocha de Souza – Professor e Pesquisador em direito civil, direitos autorais e propriedade intelectual no curso de Graduação em Direito (ITR-UFRRJ). Professor e Pesquisador em direitos autorais e políticas culturais no Programa de Pós-Graduação (*stricto sensu*) em Políticas Públicas, Estratégias e Desenvolvimento (PPED), no Instituto de Economia, UFRJ. Professor de direitos autorais e propriedade intelectual em cursos de pós-graduação *lato sensu* da PUC-RJ e UERJ. Doutor em Direito Civil na UERJ.

Pesquisador e Vice-Coordenador do Instituto Nacional de Tecnologia (INCT) "Proprietas" (PPGH-UFF) Pesquisador visitante da Rede de Pesquisa "Intellectual Property and Information Justice" – Washington College of Law, American University. Pesquisador visitante da Oxford Intellectual Property Research Center, Faculty of Law, Oxford University. Advogado e Consultor Jurídico com atuação profissional e acadêmica nas áreas de Direito Civil, Direitos Autorais, Direitos Culturais e Propriedade Intelectual. Consultor em Direitos Autorais da Fundação Oswaldo Cruz (Fiocruz), de Organizações Internacionais (UNESCO, OMPI) e Governo Federal (Ministério da Cultura, Ministério da Saúde, Fiocruz). Membro da Comissão de Direitos Autorais da OAB-RJ (2007-2009; 2010-2012; 2013-2015; 2016-2018).

Ana Amelia Menna Barreto – Advogada especialista em Direito Digital. Mestre em Direito Empresarial. Pós-Graduada em Direito Empresarial. Atuação profissional na área do Direito Digital, Tecnologia da Informação e Proteção de Dados. Consultora jurídica em certificação digital. Docente em disciplinas relativas ao Direito e Tecnologia em Pós-Graduações da Fundação Getulio Vargas, PUC-Rio, UCAM e outras instituições. Atuação consultiva em processo eletrônico judicial. Coordenadora de Estratégia e Gestão Digital, membro da Comissão de Proteção de Dados e da Coordenação de Tecnologia e Inovação do Conselho Federal da OAB.

Ana Paula Barbosa-Fohrmann – Pós-Doutora (2009, 2013, auxílio financeiro DAAD) e Doutora (2007, bolsa DAAD) pela Ruprecht-Karls-Universität Heidelberg, Alemanha, junto ao Instituto de Direito do Estado, Teoria Constitucional e Filosofia do Direito. Obteve o reconhecimento do seu Doutorado pela Universidade do Estado do Rio de Janeiro (UERJ, 2011). É Mestre em Direito Público (2001) e Bacharel em Direito (1995) pela UERJ. Desde 2013, é Professora Adjunta de Teoria do Direito, 40 Horas, com Dedicação Exclusiva, da Faculdade Nacional de Direito da Universidade Federal do Rio de Janeiro (UFRJ). É Professora Permanente do Programa de Pós-Graduação em Direito, na linha de pesquisa de Sociedade, Direitos Humanos e Arte. É Professora Visitante da Westfälische Wilhelms-Universität Münster, Alemanha. Atua, presentemente, nas áreas de Teoria e Filosofia do Direito e Direitos Humanos, já tendo tido experiência em Direito Constitucional. Seu campo de pesquisa vem abrangendo a interdisciplinaridade entre direitos humanos e literatura, assim como teorias morais e éticas sobre animais humanos e não humanos. Seus estudos vêm se concentrando nos seguintes temas: deficiência e literatura; deficiência e inclusão; deficiências severas: consciência, memória, identidade, personalidade e capacidade; animais não humanos: direitos e interesses.

Angelo Viglianisi Ferraro – Profesor Agregado de derecho privado europeo, Director del Master en Derecho privado europeo y del Centro de Investigación MICHR de la Universitat "Mediterranea" de Reggio Calabria (Italia). Docente en la *Cracow University of Economics* (Polonia), en la *Plekhanov Russian University of Economics* de Mosca (Rusia) y en la *Universidade Federal de Sergipe* (Brasil). Abogado.

Antonia Espíndola Longoni Klee – Doutora em Direito e Mestre em Direito pela Universidade Federal do Rio Grande do Sul (UFRGS). Especialista em Direito Internacional pela UFRGS. Professora de Direito Civil da Faculdade de Direito da Universidade Federal de Pelotas (UFPel). Professora convidada do Curso de Especialização *Lato Sensu* em Direito do Consumidor e Direitos Fundamentais da UFRGS. Professora convidada do Curso de Especialização *Lato Sensu* em Direito Empresarial da Pontifícia Universidade Católica do Rio Grande do Sul (PUCRS). Professora convidada dos Cursos de Capacitação à Advocacia e dos Cursos de Aperfeiçoamento da Escola Superior da Advocacia da Ordem dos Advogados do Brasil, Seccional do Rio Grande do Sul (ESA-OAB/RS). Advogada. Membro da Comissão Especial de Defesa do Consumidor da OAB/RS, triênio 2019-2021. Membro da Diretoria Nacional do Instituto Brasileiro de Política e Direito do Consumidor (Brasilcon). Membro do Conselho Estadual de Defesa do Consumidor do Estado do Rio Grande do Sul (CEDECON), biênio 2019-2020.

Antonio dos Reis Silva Jr. – Doutor e Mestre em Direito Civil pela Faculdade de Direito da UERJ. Professor de Direito Civil no Instituto Brasileiro de Mercado de Capitais (IBMEC-RJ) e na Universidade Cândido Mendes (UCAM). Professor de Direito Civil nos programas de pós-graduação da Escola da Magistratura do Estado do Rio de Janeiro (EMERJ), da Pontifícia Universidade Católica do Rio de Janeiro (PUC-RJ) e do Centro de Estudos e Pesquisas no Ensino do Direito (CEPED) da Universidade do Estado do Rio de Janeiro (UERJ).

SOBRE OS COORDENADORES E AUTORES

Antonio Vecchio – Master internacional en Derecho privado europeo – Universidad "Mediterranea" de Reggio Calabria; Colaborador de investigación del MICHR (www.michr.unirc.it) de la Universidad "Mediterranea" de Reggio Calabria (Italia).

Bruno Ricardo Bioni – Diretor da Associação Data Privacy Brasil de Pesquisa. Doutorando em Direito Civil pela Universidade de São Paulo. Mestre em Direito Civil pela Universidade de São Paulo. Foi pesquisador visitante do Conselho da Europa e pesquisador na Universidade de Ottawa. Membro da Rede Latino-Americana de Vigilância, Tecnologia e Sociedade. Contato: bioni@dataprivacybr.org

Bruno Miragem – É Doutor e Mestre em Direito pela Faculdade de Direito da Universidade Federal do Rio Grande do Sul (UFRGS). É graduado em Ciências Jurídicas e Sociais pela mesma instituição, onde igualmente obteve os títulos de Especialista em Direito Internacional e Especialista em Direito Civil. É Professor Adjunto da Faculdade de Direito da Universidade Federal do Rio Grande do Sul – UFRGS, nos cursos de graduação e do Programa de Pós-Graduação em Direito. Ex-Presidente Nacional do Instituto Brasileiro de Política e Direito do Consumidor (Brasilcon). Recebeu dois Prêmios Jabuti, da Câmara Brasileira do Livro, na categoria Direito, pela melhor obra jurídica, nos anos de 2013 e 2016. Tem experiência atuação acadêmica e exercício da advocacia nas áreas de Direito Privado, Direito Econômico e Direito Administrativo. Advogado e consultor jurídico com atuação nacional.

Carlos Affonso Pereira de Souza – Professor da Faculdade de Direito da Universidade do Estado do Rio de Janeiro (UERJ). Doutor e Mestre em Direito Civil na UERJ (2009 e 2003). Bacharel pela Pontifícia Universidade Católica do Rio de Janeiro (2000). Diretor do Instituto de Tecnologia e Sociedade do Rio de Janeiro (ITS Rio). Professor visitante da Faculdade de Direito da Universidade de Ottawa. Pesquisador afiliado ao Information Society Project, da Faculdade de Direito da Universidade de Yale. Professor dos cursos de graduação e pós-graduação da UERJ e da PUC-Rio, lecionando disciplinas sobre Direito Civil, História do Direito e Direito da Tecnologia da Informação. Membro da Comissão de Direito Autoral da OAB/RJ. Foi fundador e coordenador do Centro de Tecnologia e Sociedade da Escola de Direito da Fundação Getulio Vargas – RJ (2003-2013). Participa de diversos fóruns internacionais sobre regulação e governança da Internet. Advogado.

Cecília Dantas – Advogada em São Paulo. Pós-graduanda em Direito Administrativo pelo IDP – Instituto de Direito Público.

Cíntia Rosa Pereira de Lima – Professora Associada de Direito Civil da Faculdade de Direito da USP Ribeirão Preto – FDRP. Doutora em Direito Civil pela Faculdade de Direito da USP com estágio na Universidade de Ottawa (Canadá) com bolsa CAPES - PDEE - Doutorado Sanduíche e livre-docente em Direito Civil Existencial e Patrimonial pela Faculdade de Direito de Ribeirão Preto (USP). Pós-Doutora em Direito Civil pela *Università degli Studi di Camerino* (Itália) com fomento FAPESP e CAPES. Líder e Coordenadora dos Grupos de Pesquisa "Tutela Jurídica dos Dados Pessoais dos Usuários da Internet" e "Observatório do Marco Civil da Internet", cadastrados no Diretório de Grupos de Pesquisa do CNPq e do Grupo de Pesquisa "Tech Law" do Instituto de Estudos Avançados (IEA/USP). Presidente do Instituto Avançado de Proteção de Dados – IAPD. Pesquisadora Ano Sabático do IEA/USP – Polo Ribeirão Preto (2020). Advogada.

Cláudio Lins de Vasconcelos – Doutor em Direito Internacional pela Universidade do Estado do Rio de Janeiro (2009), mestre em Direito Internacional pela University of Notre Dame (1999) e bacharel em Direito pela Universidade Federal da Bahia (1995). É pesquisador em nível de pós-doutorado pela Universidade Federal do Rio Grande do Sul e Université de Paris 13/LABEX. É sócio do Lins de Vasconcelos Advogados Associados, escritório especializado em direito da propriedade intelectual, entre outras áreas relacionadas com as indústrias intensivas em conteúdo. Anteriormente, foi Secretário Nacional de Economia da Cultura no Ministério da Cultura (Brasília, DF), dirigiu o departamento jurídico da Fundação Roberto Marinho (Rio de Janeiro, Brasil), foi consultor do Banco Mundial (Washington, EUA), assessor internacional adjunto do Ministério da Justiça (Brasília, Brasil) e advogado em Tozzini, Freire Advogados (São Paulo, SP), entre outras posições. É professor convidado do mestrado em propriedade intelectual do Instituto Nacional da Propriedade Industrial – INPI, da pós-graduação *lato sensu* em direito da propriedade intelectual da PUC Rio, da Especialização em Direito do Entretenimento e da Comunicação Social da Escola Superior de Advocacia da OAB/SP e do Curso de Formação em Gestão Cultural da Escola São Paulo, tendo sido professor-visitante dos cursos de graduação e pós-graduação *stricto sensu* em direito da Universidade do Estado do Rio de Janeiro, professor adjunto da faculdade de direito do Instituto Brasileiro de Mercado de Capitais – IBMEC/RJ e professor da graduação em direito da Universidade Cândido Mendes, entre outras atividades de ensino e pesquisa.

Danilo Doneda – Mestre e Doutor em Direito Civil pela Universidade do Estado do Rio de Janeiro (UERJ). Bacharel em Direito pela Universidade Federal do Paraná (UFPR). Professor no Instituto Brasiliense de Direito Público. Professor visitante na Faculdade de Direito da Universidade do Estado do Rio de Janeiro. Foi Coordenador-Geral de Estudos e Monitoramento de Mercado na Secretaria Nacional do Consumidor do Ministério da Justiça. Foi pesquisador visitante na Università degli Studi di Camerino e na Autorità Garante per la Protezione dei Dati Personali, ambas na Itália.

Fernanda Nunes Barbosa – Doutora em Direito pela Universidade do Estado do Rio de Janeiro (UERJ). Mestre em Direito pela Universidade Federal do Rio Grande do Sul (UFRGS). Professora da Graduação em Direito da FAPA e do Mestrado em Direitos Humanos do Centro Universitário Ritter dos Reis (UniRitter) e de graduação em Direito Civil das Faculdades de Direito da FAPA e do UniRitter/Laureate International Universities. É professora convidada dos cursos de Pós-Graduação *lato sensu* do CEPED/UERJ, PUC-Rio, UFRGS e FMP. Editora Executiva da revista eletrônica Civilistica.com. Editora da Série Pautas em Direito/Editora Arquipélago. Advogada.

Gabriel Oliveira de Aguiar Borges – Doutorando em Direito pela Universidade Presbiteriana Mackenzie. Mestre e Bacharel em Direito pela Universidade Federal de Uberlândia (UFU/MG). Especialista em Direito Processual Civil pela Faculdade Damásio (SP) e pós-graduado em Direito Digital e *Compliance* pelo IBMEC (SP). Possui curso de inglês jurídico pela Oxford Brookes University (Inglaterra). Ex-Presidente da Liga de Direito e Negócios de Uberlândia (MG). Professor de Direito Civil e membro do Comitê de Ética em Pesquisa do Centro Universitário do Triângulo (UNITRI/MG). Advogado.

Gabriel Rocha Furtado – Professor Adjunto da Universidade Federal do Piauí (UFPI). Professor Adjunto do Instituto de Ensino Superior CEV (iCEV). Doutor e Mestre em Direito Civil pela Universidade do Estado do Rio de Janeiro (UERJ). Especialista em Ciências Penais pela Universidade do Sul de Santa Catarina (UNISUL). Bacharel em Direito pela Universidade Federal do Piauí (UFPI). Advogado. Pesquisador visitante no Max-Planck-Institut für ausländisches und internationales Privatrecht, Hamburg-Alemanha. Membro do Instituto Brasileiro de Direito Civil (IBDCivil). Membro Fundador do Instituto Brasileiro de Direito Contratual (IBDCont). Parecerista da Revista Eletrônica de Direito Civil Civilística.com (ISSN 2316-8374). Parecerista da Revista de Ciências Jurídicas Pensar, Unifor (ISSN 2317-2150). Parecerista da Revista de Direito Civil Contemporâneo, RDCC (ISSN 2358-1433). Parecerista da Revista Arquivo Jurídico, UFPI (ISSN 2317-918X). Foi Chefe do Departamento de Ciências Jurídicas (2016-2018). Foi Conselheiro Seccional da OAB/PI (2016-2018). Foi Diretor de Pesquisa e Pós-Graduação da Escola Superior de Advocacia do Piauí, ESA-PI (2016-2018). Foi Membro do Conselho Editorial da Revista da OAB-PI (ISSN 2318-1621). Tem experiência na área de Direito, com ênfase em Direito Privado, atuando principalmente nos seguintes temas: Teoria Geral do Direito Civil, Obrigações, Contratos, Responsabilidade Civil, Direitos Reais, Propriedade Intelectual e Direito do Agronegócio.

Guilherme Magalhães Martins – Promotor de Justiça titular da 5ª Promotoria do Consumidor e Contribuinte da Capital – Rio de Janeiro. Professor-associado de Direito Civil da Faculdade Nacional de Direito – Universidade Federal do Rio de Janeiro – UFRJ. Professor permanente do Doutorado em Direito, Instituições e Negócios da Universidade Federal Fluminense – UFF. Doutor em Direito Civil (2006), Mestre em Direito Civil (2001) e Bacharel (1994) pela Faculdade de Direito da Universidade do Estado do Rio de Janeiro – UERJ. Pós-doutorando em Direito Comercial pela Faculdade de Direito da Universidade de São Paulo – USP – Largo de São Francisco. É professor adjunto (licenciado) da Faculdade de Direito da Universidade Cândido Mendes-Centro. Foi professor visitante do Mestrado e

Doutorado em Direito e da Graduação em Direito da Universidade do Estado do Rio de Janeiro – UERJ (2009-2010). É Membro Honorário do Instituto dos Advogados Brasileiros – IAB NACIONAL, junto à Comissão de Direito do Consumidor. Leciona Direito Civil, Direito do Consumidor e temas ligados ao Direito Digital e aos novos direitos. Diretor do BRASILCON, Diretor institucional do IBERC e associado do IBDFAM, tem participado como palestrante de diversos congressos e simpósios jurídicos, nacionais e internacionais. Autor dos livros *Contratos eletrônicos de consumo* (3. ed. São Paulo: Atlas, 2016) e *Responsabilidade civil por acidente de consumo na Internet* (2. ed. São Paulo: Revista dos Tribunais, 2014). Coordenador das obras coletivas *Direito Digital*: Direito privado e Internet (2. ed. Indaiatuba: Foco, 2019), *Estatuto da Pessoa com Deficiência; Comentários à Lei 13.146/15* (Indaiatuba: Foco, 2019), *Temas de responsabilidade civil* (Rio de Janeiro: Lumen Juris, 2012) e *Temas de direito do consumidor* (Rio de Janeiro: Lumen Juris, 2010).

Helder Galvão – Doutorando e Mestre em Políticas Públicas, Estratégia e Desenvolvimento pelo Instituto de Economia da Universidade Federal do Rio de Janeiro (UFRJ), na área de concentração em Inovação, Propriedade Intelectual e Desenvolvimento. Pós-graduado em Direito Civil-Constitucional pela Universidade do Estado do Rio de Janeiro (UERJ). Graduado em Direito pela Pontifícia Universidade Católica do Rio de Janeiro (PUC-Rio). Professor na Graduação e Pós-Graduação da Escola de Direito na Fundação Getúlio Vargas (FGV) do Rio de Janeiro atuando, também, como Coordenador do Laboratório de Assessoria Jurídica para Novas Tecnologias, como Coordenador do Curso Direito para *Startups* e do Curso de Ensino à Distância. Vice-Presidente da Comissão de Direito Para *Startups* da OAB/RJ. Consultor e Mentor de incubadoras, aceleradoras, núcleos de inovação e diversos programas de empreendedorismo e *startups*, entre eles o Inovativa Brasil, do Ministério da Indústria, Comércio Exterior e Serviços, além de membro do Conselho Jurídico da Associação Brasileira de *Startups* (ABStartups).

Helen Cristina Leite de Lima Orleans – Mestre em direito civil pela Universidade do Estado do Rio de Janeiro (UERJ). Bacharel em Direito pela Universidade do Estado do Rio de Janeiro (UERJ), especialista em direito da comunicação pela Universidade de Coimbra – Portugal, especialista em direito civil, comercial e societário pela Universidade Veiga de Almeida – UVA e especialista em direito marítimo pela Escola Superior de Advocacia (ESA/RJ). Membro da Comissão Permanente de Direito Civil do Instituto dos Advogados Brasileiros (IAB). Coordenadora do Curso "Direito Securitário: aspectos técnicos, legais e atualidades" vinculado à Escola Superior de Advocacia – ESA/RJ. Advogada do Escritório Orleans Advocacia.

João Victor Rozatti Longhi – Defensor Público do Estado do Paraná. Professor do Centro de Ensino Superior de Foz do Iguaçu (CESUFOZ). Pós-Doutor em Direito na Universidade Estadual do Norte do Paraná (UENP). Doutor em Direito do Estado na Faculdade de Direito da Universidade de São Paulo (USP). Mestre em Direito Civil pela Universidade do Estado do Rio de Janeiro (UERJ). Bacharel em Direito pela Universidade Estadual Paulista – UNESP, com intercâmbio na Universidade de Santiago de Compostela (Espanha). Bolsista CAPES em nível Pós-Doutorado. Foi pesquisador bolsista da Fundação Carlos Chagas Filho de Amparo à Pesquisa do Estado do Rio de Janeiro (FAPERJ), nível mestrado, e da Fundação de Amparo à Pesquisa do Estado de São Paulo (FAPESP), em grau de iniciação científica. Foi professor Adjunto da Faculdade de Direito da Universidade Federal de Uberlândia-MG (UFU) em graduação, pós-graduação *lato sensu* (especialização) e pós-graduação *stricto sensu* (mestrado). Atua como professor convidado em programas de pós graduação *lato sensu*, como o da Escola da Magistratura do Estado do Paraná. Foi professor dos cursos de pós-graduação no Complexo Damásio de Jesus, Faculdade de Direito de Ribeirão Preto-USP, Curso Proordem, Universidade Pitágoras, PUC-Rio, ESA/OAB-RJ e dos programas executivos do IBMEC-Rio. Foi tutor de pesquisas da Escola de Direito do Rio de Janeiro da Fundação Getúlio Vargas (FGV-Rio). Aprovado em 1º lugar no III Concurso da Defensoria Pública do Estado do Paraná. Autor de obras dedicadas ao estudo do Direito Digital.

José Luiz de Moura Faleiros Júnior – Doutorando em Direito Civil pela Universidade de São Paulo – USP/Largo de São Francisco. Doutorando em Direito, na área de estudo '*Direito, Tecnologia e Inovação*', pela Universidade Federal de Minas Gerais – UFMG. Mestre em Direito pela Universidade Federal de Uberlândia – UFU. Especialista em Direito Digital e *Compliance*. Membro do Instituto Avançado de Proteção de Dados – IAPD e do Instituto Brasileiro de Estudos de Responsabilidade Civil – IBERC. Advogado.

Juliano Madalena – Doutorando e Mestre em Direito pela Faculdade de Direito da Universidade Federal do Rio Grande do Sul, onde também adquiriu o título de Especialista em Direito Internacional. É graduado em Direito pela Fundação Escola Superior do Ministério Público. Pesquisador do Grupo de Pesquisa Mercosul e Direito do Consumidor - CNPQ/UFRGS. Coordenador do Curso de Pós-Graduação em Direito Digital e Advocacia Corporativa da Fundação Escola Superior do Ministério Público. Professor de Direito no Centro Universitário Ritter dos Reis e na Fundação Escola Superior do Ministério Público. Advogado sócio da Madalena & Tavares Sociedade de Advogados.

Karina Nunes Fritz – Doutora (*summa cum laude*) pela Humboldt Universität de Berlim (Alemanha). Prêmio Humboldt de melhor tese de doutorado na área de Direito Civil (2018). LL.M na Friedrich-Alexander Universität Erlangen-Nürnberg (Alemanha). Mestre em Direito Civil pela PUCSP. Secretária-Geral da Deutsch-lusitanische Juristenvereinigung (Associação Luso-alemã de Juristas), sediada em Berlim. Diretora Científica da Revista do Instituto Brasileiro de Estudos sobre Responsabilidade Civil (IBERC). Foi pesquisadora-visitante no Bundesverfassungsgericht (Tribunal Constitucional Alemão) e bolsista do Max-Planck Institut für ausländisches und internationales Privatrecht (Hamburgo). Autora da coluna German Report, no Portal Migalhas. Professora. Advogada e Consultora. *E-mail*: karinanfritz@gmail.com

Manuel David Masseno – Professor Adjunto do IPBeja - Instituto Politécnico de Beja, onde também integra as Coordenações do Laboratório UbiNET – Segurança Informática e Cibercrime e do MESI – Mestrado em Engenharia de Segurança Informática, sendo ainda o seu Encarregado da Proteção de Dados. Pertence à EDEN – Rede de Especialistas em Proteção de Dados da Europol – Agência Europeia de Polícia e ao Grupo de Missão "Privacidade e Segurança" da APDSI – Associação para a Promoção e Desenvolvimento da Sociedade da Informação, em Portugal; assim como ao Grupo de Estudos de Direito Digital e *Compliance* da FIESP – Federação das Indústrias do Estado de São Paulo, à Comissão estadual de Direito Digital da Ordem dos Advogados do Brasil, Seção de Santa Catarina e ainda à Comissão de Direito Digital da Subseção de Campinas da OAB e à de Inovação, Gestão e Tecnologia da de Guarulhos.

Newton De Lucca – Mestre, Doutor, Livre-Docente, Adjunto e Professor Titular pela Faculdade de Direito da Universidade de São Paulo, onde leciona nos Cursos de Graduação e Pós-Graduação. Professor do Corpo Permanente da Pós-Graduação *Stricto Sensu* da UNINOVE. Desembargador Federal Presidente do TRF da 3ª Região – biênio 2012/2014. Membro da Academia Paulista de Magistrados. Membro da Academia Paulista de Direito. Presidente da Comissão de Proteção ao Consumidor no âmbito do comércio eletrônico do Ministério da Justiça. Vice-Presidente do Instituto Latino-americano de Derecho Privado.

Paula Moura Franscesconi de Lemos Pereira – Possui Doutorado em Direito Civil pela Universidade do Estado do Rio de Janeiro (2017), Mestrado em Direito pela Universidade do Estado do Rio de Janeiro (2010), Pós-Graduação em Direito da Medicina pela Universidade de Coimbra, Pós-graduação em Advocacia Pública pela UERJ e Graduação em Direito pela Universidade Cândido Mendes (2003). Atualmente é advogada – Francesconi & Lemos Advogados Associados, professora convidada do CEPED UERJ e professora da Pontifícia Universidade Católica do Rio de Janeiro. Tesoureira do IBDCivil e Direto Financeira do IBIOS. Membro da Comissão de Observatório de Jurisprudência em Direito Contratual do IBDCONT – Instituto Brasileiro de Direito Contratual. Tem experiência na área de Direito, com ênfase em Direito Privado, Direito Civil, atuando principalmente nos seguintes temas: Contratos, Responsabilidade Civil, Responsabilidade Civil Médica, Direito do Consumidor, Família, Biodireito.

Pedro Goic Martinic – Profesor de la planta permanente de Derecho privado en la Universidad Católica de Temuco (Chile). Abogado.

Pedro Marcos Nunes Barbosa – Doutor em Direito Comercial pela Universidade de São Paulo (2016). Mestre em Direito Civil pela Universidade do Estado do Rio de Janeiro (2011). Especialista em Direito da Propriedade Intelectual pela PUC-RIO (2007). Professor de Direito Civil, Direito Comercial e Direito da Propriedade Intelectual nos cursos de graduação e pós-graduação em Direito da PUC-Rio (desde 2008). Membro da Comissão de Direitos Autorais da OAB/RJ, da Comissão de Direitos Autorais e Propriedade Industrial do IAB. Perito Judicial de Propriedade Intelectual. Sócio de Denis Borges Barbosa Advogados.

Pedro Modenesi – Mestre em Direito Civil pela Universidade do Estado do Rio de Janeiro – UERJ. Bacharel em Direito pela Pontifícia Universidade Católica do Rio de Janeiro – PUC-Rio. É autor de artigos publicados em revistas científicas e coautor de livros, na área jurídica. Professor de disciplinas jurídicas em cursos de pós-graduação. Associado do Instituto Brasileiro de Estudos de Responsabilidade Civil – IBERC. Membro do conselho de pareceristas da Revista Eletrônica de Direito do Centro Universitário Newton Paiva. Pesquisador da área de Direito e tecnologia da informação. Foi assessor jurídico da 2ª Promotoria de Justiça Cível da Capital no Ministério Público do Estado do Rio de Janeiro (2013-2018). Advogado.

Rafael A. F. Zanatta – Diretor da Associação Data Privacy Brasil de Pesquisa. Doutorando pelo Instituto de Energia e Ambiente da Universidade de São Paulo. Mestre em Teoria Geral do Direito pela Universidade de São Paulo. Mestre em Direito e Economia Política pela Universidade de Turim. *Research Fellow* na The New School (EUA). Membro da Rede Latino-Americana de Vigilância, Tecnologia e Sociedade. Contato: zanatta@dataprivacybr.org

Renata Mota Maciel – Doutorado em Direito Comercial pela Universidade de São Paulo (2016). Professora do Programa de Mestrado em Direito da Universidade Nove de Julho (UNINOVE). Professora na Escola Paulista da Magistratura (EPM). Juíza de Direito Titular da 2ª Vara Empresarial e de Conflitos de Arbitragem da Capital do Estado de São Paulo.

Renato M. S. Opice Blum – Mestre pela Florida Christian University, advogado e economista; Professor coordenador do curso de Direito Digital do INSPER e do MBA em Direito Eletrônico da Escola Paulista de Direito; foi coordenador do 1º curso de Direito Digital da FGV/GVLaw em 2011 e do curso de extensão em Direito Digital da Escola Paulista da Magistratura em 2014. Membro do Conselho Executivo do Estudo Técnico da Internet das Coisas – IoT. Foi Vice-Chair do Comitê de Privacidade, Comércio Eletrônico e Segurança de dados da American Bar Association e da Comissão de Associados da América do Sul da International Technology Law Association. Membro Convidado do Grupo de Cybercrimes do Conselho da Europa. Membro da Associação Europeia de Privacidade – EPA'S. Presidente da Comissão Permanente de Estudos de Tecnologia e Informação do IASP. Coordenador da Comissão de Estudos de Direito Digital do Conselho Superior de Direito – FECOMERCIO/SP. 1º Vice-Presidente da Comissão Especial de Direito Digital e *Compliance* da OAB/SP. Palestrante Convidado para as Conferências Internacionais: LegalTech; Technology Policy Institute; Council of Europe; SEDONA; American Bar Association; International Technology Law Association; High Technology Crime Investigation Association; Information Systems Security Association; International Association of Privacy Professionals; Georgetown Law CLE and Inter-American Bar Association. Profissional indicado na 44ª posição da lista "Top 100 Lawyers to follow on twitter – 2015" do site evancarmichael.com. Profissional reconhecido por 04 anos consecutivos em publicações internacionais como Chambers & Partners, Who's who e Best Lawyers. Autor do livro "Direito Eletrônico – A Internet e os Tribunais"; Coordenador e coautor do livro "Manual de Direito Eletrônico e Internet". @renatoopiceblum

Renato Porto – Doutor e Mestre em Direito pela UNESA, Especialista em Didática de Ensino Superior, Direito Civil, Direito Processual Civil, Direito do Consumidor, Responsabilidade Civil. Professor da Escola de Magistratura do Estado do Rio de Janeiro (EMERJ), Escola Fundação de Ensino Superior do Ministério Público do Estado do Rio de Janeiro (FEMPERJ), Escola da Associação dos Membros do Ministério Público do Estado do Rio de Janeiro (AMPERJ), Fundação Escola Superior da Defensoria Pública do Estado do Rio de Janeiro (FESUDEPERJ) e Coach Criacional formado pelo IGT e sócio do escritório Porto Amaral Advogados S/C.

Roberta Densa – Doutora em Direitos Difusos e Coletivos pela Pontifícia Universidade Católica de São Paulo (PUC/SP), mestre em Direito Político e Econômico pela Universidade Presbiteriana Mackenzie (2005), especialista em Direito das Obrigações, Contratos e Responsabilidade Civil pela Escola Superior de Advocacia, graduada em Direito pela Universidade Presbiteriana Mackenzie (1997). Professora de Direito Civil e Direitos Difusos e Coletivos. Editora Jurídica na Editora Foco. Professora da Faculdade de Direito de São Bernardo do Campo. Autora da obra "Proteção jurídica da criança consumidora" publicada pela Editora Foco e do livro "Direito do Consumidor" publicado pela Editora Atlas (9ª edição). Membro da Comissão dos Direitos do Consumidor da OAB/SP.

Sérgio Branco – Diretor do ITS – Instituto de Tecnologia e Sociedade do Rio de Janeiero. Doutor e Mestre em Direito Civil pela Universidade do Estado do Rio de Janeiro – UERJ. Especialista em propriedade intelectual pela Pontifícia Universidade Católica do Rio de Janeiro - PUC-Rio. Pós-graduado em cinema documentário pela FGV. Graduado em Direito pela Universidade do Estado do Rio de Janeiro – UERJ. Diretor do Instituto de Tecnologia e Sociedade do Rio de Janeiro. Professor do doutorado em Direito da Universidade de Montreal. Professor da Faculdade de Ciências Sociais Aplicadas Ibmec. Professor de direito civil e de propriedade intelectual da graduação e da pós-graduação da FGV Direito Rio (2006-2013). Procurador-Chefe do ITI – Instituto Nacional de Tecnologia da Informação (2005-2006). Coordenador de desenvolvimento acadêmico do programa de pós-graduação da FGV Direito Rio (2005). Advogado associado ao escritório Barbosa, Müssnich & Aragão (1999-2005). Autor dos livros "Memória e Esquecimento na Internet"; "Direitos Autorais na Internet e o Uso de Obras Alheias", "O Domínio Público no Direito Autoral Brasileiro - Uma Obra em Domínio Público" e "O que é Creative Commons – Novos Modelos de Direito Autoral em um Mundo Mais Criativo", entre outras obras. Advogado no Rio de Janeiro.

Sophia Martini Vial – Doutoranda, Mestre e Especialista em Direito Privado e Direito do Consumidor pela Universidade Federal do Rio Grande do Sul (UFRGS). Graduada em direito pela Faculdade da Fundação Escola Superior do Ministério Público (FMP); Advogada inscrita na OAB/RS e na OAB/GO. integrante do Grupo de Pesquisa CNPQ Mercosul e Direito do Consumidor da UFRGS. É Coordenadora Acadêmica do Curso de Pós-Graduação *lato sensu* em Direito do Consumidor e Direitos Fundamentais da UFRGS. Professora Substituta da Faculdade de Direito da UFRGS nas disciplinas de Direito do Consumidor Nacional e Internacional e de Direito Internacional Público I e II. Professora Convidada de diversos cursos de pós-graduação *lato sensu* em Direito. É membro do Brasilcon – Instituto Brasileiro de Política e Direito do Consumidor. Foi Coordenadora de Processos Administrativos da Secretaria Nacional do Consumidor do Ministério da Justiça. É autora de diversos artigos jurídicos.

Têmis Limberger – Doutora em Direito Público pela Universidade Pompeu Fabra – UPF de Barcelona (2004), pós-doutora em Direito pela Universidade de Sevilha (2013), mestre (1997) e graduada (1986) em Direito pela Universidade Federal do Rio Grande do Sul – UFRGS. Professora da Universidade do Vale do Rio dos Sinos – UNISINOS nas seguintes atividades acadêmicas: (a) Graduação em Direito: Direito Administrativo I e II; (b) Programa de Pós-Graduação em Direito: Estado e Administração (Mestrado) e Administração Digital (Doutorado). Avaliadora *ad hoc* da Revista de Direito do Consumidor, da Revista Brasileira de Direitos Fundamentais e Justiça, da Revista Quaestio Iuris, da Revista Direito Público e da Revista Interesse Público. Procuradora de Justiça do Ministério Público do Estado do Rio Grande do Sul. Membro do Instituto Brasileiro de Direito Eletrônico – IBDE, da Federación Iberoamericana de Asociaciones de Derecho e Informática – FIADI e da Rede Brasileira de Pesquisadores em Direito Internacional. Membro Adjunto Estrangeiro da Asociación Argentina de Justicia Constitucional. Temas preferenciais: Estado e Administração, Transparência Digital, Transparência da Administração Pública, Novas Tecnologias, Controle Social e Jurisdicional dos Atos Administrativos, Princípio da Publicidade, Direito à Intimidade, Direitos Sociais e Fundamentais. Orientadora de Mestrado e Doutorado.

Thaita Campos Trevizan – Mestre em Direito Civil pela Universidade do Estado do Rio de Janeiro (UERJ). Pós-graduada em Direito Público pelo Centro Universitário Leonardo da Vinci/Uniasselvi/SP. Graduada em Direito pela Universidade Federal do Espírito Santo (UFES). Professora convidada da pós-graduação *latu sensu* em Direito Civil Constitucional do convênio CEPED-UERJ. Juíza de Direito no Tribunal de Justiça do Estado do Espírito Santo. Membro do IBDCivil.

Vinícius Klein – Doutor em Direito Civil pela Universidade Estadual do Rio de Janeiro – UERJ (2013) e Doutor em Economia (Desenvolvimento Econômico) pela UFPR (2014). Visiting Scholar na Universidade de Columbia – EUA (2012). Mestre Direito das Relações Sociais pela UFPR (2004). Graduado em Direito pela Universidade Federal do Paraná – UFPR (2001). Procurador do Estado do Paraná desde

2008. É Professor Adjunto de Economia e Direito no Departamento de Economia da UFPR e integra o Programa de Pós-Graduação em Desenvolvimento Econômico fazendo parte do Corpo Docente do Mestrado Profissional em Desenvolvimento Econômico. Foi Conselheiro Fiscal do Banco de Desenvolvimento do Paraná S.A. – Em Liquidação e Conselheiro de Administração Suplente da SANEPAR. Tem experiência na área de Direito, com ênfase em Direito Contratual e Administrativo Econômico, atuando principalmente nos seguintes temas: direito administrativo econômico, direito empresarial, direito e economia (análise econômica do direito), contratos empresariais, contratos públicos, direito econômico, empresas estatais, além de economia institucional, história do pensamento econômico e economia dos contratos.

Vinícius Padrão – Mestrando em Direito Civil pela Universidade do Estado do Rio de Janeiro (UERJ). Advogado.

Vitor de Azevedo Almeida Júnior – Doutor (2018) e Mestre (2013) em Direito Civil pela Universidade do Estado do Rio de Janeiro – UERJ. Graduado pela Faculdade de Direito de Campos – FDC. Professor efetivo assistente do Instituto Três Rios da Universidade Federal Rural do Rio de Janeiro – ITR/UFRRJ. Professor de Direito Civil da PUC-Rio. Professor da Especialização em Direito Civil Constitucional do Centro de Estudos e Pesquisa em Direito da Universidade do Estado do Rio de Janeiro – CEPED-UERJ. Professor da Especialização em Direito do Consumidor e Responsabilidade Civil da Escola da Magistratura do Estado do Rio de Janeiro – EMERJ. Professor substituto da Faculdade Nacional de Direito da Universidade Federal do Rio de Janeiro – FND/UFRJ (2012-2014). Membro do Conselho Executivo da Revista Eletrônica de Direito Civil civilistica.com. Associado ao Instituto Brasileiro de Direito Civil (IBDCIVIL) e ao Instituto Brasileiro de Política e Direito do Consumidor (BRASILCON). Advogado.

Walter Aranha Capanema – Possui graduação em Direito pela Universidade Santa Úrsula (1997). Atualmente é Coordenador do Curso em Extensão em Direito Eletrônico da Escola da Magistratura do Estado do Rio de Janeiro (EMERJ) e Professor Responsável pelos Cursos em Ensino a Distância. É Diretor Técnico de Ensino a Distância da Escola Nacional da Magistratura (ENM). Advogado.

NOTA DOS COORDENADORES

A REGULAMENTAÇÃO DA INTERNET NO BRASIL, MARCO CIVIL (LEI Nº 12.965/14), LEI GERAL DE PROTEÇÃO DE DADOS (LEI Nº 13.709/18) E A INTERPRETAÇÃO À LUZ DA CONSTITUIÇÃO

De muitas formas, a Internet conseguiu tornar-nos novamente habitantes de uma pequena vila.[1] Ninguém mais é um estranho, mesmo na "vila" da Internet, onde os cidadãos instruídos deveriam saber como processar a informação, participando, de maneira democrática e colaborativa, das suas mais variadas ferramentas de comunicação.

Inserida na consolidação de uma sociedade da informação, a regulamentação dos aspectos civis da Internet no Brasil caminha. Mais do que simplesmente adaptar seus institutos e conceitos à mudança social que acompanha a revolução tecnológica, o Direito Privado, em não raras ocasiões, deve promover soluções para problemas contemporâneos por meio de categorias consagradas pelo costume, pelas normas sociais e pela arquitetura da Internet.[2]

O Direito Civil abraça o desafio da contemporaneidade, de modo que temas que há décadas sequer integravam a agenda jurídica passam a exigir regulamentação.

Inteligência artificial, desinformação, vazamentos de dados em massa são facetas desse novo mundo que revelam a dimensão dos desafios do direito doravante. Há anos, se notificou a concessão de cidadania a um robô, ainda que simbolicamente e, recentemente, noticiou-se a patente um de suposto sistema de mensageria (*chatbox*) emulando conversas com pessoas falecidas.[3] A atribuição ou não de capacidade de fato ou de direito a robôs poderá vir a integrar a agenda civilista dos próximos anos, tal como a titularização de situações jurídicas Afinal, um dia talvez os robôs tenham direitos, mas urge saber se terão responsabilidades.

O desenvolvimento da computação em uma rede aberta ou em um conjunto de redes que atravessam todo o planeta, como a Internet, trouxe novos desafios aos operadores do direito. Inicialmente, o computador se destinava apenas a automatizar e expandir as

---

1. LEVMORE, Saul; NUSSBAUM, Martha. Introduction. In: LEVMORE, Saul; NUSSBAUM, Martha. *The offensive Internet*. Cambridge: Harvard University Press, 2010. p. 1 (tradução nossa).
2. Encontra-se na obra do pesquisador norte-americano Lawrence Lessig a expressão "code" enquanto fonte normativa regulamentadora no espaço virtual. Em sua obra paradigmática, o professor da Universidade de Stanford afirma, inicialmente, que há quatro meios de se reger comportamentos e normatizar condutas: a lei, entendida como todo o conjunto normativo estatal ou emanado por uma autoridade superior; as normas sociais, que não só os usos e costumes, mas qualquer situação contingencial de conduta predeterminada em determinada comunidade; o mercado, como mecanismo de acesso a bens econômicos; e, por derradeiro, a arquitetura, ou seja, o aspecto estrutural de como as coisas funcionam e ocorrem. Code and other laws of cyberspace. New York: Basic Books, 1999. p. 43 (tradução nossa).
3. TECHMUNDO, Black Mirror? Microsoft patenteia chatbot que simula entes falecidos. 23/01/2021 às 13:00. Disponível em: https://www.tecmundo.com.br/produto/209867-black-mirror-microsoft-patenteia-chatbot-simula-entes-falecidos.htm.. Acesso em: 24 jan. 2021.

práticas informacionais já existentes, tanto no setor público como na iniciativa privada. No estágio atual, as redes deram aos particulares o acesso a poderes na área da computação que anteriormente eram reservados apenas aos governos, razão por que é premente a necessidade de atribuição de limites aos poderes privados neste ambiente digital.[4]

Surgem novos interesses e posições jurídicas, tanto patrimoniais quanto existenciais, insuscetíveis de serem tratadas com base nos paradigmas do passado. O grande desafio é conciliar a rapidez da evolução tecnológica com a liberdade dos usuários, marcante no desenvolvimento da Internet.[5]

Como as leis naturais da física, a arquitetura da Internet determina os espaços onde se podem elaborar e estabelecer políticas públicas.[6] Entretanto, as leis da física não são feitas pelo homem, que apenas as reconhece, enquanto a arquitetura do espaço virtual é obra humana, tendo sido elaborada sob o manto da autonomia e liberdade de expressão dos seus criadores, que não pode sobrepujar os valores fundamentais ligados à pessoa humana, em especial a sua dignidade (art. 1º, III, Constituição da República).

A regulamentação civil da Internet deve levar em conta suas características fundamentais, como a desterritorialização e desmaterialização, em se tratando de uma das facetas mais marcantes da globalização.[7]

O Marco Civil definiu os direitos e responsabilidades dos cidadãos, empresas e governo na *web*, tendo a sua minuta de anteprojeto sido inicialmente submetida à discussão pública, consoante os valores democráticos e participativos que sempre marcaram o desenvolvimento da Internet, sobretudo a partir dos anos 70.

No tocante ao Marco Civil, dentre os fundamentos da disciplina do uso da Internet no Brasil, da abertura e colaboração (art. 2º., IV), bem como da livre iniciativa, libre concorrência e defesa do consumidor (art. 2º., V) ensejam novas formas de prestação de serviços, como Uber, Airbnb e tantos outros modelos de negócios já consolidados nesta seara tecnológica.

Apresentado à população como uma "Constituição da Internet"[8], o Marco Civil traz mais problemas do que soluções, enunciando como tríplice vertente a preservação

---

4. LLOYD, Ian. Information Technology Law. 2. ed. London: Butterworths, 1997. p. XXXIX.
5. EDWARDS, Lilian; WAELDE, Charlotte. Introduction. In: EDWARDS, Lilian; WAELDE, Charlotte. Law & The Internet; regulating cyberspace. Oxford: Hart, 1997. p. 8 (tradução nossa).
6. KLEINWÄCHTER, Wolfgang. Internet Co-Governance; towards a Multilayer Multiplayer Mechanism of Consultation, Coordination and Cooperation (M3C3). Consulta Informal do Grupo de Trabalho sobre a Governança da Internet (GTGI), v. 2.0. Genebra: 2004.
7. Nas palavras de José Eduardo Faria, "Ao propiciar o advento do tempo real, a revolução das técnicas de comunicação 'diminuiu' o mundo, tornando-o mais independente. Dito de outro modo, tornou-o mais integrado do ponto de vista econômico, porém mais fragmentado do ponto de vista político, na medida em que abriu caminho para modos inéditos de comunicação e de transmissões culturais instantâneas e permanentes entre polos bastante longínquos, levando a proximidade física entre os indivíduos a ser progressivamente substituída pelos efeitos interativos das redes tecnológicas de interligação no tempo e no espaço". FARIA, José Eduardo. Informação e democracia na economia globalizada. In: SILVA JUNIOR, Ronaldo Lemos; WAISBERG, Ivo (Org.). Comércio eletrônico. São Paulo: Revista dos Tribunais, 2001. p. 20.
8. Vale transcrever a observação crítica de Lenio Streck: "(...) A nova lei está sendo apelidada de 'Constituição da Internet' ou ainda 'Carta dos Direitos do Século XXI'. Estaríamos, então, diante do cyberconstitucionalismo? Esta situação é minimamente questionável numa realidade de baixa constitucionalidade como a brasileira.

Ironicamente, como se pode notar, a famigerada 'era dos princípios', que propiciou o surgimento de leis com características sociais-diretivas, encontra – mormente todas as críticas – um imaginário jurídico ainda fortemente

da neutralidade da Rede, a privacidade e a liberdade de expressão. Não obstante, a Lei 12.965/2014 estabelece um regime de tutela da liberdade de expressão fundado na dinâmica da Primeira Emenda à Constituição dos Estados Unidos da América, conferindo-lhe proteção superior àquela dada a outros direitos da personalidade.

No entanto, colisões entre a liberdade de expressão e o direito à honra são, em geral, *hard cases*, de modo que o Marco Civil, ao veladamente separar direitos da personalidade em grupos distintos, e, na prática, neutralizar a honra, a vida privada e direitos da criança e do adolescente, cria demarcações irrazoáveis e incompatíveis com as possibilidades democráticas do mundo contemporâneo.

A preservação da neutralidade, prevista como princípio da disciplina do uso da Internet no Brasil no art. 3º, IV, é contemplada ainda no artigo 9º: "o responsável pela transmissão, comutação ou roteamento tem o dever de tratar de forma isonômica quaisquer pacotes de dados, sem distinção por conteúdo, origem e destino, serviço, terminal ou aplicativo".[9] O princípio da neutralidade é um dos pontos mais salutares da lei, assegurando a isonomia nas relações de consumo que têm por objeto a transmissão de dados eletrônicos, embora suas exceções fiquem sujeitas a regulamentação pelo Executivo.

A iniciativa do Marco Civil acompanha a tendência atual da União Europeia, tendo em vista a recente aprovação, pelo Parlamento Europeu, de um conjunto de reformas na legislação sobre telecomunicações, definindo e protegendo a neutralidade.[10]

Caso autorizado o fim da neutralidade, o usuário que consumisse mais banda (ou seja, mais informação), assistindo a um vídeo, por exemplo, poderia ser cobrado a mais por isso. Embora a neutralidade seja consagrada como um princípio, suas exceções ficam sujeitas a regulamentação pelo Executivo.[11]

A privacidade é outro pilar do Marco Civil, contemplada como direito fundamental no art. 7º, I, que contempla "a inviolabilidade da intimidade e da vida privada, assegu-

---

dependente da metodologia tradicional, que sob o pretexto de 'interpretar' conforme a Constituição, costuma criar princípios como se fossem tweets. Ou seja, não adianta falar em princípios se, depois, com eles e a despeito deles, o intérprete os interpreta como quer. Princípios não são ornamentos. E tampouco são álibis teóricos.

Noutro aspecto, no que diz respeito à interpretação, o art. 6º do Marco Civil apresenta uma espécie de manual de utilização que entendo dispensável, seja pelo caráter tautológico ou por aquilo que não declara e que é necessário nessa tarefa, e que nem por isso são vinculantes". STRECK, Lenio. Apontamentos hermenêuticos sobre o Marco Civil regulatório da Internet. In: LEITE, George Salomão; LEMOS, Ronaldo (coord.). Marco Civil da Internet. São Paulo: Atlas, 2014. p. 334.

9. Segundo informação retirada do site do relator do Projeto de Lei no 2.126/2011, Deputado Alessandro Molon, "a neutralidade tecnológica assegura que tudo o que trafega pela Internet seja tratado da mesma maneira. Sem ela, seu provedor de conexão pode escolher pelo usuário o que acessar, priorizando a velocidade de acesso a determinados sites com quem tenha algum acordo comercial ou que sejam do interesse da empresa, em detrimento de outros". Fonte: <http://www.molon1313.com.br/convergencia-digital-teles-vencem-e-marco-civil-da-internet-trava-na-camara/>. Acesso em: 20 jan. 2020.

10. EUROPEAN *Parliament passes strong net neutrality law, along with major roaming reforms*. Disponível em: <http://gigaom.com/2014/04/03/european-parliament-passes-strong-net-neutrality-law-along-with-major-roaming-reforms/>. Acesso em: 20 jan. 2020.

11. Conforme o artigo 9o, parágrafo primeiro do substitutivo do Projeto de Lei no 2.126/2011 aprovado no plenário da Câmara dos Deputados, "a discriminação ou degradação de tráfego será regulamentada nos termos das atribuições privativas do Presidente da República previstas no inciso IV do art. 84 da Constituição Federal, para a fiel execução desta Lei, ouvidos o Comitê Gestor da Internet e a Agência Nacional de Telecomunicações, e somente poderá decorrer de: I – requisitos técnicos indispensáveis à prestação adequada dos serviços e aplicações; II – e a priorização a serviços de emergência".

rado o direito à sua proteção e à indenização pelo dano material ou moral decorrente da sua violação".

De maneira positiva, o Marco Civil prevê a preservação da autodeterminação informativa dos usuários, contemplada nos arts. 8º e 10 e seguintes.[12]

Percebe-se que a lei que disciplina o uso da Internet no Brasil é pródiga em dispositivos que tutelam especificamente a privacidade dos usuários, ainda que desnecessários em face do art. 5º, X, da Constituição da República, que já assegura o direito fundamental à intimidade e vida privada.

A Lei Geral de Proteção de dados, por seu turno, reforçou a proteção à privacidade, operacionalizando aspecto fulcral da dignidade humana nesses tempos tecnológicos.

Retornando-se à liberdade de expressão, para Marcelo Thompson, é comum ainda hoje ver a Internet como um espaço de liberdade absoluta, irrestrita. Mas essa não é uma visão desejável ou possível:

> "As configurações da Internet, como ensina a doutrina, são maleáveis. Não comportam, portanto, somente o grito libertário que não conhece limites. Não demandam a neutralização de tudo que se ponha no caminho de usuários de liberdade infinita. A Internet será a imagem precisa das sociedades que queremos ser. Remove, sim, ditadores, e deve fazê-lo. Mas não pode, no caminho da democracia, extinguir-lhe a razão de ser – o igual valor, a dignidade de cada um dos integrantes do povo."[13]

Embora baseado na prevalência dada à liberdade de expressão pela Primeira Emenda da Constituição dos Estados Unidos da América, o Marco Civil entra em choque até mesmo com o atual contorno da Internet nos EUA, onde atualmente se discute a aprovação de regras de proteção de dados pessoais introduzidas pelo governo Obama.

Para promover a liberdade de expressão, o Marco Civil busca neutralizar qualquer papel que os intermediários do conhecimento e informação em circulação na Internet possam desempenhar na preservação de direitos. A premissa fundamental é a de que os intermediários – como o Youtube e o Facebook – não devem ter qualquer dever de velar pela razoabilidade e responsabilidade dos seus usuários, pois isso violaria a liberdade de expressão.

O Marco Civil abrange vários pontos polêmicos, em especial o seu art. 19, que prevê que o provedor de aplicações da Internet somente poderá ser responsabilizado civilmente[14] por danos decorrentes de conteúdo gerado por terceiros se, após ordem

---

12. O artigo 8o assim estabelece:
    "Art. 8o A garantia do direito à privacidade e à liberdade de expressão nas comunicações é condição para o pleno exercício do direito de acesso à Internet. Parágrafo único. São nulas de pleno direito as cláusulas contratuais que violem o disposto no caput, como aquelas que:
    I – impliquem ofensa à inviolabilidade e ao sigilo das comunicações privadas pela Internet;
    II – em contrato de adesão, não ofereçam como alternativa ao contratante a adoção do foro brasileiro em controvérsias decorrentes de serviços prestados no Brasil".
13. THOMPSON, Marcelo. Marco civil ou demarcação de direitos? Democracia, razoabilidade e as fendas na internet do Brasil. Revista de Direito Administrativo, Rio de Janeiro, v. 261, p. 203-251, set./dez. 2012, p. 206.
14. O artigo 19, caput, choca-se inclusive com o artigo 5o, VI do Projeto de Lei do Senado no 281/12, que atualiza o Código de Defesa do Consumidor em matéria de comércio eletrônico, prevendo, dentre os instrumentos da Política Nacional das Relações de Consumo, o conhecimento de ofício pelo Poder Judiciário, no âmbito do processo em curso, e pela Administração Pública, de violação a normas de defesa do consumidor.

judicial específica, não tomar as providências para, no âmbito e nos limites técnicos do seu serviço e dentro do prazo assinalado, tornar indisponível o conteúdo apontado como infringente.[15]

Recentemente, assistimos estarrecidos à devastação do Congresso americano, com mortos e feridos. O ex-presidente Donald Trump influenciava em tempo real aos invasores através de sua conta no Twitter, razão por que a referida rede, em decisão excepcional, suspendeu sua conta por tempo indeterminado, decisão acompanhada pelo Facebook, atitude chancelada posteriormente, tornando a sanção como de caráter definitivo.[16]

Tal medida divide opiniões, sobre a liberdade de expressão:

Afinal agiram corretamente as redes sociais ao suspender contas, retirar conteúdos e bloquear perfis?

Em sistemas jurídicos de países minimamente civilizados, com respeito aos direitos fundamentais, não há sanção de caráter privado, logo, seria possível deixar ao arbítrio do provedor se e quando uma pessoa poderá consumir determinado serviço?

"Termos de uso" e "políticas de conteúdo, são a rigor cláusulas contratuais, mas há normas de ordem pública que delimitam a autonomia privada.

Trazendo à realidade brasileira, o artigo 19 do Marco Civil da Internet, cuja constitucionalidade é questionada com repercussão geral no STF, assevera que será responsabilizado somente após ser notificado judicialmente da ilicitude do conteúdo, e que tal opção legislativa foi instituída na tentativa de proteger a "liberdade de expressão. Simplesmente retirar um conteúdo não poderia ser considerado abuso de direito (artigo 187, CC)?

A regra do *notice and takedown* hoje base nos EUA e ainda na Europa respondem adequadamente ao problema?

O Plenário do Supremo Tribunal Federal apreciará pedido de declaração da inconstitucionalidade do artigo 19 do Marco Civil da Internet, através do tema de repercussão geral 987, vinculado ao Recurso Extraordinário 1.037.396/SP, relatado pelo Ministro Dias Toffoli.[17]

Em plena era dos meios alternativos de solução de conflitos, como a mediação e a arbitragem, o artigo 19 do Marco Civil judicializa questões que já se encontravam

---

15. De maneira ociosa, o artigo 19 traz ainda regras processuais e de competência nos parágrafos terceiro e quarto.
    "Parágrafo terceiro – As causas que versem sobre ressarcimento por danos decorrentes de conteúdos disponibilizados na Internet relacionados à honra, à reputação ou a direitos da personalidade bem como sobre a indisponibilização desses conteúdos por provedores de aplicações de Internet poderão ser apresentadas perante os juizados especiais.
    Parágrafo quarto – O Juiz, inclusive no procedimento previsto no parágrafo terceiro, poderá antecipar, total ou parcialmente, os efeitos da tutela pretendida no pedido inicial, existindo prova inequívoca do fato e considerado o interesse da coletividade na disponibilização do conteúdo na Internet, desde que presentes os requisitos da verossimilhança da alegação do autor e de fundado receio de dano irreparável ou de difícil reparação".
16. CANALTECH. No tapetão: punição permanente de Trump no Facebook será definida por conselho Por Rui Maciel | 22 de Janeiro de 2021 às 13h50 Disponível em: https://canaltech.com.br/redes-sociais/no-tapetao-punicao-permanente-de-trump-no-facebook-sera-definida-por-conselho-177871/. Acesso em: 24 jan. 2021.
17. Por ocasião da apresentação deste trabalho, o julgamento, agendado para o dia 04.12.2019, foi retirado de pauta pelo relator, com vistas à melhor oitiva da sociedade e dos órgãos interessados, designando-se inclusive audiência pública sobre o tema, com o objetivo de fomentar uma maior discussão.

resolvidas através de outros instrumentos mais ágeis, como os termos de ajustamento de conduta (TACs).[18]

Após os recentes acontecimentos nos EUA, o Supremo Tribunal Federal cedo ou tarde terá de se posicionar sobre a interpretação do artigo 19 do MCI, tornando-se necessário um posicionamento acerca dos limites do legítimo exercício da liberdade de expressão, posicionando-se em temas como desinformação, discurso de ódio e os riscos sociais, institucionais e sanitários de se manter as coisas como estão. O PL n.º 2630/20 (Lei das Fake News) procura trazer respostas ao tema da desinformação, mas há muito pela frente.[19]

Sabe-se que, ao optar pela via judicial, a Lei nº 12.965/14 impõe mais um ônus à vítima, que agora precisa provocar o Judiciário para requerer a retirada do conteúdo ofensivo, além de provocar o aumento da extensão do dano, uma vez que o mesmo ficará mais tempo disponível na rede. Nas legislações estrangeiras, notadamente europeia e norte-americana, a notificação (*"notice and take down"*) é exclusivamente extrajudicial. Basta à vítima comprovar que deu conhecimento ao provedor Internet, por qualquer meio, do fato ensejador da responsabilidade civil, permitindo-lhe agir de modo a coibir tal prática.

O objetivo da norma parece ser paralisar ou ao menos enfraquecer as demandas envolvendo conteúdos ofensivos na Internet, já submetidas ao Poder Judiciário, que ficaria agora de mãos atadas para responsabilizar o provedor de uma rede social, caso ausente o requisito da prévia notificação também judicial.

A jurisprudência consolidada do Superior Tribunal de Justiça, nos precedentes posteriores à entrada em vigor do Marco Civil da Internet, tem considerado que o provedor de aplicações Internet é subjetivamente responsável pelo descumprimento de ordem judicial, somente daí nascendo a responsabilidade por conteúdos postados por terceiros.[20] O principal argumento é a ausência de dever de monitoramento prévio para os provedores de aplicações Internet, dever esse cujo cumprimento importaria ofensa à liberdade de expressão.

---

18. A redação original do artigo 20 do anteprojeto do Marco Civil era a seguinte, consagrando a notificação administrativa do provedor:

    "Art. 20. O provedor de serviço de Internet somente poderá ser responsabilizado por danos decorrentes de conteúdo gerado por terceiros se for notificado pelo ofendido e não tomar as providências para, no âmbito de seu serviço e dentro de prazo razoável, tornar indisponível o conteúdo apontado como infringente.

    Parágrafo primeiro – os provedores de serviços de Internet devem oferecer de forma ostensiva ao menos um canal eletrônico dedicado ao recebimento de notificações e contranotificações.

    Parágrafo segundo – é facultado ao provedor de serviços Internet criar mecanismo automatizado para atender aos procedimentos dispostos nesta Seção".

19. Para maiores aprofundamentos V. MARTINS, Guilherme Magalhães; LONGHI, João Victor Rozatti. CONSULTOR JURÍDICO. Opinião: Liberdade de expressão e redes sociais: a que ponto chegaremos? 13 de janeiro de 2021, 11h09. Disponível em: https://www.conjur.com.br/2021-jan-13/martins-longhi-liberdade-expressao-redes-sociais. Acesso em 24 jan. 2021.

20. Nesse sentido, dentre outros, STJ, 3ª turma, REsp 1.308.830/RS, rel. Min. Fátima Nancy Andrighi, j.08.05.2012; 3ª t., REsp 1.568.935/RJ, rel.Min.Ricardo Villas Bôas Cueva, j.05.04.2016; 3ª t., AgRg no AREsp 614.778/RJ, rel. Min.Marco Aurélio Bellizze, j.05.02.2015; 4ª t.,AgRg no Recurso Especial 1.402.104/RJ, rel.Min.Raul Araújo, j.27.05.2014.

Criar uma nova condição de procedibilidade imposta a empresas conhecidas nacionalmente pelo descumprimento de ordens judiciais sob o sofisma de que o Poder Judiciário seria o único competente para promover tais notificações significa inviabilizar, na prática, a reparação dos danos à pessoa humana, reduzindo a efetividade do princípio constitucional da dignidade, eleito como fundamento da República Federativa do Brasil (artigo 1º., III, Constituição da República).

A mão que afaga é a mesma que apedreja, já disse o poeta. O aparente elogio pode ser a pior ofensa ou diminuição.

Termina por enfraquecer o Judiciário a visão daqueles que buscam aparentemente enaltecê-lo, enquanto o melhor fórum para se debater a liberdade de expressão, ao passo que caberia apenas aos próprios provedores Internet, e mais ninguém, decidir onde, quando e se exercerão seu poder de polícia autorizado pelas condições gerais de contratação.

O juízo de valor sobre a legitimidade ou não da conduta já incumbe ao Judiciário, em homenagem ao princípio da separação dos poderes. O que promove o artigo 19 do Marco Civil, sem precedentes no direito brasileiro, é a necessidade de uma dupla apreciação pelo Judiciário, que deverá previamente notificar o provedor Internet.

Toda a responsabilidade, portanto, termina transferida aos usuários, confrontados com bilionárias organizações empresariais.

Embora o Poder Judiciário seja certamente o mais preparado e constitucionalmente vocacionado a conhecer tais conflitos de interesses, a exigência da ordem judicial como condição de procedibilidade da responsabilidade civil por conteúdos postados por terceiros esvazia ainda o livre acesso à Justiça (artigo 5º, XXXV da Constituição da República)[21].

A única alternativa seria a criação de um Juizado Especial ou órgão semelhante apenas direcionado a notificações judiciais de tal natureza, o que implicaria despesas públicas e sobrecarregaria ainda mais a estrutura do Judiciário. Seria a arquitetura de um sistema de responsabilidade civil pronto para não desempenhar o seu papel?

Enquanto a ordem judicial não vem, propagam-se com a velocidade da Internet ofensas decorrentes das *fake news* e do discurso do ódio, por motivos políticos, religiosos, sociais, étnicos ou de orientação sexual, ou contra crianças e adolescentes, dentre outros, sob o argumento de que detê-las seria promover a censura. Com a Pandemia do COVID-19, evidenciou-se face ainda mais perigosa da desinformação já que, com discursos negacionistas de premissas científicas que devem lastrear quaisquer políticas de saúde pública em países – gize-se, minimamente civilizados – a

A inconstitucionalidade se revela pela violação ao princípio da proporcionalidade ou contraditoriedade, incongruência e irrazoabilidade entre meios e fins, aponta a doutrina constitucionalista.[22]

Não se pode negar que o provedor Internet é um integrante fundamental da comunicação ali realizada, e atribuir força de excludente da responsabilidade civil ao fato de terceiro, como fez o artigo 19 do Marco Civil da Internet, mais do que impedir que

---

21. Artigo 5º., XXXV – a lei não excluirá da apreciação do Poder Judiciário lesão ou ameaça a direito
22. MENDES, Gilmar Ferreira; BRANCO, Paulo Gustavo Gonet. Curso de Direito Constitucional. 12.ed. São Paulo: Saraiva, 2017. p.1127-1128.

determinados danos caiam em determinado local, significa assegurar irresponsabilidade, face à assimetria do meio, dominado por robôs e algoritmos.

O Marco Civil ameaça conquistas alcançadas de maneira gradual, em detrimento do interesse público, especialmente em matéria de responsabilização dos provedores, onde se visualizam hoje os maiores problemas decorrentes dos vícios e acidentes de consumo nas redes sociais virtuais, sobretudo haja vista a abrangência da norma do art. 17 da Lei nº 8.078/90, que equipara aos consumidores todas as vítimas do evento (*"bystanders"*).

Espelhando uma ótica patrimonialista, o legislador demonstrou preocupação apenas com as infrações a direitos autorais ou direitos conexos, que, na forma do art. 19, parágrafo segundo, tem o requisito da ordem judicial condicionado a previsão legal específica.

Nesse ponto, o Marco Civil, paradoxalmente, consagra a prevalência das situações patrimoniais sobre as existenciais, caso em que a responsabilidade do provedor em face das vítimas depende de uma prévia notificação judicial, o que não se aplica, portanto, ao titular do direito autoral. Conferir aos interesses da indústria cultural, em função da titularidade dos direitos patrimoniais do autor (*copyright*) em face das vítimas de danos sofridos através das ferramentas de comunicação da Internet, como as redes sociais, significa inverter os valores fundamentais contidos na tábua axiológica da Constituição da República.

Portanto, o artigo 19, parágrafo segundo, do Marco Civil é eivado de inconstitucionalidade material, por afrontar a dignidade da pessoa humana, eleita como princípio fundamental da República Federativa do Brasil no art. 1º, IV, da Constituição da República, em nome da exaltação de uma liberdade de expressão que não pode ser absoluta.

Numa outra tentativa de minimizar o efeito danoso do art. 19, inseriu-se o art. 21 da Lei nº 12.965/2014, voltado à veiculação de imagens, vídeos ou outros materiais contendo cenas de nudez ou sexo, caso em que o provedor responde subsidiariamente[23] em caso de inação face à notificação extrajudicial.[24]

O próprio artigo 21 tem sofrido fortes críticas da doutrina, pelo fato de prever a responsabilidade apenas subsidiária do provedor pelos conteúdos pornográficos ou de nudez desautorizada, em desarmonia com o sistema do ordenamento jurídico brasileiro, seja a partir da norma do artigo 942 do Código Civil, seja em face do artigo 7º, parágrafo único do Código de Defesa do Consumidor, que contemplam o princípio da solidariedade.[25]

O clamor público causado pelo uso agressivo da pornografia nas redes sociais, em situações como o denominado *cyberrevenge,* certamente inspirou a introdução do art.

---

23. Tal solução atenta contra o artigo 7o, parágrafo único da Lei no 8.078/90, que prevê a responsabilidade solidária de todos os integrantes da cadeia de prestação de produtos e serviços.
24. Art. 21 O provedor de aplicações de Internet que disponibilize conteúdo gerado por terceiros será responsabilizado subsidiariamente pela violação da intimidade decorrente da divulgação, sem autorização de seus participantes, de imagens, vídeos ou outros materiais contendo cenas de nudez ou de atos sexuais de caráter privado quando, após o recebimento de notificação pelo participante ou seu representante legal, deixar de promover, de forma diligente, no âmbito e nos limites técnicos do seu serviço, a indisponibilização desse conteúdo.
    Parágrafo único. A notificação prevista no caput deverá conter, sob pena de nulidade, elementos que permitam a identificação específica do material apontado como violador da intimidade do participante e a verificação da legitimidade para apresentação do pedido.
25. GODOY, Claudio Luiz Bueno de. Uma análise crítica da responsabilidade civil dos provedores na Lei 12.965/14 (Marco Civil da Internet). In: LUCCA, Newton de; SIMÃO FILHO, Adalberto; LIMA, Cíntia Rosa Pereira de. Direito & Internet III. Marco Civil da Internet. Tomo II. São Paulo: Quartier Latin, 2015. p. 317.

21, mas o critério da ordem judicial traduz um grave retrocesso em face do direito de não ser vítima de danos, nas situações não abrangidas por aquele dispositivo.

Embora fortemente inspirado na prevalência dada à liberdade de expressão pela Primeira Emenda da Constituição dos Estados Unidos da América, o Marco Civil entra em choque até mesmo com o atual contorno da Internet nos EUA, onde, após o episódio *Cambridge Analytica*, se discute sobre uma nova legislação de proteção de dados pessoais.

Logo, as únicas hipóteses de danos à dignidade humana que ficariam fora da exigência de ordem judicial seriam aquelas de divulgação, sem a autorização de seus participantes, de vídeos de nudez ou atos sexuais de caráter privado, caso em que o provedor de aplicações ou de conteúdo seria responsabilizado pelo simples descumprimento de ordem administrativa, conforme o artigo 21 do Marco Civil.

Isso significa, portanto, ao menos dois pesos e duas medidas, urgindo saber qual o posicionamento da Corte máxima do país acerca da responsabilidade dos provedores por discursos de ódio – racistas, machistas, xenofóbicos, etc. -, da desinformação, com todos os riscos a ela inerentes: quais os limites dessa suposta liberdade de expressão nas redes sociais?

Outro ponto que chama à atenção nos últimos anos é a Lei Geral de Proteção de Dados, Lei 13.709/2018, que, com indiscutível avanço, enuncia como regra, em seus artigos 42 e seguintes, a responsabilidade objetiva dos controladores e operadores que, em razão do tratamento de dados pessoais, causarem a outrem dano patrimonial, moral, individual ou coletivo, em violação àquela legislação.

Se o provedor de aplicações Internet atua ao mesmo tempo como dirigente de um banco de dados, o que ocorrerá em não poucas hipóteses, responderá sempre por fato próprio, independentemente de requisitos como fato de terceiro e ordem judicial.

Outro ponto controvertido no Marco Civil se refere à guarda dos registros.

O Marco Civil, em seu art. 5º, diferencia os registros de conexão (inciso VI)[26] e de acesso a aplicações de Internet (inciso VIII),[27] cada qual sujeito a um regime distinto de guarda e tratamento de dados.

A guarda dos registros de conexão é disciplinada no art. 13, que, em seu *caput*, atribui ao prestador o dever de manter os dados, sob sigilo, em ambiente controlado e de segurança, pelo prazo de um ano, nos termos do regulamento.

Tal dispositivo em muito se assemelha ao art. 58 da Lei nº 5.250/1967 (Lei de Imprensa),[28] sob cujo anteparo, não raras vezes, o Poder Judiciário inviabilizou o exercício de pretensões relativas à reparação de danos à pessoa humana.

---

26. Os registros de conexão são definidos no art. 5o, VI como "conjunto de informações referentes à data de hora de início e término de uma conexão à Internet, sua duração e o endereço IP utilizado pelo terminal para o envio e recebimento de pacotes de dados".
27. Já os registros de acesso a aplicações Internet são conceituados no art. 5o, VIII como "conjunto de informações referentes à data e hora do uso de uma determinada aplicação de Internet a partir de um determinado endereço de IP".
28. O dispositivo assim previa: "Art. 58. As empresas permissionárias ou concessionárias de serviços de radiodifusão deverão conservar em seus arquivos, pelo prazo de 60 dias, e devidamente autenticados, os textos dos seus programas, inclusive noticiosos". A Lei de Imprensa, no dia 30 de abril de 2009, foi julgada inconstitucional, por

É verdade que o art. 13, parágrafo segundo, mitiga os inconvenientes de um prazo tão curto, ao estabelecer que a autoridade policial ou administrativa ou o Ministério Público poderão requerer cautelarmente que os registros de conexão sejam guardados por prazo superior ao previsto no *caput*.

Já o art. 13, parágrafo terceiro, mais uma vez, judicializa problemas usualmente solucionados pela via administrativa, ao condicionar a regra do art. 13, parágrafo segundo, à autorização judicial, a ser requerida no prazo de sessenta dias.

Na tentativa de construir regimes diferenciados para ambas as modalidades de guarda de registros, dispõe o art. 14 do Marco Civil que, na provisão de conexão,[29] onerosa ou gratuita, é vedado guardar os registros de acesso a aplicações de Internet. O provedor de conexão, portanto, fica impedido de exercer qualquer atividade de monitoramento, não podendo rastrear e gravar os endereços eletrônicos visitados, as mensagens trocadas e os arquivos baixados pelos usuários.

A guarda de registros de acesso a aplicações de Internet na provisão de aplicações, por sua vez, é tratada no art. 15, cuja incidência é condicionada aos requisitos da organização, profissionalidade e finalidade econômica do provedor, que deverá "manter os respectivos registros de acesso e aplicações de Internet, sob sigilo, em ambiente controlado e de segurança, pelo prazo de seis meses, nos termos do regulamento".[30]

A exigência da finalidade econômica é também de constitucionalidade duvidosa, em face da hierarquia constitucional do direito do consumidor (art. 5º, XXXII e 170, V da Constituição da República), tendo em vista a possibilidade de remuneração indireta, nos termos do art. 3º, § 2º da Lei nº 8.078/90.

Os provedores que não atendam aos requisitos da organização e finalidade econômica são contemplados no art. 15, parágrafo primeiro, podendo ser obrigados por ordem judicial, mediante prazo determinado, a guardar registros de acesso a aplicações da Internet, desde que se trate de fatos específicos e relativos a determinado período.

Seguindo a mesma linha do art. 13, parágrafo segundo, o art. 15, em seu parágrafo segundo, estabelece que a autoridade policial ou administrativa ou o Ministério Público poderão requerer cautelarmente a qualquer provedor de aplicações de Internet que os registros de acesso a aplicações sejam guardados, inclusive por período superior ao *caput*, desde que observado o disposto no art. 13, parágrafos terceiro e quarto.

---

maioria, pelo Supremo Tribunal Federal, no julgamento da ADPF (Arguição de Descumprimento de Preceito Fundamental) no 130.

29. O provedor de conexão corresponde à nomenclatura provedor de acesso, definido no anexo da Portaria do Ministério das Telecomunicações 148/95 como prestador de serviço de conexão à Internet (PCSI). Conforme o art. 3o, d, daquela norma, trata-se da "entidade que presta o serviço de conexão à Internet". Trata-se de um "intermediário entre o equipamento do usuário e a Internet", atribuindo-lhe um endereço. IP. MARTINS, Guilherme Magalhães Responsabilidade civil por acidente de consumo na Internet. São Paulo: Revista dos Tribunais, 2008. p. 285.

30. O provedor de aplicações de Internet corresponde à figura do provedor de conteúdo, definido no anexo da Portaria 148/95 do Ministério das Telecomunicações, art. 3o, g, como uma entidade que possui informações de interesse e as dispõe na Internet. Tal nomenclatura adotada pelo Marco Civil, provedor de aplicações de Internet, abrange tanto o provedor de conteúdo, cuja principal função é "coletar, manter ou organizar informações *online* para acesso oneroso ou gratuito por meio da Internet, tratando-se, pois, do sujeito que fornece o material a ser difundido na rede". MARTINS, Guilherme Magalhães. Responsabilidade civil por acidente..., op. cit., p. 283.

Em que pese a necessidade imperiosa de uma lei para assegurar os direitos e deveres para o uso da Internet no Brasil seja duvidosa, não se pode refutar que em um ordenamento de matriz positivista, uma Lei com regras específicas sobre a disciplina da Internet é bem-vinda, sobretudo para pacificar conflitos que aumentam exponencialmente no ambiente da Internet. No entanto, a população não tem muito o que comemorar, porque, a pretexto de instituir direitos já previstos em sede constitucional, a iniciativa do Marco Civil atende primordialmente ao interesse da indústria ligada ao setor da Internet e do entretenimento, e trará novos conflitos a serem levados ao Judiciário.

Por sua vez, a atualização do Código do Consumidor optou por uma regulamentação mais principiológica, baseada no uso das cláusulas gerais,[31] ao passo que o Marco Civil, após os vários substitutivos apresentados, terminou por abraçar o casuísmo.

No caso da atualização do Código de Defesa do Consumidor, a reforma, nas palavras de Adalberto Pasqualotto, deve levar em conta a preservação do modelo, com o cuidado de não descer a particularismos que descaracterizem a Lei n° 8.078/90 como *guarda-chuva*, visto que

> O risco em causa é o da fragmentação, estabelecendo padrões de proteção diversificados, conforme a relação jurídica, fazendo o caminho inverso de algumas legislações, como a francesa e a italiana, cujos Códigos são, na verdade, consolidações de leis setoriais, que promoviam a defesa do consumidor em segmentos mercadológicos distintos. *A fragmentação pode desencadear reações patrocinadas por lobbies, com a edição de leis posteriores que simplesmente revoguem disposições particularistas do Código de Defesa do Consumidor* (g. n.)[32]

Já a edição da Lei 13.709, de 14 de agosto de 2018, que dispõe sobre a proteção de dados pessoais e altera a Lei 12.965, de 23 de abril de 2014(Marco Civil da Internet), pode ser desde já saudada como um avanço, fazendo com que o Brasil integre o grupo de países que já possuem legislação sobre o tema.

Na esteira de muitas normativas estrangeiras, o Regramento Geral de Proteção de Dados de 2018 é a mais proeminente e atual.

A Lei nº 13.709/2018, numa breve leitura, transmite boas impressões, do ponto de vista da proteção dos usuários da Internet. A proteção de dados é vista como um direito fundamental autônomo, essencial para o livre desenvolvimento da personalidade humana.

---

31. Acerca das cláusulas gerais, pontua Karl Engisch que "graças à sua generalidade, elas tornam possível sujeitar um mais vasto grupo de situações, de modo ilacunar e com possibilidade de ajustamento, a uma consequência jurídica. O casuísmo está sempre exposto ao risco de apenas fragmentar e 'provisoriamente' dominar a matéria jurídica. Este risco é evitado pela utilização das cláusulas gerais.

    Em contrapartida, outros riscos terão de ser aceites". ENGISCH, Karl. Introdução ao pensamento jurídico. 8. ed. Tradução de J. Baptista Machado. Lisboa: Calouste Gulbenkiam, 2001. p. 233-234.

32. PASQUALOTTO, op. cit., p. 13. Acerca das leis especiais, merece referência obrigatória a obra de Natalino Irti, em cujas palavras "[...] as leis especiais edificam, ao lado da arquitetura solene dos códigos, um outro direito: mais mutável e efêmero, mas portador de exigências e critérios de disciplina ignorados do antigo sistema.

    Diante do frequente e cotidiano multiplicar das leis especiais, os códigos civis assumem uma função diversa. Esses representam não mais o direito exclusivo e unitário das relações privadas, mas o direito comum, ou seja, a disciplina das hipóteses mais amplas e gerais". IRTI, Natalino. L'età della decodificazione. Revista de Direito Civil. São Paulo, v. 10, p. 15, out./dez. 1979.

À Agência Nacional de Proteção de Dados, inicialmente vetada, caberia o papel de "autoridade garante", como a famosa "Garante Privacy" italiana, já presidida pelo jurista Stefano Rodotà – algo que já havia sido sinalizado pelo Governo para que fosse resolvido por lei de iniciativa privativa do Presidente da República, com a oportuna criação de tais órgãos.

A nova legislação se contrapõe à Lei Complementar 866, de 8.2.2019, que torna obrigatória a participação de todos os consumidores no cadastro positivo (por adesão automática), na medida em que altera diversos dispositivos da Lei nº 12.414, de 9 de junho de 2011. O objetivo da Lei Complementar é dar todo poder aos gestores de cadastros, publicizando e compartilhando obrigatoriamente as informações de adimplemento das pessoas naturais e jurídicas, que passam a ser rotuladas com uma nota ou "score", agora por imposição legal.

É certo que a evolução da sociedade da informação[33] impôs aos Estados um dever, consubstanciado na "promoção de um equilíbrio entre os valores em questão, desde as consequências da utilização da tecnologia para o processamento de dados pessoais, suas consequências para o livre desenvolvimento da personalidade, até a sua utilização pelo mercado".[34]

A Europa saiu na frente. A Carta de Direitos Fundamentais prevê não somente um direito autônomo, pois também consagra os princípios do consentimento e da finalidade da coleta e do processamento de dados com status normativo diferenciado, além de prever, no plano do direito fundamental, a necessidade de uma autoridade *independente* (grifamos) para a aplicação de sanções nesse caso.[35]

O Regulamento nº 2.016/679, popularmente conhecido como "Regulamento Geral sobre Proteção de Dados" – RGPD –, por sua vez, foi pioneiro em reforçar e tornar mais próximos da realidade atual institutos considerados avançados como direito a deletar dados, direito ao esquecimento, além de conter normas que vão além das já estabelecidas autoridades de proteção de dados em cada um dos países, disciplinando o Comitê Europeu de Proteção de Dados.[36]

O Brasil, atrasado, contava com menções à proteção de dados no Marco Civil da Internet (Lei nº 12.965/14 – MCI), mas apenas em 2018 promulgou a Lei Geral de Proteção de Dados (Lei nº 13.709, de 14 de agosto de 2018), que representou inegável avanço, mas seu longo período de *vacatio legis*, além de sinalizar a complexidade de adaptação a seus rigores, incitou revisões críticas que já culminaram em alterações legislativas.

---

33. Para maiores detalhes, confira-se: CASTELLS, Manuel. The rise of the network society: information age. 2. ed. Oxford: Blackwell, 2010, v. 1, p. 469 et seq.
34. DONEDA, Danilo. Da privacidade à proteção de dados pessoais. Rio de Janeiro: Renovar, 2006, p. 407.
35. "Artigo 8º Proteção de dados pessoais 1. Todas as pessoas têm direito à proteção dos dados de carácter pessoal que lhes digam respeito. 2. Esses dados devem ser objecto de um tratamento leal, para fins específicos e com o consentimento da pessoa interessada ou com outro fundamento legítimo previsto por lei. Todas as pessoas têm o direito de aceder aos dados coligidos que lhes digam respeito e de obter a respectiva rectificação. 3. O cumprimento destas regras fica sujeito a fiscalização por parte de uma autoridade independente."
36. EUROPA, Regulamento Geral de Proteção de Dados. Disponível em: < https://eur-lex.europa.eu/legal-content/PT/TXT/PDF/?uri=CELEX:32016R0679&from=PT >. Acesso em 20 jan. 2020.

A lei brasileira é expressão da convergência internacional em torno de princípios básicos da proteção de dados pessoais no mundo, ensejando uma aproximação entre as diversas legislações, em conteúdo e forma, para além das peculiaridades nacionais, trazendo consigo a identidade de um padrão normativo entre os diversos sistemas internacionais.[37]

Destacam-se, a proteção dos dados acadêmicos (art. 4º, II, "b"), que já contaram com as proteções dos arts. 7º e 11 e passaram a integrar as já vagas noções de "segurança pública", "defesa nacional", "segurança do Estado" etc. (art. 4º, III).O conceito de 'encarregado' (art. 5º, VIII), que, antes, deveria ser uma pessoa natural, para permitir-se que tal função seja realizada por tratamento automatizado de dados, regido pelos mesmos algoritmos que dão ensejo ao que Pasquale chama de "Sociedade da caixa preta".[38]

Há retrocesso em relação na Lei 13.709/18, em sua redação atual, ao alargar as exceções ao sistema geral de proteção dos dados sensíveis, baseado, em última análise, no consentimento informado acrescendo ao artigo 11 e parágrafo 4º, que veda a comunicação ou o uso compartilhado entre controladores de dados pessoais sensíveis referentes à saúde com objetivo de obter vantagem econômica, exceto em duas hipóteses: I – portabilidade de dados quando consentido pelo titular; ou II – necessidade de comunicação para a adequada prestação de serviços de saúde suplementar."

No tocante aos dados do Poder Público (artigo 26, § 1º, LGPD), fez o mesmo, alargando o rol de exceções e facilitando, por conseguinte, seu fluxo fora das hipóteses em que há consentimento do cidadão, dispensando-se também da comunicação por parte do Poder Público nestas hipóteses (art. 27).

Mas o principal aspecto do texto da lei foi a criação da Autoridade Nacional de Proteção de Dados e do Conselho Nacional (arts. 55-A e ss.), que, apesar dos vetos presidenciais no texto original, é fundamental para a efetividade dos direitos fundamentais ali previstos.[39]

Nesse ponto o acréscimo normativo ainda deixa mais clara a incidência dos dispositivos da lei aos afazeres e às atividades do Poder Público, proclamando a obrigatoriedade de sua observância em todos os âmbitos.

O objeto da referida mudança foi simplesmente a inserção da conjunção "ou" ao final de seu texto (consolidado como "a atividade de tratamento tenha por objetivo a

---

37. MENDES, Laura Schertel; DONEDA, Danilo. Reflexões iniciais sobre a nova Lei Geral de Proteção de Dados. Revista de Direito do Consumidor. São Paulo, v. 120, nov./dez. 2018, p. 471.
38. PASQUALE, Frank. The black box society: the secret algorithms that control money and information. Cambridge: Harvard University Press, 2015, p. 6-7
39. Como um ideal porvir, destaca-se a Proposta de Emenda à Constituição nº 17/2019, que visa incluir tal direito no texto constitucional, além de definir como de competência exclusiva da União o poder para legislar sobre o assunto. Sem dúvida, o status de direito fundamental confere à proteção de dados pessoais um papel imprescindível no tocante à articulação do direito privado frente aos interesses passíveis de tutela no contexto informacional. DU BOIS, François. Social purposes, fundamental rights and the judicial development of private law. In: NOLAN, Donal; ROBERTSON, Andrew (Eds.). Rights and private law. Oxford: Hart Publishing, 2012, p. 113. Comenta: "As a powerful tool for mediating between the common good and the pursuit of individual aims, fundamental rights can assist private law reasoning in this further function. In this regard, they provide a more systematic, transparent and coherent articulation of the concerns that have long bubbled to the surface in the guise of 'public policy' and its cognates, such as 'good faith'. Concepts such as these attest to the role that private law plays in constructing social practices and institutions."

oferta ou o fornecimento de bens ou serviços ou o tratamento de dados de indivíduos localizados no território nacional; ou") para não haver dúvida alguma de que o âmbito de aplicação da lei não ostenta requisitos cumulativos, mas alternativos, nas hipóteses descritas pelos três incisos do artigo 3º da lei.[40]

Ao artigo 4º, §4º, que, até então, enunciava apenas que "[e]m nenhum caso a totalidade dos dados pessoais de banco de dados de que trata o inciso III do *caput* deste artigo poderá ser tratada por pessoa de direito privado", foi inserida uma ressalva: "salvo por aquela que possua capital integralmente constituído pelo poder público."

Nota-se, aqui, uma flexibilização do campo regulatório da norma, que, por força do mencionado inciso III, afasta de seu escopo de incidência o tratamento de dados realizado para fins de: a) segurança pública; b) defesa nacional; c) segurança do Estado; ou d) atividades de investigação e repressão de infrações penais.

Com redação dada ao §4º, a mesma liberdade de tratamento de dados passa a valer para pessoas jurídicas de direito privado controladas pelo Poder Público, mas com personalidade jurídica de direito privado (caso do SERPRO, que é empresa pública)[41]. Esta novidade se alinha às proposições doutrinárias mais recentes quanto ao fato de não ser possível admitir que "as mudanças estruturais se limitem à exteriorização da relação jurídica mantida entre Administração Pública e administrado, devendo ser direcionado um olhar atento e rigoroso ao processo interno de implantação de melhorias por parte do Estado e que gerem adesão por aqueles que são responsáveis por desempenhar diariamente a função pública".[42]

No artigo 26, que cuida do compartilhamento de dados pelo Poder Público, foram mantidas as inclusões dos incisos IV e V – alternativos, e não cumulativos[43] –, mas hou-

---

40. Art. 3º Esta Lei aplica-se a qualquer operação de tratamento realizada por pessoa natural ou por pessoa jurídica de direito público ou privado, independentemente do meio, do país de sua sede ou do país onde estejam localizados os dados, desde que:

    I – a operação de tratamento seja realizada no território nacional;

    II – a atividade de tratamento tenha por objetivo a oferta ou o fornecimento de bens ou serviços ou o tratamento de dados de indivíduos localizados no território nacional; ou (Redação dada pela Lei nº 13.853, de 2019)

    III – os dados pessoais objeto do tratamento tenham sido coletados no território nacional.

41. No relatório final da lei, optou-se pela referida redação ao §4º, que havia sido revogado pela MP 869, pelos seguintes motivos (página 58 do documento): "Entendemos que o tratamento da totalidade de bancos de dados de segurança e defesa por empresa privada, aliada ao fato de que essas autoridades não precisem informar a Autoridade quando assim os delegarem, enfraquecem as medidas protetivas da sociedade contra eventuais arbitrariedades e vazamentos de dados sobre tão importante categoria. Ademais, em se tratando de questões de defesa nacional e as conhecidas back doors de fabricantes e provedores de aplicações e de bancos de dados que se utilizam de tecnologia estrangeira, há sempre a possibilidade de acesso em nível internacional desses dados. Entretanto, a discussão em Audiência Pública indicou a realidade e a racionalidade de bancos de dados e sistemas de segurança da área de segurança e de investigação serem operados por empresas públicas, tais como o Serpro. Assim, entendemos a necessidade da transferência de dados para tratamento por parte de empresas públicas." (BRASIL. Câmara dos Deputados. Parecer nº 1/2019 da Comissão Mista de votação da MP 869/2018. Disponível em: https://www.camara.leg.br/proposicoesWeb/prop_mostrarintegra;jsessionid=9EC610DD6ADD2D1AD386EA90CAB11DF6.proposicoesWebExterno1?codteor=1745016&filename=Tramitacao-MPV+869/2018. Acesso em: 20 jan. 2020).

42. GONÇALVES, Vilmar Luiz Graça. Direito administrativo e avanços tecnológicos: desafios e conquistas. In: BECKER, Daniel; FERRARI, Isabela (Coords.). Regulação 4.0: novas tecnologias sob a perspectiva regulatória. São Paulo: Revista dos Tribunais, 2019, p. 53.

43. Eis os incisos: "IV – quando houver previsão legal ou a transferência for respaldada em contratos, convênios ou instrumentos congêneres; ou V – na hipótese de a transferência dos dados objetivar exclusivamente a prevenção

ve veto ao inciso VI, que cuidava dos dados acessíveis publicamente. Por outro lado, foi consolidada a nova redação dada ao artigo 29, pela MP 869, que apenas delineou com maior clareza a possibilidade de que se solicite não apenas às entidades do Poder Público (Administração indireta), mas também a seus órgãos (Administração direta), "informações específicas sobre o âmbito e a natureza dos dados e outros detalhes do tratamento realizado".

No artigo 7º, que cuida das hipóteses em que é permitido o tratamento de dados pessoais relativos à saúde[44], se consolidou a seguinte redação do inciso VIII: "para a tutela da saúde, exclusivamente, em procedimento realizado por profissionais de saúde, serviços de saúde ou autoridade sanitária." A novidade está no advérbio 'exclusivamente', inserido para garantir a sintonia da LGPD com o disposto no artigo 1º da Resolução nº 1.605/2000 e no artigo 1º da Resolução nº 1.638/2002, ambas do Conselho Federal de Medicina (CFM), que sinalizam a imperiosidade do sigilo de dados dessa estirpe[45].

Em igual sentido, mas em relação aos dados pessoais sensíveis[46], adaptou-se a redação do artigo 11, inciso II, "f", que agora consta com o seguinte texto: "tutela da saúde, exclusivamente, em procedimento realizado por profissionais de saúde, serviços de saúde ou autoridade sanitária." Outrossim, alterou-se a redação do §4º do dispositivo, e lhe foi acrescido um §5º.

A portabilidade de dados já está tratada no artigo 18, inciso V, da lei, mas a reiteração constante do inciso I do §4º do artigo 11 se mostra imprescindível, na medida em que, "quanto mais difícil for para um indivíduo mover seus dados, maior é o poder de mercado detido pelo fornecedor, o que gera dificuldades e impossibilita o sucesso de novos entrantes"[47]. Da mesma forma, o inciso II do §4º corrobora a autodeterminação informativa, realçando direitos do titular para a proteção de dados sensíveis seus.

---

de fraudes e irregularidades, ou proteger e resguardar a segurança e a integridade do titular dos dados, desde que vedado o tratamento para outras finalidades."

44. CARNEIRO, Isabelle da Nóbrega Rito; SILVA, Luiza Caldeira Leite; TABACH, Danielle. Tratamento de dados pessoais. In: FEIGELSON, Bruno; SIQUEIRA, Antonio Henrique Albani (Coords.). Comentários à Lei Geral de Proteção de Dados: Lei 13.709/2018. São Paulo: Revista dos Tribunais, 2019, p. 73. Anotam: "A Lei Federal 8.080/1990, que regulamenta o direito à saúde, inclui o direito à informação do cidadão e o dever do Estado de fundamentar suas políticas e ações em informações sanitárias e evidências científicas, legitimando a coleta e o uso de informações pessoais. A ideia é que os dados tratados em âmbito da saúde sirvam para garantir a qualidade de vida da sociedade e a redução de riscos ao adoecimento."

45. O primeiro dispositivo conceitua o prontuário médico como o "documento único constituído de um conjunto de informações, sinais e imagens registradas, geradas a partir de fatos, acontecimentos e situações sobre a saúde do paciente e a assistência a ele prestada, de caráter legal, sigiloso e científico, que possibilita a comunicação entre membros da equipe multiprofissional e a continuidade da assistência prestada ao indivíduo", ao passo que o segundo dispositivo preconiza que "o médico não pode, sem o consentimento do paciente, revelar o conteúdo do prontuário ou ficha médica."

46. Sobre os dados pessoais sensíveis, confira-se: MULHOLLAND, Caitlin Sampaio. Dados pessoais sensíveis e a tutela de direitos fundamentais: uma análise à luz da Lei Geral de Proteção de Dados (Lei 13.709/18). Revista de Direitos e Garantias Fundamentais, Vitória, v. 19, n. 3, p. 159-180, set./dez. 2018.

47. CRAVO, Daniela Copetti. Direito à portabilidade de dados: interface entre defesa da concorrência, do consumidor e proteção de dados. Rio de Janeiro: Lumen Juris, 2018, p. 63.

Ainda acerca da portabilidade de dados[48], a Lei nº 13.853 consolidou a redação do inciso V e do §6º do artigo 18 da LGPD, vinculando tal direito à posterior regulamentação deixada a cargo da autoridade nacional. De fato, o papel da ANPD, no exercício de seu poder regulamentar infralegal, será crucial para a efetivação deste e de outros direitos contidos na lei.

O artigo 20 aborda o tratamento automatizado de dados pessoais, e o artigo 23, inciso III, teve sua redação mantida, com a inserção da conjunção "e" ao seu final – que delimitaria sua cumulação com o inciso IV, acrescentado pela nova lei, não tivesse este sido vetado[49].

A figura do encarregado também merece breve comentário, pois receberia uma série de importantes ajustes, notadamente quanto ao regime de responsabilidade civil que lhe é aplicável. Sobre esta figura, porém, o veto presidencial[50] ao §4º do artigo 41 culminou na mantença do teor normativo precedente.

Com o veto, também foram afastados os três incisos que acompanhariam o acima mencionado §4º, e que compunham o elenco de matérias a serem regulamentadas pela ANPD: i) os casos em que o operador deveria indicar encarregado; ii) a indicação de um único encarregado, desde que facilitado o seu acesso, por empresas ou entidades de um mesmo grupo econômico; iii) a garantia da autonomia técnica e profissional no exercício do cargo.

Devido à ausência de menção expressa à responsabilidade civil do encarregado de dados – responsável por passar instruções ao controlador e a seus colaboradores

---

48. DE HERT, Paul; PAPAKONSTANTINOU, Vagelis; MALGIERI, Gianclaudio; BESLAY, Laurent; SANCHEZ, Ignacio. The right to data portability in the GDPR: towards user-centric interoperability of digital services. Computer Law & Security Review, Reino Unido: Elsevier, v. 34, n. 2, p. 193-203, abr. 2018, p. 194. Comentam os autores: "The right to data portability is one of the most important novelties within the EU General Data Protection Regulation, both in terms of warranting control rights to data subjects and in terms of being found at the intersection between data protection and other fields of law (competition law, intellectual property, consumer protection, etc.). It constitutes, thus, a valuable case of development and diffusion of effective user-centric privacy enhancing technologies and a first tool to allow individuals to enjoy the immaterial wealth of their personal data in the data economy. Indeed, a free portability of personal data from one controller to another can be a strong tool for data subjects in order to foster competition of digital services and interoperability of platforms and in order to enhance controllership of individuals on their own data."
49. A redação do inciso IV previa o seguinte: "IV – sejam protegidos e preservados dados pessoais de requerentes de acesso à informação, no âmbito da Lei nº 12.527, de 18 de novembro de 2011, vedado seu compartilhamento na esfera do poder público e com pessoas jurídicas de direito privado." O veto, entretanto, teve a motivação a seguir: "A propositura legislativa, ao vedar o compartilhamento de dados pessoas no âmbito do Poder Público e com pessoas jurídicas de direto privado, gera insegurança jurídica, tendo em vista que o compartilhamento de informações relacionadas à pessoa natural identificada ou identificável, que não deve ser confundido com a quebra do sigilo ou com o acesso público, é medida recorrente e essencial para o regular exercício de diversas atividades e políticas públicas. Sob este prisma, e a título de exemplos, tem-se o caso do banco de dados da Previdência Social e do Cadastro Nacional de Informações Sociais, cujas informações são utilizadas para o reconhecimento do direito de seus beneficiários e alimentados a partir do compartilhamento de diversas bases de dados administrados por outros órgãos públicos, bem como algumas atividades afetas ao poder de polícia administrativa que poderiam ser inviabilizadas no âmbito do Sistema Financeiro Nacional."
50. Com efeito, foram essas as razões do veto: "A propositura legislativa, ao dispor que o encarregado seja detentor de conhecimento jurídico regulatório, contraria o interesse público, na medida em que se constitui em uma exigência com rigor excessivo que se reflete na interferência desnecessária por parte do Estado na discricionariedade para a seleção dos quadros do setor produtivo, bem como ofende direito fundamental, previsto no art. 5º, XIII da Constituição da República, por restringir o livre exercício profissional a ponto de atingir seu núcleo essencial."

quanto à proteção de dados – no artigo 42, nota-se sonora lacuna, uma vez que se trata de figura central para o controle de eventos danosos, na medida em que a exaração de qualquer espécie de comando errôneo, por parte do encarregado, pode vir a causar dano e, para solucionar o caso, impõe-se a leitura do artigo 43, inciso III, que expressamente afasta a responsabilidade civil dos agentes de tratamento (controladores e operadores) quando esta puder ser transferida a terceiro, o que permitiria responsabilizar o encarregado na hipótese descrita, embora, para isso, seja passível de invocação a disciplina jurídica contida noutras fontes normativas, como o Código Civil e o Código de Defesa do Consumidor.

Enfim, com relação à Agência Nacional de Proteção de Dados, a partir da visão das mais de 40 hipóteses do texto legal em que a Autoridade é chamada a atuar, sua competência passou a ser ampla, abrangendo desde a solicitação e análise de relatórios de impacto de privacidade, determinação de medidas para reverter efeitos de vazamentos de dados, disposição sobre padrões técnicos de segurança da informação e até mesmo a autorização para a transferência internacional de dados pessoais.

Mais do que um mero coadjuvante, trata-se do arcabouço normativo e principiológico do novo sistema[51], ainda que integrado com outras fontes, como o Código Civil, o Código de Defesa do Consumidor e o Marco Civil da Internet.

É inegável que a ideia de um direito autônomo à proteção dos dados pessoais surge relacionada ao controle de acesso, que restringe quem pode visualizar determinado conteúdo, assegurando-se aos indivíduos que produzem ou influenciam informações relacionadas a si mesmos o direito de determinar as permissões (de acesso e até de compartilhamento) que desejam conceder a outrem,[52] mas, também, sanções e mecanismos de controle e fiscalização – funções da ANPD.

Tratava-se de ausência sentida, na medida em que a lei trouxe inúmeras menções à Agência Nacional, em seu texto original, ao modelo de outros países, como forma de regulamentar e fiscalizar a concretização de tal direito fundamental na contemporaneidade.

A autoridade, no texto vetado, seria uma autarquia especial, vinculada ao Ministério da Justiça, com independência administrativa, ausência de subordinação hierárquica, mandato fixo e estabilidade de seus dirigentes e autonomia financeira (art. 55, *caput* e §3º), o que inegavelmente era visto com bons olhos.

Importante estudo realizado na Austrália mostrou que, em todo o mundo, autoridades nacionais realmente fortes existem na grande maioria dos países que já possuem legislações de proteção de dados. Foram averiguados 132 países e constatou-se que apenas 10% (dez por cento) não criaram autoridades específicas e 10% (dez por cento) demoraram muito para fazê-lo, e, no majoritário rol de países que criaram agências com perfil adequado, seu caráter independente foi festejado pelo estudo. Inclusive, às auto-

---

51. MENDES, Laura Schertel; DONEDA, Danilo. Reflexões iniciais sobre a nova Lei Geral de Proteção de Dados, cit., p. 478.
52. Sobre o tema, confira-se: STALLINGS, William. Network security essentials: applications and standards. 6. ed. Londres: Pearson, 2007.

ridades não dotadas de independência foi reservado, pelo autor do estudo, um lugar no "*Hall of Shame*"[53].

A redação final da Lei nº 13.853/2019 assim tratou do assunto, em seu artigo 55-A:

Art. 55-A. Fica criada, sem aumento de despesa, a Autoridade Nacional de Proteção de Dados (ANPD), órgão da administração pública federal, integrante da Presidência da República.

§ 1º A natureza jurídica da ANPD é transitória e poderá ser transformada pelo Poder Executivo em entidade da administração pública federal indireta, submetida a regime autárquico especial e vinculada à Presidência da República.

§ 2º A avaliação quanto à transformação de que dispõe o § 1º deste artigo deverá ocorrer em até 2 (dois) anos da data da entrada em vigor da estrutura regimental da ANPD.

§ 3º O provimento dos cargos e das funções necessários à criação e à atuação da ANPD está condicionado à expressa autorização física e financeira na lei orçamentária anual e à permissão na lei de diretrizes orçamentárias.

Naturalmente, a inserção do verbo "poderá" no §1º do artigo 55-A causou receio, uma vez que deixou em aberto certo grau de discricionariedade para a efetiva conversão do novo órgão em entidade, embora o §2º delimite um prazo de até 2 (dois) anos para que esta decisão seja tomada.

Na mesma toada em que se clama pela efetivação da proteção de dados para a estabilização das relações sociais travadas na Internet, diversas nuances permanecem nebulosas, mesmo com reformas, ajustes, audiências públicas, alterações e proposições para a não adaptação estrutural do Estado em relação a seu aparelhamento voltado ao atendimento de seus deveres de proteção[54].

Nessa linha, espera-se que a consolidação legislativa de tão importante direito fundamental – a proteção de dados pessoais – implique uma mudança profunda na forma de realização das atividades de Estado para que se prime pela independência de quem, ao fim e ao cabo, deverá assumir o fardo de regulamentar, fiscalizar e aplicar sanções.

Deu-se um passo na contramão da convergência normativa internacional, já que a regulação europeia determina que as autoridades deverão atuar de forma independente, livre de influências externas, diretas ou indiretas (art. 52, RGPD). As Autoridades de Proteção de Dados têm sua jurisdição restrita aos limites territoriais das suas normas, e são, em regra, parte da administração de cada país membro da União Europeia.[55]

Ao fazer parte da Administração Pública Direta, na esfera federal, a Autoridade brasileira surge com o risco de pouca ou nenhuma efetividade na fiscalização e aplicação de sanções, uma de suas principais atribuições. Aguarda-se a atuação do Congresso Nacional, com poucas chances de alteração de seus atributos-chave. A derradeira versão

---

53. GREENLEAF, Graham. Global Data Privacy 2019: DPAs, PEAs, and their Networks. University of New South Wales Law Research Series, Sydney, v. 158, Research Paper n. 19-68, p. 1-7, ago. 2019.
54. SILVA, Jorge Pereira da. Deveres do Estado de protecção de direitos fundamentais: fundamentação e estrutura das relações jusfundamentais triangulares. 3. ed. Lisboa: Universidade Católica Editora, 2015, p. 585.
55. Exceção é a Alemanha, que tem mais de uma Autoridade em seu território federal. Para uma detalhada enumeração das Autoridades dos países, com data de criação e os responsáveis, v. BLUM, Renato Ópice; ARANTES, Camila Rioja. Autoridades de controle, atribuições e sanções. In: BLUM, Renato Ópice; MALDONADO, Viviane Nóbrega. Comentários ao GDPR: Regulamento Geral de Proteção de Dados da União Europeia. São Paulo: Revista dos Tribunais, 2018, p. 229-232.

do texto consolidado pela Lei nº 13.853/19 ainda faz pairar dúvidas sobre o contexto vindouro de conversão do atual órgão em entidade da Administração Pública indireta, no plano federal, mas espera-se que a consolidação de seus quadros, a definição operacional de elementos centrais à sua atuação e, enfim, a vigência da LGPD conduzam ao resultado almejado.

Por derradeiro, certos pontos merecem final destaque. Primeiro, as exceções previstas no art. 4º da LGPD, com destaque para termos genéricos como "segurança pública", "Defesa nacional", "investigação criminal" etc. aos quais a lei remete à legislação específica. Em que pese a exceção, segue a normativa constitucional e as regras da "reserva de jurisdição", etc.

Segundo, os conceitos trazidos no art. 5º.

Destacam-se os dados sensíveis, cuja doutrina sempre salientou a necessidade de regime jurídico especial; tratamento de dados, definindo a atividade dos agentes que se submetem às regras e sanções da lei. A lei os define (artigo 5º., II) como dados pessoais sobre origem racial ou étnica, convicção religiosa, opinião política, filiação a sindicato ou a organização de caráter religioso, filosófico ou político, além daqueles referentes à saúde ou vida sexual, dados genéticos ou biométricos, quando vinculados a uma pessoa natural.

Ainda no artigo 5º, deve ser enfatizado o contraponto entre os controladores – definidos no inciso VI como a pessoa natural ou jurídica, de direito público ou privado, a quem competem as decisões referentes ao tratamento de dados pessoais – e os operadores, que realizam o tratamento de dados pessoais em nome dos controladores (inciso VII).

Outro ponto de destaque diz respeito ao consentimento como ponto de partida para o processamento de dados pessoais. A proteção de dados pessoais ganha autonomia em relação à privacidade, honra, identidade pessoal e imagem, de modo que, considerando-se a esfera privada como um conjunto de ações, comportamentos, preferências, opiniões e comportamentos pessoais sobre os quais o interessado pretende manter um controle exclusivo, essa tutela pressupõe uma autodeterminação informativa.

É o que determina o artigo 7º, que estabelece como regra para o tratamento de dados pessoais o consentimento do titular, no seu inciso I. Fica dispensado o consentimento em hipóteses estritas, como o cumprimento de obrigação legal ou regulatória pelo controlador (inciso II), o tratamento compartilhado de dados necessários à execução de políticas públicas pela administração pública (inciso III), a realização de estudos por órgão de pesquisa, garantida, sempre, que possível, a anonimização dos dados sensíveis (inciso IV), quando necessário para a execução de contrato ou de procedimentos preliminares a estes relacionados (inciso V), para o exercício regular de direitos, em processo judicial, administrativo ou arbitral (inciso VI), para a proteção da vida ou da incolumidade física do titular ou de terceiro (inciso VII), para a tutela da saúde (inciso VIII) ou quando necessário para atender aos interesses legítimos do controlador ou do terceiro (inciso IX).

Afinal, trata-se da autonomia para a construção da proteção de dados, ou seja, do poder de controle sobre quem, quando e como serão estes exercidos.

Eis a razão de ser do artigo 15 e seguintes, com regras sobre o término do tratamento dos dados pessoais. Afinal, hoje é majoritário o reconhecimento do direito ao esquecimento, amplamente reconhecido pela doutrina (Enunciado 531 do Conselho da Justiça Federal), abarcando não apenas a possibilidade de apagar, mas ainda de desindexar informações descontextualizadas na Internet.

Sobre os direitos do titular dos dados, merece destaque a possibilidade de revogação do consentimento: afinal, a disponibilidade das situações existenciais integra a liberdade integrante da noção de dignidade humana, pois sempre é possível mudar de ideia.

Ao contrário do Marco Civil da Internet, que não demonstra essa preocupação, a não ser em dispositivos isolados, a Lei de Proteção de Dados coloca em primeiro plano a pessoa humana, ou seja, o titular de dados pessoais, que tem reconhecidos seus direitos, no Artigo 18, em especial: à confirmação da existência de tratamento (inciso I); ao acesso aos dados (inciso II); à correção de dados incompletos, inexatos ou desatualizados (inciso III); à anonimização, bloqueio ou eliminação de dados desnecessários, excessivos ou tratados em desconformidade com o disposto na mesma lei (inciso IV); à portabilidade dos dados a outro fornecedor de serviço ou produto, mediante requisição expressa e observados o segredo comercial e industrial, de acordo com a regulamentação do órgão controlador (inciso V); à eliminação dos dados pessoais tratados com o consentimento do titular, exceto nas hipóteses previstas no art. 16 desta Lei; à informação das entidades públicas e privadas com as quais o controlador realizou uso compartilhado de dados (inciso VII); à informação sobre a possibilidade de não fornecer consentimento e sobre as consequências da negativa; IX- à revogação do consentimento, nos termos do parágrafo quinto do artigo 8º desta Lei.

Além disso, merece relevo também o direito de o usuário requisitar seus dados independentemente de judicialização, tendência louvável se comparada ao Marco Civil da Internet no regime de responsabilidade dos provedores por conteúdo inserido por terceiros, condicionada à difícil via judicial.

No que tange aos regimes especiais, a lei traz regras específicas sobre o tratamento de dados de crianças e adolescentes e aponta diretrizes na conduta do poder público fora das situações excepcionais do art. 3º.

Mas peca a nova lei quando, ao tratar de responsabilidade civil (art. 43, III), acaba por isentar o agente causador do dano quando há "culpa exclusiva" da vítima, o que poderá trazer interpretações desarrazoadas especialmente quando se tratar de vítimas vulneráveis (mulheres, adolescentes, idosos etc.)

Além da vagueza de certos termos previstos nas sanções administrativas quando se trata da possibilidade de isentar o agente ou mesmo de mitigar a dosimetria da multa.

Mesmo assim, em que pesem as críticas, é em hora boa que o Brasil aprova uma lei geral de proteção de dados, procurando se adequar aos standards de proteção europeus, hoje referência para o mundo especialmente após escândalos como o do Facebook com a empresa Cambridge Analytica.

Não sejamos pessimistas ao enxergar uma legislação morta-viva, mas, pelo contrário, tenhamos fé e mudemos a nossa lente. Trata-se de um recém-nascido que deverá ser alimentado, nutrido, criado e interpretado, conforme a Constituição da República, e à luz do sistema integrado pelo Código Civil e pelo Código do Consumidor, enquanto houver juízes em Berlim.

Num panorama de vigilância líquida e distribuída, em que parece ocorrer uma erosão da esfera de controle de dados pessoais, os respectivos titulares são submetidos a uma condição de hipervulnerabilidade, sobretudo por estarem inseridos numa relação assimétrica que lhes tolhe o poder de autodeterminação. Espera-se que, nesse panorama, a nova legislação contribua para reduzir a flagrante assimetria entre as partes.

Esta obra coletiva se baseia em três grandes linhas: situações jurídicas existenciais na sociedade da informação, a proteção do consumidor na Internet e direitos autorais e tecnologia.

A pedra fundamental deste livro foi o grupo de pesquisa Relações Privadas e Internet, por mim criado e coordenado no Mestrado e Doutorado em Direito Civil da Faculdade de Direito da UERJ, juntamente com a disciplina homônima e voltada aos novos problemas gerados pela regulamentação civil da Internet no Brasil. Integraram o grupo os pesquisadores João Victor Rozatti Longhi (UFU), Pedro Marcos Barbosa (PUC-RIO), Thaita Trevizan (FDC), Pedro Modenesi (UERJ), Helen Lima Orleans (UERJ) e Vinícius Klein (UFPR), que apresentaram importantes contribuições.

Juntaram-se ao grupo, num segundo momento, outros alunos do Programa de Pós-Graduação em Direito da Faculdade de Direito da UERJ, em especial Fernanda Nunes Barbosa, Vitor Almeida, Gabriel Furtado, Antonio dos Reis Pereira da Silva Júnior e Paula Moura Francesconi Pereira.

Posteriormente, foram convidados a participar deste livro diversos professores e pesquisadores de diversas instituições, como Danilo Doneda (SENACON), Allan Rocha de Souza (UFRRJ), Sérgio Branco (IBMEC), Ana Paula Barbosa-Fohrmann (UFRJ), Carlos Affonso Pereira de Souza (UERJ), Renato Porto (UNESA), Cláudio Lins de Vasconcelos, Helder Galvão (OAB-RJ) e Antonia Klee (UFRGS), todos especialmente renomados na área, numa grande soma de esforços para a permanente construção e reconstrução do direito privado brasileiro.

Na segunda edição, somaram-se textos dos especialistas Ana Amélia Menna Barreto (OAB-RJ), Gabriel Oliveira de Aguiar Borges (UFU/Mackenzie-SP), José Luiz de Moura Faleiros Júnior (UFU/FD-USP), Juliano Madalena (UFRGS), Manuel David Masseno (Escola Politécnica de Beja, Portugal), Renato Opice Blum (INSPER), Sophia Martini Vial (UFRGS), Têmis Limberger (UNISINOS) e Walter Aranha Capanema (EMERJ), estudiosos das relações entre Direito e Internet.

Para a terceira edição, foram acrescentados três valiosíssimos textos de Bruno Miragem (UFRGS), Newton De Lucca (USP), Renata Mota Maciel (UNINOVE) e Karina Nunes Fritz (IBERC), tendo sido ainda feitos ajustes e atualizações aos demais trabalhos, especialmente para situá-los no contexto normativo atual, com as devidas consolidações.

Na quarta edição, brindam-nos, nomes como Bruno Bioni (USP/*Dataprivacy* Brasil), Rafael Zanatta (USP/*Dataprivacy* Brasil), Cíntia Rosa Pereira de Lima (FDRP/USP), Roberta Densa (PUC-SP/FDSBC), Cecília Dantas (IDP/DF), Pedro Goic Martinic (*Universidad Católica de Temuco*, Chile), Antonio Vecchio (*Università Mediterranea di Reggio Calabria*, Itália) e Angelo Viglianisi Ferraro (*Università Mediterranea di Reggio Calabria*, Itália).

Agradecemos especialmente ao empenho ao amigo e pesquisador José Luiz de Moura Faleiros Júnior, pelo inestimável auxílio na revisão e atualização das terceira e quarta edições.

Rio de Janeiro/Foz do Iguaçu, fevereiro de 2021.

Guilherme Magalhães Martins
João Victor Rozatti Longhi

PARTE I
SITUAÇÕES JURÍDICAS EXISTENCIAIS NA SOCIEDADE DA INFORMAÇÃO

1
O DISCURSO DE ÓDIO NA INTERNET

Ana Paula Barbosa-Fohrmann
Antonio dos Reis Silva Jr.

Sumário: 1 Introdução. 2 O caso Mayara Petruso – "mate um nordestino afogado!". 3 Conteúdo e limites da liberdade de expressão e de comunicação. 4 A liberdade de expressão e de comunicação no direito constitucional alemão. 4.1 Breve nota sobre o conteúdo e os limites do art. 5º da Lei Fundamental. 4.2 Exemplos de casos emblemáticos da Jurisprudência da Corte Constitucional alemã. 4.2.1 Lüth – BVerfG 198 (1958). 4.2.2 Schmid-Spiegel – BVerfG 12, 113 (1961). 4.2.3 Mephisto – BVerfG 30, 173 (1971). 4.2.4 Entrevista Stern-Strauss – BVerf G 82, 272 (1900). 4.2.5 Titanic/"Nascido para matar" – BVerfG 86, 1 (1992). 4.2.6 A mentira de Auschwitz – BVerfG 90, 241 (1994). 4.2.7 Soldados são assassinos I (BVerfG 1 BvR 1423/92 [1994]). 4.2.8 Soldados são assassinos II – BVerfG 93, 266 (1995). 5 A degeneração da liberdade de expressão na incitação ao discurso do ódio: a decisão do Supremo Tribunal Federal sobre o Caso Ellwanger (HC 82.424/03). 6 Responsabilidade civil pela prática do discurso do ódio. 7 Notas conclusivas. Referências.

1. INTRODUÇÃO

Dentre os temas relacionados ao debate acerca do conteúdo e limites da liberdade de expressão, recebe cada vez mais destaque aquele relativo ao discurso do ódio. Não porque os tempos hodiernos trouxeram mais intolerância, desrespeito e senso de desintegração por parte das pessoas, mas, sobretudo, em razão da extensão e da amplitude que os efeitos de tais condutas passaram a atingir na sociedade. Antes restritas ao círculo fechado de reuniões entre os grupos de intolerantes, ou limitadas pela precária circulação de jornais ou revistas de conteúdo específico, as mensagens de incitação e demonstração de ódio contra determinadas pessoas ou grupos ganharam o público geral a partir da difusão das novas tecnologias de mídia, como a rádio, a televisão e, especialmente, a Internet, sem olvidar da terrível experiência dos regimes totalitários do século XX.

Nesse contexto, o presente estudo pretende traçar um panorama da construção do conteúdo e dos limites da liberdade de expressão e comunicação sob uma perspectiva comparada, especificamente em relação ao direito alemão, bem como realizar o enfrentamento dos possíveis efeitos civis resultantes de tal conduta, centralizando o debate acerca da responsabilidade civil pela prática do discurso do ódio, realizando, sempre que possível, o cotejo da teoria com a praxe, em diálogo com o primeiro *leading case* brasileiro de discurso do ódio proferido através da Internet.

2. O CASO MAYARA PETRUSO – "MATE UM NORDESTINO AFOGADO!"

Era outubro de 2010, quando, após a eleição da presidente Dilma Rousseff, a então estudante de direito Mayara Penteado Petruso, utilizando-se de seu perfil no *Twitter*, publicou diversos textos, com menos de 140 caracteres cada, dentre os quais se destacou aquele que continha a assertiva segundo a qual "nordestino não é gente", convocando seus seguidores a fazer um favor à cidade de São Paulo – matar um nordestino afogado.[1]

Com a dinâmica, velocidade e fluidez do meio eletrônico, em poucos minutos a sua manifestação havia extrapolado os limites de seus seguidores para alcançar um público certamente inimaginável para a autora do discurso – toda a coletividade. A causa dessa amplificação de destinatários pode ser atribuída à própria expansão da mensagem pelo meio eletrônico, mediante o recurso dos *retweets*, *hiperlinks*, ou de colagem de imagem e reprodução em qualquer outra plataforma fora do *Twitter*, ou, sobretudo, pela notoriedade que a imprensa escrita e audiovisual deu ao caso, atingindo um público ainda maior, que sequer utiliza a rede mundial de computadores.[2]

A Internet, instrumento poderoso de divulgação, circulação e coleta de informações, tem como uma de suas características primordiais a exclusão das fronteiras físicas e aproximação virtual,[3] mas ao mesmo tempo real, de toda e qualquer pessoa conectada, de modo a permitir, por meio de sua interatividade,[4] o amplo acesso aos dados inseridos na rede.[5]

Desse modo, não raro, os dados circulados na Internet são amplamente utilizados como combustível para as mídias paralelas inseridas no próprio ambiente eletrônico, como jornais e *blogs* informativos virtuais, assim como servem de fonte cada vez mais

---

1. Segundo o texto publicado pela autora do fato em seu twitter @mayarapetruso: "Nordestino não é gente, faça um favor a Sp (sic), mate um nordestino afogado".
2. Alertando para a necessidade de regulação e do despertar da doutrina sobre a explosão das redes sociais, Anderson Schreiber aponta que, ao se apresentarem como "fenômeno de avassaladora popularidade, as redes sociais não podem continuar a ser encaradas pelo direito como espaço patológico de lesão à privacidade e outros direitos de personalidade. Em vez de virar-se de costas para a realidade contemporânea, é preciso refletir sobre os melhores modos de adequá-la aos valores fundamentais do ordenamento jurídico brasileiro". Cf. Twitter, Orkut e Facebook – considerações sobre a responsabilidade civil por danos decorrentes de perfis falsos nas redes sociais. Diálogos de direito civil. Rio de Janeiro: Renovar, 2012. v. III, p. 167.
3. O caso é um emblema do alcance das informações do ambiente do ciberespaço. Segundo Boaventura de Sousa Santos, na atualidade, "a transformação mais profunda está a ocorrer nas concepções de espaço e tempo. Todas as instituições da modernidade foram construídas na base de um espaço-tempo privilegiado [...]. Este espaço-tempo está hoje a ser desestruturado sob a pressão de um espaço-tempo emergente, global e instantâneo, o espaço-tempo electrónico, o ciber-espaço" (Os tribunais e as novas tecnologias de comunicação e de informação. Estudos de direito da comunicação. Coimbra: Ed. IJC, 2002. p. 142).
4. Segundo Alexandre Dias Pereira, "a interactividade é uma dimensão essencial da internet", considerando a própria conotação da palavra, que "poderíamos traduzi-la em português por 'rede interactiva'" (A liberdade de navegação na internet: browsers, hyperlinks, meta-tags. Estudos de direito da comunicação. Coimbra: Ed. IJC, 2002. p. 228).
5. No que concerne à vocação da Internet para fazer-se depositária de dados com acesso instantâneo e imediato, superando as fronteiras físicas, cf., por todos: MARTINS, Guilherme Magalhães. Formação dos contratos eletrônicos de consumo via internet. Rio de Janeiro: Forense, 2003. p. 32, para quem "a internet, também conhecida como a grande rede, traz consigo a era do tempo real, permitindo a disposição instantânea de uma informação, de uma imagem ou som através do mundo [...]. A internet pode ser definida como uma rede de computadores ligados entre si, [...] de maneira que a identificação das suas fronteiras físicas se torna impossível em virtude da sua difusão pelo planeta".

comum para as informações veiculadas pelas grandes mídias, fora do mundo virtual, através do sistema de radiofusão.

Nessa ambiência, apesar de centenas de pessoas terem proferido declarações semelhantes àquelas escritas por Mayara Petruso, os efeitos da declaração da estudante de direito, especificamente, logo foram sentidos quando a mensagem extrapolou os limites do ciberespaço. Instaurava-se, em diversas rodas de discussão, o debate sobre os limites da liberdade de expressão e a sua compatibilidade, ou não, com o discurso do ódio (*hate speech*).[6]

No nicho do *Twitter*, a ressonância da declaração fez inaugurar o duelo regional típico das redes sociais, com comentários apaziguadores e violentos de ambos os lados. A razão perdia espaço para a emoção desmedida. Para muitos, dever-se-ia provar a qualquer custo que a região na qual o interlocutor nasceu tem algum valor ou se apresenta como a oitava maravilha do mundo, ainda que para alcançar tal *status* o agente tenha de se utilizar do menosprezo às demais localidades. A lógica empregada era aquela segundo a qual o valor da pessoa está condicionado ao lugar onde ela nasceu, ou vive, e a ele se subordina.

Por sua vez, o Ministério Público paulista, analisando o teor do discurso prolatado através do microblog, oferecido por meio do inquérito policial instaurado pela Delegacia de Crimes Raciais e Delitos de Intolerância, entendeu por direito oferecer denúncia[7] contra a autora da declaração que estava dominando os debates do momento.

A ação penal tentou inserir a autora do texto como incursa no art. 20 da Lei nº 7.716/89,[8] por considerar a sua conduta como prática e incitação à discriminação fundada em critério de procedência nacional. A denúncia foi recebida em 4.5.2011.

Nesse *iter*, enquanto se desenvolvia o processo judicial, Mayara sofreu a sua pena mais severa: a sanção social. Estagiária de Direito, foi dispensada de seu escritório logo após as primeiras repercussões de seu discurso nas mídias audiovisuais. De autora a alvo de ofensas, quando os insultos a ela direcionados deixaram o ciberespaço, atingindo-lhe diretamente no mundo real, dentro de sua faculdade, ela efetuou o trancamento das matérias e parou de frequentar as aulas. Com o receio de ser hostilizada em espaços

---

6. A doutrina tem alertado sobre os perigos do uso da mídia como instrumento de veiculação de discursos do ódio, como se vê em Marcela Maffei Quadra Travassos: "Chega-se [...] com a estimulante proposta de se reconhecer os perigos de a mídia tornar-se veículo de hate speech e as cautelas que devem ser adotadas para evitar que declarações mais inflamadas acabem gerando aos instrumentos de imprensa responsabilidade de ordem civil ou criminal". Cf. Hate speech e liberdade de expressão. Direito e mídia. São Paulo: Atlas, 2013. p. 301. Embora a autora se refira à mídia como aquela organizada sob a forma de imprensa, não se pode deixar de considerar as redes sociais como meios de comunicação de mídia, ainda que tais mídias cumpram funções distintas. É que, ao contrário das redes sociais, a imprensa cumpre uma função social importante, de informação e controle essencial ao Estado Democrático, o que lhe custou a denominação de verdadeiro Quarto Poder. Cf. MESQUITA, Mário. Percepções contemporâneas do poder dos media. Estudos de direito da comunicação. Coimbra: Ed. IJC, 2002. p. 108-111; e NEVES, A Castanheira. Uma perspectiva de consideração da comunicação e o poder ou a inelutável decadência eufórica [...]: notas de um esboço de reflexão. Estudos de direito da comunicação. Coimbra: Ed. IJC, 2002. p. 93-95. Por outro lado, a função das redes sociais parece estar muito mais ligada ao livre desenvolvimento da personalidade, tendo uma função menos social e mais promocional da pessoa humana, enquanto ser em constante desenvolvimento.
7. Ação Penal nos Autos no 12786-89.2010.403.61.81/Justiça Federal da Seção Judiciária de São Paulo/SP.
8. Na forma do art. 20 da supracitada lei, constitui-se crime "praticar, induzir ou incitar a discriminação ou preconceito de raça, cor, etnia, religião ou procedência nacional". Essa redação foi dada pela Lei no 9.459/97, que reduziu a pena de dois a cinco anos para estabelecer a penalidade entre um a três anos de reclusão.

públicos, fora da faculdade, decidiu deixar a cidade de São Paulo.⁹ Abandonou os estudos.¹⁰ Perdeu amigos e colegas.

Os que restaram afirmam que a ex-estudante de direito não é preconceituosa. Teria ela muitos amigos homossexuais e nordestinos.¹¹ A própria autora das declarações fez questão de afirmar que a pessoa de quem ela "gostou" (sic) é de cor negra.¹² Ademais, Mayara participa de uma comunidade contra o preconceito, a qual ajudou a fundar, sobretudo em virtude de sua aproximação com a causa homossexual.

De uma forma ou de outra, a despeito da sanção social, a sanção jurídica não escapou à ex-estudante paulista, marcada como a autora do primeiro *leading case* do Brasil versado sobre discurso do ódio (*hate speech*) proferido através da Internet.¹³

Em sua sentença, a juíza acatou a tese da acusação ao considerar a autora do delito como incursa no art. 20 da Lei nº 7.716/89, por incitação à discriminação por procedência nacional, analisando a conduta em si da autora, ainda que a prova oral tenha sido produzida no sentido de que, genericamente, não se trata de uma pessoa preconceituosa.¹⁴

Desse modo, julgou procedente a ação penal para condená-la a uma pena de um ano, cinco meses e 15 dias de reclusão, substituída por duas penas restritivas de direito correspondentes à: (a) multa de valor correspondente a um salário mínimo; e (b) prestação de serviços à comunidade.¹⁵

No julgamento da apelação criminal interposta pela ré, o juízo *ad quem* negou provimento, diante da comprovada autoria e materialidade do crime, inclusive com a aplicação da atenuante genérica da confissão. Por outro lado, o recurso de apelação interposto pelo Ministério Público Federal foi parcialmente provido, para aumentar o valor da condenação na pena de multa, de um (1) para dois (2) salários mínimos, mantendo-se a pena de prestação de serviços à comunidade. Foi negado, contudo, o pedido de condenação à fixação de valor mínimo para a reparação dos danos causados pela infração, na forma

---

9. Em depoimento, Mayara afirmou que "procurava não saber o que estava acontecendo, tive que sair de São Paulo, por seis meses, porque tinha medo de andar na rua". Cf. BRASIL. Justiça Federal da Seção Judiciária de São Paulo, Sentença nos autos da Ação Penal no 12786-89.2010.403.61.81, São Paulo, 31 de maio de 2012, fls. 181.
10. "Atualmente trabalho e tranquei a faculdade. Hoje eu trabalho com telemarketing. Estou recomeçando do zero". Op. cit. fls. 182.
11. Segundo as testemunhas, Mayara não é preconceituosa. Sua amiga Keila afirmou que "ela participa de comunidade contra o preconceito, porque tem vários amigos homossexuais", assim como seu amigo José Renan: "ela tem amigos gays, negros, não tem preconceito nenhum". Op. cit. fls. 179.
12. Sustenta a autora do discurso: "Meu melhor amigo é homossexual, 90% dos meus amigos são. A pessoa de que (sic) eu mais gostei é negro. Não sei o que aconteceu. Sinto vergonha e estou arrependida. Cometi o ato. Pedi desculpas". Op. cit. fls. 181.
13. Como é cediço, o tema do discurso do ódio no Brasil não foi inaugurado com o presente caso. Em verdade, o primeiro julgamento de repercussão envolveu caso de discurso do ódio fora do ambiente cibernético. Trata-se do famoso caso Ellwanger, que será analisado no item V do presente trabalho.
14. "Mayara pode não ser preconceituosa; aliás, acredita-se que não o seja. O problema é que fez um comentário preconceituoso. Naquele momento a acusada imputou o insucesso eleitoral (sob a ótica do seu voto) a pessoas de uma determinada origem." Op. cit. fls. 184.
15. Ambas as partes recorreram da decisão, que ainda está pendente de julgamento no Tribunal Regional Federal da 3a Região.

do art. 387, IV, do Código de Processo Penal, por entender que tal requerimento em sede recursal violaria os limites da demanda.[16]

Conquanto ainda não tenha o caso transitado em julgado na esfera criminal, o debate permanece vivo, sobretudo no que concerne aos limites da liberdade de expressão

---

16. PENAL - CRIME DE PRECONCEITO - ART. 20, CAPUT E § 2°, DA LEI 7.716/1989 - AUTORIA E MATERIALIDADE DELITIVAS COMPROVADAS - OFENSAS CONTRA O POVO NORDESTINO QUE PARTIRAM DO TWITTER DA RÉ - MANIFESTAÇÃO PRECONCEITUOSA QUE EXCEDE OS LIMITES JURÍDICOS DA MANIFESTAÇÃO DO PENSAMENTO - PENA FIXADA NO MÍNIMO LEGAL - SUBSTITUIÇÃO DA PENA PRIVATIVA DE LIBERDADE POR PENAS RESTRITIVAS DE DIREITO - PENA DE PRESTAÇÃO DE SERVIÇOS À COMUNIDADE MANTIDA NOS TERMOS DA R. SENTENÇA - PENA DE PRESTAÇÃO PECUNIÁRIA REFORMADA - REPARAÇÃO DE DANOS EXCLUÍDA DE OFÍCIO - RECURSO DO RÉU DESPROVIDO E APELAÇÃO DO MINISTÉRIO PÚBLICO FEDERAL PARCIALMENTE PROVIDA - SENTENÇA REFORMADA.
1. A materialidade delitiva restou comprovada pelas cópias da mensagem enviada pela ré, por Twitter, às fls. 216 e 232v° dos autos. Também restou comprovado nos autos que a ré, na data citada na denúncia, fez o comentário preconceituoso em desfavor dos nordestinos, por conta do resultado da eleição presidencial, pregando que estes não seriam humanos. 2. A Constituição Federal consagra, dentre os direitos, a liberdade de manifestação de pensamento (vedado o anonimato) e expressão da atividade intelectual, artística, científica e de comunicação, independentemente de censura ou licença (artigo 5°, incisos V e IX). Na perspectiva da comunicação social e na mesma linha, reza o artigo 220 da Lex Magna que a manifestação do pensamento, a criação, a expressão e a informação, sob qualquer forma, processo ou veículo não sofrerão qualquer restrição. 3. Daí não resulta, porém, que tal direito seja absoluto quanto ao seu exercício. Tanto pela teoria interna (ou da imanência) quanto pela teoria externa, que estudam limites a direitos fundamentais, há em regra barreiras ao exercício dos direitos indispensáveis ao ser humano ou à vida em sociedade, como bem destacou o Supremo Tribunal Federal por ocasião do julgamento do pedido de habeas corpus n.° 82424/RS. 4. A ré transpôs os limites de seu direito constitucional de expressão do pensamento para invadir o campo tutelado pelo delito previsto no art. 20, § 2° da Lei 7.716/1989, exibindo pelo twitter conotação pejorativa e preconceituosa contra o povo nordestino. 5. Conquanto assegure o direito à livre manifestação, o sistema jurídico impõe limites a essa liberdade, certo de que, em outra ponta, se encontram outros direitos e garantias que desfrutam de igual proteção, agasalhados, inclusive, por diversos diplomas internacionais. 6. As hipóteses de redução de pena-base e concessão de perdão judicial são legalmente previstas, não estando presentes quaisquer delas. Assim, incabível aplicar ao caso, por analogia, a previsão contida no § 5° do artigo 121, do Código Penal, a fim de fixar a pena em patamar inferior ao mínimo legal, em atenção ao princípio da legalidade estrita. Não estando presente qualquer causa excepcional, a fixação da pena-base e as demais fases de fixação da pena deverão seguir as disposições genéricas atinentes à matéria. 7. Atento às diretrizes do artigo 59 do Código Penal, verifico que a ré não possui antecedentes criminais. Sua personalidade, conduta social e circunstâncias do cometimento do crime são normais ao delito. Desta forma, a pena-base deve ser estabelecida em seu patamar mínimo, qual seja, 02 (dois) anos de reclusão, em regime aberto, além do pagamento de 10 (dez) dias-multa. 8. Na segunda fase de fixação da pena, aplico a atenuante genérica da confissão, mantendo, todavia, a pena no seu mínimo legal, em obediência aos termos da Súmula 231, do Superior Tribunal de Justiça. Ausentes circunstâncias agravantes. Ausentes causas especiais de aumento ou diminuição de pena, torno definitiva a pena de 02 (dois) anos de reclusão, em regime inicial aberto, e 10 (dez) dias-multa. 9. O valor do dia-multa deve ser mantido no mínimo unitário legal, já que ausentes elementos nos autos que permitam sua majoração. O fato de a acusada pertencer à família de classe média não autoriza a elevação de dito valor sem prova nos autos. Há que se frisar, ainda, que a pena não deve passar a pessoa da acusada, que declarou trabalhar como atendente de telemarketing e se sustentar sozinha nesta urbe. 10. Nos termos do artigo 46, § 3ª, do Código Penal, a prestação de serviços à comunidade deverá se dará à razão de uma hora de tarefa por dia de condenação, não havendo, portanto, motivo para reformar-se a r. sentença de primeiro grau quanto a este ponto. 11. Deve ser revista, todavia, a pena de prestação pecuniária imposta à ré. De fato, o valor de um salário mínimo para uma pena de dois anos de reclusão de mostra demasiado pequeno, ainda que para uma pessoa com poucos recursos financeiros. Assim, fixo a pena de prestação pecuniária no valor de 02 (dois) salários mínimos, os quais poderão ser parcelados pelo período da pena privativa de liberdade substituída, nos termos a serem determinados pelo Juízo da Execução Penal. 12. Entendo inaplicável ao caso a fixação da quantia, nos termos do art. 387, inc. IV, do Código de Processo penal, eis que não houve pedido da União e nem do Ministério Público Federal, bem como não foi oportunizado ao apelante o direito de manifestar-se acerca do tema, violando, assim, os princípios constitucionais do contraditório e da ampla defesa, excluindo, de ofício, a condenação da acusada ao pagamento de quantia referente à reparação de danos. 13. Recurso da defesa desprovido. Recurso da acusação parcialmente provido. Reparação de danos excluída de ofício. Sentença mantida quanto ao mais (TRF. 3ª Região. Apelação n. 0012786-89.2010.4.03.6181/SP. Rel. Des. Fed. Paulo Fontes, j. 6.7.2015).

colocados em confronto com a dignidade de pessoas identificadas por algum aspecto que as ligam a algum grupo ou coletividade.

Esse duelo de valores constitucionalmente consagrados tem relevância na esfera cível, no cotejo das relações privadas, em que pessoas exercitam, entre si, o seu direito de liberdade, constituindo-se como mais um caso modelo de aplicação direta das normas constitucionais nas relações privadas, a consagrar o papel central das normas constitucionais na unidade do ordenamento jurídico, superando-se a vetusta dicotomia direito público – direito privado.[17]

3. CONTEÚDO E LIMITES DA LIBERDADE DE EXPRESSÃO E DE COMUNICAÇÃO

A liberdade de expressão, por possibilitar a manifestação de pensamentos, opiniões, ideias e ideologias, exprime, com base na comunicação, uma verdade do próprio indivíduo. Nesse sentido, o exercício da liberdade de expressão leva, por um lado, a que outros indivíduos sejam influenciados por aquilo que está sendo comunicado, pois acaba por consolidar, constituir ou modificar sua percepção e, por outro lado, acaba por configurar a própria imagem social daquele que está emitindo a mensagem com base na opinião dos demais sobre aquilo que está sendo expressado ou comunicado, seja artística, científica, literariamente. Assim é que a liberdade de expressão permite o pleno desenvolvimento da personalidade humana por meio de uma irradiação, com base na comunicação, da expressão da identidade, da autonomia e da dignidade individual, mas encontra limites na razoabilidade da mensagem emitida – é pressuposto que o emissor tenha aqui discernimento para aferir o alcance positivo ou negativo do seu discurso –, no confronto de ideias em âmbito social e na defesa e proteção dos valores da ordem social livre e democrática.

Nesse quadro, liberdade de expressão individual e liberdade de comunicação social são duas faces da mesma moeda. Na primeira, a liberdade de expressão e a liberdade de comunicação se identificam com a autonomia moral do homem e revelam a sua identidade, por meio das quais o sujeito deve exercer suas ações com dignidade e respeito. Aqui, o discurso, com base em seus elementos "autonomia" e "respeito", é abrangido e protegido pela dignidade humana, pois é ela que fundamenta a definição das escolhas pessoais e o respeito pelas ações individuais. Na segunda, tais liberdades se caracterizam por sua feição social. A troca de opiniões e de experiência entre os indivíduos em um diálogo

---

17. Por esse raciocínio, o Direito Civil, inserido na legalidade constitucional, refuta a rígida separação imposta pelo binômio direito público-direito privado, na medida em que não há mais falar em direitos de natureza exclusivamente pública ou privada. A liberdade de expressão entrar em rota de colisão em relação ao Estado ou ao indivíduo, assim como o contrato pode ser utilizado por ambas as personalidades, seja ela pública ou privada. A premissa da unidade do ordenamento jurídico impõe reconhecer, assim, a fusão entre o público e o privado, porque independentemente da natureza das "partes" envolvidas, as normas constitucionais adquirem valor central na interpretação/aplicação do direito. A propósito, "a relação direta entre intérprete e norma constitucional tenta evitar o isolamento desta última do restante [do] sistema normativo, confirmando a unidade do ordenamento e a consequente superação da tradicional contraposição entre público e privado" (PERLINGIERI, Pietro. O direito civil na legalidade constitucional. Rio de Janeiro: Renovar, 2008. p. 590). No direito brasileiro, veja-se, por todos, Gustavo Tepedino. Premissas metodológicas para a constitucionalização do direito civil. Temas de direito civil. Rio de Janeiro, Renovar, 2008. p. 20, para quem "a interpenetração do direito público e do direito privado caracteriza a sociedade contemporânea".

público retira o véu da *persona* do sujeito que emite a mensagem em sociedade. No palco do teatro social, é o intercâmbio que revela qual é a máscara usada pelo indivíduo ao se comunicar e, portanto, através dela, qual é a mensagem transmitida ao desempenhar um determinado papel em sua interação com o meio social.

Em sociedade, podem essas liberdades conduzir ao confronto de opiniões sobre temas que estão em debate público e ao conhecimento do teor, ainda que presumivelmente verdadeiro, do que está sendo comunicado. Tal debate acaba, assim, por um lado, por moldar a opinião pública e, por outro, por ser moldado por ela. Sem dúvida, por isso, o confronto de opiniões e o debate público são relevantes para o desenvolvimento de uma sociedade democrática e discursiva. Por isso, com razão, a proteção da liberdade de expressão e de comunicação – em sua feição socialmente discursiva – se opõe à censura. Ao rechaçá-la, acabam, em consequência, se fortalecendo e fortalecendo, em último grau, o próprio ordenamento social-democrático.

Entretanto, tanto a liberdade de expressão quanto a de comunicação podem se submeter a limites. Não são, portanto, absolutas, sobretudo quando a limitação visa, em verdade, a que tais liberdades não resvalem no extremismo do discurso do ódio (*Hassrede*, *hate speech*). O discurso do ódio abrange, entre outros, referências difamatórias e degradantes à raça, à etnicidade, à religião, ao gênero ou à aparência física de uma pessoa ou, ainda, incitações ao ódio ou ao uso do próprio discurso fundado no ódio como instrumento ou recurso para provocar discórdia e produzir ataques violentos entre grupos sociais ou a símbolos nacionais. Pouco importa o instrumento pelo qual o discurso do ódio é revelado, na medida em que pode ter uma veiculação oral, por escrito, ou através de imagens, em ambiente real ou eletrônico, em redes sociais ou mídias interativas em geral. O fato é que ele se submete a restrições que visam proteger tanto a harmonia da própria ordem social-democrática quanto o seu sistema de valores constitucionais com base na dignidade humana e nos direitos fundamentais referentes ao desenvolvimento integral da personalidade individual.

O discurso do ódio tem duas matrizes estrangeiras principais: Alemanha e Estados Unidos.[18] Ambos os países construíram e alicerçaram os pilares doutrinários e jurisprudenciais dessa temática e, por isso, influenciaram e continuam a influenciar o pensamento constitucional latino-americano, em especial, o brasileiro. Aqui, vamos trazer ao leitor como a liberdade de expressão e a de comunicação, incluindo a sua degeneração no discurso do ódio, foram e vêm sendo entendidas pela doutrina e, sobretudo, enfrentadas especificamente pela jurisprudência na Alemanha pós-Holocausto até os dias de

---

18. Apenas como nota, nos Estados Unidos, a liberdade de expressão, incluindo o direito a se expressar hostilmente e de forma extremada, através de mensagens racistas ou de ódio, é um direito central que prevalece sobre outros valores ou interesses, como a dignidade humana, a proteção da personalidade individual, a honra, a igualdade. Cf.: BRUGGER, Winfried. Proibição ou proteção do discurso do ódio? Algumas observações sobre o direito alemão e o americano. Revista de Direito Público, no 15, jan./fev./mar. 2007. p. 118. Edward J. Eberle confirma tal posicionamento, ao afirmar que nos Estados Unidos existe um verdadeiro absolutismo da liberdade de expressão. A 1a Emenda protege a liberdade de expressão, de imprensa, de reunião, assim como o direito de petição. Nesse contexto, protege, por decorrência, o discurso do ódio e os discursos difamatórios, na medida em que a liberdade de expressão é tida como um valor neutro e, por isso, ocupa um lugar de primazia no ordenamento constitucional norte-americano. EBERLE, Edward J. Dignity and liberty. Constitutional visions in Germany and the United States. Westport: Praeger, 2002. p. 197, 224, 231 s.

hoje com base em casos que foram apreciados pela Corte Constitucional alemã. Em seu conjunto, a listagem exemplificativa do grupo de julgados, ainda que se trate de casos ocorridos fora do âmbito da Internet, pode nos proporcionar uma visão geral de como a liberdade de expressão e a de comunicação, que não são absolutas na Alemanha, vêm sendo tratadas pelo Tribunal Constitucional daquele país, incluindo os casos extremos do próprio discurso de incitação ao ódio.

Em sequência, analisar-se-á, como contraponto, no Brasil, especificamente o caso *Ellwanger* (HC 82.424), ainda que verificado também fora do círculo da Internet, que foi levado à apreciação do Supremo Tribunal Federal em 2003.

4. A LIBERDADE DE EXPRESSÃO E DE COMUNICAÇÃO NO DIREITO CONSTITUCIONAL ALEMÃO

4.1. Breve nota sobre o conteúdo e os limites do art. 5º da Lei Fundamental

Antes de analisar a jurisprudência da Corte Constitucional, é importante iniciar pela apresentação do conteúdo do art. 5º da Lei Fundamental (LF), que trata, em bloco, de forma geral, da liberdade de expressão, a qual, porém, se divide em uma série de direitos fundamentais.[19] No § 1º, estão previstas: (a) a liberdade de expressão propriamente, como o direito de expressar livremente e divulgar a sua opinião oralmente, por escrito ou através da imagem; (b) a liberdade de informação, que se define por se informar, sem impedimentos, a partir de fontes de acesso geral; (c) a liberdade de imprensa; (d) a liberdade de transmissão por radiodifusão; (e) a liberdade de difusão de filmes, enquanto o § 3º prevê: (f) a liberdade de arte e ciência e, por último, (g) a liberdade de pesquisa e ensino.

Os §§ 1º e 3º do art. 5º da LF trazem, em seu corpo, a denominada "tríade de limitações ou reservas qualificadas" do § 2º, que consiste nas previsões das leis gerais, nas previsões relativas à proteção dos jovens e ao direito à honra pessoal.

A expressão *previsões das leis gerais* deve ser interpretada no sentido de possuir determinado conteúdo qualificado, o que lhe subtrai o caráter de generalidade e de abstração, visto que um outro dispositivo geral próprio, válido para todo o catálogo de direitos fundamentais, já traz previsão dessa ordem. Trata-se do art. 19, § 1º, Frase 1, da LF, que dispõe, entre outros, sobre as restrições ou limitações aos direitos fundamentais e no qual se lê: "Na medida em que, nos termos desta Lei Fundamental, um direito fundamental pode ser restringido por ou nos termos de uma lei, essa lei deve aplicar-se em geral e não apenas a um único caso". É por isso que uma outra previsão idêntica a essa seria, sem dúvida, desnecessária.[20] Assim, tais previsões das leis gerais devem ser entendidas como aquelas que

> nem se dirigem contra determinadas opiniões como tais, nem apresentam direito especial contra o processo da formação da livre expressão (cp. com a decisão do Tribunal Constitucional alemão nº 95, 220/235 s.), servem, antes, à proteção de um bem jurídico que se deve simplesmente proteger, inde-

---

19. PIEROTH, Bodo; SCHLINK, Bernhard. Grundrechte. Staatsrecht II. 16. ed. Heidelberg: C.F. Müller, 2000. p. 132 s.
20. Ibidem, p. 142.

pendentemente de uma determinada opinião, servem ainda à proteção de um valor da comunidade, que tem precedência sobre a atuação da liberdade de expressão (decisão do Tribunal Constitucional alemão nº 7, 198/209 s.). Essa fórmula deixa intacta a doutrina do direito especial; ela deseja apenas que sejam reforçados os seus efeitos de garantir a liberdade através da exigência adicional de que, com a lei geral, deva se perseguir não qualquer fim, mas, sim, um fim especialmente valioso.[21]

Já quanto às reservas de proteção dos jovens e do direito à honra pessoal, devem tanto o Executivo quanto o Legislativo "ter em mente o direito fundamental que está sendo restringido e evitar o estreitamento excessivo da liberdade de expressão".[22] De acordo com B. Pieroth e B. Schlink, aos conflitos que tenham como base o direito à honra pessoal aplica-se a presunção de admissibilidade do discurso livre.[23] Esclarecem:

Ele [o discurso livre] encontra seus limites, quando a manifestação da opinião, não tendo por objeto nenhum significado geral, público, ataca a dignidade humana, exprime uma ofensa formal ou crítica abusiva, ao invés de ser simplesmente um contra-ataque, e quando seu conteúdo factual não for cuidadosamente provado.[24]

4.2. Exemplos de casos emblemáticos da Jurisprudência da Corte Constitucional alemã

4.2.1. Lüth – BVerfG 198 (1958)

A dignidade humana e o sistema de direitos fundamentais, sobretudo os relativos ao desenvolvimento da personalidade humana, como o é a liberdade de expressão, servem de base de fundamentação para se interpretar o direito infraconstitucional. No âmbito do direito comparado, o caso *Lüth*,[25] julgado pelo Tribunal Constitucional Federal alemão (*Bundesverfassungsgericht* [BVerfG]), em 1958, foi seminal. Vejamos o porquê: Eric Lüth, presidente do Clube de Imprensa de Hamburgo, apelou publicamente ao povo alemão que boicotasse o novo filme de Veit Harlan (*Unsterbliche Geliebte*), que havia produzido filmes antissemitas durante o período nazista, como *Jud Süß* (1940). A motivação de Lüth em conclamar tal boicote foi orientada, em verdade, pelo seu desejo de levar a público a discussão de que o cinema alemão deveria, em 1958, repudiar em definitivo o passado nazista e que a sua divulgação colocaria uma sombra sobre a moral do povo alemão, deflagrando a sua própria condenação. O produtor e distribuidor do filme de Harlan ajuizou, então, uma ação contra Lüth sob o argumento da seção 826 do Código Civil alemão, o qual prevê que uma pessoa que, contrária à "boa moral" (*gute Sitten*), intencionalmente causa prejuízo a uma outra pessoa, deve responder pelos danos causados a essa (o apelo ao boicote colocou, em verdade, em risco a reputação – ou talvez a produção fictícia de uma nova reputação – e também os próprios dividendos econômicos que Harlan tencionava obter com o seu novo filme no pós-Guerra). Interessante notar que o autor da ação não fez referência ao cerceamento da liberdade de expressão artística de Harlan. De todo modo,

---

21. Ibidem, p. 143.
22. BVerfG 93, 266/290.
23. PIEROTH, Bodo; SCHLINK, Bernhard. Grundrechte... Op. cit. p. 145.
24. Ibidem.
25. Lüth-Harlen – BVerfG 198 (1958).

o tribunal de primeira instância deu ganho de causa a Harlan. Lüth apelou contra essa decisão, com base no direito à liberdade de expressão (art. 5º da Lei Fundamental) junto ao Tribunal Constitucional, o qual decidiu, em sentido contrário à corte de primeiro grau e em sintonia com o apelo de Lüth, com base no fato de que o debate público, próprio do exercício da liberdade de expressão, é constitutivo de uma sociedade democrática e que cláusulas gerais de direito privado devem ser interpretadas de acordo com o conjunto de valores constitucionais, os quais se fundamentam no princípio da dignidade humana e dos direitos que compõem o livre desenvolvimento da personalidade humana. Nesse julgamento, a Corte Suprema alemã (BVerfG) já deixava claro que o sistema de valores objetivos da Lei Fundamental influencia manifestamente o direito civil, no sentido de que nenhuma previsão de direito civil alemão pode conflitar com ele e, por isso, deve ser interpretada à luz e com o mesmo espírito da mesma Lei Fundamental.[26]

4.2.2. Schmid-Spiegel – BVerfG 12, 113 (1961)

No caso *Schmid-Spiegel* de 1961, a Corte Constitucional justificou a concepção de um contra-ataque (*Gegenschlag*) proporcional ao ataque, na medida em que a solução para um discurso violento não consiste na sua eliminação, mas na possibilidade de continuar a se debater ou discutir a respeito. É o que a Corte denomina de "confronto intelectual de opiniões" (*geistiger Kampf*) como constitutivo de uma sociedade democrática.[27] O caso levado ao BVerfG tratou de uma reclamação constitucional interposta por Richard Schmid, então Presidente do Tribunal de Segunda Instância de Stuttgart, em virtude de palestra realizada em novembro de 1953, naquela cidade, sobre a greve política, a qual foi publicada de forma ligeiramente modificada pelo jornal sindical *Gewerkschaftlichen Monatsheften* em 1954. Suas observações sobre o direito à greve política de que cerca de 95% da imprensa seria economicamente dependente do empresariado e, portanto, seria antissindical gerou inúmeros ataques da imprensa contra o autor. A imprensa levantou suspeitas contra ele a respeito de sua suposta inclinação comunista e pôs em dúvida sua adequação para ocupar um cargo de juiz de um tribunal de segundo grau. Também a revista *Der Spiegel* tomou parte nesse confronto, ao realizar uma entrevista com Schmid.[28] A revista permitiu que o entrevistador redigisse vários artigos próprios, em que foi exposto que Schmid, de fato, se posicionava contra o comunismo. Entretanto, esse material foi excluído de uma publicação subsequente. Como lembra Dieter Grimm, no artigo da *Spiegel*, nº 11, de 1954, sob o título "Preso no Volga" (*Auf der Wolga verhaftet*), ao contrário, várias vozes se levantaram para censurar o comunismo. Ademais, fatos foram propagados, com base em citações de adversários do Presidente do Tribunal de Segunda Instância de Baden-Württemberg, que poderiam

---

26. Lüth-Harlen – BVerfG 7, 198/204 s. Cf. ainda: FIEDLER, Christoph. BVerfGE 7, 198 – Lüth. Freiheitsrechte, Gesetze und Privatrecht am Beispiel des Art. 5, I, II GG. In: MENZEL, Jörg (Org.). Verfassungsrechtsprechung. Hundert Entscheidungen des Bundesverfassungsgerichts in Retrospektive. Tübingen: Mohr Siebeck, 2000. p. 98.
27. BVerfG 12, 113/124.
28. Cf.: GRIMM, Dieter. Der Spiegel vor dem Höchsten Gericht. Artigo publicado pela Revista Der Spiegel, no 6, em 1.11.1993. p. 70. Disponível em: <http://www.spiegel.de/spiegel/spiegelspecial/d-19060339.html>. Acesso em: 24 maio 2013.

dar a impressão de que existiria, de fato, uma bandeira vermelha balançando no mastro da vida política do juiz daquela corte.[29]

Schmid partiu, então, para o contra-ataque e publicou no *Allgemeine Zeitung* de Stuttgart um artigo, em que se colocou contundentemente contra as afirmações publicadas pela *Spiegel*. A publicação da revista foi qualificada por ele como "fofoca", pois, como afirmou, é típico da fofoca confundir o que é verdadeiro com aquilo que é falso ou, ainda, distorcido. Complementou ainda que a revista estava exercendo um gênero de jornalismo no âmbito da política comparável com a pornografia no campo da moralidade.[30] Tais colocações de Schmid deram margem para que a *Spiegel* ajuizasse ação contra ele por ofensa e difamação. O tribunal de primeiro grau deu ganho de causa a Schmid, que, em grau de apelação, foi, porém, condenado. Disso decorreu, então, a reclamação constitucional interposta por ele.

O Tribunal Constitucional seguiu, nesse caso, o mesmo entendimento de *Lüth* de 1958. Segundo a Corte, a liberdade de expressão nada mais é do que a manifestação mais direta da personalidade humana na sociedade e, por isso, também constitutiva de um ordenamento democrático.[31] Por esse motivo, a liberdade de imprensa, como formadora da opinião pública, deve estar obrigada a fornecer informações verídicas. No caso, a *Spiegel*, segundo o BVerfG, tão só ofereceu conscientemente a seus leitores verdades parciais sob a capa ou a aparência de uma verdade cabal ou total.[32]

4.2.3. Mephisto – BVerfG 30, 173 (1971)[33]

O caso *Mephisto* remonta à Decisão nº 30, 173 de 1971 da Corte Constitucional. Esse julgamento tratou da liberdade artística em conexão com outros direitos fundamentais (liberdade de expressão e de ação), assim como a conexão da liberdade artística com o princípio da dignidade humana. Ademais, essa decisão do BVerfG produziu efeitos sobre a proteção da honra pós-morte.

Do ponto de vista histórico, o pano de fundo foi o livro *Mephisto – romance de uma carreira* (*Mephisto – roman einer karriere*), de Klaus Mann, no qual foi descrita a carreira do ator fictício Hendrik Höfgen nos anos do Nazismo. O currículo e a personalidade de H. Höfgen basearam-se, aliás, na vida do genro do escritor, Gustaf Gründgens. B. Schulte zu Sodingen comenta:

Nele, Klaus Mann descreve a ascensão de um ator de nome Hendrik Höfgen que nega suas convicções políticas para fazer carreira artística com base em um pacto com os detentores do poder da Alemanha nacional-socialista. O romance caracteriza Höfgen como oportunista, ambicioso, vindo de um meio social pequeno burguês, com tendências sexuais pervertidas e, cinicamente, como seguidor desatento dos detentores do poder nacional-socialista. Inúmeras particularidades, como a descrição da figura e da aparência,

---

29. Ibidem.
30. Ibidem, p. 71.
31. BVerfG 12, 113/125.
32. BVerfG 12, 113/131.
33. Esse caso já havia sido analisado em Ana Paula Barbosa-Fohrmann. A dignidade humana no direito constitucional alemão. Rio de Janeiro: Lumen Juris, 2012. p. 69 ss.

a sequência das peças de teatro, nas quais esse ator teve participação, assim como a sua ascensão a administrador geral do teatro público da Prússia, correspondem à imagem externa e ao currículo de Gustaf Gründgens."[34]

Quando o romance *Mephisto* estava para ser publicado em 1964, o filho adotivo de Gründgens tentou impedir a publicação, processando a editora perante o Tribunal de Segunda Instância (*Oberlandesgericht* – OLG) de Hamburgo, e enumerou as razões:

Que, através do romance *Mephisto*, como uma obra completa, teria resultado uma imagem adulterada, que teria grosseiramente ofendido a honra de Gründgens e que, por certo, o romance não seria uma obra-prima, mas sido escrito devido a uma vingança particular de Klaus Mann, porque ele acreditou que a honra de sua irmã Erika tivesse sido maculada com o casamento com Gründgens.[35]

O OLG de Hamburgo proibiu a publicação, e o Tribunal Federal (BGHZ 50, 133) confirmou a decisão. Os motivos desses julgamentos tocam dois pontos centrais: (1) a ofensa à honra, à aparência e ao prestígio social do artista e (2) o ato de denegrir sua memória. Em contrapartida, a editora interpôs uma reclamação constitucional ao BVerfG, que se baseou na garantia da liberdade artística do art. 5º, § 3º, frase 1, da LF.

O BVerfG argumentou que a liberdade artística deveria estar em sintonia com o princípio da dignidade humana e que o romance de K. Mann teve, como intuito, difamar a memória do então falecido ator. O Tribunal concluiu: "Não seria compatível com a proibição da garantia constitucional da inviolabilidade da dignidade humana, que embasa todos os direitos fundamentais, permitir que o homem, graças à sua personalidade humana, seja depreciado ou humilhado".[36]

4.2.4. Entrevista Stern-Strauss – BVerfG 82, 272 (1990)

Em uma entrevista para a Revista *Stern*, o escritor Ralph Giordano tomou como ilustração o controvertido político Franz Josef Strauss para afirmar que nem todo político alemão é um verdadeiro democrata; alguns, em sua opinião, seriam, em verdade, "democratas oportunistas" (*Zwangsdemokraten*). Segundo Giordano, os alemães ainda não tinham internamente se libertado do seu desejo de serem guiados politicamente por um homem forte, o denominado "culto ao *Führer*".[37]

Strauss sentiu-se ofendido por tais colocações e considerou que sua honra havia sido maculada. Por isso, ajuizou uma ação contra Ralph Giordano e a Revista *Stern* perante o tribunal de primeira instância, que reconheceu a difamação.[38]

O caso foi levado a julgamento pelo BVerfG. Os juízes firmaram, em primeiro lugar, juízo no sentido de que o trabalho de interpretação das normas constitucionais deveria ser intensificado.[39] No entendimento da Corte, quando a liberdade de comunicação está

---

34. SCHULTE ZU SODINGEN, Beate. BVerfGE 30, 173 – Mephisto. Die Freiheit der Kunst und der postmortale Ehrenschutz. In: MENZEL, Jörg (Ed.). Verfassungsrechtsprechung... Op. cit. p. 169.
35. Ibidem, p. 170.
36. BVerfG 30, 173/194.
37. BVerfG 82, 272/273.
38. BVerfG 82, 272/274.
39. BVerfG 82, 272/280.

em jogo, é importante uma revisão intensiva da aplicação dessa liberdade, para que ela não seja mal compreendida. Em consequência disso, deve ser verificado ou revisado o procedimento estabelecido pelos tribunais de primeira instância, na medida em que a apreciação dos fatos e das previsões da lei geral e da Lei Fundamental deve ser corretamente interpretada e aplicada.[40] A intervenção do BVerfG no trabalho dos tribunais inferiores estaria, assim, limitada ao aspecto de uma justificação transparente da decisão. Não seria o objetivo do BVerfG substituir a decisão dos tribunais subordinados.

Em segundo lugar, o Tribunal Constitucional firmou orientação no sentido de que a comunicação é uma parte essencial do desenvolvimento livre da personalidade e, em último momento, da própria dignidade humana.[41] Nesse sentido, o BVerfG enfatizou o posicionamento da liberdade de expressão do indivíduo, assim como o princípio da presunção que apoia o discurso político. Em um debate público, inclusive em campanhas políticas, a crítica é previsível e deve ser aceita, mesmo que seja exagerada ou polêmica; caso contrário, existe o perigo de que o processo, através do qual a opinião pública é formada, venha a ser paralisado ou estreitado.[42]

Nesse caso, segundo a Corte, não houve difamação. Isso porque o discurso que, sem dúvida, pode ser violento, cortante ou mordaz, recebe proteção do princípio da presunção em razão do seu valor para ordenamento democrático alemão.[43] Entretanto, quando uma pessoa faz afirmações difamatórias, ou seja, sem qualquer valor substancial, poder-se-ia, então, nesse caso, se falar de uma ofensa ou de um insulto difamatório.

4.2.5. Titanic/"Nascido para Matar" – BVerfG 86, 1 (1992)

Até então, a Corte alemã caminhava em sentido convergente a uma limitação da liberdade de expressão nas hipóteses em que esta pudesse violar a dignidade humana e o livre desenvolvimento da personalidade dos interlocutores, sem ter ainda enfrentado um caso dramático a constituir-se como discurso do ódio. Antes de analisar o caso *Titanic*, não é despiciendo ressaltar que, na Alemanha, o discurso do ódio (*Hassrede*) é considerado inconstitucional especialmente por causa do dano que esse ato pode representar para a personalidade e da dignidade do ofendido. As razões de sua inconstitucionalidade são esclarecidas por E. J. Eberle, em estudo comparado. Diz o autor:

This is especially the case because Nazi Germany caused significant persecution based on personal status, especially that of being Jewish, disabled homosexual, or gypsy. Human dignity arose as the barrier to protect against such personal denigration, as we have explored. Under modern German law, therefore, denigrating speech over race, ethnicity, gender, or physical appearance is outlawed. At bottom, Germans do not completely trust people to make appropriate judgments about racial or other invective, a legacy of the Holocaust.[44]

---

40. Ibidem.
41. BVerfG 82, 272/281.
42. BVerfG 82, 272/277.
43. BVerfG 82, 272/283-285.
44. EBERLE, Edward J. Dignity and liberty... Op. cit. p. 226.

Tendo isso em vista, debrucemo-nos, agora, sobre o caso em tela. A revista satírica *Titanic*, com publicação mensal, possuía uma coluna permanente, que se denominava "As Sete Personalidades mais Ridículas". No mês de março de 1988, foi publicada, como de costume, a mesma lista e, em sétimo lugar, foi inserida uma foto de um soldado deficiente, com nome e sobrenome e um parênteses, onde a revista fazia a seguinte referência: "Nascido para matar".[45] No texto que se seguia, foi acrescentado: "Mais obscena é certamente a ideia de um paraplégico em uma cadeira de rodas se envolver em um exercício militar".[46]

Embora o soldado tivesse se tornado deficiente, ele desejava participar dos exercícios de manobras de inteligência militar das forças armadas. No jornal *Bild am Sonntag*, afirmou que poderia trabalhar, pois "em algum momento eu disse a mim mesmo: Tua cabeça ainda está perfeitamente em ordem, por que não continuar a ser útil às forças armadas como oficial de reserva? Em tcheco eu posso me comunicar mesmo sentado".[47]

No número de julho de 1988 da revista, foi publicado na coluna permanente "Cartas ao Leitor" um artigo em que constava menção direta ao nome do autor com o seguinte título: "O fato de um **aleijado**, isto é, o Senhor, ter interesse em granadas, em trabalhar em uma organização, ou seja, nas forças armadas, cujo objetivo é aleijar pessoas ou mesmo matá-las, consideramos obsceno e erigimos o Senhor uma das sete personalidades mais ridículas do mês de março".[48]

O BVerfG se pronunciou no sentido de que o uso da expressão *aleijado* deveria ser entendido como uma humilhação, vexatória e desnecessária. Com isso, ele foi rotulado como uma pessoa inferior, o que, em outros termos, constitui uma violação, em última instância, de seu direito de personalidade[49] e, em consequência, de sua dignidade. Podemos afirmar que nesse caso, claramente, a Corte alemã condenou o discurso do ódio, definindo-o como um claro limite à liberdade de expressão.

4.2.6. A Mentira de Auschwitz – BVerfGE 90, 241 (1994)

Na Alemanha, é tabu a difamação de um grupo determinado de indivíduos quando esse ato se baseia na incitação ao ódio contra um povo baseada na raça ou na etnicidade. O caso *A Mentira de Auschwitz*, julgado pelo Tribunal Constitucional, em 1994, é um exemplo de como o BVerfG se pronunciou mais uma vez sobre o banimento do discurso do ódio. A Corte Constitucional declarou inconcebível a afirmação do partido nacionalista, ultraconservador e de extrema-direita *Nationaldemokratische Partei Deutschlands* (NPD) de que nem a perseguição aos judeus no Terceiro *Reich*, nem o holocausto haviam, de fato, acontecido.[50] A Corte justificou a decisão com base no fato de que a colocação do NPD de que os fatos comprovadamente falsos de que o holocausto nunca sucedera não

---

45. BVerfG 86, 1/1.
46. Ibidem.
47. BVerfG 86, 1/3.
48. BVerfG 86, 1/4.
49. BVerfG 86, 1/12.
50. BVerfG 90, 24/242. Como veremos, o caso se assemelha bastante ao *leading case* brasileiro rotulado como "caso Ellwanger".

se encontra sob a proteção da Lei Fundamental. Para os judeus, contudo, o holocausto é uma parte de sua identidade e dignidade,[51] e o respeito pela dignidade do homem é um princípio na Alemanha que tem, entre outros, como finalidade que tal perseguição aos judeus jamais venha a ocorrer.

4.2.7. Soldados são Assassinos I (BVerfG 1 BvR 1423/92 [1994])

Durante a Guerra do Golfo um pacifista colou, em seu carro, um decalque com a frase "Soldados são Assassinos". O "t" da palavra "soldados", em alemão, *Soldaten*, foi estilizado em forma de cruz. Sob essa frase encontrava-se a assinatura fac-símile do escritor e jornalista Kurt Tucholsky. Crucial para a posterior apreciação da Corte Constitucional foi também que, junto a essa colagem, encontravam-se outras duas, uma com a inscrição "Transforme espadas em arados" e a outra com a foto de um soldado, atingido por uma bala, com uma outra inscrição: "Por quê?". A ilustração se baseava em uma conhecida foto de Robert Capa da Guerra Civil Espanhola.[52]

De forma contrária aos tribunais inferiores, o BVerfG se manifestou, então, pela não condenação do pacifista, interpretando sua ação não como um discurso do ódio contra os militares, mas como um protesto geral contra a guerra.[53] Definiu, ainda, que a liberdade de comunicação deve ser exercida "no interesse de um direito do desenvolvimento pessoal, com a qual a comunicação está bastante conectada, assim como no interesse do processo democrático, para o qual a comunicação tem um significado constitutivo".[54]

4.2.8. Soldados são Assassinos II – BVerfG 93, 266 (1995)

Essa reclamação constitucional diz respeito à condenação penal em razão de ofensa às forças armadas e a soldados por meio de afirmações como "Soldados são assassinos" ou "Soldados são assassinos em potencial". Vamos ao relato do caso então: perto da residência do autor da reclamação foram estacionados entre sete e dez tanques do exército norte-americano. A esse respeito, ele expressou sua consternação e escreveu em um lençol: "Um soldado é um assassino", o qual prendeu por volta das 10 horas em um entroncamento rodoviário na periferia. Aproximadamente ao meio-dia, passou por lá um oficial das forças armadas, o tenente-coronel Ü, que, ao perceber o lençol em forma de bandeira pendurado, informou a polícia. Os policiais recolheram a bandeira em torno das 14 horas. O tenente-coronel apresentou, então, uma queixa-crime contra o mencionado autor.[55] O tribunal distrital o condenou, então, a pagar uma multa por insulto. Em virtude disso, o autor, então réu condenado, recorreu ao BVerfG.

A Corte Constitucional confirmou a decisão do caso anterior "Soldados são assassinos I" e, nesse novo julgamento, os motivos tiveram cunho pedagógico. O Tribunal afirmou, mais uma vez, que os cidadãos alemães são livres para expressar sua opinião,

---

51. BVerfG 90, 24/251-253.
52. Neue Juristische Wochenschrift, no 45, 1994. p. 2943.
53. Ibidem, p. 2943 s.
54. Ibidem, p. 2943.
55. BVergG 93, 266/269.

mesmo quando sua opinião seja contrária ao direito de personalidade da proteção da honra. Como uma proteção exagerada da honra pode restringir a liberdade de expressão, a difamação ou o insulto devem ser interpretados e aplicados, dessa forma, *stricto sensu*.[56] Nesse sentido, as questões críticas do discurso público devem ser presumidamente protegidas. As razões do BVerfG consistiram em que as frases "Soldados são assassinos" ou "Soldados são potencialmente assassinos" não se referem, na realidade, nem a um soldado específico ou identificado, nem a um grupo definido de soldados que pertencesse às forças armadas alemãs, cujo teor pudesse ser identificado como discurso do ódio.[57] Nesse contexto, o BVerfG se pronunciou no sentido de que a frase fazia referência aos soldados e à guerra de forma geral. Provavelmente, foi levado em consideração que a morte em uma guerra não é uma ação impessoal, mas uma ação humana. O objetivo da veiculação da frase foi conseguir mais atenção para uma mensagem importante do que, em verdade, cometer um insulto pessoal. O insulto só seria punível se o objetivo da comunicação fosse causar um prejuízo pessoal sem ter qualquer conteúdo substancial de fundo.

Tendo em vista esse grupo de casos, podemos concluir que a jurisprudência da Corte constitucional alemã sobre a liberdade de expressão e de comunicação em colisão com os direitos de personalidade pode ser resumida, primeiramente, na precedência da liberdade de expressão e de comunicação sobre os direitos de personalidade (No entendimento do Tribunal Constitucional, não houve violação, em última instância, do princípio/garantia da dignidade humana) como se depreende dos casos: *Lüth* (1958) e *Schmid-Spiegel* (1961). Posteriormente, com o caso *Mephisto* (1971), os direitos de personalidade (fundados, em último grau, no princípio da dignidade humana) tiveram precedência sobre os direitos referentes à liberdade de expressão.

Na década de 1990, em face à nova realidade dos discursos de ódio, a Corte adotou, contudo, um posicionamento intermediário, em que ora a liberdade de expressão teve prevalência na colisão (*Entrevista Stern-Strauss* [1990], *Soldados são Assassinos I* (1994) e *Soldados são Assassinos II* [1995]), ora os direitos de personalidade, com fundamento na dignidade humana (em repúdio, em essência, as afirmações movidas por um discurso de ódio), se mostraram vencedores nesse jogo, como depreendemos dos casos: *Titanic/"Nascido para matar"* (1992) e *A mentira de Auschwitz* (1994).

5. A DEGENERAÇÃO DA LIBERDADE DE EXPRESSÃO NA INCITAÇÃO AO DISCURSO DO ÓDIO: A DECISÃO DO SUPREMO TRIBUNAL FEDERAL SOBRE O CASO ELLWANGER (HC 82.424/03)

O caso *Ellwanger* (2003) já foi intensamente discutido na literatura jurídica brasileira.[58] De todo modo, vale descrevê-lo brevemente: O Supremo Tribunal Federal se

---

56. BVerfG 93, 266/292.
57. BVerfG 93, 266/298.
58. Entre outros, v.: FARIAS, Edilsom Pereira de. Liberdade de expressão e comunicação: teoria e proteção constitucional. São Paulo: Revista dos Tribunais, 2004; KOATZ, Rafael Lorenzo-Fernandez. As liberdades de expressão e de imprensa na jurisprudência do STF. In: SARMENTO, Daniel; SARLET, Ingo Wolfgang (Org.). Direitos fundamentais no Supremo Tribunal Federal. Balanço e crítica. Rio de Janeiro: Lumen Juris, 2011. p. 391-447; LAFER,

pronunciou em setembro de 2003 pela confirmação da condenação, pelo crime de prática de racismo, de Siegfried Ellwanger, por 8 votos a 3. Tal decisão teve como base o fato de, no decorrer dos anos, Ellwanger ter se dedicado, no Rio Grande do Sul, à divulgação e publicação sistemática de livros de caráter antissemita, como *O judeu internacional*, de Henry Ford, *A história secreta do Brasil*, de Gustavo Barroso, *Os conquistadores do mundo*, de Louis Marschalko, *Hitler, culpado ou inocente?*, de Sérgio Oliveira, e *Os protocolos dos sábios de Sião*, texto completo e apostilado por Gustavo Barroso. Similarmente ao sucedido no caso alemão *A mentira de Auschwitz* (1994), publicou, ainda, o livro *Holocausto – judeu ou alemão? Nos bastidores da mentira do século*, de S. E. Castan, em que o autor afirma que o holocausto nunca havia sucedido historicamente.

Ellwanger teve, assim, como questão principal o racismo que se manifestou na discriminação veiculada em livros contra judeus. De um lado, portanto, encontrava-se uma mensagem racista ou de ódio, atentando contra a honra, a identidade, a igualdade e violando a dignidade de um povo, e, de outro, encontrava-se a liberdade do acusado em se expressar livremente, ainda que o conteúdo da mensagem fosse ofensivo, repulsivo ou, mesmo, doentio. Nessa colisão de direitos, a Corte Constitucional brasileira se pronunciou, em primeiro lugar, no sentido de que a prática de antissemitismo se iguala ao crime de racismo. Isso porque a edição e publicação de obras escritas veiculando ideias antissemitas, que buscam resgatar e dar credibilidade à concepção racial definida pelo regime nazista, negadoras e subversoras de fatos históricos incontroversos como o Holocausto, consubstanciadas na pretensa inferioridade e desqualificação do povo judeu, equivalem à incitação ao discrímen com acentuado conteúdo racista, reforçadas pelas consequências históricas dos atos em que se baseiam.[59]

Em segundo lugar, examinou a colisão de direitos propriamente, ou seja, a ponderação entre o exercício da liberdade de expressão de um lado e a prática de racismo de outro, e fixou no acórdão a seguinte orientação final:

O preceito fundamental da liberdade de expressão não consagra o "direito à incitação ao racismo", dado que um direito individual não pode constituir-se em salvaguarda de condutas ilícitas, como sucede com os delitos contra a honra. Prevalência dos princípios da dignidade da pessoa humana e da igualdade jurídica.[60]

Assim é que a liberdade de expressão, manifestada pela propagação literária baseada no discurso do ódio, de caráter racista, encontrou, nesse julgamento de 2003 da Suprema Corte brasileira, seus limites finais e, portanto, sua repulsa, na garantia e proteção da igualdade (não discriminação) e, em última instância, do próprio princípio fundamental da dignidade humana.

Celso. O STF e o racismo. Folha de S. Paulo, 30 mar. 2004. Disponível em: <http://www1.folha.uol.com.br/fsp/opiniao/fz3003200409.htm>. Acesso em: 30 maio 2013. REALE JR., Miguel. Limites à liberdade de expressão. Revista de Ciências Criminais, no 81, nov./dez. 2009. p. 61-91.
59. HC 82.424/2003, Rel. Min. Moreira Alves, Rel. para o Acórdão Min. Maurício Côrrea, Tribunal Pleno, julgado em 17.9.2003, DJ de 19.3.2004.
60. Ibidem.

6. RESPONSABILIDADE CIVIL PELA PRÁTICA DO DISCURSO DE ÓDIO

Proferido o discurso segregador e constatado, no exame do caso concreto, o abuso do direito de liberdade de expressão e comunicação, após criteriosa ponderação entre os valores em jogo, cumpre esclarecer, afinal, se, nas relações privadas, pode o agente ser compelido a indenizar aquelas pessoas em direção às quais o discurso foi prolatado. Isto é, cabe investigar se a ofensa praticada pelo agente, por meio das redes sociais ou quaisquer outros canais de comunicação veiculados por Internet, pode ser caracterizada como dano indenizável; se o dano, considerado indenizável, caracteriza-se como dano extrapatrimonial individual e/ou coletivo; se, verificado o dano, o agente causador é responsável pela sua reparação ou por alguma sanção civil específica.

De início, não se pode olvidar da atual tendência da responsabilidade civil no direito brasileiro. Erigida sob o dogma da vontade, a teoria da responsabilidade civil ascendeu como instrumento de defesa contra os atos exacerbados da autonomia da vontade. Na medida em que o homem era dotado de livre vontade, poderia fazer ele o que estivesse ao seu alcance, desde que consciente de sua responsabilidade pela prática dos próprios atos. Nesse contexto, portanto, era essencial que a responsabilidade do sujeito lhe fosse atribuída por uma ação ou omissão que pudesse ser a ele imputada, por algum desvio de conduta, razão pela qual a culpa se constituía como a razão fundante da responsabilidade civil, sem a qual não haveria dever de indenizar. A responsabilidade civil só teria lugar se comprovada a culpa, o nexo causal e o dano.[61]

Com o desenvolvimento econômico e tecnológico, somado ao aumento paulatino dos riscos das atividades da vida contemporânea, a sociedade passou a experimentar danos em escala progressiva, de evolução exponencial. Nessa nova realidade, calcada na responsabilidade pelo risco e, especialmente, em razão do deslocamento da ótica de proteção do agente causador do dano para a vítima, a vinculação da culpa à responsabilidade civil foi relativizada, motivo pelo qual se passou a aceitar e estimular a indenização prescindindo da conduta culposa do agente.[62] Em diversos casos, bastava que se comprovasse o nexo causal e o dano, circunstância na qual se consolidou a responsabilidade

---

61. Cf., por todos: Gustavo Tepedino. A evolução da responsabilidade civil no direito brasileiro e suas controvérsias na atividade estatal. Temas de Direito Civil. Rio de Janeiro: Renovar, 2008. v. I, p. 203, no sentido de que "o Código Civil de 1916 consagrou a responsabilidade subjetiva como regra geral do sistema privado brasileiro, [...]. Pouco a pouco, contudo, percebeu-se a insuficiência da técnica subjetivista, para atender todas as hipóteses em que os danos deveriam ser reparados".
62. "A criação ou majoração de um risco, como noção jurídica empregada por cláusulas gerais de responsabilização, continua sendo importante fator na aplicação da responsabilidade objetiva, mas perde seu papel de fundamento exclusivo do instituto na medida em que se vislumbram hipóteses de incidência desta espécie de responsabilidade em que não se pode, ou em que se pode apenas artificialmente, invocar o risco como fator de vinculação entre o dever de indenização e o agente. Em tais situações, a responsabilidade objetiva parece revelar a sua verdadeira essência na contemporaneidade: não a de uma responsabilidade por risco, mas a de uma responsabilidade independente de culpa ou de qualquer outro fator de imputação subjetiva, inspirada pela necessidade de se garantir reparação pelos danos que, de acordo com a solidariedade social, não devem ser exclusivamente suportados pela vítima – proposição, portanto, essencialmente negativa" (SCHREIBER, Anderson. Novos paradigmas da responsabilidade civil. São Paulo: Atlas, 2012. p. 30).

sem culpa com a inclusão da cláusula geral de responsabilidade objetiva no parágrafo único do art. 927 do Código Civil de 2002.[63]

Todavia, a mitigação do requisito da culpa para a configuração do dever de reparação não se mostrou suficiente para salvaguardar a situação jurídica das vítimas dos danos, uma vez que a vivência hodierna passou a experimentar lesões que, a despeito de sua tamanha extensão, não poderiam ser reparadas porque se verificava rompido, ou não comprovado, de alguma forma o nexo causal. Após certa resistência, passou-se a perceber, igualmente, a fragmentação desta última barreira em favor da persecução irrepreensível da reparação em favor da vítima, que se mostrou, em alguns casos concretos, a medida de maior justiça, de maneira a alcançar-se um patamar de supervalorização da posição da vítima e a necessidade de se reparar os danos causados a ela, ainda que decorrentes de conduta não culposa ou não causada por aquele que deve reparar.[64]

É nesse ambiente, caracterizado pela erosão dos filtros que impediam ou dificultavam a reparação civil,[65] que repousa a responsabilidade civil atual, pouco interessada na aferição da conduta do agente, se culposa ou não, e cada vez mais desinteressada na relação de causalidade entre o dano experimentado e a conduta daquele que deve reparar.[66] Concentram-se as forças, agora, na identificação do dano injusto, ou do dano indenizável, como verdadeiro sustentáculo, insuperável, da responsabilidade civil.

Nesse sentido, o discurso do ódio (*hate speech*), identificado no caso concreto como tal, implica desmoronamento das sólidas barreiras da liberdade de expressão e comunicação, circunstância em que deixa de ser merecedor de tutela na ordem civil constitucional. Isso significa dizer que não há discurso do ódio digno de proteção legal, porquanto, uma vez identificado, caminha em sentido oposto e divergente aos valores consagrados na ordem constitucional, especialmente em relação ao valor fundante da dignidade da pessoa humana. Daí por que entendemos que o discurso do ódio, qualificado como exercício abusivo do direito de liberdade de expressão e comunicação, tem o condão de causar dano à(s) vítima(s) do discurso.

Com efeito, não se nega que o confronto de valores por ocasião da ponderação exercida no caso concreto pode gerar dúvidas na qualificação do fato e na subsequente individuação da normativa a ser aplicada. No "caso Mayara", apresentar-se-ia como merecedor de tutela o exercício da liberdade de expressão se a estudante, por meio de

---

63. Em obra específica, por todos, cf. Raquel Bellini de Oliveira Salles. A cláusula geral de responsabilidade objetiva. Rio de Janeiro: Lumun Juris, 2010. p. 34, para quem "a norma prevista no parágrafo único do artigo 927 do Código Civil de 2002 traduz uma cláusula geral que contém em si um conceito jurídico indeterminado, qual seja, o de atividade de risco".
64. "A gradual perda de rigor na apreciação do nexo de causalidade, extraída de tantos expedientes empregados pela jurisprudência, com maior ou menor apoio na doutrina, efetivamente assegura às vítimas em geral a reparação dos danos sofridos" (SCHREIBER, Anderson. Novos paradigmas. Op. cit. p. 78. Igualmente: MORAES, Maria Celina Bodin de. Danos à pessoa humana. Op. cit. p. 135-136).
65. Atribui-se a expressão erosão dos filtros a Anderson Schreiber. Novos paradigmas. Op. cit. p. 11. A locução é adequada porque não se verifica a supressão dos requisitos tradicionais, mas a sua erosão, ou fragmentação, ou relativização, de modo que em muitas oportunidades ainda se observa o modelo clássico de reparação civil calcado na culpa, no nexo causal e no dano.
66. A situação narrada foi detectada por Maria Celina Bodin de Moraes. Danos à pessoa humana: uma leitura civil--constitucional dos danos morais. Rio de Janeiro: Renovar, 2003. p. 165-174; e por Anderson Schreiber. Novos paradigmas. Op. cit. p. 55-79, calcada, sobretudo, na análise da tendência jurisprudencial.

sua conta no *Twitter*, manifestasse uma simples opinião, desprovida de ofensa direta à dignidade das pessoas de origem nordestina, tal como a expressão "eu odeio as pessoas que contribuíram para a eleição de Dilma Roussef". Sem maiores razões que a situação de complexidade do caso concreto pode oferecer, essa manifestação livre de sua opinião não deve ser considerada abusiva, mesmo porque inclui pessoas de todas as regiões, raças e credos, sem fazer distinções sobre características pessoais dos indivíduos. Reconhece-se, aqui, a existência de um discurso digno de tutela jurídica, que embora leve em seu conteúdo o verbo *odiar*, não se qualifica como discurso do ódio, mas antes como consagração da liberdade de expressão e de manifestação política,[67] cuja publicação nas mídias sociais não daria azo a qualquer dano àqueles que contribuíram para a eleição da presidente.[68]

Por sua vez, constatado o abuso no exercício da liberdade de expressão a atingir a dignidade das pessoas subjacentes, ou não, a um determinado grupo, não se pode concluir de outra forma a não ser pelo reconhecimento de um dano efetivamente causado a uma pessoa ou a uma coletividade. Se causado dano a uma pessoa, porque o discurso do ódio foi proferido contra uma pessoa individualmente determinada – e não em face da coletividade –, deve aplicar-se o modelo consagrado da responsabilidade civil por danos à pessoa (danos morais), na medida em que abalada a cláusula geral de tutela da dignidade da pessoa humana.

A dignidade humana é valor decorrente da própria existência humana como seres racionais dotados de autonomia. Em Kant, a razão, atributo inerente a todo ser racional, é capaz de qualificar a vontade dos indivíduos, vale dizer, se a vontade manifestada pelo homem é pautada na razão, ela passa a ser considerada como produtora de leis universais, em razão de sua autonomia.[69] Como essa autonomia só existe dentro do "reino dos fins", considerando o homem como fim em si mesmo, todos têm uma "necessidade prática de

---

67. Nesse sentido, apoiamo-nos nos precedentes alemães "Soldados são assassinos I e II", nos quais à primeira vista parecia haver discurso de ódio contra os militares, se interpretada a mensagem isoladamente. Contudo, no contexto em que proferido, o Tribunal Constitucional Alemão entendeu ser um discurso direcionado não contra os militares, mas em desfavor da guerra e seus efeitos nefastos, cuja manifestação livre de opinião foi garantida e considerada legítima e merecedora de tutela. Por essa interpretação, que reputamos adequada, somente o caso concreto poderá definir se o discurso ultrapassou ou não as fronteiras da liberdade de expressão e comunicação constitucionalmente garantidas. Cf. itens 2.7 e 2.8.
68. De uma forma ou de outra, para a qualificação do dano, "a agressão deve ser significativa; o fato que agride o patrimônio coletivo deve ser de tal intensidade e extensão que implique na sensação de repulsa coletiva a ato intolerável". Cf. FLORENCE, Tatiana Magalhães. Danos extrapatrimoniais coletivos por danos ambientais: proteção da pessoa humana sob o enfoque dos direitos difusos. 2004. Tese (Doutorado em Direito Civil). Universidade do Estado do Rio de Janeiro, Rio de Janeiro, p. 139.
69. Aqui, Kant relaciona claramente a autonomia (da vontade) à capacidade intrínseca de todo homem de tornar-se legislador universal e agir conforme suas próprias leis, dentro de um contexto que ele denominou de reino dos fins. "Via-se o homem ligado a leis por seu dever, mas não passava pela cabeça de ninguém que ele estaria submetido apenas à sua legislação própria, embora universal, e que ele só estaria obrigado a agir em conformidade com sua vontade própria, mas legislando universalmente, segundo o 'seu' fim natural. [...] Chamarei, portanto, esse princípio de princípio da autonomia da vontade, por oposição a qualquer outro, que, por isso, incluo na heteronomia." Continua: "O conceito de todo ser racional que tem de se considerar como legislando universalmente mediante todas as máximas de sua vontade, a fim de ajuizar a partir desse ponto de vista a si mesmo e suas ações, conduz a um 'outro' conceito muito fecundo apenso a ele, a saber, o 'conceito' de um reino dos fins". Cf. KANT, Immanuel. Fundamentação da metafísica dos costumes. Tradução de Guido Antônio de Almeida. São Paulo: Barcarola, 2009. p. 257-258.

agir segundo esse princípio", constituindo-se, destarte, o dever, a ser seguido por todos os seres racionais uns com os outros.[70]

Nesse contexto, para o filósofo tedesco, da razão decorre a noção de autonomia que, considerada como legisladora universal inserida no reino dos fins, tem, como premissa, o reconhecimento do homem como fim em si mesmo e, como consequência, a criação de deveres (morais) para todos, na mesma medida.[71] Assim, a moralidade – determinada pela razão e autonomia, criadora de normas formais universais por meio do imperativo categórico, sob a condição de consideração do homem como fim em si mesmo (humanidade) – consagra, ao mesmo tempo, a igualdade e a solidariedade porque: (a) todos seguem deveres morais conforme a razão, na mesma medida;[72] e (b) todos reconhecem uns nos outros a mesma humanidade, a qual é condição restritiva suprema da liberdade das ações de todo homem, e, concomitantemente, fundamento para a promoção dos "fins dos outros".[73]

Nessa perspectiva moral, humanista e universalizadora, a dignidade humana foi introduzida na nova ordem constitucional como valor fundante de toda a ordem jurídica, porquanto a Constituição brasileira de 1988 consagrou a dignidade humana como fundamento da República (art. 1º, III), elevando-a ao patamar de princípio maior e alicerce de todo o sistema jurídico.[74]

Partindo de uma abordagem neokantiana, sem se desprender do dado normativo, Maria Celina Bodin de Moraes, pautada na cláusula geral de dignidade da pessoa humana, revela os parâmetros pelos quais se pode aferir se a dignidade foi ou não efetivamente violada. Para isso, identificou como conteúdo da dignidade, para além dos substratos da liberdade (autonomia), igualdade e solidariedade – e a partir da máxima segundo a qual nenhuma pessoa pode ser objeto ou instrumento para a realização de qualquer fim –, aquele segundo o qual toda pessoa, em sua dignidade, tem direito à integridade psicofísica.[75] Assim, não observado qualquer de seus substratos, como notadamente o

---

70. "A necessidade prática de agir segundo esse princípio, isto é, o dever, não assenta absolutamente em sentimentos, impulsos e inclinações, mas meramente na relação dos seres racionais uns com os outros, na qual a vontade de um ser racional tem de ser considerada ao mesmo tempo como legislante, porque, de outro modo, não poderia pensá-los com fins em si mesmos. A razão refere, portanto, toda máxima da vontade enquanto legislando universalmente a toda outra vontade e também a toda ação para consigo mesmo, e isso, aliás, não por causa de qualquer outro motivo prático e vantagem futura, mas em virtude da ideia de dignidade de um ser racional que não obedece a nenhuma outra lei senão àquela que ele dá ao mesmo tempo a si mesmo." Cf. KANT, Immanuel. Op. cit. p. 263-264.
71. Veja-se que "a moralidade é a única condição sob a qual um ser racional pode ser fim em si mesmo: porque só através dela é possível ser um membro legislante no reino dos fins" (KANT, Immanuel. Op. cit. p. 263).
72. "O dever não se aplica ao soberano no reino dos fins, mas, antes, a cada membro e, na verdade, a todos na mesma medida" (KANT, Immanuel. Op. cit. p. 263).
73. "Seria uma concordância apenas negativa e não positiva para a humanidade enquanto fim em si mesmo, se todo mundo deixasse de promover também, na medida do possível, os fins dos outros. Pois os fins do sujeito que é fim em si mesmo têm de ser também, tanto quanto possível, os meus fins, se aquela representação deve produzir em mim todo 'o seu' efeito" (KANT, Immanuel. Op. cit. p. 249).
74. No mesmo sentido, Maria Celina Bodin de Moraes, para quem "o respeito à dignidade da pessoa humana, fundamento do imperativo categórico kantiano, de ordem moral, tornou-se um comando jurídico no Brasil com o advento da Constituição Federal do 1988, do mesmo modo que já havia ocorrido em outras partes". Cf. O princípio da dignidade da pessoa humana. Na medida da pessoa humana: estudos de direito civil-constitucional. Rio de Janeiro: Renovar, 2010. p. 82.
75. Nas palavras da autora: "O substrato material da dignidade assim entendida pode ser desdobrado em quatro postulados: i) o sujeito moral (ético) reconhece a existência dos outros sujeitos como sujeitos iguais a ele; ii) merecedores

valor da igualdade, na relação concreta, abalada está a dignidade daquela pessoa sujeita à discriminação ilegítima, surgindo daí um dano à pessoa, passível de reparação civil.

Em suma, o dano à pessoa é configurado nas hipóteses em que é malferida a dignidade da pessoa humana, representada por algum de seus substratos. Por essa razão, se o discurso do ódio é despejado sobre uma pessoa individualmente, seja qual for o veículo de comunicação, se mídia escrita, oral ou simbólica, real ou virtual, constatado o abuso da liberdade de expressão e comunicação com conteúdo violador da dignidade humana, não há dúvidas de que a vítima pode pleitear indenização na forma do art. 927 do Código Civil.

Entretanto, no caso inaugural, Mayara Petruso não proferiu discurso do ódio contra uma pessoa especificamente. De fato, teria ela violado a dignidade da coletividade dos nordestinos ao apontá-los como seres desprovidos de humanidade, ofendendo o valor da igualdade inerente a todos as pessoas e incitando, ademais, os seus seguidores e o público em geral a matá-los, porque, para ela, afinal, "nordestino não é gente".

Ocorre que esse tipo de dano, causado por discurso proferido em rede social na Internet, sem um direcionamento específico a qualquer pessoa individualizada, não tem as mesmas características do dano moral comumente considerado, uma vez que a ofensa normalmente possui um destinatário certo e determinado. Por essa razão, indaga-se a qual espécie de responsabilidade se sujeitará o ofensor.

Em verdade, diz-se que o dano extrapatrimonial pode ser individual ou coletivo.[76] Aquele é comumente chamado de dano moral, sobretudo em razão da fundamentação empregada pela doutrina clássica com relação a sua origem, tradicionalmente ligada à violação à integridade moral das vítimas, cujo dano seja capaz de gerar-lhes dor, sofrimento, angústia, dentre outras lamúrias.[77] Já o dano coletivo é construção contemporânea engenhosa por meio da qual seria possível identificar a violação de interesses não individuais, mas difusos ou coletivos, igualmente merecedores de tutela.[78]

---

do mesmo respeito à integridade psicofísica de que é titular; iii) é dotado de vontade livre, de autodeterminação; iv) é parte do grupo social, em relação ao qual tem a garantia de não vir a ser marginalizado. São corolários desta elaboração os princípios jurídicos da igualdade, da integridade física e moral – psicofísica –, da liberdade e da solidariedade". Cf. Danos à pessoa humana. Op. cit. p. 85.

76. A classificação apresentada, excluindo a denominação "dano moral coletivo", encontra ressonância na doutrina de Luiz Gustavo Grandinetti Castanho de Carvalho. Responsabilidade por dano não-patrimonial a interesse difuso (dano moral coletivo). Revista da Emerj, v. 3, no 9. p. 24-31, 2000, e Leonardo Bessa. Dano moral coletivo. Op. cit. p. 104, na medida em que, para o autor, "assiste razão à doutrina citada no sentido de que seria melhor falar em dano extrapatrimonial". Veja, também: RAMOS, André de Carvalho. A ação civil pública e o dano moral coletivo. Revista de Direito do Consumidor, São Paulo, no 25, p. 82, jan./mar. 1988; MEDEIROS NETO, Xisto Tiago. Dano moral coletivo. São Paulo: LRT, 2004. p. 136-137; e BITTAR FILHO, Carlos Alberto. Dano moral coletivo no atual contexto brasileiro. Revista de Direito do Consumidor, São Paulo, no 12, p. 55, out./dez. 1994.

77. É a posição de Sérgio Cavalieri Filho. Programa de responsabilidade civil. São Paulo: Malheiros, 2004. p. 98, segundo a qual "só deve ser reputado como dano moral a dor, vexame, sofrimento ou humilhação que, fugindo à normalidade, interfira intensamente no comportamento psicológico do indivíduo, causando-lhe aflição, angústia e desequilíbrio em seu bem-estar".

78. No que respeita à caracterização dos interesses metaindividuais, Rodolfo de Camargo Mancuso afirma que o interesse coletivo é aquele interesse aglutinado, coeso. Cf. Interesses difusos: conceito e legitimação para agir. São Paulo: Revista dos Tribunais, 1997. p. 52. Segundo Ada Pellegrini Grinover, são "os interesses comuns a uma coletividade de pessoas e apenas a elas, mas ainda repousando sobre um vínculo jurídico definido que as congrega". Cf. Novas tendências na tutela jurisdicional dos interesses difusos. Revista do Curso de Direito, Uberlândia, no 13, p. 2, 1984. Nos termos do art. 81, II, do Código de Defesa do Consumidor, trata-se de interesse transindividual,

Em sua origem, o chamado "dano moral coletivo" procurou ancorar-se na superação da percepção de dano moral como dor psíquica, necessariamente vinculada a uma pessoa humana, para alcançar também qualquer "abalo no patrimônio moral de uma coletividade".[79] Contudo, soa estranho aplicar o regime tradicional da responsabilidade civil, fundada na ideia de reparação moral à vítima do dano, em hipóteses alheias ao dano causado à pessoa humana. Não por confusão entre o dano propriamente dito e os seus efeitos (sofrimento psíquico), mas porque a sistemática da responsabilidade civil inserida na legalidade constitucional só pode admitir dano reparável nas hipóteses em que há violação à cláusula geral de tutela da pessoa humana.[80]

Nesse sentido, temos que o "dano moral coletivo",[81] em verdade, trata-se de dano extrapatrimonial a interesse não individual, difuso ou coletivo, digno de tutela porque ofensivo a interesse metaindividual cujo conteúdo é preenchido por valor garantido constitucionalmente e de grande repercussão social a ponto de ameaçar a harmonia ou integração da comunidade, maculando o valor da solidariedade social.[82]

Por esse raciocínio, percebe-se que a disciplina do dano extrapatrimonial individual (dano moral) é distinta da disciplina do dano extrapatrimonial metaindividual.[83]

---

de natureza indivisível de que seja titular o grupo, categoria ou classe de pessoas ligadas entre si ou com a parte contrária por uma relação jurídica base. No que concerne aos interesses difusos, estes abrangem um universo maior que o interesse coletivo, porquanto representam os interesses metaindividuais de natureza indivisível, de que sejam titulares pessoas indeterminadas e ligadas por mera circunstância de fato (art. 81, I, do CDC).

79. Cf.: RAMOS, André de Carvalho. A ação civil pública e o dano moral coletivo. Revista de Direito do Consumidor, São Paulo, no 25, p. 82, jan./mar. 1988. Segundo o autor, "afeta-se a boa-imagem da proteção legal a estes direitos e afeta-se a tranquilidade do cidadão, que se vê em verdadeira selva, onde a lei do mais forte impera" (Op. cit. p. 83). Nessa perspectiva, chega a propugnar pela existência de danos morais coletivos em razão da simples edição de normas inconstitucionais, pois, "ora, em face de leis inconstitucionais o dano moral sempre existe, havendo verdadeira presunção absoluta de lesão ao patrimônio moral de todos os cidadãos" (Op. cit. p. 88). Em sentido semelhante, por uma violação a um "espírito coletivo" ou a "esfera moral da comunidade", respectivamente: MEDEIROS NETO, Xisto Tiago. Dano moral coletivo. São Paulo: LTR, 2004. p. 136-137; e BITTAR FILHO, Carlos Alberto. Dano moral coletivo no atual contexto brasileiro. Revista de Direito do Consumidor, São Paulo, no 12, p. 55, out./dez. 1994.

80. Seguindo a metodologia civil-constitucional, segundo a qual os institutos e categorias de direito civil devem ser lidos à luz da tábua axiológica consagrada na Constituição Federal, "decorre logicamente que a unidade do ordenamento é dada pela tutela à pessoa humana e à sua dignidade, [...], portanto, em sede de responsabilidade civil, e, mais especificamente, de dano moral, o objetivo a ser perseguido é oferecer a máxima garantia à pessoa humana, com prioridade, em toda e qualquer situação da vida social em que algum aspecto de sua personalidade esteja sob ameaça ou tenha sido lesado" (MORAES, Maria Celina Bodin de. Danos à pessoa humana. Op. cit. p. 182).

81. Expressão utilizada de maneira atécnica pelo legislador no art. 6º, VI e VII, da Lei 8.078/90 e no art. 1º da Lei 7.347/85.

82. "O conteúdo dos interesses difusos trata de dois aspectos fundamentais: qualidade de vida e uma concepção de igualdade como direito à integração, baseada em aspectos participativos nas várias esferas da vida social." Cf. FLORENCE, Tatiana Magalhães. Danos extrapatrimoniais coletivos por danos ambientais: a proteção da pessoa humana sob o enfoque dos direitos difusos. Op. cit. p. 139. Desse modo, protege-se o meio ambiente, reprimem-se as práticas de consumo abusivas e se afastam as condutas contrárias aos objetivos fundamentais da República, tais como atos que contribuam para a desigualdade social ou regional (art. 3º, III, da CR/88), ou práticas discriminatórias (art. 3º, IV, da CR/88), dentre outras práticas que maculem os valores fundamentais do ordenamento.

83. É determinante a ideia de que o "dano moral coletivo" encontra obstáculos na própria legislação brasileira, na qual subverte a noção de "reparação civil" ao prever que o pagamento de valor pecuniário deve ser depositado em algum fundo destinado à reconstituição dos bens lesados (art. 13, caput, da Lei no 7.347/85), e não propriamente à disposição das pessoas subjacentes àquela coletividade, uma vez que é característica do interesse metaindividual a sua total separação em relação aos interesses individuais contidos na coletividade. Nessa direção, ver, por todos, Pasquale Femia. Interessi e conflitti culturali nell'autonomia privata e nella responsabilità civile. Napoli: ESI,

Enquanto aquele é atraído pelo núcleo da disciplina ordinária da responsabilidade civil, contendo elementos e racionalidade próprios,[84] porque cumpre função eminentemente reparatória, este parece estar absorvido por um modelo distinto, de cunho sancionatório/punitivo, na medida em que cumpre função de imposição de "graves sanções jurídicas para determinadas condutas" atendendo "ao princípio da prevenção e precaução, de modo a conferir real e efetiva tutela [aos] bens que extrapolam o interesse individual".[85]

O art. 1º da Lei nº 7.347/85 prevê expressamente a possibilidade de ação de responsabilidade por "danos morais" causados ao meio ambiente; ao consumidor;[86] a bens e direitos de valor artístico, estético, histórico, turístico e paisagístico; à ordem econômica; à ordem urbanística; ou a *qualquer outro direito difuso ou coletivo*.

Portanto, o legislador optou pela utilização de cláusula geral de tutela dos interesses metaindividuais, de maneira que uma vez observada a efetiva violação a tal interesse, verificada está a ocorrência de dano coletivo, apto a ensejar algum tipo específico de reparação, que pode ser aquele relativo ao dever de pagamento de sanção pecuniária em decorrência da prática do ato ofensivo a determinado grupo, difuso ou coletivo, de pessoas.

Por sua própria natureza, as hipóteses de dano causado pelo abuso da liberdade de expressão mediante prática de discurso do ódio se qualificam como danos coletivos, porque não raro são direcionados a um grupo de indivíduos, normalmente indeterminados, mas ligados por uma relação de fato, seja por sua origem, cor, raça, credo ou condição social.[87] O bem jurídico violado nesses casos parece ser somente o interesse metaindividual em si, de modo a conferir possibilidade de imputação da sanção prevista

---

1996. p. 109-111, para quem *"interesse collettivo (o generale, di gruppo, ecc.) avrà un significato diverso da interesse individuale solo se possa dimostrarsi che esista un interesse di cui sia titolare il tutto non riducibile all'interesse delle sue parti; un interesse che – irriferibile ad un concreto individuo e per sua presunta essenza rilevabile soltanto nella comunità vivente – non potrebbe essere liberamente determinato dall'autonomia individuale, ma soltanto da quella collettiva. Se così non fosse, interesse collettivo disignerebbe unicamente una somma di interessi propri dell1agire individuale"*.

84. Em sentido semelhante, cf. Rafael Viola. O papel da responsabilidade civil na tutela coletiva. Diálogos sobre direito civil. Rio de Janeiro: Renovar, 2008. v. II, p. 396.

85. Cf.: BESSA, Leonardo. Dano moral coletivo. Revista de Direito do Consumidor, São Paulo, no 59, p. 91, jul./set. 2006. Na mesma toada, ainda que seja assertiva ao defender a inexistência de caráter punitivo no regime de danos morais no ordenamento jurídico brasileiro, Maria Celina Bodin de Moraes, admite o caráter punitivo do dano extrapatrimonial nas hipóteses ofensoras de direitos difusos: "É de aceitar-se, ainda, um caráter punitivo na reparação de dano moral para situações potencialmente causadoras de lesões a um grande número de pessoas, como ocorre nos direitos difusos" (Op. cit. p. 263). Em posição semelhante à autora, cf.: NORONHA, Fernando. Direito das obrigações. São Paulo: Saraiva, 2003. p. 441-442.

86. Com relação à tutela coletiva dos direitos do consumidor, a Lei no 8.078 prevê, no art. 81 e seguintes, uma disciplina específica.

87. No que concerne à qualificação da violação a interesse metaindividual, temos que a ofensa proferida mediante discurso do ódio tem o condão de atingir interesse difuso, uma vez que "temos interesses difusos disseminados em áreas e temas de largo espectro social, tais como ecologia, 'qualidade de vida', tutela dos consumidores, gestão de coisa pública, direitos humanos, defesas de etnias, defesas de minorias sociais etc.". Cf. MANCUSO, Rodolfo de Camargo. Interesses difusos. Op. cit. p. 94. No mesmo sentido," o direito em questão refere-se à titularidade de grupos de indivíduos dispersos ou organizados unidos por alguma circunstância fática ou por afinidades éticas, sociais, de gênero ou origem, entre outras, que reivindicam tratamento digno por parte da lei, ainda que isto signifique a afirmação de uma identidade especial, não correspondente à noção de igualdade formal, e oponível à vontade da maioria. Poderia ser sintetizado em um direito a não exclusão dentro de uma perspectiva constitucional pluralista de valores. Cf. LEAL, Márcio Flávio Mafra. Ações coletivas: história, teoria e prática. Porto Alegre: Sérgio A. Fabris, 1998. p. 104-105.

no art. 13 da Lei nº 7.347/85, correspondente ao pagamento de montante pecuniário ao fundo destinado à reconstituição dos bens lesados.[88]

Seguindo esse raciocínio, havendo dano coletivo em discurso do ódio destinado a algum grupo de pessoas, entendemos incabível o pedido de reparação por danos extrapatrimoniais individuais, porque de fato, nessas hipóteses, não parece haver sequer dano individual indenizável. A prática de discurso do ódio coletivo não ofende a esfera jurídica individual daquele pessoal contida naquele grupo, permanecendo intangível a identidade pessoal do indivíduo, que nada sofre pelas opiniões ofensivas dirigidas ao grupo ao qual pertence. A reparação civil individual só tem espectro de incidência na ausência de dano coletivo, ou seja, nas hipóteses em que o discurso do ódio é proferido contra uma pessoa determinada, ainda que para isso o agente utilize a tática de ofender a vítima pelo ataque generalizado ao grupo ao qual ela pertence. No mesmo sentido, a sanção pecuniária prevista no art. 13 da Lei nº 7.347/85, como resultado possível do atecnicamente chamado "dano moral coletivo", não convive com a possibilidade de reparação civil individual, porque o bem jurídico violado se restringe àquele interesse metaindividual, desprendido dos interesses individuais a ele subjacentes.

Isso significa dizer que não há dano extrapatrimonial individual ressarcível nas hipóteses de discurso do ódio coletivo, podendo incidir apenas a sanção civil pecuniária, cuja aplicação caminha ao lado da sanção penal prevista na Lei nº 7.716/89.[89] Por outra via, a sanção pecuniária é apenas uma das medidas que se podem tomar como reação à ofensa a um interesse metaindividual, razão pela qual não se exclui a possibilidade de tutela inibitória ou mesmo concessão de direito de resposta, como instrumento de maior eficácia a ser aferida no caso concreto.

Na mesma direção, não se desconsidera a relevância de possível retratação do ofensor,[90] pelo mesmo meio utilizado e com a mesma publicidade oferecida, como critério razoável na qualificação do dano coletivo, de modo que um discurso do ódio proferido por impulso e imediatamente retratado espontaneamente e com veemência pelo seu

---

88. O modelo brasileiro é inspirado no *fluid recovery* norte-americano. É claro que na impossibilidade de reconstituição de um bem coletivo, deve utilizar-se o montante para a promoção do valor coletivo violado. De todo modo, o ordenamento brasileiro rejeitou a proposta daqueles que defendiam a possibilidade de distribuição do valor da condenação em processo de tutela coletiva às pessoas contidas no grupo, cujo interesse metaindividual foi violado. Nessa perspectiva: CAPPELLETTI, Mauro. O acesso dos consumidores à justiça. RF 310/56: "O ressarcimento deveria ser depois repartido entre os membros do grupo, sem exclusão dos que não tenham participado individualmente do processo. Ou então destinado a fins inerentes aos interesses e valores envolvidos no pleito (o chamado fluid recovery)". Parece claro que o legislador brasileiro adotou a segunda opção fornecida pelo autor.
89. Critica-se aqui a possibilidade de ocorrência de bis in idem pela possibilidade de aplicação de duas penas pecuniárias pelo mesmo fato ofensivo. Sucede que o ordenamento jurídico brasileiro admite tal circunstância, na medida em que é comum o autor de uma ofensa grave sofrer sanção pecuniária penal e administrativa, motivo pelo qual a sanção pecuniária civil não inaugura algo novo na sistemática punitiva nacional. O que se repele é a dupla aplicação de pena na mesma esfera, isto é, uma dupla punição da esfera penal, administrativa ou civil, pelo mesmo fato danoso. Em conformidade, cf. VIOLA, Rafael. O papel da responsabilidade civil na tutela coletiva. Op. cit. p. 401-402.
90. No que concerne à retratação, entendemos aquela realizada espontaneamente pelo ofensor, pois o pedido de desculpas forçado, além de não atingir o objeto almejado, mostra-se inconstitucional, porque ofende a liberdade negativa do indivíduo, como direito fundamental de primeira geração. O ofensor é livre para manifestar sua opinião, carregando consigo o encargo da responsabilidade pelos seus atos.

autor pode não ser considerado como dano passível de sanção se verificado na hipótese vertente como inofensivo à coletividade atingida.

Para efeito de quantificação, por se tratar de sanção de natureza punitiva, deve-se levar em conta, ao lado da inelutável aferição da extensão do dano – que nas redes sociais da Internet pode tomar proporções incomensuráveis –, a condição pessoal do autor do discurso, como a sua condição de pessoa física ou jurídica (se pessoa física, a sua idade e inexperiência), condição social ou porte econômico da empresa, dentre outras circunstâncias, de maneira que a imputação da sanção não seja irrisória ou elevada a ponto de ofender o patrimônio mínimo do autor do discurso, atingindo-lhe a sua dignidade, ou comprometer as atividades e a função social da empresa.

No "caso Mayara", como se tentou demonstrar, a ex-estudante de direito, pessoa física, para além de toda a sanção social sofrida, mostrou-se uma adolescente inexperiente, de jovem idade, com problemas familiares[91] e de condição social média, como boa parte dos brasileiros, e com um pedido de desculpas voluntário no momento em que a repercussão da mensagem alcançava os *trending topics* mundiais.[92] Em face de todas essas circunstâncias, a despeito da amplitude da extensão do dano causado, não se afiguraria razoável a imputação de uma sanção civil por dano coletivo de elevada monta, situação em que deveria o *quantum* ser fixado em patamar razoável com a sua condição social e considerando a sua retratação espontânea, ainda que a mídia não tenha dado a mesma atenção ao seu posterior arrependimento. De qualquer maneira, vale frisar que não houve contra a adolescente, por qualquer dos entes legitimados, ação civil de tutela coletiva em defesa dos interesses metaindividuais por ela violados.

Por fim, no que concerne a possível responsabilidade dos provedores ou administradores das redes sociais pela veiculação de textos ou imagens contendo discurso do ódio, não nos parece a melhor solução atribuir aos provedores um dever de fiscalização de conteúdo das mensagens de opinião livremente manifestadas, cabendo ao judiciário, quando acionado, realizar o juízo de merecimento de tutela sobre a conduta ofensiva, com o fito de identificar, ou não, a presença do discurso do ódio.[93] Aqui, só nos parece razoável a censura judicial porque tênue o liame que marca os limites da liberdade de expressão. De todo modo, a jurisprudência do Superior Tribunal de Justiça vem atribuindo responsabilidade ao provedor nos casos em que, devidamente notificado pela vítima sobre o conteúdo ofensivo inserido em sítio eletrônico ou rede social, permanece inerte.[94]

---

91. Em entrevista concedida ao conglomerado da Rede Globo, o pai da jovem, divorciado da respectiva mãe, contou que apesar da condição de pai, não é próximo da jovem. Na mesma oportunidade, afirmou que a filha precisava ser punida por sua conduta. Disponível em: <http://g1.globo.com/brasil/noticia/2010/11/se-fez-isso-precisa-ser--punida-diz-pai-de-autora-de-frases-sobre-nordestinos.html>.
92. Ainda que se referindo aos nordestinos como "essa gente", desculpou-se Mayara: "Minhas sinceras desculpas ao post colocado no ar, o que era algo pra atingir outro foco, acabou saindo fora de controle. Não tenho problemas com essas pessoas, pelo contrario (sic), errar é humano, desculpa mais uma vez". Conteúdo já excluído do Twitter da autora da ofensa, mas disponível em: <http://noticias.bol.uol.com.br/tecnologia/2010/11/03/estagiaria-foi-demitida-antes-de-episodio-preconceituoso-no-twitter-diz-escritorio.jhtm>.
93. Nesse sentido, já se pronunciou o STJ em voto da lavra da Ministra Nancy Andrighi, para quem "a fiscalização prévia, pelo provedor do conteúdo, do teor das informações postadas na web por cada usuário não é atividade intrínseca ao serviço prestado". STJ. REsp 1308830/RS. Rel. Min. Nancy Andrighi. DJe 19 jun. 2012.
94. "A jurisprudência desta Corte firmou-se no sentido de que o dano moral decorrente de mensagens com conteúdo ofensivo inseridas no site pelo usuário não constitui risco inerente à atividade dos provedores de conteúdo, de modo

7. NOTAS CONCLUSIVAS

1. Tanto a liberdade de expressão quanto a de comunicação se submetem a limites, dentre os quais aqueles que reprimem a prática de discurso do ódio, porquanto este representa exercício abusivo da liberdade constitucionalmente garantida ao atingir valor constitucionalmente fundante da ordem jurídica, correspondente à dignidade da pessoa humana, representada na pessoa individualmente considerada ou no grupo ao qual ela pertence.

2. O discurso do ódio abrange, entre outros, referências difamatórias e degradantes à raça, à etnia, à religião, à origem, ao gênero, à condição social ou aparência física de um grupo de pessoas ou de uma pessoa individualmente, ou, ainda, incitações ao ódio ou ao uso do próprio discurso fundado no ódio como instrumento ou recurso para provocar discórdia e produzir ataques violentos entre grupos sociais ou a símbolos nacionais.

3. Identificado no caso concreto o discurso do ódio após criteriosa ponderação dos valores da liberdade de expressão e de comunicação e da igualdade e solidariedade, como manifestações da dignidade da pessoa humana, submete-se o autor do discurso, para além das sanções penais previstas em lei especial, à sanção de cunho civil. Isso porque o discurso do ódio tem o condão de gerar dano indenizável a ser reparado conforme o interesse jurídico violado.

4. Nos casos de discurso do ódio proferido contra pessoa considerada individualmente, estar-se diante de um caso típico de reparação civil por danos morais, na forma do art. 927, *caput*, do Código Civil.

5. Contudo, em se tratando de discurso do ódio proferido contra grupo ou classe de pessoas ligadas por alguma relação de fato, estar-se diante não de uma violação aos interesses individuais de cada pessoa contida naquele grupo, mas de um interesse metaindividual, independente, que merece tutela na medida em que atinge valor garantido constitucionalmente e de grande repercussão social a ponto de ameaçar a harmonia e integração da comunidade, maculando o valor da solidariedade social. Nesse caso, a sanção civil pode incidir por meio da reparação pelo dano extrapatrimonial coletivo (metaindividual), que tem natureza sancionatória/punitiva, na forma do art. 13 da Lei nº 7.347/85.

6. Daí por que a disciplina da reparação civil pela prática do discurso do ódio deve ser determinada conforme o interesse jurídico violado, individual ou coletivo, razão pela qual o dano deve ser reparado de uma forma ou de outra, mas nunca cumulativamente, uma vez que presente o dano coletivo, não parece haver qualquer violação a interesse extrapatrimonial individual.

---

que não se lhes aplica a responsabilidade objetiva prevista no art. 927, parágrafo único, do CC/02' [...]. Contudo, o provedor de internet responderá solidariamente com o usuário autor do dano se não retirar imediatamente o material moralmente ofensivo inserido em sítio eletrônico" (STJ. Agravo Regimental no Agravo em Recurso Especial no 308.163/RS. 4a Turma. Rel. Min. Marco Buzzi. Publicado em 21 maio 2013). No mesmo sentido, dentre outros, v. AgRg no AREsp 137944/RS. REsp 1308830/RS. Cabe salientar, contudo, que tais precedentes não enfrentaram especificamente o problema do discurso do ódio, mas a responsabilidade pela inserção de conteúdo ofensivo por meio da criação de perfis falsos, fato que teria condão de atrair a responsabilidade do provedor.

7. De todo modo, não se exclui a possibilidade de tutela inibitória, na forma da lei processual, bem como a consideração da retratação do ofensor, como critério razoável na qualificação do dano coletivo. Ademais, não se afasta a possibilidade, como medida alternativa de reparação, de concessão de meios alternativos de tutela, como a atribuição de direito de resposta, cujos efeitos podem ter maior repercussão que a reparação pecuniária, não nos parecendo razoável a imputação de responsabilidade aos provedores pela prática do discurso do ódio.

REFERÊNCIAS

BARBOSA-FOHRMANN, Ana Paula. *A dignidade humana no direito constitucional alemão*. Rio de Janeiro: Lumen Juris, 2012.

BITTAR FILHO, Carlos Alberto. Dano moral coletivo no atual contexto brasileiro. *Revista de Direito do Consumidor*, São Paulo, n° 12, p. 55, out./dez. 1994.

BRUGGER, Winfried. Proibição ou proteção do discurso do ódio? Algumas observações sobre o direito alemão e o americano. *Revista de Direito Público*, n° 15, jan./fev./mar. 2007.

CARVALHO, Luiz Gustavo Grandinetti Castanho de. Responsabilidade por dano não-patrimonial a interesse difuso (dano moral coletivo). *Revista da Emerj*, v. 3, n° 9. p. 24-31, 2000.

CAVALIERI FILHO, Sérgio. *Programa de responsabilidade civil*. São Paulo: Malheiros, 2004.

EBERLE, Edward J. *Dignity and liberty. Constitutional visions in Germany and the United States*. Westport: Praeger, 2002.

ESTAGIÁRIA foi demitida antes de episódio preconceituoso no Twitter, diz escritório. *BOL - Brasil Online*. São Paulo. 03 nov. 2010. Disponível em: https://noticias.bol.uol.com.br/tecnologia/2010/11/03/estagiaria-foi-demitida-antes-de-episodio-preconceituoso-no-twitter-diz-escritorio.jhtm. Aceso em: Acesso em: 09 set. 2018.

FARIAS, Edilsom Pereira de. *Liberdade de expressão e comunicação*: teoria e proteção constitucional. São Paulo: Revista dos Tribunais, 2004;

FLORENCE, Tatiana Magalhães. Danos extrapatrimoniais coletivos por danos ambientais: proteção da pessoa humana sob o enfoque dos direitos difusos. 2004. Tese (Doutorado em Direito Civil). Universidade do Estado do Rio de Janeiro, Rio de Janeiro.

GRIMM, Dieter. Der Spiegel vor dem Höchsten Gericht. Artigo publicado pela Revista *Der Spiegel*, n° 6, em 1.11.1993. p. 70. Disponível em: <http://www.spiegel.de/spiegel/spiegelspecial/d-19060339.html>. Acesso em: 24 ago. 2018.

GRINOVER, Ada Pellegrini. Novas tendências na tutela jurisdicional dos interesses difusos. *Revista do Curso de Direito*, Uberlândia, n° 13, p. 2, 1984

JUSTE, Marília. "Se fez isso, precisa ser punida", diz pai de autora de frases sobre nordestinos. *G1 – Portal de Notícias da Globo*. Rio de Janeiro, 06 nov. 2010. Disponível em: <http://g1.globo.com/brasil/noticia/2010/11/se-fez-isso-precisa-ser-punida-diz-pai-de-autora-de-frases-sobre-nordestinos.html>. Acesso em: 09 set. 2018.

KANT, Immanuel. *Fundamentação da metafísica dos costumes*. Tradução de Guido Antônio de Almeida. São Paulo: Barcarola, 2009.

KOATZ, Rafael Lorenzo-Fernandez. As liberdades de expressão e de imprensa na jurisprudência do STF. In: SARMENTO, Daniel; SARLET, Ingo Wolfgang (Org.). *Direitos fundamentais no Supremo Tribunal Federal. Balanço e crítica*. Rio de Janeiro: Lumen Juris, 2011.

LAFER, Celso. O STF e o racismo. *Folha de S. Paulo*, 30 mar. 2004. Disponível em: <http://www1.folha.uol.com.br/fsp/opiniao/fz3003200409.htm>. Acesso em: 30 ago. 2018.

LEAL, Márcio Flávio Mafra. *Ações coletivas*: história, teoria e prática. Porto Alegre: Sérgio A. Fabris, 1998.

MANCUSO, Rodolfo de Camargo Mancuso. *Interesses difusos*: conceito e legitimação para agir. São Paulo: Revista dos Tribunais, 1997.

MARTINS, Guilherme Magalhães. *Formação dos contratos eletrônicos de consumo via internet*. Rio de Janeiro: Forense, 2003.

MEDEIROS NETO, Xisto Tiago. *Dano moral coletivo*. São Paulo: LRT, 2004.

MESQUITA, Mário. Percepções contemporâneas do poder dos media. *Estudos de direito da comunicação*. Coimbra: Ed. IJC, 2002.

MORAES, Maria Celina Bodin de. O princípio da dignidade da pessoa humana. *Na medida da pessoa humana*: estudos de direito civil-constitucional. Rio de Janeiro: Renovar, 2010.

NEVES, Antonio Castanheira. Uma perspectiva de consideração da comunicação e o poder ou a ineluctável decadência eufórica [...]: notas de um esboço de reflexão. *Estudos de direito da comunicação*. Coimbra: Ed. IJC, 2002.

PEREIRA, Alexandre Dias Pereira. A liberdade de navegação na internet: browsers, hyperlinks, meta-tags. *Estudos de direito da comunicação*. Coimbra: Ed. IJC, 2002.

PERLINGIERI, Pietro. *O direito civil na legalidade constitucional*. Rio de Janeiro: Renovar, 2008.

PIEROTH, Bodo; SCHLINK, Bernhard. *Grundrechte. Staatsrecht II*. 16. ed. Heidelberg: C.F. Müller, 2000.

RAMOS, André de Carvalho. A ação civil pública e o dano moral coletivo. *Revista de Direito do Consumidor*, São Paulo, nº 25, p. 82, jan./mar. 1988.

REALE JÚNIOR, Miguel. Limites à liberdade de expressão. *Revista de Ciências Criminais*, nº 81, nov./dez. 2009. p. 61-91.

SALLES, Raquel Bellini de Oliveira. *A cláusula geral de responsabilidade objetiva*. Rio de Janeiro: Lumun Juris, 2010.

SANTOS, Boaventura de Sousa. Os tribunais e as novas tecnologias de comunicação e de informação. *Estudos de direito da comunicação*. Coimbra: Ed. IJC, 2002.

SCHREIBER, Anderson. *Novos paradigmas da responsabilidade civil*. São Paulo: Atlas, 2012.

SCHREIBER, Anderson. Twitter, Orkut e Facebook – considerações sobre a responsabilidade civil por danos decorrentes de perfis falsos nas redes sociais. *Diálogos de direito civil*. Rio de Janeiro: Renovar, 2012. v. III.

TEPEDINO, Gustavo. *Temas de Direito Civil*. V. I. Rio de Janeiro: Renovar, 2008.

TRAVASSOS, Marcela Maffei Quadra. Hate speech e liberdade de expressão. *Direito e mídia*. São Paulo: Atlas, 2013.

VIOLA, Rafael. O papel da responsabilidade civil na tutela coletiva. *Diálogos sobre direito civil*. Rio de Janeiro: Renovar, 2008. v. II.

2
O DIREITO FUNDAMENTAL À PROTEÇÃO DE DADOS PESSOAIS

Danilo Doneda

Sumário: 1 Informação e dados pessoais. 2 Bancos de dados e *Big Data*. 3 Desenvolvimento das leis de proteção de dados. 4 Princípios de proteção de dados pessoais. 5 Proteção de dados no ordenamento brasileiro. Referências.

A utilização sempre mais ampla de dados pessoais para as mais variadas atividades – identificação, classificação, autorização e tantas outras – faz com que esses dados se tornem elementos essenciais para que a pessoa possa se mover com autonomia e liberdade nos corredores da Sociedade da Informação.[1] Os dados pessoais acabam por identificar ou mesmo representar a pessoa em uma série de circunstâncias nas quais a sua presença física não é possível ou conveniente. São elementos centrais, portanto, da proteção da personalidade e da construção da identidade em nossa sociedade.

O tratamento de dados pessoais, em particular por processos automatizados, é, ao mesmo tempo, uma atividade que apresenta riscos cada vez mais claros. Risco que se concretiza na possibilidade de exposição e utilização indevida ou abusiva de dados pessoais; na eventualidade de esses dados não serem corretos e representarem erroneamente seu titular; na sua utilização por terceiros sem o conhecimento ou autorização de seu titular; na eventualidade de serem utilizados para fins discriminatórios, somente para citar algumas hipóteses concretas. Daí a necessidade de mecanismos que possibilitem à pessoa deter conhecimento e controle sobre seus próprios dados – que são, no fundo, expressão direta de sua própria personalidade.

As tecnologias da informação contribuíram para que a informação pessoal se tornasse algo capaz de extrapolar a própria pessoa. A facilidade de sua coleta, armazenamento e a sua utilidade para diversos fins tornou-a um bem em si, ligado à pessoa, mas capaz de ser objetivado e tratado longe e mesmo a despeito dela – não é por outro motivo que a informação pessoal é o elemento fundamental em uma série de novos modelos de negócios típicos da Sociedade da Informação. Diante deste fato, diversas legislaturas estabelecem um marco normativo de caráter geral para a proteção de dados pessoais, possibilitando

---

1. Sobre a expressão *sociedade da informação*, v.: LYON, David. The roots of the information society idea. In: O'SULLIVAN, Tim; JEWKES, Yvonne (Ed.). The media studies reader. London: Arnold, 1998. p. 384-402. V. também: CASTELLS, Manuel. *A sociedade em rede*: a era da informação, economia, sociedade e cultura. São Paulo: Paz e Terra, 1999. v. 1.

ao cidadão o exercício de seus direitos sobre dados pessoais de forma ampla, confirme recentemente introduzido no ordenamento jurídico pátrio pela Lei 13.709 de 14 de agosto de 2018 - a Lei Geral de Proteção de Dados (LGPD). Considerando a amplitude e importância da proteção de dados pessoais, este direito é tido em diversos ordenamentos jurídicos como um instrumento essencial para a proteção da pessoa humana e é considerado como um direito fundamental.

1. INFORMAÇÃO E DADOS PESSOAIS

A informação pessoal deve observar certos requisitos para sua caracterização como tal. Uma determinada informação pode possuir um vínculo objetivo com uma pessoa, revelando algo sobre ela. Esse vínculo significa que a informação refere-se às características ou ações dessa pessoa, que podem ser atribuídas a ela seja em conformidade à lei, como no caso do nome civil ou do domicílio, ou então que são informações provenientes de seus atos, como os dados referentes, por exemplo, aos seus hábitos de consumo, sobre opiniões que manifesta, à sua localização e tantas outras. É importante estabelecer esse vínculo objetivo, pois ele afasta outras categorias de informações que, embora também possam ter alguma relação com uma pessoa, não seriam propriamente informações pessoais: as opiniões alheias sobre essa pessoa, por exemplo, a princípio não possuem esse vínculo objeto; também a produção intelectual de uma pessoa, em si considerada, não é *per se* informação pessoal (embora o fato de sua autoria o seja). Pierre Catala, ilustrando essa categorização, identifica uma informação pessoal quando o objeto da informação é a própria pessoa:

> Mesmo que a pessoa em questão não seja a "autora" da informação, no sentido de sua concepção, ela é a titular legítima de seus elementos. Seu vínculo com o indivíduo é por demais estreito para que pudesse ser de outra forma. Quando o objeto dos dados é um sujeito de direito, a informação é um atributo da personalidade.[2]

O Conselho Europeu, na Convenção nº 108, de 1981 (conhecida como Convenção de Strasbourg), produziu uma definição para informação pessoal que condiz com essa ordem conceitual. Para a Convenção, informação pessoal é "qualquer informação relativa a uma pessoa singular identificada ou susceptível de identificação".[3] É explícito, portanto, o mecanismo pelo qual é possível caracterizar uma determinada informação como pessoal: o fato de estar vinculada a uma pessoa, revelando algum aspecto objetivo desta. Note-se que a LGPD se vale de um dispositivo bastante semelhante ao definir como dado pessoal, em seu art. 5º, I, "informação relacionada a pessoa natural identificada ou identificável" - aliás, seguindo tendência já presente desde 2011 com a definição no art. 4º, IV da Lei de Acesso à Informação (Lei 12.527/2011) de informação pessoal como "aquela relacionada à pessoa natural identificada ou identificável".

---

2. CATALA, Pierre. Ebauche d'une théorie juridique de l'information. In: *Informatica e Diritto*, ano IX, jan./apr. 1983, p. 20.

3. Convenção nº 108 – Convenção para a proteção das pessoas em relação ao tratamento automatizado de dados pessoais, art. 2º.

Em relação à utilização dos termos *dado* e *informação*, vale uma especificação. O conteúdo de ambos se sobrepõe em várias circunstâncias, o que justifica uma certa promiscuidade na sua utilização. Ambos os termos podem ser utilizados para representar um fato, um determinado aspecto de uma realidade. Não obstante, há uma carga semântica específica em cada um desses termos.

Assim, o termo *dado* apresenta conotação um pouco mais primitiva e fragmentada, como se fosse uma informação em estado potencial, antes de ser transmitida;[4] o dado estaria, portanto, associado a uma espécie de "pré-informação", anterior à interpretação e a um processo de elaboração. A informação, por sua vez, alude a algo além da representação contida no dado, chegando ao limiar da cognição. Sem aludir ao seu significado ou conteúdo em si, na informação já se pressupõe uma fase inicial de elaboração de seu conteúdo – daí que a informação carrega também um sentido instrumental, no sentido de ser capaz de, objetivamente, reduzir um estado de incerteza. A doutrina não raro trata esses dois termos – dado e informação – indistintamente, ou então, procede a uma diferenciação algo empírica que merece ao menos ser ressaltada.

Deve-se lembrar ainda que o termo *informação* presta-se igualmente em certos contextos a contribuir na representação de determinados valores. Assim, a "liberdade de informação" como fundamento de uma imprensa livre, bem como seu correspectivo "direito à informação",[5] podem possuir conteúdo específico e que são mais remotamente relacionados ao tema deste capítulo, assim como no caso do dever de informação pré-contratual presente no dever de boa-fé objetiva na contratação em geral e, especificamente, no Código de Defesa do Consumidor.

A informação pessoal está, quase como ato reflexo, ligada à privacidade por uma equação que associa um maior grau de privacidade à menor difusão de informações pessoais e vice-versa. Essa equação nem de longe encerra toda a complexa problemática em torno dessa relação, porém pode servir como ponto de partida para ilustrar como a proteção das informações pessoais passou a encontrar guarida em nosso ordenamento jurídico: como um desdobramento da tutela do direito à privacidade.

Com o aludido aumento da importância da informação, foi em torno dela que a temática da privacidade passou a orbitar, em especial ao se tratar de dados pessoais.[6] Essa guinada, que acabou por plasmar o próprio conteúdo do termo *privacidade*, pode ser verificada com clareza nas construções legislativas e jurisprudenciais que afrontaram o tema nos últimos 40 anos, das quais algumas referências mais significativas poderiam ser a concepção de uma *informational privacy* nos Estados Unidos, cujo "núcleo duro" é composto pelo direito de acesso a dados armazenados por órgãos públicos e também pela disciplina de proteção de crédito; assim como a autodeterminação informativa estabelecida pelo Tribunal Constitucional Federal alemão[7] (presente como fundamento da

---

4. WACKS, Raymond. *Personal information*. Oxford: Clarendon Press, 1989. p. 25.
5. Sobre o tema, v.: CARVALHO, Luis Gustavo Grandinetti de. *Direito de informação e liberdade de expressão*. Rio de Janeiro: Renovar, 1999.
6. Sobre o tema, v.: DONEDA, Danilo. *Da privacidade à proteção de dados pessoais*. Rio de Janeiro: Renovar: 2006.
7. A sentença de 15 de dezembro de 1983 do Tribunal Constitucional Federal alemão consolidou a existência de um "direito à autodeterminação informativa" (*Anformationelle Selbstestimmung*), que consistia no direito de um indivíduo controlar a obtenção, a titularidade, o tratamento e transmissão de dados relativos à sua pessoa.

LGPD em seu art. 2º, II), bem como toda a construção do modelo europeu de proteção de dados, desde a Diretiva 95/46/CE da União Europeia (relativa à proteção das pessoas singulares no que diz respeito ao tratamento de dados pessoais e à livre circulação desses dados) até o atual Regulamento Geral de Proteção de Dados (GDPR).

O ponto fixo de referência nesse processo é que, entre os novos prismas para a abordagem da questão, mantém-se uma constante referência objetiva a uma disciplina jurídica específica para os dados pessoais, que manteve o nexo de continuidade com a disciplina da privacidade, da qual é uma espécie de herdeira, atualizando-a e impondo-lhe características próprias.

Através da proteção de dados pessoais, garantias a princípio relacionadas à privacidade passam a ser vistas em uma ótica mais abrangente, pela qual outros interesses devem ser considerados, abrangendo as diversas formas de controle tornadas possíveis com a manipulação de dados pessoais. Para uma completa apreciação do problema, esses interesses devem ser levados em consideração pelo operador do direito pelo que representam, e não somente pelo seu traço visível – a violação da privacidade. Essa vinculação do tratamento de dados pessoais com o controle foi bem caracterizada pelo Ministro Ruy Rosado de Aguiar ainda em decisão de 1995:

> A inserção de dados pessoais do cidadão em bancos de informações tem se constituído em uma das preocupações do Estado moderno, onde o uso da informática e a possibilidade de controle unificado das diversas atividades da pessoa, nas múltiplas situações de vida, permitem o conhecimento de sua conduta pública e privada, até nos mínimos detalhes, podendo chegar à devassa de atos pessoais, invadindo área que deveria ficar restrita à sua intimidade; ao mesmo tempo, o cidadão objeto dessa indiscriminada colheita de informações, muitas vezes, sequer sabe da existência de tal atividade, ou não dispõe de eficazes meios para conhecer o seu resultado, retificá-lo ou cancelá-lo. E assim como o conjunto dessas informações pode ser usado para fins lícitos, públicos e privados, na prevenção ou repressão de delitos, ou habilitando o particular a celebrar contratos com pleno conhecimento de causa, também pode servir, ao Estado ou ao particular, para alcançar fins contrários à moral ou ao Direito, como instrumento de perseguição política ou opressão econômica. A importância do tema cresce de ponto quando se observa o número imenso de atos da vida humana praticados através da mídia eletrônica ou registrados nos disquetes de computador.[8]

2. BANCOS DE DADOS E *BIG DATA*

A sistematização da informação pessoal em grandes volumes teve seu potencial exponencialmente incrementado com o advento da informática, que tornou possível a administração de banco de dados gigantesco contendo informações pessoais.

Bancos de dados são, em sua acepção fundamental, um conjunto de informações estruturado de acordo com uma determinada lógica. Essa lógica costuma refletir um caráter utilitarista, procurando proporcionar a extração do máximo proveito possível a partir de um conjunto de informações. Que o tratamento sistematizado da informação possa gerar proveito é algo sabido há tempos, como resulta claro ao se verificar que é milenar a prática de coleta sistematizada de informações por alguma modalidade de censo

---

8. STJ, REsp 22.337/RS, rel. Min. Ruy Rosado de Aguiar, *DJ* 20.3.1995, p. 6119.

populacional, instrumento de imensa serventia para governantes de qualquer época – a ponto dos registros históricos a respeito não serem poucos.[9]

A utilidade da informação, em si, está ligada a uma série de fenômenos que cresceram em importância e complexidade nas últimas décadas. O que hoje a destaca de seu significado histórico é uma maior desenvoltura na manipulação da informação, desde a sua coleta e tratamento até a sua comunicação. Aumentando-se a capacidade de armazenamento e comunicação de informações, cresce também a variedade de formas pelas quais ela pode ser apropriada ou utilizada. Sendo maior sua maleabilidade e utilidade, mais e mais ela se torna elemento fundamental de um crescente número de negócios e utilidades, aumentando a sua possibilidade de influir em nosso cotidiano,[10] em um crescendo que tem como pano de fundo a evolução tecnológica e, especificamente, a utilização de computadores para o tratamento de dados pessoais.[11] Conforme notou Stefano Rodotà ainda em 1973, "a novidade fundamental introduzida pelos computadores é a transformação de informação dispersa em informação organizada".[12]

Os bancos de dados que contêm dados pessoais, tão comuns em nossos dias, proporcionam uma nova definição dos poderes e direitos sobre as informações pessoais e, consequentemente, sobre a própria pessoa. Aumenta o número de sujeitos que podem ter acesso a um conjunto sempre mais detalhado e preciso de informações sobre terceiros, o que faz com que o estatuto jurídico desses dados se torne um dos pontos centrais que vão definir a própria autonomia, identidade e liberdade do cidadão contemporâneo.

O acentuado aumento no volume de informações pessoais colhidas e passíveis de serem submetidas a tratamento introduziu, nos últimos anos, um novo paradigma no tratamento da informação. A disponibilidade de diversos bancos de dados e de informação pessoal em volumes bastante consideráveis fez com que fossem desenvolvidos mecanismos capazes de prospectar informações não propriamente em um único banco de dados, porém em diversas fontes de informações disponíveis e, através de uma determinada sistemática que envolve o estabelecimento de correlações entre blocos de informações a princípio dispersos, gerar uma nova informação (**Big Data**).

3. DESENVOLVIMENTO DAS LEIS DE PROTEÇÃO DE DADOS

O tratamento da proteção de dados pessoais de forma autônoma é uma tendência hoje fortemente enraizada em diversos ordenamentos jurídicos. Os desdobramentos e efeitos do tratamento automatizado de informações pessoais, mais do que justificar

---

9. Desde o censo solicitado pelo imperador Yao na China de 2238 a. C., o de Moisés em 1700 a. C., passando pelo famoso censo ordenado pelo imperador Augusto e mencionado pelo Evangelho de Lucas.
10. "La informazione come servizio postula l'informazione come bene. L'assenza di tutela degli investimenti nel settore significherebbe creare una zona franca dominata da un precario parassitismo, con grave danno sia per le imprese sia per l'intero sistema, anche istituzionale, che fa perno sulla partecipazione informata" (PERLINGIERI, Pietro. L'informazione come bene giuridico, *Rassegna di diritto civile*, 2/90, p. 329).
11. V.: LIMBERGER, Têmis. *O direito à intimidade na era da informática*. Porto Alegre: Livraria do Advogado, 2007. p. 58 ss.
12. RODOTÀ, Stefano. *Elaboratori elettronici e controllo sociale*. Bologna: Il Mulino, 1973, p. 14.

mudanças e atualizações pontuais no ordenamento jurídico, formam as bases daquilo que vem sendo tratado, hoje, como um direito fundamental à proteção de dados.[13]

O amadurecimento desse direito observa-se no decorrer das cerca de quatro décadas que a disciplina da proteção de dados pessoais ostenta. A mudança do enfoque dado à proteção de dados nesse período pode ser brevemente entrevisto na classificação evolutiva das leis de proteção de dados pessoais realizada por Viktor Mayer-Schönberger,[14] que vislumbra quatro diferentes gerações de leis que partem desde uma primeira geração, cujo enfoque era mais técnico e restrito aos grandes computadores de sua época, até a abertura mais recente a técnicas mais amplas e condizentes com a capilaridade e sofisticação das tecnologias adotadas para o tratamento de dados. Essa evolução reflete tanto a busca de uma tutela mais eficaz como a constatação de que a proteção da pessoa na Sociedade da Informação passava, cada vez mais, a depender diretamente do controle destas sobre seus próprios dados pessoais, o que acabou vinculando a matéria aos direitos fundamentais.

A primeira dessas quatro gerações de leis[15] era composta por normas que refletiam o estado da tecnologia e a visão do jurista nos primórdios da utilização de computadores para o processamento de informações pessoais, pretendendo regular um cenário no qual centros de tratamento de dados, de grande porte, concentrariam a coleta e gestão dos dados pessoais. Tais leis tratavam, por exemplo, da concessão de autorizações para a criação desses bancos de dados e do seu controle *a posteriori* por órgãos públicos.[16] Essas leis também enfatizavam o controle do uso de informações pessoais pelo Estado e pelas suas estruturas administrativas, que costumavam ser os destinatários principais (quando não o único) dessas normas. Essa primeira geração de leis dura aproximadamente até a *Bundesdatenschutzgesetz*, a lei federal da República Federativa da Alemanha sobre proteção de dados pessoais, de 1977.

A falta de experiência no tratamento com tecnologias ainda pouco acessíveis, aliada ao receio de um uso indiscriminado dessa tecnologia, sem que se soubesse ao certo suas consequências, fez com que, não raro, fossem preferidos princípios de proteção bastante abstratos e amplos, focalizados basicamente na atividade de processamento de dados,[17] além de regras concretas e específicas dirigidas aos agentes diretamente responsáveis pelo processamento dos dados. Esse enfoque era natural, visto a motivação dessas leis ter sido uma "ameaça" representada pela tecnologia e, especificamente, pelos computadores. A estrutura e a gramática dessas leis eram algo tecnocrática e condicionada pela informática – nelas, tratava-se dos "bancos de dados", e não propriamente da "privacidade", desde seus princípios genéricos até os regimes de autorização e de modalidades de tratamento

---

13. V.: MAÑAS, José Luis Piñar. El derecho fundamental a la protección de datos personales (LOPD). In: *Protección de datos de carácter personal en Iberoamérica*. MAÑAS, José Luis Piñar. Valencia: Tirant Lo Blanch, 2005. p. 19-36.
14. MAYER-SCHÖNBERGER, Viktor. General development of data protection in Europe. In: *Technology and privacy*: the new landscape. AGRE, Phillip; ROTENBERG, Marc (Org.). Cambridge: MIT Press, 1997. p. 219-242.
15. Exemplo dessas leis de primeira geração são a Lei do *Land* alemão de Hesse, de 1970; a primeira lei nacional de proteção de dados, sueca, que foi o Estatuto para bancos de dados de 1973 – *Data Legen 289*, ou *Datalag*, além do *Privacy Act* norte-americano de 1974.
16. SAMPAIO, José Adércio Leite. *Direito à intimidade e à vida privada*. Belo Horizonte: Del Rey, 1997. p. 490.
17. Cf.: SIMITIS, Spiros. Il contesto giuridico e politico della tutela della privacy. *Rivista Critica del Diritto Privato*, 1997. p. 565.

de dados, a serem determinados *ex ante*, sem considerar a participação do cidadão de maneira mais concreta nesse processo.[18]

Essas leis de proteção de dados de primeira geração não demoraram a se tornar ultrapassadas, diante da multiplicação dos centros de processamento de dados, que inviabilizou o controle baseado em um regime de autorizações, rígido e detalhado, que demandava um minucioso acompanhamento. A segunda geração de leis sobre a matéria surgiu no final da década de 1970, já com a consciência da "diáspora" dos bancos de dados informatizados. Pode-se dizer que o seu primeiro grande exemplo foi a lei francesa de proteção de dados pessoais de 1978, intitulada *Informatique et Libertées*,[19] além da já mencionada *Bundesdatenschutzgesetz*. A característica básica que diferencia essas leis das anteriores é que sua estrutura não está mais fixada em torno do fenômeno computacional em si, mas se baseia na consideração da privacidade e na proteção dos dados pessoais como uma liberdade negativa, a ser exercida pelo próprio cidadão (o que é patente na própria denominação da lei francesa).[20]

Tal evolução refletia a insatisfação de cidadãos que sofriam com a utilização por terceiros de seus dados pessoais e careciam de instrumentos para defender diretamente seus interesses. Além disso, o controle direto sobre os centros de processamento de dados, nos moldes das leis anteriores, tornou-se inviável, dada a fragmentação do tratamento dos dados pessoais. Assim, criou-se um sistema que fornecia instrumentos para o cidadão identificar o uso indevido de suas informações pessoais e propor a sua tutela.

Essas leis apresentavam igualmente seus problemas, o que motivou uma subsequente mudança de paradigma: percebeu-se que o fornecimento de dados pessoais pelos cidadãos tinha se tornado um requisito indispensável para a sua efetiva participação na vida social. O que era exceção veio a se tornar regra. Tanto o Estado como os entes privados utilizavam intensamente o fluxo de informações pessoais para seu funcionamento, e a interrupção ou mesmo o questionamento desse fluxo pelo cidadão implica, muito frequentemente, na sua exclusão de algum aspecto da vida social.

Uma terceira geração de leis, surgida na década de 1980, procurou sofisticar a tutela dos dados pessoais, que continuou centrada no cidadão, porém passou a abranger mais do que a liberdade de fornecer ou não os próprios dados pessoais, preocupando-se também em garantir a efetividade dessa liberdade. A proteção de dados é vista, por tais leis, como um processo mais complexo, que envolve a própria participação do indivíduo na sociedade e leva em consideração o contexto no qual lhe é solicitado que revele seus dados, estabelecendo meios de proteção para as ocasiões em que sua liberdade de decidir livremente é cerceada por eventuais condicionantes – proporcionando o efetivo exercício da autodeterminação informativa.

A autodeterminação informativa surgiu basicamente como uma extensão das liberdades presentes nas leis de segunda geração. São várias as mudanças específicas nesse

---

18. MAYER-SCHÖNBERGER, Viktor. *General development of data protection in Europe*. Op. cit. p. 223-224.
19. Lei 78-17, de 6 de janeiro de 1978.
20. Como representante dessa geração de leis, podemos mencionar também a lei austríaca (*Datenschutzgesetz* (DSG), Lei nº 565, de 18 de outubro de 1978), além de que as Constituições portuguesa e espanhola apontam nesse sentido, mesmo que as leis de proteção de dados desses países tenham surgido somente um pouco mais tarde.

sentido que podem ser identificadas na estrutura dessas novas leis. O tratamento dos dados pessoais era visto como um processo, que não se encerrava na simples permissão da pessoa à utilização de seus dados pessoais, porém procurava considerá-la em fases sucessivas do processo de tratamento e utilização de sua própria informação por terceiros, além de compreender algumas garantias, como o dever de informação.

A autodeterminação informativa, porém, demonstrou-se efetivamente como algo de que se utilizava somente uma minoria de cidadãos, que decidia enfrentar os custos econômicos e pessoais do exercício dessas prerrogativas. Verificado esse caráter exclusivista, uma quarta geração de leis de proteção de dados, que são as que existem hoje em diversos países, foi concebida, caracterizando-se por procurar suprir as desvantagens do enfoque individual existente até então. Nessas leis, procura-se abordar o problema integral da informação, presumindo-se que não se pode basear a tutela dos dados pessoais simplesmente na escolha individual, sendo necessários instrumentos que elevem o padrão coletivo de proteção.

Entre as técnicas utilizadas, essas leis procuraram fortalecer a posição da pessoa em relação às entidades que coletam e processam seus dados, reconhecendo um desequilíbrio nessa relação que não era resolvido por medidas que meramente reconheciam o direito à autodeterminação informativa. Outra técnica é, paradoxalmente, a própria redução do papel da decisão individual de autodeterminação informativa. Tal redução parte do pressuposto de que determinadas modalidades de tratamento de dados pessoais necessitam de uma proteção no seu mais alto grau, que não pode ser conferida exclusivamente a uma decisão individual – como é o caso para certas modalidades de utilização de dados sensíveis, por exemplo.

Outras características dessas leis são a disseminação do modelo das autoridades independentes para zelar pela sua eficácia – que se demonstram necessárias ao se considerar o parco poder de "barganha" com o indivíduo para a autorização ao processamento de seus dados, bem como o surgimento de normativas conexas na forma, por exemplo, de normas específicas para alguns setores de processamento de dados (para o setor de saúde ou de crédito ao consumo).

Hoje, pode-se afirmar que esse modelo de proteção de dados pessoais é representado pelos países membros da União Europeia, seja pela transposição realizada na década de 1990 da Diretiva 95/46/CE quando, mais recentemente, por conta do GDPR.

4. PRINCÍPIOS DE PROTEÇÃO DE DADOS PESSOAIS

Não obstante a evolução pela qual passaram as leis sobre proteção de dados pessoais e sua mudança de perfil com os anos, é possível reagrupar materialmente seus objetivos e linhas de atuação principais em torno de alguns princípios comuns, presentes em diversos ordenamentos jurídicos, no que podemos verificar uma concreta convergência das soluções legislativas sobre a matéria em diversos países, bem como uma tendência sempre mais forte à consolidação de certos princípios básicos e sua vinculação sempre mais estreita com a proteção da pessoa e com os direitos fundamentais.

Desses princípios, alguns se encontram já presentes nas leis de primeira e segunda geração, tendo sido desenvolvidos pelas leis posteriores. É mesmo possível estabelecer as suas origens em uma série de discussões entabulada, na segunda metade da década de 1960, em sequência à tentativa do estabelecimento do *National Data Center*, um gigantesco e jamais finalizado banco de dados sobre os cidadãos norte-americanos que seria utilizado pela administração federal.[21]

Após o fracasso da instituição desse banco de dados centralizado, vários dos temas que ele levantou continuaram a ser desenvolvidos, pois, se o *National Data Center* particularmente não vingou, a realidade era que muitos outros bancos de dados pessoais de menor âmbito vinham sendo estruturados. Um dos setores nos quais essa discussão ecoou com maior força foi o da saúde, pela justificada preocupação com o tratamento de dados médicos por sistemas informatizados. No início da década de 1970, nos Estados Unidos, a *Secretary for health, education and welfare* reuniu um comissão de especialistas que divulgou, em 1973, estudo que concluiu pela relação direta entre a privacidade e os tratamentos de dados pessoais, além da necessidade de estabelecer a regra do controle sobre as próprias informações:

> A privacidade pessoal de um indivíduo é afetada diretamente pelo tipo de divulgação e utilização que é feita das informações registradas a seu respeito. Um tal registro, contendo informações sobre um indivíduo identificável deve, portanto, ser administrado com procedimentos que permitam a este indivíduo ter o direito de participar na sua decisão sobre qual deve ser o conteúdo deste registro e qual a divulgação e utilização a ser feita das informações pessoais nele contida. Qualquer registro, divulgação e utilização das informações pessoais fora destes procedimentos não devem ser permitidas, por consistirem em uma prática desleal, a não ser que tal registro, utilização ou divulgação sejam autorizados por lei.[22]

Uma concepção como essa requer que sejam estabelecidos meios de garantia para o cidadão, que efetivamente vieram descritos como:

- Não deve existir um sistema de armazenamento de informações pessoais cuja existência seja mantida em segredo.
- Deve existir um meio para um indivíduo descobrir quais informações a seu respeito estão contidas em um registro e de qual forma ela é utilizada.
- Deve existir um meio para um indivíduo evitar que a informação a seu respeito colhida para um determinado fim seja utilizada ou disponibilizada para outros propósitos sem o seu conhecimento.
- Deve existir um meio para um indivíduo corrigir ou retificar um registro de informações a seu respeito.
- Toda organização que estruture, mantenha, utilize ou divulgue registros com dados pessoais deve garantir a confiabilidade destes dados para os fins pretendidos e deve tomar as devidas precauções para evitar o mau uso destes dados.[23]

---

21. O *National Data Center* foi projetado para reunir as informações sobre os cidadãos norte-americanos disponíveis em diversos órgãos da administração federal em um único banco de dados – a partir de um projeto original, que pretendia unificar os cadastros do Censo, dos registros trabalhistas, do fisco e da previdência social. GARFINKEL, Simson. *Database nation*. Sebastopol: O'Reillly, 2000. p. 13. Após acirradas discussões sobre a ameaça potencial que representaria às liberdades individuais, o governo norte-americano desistiu do projeto. V.: MILLER, Arthur. *Assault on privacy*. Ann Arbor: University of Michigan, 1971.
22. EUA, *Records, computers and the rights of citizens*. Report of the Secretary's Advisory Committee on Automated Personal Data Systems, 1973. Disponível em: <aspe.hhs.gov/datacncl/1973privacy/c3.htm>.
23. Idem.

Esse conjunto de regras influenciou fortemente o legislador que, cada vez mais, vinha se debruçando sobre o problema da proteção de dados pessoais. Elas passaram a ser encontradas, portanto, em várias das normativas sobre proteção de dados pessoais, ficando conhecidas como os *Fair Information Principles*. Esse "núcleo comum" encontrou expressão como um conjunto de princípios a serem aplicados na proteção de dados pessoais, principalmente com a Convenção de Strasbourg[24] e nas *Guidelines* da OCDE,[25] no início da década de 1980. É possível elaborar uma síntese desses princípios:[26]

1 – *Princípio da publicidade* (ou da transparência), pelo qual a existência de um banco de dados com dados pessoais deve ser de conhecimento público, seja através da exigência de autorização prévia para funcionar, da notificação a uma autoridade sobre sua existência; ou do envio de relatórios periódicos.

2 – *Princípio da exatidão*: Os dados armazenados devem ser fiéis à realidade, o que compreende a necessidade de que sua coleta e seu tratamento sejam feitos com cuidado e correção, e de que sejam realizadas atualizações periódicas conforme a necessidade.

3 – *Princípio da finalidade*, pelo qual qualquer utilização dos dados pessoais deve obedecer à finalidade comunicada ao interessado antes da coleta de seus dados. Esse princípio possui grande relevância prática: com base nele fundamenta-se a restrição da transferência de dados pessoais a terceiros, além do que pode-se, a partir dele, estruturar-se um critério para valorar a razoabilidade da utilização de determinados dados para uma certa finalidade (fora da qual haveria abusividade).

4 – *Princípio do livre acesso*, pelo qual o indivíduo tem acesso ao banco de dados onde suas informações estão armazenadas, podendo obter cópias desses registros, com a consequente possibilidade de controle desses dados; após esse acesso e de acordo com o princípio da exatidão, as informações incorretas poderão ser corrigidas e aquelas obsoletas ou impertinentes poderão ser suprimidas, ou mesmo pode-se proceder a eventuais acréscimos.

5 – *Princípio da segurança física e lógica*, pelo qual os dados devem ser protegidos contra os riscos de seu extravio, destruição, modificação, transmissão ou acesso não autorizado.

Esses princípios, mesmo que fracionados, condensados ou adaptados, formam a espinha dorsal das diversas leis, tratados, convenções ou acordos entre privados em matéria de proteção de dados pessoais, formando o núcleo das questões com as quais o ordenamento deve se deparar ao procurar fornecer sua própria solução ao problema da proteção dos dados pessoais.

A aplicação de tais princípios, no entanto, é a parte mais aparente de uma tendência rumo à constatação da autonomia da proteção de dados pessoais e a sua consideração como um direito fundamental em diversos ordenamentos. Alguns países que sofreram uma mudança de regime político que lhes proporcionou a reelaboração de suas cartas fundamentais foram os primeiros nos quais foi possível observar uma tendência à consideração da problemática relacionada à informática e à informação pessoal em nível

---

24. Convenção nº 108 do Conselho Europeu – Convenção para a proteção das pessoas em relação ao tratamento automatizado de dados pessoais.
25. *Guidelines on the Protection of Privacy and Transborder Flows of Personal Data*. Disponível em: <www.oecd.org/document/18/0,2340,en_2649_34255_1815186_1_1_1_1,00.html>. Esses princípios seriam: "(1) collection limitation principle; (2) data limitation principle; (3) purpose specification principle; (4) use limitation principle; (5) security safeguard principle; (6) openness principle; (7) individual participation principle". WUERMELING, Ulrich. Harmonization of European Union Privacy Law, 14 *John Marshall Journal of Computer & Information Law* 411 (1996), p. 416.
26. Cf. RODOTÀ, Stefano. *Repertorio di fine secolo*. Op. cit. p. 62. SAMPAIO, José Adércio L. *Direito à intimidade e à vida privada*. Op. cit. p. 509 ss.

constitucional. Nesse sentido, nas Constituições da Espanha[27] e de Portugal[28] se encontram dispositivos destinados a afrontar os problemas da utilização da informática e, no caso da Constituição portuguesa, uma referência explícita à proteção de dados pessoais

É possível considerar a Convenção de Strasbourg como o principal marco de uma abordagem da matéria pela chave dos direitos fundamentais. Em seu preâmbulo, a convenção deixa claro que a proteção de dados pessoais está diretamente ligada à proteção dos direitos humanos e das liberdades fundamentais, entendendo-a como pressuposto do estado democrático e trazendo para este campo a disciplina, evidenciando sua deferência ao art. 8º da Convenção Europeia para os Direitos do Homem.[29] Posteriormente, também transparece com clareza presença dos direitos fundamentais na Diretiva 95/46/CE sobre proteção de dados pessoais na União Europeia.[30] Seu art. 1º, que trata do "objetivo da diretiva", afirma que "os Estados-membros assegurarão, em conformidade com a presente directiva, a protecção das liberdades e dos direitos fundamentais das pessoas singulares, nomeadamente do direito à vida privada, no que diz respeito ao tratamento de dados pessoais".

O documento europeu que levou mais adiante essa sistemática foi a Carta dos Direitos Fundamentais da União Europeia. Seu art. 8º, que trata da "proteção de dados

---

27. A Constituição espanhola de 1978 contém os seguintes dispositivos:
    Art. 18. – [...] 4. La Ley limitará el uso de la informática para garantizar el honor y la intimidad personal y familiar de los ciudadanos y el pleno ejercicio de sus derechos.
    [...] Art. 105. – [...] b) La Ley regulará el acceso de los ciudadanos a los archivos y registros administrativos, salvo en lo que afecte a la seguridad y defensa del Estado, la averiguación de los delitos y la intimidad de las personas".
28. A Constituição portuguesa de 1976 dispõe sobre a utilização da informática nos sete incisos de seu art. 35:
    "Artigo 35º (Utilização da informática)
    1. Todos os cidadãos têm o direito de acesso aos dados informatizados que lhes digam respeito, podendo exigir a sua rectificação e actualização, e o direito de conhecer a finalidade a que se destinam, nos termos da lei.
    2. A lei define o conceito de dados pessoais, bem como as condições aplicáveis ao seu tratamento automatizado, conexão, transmissão e utilização, e garante a sua protecção, designadamente através de entidade administrativa independente.
    3. A informática não pode ser utilizada para tratamento de dados referentes a convicções filosóficas ou políticas, filiação partidária ou sindical, fé religiosa, vida privada e origem étnica, salvo mediante consentimento expresso do titular, autorização prevista por lei com garantias de não discriminação ou para processamento de dados estatísticos não individualmente identificáveis.
    4. É proibido o acesso a dados pessoais de terceiros, salvo em casos excepcionais previstos na lei.
    5. É proibida a atribuição de um número nacional único aos cidadãos.
    6. A todos é garantido livre acesso às redes informáticas de uso público, definindo a lei o regime aplicável aos fluxos de dados transfronteiras e as formas adequadas de protecção de dados pessoais e de outros cuja salvaguarda se justifique por razões de interesse nacional.
    7. Os dados pessoais constantes de ficheiros manuais gozam de protecção idêntica à prevista nos números anteriores, nos termos da lei."
29. Cujo teor é o seguinte:
    "1. Qualquer pessoa tem direito ao respeito da sua vida privada e familiar, do seu domicílio e da sua correspondência.
    2. Não pode haver ingerência da autoridade pública no exercício deste direito senão quando esta ingerência estiver prevista na lei e constituir uma providência que, numa sociedade democrática, seja necessária para a segurança nacional, para a segurança pública, para o bem-estar económico do país, a defesa da ordem e a prevenção das infracções penais, a protecção da saúde ou da moral, ou a protecção dos direitos e das liberdades de terceiros."
30. Mencione-se, de passagem, que a expressão *direitos fundamentais* é evocada por seis vezes nas considerações iniciais da Diretiva.

pessoais", inspira-se no art. 8º da Convenção de Strasbourg, na Diretiva 95/46/CE e no art. 286º do tratado instituidor da União Europeia,[31] e apresenta o seguinte teor:

1. Todas as pessoas têm direito à proteção dos dados de caráter pessoal que lhes digam respeito.
2. Esses dados devem ser objeto de um tratamento leal, para fins específicos e com o consentimento da pessoa interessada ou com outro fundamento legítimo previsto por lei. Todas as pessoas têm o direito de aceder aos dados coligidos que lhes digam respeito e de obter a respectiva retificação.
3. O cumprimento destas regras fica sujeito a fiscalização por parte de uma autoridade independente.

Não obstante, nota-se um duplo matiz: se a Diretiva, por um lado, procura proteger a pessoa física em relação ao tratamento de seus dados pessoais, por outro destaca-se a sua missão de induzir o comércio através do estabelecimento de regras comuns para proteção de dados na região, o que não surpreende se considerarmos as exigências de um mercado unificado como o europeu em diminuir de forma ampla os custos de transações, o que inclui harmonizar as regras relativas a dados pessoais.[32]

5. PROTEÇÃO DE DADOS NO ORDENAMENTO BRASILEIRO

No panorama do ordenamento brasileiro, o reconhecimento da proteção de dados como um direito autônomo e fundamental não deriva de uma previsão literal e direta, porém da consideração dos riscos que o tratamento automatizado acarreta à proteção da personalidade à luz das garantias constitucionais de igualdade substancial, liberdade e dignidade da pessoa humana, juntamente com a proteção da intimidade e da vida privada.

A bem da verdade, pode-se identificar uma menção ao caráter de direito fundamental da proteção de dados pessoais na Declaração de Santa Cruz de La Sierra, documento final da XIII Cumbre Ibero-Americana de Chefes de Estado e de Governo, firmada pelo governo brasileiro em 15 de novembro de 2003. No item 45 da referida Declaração, lê-se que

> Estamos também conscientes de que a proteção de dados pessoais é um direito fundamental das pessoas e destacamos a importância das iniciativas reguladoras ibero-americanas para proteger a privacidade dos cidadãos, contidas na Declaração de Antigua, pela qual se cria a Rede Ibero-Americana de Proteção de Dados, aberta a todos os países da nossa Comunidade.

---

31. De seguinte teor:
"Artigo 286º
1. A partir de 1 de janeiro de 1999, os actos comunitários relativos à protecção das pessoas singulares em matéria de tratamento de dados de carácter pessoal e de livre circulação desses dados serão aplicáveis às instituições e órgãos instituídos pelo presente Tratado, ou com base nele.
2. Antes da data prevista no nº 1, o Conselho, deliberando nos termos do artigo 251º, criará um órgão independente de supervisão, incumbido de fiscalizar a aplicação dos citados 'actos comunitários às instituições e órgãos da Comunidade e adoptará as demais disposições que se afigurem adequadas'".
32. Esse caráter levou alguns autores a desencorajarem a leitura da diretiva em chave de direitos fundamentais do homem em relação à informação pessoal, apesar de reconhecerem que "dal punto di vista più genuinamente privatistico, non v'è dubbio che la direttiva [...] sia destinata a diventare un punto di riferimento fondamentale nella ricostruzione sistematica dei diritti della personalità, almeno nella misura in cui il concetto di personalità si trovi a far i conti con la realtà informatica e telematica". V. MACARIO, Francesco. La protezione dei dati personali nel diritto privato europeo. In: CUFFARO, Vicenzo; RICCIUTO, Vicenzo. *La disciplina del trattamento dei dati personali*. Torino: Giappechelli, 1997. p. 8-9.

No ordenamento jurídico brasileiro, a Constituição Federal contempla o problema da informação inicialmente através das garantias à liberdade de expressão[33] e do direito à informação,[34] que deverão eventualmente ser confrontados com a proteção da personalidade e, em especial, com o direito à privacidade.

Além disso, a Constituição considera invioláveis a vida privada e a intimidade (art. 5°, X), veja-se especificamente a interceptação de comunicações telefônicas, telegráficas ou de dados (art. 5°, XII), bem como instituiu a ação de *Habeas Data* (art. 5°, LXXII), que basicamente estabelece uma modalidade de direito de acesso e retificação dos dados pessoais. Na legislação infraconstitucional, destaque-se o Código de Defesa do Consumidor, Lei n° 8.078/90, cujo art. 43 estabelece uma série de direitos e garantias para o consumidor em relação às suas informações pessoais presentes em "bancos de dados e cadastros", implementando uma sistemática baseada nos *Fair Information Principles* à matéria de concessão de crédito e possibilitando que parte da doutrina verifique nesse texto legal o marco normativo dos princípios de proteção de dados pessoais no direito brasileiro.[35] Mais recentemente, a Lei n° 12.414/11, conhecida como a Lei do cadastro positivo, estabeleceu regras para o tratamento de dados financeiros para a formação de históricos de crédito, estabelecendo uma série de garantias para o titular dos dados a partir da especificação de regras e princípios de proteção de dados pessoais. A Lei n° 12.527/11, a Lei de acesso à informação, estabelece regras específicas para a proteção de dados pessoais em seu art. 31.

O *Habeas Data*, instituto que no direito brasileiro tem a forma de uma ação constitucional, foi introduzido pela Constituição de 1988.[36] Com um *nomen iuris* original, introduziu em nosso ordenamento o direito de acesso, carregando com si algo da carga semântica do *Habeas Corpus*. A sua influência em outras legislações latino-americanas chegou a provocar a discussão sobre a existência de um modelo de proteção de dados que circule dentro da região.[37]

Cabe ressaltar que o *Habeas Data* brasileiro surgiu basicamente como um instrumento para a requisição das informações pessoais em posse do poder público, em particular dos órgãos responsáveis pela repressão durante o regime militar e sem maiores vínculos, portanto, com uma eventual influência da experiência europeia ou norte-americana relativa à proteção de dados pessoais, já em pleno desenvolvimento à época.

Posteriormente, o *Habeas Data* foi regulamentado pela Lei n° 9.507, de 1997. A ação de *Habeas Data* visa a assegurar um direito presente em nosso ordenamento jurídico, ainda que não expresso literalmente. Por meio dela, o cidadão pode acessar e retificar

---

33. Constituição brasileira, art. 5°, IX; art. 220.
34. Constituição brasileira, art. 5°, XIV; art. 220; incluindo o direito ao recebimento de informações de interesse coletivo ou particular dos órgãos públicos (art. 5°, XXXIII), bem como o direito à obtenção de certidões de repartições públicas (art. 5°, XXXIV).
35. Cf.: CARVALHO, Ana Paula Gambogi. O consumidor e o direito à autodeterminação informacional. *Revista de Direito do Consumidor*, n° 46, abr./jun. 2003. p. 77-119.
36. Constituição Federal, art. 5°, LXXII:
"Conceder-se-á *habeas data*: a) para assegurar o conhecimento de informações relativas à pessoa do impetrante, constantes de registros ou bancos de dados de entidades governamentais ou de caráter público; b) para a retificação de dados, quando não se prefira fazê-lo por processo sigiloso, judicial ou administrativo."
37. Sobre o tema, v.: PUCCINELLI, Oscar. *El habeas data en Indoiberoamérica*. Bogotá: Temis, 1999.

seus dados pessoais em bancos de dados "de entidades governamentais ou de caráter público" (posteriormente ampliou-se o sentido desse "caráter público", incluindo-se os bancos de dados referentes a consumidores, mesmo que administrados por privados). A ação não é acompanhada, porém, de instrumentos que possam torná-la ágil e eficaz o suficiente para a garantia fundamental de proteção dos dados pessoais: além de o seu perfil estar demasiadamente associado à proteção de liberdades negativas, algo que se percebe em vários dos seus pontos estruturais, como a necessidade de sua interposição através de advogado ou então a necessidade de demonstração de recusa de fornecimento dos dados por parte do administrador de banco de dados, ela é, substancialmente, um instrumento que proporciona uma tutela pouco adequada à realidade das comunicações e tratamentos de dados pessoais na Sociedade da Informação. Não surpreende, portanto, que desde certo tempo a doutrina brasileira tenha assumido posição majoritariamente crítica em relação à ação, tratando-a ora como "um remédio de valia, no fundo, essencialmente simbólica", para Luís Roberto Barroso,[38] ou "uma ação voltada para o passado", para Dalmo de Abreu Dallari.[39]

Parece existir no direito brasileiro, de forma generalizada, uma consciência de que seria possível tratar de forma satisfatória dos problemas relacionados às informações pessoais em bancos de dados a partir de uma série de categorizações, geralmente generalistas e algo abstratas: sobre o caráter rigidamente público ou particular de uma espécie de informação; sobre a característica sigilosa ou não de uma determinada comunicação, e assim por diante. Enfim: com um sistema baseado em etiquetas, permissões ou proibições para o uso de informações específicas, sem levar na devida conta os riscos objetivos potencializados pelo tratamento informatizado das informações pessoais.

Uma determinada leitura da sistemática da Constituição brasileira parece encorajar, a princípio, essa perspectiva. Nela, a proteção da privacidade (através da menção à inviolabilidade da intimidade e da vida privada) encontra-se em um dispositivo (art. 5º, X), enquanto que outro dispositivo refere-se à inviolabilidade do "sigilo da correspondência e das comunicações telegráficas, de dados e das comunicações telefônicas" (art. 5º, XII).

Tal técnica legislativa acabou por fundamentar uma interpretação no mínimo temerosa no que diz respeito à matéria: se, por um lado, a privacidade é encarada como um direito fundamental, as informações pessoais em si parecem, a uma parte da doutrina, ser protegidas somente em relação à sua "comunicação", conforme o art. 5, XII, que trata da inviolabilidade da comunicação de dados.

Tal interpretação, além de dissonante com a visão segundo a qual privacidade e informações pessoais são temas sempre mais relacionados e, em muitas ocasiões, quase que indistinguíveis entre si – conforme atesta o mencionado desenvolvimento de leis que tratam da proteção de dados pessoais e também os documentos transnacionais que associam o caráter de direito fundamental à proteção de dados pessoais –,

---

38. BARROSO, Luís Roberto. A viagem redonda: *habeas data*, direitos constitucionais e provas ilícitas. In: *Habeas data*. WAMBIER, Teresa Arruda Alvim (Coord.). São Paulo: Revista dos Tribunais, 1998. p. 212.
39. DALLARI, Dalmo de Abreu. O *habeas data* no sistema jurídico brasileiro. *Revista de la Facultad de Derecho de la Pontificia Universidad Católica del Peru*, nº 51, 1997. p. 100.

traz consigo o enorme problema de sugerir uma considerável permissividade em relação à utilização de informações pessoais.

Nesse sentido, uma decisão do STF, relatada pelo Ministro Sepúlveda Pertence, reconheceu expressamente a inexistência de uma garantia de inviolabilidade sobre dados armazenados em computador com fulcro em garantias constitucionais, endossando tese de Tércio Sampaio Ferraz Júnior segundo a qual o ordenamento brasileiro tutelaria o sigilo das comunicações – e não dos dados em si.[40] Nessa decisão fica saliente a dificuldade em tratar do tema da informação pessoal de uma forma diversa daquela binária – sigilo/abertura, público/privado –, isto é, de forma que reflita a complexidade da matéria da informação.

A leitura das garantias constitucionais para os dados somente sob o prisma de sua comunicação e de sua eventual interceptação lastreia-se em uma interpretação que não considera o valor crucial que a informação pessoal representa em nossa sociedade. Há um hiato que segrega a tutela da privacidade, esta constitucionalmente protegida, da tutela das informações pessoais em si – que, para a corrente mencionada, gozariam de uma proteção mais tênue. E esse hiato possibilita a perigosa interpretação que exime o aplicador de levar em conta os casos nos quais uma pessoa é ofendida em sua privacidade – ou tem outros direitos fundamentais – não de forma direta, porém através da utilização abusiva de suas informações pessoais por uma miríade de maneiras que não, propriamente, no momento da sua comunicação em si. Não é necessário ressaltar novamente o quanto hoje em dia as pessoas são reconhecidas em diversos relacionamentos não de forma direta, porém através da representação de sua personalidade que é fornecida pelos seus dados pessoais, aprofundando ainda mais a íntima relação entre tais dados e a própria identidade e personalidade de cada um de nós.

---

40. "Em primeiro lugar, a expressão *dados* manifesta uma certa impropriedade (Celso Bastos/Ives Gandra; 1989: 73). Os citados autores reconhecem que por *dados* não se entende o objeto de comunicação, mas uma modalidade tecnológica de comunicação. Clara, nesse sentido, a observação de Manoel Gonçalves Ferreira Filho (1990: 38) – 'Sigilo de dados. O direito anterior não fazia referência a essa hipótese. Ela veio a ser prevista, sem dúvida, em decorrência do desenvolvimento da informática.

 Os dados aqui são os dados informáticos (v. incs. XIV e LXXII)'. A interpretação faz sentido. O sigilo, no inciso XII do art. 5º, está referido à comunicação, no interesse da defesa da privacidade. Isto é feito, no texto, em dois blocos: a Constituição fala em sigilo 'da correspondência e das comunicações telegráficas, de dados e das comunicações telefônicas'. Note-se, para a caracterização dos blocos, que a conjunção e uma correspondência com telegrafia, segue-se uma vírgula e depois, a conjunção de dados com comunicações telefônicas. Há uma simetria nos dois blocos. Obviamente o que se regula é comunicação por correspondência e telegrafia, comunicação de dados e telefônica. O que fere a liberdade de omitir pensamento é, pois, entrar na comunicação alheia, fazendo com que o que devia ficar entre sujeitos que se comunicam privadamente passe ilegitimamente ao domínio de um terceiro. Se alguém elabora para si um cadastro sobre certas pessoas, com informações marcadas por avaliações negativas, e o torna público, poderá estar cometendo difamação, mas não quebra sigilo de dados. Se estes dados, armazenados eletronicamente, são transmitidos, privadamente, a um parceiro, em relações mercadológicas, para defesa do mercado, também não está havendo quebra de sigilo. Mas, se alguém entra nesta transmissão como um terceiro que nada tem a ver com a relação comunicativa, ou por ato próprio ou porque uma das partes lhe cede o acesso indevidamente, estará violado o sigilo de dados.

 A distinção é decisiva: o objeto protegido no direito à inviolabilidade do sigilo não são os dados em si, mas a sua comunicação restringida (liberdade de negação). A troca de informações (comunicação) privativa é que não pode ser violada por sujeito estranho à comunicação. Doutro modo, se alguém, não por razões profissionais, ficasse sabendo legitimamente de dados incriminadores relativo a uma pessoa, ficaria impedido de cumprir o seu dever de denunciá-lo!" FERRAZ JR., Tércio Sampaio. Sigilo de dados: o direito à privacidade e os limites à função fiscalizadora do Estado. *Revista da Faculdade de Direito da Universidade de São Paulo*, v. 88, 1993. p. 447.

Apenas sob o paradigma da interceptação, da escuta, do grampo – situações que são apenas uma parcela dos problemas que podem ocorrer no tratamento de dados com a utilização das novas tecnologias –, não é possível proporcionar uma tutela efetiva aos dados pessoais na amplitude que a importância do tema hoje merece.

A legislação infraconstitucional mais recente, por sua vez, fornece fortes indicativos de que uma interpretação que leve em conta o caráter fundamental das garantias da posso em relação aos seus dados pessoais é, hoje, elemento integrante da cidadania. O Marco Civil da Internet, Lei 12.965/2014, prevê entre os princípios do uso da Internet do Brasil em seu artigo 3º a proteção da privacidade, bem como a proteção de dados pessoais, na forma da lei. A partir destas considerações, verifica-se que os direitos do usuário da Internet no Brasil, enunciados no artigo 7º da referida Lei, dispõem de forma específica sobre muitos aspectos relacionados à proteção de dados, chegando mesmo a enunciar, ainda que de forma reflexa, alguns de seus princípios clássicos, como o da finalidade e o da transparência.

A recém sancionada Lei Geral de Proteção de Dados possui como objetivos, conforme seu artigo 1º, os de "proteger os direitos fundamentais de liberdade e de privacidade e o livre desenvolvimento da personalidade da pessoa natural". Assim, e ainda ao elencar dentre seus fundamentos, em seu artigo 2º, outros elementos intrinsecamente ligados à tutela da pessoa e de seus direitos fundamentais, tais quais a autodeterminação informativa, as liberdades de expressão, informação, comunicação e de opinião, a dignidade e o exercício da cidadania, a LGPD estabelece de maneira sólida sua fundamentação nos direitos fundamentais e na proteção da pessoa, o que se verifica igualmente em diversas opções na implementação dos seus mecanismos de tutela - como, por exemplo, ao restringir a sua aplicabilidade aos dados pessoais de pessoa natural, deixando de lado as pessoas jurídicas.

O esforço a ser empreendido pela doutrina e pela jurisprudência seria, em nosso ponto de vista, basicamente, uma interpretação dos incisos X e XII do art. 5º que seja mais fiel ao nosso tempo, reconhecendo a íntima ligação que passam a ostentar os direitos relacionados à privacidade e à comunicação de dados. Uma tal leitura demonstra-se particularmente pertinente e relevante após a consideração de novos documentos normativos como o Marco Civil da Internet e da LGPD, ambas tecendo uma série de garantias e prerrogativas inerentes à cidadania e que defluem diretamente do reconhecimento do direito fundamental à proteção de dados. Dessa forma, a garantia da proteção dos dados pessoais, em si próprios considerados, com caráter de direito fundamental representa o passo necessário à integração da personalidade em sua acepção mais completa e adequada à Sociedade da Informação.

REFERÊNCIAS

BARROSO, Luís Roberto. A viagem redonda: *habeas data*, direitos constitucionais e provas ilícitas. In: WAMBIER, Teresa Arruda Alvim (Coord.). *Habeas data*. São Paulo: Revista dos Tribunais, 1998.

CARVALHO, Ana Paula Gambogi. O consumidor e o direito à autodeterminação informacional. *Revista de Direito do Consumidor*, nº 46, abr./jun. 2003.

CARVALHO, Luis Gustavo Grandinetti de. *Direito de informação e liberdade de expressão.* Rio de Janeiro: Renovar, 1999.

CASTELLS, Manuel. *A sociedade em rede*: a era da informação, economia, sociedade e cultura. São Paulo: Paz e Terra, 1999. v. 1.

CATALA, Pierre. Ebauche d'une théorie juridique de l'information. In: *Informatica e Diritto,* ano IX, jan./apr. 1983.

DALLARI, Dalmo de Abreu. O *habeas data* no sistema jurídico brasileiro. *Revista de la Faculdad de Derecho de la Pontifícia Universidad Católica del Peru,* n° 51, 1997.

DONEDA, Danilo. *Da privacidade à proteção de dados pessoais.* Rio de Janeiro: Renovar: 2006.

LIMBERGER, Têmis. *O direito à intimidade na era da informática.* Porto Alegre: Livraria do Advogado, 2007.

FERRAZ JÚNIOR, Tércio Sampaio. Sigilo de dados: o direito à privacidade e os limites à função fiscalizadora do Estado. *Revista da Faculdade de Direito da Universidade de São Paulo,* v. 88, 1993.

GARFINKEL, Simson. *Database nation.* Sebastopol: O'Reilly, 2000.

LIMBERGER, Têmis. *O direito à intimidade na era da informática.* Porto Alegre: Livraria do Advogado, 2007.

LYON, David. The roots of the information society idea. In: O'SULLIVAN, Tim; JEWKES, Yvonne (Ed.). *The media studies reader.* London: Arnold, 1998.

MACARIO, Francesco. La protezione dei dati personali nel diritto privato europeo. In: CUFFARO, Vicenzo; RICCIUTO, Vicenzo. *La disciplina del trattamento dei dati personali.* Torino: Giappechelli, 1997.

MAÑAS, José Luis Piñar. El derecho fundamental a la protección de datos personales (LOPD). In: *Protección de datos de carácter personal en Iberoamérica.* MAÑAS, José Luis Piñar. Valencia: Tirant Lo Blanch, 2005.

MAYER-SCHÖNBERGER, Viktor. General development of data protection in Europe. In: AGRE, Phillip; ROTENBERG, Marc (Org.). *Technology and privacy*: the new landscape. Cambridge: MIT Press, 1997.

MILLER, Arthur. *Assault on privacy.* Ann Arbor: University of Michigan, 1971.

PERLINGIERI, Pietro. L'informazione come bene giuridico, *Rassegna di diritto civile,* 2/90, p. 329.

PUCCINELLI, Oscar. *El habeas data en Indoiberoamérica.* Bogotá: Temis, 1999.

RODOTÀ, Stefano. *Elaboratori elettronici e controllo sociale.* Bologna: Il Mulino, 1973.

SAMPAIO, José Adércio Leite. *Direito à intimidade e à vida privada.* Belo Horizonte: Del Rey, 1997.

SIMITIS, Spiros. Il contesto giuridico e politico della tutela della privacy. *Rivista Critica del Diritto Privato,* 1997.

WACKS, Raymond. *Personal information.* Oxford: Clarendon Press, 1989.

WUERMELING, Ulrich. Harmonization of European Union Privacy Law, 14 *John Marshall Journal of Computer & Information Law* 411, 1996.

3
LIBERDADE DE IMPRENSA E OS DIREITOS À IMAGEM, À INTIMIDADE E À PRIVACIDADE NA DIVULGAÇÃO DE FOTOS POSTADAS EM MODO PÚBLICO NAS REDES SOCIAIS

Gabriel Oliveira de Aguiar Borges

Sumário: 1 Introdução. 2 O caso da ex-participante de *reality show* e as publicações em modo público nas redes sociais. 3 Argumentos da sentença. 3.1 Reprodução de fatos verdadeiros. 3.2 Debate entre direito à imagem e inviolabilidade da vida privada *versus* direito à informação e liberdade de imprensa. 3.3 O fato de as fotos já estarem divulgadas em modo público nas redes sociais. 4 Argumentos do acórdão. 4.1 Liberdade de imprensa e interesse público. 4.2 A extração das fotos das redes sociais: direito à imagem e direito autoral. 4.3 O voto divergente do Desembargador Luiz Beethoven Giffoni Ferreira. 5 Análise crítica do caso. 5.1 Do (des) interesse público em saber da vida pessoal de uma ex-celebridade. 5.2 Direito à imagem e a publicação das fotos em modo público na Internet. 5.3 Breves notas sobre o 'direito ao esquecimento'. 5.4 Direito autoral e a publicação das fotos em modo público na Internet. 6 Conclusão. Referências.

1. INTRODUÇÃO

O debate entre liberdade de imprensa e direitos da personalidade, como direito à imagem e à vida privada, já é quase um clichê acadêmico no meio jurídico. Contudo, decisão recente do Tribunal de Justiça do Estado de São Paulo levantou interessante pergunta, já que condenou veículos de imprensa a retirarem do ar reportagens e imagens sobre uma ex-celebridade, que foram retiradas de sua conta na rede social *Facebook*, na qual a divulgação foi realizada 'em modo público'. Tais veículos foram condenados, também, a compensá-la pelos danos morais sofridos.

Apresentada a premissa fática desse estudo, cumpre registrar que o fenômeno da multiplicação e difusão da informação conduz a uma modificação substancial do comportamento humano frente às novas formas de expressão e, paralelamente, faz surgir uma importante indagação de cariz filosófico acerca da dificuldade de se distinguir o que é público do que é privado na sociedade da informação.

Sendo assim, o *leitmotiv* do presente estudo consiste na seguinte pergunta-problema: "o fato de uma imagem estar postada nas redes sociais em modo público autoriza os veículos de imprensa a reproduzirem-na sem autorização?".

Para responder a tal questionamento, em um primeiro momento, analisaremos o supracitado *case* e, posteriormente, trabalharemos o que diz a doutrina sobre a matéria. Portanto, pode-se dizer que o método de abordagem será o indutivo.

2. O CASO DA EX-PARTICIPANTE DE *REALITY SHOW* E AS PUBLICAÇÕES EM MODO PÚBLICO NAS REDES SOCIAIS

De início, cumpre pontuar que as relações dos indivíduos com os meios de comunicação encontram lastro no princípio da confiança social que se deposita na correção do que é divulgado. E, para além disso, este modal de inter-relação já foi objeto de inúmeras investigações doutrinárias que conduziram ao que se convencionou chamar de 'efeito terceira pessoa'[1], pelo qual se deduz uma "espécie de ressentimento quanto à confiabilidade do conteúdo das informações veiculadas, sem contudo, colocar a si como elemento passível de ser confundido ou enganado".[2]

Para Zygmunt Bauman, vivencia-se uma crise de valores ou concepções de mundo que é determinante para o surgimento de um 'relativismo moral'[3] que, nas inter-relações entre indivíduos e meios de comunicação, é expediente para a diminuição da salvaguarda protetiva da pessoa humana como valor-fonte do ordenamento jurídico, no sentido que lhe atribui Miguel Reale.[4]

Tem-se, com isso, um choque entre o direito fundamental à liberdade de expressão (e de imprensa)[5] e o direito individual à privacidade, fomentado "por uma cultura de virtualidade real construída a partir de um sistema de mídia onipresente, interligado e altamente diversificado".[6]

Feitos esses sucintos apontamentos, registra-se que, em São Paulo, a ex-participante do *reality show* "Big Brother Brasil", Aline Cristina Tertuliano da Silva, moveu ação judicial em face da companhia Globo Comunicações e Participações S/A e de outras duas empresas do ramo de comunicação e jornalismo, na qual foi veiculada pretensão de indenização por dano extrapatrimonial, bem como pedido de imposição de tutela repressiva, na modalidade outorga da obrigação de fazer, para que reportagens envolvendo seu nome fossem excluídas da Internet.

A autora participou do programa televisivo em 2005 e, 11 anos depois, foi procurada pela empresa para voltar a participar do *reality show* ou fazer gravações. A ex-celebri-

---

1. Para maiores detalhes, confira-se: DAVISON, W. Phillips. The third-person effect in communication. *Public Opinion Quarterly*, v. 47, n. 1, pp. 1-15, 1983.
2. MIRAGEM, Bruno. *Responsabilidade civil da imprensa por dano à honra*: o novo Código Civil e a Lei de Imprensa. Porto Alegre: Livraria do Advogado, 2005, p. 30.
3. BAUMAN, Zygmunt. *O mal-estar da pós-modernidade*. Rio de Janeiro: Zahar, 1998, p. 110-111.
4. REALE, Miguel. *A nova fase do direito moderno*. 2. ed. São Paulo: Saraiva, 1998, p. 59.
5. Para que fique claro, mister destacar que o conceito de 'liberdade de expressão' apresentado é considerado sob o manto amplo da expressão, conglobando tanto o direito de informação, quanto a possibilidade de expressão do conteúdo pensado. (CARVALHO, Luiz Gustavo Grandinetti Castanho de. *Direito de informação e liberdade de expressão*. Rio de Janeiro: Renovar, 1999, p. 21-26.)
6. CASTELLS, Manuel. *A era da informação*: economia, sociedade e cultura – o poder da identidade. 2. ed. São Paulo: Paz e Terra, 2000, v. 2, p. 17.

dade, que hoje é carteira, negou os convites e desautorizou, expressamente, qualquer divulgação sobre sua vida, afirmando que está em outro momento, casada e com filhos.

Ainda assim, o sítio eletrônico "Ego", das organizações Globo, publicou notícia sobre a autora, falando de sua situação atual e mencionando, também, apelido pejorativo que ela recebeu à época do programa, bem como o fato de ter sido eliminada com 95% dos votos.

A notícia foi republicada pelos jornais "Correio 24 Horas" e "Diário Gaúcho".

Diante da situação, Aline ajuizou ação contra a Globo e as outras duas empresas, uma vez que a publicação das fotos violou sua intimidade, teve comentários ofensivos e também continha inverdades que a colocaram em situação vexatória e humilhante, requerendo compensação por danos morais e a exclusão das notícias.

Em primeira instância, o juiz de direito Daniel Fabretti, da 5ª Vara Cível da Comarca de São Paulo, negou o pedido, em decisão que foi revertida pela 2ª Câmara de Direito Privado do Tribunal de Justiça do Estado de São Paulo.[7]

Feitos esses prolegômenos, façamos um estudo mais aprofundado sobre os argumentos da sentença e os do acórdão, para averiguar o entendimento inicial, que desencadeou julgamento desfavorável à autora, e o entendimento que lhe foi favorável, para, ao final, chegarmos a uma conclusão.

3. ARGUMENTOS DA SENTENÇA

A sentença[8] negou guarida ao pedido de Aline, sob os auspícios de que os fatos reproduzidos nas reportagens eram verdadeiros e em razão de as fotos terem sido extraídas

---

7. EMENTA: DANO MORAL – Direito à Intimidade – Vida privada que deve ser resguardada - Participante do programa "Big Brother Brasil - BBB", edição do ano de 2005, que em 2016 teria recusado o convite da Rede Globo, por meio de seu Departamento de Comunicação, para voltar a participar do Programa em sua versão atual e não autorizou qualquer divulgação de sua vida privada – Matéria divulgada relacionada a sua participação no Programa televisivo e sua atual vida pessoal e profissional – Autora que abdicou da vida pública, trabalha atualmente como carteira e se opôs a divulgação de fatos da vida privada, teve fotografias atuais reproduzidas sem autorização, extraídas de seu Facebook, sofrendo ofensa a sua autoestima, uma vez que a matéria não tinha interesse jornalístico atual, e não poderia ser divulgada sem autorização, caracterizando violação ao art. 5°, inciso V e X, da Constituição Federal e arts. 186, 187 e 927 do Código Civil, uma vez que lhe desagradou a repercussão negativa de sua atuação no *Reality Show*, resultante da frustrada estratégia que engendrou, buscando alcançar a cobiçada premiação – Livre acesso às páginas do Facebook que não autoriza a livre reprodução de fotografias, por resguardo tanto do direito de imagem, quanto do direito autoral - Obrigação de retirar as matérias de seus respectivos sites, mediante o fornecimento pela autora das URLs - O compartilhamento de matérias e fotografias nada mais é do que uma forma de "publicação", qualificando-se apenas pelo fato de que seu conteúdo, no todo ou em parte, é extraído de outra publicação já existente – Quem compartilha também contribui para a disseminação de conteúdos pela rede social, devendo, portanto, responder pelos danos causados – Dano moral caracterizado – Responsabilidade solidária de quem publicou e compartilhou a matéria, com exclusão da provedora de hospedagem, que responde apenas pela obrigação de fazer – Recurso provido em relação à Empresa Bahiana de Jornalismo, RBS – Zero Hora e Globo Comunicações e Participações e provido em parte no tocante à Universo On-line. (SÃO PAULO. Tribunal de Justiça do Estado de São Paulo. Processo nº 1024293-40.2016.8.26.0007. *Sentença*. Juiz de Direito Daniel Fabretti. Disponível em: < https://www.conjur.com.br/dl/ex-bbb-imagem-indenizacao.pdf >. Acesso em: 10 jan. 2020.).
8. SÃO PAULO. Tribunal de Justiça do Estado de São Paulo. Processo nº 1024293-40.2016.8.26.0007. *Sentença*. Juiz de Direito Daniel Fabretti. Disponível em: < https://www.conjur.com.br/dl/ex-bbb-imagem-indenizacao.pdf >. Acesso em: 10 jan. 2020.

de publicações veiculadas 'em modo público'[9] na rede social *Facebook* e de que, no caso em tela, o direito à informação e a liberdade de imprensa prevaleceriam sobre o direito à imagem e à inviolabilidade da vida privada.

Estudemos, um a um, os argumentos do juízo *a quo*.

3.1. Reprodução de fatos verdadeiros

A sentença diz, *ipsis litteris*, que "houve a divulgação somente de fatos efetivamente ocorridos, sendo que não restou demonstrado a prática de excessos pelos requeridos".

Continua no seguinte sentido: "Dessa forma, os réus agiram em pleno gozo de seu direito constitucional de liberdade de expressão, imputando os fatos segundo o princípio da boa-fé e da verossimilhança, sem, contudo, atingir a honra da autora, uma vez que verídicas as informações expostas".

Afirma, outrossim, que "O que foi publicado, diz respeito à época em que a autora participou do *reality show*, nenhuma informação foi inventada ou aumentada. A autora, ao participar desse tipo de programa, torna-se uma personalidade, e é comum esse tipo de reportagem, para que o público saiba como está a celebridade, nos tempos atuais".

Por fim, o juízo tece a seguinte afirmação: "o fato de a autora ter mudado o rumo da sua vida, não tem como apagar o que se passou, ainda mais se tratando de um programa exibido em rede nacional".

Sendo assim, o juiz de primeiro grau entendeu que, uma vez que os fatos divulgados são verdadeiros e não foi imputado à autora nenhum fato inverídico, não se haveria que falar em indenização.

3.2. Debate entre direito à imagem e inviolabilidade da vida privada *versus* direito à informação e liberdade de imprensa

Considerando a veracidade dos fatos divulgados pelos meios de comunicação réus, o juízo de primeira instância entendeu que a querela estava baseada em conflito entre direito à imagem e inviolabilidade da vida privada *versus* direito à informação e liberdade de imprensa.

Vejamos: "verifica-se então, a colisão entre dois direitos fundamentais, o direito à imagem e à inviolabilidade da intimidade e da vida privada e, o direito à informação e à liberdade de expressão, ambos constitucionalmente protegidos no artigo 5º, incisos IX e X e artigo 220, § 1º e 2º. E sempre que colocados em confronto, um condiciona o outro, para impor os limites estabelecidos pela própria Constituição, para impedir excessos".

Nessa toada, o juízo concluiu que, muito embora, em seu entendimento particular, inexista interesse público na veiculação da reportagem, tal tipo de publicação é comum quando a pessoa se torna uma personalidade, para que o público saiba "por onde anda" a celebridade.

---

9. Trata-se de modalidade de publicação pela qual a postagem pode ser visualizada por qualquer outro usuário da plataforma, independentemente de mútuo acompanhamento ou prévia autorização do usuário que veiculou o conteúdo.

3.3. O fato de as fotos já estarem divulgadas em modo público nas redes sociais

No que diz respeito às fotos publicadas, o juízo a quo foi um pouco lacônico, limitando-se a proferir os seguintes dizeres: "As fotos publicadas, por sua vez, já estavam em situação pública na internet, via *Facebook*".

Sendo assim, imperioso concluir que o juiz de primeira instância entendeu que o fato de as fotos estarem publicadas nas redes sociais, em modo público, autoriza sua reprodução pela imprensa, sem caracterizar violação à privacidade ou intimidade.

4. ARGUMENTOS DO ACÓRDÃO

Concluído o estudo sobre a sentença, insta estudar, agora, o acórdão que a reformou *in totum*. O acórdão entendeu, primeiramente, que não há interesse público na divulgação de fatos pessoais da vida de uma ex-celebridade, que já não é mais pessoa pública, nem notória, de forma que o direito à liberdade de imprensa não deveria, no caso em comento, prevalecer sobre os direitos à intimidade e à vida privada.

Ademais, a maioria dos desembargadores entendeu que a extração das fotos das redes sociais, ainda que estivessem publicadas pela própria vítima, em modo público, configura lesão ao direito à imagem, bem como ao direito autoral.

Imperioso, portanto, estudar o acórdão[10], que trouxe visões totalmente distintas do caso, com relação à sentença.

4.1. Liberdade de imprensa e interesse público

O acórdão engendra considerações dignas de nota acerca do debate entre liberdade de imprensa e direito à intimidade, sob as lentes do interesse público.

Primeiramente, os desembargadores lembram o julgamento da ADPF 130, que declarou como não recepcionado, pela Constituição da República de 1988, a Lei Federal nº 5.250, de 1967.

Em referida ADPF, relatada pelo Ministro Carlos Britto, foi declarado que "Os direitos que dão conteúdo à liberdade de imprensa são bens de personalidade que se qualificam como sobredireitos. Daí que, no limite, as relações de imprensa e as relações de intimidade, vida privada, imagem e honra são de mútua excludência, no sentido de que as primeiras se antecipam, no tempo, às segundas; ou seja, antes de tudo prevalecem as relações de imprensa como superiores bens jurídicos e natural forma de controle social sobre o poder do Estado, sobrevindo as demais relações como eventual responsabilização ou consequência do pleno gozo das primeiras".[11]

---

10. BRASIL. Superior Tribunal de Justiça. *Recurso Especial nº 236.708/MG*, Informativo nº 383, Quarta Turma. Relator: Juiz Convocado Carlos Fernando Mathias. 10 de fevereiro de 2009. Disponível em: <http://portal.stf.jus.br/processos/detalhe.asp?incidente=12837>. Acesso em: 10 jan. 2020.
11. BRASIL. Supremo Tribunal Federal. *Arguição de Descumprimento de Preceito Fundamental nº 130*. Relator: Ministro Carlos Britto. 06 de novembro de 2011. Disponível em: <http://portal.stf.jus.br/processos/detalhe.asp?incidente=12837>. Acesso em: 10 jan. 2020.

Recordam, também, os desembargadores, de entendimento do Superior Tribunal de Justiça (STJ), no sentido de que "não se configura o dano moral quando a matéria jornalística limita-se a tecer críticas prudentes – *animus criticandi* – ou a narrar fatos de interesse público – *animus narrandi*. Há, nesses casos, exercício regular do direito de informação".[12]

De toda forma, a turma entendeu que, no caso em tela, não há interesse público na publicação da matéria jornalística questionada, vez que: "não se demonstrou que na atualidade a requerente fosse pessoa pública, que é aquela que se dedica à vida pública ou que a ela está ligada, ou que exerça cargos políticos, ou cuja atuação dependa do sufrágio popular ou do reconhecimento das pessoas ou a elas é voltado, ainda que para entretenimento e lazer, mesmo que sem objetivo de lucro ou com caráter eminentemente social, ou mesmo que se cuidava de pessoa notória, hipóteses em que se poderia aventar que pudesse sofrer restrições e limitações no resguardo dos assuntos relacionados a sua vida privada, ainda que limitado ao ambiente de onde gozasse de popularidade".

Justamente por isso, o Tribunal entendeu pela prevalência do direito à intimidade e à vida privada sobre o direito à liberdade de imprensa e acesso à informação.

4.2. A extração das fotos das redes sociais: direito à imagem e direito autoral

Insta salientar que, assim como o juízo de primeira instância, também o Tribunal Paulista foi lacônico ao tratar do fato de as fotos terem sido extraídas das redes sociais em modo público, embora tenha sido um entendimento totalmente diverso da decisão de primeira instância, limitando-se a afirmar que "o livre acesso às páginas do *Facebook* não autoriza a livre reprodução de fotografias, por resguardo tanto do direito de imagem, quanto do direito autoral".

Ou seja, nenhum dos magistrados envolvidos no case se debruçou muito sobre o assunto, tarefa a ser realizada por nós, no item 5 infra.

4.3. O voto divergente do Desembargador Luiz Beethoven Giffoni Ferreira

Cumpre mencionar que a decisão do acórdão não foi unânime, vez que houve voto divergente do Desembargador Luiz Beethoven Giffoni Ferreira, no sentido de que "não se infere, da atitude das Rés, nenhuma ofensa à honra ou à intimidade da Autora, já que a matéria veiculada tratou de fatos ocorridos na época em que esta participara do programa "Big Brother Brasil", narrando sua trajetória como participante da atração, inexistindo qualquer informação inverídica ou desabonadora".

Afirma, outrossim, que "em momento algum a matéria veiculada teve caráter ofensivo; pelo contrário, não houve exposição vexatória da imagem, mas apenas de nítido *animus narrandi*, pois desenvolvida à luz do comportamento da Apelante durante sua participação no citado Programa, e do resultado do julgamento popular. E mesmo a

---

12. BRASIL. Superior Tribunal de Justiça. *Agravo Regimental no Agravo nº 1.205.445/RJ*. Relator: Ministro Raul Araújo, Quarta Turma. 06 de dezembro de 2011. Disponível em: <https://ww2.stj.jus.br/processo/revista/documento/mediado/?componente=ATC&sequencial=18948178&num_registro=200901293189&data=20120201&tipo=51&formato=PDF>. Acesso em: 10 jan. 2020.

divulgação de informações atuais mudança de cidade e trabalho nos Correios não caracteriza, de forma alguma, ofensa à honra ou à imagem, uma vez que repita-se tratam-se de acontecimentos verídicos e exibidos publicamente pela própria Requerente em suas redes sociais".

Conclui no sentido de que "tem-se que o intuito foi de exposição dos fatos, o que é inerente ao papel das Requeridas, que agiram em pleno gozo de seu direito de liberdade de expressão, relatando fatos como realmente aconteceram, não se vislumbrando distorção, abuso ou ofensa que enseje o direito à indenização pretendida".

5. ANÁLISE CRÍTICA DO CASO

Com base no que foi demonstrado até agora, inclinamo-nos a entender que foi correto o acórdão proferido, em que pesem os argumentos trazidos tanto pela sentença quanto pelo voto divergente. Passaremos a explicar nossas razões para defender o alegado pelo Tribunal.

5.1. Do (des)interesse público em saber da vida pessoal de uma ex-celebridade

A primeira questão a se fazer para averiguar se, no caso concreto, deve prevalecer o direito à liberdade de imprensa e ao acesso à informação ou o direito à intimidade e à vida privada é se há interesse público na divulgação dos fatos e imagens.

A questão é delicada, vez que se trata de uma pessoa que, na década passada, teve momentos de fama e foi uma celebridade, mas que, por opção própria, entrou em fase de ostracismo e deixou para trás os tempos em que fez fama na televisão. Sendo assim, mais de uma década depois de a pessoa deixar os holofotes da mídia, ainda há que se falar em interesse público na divulgação de sua vida pessoal?

5.2. Direito à imagem e a publicação das fotos em modo público na Internet

Impossível tratar da grande pergunta-problema que move o presente trabalho sem, antes, nos debruçarmos sobre o direito à imagem, para, posteriormente, partirmos para o conceito de privacidade.

Quando se fala em imagem, tratamos da exteriorização da personalidade humana, abarcando não só a reprodução fisionômica do titular, como também suas sensações e características comportamentais que o tornam particular[13] na vida em sociedade.

Despiciendo salientar que a imagem se divide em imagem-retrato, imagem-atributo e imagem-voz, sendo a primeira as características fisionômicas do titular, a segunda, os qualificativos sociais e comportamentos reiterados que permitem identificar a pessoa e a terceira, a identificação de um sujeito por intermédio de seu timbre sonoro.[14]

---

13. SOUZA, Carlos Affonso Pereira de. Contornos atuais do direito à imagem. *Revista Trimestral de Direito Civil – RTDC*, Rio de Janeiro: Padma, vo. 13, jan./mar. 2003, p. 38.
14. ROSENVALD, Nelson; FARIAS, Cristiano Chaves de. *Curso de Direito Civil*, v. 1: Parte Geral e LINDB. 11. ed. Salvador: Juspodivm, 2013, p. 244.

No caso em comento, foram utilizadas indevidamente a imagem-retrato e a imagem-atributo da ex-celebridade. Sobre isso, interessante destacar a Súmula 403, do STJ: *"Independe de prova do prejuízo a indenização pela publicação não autorizada de imagem de pessoa com fins econômicos ou comerciais"*.

Trazendo a questão para o caso em comento, é importante fazer uma ressalva, no sentido de que, como ensinam Rosenvald e Farias,

> *"A imagem das pessoas públicas, as chamadas celebridades (artistas, esportistas, políticos, modelos, personagens históricos...), também sofre flexibilização, porque a projeção de sua personalidade extrapola os seus limites individuais, espalhando-se no interesse de toda a coletividade. Não é crível, nem admissível, portanto, que um conhecido artista de televisão ou um governante pudesse reclamar dano pelo uso da imagem em jornais, revistas, televisão etc. Máxime considerando o caráter jornalístico da utilização, no mais das vezes".*[15]

Contudo, os próprios autores lembram que *"as celebridades não podem ser consideradas pessoas públicas durante todo o tempo"*,[16] afirmando que tais pessoas *"conservam, é claro, o direito (constitucionalmente assegurado) à imagem, apenas sofrendo uma flexibilização, quando houver legítimo interesse na sua divulgação, por força de seu ofício, profissão ou situação em que se encontre"*.[17]

Ora, no caso em comento, não se demonstra, como afirmado pelo acórdão, qualquer legítimo interesse na divulgação da imagem da ex-participante do *reality show*. De toda forma, sigamos com nosso estudo.

Feito esse brevíssimo introito acerca do direito à imagem, passamos ao estudo da privacidade.

Para tratar da privacidade, nos socorremos, primeiramente, da doutrina de Marcel Leonardi, que conceitua a privacidade como a capacidade inerente à pessoa humana de controlar o fluxo de informações a seu respeito.[18]

Por sua vez, Tulio Lima Vianna ensina que, da privacidade, decorre a tutela de três diferentes interesses jurídicos: o direito de não ser monitorado, o direito de não ser registrado e o direito de não ser reconhecido, o que implica na não publicação de registros pessoais[19].

Daniel Solove, ao tratar da privacidade, propõe uma taxonomia da qual se destaca o fato de a privacidade englobar, dentro do aspecto de disseminação de informações, dentre outros, um direito a não ser exposto e a não ter um aumento na acessibilidade aos dados da pessoa[20].

Partindo dos conceitos propostos por Leonardi, Vianna e Solove, fácil concluir que o fato de as fotografias estarem divulgadas na página da vítima nas redes sociais em modo público não significa que elas podem ser publicadas, também, pela imprensa.

---

15. Ibidem, p. 255
16. Ibidem, p. 256.
17. Idem.
18. LEONARDI, Marcel. *Tutela e privacidade na Internet*. São Paulo: Saraiva, 2012, p. 67.
19. VIANNA, Túlio Lima. *Transparência pública, opacidade privada*: o Direito como instrumento de limitação do poder na sociedade de controle. 2006. 206f. Tese (Doutorado em Direito). Universidade Federal do Paraná, Curitiba, p. 73.
20. SOLOVE, Daniel J. *Understanding privacy*. Cambridge: Harvard University Press, 2008, p. 10-11.

Ora, se, pela privacidade, a pessoa tem o direito de controlar o fluxo de informações a seu respeito, certo é que, ainda que tenha publicado as imagens em modo público, o que possibilitaria que qualquer pessoa tivesse acesso a elas, ainda assim, a vítima tinha certo controle sobre o fluxo de tais informações, visto que, como não é mais uma celebridade, não estando mais no centro das atenções midiáticas, não esperava que o Brasil todo tivesse acesso a suas fotos, mas apenas pessoas que convivessem no mesmo meio, talvez tendo amigos em comum, chegando a sua página na rede social.

Por outro lado, quando um website de propriedade de um dos maiores grupos de comunicação do mundo divulga essas fotos, potencializa-se, e muito, o acesso à imagem da vítima.

Aliás, importante salientar que, enquanto estavam apenas nas redes sociais, a vítima tinha controle sobre sua publicação, podendo excluí-las a qualquer momento. Quando, por outro lado, as imagens foram publicadas pela imprensa, a vítima perdeu todo o controle sobre elas.

Além disso, os três direitos que Vianna aponta como decorrentes da privacidade se demonstram violados. Vejamos: o direito a não ser monitorado, vez que, tendo sido as imagens retiradas do perfil da vítima no *Facebook*, potencializou-se a procura das pessoas pela vítima na rede social; o direito a não ser registrado, tendo em vista que, muito embora as imagens estivessem em modo público, a autora perdeu totalmente o controle sobre elas quando foram publicadas pela imprensa; e o direito a não ser reconhecido, pois a publicação, na rede mundial de computadores, das fotos permitiu que qualquer pessoa no mundo a reconhecesse.

Note-se que ela tenta deixar o passado para trás, mas, com a publicação, isso se torna difícil, pois, agora, todas as pessoas que com ela convivem, ou convivem com seus amigos e familiares sabem que ela é uma ex-participante do "Big Brother Brasil".

Por fim, o direito a não ter a acessibilidade a suas informações aumentado, bem como a não ser exposta, conforme preconizado por Solove, também foi violado, pois, conforme dito alhures, foi muito potencializado o acesso do público às fotos.

Contudo, não se pode deixar de ter em mente que o direito à imagem tem indisponibilidade relativa, ou seja, pode ser feita a autorização do uso da imagem. É cada vez mais relevante essa questão da disponibilidade do direito à própria imagem, vez que esta é o principal instrumento dos meios de comunicação de massa para chamar a atenção do consumidor.[21]

Desde o século passado, Pontes de Miranda já reconhecia a possibilidade do uso da imagem alheia mediante consentimento prévio, admitindo, inclusive, a transmissibilidade desse direito ao uso da imagem.[22]

Contudo, Carlos Alberto Bittar adverte que esse direito é disponível, na prática, mediante a remuneração convencionada e, mais importante, nos exatos termos ditados pela vontade do titular.[23]

---

21. BORGES, Roxana Cardoso Brasileiro. *Direitos de personalidade e autonomia privada.* 2. ed. São Paulo: Saraiva, 2007, p. 158-159.
22. PONTES DE MIRANDA, Francisco Cavalcanti. *Tratado de direito privado.* Rio de Janeiro: Borsoi, 1955, v. 7, Direitos de personalidade. Direito de família, p. 57.
23. BITTAR, Carlos Alberto. *Os direitos da personalidade.* 4. ed. Rio de Janeiro: Forense, 2000, p. 12.

Ademais, Roxana Cardoso Brasileiro Borges recorda que "por se tratar de um direito de personalidade, a autorização, seja remunerada ou gratuita, para o uso da própria imagem, além de ser limitada no tempo e em relação aos objetivos do uso, merecerá, sempre, interpretação restritiva".[24]

E vai além, afirmando que os negócios jurídicos que autorizam o uso da imagem "devem ser formalizados da maneira mais completa possível, mediante autorização expressa e escrita, detalhando como a pessoa deverá aparecer, em que trajes e posições, em quais lugares, com quem, com que objetos, quando, a que veículos de comunicação o uso da imagem se destina e por quanto tempo, além da remuneração, se for o caso".[25]

No que diz respeito ao direito à informação, temos que "a constatação da sociedade da informação permitiu tratamento jurídico seletivo, inaugurando-se o 'direito da informação'. Neste aviso, tem-se a verificação de princípios e regras que regem relações jurídicas geradas e desenvolvidas através das tecnologias recentes de informação e comunicação".[26]

Por isso, a doutrina se preocupa com o chamado estatuto da informação, para atribuir direitos e poderes de apreensão, uso e comercialização da informação, bem como o estatuto da comunicação, embasado na transmissão e liberdade de manifestação na rede e suas consequências.[27]

Diante de toda a querela envolvendo a proteção à privacidade na era da informação e da internet, Fernando Rodrigues Martins chega à seguinte conclusão: "para a sociedade virtualizada e sem maiores controles, o direito pode servir como sistema de promoção e proteção. Só apenas consegue este escopo, considerando o fundamento bastante: a pessoa".[28]

E justamente com fins de proteção à pessoa é que entendemos que, salvo relevante interesse público, não se pode divulgar imagens de pessoas na imprensa, ainda mais *online*, ainda que tais imagens tenham sido retiradas de publicação da pessoa nas redes sociais, mesmo que em modo público.

5.3. Breves notas sobre o 'direito ao esquecimento'

Nas palavras de Mayer-Schönberger, na era digital, inverte-se o equilíbrio entre lembrar e esquecer, sendo que o esquecimento se transformou em exceção.[29]

---

24. BORGES, Roxana Cardoso Brasileiro. *Op. cit.*, p. 160.
25. BORGES, Roxana Cardoso Brasileiro. *Op. cit.*, p. 161.
26. MARTINS, Fernando Rodrigues. Sociedade da informação e promoção à pessoa: empoderamento humano na concretude de novos direitos fundamentais. *In*: MARTINS, Fernando Rodrigues. *Direito privado e policontexturalidade*. Fontes, fundamentos e emancipação. Rio de Janeiro: Lumen Juris, 2018, p. 422.
27. GONÇALVES, Maria Eduarda. *Direito da informação*: novos direitos e formas de regulação na sociedade da informação. Coimbra: Almedina, 2003, p. 17.
28. MARTINS, Fernando Rodrigues. Sociedade da informação e promoção à pessoa: empoderamento humano na concretude de novos direitos fundamentais. *In*: MARTINS, Fernando Rodrigues. *Direito privado e policontexturalidade*. Fontes, fundamentos e emancipação. Rio de Janeiro: Lumen Juris, 2018, p. 433.
29. MAYER-SCHÖNBERGER, Viktor. *Delete:* The Virtue of Forgetting in the Digital Age. New Jersey: Princeton, 2009, p. 196.

Essa situação evidencia o chamado "direito ao esquecimento", em suas várias faces, como *diritto all'oblio*, na Itália, ou *droit à l'oubli*, na França, debatendo-se o direito ao esquecimento, que aparece a partir de casos de ex-detentos que já haviam cumprido pena perante a Administração Pública, passando para o âmbito das relações entre particulares, especialmente envolvendo casos em que a mídia traz à tona a recordação pública de crimes pretéritos.[30]

In casu, se poderia tratar da temática do direito ao esquecimento para garantir à Autora/Apelante, o direito ao esquecimento dos tempos em que protagonizou o *reality show*, não só como forma de proteção à intimidade ou privacidade, mas, de maneira mais adequada, como proteção ao direito à identidade pessoal, enquanto direito de expressar quem ela de fato é, tanto em sua realidade física, como moral e intelectual. Assim, se impede o falseamento da verdadeira pessoa, permanecendo intactos os elementos que revelam sua singularidade enquanto unidade de um todo social,[31] dissociado da identidade criada em tempos pretéritos, em que era apenas uma participante de um *reality show*.

Nas palavras da Corte Suprema de Cassação da Itália,

> "*il diritto all'oblio salvaguarda in realtà la proiezione di essere tutelato dalla divulgazione di informazione (potenzialmente) lesive in ragione della perdita (stante il lasso di tempo intercorso dall'accadimento del fatto che costituisce l'oggetto) di attualità delle stesse, sicché il relativo trattamento viene a risultare non più giustificato ed anzi suscettibile di ostacolare il soggeto nell'esplicazione e nel godimento della propria personalità*".[32]

O significado disso, nas palavras de Stefano Rodotà, é no sentido de que *"il passato non può essere transformato in una condanna che esclude ogni riscatto"*.[33]

Insta salientar que, em que pese seja consagrada pela doutrina e pela jurisprudência, a expressão *"direito ao esquecimento"* não é a mais adequada, vez que sugere a existência de um direito de apagar dados passados, ou suprimir a referência a acontecimentos pretéritos, o que não é a realidade do que se trata o instituto em comento, o qual consistem em mero direito da pessoa de se defender contra recordações opressivas de fatos pretéritos,[34] como acontece no caso ora comentado.

Ressalta-se, de qualquer maneira, que não se trata de um direito absoluto, devendo ser submetido à técnica da ponderação quando em colisão com outros direitos fundamentais de mesmo grau,[35] como liberdade de expressão, liberdade de imprensa, dentre outros. De toda forma, citando-se os mesmos argumentos do acórdão, no caso em comento, o direito ao esquecimento prevaleceria sobre os outros direitos que poderiam impedi-lo.

---

30. SCHREIBER, Anderson. *Direitos da personalidade*. 3. ed. São Paulo: Atlas, 2014, p. 172-174.
31. CHOERI, Raul Cleber da Silva. *O Direito à Identidade na Perspectiva Civil-Constitucional*. Rio de Janeiro: Renovar, 2010, p. 244.
32. ITALIA. Corte Suprema di Cassazione. *Julgado 5525/2012*, j. 11.01.2012.
33. RODOTÀ, Stefano. *Dai ricordi ai dati l'oblio è um diritto?* Disponível em: https://ricerca.repubblica.it/repubblica/archivio/repubblica/2012/01/30/dai-ricordi-ai-dati-oblio-un.html (acesso em 10 jan. 2020).
34. SCHREIBER, Anderson. Direito ao esquecimento e proteção de dados pessoais na lei 13.709/2018. *In*: FRAZÃO, Ana *et al*. *Lei Geral de Proteção de Dados Pessoais e suas repercussões no Direito Brasileiro*. São Paulo: RT, 2019, p. 374.
35. Ibidem, p. 376.

5.4. Direito autoral e a publicação das fotos em modo público na Internet

Por razões metodológicas, optamos por não nos delongar, pelo menos neste trabalho, com a questão dos direitos autorais de fotos publicadas em modo público nas redes sociais.

Por isso, cumpre mencionar apenas que a questão também foi levantada, ainda que de maneira lacônica e tímida, pela corte paulista quando da prolatação do acórdão.

6. CONCLUSÃO

Por todo o exposto, considerando que o direito à imagem só pode ser disponibilizado mediante autorização expressa de seu titular e nos exatos termos dessa autorização, bem como considerando a necessidade de proteção da pessoa e sua emancipação por meio do direito privado e considerando, por fim, a proteção à privacidade, entendemos correta a decisão de segunda instância do TJSP.

Dessa maneira, a resposta à pergunta-problema que se nos foi apresentada na introdução supra nos parece ser no sentido de que, por mais que a pessoa tenha publicado imagens suas em modo público nas redes sociais, tais imagens não podem ser reproduzidas pela imprensa, vez que esta precisaria de autorização específica.

REFERÊNCIAS

BAUMAN, Zygmunt. *O mal-estar da pós-modernidade*. Rio de Janeiro: Zahar, 1998.

BORGES, Roxana Cardoso Brasileiro. *Direitos de personalidade e autonomia privada*. 2. ed. São Paulo: Saraiva, 2007.

BRASIL. Superior Tribunal de Justiça. *Agravo Regimental no Agravo n° 1.205.445/RJ*. Relator: Ministro Raul Araújo, Quarta Turma. 06 de dezembro de 2011. Disponível em: < https://ww2.stj.jus.br/processo/revista/documento/mediado/?componente=ATC&sequencial=18948178&num_registro=200901293189&data=20120201&tipo=51&formato=PDF >. Acesso em: 10 jan. 2020.

BRASIL. Superior Tribunal de Justiça. *Recurso Especial n° 236.708/MG*, Informativo n° 383, Quarta Turma. Relator: Juiz Convocado Carlos Fernando Mathias. 10 de fevereiro de 2009. Disponível em: < http://portal.stf.jus.br/processos/detalhe.asp?incidente=12837 >. Acesso em: 10 jan. 2020.

BRASIL. Supremo Tribunal Federal. *Arguição de Descumprimento de Preceito Fundamental n° 130*. Relator: Ministro Carlos Britto. 06 de novembro de 2011. Disponível em: < http://portal.stf.jus.br/processos/detalhe.asp?incidente=12837 >. Acesso em: 10 jan. 2020.

CARVALHO, Luiz Gustavo Grandinetti Castanho de. *Direito de informação e liberdade de expressão*. Rio de Janeiro: Renovar, 1999.

CASTELLS, Manuel. *A era da informação*: economia, sociedade e cultura – o poder da identidade. 2. ed. São Paulo: Paz e Terra, 2000, v. 2.

CHOERI, Raul Cleber da Silva. *O Direito à Identidade na Perspectiva Civil-Constitucional*. Rio de Janeiro: Renovar, 2010.

DAVISON, W. Phillips. The third-person effect in communication. *Public Opinion Quarterly*, v. 47, n. 1, pp. 1-15, 1983

GONÇALVES, Maria Eduarda. *Direito da informação*: novos direitos e formas de regulação na sociedade da informação. Coimbra: Almedina, 2003.

ITALIA. Corte Suprema di Cassazione. *Julgado 5525/2012*, j. 11.01.2012.

LEONARDI, Marcel. *Tutela e privacidade na Internet*. São Paulo: Saraiva, 2012.

MARTINS, Fernando Rodrigues. Sociedade da informação e promoção à pessoa: empoderamento humano na concretude de novos direitos fundamentais. In: MARTINS, Fernando Rodrigues. *Direito privado e policontexturalidade*. Fontes, fundamentos e emancipação. Rio de Janeiro: Lumen Juris, 2018.

MAYER-SCHÖNBERGER, Viktor. *Delete:* The Virtue of Forgetting in the Digital Age. New Jersey: Princeton, 2009.

MIRAGEM, Bruno. *Responsabilidade civil da imprensa por dano à honra*: o novo Código Civil e a Lei de Imprensa. Porto Alegre: Livraria do Advogado, 2005.

PONTES DE MIRANDA, Francisco Cavalcanti. *Tratado de direito privado*. Rio de Janeiro: Borsoi, 1955, v. 7.

REALE, Miguel. *A nova fase do direito moderno*. 2. ed. São Paulo: Saraiva, 1998.

RODOTÀ, Stefano. *Dai ricordi ai dati l'oblio è um diritto?* Disponível em: https://ricerca.repubblica.it/repubblica/archivio/repubblica/2012/01/30/dai-ricordi-ai-dati-oblio-un.html. Acesso em: 10 jan. 2020.

ROSENVALD, Nelson; FARIAS, Cristiano Chaves de. *Curso de Direito Civil*, v. 1: Parte Geral e LINDB. 11. ed. Salvador: Juspodivm, 2013.

SÃO PAULO. Tribunal de Justiça do Estado de São Paulo. Processo nº 1024293-40.2016.8.26.0007. *Sentença*. Juiz de Direito Daniel Fabretti. Disponível em: < https://www.conjur.com.br/dl/ex-bbb--imagem-indenizacao.pdf >. Acesso em: 10 jan. 2020.

SCHREIBER, Anderson. Direito ao esquecimento e proteção de dados pessoais na lei 13.709/2018. *In:* FRAZÃO, Ana *et al. Lei Geral de Proteção de Dados Pessoais e suas repercussões no Direito Brasileiro*. São Paulo: RT, 2019.

SCHREIBER, Anderson. *Direitos da personalidade*. 3. ed. São Paulo: Atlas, 2014.

SOLOVE, Daniel J. *Understanding privacy*. Cambridge: Harvard University Press, 2008.

SOUZA, Carlos Affonso Pereira de. Contornos atuais do direito à imagem. *Revista Trimestral de Direito Civil – RTDC,* Rio de Janeiro: Padma, vo. 13, jan./mar. 2003.

VIANNA, Túlio Lima. *Transparência pública, opacidade privada*: o Direito como instrumento de limitação do poder na sociedade de controle. 2006. 206f. Tese (Doutorado em Direito). Universidade Federal do Paraná, Curitiba.

4
O DIREITO AO ESQUECIMENTO NA INTERNET

Guilherme Magalhães Martins

> Tudo que se passa no onde vivemos é em nós que se passa. Tudo que cessa no que vemos é em nós que cessa. (Fernando Pessoa)

Sumário: 1 A sociedade da informação e a proteção dos direitos fundamentais. 2 Direito ao esquecimento, privacidade e autodeterminação informativa. As tecnologias e a memória. 3 Modalidades de exercício do direito ao esquecimento. 4 Aplicação do instituto na jurisprudência dos Tribunais Superiores. 5 Conclusão. Referências.

1. A SOCIEDADE DA INFORMAÇÃO E A PROTEÇÃO DOS DIREITOS FUNDAMENTAIS

Nos últimos anos, o conceito de sociedade da informação adquiriu importância em escala mundial, fundamentado na crença de que sua consolidação favorece a integração global nos diferentes aspectos da vida humana: na economia, no conhecimento, na cultura, no comportamento humano e nos valores.

A expressão *sociedade da informação*[1] surgiu na Europa, na conferência internacional de 1980, onde a Comunidade Econômica Europeia reuniu estudiosos para avaliar o futuro de uma nova sociedade assim denominada, tendo em vista a regulamentação da liberdade de circulação de serviços e medidas para a implementação de acesso aos bens e serviços por parte dos Estados membros. Foi então utilizada pela primeira vez a expressão *TIC – Tecnologias da Informação e Comunicação*.

Manuel Castells destaca os aspectos centrais do paradigma da sociedade da informação, que representam sua base material:

> A primeira característica do novo paradigma é que a informação é sua matéria-prima: são *tecnologias para agir sobre a informação*, não apenas informação para agir sobre a tecnologia [...]
>
> O segundo aspecto refere-se à *penetrabilidade dos efeitos das novas tecnologias*. Como a informação é uma parte integral de toda atividade humana, todos os processos de nossa existência individual e coletiva são diretamente moldados (embora, com certeza, não determinados) pelo novo meio tecnológico.

---

1. Para José de Oliveira Ascensão, a sociedade da informação abrange elementos relativos a programas de computador, circuitos integrados, bases de dados eletrônicas e utilização de obras por computador. A base universal de todos esses fenômenos é a digitalização. É esta que permite o aparecimento de novos bens, como os produtos multimídia. Não se trata, para o autor, de um conceito técnico, mas de um *slogan*. Nas suas palavras, "melhor até se falaria em sociedade da comunicação, e só num sentido muito lato se pode qualificar toda mensagem como informação" (ASCENSÃO, José de Oliveira. *Direito da Internet e da sociedade da informação*. Rio de Janeiro: Forense, 2001. p. 67).

A terceira característica refere-se à *lógica de redes* em qualquer sistema ou conjunto de relações, usando essas novas tecnologias da informação. A morfologia da rede parece estar bem adaptada à crescente complexidade da interação e aos modelos imprevisíveis do desenvolvimento derivado do poder criativo dessa interação [...]

Em quarto lugar, referente ao sistema de redes, mas sendo um aspecto claramente distinto, o paradigma da tecnologia da informação é baseado na *flexibilidade*. Não apenas os processos são reversíveis, mas organizações e instituições podem ser modificadas, e até mesmo fundamentalmente alteradas, pela reorganização de seus componentes [...] Torna-se possível inverter as regras sem destruir a organização, porque a base material da organização pode ser reprogramada e realterada [...]

Então, uma quinta característica dessa revolução tecnológica é a crescente *convergência de tecnologias específicas para um sistema altamente integrado*, no qual trajetórias tecnológicas antigas ficam literalmente impossíveis de se distinguir em separado. Assim, a microeletrônica, as telecomunicações, a optoeletrônica e os computadores são todos integrados nos sistemas de informação.[2]

A sociedade da informação, portanto, muda e dita comportamentos, regendo as formas de comunicação, os relacionamentos interpessoais, o consumo e a própria vida em sociedade.

Trata-se de uma nova fase na especificação dos direitos humanos fundamentais,[3] uma nova orientação internacional em busca do direito ao desenvolvimento através da interação da comunicação, da telemática e das informações em tempo real, com transmissão global e assimilação simultânea.

Nessa linha, ainda sob a vigência da revogada Diretiva sobre proteção de dados pessoais, de 1995, foi anunciada em janeiro de 2012 a proposta da Comissão Europeia no sentido do estabelecimento de um novo direito fundamental: o direito ao esquecimento.[4]

Segundo Stefano Rodotà, em artigo publicado no periódico *La Repubblica*,

trata-se do direito de governar a própria memória, para devolver a cada um a possibilidade de se reinventar, de construir personalidade e identidade, libertando-se da tirania das jaulas em que uma

---

2. Nas palavras do autor, "a tecnologia da informação é hoje o que a eletricidade foi na Era Industrial. [...] A Internet passou a ser a base tecnológica para a forma organizacional da Era da Informação: a rede" (*A sociedade em rede*. Tradução de Roneide Venancio Majer. São Paulo: Paz e Terra, 2010. p. 108-109).
3. Norberto Bobbio, ao discorrer sobre a evolução da doutrina dos direitos do homem, denomina de especificação "a passagem gradual, porém cada vez mais acentuada, para uma ulterior determinação dos sujeitos titulares de direitos. Ocorreu, com relação aos sujeitos, o que desde início ocorrera com relação à ideia abstrata de liberdade, que se foi progressivamente determinando em liberdades singulares e concretas (de consciência, de opinião, de imprensa, de reunião, de associação), numa progressão ininterrupta que prossegue até hoje: basta pensar na tutela da própria imagem diante da invasão dos meios de reprodução e difusão de coisas do mundo exterior, ou na tutela da privacidade diante do aumento da capacidade dos poderes públicos de memorizar nos próprios arquivos os dados privados da vida de cada pessoa. Assim, com relação ao abstrato sujeito 'homem', que já se encontrava uma primeira especificação no 'cidadão' (no sentido de que podiam ser atribuídos ao cidadão novos direitos com relação ao homem em geral), faz-se valer a exigência de responder com nova especificação à seguinte questão: que homem, que cidadão?" (BOBBIO, Norberto. *A era dos direitos*. Tradução de Carlos Nelson Coutinho. São Paulo: Campus, 1992. p. 62).
4. O direito ao esquecimento foi mencionado como parte de nova proposta de Diretiva para a proteção de dados pessoais pela Comissária Europeia para a Justiça, Direitos Fundamentais e Cidadania, Viviane Reding, em janeiro de 2012. Segundo Jeffrey Rosen, "embora Reding retrate o novo direito como uma modesta expansão dos direitos existentes de privacidade dos dados, na verdade representa uma grande ameaça à liberdade de expressão na internet na próxima década. O direito ao esquecimento pode fazer com que o Facebook e o Google, por exemplo, comprometam cerca de 20% do seu rendimento se falharem na remoção da postagem dos usuários que postam suas próprias fotos e depois se arrependem, mesmo se essas fotos já tenham sido largamente distribuídas" (ROSEN, Jeffrey. Symposium issue: the right to be forgotten. *Stanford Law Review Online*, v. 64, p. 88, fev. 2012).

memória onipresente e total pretende aprisionar tudo [...] A Internet deve aprender a esquecer, através do caminho de uma memória social seletiva, ligada ao respeito aos direitos fundamentais da pessoa (tradução livre)".[5]

O debate reaparece ciclicamente: é justo permitir que os usuários apaguem para sempre seus rastros espalhados na rede? A Internet, em outras palavras, deve esquecer?[6]

O esquecimento, na Antiguidade, já foi identificado com a ideia de sanção ou punição, como no instituto da *damnatio memoriae*, destinado aos condenados por crimes graves em Roma ou ainda aos destronados, tidos como "maus imperadores" pela nova ordem constituída.[7]

No entanto, o surgimento da internet no cenário social gerou efeito contrário, no sentido da difusão e a massificação das memórias, possibilitando a construção de uma "memória coletiva". Trata-se, pois, de um ponto de contato que se encontra exatamente no escopo entre o natural avanço das tecnologias da informação e as transformações como o direito ao esquecimento passou a ser exercido.

As memórias e visões de mundo passaram a ser compartilhadas socialmente com o avanço das mídias sociais e não mais podem ser individualmente definidas. Com isso, o esquecimento não pode mais ser concebido apenas como um aspecto inerente à cognição humana. A memória, portanto, não se opõe ao esquecimento, como poder-se-ia supor. A memória, na verdade, pressupõe o esquecimento: qualquer organização da memória

---

5. RODOTÀ, Stefano. Daí ricordi ai dati l´oblio è un diritto? *La Repubblica.it*. Disponível em: <http://ricerca.repubblica.it/repubblica/2012/01/30/dai-ricordi-ai-dati-oblio>. Acesso em: 15 jan. 2020.
6. MORAES, Maria Celina Bodin; KONDER, Carlos Nelson. *Dilemas de direito civil-constitucional*: casos e decisões. Rio de Janeiro: Renovar, 2012. p. 293. Os autores fazem referência ao Caso Lebach, ocorrido em um pequeno vilarejo a oeste da República Federal da Alemanha, onde ocorreu "o assassinato brutal de quatro soldados que guardavam um depósito de munição, tendo um quinto soldado ficado gravemente ferido. Foram roubadas do depósito armas e munições. No ano seguinte, os dois principais acusados foram condenados à prisão perpétua. Um terceiro acusado foi condenado a seis anos de reclusão, por ter ajudado na preparação da ação criminosa. Quatro anos após o ocorrido, a ZDF (*Zweites Deutsches Fernsehen* – Segundo Canal Alemão), atenta ao grande interesse da opinião pública no caso, produziu um documentário sobre todo o ocorrido. No documentário, seriam apresentados o nome e a foto de todos os acusados. Além disso, haveria uma representação do crime por atores, com detalhes da relação dos condenados entre si, incluindo suas relações homossexuais. O documentário deveria ser transmitido em uma sexta-feira à noite, pouco antes da soltura do terceiro acusado, que já havia cumprido boa parte da sua pena. Este terceiro acusado buscou, em juízo, uma medida liminar para impedir a transmissão do programa, pois o documentário dificultaria o seu processo de ressocialização. A medida liminar não foi deferida nas instâncias ordinárias. Em razão disso, ele apresentou uma reclamação constitucional para o Tribunal Constitucional Federal, invocando a proteção ao seu direito de desenvolvimento da personalidade, previsto na Constituição alemã. No caso, o TCF, tentando harmonizar os direitos em conflito (direito à informação *versus* direitos da personalidade), decidiu que a rede de televisão não poderia transmitir o documentário caso a imagem do reclamante fosse apresentada ou seu nome fosse mencionado".
7. VARNER, Eric R. *Mutilation and transformation: damnation memoriae and Roman imperial portraiture*. Brill Leiden: Boston, 2004. p. 1: "as sanções legais associadas à *damnatio memoriae* estabeleciam os mecanismos pelos quais um indivíduo era simultaneamente anulado e condenado. Os próprios romanos perceberam que era possível alterar a percepção da posteridade em relação ao passado especialmente pelo registro visual e epigráfico. Sanções aplicadas pelo Senado poderiam determinar a destruição dos monumentos e inscrições comemorando criminosos capitais como *hostes*, ou oficiais inimigos do Estado romano. Como resultado, o nome e o título dos condenados eram removidos de todas as listas oficiais (*fasti*); as imagens (*imagnes*) representando os falecidos eram banidas da exibição em funerais aristocráticos; os livros escritos pelos condenados eram confiscados e queimados; (...) sendo possível, ainda, a proibição do uso contínuo do prenome (*praenomen*)"

é igualmente organização do esquecimento, já que não é possível a memorização sem uma triagem seletiva.[8]

Na teoria, o direito ao esquecimento se direciona a um problema urgente na era digital: é muito difícil escapar do seu passado na Internet, pois cada foto, atualização de *status* e *tweet* vive para sempre na nuvem.[9]

O grande dilema consiste no fato de os registros do passado – capazes de serem armazenados eternamente – poderem gerar consequências posteriormente à data em que o evento foi esquecido pela mente humana.[10]

Tal fato é agravado pela circunstância de os usuários da Internet, cujos passos são sempre reconstruídos pelas técnicas de rastreamento, serem frequentemente privados da escolha quanto à técnica de obtenção de dados e quanto às informações que serão colhidas a seu respeito.[11]

Isso decorre da ideia de uma Internet cada vez mais personalizada, ou, numa linguagem mais enfática, mais vigiada pelas principais empresas que operam no setor, que disso extraem seus lucros bilionários.[12]

É precisamente no contexto de uma sociedade de hiperinformação que surge o inédito fenômeno do "não esquecimento" e, com ele, também os riscos e os novos desafios que passarão a ser enfrentados pelo direito na resolução de conflitos; a sociedade contemporânea se relaciona de um modo inédito com a informação que produz, da mesma forma como seus integrantes acessam esse mesmo conteúdo com uma intensidade e abrangência sem qualquer precedente.[13]

---

8. OST, François. *O tempo do direito*. Tradução de Élcio Fernandes. Bauru: EDUSC, 2005. p. 60.
9. ROSEN, Jeffrey. Op. cit. p. 88.
10. COSTA, André Brandão Nery. Direito ao esquecimento na Internet: a scarlet letter digital. In: SCHREIBER, Anderson (Coord.). *Direito e mídia*. São Paulo: Atlas, 2013. p. 185. Segundo o mesmo autor, "a popularização da Internet permitiu que ela deixasse de ser uma rede capaz apenas de receber informações, para se revelar poderoso instrumento de compartilhamento dos dados. Produzem-se, incessantemente, informações pessoais na rede, seja diretamente, por meio do fornecimento pelo próprio usuário, seja indiretamente, por meio de terceiros, através de postagens de fotos, de indicações de amizades, de aposição de *tags* em fotos que identificam outro usuário e de fornecimento de dados geográficos de onde se está. Sem mencionar as informações produzidas sem que se saiba, o que torna ainda mais grave e acentua a dificuldade muitas vezes enfrentada de apagar dados produzidos na rede".
11. ROUTIER, Richard. Traçabilité ou anonymat des conexions? In: PEDROT, Philippe (Org.). *Traçabilité et responsabilité*. Paris: Economica, 2003. p. 154.
12. Segundo Eli Parisier, presidente do conselho da MoveOn.org, um portal de ativismo *on-line*, "a tentativa de saber o máximo possível sobre seus usuários tornou-se a batalha fundamental da nossa era entre gigantes da Internet como Google, Facebook, Apple e Microsoft [...] Ainda que o Google tenha (até agora) prometido guardar nossos dados pessoais só para si, outras páginas e aplicativos populares da Internet – do *site* de passagens aéreas Kayak.com ao programa de compartilhamento AddThis – não dão essa garantia. Por trás das páginas que visitamos, está crescendo um enorme mercado de informações sobre o que fazemos na rede, movido por empresas de dados pessoais pouco conhecidas, mas altamente lucrativas, como a BlueKai e a Acxiom. A Acxiom, por si só, já acumulou em média 1.500 informações sobre cada pessoa em sua base de dados – que inclui 96% da população americana – com dados sobre todo tipo de coisa, desde a classificação de crédito de um usuário até o fato de ter comprado remédios sobre incontinência. Usando protocolos ultravelozes, qualquer *site* – não só os Googles e Facebooks – pode agora participar da brincadeira. Para os comerciantes do 'mercado do comportamento', cada 'indicador de clique' que enviamos é uma mercadoria, e cada movimento que fazemos com o mouse pode ser leiloado em microssegundos a quem fizer a melhor oferta.
A fórmula dos gigantes da Internet para essa estratégia de negócios é simples: quanto mais personalizadas forem suas ofertas de informação, mais anúncios eles conseguirão vender e maior será a chance de que você compre os produtos oferecidos" (g. n.).
13. SARLET, Ingo Wolfgang; FERREIRA NETO, Arthur. O direito ao "esquecimento" na sociedade da informação. Porto Alegre: Livraria do Advogado, 2019. p.21-23.

O mundo e o espaço digital surgem como um armazenamento contínuo e inesgotável de dados, numa nova forma de voyeurismo e memória perene que, como alerta Catarina Santos Botelho, não se adequa à nossa condição humana. A neurologia, na visão da autora portuguesa, ensina-nos que a principal função do nosso cérebro é esquecer tudo aquilo que é supérfluo e filtrar conteúdos que nos prejudicam emocionalmente. [14]

O direito ao esquecimento se apresenta como uma espécie de garantia fundamental que visa remediar os inconvenientes e prejuízos gerados pela enorme multiplicação de dados pessoais que passam a alimentar bancos de armazenamento e processamento fora do controle dos cidadãos, o que, na última instância, supõe uma exigência em face do Estado social e democrático de Direito, que deve adequar seus pressupostos estruturais à mudança de modelo significada pelo *Big Data*. [15]

Embora todos os usuários da Internet contribuam para a geração e armazenamento de mais e mais informações acerca das suas ações *online*, isso não corresponde necessariamente a um benefício a partir da informação gerada. Embora os grandes impérios da comunicação anunciem uma navegação cada vez mais personalizada e eficiente, sobretudo em relação aos motores de busca, os usuários da Internet são destinados a esquecer suas experiências, enquanto as empresas cuidadosamente monitoram todas essas informações para oferecer publicidade e para a criação de perfis direcionados ao público. Em outras palavras, as marcas se lembram daquilo que os usuários esquecem. [16]

O termo "direito ao esquecimento" tem sido muito criticado pela sua amplitude e vagueza semântica, abrangendo desde registros criminais até, na visão de parte da jurisprudência, os pedidos de desindexação, que com ele não se confundem, merecendo tratamento diferenciado, como será visto mais adiante.

Não se trata, de qualquer forma, de um direito absoluto, mas que deve ser objeto de ponderação, caso a caso, de modo que figuras históricas, como Jesus Cristo, Buda, Gandhi, Hitler, dentre outros, e fatos históricos, como guerras, ou então as torturas e excessos cometidos durante o regime militar brasileiro, improbidades administrativas cometidas por políticos ou a Operação Lava Jato, a título de exemplificação, não poderão ser jamais esquecidos ou apagados da memória coletiva. A informação objeto de direito ao esquecimento deve ser, portanto, de natureza eminentemente privada e sua revelação deve atingir um direito de personalidade, em especial a privacidade, ou a identidade pessoal, sem prejuízo da cláusula geral da dignidade da pessoa humana. Trata-se de um direito excepcional, cuja aplicação não pode ser banalizada.

A discussão quanto à reexibição de dados passados da vida dos indivíduos já foi alvo de tradicionais debates que marcaram época, como no caso *Melvin vs. Reid*, enfrentado

---

14. BOTELHO, Catarina Santos. "Novo ou velho direito", O Direito ao esquecimento e o princípio da proporcionalidade no constitucionalismo global. *Ab Instantia*. v. 7, 2017, p. 53.
15. LÓPEZ, Marina Sancho. *Derecho al olvido y Big Data* dos realidades convergentes. Valencia: Tirant lo Blanch, 2020(*e-book*) p.18-19.
16. SERRALBO, Javier Aranda. *Right to oblivion;* a way to get to know ourselves and share the knowledge. London, 2012(*e-book*), p. 182.

pelo Tribunal de Apelação da Califórnia, em 1931, reconhecendo, então, o que hoje se concebe como direito ao esquecimento, sem o uso daquela nomenclatura.[17]

A pior situação já vivenciada por um profissional em início de carreira pode ser vinculada com a primeira e mais importante informação a seu respeito, como ocorreu no caso da professora Stacy Synder, cuja carreira foi arruinada pela postagem, na rede social My Space, de uma foto sua em uma festa, tirada há muito tempo, segurando uma bebida e utilizando chapéu de pirata, com a legenda "pirata bêbado".[18]

É frequentemente lembrada a decisão do Tribunal Constitucional Federal da Alemanha no Caso Lebach, que entrou para a história dos grandes crimes, despertando o clamor da opinião pública, e foi tema de um documentário produzido pela rede alemã ZDF (*Zweites Deutsches Ferbsehen*), cuja exibição foi impedida por aquela Corte.[19]

No dia 13 de maio de 2014, em decisão inédita, a Grande Seção do Tribunal de Justiça da União Europeia reconheceu, em face da Google, o direito ao esquecimento na Internet, determinando a remoção de dados sensíveis dos resultados de busca na Internet.

---

17. O caso foi enfrentado em 1931 pelo Tribunal de Apelação da Califórnia, envolvendo Gabrielle Darley, jovem que foi processada por homicídio e, em 1918, considerada inocente, abandonando então a atividade de meretrício anteriormente exercida. Bernard Melvin, marido de Gabrielle, buscou na justiça a reparação por violação da vida privada, ao ver produzido pela ré, Dorothy Davenport Reid, o filme "*Red Kimono*", que retratava exatamente a vida pregressa de sua esposa, anos após ter esta readquirido o prestígio social. O pedido foi provido, tendo em vista a impossibilidade de que fatos que restaram no passado de uma pessoa assombrem eternamente sua vida, impedindo o desenvolvimento da sua personalidade: Any person living a life of rectitude has that right to hapiness which includes a freedom from unnecessary attacks on his character, social standing, or reputation. Cf. MORAES, Maria Celina Bodin; KONDER, Carlos Nelson, *Dilemas*.... Op. cit. p. 289-290.
18. Embora a professora estivesse em horário de folga e sua idade à época da fotografia permitisse o uso de bebidas alcoólicas, foi-lhe negado por esse motivo um cargo de ensino em dedicação exclusiva, tendo sido então obrigada a mudar de carreira. LAGONE, Laura. The right to be forgotten: a comparative analysis. Disponível em: <http://ssrn.com/abstract=2229361>. Acesso em: 15 jan. 2020.
19. Em lugarejo situado a oeste da República Federal da Alemanha, chamado Lebach, no ano de 1969, quatro soldados que guardavam um depósito de munições foram brutalmente assassinados, e um quinto restou gravemente ferido, em latrocínio que envolveu ainda o roubo de armas e munições do exército alemão. Os três suspeitos foram julgados e presos no ano seguinte, em 1970, tendo sido dois deles condenados a pena perpétua, e o terceiro, que apenas ajudou na preparação da ação criminosa, foi condenado a seis anos de reclusão. Tendo em vista o interesse da opinião pública no caso, a rede alemã ZDF (*Zweites Deutsches Ferbsehen*) produziu um documentário detalhado, não apenas trazendo à tona os fatos que levaram à condenação dos criminosos, retratados por atores, como também exibindo seus nomes e inclusive destacando as relações homossexuais que restaram comprovadas à época dos fatos.
 O documentário deveria ser transmitido numa noite de sexta-feira, pouco antes de ser libertado o terceiro integrante da quadrilha, que fora preso em virtude do auxílio à preparação do crime. Visando obstar à exibição do documentário, sob a alegação de que a veiculação dificultaria sobremaneira à sua ressocialização, além de violar de forma frontal seus direitos da personalidade, este terceiro integrante buscou em juízo medida liminar para que o documentário não fosse transmitido.
Todavia, o Tribunal Estadual de Mainz e o Superior Tribunal Estadual de Koblenz julgaram improcedente o pedido do reclamante, sob o fundamento de que o envolvimento no fato delituoso o tornara um personagem da história alemã recente, conferindo à divulgação do episódio inegável interesse público, prevalente inclusive sobre a legítima pretensão de ressocialização. Em sede de Reclamação Constitucional, o caso foi levado ao conhecimento do Tribunal Constitucional Federal alemão, que revogou as decisões anteriores, impedindo que o documentário da ZDF fosse exibido e dando provimento à reclamação, sob pena de violação aos direitos da personalidade do interessado, consubstanciados na garantia da ressocialização. No caso, o Tribunal Constitucional Federal alemão afastou qualquer referência ao fim da liberdade de expressão, ou mesmo a censura prévia, ao reconhecer o importante papel da imprensa na divulgação da informação de interesse público. O principal argumento de tal decisão foi o controle temporal dos dados, sendo que, à época dos fatos, não poderia ser feita qualquer restrição à veiculação do programa, diferentemente do que ocorreu no caso, pois o documentário seria exibido quatro anos após, pouco antes do fim do cumprimento da pena pelo interessado, obstando à sua ressocialização.

O caso teve como origem um litígio entre a Google e um cidadão espanhol, Mario Costeja González. Ele pretendia excluir seus dados pessoais da ferramenta de busca, especialmente com relação ao fato de que seu imóvel, nos anos 1990, foi levado a leilão para pagamento de dívidas com a previdência social da Espanha, sendo que o débito chegou a ser quitado de modo a evitar a venda judicial. Foi rejeitado o argumento da Google de que somente exibe conteúdos indexáveis (que estão *online* e são passíveis de serem encontrados) e não teria responsabilidade sobre o seu conteúdo.

Neste importante "*leading case*", o Tribunal Europeu reconheceu a responsabilidade das ferramentas de busca pelo processamento de dados pessoais exibidos nos resultados, devendo o direito ao esquecimento, na hipótese concreta, prevalecer sobre o direito do público de conhecer e ter fácil acesso à informação. A informação a ser excluída deve ser interpretada segundo o seu contexto, tendo sido considerada, no caso, ultrapassada e irrelevante, diante do que não seria necessária a sua preservação.

Os casos mais emblemáticos julgados pelo Judiciário brasileiro acerca do direito ao esquecimento envolveram a apresentadora infantil Xuxa e o programa televisivo "Linha Direta Justiça", sendo ainda relacionado ao tema um episódio ligado a uma suposta fraude em um concurso público para a Magistratura.[20] Mais recentemente, em fevereiro de 2021, no caso Aida Curi, o Supremo Tribunal Federal aprovou a Tese 786 de Repercussão Geral, em cujos termos o direito ao esquecimento não é compatível com o ordenamento constitucional brasileiro.

O direito ao esquecimento se insere em um delicado conflito de interesses. De um lado, o interesse público aponta no sentido de que fatos passados sejam relembrados, considerando ainda a liberdade de imprensa e de expressão, bem como o direito da coletividade à informação; do outro, há o direito de não ser perseguido por toda a vida por acontecimento pretérito.[21]

A tutela do direito ao esquecimento decorre da cláusula geral de tutela da pessoa humana, cuja dignidade é reconhecida como princípio fundamental da República no art. 1º, IV, da Constituição da República, restando superada a discussão sobre a tipicidade ou atipicidade dos direitos da personalidade.[22]

---

20. A ementa é a seguinte: "Ação de obrigação de fazer com pedido de antecipação de tutela para que os agravantes instalem 'filtros' em seus *sites* de pesquisa existentes na Internet, a fim de evitar a associação do nome da agravada a notícias que envolvam a suposta fraude no XLI Concurso da Magistratura. Deferimento dos efeitos da tutela. Agravo de instrumento. 1 – O direito à intimidade e à vida privada, amparado na Carta constitucional(art. 5º, X), configura-se como tutela assegurada ao indivíduo para que possa repelir a interferência de terceiros na esfera de sua vida íntima e ter controle das informações sobre ele divulgadas, desde que tais informações não veiculem manifesto interesse público. 2 – Na hipótese concreta do conflito entre a garantia à intimidade e a chamada 'sociedade da informação', deve prevalecer a primeira, com vistas a evitar que o exercício da livre circulação de fatos noticiosos por tempo imoderado possa gerar danos à vida privada do indivíduo. 3 – Prevalência, nesta fase, do direito à imagem, à personalidade e do direito ao esquecimento, garantias fundamentais do ser humano. 4 – Os elementos trazidos aos autos indicam a possibilidade de dano irreparável à agravada, caracterizando-se a presença dos requisitos que ensejam o deferimento da antecipação de tutela. Provimento parcial do recurso para ampliar o prazo para o cumprimento da obrigação e reduzir a multa cominatória" (TJ-RJ Agravo de Instrumento 45786-53.2009.8.19.0000, relator Desembargador Antonio Saldanha Palheiro, j. 25.5.2010).
21. COSTA, André Brandão Nery. Op. cit. p. 187.
22. MORAES, Maria Celina Bodin. *Danos à pessoa humana*: uma leitura civil-constitucional dos danos morais. Rio de Janeiro: Renovar, 2003. p. 117-118: "Leve-se em conta a vulnerabilidade da pessoa humana. A polêmica acerca dos direitos humanos, ou dos direitos da personalidade, refere-se à necessidade de normatização dos direitos das

2. DIREITO AO ESQUECIMENTO, PRIVACIDADE E AUTODETERMINAÇÃO INFORMATIVA. AS TECNOLOGIAS E A MEMÓRIA

A privacidade, hoje, abandonou a sua concepção clássica, pela qual seria vista como o "direito a ser deixado em paz" ou o "direito a estar só",[23] passando o seu centro de gravidade à possibilidade de cada um controlar o uso das informações que lhe dizem respeito. Então, voltam-se as atenções para o controle, por indivíduos e grupos, do exercício dos poderes fundados na disponibilidade de informações, contribuindo para um equilíbrio sociopolítico mais adequado.[24]

Na sociedade da informação, tendem a prevalecer definições funcionais da privacidade, que se referem à possibilidade de um sujeito conhecer, controlar, endereçar ou interromper o fluxo das informações que lhe dizem respeito.[25]

A necessidade da proteção de dados pessoais faz com que a tutela da privacidade ganhe um novo eixo. Considerando-se a esfera privada como um conjunto de ações, comportamentos, preferências, opiniões e comportamentos pessoais sobre os quais o interessado pretende manter um controle exclusivo, essa tutela deve basear-se num *direito à autodeterminação informativa*, a fim de que sejam controladas as informações pessoais em circulação.[26]

O problema se agrava à medida que mais informações são compartilhadas, sobretudo nas redes sociais,[27] tornando-se acessíveis por milhões de usuários em qualquer parte do

---

pessoas em prol da concretude do princípio da dignidade da pessoa humana, do modo de melhor tutelá-la, onde quer que se faça presente essa necessidade. Aqui, e desde logo, toma-se posição acerca da questão da tipicidade ou atipicidade dos direitos da personalidade. Não há mais, de fato, que se discutir sobre uma enumeração taxativa ou exemplificativa dos direitos da personalidade, porque se está em presença, a partir do princípio constitucional da dignidade, de uma cláusula geral de tutela da pessoa humana."

23. Tal concepção é normalmente identificada com o artigo *The right of privacy*, de autoria de Samuel Warren e Louis Brandeis, originalmente publicado no volume 193 da *Harvard Law Review* (1890), considerado pioneiro ao estabelecer um marco na doutrina do direito à privacidade, além de ser de certa forma profético ao antecipar a importância que a matéria viria a assumir com o desenvolvimento das tecnologias da informação que então já começavam a se fazer sentir. Disponível em: <www.louisville.edu/library/law/brandeis/privacy.html>. Acesso em: 17 maio 2006. Em contraposição a essa visão, sustenta Danilo Doneda que "a proteção da privacidade acompanha a consolidação da própria teoria dos direitos da personalidade e, em seus mais recentes desenvolvimentos, contribui para afastar uma leitura pela qual sua utilização em nome de um individualismo exacerbado alimentou o medo de que eles se tornassem o 'direito dos egoísmos privados'. Algo paradoxalmente, a proteção da privacidade na sociedade da informação, tomada na sua forma de proteção dos dados pessoais, avança sobre terrenos outrora não proponíveis e induz a pensá-la como um elemento que, antes de garantir o isolamento ou a tranquilidade, proporcione ao indivíduo os meios necessários para a construção e consolidação de uma esfera privada própria, dentro de um paradigma de vida em relação e sob o signo da solidariedade – isto é, tenha um papel positivo na sua própria comunicação e relacionamento com os demais" (DONEDA, Danilo. *Da privacidade à proteção dos dados pessoais*. Rio de Janeiro: Renovar, 2006. p. 23). Nesse sentido, o Enunciado 404, aprovado na IV Jornada de Direito Civil do Conselho da Justiça Federal: "A tutela da privacidade da pessoa humana compreende os controles espacial, contextual e temporal dos próprios dados, sendo necessário seu expresso consentimento para tratamento de informações que versem especialmente sobre o estado de saúde, a condição sexual, a origem racial ou étnica, as convicções religiosas, filosóficas e políticas".
24. Rodotà, Stefano. *Tecnologie e diritti*. Bologna: Il Mulino, 1995. p. 19-20.
25. Idem, p. 101. MARTINS, Guilherme Magalhães. *Responsabilidade civil por acidente de consumo na Internet*. São Paulo: Revista dos Tribunais, 2008. p. 238-239.
26. Doneda, Danilo. Considerações iniciais sobre os bancos de dados informatizados e o direito à privacidade. In: TEPEDINO, Gustavo (Coord.). *Problemas de direito civil-constitucional*. Rio de Janeiro: Renovar, 2000. p. 129.
27. MARTINS, Guilherme Magalhães; LONGHI, João Victor Rozatti. A tutela do consumidor nas redes sociais virtuais: responsabilidade civil por acidentes de consumo na sociedade da informação. *Revista de Direito do Consumidor*. São Paulo, v. 78, abr./jun. 2011.

globo, inclusive dados que trazem consigo aspectos intrinsecamente ligados à personalidade dos indivíduos. Nome, sobrenome, endereço, opções religiosas, afetivas e tantas outras são objeto de uma exposição fomentada e enaltecida social e culturalmente.[28]

No cerne das redes sociais está o intercâmbio de informações pessoais. Os usuários ficam felizes por revelarem detalhes íntimos de suas vidas pessoais, fornecendo informações precisas, compartilhando fotografias e vivenciando o fetichismo e exibicionismo de uma sociedade confessional.[29]

Deve haver, portanto, um contraponto, através do tratamento de dados pessoais. Mesmo diante de tal controle, há a dificuldade de se individuar tipos de informações acerca dos quais o cidadão estaria disposto a renunciar definitivamente, visto que até mesmo os dados mais inócuos podem, se associados a outros, provocar danos à dignidade do interessado.[30]

A nova situação determinada pelo uso de computadores no tratamento de informações pessoais torna cada vez mais difícil considerar o cidadão como um simples "fornecedor de dados", sem que a ele caiba algum poder de controle, ensina Stefano Rodotà, problema esse que ultrapassa as fronteiras individuais e se dilata na dimensão coletiva.[31]

Nesse contexto, o direito ao esquecimento seria o direito de impedir que dados de outrora sejam revividos na atualidade, de modo descontextualizado, sendo conferido à pessoa revelar-se tal qual ela é atualmente, em sua realidade existencial, de modo que

---

28. Para Marcel Leonardi, "a escala e os tipos de informação disponíveis aumentam exponencialmente com a utilização de tecnologia. É importante recordar que, como a informação é coletada em forma eletrônica, torna-se extremamente simples copiá-la e distribuí-la, podendo ser trocada entre indivíduos, companhias e países ao redor de todo o mundo.

    A distribuição da informação pode ocorrer com ou sem o conhecimento da pessoa a quem pertencem os dados, e de forma intencional ou não. Há uma distribuição não intencional quando os registros exibidos contêm mais informações do que as que foram solicitadas ou, ainda, quando tais dados são furtados. Muitas vezes, determinadas 'fichas cadastrais' contêm mais dados do que o necessário ou solicitado pelo utilizador.

    Como se tudo isto não bastasse, há que se destacar o perigo que representam as informações errôneas. Ser considerado inadimplente quando não se deve nada a ninguém ou ser rejeitado em uma vaga de emprego sem justificativa aparente são apenas alguns dos exemplos dos danos que dados incorretos, desatualizados ou propositadamente errados podem causar [...] Os efeitos de um pequeno erro podem ser ampliados de forma assustadora. Quando a informação é gravada em um computador, há pouco incentivo para se livrar dela, de forma que certos registros podem permanecer à disposição por um longo período de tempo. Ao contrário da informação mantida em papel, dados armazenados em um computador ocupam muito pouco espaço e são fáceis de manter e de transferir, e como tal podem perdurar indefinidamente" (LEONARDI, Marcel. Responsabilidade civil pela violação do sigilo e privacidade na Internet. In: SILVA, Regina Beatriz Tavares da; SANTOS, Manoel J. Pereira dos (Coord.). *Responsabilidade civil na Internet e nos demais meios de comunicação*. São Paulo: Saraiva, 2007. p. 339-340).

29. BAUMAN, Zygmunt. *Vida para o consumo*: a transformação das pessoas em mercadoria. Tradução de Carlos Alberto Medeiros. Rio de Janeiro: Zahar, 2008. p. 8.

30. RODOTÀ, Stefano. *A vida na sociedade da vigilância*. Organização de Maria Celina Bodin de Moraes e tradução de Danilo Doneda e Luciana Cabral Doneda. Rio de Janeiro: Renovar, 2008. p. 36-37: "A obrigação de fornecer dados não pode ser simplesmente considerada como a contrapartida dos benefícios sociais que, direta ou indiretamente, o cidadão pode chegar a aproveitar. As informações coletadas não somente tornam as organizações públicas e privadas capazes de planejar e executar os seus programas, mas permitem o surgimento de novas concentrações de poder ou o fortalecimento de poderes já existentes: consequentemente, os cidadãos têm o direito de pretender exercer um controle direto sobre aqueles sujeitos aos quais as informações fornecidas atribuirão um crescente *plus-poder*".

31. Ibidem, p. 36-37.

nem todos os rastros que deixamos em nossa vida devem nos seguir implacavelmente em cada momento da existência.[32]

O surgimento da Internet no cenário social gerou a difusão e a massificação das memórias, gerando a construção de uma "memória coletiva". Trata-se, pois, de um ponto de contato que se encontra exatamente no escopo entre o natural avanço das tecnologias da informação e as transformações como o direito ao esquecimento passou a ser exercido.

O progresso tecnológico, ao trazer uma maior capacidade de memorização e armazenamento de dados, também tem aspectos positivos, seja para as empresas, capazes de seguir, com mais eficiência, as tendências do mercado, seja para os indivíduos, que podem lembrar com maior detalhamento momentos importantes das suas vidas.[33]

As memórias e visões de mundo passaram a ser compartilhadas socialmente com o avanço das mídias sociais e não mais podem ser individualmente definidas. Com isso, o esquecimento não pode mais ser concebido apenas como um aspecto inerente à cognição humana.

O desenvolvimento tecnológico alterou radicalmente o equilíbrio entre lembrança e esquecimento, visto que a regra, hoje, é a recordação dos fatos ocorridos, enquanto esquecer se tornou a exceção. Para Viktor Mayer, *"em virtude das tecnologias digitais, a habilidade da sociedade de esquecer foi reprimida, sendo permutada pela memória perfeita"*.[34]

As tecnologias implicam, portanto, uma perda na capacidade de controlar a própria identidade, de realizar escolhas de estilo de vida e mesmo começar de novo e superar os fatos pregressos, afetando, portanto, a autodeterminação informativa.

O direito ao esquecimento, enquanto garantia da autodeterminação informativa, insere-se no controle temporal de dados, "que demanda uma proteção das escolhas pessoais após certo período de tempo, em que o indivíduo já não mais pretende ser lembrado, rememorado por dados passados".[35]

---

32. COSTA, André Brandão Nery. Op. cit. p. 197.
33. COSTA, André Brandão Nery. Op. cit. p. 189.
34. MAYER-SCHÖNBERGER. Op. cit. p. 187.
35. BUCAR, Daniel. Controle temporal de dados: o direito ao esquecimento. *Civilística*. Revista Eletrônica de Direito Civil, ano 2, nº 3, 2003, p. 9. Disponível em: <www.civilistica.com>. Acesso em: 15 jan. 2020. Nas palavras do autor, que se refere às características humanas de memória e esquecimento, "basta lembrar as disposições inseridas nos artigos 43, parágrafo primeiro do Código de Defesa do Consumidor e artigo 748 do Código de Processo Penal, que acolhem, em certa medida, o controle temporal dos dados pessoais. Enquanto o CDC determina a supressão de registros pessoais após o transcurso de certo período da situação devedora, o CPP restringe o acesso às informações sobre o cumprimento de pena pelo condenado, após este já a ter observado.

Em termos mais amplos, o direito ao esquecimento permite que a pessoa, no âmbito da concretização de sua plena autodeterminação informativa, exerça o controle da circulação de seus dados após determinado período, mediante supressão ou restrição, ainda que estes tenham por conteúdo informações passadas e verídicas acerca do interessado.

Contudo [...], há situações em que o controle temporal cede espaço a outros interesses, que permitem o tratamento atual de dados passados, ainda que haja manifestação de recusa (ou ausência de consentimento) por parte do indivíduo atingido. São duas, a propósito, as hipóteses que possibilitam o tratamento não desejado: (a) a presença de valor existencial de igual ou superior relevância ao do interessado e (b) tratamento dos dados com conteúdo histórico, cuja divulgação encontra-se inserida em uma das vertentes da liberdade de expressão.

Na hipótese de haver, por exemplo, a vida de terceiros em perigo, quer parecer que não há como se concluir de maneira diversa: poderá ocorrer o tratamento dos dados passíveis de esquecimento, de modo que seja preservada a vida humana. Exemplo claro nesse sentido é a revelação de dados sanitários de um ascendente da pessoa, sem o

O direito europeu, de um lado, e o direito norte-americano, do outro, manifestam posições diametralmente opostas acerca do problema.

Na Europa, as raízes intelectuais para o direito ao esquecimento podem ser encontradas no direito francês, que reconhece *le droit à l'oubli* – ou o direito ao esquecimento –, permitindo que um criminoso condenado que já cumpriu sua pena e está reabilitado possa se opor à publicação de fatos da sua condenação e encarceramento. Na América, em contraste, a publicação do histórico criminal das pessoas está protegida pela Primeira Emenda.[36]

Os danos provocados pelas novas tecnologias de informação vêm se acumulando, como no caso da apresentadora Maria das Graças Xuxa Meneghel, julgado pelo Superior Tribunal de Justiça, que, após anos de disputa judicial contra a Google do Brasil Internet Ltda. (Resp. 1.316.921-RJ, 3ª Turma, Rel. Min. Fátima Nancy Andrighi, DJ 29.6.2012), isentou de responsabilidade o provedor de pesquisa da ré, não obstante se tratar de caso de responsabilidade objetiva, regulado pelo art. 12 do Código de Defesa do Consumidor.

Tendo em vista essa problemática, o Conselho da Justiça Federal, na VI Jornada de Direito Civil, realizada em março de 2013, aprovou o Enunciado 531, cuja proposta coube a este autor:

> Artigo 11: A tutela da imagem e da honra da pessoa humana na Internet pressupõem o direito ao esquecimento, tendo em vista o ambiente da rede mundial de computadores, cujos meios de comunicação potencializam o surgimento de novos danos.

A Comunicação da Comissão ao Parlamento Europeu, ao Conselho, ao Comitê Econômico e Social Europeu e ao Comitê das Regiões, intitulada *Proteção da privacidade num mundo interligado: um quadro europeu para o século XXI*, ao expor os maiores desafios atuais para a proteção de dados, refere-se ao seguinte caso, ocorrido com um estudante austríaco em relação à sua conta na rede social Facebook:

> Um estudante europeu, membro de uma rede social em linha, decide solicitar o acesso a todos os dados pessoais que o referido serviço detém sobre si. Ao fazê-lo, apercebe-se que a rede social recolhe muito mais dados do que pensava e que alguns dados pessoais que julgou terem sido apagados ainda estavam conservados.
>
> A reforma das regras da UE no futuro em matéria de proteção de dados garantirá que esta situação não se volte a repetir no futuro, ao introduzir uma condição explícita que obriga as redes sociais em linha (e todos os outros responsáveis pelo tratamento de dados) a limitarem ao mínimo o volume de dados pessoais dos utilizadores que recolhem e tratam; uma obrigação explícita de que os responsáveis pelo tratamento de dados apaguem os dados pessoais de uma pessoa quando esta o solicitar expressamente e se não existir qualquer outra razão legítima para os conservar.[37]

---

consentimento desta, mantidos em prontuários médicos da rede hospitalar, cujas informações possam efetivamente auxiliar no tratamento de uma enfermidade que acometa a um descendente. Tal conclusão decorre da opção do ordenamento jurídico pela dignidade da pessoa humana como seu pilar (art. 1º, III, CR), cuja plena aplicação requer a existência da pessoa como ser biológico vivo".

36. ROSEN. Op. cit. p. 88.
37. COMUNICAÇÃO da Comissão ao Parlamento Europeu, ao Conselho, ao Comitê Econômico e Social Europeu e ao Comitê das Regiões: proteção da privacidade num mundo interligado: *um quadro europeu de proteção de dados para o século XXI*./COM/2012/09 final. Disponível em: <http://www.eur-lex.europa.eu/LexUriServ>. Acesso em: 15 jan. 2020.

3. MODALIDADES DE EXERCÍCIO DO DIREITO AO ESQUECIMENTO

Os reguladores europeus acreditam que todos os cidadãos enfrentam a dificuldade de escapar de seu passado agora que a Internet guarda tudo e não esquece de nada – uma dificuldade que costumava ser apenas de criminosos condenados.

Pode ser assim sintetizado o *núcleo duro* do direito de ser esquecido: se um indivíduo não deseja mais que seus dados pessoais sejam processados ou salvos por um controle de dados, e se não tiver nenhuma razão legítima para mantê-los, os dados devem ser removidos do sistema.

Além disso, a Comissária Europeia para a Justiça, Direitos Fundamentais e Cidadania, Viviane Reding, afirma que "é claro que o direito ao esquecimento não pode o direito de apagar toda a história". Nessa linha, propõe uma definição mais restrita dos dados que podem ser removidos, abrangendo apenas aqueles fornecidos pelos próprios titulares.[38]

O direito ao esquecimento foi delineado no art. 17 do RGPD da seguinte maneira:

1. O titular dos dados tem o direito de obter do responsável pelo tratamento e cancelamento de dados pessoais que lhe digam respeito e a cessação da comunicação ulterior desses dados, especialmente em relação a dados pessoais que tenham sido disponibilizados pelo titular dos dados quando ainda era uma criança, sempre que se aplique um dos motivos seguintes:

(a) Os dados deixaram de ser necessários em relação à finalidade que motivou a sua recolha ou tratamento;

(b) O titular dos dados retira o consentimento sobre o qual é baseado o tratamento nos termos do artigo 6º, nº 1, alínea a, ou se o período de conservação consentido tiver terminado e não existir outro fundamento jurídico para o tratamento dos dados;

(c) O titular dos dados opõe-se ao tratamento de dados pessoais nos termos do artigo 19º;

(d) O tratamento dos dados não respeita o presente regulamento por outros motivos.[39]

No México, de maneira inovadora, a lei federal de proteção de dados pessoais em posse de particulares, de 5 de julho de 2010, previu expressamente o direito ao esquecimento "quando os dados de caráter pessoal tenham deixado de ser necessários para o cumprimento das finalidades previstas.[40]

---

38. REDING, Vivian. Speech/12/26, The EU Data Protection Reform 2012: Making Europe the Standard Setter For Modern Data Protection Rules in the Digital Age (speech before Innovation Conference Digital, Life, Design, Munich, Jan. 22 2012). Disponível em: <http://europa.eu/rapid/press-release_SPEECH-12-26_en.htm>. Acerca do tema, em excelente livro, Sergio Branco comenta que "a leitura dos termos de uso do Facebook, por exemplo, demonstra que, quando alguém decide deixar a rede, não necessariamente terá seus dados deletados. Em primeiro lugar, porque existe uma diferença entre desativar e excluir a conta. No primeiro caso, existe apenas a suspensão da prestação de serviços. Assim, o usuário poderá decidir voltar e, nesta hipótese, encontrará seus dados como os havia deixado. Na eventualidade de optar pela exclusão da conta, o Facebook informa que demora cerca de 30 dias para excluí-la, sendo que algumas das informações permanecem armazenadas por até 90 dias. A bem da verdade, como algumas das informações se encontram conectadas a contas de terceiros, é praticamente impossível remover todos os dados do Facebook. Uma vez na rede, os vestígios de sua passagem não podem ser apagados". BRANCO, Sergio. *Memória e esquecimento na Internet*. Porto Alegre: Arquipélago, 2017. p.141.
39. Proposta de Regulamento do Parlamento Europeu e do Conselho relativo à proteção das pessoas singulares no que diz respeito ao tratamento de dados pessoais e à livre circulação desses dados (regulamento geral sobre a proteção de dados). Disponível em: <http://eur-lex.europa.eu/LexUriServ/LexUriServ.do?uri=COM:2012:0011:FIN:PT:PDF>. Acesso em: 15 jan. 2020.
40. A lei mexicana chega a prever um prazo para a retirada dos dados de circulação, correspondente ao prazo de prescrição relativo às pretensões derivadas da relação jurídica em que se fundar o tratamento de dados pessoais em cada caso concreto.

Na França, a lei de 06 de janeiro de 1978, conhecida como "lei da informática de liberdades", foi pioneira ao estabelecer que a duração dos dados pessoais não deve exceder a duração necessária à finalidade perseguida pelos responsáveis pelas respectivas coleta e tratamento.

No Brasil, o Marco Civil da Internet (Lei 12.965/2014) prevê, no seu artigo 7°, X, uma modalidade de direito ao esquecimento, decorrente da pós-eficácia das obrigações, assegurando ao titular dos dados pessoais o direito de solicitar sua exclusão definitiva, ao término da relação entre as partes. Pode ser o caso, por exemplo, da relação entre usuário e provedor de uma rede social, ao término da conta.

Segundo Bert-Jaap Koops, o direito ao esquecimento pode se manifestar em três diferentes formas: a) o direito a ter deletada a informação após certo período de tempo; b) o direito a "recomeçar do zero" (*clean state*); c) o direito a estar conectado unicamente com o presente.[41]

Peter Fleischer, conselheiro da Google sobre questões de privacidade, propõe três categorias de direito ao esquecimento, cuja discussão considera estar envolvida por uma cortina de neblina.[42]

A primeira categoria de direito ao esquecimento proposta por Fleischer se refere aos dados disponibilizados pelo mesmo sujeito que pretende deletá-los (conteúdos próprios). É o caso do usuário que, por exemplo, posta uma foto no Facebook e depois decide retirá-la. Tal modalidade é a menos controversa de todas, sendo inclusive reconhecida nas políticas de diversos provedores de redes sociais, logo o direito ao esquecimento, nesse caso, assume um conteúdo mais simbólico.

Já a segunda categoria de direito ao esquecimento revela-se mais polêmica, pois envolve a reprodução de um conteúdo alheio por terceiros. Se alguém postou uma informação ou imagem e outros usuários a copiaram e repostaram em seus próprios *websites*, o autor do conteúdo tem o direito de deletá-las?

Imagine-se a situação de uma adolescente que se arrependa de postar em uma rede social sua própria foto segurando garrafa de cerveja e, depois de deletá-la, descobre que muitos de seus *amigos virtuais* a copiaram e repostaram a sua foto em seu próprio *website*. Após pedir, sem sucesso, que seus *amigos* deletem as fotos, e estes se recusem, ou não consiga encontrá-los, o Facebook, instado a tanto, deveria ser obrigado a apagar as fotos sem o consentimento dos titulares dos perfis, devido à simples objeção da adolescente?

De acordo com a proposta europeia do direito ao esquecimento, a resposta certamente seria que sim. De acordo com o regulamento, quando alguém deseja deletar os seus dados pessoais, o serviço provedor da Internet deve atender à solicitação sem

---

41. KOOPS, Bert-Jaap. Forgetting footprints, shunning shadows. A critical analysis of the "Right to be Forgotten" in Big Data practice. *8:3 SCRIPTed* 229(2011) <http://scripted.org/?p=43. In: https://papers.ssrn.com/sol3/papers.cfm?abstract_id=1986719>. Acesso em: 08 jun. 2020.
42. FLEISCHER, Peter. *Foggy thinking about the right to oblivion*. Disponível em: <http://peterfleischer.blogspot.com.br/2011/03/foggy-thinking-about-right-to-oblivion.html>. Acesso em: 15 jan. 2020. Acerca da mencionada neblina, entende André Brandão Nery Costa que "se há que se falar em neblina, ela diz respeito a como é tratada a identidade dos usuários na Internet, que cada vez mais se torna opaca e se distancia da realidade" (COSTA, André Brandão Nery. Op. cit. p. 205).

demora, a não ser que a retenção do dado seja necessária ao exercício do direito à livre expressão, definido pelos estados membros nas suas próprias leis locais. Em outra seção, a regulamentação cria uma isenção do direito de remover dados como "dados pessoais para fins exclusivamente jornalísticos, artísticos ou expressão literária".

Para uma prévia de quão assustador esse efeito deve ser, considere o fato de que o direito ao esquecimento não somente pode ser exercido em face de provedores de conteúdo e hospedagem (como o Facebook e um jornal ou revista) como em face de provedores de pesquisa como Google e Yahoo.

O direito ao esquecimento se desmembra em duas grandes vertentes: a primeira (*"droit à l´oubli´"*) se relaciona com informações que possuíam interesse quando foram tornadas públicas, mas, em virtude do decurso do tempo, acabaram perdendo essa qualidade, fazendo com que desaparecessem os motivos que justificaram sua divulgação. É o caso dos indivíduos que não mais pretendem ser relacionados aos fatos do passado, cabendo a ponderação entre o direito da coletividade de acesso à informação e o direito do titular de impedir aquela divulgação.

Já para uma segunda vertente, que se manifesta de maneira mais expressiva na Internet, trata-se do poder do próprio titular dos dados de exigir que a informação seja apagada, na hipótese em que os dados são coletados e processados por terceiros (*"right to erasure"*). A diferença básica entre ambas as vertentes é a seguinte: enquanto o *droit à l´oubli* normalmente colide com outros direitos fundamentais, em especial a liberdade de expressão e o direito à informação, o *"right to erasure"* se manifesta na simples remoção de dados pessoais fornecidos para fornecimento automático.

Em caso concreto envolvendo o "right to erasure", em junho de 2013, a Agência Espanhola de Proteção de Dados ingressou com procedimento sancionatório em face da Google, tendo em vista a nova política de privacidade daquela empresa.[43] O objetivo da medida é esclarecer, entre outros aspectos, se a combinação de dados procedentes de diversos serviços cumpre as garantias de informação aos usuários, se as finalidades e a proporcionalidade no uso da informação legitimam o tratamento de dados e se os períodos de conservação e as opções para que os usuários exerçam seus direitos de acesso, retificação, cancelamento e oposição observam a Lei Espanhola de Proteção de Dados. O procedimento sancionatório foi produto de cooperação com as Agências de Dados da Alemanha, Holanda, Reino Unido, França e Itália, que igualmente agiram no mesmo sentido.

No dia 13 de maio de 2014, o Tribunal de Justiça da União Europeia reconheceu o direito ao esquecimento no caso acima, tendo como partes a Agência Espanhola de Proteção de Dados e a Google, de um lado, e, do outro, o cidadão espanhol Mario Costeja González, em relação ao fato de, nos idos de 1990, o imóvel de propriedade deste ter sido levado a leilão para pagamento de dívidas com a previdência social da Espanha, não obstante o pagamento do débito tivesse posteriormente obstado a venda judicial.

---

43. La AEPD abre un procedimiento sancionador a Google por su política de privacidad. Disponível em: <https://www.agpd.es/portalwebAGPD/revista_prensa/revista_prensa/2013/notas_prensa/common/junio/130620_NP_PS_GOOGLE.pdf>. Acesso em: 15 jan. 2020.

Embora satisfeito o débito, as dívidas e a referência ao leilão continuaram aparecendo nas buscas pelo nome do interessado no *site* da Google, de maneira ofensiva à sua dignidade, não obstante se tratasse de informação pretérita e sem relevância social. O Tribunal de Justiça Europeu considerou que o operador de um motor de busca sofre a incidência do artigo 2º, *d*, da Diretiva 95/46 da Comunidade Econômica Europeia, que define o responsável pelo tratamento de dados pessoais como "a pessoa singular ou coletiva, a autoridade pública, o serviço ou qualquer outro organismo que, individualmente ou em conjunto com outrem, determine as finalidades e os meios de tratamento dos dados pessoais".[44]

No entanto, o Tribunal de Justiça da Corte Europeia, na parte final da decisão, ressaltou que solução diversa poderia ser dada ao caso concreto por razões especiais, como o papel desempenhado pelo interessado na vida pública, caso em que "a ingerência nos seus direitos fundamentais é justificada pelo interesse preponderante do referido público em ter acesso à informação em questão, em virtude dessa inclusão.

Finalmente, deve ser mencionada uma terceira categoria de direito ao esquecimento, que abrange os conteúdos disponibilizados por terceiros: "*Se alguém postar algo sobre mim, eu tenho o direito de deletar tal informação?*" Essa, com certeza, é a maior preocupação da ideia de livre expressão.

A recente decisão da Corte Infraconstitucional Alemã, *Bundesgerichtshof* (BGH), de 27 de julho de 2020, estabeleceu que o direito ao apagamento e, por conseguinte, o direito à desindexação, não é absoluto. Para a Corte, o Art. 17, parágrafo 1, do RGPD não se aplica como um todo se o processamento de dados for necessário para o exercício do direito à liberdade de expressão. Esta circunstância é a expressão de que o direito à proteção de dados pessoais não é um direito irrestrito. Como afirma o quarto considerando do RGPD, no que diz respeito à sua função social e mantendo o princípio da

---

44. Segue um trecho da fundamentação do acórdão do Tribunal de Justiça da Corte Europeia: "Ora, é o operador do motor de busca que determina as finalidades e os meios dessa atividade e, deste modo, do tratamento de dados pessoais que ele próprio efetua no contexto dessa atividade e que deve, consequentemente, ser considerado "responsável " por esse tratamento por força do referido artigo 2º, alínea d. *Por outro lado, importa declarar que seria contrário não só à redação clara desta disposição mas também ao seu objetivo, que consiste em assegurar, através de uma definição ampla do conceito de 'responsável', uma proteção eficaz e completa das pessoas em causa, excluir dela o operador de um motor de busca pelo fato de não exercer controle sobre os dados pessoais publicados nas páginas web de terceiros. A esse respeito, deve-se salientar que o tratamento de dados pessoais efetuado no contexto da atividade de um motor de busca se distingue do efetuado pelos editores dos sítios web, que consiste em fazer figurar esses dados numa página web, e acresce ao mesmo. Além disso, é pacífico que essa atividade dos motores de busca tem um papel decisivo na difusão global dos referidos dados, na medida em que os torna acessíveis a qualquer internauta que efetue uma pesquisa a partir do nome da pessoa em causa, incluindo os internautas que, de outra forma, não teriam encontrado a página web onde esses mesmos dados estão publicados. Além disso, a organização e a agregação das informações publicadas na Internet, efetuadas pelos motores de busca com o objetivo de facilitar aos seus utilizadores o acesso às mesmas, podem conduzir, quando a pesquisa destes utilizadores é feita a partir do nome de uma pessoa singular, que estes obtenham, com a lista de resultados, uma visão global mais estruturada das informações sobre esta pessoa, que se podem encontrar na Internet, que lhes permita estabelecer um perfil mais ou menos detalhado da pessoa em causa. Por conseguinte, na medida em que a atividade de um motor de busca é suscetível de afetar, significativamente e por acréscimo à dos editores de sítios web, os direitos fundamentais à vida privada e à proteção dos dados pessoais, o operador desse motor, como pessoa que determina as finalidades e os meios dessa atividade, deve assegurar, no âmbito das suas responsabilidades, das suas competências e das suas possibilidades, que essa atividade satisfaça as exigências da Diretiva 95/46, para que as garantias nesta previstas possam produzir pleno efeito e possa efetivamente realizar-se uma proteção eficaz e completa das pessoas em causa, designadamente no seu direito ao respeito pela sua vida privada* (g.n.)".

proporcionalidade contra outros direitos fundamentais, devem ser ponderados e, esta ponderação dos direitos fundamentais, é baseada em todas as circunstâncias relevantes do caso individual. Deve-se também, levar em consideração, a gravidade da interferência com os direitos fundamentais da pessoa em causa.[45]

No contexto da avaliação, deve-se levar em consideração que a Internet não seria utilizável por indivíduos sem a ajuda de um mecanismo de busca, devido à inundação de dados não mais gerenciáveis. Em última análise, a utilização da Internet como um todo está dependente da existência e disponibilidade de motores de pesquisa, cujo modelo de negócio foi, portanto, aprovado pelo ordenamento jurídico e socialmente desejável. Isso pode levar ao fato de os usuários do mecanismo de pesquisa com a lista de resultados receberem uma visão geral estruturada das informações sobre a pessoa em questão na Internet, com base na qual eles podem criar um perfil mais ou menos detalhado da pessoa.[46]

Neste contexto, o peso dos interesses econômicos do gerente do mecanismo de pesquisa por si só geralmente não é suficientemente pesado para limitar os direitos das pessoas afetadas. Em contrapartida, tem maior peso o interesse do público pela informação e, sobretudo, os direitos fundamentais de terceiros a aqui incluídos. Portanto, não há presunção de prioridade da proteção dos direitos pessoais, mas os direitos fundamentais opostos devem ser avaliados em pé de igualdade. Assim como os indivíduos não podem determinar unilateralmente, em relação aos meios de comunicação, quais informações são divulgadas sobre eles no contexto da comunicação pública, eles não têm esse poder de determinação em relação aos operadores de mecanismo de pesquisa.[47]

Ou seja, o *Bundesgerichtshof*, mesmo que no processo tenha negado o direito à desindexação ao autor, colocando como princípio o interesse geral e a não possibilidade de desvincular os acontecimentos ao autor, a Corte foi bem clara em colocar a existência do direito ao esquecimento como um direito fundamental e que deve ser julgado em cada caso particular, ao confronto de dois ou mais direitos fundamentais.

A Suprema Corte dos Estados Unidos definiu que os Estados não podem promulgar leis que restrinjam a liberdade de imprensa, salvo em casos de informações embaraçosas – como no caso das vítimas de estupro –, a não ser que a informação seja adquirida legalmente.

É possível que, apesar de a proposta de regulação europeia definir o direito ao esquecimento como algo muito abrangente, o instituto seja aplicado de forma mais restrita.

Os europeus têm uma longa tradição de declarar direito de privacidade abstratos na teoria, mas que fracassam na prática. A regulamentação deve ser aperfeiçoada, em virtude dos esforços envidados pelo Parlamento Europeu e pelo Conselho dos Ministros. Mas, ao anunciar a regulamentação, Viviane Reding disse pretender uma solução mais aberta, apta a abranger as novas tecnologias do futuro: "Essa regulamentação precisa permanecer por 30 anos – precisa ser muito clara, mas ao mesmo tempo imprecisa o

---

45. Bundesgerichtshof. VI ZR 405/18, Verkündet am: 27. Juli 2020, OLG Frankfurt am Main.
46. Bundesgerichtshof. VI ZR 405/18, Verkündet am: 27. Juli 2020, OLG Frankfurt am Main.
47. Bundesgerichtshof. VI ZR 405/18, Verkündet am: 27. Juli 2020, OLG Frankfurt am Main.

suficiente para que as mudanças do mercado ou da opinião pública sejam manobradas pela regulamentação".

É difícil imaginar que a Internet dos próximos anos será tão livre e aberta como é hoje em dia.

Dentre os principais argumentos contrários ao acolhimento do direito do esquecimento, especialmente nos casos levados ao Superior Tribunal de Justiça, a seguir examinados, a doutrina destaca os seguintes:[48]

- a violação à liberdade de expressão;
- a possibilidade de perda da história;
- a privacidade como censura dos tempos atuais;
- o privilégio da memória individual em detrimento daquela da sociedade;
- a ausência de registro sobre crimes perversos;
- a inexistência de ilicitude do ato;
- a preservação do interesse coletivo;
- a extinção de programas policiais.

A especificidade do direito ao esquecimento na Internet não se restringe à forma de tutela. O próprio conceito de esquecimento sofre profundas transformações, na medida em que não se trata apenas de limitar a divulgação de informações pessoais destituídas de interesse social ou informativo por terceiros, como também de se reapropriar do controle dos dados muitas vezes fornecidos pelo próprio interessado, como condição para o exercício de determinado serviço. Trata-se, portanto, da pretensão de apagar uma informação muitas vezes voluntariamente tornada pública.

Viktor Mayer-Schönberger chega a propor a reintrodução da ideia de esquecimento no ambiente virtual através do estabelecimento pelos próprios usuários de datas de expiração para as informações disponibilizadas.[49] Tal critério, no entanto, não poderia se sobrepor ao interesse público no sentido da divulgação das informações, da memória social e da história, sob pena de gerar insegurança.

Em qualquer caso, deve haver uma ponderação de interesses entre o direito ao esquecimento e a liberdade de imprensa, somente podendo ocorrer o seu reconhecimento caso se trate de ofensa suficientemente grave à pessoa humana, de modo a restringir a disseminação de determinada informação.

A utilidade informativa da divulgação da notícia, portanto, deve ser sopesada com os riscos trazidos pela recordação do fato à pessoa envolvida.[50]

---

48. BUCAR, Daniel. Op. cit. p. 5.
49. MAYER-SCHÖNBERGER, Viktor. *Delete*. Op. cit. p. 50. Nas palavras do autor, "One possible way we can mimic forgetting in the digital realm is by associating information we store in digital memory with expiration dates that users set. Our digital storage devices would be made to automatically delete information that has reached or exceeded its expiry date". Tradução livre: "Uma maneira possível para que possamos imitar o esquecimento humano no mundo digital é através da associação de informações que armazenamos em memória digital e datas de vencimento que os usuários definam. Nossos dispositivos de armazenamento digital seriam programados para excluir automaticamente as informações que atingiram ou ultrapassaram o seu prazo de validade".
50. SCHREIBER, Anderson. *Direitos da personalidade*. São Paulo: Atlas, 2011. p. 166.

Consoante o art. 4º, III, da Lei nº 8.078/90, que se aplica aos provedores de redes sociais, considerando a remuneração indireta dos respectivos serviços (art. 3º, § 2º do Código de Defesa do Consumidor), constitui princípio da Política Nacional das Relações de Consumo a "harmonização dos interesses dos participantes da relação de consumo e a compatibilização da proteção do consumidor com a necessidade de desenvolvimento econômico e tecnológico".

Mas a principal consequência do exercício do direito ao esquecimento, tendo em vista o princípio da precaução, deve ser a imposição de obrigações de fazer e não fazer, consagrando o "direito de não ser vítima de danos", tendo em vista, após a ponderação dos interesses envolvidos, a retirada do material ofensivo.

A reparação de danos somente ocorrerá excepcionalmente, caso se trate de ofensa consumada a situação jurídica existencial, não passível de remédio por meio da execução específica.[51]

O Marco Civil da Internet, no seu artigo 7º., X, prevê como direito básico do usuário a "exclusão definitiva dos dados pessoais que tiver fornecido a determinada aplicação de Internet, a seu requerimento, ao término da relação entre as partes, ressalvadas as hipóteses de guarda obrigatória de registros previstas nesta lei". Trata-se, a nosso ver, de uma modalidade específica de direito ao esquecimento, baseada nos deveres laterais, anexos ou instrumentais de conduta decorrentes do princípio da boa-fé objetiva, embora não tenha sido essa a orientação prevalente no Supremo Tribunal Federal, por ocasião da apreciação do Tema 786 de Repercussão Geral.

A Lei Geral de Proteção de Dados Pessoais, Lei 13.709/18, também faz referência nos seus artigos 5º., III e XI e 18, à anonimização, bloqueio ou eliminação de dados.[52]

4 APLICAÇÃO DO INSTITUTO NA JURISPRUDÊNCIA DOS TRIBUNAIS SUPERIORES

O Superior Tribunal de Justiça teve a oportunidade de enfrentar o direito ao esquecimento pela primeira vez ao julgar o caso Xuxa vs. Google.

Em 1992, a atriz e apresentadora Xuxa Meneghel impediu judicialmente o lançamento em videocassete do vídeo "*Amor, estranho amor*", por recear que sua imagem junto ao público infantil ficasse definitivamente deturpada.[53]

---

51. Como já tivemos a oportunidade de escrever, o princípio da precaução volta-se à "eliminação prévia (anterior à produção do dano) dos riscos da lesão, paralelamente ao espaço já ocupado pela reparação dos danos já ocorridos, cujo monopólio deixa de existir" (MARTINS, Guilherme Magalhães. Risco, solidariedade e responsabilidade civil. In: MARTINS, Guilherme Magalhães. (Coord.). *Temas de responsabilidade civil*. Rio de Janeiro: Lumen Juris, 2012. p. xiii).
52. Artigo 5º Para os efeitos desta lei, considera-se:
   III – dado anonimizado: dado relativo a titular que não possa ser identificado, considerando a utilização de meios técnicos e razoáveis e disponíveis na ocasião de seu tratamento;
   XI – anonimização: utilização de meios técnicos razoáveis e disponíveis no momento do tratamento, por meio dos quais um dado perde a possibilidade de associação, direta ou indireta, a um indivíduo;
   Artigo 18 – O titular dos dados pessoais tem direito a obter do controlador, em relação aos dados do titular por ele tratados, a qualquer momento e mediante requisição:
   IV- anonimização, bloqueio ou eliminação de dados desnecessários, excessivos ou tratados em desconformidade com o disposto nesta lei.
53. MORAES, Maria Celina Bodin; KONDER, Carlos Nelson. Op. cit. p. 288-289.

O caso foi julgado pelo Tribunal de Justiça do Estado do Rio de Janeiro, tendo sido a pretensão da apresentadora reconhecida em voto do Desembargador Thiago Ribas Filho:

> Após o lançamento da fita (no cinema), ocorrido em 1982, Xuxa se projetou, nacional e internacionalmente, com programas infantis na televisão, criando uma imagem que muito justamente não quer ver atingida, cuja vulgarização atingiria não só ela própria como as crianças que são o seu público, ao qual se apresenta como símbolo de liberdade infantil, de bons hábitos e costumes, e da responsabilidade das pessoas.[54]

Em 2012, ante o ressurgimento das imagens do mencionado filme na Internet, a apresentadora ingressou com ação de rito ordinário objetivando que fossem removidos do *site* de pesquisas da ré denominado Google Search os resultados relativos à busca pela expressão *Xuxa pedófila* ou qualquer outra que associasse o nome da autora, independentemente da grafia, se correta ou equivocada, a uma prática criminosa qualquer.

O pedido de antecipação de tutela foi deferido pelo Juízo de primeiro grau, determinando que a Google se abstivesse de disponibilizar aos seus usuários, no seu *site* de buscas, os mencionados resultados, sob pena cominatória. Em sede de agravo de instrumento, o Tribunal de Justiça do Estado do Rio de Janeiro manteve em parte a decisão recorrida, restringindo a liminar apenas às imagens referidas na inicial, relativas ao filme em questão, mas sem exclusão dos *links* na apresentação dos resultados de pesquisas.

A questão chegou ao Superior Tribunal de Justiça no Agravo em Recurso Especial 103.125-RJ, tendo o voto da Ministra Fátima Nancy Andrighi rechaçado o pedido da atriz e apresentadora de filtragem do conteúdo das pesquisas de cada usuário, por considerar que:

> 3. O provedor de pesquisa é uma espécie do gênero provedor de conteúdo, pois não inclui, hospeda, organiza ou de qualquer outra forma gerencia as páginas virtuais indicadas nos resultados disponibilizados, se limitando a indicar *links* onde podem ser encontrados os termos ou expressões de busca fornecidos pelo próprio usuário.
>
> 4. A filtragem de conteúdo das pesquisas feitas por cada usuário não constitui atividade intrínseca ao serviço prestado pelos provedores de pesquisa, de modo que não se pode reputar defeituoso, nos termos do art. 14 do CDC, o *site* que não exerce esse controle sobre os resultados das buscas.
>
> 5. Os provedores de pesquisa realizam suas buscas dentro de um universo virtual, cujo acesso é público e irrestrito, ou seja, seu papel se restringe à identificação de páginas na *web* onde determinado dado ou informação, ainda que ilícito, estão sendo livremente veiculados. Dessa forma, ainda que seus mecanismos de busca facilitem o acesso e a consequente divulgação de páginas cujo conteúdo seja potencialmente ilegal, fato é que essas páginas são públicas e compõem a rede mundial de computadores e, por isso, aparecem no resultado dos *sites* de pesquisa.
>
> 6. Os provedores de pesquisa não podem ser obrigados a eliminar do seu sistema os resultados que apontem para uma foto ou texto específico, independentemente da indicação da URL da página onde este estiver inserido.
>
> 7. Não se pode, sob o pretexto de dificultar a propagação de conteúdo ilícito ou ofensivo na *web*, reprimir o direito da coletividade à informação. Sopesados os direitos envolvidos e o risco potencial de violação de cada um deles, o fiel da balança deve pender para a garantia da liberdade de informação assegurada pelo art. 220, parágrafo primeiro da CF/88, sobretudo considerando que a Internet representa, hoje, importante veículo de comunicação social de massa.

---

54. TJRJ, 2ª CC, Ap. cív. 1991.001.03819, Des. Thiago Ribas Filho, j. 27.2.1992.

8. Preenchidos os requisitos indispensáveis à exclusão, da *web*, de uma determinada página virtual, sob alegação de veicular conteúdo ilícito ou ofensivo – notadamente a identificação da URL dessa página – a vítima carecerá de interesse de agir contra o provedor de pesquisa, por absoluta falta de utilidade de jurisdição. Se a vítima identificou, via URL, o autor do ato ilícito, não tem motivo para demandar contra aquele que apenas facilita o acesso a esse ato que, até então, se encontra parcialmente disponível na rede para divulgação.[55]

---

55. STJ, REsp 1.316.921-RJ, rel. Min. Nancy Andrighi, j. 26.6.2012. Em decisão mais recente, de 11 de dezembro de 2013, ao julgar a Reclamação nº 5.072/AC, que teve como relator o Ministro Marco Buzzi, a Segunda Seção do Superior Tribunal de Justiça manteve a mesma orientação acima, relativamente à responsabilidade dos provedores de busca, sem referência específica ao direito ao esquecimento. Segundo este último julgado, a Google Brasil Internet Ltda. restou isenta de arcar com multa cominatória ("astreinte") por descumprir decisão judicial que a obrigava a suprimir de seu *site* de pesquisa qualquer resultado que vinculasse o nome de um juiz à pedofilia. Por maioria, seguindo o voto-vista da ministra Nancy Andrighi, aquele colegiado considerou a obrigação "impossível de ser efetivada". Consoante o mesmo voto, "a liminar que determinava a exclusão dos resultados de busca não fez referência explícita à retirada do conteúdo em cache, ainda que isso constasse do pedido formulado pelo autor da ação. A permanência em cache do conteúdo ofensivo pode ter feito com que o resultado indesejado ainda aparecesse na busca, mesmo após a retirada do ar da página original. O cache é uma espécie de memória temporária que armazena uma cópia do conteúdo da página original indicada no resultado da pesquisa, para agilizar os resultados de busca. O cache possibilita acesso rápido às páginas buscadas e retém temporariamente os dados, que são periodicamente substituídos por outras versões mais recentes, de modo a haver constante atualização. Não há como precisar por quanto tempo cada página fica na memória cache, variando caso a caso com base em diversos fatores, como a quantidade de acessos à página, a taxa de atualização do *site*, sua estabilidade e a largura da banda". No entanto, o voto-vista da Ministra Nancy Andrighi reconhece que a manutenção em cache "prolonga os efeitos danosos à honra e à imagem da vítima". Assim, estando uma cópia do texto ofensivo em cache, deve o provedor de pesquisa, uma vez ciente do fato, providenciar a exclusão preventiva, desde que seja oferecido o URL da página original, bem como comprovado que esta já foi removida da Internet. Para tanto, deve haver não só um pedido individualizado da parte, mas um comando judicial determinado e expresso no sentido de que a cópia em cache seja removida. Nancy Andrighi considera isso essencial, sob pena de se prejudicar o direito à informação. "No caso dos provedores de pesquisa virtual, a imposição de deveres subjetivos ou implícitos implicará, potencialmente, restrição dos resultados de busca, o que viria em detrimento de todos os usuários, que dependem desse serviço para conhecer todo o diversificado conteúdo das incontáveis páginas que formam a web", ponderou. A questão teve origem com a publicação, em 22 de novembro de 2009, de uma matéria na revista *Istoé* relacionando magistrados à pedofilia. O nome de um juiz era citado. Tratando diretamente com a revista, ele conseguiu a retirada da matéria digital do *site* da Istoé. No entanto, ao fazer busca com seu nome e o termo *pedofilia*, o *site* da Google ainda trazia a versão completa da reportagem. Em 3 de dezembro de 2009, o juiz ingressou com ação no juizado especial, pedindo que a Google retirasse de seus registros públicos a página original da reportagem, ainda que em cache, bem como de todas as reproduções, que haja albergadas em outros *sites*. Pediu também que o Google impedisse em seus mecanismos de busca a associação do seu nome com a matéria ou seu tema. No dia 4 de dezembro de 2009, o juiz obteve uma liminar obrigando a Google, em 24 horas, a retirar das páginas de resultado da pesquisa qualquer referência ao magistrado autor da ação, sob pena de multa diária de R$ 500. No dia 24 de fevereiro de 2010, a multa foi aumentada para R$ 5.000/dia. A Google ingressou com reclamação perante a Segunda Seção, sustentando que a liminar era teratológica, pois determinava uma ordem impossível de cumprir. Pediu a exclusão da multa total ou sua redução. Segundo cálculo do relator no STJ, ministro Marco Buzzi, a astreinte alcançaria, quando do ajuizamento da reclamação pela Google, a quantia de R$ 1,4 milhão. O ministro entendeu que o valor da multa era exorbitante e deveria ser reduzido para 40 salários-mínimos, teto para as ações no juizado especial. Mas ele manteve a incidência da multa, por considerar que era possível à Google o controle do conteúdo disponibilizado aos usuários. "A Google possui ferramentas aptas a remover informações de conteúdo no resultado de busca", afirmou. "Pode ser uma ação de difícil cumprimento, mas não de impossível cumprimento, como alega", acrescentou. Divergindo do relator, a ministra Andrighi votou no sentido de afastar por completo a multa. Ela entendeu que a obrigação imposta à Google na condição de *site* de pesquisa se mostra impossível de ser efetivada, daí decorrendo a teratologia da decisão. Ela chamou a atenção para a diferença entre provedores de conteúdo (que têm controle editorial) e provedores de pesquisa (que não o têm). A ministra explicou que os provedores de conteúdo têm facilidade para excluir material a pedido dos usuários, mas os provedores de pesquisa, não. É preciso a indicação do URL para que este possa eliminar o aparecimento do resultado indesejado em pesquisa. Com o URL, identifica-se o *site*, e daí o IP, que localiza o computador de onde saiu o conteúdo. Assim, é possível agir diretamente contra o autor. Os ministros João Otávio de Noronha, Sidnei Beneti, Paulo de Tarso Sanseverino e Villas Bôas Cueva acompanharam esse entendimento. Em seu voto-vista, a ministra Isabel Gallotti ressaltou que concordava com a posição da ministra Andrighi, no sentido de que os provedores de pesquisa não podem ser obrigados a eliminar do resultado de busca palavras ou combinações

Os principais argumentos do voto em questão foram três: 1 – a impossibilidade do cumprimento da obrigação em decorrência do estado da técnica atual; 2 – A inconstitucionalidade do pleito em razão da imposição de censura prévia de conteúdo; 3 – A relevância do serviço prestado pela Google, do qual dependeria o cotidiano de milhares de pessoas.[56]

A solução deve passar pela ponderação, no caso concreto, dos interesses em conflito e do potencial verdadeiramente lesivo do que é postado nos *sites* de busca,[57] levando em conta os princípios constitucionais da dignidade da pessoa humana (art. 1º, III, CR) e da solidariedade social (art. 3º, I, CR).

Mais recentemente, em maio de 2013, o Superior Tribunal de Justiça, no julgamento dos Recursos Especiais 1.334.097-RJ e 1.335.153-RJ, teve a oportunidade de apreciar o direito ao esquecimento, ambos fazendo referência em sua fundamentação ao Enunciado 531 do Conselho da Justiça Federal, aprovado na VI Jornada de Direito Civil (março de 2013).

No Recurso Especial 1.334.097-RJ (STJ, 4ª Turma, j. 28.5.2013),[58] o autor obteve a condenação da Rede Globo de Televisão por danos morais por ter seu nome vinculado

---

de palavras, fotos ou textos, sem que tenha sido especificado pelo lesado o URL da página em questão. A ordem judicial, na extensão em que foi dada no caso, não foi corretamente dirigida ao responsável pelo dano, afirmou a ministra Gallotti: "A Google, apesar de ser uma gigante do setor, não é a dona da internet. O que se poderia exigir era retirar do resultado da pesquisa aquela página". Se, após a retirada da página pelo *site* responsável pelo conteúdo, ele ainda continuar aparecendo no resultado da busca, é cabível voltar-se contra a Google, disse. A ministra repeliu a argumentação da Google de que a liminar pediria uma ação impossível. Conforme os autos, no dia 21 de janeiro de 2010 já não havia mais referência na busca do Google nem mesmo à página em cache. Assim, a ministra entende que a astreinte no valor de R$ 500 deve ser calculada de 5 de dezembro de 2009 (data em que terminou o prazo de 24 horas concedido pela decisão liminar) até aquela data.

56. BARBOSA, Fernanda Nunes. Internet e consumo: o paradigma da solidariedade e seus reflexos na responsabilidade do provedor de pesquisa. *RT*, São Paulo: Revista dos Tribunais. v. 924, p. 555, out. 2012.
57. Idem. Para a autora, "falar-se, portanto, de neutralidade, inviabilidade técnica e censura prévia apartados de uma ponderação com os direitos existenciais da pessoa humana e da distribuição dos riscos sociais a partir de um viés solidarista não se afigura a melhor maneira de se decidirem os casos difíceis que se apresentam para solução do intérprete [...]. No julgamento em comentário, a Corte decidiu pela liberdade de informação, deixando de considerar, no entanto, que no caso concreto a informação é inverídica e extremamente desabonadora. Da mesma forma, deixou de reconhecer que o fiel da balança deve ser o valor da dignidade da pessoa humana e que, na sociedade de consumo pós-moderna em que se vive, a atribuição dos ônus deve dar-se conforme um paradigma de solidariedade".
58. Segundo um trecho da ementa do voto, que enfrenta o tema de maneira lapidar: "2 – Nos presentes autos, o cerne da controvérsia passa pela ausência de contemporaneidade da notícia de fatos passados, que reabriu antigas feridas já superadas pelo autor e reacendeu a desconfiança da sociedade quanto à sua índole. O autor busca a proclamação do seu direito ao esquecimento, um direito de não ser lembrado contra sua vontade, especificamente no tocante a fatos desabonadores, de natureza criminal, nos quais se envolveu, mas que, posteriormente, fora inocentado [...] 6 – Não obstante o cenário de perseguição e tolhimento pelo qual passou a imprensa brasileira em décadas pretéritas, e a par de sua inegável virtude histórica, a mídia do século XXI deve fincar a legitimação de sua liberdade em valores atuais, próprios e decorrentes diretamente da importância e nobreza da atividade. *Os antigos fantasmas da liberdade de imprensa, embora deles não se possa esquecer jamais, atualmente, não autorizam a atuação informativa desprendida de regras e princípios a todos impostos.* 7 – Assim, a liberdade de imprensa há de ser analisada a partir de dois paradigmas jurídicos bem distantes um do outro. O primeiro, de completo menosprezo tanto da dignidade da pessoa humana quanto da liberdade de imprensa; e o segundo, o atual, de dupla tutela constitucional de ambos os valores [...] 15 – Ao crime, por si só, subjaz um natural interesse público, caso contrário nem seria crime, e eventuais violações de direito resolver-se-iam nos domínios da responsabilidade civil. E esse interesse público, que é, em alguma medida, satisfeito pela publicidade do processo penal, finca raízes essencialmente na fiscalização social da resposta estatal que será dada ao fato. Se é assim, o interesse público que orbita o fenômeno criminal tende a desaparecer na medida em que também se esgota a resposta penal conferida ao fato criminoso, a qual, certamente,

no programa Linha Direta-Justiça, relativo ao episódio conhecido como "Chacina da Candelária", não obstante ter sido absolvido criminalmente por negativa de autoria por unanimidade dos membros do Conselho de Sentença.

O autor chegou a recusar convite para uma entrevista a ser veiculada naquele programa, que terminou por divulgar seu nome e sua imagem novamente em rede nacional, contra a sua vontade. Embora o episódio tenha mencionado a absolvição, a menção ao autor, 13 anos após o evento, ensejou sua condenação a compensar os danos morais sofridos, arbitrados em R$ 50.000,00, pela 16ª Câmara Cível do Tribunal de Justiça do Estado do Rio de Janeiro.

Tal decisão foi alvo de embargos infringentes, que foram rejeitados, tendo o Superior Tribunal de Justiça, no mencionado julgamento, mantido, por unanimidade, o pleito indenizatório.[59] O Ministro Gilson Dipp, vice-presidente do Superior Tribunal de Justiça, em decisão monocrática de 25 de outubro de 2013, inadmitiu recurso extraordinário interposto pela Rede Globo, tendo em vista a ausência de prequestionamento dos arts. 220 e 221 da Constituição da República, bem como a ausência de violação direta à Constituição da República. No dia 10 de dezembro de 2013, foi protocolado no Supremo Tribunal Federal o Recurso Extraordinário com Agravo (ARE) 789.246, ainda pendente de julgamento por ocasião da publicação deste livro, onde o Supremo Tribunal decidirá pela primeira vez sobre o cabimento do direito ao esquecimento em face do ordenamento civil-constitucional brasileiro.

Merece ser criticada, nos últimos dois acórdãos acima, a tutela diferenciada do esquecimento nas mídias televisivas, onde sua aplicabilidade foi reconhecida, e na Internet, ao argumento de que a questão seria muito mais complexa, descabendo a sua

---

encontra seu último suspiro, com a extinção da pena ou com a absolvição, ambas consumadas irreversivelmente. E é nesse interregno temporal que se perfaz também a vida útil da informação criminal, ou seja, enquanto durar a causa que a legitimava. Após essa vida útil da informação seu uso só pode ambicionar, ou um interesse histórico, ou uma pretensão subalterna, estigmatizante, tendente a perpetuar no tempo as misérias humanas. 16 – Com efeito, o reconhecimento do direito ao esquecimento dos condenados que cumpriram integralmente a pena e, sobretudo, dos que foram absolvidos em processo criminal, além de sinalizar uma evolução cultural da sociedade, confere concretude a um ordenamento jurídico que, entre a memória, – que é a conexão do presente com o passado – e a esperança – que é o vínculo do futuro com o presente – faz clara opção pela segunda. *E é por essa ótica que o direito ao esquecimento revela sua maior nobreza, pois afirma-se, na verdade, como um direito à esperança, em absoluta sintonia com a presunção legal e constitucional de regenerabilidade da pessoa humana.* 17 – Ressalvam-se do direito ao esquecimento os fatos genuinamente históricos – historicidade essa que deve ser analisada em concreto – cujo interesse público e social deve sobreviver à passagem do tempo, desde que a narrativa desvinculada dos envolvidos se fizer impraticável. 18 – No caso concreto, a despeito de a Chacina da Candelária ter se tornado – com muita razão – um fato histórico, que expôs as chagas do País ao mundo, tornando-se símbolo da precária proteção estatal conferida aos direitos humanos da criança e do adolescente em situação de risco, o certo é que a fatídica história seria bem contada e de forma fidedigna sem que para isso a imagem e o nome do autor precisassem ser expostos em rede nacional. Nem a liberdade de imprensa seria tolhida, nem a honra do autor seria maculada, caso se ocultassem o nome e a fisionomia do recorrido, ponderação de valores que, no caso, seria a melhor solução ao conflito" (g. n.).

59. Em decisão monocrática do dia 25 de outubro de 2013, o vice-presidente do Superior Tribunal de Justiça, Ministro Gilson Dipp, não admitiu recurso extraordinário interposto em face daquele acórdão da 4ª Turma, tendo em vista a ausência de prequestionamento dos dispositivos constitucionais apontados como violados, em especial os arts. 220 e 221 da Constituição da República. Concluiu ainda o vice-presidente que "no que diz respeito ao art. 5º, X, da Constituição Federal, o Supremo Tribunal Federal tem entendido que a verificação da indenização por danos morais depende da análise da legislação infraconstitucional, caracterizando-se como possibilidade de ofensa meramente indireta à Constituição da República", conforme entendimento consolidado naquele Tribunal.

incidência no ambiente virtual, levando a um indesejável tratamento fracionado e, por que não dizer, discriminatório de tão relevante direito fundamental.

O argumento da impossibilidade de se aplicar o direito ao esquecimento à Internet, em virtude de supostas barreiras técnicas, enfraquece a cláusula geral de proteção à dignidade da pessoa humana, levando à conclusão de que o espaço virtual estaria imune a quaisquer limites.

Apartar a mídia televisiva de outros meios de comunicação significa dar à informação tratamento fragmentado, desconsiderando que, afora as técnicas específicas de cada mídia, deve haver uma disciplina unitária, independentemente do veículo, não se justificando a exclusão do direito de arrependimento na Internet.

Mais recentemente, atendendo ao critério do interesse histórico, o Superior Tribunal de Justiça, por maioria, afastou o direito ao esquecimento no Recurso Especial 1.434.498, interposto por Carlos Alberto Brilhante Ustra, em face de decisão do Tribunal de Justiça de São Paulo que declarou a existência de danos morais e ofensa à integridade física dos autores, que teriam sido vítimas de tortura em 1972, tendo sido o réu, na condição de comandante do DOI-CODI, considerado responsável por tais atos.

A ação foi movida por Maria Amélia Teles, seu marido, Carlos Teles, e sua irmã, Criméia de Almeida, que foram presos e submetidos a tortura no DOI-CODI durante a ditadura militar, tendo sido afastadas as alegações de prescrição e de violação da regra do art. 1º. da Lei de Anistia (Lei 6.683/79).

Em recente precedente, julgado no dia 08 de maio de 2018, a 3ª turma do Superior Tribunal de Justiça, por maioria, reconheceu, com grande acerto, a incidência do direito ao esquecimento no Recurso Especial 1.660.668, que teve como relator o Ministro Marco Aurélio Bellizze, determinando que a Google Brasil, Yahoo! Do Brasil e Microsoft Informática Ltda. eliminem dos seus resultados de busca o nome de uma promotora de Justiça do Estado do Rio de Janeiro em relação a uma suposta fraude no concurso para a magistratura ocorrida dez anos antes. Segundo um trecho do voto do relator, não se trata de efetivamente apagar o passado, mas de permitir que a pessoa envolvida siga sua vida com razoável anonimato, não sendo o fato desabonador corriqueiramente rememorado e perenizado por sistemas automatizados de busca. Em ação ajuizada em 2009, a autora ingressou com ação requerendo fossem apagadas informações, divulgadas em sites de notícias e até mesmo nas páginas do Supremo Tribunal Federal e do Conselho Nacional de Justiça, reportando que a promotora teria reproduzido integralmente o gabarito da prova de Direito Tributário na fase escrita do certame. No entanto, dez anos após o ocorrido, já desempenhando suas funções como promotora de Justiça do Ministério Público do Estado do Rio de Janeiro, a autora persistiu sendo atingida em sua dignidade devido à mencionada referência nos sites de busca.[60]

---

60. A seguir, é reproduzido um trecho da fundamentação do acórdão: "(...) atualmente, o fato referido já conta com mais de uma década, e ainda hoje os resultados de busca apontam como mais relevantes as notícias a ele relacionadas, como se, ao longo desta década, não houvesse nenhum desdobramento da notícia, nem fatos novos relacionados ao nome da recorrida. Note-se que não se trata de impugnar o resultado em pesquisas que pretendessem resgatar notícias vinculadas a fraudes em concurso nem os resultados decorrentes da busca que associasse o nome da recorrida a outro critério que aludisse a concursos públicos ou fraudes. A insurgência é restrita ao apontamento

Note-se que, apesar de se tratar de pessoa pública, o fato em questão não guarda qualquer conexão com as funções de promotora de Justiça, atualmente exercidas pela autora, considerando ainda que o procedimento apuratório envolvendo a alegada fraude foi inclusive arquivado pelo Conselho Nacional de Justiça. Trata-se de um precedente a ser comemorado na defesa do direito a não ser vítima de danos, a ser perseguido mediante obrigações específicas de fazer ou não fazer.

O Supremo Tribunal Federal, por maioria, seguiu o voto do Ministro Dias Tóffoli, no julgamento do Recurso Extraordinário 1.010.606/RJ, lavrado no dia 04 de fevereiro de 2021. O voto, após estabelecer um preciso e técnico histórico da matéria, juntamente com as controvérsias que a cercam, considerou, ao apreciar o caso Aida Curi, a seguinte proposta de tema de repercussão geral: " Tema 786 – É incompatível com a Constituição a ideia de um direito ao esquecimento, assim entendido como o poder de obstar, em razão da passagem do tempo, a divulgação de fatos ou dados verídicos e licitamente obtidos e publicados em meios de comunicação social analógicos ou digitais. Eventuais excessos ou abusos no exercício da liberdade de expressão e de informação devem ser analisados caso a caso, a partir dos parâmetros constitucionais – especialmente os relativos à proteção da honra, da imagem, da privacidade e da personalidade em geral – e as expressas e específicas previsões legais nos âmbitos penal e cível". Tal decisão vinculará todo o Poder Judiciário nacional, por força da repercussão geral.

Tal decisão, cujo efeito vinculante não se discute mas, pelo contrário, se impõe, vai de encontro a uma outra decisão histórica do próprio Supremo Tribunal Federal, que considerou o direito à proteção de dados pessoais como um direito fundamental autônomo, envolvendo a Medida Provisória 954/2020, que previa o compartilhamento obrigatório de dados de empresas de telefonia com o IBGE(ações diretas de inconstitucionalidade 6.387, 6.388, 6389, 6.393 e 6.390). A mencionada decisão, que consolidou o dado pessoal como merecedor de tutela constitucional, reconheceu que não há dados pessoais neutros ou insignificantes no atual contexto, tendo em vista a formação de perfis informacionais de grande valia para o mercado e para o Estado, inexistindo, portanto, dados insignificantes, consoante o voto da Ministra Carmen Lúcia.[61]

O direito à proteção de dados apresenta-se essencialmente como um direito de garantias de um conjunto de valores fundamentais individuais de que se destacam a privacidade e a liberdade, em poucas palavras, a autodeterminação individual.[62]

Baseou-se o voto do relator na prevalência apriorística das liberdades de expressão e de informação sobre a dignidade da pessoa humana, bem como na analogia com o precedente das biografias não autorizadas(ADIN 4.815), havendo ainda referência ao

---

de seu nome como critério exclusivo, desvinculado de qualquer outro termo, e a exibição de fato desabonador divulgado há mais de dez anos entre as notícias mais relevantes".

61. MENDES, Laura Schertel. Decisão histórica do STF reconhece direito fundamental à proteção de dados pessoais. *Jota*. Disponível em: <https://www.jota.info/paywall?redirect_to=//www.jota.info/opiniao-e-analise/artigos/decisao-historica-do-stf-reconhece-direito-fundamental-a-protecao-de-dados-pessoais-10052020>. Acesso em: 11 fev. 2021.

62. MARTINS, Guilherme Magalhães; GUIMARÃES, João Alexandre. Direito ao esquecimento no STF: a dignidade da pessoa humana em risco. *Consultor Jurídico*. São Paulo, 10 de fevereiro de 2021, p.03. Disponível em: <https://www.conjur.com.br/2021-fev-10/martins-guimaraes-direito-esquecimento-stf?imprimir=1>. Acesso em: 12 fev. 2021.

argumento econômico, no sentido da preservação das empresas que operam no setor, à liberdade de circulação de informações, bem como à ausência de norma específica no direito brasileiro, ao contrário do que teria ocorrido no artigo 17 do RGPD europeu.

José Joaquim Gomes Canotilho, Jónatas E. M. Machado e Antônio Pereira Gaio Júnior assim definem as biografias não autorizadas: "a obra que, como o nome indica, abrange textos onde se pretende narrar, total ou parcialmente, com um grau razoável de sistematicidade e completude, a vida de uma pessoa, ou aspectos específicos da mesma, do ponto de vista espacial ou temporal. Diz-se *não autorizada* a biografia que não conta com a autorização expressa ou tácita do visado, prescindindo da sua colaboração e pretendendo subtrair-se aos pedidos ou ditames. De um modo geral, estas biografias incidem sobre figuras públicas, tendo por isso interesse público e suscitando o interesse do público. No entanto(...) não está excluída a possibilidade de versarem mesmo sobre figuras privadas"[63]

O direito ao esquecimento possui abrangência diversa, pois envolve fatos que, pelo decurso do tempo, perderam relevância histórica, de modo que sua divulgação se torna abusiva, por causar mais prejuízos aos particulares do que benefícios à sociedade. O direito ao esquecimento, é verdade, é um direito excepcional, não podendo ser banalizado, mas sua exclusão, em sede de repercussão geral, pode implicar um grave retrocesso em face do princípio da dignidade da pessoa humana (art. 1°., III, CR), consideradas ainda a privacidade e a identidade pessoal, que o compõem em sua estrutura. A exigência de norma específica, a depender da vontade legislativa, é um incentivo à inação, semelhantemente ao entendimento do próprio Supremo Tribunal Federal, que no passado sepultou a garantia fundamental do mandado de injunção.

O direito ao esquecimento visa apagar traços ou dados deixados pelo seu titular, não tendo o traço uniforme de uma escrita, como nas biografias não autorizadas; ademais, a prevalência apriorística da liberdade de expressão e de informação, ao ensejo de evitar eventual censura, iria de encontro a outros valores igualmente caros à Constituição da República, ligados ao livre desenvolvimento da pessoa humana.

Para Menezes Cordeiro, a natureza jurídica do direito ao esquecimento suscita dúvidas. Seguindo a letra do preceito, o direito ao esquecimento não consiste num direito a exigir, do público em geral, o apagamento de determinados dados pessoais, mas somente no direito a exigir ao responsável pelo tratamento que informe os demais responsáveis de que o titular dos dados lhes solicitou o apagamento das ligações para esses dados pessoais, bem como o apagamento de eventuais cópias ou reproduções.[64]

O Caso Aida Curi,[65] envolvendo um feminicídio ocorrido em Copacabana, Rio de Janeiro, em 1958, tornou-se nacionalmente famoso, havendo inúmeros livros e reportagens a seu respeito. No dia 29 de abril de 2004, quase meio século após seu falecimento,

---

63. CANOTILHO, José Joaquim Gomes; MACHADO, Jónatas E. M.; GAIO JÚNIOR, Antônio Pereira. *Biografia não autorizada versus liberdade de expressão*. 3.ed. Curitiba: Juruá, 2017. p.35-36.
64. CORDEIRO, A. Barreto Menezes. Direito da Proteção de Dados: À Luz do RGPD e da Lei 58/2019. Coimbra: Almedina, 2016. Página 275.
65. SILVA, Roberto Baptista Dias da; PASSOS, Ana Beatriz Guimarães. Entre lembrança e olvido: uma análise das decisões do STJ sobre direito ao esquecimento. *Revista Jurídica da Presidência*. Brasília, v. 16, n. 109, jun./set. 2014. p. 410.

o Programa Linha Direta Justiça dedicou um episódio à morte da jovem, fato que motivou a interposição de ação de reparação por danos morais, materiais e à imagem por seus quatro irmãos – Nelson, Roberto, Waldir e Maurício Curi, em face da TV Globo Ltda. Sustentam os autores que o crime havia sido esquecido com o passar dos anos e sua exibição reabrira feridas antigas na vida da família, pois rememorava a vida, a morte e a pós-morte de sua irmã, inclusive com uso de sua imagem. Alegam, ainda, que a exploração do caso pela rede de televisão foi ilícita, uma vez que ela fora notificada pelos autores para não fazê-lo.[66]

No caso, portanto, os irmãos de Aida Curi, postularam a reparação dos danos morais e materiais em face da Rede Globo, tendo em vista a lembrança do trágico episódio no mesmo programa Linha Direta-Justiça. Quanto ao dano moral, o fundamento do pedido foi o fato de se reviver o passado; já em relação ao dano material, a postulação reparatória foi a exploração da imagem da falecida irmã com objetivo comercial e econômico.

Em primeira e segunda instâncias, os pedidos dos autores foram julgados improcedentes, sob o fundamento de que o homicídio de Aida Curi foi amplamente divulgado pela imprensa no passado e ainda é discutido e noticiado nos presentes dias, tendo entrado para o domínio público. Em seguida, sobrevieram os Recursos Especial e Extraordinário, este último não admitido pelo Supremo Tribunal Federal.[67]

Foi negado provimento ao Recurso Especial, tendo a Quarta Turma, por maioria de votos(três votos a dois), acompanhado o relator, Ministro Luis Felipe Salomão.

Segundo um trecho da ementa do julgado no Superior Tribunal de Justiça: "A reportagem contra a qual se insurgiram os autores foi ao ar 50 (cinquenta) anos depois da morte de Aida Curi, circunstância da qual se conclui não ter havido abalo moral apto a gerar responsabilidade civil. Nesse particular, fazendo-se indispensável a ponderação de valores, o acolhimento do direito ao esquecimento, no caso, com a consequente indenização, consubstancia desproporcional corte à liberdade de imprensa, se comparado ao desconforto gerado pela lembrança".

O voto vencedor, do Ministro Luis Felipe Salomão, considerou que, no caso, a liberdade de imprensa (art. 220, Constituição da República) deveria preponderar sobre a inviolabilidade da intimidade, vida privada, honra e imagem das pessoas(art. 5º., X e 220, parágrafo primeiro da Constituição da República), vez que, além de a matéria não estar incrementada de artificiosidade, os fatos revelaram notícia histórica de repercussão nacional. Afirmou-se, na conclusão, que a divulgação da foto da vítima, mesmo sem o consentimento da família, não configuraria dano indenizável.

Concluíram os Ministros, por maioria, que "o direito ao esquecimento, que ora se reconhece para todos, ofensor e ofendidos, não alcança o caso dos autos, em que se reviveu, décadas depois do crime, acontecimento que entrou para o domínio público, de modo que se tornaria impraticável a atividade da imprensa para o desiderato de retratar o caso Aida Curi, sem Aida Curi".

---

66. SILVA, Roberto Baptista Dias da; PASSOS, Ana Beatriz Guimarães. Entre lembrança e olvido, op. cit., p. 410.
67. SILVA, Roberto Baptista Dias da; PASSOS, Ana Beatriz Guimarães. Entre lembrança e olvido, op. cit., p. 410.

O caso Aida Curi chegou ao Supremo Tribunal Federal, tendo prevalecido, por maioria, o voto do Ministro Dias Tóffoli, no julgamento do Recurso Extraordinário 1.010.606/RJ, nos dias 04, 05, 11 e 12 de fevereiro de 2021.

O voto do relator, após estabelecer, na sua parte inicial, um preciso e técnico histórico da matéria, juntamente com as controvérsias que a cercam, considerou, após a apreciação do caso Aida Curi, a seguinte proposta de tese de repercussão geral, aprovada por maioria de nove votos a um : " Tema 786 – É incompatível com a Constituição a ideia de um direito ao esquecimento, assim entendido como o poder de obstar, em razão da passagem do tempo, a divulgação de fatos ou dados verídicos e licitamente obtidos e publicados em meios de comunicação social analógicos ou digitais. Eventuais excessos ou abusos no exercício da liberdade de expressão e de informação devem ser analisados caso a caso, a partir dos parâmetros constitucionais – especialmente os relativos à proteção da honra, da imagem, da privacidade e da personalidade em geral – e as expressas e específicas previsões legais nos âmbitos penal e cível".

O voto do relator analisa o direito ao esquecimento em função dos elementos que compõem o seu conceito, segundo a doutrina, a saber, a licitude ou veracidade da informação e do decurso do tempo, propulsor de degradação da informação do passado.

Em outra oportunidade, já nos manifestamos sobre a(in)utilidade de um tema de repercussão geral, tendo em vista a natureza caleidoscópica do direito ao esquecimento, comprometendo a aplicação de uma tese para outros casos "análogos", que dificilmente existirão, considerando as peculiaridades da hipótese e a amplitude da nomenclatura "direito ao esquecimento",[68] objeto de críticas, muitas fundadas, pela doutrina. Há de ser considerado o disposto no artigo 926, parágrafo segundo do Código de Processo Civil, que determina que, ao editar enunciados de súmula, os tribunais devem ater-se às circunstâncias fáticas dos precedentes que motivaram sua criação. O conteúdo dinâmico do direito ao esquecimento dificulta a aplicação de um precedente em outros casos, que apresentam suporte fático distinto.

O Caso da Chacina da Candelária, apreciado pelo Superior Tribunal de Justiça no julgamento do Recurso Especial 1.334.097, teve suporte fático completamente diverso, onde se justificaria a anonimização do envolvido na reportagem jornalística, o que obstaria à efetividade da tese.

Alguns efeitos merecem ser extraídos da decisão acima. Em primeiro lugar, o voto do relator, seguido por maioria pelo Supremo Tribunal Federal, vencidos, na apreciação do Recurso Extraordinário 1.010.606/RJ, os Ministros Luiz Edson Fachin, Luiz Fux e Gilmar Mendes, afirmou a tese vencedora, no sentido da "inexistência no ordenamento jurídico brasileiro de um direito genérico com essa conformação, seja expressa ou implicitamente", de modo que "o que existe são expressas e pontuais previsões em que se admite, sob condições específicas, o decurso do tempo como razão para a supressão de dados ou informações", como seria o caso das normas do artigo 43, parágrafo primeiro ,

---

68. LIMA, Cíntia Rosa Pereira de; MARTINS, Guilherme Magalhães. A figura caleidoscópica do direito ao esquecimento e a (in)utilidade de um tema em repercussão geral. *Migalhas*. São Paulo, 29 set. 2020. Acesso em: 17 fev. 2021. Disponível em: <https://migalhas.uol.com.br/coluna/migalhas-de-protecao-de-dados/334044/a-figura-caleidoscopica-do-direito-ao-esquecimento-e-a--in-utilidade-de-um-tema-em-repercussao-geral>.

segunda parte do Código de Defesa do Consumidor, dos artigos 93 a 95 do Código Penal e do artigo 7º, X do Marco Civil da Internet(Lei 12.965/14).

No entanto, na parte inicial do voto, o relator deixa claro que tal decisão, embora abranja tanto a mídia tradicional quanto a Internet, ambas em conjunto, sem prejuízo das especificidades de cada linha do tema, certamente para evitar um tratamento fragmentado, não envolve os pedidos de desindexação, que, consoante a fundamentação, não se confunde com o direito ao esquecimento. Portanto, hipóteses como a do famoso caso *Google Spain*, julgado pelo Tribunal de Justiça da União Europeia em 2014, não serão abrangidas, no Brasil, pela Tese 786.

Desindexar é marcar o URL (*Uniform Resource Locator*, o endereço de uma página na *web*), para que ele não conste dos resultados de busca de buscadores normais. Isso significa que quando o usuário digita o conteúdo buscado em um campo de busca, ainda que o conteúdo esteja público, não será mostrado na lista dos resultados. Ao desindexar o conteúdo de um mecanismo de busca normal, considerando que o acesso a novo conteúdo pela Internet costuma ser intermediado pelos mecanismos de busca, diminui significativamente o potencial de disseminação desse conteúdo, diminuindo o eventual dano que a sua disseminação possa causar ao envolvido.[69]

A Tese 786, portanto, não abrange as hipóteses de desindexação, que poderão ser objeto de ponderação sem prevalência apriorística das liberdades comunicativas no caso concreto. Tecnicamente, acertou o Supremo Tribunal Federal ao distinguir o esquecimento, em sentido amplo, da desindexação.

Prevaleceram, de maneira preferencial, na visão majoritária do Supremo Tribunal Federal, os direitos à memória e à liberdade de informação e de expressão, tendo sido invocado ainda no voto do relator o artigo 4º. II, a da Lei Geral de Proteção de Dados Pessoais, em cujos termos não se aplica o tratamento de dados àquilo realizado para fins exclusivamente jornalísticos e artísticos. A liberdade é a regra, e as exceções devem ser expressas.

A tese espelha em grande parte a visão do professor Daniel Sarmento, para quem a imposição do esquecimento tem sido um instrumento de manipulação da memória coletiva de que se valem os regimes totalitários em favor de seus projetos de poder, em face da cultura censória que, nas palavras do autor, viceja no Poder Judiciário, sendo "evidentes os riscos de autoritarismo envolvidos na atribuição a agentes estatais – ainda que juízes – do poder de definirem o que pode e o que não pode ser lembrado pela sociedade".[70]

A posição preferencial das liberdades, originária da jurisprudência constitucional norte-americana, prevaleceu na orientação da Tese 786, sendo que, conforme a visão vencedora, a tutela dos direitos da personalidade deverá ocorrer *a posteriori*, através do direito de resposta e da responsabilidade civil dos que exerceram abusivamente sua expressão livre.

---

69. VIOLA, Mario; DONEDA, Danilo; CÓRDOVA, Yasodara; ITAGIBA, Gabriel. Entre privacidade e liberdade de informação e expressão: existe um direito ao esquecimento no Brasil? In: TEPEDINO, Gustavo; TEIXEIRA, Ana Carolina Brochado; ALMEIDA, Vitor. *O Direito Civil entre o sujeito e a pessoa*: estudos em homenagem ao professor Stefano Rodotà. Belo Horizonte: Fórum, 2016. p. 366.
70. SARMENTO, Daniel. Liberdades comunicativas e "Direito ao esquecimento" na ordem constitucional brasileira. *Revista Brasileira de Direito Civil*. Rio de Janeiro, v. 7, jan./mar.2016, p.192-193.

5. CONCLUSÃO

Por um lado, o direito ao esquecimento não possibilita aos indivíduos a reconstrução da identidade na Internet, sob pena de se criar um revisionismo histórico ou a perda da memória.[71] Segundo uma célebre frase de Mário Quintana, "o passado não conhece seu lugar; está sempre presente".

Em qualquer caso, deve haver uma ponderação de interesses entre o direito ao esquecimento e a liberdade de imprensa, somente podendo ocorrer o seu reconhecimento caso se trate de ofensa suficientemente grave à pessoa humana, de modo a restringir a disseminação de determinada informação. Trata-se, é verdade, de um direito excepcional, reconhecido em outros ordenamentos, mas que não pode ser banalizado, sobretudo quando houver interesse público, histórico ou jornalístico, caso em que prevalecerão as liberdades de informação e de expressão.

Mas a principal consequência do exercício do direito ao esquecimento, tendo em vista o princípio da precaução, deve ser a imposição de obrigações de fazer e não fazer, consagrando o "direito de não ser vítima de danos", tendo em vista, após a ponderação dos interesses envolvidos, a retirada do material ofensivo. A reparação de danos somente ocorrerá excepcionalmente, caso se trate de ofensa consumada a situação jurídica existencial, não passível de remédio por meio da execução específica.[72]

No entanto, a Tese aprovada no Tema 786 do Supremo Tribunal Federal certamente trará novos contornos à matéria, por considerar que o direito ao esquecimento não possui amparo constitucional, devendo eventuais violações, em casos concretos, ser analisadas à luz da proteção da honra, da imagem, da privacidade e da personalidade em geral.

A Tese 786 vinculará todo o Judiciário brasileiro, embora, como visto, o artigo 926, parágrafo segundo do Código de Processo Civil, do ponto de vista da adequação aos casos concretos que venham a surgir, poderá vir a modular sua efetividade, de modo que o precedente não nasce precedente, mas se tornará precedente ao longo do tempo, e sua vinculação se dará pela *ratio decidendi*.[73] Que o futuro venha acompanhado de um verdadeiro e real progresso, do ponto de vista da efetividade dos direitos fundamentais.

REFERÊNCIAS

AMBROSE, Meg Leta; AUSLOOS, Jef. The right to be forgotten across the pond. *Journal of Information Policy*, v. 3, p. 1-23, 2013. Disponível em: <http://papers.ssrn.com/sol3/papers.cfm?abstract_id=2032325##>. Acesso em: 15 jan. 2020.

ASCENSÃO, José de Oliveira. *Direito da Internet e da sociedade da informação*. Rio de Janeiro: Forense, 2001.

BARBOSA, Fernanda Nunes. Internet e consumo: o paradigma da solidariedade e seus reflexos na responsabilidade do provedor de pesquisa. *RT*, São Paulo: Revista dos Tribunais, v. 924, p. 535-561, out. 2012.

---

71. COSTA, André Brandão Nery. Op. cit. p. 205-206.
72. Nesse sentido, o Enunciado 576 do Conselho da Justiça Federal, aprovado na VI Jornada de Direito Civil: "O direito ao esquecimento pode ser assegurado por tutela judicial inibitória".
73. FROTA, Pablo Malheiros da Cunha. Precedente vinculativo e persuasivo e a *ratio decidendi*. *Consultor Jurídico*. São Paulo, 13 fev. 2021, p.04. Acessível em: <https://www.conjur.com.br/2021-fev-13/diario-classe-precedente-vinculativo-persuasivo-ratio-decidendi>. Acesso em: 17 fev. 2021.

BAUMAN, Zygmunt. *Vida para o consumo*: a transformação das pessoas em mercadoria. Tradução de Carlos Alberto Medeiros. Rio de Janeiro: Zahar, 2008.

BOBBIO, Norberto. *A era dos direitos*. Tradução de Carlos Nelson Coutinho. São Paulo: Campus, 1992.

BOTELHO, Catarina Santos. "Novo ou velho direito", O Direito ao esquecimento e o princípio da proporcionalidade no constitucionalismo global. *Ab Instantia*. v. 7, 2017.

BRANCO, Sergio. *Memória e esquecimento na Internet*. Porto Alegre: Arquipélago, 2017.

BUCAR, Daniel. Controle temporal de dados: o direito ao esquecimento. *Civilística*, Revista Eletrônica de Direito Civil, ano 2, n. 3, 2003. Disponível em: <www.civilistica.com>. Acesso em: 15 jan. 2020.

CANOTILHO, José Joaquim Gomes; MACHADO, Jónatas E. M.; GAIO JÚNIOR, Antônio Pereira. *Biografia não autorizada versus liberdade de expressão*. 3. ed. Curitiba: Juruá, 2017.

CASTELLS, Manuel. *A sociedade em rede*. Tradução de Roneide Venancio Meyer. São Paulo: Paz e Terra, 2010.

CORDEIRO, A. Barreto Menezes. Direito da Proteção de Dados: À Luz do RGPD e da Lei 58/2019. Coimbra: Almedina 2016

COSTA, André Brandão Nery. Direito ao esquecimento na Internet: a scarlet letter digital. In: SCHREIBER, Anderson (Coord.). *Direito e mídia*. São Paulo: Atlas, 2013.

DONEDA, Danilo. Considerações iniciais sobre os bancos de dados informatizados e o direito à privacidade. In: TEPEDINO, Gustavo (Coord.). *Problemas de direito civil-constitucional*. Rio de Janeiro: Renovar, 2000.

DONEDA, Danilo. *Da privacidade à proteção dos dados pessoais*. Rio de Janeiro: Renovar, 2006.

FLEISCHER, Peter. *Foggy thinking about the right to oblivion*. Disponível em: <http://peterfleischer.blogspot.com.br/2011/03/foggy-thinking-about-right-to-oblivion.html>. Acesso em: 15 jan. 2020.

FROTA, Pablo Malheiros da Cunha. Precedente vinculativo e persuasivo e a *ratio decidendi*. *Consultor Jurídico*. São Paulo, 13 fev. 2021, p.04. Acessível em: https://www.conjur.com.br/2021-fev-13/diario-classe-precedente-vinculativo-persuasivo-ratio-decidendi. Acesso em: 17.02.2021.

HEYLLIARD, Charlotte. *Le droit à l'oubli sur l'Internet*. Disponível em: <http://www.lepetitjuriste.fr/wp-content/uploads/2013/01/MEMOIRE-Charlotte-Heylliard2.pdf.>. Acesso em: 15 jan. 2020.

KOOPS, Bert-Jaap. Forgetting footprints, shunning shadows. A critical analysis of the "Right to be Forgotten" in Big Data practice. *8:3 SCRIPTed* 229(2011) http://scripted.org/?p=43. In: <https://papers.ssrn.com/sol3/papers.cfm?abstract_id=1986719>. Acesso em: 08 jun. 2020.

LA AEPD abre un procedimiento sancionador a Google por su política de privacidad. Disponível em: <https://www.agpd.es/portalwebAGPD/revista_prensa/revista_prensa/2013/notas_prensa/common/junio/130620_NP_PS_GOOGLE.pdf>. Acesso em: 15 jan. 2020.

LAGONE, Laura. The right to be forgotten: a comparative analysis. Disponível em: <http://ssrn.com/abstract=2229361>. Acesso em: 15 jan. 2020.

LEONARDI, Marcel. Responsabilidade civil pela violação do sigilo e privacidade na Internet. In: SILVA, Regina Beatriz Tavares da; SANTOS, Manoel J. Pereira dos (Coord.). *Responsabilidade civil na Internet e nos demais meios de comunicação*. São Paulo: Saraiva, 2007.

LÉVY, Pierre. *A inteligência coletiva*. Tradução de Luiz Paulo Rouanet. São Paulo: Loyola, 2007.

LIMA, Cíntia Rosa Pereira de; MARTINS, Guilherme Magalhães. A figura caleidoscópica do direito ao esquecimento e a (in)utilidade de um tema em repercussão geral. *Migalhas*. São Paulo, 29 set. 2020. Acesso em: 17.02.2021. Disponível em: <https://migalhas.uol.com.br/coluna/migalhas-de-prote-

cao-de-dados/334044/a-figura-caleidoscopica-do-direito-ao-esquecimento-e-a--in-utilidade-de--um-tema-em-repercussao-geral>.

LÓPEZ, Marina Sancho. *Derecho al olvido y Big Data* dos realidades convergentes. Valencia: Tirant lo Blanch, 2020 (*e-book*).

MARTINS, Guilherme Magalhães. *Responsabilidade civil por acidente de consumo na Internet*. São Paulo: Revista dos Tribunais, 2008.

MARTINS, Guilherme Magalhães. Risco, solidariedade e responsabilidade civil. In: MARTINS, Guilherme Magalhães. (Coord.). *Temas de responsabilidade civil*. Rio de Janeiro: Lumen Juris, 2012.

MARTINS, Guilherme Magalhães; LONGHI, João Victor Rozatti. A tutela do consumidor nas redes sociais virtuais: responsabilidade civil por acidentes de consumo na sociedade da informação. *Revista de Direito do Consumidor*, São Paulo, v. 78, abr./jun. 2011.

MARTINS, Guilherme Magalhães; GUIMARÃES, João Alexandre. Direito ao esquecimento no STF: a dignidade da pessoa humana em risco. *Consultor Jurídico*. São Paulo, 10 de fevereiro de 2021, p.03. Disponível em: <https://www.conjur.com.br/2021-fev-10/martins-guimaraes-direito-esquecimento-stf?imprimir=1>. Acesso em: 12.02.2021.

MAYER-SCHÖNBERGER, Viktor. *Delete*: the virtue of forgetting in the digital age. New Jersey: Princeton University Press, 2009.

MENDES, Laura Schertel. Decisão histórica do STF reconhece direito fundamental à proteção de dados pessoais. *Jota*. Disponível em: <https://www.jota.info/paywall?redirect_to=//www.jota.info/opiniao-e-analise/artigos/decisao-historica-do-stf-reconhece-direito-fundamental-a-protecao-de-dados-pessoais-10052020>. Acesso em: 11.02.2021.

MORAES, Maria Celina Bodin. *Danos à pessoa humana*: uma leitura civil-constitucional dos danos morais. Rio de Janeiro: Renovar, 2003.

MORAES, Maria Celina Bodin; KONDER, Carlos Nelson. *Dilemas de direito civil-constitucional*. Rio de Janeiro: Renovar, 2012.

OST, François. *O tempo do direito*. Tradução de Élcio Fernandes. Bauru: EDUSC, 2005.

PARISIER, Eli. *O filtro invisível*: o que a Internet está escondendo de você. Tradução de Diego Alfaro. Rio de Janeiro: Jorge Zahar, 2012.

PROPOSTA de Regulamento do Parlamento Europeu e do Conselho relativo à proteção das pessoas singulares no que diz respeito ao tratamento de dados pessoais e à livre circulação desses dados (regulamento geral sobre a proteção de dados). Disponível em: <http://eur-lex.europa.eu/LexUriServ/LexUriServ.do?uri=COM:2012:0011:FIN:PT:PDF>. Acesso em: 15 jan. 2020.

REDING, Vivian. Speech/12/26, The EU Data Protection Reform 2012: Making Europe the Standard Setter For Modern Data Protection Rules in the Digital Age (speech before Innovation Conference Digital, Life, Design, Munich, jan 22 2012). Disponível em: <http://europa.eu/rapid/press-release_SPEECH-12-26_en.htm>.

RODOTÀ, Stefano. *Tecnologie e diritti*. Bologna: Il Mulino, 1995.

RODOTÀ, Stefano. Dai ricordi ai dati l'oblio è un diritto? *La Repubblica.it*. Disponível em: <http://ricerca.repubblica.it/repubblica/2012/01/30/dai-ricordi-ai-dati-oblio>. Acesso em: 15 jan. 2020.

RODOTÀ, Stefano. *A vida na sociedade da vigilância*. Organização de Maria Celina Bodin de Moraes. Tradução de Danilo Doneda e Luciana Cabral Doneda. Rio de Janeiro: Renovar, 2008.

ROSEN, Jeffrey. Symposium issue: the right to be forgotten. *Stanford Law Review Online*, v. 64, p. 88-92, fev. 2012.

ROUTIER, Richard. Traçabilité ou anonymat des conexions? In: PEDROT, Philippe (Org.). *Traçabilité et responsabilité*. Paris: Economica, 2003.

SARLET, Ingo Wolfgang; FERREIRA NETO, Arthur. *O direito ao "esquecimento" na sociedade da informação*. Porto Alegre: Livraria do Advogado, 2019.

SARMENTO, Daniel. Liberdades comunicativas e "Direito ao esquecimento" na ordem constitucional brasileira. *Revista Brasileira de Direito Civil*. Rio de Janeiro, v. 7, jan./mar.2016.

SCHREIBER, Anderson. *Direitos da personalidade*. São Paulo: Atlas, 2011.

SERRALBO, Javier Aranda. *Right to oblivion*; a way to get to know ourselves and share the knowledge. London, 2012 (*e-book*).

SILVA, Roberto Baptista Dias da; PASSOS, Ana Beatriz Guimarães. Entre lembrança e olvido: uma análise das decisões do STJ sobre direito ao esquecimento. *Revista Jurídica da Presidência*. Brasília, v. 16, n. 109, jun./set. 2014.

VARNER, Eric R. *Mutilation and transformation: damnation memoriae* and Roman imperial portraiture. Brill Leiden: Boston, 2004.

VIOLA, Mario; DONEDA, Danilo; CÓRDOVA, Yasodara; ITAGIBA, Gabriel. Entre privacidade e liberdade de informação e expressão: existe um direito ao esquecimento no Brasil? In: TEPEDINO, Gustavo; TEIXEIRA, Ana Carolina Brochado; ALMEIDA, Vitor. *O Direito Civil entre o sujeito e a pessoa*: estudos em homenagem ao professor Stefano Rodotà. Belo Horizonte: Fórum, 2016.

5
TRAIR E COÇAR, É SÓ COMEÇAR:[1] BREVE ANÁLISE ACERCA DA RESPONSABILIDADE CIVIL NOS CASOS DE INFIDELIDADE VIRTUAL

Helen Cristina Leite de Lima Orleans

Sumário: 1. Introdução. 2. A responsabilidade civil e os chamados "novos danos". 3. A violação à dignidade da pessoa humana como fundamento para a caracterização dos danos morais. 4. A responsabilidade civil nas relações entre cônjuges e companheiros. 4.1. Responsabilidade civil em razão do descumprimento dos deveres conjugais. 4.2. Responsabilidade civil com fundamento na violação à dignidade da pessoa humana. 5. Hipóteses de responsabilização e a internet. 6. Considerações finais. Referências.

1. INTRODUÇÃO

"Trair e coçar é só começar". Essa breve expressão, conhecida por dar título a uma famosa peça de teatro em cartaz desde a década de 1980, se torna uma realidade ainda mais patente na era da informática e da internet.

É lugar comum a afirmação de que a internet revolucionou a vida das pessoas em todo mundo, nos mais diversos aspectos. Nesse âmbito, uma das áreas diretamente afetadas pela maior facilidade de comunicação entre as pessoas – por não haver mais barreiras entre os Estados, países ou mesmo continentes – é, inegavelmente, a família. Como afirma Marilene Silveira Guimarães acerca das relações virtuais:

> "Muitas são as causas que motivam os relacionamentos virtuais. Uns navegam na *Internet* para atender a uma necessidade natural de conhecer pessoas, para brincar, para fazer descobertas, repetindo o que acontecia antigamente nos relacionamentos por carta, que iniciavam por uma amizade sem compromisso. Outros usam os relacionamentos virtuais para vencer a solidão, para vencer o tédio do cotidiano, para preencher carências afetivas. Enquanto uns buscam os relacionamentos virtuais para fugir da relação pouco gratificante que vivem na realidade, outros também usam a sedução exercida no espaço virtual para melhorar a relação com seus parceiros reais".[2]

Nessa linha, são inúmeros os casos noticiados por parentes e amigos – e até mesmo pela própria imprensa – de relacionamentos que surgem através da rede mundial de

---

1. O título é uma referência à peça teatral, de Marcos Caruso e Jandira Martini, e filme de mesmo nome.
2. GUIMARÃES, Marilene Silveira. Adultério virtual/infidelidade virtual. In: ZIMERMAN, David; COLTRO, Antônio Carlos Mathias (Orgs.). *Aspectos psicológicos na prática jurídica*. Campinas: Millennium, 2010. p. 511-512.

computadores. Tal fato se justifica pela característica "sem fronteiras" da internet, que termina por aproximar pessoas que, de outra forma, dificilmente se encontrariam. O recurso à internet, portanto, num tempo em que as relações "reais" tornam-se cada vez mais difíceis, pode culminar em um "felizes para sempre" virtual.

Por outro lado, da mesma forma que a internet aproxima casais e pode culminar em relacionamentos duradouros no mundo real, muitas vezes sua utilização serve a fim diametralmente oposto: as chamadas traições virtuais ou, como será adotado nesse artigo, infidelidade virtual[3]. Existem, inclusive, *sites* especializados que pretendem facilitar esse tipo de prática, gerando muita polêmica, como, por exemplo, as redes sociais *Second Love*[4] e *Ashley Madison*[5], ambas vinculadas a *sites* estrangeiros atuando hoje também no Brasil.

Contudo, antes mesmo da existência desses recursos mais específicos, era comum a utilização das chamadas "salas de bate-papo" dos portais dos provedores de internet para encontros virtuais e, até mesmo, para a prática de "sexo virtual". Apenas exemplificando, na página do provedor de conteúdo *Uol*[6], existem atualmente oitenta salas específicas destinadas a "sexo virtual" e outras sessenta vinculadas ao tema "imagens eróticas".

Assim, a infidelidade virtual, plenamente possível através de redes sociais mais gerais, como *Facebook*[7], possui ampla forma de difusão através das inúmeras salas de *chat* espalhadas pela rede mundial de computadores, além das redes sociais específicas, todas observando um requisito essencial: o sigilo. Assim, pelo menos em tese, os relacionamentos ditos "oficiais", ou seja, do "mundo real", estariam protegidos em face da infidelidade virtual.

"Pessoas casadas ou que vivem em união estável, em face das mais variadas razões, (...), por acreditarem estarem livres, por exemplo, de um flagrante adultério, encontram

---

3. Como noticiado pelo *Globo Repórter*, os casos de infidelidade virtual são cada vez mais comuns, citando como exemplo a seguinte situação: "A mulher, de 60 anos, estava casada há 30, quando o marido começou a mudar. 'Ele foi ficando um homem seco, um homem estranho comigo. Quando eu questionava sobre a nossa vida, ele falava que não tinha mais tesão e não tinha mais vontade', lembra. Paralelamente, no mundo virtual o marido era só sentimentos com outra. Algo que ela só veio a saber depois de mais de oito anos de um caso dele na internet. 'É muito difícil, muito complicado para a gente desconhecer a pessoa com quem você vive, como o meu caso. Eu vivia casada há mais de 30 anos, quase 40. Então, você desconhece aquela pessoa, quando você lê todas aquelas coisas que você não imagina que a pessoa faria com outra pessoa', diz a mulher. Hoje, ela tem coragem de contar como ficou sabendo de tudo o que aconteceu. Foi depois de descobrir por acaso um endereço eletrônico secreto do marido. 'Quando eu vi todos os e-mails, eu fiquei transtornada, mas comecei a imprimi-los rapidamente. Consegui imprimir mais de 50, porque tinha mais de 300 e-mails. Eram anos e anos', revela. Ao acessar os textos, leu os detalhes da traição que acontecia dentro da sua própria casa. Ela lê trechos das mensagens: 'meu pedacinho de perdição, fiquei encabulada. Como você está? Pelo jeito, gostou das minhas fotos. Eu adoro as suas, como elas são especiais'. (...) Depois da descoberta, o marido transtornado tentou reatar os laços da vida real. Jurou arrependimento e mandou para a própria mulher inúmeros pedidos de perdão por e-mail. O que é uma traição? Sexo, troca de carinho com outra pessoa ou a quebra de um acordo que as pessoas fazem quando se casam? As opiniões divergem, principalmente entre homens e mulheres. Mas para quem já fez a descoberta dolorosa, não há dúvida: 'machuca e machuca muito, porque mesmo sendo virtual assume um caráter, às vezes, maior do que o real, porque o fato de ser virtual parece que a pessoa se abre mais, se coloca mais, se coloca sem barreiras', diz a mulher traída". Disponível em: http://g1.globo.com/globoreporter/0,,MUL1250860-16619,00.html. Acesso em: 17 jan. 2020.
4. Disponível em: < http://www.secondlove.com.br >. Acesso em: 17 jan. 2020.
5. Disponível em: < http://www.ashleymadison.com >. Acesso em: 17 jan. 2020.
6. Disponível em: < http://batepapo.uol.com.br >. Acesso em: 17 jan. 2020.
7. Disponível em: < http://www.facebook.com.br >. Acesso em: 17 jan. 2020.

no computador, via internet, o meio seguro de 'trair sem consumar'"[8.] Recente reportagem veiculada pelo Jornal Correio de Uberlândia trata da questão:

> "Atualmente, para começar a trair não é preciso mais do que dez minutos. No mundo virtual, além da vontade, é preciso apenas criar um perfil, que na maioria das vezes é falso, em um site de relacionamento para começar a receber mensagens de pessoas interessadas em encontros casuais e com garantia de prazer absoluto. Com a promessa de sigilo, o conforto de estar fechado em um ambiente e protegido pelo anonimato, homens e mulheres estão cada vez mais recorrendo a redes sociais como Facebook, Orkut, Badoo e até mesmo ao Skype e MSN para encontrar novos parceiros ou reencontrar antigas paixões com intenção de viver relações paralelas"[9.]

Certo é que, por todas essas razões, o tema da infidelidade conjugal permanece em voga na sociedade, não obstante a recente descriminalização do delito de adultério[10,] previsto no agora revogado art. 240 do Código Penal. Mesmo a lei penal, quando ainda em vigor, não trazia um conceito de adultério, relegando essa tarefa para a doutrina, sendo que, dentre os estudiosos, várias eram as definições apresentadas para o referido crime[11.] Ainda assim, vale ressaltar que prevalecia o entendimento de que era necessária, para sua configuração, uma efetiva conjunção carnal ou equivalentes fisiológicos. Em razão disso, a chamada "traição virtual" era conhecida como um "quase-adultério"[12.]

[8.] BEMBOM, Marta Vinagre. Infidelidade virtual e culpa. *Revista Brasileira de Direito de Família*, nº 5, abr./jun. 2000. p. 30.
[9.] Disponível em: <http://www.correiodeuberlandia.com.br/cidade-e-regiao/traicao-virtual-ganha-cada-vez-mais--adeptos/>. Acesso em: 17 jan. 2020.
[10.] SOUZA, Gilson Sidney Amâncio de. Breves considerações sobre a Lei nº 11.106, de 28.03.2005, que alterou o Código Penal. *Boletim IBCrim*, nº 151, jun. 2005. p. 14: "Ao revogar integralmente o art. 240 do Código Penal, a Lei nº 11.106/05 aboliu do ordenamento penal a figura do adultério, estabelecendo uma *abolitio criminis* e relegando a questão ao âmbito do Direito de Família. Tal figura penal era anacrônica e raros eram os casos de instauração de ação penal por tal crime. Aliás, a nova lei, descriminalizando o adultério, resolveu também um problema de ofensa à taxatividade do Direito Penal, já que o Código não definia a conduta caracterizadora do adultério, deixando tal tarefa à cargo da doutrina e dos tribunais".
[11.] Como aponta Adriana Araujo Porto: "HELENO CLÁUDIO FRAGOSO (*Lições de Direito Penal*, vol. 2/109, 1984) entende ocorrer adultério tão-somente quando haja conjunção carnal de uma pessoa casada com outra diversa da de seu cônjuge. NELSON HUNGRIA (citado por ROMÃO CORTES DE LACERDA, *Comentários ao Código Penal*, vol. III/370-371, 1981), MAGALHÃES NORONHA (*ob. Cit.*, p. 312) e DAMÁSIO E. DE JESUS (*Direito Penal*, vol. 3/198, 1993) emprestam ao conceito de adultério uma extensão maior. Para NELSON HUNGRIA, 'qualquer ato sexual inequívoco com terceiro é crime na plenitude de sua configuração'. Para MAGALHÃES NORONHA, a 'ação física delituosa não reside apenas na conjunção carnal, ou seja, na união dos sexos, mas também em equivalentes fisiológicos ou sucedâneos: coito anal, interfemoral, *fallatio in ore, cunnilingus, annilingus*, e poucos mais'. DAMÁSIO entende que 'constitui adultério não somente o coito vagínico normal, como também o anormal ou qualquer ato sexual inequívoco'. Há, por fim, autores (como MAGGIORE) que entendem a configuração do adultério como a realização de qualquer tipo de libertinagem". PORTO, Adriana Araujo. Infidelidade através da internet e seus efeitos no âmbito do direito penal e do direito civil. *Revista do Ministério Público*, nº 16, jul./dez. 2002. p. 29-30.
[12.] Como esclarece novamente Adriana Araujo Porto: "Se adotarmos a corrente conservadora, quanto à conceituação de adultério, que entende ocorrer crime somente quando haja conjunção carnal de uma pessoa casada com outra diversa da de seu cônjuge, nem podemos falar em adultério virtual. Adotando a corrente mais flexível, sob a ótica de atos inequívocos que levem ao prazer sexual, poderíamos pensar na existência do adultério da INTERNET, mas, mesmo nas definições liberais, é indispensável o contato físico entre os agentes, para configurar o tipo adultério. (...) Seguindo a tendência atual, temos que não é possível a figura do adultério virtual, por inexistir contato físico entre o réu e o corréu. O adultério via INTERNET constitui crime impossível, por ineficácia absoluta do meio. A rede mundial de computadores é meio absolutamente inadequado para alcançar o resultado criminoso. Relações sexuais virtuais não propiciam o contato físico entre os agentes, o que inviabiliza a configuração do tipo penal de adultério, até mesmo em suas conceituações mais liberais". PORTO, Adriana Araujo. Infidelidade através da internet e seus efeitos no âmbito do direito penal e do direito civil. *Revista do Ministério Público*, nº 16, jul./dez. 2002. p. 33-34.

Diante das nuances definidas acima, a primeira dúvida que surge é, sem dúvida, qual seria o conceito correto de infidelidade virtual. Na medida em que não há um consenso doutrinário ou legislativo sobre o tema, um recurso útil é a verificação específica dos conceitos envolvidos. Assim, conforme o *Dicionário Houaiss*[13,] o termo *infidelidade* significa "manutenção de ligações amorosas com outra pessoa diferente daquela com quem se está comprometido", enquanto que *virtual* "constitui uma simulação de algo criada por meios eletrônicos". Conclui-se, portanto, que a infidelidade virtual se relaciona a um vínculo amoroso do indivíduo com terceira pessoa, diversa daquela com o qual possui relacionamento no mundo dito "real", através de meios eletrônicos, nesse caso, através na internet[14.]

Nesse ponto, importante destacar que, da mesma forma que interessa às relações humanas, o tema da infidelidade virtual também desperta interesse no mundo jurídico. Com a definição da expressão acima mencionada, resta agora analisar sua repercussão para o Direito, notadamente no âmbito da responsabilidade civil, sobretudo no que diz respeito às demandas que envolvem pedido de danos morais entre companheiros e cônjuges.

2. A RESPONSABILIDADE CIVIL E OS CHAMADOS "NOVOS DANOS"

A responsabilidade civil atualmente apresenta feição bem diversa daquela tradicional, questão que, por sua inegável relevância, vem sendo abordada por vários doutrinadores. Tendo em vista que o presente artigo pretende discutir a configuração dos danos morais, ou seja, a possível aplicação do instituto da responsabilidade civil nas relações de família entre cônjuges e companheiros, necessária se faz uma breve digressão sobre o tema, sobretudo acerca dos novos rumos da responsabilidade civil e dos chamados "novos danos".

Inicialmente, vale destacar que a responsabilidade civil, segundo seu conceito clássico, se configura mediante a presença de quatro elementos: a conduta[15,] o dano[16,] o

---

13. Disponível em: <http://houaiss.uol.com.br>. Acesso em: 17 jan. 2020.
14. Vale ressaltar interessante informação trazida por Vitor F. Kumpel, no sentido de que já existem aparelhos que podem trazer aspectos reais à infidelidade virtual: "Os romances virtuais, sob a ótica civil, já eram tratados pela doutrina sob a figura do 'quase-adultério', isto é, qualquer forma de relacionamento que não chega à prática sexual propriamente dita; é possível, porém, que o romance virtual evolua para a prática sexual. Isso porque, a partir do *genital drive*, um aparelho de informática anatômico que reproduz uma vagina ou um pênis, pode-se gerar uma interação entre dois 'internautas' simulando contrações e movimentos. Conforme esclarece SÉRGIO INÁCIO SIRINO, este novo *hardware* pode ligar pessoas a qualquer distância e com visualização recíproca e sonoridade real, fazendo com que as relações sexuais sejam autênticas e quase carnais". KUMPEL. Vitor F. Infidelidade virtual. *Revista do Ministério Público*, nº 22, jul./dez. 2005. p. 337.
15. Em rápida referência, a conduta será, regra geral, a ação ou omissão do agente que causará o dano na esfera material ou imaterial de terceiro. Como afirma Humberto Theodoro Júnior, "a conduta, para chegar à responsabilidade civil, deve ter sido controlada pela vontade, ainda que o resultado final não tenha entrado na linha de intenção do agente". THEODORO JÚNIOR, Humberto. Responsabilidade civil: noções gerais. Responsabilidade objetiva e subjetiva. In: RODRIGUES JUNIOR, Otavio Luiz; MAMEDE, Gladston; ROCHA, Maria Vital da (Coords.). *Responsabilidade civil contemporânea*: em homenagem a Sílvio de Salvo Venosa. São Paulo: Atlas, 2011. p. 23.
16. O dano pode ser identificado como a perda patrimonial, na hipótese dos danos materiais, ou seja, a diferença entre o que se tem e o que se teria, não fosse o evento danoso, ou o atingimento ao aspecto imaterial do indivíduo, consubstanciada na agressão a um dos corolários da dignidade da pessoa humana, sendo esta a hipótese dos danos morais.

nexo causal[17] e a culpa[18]. Presentes esses requisitos, diante do caso concreto, configurada estará a responsabilidade civil e o consequente dever de reparar o dano causado.

Assim, para que a responsabilidade civil tradicional fosse reconhecida, necessária seria a presença – e consequente prova – de todos esses elementos. Contudo, essa referência aparentemente simples do ponto de vista teórico transformava-se, no mundo dos fatos, em verdadeira barreira para a devida reparação pelos danos causados. E isso porque, para a vítima, em boa parte dos casos, é impossível demonstrar a presença de todos os requisitos, principalmente no que diz respeito à prova da culpa do agente agressor.

Observa-se que a preocupação do instituto da responsabilidade civil, em sua visão clássica, era sobretudo com o agressor, com aquele que causou o dano alegado pela vítima. Não seria razoável que a pessoa fosse "punida", através da obrigação de pagar o *quantum* devido pelos danos referidos, sem que restasse comprovada sua concorrência com culpa para os mesmos, ou seja, sem que, em alguma medida, fosse verificado o seu comportamento reprovável. "O pensamento liberal impunha, portanto, que a responsabilidade civil apenas emergisse diante da voluntária (embora não necessariamente intencional) violação a um dever de conduta anteriormente estabelecido"[19]. Não havendo prova, caberia à vítima suportar todos os prejuízos. Como afirma Anderson Schreiber:

> "A dogmática da responsabilidade civil, concebida pelos juristas da Modernidade e até hoje repetida acriticamente em diversas faculdades de direito, não favorece em nada a vítima dos danos. Muito ao contrário: forjada em um contexto liberal-individualista, em que a liberdade era a regra e a responsabilidade, a exceção, a construção teórica do instituto é calcada em barreiras probatórias muito bem definidas, das quais a vítima precisava, historicamente, se desincumbir. A prova da culpa, a prova do dano e a prova do nexo de causalidade funcionavam, assim, no delineamento teórico da responsabilidade civil, como verdadeiros *filtros da reparação*, aptos a selecionar quais dentre os inúmeros danos inerentes à vida social deveriam ser passíveis de imputação a outros sujeitos, gerando o dever de indenizar"[20].

Essa visão da responsabilidade civil foi decisiva para a ocorrência de inúmeras incongruências nesta seara, até porque, no comum dos casos, a vítima é justamente a parte mais vulnerável na relação. Em razão disso, o legislador pretendeu dar resposta à nova conjuntura social através de diplomas legais específicos, como a Consolidação das Leis do Trabalho e o Código de Defesa do Consumidor, absorvendo conceitos e proposições

---

17. O nexo causal é justamente o liame que vincula a conduta do agente ao dano sofrido pela vítima, numa relação muito próxima, para fins didáticos, à noção tradicional de causa-consequência. Contudo, várias teorias permeiam o tema, dentre as quais destacam-se (i) teoria da causalidade adequada; (ii) teoria da causalidade direta e imediata; (iii) teoria da causalidade eficiente; e (iv) teoria da equivalência das condições. Sobre essas e outras teorias, vale destacar o trabalho de CRUZ, Gisela Sampaio da. *O problema do nexo causal na responsabilidade civil*. Rio de Janeiro: Renovar, 2005.
18. Quanto ao ponto, merece referência que a culpa, para fins de responsabilidade civil, deriva da ideia de violação a um dever jurídico, podendo estar vinculada a duas noções distintas: (i) ao conceito de dolo - quando o agente pretende causar o dano a outrem, tendo a intenção de violar o dever; e (ii) à culpa em sentido estrito - vinculada ao conceito de negligência, imprudência e imperícia.
19. SCHREIBER, Anderson. A responsabilidade civil como política pública. In: TEPEDINO, Gustavo; FACHIN, Luiz Edson (Coords.). *O direito e o tempo*: embates jurídicos e utopias contemporâneas. Rio de Janeiro: Renovar, 2008. p. 746.
20. SCHREIBER, Anderson. O futuro da responsabilidade civil: um ensaio sobre as tendências da responsabilidade civil contemporânea. In: RODRIGUES JUNIOR, Otavio Luiz; MAMEDE, Gladston; ROCHA, Maria Vital da (Coords.). *Responsabilidade civil contemporânea*: em homenagem a Sílvio de Salvo Venosa. São Paulo: Atlas, 2011. p. 722.

antes levantados pela doutrina e pela jurisprudência na tentativa de, a par da inexistência de lei, solucionar os clamores sociais.

Empreendeu-se, portanto, um necessário caminho, que passou da primazia da culpa do agressor para a prevalência da reparação do dano causado à vítima[21]. Atualmente, a ideia preponderante reside na constatação de que a vítima não pode ficar sem o devido ressarcimento pelos danos causados.

Essa premissa, vinculada ao ideal de justiça distributiva, contribuiu para um certo esvaziamento do conceito tradicional de culpa. Tornou-se comum a utilização de alguns recursos, pelo legislador e pela jurisprudência, para obter-se tal resultado, como a aplicação dos conceitos de culpa presumida, responsabilidade objetiva e inversão do ônus da prova, dando maiores condições para que a vítima pudesse sair, ao fim do processo, vitoriosa. A preocupação maior será, portanto, com a reparação, como se verifica, inclusive, do art. 927, parágrafo único, do Código Civil, com sua cláusula geral de responsabilidade objetiva aplicável às hipóteses envolvendo atividades de risco[22].

Da mesma forma que ocorreu com a culpa, também o nexo causal passou a ser flexibilizado pelo Judiciário. Assim, em meio a tantas teorias aplicáveis, observa-se, em verdade, uma utilização atécnica dos critérios apontados pela doutrina. Por vezes, o magistrado refere-se a uma teoria, aplicando o raciocínio de outra. Em certos casos, verifica-se ainda a invocação de determinada corrente em detrimento de outras, mas sem ser apresentada a motivação para tanto, resultando numa escolha puramente subjetiva por parte do juiz na tentativa de fundamentar o resultado pretendido[23].

A referida tendência de avanço da responsabilidade civil foi, sem dúvida, um dos grandes marcos do Direito no século passado. Na esteira dessas mudanças, da verdadeira ampliação do instituto, surgiram os chamados "novos danos", dentre os quais se insere a responsabilidade civil no Direito de Família, abarcando a discussão acerca da caracterização dos danos morais na relação entre cônjuges e companheiros. Como afirma Gustavo Tepedino, todas essas alterações culminaram na "explosão de novos danos ressarcíveis

---

21. Neste sentido, MORAES, Maria Celina Bodin de. *Danos à pessoa humana*: uma leitura civil-constitucional dos danos morais. Rio de Janeiro: Renovar, 2007. p. 29: "Com o advento da Constituição de 1988, fixou-se a prioridade à proteção da dignidade da pessoa humana e, em matéria de responsabilidade civil, tornou-se plenamente justificada a mudança de foco, que, em lugar da conduta (culposa ou dolosa) do agente, passou a enfatizar a proteção à vítima de dano injusto – daí o alargamento das hipóteses de responsabilidade civil objetiva, que independe da culpa, isto é, da prática do ato ilícito".
22. CC, art. 927: "Aquele que, por ato ilícito (arts. 186 e 187), causar dano a outrem, fica obrigado a repará-lo. Parágrafo único. Haverá obrigação de reparar o dano, independentemente de culpa, nos casos especificados em lei, ou quando a atividade normalmente desenvolvida pelo autor do dano implicar, por sua natureza, risco para os direitos de outrem".
23. SCHREIBER, Anderson. A responsabilidade civil como política pública. In: TEPEDINO, Gustavo; FACHIN, Luiz Edson (Coords.). *O direito e o tempo*: embates jurídicos e utopias contemporâneas. Rio de Janeiro: Renovar, 2008. p. 748: "Em que pese a inegável importância deste debate, a jurisprudência brasileira – e não só ela, como se verá adiante – tem se recusado a dar à prova do nexo causal o mesmo tratamento rigoroso e dogmático que, no passado, havia atribuído à prova da culpa. O que se vê, em muitos casos, é que os tribunais, muito pelo contrário, se valem da miríade de teorias exatamente para justificar uma escolha subjetiva, e muitas vezes atécnica, da causa do dano. Com efeito, expressões como 'causalidade adequada' e 'causalidade eficiente' têm sido empregadas, frequentemente, em procedimentos racionais que refletem o uso de outras teorias, como a subteoria da necessariedade. Em outros casos, tais expressões têm sido usadas mesmo sem refletir qualquer construção teórica, mas tão-somente a eleição, com ampla discricionariedade, da causa que, no entendimento do magistrado, melhor assegura proteção à vítima".

e, ao mesmo tempo, de técnicas processuais cada dia mais eficientes de tutela da vítima, independentemente da atuação culposa do agente causador do dano"[24].

Em consequência, o instituto da responsabilidade civil passou a ser aplicado em áreas antes impensáveis, como, justamente, no Direito de Família. Quanto ao ponto, deve prevalecer o entendimento no sentido de que a família não está "blindada" no que diz respeito à ocorrência e reconhecimento desses danos, como ocorria no mundo jurídico quando vigente o Código Civil de 1916.

A família, naquele momento, era protegida como uma instituição detentora de um fim em si mesma. Até por isso, o casamento era indissolúvel. Em seu nome, não eram raras as hipóteses nas quais os direitos das pessoas individualmente consideradas deveriam ceder: nenhum direito individual, regra geral, poderia prevalecer diante da necessária proteção à família. Um exemplo claro desse fenômeno poderia ser observado no campo da responsabilidade civil. Entendia-se que entre os membros da família haveria uma espécie de imunidade, não sendo legítima a pretensão de se obter qualquer tipo de indenização, ainda nos casos de violência ou abuso por parte de algum de seus membros.

Contudo, atualmente, a família tutelada pela Constituição de 1988 não possui prevalência com base na antiga ideia de "paz doméstica", como um interesse supraindividual. Em verdade, a família vai encontrar sua justificativa de proteção por se tratar de uma instituição meio, instrumento para o desenvolvimento das pessoas que nela estão integradas, titulares de um amplo feixe de direitos e interesses de natureza existencial. A família deverá ser analisada a partir de duplo ponto de vista: como estrutura e na qualidade de função, como aponta Guilherme Calmon Nogueira da Gama:

"A grande função da família atual é a de servir aos seus integrantes, de maneira harmônica e coordenada, sem que o exercício dos direitos de um integrante viole ou afaste os direitos e os interesses dos demais. Não há mais espaço para o Direito de Família aristocrático e excludente, em que a tutela da *'família legítima'* era o objetivo maior das instituições sociais e organismos estatais, a ponto de, sob o argumento de proteção da paz familiar e do patrimônio construído, haver impossibilidade jurídica do estabelecimento da paternidade de criança fruto de reprodução carnal de homem casado com outra mulher"[25].

Desse modo, houve clara despatrimonialização – ou, como mencionam alguns autores, uma repersonalização – do Direito de Família, com preponderância do *ser* em relação ao *ter*. Firmou-se, sem dúvida, um virtuoso e indispensável processo de valorização das situações existenciais, sendo reconhecida a preponderância destas em relação às situações patrimoniais. Assim, também as relações familiares passaram a ser funcionalizadas em razão da dignidade de cada um de seus membros: a família, por ser comunidade intermédia, deve, antes de mais nada, estar a serviço das pessoas que a integram. Por todos esses fundamentos, a possibilidade de ser reconhecida a responsabilidade civil nesse âmbito resta justificada.

---

24. Prossegue o autor afirmando que "Emblemático demonstra-se, nesse sentido, o gradual aumento das hipóteses de reparação admitidas pela jurisprudência, traduzindo novas espécies de lesões a valores existenciais decorrentes das situações de risco surgidas na contemporaneidade". V. TEPEDINO, Gustavo. O direito civil-constitucional e suas perspectivas atuais. In: TEPEDINO, Gustavo (Org.). *Direito civil contemporâneo*: novos problemas à luz da legalidade constitucional. São Paulo: Atlas, 2008. p. 358.
25. GAMA, Guilherme Calmon Nogueira da. *Princípios constitucionais de direito de família*: guarda compartilhada à luz da Lei nº 11.698/2008. São Paulo: Atlas, 2008. p. 118.

3. A VIOLAÇÃO À DIGNIDADE DA PESSOA HUMANA COMO FUNDAMENTO PARA A CARACTERIZAÇÃO DOS DANOS MORAIS

Não há consenso sobre o conceito de dano moral. Parte dos autores, inclusive, traz questionamentos importantes sobre a chamada "indústria do dano moral", bem como acerca do perigo na corrente afirmação jurisprudencial de que seu fundamento residiria nos sentimentos de "dor, sofrimento e humilhação". Esse, inclusive, é um dos fatores que permeiam o preconceito pela configuração dos mencionados novos danos.

Contudo, a crítica comum de que a concessão de reparação baseada nas relações de família ampliaria ainda mais a aplicação abusiva do instituto do dano moral torna-se vazia dependendo do paradigma adotado. Sem dúvida, o problema não está no reconhecimento de novas situações da vida aptas a gerar dano moral reparável, mas sim no extremo alargamento do conceito utilizado, que termina por desvirtuar a sua finalidade primeira, qual seja: compensar a violação à esfera imaterial do indivíduo.

O excesso na configuração desses danos se dá, em grande medida, pela definição utilizada por parte dos magistrados e dos doutrinadores, qual seja, a chamada "lição de René de Savatier". Através dessa noção, de cunho muito genérico, extraiu-se a ideia de que o dano moral está vinculado aos sentimentos de dor, sofrimento e humilhação, sendo possível abarcar-se praticamente tudo sob a alcunha de dano moral[26]. Essa vinculação a disposições emocionais íntimas, próprias de cada indivíduo, é extremamente problemática, tendo em vista tratarem-se de aspectos demasiadamente subjetivos, bem como sujeitos a humores passageiros, variando de pessoa a pessoa.

Desse modo, no intuito de contribuir para a linha empreendida ao longo deste texto, vale esclarecer que será utilizada como premissa a concepção de dano moral defendida por Maria Celina Bodin de Moraes. Assim, de forma resumida, pode-se afirmar que haverá responsabilidade civil por dano moral quando a conduta perpetrada pelo ofensor atingir diretamente a dignidade da vítima, ou seja, violar um de seus corolários: liberdade, integridade psicofísica, igualdade e solidariedade social.

O dano moral, portanto, somente restará caracterizado pela "violação a algum desses aspectos ou substratos que compõem, e conformam, a dignidade humana, isto é, a ofensa à liberdade, à igualdade, à solidariedade (familiar ou social) e à integridade psicofísica de uma pessoa humana"[27]. Cada um desses princípios, não obstante sua independência e conteúdos próprios, compõem a base do princípio da dignidade humana, consagrado pela Constituição de 1988.

4. A RESPONSABILIDADE CIVIL NAS RELAÇÕES ENTRE CÔNJUGES E COMPANHEIROS

A responsabilidade civil nas relações conjugais, assim como ocorre nas relações paterno-filiais, apresenta-se como tema muito disputado na doutrina e na jurisprudên-

---

26. MORAES; Maria Celina Bodin de. Deveres parentais e responsabilidade civil. *Revista Brasileira de Direito de Família*, nº 31, ago./set. 2005. p. 49.
27. MORAES; Maria Celina Bodin de. Deveres parentais e responsabilidade civil. *Revista Brasileira de Direito de Família*, nº 31, ago./set. 2005. p. 52.

cia. Apesar de historicamente abandonada a corrente que entendia pela inexistência de responsabilidade civil por ser a família protegida acima de qualquer direito individual – posicionamento esse que perdeu força com a Constituição de 1988[28] –, não é possível dar uma resposta exata acerca dos requisitos necessários para a configuração da responsabilidade civil em caso de infidelidade, dificuldade essa que se mantém no que diz respeito à infidelidade virtual.

Desse modo, antes mesmo da análise mais detida da hipótese de infidelidade virtual, é necessária a apresentação de um panorama acerca da responsabilidade civil entre cônjuges e companheiros. Quanto ao ponto, é possível identificar-se duas correntes principais, que serão melhor analisadas nas linhas abaixo.

4.1. Responsabilidade Civil em razão do descumprimento dos deveres conjugais

A primeira corrente propugna pela possibilidade de condenação por danos morais em face do descumprimento dos deveres conjugais expressos no art. 1.566 do Código Civil[29]. Seriam deveres de ambos os cônjuges: (i) fidelidade recíproca, (ii) vida em comum no domicílio conjugal[30], (iii) mútua assistência, (iv) sustento, guarda e educação dos filhos, bem como (v) respeito e consideração mútuos. Da mesma forma, o dever de lealdade e respeito também é inerente à relação de companheirismo, nos termos do art. 1.724 do Código Civil.[31]

Regina Beatriz Tavares da Silva, uma das principais defensoras desse entendimento, afirma que:

> "A lei estabelece deveres aos cônjuges e obriga-os à prática de certos atos e à abstenção de outros. Uma vez violados esses deveres, com a ocorrência de danos, surge o direito do ofendido à reparação, em razão do preenchimento dos pressupostos da responsabilidade civil – ação, dano e nexo causal –, assim como ocorre diante da prática de ato ilícito em outras relações jurídicas"[32]

---

28. Entendia-se que a família possuía um fim em si mesma, sendo o casamento protegido independente de cumprir suas finalidades. Assim, haveria uma espécie de imunidade entre os cônjuges. Como demonstra Juliana de Sousa Gomes Lage, "as novas condições históricas e legislativas aumentaram consideravelmente a possibilidade da discussão a respeito do reconhecimento da reparação de danos morais nas relações conjugais, isto porque, se ainda estivéssemos sob a égide da família patriarcal, hierarquizada, edificada no casamento e tendo o marido e pai o poder de decisão sobre a vida da mulher e dos filhos, não haveria qualquer possibilidade de tal questionamento, uma vez que qualquer problema teria sido decidido dentro da própria família pelo seu chefe e em prol daquela paz doméstica institucional de outrora". V. LAGE, Juliana de Sousa Gomes. Responsabilidade civil nas relações conjugais. *In*: TEIXEIRA, Ana Carolina Brochado; RIBEIRO, Gustavo Pereira Leite (Coords.). *Manual de direito das famílias e das sucessões*. Belo Horizonte: Mandamentos, 2008. p. 489.
29. CC, art. 1.566: "São deveres de ambos os cônjuges: I - fidelidade recíproca; II - vida em comum, no domicílio conjugal; III - mútua assistência; IV - sustento, guarda e educação dos filhos; V - respeito e consideração mútuos".
30. Jorge Pinheiro chega a afirmar que: "O dever de coabitação carnal não afeta a parte essencial do direito de liberdade sexual, uma vez que a pessoa vinculada à obrigação de ter relações sexuais com o seu cônjuge conserva o direito de não ser objeto de agressões sexuais". V. PINHEIRO, Jorge Alberto Caras Altas Duarte. O núcleo intangível da comunhão conjugal (os deveres conjugais sexuais). *Revista Brasileira de Direito das Famílias e Sucessões*, n° 4, jun./jul. 2008. p. 105.
31. CC, art. 1.724: "as relações pessoais entre os companheiros obedecerão aos deveres de lealdade, respeito e assistência, e de guarda, sustento e educação dos filhos".
32. SILVA, Regina Beatriz Tavares da. Afetividade e responsabilidade nas relações de família. *Revista do Advogado*, n° 91, maio 2007. p. 116.

O descumprimento dos deveres conjugais deveria ser levado em conta para a caracterização da responsabilidade civil, até porque estes são expressamente previstos no Código Civil. Parte da jurisprudência também se manifesta nesse sentido, conforme alguns precedentes abaixo destacados, *in verbis*:

> "RESPONSABILIDADE CIVIL ENTRE OS CÔNJUGES. Imputações Ofensivas de Um Cônjuge a Outro. Dever de Respeito e Consideração Mútuos. Violação da Moral Conjugal. Marido e mulher, na constância do casamento, não perdem o direito à intimidade, à privacidade, à auto estima, e outros valores que integram a dignidade. Pelo contrário, a vida em comum, reforçada por relações íntimas, cria a moral conjugal ou honra matrimonial, que se materializa nos deveres de sinceridade, de tolerância, de velar pela própria honra, do outro cônjuge e da família; em suma, aquilo que o Código Civil de 2002 estabeleceu como respeito e consideração mútuos art.1.566, inc. V. A imputação de conduta ofensiva à mulher, feita pelo marido sem qualquer base probatória viola o dever de respeito e consideração mútuos, afronta a moral conjugal, ensejando o dever de indenizar por dano moral. Provimento parcial do recurso"[33]

> "APELAÇÃO CÍVEL. AÇÃO INDENIZATÓRIA. DANO MORAL. VIOLAÇÃO DOS DEVERES DO CASAMENTO. INFIDELIDADE CONJUGAL. ADULTÉRIO. PROVA INEQUÍVOCA. TRAIÇÃO GERA DOR, ANGÚSTIA, SOFRIMENTO, DESGOSTO, REVOLTA, CONSTRANGIMENTO E SE TRATA DE OFENSA GRAVE. DANO MORAL CONFIGURADO. ART. 5°, V e X, CARTA POLÍTICA. ART. 186 c/c 1566, INCISOS I e V, DO CÓDIGO CIVIL. VERBA QUE COMPORTA MAJORAÇÃO DIANTE DA EXTENSÃO DA OFENSA E CAPACIDADE ECONÔMICA DAS PARTES ALÉM DO CARÁTER DIDÁTICO. A traição, que configura uma violação dos deveres do casamento dever de fidelidade recíproca, respeito e consideração mútuos (art. 1566, inciso I, do Código Civil de 2002) gera, induvidosamente, angústia, dor e sofrimento, sentimentos que abalam a pessoa traída, sendo perfeitamente cabível o recurso ao Poder Judiciário, assegurando-se ao cônjuge ofendido o direito à reparação do dano sofrido, nos termos do art. 186 do Código Civil. O direito à indenização decorre inicialmente de mandamento constitucional expresso, que declara a inviolabilidade da honra da pessoa, assegurando o direito à respectiva compensação pecuniária quando maculada (art. 5°, X, da Constituição da República). Verba compensatória deve ser fixada de conformidade com a extensão da ofensa, capacidade econômico-financeira das partes e caráter didático. PROVIMENTO PARCIAL DO PRIMEIRO APELO E IMPROVIMENTO DO SEGUNDO".[34]

Os defensores dessa tese entendem, portanto, que o direito de família não pode ser lido de forma isolada, de maneira que o art. 186[35] do Código Civil precisa ser aplicado em conjunto com o art. 1.566 do mesmo diploma legal, que, por sua vez, traz o elenco dos chamados deveres conjugais. Desse modo, aquele que não observa os mencionados deveres está praticando ato ilícito e, portanto, ficará sujeito à responsabilização do art. 927 do CC[36]. Jorge Pinheiro, ao comentar o direito português, traz passagem interessante sobre a questão, que também se mostra aplicável à discussão no Brasil:

> "Os pressupostos da responsabilidade civil adequam-se ao ilícito conjugal: é possível formular um juízo de culpa acerca da conduta do cônjuge que viola um dever conjugal; a complexidade da relação conjugal não inviabiliza a fixação do nexo causal e há critérios que permitem a determinação dos danos indenizáveis. Não correspondendo o Direito da Família a um sistema jurídico fechado,

---

33. TJ/RJ, Ap. 2008.001.41191, Rel. Des. Sérgio Cavalieri Filho, j. 10 set. 2008.
34. TJ/RJ, Ap. 2008.001.26402, Rel. Des. Jose C. Figueiredo, j. 02 jul. 2008. No mesmo sentido, TJ/RJ, Ap. 2007.001.42220, Rel. Des. Werson Rego, j. 18 set. 2007.
35. CC, art. 186: "Aquele que, por ação ou omissão voluntária, negligência ou imprudência, violar direito e causar dano a outrem, ainda que exclusivamente moral, comete ato ilícito".
36. CC, art. 927: "Aquele que, por ato ilícito (arts. 186 e 187), causar dano a outrem, fica obrigado a repará-lo".

autossuficiente, o silêncio da lei acerca da responsabilidade civil entre os membros da família deve ser preferencialmente entendido como uma remissão para as normas gerais de Direito e não como uma rejeição destas"[37].

Vale ressaltar ainda a clássica discussão, já anterior ao atual Código Civil, acerca da importância da manutenção da separação por culpa no ordenamento jurídico. O Código Civil, em seu art. 1.572[38,] manteve essa previsão. Não obstante as críticas majoritárias no sentido de que o legislador havia perdido uma grande oportunidade de dar fim a esse instituto, alguns autores, sobretudo aqueles que se vinculam à corrente da responsabilidade civil com base na inobservância dos deveres conjugais, defendiam ser de grande importância a aferição da culpa no momento da separação do casal[39,] que já serviria, até mesmo, como embasamento para um futuro pedido de indenização por danos morais.

Entretanto, a mencionada discussão perdeu força na medida em que a Emenda Constitucional nº 66, de 13 de julho de 2010, seguindo antigo anseio de grande parte da doutrina[40,] extinguiu, para maior parte dos doutrinadores, a separação em todas as suas versões[41] do ordenamento jurídico brasileiro, tornando não-recepcionadas[42] pelo novel

---

37. PINHEIRO, Jorge Alberto Caras Altas Duarte. O núcleo intangível da comunhão conjugal (os deveres conjugais sexuais). *Revista Brasileira de Direito das Famílias e Sucessões*, nº 4, jun./jul. 2008. p. 108.
38. CC, art. 1.572: Qualquer dos cônjuges poderá propor a ação de separação judicial, imputando ao outro qualquer ato que importe grave violação dos deveres do casamento e torne insuportável a vida em comum".
39. Regina Betriz Tavares da Silva criticava a corrente doutrinária que defendia o fim da separação culposa. Assim, pretendia demonstrar sua importância exemplificando com o seguinte caso: "A eliminação da espécie culposa levaria à atribuição de pensão alimentícia plena a quem tivesse descumprido gravemente os deveres conjugais, pensão esta que compreenderia não somente os alimentos indispensáveis ou mínimos previstos, diante da presença de requisitos, em nosso ordenamento atual". SILVA, Regina Beatriz Tavares da. A culpa nas relações de casamento e de união estável. *Revista do Advogado*, nº 98, jul. 2008. p. 189.
40. Dentre eles, defendendo o acerto do constituinte derivado, Maria Berenice Dias afirma que: "a medida produzirá significativo desafogo do Poder Judiciário, pois todos os processos de separação automaticamente se transformarão em ação de divórcio. E, como para a sua concessão não cabe a identificação de culpados, não haverá mais necessidade da produção de provas e inquirição de testemunhas. As demandas se limitarão a definir eventual obrigação alimentar entre os cônjuges e a questão do nome, caso algum deles tenha adotado o sobrenome do outro". V. DIAS, Maria Berenice. *Até que enfim...* Disponível em: < http://www.ibdfam.org.br/?artigos&artigo=513 >. Acesso em: 17 jan. 2020. No mesmo sentido, Luiz Fernando Valladão Nogueira: "E esse questionamento trazia um ingrediente importante: a ação de separação, por imposição legal antiquada, consubstanciava cansativa e desgastante discussão sobre a culpa pela ruptura da relação. Realmente, não fazia sentido estimular as mágoas já deixadas pelo fim do relacionamento por meio de provocações e ataques a respeito de fatos pretéritos. Assim sendo, os dispositivos do Código Civil que tratam da separação entre cônjuges não foram recepcionados pela disposição constitucional recente. A consequência daí advinda é que os pleitos de separação em andamento não têm mais amparo legal. As pretensões devem ser deferidas, persistindo o interesse das partes, já na modalidade de divórcio. Obviamente que as demais pretensões objetos de disputa entre o casal - alimentos, guarda etc. - deverão ser apreciadas pelos magistrados. Apenas não haverá mais apreciação judicial sobre a separação e suas causas, eis que ausente a previsão legal. Portanto, pode-se dizer que houve um avanço". NOGUEIRA; Luiz Fernando Valladão. *O fim da separação*. Disponível em: < http://www.ibdfam.org.br/?artigos&artigo=684 >. Acesso em: 17 jan. 2020.
41. A redação anterior à Emenda do art. 226, §6º, da CF determinava que: "O casamento civil pode ser dissolvido pelo divórcio, após prévia separação judicial por mais de um ano nos casos expressos em lei, ou comprovada separação de fato por mais de dois anos". Contudo, a redação atual apenas afirma que "O casamento civil pode ser dissolvido pelo divórcio".
42. Nesse sentido, defende Pablo Stolze Gagliano que "Nessa linha, a partir da promulgação da Emenda, desapareceria de nosso sistema o instituto da separação judicial e toda a legislação, que o regulava, sucumbiria, por consequência, sem eficácia, por conta de uma inequívoca não-recepção ou inconstitucionalidade superveniente". GAGLIANO, Pablo Stolze. *A nova Emenda do divórcio*: primeiras reflexões. Disponível em: < http://www.ibdfam.org.br/?artigos&artigo=635 >. Acesso em: 17 jan. 2020.

texto constitucional as disposições do Código Civil acerca do tema, incluindo aquelas referentes à aferição da culpa[43]. Nesse sentido, destacam-se as palavras de Zeno Veloso:

> "É óbvio que não se pode dar a este preceito uma interpretação angusta, miúda, acanhada, tomando por base, somente, a expressão verbal da norma. Evidentemente, a EC nº 66/2010, não quis, tão-somente, estabelecer que o divórcio, agora, pode ser obtido sem mais prazo algum, sem que se tenha de alegar alguma causa, nem apontar qualquer motivo, e sem ter de ser antecedido de uma separação de direito, ou de uma separação de corpos que tenha durado mais de dois anos. Seria até importante, mas seria pouco e muito pouco se fosse só isso. Quis o legislador constitucional - e deliberadamente, confessadamente quis - que a dissolução da sociedade conjugal e a extinção do vínculo matrimonial ocorram pelo divórcio, que passou a ser, então, o instituto jurídico único e bastante para resolver as questões matrimoniais que levam ao fim do relacionamento do casal. (...) numa interpretação histórica, sociológica, finalística, teleológica do texto constitucional, diante da nova redação do art. 226, § 6º, da Carta Magna, sou levado a concluir que a separação judicial ou por escritura pública foi figura abolida em nosso direito, restando o divórcio que, ao mesmo tempo, rompe a sociedade conjugal e extingue o vínculo matrimonial. Alguns artigos do Código Civil que regulavam a matéria foram revogados pela superveniência da norma constitucional - que é de estatura máxima - e perderam a vigência por terem entrado em rota de colisão com o dispositivo constitucional superveniente".[44]

Assim, em face do total silêncio da Lei sobre questão, não haveria qualquer embasamento para a discussão de culpa em sede de divórcio. Contudo, por óbvio, nada impede que a aferição de culpa como fundamento para a posterior responsabilização civil possa ser feita por meios próprios, deixando de ser uma medida possível apenas em sede de separação[45], pelo menos na forma como era defendida anteriormente. Nesse sentido, Euclides de Oliveira esclarece que:

---

43. Euclides de Oliveira, contudo, entende que: "Enquanto não se alterem as disposições do Código Civil relacionadas à separação judicial, assim como a previsão do art. 1.124-A do Código Civil sobre a separação extrajudicial, e na expectativa de que se desanuvie o panorama tisnado de controvérsias doutrinárias, com a jurisprudência a firmar-se, a conclusão é pela subsistência, si et in quantum, dessa forma de dissolução da sociedade conjugal pela tradicional separação judicial ou extrajudicial, muito embora facultativa e certamente fadada a pouco uso, em face das manifestas vantagens de utilização do divórcio direto para finalizar de vez o casamento em frangalhos". OLIVEIRA, Euclides de. Separação ou divórcio? Considerações sobre a EC 66. Disponível em: < http://www.ibdfam.org.br/?artigos&artigo=682 >. Acesso em: 17 jan. 2020. Apesar da interessante controvérsia instaurada, esta, por afastar-se do objeto deste trabalho, não será analisada mais a fundo.
44. VELOSO, Zeno. *O novo divórcio e o que restou do passado*. Disponível em: < http://www.ibdfam.org.br/?artigos&artigo=661 >. Acesso em: 17 jan. 2020. No mesmo sentido, Paulo Luiz Netto Lobo: "É possível argumentar-se que a separação judicial permaneceria enquanto não revogados os artigos que dela tratam no Código Civil, porque a nova redação do § 6º do art. 226 da Constituição não a teria excluído expressamente. Mas esse entendimento somente poderia prosperar se arrancasse apenas da interpretação literal, desprezando-se as exigências de interpretação histórica, sistemática e teleológica da norma". LOBO, Paulo Luiz Netto. *Divórcio*: alteração constitucional e suas consequências. Disponível em: < http://www.ibdfam.org.br/?artigos&artigo=622 >. Acesso em: 17 jan. 2020.
45. Não é este, entretanto, o entendimento de Flávio Tartuce: "Uma das grandes dúvidas a respeito da inovação se refere à manutenção da possibilidade de discussão da culpa como causa para a dissolução do casamento, assim como é atualmente com a separação judicial (art. 1.572, caput, do CC). Em outras palavras, a dúvida que surge se refere a uma importação da discussão da culpa para o divórcio. Essa é uma dúvida atroz que já atormenta os aplicadores do direito até porque, no presente estágio do Direito de Família brasileiro, não se tem admitido a discussão da culpa quando do divórcio, seja ele direto ou indireto. Todavia, na opinião deste articulista, a resposta é positiva a respeito de futuros debates a respeito da culpa para a dissolução do vínculo matrimonial". TARTUCE, Flávio. *A PEC do Divórcio e a culpa*. Disponível em: < http://www.ibdfam.org.br/?artigos&artigo=579 >. Acesso em: 17 jan. 2020. No mesmo sentido, Gladys Maluf Chamma Salles: "Há, todavia, aqueles que defendem que como nos processos de divórcio não se admite a discussão da culpa, se aprovada a PEC do divórcio não seria mais permitido discuti-la ainda que desrespeitados pelos cônjuges os deveres do casamento. Ou seja, entendem referidos profissionais que culpado ou não, para o cônjuge sair do relacionamento bastaria requerer o divórcio e pronto. De fato, pela legislação atual ordinária, não há possibilidade de discussão da culpa no divórcio - que deve ser decretado

"Nessa mesma linha de facilitação do divórcio, desaparece a discussão de culpa por violação de deveres conjugais, como adultério, abandono, maus tratos etc. Somente haverá campo para discussão da responsabilidade individual dos cônjuges, mas sem afetar o direito ao divórcio, quando houver litígio a respeito de certos efeitos da dissolução da sociedade conjugal, como nas hipóteses de reclamo de alimentos, do regime de guarda dos filhos, do uso do nome de casado (ou torna ao nome de solteiro), ou para fins de pedido de reparação por danos materiais ou morais decorrentes da prática de ato ilícito".[46]

Voltando ao ponto da infidelidade virtual, importante destacar que, não obstante o entendimento de parte da doutrina no sentido de haver aqui violação ao dever de fidelidade / lealdade entre cônjuges e companheiros[47], outros estudiosos esclarecem que, em razão da ausência de contato físico, o relacionamento através da internet configuraria, em verdade, violação ao dever de respeito e consideração[48].

Por fim, vale ressaltar ainda posicionamento mais extremo de Felipe Raminelli Leonardi, que, ao comentar o julgamento do Resp nº 1.122.547/MG pelo STJ, no qual se discutia a responsabilidade civil de "amante" em razão de traição, discorda da conclusão obtida pela Corte, aduzindo ser possível a condenação ao pagamento de indenização por danos morais de terceiro alheio ao casamento/união estável:

"O surgimento da família em sentido amplíssimo é causado por ato lícito formal previsto em normas jurídicas (casamento) ou mesmo por relações de fato reconhecidas também pela ordem jurídica (união estável e com alguns efeitos já reconhecidos as uniões homoafetivas). (...) É, portanto, relação jurídica que existe e se expõe na dinâmica da vida e, por isso, deve ser respeitada pelos demais sujeitos que dela não são parte. Há, assim, dever geral de abstenção dos demais sujeitos no sentido de praticar qualquer ato potencialmente prejudicial a sua vocação natural como fenômeno jurídico e social. Qualquer

---

tão somente com base no lapso temporal. Todavia, entendemos que o objetivo do legislador não é o de suprimir a discussão da culpa em caso de ruptura da vida em comum do casal, mas apenas de eliminar a figura da separação litigiosa permitindo que qualquer debate tenha lugar nos autos do divórcio. Não há como simplesmente proibir a discussão da culpa, da violação dos deveres do casamento, da conduta desonrosa. Do contrário, qualquer um, em rompante de mau humor, poderá destruir seu lar e se livrar de sua família com um simples requerimento judicial sem qualquer tipo de explicação ou punição, o que não se pode admitir". SALLES, Gladys Maluf Chamma Amaral. *A PEC do Divórcio e a discussão da culpa*. Disponível em: < http://www.ibdfam.org.br/?artigos&artigo=624 >. Acesso em: 17 jan. 2020.

46. OLIVEIRA. Euclides de. *Separação ou divórcio?* Considerações sobre a EC 66. Disponível em: < http://www.ibdfam.org.br/?artigos&artigo=682 >. Acesso em: 17 jan. 2020. Igualmente, José Fernando Simão defende que a culpa deverá ser discutida somente nas ações autônomas, como alimentos e responsabilidade civil, e não no âmbito do divórcio, nos seguintes termos: "Ao leitor que não fique a impressão que a culpa desapareceu do sistema, ou que simplesmente se fará de conta (no melhor estilo dos contos de fada) que o cônjuge não praticou atos desonrosos contra o outro, que não quebrou com seus deveres de mútua assistência e fidelidade. A culpa será debatida no locus adequado em que surtirá efeitos: a ação autônoma de alimentos ou eventual ação de indenização promovida pelo cônjuge que sofreu danos morais ou estéticos". SIMÃO, José Fernando. *A PEC do Divórcio e a culpa*: impossibilidade. Disponível em: < http://www.ibdfam.org.br/?artigos&artigo=627 >. Acesso em: 17 jan. 2020. No mesmo sentido, DIAS; Maria Berenice. *EC 66/10 – E agora?* Disponível em: < http://www.ibdfam.org.br/?artigos&artigo=653 >. Acesso em: 17 jan. 2020. Em complemento, Paulo Luiz Netto Lobo afirma: "A culpa permanecerá em seu âmbito próprio: o das hipóteses de anulabilidade do casamento, tais como os vícios de vontade aplicáveis ao casamento, a saber, a coação e o erro essencial sobre a pessoa do outro cônjuge. A existência de culpa de um dos cônjuges pela anulação do casamento leva à perda das vantagens havidas do cônjuge inocente e ao cumprimento das promessas feitas no pacto antenupcial (art. 1.564 do Código Civil)". LOBO, Paulo Luiz Netto. *Divórcio*: alteração constitucional e suas consequências. Disponível em: < http://www.ibdfam.org.br/?artigos&artigo=622 >. Acesso em: 17 jan. 2020.

47. GUIMARÃES, Marilene Silveira. Adultério virtual / infidelidade virtual. In: ZIMERMAN, David; COLTRO, Antônio Carlos Mathias. *Aspectos psicológicos na prática jurídica*. Campinas: Millennium, 2010. p. 514.

48. KUMPEL, Vitor F. Infidelidade virtual. *Revista do Ministério Público*, nº 22, jul./dez. 2005. p. 338. No mesmo sentido: DANOSO, Denis. Considerações sobre o "adultério virtual". *ADV – Advocacia Dinâmica*, nº 22, 2011. p. 364.

atitude voltada a prejudicar seu regular desenvolvimento deve ser neste sentido considerada como ato ilícito. (...) O comportamento do amante nega uma realidade reconhecida e valorada pelo direito da qual tem o dever geral de se abster de qualquer tipo de comportamento interventivo. Diante destas breves ponderações parece ser perfeitamente possível enquadrar o comportamento de pessoa que mantém relação com outra casada como ofensor da família em sentido amplíssimo e, por isso, configurar ilícito aquiliano que atrai a incidência dos arts. 186 e 927 do CC/2002. Nesta perspectiva caberia ao marido ou convivente que teve sua esfera personalíssima ofendida demonstrar simplesmente a relação existente entre *ex-esposa e amante*, cabendo por outro lado a este último, como forma de objeção da pretensão indenizatória do marido, provar o desconhecimento por completo ou a impossibilidade de ter conhecimento da relação estável, duradoura e manifestada no ambiente social existente entre marido e ex-esposa"[49].

4.2. Responsabilidade civil com fundamento na violação à dignidade da pessoa humana

A segunda corrente, por sua vez, defende a possibilidade de indenização apenas nas hipóteses que se enquadrem na teoria geral da responsabilidade civil, não havendo vinculação direta com o descumprimento dos deveres conjugais. Desse modo, haveria dano moral naqueles casos que, mesmo inexistindo relação conjugal ou de companheirismo, configurariam responsabilidade civil. Sérgio Gischkow Pereira exemplifica:

"Concorda-se em que não possa um cônjuge ou companheiro infligir ao outro, por exemplo, agressões físicas e/ou morais (agressão moral entendida aqui não como o mal-estar provocado por determinado comportamento não endereçado intencionalmente contra o cônjuge, mas sim como ofensa verbal direta e dolosa) e não estar sujeito, se for o caso, a indenizar por danos morais, assim como qualquer pessoa está sujeita a indenizar a outrem por danos morais decorrentes de tais agressões. O perigo da extensão da indenizabilidade está em deferi-la, indiscriminadamente, para as hipóteses em que somente entre cônjuges (...) possa ocorrer determinada atitude que se queria como geradora de dano moral, como sucede nas infrações de deveres do casamento ou da união estável. A prosperar este exagero, praticamente TODA a ação de separação judicial ensejaria pedido cumulado de perdas e danos morais, em deplorável e perniciosa monetarização das relações erótico-afetivas"[50].

Parte dos autores entende que os deveres conjugais, apesar de o nome sugerir o contrário, não podem ser entendidos como verdadeiros deveres[51], pois tal conclusão resultaria numa ingerência indevida na dignidade da pessoa humana. Admitir-se o débito conjugal, por exemplo, atentaria contra a integridade psicofísica do indivíduo,

---

49. LEONARDI, Felipe Raminelli. Ensaio sobre possíveis opções dogmáticas para viabilidade de pretensão indenizatória do cônjuge ou convivente traído em face de *amante*: breves comentários ao REsp 1.122.547/MG. *Revista de Direito Privado*, nº 42, abr./jun. 2010. p. 372-373.
50. PEREIRA, Sérgio Gischkow. Dano moral e direito de família: o perigo de monetizar as relações familiares. *Revista da AJURIS*, nº 85, mar. 2002. p. 351-352. No mesmo sentido, LAGE, Juliana de Sousa Gomes. Responsabilidade civil nas relações conjugais. *In*: TEIXEIRA, Ana Carolina Brochado; RIBEIRO, Gustavo Pereira Leite (Coords.). *Manual de direito das famílias e das sucessões*. Belo Horizonte: Mandamentos, 2008. p. 506; e TEIXEIRA, Ana Carolina Brochado. Responsabilidade civil e ofensa à dignidade humana. *Revista Brasileira de Direito de Família*, nº 32, out./nov. 2005. p. 148.
51. V., por exemplo, MONTEIRO, Washington de Barros. *Curso de direito civil*: direito de família. São Paulo: Saraiva, 2004, p. 152: "Débito é aquilo que se deve, é dívida, é o contrário de crédito. Assim, desde logo, vê-se que débito conjugal é uma expressão imprópria. Não há dívida sexual entre os cônjuges. Se houvesse tal débito, haveria o *jus in corpore*, e um consorte poderia impor ao outro o relacionamento sexual que desejasse, o que não pode, sob pena de violação ao dever de respeito à integridade física e psíquica, à autoestima (honra subjetiva) e à liberdade do outro consorte".

atingindo, portanto e em última análise, a sua própria dignidade[52]. Assim, "numa estrutura familiar em que se privilegia a afetividade, é impossível concordar com seu caráter de dever. Mesmo porque, hoje existe família sem sexo, sexo sem casamento ou união estável. Sexo, procriação e família se desvincularam".[53]

Aproveitando o ponto, vale tecer mais alguns comentários breves sobre os referidos deveres conjugais. O atual Código Civil, da mesma forma que o diploma anterior, trouxe o elenco dos deveres oriundos do casamento, apesar das várias críticas doutrinárias[54]. De fato, não é possível desconsiderar a sua existência, tendo em vista tratar-se de previsão expressa[55]. Entretanto, além da consideração de que não são deveres no sentido técnico da palavra (pois dependeriam sempre de cumprimento espontâneo), parte da doutrina defende uma releitura desse elenco à luz da dignidade da pessoa humana e da funcionalização da família[56].

Assim, esses deveres serão observados na medida em que contribuem para o desenvolvimento dos membros da família. Para exemplificar, é possível afirmar que, dependendo das circunstâncias e da relação entre o casal, no caso concreto o dever de coabitação ou fidelidade pode ser afastado. O conteúdo desses deveres, no mais das vezes, será determinado pelas próprias pessoas em relação, tendo por norte a realização dos indivíduos envolvidos. Pensar-se em deveres absolutos poderia trazer resultado diametralmente oposto àquele pretendido pela norma.

---

52. MORAES, Maria Celina Bodin de. Danos morais em família? Conjugalidade, parentalidade e responsabilidade civil. *Revista Forense*, nº 386, jul./ago. 2006. p. 195.
53. TEIXEIRA, Ana Carolina Brochado. Responsabilidade civil e ofensa à dignidade humana. *Revista Brasileira de Direito de Família*, nº 32, out./nov. 2005. p. 146.
54. Dentre vários, destacamos LAGE, Juliana de Sousa Gomes. Responsabilidade civil nas relações conjugais. In: TEIXEIRA, Ana Carolina Brochado; RIBEIRO, Gustavo Pereira Leite (Coords.). *Manual de direito das famílias e das sucessões*. Belo Horizonte: Mandamentos, 2008. p. 491-492: "No momento em que a família identifica-se pela comunhão da vida, de amor e de afeto no plano da igualdade, da liberdade, da solidariedade e da responsabilidade recíproca, e, portanto, como o formato hierárquico da família cedeu à sua democratização, não existem mais razões morais, religiosas, políticas, físicas ou naturais que justifiquem essa excessiva e indevida ingerência do estado na vida das pessoas (...) não há, atualmente, justificativa para a regulamentação dos chamados deveres conjugais".
55. Dentre os autores que se mostravam contrários à manutenção da separação judicial por culpa, destacamos MADALENO, Rolf. *A infidelidade e o mito causal da separação*. Disponível em: www.rolfmadaleno.com.br. Acesso em: 17 jan. 2020: "Na contramão da lúcida jurisprudência, resgata o novo Código Civil a plenitude do exame da culpa pela quebra do casamento, mantendo viva a relação de débito e crédito, de certo e errado, do bem e do mal e a irresgatável busca do perdão. (...). Condutas desonrosas e violações aos deveres matrimoniais seguirão ocupando espaço que não mais encontra amparo na contemporânea cultura da conjugalidade brasileira". No mesmo tom de crítica, LAGE, Juliana de Sousa Gomes. Responsabilidade civil nas relações conjugais. In: TEIXEIRA, Ana Carolina Brochado; RIBEIRO, Gustavo Pereira Leite (Coords.). *Manual de direito das famílias e das sucessões*. Belo Horizonte: Mandamentos, 2008. p. 500: "a verificação judicial da culpa atenta contra a tutela constitucional da intimidade e da vida privada dos cônjuges, que são direitos da personalidade invioláveis".
56. Vale destacar trecho de Maria Celina Bodin de Moraes: "A plena comunhão de vida, que congrega a existência dos cônjuges na realização integral de cada um deles, não elimina evidentemente a sua personalidade. Precisamente, pode dizer-se que o dever de respeito mútuo abrange de modo especial a integridade psicofísica de cada um, na sua individualidade. Assim, o casamento como 'comunhão de vida entre os cônjuges', comunidade assumida e mantida voluntariamente, pressupõe a incoercibilidade dos deveres conjugais nos quais se sustenta: toda pretensão dirigida à execução forçada é contraditória com a própria natureza dos deveres. (...) Neste sentido, os deveres conjugais passam a se referir à esfera de consciência da pessoa, dependendo, fundamentalmente, de cumprimento espontâneo". V. MORAES, Maria Celina Bodin de. Danos morais em família? Conjugalidade, parentalidade e responsabilidade civil. *Revista Forense*, nº 386, jul./ago. 2006. p. 194.

Pelo que foi exposto, o puro descumprimento dos deveres do casamento e do companheirismo, no comum dos casos, terá por consequência o seu fim, mas não preenche os requisitos da responsabilidade civil. Esta é justamente a corrente que servirá de fundamento para a análise empreendida neste trabalho.

Certo é que a relação entre cônjuges e companheiros, diferente do vínculo paterno-filial, é uma relação entre iguais, sendo juridicamente simétrica. A simples dissolução desse vínculo não teria o condão de gerar responsabilidade civil, ainda que na hipótese se configurasse uma violação ao dever de fidelidade. Muito pelo contrário: com o fim do afeto que mantém aquela relação, a possibilidade de separação vem justamente garantir a dignidade da pessoa humana[57], configurando assim o direito a não permanecer casado quando ocorre o fim da comunhão plena de vida[58]. Julgados interessantes do Tribunal de Justiça do Rio de Janeiro apresentam conclusão nesse sentido, *verbis*:

"Família. Separação Judicial. Dano Moral. O descumprimento puro e simples dos deveres do matrimônio não caracteriza ilícito capaz de ensejar a condenação por dano moral. É preciso que se extraia da violação efeito na esfera íntima da pessoa que exceda os limites do que razoavelmente se poderia esperar da situação jurídica, ou seja, a verificação da ocorrência de dano moral pressupõe a compreensão das legítimas expectativas das partes. No casamento, espera-se viver bem, em harmonia, sem agressão psicológica ou física. A separação por qualquer causa, seja pelo desgaste natural, seja pela percepção da incompatibilidade de modo de pensar e agir, seja por descumprimento de dever matrimonial produz sentimentos, ainda que passageiros, de desagrado, de frustração, de mágoa ou de decepção. Assim, nem a atribuição de culpa a um dos cônjuges, nem o sofrimento pela separação, isoladamente considerados servem de fundamento à fixação de indenização por dano moral. Recurso a que se nega provimento por maioria"[59].

"INDENIZAÇÃO MORAL – VIOLAÇÃO DO PACTO DE FIDELIDADE MATRIMONIAL. I – A traição fere o dever de fidelidade imposto pelo casamento e acarreta, como efeito maior, o direito à ruptura desse vínculo. II – O casamento importa em relação afetiva onde, por vezes, a razão pode ceder à emoção. Desgaste advindo de um convívio que veio se deteriorando a acarretar a atração por terceiro, que redundou em discreto relacionamento amoroso. III – Ausência, no caso, de situação vexatória e humilhante, que dê ensejo à pretensão indenizatória. IV – Fato da vida que alguns denominam de risco próprio do vínculo afetivo corroído pelo tempo e pela ausência de carinho e presença de pouco caso. Máxima Rodriguiana: "perdoa-me por me traíres" V – Incabível o pedido de indenização moral formulado pelo Autor à sua ex-esposa, assim como aos demais réus, que não têm sequer o dever de zelar pelos deveres reciprocamente assumidos pelo casal, notadamente o de fidelidade, não podendo se responsabilizar pelo insucesso da união havida entre eles. VI – Descabimento da indenização moral pleiteada pela ré-reconvinte, porque se foi atingida em sua honra, seu patrimônio ideal, tal se deu por sua própria culpa. VII- Recursos aos quais se nega provimento".[60]

Conclui-se, portanto, que é plenamente possível o reconhecimento de danos morais entre cônjuges e companheiros, sendo necessário, entretanto, algo além do simples

---

57. FARIAS, Cristiano Chaves de. A proclamação da liberdade de permanecer casado (ou um réquiem para a culpa na dissolução das relações afetivas). *Revista Brasileira de Direito de Família*, nº 18, jun./jul. 2003. p. 67.
58. Como afirma Cristiano Chaves de Farias, esse seria um direito potestativo extintivo, tendo em vista que o cônjuge pode, por simples e exclusiva declaração de vontade, modificar sua situação jurídica familiar. V. FARIAS, Cristiano Chaves de. A proclamação da liberdade de permanecer casado (ou um réquiem para a culpa na dissolução das relações afetivas). *Revista Brasileira de Direito de Família*, nº 18, jun./jul. 2003. p. 69.
59. TJ/RJ, Ap. 2008.001.52681, Rel. Des. Cristina Serra Feijó, j. 22 out. 2008.
60. TJ/RJ, Ap. 0011989-14.2011.8.19.0066, Rel. Des. Ricardo Couto de Castro, j. 30 jan. 2013.

descumprimento dos deveres conjugais e que demonstre efetiva ofensa à dignidade da pessoa envolvida.

Assim, como já referido, na linha da doutrina mais moderna, além dos requisitos genéricos da responsabilidade civil, para a configuração do dano moral nas relações entre cônjuges e companheiros deve ser atingido algum dos corolários da dignidade da pessoa humana, quais sejam: liberdade, igualdade, solidariedade (familiar ou social) e integridade psicofísica.

Sem dúvida, no comum dos casos, o fim de um relacionamento gera dor e tristeza no indivíduo. Como afirma Rodrigo da Cunha Pereira, "um dos mais sofridos e traumáticos ritos de passagem em nossa vida é o da separação conjugal. Alguns não conseguem transpor este ritual e viver o luto necessário"[61]. Contudo, como referido, esse sentimento, por si só, não configura responsabilidade civil[62]. Desse modo, vale destacar a advertência de Juliana de Sousa Gomes Lage:

> "Se as hipóteses causadoras de lesão à dignidade humana forem interpretadas de maneira incorreta, todas as ações entre cônjuges, companheiros e parentes de uma maneira geral, que causem qualquer dissabor, vexame, constrangimento, dor e sensação negativa, constituirão hipótese de dano moral indenizável, o que não deve ser defendido"[63].

Maria Celina Bodin de Moraes, por sua vez, entende que deve ser feita aqui uma ponderação entre a liberdade, de um lado, e a solidariedade familiar, de outro, prevalecendo, nesse caso, a primeira[64]. Assim, o descumprimento dos deveres conjugais não ensejaria responsabilidade civil, tendo em vista que a proteção da liberdade resultaria na ideia de cumprimento espontâneo desses deveres. A liberdade deveria ser observada no momento da celebração do casamento, bem como no eventual momento de dissolução da relação conjugal.

Além desses argumentos, é possível ainda apontar uma questão de ordem psicanalítica para que a responsabilidade se dê apenas em hipóteses mais graves, e não mediante o simples descumprimento dos deveres conjugais. Isso porque se constatou que o fim de

---

61. PEREIRA, Rodrigo da Cunha. Separação e rituais de passagem. In: GROENINGA, Giselle Câmara; PEREIRA, Rodrigo da Cunha (Coords.). *Direito de família e psicanálise*: rumo a uma nova epistemologia. Rio de Janeiro: Imago, 2003. p. 362.
62. Neste sentido, FARIAS, Luciano Chaves de. Teoria do risco desautorizando a indenização por danos morais nos casos de ruptura de noivado e das relações matrimoniais. *Revista Brasileira de Direito das Famílias e Sucessões*, nº 1, dez./jan. 2008. p. 20: "A dor da ruptura das relações pessoais, a mágoa, a sensação de perda e abandono, entre outros sentimentos, são custos da seara humana. Tem-se o aqui defendido *risco* do namoro, do noivado, do casamento, *risco* da ruptura integral. Quem entra em um relacionamento deverá ter essa consciência de que a experiência nem sempre será bem-sucedida". O autor trata com maior ênfase, neste trabalho, da hipótese de rompimento de noivado, mas defende de maneira geral uma "teoria do risco nas relações afetivas", conforme p. 6 do referido texto.
63. LAGE, Juliana de Sousa Gomes. Responsabilidade civil nas relações conjugais. *In:* TEIXEIRA, Ana Carolina Brochado; RIBEIRO, Gustavo Pereira Leite (Coords.). *Manual de direito das famílias e das sucessões.* Belo Horizonte: Mandamentos, 2008. p. 486.
64. MORAES, Maria Celina Bodin de. Danos morais em família? Conjugalidade, parentalidade e responsabilidade civil. *Revista Forense*, nº 386, jul./ago. 2006. p. 194: "No que tange, pois, ao desrespeito dos deveres conjugais, quais sejam, a fidelidade, a coabitação, a assistência e o respeito mútuos, previstos no art. 1.566 do Código Civil, na ponderação dos interesses contrapostos entre a solidariedade familiar e a autonomia individual, ou seja entre a sociedade conjugal e as escolhas individuais de cada cônjuge, prevalecem, segundo a doutrina mais atenta, os direitos do indivíduo e suas próprias opções de vida, não se admitindo que o seu descumprimento dê causa, com êxito, a ação de responsabilidade civil".

um relacionamento não pode ser imputado a apenas um dos cônjuges/companheiros, mas, sim, no comum dos casos, a ambos[65].

No âmbito da Psicanálise, não é possível a atribuição plena de responsabilidade a quem quer que seja, porque a corrosão de um relacionamento se dá a partir de uma série de complexos fatores, não se enquadrando na singela divisão maniqueísta entre inocentes e culpados. Desse modo, não haveria um verdadeiro responsável pela falência da vida a dois. A tentativa de apontar culpa ao outro cônjuge teria como único resultado um maior acirramento dos ânimos naquela relação, com graves repercussões negativas[66]. Antonio Cezar Peluso, complementa a ideia:

> "Ainda que se discorde das teorias de FREUD, ninguém lhe recusará o mérito, não pequeno, de haver descoberto os princípios nucleares do funcionamento do psiquismo, sem os quais é impossível entender e explicar a ação, nos limites do mistério da experiência humana. (...) As crises matrimoniais (e a Psicanálise também o comprova), raramente são devidas a uma culpa episódica, pontual: quase sempre constituem manifestações tardias de um processo de transição e de ruptura, do qual as pessoas, em geral, não têm consciência plena. Os inconscientes dos cônjuges rompem a comunhão de vidas muitos anos antes das crises exteriores. Os casamentos não terminam por episódios, mas pela sua história"[67].

Nesse sentido, também Caetano Lagrasta afirma que "não há como negar que a perpetuação de um convívio deletério e perturbador é, em geral, também assumida pela vítima, na esperança de manter, a qualquer custo, um relacionamento, sem perceber ou desleixando providências que impeçam a instalação do clima de falsidade e desrespeito"[68]. Assim, a maior punição possível para o descumprimento dos deveres conjugais seria a própria separação do casal.

Não se pode perder de vista, ainda, a ideia de que o casamento e a união estável pressupõem, regra geral, uma comunhão plena de vida. Investigações a fim de determinar a responsabilidade de um dos cônjuges ou companheiros pelo fim do relacionamento somente prolongariam o sofrimento das partes, expondo questões muito delicadas referentes àqueles indivíduos[69], como defende Ana Carolina Brochado Teixeira:

---

65. Nesse sentido, v. trecho da ementa de TJ/RS, Ap. 70021640743, Rel. Des. Claudir Fidélis Faccenda, j. 13 mar. 2008: "A orientação da jurisprudência gaúcha é no sentido da irrelevância da aferição da culpa quando da separação judicial, uma vez que a eventual infração cometida por um dos cônjuges decorre da natural deterioração da relação conjugal. (...) A prática de adultério por qualquer dos cônjuges gera tão somente a dissolução da sociedade conjugal, com os seus reflexos, não gerando dano moral indenizável à parte ofendida".
66. MORAES, Maria Celina Bodin de. Danos morais em família? Conjugalidade, parentalidade e responsabilidade civil. *Revista Forense*, nº 386, jul./ago. 2006. p. 196: "O pagamento de indenização, nestes casos específicos, acirraria ainda mais a situação gravemente conflituosa, de verdadeira 'guerra' que normalmente acompanha os juízos de separação e divórcio. (...) Não cabe ao legislador nem ao juiz contribuir para agravar conflitos já profundos e maniqueístas, cheios de mágoa, que costumam vir à tona quando as relações conjugais se dissolvem. É seu papel resguardar, ao máximo, as relações entre os ex-cônjuges, ou evitar que elas se deteriorem, também como meio de proteção dos filhos do ex-casal".
67. PELUSO, Antonio Cezar. A culpa na separação e no divórcio. In: ZIMERMAN, David; COLTRO, Antônio Carlos Mathias (Orgs.). *Aspectos psicológicos na prática jurídica*. Campinas: Millennium, 2010. p. 458.
68. LAGRASTA, Caetano. Dano moral no direito de família. *Revista do Advogado*, nº 91, maio/2007. p. 27.
69. Maria Berenice Dias chega a afirmar que essa pretensão seria inconstitucional, nos seguintes termos: "a ingerência do Estado na vida dos cônjuges, obrigando um a revelar a intimidade do outro, para que imponha o juiz a pecha de culpado ao réu, é de ser qualificada como inconstitucional". V. DIAS, Maria Berenice. Da separação e do divórcio. In: DIAS, Maria Berenice; PEREIRA, Rodrigo da Cunha (Coords.). *Direito de família e o novo Código Civil*. 3ª ed. Belo Horizonte: Del Rey, 2003. p. 86.

"O fim da conjugalidade, por si só, penaliza os cônjuges, causando-lhes dores inerentes à perda, com hipóteses de sanção previstas no regramento civil. Permitir ou incentivar a compensação de danos morais nessas relações motivaria o surgimento de demandas cujo único objetivo seria nocautear o cônjuge, através de um processo de mais sofrimento, que não proporciona qualquer bem ao cônjuge/companheiro 'lesado' ou aos filhos daquela relação"[70.]

Vale destacar que Cristiano Chaves de Farias entende, inclusive, que haveria verdadeira "falta do interesse de agir" para condenação de alguém como culpado pelo fim do relacionamento[71,] não obstante a previsão do art. 1.572 do Código Civil[72.]

Esse posicionamento, no sentido de que não basta a infidelidade para a caracterização dos danos morais, parece ser o mais condizente com o atual estágio da família e do conceito de responsabilidade civil. Na medida em que, regra geral, é garantido aos indivíduos o direito de prosseguirem com suas vidas após o fracasso de um projeto de vida em comum – pela chamada "busca da felicidade", como mencionado em julgado do Supremo Tribunal Federal[73] –, para haver a configuração da responsabilidade civil é necessário algo mais do que a simples infidelidade[74] – seja real ou virtual –, como será melhor analisado no próximo tópico.

5. HIPÓTESES DE RESPONSABILIZAÇÃO E A INTERNET

Como mencionado no capítulo anterior, deve prevalecer a ideia de que a simples infidelidade não é apta a gerar danos morais. Será necessária, portanto, uma violação mais qualificada ao direito do então cônjuge ou companheiro, ou seja, algo que torne a ruptura

---

70. TEIXEIRA, Ana Carolina Brochado. Responsabilidade civil e ofensa à dignidade humana. *Revista Brasileira de Direito de Família*, n° 32, out./nov. 2005. p. 148.
71. FARIAS, Cristiano Chaves de. A proclamação da liberdade de permanecer casado (ou um réquiem para a culpa na dissolução das relações afetivas). *Revista Brasileira de Direito de Família*, n° 18, jun./jul. 2003. p. 73 e ss. Regina Beatriz Tavares da Silva, por outro lado, entende que há total interesse, sobretudo em razão da cláusula sobre alimentos ao culpado. V. SILVA, Regina Beatriz Tavares da. A culpa nas relações de casamento e de união estável. *Revista do* Advogado, n° 98, jul. 2008, p. 190.
72. CC, art. 1.572: "Qualquer dos cônjuges poderá propor a ação de separação judicial, imputando ao outro qualquer ato que importe grave violação dos deveres do casamento e torne insuportável a vida em comum".
73. Nesse sentido, v. julgamento da ADI 4.277/DF e da ADPF 132/RJ pelo Supremo Tribunal Federal. Decidiu-se que, em nome da busca da felicidade dos indivíduos, da dignidade da pessoa humana e do fim do preconceito, deveria ser reconhecida como família a relação homoafetiva. Assim, nos termos do voto do Relator, Min. Carlos Ayres Britto, deu-se interpretação conforme a Constituição em relação ao art. 1.723 do Código Civil, para que dele fosse excluído qualquer significado que impeça o reconhecimento da união contínua, pública e duradoura entre pessoas do mesmo sexo como entidade familiar. Concluiu-se, ainda, que o reconhecimento dessa união se daria de acordo com as mesmas regras, e com iguais consequências, da união estável entre pessoas de sexos diferentes, em respeito ao princípio da isonomia. Para maiores informações, v. informativo do STF. Disponível em: < http://radiojustica.jus.br/radiojustica/exibirHome!downloadArquivo.action?downloadConteudo=178964 >. Acesso em: 17 jan. 2020.
74. Nesse sentido, veja-se interessante julgamento realizado pelo Tribunal de Justiça do Estado do Rio de Janeiro, Ap. 0036228-64.2008.8.19.0203, Rel. Des. Myriam Medeiros da Fonseca Costa, j. 03.10.2012: "APELAÇÃO CÍVEL. CIVIL. AÇÃO INDENIZATÓRIA. PEDIDO DE COMPENSAÇÃO POR DANOS MORAIS. INFIDELIDADE CONJUGAL. SENTENÇA DE PROCEDÊN-CIA DO PEDIDO CONDENANDO O CÔNJUGE INFIEL AO PAGAMENTO DE R$ 15.000,00 (QUINZE MIL REAIS). TODAVIA, A DERROCADA DA VIDA EM COMUM PROVOCADA PELA INFIDELIDADE DO CONSORTE NÃO É CAPAZ, POR SI SÓ, DE JUSTIFICAR A COMPENSA-ÇÃO POR LESÃO A DIREITOS DA PERSONALIDADE, UMA VEZ QUE HÁ MUITO É A CULPA DISPENSÁVEL PARA A APLICAÇÃO DE SANÇÃO AO CONSORTE. DEVER CONJUGAL DE FIDE-LIDADE RECÍPROCA (ART. 1566, I, DO CC) QUE SE TRADUZ EM DISPOSIÇÃO DECLARATIVA, NÃO EM DEVER JURIDICO, O QUAL VIOLADO DÁ ENSEJO AO DIREITO SUBJETIVO DE BUS-CAR A REPARAÇÃO PELO DANO SUPORTADO. FRUSTRAÇÃO DE EXPECTATIVA DE VIDA FUTURA, COM A APLICAÇÃO DO VIÉS PUNITIVO DO DANO MORAL, NÃO SE COADUNA COM A IDEIA MATRIZ DA EXCLUSÃO DE QUALQUER SANÇÃO CORRELATA ÀS RELAÇÕES AFETIVAS PLASMADA NA EC N° 66/2010. RECURSO A QUE SE DÁ PROVIMENTO".

de um relacionamento por infidelidade uma circunstância ainda mais grave, atingindo um dos quatro corolários da dignidade da pessoa humana: liberdade, integridade psicofísica, solidariedade e igualdade. Aqui a responsabilização se dará na medida em que o resultado da separação extrapole as já difíceis consequências normais do rompimento e da decepção oriundas de uma hipótese de infidelidade.

Ocorre que, quando se trata de internet, muitas vezes a notícia de uma traição virtual – e também real – termina por cair na rede, expondo a situação – difícil por si só – a parentes e amigos do casal. Em casos como esse, a infidelidade pode causar constrangimentos aptos a agredir a dignidade da pessoa diretamente, ensejando, conforme as circunstâncias, condenação por danos morais no bojo de um processo judicial. Repita-se: o fundamento não será a suposta "culpa" do cônjuge ou companheiro que se utilizou da rede para conseguir um "amante virtual", mas sim a exposição da vida privada de outra pessoa, que tem sua condição de "traída" exposta para um número indeterminado de pessoas, culminando, em alguns casos, em verdadeiro estigma social.

Um exemplo que ganhou os meios de comunicação demonstra o ponto: a chamada "traição de Sorocaba". A hipótese, em verdade, não se relaciona a um caso de "infidelidade virtual", mas demonstra como as redes sociais podem promover verdadeira devassa na vida privada das pessoas.

Nesse caso, conforme noticiado pela imprensa, a advogada Vivian Almeida de Oliveira disponibilizou um vídeo no qual questionava uma mulher – até então uma amiga muito próxima – acerca de seu relacionamento com o marido da "interrogante". Na verdade, Vivian descobrira que a amiga era amante de seu marido, terminando a conversa em vias de fato. O vídeo, em versão resumida, foi disponibilizado para um número indiscriminado de pessoas através da rede[75], no site *Youtube*[76], se tornando um verdadeiro fenômeno de visualizações, o que hoje é conhecido como *vídeo viral*.

No caso apontado, foi a própria esposa traída que disponibilizou as imagens na internet, dando causa à exposição de sua vida, mas, sem dúvida, poderia ter sido o oposto, o que, ao menos em tese e dependendo de outras circunstâncias da hipótese, culminaria em provável indenização por danos morais.[77]

---

75. Como noticiado pelo portal G1: Uma briga entre duas amigas de Sorocaba, no interior de São Paulo, tomou proporções inesperadas após uma delas descobrir que a outra seria a amante do marido, resolver gravar o acerto de contas e postar um vídeo na internet. A advogada Vivian Almeida de Oliveira, de 34 anos, colocou no YouTube um vídeo de 10 minutos no qual aparece tirando satisfação com a mulher que ela afirma ser a amante de seu marido há cinco anos. A suposta amante - que no vídeo chega a apanhar de Vivian - registrou ocorrência em 28 de junho por lesão corporal na Delegacia Seccional de Sorocaba, alegando que a discussão começou por 'questões de filhos'. O vídeo tem, na verdade, 1 hora e 20 minutos, mas o que está na internet foi uma edição de 10 minutos que ela queria que ficasse disponível apenas em sua página do Orkut. 'Eu não tinha noção. Em princípio achei que [o vídeo] ficaria só no meu círculo de amigos', disse. O vídeo, no entanto, acabou sendo visto por um grande número de pessoas, que o republicaram no site de compartilhamento. Por pressão dos filhos, ela tirou o vídeo do ar no mesmo dia da sua página do Orkut. Um dia depois ela também o apagou no YouTube. Mas já era tarde: outros internautas já haviam baixado o arquivo e o postado novamente no YouTube". Disponível em: < http://g1.globo.com/sao-paulo/noticia/2010/07/foi-uma-reacao-fria-diz-mulher-que-gravou-briga-com-amante-do-marido.html >. Acesso em: 17 jan. 2020.
76. Disponível em: www.youtube.com. Acesso em: 17 jan. 2020.
77. Vale ressaltar que a Revista Veja noticiou em sua página na internet que "a mulher que expôs na internet a traição que sofreu da melhor amiga, suposta amante do ex-marido, foi condenada a pagar R$ 67 mil de indenização. A decisão, do Tribunal de Justiça de São Paulo, ainda admite recurso. O caso teve repercussão nacional em 2010. Depois de descobrir que o marido a traía com a amiga, a advogada de 35 anos chamou a mulher em sua casa, em Sorocaba, interior paulista, e gravou um vídeo em que mostrava as provas da traição e a agrediu. A mulher traída postou o vídeo

Na mesma linha, caso interessante foi julgado pelo Tribunal de Justiça do Estado do Rio de Janeiro. Na hipótese, o marido, que era infiel à sua esposa de forma reiterada e, até certo ponto, consentida, foi flagrado através de fotografia postada na rede de relacionamento *Orkut*. Contudo, na medida em que a publicação se deu após o fim do relacionamento e não era de sua autoria, sendo da responsabilidade de terceiros, a Corte entendeu não haver danos morais a serem indenizados. *In verbis*:

> "Apelação. Ação Indenizatória. Separação judicial. Danos morais. Inocorrência. A violação dos deveres conjugais, por si só, não é causa suficiente a gerar indenização por danos morais. É preciso que se extraia da violação efeito na esfera íntima da pessoa que exceda os limites do que razoavelmente se poderia esperar da situação jurídica. Hipótese em que a infidelidade do ex-cônjuge era fato comum e perdoado pela Autora, que todavia se sentiu ofendida por divulgação de fotografia no site de relacionamentos 'Orkut'. Todavia, a página foi acessada quando os cônjuges já se encontravam separados de fato, não sendo a mensagem de texto suficiente para materializar o adultério ou configurar injuria grave, mesmo porque não foi o Réu autor da mensagem, nem quem a divulgou, não se podendo a ele atribuir qualquer responsabilidade pela exposição da aludida fotografia ou da veracidade das afirmações nela contidas. Ausência de situação excepcional ou comportamento aberrante, aviltante ou ilícito do cônjuge a configurar dano moral. Sentença de improcedência que se mantém. Improcedência das alegações de prescrição e de litigância de má-fé suscitadas pelo Réu. Conhecimento e desprovimento do recurso"[78].

Ou seja, em situações nas quais a infidelidade, seja ela virtual ou real, caia nas redes sociais e páginas da internet, em hipóteses tais que a pessoa seja exposta socialmente, sofrendo estigma, é possível a responsabilização do ofensor, na medida em que há clara violação da integridade psicofísica do indivíduo, um dos corolários do princípio da dignidade da pessoa humana.

6. CONSIDERAÇÕES FINAIS

Por todo o exposto, conclui-se que, para a caracterização de danos morais na relação entre cônjuges e companheiros em razão de infidelidade – seja virtual ou real –, não basta o fundamento na mera violação aos deveres inerentes ao matrimônio e à união estável. Não obstante estar superada a corrente que entendia a família como instituição imune à ocorrência de dano moral, para haver responsabilização civil será imperiosa a demonstração de violação a um dos quatro corolários da dignidade da pessoa humana. Ou seja, a infidelidade deve resvalar em consequências mais graves, além daquelas típicas do processo de ruptura de relacionamento.

REFERÊNCIAS

ANDRADE, Fábio Siebeneichler de. A reparação de danos morais por dissolução do vínculo conjugal e por violação de deveres pessoais entre os cônjuges. *Revista dos Tribunais*, n° 802, ago. 2002. p. 11-26.

BARROSO, Luís Roberto. A constitucionalização do direito e o direito civil. In: TEPEDINO, Gustavo (Org.). *Direito civil contemporâneo*: novos problemas à luz da legalidade constitucional. São Paulo: Atlas, 2008. p. 238-261.

---

em sua página no Orkut, mas as cópias foram parar no YouTube". Disponível em: < http://noticias.r7.com/sao-paulo/mulher-que-expos-traicao-na-internet-e-condenada-por-danos-morais-07022013 >. Acesso em: 17 jan. 2020.

78. TJ/RJ, 16ª Câmara Cível, AC 0011731-62.2008.8.19.0210, Des. Mario Robert Mannheimer, j. 20 abr. 2010.

BEMBOM, Marta Vinagre. Infidelidade virtual e culpa. *Revista Brasileira de Direito de Família,* nº 5, abr./jun. 2000. p. 29-35.

CASTRO, Guilherme Couto de. *Direito civil:* lições. Niterói: Impetus, 2009.

COSTA, Maria Aracy Menezes da. Responsabilidade civil no direito de família. *ADV – Advocacia Dinâmica – Seleções Jurídicas,* nº 2, fev. 2005. p. 145-158.

CRUZ, Gisela Sampaio da. O problema do nexo causal na responsabilidade civil. Rio de Janeiro: Renovar, 2005.

CUNHA, João Paulo. A ética do afeto. In: GROENINGA, Giselle Câmara; PEREIRA, Rodrigo da Cunha (Coords.). *Direito de família e psicanálise:* rumo a uma nova epistemologia. Rio de Janeiro: Imago, 2003. p. 81-86.

DIAS, Maria Berenice. *Até que enfim...* Disponível em: www.ibdfam.org.br/?artigos&artigo=513. Acesso em: 17 jan. 2020.

DIAS, Maria Berenice. *EC 66/10 – E agora?* Disponível em: www.ibdfam.org.br/?artigos&artigo=653. Acesso em: 17 jan. 2020.

DIAS, Maria Berenice. Da separação e do divórcio. In: DIAS, Maria Berenice; PEREIRA, Rodrigo da Cunha (Coords.). *Direito de família e o novo Código Civil.* 3ª ed. Belo Horizonte: Del Rey, 2003. p. 74-99.

DIAS, Maria Berenice. O dever de fidelidade. *Revista da AJURIS,* nº 85, mar. 2002. p. 477-479.

DIAS, Maria Berenice; SOUZA, Ivone M. C. Coelho de. Separação litigiosa, na "esquina" do direito com a psicanálise. *Revista Brasileira de Direito de Família,* nº 3, out./dez. 1999. p. 40-44.

DONOSO, Denis. Considerações sobre o "adultério virtual". *ADV – Advocacia Dinâmica,* nº 22, 2011. p. 365-366.

FARIAS, Cristiano Chaves de. A proclamação da liberdade de permanecer casado (ou um réquiem para a culpa na dissolução das relações afetivas). *Revista Brasileira de Direito de Família,* nº 18, jun./jul. 2003. p. 49-82.

FARIAS, Luciano Chaves de. Teoria do risco desautorizando a indenização por danos morais nos casos de ruptura de noivado e das relações matrimoniais. *Revista Brasileira de Direito das Famílias e Sucessões,* nº 1, dez./jan. 2008. p. 5-24.

FARKAS, Melanie. O luto de uma separação. In: GROENINGA, Giselle Câmara; PEREIRA, Rodrigo da Cunha (Coords.). *Direito de família e psicanálise:* rumo a uma nova epistemologia. Rio de Janeiro: Imago, 2003. p. 365-370.

GAGLIANO, Pablo Stolze. *A nova Emenda do divórcio:* primeiras reflexões. Disponível em: http://www.ibdfam.org.br/?artigos&artigo=635. Acesso em: 17 jan. 2020.

GAMA, Guilherme Calmon Nogueira da. *Direito civil:* família. São Paulo: Atlas, 2008.

GAMA, Guilherme Calmon Nogueira da. *Princípios constitucionais de direito de família:* guarda compartilhada à luz da Lei nº 11.698/2008. São Paulo: Atlas, 2008.

GONÇALVES, Carlos Roberto. *Direito civil brasileiro.* São Paulo: Saraiva, 2007.

GONÇALVES, Carlos Roberto. *Responsabilidade civil.* São Paulo: Saraiva, 2006.

GUIMARÃES, Marilene Silveira. Adultério virtual/infidelidade virtual. In: ZIMERMAN, David; COLTRO, Antônio Carlos Mathias (Orgs.). *Aspectos psicológicos na prática jurídica.* Campinas: Millennium, 2010. p. 509-521.

KUMPEL, Vitor F. Infidelidade virtual. *Revista do Ministério Público,* nº 22, jul./dez. 2005. p. 337-338.

LAGE, Juliana de Sousa Gomes. Responsabilidade civil nas relações conjugais. *In:* TEIXEIRA, Ana Carolina Brochado; RIBEIRO, Gustavo Pereira Leite (Coords.). *Manual de direito das famílias e das sucessões.* Belo Horizonte: Mandamentos, 2008. p. 485-508.

LAGRASTA, Caetano. Dano moral no direito de família. *Revista do Advogado,* nº 91, maio/2007. p. 25-33.

LAGRASTA NETO, Caetano. Responsabilidade civil nas relações familiares. In: COLTRO, Antônio Carlos Mathias (Coord.). *Estudos jurídicos em homenagem ao centenário de Edgard de Moura Bittencourt*: a revisão do direito de família. Rio de Janeiro: GZ, 2009. p. 81-122.

LEONARDI. Felipe Raminelli. Ensaio sobre possíveis opções dogmáticas para viabilidade de pretensão indenizatória do cônjuge ou convivente traído em face de *amante*: breves comentários ao REsp 1.122.547/MG. *Revista de direito privado*, n° 42, abr./jun. 2010. p. 355-378.

LOBO, Paulo Luiz Netto. *Divórcio*: alteração constitucional e suas consequências. Disponível em: www.ibdfam.org.br/?artigos&artigo=622. Acesso em: 17 jan. 2020.

MADALENO, Rolf. *A infidelidade e o mito causal da separação*. Disponível em: www.rolfmadaleno.com.br. Acesso em: 17 jan. 2020.

MADALENO, Rolf. O preço do afeto. In: PEREIRA, Tânia da Silva; PEREIRA, Rodrigo da Cunha (Coords.). *A ética da convivência familiar e sua efetividade no cotidiano dos tribunais*. Rio de Janeiro: Forense, 2006. p. 151-169.

MONTEIRO, Washington de Barros. *Curso de direito civil*: direito de família. São Paulo: Saraiva, 2004.

MORAES, Maria Celina Bodin de. *Danos à pessoa humana*: uma leitura civil-constitucional dos danos morais. Rio de Janeiro: Renovar, 2003.

MORAES, Maria Celina Bodin de. Danos morais e relações de família. In: PEREIRA, Rodrigo da Cunha (Coord.). *Afeto, ética, família e o Novo Código Civil Brasileiro*. Belo Horizonte: Del Rey, 2004. p. 399-415.

MORAES, Maria Celina Bodin de. morais em família? Conjugalidade, parentalidade e responsabilidade civil. *Revista Forense*, n° 386, jul./ago. 2006. p. 183-201.

MORAES, Maria Celina Bodin de. Deveres parentais e responsabilidade civil. *Revista Brasileira de Direito de Família*, n° 31, ago./set. 2005. p. 39-66.

NOGUEIRA; Luiz Fernando Valladão. *O fim da separação*. Disponível em: www.ibdfam.org.br/?artigos&artigo=684. Acesso em: 17 jan. 2020.

OLIVEIRA. Euclides de. *Separação ou divórcio?* Considerações sobre a EC 66. Disponível em: www.ibdfam.org.br/?artigos&artigo=682. Acesso em: 17 jan. 2020.

OLTRAMARI, Fernanda; OLTRAMARI, Vitor Hugo. As tutelas da personalidade e a responsabilidade civil na jurisprudência do direito de família. *Revista dos Tribunais*, n° 803, set. 2002. p. 111-128.

PELUSO, Antonio Cezar. A culpa na separação e no divórcio. In: ZIMERMAN, David; COLTRO, Antônio Carlos Mathias (Orgs.). *Aspectos psicológicos na prática jurídica*. Campinas: Millennium, 2010. p. 451-464.

PEREIRA, Rodrigo da Cunha. *Direito de família*: uma abordagem psicanalítica. Belo Horizonte: Del Rey, 2003.

PEREIRA, Rodrigo da Cunha. Separação e rituais de passagem. In: GROENINGA, Giselle Câmara; PEREIRA, Rodrigo da Cunha (Coords.). *Direito de família e psicanálise*: rumo a uma nova epistemologia. Rio de Janeiro: Imago, 2003. p. 361-363.

PEREIRA, Sérgio Gischkow. Dano moral e direito de família: o perigo de monetizar as relações familiares. *Revista da AJURIS*, n° 85, mar. 2002. p. 351-362.

PERLINGIERI, Pietro. A doutrina do direito civil na legalidade constitucional. In: TEPEDINO, Gustavo (Org.). *Direito civil contemporâneo*: novos problemas à luz da legalidade constitucional. São Paulo: Atlas, 2008. p. 1-11.

PERLINGIERI, Pietro. *Perfis do direito civil*: introdução ao direito civil constitucional. Rio de Janeiro: Renovar, 2007.

PINHEIRO, Jorge Alberto Caras Altas Duarte. O núcleo intangível da comunhão conjugal (os deveres conjugais sexuais). *Revista Brasileira de Direito das Famílias e Sucessões*, n° 4, jun./jul. 2008. p. 103-109.

PORTO, Adriana Araujo. Infidelidade através da internet e seus efeitos no âmbito do Direito Penal e do Direito Civil. *Revista do Ministério Público*, n° 16, jul./dez. 2002. p. 25-41.

RESENDE, Nara Rubia Alves de. Da possibilidade de ressarcimento dos danos decorrentes da dissolução da sociedade conjugal. *Revista Brasileira de Direito de Família*, n° 21, dez./jan. 2004. p. 5-32.

SALLES, Gladys Maluf Chamma Amaral. *A PEC do Divórcio e a discussão da culpa.* Disponível em: www.ibdfam.org.br/?artigos&artigo=624. Acesso em: 17 jan. 2020.

SANTOS, Regina Beatriz Tavares da Silva Papa dos. *Dever de assistência imaterial entre cônjuges.* Rio de Janeiro: Forense Universitária, 1990.

SANTOS, Regina Beatriz Tavares da Silva Papa dos. Responsabilidade civil dos conviventes. *Revista Brasileira de Direito de Família,* nº 3, out./nov./dez. 1999. p. 24-39.

SARLET, Ingo Wolfgang. Breves notas sobre a contribuição dos princípios para a renovação da jurisprudência brasileira. In: TEPEDINO, Gustavo (Org.). *Direito civil contemporâneo:* novos problemas à luz da legalidade constitucional. São Paulo: Atlas, 2008. p. 296-310.

SCHREIBER, Anderson. A responsabilidade civil como política pública. In: TEPEDINO, Gustavo; FACHIN, Luiz Edson (Coords.). *O direito e o tempo:* embates jurídicos e utopias contemporâneas. Rio de Janeiro: Renovar, 2008.

SCHREIBER, Anderson. *Novos paradigmas da responsabilidade civil:* da erosão dos filtros da reparação à diluição dos danos. São Paulo: Atlas, 2007.

SCHREIBER, Anderson. O futuro da responsabilidade civil: um ensaio sobre as tendências da responsabilidade civil contemporânea. In: RODRIGUES JUNIOR, Otavio Luiz; MAMEDE, Gladston; ROCHA, Maria Vital da (Coords.). *Responsabilidade civil contemporânea:* em homenagem a Sílvio de Salvo Venosa. São Paulo: Atlas, 2011.

SILVA, Regina Beatriz Tavares da. A culpa nas relações de casamento e de união estável. *Revista do Advogado,* nº 98, jul. 2008. p. 186-201.

SILVA, Regina Beatriz Tavares da. A culpa nas relações de família. In: DELGADO, Mário Luiz; ALVES, Jones Figueirêdo (Coords.), *Questões controvertidas no novo Código Civil.* São Paulo: Método, 2005. p. 67-103.

SILVA, Regina Beatriz Tavares da. Afetividade e responsabilidade nas relações de família. *Revista do Advogado,* nº 91, maio 2007. p. 112-121.

SILVA, Regina Beatriz Tavares da. Novo Código Civil: tutela da dignidade da pessoa humana no casamento. *Revista do Advogado,* nº 68, dez. 2002. p. 120-126.

SILVA, Regina Beatriz Tavares da. Responsabilidade civil dos conviventes. *Revista Brasileira de Direito de Família,* nº 3, out./dez. 1999. p. 24-39.

SIMÃO, José Fernando. *A PEC do Divórcio e a culpa:* impossibilidade. Disponível em: www.ibdfam.org.br/?artigos&artigo=627. Acesso em: 17 jan. 2020.

SOUZA, Gilson Sidney Amâncio de. Breves considerações sobre a Lei nº 11.106, de 28.03.2005, que alterou o Código Penal. *Boletim IBCrim,* nº 151, jun. 2005. p. 13-14.

TARTUCE, Flávio. *A PEC do Divórcio e a culpa.* Disponível em: www.ibdfam.org.br/?artigos&artigo=579. Acesso em: 17 jan. 2020.

TEIXEIRA, Ana Carolina Brochado. Responsabilidade civil e ofensa à dignidade humana. *Revista Brasileira de Direito de Família,* nº 32, out./nov. 2005. p. 138-158.

TEPEDINO, Gustavo. O direito civil-constitucional e suas perspectivas atuais. In: TEPEDINO, Gustavo (Org.). *Direito civil contemporâneo:* novos problemas à luz da legalidade constitucional. São Paulo: Atlas, 2008. p. 356-371.

THEODORO JÚNIOR, Humberto. Responsabilidade civil: noções gerais. Responsabilidade objetiva e subjetiva. In: RODRIGUES JUNIOR, Otavio Luiz; MAMEDE, Gladston; ROCHA, Maria Vital da (Coords.). *Responsabilidade civil contemporânea:* em homenagem a Sílvio de Salvo Venosa. São Paulo: Atlas, 2011.

VELOSO, Zeno. *O novo divórcio e o que restou do passado.* Disponível em: www.ibdfam.org.br/?artigos&artigo=661. Acesso em: 17jan. 2020.

6
MARCO CIVIL DA INTERNET NO BRASIL: BREVES CONSIDERAÇÕES SOBRE SEUS FUNDAMENTOS, PRINCÍPIOS E ANÁLISE CRÍTICA DO REGIME DE RESPONSABILIDADE CIVIL DOS PROVEDORES

João Victor Rozatti Longhi

Sumário: .1 Marco Civil da Internet: princípios, fundamentos e aspectos estruturais. 2 Análise crítica do regime de responsabilidade civil por conteúdo inserido por terceiros no marco civil da internet e uma sugestão para a ponderação entre liberdade de expressão e bens da personalidade. 2.1 Provedor de conexão à Internet. 2.2 Provedor de aplicações de Internet. 2.2.1 Notificação judicial. 2.2.2 Necessidade de indicação da URL para bloqueio do conteúdo. 2.2.3 Exclusão dos direitos de autor e conexos do sistema do Marco Civil. 2.2.4 Conteúdos com potencial lesivo já reconhecido: o exemplo da pedofilia. 2.2.5 A superproteção da liberdade de expressão: o caso do *hate speech* e outros conteúdos potencialmente perigosos. 2.2.6 Compartilhamento e disponibilização de imagens íntimas sem autorização. Referências.

1. MARCO CIVIL DA INTERNET: PRINCÍPIOS, FUNDAMENTOS E ASPECTOS ESTRUTURAIS

O Marco Civil da Internet no Brasil ou simplesmente Marco Civil (Lei 12.964/14) como popularmente conhecido, funciona como centro do chamado microssistema da proteção ao consumidor usuário de serviços de Internet no Brasil, devendo ser lida em conjunto com o Código de Defesa do Consumidor, o Código Civil e a Constituição da República, além da recente lei geral de proteção de dados pessoais (Lei 13.709/18), que o complementou e trouxe alterações em seu texto.

Desde a promulgação do Marco vão-se anos e a cada dia as questões envolvendo relações jurídicas no ambiente digital deixam de ser novidade, constituindo parte integrante do cotidiano do Direito nacional. Em comparação com o início dos estudos sobre o tema, é possível notar crescente interesse da doutrina e um processo de complexificação e fortalecimento da jurisprudência. Contudo, tendo-se em vista a dinamicidade e sofisticação crescentes da tecnologia, novos desafios marcam a dinâmica deste incipiente ramo do Direito, onde novas situações jurídicas se apresentam com velocidade que demanda atenção constante do profissional do Direito.

Antes de se adentrar especificamente no tema da responsabilização pelo conteúdo inserido por terceiros, devem ser destacados brevemente alguns aspectos pontuais do Marco Civil, a fim de se ilustrar seus alicerces axiológicos.

Primeiramente, o caráter principiológico e enunciativo de direitos civis é uma de suas principais características. O texto legal enuncia como fundamentos: I – o reconhecimento da escala mundial da rede; II – os direitos humanos, o desenvolvimento da personalidade e o exercício da cidadania em meios digitais; III – a pluralidade e a diversidade; IV – a abertura e a colaboração; e V – a livre-iniciativa, a livre concorrência e a defesa do consumidor; e VI – finalidade social da rede (art. 2º).

No que concerne aos princípios, enumera-os em rol exemplificativo:[1] I – garantia da liberdade de expressão, comunicação e manifestação de pensamento, nos termos da Constituição; II – proteção da privacidade; III – proteção aos dados pessoais, na forma da lei; IV – preservação da garantia da neutralidade da rede; V – preservação da estabilidade, segurança e funcionalidade da rede, por meio de medidas técnicas compatíveis com os padrões internacionais e pelo estímulo ao uso de boas práticas; VI – responsabilização dos agentes de acordo com suas atividades, nos termos da lei; e VII – preservação da natureza participativa da rede; VIII – a liberdade dos modelos de negócios promovidos na Internet, desde que não conflitem com os demais princípios estabelecidos nesta Lei (art. 3º).

Alguns pontos do texto merecem especial destaque, e serão analisados sem a pretensão de exaurir o tema.

Primeiramente, a lei parece se alicerçar sobre um tripé axiológico que dará o norte da Internet brasileira: neutralidade, privacidade e liberdade de expressão. No que diz respeito à proteção da neutralidade da rede. Acerca, Tim Wu leciona que:

> [...] O ideal de neutralidade anuncia uma rede que trata da mesma forma tudo que transporta, indiferente a natureza do conteúdo ou a identidade do usuário. No mesmo espírito do princípio fim o princípio da neutralidade garante que é melhor deixar aos "fins" da rede as decisões quanto ao uso do meio, e não aos veículos de informação.[2]

Preconiza-se que a ausência de neutralidade na Rede traria seis grandes possíveis riscos: 1. Filtragem pelos provedores de qual conteúdo é ou não acessado aos usuários; 2. Formação de monopólios verticais entre provedores de conteúdo, acesso e hospedagem com sensível diminuição do poder de escolha dos consumidores acerca do que acessam; 3. Controle de preços e formação de carteis; 4. Diminuição do tempo médio de velocidade para o consumidor final; 5. Restrição à inovação tecnológica; 6. Diminuição das possibilidades de expressão política na Internet.[3,4]

---

1. Art. 3º ...omissis... Parágrafo único. Os princípios expressos nesta Lei não excluem outros previstos no ordenamento jurídico pátrio relacionados à matéria, ou nos tratados internacionais em que a República Federativa do Brasil seja parte.
2. WU, Tim. Impérios da comunicação. Do telefone à internet, da AT&T ao Google. Tradução da obra *The master switch: the rise and fall of information empires* por Cláudio Carina. Rio de Janeiro: Zahar, 2012. p. 244.
3. Cf. ZELNICK, Bob; ZELNICK, Eva. *The illusion onf net neutrality: Political alarmism, Regulatory Creep and the real threat to Internet Freedom*. Stanford: Hoover Institution Press, 2013. As premissas, na própria obra mencionada, enfrentam duras críticas. Contudo, ainda que cause especial estranheza a adesão maciça por parte dos grandes provedores aos argumentos pró neutralidade, em especial com um aguerrido discurso pela liberdade de expressão que muito mais parece uma forma de manutenção de sua recém conquistada hegemonia empresarial, parece certo até o momento que a Internet "neutra" como princípio promova mais a inovação, a concorrência e a democracia participativa do que o contrário. Nesse sentido, LONGHI, João Victor Rozatti. *Privacidad, democracia y redes sociales en Brasil: ¿Primavera o inverno?* Disponível em: <http://www.medialaws.eu/privacidad-democracia-y-redes-sociales-en-brasil-primavera-o-inverno/>. Acesso em: 11 jan. 2021
4. Salienta-se que, principalmente nos Estados Unidos, o estabelecimento de limites aos provedores via regulação na Federal Communications Comission (FCC) tem cedido espaço a regras mais permissivas aos agentes econômicos

De modo a operacionalizar o ideal de neutralidade da rede, a atual redação do Marco Civil a estabelece como princípio. Entretanto, delegou ao Poder Executivo a posterior regulamentação do tema, nos termos dos §§ 1º a 3º.[5] A regulamentação mencionada diz respeito ao Decreto 8.771/16. Ainda que procure restringir eventuais discriminações de informações a aspectos técnicos e determine que o provedor haja com proporcionalidade, transparência e isonomia ao assim proceder, é tímido quando dispõe sobre a responsabilização por discriminações de dados de caráter abusivo, haja vista que remete ao Código Civil (art. 927) e não ao Código de Defesa do Consumidor (art. 14), situação jurídica onde se situa a grande maioria das relações travadas entre provedores de conexão e usuários da rede. Uma incongruência com o próprio texto legal, que enuncia entre os direitos dos usuários a aplicação do CDC em sua proteção (art. 7º, XIII).

Outro é a necessidade de proteção da privacidade, talvez um dos princípios mais esmiuçados ao longo do texto legal.

Conforme se alerta, um dos maiores riscos contemporâneos trazidos pela popularização das TICs diz respeito à tutela da privacidade do usuário. É o que Zygmunt Bauman denomina de "danos colaterais da modernidade líquida", ao descrever os riscos da fusão entre espaços públicos e privados de maneira a arquitetar uma "sociedade confessional", com graves restrições à liberdade.[6] Neste sentido, também Daniel J. Solove:

---

no sentido de praticarem políticas que permitem atribuir mais ou menos banda, por exemplo, a determinados conteúdos. O último episódio foi a possibilidade de que os Estados possam trazer regras diversas acerca da neutralidade da Rede, o que aumenta o espaço para os provedores diversificarem os canais de atuação política para excepcionar ainda mais o princípio da Neutralidade da Rede. Cf. REARDON, Marguerite. *The net neutrality battle lives on: What you need to know after the appeals court decision*: A federal appeals court has upheld much of the FCC's net neutrality repeal, but it also said the agency can't prevent states from adopting their own rules. October 3, 2019 1:08 PM. Disponível em: <https://www.cnet.com/news/net-neutrality-battle-lives-on-what-you-need-to-know-after-the-appeals-court-decision/>. Acesso em: 11 jan. 2021. O precedente a que se refere o texto é o Mozilla V. FCC, julgado pela Corte de Apelações do Distrito de Columbia. Disponível em: UNITED STATES. District of Columbia Court of Appeals. Mozilla V. FCC. <https://www.cadc.uscourts.gov/internet/opinions.nsf/FA43C305E2B9A35485258486004F6D0F/%24file/18-1051-1808766.pdf>. Acesso em: 11 jan. 2021.

5. Art. 9º O responsável pela transmissão, comutação ou roteamento tem o dever de tratar de forma isonômica quaisquer pacotes de dados, sem distinção por conteúdo, origem e destino, serviço, terminal ou aplicação.

§ 1º A discriminação ou degradação do tráfego será regulamentada nos termos das atribuições privativas do Presidente da República previstas no inciso IV do art. 84 da Constituição Federal, para a fiel execução desta Lei, ouvidos o Comitê Gestor da Internet e a Agência Nacional de Telecomunicações, e somente poderá decorrer de:

I – requisitos técnicos indispensáveis à prestação adequada dos serviços e aplicações; e II – priorização a serviços de emergência.

§ 2º Na hipótese de discriminação ou degradação do tráfego prevista no § 1º, o responsável mencionado no caput deve:

I – abster-se de causar dano aos usuários, na forma do art. 927 do Código Civil;

II – agir com proporcionalidade, transparência e isonomia;

III – informar previamente de modo transparente, claro e suficientemente descritivo aos seus usuários sobre as práticas de gerenciamento e mitigação de tráfego adotadas, inclusive as relacionadas à segurança da rede; e

IV– oferecer serviços em condições comerciais não discriminatórias e abster-se de praticar condutas anticoncorrenciais.

§ 3º Na provisão de conexão à Internet, onerosa ou gratuita, bem como na transmissão, comutação ou roteamento, é vedado bloquear, monitorar, filtrar ou analisar o conteúdo dos pacotes de dados, respeitado o disposto neste artigo.

6. Cf. BAUMAN, Zygmunt. Danos colaterais: desigualdades sociais numa era global. Trad. Carlos Alberto Medeiros. Rio de Janeiro: Zahar, 2013. p. 108.

A internet está criando novos e atormentadores malefícios para a privacidade, uma vez que deu às pessoas uma possibilidade sem precedentes de disponibilizar e disseminar ao redor do mundo informação umas sobre as outras. Para enfrentar estes problemas, necessitamos repensar a privacidade para a era da Informação. Se falharmos, iremos nos deparar com severas limitações ao autodesenvolvimento agora e no futuro.[7]

Nesse diapasão, a privacidade é mais que um princípio enunciativo, mas uma garantia estruturante do texto legal. Em observância à Carta da República, é direito do usuário a inviolabilidade e sigilo de suas comunicações (art. 7º, II), ressaltando-se que privacidade e liberdade são uma condição para o pleno exercício do direito de acesso à Internet (Art. 8º, *caput*).[8]

O Marco Civil procura também evitar as práticas de vigilância que hoje compõem a estrutura do modelo de negócios de muitos provedores (bem como de instituições públicas), disciplinando a questão do registro e disponibilização de dados referentes à conexão e acesso a aplicações da Internet, constituindo ponto de partida à atual legislação específica sobre o tema, a lei geral de proteção de dados pessoais (Le 13.709/18).[9]

---

7. SOLOVE, Daniel J. *Speech, privacy and reputation on the Internet*. in LEVMORE, Saul; NUSSBAUM, Martha. *The offensive Internet*. Cambridge: Harvard University Press, 2010. p. 30. Tradução livre.
8. Art. 7º O acesso à internet é essencial ao exercício da cidadania, e ao usuário são assegurados os seguintes direitos:
   I – inviolabilidade da intimidade e da vida privada, sua proteção e indenização pelo dano material ou moral decorrente de sua violação;
   II – inviolabilidade e sigilo do fluxo de suas comunicações pela internet, salvo por ordem judicial, na forma da lei;
   III – inviolabilidade e sigilo de suas comunicações privadas armazenadas, salvo por ordem judicial;
   IV – não suspensão da conexão à internet, salvo por débito diretamente decorrente de sua utilização;
   V – manutenção da qualidade contratada da conexão à internet;
   VI – informações claras e completas constantes dos contratos de prestação de serviços, com detalhamento sobre o regime de proteção aos registros de conexão e aos registros de acesso a aplicações de internet, bem como sobre práticas de gerenciamento da rede que possam afetar sua qualidade;
   VII – não fornecimento a terceiros de seus dados pessoais, inclusive registros de conexão, e de acesso a aplicações de internet, salvo mediante consentimento livre, expresso e informado ou nas hipóteses previstas em lei;
   VIII – informações claras e completas sobre coleta, uso, armazenamento, tratamento e proteção de seus dados pessoais, que somente poderão ser utilizados para finalidades que:
   a) justifiquem sua coleta;
   b) não sejam vedadas pela legislação; e
   c) estejam especificadas nos contratos de prestação de serviços ou em termos de uso de aplicações de internet;
   IX – consentimento expresso sobre coleta, uso, armazenamento e tratamento de dados pessoais, que deverá ocorrer de forma destacada das demais cláusulas contratuais;
   X – exclusão definitiva dos dados pessoais que tiver fornecido a determinada aplicação de internet, a seu requerimento, ao término da relação entre as partes, ressalvadas as hipóteses de guarda obrigatória de registros previstas nesta Lei;
   XI – publicidade e clareza de eventuais políticas de uso dos provedores de conexão à internet e de aplicações de internet;
   XII – acessibilidade, consideradas as características físico-motoras, perceptivas, sensoriais, intelectuais e mentais do usuário, nos termos da lei; e
   XIII – aplicação das normas de proteção e defesa do consumidor nas relações de consumo realizadas na internet..
9. Em que pese demandar estudo autônomo e mais elaborado, convém menção ao impacto positivo de uma leitura breve sobre o texto de lei em MARTINS, Guilherme Magalhães; LONGHI, João Victor Rozatti. Impactos positivos da nova lei brasileira de proteção de dados: Trata-se de um recém-nascido que deverá ser alimentado, nutrido, criado e interpretado conforme a Constituição. Disponível em: <https://www.jota.info/opiniao-e-analise/artigos/protecao-dados-impactos-27082018>. Acesso em: 11 jan. 2021.

Para tal, o art. 5º do Marco se vale dos conceitos que estruturam o funcionamento da Rede: Internet, terminal, administrador de sistema autônomo, endereço IP, conexão à internet, registro de conexão, aplicações de Internet e registro de acesso a aplicações de Internet.[10]_[11]

---

10. Art. 5º Para os efeitos desta Lei, considera-se:
    I – internet: o sistema constituído do conjunto de protocolos lógicos, estruturado em escala mundial para uso público e irrestrito, com a finalidade de possibilitar a comunicação de dados entre terminais por meio de diferentes redes;
    II – terminal: o computador ou qualquer dispositivo que se conecte à internet;
    III – endereço de protocolo de internet (endereço IP): o código atribuído a um terminal de uma rede para permitir sua identificação, definido segundo parâmetros internacionais;
    IV – administrador de sistema autônomo: a pessoa física ou jurídica que administra blocos de endereço IP específicos e o respectivo sistema autônomo de roteamento, devidamente cadastrada no ente nacional responsável pelo registro e distribuição de endereços IP geograficamente referentes ao País;
    V – conexão à internet: a habilitação de um terminal para envio e recebimento de pacotes de dados pela internet, mediante a atribuição ou autenticação de um endereço IP;
    VI – registro de conexão: o conjunto de informações referentes à data e hora de início e término de uma conexão à internet, sua duração e o endereço IP utilizado pelo terminal para o envio e recebimento de pacotes de dados;
    VII – aplicações de internet: o conjunto de funcionalidades que podem ser acessadas por meio de um terminal conectado à internet; e
    VIII – registros de acesso a aplicações de internet: o conjunto de informações referentes à data e hora de uso de uma determinada aplicação de internet a partir de um determinado endereço IP..
11. Recente decisão do STJ ampliou o conceito trazido ao inciso VIII para considerar obrigação do provedor de aplicações o fornecimento da chamada porta lógica enquanto não houve a migração para o IPV6. Trata-se de inovação à medida que o provedor de aplicações, em tese, só pode ser obrigado a fornecer o IP de acesso à sua aplicação. Entretanto, como o sistema atual de atribuição de IPs (IPv4) traz número já insuficiente para o número de conexões à Rede, tem-se adotado a solução da chamada porta lógica, em que usuários compartilham o mesmo IP. Nesse sentido, V. MARTINS, Guilherme Magalhães;
    LONGHI, João Victor Rozatti; FALEIROS Júnior, José Luiz de Moura. Porta lógica, IP e os registros de acesso a aplicações da Internet: uma leitura ampliativa do art. 5º., VIII do Marco Civil da Internet. Disponível em: <https://www.jota.info/opiniao-e-analise/artigos/porta-logica-ip-e-os-registros-de-acesso-a-aplicacoes-da-internet-26122019>. Acesso em: 11 jan. 2021.
    PROCESSUAL CIVIL. RECURSO ESPECIAL. AÇÃO DE OBRIGAÇÃO DE FAZER. INTERNET. PROVEDOR DE APLICAÇÃO. USUÁRIOS. IDENTIFICAÇÃO. ENDEREÇO IP. PORTA LÓGICA DE ORIGEM. DEVER. GUARDA DOS DADOS. OBRIGAÇÃO. MARCO CIVIL DA INTERNET. INTERPRETAÇÃO TELEOLÓGICA.
    1. Ação ajuizada em 15/06/2015. Recurso especial interposto em 17/05/2018 e atribuído a este gabinete em 09/11/2018.
    2. Ação de obrigação de fazer cumulada com pedido de tutela antecipada, na qual relata a recorrida que foi surpreendida com a informação de que suas consultoras estariam recebendo e-mails com comunicado falso acerca de descontos para pagamento de faturas devidas à empresa.
    3. O propósito recursal consiste em definir a obrigatoriedade de guarda e apresentação, por parte da provedora de aplicação de internet, dos dados relacionados à porta lógica de origem associadas aos endereços IPs.
    4. Os endereços IPs são essenciais arquitetura da internet, que permite a bilhões de pessoas e dispositivos se conectarem à rede, permitindo que trocas de volumes gigantescos de dados sejam operadas com sucesso.
    5. A versão 4 dos endereços IPs (IPv4) esgotou sua capacidade e, atualmente, há a transição para a versão seguinte (IPv6). Nessa transição, adotou-se o compartilhamento de IP, via porta lógica de origem, como solução temporária.
    6. Apenas com as informações dos provedores de conexão e de aplicação quanto à porta lógica de origem é possível resolver a questão da identidade de usuários na internet, que estejam utilizam um compartilhamento da versão 4 do IP.
    7. O Marco Civil da Internet dispõe sobre a guarda e fornecimento de dados de conexão e de acesso à aplicação em observância aos direitos de intimidade e privacidade.
    8. Pelo cotejamento dos diversos dispositivos do Marco Civil da Internet mencionados acima, em especial o art. 10, caput e § 1º, percebe-se que é inegável a existência do dever de guarda e fornecimento das informações relacionadas à porta lógica de origem.

Outrossim, o parágrafo único do art. 8º reforça a garantia contratual contra cláusulas abusivas já prevista no Código de Defesa do Consumidor (art. 51), estabelecendo que "são nulas de pleno direito as cláusulas contratuais que violem o disposto no *caput*, tais como aquelas que: Parágrafo único. São nulas de pleno direito as cláusulas contratuais que violem o disposto no *caput*, tais como aquelas que: I – impliquem ofensa à inviolabilidade e ao sigilo das comunicações privadas pela Internet; ou II – em contrato de adesão, não ofereçam como alternativa ao contratante a adoção do foro brasileiro para solução de controvérsias decorrentes de serviços prestados no Brasil.

Além disso, procura regulamentar a atuação dos intermediários quanto à guarda de registros, dados pessoais e comunicações pessoais (arts. 10 a 17). A seção foi objeto de debates públicos principalmente após a divulgação das denúncias de espionagem maciça praticada por agências de inteligência estrangeiras (notadamente a norte-americana) dentro e fora dos Estados Unidos.[12]

Conforme se sabe, a Internet surgiu como um meio de comunicação difuso, cujo princípio básico é o de que não importa por onde as informações trafeguem mas sim de onde partem e para onde vão. Assim, por um lado, dispositivos como estes podem facilitar a execução de determinações judiciais de acesso a informações relevantes, evitando casos em que há determinação judicial de quebra de sigilo de comunicações e o provedor estrangeiro se exime do cumprimento da obrigação amparado na legislação estrangeira.[13]

---

9. Apenas com a porta lógica de origem é possível fazer restabelecer a univocidade dos números IP na internet e, assim, é dado essencial para o correto funcionamento da rede e de seus agentes operando sobre ela. Portanto, sua guarda é fundamental para a preservação de possíveis interesses legítimos a serem protegidos em lides judiciais ou em investigações criminais.

10. Recurso especial não provido.
(REsp 1777769/SP, Rel. Ministra Nancy Andrighi, Terceira Turma, julgado em 05/11/2019, DJe 08/11/2019).

12. Nesse sentido, V. THE GUARDIAN, *Revealed: how US and UK spy agencies defeat internet privacy and security* James Ball, Julian Borger and Glenn Greenwald – Guardian Weekly, Friday 6 September 2013. Disponível em: <http://www.theguardian.com/world/2013/sep/05/nsa-gchq-encryption-codes-security>. Acesso em: 11 jan. 2021.

13. Foi o que ocorreu em decisão proferida pela Corte Especial do STJ, em que havia determinação judicial de quebra de sigilo de dados do e-mail de usuário investigado por crimes de corrupção ativa e passiva, fraude à licitação, dentre outros, e o Google Brasil se recusara a cumpri-la por afirmar que os dados s encontravam fisicamente nos EUA e a legislação daquele país não permite sua divulgação. Assim decidiu o STJ: *Corte Especial determina que Google entregue dados de e-mail armazenados nos EUA* (05/06/2013 – 15h11) A Corte Especial do Superior Tribunal de Justiça (STJ) determinou que a Google Brasil Internet Ltda. cumpra ordem judicial de quebra de sigilo das comunicações por e-mail, envolvendo, no caso, o Gmail. As comunicações foram feitas por investigado de crimes, entre eles os de formação de quadrilha, corrupção passiva e ativa, fraude à licitação, lavagem de dinheiro, advocacia administrativa e tráfico de influência. [...]

Legislação americana

A Google Brasil afirmava ser impossível cumprir a ordem de quebra de sigilo das comunicações porque os dados em questão estão armazenados nos Estados Unidos e, por isso, sujeitos à legislação daquele país, que considera ilícita a divulgação. [...]

Em seu voto, a ministra Laurita Vaz afirmou que o fato de estarem armazenados em qualquer outra parte do mundo não transforma esses dados em material de prova estrangeiro, a ensejar a necessidade da utilização de canais diplomáticos para sua transferência. [...]

E acrescentou: "Não se pode admitir que uma empresa se estabeleça no país, explore o lucrativo serviço de troca de mensagens por meio da internet – o que lhe é absolutamente lícito –, mas se esquive de cumprir as leis locais."

O colegiado, por maioria, acompanhou o entendimento da ministra Laurita Vaz, estabelecendo o prazo de dez dias para o cumprimento da ordem de quebra do sigilo, sob pena de multa diária no valor de R$ 50 mil.

O número deste processo não é divulgado em razão de sigilo judicial.

Não obstante, determinações nesse sentido são muito mais uma tentativa de resposta política à comunidade internacional do que uma medida prática e efetiva capaz de garantir a privacidade dos cidadãos. Pelo contrário, apenas aumentaria ainda mais a chance de interceptação das informações, desta vez aos auspícios de autoridades nacionais. Daí por que apenas a menção ao respeito à legislação nacional e à privacidade dos usuários.

Como consequência, o art. 12 do Marco Civil prevê sanções administrativas aos provedores que violarem a privacidade do consumidor sem prejuízo da responsabilidade civil, criminal e administrativa em outras esferas.[14]

Posteriormente, a lei dispõe sobre a guarda de registros de conexão (art. 13) e registros de acesso a aplicações de Internet na provisão de conexão (arts. 14) e registros de acesso a aplicações de Internet na provisão de aplicações (arts. 15 a 17). Em linhas gerais, a lógica adotada é a da regra do sigilo, imputando-se o dever de guarda dos registros de conexão pelo prazo de um ano aos provedores de conexão (art. 13, *caput*).[15] Quanto aos registros de acesso a aplicações da Internet, o texto veda ao provedor de conexão que o faça (art. 14).[16]

No tocante ao provedor de aplicações, atribui-se-lhe o dever de armazenamento dos registros de acesso às aplicações que fornece o provedor quando exerce atividade de forma organizada, profissionalmente e com fins econômicos (art. 15, *caput*). Os parágrafos subsequentes dispõem sobre a necessidade de determinação judicial para o fornecimento dos dados (§§ 1º e 3º) e a possibilidade de requisição por parte de autoridades policiais, administrativas e do Ministério Público que se guardem por mais tempo as informações sobre acesso a aplicações (§ 2º).[17]

BRASIL, Superior Tribunal de Justiça. Notícias STJ. Disponível em: <http://www.stj.jus.br/portal_stj/publicacao/engine.wsp?tmp.area=398&tmp.texto=109906>. Acesso em: 11 jan. 2021.

14. Art. 12. Sem prejuízo das demais sanções cíveis, criminais ou administrativas, as infrações às normas previstas nos artigos 10 e 11 ficam sujeitas, conforme o caso, às seguintes sanções, aplicadas de forma isolada ou cumulativa:
    I – advertência, com indicação de prazo para adoção de medidas corretivas;
    II – multa de até dez por cento do faturamento do grupo econômico no Brasil no seu último exercício, excluídos os tributos, considerados a condição econômica do infrator e o princípio da proporcionalidade entre a gravidade da falta e a intensidade da sanção;
    III – suspensão temporária das atividades que envolvam os atos previstos no artigo 11; ou IV – proibição de exercício das atividades que envolvam os atos previstos no artigo 11.
    Parágrafo único. Tratando-se de empresa estrangeira, responde solidariamente pelo pagamento da multa de que trata o *caput* sua filial, sucursal, escritório ou estabelecimento situado no País.
15. Art. 13. Na provisão de conexão à internet, cabe ao administrador de sistema autônomo respectivo o dever de manter os registros de conexão, sob sigilo, em ambiente controlado e de segurança, pelo prazo de 1 (um) ano, nos termos do regulamento.
16. Art. 14. Na provisão de conexão, onerosa ou gratuita, é vedado guardar os registros de acesso a aplicações de Internet.
17. Art. 15. O provedor de aplicações de Internet constituído na forma de pessoa jurídica, que exerça essa atividade de forma organizada, profissionalmente e com fins econômicos, deverá manter os respectivos registros de acesso a aplicações de internet, sob sigilo, em ambiente controlado e de segurança, pelo prazo de seis meses, nos termos do regulamento.
    § 1º Ordem judicial poderá obrigar, por tempo certo, os provedores de aplicações de Internet que não estão sujeitos ao disposto no *caput* a guardarem registros de acesso a aplicações de Internet, desde que se tratem de registros relativos a fatos específicos em período determinado.
    § 2º A autoridade policial ou administrativa ou o Ministério Público poderão requerer cautelarmente a qualquer provedor de aplicações de Internet que os registros de acesso a aplicações de Internet sejam guardados, inclusive por prazo superior ao previsto no *caput*, observado o disposto nos §§ 3º e 4º do art. 13.

O texto sugere que não faz parte do risco proveito decorrente de sua atividade a opção pelo não armazenamento (art. 17),[18] contrariando tendências jurisprudenciais pretéritas no tocante à tutela do Consumidor.[19]

Salienta-se que, atendendo aos termos da Constituição da República, a regra é a da disponibilização dos registros mediante decisão judicial, tanto no que concerne a registros de conexão como os de acesso. O procedimento da requisição judicial é trazido pelos arts. 22 e 23.[20]

Por derradeiro, traz também as diretivas gerais para a atuação do poder público, (arts. 24 a 28), além de atribuir à Internet a natureza transindividual (art. 29).

Restringindo-se ao objeto deste trabalho, é necessário que se destaque a o regime jurídico dos "provedores de aplicações da Internet".

---

§ 3º Em qualquer hipótese, a disponibilização ao requerente, dos registros de que trata este artigo, deverá ser precedida de autorização judicial, conforme disposto na Seção IV deste Capítulo.

§ 4º Na aplicação de sanções pelo descumprimento ao disposto neste artigo, serão considerados a natureza e a gravidade da infração, os danos dela resultantes, eventual vantagem auferida pelo infrator, as circunstâncias agravantes, os antecedentes do infrator e a reincidência.

18. Art. 17. Ressalvadas as hipóteses previstas nesta Lei, a opção por não guardar os registros de acesso a aplicações de Internet não implica responsabilidade sobre danos decorrentes do uso desses serviços por terceiros.

19. V. g. "Agravo de instrumento. Cautelar de exibição de documentos. Simples alegação de impossibilidade técnica de cumprimento da decisão que não merece prosperar. Súmula 372 STJ. Aplicabilidade. Multa diária excluída. Parcial provimento do recurso. 1. No caso dos autos, alegando violação de sua conta de e-mail, o agravado quer que a agravante lhe forneça os dados necessários para identificação dos invasores de sua conta de e-mail. 2. Haja vista a fase embrionária jurídica em relação ao assunto, ainda não se concretizaram definitivamente as posições no tocante à matéria. 3. Contudo, ainda que existam muitos nichos desconhecidos em relação à internet, esse mesmo argumento não pode servir para justificar ou escusar a não aplicação da legislação que se tem à mão. 4. O Marco Civil da Internet no Brasil, submetido à segunda consulta pública, estabelece os direitos dos cidadãos brasileiros na internet.5. Ponto muito importante e positivo do Marco Civil é a forma como propõe regular os direitos e deveres relativos aos vários dados gerados pelo usuário quando navega. 6. Os registros relativos à conexão (data e hora do início e término, duração e endereço IP vinculado ao terminal para recebimento dos pacotes) terão que ser armazenados pelo provedor de acesso à internet. 7. Em relação ao registro de acesso aos serviços de internet (*e-mails*, *blogs*, perfil nas redes sociais etc.), o provedor não tem obrigação de armazenar os dados. Mas, se o fizer, terá que informar o usuário, discriminando o tempo de armazenamento. 8. Assim, resta claro que a simples alegação de impossibilidade técnica de cumprimento à decisão, tendo em vista não mais possuir armazenados os logs de acesso com as informações das operações realizadas no mês de setembro de 2009 não tem o condão de afastar a determinação judicial concedida nos autos da Medida Cautelar. 9. Além disso, medida não trará nenhum prejuízo ao agravante já que este estará apenas fornecendo os dados necessários para identificar os possíveis violadores da conta de *e-mail* do autor da ação. 10. Por outro lado, em se tratando de ação de exibição de documentos, aplica-se ao caso a S. 372, STJ. 11. Mantém-se, contudo, a decisão recorrida que determinou o fornecimento dos nomes, endereços e todos os dados que a NET tiver em seus arquivos, relativos a seus contratantes que das 22:00 horas do dia 19.09.2009 às 00:44 horas do dia 20.09.2009, se utilizaram dos IPs indicados no item 1 da petição inicial (cf. fls. 60), especificando os horários de início e fim da utilização, bem como os *sites* na internet que foram acessados no curso da utilização. 12. Parcial provimento do agravo de instrumento para excluir a imposição da multa diária para caso de descumprimento" (TJRJ – 0013822-08.2010.8.19.0000 – Agravo de Instrumento Des. Leticia Sardas – Julgamento: 30/06/2010 – Vigésima Câmara Cível).

20. Art. 22. A parte interessada poderá, com o propósito de formar conjunto probatório em processo judicial cível ou penal, em caráter incidental ou autônomo, requerer ao juiz que ordene ao responsável pela guarda o fornecimento de registros de conexão ou de registros de acesso a aplicações de Internet.

Parágrafo único. Sem prejuízo dos demais requisitos legais, o requerimento deverá conter, sob pena de inadmissibilidade:

I – fundados indícios da ocorrência do ilícito;

II – justificativa motivada da utilidade dos registros solicitados para fins de investigação ou instrução probatória; e

III – período ao qual se referem os registros.

Art. 23. Cabe ao juiz tomar as providências necessárias à garantia do sigilo das informações recebidas e à preservação da intimidade, vida privada, honra e imagem do usuário, podendo determinar segredo de justiça, inclusive quanto aos pedidos de guarda de registro.

Conforme dito, o texto conceitua aplicações da Internet como o "conjunto de funcionalidades que podem ser acessadas por meio de um terminal conectado à Internet" (art. 5º, VII). Assim, evita classificar de maneira estanque as espécies de provedores, diferenciando seu regime jurídico conforme o serviço prestado. Tal opção legislativa visa preservar a efetividade da norma, haja vista: a possibilidade de um único provedor prestar mais de um serviço (1); e grande probabilidade de surgirem outros serviços ao usuário, dada a rapidez com que novas tecnologias surgem no mercado (2).[21]

Valendo-se destas noções, trata nos arts. 18 a 21 da responsabilidade por danos decorrentes de conteúdo gerado por terceiros. Os dispositivos foram objeto de intenso debate antes e durante a tramitação do projeto. Tendo-se em vista a pertinência do debate ao tema deste trabalho, o teor específico dos dispositivos será objeto de análise posterior. Por ora, é certo afirmar que são de onde mais claramente se extrai a aparente preocupação do legislador em resguardar a liberdade de expressão, ainda que em sacrifício de outros direitos fundamentais não menos importantes.

De todo o exposto infere-se que as iniciativas legislativas em território nacional não ocultam uma preocupante realidade, a de que as tecnologias da informação e da comunicação, no Brasil, desenvolvem-se às margens de regras legais claras sobre o assunto.

Anderson Schreiber, ao aplicar a técnica da ponderação de interesses[22] à solução de casos concretos envolvendo responsabilidade civil, traz algumas premissas básicas para a solução de certos casos difíceis, para a aferição do real interesse merecedor de tutela lesado, no plano concreto, ocasionando um dano ressarcível. A primeira delas é a perquirição se há ou não norma jurídica vedando as condutas e, em caso positivo, se há ou não regra legal de prevalência entre os interesses envolvidos no caso.[23]

Em sede de relações de consumo, afirma-se que o princípio da harmonização de interesses (art. 4º, III, CDC) é o permissivo legal para a aplicação da técnica da ponderação de interesses em sede de relações de consumo. "harmonia esta não apenas fundada

---

21. Porém, Segundo Gabriel Rocha Furtado, não resolve a questão de um mesmo conglomerado a cargo de provedores de acesso e de conteúdo, que se valeriam da lacuna no artigo 12 para guardar registro de acesso e conexão com vistas a violar a privacidade do usuário. Cf. FURTADO, Gabriel Rocha. O marco civil da internet: a construção da cidadania virtual. In: SCHREIBER, Anderson (Coord.). *Direito e mídia*. São Paulo: Atlas, 2013. p. 250.
22. A técnica da ponderação de interesses transcende os limites de estudo da responsabilidade civil. Tange à teoria dos direitos fundamentais como um todo. Em termos genéricos, a técnica da ponderação trata do sopesamento entre valores expressos por direitos fundamentais e elevados à condição de princípios, que permite que seja retirada da situação em concreto uma resposta válida apta a justificar a prevalência de um direito sobre outro. Cf. ALEXY, Robert. *Teoria dos direitos fundamentais*. Trad. de Virgílio Afonso da Silva. São Paulo: Malheiros, 2008. p.173-174. Luís Roberto Barroso conceitua a ponderação de interesses como "uma técnica de decisão jurídica aplicável a casos difíceis, em relação aos quais a subsunção se mostrou insuficiente, sobretudo quando uma situação concreta dá ensejo à aplicação de normas de mesma hierarquia que indicam soluções diferenciadas." BARROSO, Luís Roberto. Liberdade de expressão *versus* direitos da personalidade. Colisão entre direitos fundamentais e critérios de ponderação. In: SARLET, Ingo Wolfgang (Org.). *Direitos fundamentais, informática e comunicação*: algumas aproximações. Porto Alegre: Livraria do advogado, 2007. p. 72. O princípio da ponderação extrai das normas constitucionais mandados de otimização através de três processos: adequação, necessidade e proporcionalidade *strictu sensu*. Nesse sentido, V. MOREIRA, Eduardo Ribeiro. *Neoconstitucionalismo*: a invasão da constituição. São Paulo: Método, 2008. p. 102.
23. Cf. SCHREIBER, Anderson. *Novos paradigmas da responsabilidade civil*. Da erosão dos filtros de reparação à diluição dos danos. 2. ed. São Paulo: Atlas, 2009. p. 165.

no tratamento das partes envolvidas [fornecedores e consumidores], como também na adoção de parâmetros de ordem prática."[24]

O art. 4º do CDC, ademais, é considerado como uma espécie de "norma narrativa", uma vez que é aberta, sendo usada para interpretar e guiar, "iluminando" a aplicação das regras do diploma. Indicam um caminho a se seguir, servindo de inspiração, objetivo para a formulação da solução do caso concreto.[25]

Além disso, não somente o Código de Defesa do Consumidor contém regras jurídicas aplicáveis às relações jurídicas travadas por intermédio da Internet. O Código Civil, principalmente no que concerne a regras sobre responsabilidade civil e contratos, além daquelas na parte geral, capacidade, nulidades etc. também podem constituir subsídio para que se chegue à regra do caso concreto em conflitos de interesses no âmbito da *net*.

Ainda que haja divergências metodológicas quanto à sua operacionalização dentro do ordenamento, é inegável haver um diálogo entre leis como o Código Civil e Código do Consumidor, ainda que guardem seu fundamento último na Constituição da República.[26]

Contudo, especificamente acerca da responsabilidade civil na Internet, conforme o exposto anteriormente, uma afirmação se impõe: muitas relações jurídicas se desenvolveram à míngua de regras legais que se atentem às peculiaridades da Rede.

Este é o desafio inicial, que somente pode ser transposto por uma abordagem que conglobe esforços doutrinários e jurisprudenciais em responder às demandas sociais apresentadas.

2. ANÁLISE CRÍTICA DO REGIME DE RESPONSABILIDADE CIVIL POR CONTEÚDO INSERIDO POR TERCEIROS NO MARCO CIVIL DA INTERNET E UMA SUGESTÃO PARA A PONDERAÇÃO ENTRE LIBERDADE DE EXPRESSÃO E BENS DA PERSONALIDADE

O texto, além de delinear as obrigações dos intermediários da Rede, os provedores de acesso e aplicações da Internet, também traz dispositivos sobre o regime de responsabilidade civil por informações inseridas por terceiros nos arts. 18 a 20.

---

24. FILOMENO, José Geraldo de Brito. Capítulo II – Da Política Nacional das Relações de Consumo. In: GRINOVER, Ada Pellegrini. *Código brasileiro de defesa do consumidor*: comentado pelos autores do anteprojeto. 8. ed. Rio de Janeiro: Forense Universitária, 2004. p. 68.
25. Cf. MARQUES, Claudia Lima. A Lei 8.078/90 e os direitos básicos do consumidor. In: BENJAMIN, Antônio Herman V.; MARQUES, Claudia Lima; BESSA, Leonardo Rocoe. *Manual de direito do consumidor*. 2. ed. rev, atual. e ampl. São Paulo: Ed. RT, 2009. p. 56-57. Explica, ainda, a autora que o conceito de "norma narrativa" se deve a Erik Jayme, a quem a noção de normas programáticas parece demasiado vaga, carecendo de eficácia prática. Cf. JAYME, Erik. *Considerations hisoriques et actuelles sur la codificacion Du droit internationel privé*. Recuel de cours de l'académie de la Haye, n. 177, p. 23 e ss. *Apud* MARQUES, Claudia Lima. Ibidem. p. 56.
26. Há algumas controvérsias entre o chamado "Diálogo das fontes" e a aplicação direta dos princípios constitucionais às relações entre privados. V. MARQUES, Claudia Lima. *Três tipos de diálogos entre o código de defesa do consumidor e o código civil de 2002*: superação das antinomias pelo "diálogo das fontes". In: PFEIFER, Roberto A. C.; PASQUALOTTO, Adalberto. *Código de defesa do consumidor e o código civil de 2002*: convergências e assimetrias. São Paulo: Ed. RT, 2005. p. 11 e ss. O que parece certo é que a relação entre CC e CDC não é nem de exclusão nem de especialidade, mas apenas de complementaridade mútua. Ressalta-se que o CDC tem por escopo constitucional a tutela de bens jurídicos diversos do CC. Cf. TEPEDINO, Gustavo. *Temas de direito civil*. Rio de Janeiro: Renovar, 2006. p. 408. E, conforme se verá, as relações na Internet são, primordialmente, de natureza consumerista. Principalmente nos *sites* de redes sociais.

2.1 Provedor de conexão à Internet

Primeiramente, o art. 18 cria uma imunidade legal ao provedor de conexão à Internet, dispondo que "não será responsabilizado civilmente por danos decorrentes de conteúdo gerado por terceiros". Contudo, sabe-se que o tema é controverso.

Ao analisar a problemática da responsabilidade dos provedores de acesso pela prática de *spam*, Tarcísio Teixeira identifica a existência de três orientações distintas: não responsabilização, responsabilização objetiva e responsabilidade subjetiva.[27]

A primeira, adotada até então pelo Marco Civil, opta pela não responsabilização do provedor de acesso. A justificativa principal é que sua atividade seria análoga a de um simples condutor de informações, como uma companhia de telefone, que não pode ser responsabilizada por não vistoriar o conteúdo das ligações.[28]

Afirma-se, incluso, que esta linha de argumentação valeria mesmo para se excluir sua responsabilidade por todo e qualquer conteúdo danoso que circula pela Rede.[29] Afinal, o provedor de acesso, em sua atuação típica, poderia ser responsabilizado apenas pelo tipo de informação que a tecnologia que explora lhe permitiria ter o controle e, naturalmente, o poder de bloqueio.

Entretanto, quando um fornecedor de acesso torna indisponível uma informação, o faz através de um endereço IP e não do conteúdo impróprio produzido pelo seu cliente, prática usada apenas em países que restringem a liberdade de expressão na Rede. Logo, nos termos de Marcel Leonardi, "não há espaço para meio termo",[30] razão pela qual o bloqueio de informações deve ser usado em situações excepcionais, o que, aparentemente, leva à conclusão de que a solução do art. 18 do Marco Civil seria, para esta orientação, a mais condizente com os valores constitucionais.

Para uma segunda corrente, a responsabilidade é de natureza objetiva. Afinal, mensagens não solicitadas são consideradas publicidade abusiva nos termos art. 37, § 2º, do CDC, "razão pela qual deverá responder o fornecedor que se beneficie de tal prática, segundo a sistemática do Código do Consumidor, salvo eventual direito de regresso deste contra terceiro emissor da mensagem."[31] O que não poderia ser objeto de exclusão em cláusula contratual também segundo o CDC, cabendo o direito de regresso ao eventual causador do dano.[32]

Finalmente, uma terceira orientação opta pela responsabilização subjetiva, caracterizada pela negligência do provedor em não cessar a prática ilícita após notificado. Embora Tarcísio Teixeira traga a possibilidade de ação de regresso, o autor considera

---

27. Cf. TEIXEIRA, Tarcísio. *Curso de direito e processo eletrônico*: doutrina jurisprudência e prática. São Paulo: Saraiva, 2013. p. 201.
28. Cf. Id. p. 203.
29. Cf. PINHEIRO, Patrícia Peck. *Direito digital*. 3. ed. São Paulo: Saraiva, 2009. p. 59.
30. LEONARDI, Marcel. Responsabilidade civil dos provedores de serviço de Internet por atos de terceiros. In: SILVA, Regina Beatriz Tavares da; SANTOS, Manoel J. Pereira dos. *Responsabilidade Civil na Internet e nos demais meios de comunicação*. São Paulo: Saraiva, 2007.p. 163.
31. MARTINS, Guilherme Magalhães. *Formação dos contratos eletrônicos de consumo via Internet*. 2. ed. Rio de Janeiro: Lúmen Juris, 2010. p. 39.
32. Cf. TEIXEIRA, Tarcísio. Op. cit. p. 212.

"mais razoável" a corrente subjetiva, que responsabiliza o provedor após a notificação de que um dos IPs por ele fornecidos estaria sendo palco da prática de *spam*.[33]

Ainda que esta possa parecer ser a solução intermediária, salienta-se que toda a discussão se baseia em uma Internet supostamente neutra, ou seja, em tecnologias que impossibilitem a discriminação de dados por parte dos provedores de acesso.

2.2 Provedor de aplicações de Internet

Posteriormente, os arts. 19 a 21 trazem o regime de responsabilidade civil pelo conteúdo produzido pelos usuários dos provedores de aplicações da Rede. O *caput* do art. 19 indica a opção da pré-ponderação entre os valores da liberdade de expressão e da proteção dos direitos da personalidade:

> Art. 19. *Com o intuito de assegurar a liberdade de expressão e impedir a censura*, o provedor de aplicações de internet somente poderá ser responsabilizado civilmente por danos decorrentes de conteúdo gerado por terceiros se, *após ordem judicial específica*, não tomar as providências para, no âmbito e *nos limites técnicos do seu serviço e dentro do prazo assinalado*, tornar indisponível o conteúdo apontado como infringente, ressalvadas as disposições legais em contrário.

Ademais, o parágrafo primeiro do dispositivo destaca que a "A ordem judicial de que trata o caput deverá conter, sob pena de nulidade, *identificação clara e específica do conteúdo apontado como infringente, que permita a localização inequívoca do material*."(-g.n.) E, finalmente, o projeto insere norma especial excludente no parágrafo segundo ao afirmar que "o disposto neste artigo não se aplica quando se tratar de infração a direitos de autor ou a direitos conexos".

Por seu turno, o art. 20 dispõe que, em regra, caberá ao provedor comunicar o usuário que inseriu o conteúdo caso este tenha sido retirado nos termos do art. 19, sempre que tiver informações que o identifiquem. Finalmente, o parágrafo único do mesmo dispositivo assevera que, caso solicitado pelo usuário que disponibilizou o conteúdo infrator, o provedor de aplicações de Internet com estrutura empresarial deverá substituir o local do conteúdo pelo teor da ordem judicial que determinou sua extração.[34]

---

33. Cf. Id. p. 208-209. Acerca das consequências da notificação na prática de spam, V.: Ementa: [...] Prestação de serviços de hospedagem de *site* na Internet – Ação de indenização por danos morais e materiais. Contrato de prestação de serviços para hospedagem do *site* da autora no provedor de internet da ré – Previsão de necessidade de observância da política anti SPAM do provedor – Denúncia de recebimento de "e mail" da autora não solicitado pelo usuário, o que configura SPAM – Quebra da confiança – Inobservância do princípio do "pacta sunt servanda" – Não cumprimento das providências solicitadas pela contratada para a resolução do problema de SPAM – Rescisão do ajuste acertada, com a interrupção da prestação do serviço de hospedagem de *site* na internet – Sentença mantida – Recurso desprovido (TJSP – 0168701-71.2007.8.26.0100 Apelação Relator(a): Carlos Nunes – Comarca: São Paulo – Órgão julgador: 33ª Câmara de Direito Privado – Data do julgamento: 02/07/2012 – Data de registro: 04/07/2012).

34. Art. 20. Sempre que tiver informações de contato do usuário diretamente responsável pelo conteúdo a que se refere o art. 19, caberá ao provedor de aplicações de Internet comunicar-lhe os motivos e informações relativos à indisponibilização de conteúdo, com informações que permitam o contraditório e a ampla defesa em juízo, salvo expressa previsão legal ou salvo expressa determinação judicial fundamentada em contrário.
Parágrafo único. Quando solicitado pelo usuário que disponibilizou o conteúdo tornado indisponível, o provedor de aplicações de Internet que exerce essa atividade de forma organizada, profissionalmente e com fins econômicos, substituirá o conteúdo tornado indisponível, pela motivação ou pela ordem judicial que deu fundamento à indisponibilização.

Conforme visto, são muitos os tópicos controversos na análise do sistema de responsabilidade civil disposto no Marco Civil, supostamente construído visando à proteção da liberdade de expressão do usuário.

O rol de temas a seguir não tem a pretensão de esgotar o assunto, mas delimita os subproblemas a serem enfrentados.

2.2.1 Notificação judicial

Em primeiro lugar, destaca-se o fato de a lei optar por um sistema de notificação e retirada de conteúdo obrigatoriamente pela via judicial. Em outras palavras, é clara no sentido de imputar responsabilidade ao provedor de aplicações pelo conteúdo inserido por terceiros somente após o momento em que conhece de decisão judicial que declara o conteúdo contido em determinado local em seus domínios e contém preceito cominatório para seu bloqueio, assinalando prazo para tal.

A orientação originalmente predominante nos tribunais acabou por construir jurisprudencialmente um sistema próximo ao do *notice and takedown*, previsto na regulamentação estrangeira – americana e europeia –, tema ainda sob análise do Supremo Tribunal Federal, com parecer da Procuradoria Geral da República.[35]

O sistema adotado pela lei, diametralmente oposto à jurisprudência anterior e ainda mais distante do adequado à plena proteção do consumidor, tem por princípio a "inimputabilidade da rede".

A opção legislativa teria por *voluntas legislatoris* o seguinte direcionamento: "tal medida visa a proteger os diversos intermediários responsáveis apenas pela transmissão e roteamento de conteúdos," asseverando que "a responsabilidade por eventuais infrações por danos decorrentes de conteúdo gerado por terceiros cabe àqueles que a cometeram, e não àqueles que mantém a infraestrutura necessária para o trânsito de informações na Internet".

Além disso, afirma-se que o sistema traz uma garantia à "indevida responsabilização de intermediários na Internet", protegendo-se "o potencial de inovação na rede", exceto quando a necessidade de bloqueio de conteúdo ocorrer por ordem judicial com determinação específica.

Por derradeiro, fez-se constar na redação definitiva do dispositivo a expressa menção à proteção da liberdade de expressão, a fim de se "evitar a censura, explicitando a preocupação da manutenção da Internet como um espaço de livre e plena expressão, assim como enfatiza que "a responsabilidade de que trata o *caput* do artigo tem natureza civil".

Preliminarmente, mister destacar que a redação do dispositivo levanta dúvidas. Afinal, parece que a lei visa dar ao Judiciário a última palavra sobre a licitude ou não do conteúdo sob análise. O que leva a crer que se presume ser produzido em contraditório.

Contudo, a prática tem demonstrado que a maioria esmagadora de decisões judiciais em ações desta natureza, que determinam a retirada de conteúdo, é oriunda de tutela

---

35. V., respectivamente, itens 2.4 e 2.4.2.

provisória ou de medidas cautelares em que se prescinde do contraditório, a *priori*, para sua determinação.

Ademais, a lei acaba por transferir ao Judiciário a análise do conteúdo das informações, tendo-se em vista o grande número de notificações recebidas diariamente por muitos provedores que compõem, elemento passivo em seu modelo de negócios.

O intuito da opção legislativa seria o de evitar a retirada indevida de conteúdo unilateralmente por parte dos intermediários da Rede, muitas vezes levada por um grande número de notificações extrajudiciais promovidas pelos grandes detentores de direitos patrimoniais de autor. Contudo, acaba por deixar desprotegida a vítima de violações à sua personalidade, uma vez que terá que buscar o Judiciário para ver resguardado seu direito à imagem, honra, privacidade, identidade etc.

Se o sistema visa evitar o abuso do direito de notificação por parte de alguns, não resolve o problema adequadamente, haja vista que os grandes conglomerados, detentores do poder econômico, dispõem de mais meios para velar pelos seus interesses judicialmente.

Caso o escopo fosse o da promoção de um contraditório prévio à retirada do conteúdo, resguardando a liberdade de expressão do usuário que o produziu, seria certo que o texto também elegeu via inadequada, haja vista que, para evitar um número desenfreado de ações judiciais, nada impede que os tribunais brasileiros disponibilizem um *link* com o indicativo "denuncie aqui", criem um "juizado especial de notificações para retirada de conteúdo da Internet" para que, por seu turno, se proceda à notificação eletrônica a qual vise à obtenção de ordem judicial com assinatura criptografada de magistrado.

Por essas razões, o sistema da notificação para retirada por via extrajudicial, consolidado jurisprudencialmente em momento anterior ao Marco Civil, ainda que dê azo para o retorno da vetusta culpa na seara da responsabilidade civil, desprotege menos a vítima do que aquele consolidado na redação do Marco Civil. Tanto que é objeto atualmente de tema de repercussão geral no Supremo Tribunal Federal, havendo controvérsias sobre sua Constitucionalidade:

> Tema 987. Discussão sobre a constitucionalidade do art. 19 da Lei n. 12.965/2014 (Marco Civil da Internet) que determina a necessidade de prévia e específica ordem judicial de exclusão de conteúdo para a responsabilização civil de provedor de internet, websites e gestores de aplicativos de redes sociais por danos decorrentes de atos ilícitos praticados por terceiros.

Entretanto, insta frisar que o atual entendimento do STJ é consonante com a atual redação do art. 19 do Marco civil, tanto que a corte consolidou o entendimento no sentido de que há dois momentos no tratamento da Responsabilidade Civil dos provedores de aplicação por conteúdo inserido por terceiros: um antes e outro depois do Marco. Nesse sentido:

> AGRAVO INTERNO NO RECURSO ESPECIAL. AÇÃO DE INDENIZAÇÃO POR DANOS MORAIS CUMULADA COM OBRIGAÇÃO DE FAZER. INTERNET. CONTEÚDO OFENSIVO. REMOÇÃO. RESPONSABILIDADE CIVIL DO PROVEDOR. CARACTERIZAÇÃO. CULPA. REDUÇÃO DO VALOR. REVISÃO. IMPOSSIBILIDADE. REEXAME DO CONJUNTO FÁTICO-PROBATÓRIO DOS AUTOS. SUMULA 7/STJ.
>
> 1. Recurso especial interposto contra acórdão publicado na vigência do Código de Processo Civil de 1973 (Enunciados Administrativos 2 e 3/STJ).

2. A jurisprudência do Superior Tribunal de Justiça define que (a) para fatos anteriores à publicação do Marco Civil da Internet, basta a ciência inequívoca do conteúdo ofensivo pelo provedor, sem sua retirada em prazo razoável, para que este se torne responsável e, (b) após a entrada em vigor da Lei 12.965/2014, o termo inicial da responsabilidade solidária do provedor é o momento da notificação judicial que ordena a retirada do conteúdo da internet.
3. Na hipótese, rever as conclusões firmadas pelas instâncias ordinárias, para excluir a culpa do provedor de internet pelos danos ocasionados à parte recorrida, demandaria a análise de fatos e provas dos autos, providência vedada no recurso especial em virtude do óbice da Súmula 7/STJ.
4. Somente comporta a excepcional revisão por esta Corte a indenização irrisória ou exorbitante, características não verificadas na hipótese dos autos, em que o valor foi arbitrado em R$ 40.000,00 (quarenta mil reais).
5. Agravo interno não provido.[36]

Mas, conforme se verá, este e outros elementos do atual estado de coisas no tocante ao tema não é o único objeto de críticas.

2.2.2 Necessidade de indicação da URL para bloqueio do conteúdo

Outro ponto controverso, diz respeito à necessidade de se indicar especificamente o local das informações na Internet, o que em termos técnicos corresponde à imposição de um requisito específico de validade à decisão judicial que contém o preceito cominatório de retirada do conteúdo, sob pena de nulidade (arts. 19, § 1º, e 21, parágrafo único).

Supostamente o sistema procura evitar ordens genéricas de supressão de conteúdo, com a obrigação de que a ordem judicial indique de forma clara e específica o conteúdo apontado como infringente, de forma a permitir a localização inequívoca do material.

Não obstante, no caso de danos à personalidade perpetrados pela Rede, é comum que as informações se multipliquem rapidamente. Quando o usuário efetua o pedido para a retirada indica URLs que encontra e que estão naquele momento na Rede mundial de computadores.

Por essa razão, decidiu no passado o STJ que incumbe a quem administra o *site* o dever técnico de impedir a divulgação do conteúdo ilícito, não lhe impondo a tarefa hercúlea de indicar precisamente as URLs:

CIVIL E PROCESSUAL CIVIL. MENSAGENS OFENSIVAS À HONRA DO AUTOR VEICULADAS EM REDE SOCIAL NA INTERNET (ORKUT). MEDIDA LIMINAR QUE DETERMINA AO ADMINISTRADOR DA REDE SOCIAL (GOOGLE) A RETIRADA DAS MENSAGENS OFENSIVAS. FORNECIMENTO POR PARTE DO OFENDIDO DAS URLS DAS PÁGINAS NAS QUAIS FORAM VEICULADAS AS OFENSAS. DESNECESSIDADE. RESPONSABILIDADE TÉCNICA EXCLUSIVA DE QUEM SE BENEFICIA DA AMPLA LIBERDADE DE ACESSO DE SEUS USUÁRIOS. 1. O provedor de internet – administrador de redes sociais –, ainda em sede de liminar, deve retirar informações difamantes a terceiros manifestadas por seus usuários, independentemente da indicação precisa, pelo ofendido, das páginas em que foram veiculadas as ofensas (URLs). 2. Recurso especial não provido.[37]

---

36. AgInt no REsp 1591179/CE, Rel. Ministro Ricardo Villas Bôas Cueva, Terceira Turma, julgado em 12/08/2019, DJe 14/08/2019.
37. REsp 1175675/RS, Rel. Ministro Luis Felipe Salomão, Quarta Turma, julgado em 09/08/2011, *DJe* 20/09/2011 – *Informativo* 580.

Tal posicionamento visava primeiramente fazer cessar o dano, haja vista que a rapidez com que as informações são replicadas e disponibilizadas na Internet pode fazer inútil a prestação jurisdicional futura. Outrossim, visa também preservar a própria efetividade da jurisdição, principalmente quando envolve antecipações dos efeitos da tutela em que se determina o bloqueio da informação e não apenas de um link específico.

Visando harmonizar a compreensão do tema, o Conselho de Justiça Federal, por ocasião da VI Jornada de Direito Civil, optou pela efetividade da tutela da dignidade humana da vítima que procura o judiciário para a satisfação da pretensão de bloqueio do conteúdo nocivo considerando que esta não pode ser incumbida do ônus de indicar em que local especificamente está disponibilizada a informação lesiva, aprovando o seguinte enunciado:

> Enunciado 554 – Independe de indicação do local específico da informação a ordem judicial para que o provedor de hospedagem bloqueie determinado conteúdo ofensivo na internet. Artigo: 927, parágrafo único, do Código Civil.

O Marco civil, portanto, propôs solução diametralmente oposta à jurisprudência do Superior Tribunal de Justiça e à orientação consolidada da doutrina nacional acerca do tema até então. Por essa razão, consolidou-se o seguinte posicionamento na jurisprudência da Corte:

> Os pedidos de remoção de conteúdo de natureza ofensiva a direitos da personalidade das páginas de internet, seja por meio de notificação do particular ou de ordem judicial, dependem da localização inequívoca da publicação (*Universal Resource Locator – URL*), correspondente ao material que se pretende remover.[38]

Esse é o mais recente entendimento consolidado do Tribunal da Cidadania.

2.2.3 Exclusão dos direitos de autor e conexos do sistema do Marco Civil

Esqueça tatuagens e não se preocupe com piercings – nossos filhos estão se tornando ladrões![39]

A expressão de Lawrence Lessig é utilizada para ilustrar como o sistema jurídico norte-americano é estruturado para manter os rigorosos *standards* de proteção dos direitos patrimoniais do autor (*copyright*) no país mesmo com o avanço da Internet. A "pirataria" cometida pelo compartilhamento dos arquivos em plataformas *peer to peer* (P2P), prática ainda comum nos dias de hoje, é veementemente combatida por *lobbies* parlamentares, não faltando exemplos de precedentes jurisprudenciais, legislativos,

---

38. BRASIL, Superior Tribunal de Justiça. Jurisprudência em teses. Edição 138. Verbete n. 12. Acórdãos mencionados: REsp 1738628/SE, Rel. Ministro Marco Aurélio Bellizze, Terceira Turma, julgado em 19/02/2019, REPDJe 26/02/2019. AgInt nos EDcl no REsp 1471164/MG, Rel. Ministro Lázaro Guimarães (Desembargador Convocado do TRF 5ª REGIÃO), QUARTA TURMA, julgado em 14/08/2018, DJe 22/08/2018). REsp 1694405/RJ, Rel. Ministra Nancy Andrighi, Terceira Turma, julgado em 19/06/2018, DJe 29/06/2018AgInt no AgInt no AREsp 956396/MG, Rel. Ministro Ricardo Villas Bôas Cueva, Terceira Turma, julgado em 17/10/2017, DJe 27/10/2017. AgRg no AREsp 681413/PR, Rel. Ministro Raul Araújo, Quarta Turma, julgado em 08/03/2016, DJe 17/03/2016.
39. LESSIG, Lawrence. Cultura Livre. *Como a mídia usa as tecnologias para barrar a criação intelectual e controlar a criatividade*. Trad. Fábio Emílio Costa. Editora Trama Virtual, p. 33.

ou mesmo soluções de mercado para manter o poder econômico e político dos grandes conglomerados da indústria cultural.[40,41]

Mutatis mutandi, no Brasil o ambiente não é muito diferente. E para compreender a proposição da regra que exclui a tutela dos direitos autorais e conexos do sistema proposto como principal para a Internet no Marco Civil, ou seja, o da obrigatoriedade de notificação judicial como condição para a imputação de responsabilidade civil ao provedor de aplicações, mister a análise de duas premissas básicas.

A primeira diz respeito à pretensão daqueles que representam a indústria cultural, o que leva à elevação dos padrões de proteção legal do *copyright* nos textos normativos. A segunda é que, movidos por esta disputa de interesses patrimoniais, os dispositivos sobre a responsabilidade do provedor de aplicações pelo conteúdo gerado por terceiro tiveram por duas vezes sua redação original modificada.

Os direitos autorais passaram a incorporar a regra geral, da necessidade de ordem judicial específica para a retirada. É possível identificar que, ainda que haja um forte apelo à liberdade de expressão, outros interesses estão em jogo, principalmente o dos grandes intermediários da Internet, hoje responsáveis pela maioria das lides sobre conteúdo gerado por terceiros contra os detentores dos direitos patrimoniais do autor, por seu turno protagonistas na maioria das notificações extrajudiciais para retirada de conteúdo. A razão para que tenham proteção maior do que imagem, honra, identidade e privacidade do usuário passa longe da opção constitucional por maior proteção às situações subjetivas existenciais em detrimento às situações objetivas patrimoniais.

Sabe-se que a sistemática da notificação extrajudicial no âmbito dos direitos autorais e a consequente responsabilização solidária do provedor de hospedagem pela negligência de não tornar inacessível o conteúdo em prazo razoável reflete orientação jurisprudencial sobre o tema no Superior Tribunal de Justiça:

> AGRAVO REGIMENTAL. AGRAVO EM RECURSO ESPECIAL. *DANO MORAL. DISPONIBILIZAÇÃO DE MATERIAL DIDÁTICO EM BLOGS, NA INTERNET, SEM AUTORIZAÇÃO DA PARTE AUTORA.* CONCLUSÃO DO COLEGIADO ESTADUAL FIRMADA COM BASE NA ANÁLISE DOS ELEMENTOS

---

40. Nesse sentido, v. LONGHI, João Victor Rozatti. A teoria dos sistemas dos sistemas de Niklas Luhmann e o direito à informação no direito brasileiro. O "furto" de camelos jurídicos reais na domesticação do direito da propriedade intelectual no âmbito da Internet. Artigo publicado no XVIII Congresso Nacional do CONPEDI. São Paulo, 2009. Disponível em: <http://www.publicadireito.com.br/conpedi/manaus/arquivos/Anais/sao_paulo/2233.pdf>. Acesso em: 11 jan. 2021.
41. Acerca das soluções de mercado e do paulatino "fechamento" das tecnologias que compõem a Internet rumo a um possível monopólio global de propriedade intelectual, Tim Wu: "Todo mundo sabe o quanto os aparelhos da Apple são agradáveis para os usuários; mas poucos percebem o quanto são "agradáveis para Hollywood". Apesar das queixas sobre as altas comissões cobradas pela Apple, os grandes conglomerados da mídia e até editores de jornais a veem como a plataforma necessária para seus conteúdos – a mercadoria que, não muito tempo atrás, reinava soberana. A realidade apresenta um nítido contraste com a proposta de abertura do pessoal da web. Nos Estados Unidos, o Google recebe um fluxo contínuo de mensagens exigindo a remoção de links para materiais que infringem as leis de direitos autorais (o YouTube responde pela parte do leão). Muitos, em particular os velhos conglomerados da mídia de Nova York e a indústria editorial, veem o Google com desconfiança, sentimento que persiste a despeito das inúmeras e honestas declarações sobre as intenções benignas da empresa. Na verdade, essas profissões de fé acabam piorando as coisas, porque confirmam para o tradicional gerador de conteúdo que o Google não reconhece como se ganha dinheiro nesse jogo. Ainda que bem-intencionada, a ignorância toma a forma de uma ameaça existencial aos que ainda tentam ganhar algo explorando o trabalho alheio e coisas do tipo" WU, Tim. Impérios (cit.). p. 351.

FÁTICO-PROBATÓRIO CONSTANTE NOS AUTOS. QUANTUM INDENIZATÓRIO FIXADO COM RAZOABILIDADE. 1. No caso concreto, foi *disponibilizado material didático em blogs, na internet, sem autorização da parte autora*. Notificada sobre a ilicitude, a Google não tomou nenhuma providência, somente vindo a excluir os referidos blogs, quando intimada da concessão de efeito suspensivo-ativo no Agravo de Instrumento nº 1.0024.08.228523-8/001. 2. A revisão do Acórdão recorrido, que concluiu pela culpa da Agravante para o dano moral suportado pela Parte agravada, demandaria o reexame do conjunto fático-probatório delineado nos autos, providência inviável em âmbito de Recurso Especial, incidindo o óbice da Súmula 7 deste Tribunal. [...] 4. Inocorrência de teratologia no caso concreto, em que, para a demora na retirada de publicação de material didático sem autorização foi fixado, em 04.08.2011, o valor da indenização em R$ 12.000,00 (doze mil reais) a título de dano moral, consideradas as forças econômicas da autora da lesão. 5. Agravo Regimental improvido.[42]

O Marco Civil apenas afirma que aos direitos autorais não se aplica a sistemática geral de notificação judicial. E da análise da disputa entre intermediários da Internet e indústria do *copyright* se conclui que há um jogo de interesse de cifras volumosas no qual sai perdendo o usuário consumidor, cada vez mais vulnerável aos riscos aos aspectos de sua personalidade.

2.2.4 Conteúdos com potencial lesivo já reconhecido: o exemplo da pedofilia

Além disso, é certo que determinados conteúdos já gozam de tratamento legislativo diferenciado, principalmente pelos riscos que apresentam à tutela dos direitos da personalidade dos usuários.

É o caso de alguns interesses, como o de crianças e adolescentes, que já vem sendo objeto da atenção especial dos tribunais e de políticas legislativas. Por exemplo, o art. 241-A, § 2º, do Estatuto da Criança e do Adolescente, que responsabiliza criminalmente o responsável pela manutenção em seu domínio de conteúdo relativo a pedofilia se, oficialmente notificado, não proceda à sua efetiva retirada.[43]

No caso da responsabilidade criminal do agente principal, ou seja, aquele que efetivamente pratica as ações típicas do *caput*, a jurisprudência brasileira infelizmente é farta, concluindo-se por exemplo pela punibilidade do agente mesmo quando o compartilhamento é oriundo de redes P2P, pouco importando a alegação de desconhecimento da ilicitude do material.[44]

---

42. AgRg no AREsp 259482/MG, Rel. Ministro SIDNEI BENETI, TERCEIRA TURMA, julgado em 16/04/2013, DJe 30/04/2013. Grifamos.
43. Art. 241-A. Oferecer, trocar, disponibilizar, transmitir, distribuir, publicar ou divulgar por qualquer meio, inclusive por meio de sistema de informática ou telemático, fotografia, vídeo ou outro registro que contenha cena de sexo explícito ou pornográfica envolvendo criança ou adolescente: (Incluído pela Lei 11.829, de 2008) Pena – reclusão, de 3 (três) a 6 (seis) anos, e multa. (Incluído pela Lei 11.829, de 2008)
§ 1º Nas mesmas penas incorre quem: (Incluído pela Lei 11.829, de 2008)
I – assegura os meios ou serviços para o armazenamento das fotografias, cenas ou imagens de que trata o caput deste artigo; (Incluído pela Lei 11.829, de 2008); II – assegura, por qualquer meio, o acesso por rede de computadores às fotografias, cenas ou imagens de que trata o caput deste artigo.(Incluído pela Lei 11.829, de 2008); § 2º As condutas tipificadas nos incisos I e II do § 1º deste artigo são puníveis quando o responsável legal pela prestação do serviço, oficialmente notificado, deixa de desabilitar o acesso ao conteúdo ilícito de que trata o caput deste artigo. (Incluído pela Lei 11.829, de 2008)
44. PENAL. PROCESSUAL PENAL. CRIMES ENVOLVENDO CRIANÇA E ADOLESCENTE. PEDOFILIA. COMPETÊNCIA. JUSTIÇA FEDERAL. MATERIALIDADE E AUTORIA COMPROVADAS. 1. Materialidade devidamente comprovada pelo auto de apreensão, laudo de Exame de Dispositivo de Armazenamento Computacional (HD),

Ainda que o Marco Civil seja claro quanto ao escopo de tratar de responsabilidade civil e não criminal, além de ressalvar disposições legais em contrário, o dispositivo contido ao final do *caput* artigo 19 pode promover antinomia aparente com os arts. 932, inciso V, 933 e 942, parágrafo único, todos do Código Civil, que trazem a responsabilidade objetiva e solidária de quem, ainda que gratuitamente, participar de produto de crime.[45]

A combinação dos dispositivos leva à responsabilização objetiva e solidária daquele que participa do produto do crime, até a concorrente quantia. Por óbvio, o sistema do Código Civil não foi concebido em uma época em que dados pessoais são tratados como *commodities* e o acesso ao conteúdo *online* gera lucro, ainda que indireto, àquele que o disponibiliza. Contudo, tal tese tem feito com que inúmeros provedores busquem soluções tecnológicas ao problema de informações presumivelmente danosas, como as que contém atos de pedofilia. Entretanto, não significa que mitigar os riscos os elimine por completo.

Dado o caráter especial das informações contendo pedofilia, as soluções tecnológicas contra os infratores sejam cada vez sofisticadas. Bem como os riscos à privacidade decorrente de seu uso. É o caso, por exemplo, da formação de bancos de dados com informações sensíveis dos possíveis criminosos.[46]

Ainda que por um lado possa parecer louvável a iniciativa, inclusa por ajudar no cumprimento de tratados e convenções internacionais sobre o tema, nada impede a responsabilização objetiva pelo seu manejo caso haja defeito do serviço (como a inserção indevida de usuário neste banco de dados, por exemplo). Mais uma razão para se preocupar com os riscos trazidos pela Internet à garantia do direito ao esquecimento,

---

laudo de n. 2440/2009, o qual concluiu que, através do programa Emule o acusado não só baixou arquivos contendo vídeos de pornografia infantil, bem como deixou disponível para que outras pessoas tivessem, através da Internet, acesso a tais documentos. Não era o réu apenas receptor dos vídeos e imagens pornográficas, mas também divulgador de tais conteúdos. 2. Não é crível a tese de desconhecimento de compartilhamento dos arquivos baixados. Ao instalar o programa Emule, o computador disponibiliza uma tela contendo as expressões "Download/Upload", de forma que seria impossível não tomar conhecimento de que os arquivos baixados seriam, também, compartilhados com outros usuários da rede mundial de computadores. 3. Os arquivos que os usuários do Emule disponibilizam ficam em pastas próprias, em seus computadores, bastando que estejam apenas ligados para possibilitar a captação dos vídeos ou imagens, a qualquer momento, por qualquer interessado. (ACR Desembargador Federal Tourinho Neto, TRF1 – Terceira Turma, e-DJF1 DATA: 05/04/2013 página: 290.)

45. Art. 932. São também responsáveis pela reparação civil: [...] V – os que gratuitamente houverem participado nos produtos do crime, até a concorrente quantia.
Art. 933. As pessoas indicadas nos incisos I a V do artigo antecedente, ainda que não haja culpa de sua parte, responderão pelos atos praticados pelos terceiros ali referidos.
Art. 942. [...] Parágrafo único. São solidariamente responsáveis com os autores os coautores e as pessoas designadas no art. 932.

46. *"David Drummond, Google's chief legal officer, said: "Since 2008, we have used 'hashing' technology to tag known child sexual abuse images, allowing us to identify duplicate images which may exist elsewhere. 'Each offending image in effect gets a unique fingerprint that our computers can recognize without humans having to view them again.*
'Recently, we have started working to incorporate these fingerprints into a cross-industry database. This will enable companies, law enforcement, and charities to better collaborate on detecting and removing child abuse images.'" BARRET, David. *Google builds new system to eradicate child porn images from the web.* in *The telegraph* – 15 Jun. 2013. Disponível em: <http://www.telegraph.co.uk/technology/google/10122452/Google-builds-new-system-to-eradicate-child-porn-images-from-the-web.html>. Acesso em: 11 jan. 2021.

corolário dos direitos da personalidade,[47] cuja tutela fora recentemente enfraquecida no Brasil dada a recente posição do STF sobre o tema.[48-49]

Por essa razão, dada a sofisticada tecnologia utilizada por certos provedores, é possível se questionar acerca da viabilidade de um regime de responsabilidade diferenciado para determinados conteúdos, a exemplo do que já ocorre com a pedofilia.

O que causa preocupação é a generalização do tratamento legal dado a todo e qualquer provedor de aplicação e sem discriminar a natureza do conteúdo, à exceção dos direitos autorais. Em outros termos, causa preocupação a justificativa de que a ausência de responsabilidade é um corolário do direito fundamental à liberdade de expressão, como se não houvesse limites a este direito.

2.2.5 A superproteção da liberdade de expressão: o caso do hate speech e outros conteúdos potencialmente perigosos

Outro ponto necessário a ser explorado diz respeito aos limites ao exercício abusivo da liberdade de expressão. A liberdade de expressão não pode ser considerada em absoluto, como se fosse o único valor a ser tutelado pelo sistema normativo que visa proteger a dignidade humana na sociedade da informação. Nesse sentido, Rousiley C. M. Maia e Gomes:

> No momento da mais inflamada retórica emancipatória da Internet, a rede era entendida como uma reserva ambiental protegida por qualquer injunção de controle e filtro, e dedicada a cultivar a plena liberdade de expressão. Liberdade que, automaticamente, deveria ser considerada automaticamente como uma

---

47. Nesse sentido, o Enunciado 531 do CJF, aprovado pela VI Jornada de Direito Civil: "A tutela da dignidade da pessoa humana na sociedade da informação inclui o direito ao esquecimento". Artigo: 11 do Código Civil. O Enunciado proposto por Guilherme Magalhães Martins traz como justificativa: "[...] Não atribui a ninguém o direito de apagar fatos ou reescrever a própria história, mas apenas assegura a possibilidade de discutir o uso que é dado aos fatos pretéritos, mais especificamente o modo e a finalidade com que são lembrados." Contudo, complementa o autor do enunciado:
"Em casos em que haja uma gravidade suficiente. É necessário que haja uma grave ofensa à dignidade da pessoa humana, em que a pessoa seja exposta de maneira ofensiva. Porque existem publicações que obtêm lucro em função da tragédia alheia, da desgraça alheia ou da exposição alheia. E existe sempre um limite que deve ser observado". E a liberdade de expressão não é absoluta. Mas é claro que há situações que dizem respeito à esfera pública de uma pessoa e que, desde que não sejam desabonadoras, podem perfeitamente ser divulgadas. Então, o direito ao esquecimento não é um direito absoluto. Muito pelo contrário! Ele é excepcional". Especial Rádio STJ: direito ao esquecimento em debate – 04/08/2013. Disponível em: <http://www.stj.gov.br/portal_stj/publicacao/engine.wsp?tmp.area=448&tmp.texto=110602>. Acesso em: 11 jan. 2021.
48. Assim definiu a tese de repercussão geral o Supremo Tribunal Federal: "É incompatível com a Constituição Federal a ideia de um direito ao esquecimento, assim entendido como o poder de obstar, em razão da passagem do tempo, a divulgação de fatos ou dados verídicos e licitamente obtidos e publicados em meios de comunicação social – analógicos ou digitais. Eventuais excessos ou abusos no exercício da liberdade de expressão e de informação devem ser analisados caso a caso, a partir dos parâmetros constitucionais, especialmente os relativos à proteção da honra, da imagem, da privacidade e da personalidade em geral, e as expressas e específicas previsões legais nos âmbitos penal e cível". BRASIL, Supremo Tribunal Federal. STF conclui que direito ao esquecimento é incompatível com a Constituição Federal. Eventuais excessos ou abusos no exercício da liberdade de expressão e de informação devem ser analisados caso a caso. 11/02/2021 20h03. Disponível em: <https://portal.stf.jus.br/noticias/verNoticiaDetalhe.asp?idConteudo=460414&ori=1>. Acesso em: 15 fev. 2021.
49. Criticando o posicionamento, MARTINS, Guilherme Magalhães; GUIMARÃES, João Alexandre Silva Alves. Opinião: Direito ao esquecimento no STF: a dignidade da pessoa humana em risco. 10 de fevereiro de 2021, 16h05. Disponível em: <https://www.conjur.com.br/2021-fev-10/martins-guimaraes-direito-esquecimento-stf>. Acesso em: 11 fev. 2021.

virtude democrática. O modelo de democracia liberal-individualista conhecido como libertarianismo encontrava na forma do ciberlibertarianismo, a sua ponta-de-lança. Rapidamente se descobriu, entretanto, que a equação segundo a qual a liberdade sempre está do lado da democracia e controle do lado da tirania é só um artifício retórico do libertarianismo na sua forma mais extremada. Há informação má, perigosa, criminosa, ofensiva à dignidade humana, injuriosa e antidemocrática, e defender seu direito de existir não é o mesmo que lutar por direitos civis no ciberespaço. Ao contrário, pode significar o engajamento na proteção ao *hate speech*, ao racismo publicado, à discriminação de minorias (Gomes, 2002). E se na Internet de fato floresce um espaço da liberdade de expressão e de experiência democrática, ela igualmente se transformou no paraíso dos conservadores, da ultradireita, dos racistas e dos xenófobos, um refúgio que, aliás, tem-lhes sido mais seguro e próspero que o mundo *offline*.[50]

A sistemática que parte da inimputabilidade da rede como um princípio trata de maneira genérica toda e qualquer espécie de provedor, não se atentando nem à robustez da empresa que desempenha, nem da possibilidade técnica de controle que pode exercer por intermédio dos filtros que administra.

Eli Pariser, ao analisar a contradição existente entre o discurso dos programadores de *software* acerca da necessidade de proteção dos direitos individuais e da grande aglutinação de poder que o controle dos meios tecnológicos proporciona, adverte: "Se o código é a lei, como na famosa declaração de Larry Lessig, é importante entendermos o que os novos legisladores têm em mente. Precisamos entender aquilo em que acreditam os programadores do Google e do Facebook."[51] Em outro trecho, é enfático ao afirmar quais acredita serem as reais intenções dos grandes intermediários ao preconizar uma liberdade absoluta e irrestrita como base de suas condutas na Rede:

> Com muita frequência, os executivos do Facebook, Google e outras empresas socialmente importantes se fazem de bobos: são os revolucionários sociais quando lhes convêm e empresários amorais quando não. E as duas posturas deixam muito a desejar.[52]

As asseverações do autor ilustram o problema (e revelam a fragilidade) de uma preponderação de valores que dá maior peso à liberdade de expressão, em abstrato e em prejuízo de outros valores do ordenamento igualmente relevantes que podem prevalecer no caso concreto. Valores como a tutela de aspectos da personalidade como imagem atributo, privacidade, dentre outros, não podem ser simplesmente deixados de lado na Internet.

Criar um sistema de responsabilidade civil que parte do pressuposto da irresponsabilidade por todo e qualquer conteúdo, fazendo depender o dever de retirá-lo do ar de provimento judicial específico sobre o exato local da informação, pode deixar sem proteção alguma o elo mais fraco desta corrente: o usuário.

Utilizar como subterfúgio o caráter absoluto da liberdade de expressão para acobertar modelos de negócio irresponsáveis parece ser a subversão completa dos valores constitucionais, que sempre tiveram as situações subjetivas existenciais como corolário do epicentro axiológico do ordenamento: a dignidade da pessoa humana em todos os seus

---

50. GOMES, Wilson; MAIA, Rousiley C. M. *Comunicação e democracia*: problemas & perspectivas. São Paulo: Paulus, 2008. p. 321-322.
51. PARISER, Eli. O filtro invisível. *O que a Internet está escondendo de você*. Tradução de Diego Alfaro. Rio de Janeiro: Zahar, 2012. p. 23.
52. Idem. p. 156.

aspectos. Em outros termos, usar o direito fundamental à liberdade de expressão como base da "inimputabilidade" de todo e qualquer intermediário da rede esconde a tutela de um único direito fundamental em detrimento de todos os outros: a livre iniciativa.

Essa também é a conclusão de Daniel Solove. Para o autor, a Seção 230 do *Communications Decency Act* deveria ser reformada: "Além de falhar na proteção adequada da privacidade, a lei superprotege a liberdade de expressão. Particularmente, o CDA § 230 promove uma cultura de irresponsabilidade quando se trata da liberdade de expressão *online*."[53]

O dispositivo legal estrangeiro, curiosamente, é um dos que vêm sendo utilizado tanto como fundamentação para a jurisprudência brasileira até então como para justificar a opção legislativa a ser tomada pelo Marco Civil. Ao mesmo passo em que a doutrina norte-americana preconiza sua retirada do ordenamento jurídico local. Por essa razão, é necessário imediatamente repensar sobre o sistema proposto.

E uma hipótese chama especial atenção para os riscos de se relegar ao usuário toda e qualquer responsabilidade pelas informações que produz e compartilha *online*. Trata-se do *hate speech*.

Não há tradução exata que extraia o real significado da expressão *hate speech*. Contudo, o instituto é tradado pela doutrina como legitimação do discurso de ódio, manifestações de ódio, geralmente ligadas a questões raciais, étnicas, religiosas, de orientação sexual etc. Segundo Marcela Maffei Quadra Travassos:

> É um instituto jurídico bastante difundido em alguns países por meio do qual se permite o exercício da liberdade de expressão de forma ilimitada se abre a toda e qualquer pessoa (inclusive veículos de comunicação) dizer tudo o que pensar sobre os mais variados temas. Em feição geral, o *hate speech* valida todas as formas de manifestação opinião, ainda que revestida de palavras e pensamentos que, direta ou indiretamente, expressem o ódio do interlocutor a determinadas pessoas ou grupo de pessoas com características convergentes, comumente tratados sob o enfoque das minorias.[54]

Deve-se ter em mente que, no Brasil, ainda que possa ser discutível sua aplicação, o Supremo Tribunal Federal, na única oportunidade em que se manifestou sobre o tema, concluiu por sua inadequação aos valores constitucionais. Por isso, denegou *habeas corpus* a escritor de livro com conteúdo antissemita, mantendo sua condenação pela prática de crime de racismo. Dada a clareza da ponderação entre liberdade de expressão e valores da personalidade, mister destaque ao seguinte trecho:

> Garantia constitucional que não se tem como absoluta. Limites morais e jurídicos. O direito à livre expressão não pode abrigar, em sua abrangência, manifestações de conteúdo imoral que implicam ilicitude penal. 14. As liberdades públicas não são incondicionais, por isso devem ser exercidas de maneira harmônica, observados os limites definidos na própria Constituição Federal (CF, artigo 5º, § 2º, primeira parte). O preceito fundamental de liberdade de expressão não consagra o "direito à incitação ao racismo", dado que um direito individual não pode constituir-se em salvaguarda de condutas ilícitas,

---

53. SOLOVE, Daniel. *Speech, privacy and reputation on the Internet*. In: LEVMORE, Saul; NUSSBAUM, Martha. *The offensive Internet*. Cambridge: Harvard University Press, 2010. p. 23. Tradução livre.
54. TRAVASSOS, Marcela Maffei Quadros. *Hate speech* e liberdade de expressão. In: SCHREIBER, Anderson (coord.). Direito e mídia. São Paulo: Atlas, 2013. p. 290.

como sucede com os delitos contra a honra. Prevalência dos princípios da dignidade da pessoa humana e da igualdade jurídica.⁵⁵

Contudo, da análise do inteiro teor dos debates entre os ministros que proferiram o acórdão, percebe-se que o tema é extremamente controverso. Principalmente porque, no caso, tratava-se de uma análise sobre um fato histórico, ainda que conhecido como cruel episódio da história contemporânea.⁵⁶

---

55. Pela singularidade do caso, convém colacionar sua íntegra: "*Habeas corpus*. Publicação de livros: antissemitismo. Racismo. Crime imprescritível. Conceituação. Abrangência constitucional. Liberdade de expressão. Limites. Ordem denegada. 1. Escrever, editar, divulgar e comerciar livros "fazendo apologia de ideias preconceituosas e discriminatórias" contra a comunidade judaica (Lei 7716/89, artigo 20, na redação dada pela Lei 8081/90) constitui crime de racismo sujeito às cláusulas de inafiançabilidade e imprescritibilidade (CF, artigo 5º, XLII). [...] 5. Fundamento do núcleo do pensamento do nacional-socialismo de que os judeus e os arianos formam raças distintas. Os primeiros seriam raça inferior, nefasta e infecta, características suficientes para justificar a segregação e o extermínio: inconciliabilidade com os padrões éticos e morais definidos na Carta Política do Brasil e do mundo contemporâneo, sob os quais se ergue e se harmoniza o estado democrático. Estigmas que por si só evidenciam crime de racismo. Concepção atentatória dos princípios nos quais se erige e se organiza a sociedade humana, baseada na respeitabilidade e dignidade do ser humano e de sua pacífica convivência no meio social. Condutas e evocações aéticas e imorais que implicam repulsiva ação estatal por se revestirem de densa intolerabilidade, de sorte a afrontar o ordenamento infraconstitucional e constitucional do País. 6. Adesão do Brasil a tratados e acordos multilaterais, que energicamente repudiam quaisquer discriminações raciais, aí compreendidas as distinções entre os homens por restrições ou preferências oriundas de raça, cor, credo, descendência ou origem nacional ou étnica, inspiradas na pretensa superioridade de um povo sobre outro, de que são exemplos a xenofobia, "negrofobia", "islamafobia" e o antissemitismo. 7. A Constituição Federal de 1988 impôs aos agentes de delitos dessa natureza, pela gravidade e repulsividade da ofensa, a cláusula de imprescritibilidade, para que fique, *ad perpetuam rei memoriam*, verberado o repúdio e a abjeção da sociedade nacional à sua prática. 8. Racismo. Abrangência. Compatibilização dos conceitos etimológicos, etnológicos, sociológicos, antropológicos ou biológicos, de modo a construir a definição jurídico-constitucional do termo. Interpretação teleológica e sistêmica da Constituição Federal, conjugando fatores e circunstâncias históricas, políticas e sociais que regeram sua formação e aplicação, a fim de obter-se o real sentido e alcance da norma. 9. Direito comparado. A exemplo do Brasil as legislações de países organizados sob a égide do estado moderno de direito democrático igualmente adotam em seu ordenamento legal punições para delitos que estimulem e propaguem segregação racial. Manifestações da Suprema Corte Norte-Americana, da Câmara dos Lordes da Inglaterra e da Corte de Apelação da Califórnia nos Estados Unidos que consagraram entendimento que aplicam sanções àqueles que transgridem as regras de boa convivência social com grupos humanos que simbolizem a prática de racismo. 10. A edição e publicação de obras escritas veiculando ideias antissemitas, que buscam resgatar e dar credibilidade à concepção racial definida pelo regime nazista, negadoras e subversoras de fatos históricos incontroversos como o holocausto, consubstanciadas na pretensa inferioridade e desqualificação do povo judeu, equivalem à incitação ao discrímen com acentuado conteúdo racista, reforçadas pelas consequências históricas dos atos em que se baseiam. 11. Explícita conduta do agente responsável pelo agravo revelador de manifesto dolo, baseada na equivocada premissa de que os judeus não só são uma raça, mas, mais do que isso, um segmento racial atávica e geneticamente menor e pernicioso. 12. Discriminação que, no caso, se evidencia como deliberada e dirigida especificamente aos judeus, que configura ato ilícito de prática de racismo, com as consequências gravosas que o acompanham. [...corpo do texto...] 15. "Existe um nexo estreito entre a imprescritibilidade, este tempo jurídico que se escoa sem encontrar termo, e a memória, apelo do passado à disposição dos vivos, triunfo da lembrança sobre o esquecimento". No estado de direito democrático devem ser intransigentemente respeitados os princípios que garantem a prevalência dos direitos humanos. Jamais podem se apagar da memória dos povos que se pretendam justos os atos repulsivos do passado que permitiram e incentivaram o ódio entre iguais por motivos raciais de torpeza inominável. 16. A ausência de prescrição nos crimes de racismo justifica-se como alerta grave para as gerações de hoje e de amanhã, para que se impeça a reinstauração de velhos e ultrapassados conceitos que a consciência jurídica e histórica não mais admitem. Ordem denegada." HC 82424, Relator(a): Min. Moreira Alves, Relator(a) p/ Acórdão: Min. Maurício Corrêa, Tribunal Pleno, julgado em 17/09/2003, *DJ* 19-03-2004 PP-00017 EMENT VOL-02144-03 PP-00524.
56. Para interessante leitura dos votos divergentes do aresto, V. SCHREIBER, Anderson. *Direitos da personalidade*. 2. ed. rev. e atualizada. São Paulo: Atlas, 2013. p. 245-247.

Posto isto, salienta-se que mais um aspecto entra em cena na análise do *hate speech* na atualidade. É o fato de que, nas redes sociais da Internet, a informação pode ser produzida e compartilhada em tempo real pelos consumidores do serviço.

Situações práticas não faltam, como, v. g., o do *Star Wars Kid*, garoto que foi filmado dançando e, rapidamente, se espalhou na Rede, constrangendo-o.[57] O mesmo ocorreu com a cantora e apresentadora Barbra Streisand, quem obteve a retirada de determinado conteúdo considerado vexatório e, rapidamente, teve o mesmo conteúdo publicado milhares de vezes por internautas em todo o mundo.[58]

Sabe-se que, conforme amplamente salientado, a Internet hoje é muito diferente daquela de décadas atrás. Com efeito, os filtros utilizados pelos provedores são muito mais sofisticados do que quando do surgimento das primeiras redes sociais.[59]

Hoje, as principais redes sociais no mundo consignam expressamente nos seus termos de uso que arroga para si o poder de coibir conteúdo que considera como discurso de ódio. Proíbe-se pornografia, *bullying*, dentre outras. Muitas vezes, utilizando-se de filtros de conteúdo para impedir previamente sua disponibilização. Entretanto, a cláusulas contratuais trazem inúmeras excludentes de responsabilidade, transferindo riscos expressamente ao usuário, além de constituir a *postestas* da *exceptio non adimplendi contractus* por violação de termos pelo usuário.

Tendo sido compreendido que a relação jurídica entre provedor de aplicações de redes sociais e usuário é considerada como uma relação de consumo, questão sedimentada na jurisprudência nacional, é questionável a validade de tais cláusulas contratuais.

Os provedores nestes casos dispõem unilateralmente sobre exclusão da responsabilidade e atribuem riscos que expressamente assumem por intermédio de seu contrato e do comportamento que provocam em seus algoritmos. Portanto, a manutenção de um sistema seguro é um risco por ele criado, que atrai a sistemática de responsabilidade civil objetiva do Código de Defesa do Consumidor, além do dever de informar da natureza potencialmente perigosa do conteúdo (art. 9º c.c. 14 do CDC).

---

57. Sobre o caso *Star Wars Kid*, V. ZITTRAIN, Jonathan. *The future of Internet and how to stop it*. New Haven/London: Yale University Press, 2008. p. 211-212.
58. Sobre o chamado efeito Streisand, para Marcel Leonardi análogo ao *leading case* brasileiro envolvendo a modelo Daniella Cicarelli e seu namorado: "O 'efeito Streisand' também já ocorreu no Brasil. O caso mais conhecido é o que envolveu o vídeo da modelo Daniela Cicarelli em cena de sexo, que foi reproduzido em centenas de Web sites por diversos usuários de todas as partes do globo, como forma de protesto ao bloqueio temporário de acesso ao Web site YouTube.com no país e que, consequentemente, ainda pode ser encontrado online, por meio de uma simples pesquisa realizada em um mecanismo de busca com os termos "vídeo Cicarelli"." LEONARDI, Marcel. *Privacidade na Internet*, p. 353.
59. Nesse sentido, Eli Pariser: "Segundo, a bolha dos filtros é invisível. Os espectadores de fontes de notícias conservadoras ou progressistas geralmente sabem que estão assistindo a um canal com determinada inclinação política. No entanto, a pauta do Google não é transparente. O Google não nos diz quem ele pensa que somos ou por que esta nos mostrando o resultado que vemos. Não sabemos se as suposições que o *site* faz sobre nós estão certas ou erradas – as pessoas talvez nem imaginem que o *site* está fazendo suposições sobre elas. Minha amiga que recebeu informações sobre a BP destinadas a investidores ainda não entendeu por quê, posto que não investe na bolsa de valores. Por não escolhermos os critérios que os *sites* usam para filtrar os diversos assuntos, é fácil intuirmos que as informações que nos chegam através de uma bolha de filtros sejam imparciais, objetivas, verdadeiras. Mas não são. Na verdade, quando as vemos de dentro da bolha é quase impossível conhecer seu grau de parcialidade." PARISER, Eli. *O filtro invisível*: o que a Internet está escondendo de você. Tradução de Diego Alfaro. Rio de Janeiro: Zahar, 2012. p. 15.

Ainda que se utilize, como regra, o sistema do "*notice and takedown*", não se deveria concluir que o provedor responde subjetivamente. A responsabilidade, do ponto de vista ontológico, é de natureza objetiva e a notificação, de natureza extrajudicial e realizada por um canal disponibilizado no próprio *site*, deveria funcionar como uma espécie de condição de procedibilidade. Algo que se reforça principalmente no que concerne a situações vexatórias como as do *hate speech*.

E é possível sustentar que também podem ser consideradas dessa mesma natureza as informações inseridas por intermédio dos perfis falsos, revelando a necessidade de um sistema de responsabilidade dos provedores de aplicações de *sites* de redes sociais mais protetivo aos consumidores. Principalmente quando se tratar de conglomerados empresariais, conforme se verá a seguir.

2.2.6 Compartilhamento e disponibilização de imagens íntimas sem autorização

O dito princípio da inimputabilidade da rede, preconizado como basilar no sistema de responsabilização proposto pelo Marco Civil, vem dando sinais de insuficiência frente a fatos recentes. Afinal, as aplicações de Internet propiciam, aliada à proliferação de *smartphones*, *tablets* e dispositivos que capturam imagem com mais qualidade e precisão, levam a um ambiente que facilita o compartilhamento de momentos de intimidade dos consumidores.

Contudo, a alteração no sistema moral não acompanha a velocidade da tecnologia e tal ambiente deixa ainda mais vulneráveis alguns grupos de indivíduos. Talvez por isso sejam cada vez mais comuns episódios de execração pública de pessoas que tiveram imagens íntimas divulgadas sem autorização, principalmente adolescentes do sexo feminino.[60]

Na doutrina estrangeira, é também possível verificar a preocupação com os denominados *cyber mobs*, compreendidos *lato sensu* como formas *bullying*, onde vários usuários se mobilizam com o intuito de humilhar a vítima, causando-lhe danos psíquicos de grande profundidade. Nos termos de Danielle Keats Citron, tais práticas fazem a vítima se reduzir a seres inferiores e objetos sexuais.[61]

Sensível aos riscos desse sistema, o legislador introduz expressamente o art. 21, que pode ser considerado como a primeira exceção legal ao sistema da notificação judicial como condição de responsabilização do provedor pelo conteúdo inserido por terceiros. *In verbis*:

> Art. 21. O provedor de aplicações de Internet que disponibilize conteúdo gerado por terceiros poderá ser *responsabilizado subsidiariamente pela divulgação de imagens, vídeos ou outros materiais contendo*

---

[60] Por exemplo o famoso caso da adolescente Francine, que teve um vídeo íntimo compartilhado pelo aplicativo Whatsapp. Em pouco tempo, se tornou motivo de piada em redes sociais, exponenciando ainda mais o dano causado à vítima. Em outro caso, uma adolescente se suicidou após ser vítima de fato semelhante. GLOBO. Portal G1. 'Não tenho mais vida', diz Fran sobre vídeo íntimo compartilhado na *web*. Disponível em: <http://g1.globo.com/fantastico/noticia/2013/11/nao-tenho-mais-vida-diz-fran-sobre-video-intimo-compartilhado-na-web.html>. Acesso em: 11 jan. 2021.

[61] Cf. CITRON, Danielle Keats. *Civil rights in our information age* in LEVMORE, Saul; NUSSBAUM, Martha. *The offensive Internet*. Cambridge: Harvard University Press, 2010. p. 31.

cenas de nudez ou de atos sexuais de caráter privado sem autorização de seus participantes quando, após o recebimento de notificação, deixar de promover, de forma diligente, no âmbito e nos limites técnicos do seu serviço, a indisponibilização desse conteúdo. (g. n.)

Ainda que seja dúbia a redação, aparentemente o legislador abandona o paradigma da necessidade de indicação expressa da URL, haja vista que prevê no parágrafo único que "a notificação prevista no *caput* deverá conter elementos que permitam a identificação específica do material apontado como violador de direitos da vítima". Tal conclusão pode ser extraída, em um primeiro momento, uma vez que se distancia da regra geral, deixando de fazer menção a termos como "identificação clara e específica do conteúdo" e "localização inequívoca do material".

Ainda que seja um avanço, é pontual e tímido, mas serve ao menos para revelar a necessidade de um tratamento diverso a determinados tipos de informação, haja vista os riscos que carregam.[62]

---

62. Nesse sentido, decidiu o E. Tribunal de Justiça do Estado do Maranhão ao dar provimento à pretensão de retirada de fotos íntimas sem autorização, com o agravante de se tratar de época em que a vítima era menor de idade, prejudicando-lhe a atual imagem-atributo, haja vista já exercer função pública quando do ajuizamento da ação: "direito civil e processual civil. Ação inibitória com obrigação de fazer e pedido liminar. Direito à privacidade. Imagens, com conotação sexual, publicadas na web sem autorização. Sites de terceiros. Absoluta ausência de interesse público na divulgação. Obrigatoriedade dos provedores de pesquisa de internet de indisponibilizarem o acesso público a conteúdos ilícitos, depois de cientificados. Danos certos à privacidade e intimidade. Responsabilidade do provedor de pesquisa somente após sua notificação com prazo razoável ao cumprimento da ordem judicial. Marco Civil da Internet. Jurisprudência do STJ divergente entre 3ª e 4ª Turmas. Fundamentação em consonância com princípios constitucionais. Decisão conforme *leading case* do tribunal de justiça da união europeia. I – O fato de o serviço prestado pelo provedor de serviço de internet ser gratuito não desvirtua a relação de consumo, pois o termo mediante remuneração, contido no art. 3º, § 2º, do CDC, deve ser interpretado de forma ampla, de modo a incluir o ganho indireto do fornecedor, ainda que somente seja com publicidade sobre os usuários da internet; II – A fiscalização prévia, pelo provedor de conteúdo, do teor das informações postadas na web por cada usuário não é atividade intrínseca ao serviço prestado, de modo que não se pode reputar defeituoso, nos termos do art. 14 do CDC, o site que não examina e filtra os dados e imagens nele inseridos. III – O dano decorrente de imagens com conteúdo ofensivo inseridas no site pelo usuário não constitui risco inerente à atividade dos provedores de conteúdo, de modo que não se lhes aplica a responsabilidade objetiva prevista no art. 927, parágrafo único, do CC/02. IV – Ao ser comunicado de que determinado texto ou imagem possui conteúdo ilícito, deve o provedor agir de forma enérgica, retirando o material do ar no prazo máximo estipulado pela decisão judicial, sob pena de responder subsidiariamente com o autor direto do dano, em virtude da omissão praticada. V – Acaso a parte prejudicada não acione diretamente o provedor de busca de internet para relatar qualquer ilicitude com o uso de sua imagem, ao contrário, prefere buscar o Poder Judiciário para fazer cessar a atividade de pesquisa/busca em sites de terceiros por uso de imagem não autorizada, tal fato somente passa a caracterizar a culpa *in omittendo* do provedor de pesquisa depois de devidamente notificado da ordem judicial, sob pena de configurar-se responsabilidade objetiva. VI – Ainda que não exija os dados pessoais dos seus usuários, o provedor de conteúdo, que registra o número de protocolo na internet (IP) dos computadores utilizados para o cadastramento de cada conta, ou mesmo das páginas que disponibiliza como meio de consulta do público em geral, mantém um meio razoavelmente eficiente de rastreamento dos seus usuários, medida de segurança que corresponde à diligência média esperada dessa modalidade de provedor de serviço de internet. VII – Configura-se crime contra a criança e o adolescente, a disponibilização na internet de fotos íntimas de menores, conforme art. 241-A da Lei 8.069/90: "Art. 241-A. Oferecer, trocar, disponibilizar, transmitir, distribuir, publicar ou divulgar por qualquer meio, inclusive por meio de sistema de informática ou telemático, fotografia, vídeo ou outro registro que contenha cena de sexo explícito ou pornográfica envolvendo criança ou adolescente: Pena – reclusão, de 3 (três) a 6 (seis) anos, e multa. § 1º Nas mesmas penas incorre quem: I – assegura os meios ou serviços para o armazenamento das fotografias, cenas ou imagens de que trata o caput deste artigo; II – assegura, por qualquer meio, o acesso por rede de computadores às fotografias, cenas ou imagens de que trata o caput deste artigo. § 2º As condutas tipificadas nos incisos I e II do § 1º deste artigo são puníveis quando o responsável legal pela prestação do serviço, oficialmente notificado, deixa de desabilitar o acesso ao conteúdo ilícito de que trata o caput deste artigo." VIII – Decisões do STJ díspares entre 3ª e 4ª Turma. Decisão do Tribunal de Justiça da União Europeia em caso paradigma. IX – Agravo conhecido e

2.2.7 Regras distintas ao provedor que exerce atividade empresarial organizada

"Quando se é uma companhia nova, no começo, a abertura parece ótima, pois é uma porta de entrada. Mas tenho de admitir: quanto maior a gente fica, mais os sistemas fechados parecem atraentes."[63]

Frase atribuída por Tim Wu a um funcionário graduado da Google.

A epígrafe é atribuída por Tim Wu a um funcionário graduado da Google, em palestra proferida pelo professor da Universidade de Columbia no *campus* da empresa, em 2010. Ainda que não se queira eleger um ou outro provedor de aplicações da Internet como único a merecer um regime de responsabilidade diverso, correspondente aos riscos que cria para os direitos de terceiros, é certo que o sucesso de alguns deles acaba por chamar a atenção para os danos que podem vir a causar.

Assim, Google, Facebook, Microsoft e alguns outros gigantes da tecnologia acabam sempre por protagonizar número considerável de lides paradigmáticas sobre propriedade intelectual, privacidade, responsabilidade civil por conteúdo, proteção do consumidor e tantos outros temas caros ao Direito Virtual.

Contudo, ao contrário do sustentado até aqui, os grandes provedores de aplicações da Rede aplaudem o sistema proposto pelo Marco Civil da Internet. Sua principal alegação é a de que seria demasiado oneroso para os pequenos intermediários da Rede suportar sistema de responsabilidade que não seja o da notificação judicial para retirada de conteúdo.[64] Além da defesa aberta à liberdade de expressão dos usuários e à neutralidade da rede como princípios fundantes da Rede.

Conforme enfaticamente salientado, o bem-sucedido modelo de negócios das empresas na web contemporânea é proporcional, principalmente, à possibilidade de captação de informações estratégicas para o oferecimento de publicidade dirigida aos interesses dos usuários, chamado *marketing* cruzado.

Não obstante, os fatos revelam que o poder político e econômico adquirido pelos vencedores desta "corrida ao ouro para os dados pessoais"[65] lastreada por um discurso aparentemente libertário acabou por estruturar um ambiente cujas regras são baseadas em modelos privados de apropriação e regulação. Um verdadeiro faroeste em que os grandes provedores de aplicações criam e executam as próprias regras.

---

provido parcialmente. Ausente manifestação ministerial sobre o mérito. (TJMA – AgIn 39651/2014 – j. 16/12/2014 – Des. Marcelo Carvalho Silva.)." Ademais, agradecemos a citação deste capítulo na primeira edição desta obra na fundamentação desta decisão.

63. WU, Tim. Impérios (cit.). p. 355.
64. Cf. AGÊNCIA BRASIL. Google, Facebook e Microsoft elogiam o Marco Civil da Internet – 15/02/2013. Disponível em: <http://agenciabrasil.ebc.com.br/noticia/2013-08-15/google-facebook-e-microsoft-elogiam-marco-civil-da-internet>. Acesso em: 11 jan. 2021.
65. Acerca, Giuseppe Busia: "*Si tratta di una miniera inesauribile di dati, immateriali sì, ma non per questo meno appetibili, dal punto di vista economico, dell'oro, del petrolio o delle risorse naturali necessarie per la sopravvivenza dell'uomo. Basti solo pensare alla quotazion a Wall Street di Facebook ed alla sua valutazione sul mercato azionario, calcolata da analisti e investitori in diretta proporzione con il numero di profili e di dati che riesce a trattare. Quanto maggiore è la quantità di informazioni gestite da un operatore, tanto più elevata è la quotazione attribuita dal mercato, nonché la possibilità di conquistare una posizione di leadership globale, in un mercato senza confini.*" BUSIA, Giuseppe. Le frontiere della privacy in Internet: la nuova corsa all'oro per i dati personali. in POLICINO, Oreste; BERTOLINI, Elisa; LUBELLO, Valerio. Internet: regole e tutela dei diritti fondamentali. Milano: Aracne Editrice. p. 30.

Em entrevista ao *The New York Times*, Erick Schmith, CEO e cofundador da Google, afirmou categoricamente que não acredita na regulamentação legal como melhor forma de atuação do Estado frente às instituições privadas. Ademais, tornou público que o lema da empresa é "Não fazer o mal".

Entretanto, o executivo não se atentou (ou simplesmente silenciou) para o fato de que os confins entre bem e mal denotam um juízo de valor que não pode ser feito por códigos fontes. De que algoritmos não são neutros e as regras por eles definidas exprimem ponderações, discriminações, preconceitos que só aqueles que os programam podem ter feito previamente.

Ao analisar a forma como a humanidade atualmente se utiliza dos serviços oferecidos pela empresa (o que serve para todos os *gadgets* da tecnologia), Siva Vaidhyanathan alerta: "a Google reina como César". E a "fé" da humanidade neste "admirável mundo novo", onde nossas emoções, identidades, personalidades, desejos etc. foram transformados em objetos de mercado, acaba por fomentar uma perigosa ideologia, consequência especialmente da falta de assertividade do poder público na atualidade, que denomina de "tecnofundamentalismo".[66]

Insertos neste ambiente, segundo o autor, os fornecedores estruturaram uma sociedade regida por um "panóptico criptográfico", que submete os usuários a vigilância constante, aumentando a insegurança e permitindo a irresponsabilidade dos vigilantes.[67]

No tocante às responsabilidades, dentre elas aquela por conteúdo inserido por terceiros, como no caso do Youtube, conclui que "tem alto grau de responsabilidade pelo conteúdo inserido". Contudo, "insiste em ser regulada da forma mais fraca, especificando uma única regra para a regulação das complexas relações entre seres humanos e suas próprias necessidades".[68]

No mesmo sentido, Tim Wu, para quem o discurso público de "não fazer o mal", serve para ocultar um monopólio. Assim como a *AT&T*, cujo diretor também "prometeu não fazer nenhum mal"[69] no começo do século XX, as gigantes da tecnologia cada dia mais parecem se mostrar interessadas em seguir o mesmo caminho:

> O Google pode acabar mostrando a quadratura do círculo de uma flor a que lembra o grande monopolista anômalo da história, a AT&T, apresentando-se para a regulamentação a fim de não ser desfigurada. Pode tentar estabelecer negócios com o governo dos Estados Unidos e de outras partes do mundo a fim de preservar seu monopólio intacto e protegido, troca de fazer o que faz tão bem, oferecer um sistema aberto com o espírito de utilidade pública. "Não faça o mal" pode não ser o mote, mas um dever juramentado. Como mostrou Vail, essa *noblesse oblige* talvez seja muito boa como moral da história – pois, a longo prazo, a utilidade pública não é um mau negócio.[70]

Conforme salientado, a necessidade de se repensar sobre um tratamento igual aos gigantes da tecnologia e aos provedores de aplicações iniciantes (*startups*) não serve

---

66. Cf. VAIDHYANATHAN, Siva. *The googlization of everything (and why should we worry)*. Berkeley: University of California Press, 2011. p. 50.
67. Cf. id. p. 112.
68. Id. p. 48.
69. WU, Tim. Impérios (cit.). p. 70.
70. Id. p. 357.

para crucificar um ou outro conglomerado em especial. Mas acende de maneira grave um sinal de alerta.

O Código de Defesa do Consumidor atribui regimes de responsabilidade civil diversos entre profissionais liberais e fornecedores profissionais (art. 14 e § 4º, CDC). Bem como prevê a possibilidade de pessoa jurídica empresária ser tratada como consumidora, pela teoria do finalismo mitigado ou aprofundado (art. 3º, *caput*).

O Marco Civil, por seu turno, estabelece no parágrafo único do artigo 20 regime levemente diverso para os provedores de aplicação que "exerce essa atividade de forma organizada, profissionalmente e com fins econômicos". Contudo a regra apenas prevê a possibilidade de que o provedor de aplicações seja compelido a substituir o conteúdo bloqueado pela decisão judicial que determina sua retirada, a pedido do usuário que ajuizou a pretensão. *In verbis*:

> Art. 20...*omissis*...
>
> Parágrafo único. Quando solicitado pelo usuário que disponibilizou o conteúdo tornado indisponível, o provedor de aplicações de Internet que exerce essa atividade de forma organizada, profissionalmente e com fins econômicos, substituirá o conteúdo tornado indisponível, pela motivação ou pela ordem judicial que deu fundamento à indisponibilização.

Ainda que, em essência, reconheça a diferença ontológica entre os grandes provedores de aplicações de Internet e o administrador de um *blog*, ou um usuário do *Facebook*, por exemplo, a disposição é insuficiente perante os riscos que esses serviços apresentam. Mas, saliente-se, representa um norte interpretativo na proteção do consumidor vulnerável. Riscos que se evidenciam por si nas hipóteses de perfis falsos, por exemplo.

REFERÊNCIAS

AGÊNCIA BRASIL. Google, Facebook e Microsoft elogiam o Marco Civil da Internet – 15/02/2013. Disponível em: <http://agenciabrasil.ebc.com.br/noticia/2013-08-15/google-facebook-e-microsoft-elogiam-marco-civil-da-internet>. Acesso em: 11 jan. 2021.

ALEXY, Robert. *Teoria dos direitos fundamentais*. Tradução de Virgílio Afonso da Silva. São Paulo: Malheiros, 2008.

BARRET, David. *Google builds new system to eradicate child porn images from the web*. in The telegraph – 15 Jun. 2013. Disponível em: <http://www.telegraph.co.uk/technology/google/10122452/Google-builds-new-system-to-eradicate-child-porn-images-from-the-web.html>. Acesso em: 11 jan. 2021.

BAUMAN, Zygmunt. *Danos colaterais*: desigualdades sociais numa era global. Tradução de Carlos Alberto Medeiros. Rio de Janeiro: Zahar, 2013.

BEÇAK, Rubens; LONGHI, João Victor Rozatti. A democracia participativa e sua prospecção futura – perspectiva histórica e prospecção futura: o marco civil para a regulação da Internet no Brasil. In: SIMÃO FILHO, Adalber et alli. *Direito da sociedade da informação*: temas jurídicos relevantes. São Paulo: Quartier Latin, 2012.

BEÇAK, Rubens; LONGHI, João Victor Rozatti. Processo Legislativo Colaborativo: a participatividade pela Internet no trâmite do Projeto de Lei 2.126/2011 (Marco Civil da Internet). Publicado nos anais do "XXI Congresso Nacional do CONPEDI", realizado de 31 de outubro a 3 de novembro de 2012, em Niterói – RJ.

BENJAMIN, Antônio Herman V.; MARQUES, Claudia Lima; BESSA, Leonardo Rocoe. *Manual de direito do consumidor*. 2. ed. rev., atual. e ampl. São Paulo: Ed. RT, 2009.

BRASIL, Câmara dos Deputados. Relator não aceita negociar neutralidade de rede no marco civil da internet: operadoras de telecomunicações são contrárias ao dispositivo do projeto, que as impede de oferecer ao consumidor pacotes com serviços diferenciados. Disponível em: <http://www2.camara.leg.br/camaranoticias/noticias/COMUNICACAO/448750-RELATOR-NAO-ACEITA-NEGOCIAR--NEUTRALIDADE-DE-REDE-NO-MARCO-CIVIL-DA-INTERNET.html>. 07/08/2013 – 18h07. Acesso em: 11 jan. 2021.

BRASIL, Superior Tribunal de Justiça: Notícias. Corte Especial determina que Google entregue dados de e-mail armazenados nos EUA – 05/06/2013. Disponível em: <http://www.stj.jus.br/portal_stj/publicacao/engine.wsp?tmp.area=398&tmp.texto=109906#>. Acesso em: 11 jan. 2021.

BRASIL, Supremo Tribunal Federal. STF conclui que direito ao esquecimento é incompatível com a Constituição Federal. Eventuais excessos ou abusos no exercício da liberdade de expressão e de informação devem ser analisados caso a caso. 11/02/2021 20h03. Disponível em: https://portal.stf.jus.br/noticias/verNoticiaDetalhe.asp?idConteudo=460414&ori=1. Acesso em: 15 fev. 2021.

CULTURA DIGITAL. Marco Civil. Disponível em: <http://culturadigital.br/marcocivil/sobre/>. Acesso em: 11 jan. 2021.

FACEBOOK. *Regras da Comunidade*. Disponível em: <https://www.facebook.com/legal/terms>. Acesso em: 11 jan. 2021.

GLOBO. Portal G1. 'Não tenho mais vida', diz Fran sobre vídeo íntimo compartilhado na web Disponível em: <http://g1.globo.com/fantastico/noticia/2013/11/nao-tenho-mais-vida-diz-fran-sobre-video--intimo-compartilhado-na-web.html>. Acesso em: 11 jan. 2021.

GOMES, Wilson; MAIA, Rousiley C. M. *Comunicação e democracia*: problemas & perspectivas. São Paulo: Paulus, 2008.

GRINOVER, Ada Pellegrini. *Código brasileiro de defesa do consumidor*: comentado pelos autores do anteprojeto. 8. ed. Rio de Janeiro: Forense Universitária, 2004.

LEONARDI, Marcel. *Privacidade na Internet*. São Paulo: Saraiva, 2012.

LESSIG, Lawrence. *Cultura livre*: como a mídia usa as tecnologias para barrar a criação intelectual e controlar a criatividade. Tradução de Fábio Emílio Costa. Editora Trama Virtual.

LEVMORE, Saul; NUSSBAUM, Martha. *The offensive internet*. Cambridge: Harvard University Press, 2010.

LONGHI, João Victor Rozatti. A teoria dos sistemas de Niklas Luhmann e o direito à informação no direito brasileiro. O "furto" de camelos jurídicos reais na domesticação do direito da propriedade intelectual no âmbito da Internet. Artigo publicado no XVIII Congresso Nacional do CONPEDI. São Paulo, 2009. Disponível em: <http://www.publicadireito.com.br/conpedi/manaus/arquivos/Anais/sao_paulo/2233.pdf>. Acesso em: 11 jan. 2021.

LONGHI, João Victor Rozatti. Marco Civil: ame-o ou… ame-o! in *Medialaws: law and policy of media in a comparative perspective*. Disponível em: <http://www.medialaws.eu/marco-civil-ame-o-ou-ame-o/>. Acesso em: 11 jan. 2021.

LONGHI, João Victor Rozatti. *Privacidad, democracia y redes sociales en Brasil: ¿Primavera o inverno?* Disponível em: <http://www.medialaws.eu/privacidad-democracia-y-redes-sociales-en-brasil-primavera-o-inverno/>. Acesso em: 11 jan. 2021.

MARTINS, Guilherme Magalhães. *Formação dos contratos eletrônicos de consumo via Internet*. 2. ed. Rio de Janeiro: Lúmen Juris, 2010.

MARTINS, Guilherme Magalhães; GUIMARÃES, João Alexandre Silva Alves. Opinião: Direito ao esquecimento no STF: a dignidade da pessoa humana em risco. 10 de fevereiro de 2021, 16h05. Consultor Jurídico. Disponível em: https://www.conjur.com.br/2021-fev-10/martins-guimaraes-direito-esquecimento-stf. Acesso em: 11 fev. 2021.

MARTINS, Guilherme Magalhães; LONGHI, João Victor Rozatti; FALEIROS Júnior, José Luiz de Moura. Porta lógica, IP e os registros de acesso a aplicações da Internet: uma leitura ampliativa do art. 5º, VIII do Marco Civil da Internet. Disponível em: <https://www.jota.info/opiniao-e-analise/artigos/porta-logica-ip-e-os-registros-de-acesso-a-aplicacoes-da-internet-26122019>. Acesso em: 11 jan. 2021.

MOREIRA, Eduardo Ribeiro. *Neoconstitucionalismo*: a invasão da constituição. São Paulo: Método, 2008.

PARISER, Eli. *O filtro invisível*: o que a Internet está escondendo de você. Tradução de Diego Alfaro. Rio de Janeiro: Zahar, 2012.

PFEIFER, Roberto A. C.; PASQUALOTTO, Adalberto. *Código de defesa do consumidor e o código civil de 2002*: convergências e assimetrias. São Paulo: Ed. RT, 2005.

PINHEIRO, Patrícia Peck. *Direito digital*. 3. ed. São Paulo: Saraiva, 2009.

POLICINO, Oreste; BERTOLINI, Elisa; LUBELLO, Valerio. *Internet*: regole e tutela dei diritti fondamentali. Milano: Aracne Editrice, 2013.

RÁDIO STJ. Especial Rádio STJ: direito ao esquecimento em debate: Entrevista com Guilherme Magalhães Martins – 4/8/2013. Disponível em: <http://www.stj.gov.br/portal_stj/publicacao/engine.wsp?tmp.area=448&tmp.texto=110602>. Acesso em: 11 jan. 2021.

SARLET, Ingo Wolfgang (Org.). *Direitos fundamentais, informática e comunicação*: algumas aproximações. Porto Alegre: Livraria do advogado, 2007.

SCHREIBER, Anderson (Coord.). *Direito e mídia*. São Paulo: Atlas, 2013.

SCHREIBER, Anderson. *Direitos da personalidade*. 2. ed. rev. e atualizada. São Paulo: Atlas, 2013.

SCHREIBER, Anderson. *Novos paradigmas da responsabilidade civil*: da erosão dos filtros de reparação à diluição dos danos. 2. ed. São Paulo: Atlas, 2009.

SILVA, Regina Beatriz Tavares da; SANTOS, Manoel J. Pereira dos. *Responsabilidade civil na Internet e nos demais meios de comunicação*. São Paulo: Saraiva, 2007.

TEIXEIRA, Tarcísio. *Curso de direito e processo eletrônico*: doutrina jurisprudência e prática. São Paulo: Saraiva, 2013.

TEPEDINO, Gustavo. *Temas de direito civil*. Rio de Janeiro: Renovar, 2006.

VAIDHYANATHAN, Siva. *The googlization of everything (and why should we worry)*. Berkeley: University of California Press, 2011.

WU, Tim. Impérios da comunicação. Do telefone à internet, da AT&T ao Google. Tradução da obra *The Master switch: the rise and fall of information empires* por Cláudio Carina. Rio de Janeiro: Zahar, 2012.

ZELNICK, Bob; ZELNICK, Eva. *The illusion onf net neutrality*: political alarmism, Regulatory Creep and the real threat to Internet Freedom. Standford: Hoover Institution Press, 2013.

ZITTRAIN, Jonathan. *The future of Internet and how to stop it*. New Haven/London: Yale University Press, 2008.

7
A RESPONSABILIDADE CIVIL DO ADMINISTRADOR DE GRUPO DE *WHATSAPP*

José Luiz de Moura Faleiros Júnior

Sumário: 1 Introdução. 2 O que é e como funciona o *WhatsApp*. 2.1 A figura do administrador de grupo. 2.2 Gestão e moderação de grupos de *WhatsApp*. 2.3 Termos de uso e *compliance* digital. 3 Breves notas sobre a responsabilidade civil por ato de terceiro. 3.1 A natureza objetiva e seus desdobramentos. 3.2 Teoria do risco ou culpa presumida?. 3.3 O fato de terceiro como causa excludente da responsabilidade. 4 A responsabilização do administrador de grupo de *WhatsApp*. 4.1 As prisões ocorridas na Índia. 4.2 A obrigatoriedade de registro imposta na Zambia. 4.3 O *leading case* brasileiro. 5 Conclusão. Referências.

1. INTRODUÇÃO

A mídia social *WhatsApp* reconfigurou as interações individuais, seja do ponto de vista social, seja do ponto de vista mercadológico, modificando a forma como as relações sociais se consolidam a partir das inter-relações havidas no ciberespaço.

Com quase dez anos de existência, o *WhatsApp* já se tornou uma das mais proeminentes ferramentas de troca de mensagens de texto do mundo, angariando número de usuários que ultrapassa a casa do bilhão e se tornando um dos instrumentos mais relevantes para a propagação das comunicações individuais, laborais, corporativas e de grupos.

Diante desse novo modelo de utilização da Internet para o intercâmbio informacional, a referida mídia social sofreu diversas atualizações ao longo dos vários anos de sua existência, sempre com o intuito de se adequar aos diversos usos e finalidades que seus usuários lhe atribuem.

Evidentemente, diversos problemas passaram a eclodir no uso da mídia social, tal como ocorre no mundo real, e fatos jurídicos geradores de ofensas e danos começaram a demandar soluções em diversos ramos do Direito.

No que tange especificamente à utilização do *WhatsApp* para a criação de grupos nos quais todos os seus membros participantes têm acesso às mensagens trocadas, uma dinâmica peculiar tomou conta da mídia social, na medida em que a criação e exclusão do grupo, bem como o convite e retirada de participantes tornaram-se tarefas atribuíveis a um ou a vários membros, denominados de administradores do grupo.

As funções de administração desses grupos foram sendo modificadas nos termos de uso da plataforma ao longo dos anos, chegando ao ponto – que será analisado adiante

– de se permitir a criação de grupos nos quais somente o administrador possui a prerrogativa de postar mensagens, restando aos demais membros apenas o acompanhamento e a leitura das postagens do administrador.

No entanto, no tocante à responsabilidade quanto à moderação dos conteúdos veiculados em grupos de *WhatsApp*, verdadeiro limbo jurídico deixava em aberto farto espaço para a discussão dos limites que a gestão exercida pelos administradores de grupos poderia implicá-los por suas ações ou omissões frente a atos dos demais membros.

Surgiram, em todo o mundo, precedentes que versavam sobre a responsabilidade civil dos administradores por diversos atos (comissivos ou omissivos) frente à gestão de determinado grupo e, no Brasil, o precedente de exórdio da matéria foi julgado pelo Tribunal de Justiça do Estado de São Paulo na Apelação Cível nº 1004604-31.2016.8.26.0291, que será objeto de estudo deste trabalho.

Nessa linha, atenta aos imperativos da brevidade e da concisão, a análise empreendida neste estudo voltará seus olhares para o *case* mencionado, analisando-o de forma detida e granjeando conceitos, informações e precedentes obtidos na jurisprudência de outros países para, em análise indutiva, buscar compreender quais são os limites da responsabilização civil dos administradores de grupos de *WhatsApp*.

No primeiro tópico, será analisado um breve histórico do aplicativo, o seu modo de funcionamento e será traçada breve linha histórico-evolutiva do tratamento atribuído à figura do administrador de grupo nos termos de uso da plataforma.

A seguir, aspectos concernentes à responsabilidade civil serão ponderados em breves linhas, destacando-se o papel que os administradores passam a exercer no tocante à moderação dos conteúdos veiculados nos grupos que administram e a função de garantes que passam a ocupar frente a atos praticados por terceiros. Ainda nesta análise, ponderar-se-á acerca do tratamento jurídico conferido pela legislação brasileira à responsabilidade civil por atos de terceiros – de viés objetivo – e suas repercussões frente à teoria do risco e da culpa presumida.

Finalmente, far-se-á breve exercício comparativo de decisões tomadas por Cortes estrangeiras em ações que versaram sobre a responsabilização de administradores de *WhatsApp* e, ao cabo deste exercício reflexivo, será empreendida minuciosa abordagem do precedente extraído da jurisprudência do Sodalício Paulista.

2. O QUE É E COMO FUNCIONA O *WHATSAPP*

O "*WhatsApp*[1] *Messenger*" (mensageiro *WhatsApp*) é uma aplicação multiplataforma desenvolvida em 2009 por Brian Acton e Jan Koum, fundadores da *WhatsApp Inc.*, corporação baseada em Mountain View, Califórnia, nos Estados Unidos da América.[2] Com

---

1. O nome da aplicação é fruto de um trocadilho com a gíria inglesa "*what's up?*", utilizada coloquialmente para se indagar ao interlocutor se tudo vai bem, se há alguma novidade a contar ou se algo está acontecendo.
2. METZ, Cade. Why WhatsApp Only Needs 50 Engineers for Its 900M Users. *Wired*, Londres, 15 set. 2015. Disponível em: < https://www.wired.com/2015/09/whatsapp-serves-900-million-users-50-engineers/ >. Acesso em: 12 jan. 2020.

seu crescimento exponencial, que já ultrapassou a marca de um bilhão de usuários[3], a empresa acabou sendo adquirida pela *Facebook Inc.*, outra gigante do setor, em 19 de fevereiro de 2014, por cerca de US$ 19 bilhões, a maior operação do tipo até a época.[4]

Trata-se de ferramenta de troca de mensagens de texto amplamente utilizada para várias finalidades e já estudada sob diversas abordagens, em vários países do mundo, sendo recorrentemente reconhecida como um meio eficaz para seu propósito de existência.[5]

É inegável que, "durante a maior parte da história humana, as interações foram face a face"[6], mas a evolução tecnológica propiciou novos rumos para as inter-relações, permitindo aos indivíduos interagir, mesmo que não estejam no mesmo ambiente. Nesse peculiar contexto, o advento de mídias sociais que aumentem a capacidade dos usuários de realizarem suas interações de forma fluida e veloz contribuiu para a alavancagem das comunicações e para a valorização de organizações que exploram tais serviços na *Internet*.

A plataforma cobrava de seus usuários uma anuidade de um dólar, que acabou sendo extirpada em 18 de janeiro de 2016, tamanha a popularidade que adquiriu.[7] A pulverização da aplicação para todos os tipos de plataformas se seguiu ao longo dos anos, culminando no lançamento de uma versão para computadores denominada *WhatsApp Web*[8], que alavancou ainda mais sua utilização.

E, como se não bastasse, cada vez mais se investiu em criptografia para garantir a higidez da plataforma e o sigilo das comunicações trocadas pelos usuários da aplicação.[9]

Inegavelmente, nota-se uma crescente inserção de funcionalidades e instrumentos ao *WhatsApp* ao longo dos anos, tornando-o cada vez mais completo e com feições de uma mídia social. Sobre isso, Danah Boyd e Nicole Ellison definem mídias sociais como:

(...) serviços baseados na web e que permitem aos indivíduos: (i) construir um perfil aberto ou semiaberto dentro de uma plataforma controlada; articular uma lista de outros usuários com os quais eles com-

---

3. STATT, Nick. WhatsApp has grown to 1 billion users. *The Verge*, Washington, 01 fev. 2016. Disponível em: < https://www.theverge.com/2016/2/1/10889534/whats-app-1-billion-users-facebook-mark-zuckerberg >. Acesso em: 12 jan. 2020.
4. FACEBOOK to Acquire WhatsApp. *Facebook Newsroom*, 19 fev. 2014, Menlo Park, Califórnia. Disponível em: < https://newsroom.fb.com/news/2014/02/facebook-to-acquire-whatsapp/ >. Acesso em: 12 jan. 2020.
5. Sobre isso, conferir os seguintes estudos: MINHAS, Shahid; AHMED, Masroor; ULLAH, Qazi Farman. Usage of WhatsApp: a study of University of Peshawar, Pakistan. *International Journal of Humanities and Social Science Invention*, Nova Deli, Índia, v. 5, n. 7, p. 71-73, jul. 2016, p. 1; MANCERA RUEDA, Ana. Usos lingüísticos alejados del español normativo como seña de identidad en las redes sociales. *Bulletin of Spanish Studies*, Glasgow, Escócia, n. 93, p. 1469-1493, mai. 2016; Vázquez-Cano, Esteban; SANTIAGO, Mengual-Andrés; Roig-Vila, Rosabel. Análisis lexicométrico de la especificidad de la escritura digital del adolescente en WhatsApp, *Revista de Lingüística Teórica y Aplicada*, Concepción, Chile, v. 53, n. 1, pp. 3-105, jun. 2015.
6. THOMPSON, John B. *A mídia e a modernidade*: uma teoria social da mídia (trad. Wagner de Oliveira Brandão). Petrópolis: Vozes, 1998, p. 77.
7. FRIED, Ina. Facebook's WhatsApp Is Now Free. *Re Code*, Washington, 18 jan. 2016. Disponível em: < https://www.recode.net/2016/1/18/11588896/facebook-owned-whatsapp-to-drop-subscription-fees-for-its-popular >. Acesso em: 12 jan. 2020.
8. GANDER, Kashmira. WhatsApp web: messaging client now available on internet browsers. *The Independent*, Londres, 21 jan. 2015. Disponível em: < https://www.independent.co.uk/life-style/gadgets-and-tech/news/whatsapp-now-available-on-web-browsers-9993675.html >. Acesso em: 12 jan. 2020.
9. EVANS, Jon. WhatsApp partners with open whisperSystems to end-to-end encrypt billions of messages a day. *TechCrunch*, São Francisco, 18 nov. 2014. Disponível em: < https://techcrunch.com/2014/11/18/end-to-end-for--everyone/ >. Acesso em: 12 jan. 2020.

partilham conexões; e (iii) visualizar de forma transversal as listas de conexões dos mesmos e aquelas feitas por outros usuários dentro do sistema.[10]

Nesse campo, o funcionamento do *WhatsApp* adquire grande relevância jurídica na medida em que suas funcionalidades transcendem o campo da troca de mensagens entre dois interlocutores (a chamada comunicação de ponta-a-ponta) e passam a viabilizar interações mais complexas, como ocorre nos grupos. E, exatamente nesse aspecto, houve grande polêmica em torno de seu uso, tendo em vista o implemento da criptografia e da suposta impossibilidade de se obter acesso às mensagens trocadas na plataforma, mesmo em caso de atendimento a ordem judicial.[11]

Enfim, o *WhatsApp* é um caso emblemático de tecnologia disruptiva, que gera impactos no modo como os indivíduos se manifestam e praticam interações. Tem-se, com o uso da *Internet*, "o nascimento de uma vida paralela de seus usuários"[12], desafiando o jurista contemporâneo ao enfrentamento de um problema hermenêutico que, segundo Eduardo Saad-Diniz, faz "do saber jurídico tecnológico mero instrumento ao sabor do arbítrio e das relações de poder".[13]

Pedro Alberto de Miguel Asensio observa que a *Internet* "constitui um emaranhado mundial de redes conectadas entre si de modo a tornar possível a comunicação quase instantânea de qualquer usuário de uma dessas redes a outros situados em outras redes do conjunto, tratando-se de um meio de comunicação global"[14]. A ideia de um emara-

---

10. BOYD, Danah M.; ELLISON, Nicole B. Social network sites: definition, history and scholarship. *Journal of Computer-Mediated Communication*, Oxford, v. 13, n. 1, p. 210-230, out. 2007, p. 211. No original: "(iii) services that allow individuals to (1) construct a public or semi public profile within a bounded system, (2) articulate a list of other users with whom they share a connection, and (3) view and traverse their list of connections and those made by others within the system. The nature and nomenclature of these connections may vary from site to site".
11. Segundo Celso Fiorillo e Renata Ferreira, "[o] adequado uso do *WhatsApp* no Brasil, deve observar, como já informado anteriormente, o regime jurídico constitucional que estabelece regras superiores em face da tutela jurídica do meio ambiente digital particularmente no âmbito da manifestação do pensamento, da expressão e da informação através das redes de computadores, guardando necessária harmonia com os princípios fundamentais de nossa Carta Magna." (FIORILLO, Celso Antonio Pacheco; FERREIRA, Renata Marques. *Tutela jurídica do WhatsApp na sociedade da informação*. Rio de Janeiro: Lumen Juris, 2017, p. 81.). A despeito disso, tentativas de contenção do uso da aplicação em razão do descumprimento de ordens judiciais emanadas de processos que investigam a possível prática de ilícitos penais, foram uma constante nos anos de 2016 e 2017, gerando desdobramentos, conforme anotam Tarcísio Teixeira, Paulo Sabo e Isabela Sabo: " Finalmente, com relação à eventual necessidade de investigação policial e/ou acesso judicial, vindo a caracterizar, porquanto, um conflito entre o interesse público (segurança) e interesse privado (privacidade), demonstrou-se que a interceptação da comunicação via *WhatsApp* ou a determinação à empresa para fornecer as mensagens em texto claro, e consequente bloqueio justificado na "recusa" de seu cumprimento, podem constituir medidas desequilibradas e ineficazes." (TEIXEIRA, Tarcísio; SABO, Paulo Henrique; SABO, Isabela Cristina. WhatsApp e a criptografia ponto-a-ponto: tendência jurídica e o conflito privacidade vs. interesse público. *Revista da Faculdade de Direito da Universidade Federal de Minas Gerais*, Belo Horizonte, v. 71, n. 2, p. 607-638, jul./dez. 2017, p. 633.)
12. UARIAN, Diadibia Mohani. A vida virtual e suas implicações. *In*: CAMARGO, Coriolano Almeida; SANTOS, Cleórbete (Coords.). *Direito digital*: novas teses jurídicas. Rio de Janeiro: Lumen Juris, 2018, p. 133.
13. SAAD-DINIZ, Eduardo. O problema hermenêutico e a questão ética das inovações tecnológicas: ensaio a partir de Hans Jonas. *In*: LIMA, Cíntia Rosa Pereira de; NUNES, Lydia Neves Bastos Telles (Coords.). *Estudos avançados de direito digital*. Rio de Janeiro: Elsevier, 2014, p. 51.
14. ASENSIO, Pedro Alberto de Miguel. *Derecho privado de Internet*. Madrid: Civitas, 2001, p. 27, *apud* LEONARDI, Marcel. *Responsabilidade civil dos provedores de serviços de Internet*. São Paulo: Juarez de Oliveira, 2005, p. 11. No original: "Internet constituye un entramado mundial de redes conectadas entre sí de un modo que hace posible la comunicación casi instantánea desde cualquier ordenador de una de esas redes a otros situados en otra redes del conjunto, por lo que se trata de un medio de comunicación global".

nhado de redes interconectadas dá espaço à consolidação da mencionada "vida paralela" no ciberespaço, em que os fluxos são velozes e inter-relacionados, como descreve Lucia Santaella:

> Como a Internet funciona? Seu funcionamento depende não apenas do papel capital desempenhado pela informática e pelos computadores, mas da comunicação que se institui entre eles por meio da conexão em rede. As duas forças principais da informática, capacidade de armazenamento e processamento da informação, multiplicam-se imensamente na medida em que as máquinas podem se beneficiar umas das outras. Na Internet, a palavra "rede" deve ser entendida em uma acepção muito especial, pois ela não se constrói segundo princípios hierárquicos, mas como se uma grande teia na forma do globo envolvesse a Terra inteira, sem bordas nem centros. Nessa teia, comunicações eletrônicas caminham na velocidade da luz (300 mil km/s), em um "tempo real", pode-se dizer, no qual a distância não conta (...).[15]

Nesse panorama, convém destacar, ainda, a clássica posição de Pierre Lévy, que pontua o surgimento da cibercultura como resultante de um movimento internacional coletivo, integrado, participativo e com traços colaborativos.[16] E é nesse contexto que surge a necessidade de estudo mais detido das particularidades das funções desempenhadas pelo administrador de grupo de *WhatsApp*, eis que a natureza descentralizada da *Internet* torna dificílimo um controle central de tudo o que nela se opera.

2.1. A figura do administrador de grupo

Três foram os princípios que orientaram o crescimento inicial do ciberespaço: a interconexão, a criação de comunidades virtuais e a inteligência coletiva. O primeiro deles – a interconexão – é supostamente boa para a interatividade, quaisquer que sejam os terminais, os indivíduos, os lugares e momentos interconectados. As comunidades virtuais se revelam como um excelente meio para socializar, quer suas finalidades sejam lúdicas, econômicas ou intelectuais, quer seus centros de interesse sejam sérios, frívolos ou escandalosos.[17]

No contexto da interconexão, a multiplicidade de participantes nas interações havidas nos entremeios virtuais faz surgir um importante desdobramento para quem cria, edita e gerencia um grupo de *WhatsApp*.

Os 'Termos de Uso do *WhatsApp*' tratam do papel do administrador de grupo nas seguintes passagens:

> (...) Seus contatos. Para ajudar-lhe a organizar suas comunicações, podemos criar uma lista de favoritos de seus contatos. Além disso, você pode criar, participar ou ser adicionado a grupos e listas de transmissão, e esses grupos e listas ficam associados aos dados da sua conta. (...) Se você quiser gerenciar, alterar, limitar ou excluir seus dados, é possível fazê-lo através dos seguintes recursos: Configurações dos Serviços. Você pode alterar as configurações dos Serviços para gerenciar a disponibilidade de determinados dados para outros usuários. Também é possível gerenciar seus contatos, grupos e listas de transmissão ou usar nosso recurso de bloqueio para gerenciar os usuários com quem você se comunica.[18]

---

15. SANTAELLA, Lucia. *Navegar no ciberespaço*: o perfil cognitivo do leitor imersivo. São Paulo: Paulus, 2004, p. 38.
16. LÉVY, Pierre. *Cibercultura*. Tradução de Carlos Irineu da Costa. São Paulo: Editora 34, 1999, p. 11.
17. LÉVY, Pierre. *Cibercultura cit.*, p. 127.
18. INFORMAÇÃO LEGAL do WhatsApp. *WhatsApp*, 09 jul. 2018, Menlo Park, Califórnia. Disponível em: < https://www.whatsapp.com/legal/ >. Acesso em: 12 jan. 2020.

Nota-se, pela leitura dos termos de uso da aplicação, que não há clareza quanto às funções desempenhadas pelo administrador de um grupo de *WhatsApp*. Sabe-se, ao revés disso, que os termos de uso e políticas de privacidade definem, dentre outras coisas, as informações que as empresas coletam do usuário; o que podem fazer com esses dados, com quem compartilham e para quem fornecem; qual é o tipo de acesso aos aparelhos conectados para usar os serviços; quais tecnologias (especialmente de terceiros) estão incorporadas aos serviços e que podem ser instaladas automaticamente no dispositivo de acesso; como são armazenados os dados e quais são as garantias que o usuário tem sobre esses registros; quais são os direitos e deveres do usuário e da empresa.

Henry Jenkins procura trabalhar o conceito de "convergência como o fluxo de conteúdos através de múltiplos suportes midiáticos".[19] Porém, a existência de lacunas sobre direitos e deveres abre margem a múltiplas interpretações quanto ao papel de um administrador de um grupo de *WhatsApp*, conduzindo a interpretações variadas sobre o escopo desta função, notadamente se considerados fatores como o fácil anonimato virtual, além de outros.

Cumpre anotar que as interações face a face têm um caráter dialógico, no sentido de que geralmente implicam influxos reversos de informação e comunicação. Para John B. Thompson, os participantes de interações desse cariz podem se encontrar em contextos espaciais ou temporais distintos e distanciados, na medida em que "as interações mediadas implicam o uso de um meio técnico (papel, fios elétricos, ondas eletromagnéticas etc.) que possibilitam a transmissão de informação e conteúdo simbólicos para indivíduos situados remotamente no espaço, no tempo ou em ambos".[20]

Este contexto no qual as interações inegavelmente propulsionam a utilização da *Internet*, mas carecendo do determinismo estatal acerca da regulamentação de condutas, que acaba sendo transmitida ao domínio privado, conduz à 'policontexturalidade' delineada por Gunther Teubner[21] e muito bem elucidada por Fernando Rodrigues Martins:

> O outrora objeto cognoscido, de perspectiva kantiana, não se atém a conceito único ou estático. Não há apenas um sujeito disposto a conhecer, senão múltiplos observadores externos. Daí o processo descritivo ser passível de diferenciadas conclusões considerando a funcionalidade investigativa fragmentada, em outras palavras: policontexturalidade.[22]

Sob esse ângulo, infere-se que, na medida em que as interações não ocorrem face a face quando se está a analisar a conjuntura da *Internet*, abre-se margem a que ocorram

---

19. JENKINS, Henry. *Cultura da Convergência*. Tradução de Suzana Alexandria. São Paulo: Aleph, 2008, p. 27.
20. THOMPSON, John B. *A mídia e a modernidade cit.*, p. 78.
21. O autor parte de uma pressuposição que merece ser aceita: há um movimento quase irresistível de transferências de importantes tarefas – antes entregues à intervenção estatal – ao domínio privado. As circunstâncias praticamente obrigam a que todos se adaptem ao cenário mundial, sob pena de obstar a própria inclusão na nova economia, com graves consequências sociais. Nesse contexto, Teubner propõe a compreensão da sociedade pela noção de policontexturalidade, que parte da grande complexidade que a sociedade assume, exigindo multiplicidade de perspectivas para sua descrição. Entre o Estado e a sociedade há uma pluralidade de setores sociais que têm de ser considerados, refletindo na compreensão e estruturação do Direito. Há diversos setores da atual diferenciação social que não encontram explicação nem na racionalidade política, nem na racionalidade econômica. (TEUBNER, Gunther. *Direito, sistema e policontexturalidade*. Tradução de Dorothee Suzanne e Rüdieer. São Paulo: UNIMEP, 2005, p. 233-268)
22. MARTINS, Fernando Rodrigues. *Direito privado e policontexturalidade*. Rio de Janeiro: Lumen Juris, 2018, p. 403.

'falhas na comunicação', haja vista estarem os participantes situados em diferentes contextos, o que conduz a uma análise pontual das informações veiculadas através do meio sob exame, com o objetivo de que a comunicação entre os indivíduos seja a mais precisa possível.

Empreender tal raciocínio, por meio da lógica-dedutiva, conduz à certeira assertiva de que a presença de um mediador se faz necessária, na medida em que "pode haver, inclusive, duas verdades, uma vez que cada verdade pode ser baseada no resultado da experiência de cada participante da relação".[23]

Porém, seria a função de mediar ou, para melhor traduzir este papel de intermediação, a função de moderar as interações havidas em grupos de mídias sociais um dever a ser exigido do administrador do grupo?

2.2. Gestão e moderação de grupos de WhatsApp

Exercer moderação nada mais é que tomar conhecimento de comportamentos e avalia-los para que sejam mantidos quando adequados às regras que regem a boa convivência do grupo, ou eliminá-los quando inadequados. Segundo a doutrina, os comportamentos manifestados no plano virtual podem se estabelecer de forma mútua e reativa:

> A interação mútua é aquela caracterizada por relações interdependentes e processos de negociação, em que cada interagente participa da construção inventiva e cooperada do relacionamento, afetando-se mutuamente; já a interação reativa é limitada por relações determinísticas de estímulo e resposta.[24]

É insofismável que a informação exerce papel fundamental na delimitação do dever de moderar, porquanto "a informação tem também cariz conteudístico no dever"[25], uma vez que sua utilização, "quando desmesurada, invade interesse jurídico tutelável, descurando-se da solidariedade transcendente"[26], o que acaba por representar uma "reavaliação das perspectivas trazidas pela filosofia do sujeito", de Vittorio Hösle.[27]

No tocante ao processo, que se refere aos acontecimentos que apresentam mudanças no tempo, tem-se, na interação mútua, o caráter eminente da negociação, a partir da qual ocorreria a evolução do relacionamento, com cada agente sendo também transformado. Na interação reativa, por outro lado, o processo é o de estímulo-resposta, ou seja, a cada vez que a interação for realizada, o retorno deverá ser sempre o mesmo. Tanto no sistema mútuo, quanto no reativo, Alex Primo se utiliza do termo *throughput* (que, em tradução literal, quer dizer "taxa de transferência") para denominar os desdobramentos

---

23. ECKSCHMIDT, Thomas; MAGALHÃES, Mario E. S.; MUHR, Diana. *Do conflito ao acordo na Era Digital*. 2. ed. Curitiba: Doyen, 2016, p. 1.
24. PRIMO, Alex. *Interação mútua e interação reativa*: uma proposta de estudo. Porto Alegre: Sulina, 2007, p. 57.
25. Nesse aspecto, merece realce a interação havida entre os conceitos de medo e de responsabilidade, que concitam todos a agir para prevenir danos (*Cf.* JONAS, Hans. *O princípio da responsabilidade*: ensaio de uma ética para uma civilização tecnológica. Rio de Janeiro: PUC Rio, 2006, p. 353).
26. MARTINS, Fernando Rodrigues. *Direito privado e policontextualidade cit.*, p. 424.
27. HÖSLE, Vittorio. *Praktische Philosophie in der modernen Welt*. Munique: C. H. Beck, 1992, p. 166-167, *apud* SAAD-DINIZ, Eduardo. O problema hermenêutico e a questão ética das inovações tecnológicas, *cit.*, p. 52.

interpretativos da transmissão de um conteúdo que é vasto, incessante e variado nas interações virtuais.[28]

E é exatamente neste processo que surge a dificuldade de se atribuir ao administrador a função de moderador dos conteúdos veiculados por terceiros (membros do grupo de WhatsApp). Isso porque a interface (no caso, a mídia social) é a "superfície de contato, agenciamentos de articulação, interpretação e tradução"[29], mas, ainda que planificada e submetida a constantes *upgrades* para a inserção de funções que dão ao administrador maior controle sobre as atividades de um grupo que eventualmente administre, ainda prescinde de clareza sobre normativas e regulamentos para nortear sua atuação.

2.3. Termos de uso e *compliance* digital

A doutrina aduz que "atrações da Internet, como sua natureza multiplataforma, sua independência geográfica, ampla cobertura, anonimidade, portabilidade, fácil reprodução, convergência, conectividade e dificuldade de controle surgem como novos desafios para o Direito".[30]

Os termos de uso da aplicação sob análise, conforme visto, carecem de maior detalhamento dos direitos, mas principalmente dos deveres de um administrador de grupo de WhatsApp. Sabe-se que qualquer atuação norteada por boas práticas de gestão, inclusive em grupos digitais, demanda procedimentalizações que, se ausentes nos repositórios normativos tradicionais, implicará na necessidade de que sejam adotadas políticas claras de enfrentamento de desvios, infrações e atos ilícitos.

Lawrence Lessig capitaneou a criação da Escola da Arquitetura da Rede, que destacou a necessidade de regulação da *web*, através da criação de freios para limitar certos usos.[31] Nesse contexto de implementação de marcos regulatórios na *Internet*, questiona-se se foram criados novos bens jurídicos passíveis de tutela pelo Direito. Nesse aspecto, o decálogo de princípios de governança da *Internet* desenvolvido pelo Comitê Gestor da *Internet* no Brasil (CGI.br) é um repositório muito importante de postulados dos quais é possível extrair conclusões importantes a respeito do tema.

Entretanto, não se extrai com clareza hialina a existência de outros bens jurídicos além daqueles já tutelados pelo ordenamento, mas a irradiação de efeitos advindos de uma nova dinâmica sobre os bens jurídicos já existentes e tutelados pelo ordenamento. E, nessa linha, o estudo do *Compliance* está necessariamente atrelado aos assuntos de Governança Corporativa, Gestão de Risco, Ética e Moral.[32]

---

28. PRIMO, Alex. *Interação mútua e interação reativa*, cit., p. 7.
29. PRIMO, Alex. *Interação mútua e interação reativa*, cit., p. 7.
30. JIMÉNEZ, William Guillermo; QUINTANA, Orlando Meneses. Derecho e Internet: introducción a un campo emergente para la investigación y práctica jurídicas. *Revista Prolegómenos, Derecho y Valores*, Bogotá, Colômbia, v. XX, n. 40, p. 43-61, dez. 2017, p. 44.
31. LESSIG, Lawrence. *The Future of Ideas*: the fate of the commons in a connected world. Nova York: Random House, 2001, *passim*.
32. ASSI, Marcos. *Gestão de riscos com controles internos*: ferramentas, certificações e métodos para garantir a eficiência dos negócios. São Paulo: Saint Paul, 2012, *passim*.

No que diz respeito à gestão empresarial exercida pela *Facebook, Inc.* sobre o *WhatsApp*, diversas nuances de governança se aplicam à empresa, mas a gestão dos conteúdos, especificamente, já possui tratamento específico desde o advento do Marco Civil da *Internet* – Lei nº 12.965/2014. A indagação que ainda paira, nesse campo, extrapola os limites a governança e adentra no campo dos direitos e deveres de usuários que passam a deter certos "poderes" no que tange à gestão da ferramenta – no caso, os administradores de grupos.

Este fenômeno granjeia coesão a partir dos estudos de Rodotà, que afirma que, se antes a ordenação lógico-social se pautava no fluxo "pessoa-informação-sigilo", com a expansão da sociedade *cyber* mediante a inserção de ferramentas tecnológicas, passa-se a um arquétipo configurado sob o fluxo "pessoa-informação-circulação-controle-gestão"[33], o que significa dizer que o indivíduo deixa de ter o direito apenas à interrupção da veiculação de informação de sua esfera privada, passando a controlar passiva e ativamente o que divulga, ainda que não lhe seja possível prever ou mensurar o próprio fluxo de circulação desta informação, que está atrelada às motivações (intrínsecas ou extrínsecas) que o levaram à divulgação do conteúdo.

Clay Shirky classifica as motivações intrínsecas como sendo aquelas relacionadas à satisfação pessoal ou coletiva obtida a partir da atividade desenvolvida, e as motivações extrínsecas como aquelas ligadas às recompensas externas de determinado agir coletivo.[34]

Esta concepção se desdobra no próprio conceito de sociedade em rede apontado por Castells[35] e Van Dijk[36], refletindo a validade jurídico-social e a efetividade prática do uso de mídias sociais na articulação de ideias, opiniões e conteúdos de qualquer jaez. Em face disso, surge a necessidade de que, transcendendo a abordagem atinente a regras de comportamento eventualmente previstas em termos de uso de determinada aplicação, se investigue a ocorrência de impactos geradores de responsabilidade civil.

3. BREVES NOTAS SOBRE A RESPONSABILIDADE CIVIL POR ATO DE TERCEIRO

A responsabilidade civil atrelada às relações entre particulares é juridicamente adotada no Brasil desde sua primeira regulamentação formal, pelo Código Civil de 1916, no período em que se incorporou a teoria subjetiva ou da culpa. Todavia, com o advento de novos regramentos jurídicos nas sucessivas Constituições da República, além de novas leis, como o Código Civil de 2002 e o Código de Defesa do Consumidor, que ex-

---

33. RODOTÀ, Stefano. *A vida na sociedade da vigilância*: a privacidade hoje. Tradução de Danilo Doneda e Luciana Cabral Doneda. Rio de Janeiro: Renovar, 2008, p. 93.
34. SHIRKY, Clay. *Cultura da participação*: criatividade e generosidade no mundo conectado. Tradução de Celina Portocarrero). Rio de Janeiro: Zahar, 2011, p. 172.
35. CASTELLS, Manuel.. *The rise of the network society*. 2. ed. Oxford/West Sussex: Wiley-Blackwell, 2010. (The information age: economy, society, and culture, v. 1), p. 500. Comenta: *"Our exploration of emergent social structures across domains of human activity and experience leads to an over-arching conclusion: as an historical trend, dominant functions and processes in the Information Age are increasingly organized around networks. Networks constitute the new social morphology of our societies, and the diffusion of networking logic substantially modifies the operation and outcomes in processes of production, experience, power, and culture."*
36. VAN DIJK, Jan. *The network society*. 2. ed., Londres: Sage Publications, 2006, *passim*.

pressamente trataram da responsabilidade civil objetiva, a teoria do risco se robusteceu, abandonando a ideia de culpa.

A responsabilidade civil por ato de terceiro, ou responsabilidade civil indireta, somente pode se dar nas causas expressamente previstas em lei, sendo, portanto, hipóteses contempladas em rol taxativo, comportando interpretação restritiva.

A regra geral, em responsabilidade civil, é a da pessoalidade da culpa[37], porém, a responsabilidade indireta por ato de outrem não afasta o referido princípio; na verdade, apenas convoca o terceiro para que responda pelo dano, conforme se infere do art. 932 do CC, que define a solidariedade, explicitada na expressão "são também responsáveis".

A título elucidativo, convém comentar que o Código Civil da Áustria de 1812 (Allgemeine bürgerliche Gesetzbuch – ABGB) já na primeira década do Século XIX tratava da responsabilidade civil por fato de outrem nos artigos 1.313, 1.314 e 1.315, com especial destaque para a redação deste último: "em geral, a pessoa que usa uma pessoa inábil ou intencionalmente perigosa para cuidar de seus assuntos é responsável pelos danos que inflige nessa capacidade a terceiros".[38]

Ver-se-á que é intenso o debate acerca do enquadramento da responsabilidade civil indireta na teoria do risco, haja vista o inegável cotejo da hipótese em relação à teoria da culpa presumida, de viés intermediário.

Fato é que a mera cogitação da responsabilidade civil de quem administra grupo de *WhatsApp* por eventuais danos praticados pelos membros do grupo remete a uma concepção de responsabilização indireta que tangencia esse tema, sendo de curial importância a apresentação de conceitos e a elaboração de premissas que, do ponto de vista metodológico, auxiliarão na compreensão dos desdobramentos do *case* analisado.

3.1. A natureza objetiva e seus desdobramentos

A teoria do risco foi desenvolvida para facilitar o engendramento da responsabilidade civil, que passou a ser vista sob um viés objetivo, "em que basta a simples causação (causalidade extrínseca), sem cogitação da intenção do agente"[39], partindo do raciocínio de que o desempenho de alguma atividade que, por sua natureza, gere risco de dano para terceiros, tal pessoa deve ser obrigada a repará-lo, ainda que sua conduta seja isenta de

---

37. A lógica explicitada neste raciocínio é deveras sincrética, partindo do pressuposto de que cada indivíduo é responsável exclusivamente por suas ações e omissões. No entanto, a ideia de que terceiras pessoas que se acham sob a responsabilidade de outras podem implicar estas em termos de responsabilidade civil traduz uma ideia de responsabilização objetiva que já foi enfrentada por doutrinadores de diversos países. Cita-se, a título elucidativo, a doutrina do autor argentino Henoch Domingo Aguiar, que trabalha a ideia de previsibilidade das consequências como eixo central da ideia de culpa, não se exigindo que o próprio resultado possa ser previsto, mas apenas sua potencialidade (AGUIAR, Henoch Domingo. *Manual de Derecho Civil*, t. III: hechos y actos jurídicos; responsabilidad civil. Buenos Aires: TEA, 1950, p. 263.).
38. ÁUSTRIA. StF: JGS Nr. 946/1811 (Lei nº 946, de 1º de junho de 1811). Allgemeines bürgerliches Gesetzbuch für die gesammten deutschen Erbländer der Oesterreichischen Monarchie. Disponível em: < http://www.ris.bka.gv.at/GeltendeFassung.wxe?Abfrage=Bundesnormen &Gesetzesnummer=10001622 >. Acesso em: 12 jan. 2020. No original: " § 1315. Überhaupt haftet derjenige, welcher sich einer untüchtigen oder wissentlich einer gefährlichen Person zur Besorgung seiner Angelegenheiten bedient, für den Schaden, den sie in dieser Eigenschaft einem Dritten zufügt".
39. BITTAR, Carlos Alberto. *Responsabilidade civil*: teoria & prática. 3. ed. Rio de Janeiro: Forense, 1999, p. 40.

culpa – esta considerada em seu sentido amplo, que engloba o dolo e a culpa em sentido estrito.

A doutrina francesa foi pioneira no desenvolvimento da teoria do risco, tendo em Saleilles e Josserand seus maiores expoentes, com posicionamentos em sentido contrário às disposições do Código Napoleônico, que era totalmente partidário da teoria da culpa.

Raymond Saleilles defendeu a necessidade de se estabelecer uma teoria da responsabilidade que fosse verdadeiramente científica, em face das dificuldades de solução de diversos casos com a teoria puramente subjetiva (da culpa)[40], que conduzia à impossibilidade de materialização da própria noção de culpa por estar a responsabilidade civil extracontratual enraizada no direito romano, em que o ressarcimento sempre teve caráter penal: enxergava-se a reparação necessariamente no delito.

Por outro lado, Josserand destaca que todas essas ideias afastaram o instituto da responsabilidade civil da noção de culpa, para, em seu lugar, impor a noção do risco, de modo que "a força da iniciativa e a ação consideram-se em si mesmas geradoras da responsabilidade"[41], o que complementa a doutrina de Saleilles, acrescentando, ainda, seus próprios pensamentos sobre a substituição da responsabilidade delitual pela responsabilidade contratual, que se debruça sobre a sistemática dos contratos para dela extrair um arquétipo que facilite a reparação devida pela vítima do dano.

Fernando Noronha comenta a ruptura do sistema subjetivo e ulterior adoção da teoria da responsabilidade objetiva:

> A responsabilidade objetiva agravada insere-se no final de uma evolução que começou quando, num primeiro momento, se reconheceu que o requisito culpa não sempre era imprescindível para o surgimento da obrigação de indenizar: o exercício de determinadas atividades, suscetíveis de causar danos a terceiros, implicava, em contrapartida aos benefícios que elas proporcionavam ao agente, o ônus de suportar os danos que eventualmente fossem causados a outrem. Foi por isso que se construiu a teoria da responsabilidade objetiva.[42]

Esta teoria não restou incólume de repúdios, contudo, tendo por seus maiores críticos os irmãos Henri e León Mazeaud, que, juntamente com André Tunc, declaravam a insuficiência de todos os critérios propostos em substituição ao da culpa, por diagnosticarem que todos os partidários das teorias objetivas iniciam suas análises na negação da culpa, declarando sua total desnecessidade, o que seria um erro. Planiol e Ripert, nesse mesmo sentido, asseveravam que foram árduas as dificuldades enfrentadas para o desenvolvimento da teoria da culpa, que surgiu lentamente e após um longo trabalho de análise, que teria de ser recomeçado se a ideia simplista do risco o desfizesse.[43]

---

40. SALEILLES, Raymond. *Les accidents du travail et la responsabilité civile*. Paris: Librairie Nouvelle de Droit e de Jurisprudence, 1897, nº 391, p. 211.
41. JOSSERAND, Étienne Louis. *De la responsabilité du fait des choses inanimées*, Paris: Librairie Nouvelle de Droit e de Jurisprudence, 1897, nº 159, p. 88.
42. NORONHA, Fernando. *Direito das obrigações:* fundamentos do direito das obrigações – introdução à responsabilidade civil, v. I. São Paulo: Saraiva, 2003, p. 37.
43. PLANIOL, Marcel Ferdinand; RIPERT, Georges. *Traité pratique de Droit Civil français*, v. 2. Paris: Librairie Générale de Droit e de Jurisprudence, 1925, p. 863.

Este ponto é veementemente rejeitado por Aguiar Dias, que aponta o equívoco dos franceses, salientando que o que sempre se pôs em foco foi a insuficiência da culpa, e não sua total desnecessidade[44].

A despeito de todas as críticas, a teoria objetiva marcou um novo paradigma de aferição da responsabilidade civil, modificando todo o panorama do estudo e da aplicação da responsabilidade civil, permitindo a imposição do dever reparatório independentemente da averiguação da culpa, o que, de um lado, ofereceu soluções mais adequadas a diversos conflitos sociais, porém, criou um impasse com outros cenários para os quais a teoria subjetiva se mostrava mais apropriada, haja vista as implicações morais que até mesmo a teoria objetiva acarretava.[45-46]

Isso decorre da própria distinção existente entre as diversas modalidades de risco, enxergadas sob a ótica do Direito Privado. Tratam-se de modalidades desenvolvidas no âmbito da teoria da responsabilidade objetiva: o risco-proveito, o risco excepcional, o risco profissional e o risco criado.

O risco-proveito, mais importante dessas modalidades, funda-se no princípio *ubi emolumentum ibi onus*, que se traduz na responsabilidade daquele que extrai vantagem ou proveito do fato causador do dano, tornando-se obrigado, por conseguinte, a repará-lo. A lógica desta concepção situa-se na ideia de que, se a atividade econômica desenvolvida propicia enriquecimento ao seu empreendedor, e, paralelamente, a possibilidade de dano a quem executa o serviço, nada mais justo que, no caso de dano, ainda que ausente a culpa ou o dolo, se responsabilize o explorador da atividade. Em simples palavras, quem cria riscos potenciais de dano para outrem deve suportar os ônus correspondentes.

A principal crítica que se faz a esta teoria reside na dificuldade de se definir o que seja proveito, especialmente porque, se vinculado ao fator lucro ou vantagem econômica, seria inconcebível a responsabilização de todos aqueles que não fossem industriais ou comerciantes.

Luis Díez-Picazo comenta o advento da teoria do risco na seguinte lição:

> A dose de razão existente nas citadas observações dos juristas marxistas não pode ser discutida. É difícil saber se a adoção, nos casos em que ocorreu, dos postulados da doutrina do risco obedeceu a uma necessidade genuína de desenvolvimento capitalista ou se foram apenas simples intuições de equidade. É verdade, no entanto, que o sistema de risco funciona melhor com grandes empresas que têm um domínio amplo do mercado, que pode calcular bem seus custos, que são capazes de contratar seguros

---

44. DIAS, José de Aguiar. *Da responsabilidade civil*. 11. ed. Rio de Janeiro: Renovar, 2006, p. 85.
45. RODOTÀ, Stefano. *Il problema della responsabilità civile*. Milão: Giuffrè, 1965, p. 109-116.
46. Para Guido Calabresi, o objetivo fundamental de qualquer sistema de lei de danos é a justiça e, apenas em segundo lugar, a redução do custo dos acidentes. Por isso é um erro pensar, segundo este autor, que uma sociedade procurará evitar acidentes a qualquer custo, porque isso levaria a uma paralisação das atividades sociais e, mais ainda, indica que nenhum sistema de responsabilidade pode funcionar se, *a priori*, não forem determinados quais comportamentos são considerados bons, quais são ruins e quais são neutros, ou seja, quais comportamentos são reprovados. Mesmo quando os juízes resolvem casos em um sistema objetivo, eles estão cercados por fortes convicções morais. (CALABRESI, Guido. *The costs of accidents*: a legal and economic analysis. New Haven: Yale University Press, 1970, p. 17-24; 294-296).

e para as quais não é difícil introduzir o compartilhamento do custo do seguro nos preços, transferindo tais custos para sua clientela.[47]

Paulo Sérgio Gomes Alonso assevera que o conceito em questão deve ser entendido em sentido amplo, de modo a considerar que toda e qualquer atividade possa trazer algum tipo de vantagem, legitimando seus beneficiários à responsabilização por eventuais danos. Outra crítica feita a esta teoria diz respeito à necessidade de prova efetiva do proveito, que, se admitida, configuraria o retorno ao sistema subjetivo, com todas as dificuldades a ele inerentes, não resultando em real evolução[48].

Já o risco excepcional reconhece certas atividades, por exemplo as relacionadas à energia nuclear ou manipulação de materiais radioativos, ou, ainda, redes de energia elétrica de alta tensão, como extremamente perigosas para a coletividade. A teoria do risco profissional pretende justificar o dever que se atribui ao empregador de reparar, independentemente de culpa, os danos sofridos pelo empregado, enquanto desempenha seu labor. E, finalmente, a teoria do risco criado se baseia em qualquer atividade ou ato humano que possa gerar danos aos demais, independentemente de qualquer proveito que possa auferir o explorador desta atividade, sem que se necessite perquirir, também, qualquer tipo de culpa.

Para solucionar a questão, muitos autores buscaram delimitar uma gradação intermediária, que não desprezasse por completo a culpa na aferição da responsabilidade, mas que também não a elevasse ao patamar de elemento preponderante na atribuição do dever de reparar o dano.

3.2. Teoria do risco ou culpa presumida?

Culpa e risco representam dois extremos diametralmente opostos no que diz respeito à averiguação do comportamento do agente causador do dano, motivo pelo qual surgiu a necessidade de se estabelecer um viés intermediário, isto é, um elemento transacional e de equilíbrio, entre os dois extremos, e foi daí que se elaborou a teoria da culpa presumida.

Segundo Facchini Neto, é necessário afastar-se do princípio da culpa, avançando-se em direção a um modelo misto, que posicione, de um lado, a culpa e a teoria subjetiva, e, de outro, a responsabilidade objetiva, fundada no risco ou na ideia de garantia da suposta vítima[49], consolidando uma teoria medianeira entre as outras duas.

---

47. DÍEZ-PICAZO, Luis. *Fundamentos del Derecho Civil Patrimonial*, t. V: La responsabilidad civil extracontractual, Madri: Civitas, 2011, p. 114. No original: "No puede discutirse la dosis de razón existente en las citadas observaciones de los juristas de corte marxista. Es difícil saber si la adopción en los casos en que se ha hecho, de los postulados de la doctrina del riesgo ha obedecido a una genuina necesidad de desarrollo capitalista o si se ha tratado solo de simples intuiciones de equidad. Es cierto, no obstante, que el sistema del riesgo cuadra mejor con las grandes empresas, que poseen un amplio dominio del mercado, que pueden calcular bien sus costos, que están en condiciones de contratar seguros y para las que no resulta difícil introducir la parte del costo de los seguros en los precios, trasladando tales costos a su clientela".
48. ALONSO, Paulo Sérgio Gomes. *Pressupostos da responsabilidade civil objetiva*. São Paulo: Saraiva, 2000, p. 64. Nesta passagem, o autor ainda menciona outro argumento contra a noção de risco-proveito, que reside na indagação sobre se seria devida qualquer indenização na ausência de proveito em prol do agente causador do dano
49. FACCHINI NETO, Eugênio. *Da responsabilidade civil no novo Código*, *In*: Revista do Tribunal Superior do Trabalho, Brasília: v. 76, n. 1, jan/mar 2010, p. 6.

Para Caio Mário da Silva Pereira, na teoria da culpa presumida, o elemento culpa não é excluído em absoluto do foco caracterizador da responsabilidade civil, contudo, deixa de ser considerado elemento etiológico fundamental da reparação civil.[50]

Comentando as bases dessa teoria, tem-se o seguinte excerto:

> A teoria da culpa presumida foi inicialmente esboçada e fundamentada na doutrina e na jurisprudência francesas, por ocasião da interpretação dada às disposições do vetusto Código Civil francês de 1804, na parte que trata da responsabilidade civil, mais especificamente com relação ao art. 1.384, §2°, que viabilizou novas conotações no que tange à responsabilidade dos pais pelos danos causados por seus filhos, posto que, em princípio, o lesado deveria provar a existência da culpa na conduta do filho para obter a reparação.[51]

Caio Mário da Silva Pereira explica que, com a nova redação dada ao art. 1.384, §2°, do Código Civil francês de 1804, doutrinadores e tribunais franceses passaram a defender a possibilidade de inversão do ônus da prova como viés de presunção da responsabilidade do agente (no caso, de um filho menor causador de um dano), cabendo aos pais provar a ausência de responsabilidade e até mesmo de culpa na conduta danosa do filho[52].

No Brasil, com o advento do Código Civil de 2002, não se adotou a culpa presumida na hipótese da responsabilidade dos pais pelos atos danosos praticados pelos filhos menores. Ao invés disso, para esta e outras hipóteses, o legislador optou por impor uma responsabilidade objetiva, conforme se infere dos arts. 932 e 933, mencionados anteriormente.

É importante ressaltar, porém, que a ideia de culpa presumida existiu na vigência do Código Civil de 1916, em seu artigo 1.523, que tratava da presunção de culpa daquele que deveria zelar pelo ato ou fato de outrem.

Na V Jornada de Direito Civil, realizada pelo Conselho da Justiça Federal em 2011, foi editado o Enunciado 451, assim dispondo: "Artigos 932 e 933. A responsabilidade civil por ato de terceiro finda-se na responsabilidade objetiva ou independente de culpa, estando superado o modelo de culpa presumida". A despeito disso, há precedente da lavra do Superior Tribunal de Justiça que reconheceu a viabilidade de aplicação da teoria da culpa presumida[53], mesmo em face do entendimento doutrinário predominante contido no enunciado transcrito e a despeito da previsão da vigente Lei Civil.

---

50. PEREIRA, Caio Mário da Silva. *Responsabilidade civil*. Rio de Janeiro: Forense, 1999, p. 263.
51. FALEIROS JÚNIOR, José Luiz de Moura. A culpa presumida como viés intermediário entre a teoria da culpa e a teoria do risco. *Amagis Jurídica*, n. 11, p. 243-257, jul./dez. 2014, p. 253.
52. PEREIRA, Caio Mário da Silva. *Op. cit.*, 264.
53. Trata-se do Recurso Especial n° 236.708/MG, divulgado no Informativo n° 383 do STJ, no qual se questionava a objetivação da responsabilidade civil do médico pelos resultados de procedimento de cirurgia plástica. Veja-se trecho do aresto: "Impende esclarecer que, ao contrário do sustentado pelo recorrente, não está o acórdão hostilizado, ora referendado pelas razões acima delineadas, criando espécie de responsabilidade objetiva do cirurgião plástico. O que ocorre, em verdade, é a mera inversão do ônus da prova. Assim, no caso das obrigações de meio, à vítima incumbe, mais do que demonstrar o dano, provar que este decorreu de culpa por parte do médico. Já nas obrigações de resultado, como a que serviu de origem à controvérsia, basta que a vítima demonstre, como fez, o dano (que o médico não alcançou o resultado prometido e contratado) para que a culpa se presuma, havendo, destarte, a inversão do ônus da prova. Não se priva, assim, o médico da possibilidade de demonstrar pelos meios de prova admissíveis, que o evento danoso tenha decorrido, por exemplo, de motivo de força maior, caso fortuito ou mesmo de culpa exclusiva da "vítima" (paciente)". (BRASIL. Superior Tribunal de Justiça. Recurso Especial n°

Nesse caminho, imaginar-se a culpa presumida como viés de responsabilização mitigador da teoria do risco para o caso do administrador do *WhatsApp* seria viável como hipótese de cogitação do tema, embora não tenha sido este o caminho trilhado pelos julgadores do *leading case* brasileiro acerca do tema, conforme se verificará mais adiante, na análise pontual do julgado.

3.3. O fato de terceiro como causa excludente da responsabilidade

O fato de terceiro, enquanto causa excludente da responsabilidade civil, encontra polêmica na doutrina, notadamente pela ausência de sua previsão específica nos ordenamentos jurídicos filiados ao sistema francês. Sobre a questão, Aguiar Dias é enfático quando diz que "os Códigos filiados ao sistema francês não mencionam especialmente o fato de terceiro. Nosso Código também não o faz, limitando-se à clássica referência ao caso fortuito ou de força maior"[54].

O Código Civil de 2002 trabalha a questão em seu art. 930, onde consagra a possibilidade de ação de regresso contra o terceiro que causa a situação de perigo, *in verbis*: "No caso do inciso II do art. 188, se o perigo ocorrer por culpa de terceiro, contra este terá o autor do dano ação regressiva para haver a importância que tiver ressarcido ao lesado".

Aguiar Dias conclui, ao interpretar tal dispositivo, que, se a ação é apenas de regresso contra o terceiro, predomina "a responsabilidade, ou melhor, a obrigação de reparar, por parte do sujeito desse direito regressivo"[55]. Disso se extrai a inarredável conclusão de que, a rigor, o fato de terceiro não seria causa excludente da responsabilidade, mas mera circunstância autorizativa de ação de regresso. Esta tese, contudo, não perdurou, notadamente em face do tratamento dado ao instituto pelo Código de Defesa do Consumidor, que expressamente o prevê, em seus arts. 12, §3º, inciso III, e 14, §3º, inciso II, como causa excludente do dever reparatório do fornecedor.

No microssistema processual consumerista, tem-se que o fato de terceiro não serve como causa excludente do dever reparatório por simplesmente ser imputável a uma terceira pessoa. Pressupõe-se a existência de alguns requisitos, que, para Aguiar Dias, são: causalidade, inimputabilidade, qualidade, identidade e iliceidade[56].

Le Tourneau e Cadiet asseveravam que o fato de terceiro é irresistível e imprevisível, e que absorve a integralidade da causalidade, parecendo-se com a força maior, de modo que, se não for exclusivo o fato de terceiro, o autor do dano estará obrigado a repará-lo, dispondo do direito de regresso contra o terceiro[57].

Carolina Bellini de Paula assevera que a causa de exclusão dos efeitos do fato prejudicial deve ser o próprio fato de terceiro, pois somente com isso se eliminará o vínculo de

---

236.708/MG, Quarta Turma, Relator Juiz Convocado Carlos Fernando Mathias, j. 10/02/2009, DJe 18/05/2009, RMP vol. 35, p. 259.)
54. DIAS, José de Aguiar. *Op. cit.*, p. 926-927.
55. DIAS, José de Aguiar. *Op. cit.*, p. 927.
56. DIAS, José de Aguiar. *Op. cit.*, p. 928.
57. LE TOURNEAU, Philippe; CADIET, Loïc. *Droit de la responsabilité*. Paris: Dalloz, 1998, p. 309, *apud* GOMES, Luiz Roldão de Freitas. *Elementos de responsabilidade civil*. Rio de Janeiro: Renovar, 2000, p. 178.

causalidade entre o dano e a conduta do autor, devendo este ser pessoa diversa daquela do autor ao qual atribui-se a causação do dano, bem como da vítima[58].

Sobre os terceiros, Aguiar Dias traz a seguinte definição:

> Terceiro é qualquer pessoa além da vítima e do responsável. Ressalvam-se as pessoas por quem o agente responde, tanto no regime delitual (filhos, tutelados, prepostos, aprendizes etc.) como no campo contratual (encarregados da execução do contrato em geral), porque essas não são terceiros, no sentido de estranhos à relação que aqui nos interessa; quando muito, algumas de tais pessoas podem ser consideradas terceiros para efeito do direito de regresso, mas esta matéria não influi nas relações entre a vítima e o responsável.[59]

Como se vê, o fato de terceiro é considerado causa excludente de responsabilidade nos casos em que o dano é exclusivamente provocado não pela vítima, tampouco pela conduta ou atividade do suposto causador direto, mas por uma terceira pessoa, estranha a ambas as partes. Pouco importa se o terceiro é imputável ou se tenha procedido voluntariamente para a ocorrência do dano, contanto que a ele seja atribuível a eclosão naturalística do fato danoso, isto é, para que o fato atribuível à terceira pessoa seja capaz de suprimir o nexo de causalidade, não se faz qualquer juízo de culpabilidade ou de imputabilidade desta pessoa.

Questão interessante diz respeito à imprevisibilidade e inevitabilidade do evento danoso, em relação ao suposto responsável. O que se investiga é se o agente tinha condições de prever e evitar o fato da terceira pessoa e, com isso, ceifar qualquer hipótese de ocorrência do próprio dano, e, verificando-se que tinha tais condições, se a causa excludente ainda teria efetividade. E, nesse campo, doutrinadores como Sérgio Cavalieri Filho[60], Sílvio de Salvo Venosa[61] e Fernando Noronha[62] sustentam que tais requisitos são todos absolutamente imprescindíveis para a configuração da causa excludente, ao passo que alguns doutrinadores, como os irmãos Henri e León Mazeaud[63], sustentam que não é requisito para o rompimento do nexo de causalidade a imprevisibilidade e a inevitabilidade do fato de terceiro.

Por sua vez, Aguiar Dias capitaneia a tese de que tais requisitos devem ser considerados estritamente em função dos deveres do agente[64]. A despeito da divergência, o requisito essencial e admitido por toda a doutrina é que o fato de terceiro tenha sido a causa "determinante exclusiva do resultado danoso"[65].

Tomando por base esta premissa, parece lógico que os atos praticados por terceiros que não o próprio administrador do grupo de *WhatsApp* não lhe possam ser imputados, restando afastado o nexo de causalidade.

---

58. PAULA, Carolina Bellini Arantes de. *As excludentes de responsabilidade civil objetiva*, São Paulo: Atlas, 2007, p. 109-110.
59. DIAS, José de Aguiar. *Op. cit.*, p. 927.
60. CAVALIERI FILHO, Sérgio. *Programa de Responsabilidade Civil*. 8. ed. São Paulo: Atlas, 2009, p. 488.
61. VENOSA, Sílvio de Salvo. *Direito civil: responsabilidade civil*, São Paulo: Atlas, 2002, p. 46.
62. NORONHA, Fernando. *Op. cit.*, p. 622.
63. MAZEAUD, Henri; MAZEAUD, Léon; TUNC, André *Traité théorique et pratique de la responsabilité civile, délictuelle et contractuelle*. 3. ed. Paris: Librairie du Recueil Sirey, 1938, p. 241.
64. DIAS, José de Aguiar. *Op. cit.*, p. 933.
65. PEREIRA, Caio Mário da Silva. *Op. cit.*, p. 321.

4. A RESPONSABILIZAÇÃO DO ADMINISTRADOR DE GRUPO DE *WHATSAPP*

Responsabilizar um administrador de grupo de *WhatsApp* é questão que traz desafios jurídicos de variadas naturezas, a começar pela elucidação dos deveres exigíveis de alguém que cria, mantém e administra um grupo, o que, conforme se verificou, não consta de forma explícita nos Termos de Uso do *WhatsApp*, e acaba extrapolando a noção de *compliance* digital que seria imponível a todos os usuários da aplicação.

Com efeito, para muito além disso, a teoria da responsabilidade civil passa a demandar um exercício interpretativo de grande complexidade, na medida em que se estaria a tratar de responsabilidade indireta ou por ato de terceiro, que, como se viu, é situação excepcional admitida pelo ordenamento jurídico. Inclusive, sendo taxativo o rol de hipóteses do artigo 932 do Código Civil e, carecendo o ordenamento de outras normas que amparem a condenação na hipótese específica, qual seria o fundamento jurídico para tanto?

Essas questões já foram, de certa forma, respondidas pela fundamentação teórica trazida a lume nos itens anteriores. Contudo, outros desafios se impõem, e, para compreender a nebulosidade que envolve questões deste jaez, convém trazer ao estudo alguns precedentes de outros países para, adiante, ser feita uma análise específica do julgado brasileiro, da lavra do Tribunal de Justiça do Estado de São Paulo.

4.1. As prisões ocorridas na Índia

Em 2015, espantosas notícias começaram a surgir no plano internacional dando conta da prisão de indivíduos que administravam grupos de trocas de mensagens instantâneas, inclusive o *WhatsApp*, na Índia.[66-67] As notícias apontavam suposta omissão desses gestores de grupos pela veiculação – realizada por outros participantes – de conteúdos considerados proibidos no país, o que os implicava nas Seções 153-A[68] e 34[69] do Código

---

66. GREWAL. Japreet. The Case of Whatsapp Group Admins. *The Centre for Internet & Society*, Bengaluru, Índia, 26 nov. 2015. Disponível em: < https://cis-india.org/internet-governance/blog/the-case-of-whatsapp-group-admins >. Acesso em: 12 jan. 2020.
67. GRIFFIN, Andrew. WhatsApp: admins of groups could be sent to prison over messages sent in their chats. *The Independent*, Londres, 21 abr. 2017. Disponível em: < https://www.independent.co.uk/life-style/gadgets-and-tech/news/whatsapp-group-chat-facebook-india-prison-jail-admin-user-administrator-a7694486.html >. Acesso em 12 jan. 2020.
68. Section 153-A. "Promoting enmity between different groups on grounds of religion, race, place of birth, residence, language, etc., and doing acts prejudicial to maintenance of harmony.— (1) Whoever— (a) by words, either spoken or written, or by signs or by visible representations or otherwise, promotes or attempts to promote, on grounds of religion, race, place of birth, residence, language, caste or community or any other ground whatsoever, disharmony or feelings of enmity, hatred or ill-will between different religious, racial, language or regional groups or castes or communities..." or 2) Whoever commits an offence specified in sub-section (1) in any place of worship or in any assembly engaged in the performance of religious worship or religious ceremonies, shall be punished with imprisonment which may extend to five years and shall also be liable to fine". (ÍNDIA. Act No. 45, de 06 de outubro de 1860. *The Indian Penal Code*. Disponível em: < http://www.wipo.int/wipolex/es/text.jsp?file_id=201592 >. Acesso em: 12 jan. 2020).
69. Section 34. "Acts done by several persons in furtherance of common intention – When a criminal act is done by several persons in furtherance of common intention of all, each of such persons is liable for that act in the same manner as if it were done by him alone". (ÍNDIA. Act No. 45, de 06 de outubro de 1860. *The Indian Penal Code*. Disponível em: < http://www.wipo.int/wipolex/es/text.jsp?file_id=201592 >. Acesso em: 12 jan. 2020).

Penal da Índia. Para além disso, tem-se suposta violação aos dispositivos elencados no Ato das Informações Tecnológicas da Índia, em sua Seção 67[70].

As notícias dão conta de dois casos emblemáticos. No primeiro, um cidadão indiano de nome Rakesh Thakur, de 40 anos de idade, residente da cidade de Sakkardara e sócio-administrador de uma transportadora, teria criado um grupo com os companheiros de trabalho no *WhatsApp*, que recebeu o título de "Lion Local Truck", no qual o próprio Thakur teria postado uma mensagem de conteúdo religioso considerada ofensiva por outro participante do grupo, que o denunciou à polícia local, culminando na sua prisão.[71]

Noutro caso, um jovem de nome Manish Jayswal, residente em Ratanpur, na Índia, teria criado um grupo de *WhatsApp* no qual outro participante – Ayush Yadav, de 19 anos – teria compartilhado, no dia 26 de agosto de 2015, um vídeo que continha cenas inapropriadas de Mahatma Gandhi, o que teria levado um terceiro membro do grupo, de nome Pradip, a denunciá-los às autoridades policiais. Após investigações, Jayswal (o administrador) e Yadav (o veiculador do conteúdo) foram presos.[72]

As situações descritas são extremas, pois transcendem os meandros da responsabilidade civil e adentram a esfera do Direito Penal, porquanto a legislação indiana tipifica condutas que, nos casos descritos, supostamente justificariam a imposição de tais reprimendas aos administradores de grupos de *WhatsApp*, por omissão.

Chama a atenção o fato de administradores de grupos de *WhatsApp* terem sido investigados e presos, nos dois casos, após denúncias formalizadas por outros participantes, que se consideraram ofendidos com a veiculação de conteúdos que reputaram inapropriados, o que denota a necessidade de iniciativa e provocação das autoridades para que seja deflagrada uma investigação oficial. Após a grande repercussão de tais casos, em dezembro do ano de 2016, a Corte Superior da Índia decidiu que, no campo penal, não haveria que se falar em responsabilização penal de administradores de grupos de *WhatsApp*.[73]

---

70. Section 67. "Publishing of information which is obscene in electronic form. - Whoever publishes or transmits or causes to be published in the electronic form, any material which is lascivious or appeals to the prurient interest or if its effect is such as to tend to deprave and corrupt persons who are likely, having regard to all relevant circumstances, to read, see or hear the matter contained or embodied in it, shall be punished on first conviction with imprisonment of either description for a term which may extend to five years and with fine which may extend to one lakh rupees and in the event of a second or subsequent conviction with imprisonment of either description for a term which may extend to ten years and also with fine which may extend to two lakh rupees". (ÍNDIA. Extraordinary Act No. 21, de 09 de junho de 2000. *The Indian Internet and Technology Act*. Disponível em: < http://www.wipo.int/wipolex/es/text.jsp?file_id=185998 >. Acesso em: 12 jan. 2020).
71. WHATSAPP admin held for hurting religious sentiment. *Nagpur Today*, 25 jun. 2015, Nagpur, Índia. Disponível em: < https://www.nagpurtoday.in/whatsapp-admin-held-for-hurting-religious-sentiment/06250951 >. Acesso em: 12 jan. 2020.
72. WHATSAPP group admin arrested for spreading obscene video of Mahatma Gandhi. *Catch News*, 29 ago. 2015, Nagpur, Índia. Disponível em: < http://www.catchnews.com/raipur-news/whatsapp-group-admin-arrested-for--spreading-obscene-video-of-mahatma-gandhi-1440835156.html >. Acesso em: 12 jan. 2020.
73. HIGH Court: administrator of WhatsApp group not liable for content posted by its members. *Latest Laws*, Nova Deli, 19 dez. 2016. Disponível em: < https://www.latestlaws.com/did-you-know/high-court-administrator-of--whatsapp-group-not-liable-for-the-content-posted-by-its-members/ >. Acesso em: 12 jan. 2020.

4.2. A obrigatoriedade de registro imposta na Zambia

Em junho de 2018, outra peculiar situação envolvendo administradores de grupos de *WhatsApp* e de outras plataformas e mídias sociais foi noticiada: na Zambia, tais indivíduos passariam, em breve, a necessitar de prévio registro perante as autoridades constituídas para poderem criar, administrar e manter grupos com outros indivíduos, sujeitando-se a responsabilização por todo e qualquer conteúdo indevido que vier a circular em tais grupos.[74]

Diversas repercussões surgiram a partir da divulgação desta notícia, com destaque para as dificuldades que se teria no sentido de mapear postagens e mensagens trocadas em grupos, inclusive de *WhatsApp*, o que dependeria de acionamento por parte de um ou alguns indivíduos que se reputarem eventualmente lesados pelo conteúdo indevido.

Não obstante, a notícia suscita o debate em torno de eventual censura nesta prática de exigência de prévio registro, além de provocar discussões quanto ao verdadeiro escopo da formação desses cadastros de pessoas.

4.3. O *leading case* brasileiro

Eis que o precedente de exórdio acerca do tema é levado ao crivo do Judiciário brasileiro, em ação indenizatória proposta na Comarca de Jaboticabal, Estado de São Paulo, nos autos capeados pelo nº 1004604-31.2016.8.26.0291.

A ação foi movida em 2014 por três menores, em litisconsórcio, e devidamente representados, contra outra menor e seu representante legal (pai). A alegação seria a de que a ré criara um grupo de WhatsApp para promover um encontro de amigos em sua casa, durante o período em que ocorriam as partidas da Copa do Mundo de 2014, realizada no Brasil, mas o grupo acabou sendo utilizado para a veiculação de ofensas aos autores, sem que a ré, na condição de administradora do grupo, tivesse tomado qualquer providência no sentido de coibir, alertar ou fazer cessar os referidos atos.

A pretensão postulada foi de indenização a título de danos morais, que acabou sendo julgada improcedente pelo juízo singular e, após 4 anos de tramitação, já em sede de recurso de apelação, foi submetida ao crivo da 34ª Câmara de Direito Privado do Tribunal de Justiça do Estado de São Paulo.[75]

A parte ré atingiu a maioridade do curso do processo e, por esta razão, seu pai foi excluído do polo passivo da demanda, conforme decidido no acórdão que julgou a apelação. A hipótese de responsabilidade civil por ato de terceiro constante do artigo 932,

---

74. CHAPARADZA, Alvine. Whatsapp admins in Zambia will soon need to be registered with the Government. *TechZim*, Zimbabwe, 05 jun. 2018. Disponível em: < https://www.techzim.co.zw/2018/06/whatsapp-admins-in--zambia-will-soon-need-to-be-registered-with-the-government/ >. Acesso em: 12 jan. 2020.

75. SÃO PAULO. Tribunal de Justiça do Estado de São Paulo. Acórdão de decisão que julgou, em sede de apelação, a possibilidade de responsabilização, na esfera cível, de administradora de grupo de WhatsApp por ofensas irrogadas contra outros participantes do grupo. Apelação Cível nº 1004604-31.2016.8.26.0291. Relator: Desembargador Soares Levada. 21 de maio de 2018. Disponível em: < https://bit.ly/2Ka3Pm8 >. Acesso em: 12 jan. 2020.

inciso I, do Código Civil brasileiro (responsabilidade dos pais pelos atos praticados pelos filhos menores) deixou, com isso, de ser objeto de análise no precedente jurisprudencial.

Quanto à outra situação de responsabilidade por atos de terceiros, qual seja, a responsabilidade da garota que criou e administrava o grupo de *WhatsApp*, o Desembargador Relator, analisando o caso, assim se pronunciou:

> Neste feito, efetivamente não há demonstração alguma de que a apelada tenha, ela própria, ofendido diretamente os apelantes; é inegável também que no aplicativo *whatsapp* o criador de um grupo em princípio não tem a função de moderador nem pode saber, com antecedência, o que será dito pelos demais integrantes que o compõem.
>
> No entanto, o criador do grupo é sempre denominado seu administrador por uma razão simples: pode adicionar e remover termos utilizados na rede quem bem quiser e à hora em que quiser (*sic*). Ou seja, no caso dos autos, quando as ofensas, que são incontroversas, provadas via notarial, e são graves, começaram, a ré poderia simplesmente ter removido quem ofendia e/ou ter encerrado o grupo. Quando o encerrou, ao criar outro grupo o teor das conversas permaneceu o mesmo, como as transcrições juntadas aos autos, cuja autenticidade não é questionada, demonstram à saciedade.[76]

O acórdão possui quatro laudas e o início de sua fundamentação aponta o cerne da discussão: haveria dever de moderação imponível à administradora do grupo de *WhatsApp*? O Desembargador Relator é enfático ao reconhecer que não foram irrogadas ofensas pela própria administradora do grupo, no entanto, dizendo-a capaz de remover termos e usuários do grupo quando bem quiser, entendeu ter ocorrido omissão geradora de dano.

Destacou-se, outrossim, que a administradora efetivamente encerrou o grupo de *WhatsApp*, criando um novo. Porém, destacou que o teor das conversas se manteve e ainda assinalou que, neste segundo grupo, a própria administradora teria manifestado uma provocação quando outro membro alegou que moveria uma ação judicial:

> E também não procede dizer que a ré procurou minimizar as coisas. Não só não o fez como, quando postaram "Vai processar o que vava" (*sic*; fl. 242, que obviamente quis dizer "vaca", no sentido também evidente de "puta"), a ré sorriu por meio de *emojis* (quatro), mostrando que se divertiu bem com a história. Assim, é corresponsável pelo acontecido, com ou sem lei de *bullying*, pois são injúrias às quais anuiu e colaborou, na pior das hipóteses por omissão, ao criar o grupo e deixar que as ofensas se desenvolvessem livremente. Ao caso concreto basta o artigo 186 do Código Civil.
>
> A ré tinha apenas quinze anos à época dos fatos. Claro que entendia muito bem o significado dos xingamentos e as alusões à sexualidade do coautor *******, mas sua pouca idade deve ser levada em conta para que o valor fixado seja muito mais simbólico, muito mais de advertência para o futuro do que uma punição severa, com peso econômico desproporcional. Suficiente na hipótese, para coibir eventuais recidivas e compensar os autores, que seja apenada no montante de R$ 1.000,00 por autor, totalizando o valor de R$ 3.000,00, corrigidos desta data pelos índices da Tabela de Atualização deste TJ/SP e com juros moratórios de 1% ao mês também desta data (STJ, Súmula 362).[77]

A decisão é sucinta e não apresenta discussão jurídica acerca dos elementos amplamente discutidos neste breve estudo, a saber: quais são as responsabilidades de um administrador de grupo de *WhatsApp*; se há dever de moderação imponível a tais indivíduos; se o administrador pode ser responsabilizado por atos de terceiros, a despeito

---

76. SÃO PAULO. *Op. cit.*, p. 3
77. SÃO PAULO. *Op. cit.*, p. 3-4.

de não constar expressa hipótese no rol do artigo 932 do Código Civil ou noutra norma; a incidência da teoria do risco ou da culpa presumida a justificar a responsabilização; a não incidência do fato de terceiro como causa excludente da responsabilidade civil.

São diversos questionamentos que permaneceram sem resposta no acórdão, cujo raciocínio empreendido para concluir pela responsabilização partiu da ocorrência de ato ilícito, lastreando o dever reparatório na previsão do art. 186 do Código Civil. Entretanto, conforme visto nos tópicos anteriores, as discussões são muito mais profundas e vão muito além dos fatos explicitados no precedente e no teor da fundamentação jurídica contida no aresto.

5. CONCLUSÃO

À guisa de conclusão, cumpre destacar que a decisão de exórdio do Tribunal de Justiça do Estado de São Paulo não se ateve às discussões essenciais para a delimitação e o adequado enfrentamento da matéria.

Conforme se viu ao longo deste trabalho, a responsabilização de administradores de grupos de *WhatsApp* implica exceção ao princípio da pessoalidade da responsabilidade civil, uma vez que nada mais é que hipótese de responsabilização por ato de terceiro, a qual, no ordenamento jurídico brasileiro, é admitida apenas nas restritas hipóteses elencadas pela lei civil.

Pontuou-se o funcionamento do *WhatsApp*, bem como a ausência de qualquer menção à figura do administrador de grupo em seus termos de uso para afastar-se qualquer dever de atuação conforme ou de obediência a normas estritas (*compliance*) que pudesse representar expectativa legítima de qualquer conduta por parte do gestor a ponto de implicar-lhe algum tipo de responsabilidade.

Igualmente, anotou-se, em breves linhas, como o ordenamento brasileiro cuida do tema, destacando-se que a responsabilidade civil por ato de terceiro é modalidade de responsabilidade objetiva, atrelada à teoria do risco. A seguir, comentou-se brevemente sobre a dicotomia entre risco e culpa presumida para fixação de conceitos e verificação do eventual cabimento desta última como fundamento apto a embasar o *leading case* analisado ao final do trabalho.

Obtemperou-se, ademais, o fato de terceiro – causa excludente da responsabilidade civil – e suas implicações para a responsabilização do administrador de *WhatsApp*, esclarecendo-se que, para a teoria do risco, as excludentes são teses de defesa de que dispõe a parte.

Finalmente, foram pontuadas algumas situações recentes ocorridas no mundo e relativas a administradores de grupos de *WhatsApp*: prisões na Índia e a imposição de registro prévio na Zambia. Em seguida, analisou-se o aresto da lavra do Tribunal de Justiça do Estado de São Paulo.

No precedente jurisprudencial, não se verificou nenhuma das seguintes discussões: (i) quais são as responsabilidades de um administrador de grupo de *WhatsApp*; (ii) se há dever de moderação exigível de tais administradores; (iii) se o administrador pode ser responsabilizado por atos de terceiros, a despeito de não constar expressa hipótese no rol do artigo 932 do Código Civil ou noutra norma; (iv) a incidência da teoria do risco ou da culpa presumida a justificar a responsabilização; (v) a não incidência do fato de terceiro como causa excludente da responsabilidade civil.

Tais lacunas afastam por completo da adequada fundamentação teórica o julgamento proferido pelo mencionado Sodalício. Não obstante, observou-se que o aresto se baseou em suposta culpa da administradora de grupo de *WhatsApp* por omissão perpetrada pela inércia em excluir os membros que ventilaram ofensas contra outros, ou mesmo pela não exclusão do próprio grupo, em uma segunda oportunidade – já que houve um primeiro grupo excluído, com a permanência dos comportamentos no segundo. E, ainda, a responsabilidade estaria lastreada em uma mensagem com conteúdo supostamente jocoso enviada pela própria administradora (um *emoji* sorridente em resposta a uma ofensa escrita por outro membro).

Fato é que nenhuma dessas situações encontra lastro a amparar uma responsabilização. Inclusive, a utilização do artigo 186 do Código Civil, com fundamento em suposto ato ilícito e na teoria da culpa, é completamente incongruente com a hipótese (responsabilidade por ato de terceiro).

Não bastasse isso, a imputação de omissão, revelando a expectativa de agir ou o exercício de uma função de garante por parte da administradora, não foi fundamentada e, segundo o que se extraiu da consulta aos termos de uso da aplicação, inexiste qualquer parâmetro apto a justificar este tipo de implicação.

Insofismavelmente, a decisão sob análise não se revelou em sintonia com os fundamentos jurídicos que orbitam o cerne da discussão. Assim sendo, deixou-se em aberto uma série de questionamentos pertinentes e que justificariam rica e aprofundada discussão sobre a matéria, o que se buscou empreender neste sucinto trabalho, concluindo-se pela inadequação da condenação imposta no aresto.

É importante reafirmar a tese de que a responsabilidade civil por ato de terceiro depende de prévia norma que a imponha, uma vez que o rol do artigo 932 do Código Civil é fechado (*numerus clausus*), inadmite ampliação e a quebra do princípio da pessoalidade da responsabilização demandaria fundamentação que o precedente não trouxe à tona.

REFERÊNCIAS

AGUIAR, Henoch Domingo. *Manual de derecho civil*: hechos y actos jurídicos; responsabilidad civil. Buenos Aires: TEA, 1950. t. III.

ALONSO, Paulo Sérgio Gomes. *Pressupostos da responsabilidade civil objetiva*. São Paulo: Saraiva, 2000.

ASSI, Marcos. *Gestão de riscos com controles internos*: ferramentas, certificações e métodos para garantir a eficiência dos negócios. São Paulo: Saint Paul, 2012.

ÁUSTRIA. StF: JGS Nr. 946/1811 (Lei nº 946, de 1º de junho de 1811). Allgemeines bürgerliches Gesetzbuch für die gesammten deutschen Erbländer der Oesterreichischen Monarchie. Disponível em: < http://www.ris.bka.gv.at/GeltendeFassung.wxe?Abfrage=Bundesnormen&Gesetzesnummer=10001622 >. Acesso em: 12 jan. 2020.

BITTAR, Carlos Alberto. *Responsabilidade civil:* teoria & prática. 3. ed. Rio de Janeiro: Forense, 1999.

BOYD, Danah M.; ELLISON, Nicole B. Social network sites: definition, history and scholarship. *Journal of Computer-Mediated Communication*, Oxford, v. 13, n. 1, p. 210-230, out. 2007.

BRASIL. Lei nº 3.071, de 01 de janeiro de 1916. Código Civil dos Estados Unidos do Brasil. In: *Diário Oficial da República Federativa do Brasil*, Brasília, DF, 05 jan. 1916. Disponível em: < http://www.planalto.gov.br/ccivil_03/LEIS/L3071.htm >. Acesso em: 12 jan. 2020.

BRASIL. Lei nº 8.078, de 11 de setembro de 1990. Dispõe sobre a proteção do consumidor e dá outras providências. In: *Diário Oficial da República Federativa do Brasil*, Brasília, DF, 12 set. 1990. Disponível em: < http://www.planalto.gov.br/ccivil_03/Leis/L8078.htm >. Acesso em: 12 jan. 2020.

BRASIL. Lei nº 10.406, de 10 de janeiro de 2002. Institui o Código Civil. In: *Diário Oficial da República Federativa do Brasil*, Brasília, DF, 11 jan. 2002. Disponível em: < http://www.planalto.gov.br/ccivil_03/leis/2002/l10406.htm >. Acesso em: 12 jan. 2020.

BRASIL. Superior Tribunal de Justiça. *Acórdão de decisão que julgou, em sede de recurso especial, a aplicabilidade da teoria da culpa presumida, no campo da responsabilidade civil do médico*. Recurso Especial nº 236.708/MG, Informativo nº 383, Quarta Turma. Relator: Juiz Convocado Carlos Fernando Mathias. 10 de fevereiro de 2009. Disponível em: < https://bit.ly/2Qg3myg >. Acesso em: 12 jan. 2020.

CALABRESI, Guido. *The costs of accidents*: a legal and economic analysis. New Haven: Yale University Press, 1970.

CASTELLS, Manuel. *The rise of the network society*. 2. ed. Oxford/West Sussex: Wiley-Blackwell, 2010. (The information age: economy, society, and culture, v. 1).

CAVALIERI FILHO, Sérgio. *Programa de responsabilidade civil*. 8. ed. São Paulo: Atlas, 2009.

CHAPARADZA, Alvine. Whatsapp admins in Zambia will soon need to be registered with the Government. *TechZim*, Zimbabwe, 05 jun. 2018. Disponível em: < https://www.techzim.co.zw/2018/06/whatsapp-admins-in-zambia-will-soon-need-to-be-registered-with-the-government/ >. Acesso em: 12 jan. 2020.

DIAS, José de Aguiar. *Da responsabilidade civil*. 11. ed. Rio de Janeiro: Renovar, 2006.

DÍEZ-PICAZO, Luis. *Fundamentos del derecho civil patrimonial*: la responsabilidad civil extracontractual. Madri: Civitas, 2011, t. V.

ECKSCHMIDT, Thomas; MAGALHÃES, Mario E. S.; MUHR, Diana. *Do conflito ao acordo na Era Digital*. 2. ed. Curitiba: Doyen, 2016.

EVANS, Jon. WhatsApp partners with open WhisperSystems to end-to-end encrypt billions of messages a day. *TechCrunch*, São Francisco, 18 nov. 2014. Disponível em: < https://techcrunch.com/2014/11/18/end-to-end-for-everyone/ >. Acesso em: 12 jan. 2020.

FACCHINI NETO, Eugênio. *Da responsabilidade civil no novo Código*, In: Revista do Tribunal Superior do Trabalho, Brasília: v. 76, n. 1, jan/mar 2010.

FACEBOOK to Acquire WhatsApp. *Facebook Newsroom*, 19 fev. 2014, Menlo Park, Califórnia. Disponível em: < https://newsroom.fb.com/news/2014/02/facebook-to-acquire-whatsapp/ >. Acesso em: 12 jan. 2020.

FALEIROS JÚNIOR, José Luiz de Moura. A culpa presumida como viés intermediário entre a teoria da culpa e a teoria do risco. *Amagis Jurídica*, Belo Horizonte, v. 11, n. 2, p. 243-257, jul./dez. 2014.

FIORILLO, Celso Antonio Pacheco; FERREIRA, Renata Marques. *Tutela jurídica do WhatsApp na sociedade da informação*. Rio de Janeiro: Lumen Juris, 2017.

FRIED, Ina. Facebook's WhatsApp Is Now Free. *Re Code*, Washington, 18 jan. 2016. Disponível em: < https://www.recode.net/2016/1/18/11588896/facebook-owned-whatsapp-to-drop-subscription-fees-for-its-popular >. Acesso em: 12 jan. 2020.

GANDER, Kashmira. WhatsApp web: messaging client now available on internet browsers. *The Independent*, Londres, 21 jan. 2015. Disponível em: < https://www.independent.co.uk/life-style/gadgets-and-tech/news/whatsapp-now-available-on-web-browsers-9993675.html >. Acesso em: 12 jan. 2020.

GOMES, Luiz Roldão de Freitas. *Elementos de responsabilidade civil*. Rio de Janeiro: Renovar, 2000.

GREWAL. Japreet. The Case of Whatsapp Group Admins. *The Centre for Internet & Society*, Bengaluru, Índia, 26 nov. 2015. Disponível em: < https://cis-india.org/internet-governance/blog/the-case-of--whatsapp-group-admins >. Acesso em: 12 jan. 2020.

GRIFFIN, Andrew. WhatsApp: admins of groups could be sent to prison over messages sent in their chats. *The Independent*, Londres, 21 abr. 2017. Disponível em: < https://www.independent.co.uk/life-style/gadgets-and-tech/news/whatsapp-group-chat-facebook-india-prison-jail-admin-user-administrator-a7694486.html >. Acesso em: 12 jan. 2020.

HIGH Court: administrator of WhatsApp group not liable for content posted by its members. *Latest Laws*, Nova Deli, 19 dez. 2016. Disponível em: < https://www.latestlaws.com/did-you-know/high-court-administrator-of-whatsapp-group-not-liable-for-the-content-posted-by-its-members/ >. Acesso em: 12 jan. 2020.

ÍNDIA. Act No. 45, de 06 de outubro de 1860. *The Indian Penal Code*. Disponível em: < http://www.wipo.int/wipolex/es/text.jsp?file_id=201592 >. Acesso em: 12 jan. 2020.

ÍNDIA. Extraordinary Act No. 21, de 09 de junho de 2000. *The Indian Internet and Technology Act*. Disponível em: < http://www.wipo.int/wipolex/es/text.jsp?file_id=185998 >. Acesso em: 12 jan. 2020.

INFORMAÇÃO LEGAL do WhatsApp. *WhatsApp*, 09 jul. 2018, Menlo Park, Califórnia. Disponível em: < https://www.whatsapp.com/legal/ >. Acesso em: 12 jan. 2020.

JENKINS, Henry. *Cultura da Convergência*. Tradução de Suzana Alexandria. São Paulo: Aleph, 2008.

JIMÉNEZ, William Guillermo; QUINTANA, Orlando Meneses. Derecho e Internet: introducción a un campo emergente para la investigación y práctica jurídicas. *Revista Prolegómenos, Derecho y Valores*, Bogotá, Colômbia, v. XX, n. 40, p. 43-61, dez. 2017.

JONAS, Hans. *O princípio da responsabilidade*: ensaio de uma ética para uma civilização tecnológica. Rio de Janeiro: PUC Rio, 2006.

JOSSERAND, Étienne Louis. *De la responsabilité du fait des choses inanimées*, Paris: Librairie Nouvelle de Droit e de Jurisprudence, 1897.

LEONARDI, Marcel. *Responsabilidade civil dos provedores de serviços de Internet*. São Paulo: Juarez de Oliveira, 2005.

LESSIG, Lawrence. *The future of ideas*: the fate of the commons in a connected world. Nova York: Random House, 2001.

LÉVY, Pierre. *Cibercultura*. Tradução de Carlos Irineu da Costa. São Paulo: Editora 34, 1999.

MANCERA RUEDA, Ana. Usos lingüísticos alejados del español normativo como seña de identidad en las redes sociales. *Bulletin of Spanish Studies*, Glasgow, Escócia, n. 93, p. 1469-1493, mai. 2016.

MARTINS, Fernando Rodrigues. *Direito privado e policontexturalidade*. Rio de Janeiro: Lumen Juris, 2018.

MAZEAUD, Henri; MAZEAUD, León; TUNC, André. *Traité théorique et pratique de la responsabilité civile, délictuelle et contractuelle*. 3. ed. Paris: Librairie du Recueil Sirey, 1938.

METZ, Cade. Why WhatsApp Only Needs 50 Engineers for Its 900M Users. *Wired*, Londres, 15 set. 2015. Disponível em: < https://www.wired.com/2015/09/whatsapp-serves-900-million-users-50-engineers/ >. Acesso em: 12 jan. 2020.

MINHAS, Shahid; AHMED, Masroor; ULLAH, Qazi Farman. Usage of WhatsApp: a study of University of Peshawar, Pakistan. *International Journal of Humanities and Social Science Invention*, Nova Deli, Índia, v. 5, n. 7, p. 71-73, jul. 2016.

NORONHA, Fernando. *Direito das obrigações*: fundamentos do direito das obrigações – introdução à responsabilidade civil. São Paulo: Saraiva, 2003. v. I.

PAULA, Carolina Bellini Arantes de. *As excludentes de responsabilidade civil objetiva*, São Paulo: Atlas, 2007.

PEREIRA, Caio Mário da Silva. *Responsabilidade civil*. Rio de Janeiro: Forense, 1999.

PLANIOL, Marcel Ferdinand; RIPERT, Georges. *Traité pratique de droit civil français*. Paris: Librairie Générale de Droit e de Jurisprudence, 1925. v. 2.

PRIMO, Alex. *Interação mútua e interação reativa*: uma proposta de estudo. Porto Alegre: Sulina, 2007.

RODOTÀ, Stefano. *A vida na sociedade da vigilância*: a privacidade hoje. Tradução de Danilo Doneda e Luciana Cabral Doneda. Rio de Janeiro: Renovar, 2008.

RODOTÀ, Stefano. *Il problema della responsabilità civile*. Milão: Giuffrè, 1965.

SAAD-DINIZ, Eduardo. *O problema hermenêutico e a questão ética das inovações tecnológicas*: ensaio a partir de Hans Jonas. *In*: LIMA, Cíntia Rosa Pereira de; NUNES, Lydia Neves Bastos Telles (Coords.). *Estudos avançados de direito digital*. Rio de Janeiro: Elsevier, 2014.

SALEILLES, Raymond. *Les accidents du travail et la responsabilité civile*. Paris: Librairie Nouvelle de Droit e de Jurisprudence, 1897.

SANTAELLA, Lucia. *Navegar no ciberespaço*: o perfil cognitivo do leitor imersivo. São Paulo: Paulus, 2004.

SÃO PAULO. Tribunal de Justiça do Estado de São Paulo. *Acórdão de decisão que julgou, em sede de apelação, a possibilidade de responsabilização, na esfera cível, de administradora de grupo de* WhatsApp *por ofensas irrogadas contra outros participantes do grupo*. Apelação Cível nº 1004604-31.2016.8.26.0291. Relator: Desembargador Soares Levada. 21 de maio de 2018. Disponível em: < https://bit.ly/2Ka3Pm8 >. Acesso em: 12 jan. 2020.

SHIRKY, Clay. *Cultura da participação*: criatividade e generosidade no mundo conectado. Tradução de Celina Portocarrero. Rio de Janeiro: Zahar, 2011.

STATT, Nick. WhatsApp has grown to 1 billion users. *The Verge*, Washington, 01 fev. 2016. Disponível em: < https://www.theverge.com/2016/2/1/10889534/whats-app-1-billion-users-facebook-mark-zuckerberg >. Acesso em: 12 jan. 2020.

TEIXEIRA, Tarcísio; SABO, Paulo Henrique; SABO, Isabela Cristina. WhatsApp e a criptografia ponto-a-ponto: tendência jurídica e o conflito privacidade vs. interesse público. *Revista da Faculdade de Direito da Universidade Federal de Minas Gerais*, Belo Horizonte, v. 71, n. 2, p. 607-638, jul./dez. 2017.

TEUBNER, Gunther. *Direito, sistema e policontexturalidade*. São Paulo: UNIMEP, 2005.

THOMPSON, John B. *A mídia e a modernidade*: uma teoria social da mídia. Trad. Wagner de Oliveira Brandão). Petrópolis: Vozes, 1998.

UARIAN, Diadibia Mohani. *A vida virtual e suas implicações*. *In*: CAMARGO, Coriolano Almeida; SANTOS, Cleórbete (Coords.). *Direito digital*: novas teses jurídicas. Rio de Janeiro: Lumen Juris, 2018.

VAN DIJK, Jan. *The network society*. 2. ed., Londres: Sage Publications, 2006.

VÁZQUEZ-CANO, Esteban; SANTIAGO, Mengual-Andrés; Roig-Vila, Rosabel. Análisis lexicométrico de la especificidad de la escritura digital del adolescente en WhatsApp, *Revista de Lingüística Teórica y Aplicada*, Concepción, Chile, v. 53, n. 1, pp. 3-105, jun. 2015.

VENOSA, Sílvio de Salvo. *Direito civil: responsabilidade civil*, São Paulo: Atlas, 2002.

WHATSAPP admin held for hurting religious sentiment. *Nagpur Today*, 25 jun. 2015, Nagpur, Índia. Disponível em: < https://www.nagpurtoday.in/whatsapp-admin-held-for-hurting-religious-sentiment/06250951 >. Acesso em: 12 jan. 2020.

WHATSAPP group admin arrested for spreading obscene video of Mahatma Gandhi. *Catch News*, 29 ago. 2015, Nagpur, Índia. Disponível em: < http://www.catchnews.com/raipur-news/whatsapp-group-admin-arrested-for-spreading-obscene-video-of-mahatma-gandhi-1440835156.html >. Acesso em: 12 jan. 2020.

8
REGULAÇÃO DAS FRONTEIRAS DA INTERNET: UM PRIMEIRO PASSO PARA UMA TEORIA GERAL DO DIREITO DIGITAL

Juliano Madalena

> **Sumário:** 1 Introdução. 2 Fundamentos e características do espaço virtualizado. 3 Internet como objeto passível de regulação pelo direito. 4 O modelo normativo do Marco Civil da Internet. 5 Considerações finais. Referências.

1. INTRODUÇÃO

As transformações sociais catalisadas pela tecnologia marcam a sociedade contemporânea, que a utiliza como *meio* ou *fundamento* de suas identidades. Passamos de uma sociedade industrial, movida por complexas engrenagens, para uma sociedade impulsionada pela *hiper-informação*. O novo reconduziu o homem para horizontes inovadores, abandonando caminhos ultrapassados e que levaram o sujeito à diluída sociedade pós-moderna, já em desuso, e, também, superada pela tecnologia. Se a pós-modernidade, ainda que fundada em uma grande opacidade conceitual, demarcou o consumo, a desconexão do sujeito, do abandono do moderno e da transformação do *tempo*. Assim, atualmente podemos assumir que vivemos na sociedade do *hiper*.

Gilles Lipovetsky leciona que na hipermodernidade *"não há escolha, não há alternativa, senão evoluir, acelerar para não ser ultrapassado pela evolução"*[1]. Para o sociólogo, a pós-modernidade nada mais foi que um período de transição, de curta duração, para o tempo do hipermoderno. Essa fase de elevação à potência regida pelos meios de comunicação – notadamente a internet – e pelo consumo *agrava* a "Sociedade do Espetáculo de Guy Debord", que é marcada pela transposição da realidade. O Homem *acredita* estar informado, mas sua vida está diluída e é apresentada a si próprio em um conjunto de imagens, signos e fragmentos.

Daí surgem fenômenos como o Estado de Vigilância[2] de Carlos Molinaro e Ingo Sarlet, caracterizado pelo poder originário da informação cabendo ao Estado o controle sobre as fronteiras das esferas públicas e privadas, o que impacta diretamente os direitos

---

1. LIPOVETSKY, Gilles. *Os tempos hipermodernos*. Trad. Mário Vilela. São Paulo: Editora Barcarolla, 2004. p. 57.
2. MOLINARO, Carlos Alberto; SARLET, Ingo Wolfgang. Breves notas acerca das relações entre a sociedade em rede, a internet e o assim chamado estado de vigilância. In: LEITE, George Salomão; LEMOS, Ronaldo (coord.). *Marco Civil da Internet*. São Paulo: Ed. Atlas, 2014. p. 31 e ss.

fundamentais de liberdade e privacidade³ dos indivíduos. A bem da verdade, vivemos em uma época de *coisificação* do homem e a internet parece ser um dos rotores dessa nova textura social. Desse modo, a tecnologia adentra em nossas vidas. De certa forma, a *hiper-informação* despontou uma desordem jurídica desafinando tradicionais institutos, causando desconfiança e medo.

Assim a identificação de algumas dificuldades e características pertinentes ao objeto jurídico a que nos propomos a tratar inaugura o presente estudo. Defendemos a existência de cinco características, não exaurientes, peculiares à matéria e que tem propiciado a contínua readaptação dos institutos jurídicos.

2. FUNDAMENTOS E CARACTERÍSTICAS DO ESPAÇO VIRTUALIZADO

Ainda que tenhamos um marco regulatório da internet no Brasil, jovem e que ainda precisa estar à prova das interpretações do judiciário, da academia e da sociedade, restam inúmeras obscuridades a serem iluminadas em matéria de internet e direito. Portanto, o presente estudo objetiva identificar as peculiaridades do *fato social*, bem como questionar as diretrizes adotadas em matéria de regulação da internet. Com efeito, a matéria é relativamente nova para o direito, que precisa se adaptar para atender as demandas sociais de um mundo virtualizado. Nesse aspecto, precisamos compreender os fatos para melhor adequá-los ao sistema jurídico. Daí porque deve-se assentar que a sociedade global⁴ passa por um *movimento geral de virtualização*⁵. A vida social está experimentando um espaço desconhecido, onde a circulação de valores e interações sociais acontecem com características particulares.

Em nossa busca de entender o processo de mutação dos fatos e adaptação do direito, é imperioso conhecer as particularidades que a internet ostenta. O equívoco em aplicar o sistema jurídico na realidade da internet tem como início a desconsideração de suas características. Até o momento, nem todas análises do fenômeno partiram o cotejo do tema através dos fundamentos básicos que realmente informam uma *teoria geral do direito digital*. Contudo, em obra basilar sobre a matéria, Ricardo Lorenzetti elenca as características que identifica como relevantes para o estudo do tema e não deixa despercebido o estudo do fato para a aplicação do direito⁶ salientando que "*as análises jurídicas não podem deter-se nos vínculos internos estabelecidos pela tecnologia, desinteressando-se pelo marco histórico, sociológico, econômico e pelos dados do caso concreto*"⁷. Com efeito, Lorenzetti

---

3. Veja: ULHOA, Fabio. O direito à privacidade no Marco Civil da Internet. *In:* DE LUCCA, Newton; SIMÃO FILHO, Alberto; LIMA, Cíntia Rosa Pereira de (coords). Direito & Internet III – Tomo I. São Paulo: Quartier Latin, 2015. p. 504.
4. Giovanni Iudica aponta que a globalização é o resultado da crise de dois grandes "atores" globais, quais sejam, o Estado e a Lei. Neste aspecto, importante destacar a lição do autor, para quem a lei pode governar, ordenar ou, pelo menos, orientar o curso da globalização. Para nós, fica a sugestão quanto à necessária legislação sobre a internet como caminho para acalmar seus impactos sociais negativos. IUDICA, Giovanni. Revista de Direito Bancário e do Mercado de Capitais. vol. 4. São Paulo: Revista dos Tribunais, 2010. p. 173.
5. LÉVY, Pierre. O que é o virtual? São Paulo: Ed. 34, 1996. p. 11.
6. LORENZETTI, Ricardo L. Comércio eletrônico. Tradução por Fabiano Menke. São Paulo: Revista dos Tribunais, 2004.
7. *Ibidem*. p. 26.

aponta que a internet é: uma rede aberta, interativa, internacional, dotada de múltiplos operadores, descentralizada, regulada a partir do costume, *acelerada* perante o tempo histórico e favorável a uma economia baseada na informação, que reduz *drasticamente os custos de transação*[8].

É nesse contexto, no qual nos filiamos expressamente às características de Lorenzetti, mas impulsionados pela vontade de contribuirmos com a *teoria geral*,[9] que acrescentamos características que atuam, a nosso ver, no plano base da realidade virtual e que, por essa razão, contribuem para o caos jurídico existente quando da aplicação do direito. Com isso, a primeira característica que *faz* a internet desestruturar a aplicação da norma seria, justamente, a natureza do seu espaço. Nesse sentido, a internet funda-se pela virtualização do seu conteúdo. Conforme ensina Pierre Lévy, "*a virtualização pode ser definida como o movimento inverso da atualização. Consiste em uma passagem do atual ao virtual, em uma elevação à potência da entidade considerada*". Dessa assertiva observa-se que devemos considerar a elevação à potência como o fenômeno ocorrido com tudo aquilo que é transposto para a realidade virtualizada. A internet potencializa, e esse processo de virtualização não é uma *desrealização*, mas sim uma intensificação do fato objeto deste sistema.

Essa noção é desenvolvida por Pierre Lévy, para quem a principal modalidade da virtualização é o desprendimento do aqui e agora. Tal concepção remonta àquilo que não está presente, como assevera o autor ao expor que "*a empresa virtual não pode mais ser situada precisamente. Seus elementos são nômades, dispersos, e a pertinência de sua posição geográfica decresceu muito*"[10]. Isso decorre do fato de que o objeto ocupa diversos lugares, dando um novo conceito, inclusive, para a própria noção de *locus*. Portanto, da virtualização emerge ubiquidade como a segunda característica relevante da internet para o direito. A ubiquidade confere à internet a capacidade de estar em todos os lugares ao mesmo tempo. Não há rivalidade entre seus objetos ou conteúdo, pois, a utilização por um usuário não excluirá a apreciação do outro. Em razão desse aspecto é que se desenvolve a noção de infinitude.

Com efeito, a virtualização é a característica que instrumentaliza a internet, mas é a ubiquidade que instiga muitas estruturas jurídicas e sociais da vida contemporânea. Instiga, pois, ao permitir a aproximação das pessoas, empresas e estados, também os distância. A mesma internet que aproxima, afasta. Nesse ponto, Antonio Segura-Serrano discorre que em virtude da natureza virtualizada da internet, a primeira discussão a ser feita sobre a sua regulação versa sobre a sua resistência natural para ser regulada[11]. Daí, porque ocorre a ruptura do ordenamento jurídico, principalmente quanto a sua efetividade para regular fatos da vida virtual. Efetividade, pois do ponto de vista estrutural, a

---

8. *Ibidem*. p. 26.
9. Para Ronaldo Lemos, o desejo do desenvolvimento legislativo democrático da criação do Marco Civil da Internet depende do desenvolvimento de sua infraestrutura jurídica. LEMOS, Ronaldo. O Marco Civil como símbolo do desejo por inovação no Brasil. In: LEITE, George Salomão; LEMOS, Ronaldo (coord.). Marco Civil da Internet. São Paulo: Ed. Atlas, 2014. p. 10 e s.
10. LÉVY, Pierre. O que é o virtual? São Paulo: Ed. 34, 1996. p. 19.
11. SEGURA-SERRANO, Antonio. BOG DANDY, Armin Von (org.); WOLFRAM, Rüdiger (org.). Internet regulation and the role of international law. Max Planck Yearbook of United Nations Law. v. 10. Boston: LEIDEN, 2006. p. 192.

norma é eficaz, mas pouco efetiva em situações virtualizadas. Um exemplo é a coibição de crimes praticados pela internet onde o agente infrator, caso detenha a técnica, poderá criar inúmeros entraves às autoridades e ao Estado. É que pela ubiquidade o ato poderá ocorrer em diversos *locus*, países, estruturas ou região.

De outro lado, a terceira característica é a própria não rivalidade dos objetos virtuais, que possibilita a circulação e transferência pelo controle da sociedade virtual. Uma vez na internet, a informação transforma-se em combustível para a constituição social de seus usuários. Desse modo, uma informação (música, vídeo, texto e etc.) publicada poderá, ou não, ser replicada pelos usuários incontáveis vezes. Ao ser replicada, a informação estará em diversos lugares, sendo todas suas versões *autênticas*. Não haverá a escassez da informação, pois a não rivalidade não excluirá do usuário o texto lido, a imagem visualizada ou a música escutada. Neste fenômeno, pairam os desafios jurídicos da propriedade intelectual no ambiente virtual e da causalidade na responsabilidade civil, ao tentar buscar a origem do ilícito praticado na internet. Afinal de contas, quem compartilhou o conteúdo? Todos devem ser responsabilizados[12]?

Na esteira da inovação trazida pela internet, a alta velocidade caracteriza-se como a sua quarta característica. Com o advento da internet, as ferramentas de comunicação experimentaram instrumentos caracterizados pela alta velocidade, que permite a troca de conteúdo em caráter instantâneo. Esse atributo mudou drasticamente a comunicação, pois não há mais espaço para o erro e, tão pouco, para o esquecimento. Isso, aliás, é o que sustentou inúmeros acontecimentos sociais de cunho político ao redor do globo, como a primavera árabe[13] e as manifestações de julho de 2013 no Brasil. Em milissegundos, inúmeras pessoas eram possuidoras de informações decisivas para o cenário político, criando e consumindo um número infinito de conteúdo.

Finalmente, temos como a quinta característica uma das mais marcantes para o ímpeto regulatório, qual seja, a identificação. A internet possibilita um nível de anonimato extremamente considerável. É possível que um usuário se conecte à rede e, através de ferramentas intermediárias, bem como comportamentos sociais digitais, consiga alcançar o anonimato. Contudo, esta é uma das características que sofreu maior impacto com a transformação da internet com o passar dos anos.

Daí porque a análise tormentosa realizada por Eric Schmidt e Jared Cohen resumem que a internet é uma das poucas criações humanas que nem o homem realmente entende[14]. Portanto, singularizar as características fundamentais da internet é tarefa árdua, mas

---

12. Tarcisio Teixeira em "Wi-Fi - Riscos e limites da responsabilidade pelo compartilhamento" disserta sobre a *causalidade* da responsabilidade por danos decorrentes do compartilhamento de redes sem fio, concluindo que: "(...) o usuário, a princípio, não pode ser caracterizado como administrador de sistema autônomo, uma vez que ele, por si mesmo, não é responsável por prover conexões à Internet, pois depende de um provedor de acesso e/ou um provedor intermediário para ter sua conexão estabelecida. Isso vale tanto à pessoa física que cede o acesso de sua conexão sem fio (Wi-Fi) a seus amigos como à pessoa jurídica que oferece o benefício de conexão sem fio à Internet por meio de sua rede local aos seus clientes e colaboradores". TEIXEIRA, Tarcisio. Wi-Fi - Riscos e limites da responsabilidade pelo compartilhamento. Revista dos Tribunais. vol. 961. São Paulo: Revista dos Tribunais, 2015. p. 19 – 34.
13. Veja: BRANCOLI, Fernando. Primavera árabe: praças, ruas e revoltas. São Paulo: Ed. Desatino, 2013.
14. SCHMIDT, Eric. COHEN, Jared. The new digital age. Reshaping the future of people, nations and business. Nova York: Alfred A. Knopf, 2013. p. 3.

necessária para entendermos as mutações que impactam nossas vidas. Cumpre ressaltar que o nosso objetivo não se apoia em teorias catastróficas que advogam pelo fim da humanidade em razão da internet. Pelo contrário, em um cenário não muito distante, toda população mundial estará conectada em alguma medida, e suas vidas serão equalizadas por uma estrutura em *bytes*[15].

Com efeito, considerando esse cenário e seus atributos, como deve o legislador regular a internet? Não se pode perder de vista que em toda manifestação de sociedade e coexistência humana estará presente o fenômeno jurídico. Assim, percebem-se as duas facetas do direito. A primeira como o princípio de adequação do homem à vida social e a segunda como a contraposição à sua negação[16]. Na primeira afirmativa, aceitamos a ideia de que o homem deverá adequar-se à realidade social da internet, integrando em sua consciência a necessidade de também coexistir em paz no ambiente intangível. Por outro lado, a contraposição à sua negação permite compreender que, diante de eventual ação que atinja direito alheio, haverá direitos protegidos e tutelados por um sistema jurídico legítimo e eficiente.

Entretanto, a tarefa de ajustar as tensões entre a sociedade e os desafios impostos pela internet não é fácil. O primeiro ponto versa sobre o alcance da regulamentação, já que deve progredir para um sistema que não reduza os direitos de liberdade e de informação[17]. Por outro lado, a regulamentação do fenômeno da internet deve manter o foco na *pessoa* como sujeito de direitos. Neste caso, a determinação do sistema ideal protege a *coisa* e o *sujeito*. A *coisa* é a estrutura digital de comunicação que nomeamos internet, contrapõe-se à *pessoa natural*, da lição de Clóvis Bevilaqua, em que o indivíduo se destaca como elemento ativo da vida social, possuindo direitos e obrigações[18].

Cronologicamente, a Internet nasceu em meados dos anos 90 e despertou a hipótese de uma nova realidade baseada na liberdade dos indivíduos e de suas comunidades virtuais, que escapariam das barreiras geográficas. Por certo tempo, acreditou-se que

---

15. Scott Peppet leciona que sensores eletrônicos e a automação de nossas vidas, casas, carros e objetos deixou de ser uma fantasia vista apenas nos filmes de ficção científica. Contudo, o autor destaca quatro problemas oriundos da internet das coisas que devem ser tratados pelo direito: a discriminação, a privacidade, a segurança e o consenso. A tecnologia deve avança para beneficiar a humanidade, mas não pode reduzir o direito dos seus consumidores e usuários. Desse modo, o autor destaca a importância da discriminação negativa que esta tecnologia pode realizar. Um exemplo é a individualização de consumidores para um determinado mercado de consumo, como é o caso de produtos eletrônicos para saúde, pode discriminar negativamente o uso do produto por um espectro de consumidores que não atendamos requisitos delineados pelo dispositivo. Ao seu turno, a privacidade do consumidor que utiliza aparelhos de automação residencial, por exemplo, deve ser levada como prioridade no desenvolvimento da aplicação sob pena de relevar momentos e dados privados dos consumidores. Com efeito, a segurança dos dispositivos é crucial para atender a sua finalidade. Produtos que apresentarem defeitos de fabricação podem gerar grande dano para o consumidor, seja físico ou moral, ao passo em que poderá expor informações privadas. No compasso com a doutrina brasileira de Laura Mendes e Danilo Doneda, o autor aponta a necessidade do respeito ao consenso do consumidor que utilize os produtos e serviços da internet das coisas, sendo ilícita qualquer mineração de informações que não sejam previamente autorizadas. PEPPET, Scott R. Regulating the Internet of Things: First Steps toward Managing Discrimination, Privacy, Security and Consent. Texas Law Review. v. 93. Austin: Texas Law Review, 2014. p. 85-178.
16. PEREIRA, Caio Mario da Silva. Instituições de direito civil. vol. I. Rio de Janeiro: Forense, 1994. p. 4.
17. Daí o exemplo da relação do Google com a China, que inicialmente baseou-se na entrada da gigante da internet na China em 2006 com uma versão censurada do seu buscador. Tal fato contrariou a própria concepção empresarial do Google, pois historicamente se destaca pela postura liberal em relação às informações que nele transitam.
18. BEVILAQUA, Clóvis. Teoria geral do direito civil. Campinas: Servanda, 2007. p. 96.

a internet sugeriria um espaço de *não direito*. Esse fenômeno foi superado, e hoje a sociedade mundial clama por regulação do espaço virtual. Assim, Jack Goldsmith e Tim Wu definem que estamos diante do nascimento de uma nova internet, com barreiras delineadas e onde as leis territoriais, o poder do Estado e as relações internacionais importam tanto quanto a invenção tecnológica[19]. A experiência da internet nos últimos anos demonstrou que técnicas de tecnologia da informação e pressões governamentais exercem fundamental importância no controle do espaço.

Assim, a tese de Jack Goldsmith e Tim Wu assenta que a internet está dividida e com fronteiras delineadas pela língua, pelo conteúdo, por normas e por condições locais[20]. Desse modo, emergem pressões governamentais que impõe barreiras legais, como é o caso do Marco Civil da Internet. Não obstante, a internet recebe pressões naturais das empresas de telecomunicações que objetivam moldar o sistema de acordo com os seus negócios. Por tudo, o cenário que se estabeleceu é o de uma internet plural, mas que ainda depende das leis do homem. As leis brasileiras não permitem o racismo, a injúria, a difamação, a violação à intimidade ou à vida privada. Acreditamos que não há exceção para a internet.

Com efeito, a principal fronteira que se estabelece na internet é a língua. Os usuários de diferentes países, como o Brasil, não objetivam acessar um grande portal de notícias que informe o noticiário do país em que a empresa é situada. De tal sorte, ao conectar em um grande portal de notícias, o objetivo imediato do usuário é identificar as informações que correspondem à sua localidade, do ponto de vista nacional. Em um segundo momento, se oportuno for, o usuário selecionará as informações do país de origem deste portal de notícias. Esta não é uma regra ou *standard* de comportamento na internet, mas demonstra a importância da língua e da localização geográfica na rede. Até porque, é plausível a existência de portais de notícias cujo público a ser atingido é estritamente local. Portanto, não haverá interesse na identificação da língua ou nacionalidade do usuário para fins de conteúdo, se não aquela do país de origem do próprio *site*.

Entretanto, como referido, esses fatos assumem importância jurídica, pois correspondem à própria possibilidade de aplicação da lei. Daí o questionamento a ser desenvolvido é se a lei aplicável será determinada pela localização geográfica da empresa ou da pessoa física que administra o *site* ou da nacionalidade do seu usuário alvo. De todo modo, essa assertiva reforça a afirmação de que as fronteiras ainda importam, mesmo na realidade da internet. Ou como referem Jack Goldsmith e Tim Wu: "*Language is only one way that Internet users vary by geography. Borders also mark off differences in culture, currency, climate, consumer norms, and much more*"[21]. Nesse ponto, a organização do conteúdo na internet importa na individualização do seu destinatário final. Com isso, a identificação do consumidor é extremamente relevante na realidade virtualizada e, como visto, não será feita apenas em decorrência da língua.

---

19. WU, Tim. GOLDSMITH, Jack. Who controls the internet? Illusions of a Borderless World. New York: Oxford University Press, 2006. p. 11.
20. *Ibidem*. p. 12.
21. *Ibidem*. p. 51.

Sob uma perspectiva comercial[22], a localização geográfica do consumidor será relevante para compatibilizar a eficiência da entrega do produto, quando tangível, e a sua própria disponibilidade. No comércio eletrônico, a logística é ponto crucial do modelo de negócio, pois a sua possível expansão deve atender as demandas dos consumidores com prazos razoáveis. Outrossim, a localização geográfica importará na adoção de novos intermediários no negócio, como é o caso de *payment gateways*.

Não obstante, quando intangível o produto, a localização geográfica também será relevante para a transferência do mesmo. Ou seja, identificar a localização geográfica do consumidor destinatário do produto intangível orienta a escolha dos servidores que realizarão a sua transferência. Assim, esse critério amplia a repercussão da importância geográfica, pois as taxas de transferência na internet são influenciadas pela localização dos pontos de conexão. Ainda, a identificação geográfica determina a exibição de anúncios para o consumidor[23] específico, o que modificará a estratégia publicitária. O mesmo quando tratamos da propriedade intelectual, cuja licença de exibição de um determinado conteúdo pode estar vinculada a determinado país ou região. Por tudo, preconiza a importância do *locus* na internet, dando fim à aparente sensação de que não há fronteiras na rede.

Com efeito, podemos afirmar que estão equivocados aqueles que defendem o fenômeno da superação de barreiras da territorialidade na internet. Uma vez que, a territorialidade importa e pode ser tão decisiva quanto às fronteiras físicas estabelecidas na sociedade contemporânea, como demonstra a realidade da internet Chinesa,[24] que estabelece padrões de comportamento de acordo com a estrutura legal daquele país. Daí porque a tese de Jack Goldsmith e Tim Wu está correta: a internet se transforma de acordo com a realidade de seus usuários. Quando esta realidade se choca com interesses nacionais, o poder Estatal pressiona as barreiras digitais e as transforma de acordo com os seus interesses. Portanto, a internet aberta, que muitos acreditam existir, está distante da realidade. As pressões políticas e comerciais moldam a internet que temos, o que é esperado em uma sociedade globalizada.

Um dos importantes marcos desta internet *personalizável* aos nossos hábitos de uso e consumo data 2009, quando o Google anunciou que passaria a fornecer uma busca personalizada para todos. Naquele momento, segundo Eli Pariser, o Google, passaria a utilizar sinalizadores que identificassem o lugar de conexão do usuário, o navegador

---

22. Veja: LEONARDI, Marcel. Marco Civil da Internet e proteção de dados pessoais. *In*: DE LUCCA, Newton; SIMÃO FILHO, Alberto; LIMA, Cíntia Rosa Pereira de (coords). Direito & Internet III – Tomo I. São Paulo: Quartier Latin, 2015. p. 524 e ss.
23. Fernanda Nunes Barbosa trata sobre a proteção do consumidor no mercado contemporâneo, identificando a necessidade de reconhecermos o paradigma da dignidade da pessoa humana que obriga os fornecedores na internet à seguir os valores da solidariedade em não promover danos nesse mercado. BARBOSA, Fernanda Nunes. Informação e consumo: a proteção da privacidade do consumidor no mercado contemporâneo da oferta. Revista de Direito do Consumidor. v. 88. São Paulo: Revista dos Tribunais, 2003. p. 145 – 174.
24. De acordo com Anne S.Y Cheung, Professora da Universidade de Hong Kong, a internet ameaça as diretrizes estabelecidas pelo regime Chinês, o que importa em um rigoroso controle governamental da rede. O controle da internet avança não só na privacidade dos seus usuários, mas principalmente nas balizas que organizam o setor econômico e comercial. CHEUNG, Anne S. Y. The Business of Governance: China's Legislation on Content Regulation in Cyberspace. New York University Journal of International Law and Politics. v. 38. New York: New York University, 2006. p. 14 e ss.

utilizado, os termos que já havia pesquisado e outros hábitos de uso[25]. Do mesmo modo, a instalação de *cookies*[26] em nossos navegadores permite o rastreamento pessoal o que leva os sites a apresentarem anúncios e conteúdos direcionados. Desses fenômenos, podemos assumir que o fundamento da internet passa da estrutura originária de compartilhamento para o individualismo. A internet contemporânea ambiciona a individualidade do usuário e não mais o comportamento coletivo. Quanto mais individualizada esteja a informação, com maior precisão os algoritmos poderão transformá-la em uma commodity altamente rentável.

3. INTERNET COMO OBJETO PASSÍVEL DE REGULAÇÃO PELO DIREITO

Na senda de desenvolver um estudo jurídico fundado no cotejo do fato social com a aplicação do direito, cumpre-nos esclarecer e desmistificar obscuridades a respeito do desenvolvimento do direito na internet ou para internet. Primeiramente, a internet, como referido, superou a noção de mero serviço técnico e passou a ostentar características particulares de um ambiente social. Assim, o homem tratou de se valer da sua natureza gregária para expandir suas necessidades sociais e patrimoniais na internet. Portanto, para a correta aplicação do direito na internet, é de suma importância a análise da relação jurídica que dialoga com este fenômeno. Aqui é que figura a assertiva de grande importância para o jurista, pois caberá a ele identificar quando estará regulando uma relação jurídica que possua interferência com a internet ou quando estará regulando relações jurídicas próprias[27] da internet.

Por certo, o regime jurídico da internet obedece complexa tarefa interpretativa, exigindo um esforço multidisciplinar que possibilite a extração do conjunto dos fatos para a constituição de uma matéria. Contudo, considerando os aspectos jurídicos que a internet oferece à vida social é possível assentar a existência de uma disciplina particular do direito que opera criando e balizando regras sociais de direito objetivo e subjetivo.

De toda produção doutrinária sobre direito e internet, destaca-se o estudo desenvolvido pelo Professor Lawrence Lessig, que sustenta a existência de um *ciberespaço*. Esse *locus* seria um espaço criado de baixo para cima (*bottom-up*). Suas estruturas estão fundadas e assentadas de acordo com a vontade de seus usuários. Nessa perspectiva, a internet tradicional que todos conhecemos é formada pelos aplicativos de e-mail, portais de notícias, *e-commerce*[28] e outros espaços que usualmente utilizamos em nosso

---

25. PARISER, Eli. O filtro invisível. O que a internet está escondendo de você. São Paulo: Zahar, 2012. p. 14 e 15.
26. O *cookie* é uma conhecida técnica que permite o envio e recebimento de um pacote contendo informações do usuário que visita um determinado site na internet. Através do cookie, é possível rastrear informações privados dos usuários sem o seu consentimento. A diretiva de proteção de dados na UE destaca para a necessidade do consentimento do usuário quando determinado site utiliza cookies. MATTHEWS, Kirsch. Do-Not-Track: Revising the EU's Data Protection Framework to Require Meaningful Consent for Behavioral Advertising. Richmond Journal of Law & Technology. v. XVIII. Richmond: J.L. TECH, 2012. p. 1-50.
27. A internet deu ensejo a inúmeras novas relações jurídicas, como é o caso do contrato de *web hosting*. Nesse modelo contratual, tipicamente da internet, uma empresa fornece espaço para a hospedagem de arquivos, principalmente *web sites*, no mercado.
28. Antonia Klee conceitua comércio eletrônico como "termo utilizado para expressar toda e qualquer forma de transação comercial em que as partes interagem eletronicamente". KLEE, Antonia Espíndola Longoni. Comércio eletrônico. São Paulo: Revista dos Tribunais, 2014. p. 71

cotidiano. Por outro lado, de acordo com Lessig, o *ciberespaço* é uma experiência que proporciona a vivência virtualizada de seu usuário. Ele é constituído por pessoas que criam comunidades e dedicam boa parte de sua vida para conviver, trocar informações, bens e serviços em uma realidade virtualizada.

Como visto, de certo modo a sociedade do *ciberespaço* é caracterizada pela autorregulação, liberdade e diversidade[29]. Nesse sentido, inclusive, o desafio do jurista seria o de compreender que o ciberespaço é regulado por *códigos* diferentes das normas tradicionais. De acordo com o autor, a *lei* do *ciberespaço* é poderá ser ditada pelo direito, pelas normas sociais, mercado e *arquitetura*. Assim, o código do *ciberespaço* define os direitos e deveres de acordo com a intenção do seu criador. Seja qual for o modelo adotado constitui-se, pois, traço característico de sua tese a necessidade de análise dos valores e princípios que informam a realidade da internet. Assim, temos, por exemplo, os questionamentos realizados pelo autor sobre quais os valores que o *ciberespaço* protegerá, como é o caso da privacidade[30], liberdade cultural e liberdade de expressão. Daí porque o professor constitucionalista questiona: *"What checks and balances are possible in this space? How we separate powers?"*[31].

Como resultado destes questionamentos, desdobram-se novos problemas sobre a regulação da internet. Nesse caso, pela definição de Lessig, a preocupação versa sobre como a estrutura e arquitetura da internet regula seus usuários. Assim, as fases da regulação da internet são definidas pelo autor, que identifica a primeira como aquela originária pelo setor não comercial, como a acadêmica, hackers e pesquisadores. Quanto à segunda fase da regulação, surgem as empresas e companhias comerciais que objetivam adequar a internet de acordo com o melhor proveito para seu negócio. Atualmente nos encontramos na terceira fase de regulação da internet, na qual o movimento regulatório surge como resposta e dever do Estado. Desse modo, cabe ao Estado tutelar as relações sociais na internet, identificando qual o modelo e sistema que consegue regular comportamentos sociais na rede. Para Lessig, a dificuldade em regular a internet advém da necessidade de saber a quem regular, onde esta pessoa está e o que ela está fazendo[32]. Nesse sentido, o autor sugere que em razão da arquitetura da rede, não há maneira fácil de saber quem regular, onde esta pessoa está e o que ela está fazendo. Portanto, Lessig conclui que em virtude da internet a possibilidade de regular os comportamentos sociais na vida "real" reduziu drasticamente.

Por essas razões é que o autor sustenta que a regulação do ciberespaço depende de sua arquitetura. Assim, a arquitetura original da internet, segundo o autor, sugeriu a referida sensação de um espaço de um "não direito". O poder do código, portanto, está na possibilidade de o administrador transformar o *modelo* de direitos e deveres que cada usuário terá na rede de acordo com a sua particularidade. Um exemplo de espaço regulado pelo código é a internet de ambientes corporativos, onde existem restrições de acessos de acordo com as diretrizes da empresa. Neste ponto, cabe a indagação: afi-

---

29. LESSIG, Lawrence. Code 2.0. New York: Basic Books, 2006. p. 3.
30. Veja: LIMBERGER, Têmis. O direito à intimidade na era da informática: a necessidade de proteção dos dados pessoais. Porto Alegre: Livraria do Advogado, 2007.
31. LESSIG, Lawrence. Code 2.0. New York: Basic Books, 2006. p. 7.
32. LESSIG, Lawrence. Code 2.0. New York: Basic Books, 2006. p. 23.

nal de contas, o *poder* está no código ou na vontade do seu administrador? Assim, não seria o código mero instrumento de uma *vontade maior*? A exemplo, como já referido, o código da internet chinesa está desenhado para permitir e proibir ações previamente estabelecidas pelos seus criadores. Daí porque Lessig já previa que a natureza da internet estava se transformando para uma nova realidade. E essa realidade era sugerida não só pelo governo, mas pelos usuários e por interesses corporativos.

Contudo, a possibilidade de mudança de perspectiva da internet *aberta* para uma internet *comercial* não significa assumir que do ponto de vista da regulação isto seja prejudicial para a sociedade contemporânea. Anteriormente, referimos que a quinta e mais marcante característica da internet seria o anonimato e que a mesma se transformava em razão desta nova fase da internet. Com efeito, a fase atual, marcada pelos grandes *players* comerciais da internet, tornou o anonimato um atributo laborioso de se conseguir. O usuário da internet de hoje deixa rastros em todas suas ações e muito disso ocorre em virtude das aplicações comerciais que utilizamos. Quando nos registramos em um serviço de e-mail gratuito, por exemplo, possivelmente *concordamos* com a coleta e tratamento de dados pessoais[33]. O mesmo quanto à utilização de navegadores de internet que possibilitam o rastreio de nossas informações pessoais, marcando cada passo que damos no mundo virtualizado. Por um motivo ou outro, a utilização dos serviços comerciais disponíveis, ainda que não sejam diretamente remunerados, sugere um falso sentimento de anonimato na internet. A realidade, por outro lado, é que não *navegamos* sozinhos.

Como se percebe, tecnicamente é possível que um usuário avançado alcance um nível considerável de anonimato, mas apenas um deslize comportamental na rede, como a atualização de um aplicativo durante sua navegação escondida, pode ser suficiente para a sua descoberta. O que se pode afirmar é que as dependências que desenvolvemos com aplicações de internet aparentemente *banais* reduzem o anonimato e, paulatinamente, formam a nossa identidade virtual. Portanto, nossos hábitos de consumo dos serviços e produtos que a internet proporciona, remunerados ou não, formam a identidade virtual do usuário e reduz drasticamente o seu anonimato.

Um exemplo recente da derrota do anonimato foi a prisão e posterior condenação de Ross Ulbricht à prisão perpétua[34], suposto criador do *Silk Road*, *web site* destinado para a intermediação de traficantes de drogas e usuários na *deep web*[35]. Por sua arquitetura, a *deep web* é acessada mediante o anonimato dos seus usuários, que utilizam ferramentas conhecidas para reduzir a capacidade de identificação da sua identidade real. Contudo,

---

33. Daí porque Laura Mendes ressalta que "a potencialidade de danos à personalidade reside não na informatização, mas no tratamento dos dados em si e na obtenção de informações que representem de forma objetiva o indivíduo perante a sociedade". MENDES, Laura Schertel. Privacidade, proteção de dados e defesa do consumidor: linhas gerais de um novo direito fundamental. São Paulo: Saraiva, 2014. p. 51.
34. Veja: http://www.nytimes.com/2015/05/30/nyregion/ross-ulbricht-creator-of-silk-road-website-is-sentenced-to-life-in-prison.html. Acesso em 17 jan. 2020.
35. De acordo com Michael K. Bergman, a *deep web* é o conjunto de conteúdo disponível na internet que não está indexado nos indexadores de conteúdo tradicionais, como o Google e o Yahoo. Assim, o usuário da internet que utiliza a rede de pesquisa tradicional não alcança o conteúdo que não está indexado. O autor sugere que a maior parte do conteúdo disponível na internet está na *deep web*. Ou seja, o conteúdo que acessamos tradicionalmente é apenas a ponta de um *ice berg*. BERGMAN, Michael K. http://brightplanet.com/wp-content/uploads/2012/03/12550176481-deepwebwhitepaper1.pdf. Acesso em 17 jan. 2020.

a prisão de Ulbricht imprime a mensagem conclusiva de que possíveis ilícitos cometidos na internet, ainda que praticados através de ferramentas que reduzem a identificação do usuário, podem ser alcançados pelo Estado. Assim sendo, mesmo que o *código* da *deep web* seja desenvolvido para facilitar o anonimato, ainda é possível que o Estado identifique, cedo ou tarde, os seus usuários. Com efeito, se a premissa de espaço de *não direito* foi rapidamente superada pela atuação dos governos frente à internet, o mesmo quanto ao *anonimato*.

Em regulação da internet, reconhecemos, portanto, que o marco inicial de Manuel Castells para analisar a relação das pessoas com a internet é verdadeiro. Como ensina Castells, "O ponto de partida desta análise é que as pessoas, as instituições, as companhias e a sociedade em geral transformam a tecnologia, qualquer tecnologia, apropriando-a, modificando-a, experimentando-a"[36]. Por essa razão é que aplicar o direito como instrumento da regulação da vida social do homem à realidade da internet demanda um exercício intelectual que acompanha tanto a evolução do *fato* quanto a evolução do *direito*. Em outras palavras, a internet é elástica, líquida e que sob condições específicas sofre transformações estruturais que mudam como nós nos relacionamos com a rede.

Daí porque reconhecemos que o *ciberespaço* de Lessig vincula sua regulação de acordo com a sua arquitetura. Contudo, a *arquitetura do ciberespaço sofrerá transformações advindas de demandas sociais*. Lessig, entretanto, sustenta que o caminho para uma maior regulação da internet é a transformação, por parte do governo, da sua arquitetura de forma a permitir um espaço mais regulável. Assim, reconhecendo a necessidade de regulação pode o governo interferir no código e inserir camadas de regulação que permitam, por exemplo, a localização ou identificação de um usuário conectado. Nessa perspectiva, o Estado criaria barreiras e alfândegas digitais fundadas no *hardware* e *software* com o objetivo de circunscrever as fronteiras digitais. Todavia, assim como nós, Lessig também reconhece que a regulação dos comportamentos sociais na internet dependerá fundamentalmente das interações entre o comércio e o governo[37].

Portanto, reconhecendo que a internet é um grande catalizador do consumo global, identificamos que é correto afirmar que a rede que temos hoje é desenvolvida por interesses comerciais. Ainda que o ideário revolucionado de liberdade esteja no DNA da rede, a internet contemporânea se transformou em um grande *locus* de circulação de capital. De fato, o mercado eletrônico cresce desenfreadamente e transforma a forma como consumimos sugerindo, inclusive, uma nova economia[38]. Sem dúvidas a era eletrônica cria euforias sociais e, inclusive, gera *angústia* do desconhecido ou tecnicamente *complexo*. Afinal de contas, como leciona Mcluhan, "toda tecnologia nova cria um ambiente que é logo considerado corrupto e degradante"[39]. E nesse campo, o sociólogo ainda avança,

---

36. CASTELLS, Manuel. A galáxia da internet: reflexões sobre a internet, os negócios e a sociedade. Rio de Janeiro: ZAHAR, 2003. p. 10.
37. LESSIG, Lawrence. Code 2.0. New York: Basic Books, 2006. p. 81.
38. CASTELLS, Manuel. A galáxia da internet: reflexões sobre a internet, os negócios e a sociedade. Rio de Janeiro: ZAHAR, 2003. p. 56.
39. MCLUHAN, Marshall. Os meios de comunicação como extensões do homem. 18ª ed. São Paulo: Cultrix, 2012. p. 12.

acrescentando que estamos nos aproximando da "fase final das extensões do homem", onde a simulação tecnológica da consciência se estenderá para toda sociedade humana[40].

Daí a noção de complementariedade da *técnica* com a *lei*. Isto porque, sendo a internet uma das possíveis novas extensões do homem, também o é direito. Dessa assertiva, podemos avançar e começar a compreender a existência de um sistema jurídico autônomo que regule as relações do homem com a internet e a tecnologia da informação, pelo qual escolhemos, como melhor nomenclatura a do "direito digital". Assim, o direito digital será o sistema jurídico cujo objeto é a tutela das relações sociais do homem com a tecnologia, razão pela qual seu escopo, assim como a natureza do seu objeto, é flexível e líquido. Como afirma Joan Majó, a utilização do código numérico para a transmissão e o armazenamento de todo tipo de informação marcam a importância do que está acontecendo na sociedade[41]. Em razão disso, o homem transforma o direito com fulcro em alinhar a lei ao fato. Nessa perspectiva, no Brasil cria-se o Marco Civil da Internet, percursor da base jurídica do direito digital e incentivador de novas legislações do tema, como o projeto de lei de proteção de dados e do código do consumidor, que destacadamente identifica as dificuldades do consumidor na era digital.

Seja como for, as relações sociais entrelaçaram-se na internet e para a manutenção do seu próprio equilíbrio cinge-se a aplicação do direito e a edificação de normas que autorizem ou proíbam comportamentos. Daí a evolução da doutrina, jurisprudência e lei concluir a existência de uma disciplina própria para reger a harmonia pacífica dos sujeitos na internet. Na doutrina brasileira, Nelson Nery Junior e Rosa Maria de A. Nery apresentam marcante conceito sobre o tema, apontando que o ciberespaço é "*o ambiente virtual onde ocorrem fatos jurídicos que provocam a incidência do chamado direito digital*"[42]. Ainda, avançam e acrescentam que o direito digital será a "*disciplina voltada para garantir a segurança de relações que se desenvolvem por causa do uso da mídia eletrônica*"[43].

Efetivamente, o direito digital é o gênero no qual o comércio eletrônico, a propriedade intelectual na internet e outras divisões são espécies. Com efeito, o objeto do direito digital é o conjunto normativo das relações sociais na internet. Contudo, a existência de uma disciplina específica para o tratamento das relações jurídicas na internet não condiz com o afastamento da aplicação das disciplinas gerais e codificadas, como o Código Civil e o Código de Defesa do Consumidor. Pelo contrário, pode-se dizer que o direito digital como *códice* normativo é a constatação da integração de normas jurídicas que possibilitem a aplicação do direito com a identificação de suas especificidades. Daí porque a intenção preliminar de caracterizar a internet contornando suas características específicas.

Sem embargos das cinco características elencadas na primeira parte deste estudo, o cerne da conclusiva *desconfiança* jurídica que a internet enseja versa pela sua formação técnica. A técnica é ordem democrática, pois suas criações e benfeitorias podem atingir a humanidade como um todo. Contudo, do ponto de vista regional ou individualizado,

---

40. *Ibidem.* p. 12.
41. MORAGAS, Miquel (org.). MAJÓ, Joan. La comunicación de los orígens a internet. Barcelona: Gedia, 2012. p. 70.
42. NERY JUNIOR, Nelson; NERY A., Rosa Maria De. Código Civil Comentado. 11.ª ed. São Paulo: Revista dos Tribunais, 2014. p. 279.
43. *Ibidem.*

nem todos sujeitos possuem conhecimento técnico intermediário ou avançado. Assim, nesta economia do conhecimento, aquele que detém o controle da técnica possui grande vantagem em relação ao usuário ou consumidor de um serviço ou produto. Não obstante, a técnica pode auxiliar na modulação da publicidade, na prestação de um serviço ou no desenvolvimento do produto. Por tudo, a mesma técnica que nos beneficia também poderá reduzir ou aumentar a confiança. Se trata da manifestação genuína da iliquidez na sociedade da informação. A premissa que resta para a aplicação do direito figura no modelo normativo ideal para o tratamento da questão.

4. O MODELO NORMATIVO DO MARCO CIVIL DA INTERNET

Fundamentalmente, o Marco Civil da Internet (MCI) realiza a formulação de um modelo legislativo que coaduna com a lição de Judith Martins-Costa, quanto a sua integração de fatos e valores em normas jurídicas[44]. O MCI surgiu como a realização de um projeto de lei amplamente debatido na sociedade civil brasileira, com a participação da pluralidade dos seus integrantes. Atualmente, a novíssima lei é considerada indispensável à manutenção e organização da vida social na internet, sendo exemplo de modelo normativo mundo afora, ainda que alguns setores deste sistema mereçam um debate crítico e pormenorizado carecendo, principalmente, da correta interpretação para sua pretensa efetividade. Nesse mesmo sentido, como natural do desenvolvimento do direito, a doutrina e a jurisprudência vêm desenvolvendo seu papel dogmático captando os valores intrínsecos da norma.

A ideia reguladora do MCI escoa, *a priori*, em um sistema nitidamente balizado por princípios[45]. A partir de uma perspectiva universal da norma, sua realidade demonstra uma solução legislativa constituída por princípios *fundamentais*. Com efeito, Newton De Lucca destaca que os capítulos centrais da lei são *"desdobramentos lógicos do que se estabeleceu nesse Capítulo I"*[46]. De tal sorte, a simples leitura da lei confirma a análise do autor, pois é possível auferir a *conotação* principiológica que estabelece direitos, garantias e deveres aos *players*[47] da internet. Assim, a preocupação do MCI alicerça-se sobre as características das interações sociais, algumas descritas anteriormente, *meio do seu objeto* de proteção. Neste ponto, o legislador foi sábio em principiar a lei pela proteção da *liberdade de expressão*[48] e, sobretudo, pelo *reconhecimento da escala mundial da rede*. Deste modo, não se ignora a escala global como característica estrutural da internet e cria-se uma lei compatível com este predicado.

---

44. MARTINS-COSTA, Judith. Modelos de Direito Privado. São Paulo: Marcial Pons, 2014. p. 10.
45. Veja: GARCIA, Rebeca. Marco Civil da Internet no Brasil: repercussões e perspectivas. Revista dos Tribunais. vol. 964. São Paulo: Revista dos Tribunais, 2016. p. 161–190.
46. DE LUCCA, Newton. Marco Civil da Internet – uma visão panorâmica dos principais aspectos relativos às suas disposições preliminares. *In*. DE LUCCA, Newton; SIMÃO FILHO, Alberto; LIMA, Cíntia Rosa Pereira de (coords). Direito & Internet III – Tomo I. São Paulo: Quartier Latin, 2015. p. 33.
47. Assim considerados como os agentes envolvidos na internet: consumidor, provedores de serviço e de conteúdo, aplicações de internet e etc.
48. Veja: KLEE, Antonia Espíndola Longoni; MARTINS, Guilherme Magalhães. A privacidade, a proteção de dados e dos registros pessoais e a liberdade de expressão: algumas reflexões sobre o Marco Civil da Internet (Lei nº 12.965/2014). *Ibidem*. p. 295 e ss.

Cumpre-nos, portanto, identificar neste modelo normativo um microssistema de proteção de direitos relativos ao uso da internet. Esse modelo ilumina direitos, garantias e deveres previamente estabelecidos na Constituição Federal de 1988, no Código Civil de 2002 e no Código de Defesa do Consumidor e que devem ser transpostos para a aplicação nesta nova realidade. Ao nosso ver, é por antecipar estes princípios, direitos e deveres constitucionais que nomeamos o MCI como a "Constituição da Internet no Brasil". Com efeito, o legislador consignou no MCI diretrizes dispostas e garantidas na Constituição de 1988 e dado o *alcance* do texto constitucional é possível aduzir que o MCI amplia o escopo constitucional sob a ótica da internet. Destarte, o MCI impõe balizas expressas sobre valores que lhe incube defender. Dessa forma, entendemos que o MCI traça diretrizes que devem governar a internet dispostas no art. 2º, quais sejam: a liberdade de expressão, o reconhecimento da escala mundial da rede, os direitos humanos, o desenvolvimento da personalidade e o exercício da cidadania em meios digitais, a pluralidade e a diversidade, a abertura e a colaboração, a livre iniciativa, a livre concorrência e a defesa do consumidor e a finalidade social da rede.

Com efeito, as relações privadas presentes no MCI coadunam, em sua maioria, com os princípios constitucionais e com o *espírito da carta*[49], de modo a edificar a preocupação com o espírito igualitário e com a proteção da *pessoa humana*. Nesta tônica, a *mot vedette* do MCI é a chamada liberdade de expressão, o que demonstra a extraordinária atenção à guarida do direito *humano*. A liberdade de expressão, prevista na Constituição de 1988 e na Carta de Direitos Humanos, é um dos embriões fundadores da internet como rede mundial de comunicação. Em razão da academia ter alcançado protagonismo em sua expansão, a internet, como instrumento de comunicação social, alcançou o *status* de ferramenta indispensável para o exercício da personalidade. Logo, é possível analisar o nível democrático de um país pela censura da rede.

Ainda, outra tônica do MCI é a inclinada tutela da privacidade dos usuários na rede. Inobstante insuficiente nesse ponto, o microssistema jurídico impõe importantes *standards* sobre a proteção da privacidade (art. 3º, II e III e art. 7º, I, II e III). Daí destaca-se a inviolabilidade da intimidade e da vida privada, sua proteção e indenização pelo dano material ou moral decorrente de sua violação (art. 7º, I), a inviolabilidade e sigilo do fluxo de suas comunicações pela internet, salvo por ordem judicial, na forma da lei (art. 7º, II), inviolabilidade e sigilo de suas comunicações privadas armazenadas, salvo por ordem judicial (art. 7º, III), o não fornecimento a terceiros de seus dados pessoais, inclusive registros de conexão, e de acesso a aplicações de internet, salvo mediante consentimento livre, expresso e informado ou nas hipóteses previstas em lei e o dever de prestar informações claras e completas sobre coleta, uso, armazenamento, tratamento e proteção de seus dados pessoais, que somente poderão ser utilizados para finalidades específicas. Nitidamente, o MCI reserva espaço legislativo para a expansão da proteção deste tema através da elaboração de leis e instrumentalizações legais. Contudo, desenvolve caminhos destacados para a abordagem do tema, inclusive com disposições sobre a guarda de registro de conexão.

---

49. BITTAR, Carlos Alberto. O direito civil na constituição de 1988. São Paulo: Revista dos Tribunais, 1990. p. 22.

É dizer, nestes casos, o MCI cumpre o desígnio de regrar a proteção da privacidade na internet, ainda que originalmente balizada pela Constituição Federal de 1988, pelo Código Civil de 2002 e pelo Código de Defesa do Consumidor, mas de dificultosa interpretação com a realidade virtualizada. Efetivamente, esta temática, positivada neste regramento específico, demonstra o bramido social quanto ao interesse da manutenção da *sensação de privacidade na internet*. Consequentemente, a elaboração do MCI foi marcada por fatos sociais que catalisaram a premência de pautar direitos e deveres referentes à privacidade na internet, que coaduna com a relevância data ao tema pela Declaração Universal dos Direitos Humanos (art. 17º). Neste ponto, destaca-se a escolha da terminologia adotado para positivar a matéria, porquanto o *conceito* de privacidade aplicada à internet demanda inúmeras interpretações.

Nesse contexto, podemos aduzir que a privacidade será a capacidade de escolher aquilo que será compartilhado ou não, aproximando-se à noção do "direito de estar só". Por conseguinte, o acesso não autorizado à informação que seu detentor retém para si e não consente em compartilhar poderá figurar como *invasão à privacidade*. Contudo, o ponto mais marcante acerca do tema da privacidade será, invariavelmente, a tutela da proteção de dados dos usuários e consumidores na rede. É dizer, estes termos se confundem, mas dialogam com o objetivo fim que é a guarida de informações pessoais na internet, ainda que seja árdua a tarefa de delinear marcos entre interesse público e privado, principalmente ao se considerar a escala global da internet que encontra conceitos culturais e jurídicos diversos para o assunto. Nesse ponto o MCI, como referido, inaugura importantes balizas para receber legislação específica que objetive assentar direitos e deveres no que concerne a proteção de dados. Daí porque cabe referir que o MCI é um passo elementar para que se desenvolva leis específicas sobre o tema da proteção de dados.

Outro correto reconhecimento presente no MCI é sobre a aplicação do Código de Defesa do Consumidor nas relações de consumo na internet. O inciso XIII do art. 7º preceitua que será assegurado ao usuário a "*aplicação das normas de proteção e defesa do consumidor nas relações de consumo realizadas na internet*", assim como o art. 2º, V que estabelece como fundamento do uso da internet a livre iniciativa, a livre concorrência e a defesa do consumidor. Por certo, o Superior Tribunal de Justiça sedimentou o reconhecimento da *sujeição dos serviços de internet ao CDC*. Com efeito, através do REsp 1308830-RS de relatoria da Ministra Nancy Andrighi se desenvolveu a tese de que as peculiaridades da internet não possuem o condão de afastar as características fundamentais do negócio jurídico. Nessa perspectiva, outra marcante superação da interpretação do CDC para a internet foi quanto a irrelevância da *remuneração* do serviço. Aqui, o julgado confirmou a doutrina de Claudia Lima Marques acerca da ampla interpretação do conceito de *remuneração*, identificando a possibilidade da circulação financeira estar inserida no amplo escopo do sinalagma contratual[50].

Daí porque a técnica do *cross marketing*, amplamente utilizada na internet, não mitiga a aplicação do CDC. Destarte, será justamente nestes casos em que o CDC deve atuar com maior rigor, dado em que o nível de informação sobre a formação contratual

---
50. MARQUES, Claudia Lima. Contratos no código de defesa do consumidor: o novo regime das relações contratuais. 7ª ed. São Paulo: Revista dos Tribunais, 2014. p. 417.

está oculto pela técnica publicitária e pela realidade virtualizada. Assim, ainda sobre a aplicação do CDC, observa-se que o MCI avança em reforçar disposições previstas ou previsíveis no microssistema de proteção do consumidor[51], como é o caso da não suspensão da conexão à internet, salvo por débito diretamente decorrente de sua utilização (Art. 7º, IV), do direito de manutenção da qualidade contratada da conexão à internet (Art. 7º, V) e do direito de informações claras e completas constantes dos contratos de prestação de serviços (Art. 7º, VI). Desse modo, observa-se que o modelo jurídico do MCI demonstra amparo no CDC ao passo em que redobra a proteção do consumidor nesse ambiente específico.

Ainda, o MCI destinou seção específica para proteger tema de grande importância para a estrutura da internet, qual seja, a neutralidade da rede[52]. A neutralidade da rede está prevista no art. 9º do MCI que dispõe que "o responsável pela transmissão, comutação ou roteamento tem o dever de tratar de forma isonômica quaisquer pacotes de dados, sem distinção por conteúdo, origem e destino, serviço, terminal ou aplicação". A bem da verdade, a neutralidade da rede versa diretamente sobre o direito dos consumidores contratantes, principalmente, de serviços de conexão à internet. É dizer, o direito de tratamento isonômico de pacotes de dados versa sobre aqueles dados que trafegam do provedor de conexão à internet ao consumidor. Presente a relação de consumo, haverá a incidência do CDC acerca do tratamento não discriminatório dos dados que trafegam na conexão objeto do contrato. Nesse diapasão, o art. 9º do MCI expande esse direito para os usuários da rede *lato sensu* e impede que, mesmo não existindo relação de consumo, haverá o direito de tratamento isonômico dos dados no contrato de conexão, transmissão, comutação ou roteamento.

Com isso, a proteção da neutralidade da rede impacta diretamente nas regras do mercado. Isso porque impede o *fatiamento* da internet de acordo com o comportamento de consumo. Assim sendo, a neutralidade da rede impede que os provedores de conexão e detentores do roteamento, notadamente as empresas de telecomunicação, criem *planos de contratação* que discriminem o *tipo de uso* que o consumidor poderá fazer. Um dos exemplos é a impossibilidade de criação de planos que aumentem a tarifa cobrada para consumidores que acessem *streaming* de vídeo ou áudio com maior frequência. O argumento contrário é de que o consumidor que utiliza a conexão com maior intensidade deve pagar valores diferenciados a maior, em comparação ao consumidor que não onera com tanta frequência a conexão que, no caso, é compartilhada por toda gama de usuários consumidores do serviço.

---

51. MENDES, Laura Schertel; DE LUCCA, Newton; SIMÃO FILHO, Alberto; LIMA, Cíntia Rosa Pereira de (coords). A tutela da privacidade do consumidor na internet: uma análise à luz do Marco Civil da Internet e do Código de Defesa do Consumidor. In: Direito & Internet III – Tomo I. São Paulo: Quartier Latin, 2015. p. 474 e ss.
52. Demi Getschko acredita que "a carga semântica do termo" da neutralidade da rede impede sua abordagem uniforme. Por assim dizer, na lição do autor existem diversas interpretações do conceito que podem variar de acordo com a abordagem realizada. Assim, ao nosso entender, a sua interpretação versa sobre a característica técnica da internet permitir que uma conexão seja realizada ponto à ponto e, em sendo assim, não poderá existir interferência no caminho dos pacotes que atravessam a comunicação. GETSCHKO, Demi. As origens do Marco Civil da internet. In: LEITE, George Salomão; LEMOS, Ronaldo (coord.). Marco Civil da Internet. São Paulo: Ed. Atlas, 2014. p. 13 e s.

A arquitetura da internet que temos atualmente é a mesma quando da sua criação. Pouco se evoluiu em termos de tecnologia, sendo que utilizamos o mesmo modelo de conexão (TCP/IP) criado para a ARPANET em 1969. Com o desenvolvimento da sociedade e a expansão da internet a demanda de conexão aumento drasticamente, mas o que se destacou foi o *uso da internet*. Atualmente, a sociedade utiliza a internet não só para a troca de mensagens de textos ou leitura de jornais na internet. O uso da rede evoluiu para a comunicação através do sistema VoIP (voz sob IP), com a expansão de aplicativos como Skype, e o já referido *streaming de vídeos*, que podemos exemplificar pelo contemporâneo NetFlix. Além disso, aplicações que permitem a conexão *peer-to-peer*,[53] como é o caso dos aplicativos dos clientes de Torrents, utilizam grande parte da capacidade da rede para a transferência de seus arquivos.

Portanto, considerando a internet como uma estrutura escassa, o uso intenso por uma parcela dos seus usuários poderá prejudicar a conexão dos demais. Em razão disso, poderá ocorrer práticas como o *traffic shaping* que visa a discriminar os pacotes e priorizar um tipo uso da banda de internet em detrimento de outra ou priorizar uma determinada aplicação em face de outra. Superficialmente, pois não é o tema do presente estudo, podemos aduzir que essa prática, no modelo descrito, será ilícita em virtude do princípio da neutralidade da rede. Ainda, discriminar negativamente o consumidor em razão do uso que faz na internet também encontrará barreiras na estrutura do CDC. Por outro lado, o argumento da escassez da banda disponível é extremamente vívido e deve ser levado em consideração, mas em um estudo próprio sobre o tema.

Outro tema presente no MCI e de grande pertinência é o tratamento dado para a responsabilidade civil por danos decorrentes de conteúdo gerado por terceiros. No transcorrer dos últimos anos, surgiram diversas modalidades de aplicação do sistema da responsabilidade civil para internet, que, por vezes, se confundiam entre si e não lograram êxito em entender o tempo e lugar em que deveriam atuar. Atualmente, a jurisprudência brasileira evolui em passos largos no tema e elenca importantes diretrizes e princípios que devem ser observados. Contudo, o MCI não acompanhou o avanço da jurisprudência e perdeu a oportunidade de assentar matéria extremamente desenvolvida.

Assim, sobre a responsabilidade civil da internet, o MCI limitou-se a elidir a responsabilidade dos provedores de conexão por conteúdos que transitam em sua infraestrutura. É dizer, o debate acerca do alcance da responsabilidade na *origem da conexão* foi superado pela doutrina e jurisprudência e confirmado pelo MCI através do seu art. 18º. Desse modo, não será possível condenar os provedores de conexão à internet por conteúdo postado por terceiro através da conexão de internet viabilizada por estes. Entretanto, quanto ao tema da responsabilidade civil dos o provedores de aplicações de internet o MCI retrocedeu o desenvolvimento da doutrina e jurisprudência e positivou no art. 19ª que estes só serão responsabilizados quando notificados,

---

53. Um dos grandes avanços na internet foi o desenvolvimento da arquitetura *peer-to-peer*. A tecnologia *peer-to-peer* permitiu a descentralização da comunicação entre conexões na internet. Através desse modelo é possível a interação entre dois computadores, por exemplo, sem a necessidade de um servidor central. Assim, a comunicação entre os dispositivos ocorre diretamente, o que permite ganho de velocidade. Contudo, essa tecnologia pode causar um grande congestionamento na rede o que aumenta os custos e reduz a qualidade do serviço para outros usuários. Essa é uma das origens do debate da neutralidade na rede.

judicialmente, e *"não tomar as providências para, no âmbito e nos limites técnicos do seu serviço e dentro do prazo assinalado, tornar indisponível o conteúdo apontado como infringente"*. Ou seja, a retirada de conteúdos ofensivos à honra só ocorrerá quando emergir ordem judicial específica, mas que não terá efeito caso essa exceda os *limites técnicos* do serviço.

Na contramão da evolução do direito civil pós Constituição de 1988 e do Código Civil de 2002, bem como do CDC, o MCI estabeleceu um sistema de responsabilidade civil prejudicial às vítimas de danos na internet. A regra do art. 19ª enfraquece o direito de reparação e, principalmente, o direito de ceifar o conteúdo ofensivo ao passo em que estabelece a judicialização da remoção do conteúdo. A jurisprudência, acertadamente, havia balizado o entendimento de que a notificação extrajudicial se fazia suficiente para a indisponibilização do conteúdo tido como ofensivo. É dizer, ainda que não fora reconhecido o dever jurídico de fiscalização prévia do conteúdo, a plataforma que permite sua disponibilização tem o dever de retirar, mesmo que sem decisão judicial, eventual postagem, texto, vídeo, imagem e etc. que possa prejudicar direito alheio. Infelizmente, o MCI sob o discurso da liberdade de expressão não oportunizou a positivação deste mecanismo *pro vítima e consumidor* e criou entrave lesivo e retrógrado para a tutela do direito na internet. Com efeito, consideramos apropriado futuras manifestações da jurisprudência acerca da impossibilidade do retrocesso legal que o direito positivo promoveu com a inscrição do artigo 19º no MCI.

Para essas arestas, imperiosa a reflexão da doutrina e jurisprudência quanto a interpretação e aplicação do MCI. Nesse aspecto os recentes bloqueios do aplicativo WhatsApp no Brasil demonstram o equívoco interpretativo da lei, principalmente sobre a aplicação da possibilidade de suspensão de serviços disposta nos arts. 10 e 11. Com efeito, o provedor responsável pela guarda dos registros de conexão somente será obrigado a disponibilizá-los, *"de forma autônoma ou associados a dados pessoais ou a outras informações que possam contribuir para a identificação do usuário ou do terminal, mediante ordem judicial, na forma do disposto na Seção IV deste Capítulo, respeitado o disposto no art. 7º"*. Nesse diapasão, o art. 7º do MCI dispõe que o acesso à internet é essencial ao exercício da cidadania, assegurando, principalmente, a não suspensão da conexão à internet, salvo por débito diretamente decorrente de sua utilização.

Ainda que o bloqueio de um serviço específico não indisponibilize o acesso à internet, a extensão da suspensão atinge milhões de consumidores. Desse modo, demonstra-se extremamente desarrazoada a referida medida, notadamente em descompasso com o princípio da proporcionalidade.

5. CONSIDERAÇÕES FINAIS

A evolução da internet exige, acima de tudo, o desenvolvimento horizontal dos direitos em compasso com o seu movimento de *constitucionalização*. Essa perspectiva encontra guarida na doutrina de Stefano Rodotà, para quem os progressos da internet demandam modelos jurídicos que instaure relações entre as partes através de uma "construção horizontal"[54]. Ao seu turno, Valerio Mazzuoli advoga pela existência de "direitos comunicativos fundamentais" sendo o acesso à internet, na sua concepção, "um dos direitos humanos mais importantes do mosaico de direitos comunicativos da pós-modernidade"[55].

Não nos restam dúvidas quanto às mudanças sociais trazidas pela internet, bem como os impactos jurídicos sofridos no decorrer dos milissegundos, característicos dessa realidade. Diante disso, exigem-se respostas jurídicas aos questionamentos postos por esse fenômeno. Nossa intenção, portanto, demarca, em um primeiro passo, para uma organização temática da regulação da internet, *como microssistema jurídico próprio*, pois dotado de características, princípios e relações jurídicas únicas ou *interpretadas* de acordo com o seu objeto.

Daí porque, diante do *problema jurídico*, imprescindível a análise do *fato social* cotejando suas características particulares – que não possuem a prerrogativa de afastar *a lei* –, mas que permitem ao operador do direito melhor interpretá-la. Nesse aspecto, existem relações jurídicas que se desenvolvem em razão da internet e outras originárias na internet, como é o caso do contrato de *web host* ou o armazenamento na nuvem. As individualidades desses modelos contratuais[56] demonstram a capacidade organizacional da internet, inclusive para criar mecanismos de regulações próprias, como a lei do ciberespaço, que, de acordo com Lessig, será regulado pelo direito, pelas normas sociais, mercado e arquitetura.

Outrossim, verificamos que as fronteiras físicas foram superadas por barreiras virtuais e que a internet pode sofrer alterações significativas em razão de interesses governamentais ou corporativos. Ainda, a interpretação do Judiciário e demais intérpretes pode mitigar direitos e liberdades, como as recentes decisões que determinaram a suspensão de aplicativo de comunicação móvel. Não obstante, a interação entre o comércio eletrônico, os hábitos de consumo e o consumidor contemporâneo impactam profundamente na estrutura da rede.

A elaboração do MCI caracteriza um importante marco para a sistematização do direito digital, principalmente por ter sido eleito através de princípios e normas abertas, como é o reconhecimento a escala global da rede, a liberdade de expressão, a proteção do consumidor, a neutralidade da rede e a proteção da privacidade. Por esses aspectos, o ordenamento jurídico brasileiro evolui e recebe destaque do cenário jurídico mundial por ter sido aquele que se preocupou em edificar uma carta civil-constitucional de proteção da internet. A redução do esforço interpretativo da *natureza* da internet é notável, facilitando ao operador do direito a aplicação da norma ao caso concreto. Entretanto,

---

54. RODOTÀ, Stefano. Por que é necessária uma Carta de Direitos da Internet? Trad. Bernardo Diniz Accioli de Vasconcellos e Chiara Spadaccini de Teffé. Civilistica.com. Rio de Janeiro, a. 4, n. 2, jul.-dez./2015. Disponível em: <http://civilistica.com/por-que-e-necessaria-uma-carta-de-direitos-da-internet/>. Acesso em 17 jan. 2020. p. 3.
55. MAZZUOLI, Valerio Oliveira. Direitos comunicativos como direitos humanos: abrangência, limites, acesso à internet e direito ao esquecimento. Revista dos Tribunais. vol. 960. São Paulo: Revista dos Tribunais, 2015. p. 249 – 267.
56. Maria José Azar destaca a importância do consentimento nos contratos realizados na internet. Veja: AZAR, Maria José. El consentimiento en la contratación de consumo por internet. Revista de Direito do Consumidor. v. 42. São Paulo: Revista dos Tribunais, 2002. p. 27-47.

muito ainda se tem que evoluir na direção da construção de um sistema cuja preocupação se apoie em regular e sedimentar as balizas jurídicas de um espaço social, caracterizado pela virtualização do seu ambiente, a ubiquidade do seu *locus*, a não rivalidade dos seus objetos, a alta velocidade da sua conexão e, por fim, a construção e afirmação de identidades sociais.

REFERÊNCIAS

AZAR, Maria José. El consentimiento en la contratación de consumo por internet. *Revista de Direito do Consumidor*. v. 42. São Paulo: Revista dos Tribunais, 2002.

BARBOSA, Fernanda Nunes. Informação e consumo: a proteção da privacidade do consumidor no mercado contemporâneo da oferta. *Revista de Direito do Consumidor*. v. 88. São Paulo: Revista dos Tribunais, 2003.

BERGMAN, Michael K. http://brightplanet.com/wp-content/uploads/2012/03/12550176481-deepwebwhitepaper1.pdf. Acesso em 17 jan. 2020.

BENJAMIN, Antonio Herman; MIRAGEM, Bruno. *Comentários ao código de defesa do consumidor*. 3. ed. São Paulo: Revista dos Tribunais, 2010.

BEVILAQUA, Clóvis. *Teoria geral do direito civil*. Campinas: Servanda, 2007.

BITTAR, Carlos Alberto. *O direito civil na constituição de 1988*. São Paulo: Revista dos Tribunais, 1990.

BRANCOLI, Fernando. *Primavera árabe*: praças, ruas e revoltas. São Paulo: Desatino, 2013.

CASTELLS, Manuel. *A galáxia da internet*: reflexões sobre a internet, os negócios e a sociedade. Rio de Janeiro: ZAHAR, 2003.

CHEUNG, Anne S. Y. The Business of Governance: China's Legislation on Content Regulation in Cyberspace. *New York University Journal of International Law and Politics*. v. 38. New York: New York University, 2006.

DE LUCCA, Newton. Marco Civil da Internet – uma visão panorâmica dos principais aspectos relativos às suas disposições preliminares. *In*. DE LUCCA, Newton; SIMÃO FILHO, Alberto; LIMA, Cíntia Rosa Pereira de (coords). *Direito & Internet III – Tomo I*. São Paulo: Quartier Latin, 2015.

GARCIA, Rebeca. Marco Civil da Internet no Brasil: repercussões e perspectivas. *Revista dos Tribunais*. vol. 964. São Paulo: Ed. RT, 2016.

GETSCHKO, Demi. As origens do Marco Civil da internet. In: LEITE, George Salomão; LEMOS, Ronaldo (coord.). *Marco Civil da Internet*. São Paulo: Ed. Atlas, 2014.

IUDICA, Giovanni. *Revista de Direito Bancário e do Mercado de Capitais*. vol. 4. São Paulo: Ed. RT, 2010.

KLEE, Antonia Espíndola Longoni; MARTINS, Guilherme Magalhães. A privacidade, a proteção de dados e dos registros pessoais e a liberdade de expressão: algumas reflexões sobre o Marco Civil da Internet (Lei nº 12.965/2014). *In*. DE LUCCA, Newton; SIMÃO FILHO, Alberto; LIMA, Cíntia Rosa Pereira de (coords). *Direito & Internet III – Tomo I*. São Paulo: Quartier Latin, 2015.

KLEE, Antonia Espíndola Longoni. *Comércio eletrônico*. São Paulo: Revista dos Tribunais, 2014.

LEITE, George Salomão; LEMOS, Ronaldo (coord.). *Marco Civil da Internet*. São Paulo: Atlas, 2014.

LEONARDI, Marcel. Marco Civil da Internet e proteção de dados pessoais. *In:* DE LUCCA, Newton; SIMÃO FILHO, Alberto; LIMA, Cíntia Rosa Pereira de (coords). *Direito & Internet III – Tomo I*. São Paulo: Quartier Latin, 2015.

LESSIG, Lawrence. *Code 2.0*. New York: Basic Books, 2006.

LÉVY, Pierre. *O que é o virtual?* São Paulo: Editora 34, 1996.

LIMBERGER, Têmis. *O direito à intimidade na era da informática*: a necessidade de proteção dos dados pessoais. Porto Alegre: Livraria do Advogado, 2007.

LIPOVETSKY, Gilles. *Os tempos hipermodernos*. Trad. Mário Vilela. São Paulo: Barcarolla, 2004.

LORENZETTI, Ricardo L. *Comércio eletrônico*. Trad. Fabiano Menke. São Paulo: Revista dos Tribunais, 2004.

MARQUES, Claudia Lima; MIRAGEM, Bruno. *O novo direito privado e a proteção dos vulneráveis*. 2. ed. São Paulo: Revista dos Tribunais, 2014.

MARQUES, Claudia Lima. *Contratos no código de defesa do consumidor*: o novo regime das relações contratuais. 7. ed. São Paulo: Revista dos Tribunais, 2014.

MARQUES, Claudia Lima. *Confiança no comércio eletrônico e a proteção do consumidor*: um estudo dos negócios jurídicos de consumo no comércio eletrônico. São Paulo: Revista dos Tribunais, 2004.

MARQUES, Claudia Lima. O "diálogo das fontes" como método da nova teoria geral do direito: um tributo à Erik Jayme. In: MARQUES, Claudia Lima (Org.). *Diálogo das fontes*: Do conflito à coordenação de normas do direito brasileiro. 1ed. São Paulo: Revista dos Tribunais, 2012.

MARTINS-COSTA, Judith. *Modelos de Direito Privado*. São Paulo: Marcial Pons, 2014.

MARTINS, Guilherme Magalhães. *Formação dos contratos eletrônicos de consumo via internet*. 2. ed. Rio de Janeiro: Lumen Juris, 2010.

MARTINS, Guilherme Magalhães. *Responsabilidade Civil por Acidente de Consumo na Internet*. São Paulo: Revista dos Tribunais, 2008.

MATTHEWS, Kirsch. Do-Not-Track: Revising the EU's Data Protection Framework to Require Meaningful Consent for Behavioral Advertising. *Richmond Journal of Law & Technology*. v. XVIII. Richmond: J.L. TECH, 2012.

MAZZUOLI, Valerio Oliveira. *Direitos comunicativos como direitos humanos*: abrangência, limites, acesso à internet e direito ao esquecimento. Revista dos Tribunais. vol. 960. São Paulo: Revista dos Tribunais, 2015.

MCLUHAN, Marshall. *Os meios de comunicação como extensões do homem*. 18ª ed. São Paulo: Cultrix, 2012.

MENDES, Laura Schertel; DE LUCCA, Newton; SIMÃO FILHO, Alberto; LIMA, Cíntia Rosa Pereira de (coords). A tutela da privacidade do consumidor na internet: uma análise à luz do Marco Civil da Internet e do Código de Defesa do Consumidor. *In: Direito & Internet III – Tomo I*. São Paulo: Quartier Latin, 2015.

MENDES, Laura Schertel. *Privacidade, proteção de dados e defesa do consumidor*: linhas gerais de um novo direito fundamental. São Paulo: Ed. Saraiva, 2014. p. 51.

MIRAGEM, Bruno. A responsabilidade por danos na sociedade de informação e proteção do consumidor: desafios atuais da regulação jurídica da internet. *Revista de Direito do Consumidor*, v. 70, 2009.

MOLINARO, Carlos Alberto; SARLET, Ingo Wolfgang. Breves notas acerca das relações entre a sociedade em rede, a internet e o assim chamado estado de vigilância. In: LEITE, George Salomão; LEMOS, Ronaldo (coord.). *Marco Civil da Internet*. São Paulo: Atlas, 2014.

MORAGAS, Miquel (org.). MAJÓ, Joan. *La comunicación de los orígens a internet*. Barcelona: Gedia, 2012.

NERY JUNIOR, Nelson; NERY A., Rosa Maria De. *Código Civil Comentado*. 11.ª ed. São Paulo: Ed. RT, 2014.

PARISER, Eli. O filtro invisível. *O que a internet está escondendo de você*. São Paulo: Zahar, 2012.

PEPPET, Scott R. Regulating the Internet of Things: First Steps toward Managing Discrimination, Privacy, Security and Consent. *Texas Law Review*. v. 93. Austin: Texas Law Review, 2014.

PEREIRA, Caio Mario da Silva. *Instituições de direito civil*. vol. I. Rio de Janeiro: Forense, 1994

RODOTÀ, Stefano. Por que é necessária uma Carta de Direitos da Internet? Trad. Bernardo Diniz Accioli de Vasconcellos e Chiara Spadaccini de Teffé. *Civilistica.com*. Rio de Janeiro, a. 4, n. 2, jul.-dez./2015. Disponível em: <http://civilistica.com/por-que-e-necessaria-uma-carta-de-direitos-da-internet/>. Acesso em 17 jan. 2020.

SCHMIDT, Eric. COHEN, Jared. *The new digital age*. Reshaping the future of people, nations and business. Nova York: Alfred A. Knopf, 2013.

SEGURA-SERRANO, Antonio. BOG DANDY, Armin Von (Org.); WOLFRAM, Rüdiger (Org.). *Internet regulation and the role of international law*. Max Planck Yearbook of United Nations Law. v. 10. Boston: LEIDEN, 2006.

TEIXEIRA, Tarcísio. Wi-Fi - Riscos e limites da responsabilidade pelo compartilhamento. *Revista dos Tribunais*. vol. 961. São Paulo: Ed. RT, 2015.

ULHOA, Fabio. O direito à privacidade no Marco Civil da Internet. *In:* DE LUCCA, Newton; SIMÃO FILHO, Alberto; LIMA, Cíntia Rosa Pereira de (Coords). *Direito & Internet III – Tomo I*. São Paulo: Quartier Latin, 2015.

WU, Tim. GOLDSMITH, Jack. *Who controls the internet?* Illusions of a Borderless World. New York: Oxford University Press, 2006.

9
HERANÇA DIGITAL: QUEM TEM LEGITIMIDADE PARA FICAR COM O CONTEÚDO DIGITAL DO FALECIDO?

Karina Nunes Fritz

Sumário: 1 Introdução. 2 A teoria da intransmissibilidade. 3 Críticas à teoria da intransmissibilidade. 4 A teoria da transmissibilidade do conteúdo digital. 5 O estado da arte no Brasil e em alguns países europeus. 6 Considerações finais. Referências.

1. INTRODUÇÃO

No mundo globalizado e interconectado da internet, ninguém passa despercebido. Todos deixam rastros no mundo digital, os quais são difíceis de apagar. Na sociedade digital, na qual as pessoas estão conectadas em uma intrincada rede mundial de comunicação, parece cada vez mais difícil viver sem e-mails, sem fazer compras e negócios online, sem se comunicar via WhatsApp, FaceTime ou Skype, sem assistir a filmes e séries da Netflix, sem baixar músicas no Spotify ou sem postar fotos e textos no Instagram, Facebook ou Twitter.

Aliás, na era digital, os psicanalistas alertam para o risco do fenômeno: "posto, logo existo" – parafraseando Descartes que, como ninguém, sintetizou em poucas palavras a essência racional do homem. Acentuam, ainda, o grande paradoxo no qual está preso o homem contemporâneo, que, de um lado, sente uma necessidade brutal de se expor nas redes sociais e, de outro, clama – e exige do Estado-Juiz – a tutela de sua privacidade e intimidade.

A par das contradições humanas, fato é que em todas essas atividades banais da vida cotidiana hodierna, o usuário deixa suas pegadas no mundo digital, seja inserindo diretamente dados e conteúdos na rede, seja simplesmente acessando ou curtindo conteúdos digitais. E todas essas inovações tecnológicas causam, em maior ou menor medida, impacto direto sobre o direito.

Uma das questões centrais que tem agitado o direito sucessório da era digital é saber com quem devem ficar os "bens" digitais, amealhados em vida, após a morte do titular. Quanto aos bens e direitos acumulados no mundo analógico, não há dúvidas: eles são transmitidos automaticamente aos herdeiros no momento da morte do titular. Essa é a regra geral prevista no art. 1.784 CC2002, onde se encontra positivado o milenar princípio da sucessão universal.

Contudo, quando se tratam de bens e direitos acumulados no mundo virtual, há controvérsia. A grande maioria dos doutrinadores ainda não se posicionou sobre o assunto.

Os poucos que tratam do tema manifestam-se massivamente contra a transmissibilidade aos herdeiros da chamada herança digital, terminologia que sintetiza e exprime todo o conteúdo criado e/ou armazenado na rede por uma pessoa.

Abrindo divergência, uma segunda corrente, majoritária no direito alemão, defende como regra a transmissibilidade de todo o conteúdo digital, salvo disposição expressa do titular em sentido contrário. Essa corrente ganhou força na Europa após o julgamento do *leading case*, pela mais alta corte infraconstitucional alemã, o *Bundesgerichtshof* (BGH), em 2018, quando, então, a contracorrente penetrou no Brasil[1].

O tema ainda é novo, existindo poucas decisões judiciais a respeito[2]. Falta evidentemente norma legal expressa a respeito. Alguns projetos de lei (PL 4.847/2012, PL 4.099/2012, PL 7.742/2017, PL 8.562/2017) favoráveis à transmissibilidade da herança digital foram arquivados, tramitando atualmente o PL 6.468/2019, que pretende introduzir o Parágrafo Único ao art. 1.788 do Código Civil, que passaria a ter a seguinte redação: *"Parágrafo único. Serão transmitidos aos herdeiros todos os conteúdos de contas ou arquivos digitais de titularidade do autor da herança."*

O Instituto dos Advogados Brasileiros (IAB) produziu dois pareceres sobre os projetos de lei de 2012: o primeiro, de abril de 2017, elaborado por Pedro Teixeira Pinos Greco, membro da Comissão de Direito das Famílias e das Sucessões, defendendo a constitucionalidade dos mencionados PL 4.099 e 4.847, e o segundo, de autoria de Pablo Malheiros da Cunha Frota, membro da Comissão de Direito Civil, datado de dezembro do mesmo ano, manifestando-se pela inconstitucionalidade da reforma legislativa por violação à dignidade humana e privacidade do *de cujus*. Dessa forma, a situação atual é de insegurança jurídica.

O objetivo do presente ensaio é examinar criticamente os argumentos de ambas as correntes, bem como os contratos de utilização de plataformas digitais, os quais viabilizam a criação e armazenamento na nuvem dos dados digitais, a fim de tomar posição sobre o assunto.

2. A TEORIA DA INTRANSMISSIBILIDADE

A teoria da intransmissibilidade da herança digital, em apertada síntese, parte da ideia de que nem todo o conteúdo digital acumulado pelo usuário em plataformas digitais é automaticamente transmitido aos herdeiros com a morte do titular[3]. Necessário primeiro, argumenta-se, separar as "situações jurídicas patrimoniais" das chamadas

---

1. Permita-se remeter aqui a NUNES FRITZ, Karina e SCHERTEL MENDES, Laura. Case Report: corte alemã reconhece a transmissibilidade da herança digital. *Revista de Direito da Responsabilidade*, ano 1, 2019, p. 525-555. Disponível no site: www.revistadireitoresponsabilidade.pt.
2. Confira-se: TJMS, Processo n. 0001007-27.2013.8.12.0110, 1ª. Vara do Juizado Especial Central, juíza Vania de Paula Arantes, j. 19.03.2013 e TJMG, Processo n. 00023375-92.2017.8.13.050, juiz Manoel Jorge de Matos, ambos comentados adiante.
3. Um dos pioneiros na sistematização da teoria foi Thomas Hoeren, Professor da Universidade de Münster, na Alemanha, que em 2005, debruçou-se sobre a temática da até então pouco discutida herança digital. Cf. HOEREN, Thomas. Der Tod und das Internet – Rechtliche Fragen zur Verwendung von E-Mail- und www-Accounts nach dem Tode des Inhabers. *NJW* 2005, p. 2113-2117.

"situações jurídicas existenciais" para só, então, num segundo momento, decidir a quais conteúdos os herdeiros terão acesso.

Enquanto os conteúdos digitais de caráter patrimonial – como contas bancárias, aplicações financeiras, livros digitais, colunas e blogs em sites ou Skype – seriam transmitidos aos sucessores universais, os conteúdos de caráter existencial (e-mails, contas no Facebook, Instagram, WhatsApp e Twitter, arquivos em nuvens como Dropbox ou iCloud, senhas de celulares etc.) restariam excluídos do conceito de herança[4], pois seriam bens imateriais intransmissíveis, vez constituírem *extensões da privacidade* do autor da herança. Essa transmissibilidade só seria possível diante de autorização expressa ou comportamento concludente do autor da herança.

O principal argumento a justificar a intransmissibilidade do conteúdo existencial aos herdeiros é que isso ofenderia os direitos de personalidade do falecido e dos terceiros (interlocutores), que teriam sua privacidade e intimidade devassadas através do simples conhecimento pelos sucessores do conteúdo dos e-mails, arquivos, mensagens, fotos e/ou vídeos íntimos trocados entre si. Sendo tais conteúdos considerados extensões da personalidade do titular e, tendo em vista a intransmissibilidade dos direitos de personalidade, concluem os adeptos dessa corrente que esse material não se transfere, em princípio, com a morte aos herdeiros, salvo disposição em sentido contrário do titular.

Com a transmissão, além da invasão de privacidade, poderia haver uma colisão dos interesses do falecido com o dos herdeiros, que não raro possuem interesses puramente econômicos em comercializar informações íntimas do falecido sob a forma de publicações e biografias póstumas ou em manter ativo o perfil do morto, explorando o nome e imagem do parente falecido.

Além disso, haveria uma quebra na confiança legítima dos usuários no sigilo das conversas estabelecidas no mundo digital, pois a existência de senha de acesso às contas traz em si uma expectativa maior de sigilo[5]. Dessa forma, a plataforma digital, ao permitir o acesso dos herdeiros a esse conteúdo, agiria em contrariedade ao mandamento da proteção dos dados pessoais e do sigilo das comunicações. E, por fim, não se pode descurar, alega-se que os grandes fornecedores digitais possuem normas expressas no sentido de que os perfis e os direitos e obrigações são intransmissíveis a terceiros, devendo ser respeitado o estabelecido contratualmente.

3. CRÍTICAS À TEORIA DA INTRANSMISSIBILIDADE

A teoria da inacessibilidade pelos herdeiros dos dados existenciais armazenados na conta do titular falecido é sedutora e aparentemente progressista, pois aparenta priorizar

---

4. Nesse sentido: MALHEIROS. Pablo; AGUIRRE, João Ricardo Brandão e PEIXOTO, Maurício Muriack. Transmissibilidade do acervo digital de quem falece: efeitos dos direitos da personalidade projetados post mortem. *Revista da Academia Brasileira de Direito Constitucional*, v. 10, n. 19, jul-dez, 2018, 564-607, p. 598s. e LEAL, Lívia. Internet e morte do usuário: a necessária superação do paradigma da herança digital. *Revista Brasileira de Direito Civil*, v. 16, abr-jun, 2018, 181-197, p. 194.
5. BRANCO, Sérgio. *Memória e esquecimento na internet*. Porto Alegre: Arquipélago Editorial, 2017, p. 110. No mesmo sentido: MARTINI, Mario. Der digitale Nachlass und die Herausforderung postmortalen Persönlichkeitsschutzes im Internet. *Juristenzeitung* 2012, 1145. Versão digital, p. 1-18, p. 11.

a tutela do ser humano (falecido e interlocutores) em detrimento de interesses supostamente ilegítimos ou meramente patrimoniais dos herdeiros, embora a franqueza impõe que se diga que ninguém mais persegue interesses econômicos que os conglomerados digitais, que há décadas coletam, tratam e comercializam indevidamente os dados pessoais de seus usuários.

Contudo, uma análise mais detida do discurso revela exatamente o contrário, pois, em última análise, acaba *priorizando os interesses patrimoniais dos grandes conglomerados digitais*, que, com a exclusão dos herdeiros, se apropriam e passam a dispor dos dados existenciais de seus usuários de forma, no mínimo, intransparente.

Com efeito, a pretexto de tutelar a intimidade e privacidade do *de cujus* e de seus interlocutores, veda-se o acesso dos herdeiros ao conteúdo existencial, chancelando *pari passu* o acesso – e, o que é mais grave – a utilização exclusiva dos mesmos pelos conglomerados digitais, os quais, como sabido, comercializam com outras empresas os dados pessoais de seus usuários.

Esse resultado revela *grave incoerência axiológica*, pois permite que terceiros, estranhos ao círculo familiar, utilizem-se comercialmente justamente dos dados existenciais que se pretende tutelar. E isso, deve-se sublinhar, às custas da exclusão dos familiares, os legitimados por lei a tutelar os direitos de personalidade *post mortem* do falecido, como deixa claro o Parágrafo Único do art. 12 do CC2002[6], regra que se repete no Parágrafo Único do art. 20 do CC2002 em relação ao específico elemento da imagem, reconhecendo aos familiares, lesados indiretos, legitimidade para pleitear indenização por dano à imagem do falecido[7].

A jurisprudência reconhece amplamente a legitimidade dos familiares, lesados indiretos do dano aos direitos de personalidade *post mortem* do parente, para pleitear em nome e direito próprio a compensação por danos morais. Recentemente, o Superior Tribunal de Justiça nesse sentido aprovou a súmula 642, segundo a qual "o direito à indenização por danos morais transmite com o falecimento do titular, possuindo os herdeiros da vítima legitimidade ativa para ajuizar ou prosseguir na ação indenizatória.".

Evidentemente que isso compromete a força convincente do discurso, pois a pergunta que se põe é por quê os grandes conglomerados digitais teriam maior legitimidade que os herdeiros – em regra, os familiares mais próximos – para fazer a triagem entre conteúdo patrimonial e conteúdo existencial e, na sequência, decidir o destino desses dados.

Na Europa, autores como Thomas Hoeren e Mario Martini defendem que caberia às plataformas digitais o poder de fazer a triagem e decidir o destino dos dados pessoais (existenciais) dos usuários, caso esses não tenham indicado em vida uma pessoa para

---

6. Art. 12. Pode-se exigir que cesse a ameaça, ou a lesão, a direito da personalidade, e reclamar perdas e danos, sem prejuízo de outras sanções previstas em lei.
Parágrafo Único. Em se tratando de morto, terá legitimação para requerer a medida prevista neste artigo o cônjuge sobrevivente, ou qualquer parente em linha reta, ou colateral até o quarto grau.
7 Art. 20. Salvo se autorizadas, ou se necessárias à administração da justiça ou à manutenção da ordem pública, a divulgação de escritos, a transmissão da palavra, ou a publicação, a exposição ou a utilização da imagem de uma pessoa poderão ser proibidas, a seu requerimento e sem prejuízo da indenização que couber, se lhe atingirem a honra, a boa fama ou a respeitabilidade, ou se se destinarem a fins comerciais. Parágrafo único. Em se tratando de morto ou de ausente, são partes legitimas para requerer essa proteção o cônjuge, os ascendentes ou os descendentes.

deliberar sobre o fim da herança digital[8], à semelhança do chamado "contato herdeiro" do Facebook.

A doutrina nacional é silente sobre o assunto e não indica quem ficaria responsável por fazer a triagem nas contas do falecido. Aduz apenas que essa separação precisa ser feita, mas não menciona se tal tarefa recairia sobre o juiz, sempre abarrotado de trabalho ou sobre o perito, desprovido de qualquer embasamento jurídico para dizer o que é conteúdo patrimonial e existencial ou se caberia à própria plataforma digital ou, ainda, a uma empresa especializada em triagem de conteúdos digitais – um novo e funesto modelo de negócio que já surgiu nos Estados Unidos e na Europa.

E aqui se põem dois graves problemas de *legitimidade*. O primeiro diz respeito a uma *legitimidade formal* e questiona qual a legitimidade democrática para os grandes "global players" – especialmente os conglomerados digitais com atuação global, que detém poder financeiro e informacional sobre as pessoas, como lucidamente sublinhado por Ferdinand Kirchhof, Ministro aposentado do Tribunal Constitucional Alemão[9] – se substituírem ao legislador e ditarem regras que contrariam frontalmente princípios e normas do direito nacional de cada país, como o princípio da transmissão universal, comprovadamente enraizado na cultura jurídica de todos os povos, como Fustel de Coulanges tão claramente demonstra[10].

Trata-se, a rigor, de um problema de *regulação do mercado através de regras contratuais* criadas pelos grandes conglomerados digitais, como as plataformas de mídias sociais, que agem impulsionadas por motivos preponderantemente (quando não exclusivamente) econômicos[11]. Não por acaso o BGH declarou *abusiva e nula a cláusula do contrato do Facebook* que veda a transmissibilidade da conta, pois, imposta unilateralmente pela empresa, ao arrepio dos princípios da boa-fé objetiva e da sucessão universal, pilares estruturais do Código Civil alemão[12].

O segundo diz respeito a uma *legitimidade material*, pois mesmo os autores europeus não conseguem justificar substancialmente por quê terceiros estranhos ao falecido teriam legitimidade maior que os familiares mais próximos ou os herdeiros para fazer a autópsia da conta do usuário falecido e decidir o destino de seu conteúdo. Contra isso depõe claramente o art. 12, Parágrafo Único do CC2002, onde o legislador – não por

---

8. Cf. HOEREN, Thomas. Op. cit., p. 2114 s.; MARTINI, Mario. Op. cit., p. 2.
9. "Wir brauchen ein Menschenvorbehalt". Entrevista ao jornal *Legal Tribune Online*, 31.12.2019. In: https://www.lto.de/recht/hintergruende/h/interview-ferdinand-kirchhof-bverfg-digitalisierung-gg-algorithmen-art-10/. Acesso: 31.12.2019.
10. Com base em sólida pesquisa, o famoso autor francês demonstra que a raça indo-europeia, à qual pertencem os gregos, os itálicos e os hindus, vivia junta na Ásia Central e compartilhava as mesmas crenças, dentre as quais a principal era o culto aos antepassados, realizado através do culto ao fogo doméstico, um altar com uma chama perene, presente na casa de todas as famílias, cujo poder de realizar o culto era transmitido de geração a geração através da linha masculina. *A cidade antiga – estudos sobre o culto, o direito e as instituições da Grécia e de Roma*. 3ª. ed. Tradução de Edson Bini. São Paulo – Bauru: Edipro, 2001, p. 30. Foi a partir do culto ao fogo doméstico que se desenvolveram as ideias de religião, família, propriedade e sucessão nas épocas mais remotas, penetrando na antiguidade greco-romana, herdada diretamente pelo mundo ocidental. *A cidade* antiga. 3. Ed. Edipro, 2000, p. 39ss, 55ss e 64ss.
11. Ferdinand Kirchhof, Entrevista ao *Legal Tribune Online*, p. 2.
12. NUNES FRITZ, Karina e SCHERTEL MENDES, Laura. Op. cit., p. 535ss.

acaso – atribuiu aos *familiares* a legitimidade para defender os direitos de personalidade póstumos do falecido[13].

É inquestionável, no atual estágio do desenvolvimento da ciência jurídica, que os direitos de personalidade são insuscetíveis de hereditibilidade[14], pois, enquanto subcategoria dos direitos subjetivos, são direitos estritamente pessoais (*höchstpersönliche Rechte*) e se caracterizam por ser intrinsecamente vinculados à pessoa do titular, circunstância que impede sua transferência aos herdeiros e impõe sua extinção com a morte do titular.

Por outro lado, também inquestionável que é o núcleo familiar próximo que detém – e deve deter – a legitimidade para proteger os interesses *post mortem* do falecido, fato que se baseia em longa tradição social e jurídica dos povos ocidentais e orientais, como salienta Furstel de Coulanges[15]. Bernd Müller-Christmann, comentando o § 1.922 BGB sobre a sucessão universal no direito alemão, explica que o direito geral de personalidade se extingue com a morte do titular, mas permanece a proteção da personalidade póstuma (*postmortaler Persönlichkeitsschutz*), fundada no dever do Estado de tutelar a dignidade humana do falecido contra ataques de qualquer pessoa. Essa proteção confere às *pessoas indicadas pelo de cujus* ou, na ausência, aos *familiares próximos* a legitimidade para pleitear pretensões de abstenção ou de ressarcimento em caso de lesão cometida por terceiros[16].

Percebe-se, com isso, que tanto no direito brasileiro, quanto no alemão, reconhece-se a intransmissibilidade dos direitos da personalidade, mas, nada obstante, atribui-se ao núcleo familiar próximo (em regra: herdeiros) o *direito de proteger os reflexos post mortem da personalidade do falecido*, como nome, honra, imagem, autoria, sepultura e cadáver[17]. E isso, pela óbvia razão que, desde os primórdios da humanidade, é o grupo mais próximo (família) que mais tem verdadeiramente interesse em tutelar a dignidade do parente falecido, como reconheceu o Superior Tribunal de Justiça, com muita sensibilidade, no julgamento do Recurso Especial 512.697/RJ, julgado em 2006 sob a relatoria do Min. Cesar Asfor Rocha[18]. Evidentemente, exceções ocorrem, mas elas devem ser tratadas

---

13. TEPEDINO, Gustavo; BARBOZA, Heloísa Helena e BODIN DE MORAES, Celina. *Código civil interpretado*. v. 1, Rio de Janeiro: Renovar, 2004, p. 34 s. e CHINELLATO, Silmara Juny. *Código civil interpretado*. 11ª. ed., Barueri: Manole, 2018, p. 50s.
14. Nesse sentido: MÜLLER-CHRISTMANN, Bernd. In: Heinz Georg Bamberger e Herbert Roth (coord.), *Kommentar zum Bürgerlichen Gesetzbuch*. v. 3 (§§ 1.297-2.385). München: Beck, 2003, § 1.922, Rn. 30, p. 1289.
15. O autor explica que foi a partir do culto aos mortos, simbolizado em um altar com fogo, que se desenvolveu a religião primitiva, na qual cada família possuía um deus (fogo doméstico) e esse deus só poderia ser adorado pela família. Isso significa que o culto só poderia ser realizado pela família aos mortos a ela ligados por laços de sangue. Por isso, os funerais só podiam ser religiosamente celebrados pelo parente mais próximo, da mesma forma que o repasto fúnebre (cerimônia na qual os familiares levavam alimentos ao túmulo dos mortos) só era assistido pela família. Acreditava-se que o morto apenas recebia a oferenda das mãos dos seus descendentes e familiares. Curioso que a palavra mediante a qual os latinos designavam o culto aos mortos era *parentare*. Op. cit., p. 34.
16. Op. cit., § 1.922, Rn. 30, p. 1289.
17. TEPEDINO, Gustavo; BARBOZA, Heloísa Helena e BODIN DE MORAES, Celina. Op. cit., p. 35.
18. REsp. 521.697/RJ, T4, Rel. Min. Cesar Asfor Rocha, j. 16.02.2006, DJ 20.03.2006. No julgado, a Corte reconheceu a legitimidade dos filhos do jogador Garrincha para postular, em nome próprio e direito próprio, indenização por dano moral e material contra o autor de biografia do atleta e contra a editora face a violação do direito à intimidade do pai. Na ementa, o Tribunal, reconhecendo a legitimidade da família na defesa dos direitos de personalidade póstumos, afirma: "Os direitos da personalidade, de que o direito à imagem é um deles, guardam como principal característica a sua intransmissibilidade. *Nem por isso, contudo, deixa de merecer proteção a imagem e a honra de quem falece, como se fossem coisas de ninguém*, porque elas permanecem perenemente lembradas nas memórias, como bens imortais que se prolongam para muito além da vida, estando até acima desta, como sentenciou Ariosto. *Daí*

como tal sob pena de, em última análise, se afirmar o fracasso da família enquanto instituição jurídico-cultural.

Ao contrário do que se imagina, nem sempre a inobservância pelos herdeiros da última vontade do falecido merece ser valorada negativamente. A história é recheada de casos em que os herdeiros publicaram, contra a vontade do autor, obras inacabadas que são verdadeiros tesouros da literatura mundial.

Franz Kafka, por exemplo, deixou vários manuscritos inacabados nas mãos do amigo Max Brod com a clara instrução de que todo o material fosse destruído. O encarregado descumpriu a vontade de Kafka e publicou vários escritos, dentre os quais *O Castelo*, para o enriquecimento cultural da humanidade.

O mesmo ocorreu com o escritor russo, Vladimir Nabokov, famoso autor do livro *Lolita* (1955), que teve um manuscrito inédito, intitulado *O original de Laura*, publicado por decisão de seu filho, embora tenha deixado em testamento a ordem de que a obra deveria ser descartada. Charles Dickens também teve publicado postumamente, contra sua vontade, o inacabado drama policial, *O mistério de Edwin Drood*[19].

Essas obras da literatura mundial mostram que, nem sempre, a contrariedade da vontade do falecido merece ser sancionada moral ou juridicamente, ainda quando hodiernamente haja um anseio maior por respeito à vontade e à autonomia privada do morto. Diante das incertezas, talvez a prudência seja a melhor conselheira, a fim de que não se mate o doente com forte remédio. Até porque o ordenamento jurídico dispõe de mecanismos no plano civil para conter eventuais abusos cometidos por familiares e/ou herdeiros, como a vedação ao exercício disfuncional de direitos e o dever de indenizar, previstos, respectivamente, nos arts. 187, 186 e 927 do CC2002.

O que carece de fundamento, a justificar a proibição dos familiares ou herdeiros de fazer a triagem do conteúdo digital, é a alegação de que o simples acesso ao conteúdo da conta já caracterizaria a invasão da privacidade e intimidade do falecido e de seus interlocutores e, portanto, dano. A deficiência dessa linha argumentativa se revela já no fato de não explicar razoavelmente por quê o acesso de terceiros (juiz, perito, empresa especializada ou plataforma digital) também não configuraria invasão de privacidade e dano ao falecido e seus interlocutores, já que a suposta invasão da privacidade (acesso ao conteúdo existencial) ocorreria evidentemente em ambas as situações.

Aliás, se invasão de privacidade ocorre, ela teria que se dar tanto no acesso a dados existenciais armazenados com senha na nuvem, como no acesso a dados existenciais guardados em baú lacrado com cadeado. E aqui salta aos olhos mais uma incoerência da teoria da intransmissibilidade, pois não explica racionalmente por quê os herdeiros

---

porque não se pode subtrair dos filhos o direito de defender a imagem e a honra de seu falecido pai, pois eles, em linha de normalidade, são os que mais se desvanecem com a exaltação feita à sua memória, como são os que mais se abatem e se deprimem por qualquer agressão que lhe possa trazer mácula. Ademais, a imagem de pessoa famosa projeta efeitos econômicos para além de sua morte, pelo que os seus sucessores passam a ter, por direito próprio, legitimidade para postularem indenização em juízo, seja por dano moral, seja por dano material." (sem grifos no original).

19. Confira-se a matéria: 8 livros publicados postumamente (e suas histórias). In: https://super.abril.com.br/blog/superlistas/8-livros-publicados-postumamente-e-suas-historias/. Acesso: 23 dez. 2019.

podem acessar um baú lacrado ou um pen drive com fotos, mensagens e cartas íntimas e confidenciais, mas não uma caixa de mensagens.

Afinal, como bem salientou o *Bundesgerichtshof*, na paradigmática decisão BGH III ZR 183/17, de 12.07.2018, se o que *"se visa tutelar é o caráter existencial do conteúdo, protegendo-se a privacidade, intimidade e personalidade do morto ou de terceiros, essa tutela teria que ser feita independentemente do meio no qual esse conteúdo personalíssimo se materializa"*[20].

Dito em outras palavras: como a privacidade emerge do *conteúdo* dos dados e não do *meio* no qual estão armazenados, sua invasão ocorreria tanto no meio digital, quanto no meio analógico. Mas, até o momento, nenhum ordenamento jurídico parece vetar os herdeiros de acessar cartas e fotos confidenciais guardadas no fundo do baú.

A ideia de que no mundo físico tem-se a ciência de que a morte acarretará a triagem de nossos pertences, enquanto no mundo *online* existe uma expectativa maior de privacidade[21], não parece se sustentar pelo simples fato de que o fenômeno sucessório *faz parte do ideário coletivo de toda humanidade*, desde os primórdios até os dias atuais[22]. Além disso, não se pode perder de vista que a exigência de cadastro de usuário e senha visam, em primeira linha, *garantir a segurança da rede de comunicação* e não a privacidade dos usuários.

Os adeptos da corrente da intransmissibilidade também não esclarecem *qual o destino a ser dado ao conteúdo existencial* do falecido, ou seja, se ele deve ficar com quem fez a triagem, se deveria ser deletado e, nesse caso, como garantir que esse conteúdo realmente nunca mais seja acessado por ninguém.

A corrente da intransmissibilidade também não responde *como* e *quando* a triagem do conteúdo existencial seria realizada. Outro problema central é que falta consenso – inclusive na comunidade científica internacional – acerca do *conceito de conteúdo existencial*, isto é, do que pode ser, na prática, considerado conteúdo estritamente pessoal.

E isso pelo simples fato de que inúmeros conteúdos pessoais podem – e têm, frequentemente – valor econômico. Falta, com efeito, um conceito com critérios objetivos, manuseáveis na prática pelo aplicador do direito, para se chegar a uma definição do que seja conteúdo existencial.

Também não se apresenta uma solução convincente para os casos de conteúdo existencial com valor patrimonial. Pense-se na postagem de uma foto de biquíni por uma artista famosa, que, em questões de segundos, gera mais vendas para a marca que uma campanha publicitária. É evidente que esse conteúdo existencial (foto privada da

---

20. Permita-se referir a NUNES FRITZ, Karina e SCHERTEL MENDES, Laura. Op. cit., p. 543.
21. BRANCO, Sérgio. Op. cit., p. 110.
22. Fustel de Coulanges explica que, como o culto aos mortos era feito em um altar com chama permanentemente acessa (daí a ideia fogo doméstico), colocado no centro da casa e que esse fogo, uma fez fixado, não podia mais mudar de lugar, pois representava a morada dos mortos, a ideia de domicílio e propriedade nasceu naturalmente (Op. cit., p. 56 ss.). Como o fogo doméstico não podia se apagar e nem o túmulo ser abandonado, era necessário que o culto aos mortos fosse transmitido de pai para filho. Por isso, a pessoa que herdava nos primórdios da humanidade, herdava primeiro o dever de cultivar o fogo doméstico e fazer as oferendas ao túmulo. (Op. cit., p. 64). Disso se conclui que a ideia de hereditibilidade *causa mortis* é muito antiga na cultura indo-europeia.

artista) tem valor econômico, pois seu uso gera uma riqueza monetarizável para alguém e tem, portanto, valor de mercado.

Outro exemplo recente elucida bem o dilema. Segundo o site de notícias UOL, o número de seguidores no Instagram do artista Gugu Liberato, falecido em 2019, aumentou 55,7% desde o anúncio, no dia 21.11.2019, do acidente fatal ocorrido na Flórida (EUA) até o dia 29.11.2019, quando o levantamento foi concluído. Ou seja: o número de seguidores pulou de 1.908.227 para 2.971.434 em apenas oito dias[23].

Ainda segundo o site de notícias, um post patrocinado em um perfil de um milhão de seguidores pode alcançar o valor de R$ 30 mil ou mais, a depender da fama de quem posta a foto pessoal fazendo referência a algum produto ou serviço. Diante disso, inegável a dificuldade prática em distinguir, com base em critérios objetivos, o que é conteúdo patrimonial e o que é conteúdo existencial. Muitos autores sustentam mesmo a *impossibilidade prática* dessa distinção[24].

Importante ressaltar, por fim, que essa corrente representa uma desnecessária *quebra normativa do princípio da sucessão universal*, consagrado no art. 1.784 CC2002, segundo o qual, aberta a sucessão, a herança transmite-se, desde logo, aos herdeiros legítimos e testamentários, *e do princípio da saisine*, o qual garante que os herdeiros ocupem imediatamente, sem solução de continuidade, as posições jurídicas do falecido[25].

Ora, se primeiro há de se fazer a triagem do conteúdo patrimonial e existencial da herança digital, logicamente não mais ocorre a transmissibilidade automática da herança. O momento da transmissão deixa de ser o momento da morte e da abertura da sucessão para ficar postergado a momento futuro e incerto, pois ninguém sabe quando haverá uma decisão transitada em julgado, chancelando a triagem feita.

Considerando que o direito à herança é direito fundamental (art. 5º, XXX da CF/1988) tanto quanto os direitos de personalidade supostamente afetados, é muito provável que esses casos requeiram um pronunciamento da Corte Constitucional – o que, no Brasil, pode se arrastar por décadas. Nesse período, haverá um grande vácuo no processo sucessório, quebrando a lógica do sistema jurídico, que exige que as situações jurídicas do *de cujus* sejam transmitidas sem solução de continuidade aos herdeiros, a fim de que bens e direitos não fiquem destituídos de titularidade[26].

E se o momento da morte fixa o momento da abertura da sucessão e da transmissão de todas as relações jurídicas do falecido aos herdeiros, é incompreensível por quê as relações contratuais que têm por objeto o uso de espaço na nuvem (exemplos: Gmail, Hotmail, Facebook, Instagram, Spotify etc.) não devam ser transmitidas no momento da morte aos herdeiros, já que elas não são relações contratuais personalíssimas, que se

---

23. Aumento de seguidores de Gugu reacente debate sobre herança digital. 02.12.2019. In: https://noticias.uol.com.br/cotidiano/ultimas-noticias/2019/12/02/aumento-de-seguidores-de-gugu-reacende-debate-sobre-heranca-digital.htm. Acesso: 02.12.2019.
24. KUNST, Lena. In: *Staudinger BGB – Einleitung zum Erbrecht*. Berlin: De Gruyter, 2016, § 1922, Rn. 633, p. 282.
25. Pontes de Miranda fala, nesse sentido, com o fato jurídico da morte há a transmissão automática da herança aos herdeiros, isto é, da posse e titularidade dos direitos, pretensões, ações e exceções, vale dizer, das posições jurídicas transmissíveis do falecido. *Tratado de direito privado*. Tomo LV. Rio de Janeiro: Borsoi, 1968, p. 9, 17.
26. BEVILAQUA, Clovis. *Direito das sucessções*. 2ª ed. Rio de Janeiro: Freitas Bastos, 1932, p. 15.

extinguem com a morte. Há, em suma, uma quebra da lógica interna da dogmática e do sistema jurídico sucessório.

4. A TEORIA DA TRANSMISSIBILIDADE DO CONTEÚDO DIGITAL

Como alternativa ao discurso da intransmissibilidade surgiu a teoria da transmissibilidade ou hereditibilidade do conteúdo digital. Segundo essa corrente, os bens digitais transmitem-se automaticamente aos herdeiros no momento da morte da mesma forma que os bens analógicos, salvo disposição expressa do falecido em sentido contrário.

Segundo essa corrente, o ponto de partida para a análise da transmissibilidade (ou não) da chamada herança digital deve ser a relação jurídica que dá suporte ao uso das plataformas digitais, vale dizer, a natureza e características do contrato celebrado entre os usuários e as plataformas digitais.

E uma análise mais detalhada desse contrato é muito reveladora, pois, ao contrário do que possa parecer e do que sustentado por algumas empresas, *o contrato de uso de espaço digital não é gratuito*. De fato, hoje se sabe que o usuário "paga" para usar a nuvem. Para entender esses negócios, vale inicialmente recorrer a uma prática nada ortodoxa realizada pela Igreja Católica na Idade Média: a venda de um lugar no céu. A grosso modo, é como se o usuário alugasse um pedacinho do céu, onde ele pode armazenar fotos, vídeos, músicas, livros, mensagens etc.

O objeto, portanto, do contrato entre plataforma digital e usuário é uma espécie de aluguel do espaço digital. Contudo, diferentemente dos típicos contratos de locação, a contraprestação não é dada em dinheiro, mas consiste na cessão gratuita dos dados pessoais pelo titular. Dessa forma, ao contrário do que fazem crer os grandes conglomerados, os contratos de utilização da plataforma digital não são gratuitos.

Como ensina, com propriedade, Martin Schmidt-Kessel, contrato gratuito não é aquele no qual inexiste uma prestação em dinheiro, mas sim aquele no qual inexiste uma contraprestação, seja ela qual for. Esse conceito está presente na dogmática contratual europeia, sendo aceito, portanto, no direito privado comum europeu. Gratuidade é sinônimo de *ausência de contraprestação*[27] e não de ausência de remuneração em dinheiro. É a *gratuidade objetiva*.

Há ainda no contrato gratuito uma *finalidade altruística*, a indicar que uma parte cede gratuitamente uma coisa a outra sem qualquer intenção de obter algo em troca. As duas partes sabem – e precisam saber – que se trata de cessão gratuita do bem. Nesse caso, configura-se a *gratuidade subjetiva*, que, na dúvida, deve ser buscada na intenção das partes. É essa finalidade altruística que fundamenta e justifica o dever de gratidão que o donatário deve ter com o doador, daí porque a ordem jurídica autoriza a revogação da doação por ingratidão do beneficiário (art. 555 CC2002).

Dessa forma, quando a parte dá a prestação em troca de uma contraprestação ou como execução de uma obrigação, não se pode falar em gratuidade, mas em *correspectividade*

---

27. SCHMIDT-KESSEL, Martin e GRIMM, Anna. Unentgeltlich oder entgeltlich? – Der vertragliche Austausch von digitalen Inhalten gegen personenbezogene Daten. *ZfPW* 2017, 84-108, p. 93.

das obrigações[28]. Ora, nos contratos de utilização de plataforma digital, o usuário só usa o espaço digital (prestação) se fornecer seus dados pessoais (contraprestação) e o faz atualmente premido pela necessidade de participar da vida social. Nesse sentido, Danilo Doneda observa, com propriedade, que o fornecimento dos dados pessoais pelo cidadão tornou-se um requisito indispensável para sua efetiva participação na vida social[29].

Trata-se, portanto, de *contrato oneroso*, recompensado pela cessão gratuita dos dados pessoais, *e sinalagmático*, porque a plataforma digital é disponibilizada em troca – e por causa – da cessão gratuita dos dados pessoais, aos moldes do clássico modelo *do ut des*.

E isso configura, inegavelmente, uma contraprestação, principalmente quando hoje se sabe que os dados pessoais são o *ouro do século 21*, pois possuem significativo valor econômico. Os estudos apontam que é o uso dos dados pessoais que garante a rentabilidade desse modelo de negócio para os grandes conglomerados digitais como Facebook, Instagram, WhatsApp, Gmail, Hotmail, Spotify etc.

O Superior Tribunal de Justiça, analisando caso envolvendo a coleta e o compartilhamento – sem autorização – de dados pessoais de consumidor por banco de dados, já reconheceu que *"as informações sobre o perfil do consumidor, mesmo as de cunho pessoal, ganharam valor econômico no mercado de consumo"*[30], daí a utilidade – e, acresce-se: a rentabilidade – dos serviços de bancos de dados, que constituem atividade potencialmente lesiva aos direitos da personalidade das pessoas.

Um estudo do banco alemão, *Deutsche Bank*, revelou que em 2014 o Facebook alienou os dados pessoais de um usuário europeu por 88 euros, o equivalente hoje a cerca de R$ 396,00[31]. Não se tem notícia de um estudo equivalente acerca dos usuários brasileiros. Se considerarmos, contudo, o valor hipotético – e simbólico – de 1 dólar, um usuário com dez mil seguidores teria um perfil avaliado em 10 mil dólares. Inegável, dessa forma, o caráter patrimonial de um perfil do Facebook ou Instagram, onde, para além dos dados do próprio usuário, a plataforma tem acesso aos dados de todos os seus contatos.

Deve-se aqui abrir um parêntese para assinalar que não mais é novidade que o Facebook comercializa os dados pessoais de seus usuários. Nos Termos de Serviço da empresa comandada por Mark Zuckerberg consta expressamente que o usuário cede, mediante contrato de licença gratuita, todos os seus dados às empresas do grupo Facebook, que pode aliená-los a outras empresas fornecedoras de produtos e/ou serviços[32].

---
28. SCHMIDT-KESSEL, Martin e GRIMM, Anna. Op. cit., p. 94.
29. A proteção dos dados pessoais como um direito fundamental. *Espaço Jurídico*, v. 12, n. 2, jul-dez 2011, p. 97.
30. STJ, REsp. 1.758.799/MG, T3, Rel. Min. Nancy Andrighi, j. 12.11.2019, DJe 19.11.2019. Citação do Voto, p. 8.
31. Big Data – Die ungezähmte Macht. In: *Aktuelle Themen – Digitale Ökonomie und struktureller Wandel*, Deutsche Bank, 04.03.2014, p. 20. Valor em real calculado com base no câmbio do dia 02.01.2020. Fonte: UOL Economia.
32. Logo no Preâmbulo dos Termos de Serviço do Facebook lê-se: "Não cobramos pelo uso do Facebook ou de outros produtos e serviços cobertos pelos Termos. Em vez disso, empresas e organizações *nos pagam* para lhe mostrar anúncios de seus produtos e serviços. Quando você usa nossos Produtos, concorda que podemos mostrar anúncios que consideramos relevantes para você e seus interesses. Usamos seus dados pessoais para ajudar a determinar quais anúncios mostrar." (sem grifos no original). No item 2 ("Como nossos serviços são financiados") consta: "Em vez de pagar pelo uso do Facebook e de outros produtos e serviços que oferecemos, acessando os Produtos do Facebook cobertos por estes Termos, você concorda que podemos lhe mostrar anúncios que empresas e organizações nos pagam para promover dentro e fora dos Produtos das Empresas do Facebook. Usamos seus dados pessoais, como informações sobre suas atividades e interesses, para lhe mostrar anúncios mais relevantes.". E no item 3.3.1: "No entanto, para

Na verdade, as notícias dão conta que o Facebook possui mecanismos de coleta de dados pessoais até de quem não é usuário da plataforma. Em caso julgado pelo Tribunal de Justiça Europeu, a Central de Defesa dos Consumidores de Düsseldorf (Alemanha) moveu ação contra o conglomerado internacional de roupas de Peek & Cloppenburg e o Facebook pedindo a responsabilização solidária de ambos pela coleta indevida de dados pessoais de inúmeros internautas, feita sem qualquer informação ou consentimento do titular[33].

A Peek & Cloppenburg havia instalado – como muitas empresas – em seu site plug-ins de mídias sociais, dentre os quais o botão de curtida do Facebook. O objetivo desses mecanismos é atrair mais visitantes para a página da empresa, obter mais feedbacks dos usuários que curtem, compartilham e/ou comentam e, dessa forma, incrementar a venda dos produtos e/ou serviços.

A particularidade do plug-in do Facebook, contudo, é que ele coleta automaticamente os dados de qualquer internauta – como, por exemplo: endereço de IP, agente do usuário (*user agent*) e navegador utilizado – que acesse o site da empresa e os transmite diretamente ao Facebook na Irlanda. E isso acontece mesmo que o usuário não clique no botão de curtida ou sequer tenha conta no Facebook. O simples navegar pelo site já permite a captação e transmissão dos dados ao Facebook que, a partir daí, faz o que bem quer com essas informações.

Por conta disso, a Central de Defesa do Consumidor moveu ação contra a Peek & Cloppenburg e o Facebook, a qual tramitou no Tribunal de Justiça Europeu sob o número TJE Az. C-40/17 e foi julgada em 29.07.2019, tendo a Corte pronunciado a responsabilidade solidária de ambos pela coleta e processamento indevido de dados pessoais. Essa prática de coleta indiscriminada de dados é tão corriqueira que a agência reguladora da concorrência na Alemanha, o *Bundeskartellamt*, resolveu interferir na forma como o Facebook coleta dados de usuários no país, exigindo que a empresa notifique o usuário com pedido de autorização todas as vezes que for coletar dados em aplicativos paralelos como Instagram e WhatsApp[34].

Fechando o parêntese e retomando a análise da relação contratual entre usuário e plataformas digitais, pode-se dizer que, uma vez que essa relação jurídica é um *contrato*

---

fornecer nossos serviços, precisamos que você nos conceda algumas permissões legais (conhecidas como "licença") para usar esse conteúdo. Isso é apenas para fins de fornecimento e melhoria dos nossos Produtos e serviços como descrito na Seção 1 acima. Especificamente, quando você compartilha, publica ou carrega conteúdo protegido por direitos de propriedade intelectual em nossos Produtos ou em conexão com nossos Produtos, você nos concede uma licença não exclusiva, transferível, sublicenciável, isenta de royalties e válida mundialmente para hospedar, usar, distribuir, modificar, veicular, copiar, executar publicamente ou exibir, traduzir e criar trabalhos derivados de seu conteúdo (de modo consistente com suas configurações de privacidade e do aplicativo)."

33. Tribunal de justiça europeu determina responsabilidade solidária de sites que utilizam curtidas do facebbok. In: *Migalhas*, Coluna German Report, 06.08.2019. Acesso em: https://www.migalhas.com.br/GermanReport/133,MI308032,31047-Tribunal+de+Justica+europeu+determina+responsabilidade+solidaria+de. Acesso: 06.08.2019.

34. *Bundeskartellamt untersagt Facebook die Zusammenführung von Nutzerdaten aus verschiedenen Quellen.* Publicação no site da agência reguladora em 07.02.2019. Acessível em: https://www.bundeskartellamt.de/SharedDocs/Meldung/DE/Pressemitteilungen/2019/07_02_2019_Facebook.html. Data de acesso: 03 jan. 2020.

atípico de utilização do espaço digital, de natureza consumerista (para empresas: civil), marcado pela troca de prestação e contraprestação, conclui-se ser ele transferido automaticamente aos herdeiros no momento da abertura da sucessão por força do princípio da sucessão universal, segundo o qual todo o patrimônio, isto é, todas as relações jurídicas do falecido transmitem-se aos sucessores no momento da morte – exceto as que se devam extinguir por sua natureza, por força de lei, acordo ou pela vontade do autor da herança[35].

Para que uma relação contratual não seja transmitida aos herdeiros é necessário que a intransmissibilidade resulte da natureza jurídica, da lei ou de ato de autonomia privada do falecido. A lei é silente a respeito. Portanto, salvo disposição expressa do falecido vetando a hereditibilidade, o contrato de uso de plataformas digitais só não seria sucessível pelos herdeiros se isso contrariasse sua natureza jurídica.

Engana-se quem pensa que os contratos de uso das plataformas digitais têm natureza personalíssima. Contrato *intuito personae* é aquele cujo conteúdo possui caráter personalíssimo, pois os direitos e deveres lá presentes são moldados de tal forma à pessoa das partes que uma alteração subjetiva no contrato provoca uma modificação essencial na prestação[36].

Exemplos paradigmáticos são o contrato do artista e o contrato médico, que se extinguem com o falecimento de uma das partes. No caso do contrato de realização de obra artística, a obrigação assumida pelo artista não pode ser exigida de seus sucessores pela contraparte, da mesma forma que no contrato médico a obrigação assumida pelo profissional da saúde, de tratar o paciente, não pode ser estendida aos sucessores do falecido[37], pois o dever de prestação principal, de caráter personalíssimo, era dirigido ao morto.

Sob esse aspecto, forçoso é concluir que os deveres prestacionais decorrentes dos contratos de uso de plataforma digital não têm natureza personalíssima. Isso pode causar espanto à primeira vista, mas, o que realmente tem cunho personalíssimo é o *conteúdo* da conta do usuário (dados pessoais, mensagens, postagens, fotos, vídeos etc.), como bem ressaltou o *Bundesgerichtshof* na decisão BGH III ZR 183/17, de 12.07.2018[38].

Os deveres de prestação assumidos pela plataforma digital, especialmente o de viabilizar o acesso à conta e ao conteúdo armazenado, não têm cunho personalíssimo, pois as prestações devidas a um usuário em nada se distinguem das prestações devidas a todos os demais usuários do planeta. Em regra, não há sequer o controle, pelas plataformas digitais, da verdadeira identidade do outro contratante, como o comprovam os inúmeros perfis falsos, o que também afasta o caráter personalíssimo da prestação e do contrato.

Tomando como exemplo o contrato de uso do Facebook, tem-se que a rede social se obriga a disponibilizar uma plataforma de comunicação, a publicar – sob ordens do usuário – conteúdos nessa plataforma, bem como a transmitir e permitir o acesso às mensagens e aos demais conteúdos digitais lá armazenados. Tratam-se, por conseguinte, de

---

35. Nesse sentido: NUNES FRITZ, Karina e SCHERTEL MENDES, Laura. Op. cit., p. 533. No mesmo sentido, alertando para a intransmissibilidade das obrigações personalíssimas: BEVILÁQUA, Clovis. 16.
36. Permita-se remeter a NUNES FRITZ, Karina e SCHERTEL MENDES, Laura. Op. cit., p. 537.
37. Nesse sentido: LEIPOLD, Dieter, in: *Münchener Kommentar zum BGB*, Sibylle Kessal-Wulf (redatora), v. 10, 7. ed., München: Beck, 2017, p. 96.
38. Cf. NUNES FRITZ, Karina e SCHERTEL MENDES, Laura. Op. cit., p. 537.

prestações eminentemente técnicas, não talhadas a uma pessoa específica, mas prestadas a todos os usuários da rede indistintamente, podendo ser prestadas também aos herdeiros.

Só se poderia dizer que o contrato de utilização da plataforma teria cunho pessoal no sentido de que apenas o titular da conta pode enviar e publicar conteúdos. Para isso, cada usuário adquire uma licença de IP. Mas essa, contudo, pode ser transmitida e sublicenciada[39], o que mostra a impropriedade de se falar no caráter personalíssimo do contrato em si.

Dessa forma, forçoso concluir que, se não há disposição expressa do falecido em sentido contrário, os contratos de utilização de plataformas digitais são transmissíveis aos herdeiros no momento da morte, pois não possuem natureza personalíssima e nem há disposição expressa da lei vedando a hereditibilidade. A análise da natureza jurídica, estrutura e função dos contratos de uso de plataformas digitais mostra que os mesmos são passíveis de transmissibilidade e que os herdeiros assumem a posição jurídica do usuário falecido na relação contratual e adquirem a legítima pretensão de acessar a conta e todo o conteúdo lá armazenado.

5. O ESTADO DA ARTE NO BRASIL E EM ALGUNS PAÍSES EUROPEUS

O tema da herança digital ainda carece de discussão aprofundada no Brasil, sendo parca a literatura jurídica a respeito. Os poucos escritos sobre o tema sustentam, como dito, a necessidade de se distinguir o caráter do conteúdo digital acumulado em vida pelo falecido, sendo quase unanimidade que o conteúdo existencial não deve ser transmitido aos herdeiros em respeito aos direitos de privacidade e intimidade do falecido e de seus interlocutores.

Entretanto, como aqui já exposto, essa doutrina peca, *data máxima venia*, pela inconsistência de seus argumentos, pois, dentre outras deficiências, não indica critérios objetivos suficientes para distinguir, com a precisão, o conteúdo digital com caráter patrimonial do conteúdo digital de caráter existencial, sendo ainda silente quanto aos casos de conteúdo digital misto.

Além disso, não esclarece quem (e com que legitimidade), quando e como essa triagem seria feita, considerando que, como regra, as relações jurídicas do *de cujus* transmitem-se no instante da morte aos herdeiros. Da mesma forma, não explica quem ficaria com os dados pessoais do falecido – e sob que legitimidade – e nem qual o destino a ser dado a eles. Também não fundamenta convincentemente por que as relações jurídicas entre as plataformas digitais e os usuários seriam intransmissíveis, considerando que essas relações não têm caráter personalíssimo.

Alegar que a intransmissibilidade seria a solução mais coerente com a suposta "despatrimonialização" do direito civil, consequência de uma releitura do direito privado à luz da Constituição, é, além de flor de retórica, uma incoerência lógica, pois *a exclusão dos familiares implica na legitimação das empresas* de se apropriar e comercializar todo o

---

39. BGH v. 12.07.2018, III ZR 183/17, par. 38.

conteúdo existencial do falecido, privilegiando os interesses patrimoniais dos grandes conglomerados digitais. Em última análise, legitima que os conglomerados digitais ocupem, no lugar dos familiares, a *posição jurídica de herdeiro* dentro do ordenamento jurídico.

A lei, por óbvio, não trata expressamente do assunto. Os projetos de lei acerca do tema foram arquivados. O Projeto de Lei 4.099-B/2012, de relatoria do Deputado Federal Onofre Santo Agostini, pretendia alterar o art. 1.788 do CC2002 a fim de estabelecer que seriam transmitidos aos herdeiros todos os conteúdos de contas ou arquivos digitais do autor herança[40]. O PL 4.847/2012, de autoria do Deputado Federal Marçal Filho, pretendia inserir os arts. 1797-A, 1797-B e 1797-C na Codificação a fim de garantir a hereditibilidade dos bens digitais[41]. Tramita atualmente o PL 6.468/2019, que pretende acrescentar um Parágrafo Único ao art. 1.788 do Código Civil, prevendo a transmissão aos herdeiros de todos os conteúdos de contas ou arquivos digitais de titularidade do autor da herança.

Diante de uma (suposta) lacuna legal, o Judiciário vem sendo vacilante, ora tutelando os herdeiros, ora favorecendo os conglomerados digitais, sob os argumentos aqui já expostos. Em caso julgado pelo Tribunal de Justiça do Mato Grosso do Sul, reconheceu-se o direito da mãe de uma usuária do Facebook de apagar o perfil da filha, o que havia sido denegado administrativamente pela plataforma digital. A mãe alegava que a pagina havia se transformado em um "muro de lamentações" dos amigos da filha, o que dificultava o luto da família[42].

Recentemente, o Tribunal de Justiça de Minas Gerais indeferiu pedido de acesso dos herdeiros aos dados do celular da Apple do filho falecido ao argumento de isso violaria o direito à privacidade e o sigilo das comunicações do usuário falecido e de seus interlocutores[43]. Essa decisão é significativa, porque vai na contramão do que se vem decidindo na Europa.

Em caso idêntico apreciado na Comarca de Münster, na Alemanha, o juiz proferiu decisão diametralmente oposta ao TJMG, condenando a Apple a permitir o acesso dos

---

40. Nova redação: Art. 1.788. Serão transmitidos aos herdeiros todos os conteúdos de contas ou arquivos digitais do autor da herança.
41. Art. 1.797-A. A herança digital defere-se como o conteúdo intangível do falecido, tudo o que é possível guardar ou acumular em espaço virtual, nas condições seguintes:
    I – senhas;
    II – redes sociais;
    III – contas da internet;
    IV – qualquer bem e serviço virtual e digital de titularidade do falecido.
    Art. 1.797-B. Se o falecido, tendo capacidade para testar, não o tiver feito, a herança será transmitida aos herdeiros legítimos.
    Art. 1.797-C. Cabe ao herdeiro:
    I – definir o destino das contas do falecido
    a) transformá-las em memorial, deixando o acesso restrito a amigos confirmados e mantendo apenas o conteúdo principal ou
    b) apagar todos os dados do usuário ou
    c) remover a conta do antigo usuário.
42. TJMS, Processo n. 0001007-27.2013.8.12.0110, 1ª. Vara do Juizado Especial Central, juíza Vânia de Paula Arnates, julgado em 19.03.2013.
43. TJMG, Processo n. 00023375-92.2017.8.13.050, juiz Manoel Jorge de Matos.

herdeiros ao conteúdo do iCloud de um usuário falecido. Trata-se do processo LG Münster Az. 014 O 565/18, julgado em 16.04.2019[44].

Essa decisão de primeira instância está em harmonia com o posicionamento do *Bundesgerichtshof*, a Corte infraconstitucional alemã equivalente ao STJ, que ano passado julgou o *leading case* sobre o assunto. Trata-se do caso da adolescente morta no metrô de Berlim, processo BGH III ZR 183/17, julgado em 12.07.2018, aqui já mencionado.

Os pais da adolescente de 15 anos, falecida, em 2012, em circunstâncias não esclarecidas no metrô de Berlim, entraram com uma ação contra o Facebook alegando terem sido impedidos de acessar a conta da filha, que havia sido transformada em "memorial" após um usuário anônimo ter comunicado ao Facebook seu falecimento. As circunstâncias da morte eram controversas, havendo suspeita de suicídio e *mobbing* no colégio.

O objetivo do acesso à conta, segundos os pais, era buscar pistas acerca das circunstâncias da morte da filha. Mas, apesar de possuírem os dados de acesso, os pais não obtiveram sucesso, porque o Facebook transformou a conta em memorial. Com isso, o conteúdo compartilhado pela falecida com o público permanecia visível e as pessoas podiam postar em seu perfil, mas ninguém tinha acesso ao conteúdo da conta – exceto o Facebook, que vedava o acesso ao argumento de proteger os direitos da usuária e de seus contatos.

O juiz de primeiro grau (LG Berlin), em 17.12.2015, deu ganho de causa aos pais da adolescente e mandou o Facebook liberar o acesso à conta da falecida, pois a herança digital pertence aos herdeiros. Em grau de recurso, contudo, o *Kammergericht* reviu a decisão, negando acesso à conta sob o fundamento de que isso violaria o sigilo das telecomunicações dos interlocutores da pessoa falecida.

A família recorreu, então, ao BGH, que reconheceu o direito sucessório dos pais de acessar a conta da filha falecida e todo o conteúdo nela armazenado. Em síntese, a Corte de Karlsruhe reconheceu a pretensão dos pais, herdeiros únicos da menor, uma vez que essa pretensão decorria do contrato de consumo existente entre a adolescente e o Facebook, o qual seria transmissível aos herdeiros com a morte. Para a Corte, o direito sucessório à herança digital não se opõe aos direitos de personalidade *post mortem* da falecida, nem ao direito geral de personalidade do *de cujus* ou dos terceiros interlocutores, nem ao sigilo das comunicações e tampouco às regras de proteção de dados pessoais[45].

Na Espanha, entrou em vigor em 25.05.2018 a nova *Ley Orgánica de Protección de Datos y de Garantías de los Derechos Digitales* (LOPDGDD), que revoga a antiga lei espanhola de proteção de Dados (1999) e tem por fim assegurar um nível mais elevado de proteção da intimidade e privacidade dos cidadãos espanhóis na sociedade digital.

Dentre as inovações da nova lei, destaca-se a previsão expressa no art. 96, que trata do testamento digital, de que as pessoas ligadas ao falecido por razões familiares ou de fato, bem como os herdeiros, podem sucedê-lo em suas redes sociais, correio eletrônico

---

44. *Legal Tribune Online*, acesso: 20.04.2019.
45. Confira-se o comentário da decisão em no artigo aqui já mencionado: NUNES FRITZ, Karina e SCHERTEL MENDES, Laura. Op. cit., p. 530-533.

ou serviços de mensagens instantâneas como o WhatsApp. Isso só não ocorre quando o houver proibição expressa do falecido ou da lei (art. 96, inc. 1, alínea a).

Segundo o inc. 1, alínea *a* e inc. 2 do dispositivo, esse direito inclui ainda o poder de alterar ou apagar os dados contidos nas contas. Se o falecido indicou alguém (testamenteiro, pessoa física ou instituição) para acessar o conteúdo digital, afasta-se automaticamente a hereditibilidade daquelas pessoas[46]. Dito em outras palavras: em regra, ocorre a transmissibilidade dos bens digitais aos herdeiros, salvo disposição em contrário da lei ou do falecido, na linha da decisão alemã mencionada.

6. CONSIDERAÇÕES FINAIS

Do exposto, conclui-se que a relação jurídica entre o usuário e os prestadores de produtos e/ou serviços digitais é uma relação jurídica contratual, através da qual o usuário aluga um espaço digital para armazenar fotos, livros, músicas, mensagens etc. O contrato de utilização de plataforma digital configura negócio jurídico atípico, porém bilateral, oneroso e sinalagmático.

Tais contratos não são negócios gratuitos, pois neles há o binômio prestação (cessão de plataforma digital) e contraprestação (cessão de dados pessoais). Mais ainda: constata-se a presença de verdadeiro sinalagma, pois a prestação só é realizada em troca da contraprestação. Dito em outras palavras: o usuário só tem acesso aos produtos e/ou serviços digitais se ceder gratuitamente à plataforma o uso de seus dados pessoais. Aqui, tendo em vista o caráter adesivo desses negócios, nem cabe negociação.

Como o usuário normalmente não tem ciência do quanto valem seus dados pessoais, acaba por pensar que os contratos de uso de espaços digitais são gratuitos. Essa falsa impressão se fortalece com o discurso de gratuidade de diversos conglomerados digitais. Por isso, o usuário, de forma fácil e precipitada, cede gratuitamente o uso de seus dados pessoais em troca de produtos e/ou serviços ou em troca de pequenos benefícios. A desinformação acerca do valor e das formas de comercialização dos dados pessoais induz o usuário a banalizar a cessão gratuita, imposta pelos grandes conglomerados.

Esses contratos – a maioria, de consumo – também não são personalíssimos, pois as obrigações assumidas não são moldadas e talhadas individualmente para cada usuário. Ao contrário, são prestadas de maneira padronizada para milhares de pessoas em todo o mundo. Muitas empresas sequer têm o cuidado de verificar a autenticidade do contratante, de forma que o caráter personalíssimo do negócio cai totalmente por terra. O que tem cunho personalíssimo é apenas o conteúdo da conta do usuário (dados pessoais, mensagens, postagens, fotos, vídeos etc.), mas isso é insuficiente para conferir esse caráter ao negócio jurídico.

Tendo em vista que os contratos de uso de plataformas digitais não são personalíssimos e que a lei não veda a transmissibilidade do conteúdo digital aos herdeiros,

---

46. *Luces y sombras del nuevo testamento digital reflejado en la LOPDGDD*. Acessível em: https://confilegal.com/20190506-luces-y-sombras-del-nuevo-testamento-digital-reflejado-en-la-lopdgdd/. Data de acesso: 10.12.2019.

forçoso é concluir que, em regra, essas relações contratuais se transmitem normalmente no momento da morte do titular aos sucessores *mortis causa*, salvo disposição expressa em contrário do falecido.

A transmissão de uma relação jurídica obrigacional aos herdeiros não implica necessariamente violação dos direitos de personalidade do falecido e de seus interlocutores, pois os herdeiros são pessoas legitimadas por lei para adentrar nessa relação. O acesso ao conteúdo da conta não implica, contudo, o poder de alterar ou inserir conteúdo, mas tão só de acessar o conteúdo até então existente. A divulgação de eventuais conteúdos íntimos, que afete os bens, direitos e interesses de terceiros pode ser sancionada pelo mecanismo inibitório e reparatório, que a lei coloca à disposição de qualquer interessado.

Da mesma forma, não ofende o direito à proteção dos dados pessoais, nem o segredo das comunicações, que visa impedir que terceiros estranhos ao processo comunicativo tenham acesso indevido ao conteúdo das conversas. Mas os herdeiros não são terceiros estranhos, mas sim os sucessores universais do *de cujus*.

Considerando, por fim, que os familiares e/ou herdeiros são os legitimados por lei a defender os reflexos *post mortem* dos direitos da personalidade do falecido, conclui-se, diante de todo o exposto, que a solução mais coerente com a dogmática e o sistema sucessório é permitir a transmissibilidade da chamada herança digital aos herdeiros, exceto se o falecido dispôs em sentido contrário.

Isso ainda mais se justifica quando se constata que, em última análise, a corrente da intransmissibilidade chancela os interesses meramente patrimoniais dos grandes conglomerados digitais, que, ocupando *de facto* a posição jurídica de herdeiro, se apropriam justamente do conteúdo que se pretende proteger, ou seja, dos dados existenciais de seus usuários.

Em épocas de profundas mudanças sociais, em que o rompimento com a dogmática jurídica parece ser sempre a melhor solução, talvez tenha razão o sábio Clovis Beviláqua que – analisando a corrente que, pregando a função social do direito hereditário, pleiteava a supressão da sucessão legítima – alertava que, a pretexto de sanar injustiças, não se deve lançar mão de remédio violento, de efeitos mais funestos que o mal que pretende extirpar[47].

É o que agora ocorre: pretendendo-se tutelar a privacidade do falecido, esvazia-se o direito dos herdeiros e deixa-se os dados existenciais do de *cujus* com os grandes conglomerados digitais. No fundo, a discussão em torno da herança digital revela não apenas os impactos da tecnologia no direito, mas, principalmente, a tentativa dos grandes *players* do mercado digital de se esquivar da observância das regras e princípios estruturantes das ordens jurídicas nacionais[48].

---

47. Op. cit., p. 13.
48. Os países estão cada vez mais controlando as atividades de grandes conglomerados, como o Facebook, recentemente processado pelo governo dos Estados Unidos sob acusação de violação do direito antitruste e conduta predatória no mercado por adquirir o Instagram e o WhatsApp, até então dois de seus principais concorrentes. Segundo a Comissão Federal do Comércio (FTC), a aquisição da rede social e do aplicativo fez parte da estratégia sistemática do Facebook de eliminar ameaças a seu monopólio, razão pela qual o órgão requereu em juízo a venda das duas empresas. O Facebook pagou 1 bilhão de dólares em 2012 pelo Instagram e 19 bilhões de dólares pelo WhatsApp,

A despeito da legitimidade de suas atividades econômicas, por óbvio que aos grandes conglomerados digitais não é dado substituir as regras do direito posto por um direito imposto unilateralmente em termos e condições gerais. É importante que a sociedade e os usuários se conscientizem de que é o uso de seus dados pessoais que confere poder econômico, social e político a essas empresas. Não fosse isso, provavelmente a herança digital não estaria na pauta do dia.

REFERÊNCIAS

BEVILAQUA, Clovis. *Direito das sucessões*. 2ª. ed. Rio de Janeiro: Freitas Bastos, 1932.

BRANCO, Sérgio. *Memória e esquecimento na internet*. Porto Alegre: Arquipélago Editorial, 2017.

COULANGES, Fustel de. *A cidade antiga*: estudos sobre o culto, o direito e as instituições da Grécia e de Roma. 3ª. ed. Tradução de Edson Bini. São Paulo – Bauru: Edipro, 2001

DONEDA, Danilo. A proteção dos dados pessoais como um direito fundamental. *Espaço Jurídico*, v. 12, n. 2, jul-dez 2011.

HOEREN, Thomas. Der Tod und das Internet – Rechtliche Fragen zur Verwendung von E-Mail- und www-Accounts nach dem Tode des Inhabers. *NJW* 2005.

KUNST, Lena. In: *Staudinger BGB – Einleitung zum Erbrecht*. Berlin: De Gruyter, 2016.

LEAL, Lívia. Internet e morte do usuário: a necessária superação do paradigma da herança digital. *Revista Brasileira de Direito Civil*, v. 16, abr-jun, p. 181-197, 2018.

LEIPOLD, Dieter, in: *Münchener Kommentar zum BGB*, Sibylle Kessal-Wulf (redatora), v. 10, 7. ed., München: Beck, 2017.

MALHEIROS. Pablo; AGUIRRE, João Ricardo Brandão e PEIXOTO, Maurício Muriack. Transmissibilidade do acervo digital de quem falece: efeitos dos direitos da personalidade projetados post mortem. *Revista da Academia Brasileira de Direito Constitucional*, v. 10, n. 19, jul-dez, 2018.

MARTINI, Mario. Der digitale Nachlass und die Herausforderung postmortalen Persönlichkeitsschutzes im Internet. *Juristenzeitung*, 1145. Versão digital, p. 1-18. 2012.

MÜLLER-CHRISTMANN, Bernd. In: Heinz Georg Bamberger e Herbert Roth (Coord.), *Kommentar zum Bürgerlichen Gesetzbuch*. v. 3 (§§ 1.297-2.385). München: Beck, 2003.

NUNES FRITZ, Karina e SCHERTEL MENDES, Laura. Case Report: corte alemã reconhece a transmissibilidade da herança digital. *Revista de Direito da Responsabilidade*, ano 1, 2019, p. 525-555. Disponível no site: www.revistadireitoresponsabilidade.pt.

PONTES DE MIRANDA, Francisco Cavalcanti. *Tratado de direito privado*. Tomo LV. Rio de Janeiro: Borsoi, 1968.

SCHMIDT-KESSEL, Martin e GRIMM, Anna. Unentgeltlich oder entgeltlich? – Der vertragliche Austausch von digitalen Inhalten gegen personenbezogene Daten. *ZfPW*, p. 84-108, 2017.

TEPEDINO, Gustavo; BARBOZA, Heloísa Helena e BODIN DE MORAES, Celina. *Código civil interpretado*. v. 1, Rio de Janeiro: Renovar, 2004.

---

em 2014. Confira-se a matéria: *EUA processam Facebook por "conduta predatória" no mercado*. Deutsche Welle Brasil, 09.12.2020.

10
A PROTEÇÃO DE DADOS PESSOAIS NO BRASIL A PARTIR DA LEI 13.709/2018: EFETIVIDADE?

Newton De Lucca
Renata Mota Maciel

Sumário: 1 Introdução. 2 Dados pessoais e a necessidade de proteção: novas soluções para velhos problemas. 3 Principais características dos modelos europeu e estadunidense de proteção de dados e as lições para o Brasil. 4 A efetividade da Lei 13.709/2018 para a proteção de dados. Referências.

1. INTRODUÇÃO

A Lei n. 13.709/2018 instaurou ordenação específica sobre a proteção de dados pessoais no Brasil.

De acordo com o artigo 1º da Lei, seu objeto é dispor sobre o tratamento de dados pessoais, inclusive nos meios digitais, por pessoa natural ou por pessoa jurídica de direito público ou privado, com o objetivo de proteger os direitos fundamentais de liberdade e de privacidade e o livre desenvolvimento da personalidade da pessoa natural.

Ainda que o tratamento do tema em lei específica deva ser festejado, sua edição não ficou a salvo de críticas e intensos debates, como a abrangência do termo "dados pessoais", ou a pertinência de uma autoridade garantidora; tanto que neste último sentido houve a edição subsequente da Lei n. 13.853, de 8 de julho 2019, com o propósito de criar a Autoridade Nacional de Proteção de Dados (ANPD), órgão da administração pública federal, integrante da Presidência da República, além de complementar a regulação de suas atribuições.

A necessidade de proteção dos dados pessoais constitui velho problema, embora imponha novas soluções, sobretudo com o advento de tecnologias a serviço da coleta, armazenamento e uso desses dados.

Não parece haver dúvida de que a promulgação da Lei n. 13.709/2018 (LGPD) buscou tornar mais eficiente a ordenação jurídica voltada à proteção de dados no Brasil.

A questão proposta neste artigo refere-se à efetividade da LGPD neste quesito. Evidentemente, como a referida Lei ainda está na *vacatio legis*, a análise aqui apresentada tem escopo preditivo, mas nem por isso impede que se verifique, a partir dos seus dispositivos, alterações que, efetivamente, permitirão o aprimoramento da proteção de dados pessoais no Brasil e, o que talvez seja mais relevante, certa estabilidade esperada, a fim de atender aos desafios decorrentes da constante evolução tecnológica.

Nesse aspecto, a partir dos modelos regulatórios europeu e estadunidense podem-se extrair lições para o Brasil, dado o estágio de desenvolvimento encontrado naqueles países em matéria de proteção de dados e, também, por força da precedência de seus instrumentos legislativos.

Ao final, são apresentados os principais dispositivos da Lei n. 13.709/2018 com potencial para garantir a efetividade da ordenação de proteção de dados no País.

2. DADOS PESSOAIS E A NECESSIDADE DE PROTEÇÃO: NOVAS SOLUÇÕES PARA VELHOS PROBLEMAS[1]

A proteção da privacidade ou, mais especificamente, dos dados pessoais, ao contrário do que possa parecer, não constitui fenômeno do século XXI. Pelo menos desde o final do século XIX o tema é objeto de estudos jurídicos, como bem ilustra o famoso texto de Samuel D. Warren e Louis D. Brandeis, no qual reconhecem que a proteção integral da pessoa e da propriedade constitui princípio tão antigo quanto a própria *common law*, ainda que, de tempos em tempos, seja necessário definir novamente a exata natureza e extensão dessa proteção.[2]

É evidente que o reconhecimento da proteção de dados, nos moldes como apresentada atualmente, decorreu de gradativa marcha rumo à valoração jurídica de bens intangíveis, os quais não mais se enquadravam na original proteção contra interferências físicas sobre o binômio vida e propriedade imóvel.

Nesse contexto, como afirmam Warren e Brandeis[3]:

> This development of the law was inevitable. The intense intellectual and emotional life, and the heightening of sensations which came with the advance of civilization, made it clear to men that only a part of the pain, pleasure, and profit of life lay in physical things. Thoughts, emotions, and sensations demanded legal recognition, and the beautiful capacity for growth which characterizes the common law enabled the judges to afford the requisite protection, without the interposition of the legislature.

Os mesmos autores, já no fim do século XIX, alertavam para o premente contexto da civilização que imporia o reconhecimento do chamado "right to be let alone", ou "direito de ser deixado só", em época na qual ainda surgiam invenções como a fotografia instantânea[4] e o desenvolvimento de grandes empreendimentos jornalísticos, a fazer

---

1. Item publicado em DE LUCCA, Newton; DEZEM, Renata Mota Maciel. A proteção de dados pessoais no Brasil a partir da Lei n. 13.709/2018: avanço ou retrocesso? *In:* JORGE, André Guilherme Lemos; ADEODATO, João Maurício; DEZEM, Renata Mota Maciel Madeira (Coord.). *Direito empresarial*: estruturas e regulação. Volume 2. São Paulo: Uninove, 2018, pp. 255-276.
2. WARREN, Samuel D.; BRANDEIS, Louis D. The Right to Privacy. *Harvard Law Review*. Cambridge: Harvard University Press. v. IV, n. 05, pp. 193-217, Dec. 1890, p. 193. No mesmo sentido, PARENTONI, Leonardo Netto. O Direito ao Esquecimento (Right to Oblivion). In: DE LUCCA, Newton; SIMÃO FILHO, Adalberto; LIMA, Cíntia Rosa Pereira de (Coords.). *Direito & Internet III*. Tomo I. São Paulo: Quartier Latin, 2015, pp. 539-618.
3. Op. cit., p. 195.
4. A popularização da fotografia ocorre a partir de 1888, com o lançamento da "câmera KODAK", base da ideia da "fotografia acessível a todos", criada por George Eastman, fundador da Eastman Kodak Company (cf. Wikipedia. Disponível em https://pt.wikipedia.org/wiki/Kodak. Acesso em 09 set. 2018).

valer a célebre previsão de que "what is whispered in the closet shall be proclaimed from the house-tops".[5]

Como se vê, o reconhecimento do direito à privacidade pode ser considerado o primeiro desdobramento do que na sequência passou-se a denominar "direito à proteção dos dados pessoais", não sem alguma crítica, nos casos de excessos, nos quais vinha divorciado da real função protetiva dos direitos da personalidade.

A propósito, destaca José de Oliveira Ascensão[6]:

> (...) instalou-se uma espécie de histeria, provavelmente de origem demagógica, na proteção de dados pessoais. As proibições multiplicam-se e excedem-se; e há particularmente um recurso desproporcionado ao direito penal. Procedendo assim, perde-se com facilidade a bússola substantiva que justifica esse regime. O que há de essencial é a defesa da personalidade. Mas as leis contentam-se com uma defesa exterior da pessoa, indiferente a valores, de modo que é o egoísmo de cada um que é realmente assegurado.

Portanto, a preocupação com a questão não é nova, ainda que, nas últimas décadas, o desenvolvimento tecnológico tenha potencializado os problemas relacionados à privacidade, até então não imaginados, ou seja, são os riscos que acompanham os benefícios do progresso tecnológico.[7]

Como afirma Danilo Doneda:

> (...) A disciplina de proteção de dados pessoais desenvolveu-se a partir da aplicação de determinadas concepções do direito à privacidade e da proteção da pessoa em face do desenvolvimento tecnológico. A própria expressão "proteção de dados" não reflete fielmente seu âmago, pois é resultado de um processo de desenvolvimento do qual participaram diversos interesses em jogo – não são os dados que são protegidos, porém a pessoa à qual tais dados se referem.[8]

---

5. Op. cit., p. 195. Ainda que se corra o risco de parecer repetitivo, não se pode deixar de citar a reflexão apresentada pelos autores, com traços de atualidade, no mínimo, surpreendentes: "The intensity and complexity of life, attendant upon advancing civilization, have rendered necessary some retreat from the world, and man, under the refining influence of culture, has become more sensitive to publicity, so that solitude and privacy have become more essential to the individual ; but modern enterprise and invention have, through invasions upon his privacy, subjected him to mental pain and distress, far greater than could be inflicted by mere bodily injury. Nor is the harm wrought by such invasions confined to the suffering of those who may be the subjects of journalistic or other enterprise. In this, as in other branches of commerce, the supply creates the demand. Each crop of unseemly gossip, thus harvested, becomes the seed of more, and, in direct proportion to its circulation, results in the lowering of social standards and of morality. Even gossip apparently harmless, when widely and persistently circulated, is potent for evil. It both belittles and perverts. It belittles by inverting the relative importance of things, thus dwarfing the thoughts and aspirations of a people. When personal gossip attains the dignity of print, and crowds the space available for matters of real interest to the community, what wonder that the ignorant and thoughtless mistake its relative importance. Easy of comprehension, appealing to that weak side of human nature which is never wholly cast down by the misfortunes and frailties of our neighbors, no one can be surprised that it usurps the place of interest in brains capable of other things. Triviality destroys at once robustness of thought and delicacy of feeling. No enthusiasm can flourish, no generous impulse can survive under its blighting influence." (Op. cit., p. 196).
6. ASCENSÃO, José de Oliveira. Criminalidade informática. In: *Direito da sociedade da informação*. V. II. Coimbra: Coimbra Editora, 2001, pp. 210-211.
7. PARENTONI, Leonardo. O Direito ao Esquecimento (Right to Oblivion). In: DE LUCCA, Newton; SIMÃO FILHO, Adalberto; LIMA, Cíntia Rosa Pereira de (Coords.). *Direito & Internet III*. Tomo I. São Paulo: Quartier Latin, 2015, pp. 539-618, p. 540.
8. DONEDA, Danilo. Um código para a proteção de dados pessoais na Itália. *Revista Trimestral de Direito Civil*, Rio de Janeiro, ano 4, n. 16, out./dez. 2003, p. 118.

A questão da proteção à privacidade e ao titular dos dados pessoais foi posta em relevo por José Afonso da Silva, que já alertava para os reflexos do desenvolvimento do que chamara "complexa rede de fichários eletrônicos" sobre dados pessoais, como ameaça poderosa à privacidade das pessoas, na medida em que a partir desses dados seria possível um verdadeiro "processo de esquadrinhamento das pessoas" que teriam sua individualidade devassada, sobretudo com a possibilidade de formação de grandes bancos de dados a desvendar sua vida, sem sua autorização e mesmo sem seu conhecimento.[9]

O grande potencial de dano dessas informações em relação à privacidade dos indivíduos, sobretudo quando organizadas em bancos de dados, é reconhecido há algum tempo, como atestava o relatório intitulado "Records, computers and the rights of citizens", divulgado pelo governo estadunidense, em julho de 1973, que tratava dessas questões e sugeria a adoção de um código deontológico --- "Code of Fair Information Practice"---, contendo cinco elementos essenciais: 1º) não deve haver sistemas de coleta e manutenção de dados cuja própria existência seja secreta; 2º) deve haver um meio de um indivíduo conhecer quais informações a seu respeito existem em um banco de dados e como elas são utilizadas; 3º) deve haver uma maneira de um indivíduo impedir que informações a seu respeito, obtidas para uma determinada finalidade, sejam disponibilizadas ou utilizadas para outra finalidade, sem o seu consentimento; 4º) deve haver um meio de um indivíduo corrigir ou alterar um registro de informações a seu respeito; e 5º) qualquer organização que crie, mantenha, utilize ou dissemine registros de dados pessoais que permitam a identificação de alguém deve assegurar a confiabilidade dos dados para o seu uso previsto e deve tomar precauções para impedir o mau uso desses dados.[10]

Como afirma Marcel Leonardi, o referido Relatório guarda atualidade, não obstante emitido em 1973, pois as preocupações em torno da utilização de bancos de dados e de cadastros se mantiveram as mesmas. Assim, os grandes problemas envolvendo proteção de dados pessoais continuam sendo o excesso de informações e os equívocos decorrentes; a utilização de dados para propósitos distintos aos inicialmente autorizados; o acesso facilitado a dados pessoais e sensíveis, até mesmo por meios ilegais, entre outros.[11]

É evidente que o salto nesse risco potencial surge exatamente com o desenvolvimento de mecanismos de armazenamento de dados eletrônicos. A questão, portanto, muito além da disponibilização pública de dados, já existente há muito tempo, é a facilidade de sua coleta, e o uso e o abuso por parte do detentor da informação.[12]

Como bem destacou Stefano Rodotà, a novidade fundamental introduzida pelos computadores foi justamente a transformação da informação, antes dispersa, e que se tornou organizada.[13]

---

9. SILVA, José Afonso da. *Curso de direito constitucional positivo*. 29ª ed. São Paulo: Malheiros, 2008, pp. 209-210.
10. U.S. Department of Health, Education & Welfare. *Records, computers and the rights of citizens. Report of the Secretary's Advisory Committee on Automated Personal Data Systems*. USA: OHEW Publication, July, 1973, pp. XX-XXI. Disponível em https://www.justice.gov/opcl/docs/rec-com-rights.pdf. Acesso em 1.10.18.
11. LEONARDI, Marcel. Marco Civil da Internet e Proteção de Dados Pessoais. In: DE LUCCA, Newton; SIMÃO FILHO, Adalberto; LIMA, Cíntia Rosa Pereira de (Coords.). *Direito & Internet III*. São Paulo: Quartier Latin, 2015, pp. 517-537, p. 521. t. I.
12. Op. cit., 522.
13. RODOTÀ, Stefano. *Elaboratori elettronici e controllo sociale*. Bologna: Il Mulino, 1973, p. 14. Nessa mesma obra, escreveu esse autor peninsular: "Cada um dos dados, considerado em si, pode ser pouco ou nada significativo: ou

Como se pôde perceber, são velhas questões, cujo potencial lesivo decorre justamente do aprimoramento da forma de organização das informações, por meio de bancos de dados eletrônicos, a demandar novas soluções, todas voltadas à inexorável proteção dos dados pessoais.

Nesse cenário, surgem indagações sobre a necessidade ou não de uma lei de proteção de dados pessoais, assim como qual a melhor forma jurídica para enformar essa proteção. Na mesma linha, a abrangência da proteção dos dados pessoais, ou seja, se deveria ser estendida também à pessoa jurídica, e a necessidade de uma autoridade de garantia para a efetiva proteção de dados pessoais são indagações recorrentes.

Todas essas questões são tratadas ou ao menos debatidas em ordenações jurídicas ao redor do mundo, parecendo relevante para o presente estudo apresentar as diferenças entre o que se convencionará chamar de sistemas europeu e estadunidense em matéria de proteção de dados pessoais.

3. PRINCIPAIS CARACTERÍSTICAS DOS MODELOS EUROPEU E ESTADUNIDENSE DE PROTEÇÃO DE DADOS E AS LIÇÕES PARA O BRASIL[14]

A União Europeia, a partir dos anos 60, iniciou estudos e trabalhos sobre proteção de dados pessoais, destacando-se, nesse aspecto, documentos formulados por organismos supranacionais como as "Guidelines on the protection of privacy and transborder flows of personal data" da OCDE, editada em 1980 e, no ano seguinte, a celebração da Convenção sobre proteção de dados pessoais, denominada Convenção n. 108, que em 2001 teve acrescidas ao seu texto regras sobre a circulação transfronteiriça de dados pessoais entre países membros da União Europeia e países não participantes do bloco.[15]

Em 1995 foi, então, editada a Diretiva 46 do Parlamento e do Conselho Europeu para disciplinar a proteção dos dados pessoais, cujos 71 considerandos expõem o objetivo de fomentar relações mais próximas entre os Estados que pertencem à Comunidade, assegurar o progresso econômico e social, permitida a livre circulação dos dados pessoais, com respeito às liberdades e aos direitos fundamentais das pessoas independentemente da sua nacionalidade ou da sua residência, especialmente a vida privada.[16]

O artigo 2º da Diretiva 95/46/CE estabelece a seguinte definição para dados pessoais:

---

melhor, pouco ou nada diz além da questão específica a que diretamente se refere. No momento em que se torna possível conhecer e relacionar toda a massa de informações relativas a uma determinada pessoa, do cruzamento dessas relações surge o perfil completo do sujeito considerado, que permite sua avaliação e seu controle por parte de quem dispõe do meio idôneo para efetuar tais operações" (Op. cit., pp.14-15).

14. Item publicado em DE LUCCA, Newton; DEZEM, Renata Mota Maciel. A Lei n. 13.709, de 14 de agosto de 2018: a disciplina jurídica que faltava. In: DE LUCCA, Newton; SIMÃO FILHO, Adalberto; LIMA, Cíntia Rosa Pereira de; MACIEL, Renata Mota (Coords.). Direito & Internet IV: Sistema de Proteção de dados Pessoais. São Paulo: Quartier Latin, 2019, pp. 21-50.

15. LIMA, Cíntia Rosa Pereira de. A imprescindibilidade de uma entidade de garantia para a efetiva proteção de dados pessoais no cenário futuro do Brasil. Tese de Livre-Docência apresentada à Faculdade de Direito de Ribeirão Preto da Universidade de São Paulo. Ribeirão Preto: Universidade de São Paulo, 2015, pp. 145-146.

16. Cf. Diretiva 95/46/CE. Disponível em https://eur-lex.europa.eu/legal-content/pt/TXT/?uri=CELEX%3A31995L0046. Acesso em 8.10.2018.

Qualquer informação relativa a uma pessoa singular identificada ou identificável ("pessoa em causa"); é considerado identificável todo aquele que possa ser identificado, direta ou indiretamente, nomeadamente por referência a um número de identificação ou a um ou mais elementos específicos da sua identidade física, fisiológica, psíquica, econômica, cultural ou social.

O Parlamento e o Conselho Europeu aprovaram em 2002 a Diretiva 58, relativa ao tratamento dos dados pessoais e à proteção da privacidade no contexto das comunicações eletrônicas, como reforço à Diretiva 95/46/CE, que ficou conhecida como "ePrivacy Directive".

Como destaca Cíntia Rosa Pereira de Lima[17]:

> A *ePrivacy Directive* foi uma resposta à economia informacional acima destacada, na medida em que impõe limites à coleta, armazenamento e utilização de dados pessoais no contexto das comunicações eletrônicas, independentemente da tecnologia utilizada. Assim, essa Diretiva traz como seu objetivo principal reduzir ao mínimo o tratamento de dados pessoais e de utilizar, quando necessário, mecanismos que assegurem o anonimato do usuário (*Considerando 9*).

A Diretiva 2009/136/EC acrescentou à Diretiva 2002/58/CE regras sobre serviços universais de comunicação e as redes sociais, destacando-se a exigência de consentimento expresso do indivíduo para o armazenamento das informações e o direito de retirá-lo quando quiser. Além disso, a Diretiva 2009/136/EC regulamentou o uso de *cookies*, tanto que ficou conhecida como "Cookie Directive".[18]

Com o passar do tempo a Diretiva 95/46/CE já não apresentava respostas às constantes inovações tecnológicas, passando a demandar revisão da legislação europeia sobre proteção de dados pessoais, como bem ilustra o Parecer emitido pelo Supervisor Europeu para a Proteção de Dados, publicado no ano de 2011, a partir do Comunicado 2011/C 181/01, no qual apresentou uma abordagem global do tema na União Europeia, recomendando a adoção de novas normas, mais abrangentes e voltadas à padronização da proteção de dados pessoais.[19]

Instauravam-se rodadas de importantes debates e negociações, que culminaram na edição do Regulamento (UE) 2016/679 do Parlamento Europeu e do Conselho, de 27 de abril de 2016, conhecido como Regulamento Geral sobre a Proteção de Dados ("General Data Protection Regulation" – GDPR), que entrou em vigor em 25 de maio de 2018.[20]

Em síntese, o GDPR apresenta regras ainda mais abrangentes sobre a proteção de dados, com destaque para dispositivos que garantem a proteção aos usuários de internet e asseguram aos titulares maior controle sobre seus dados. Nessa esteira, são impostas obrigações aos órgãos nacionais de proteção de dados, assim como às instituições que atuam com o processamento de dados pessoais.

---

17. Op. cit., pp. 153-154.
18. Op. cit., p. 157.
19. Comunicado 2011/C 181/01. Disponível em https://edps.europa.eu/data-protection/our-work/publications/opinions/comprehensive-approach-personal-data-protection_en. Acessado em 8.10.18.
20. Regulamento (UE) 2016/679. Disponível em https://eur-lex.europa.eu/legal-content/PT/ALL/?uri=celex%3A32016R0679. Acesso em 08 out. 2018.

O modelo europeu, portanto, adota solução regulatória, a partir de Diretivas, e agora o Regulamento (UE) 2016/679, que contém regramento básico sobre proteção de dados para os países do bloco.

Em contrapartida, o modelo estadunidense de proteção de dados optou pelo sistema de autorregulação pelo setor privado, de modo que não há lei específica relacionada ao tema, seja em âmbito federal ou estadual. Os Estados, por sua vez, preferem a regulação de proteção de dados de forma setorial, por exemplo, como a lei sobre dados sanitários – "Health Insurance Portability and Accountability Act – HIPAA" de 1996; e a lei sobre ensino – "Family Educational Rights and Privacy Act – FERPA" de 1974, entre outras.[21]

Danilo Doneda sustenta, por sua vez:[22]

> Não é possível reconhecer, no direito norte-americano, uma unidade no *right to privacy*. Apesar da demanda pela proteção da privacidade ter surgido naturalmente e organicamente como um aspecto evolutivo natural do ordenamento, esta terminologia foi utilizada para diversas funções, algumas delas bastante diferentes entre si, a ponto de ter se tornado muito difícil reunir todas as suas manifestações em torno de um centro nuclear.

Esse mesmo autor destaca, entre as principais leis norte-americanas que regulam a matéria, o FCRA (*Fair Credit Reporting Act*) – que estabeleceu obrigações de segredo e correção para dados financeiros de consumidores tratados por operadores de cadastros de crédito de consumo – e o *Privacy Act* (1974), a primeira lei estadunidense a reconhecer um *general right of privacy*, embora com eficácia limitada, aplicando-se somente aos dados armazenados nas agências federais acerca dos cidadãos. Mais tarde, como igualmente lembra o autor, em 1986, foi editado o *Electronic Communications Privacy Act* (EPCA), que estabelece sanções civis e penais para a interceptação de comunicações eletrônicas.[23]

Em um contexto globalizado, não é difícil imaginar o descompasso entre dois modelos tão díspares no tratamento da proteção dados pessoais, enquanto o fluxo de informações e de dados entre os países da União Europeia e os Estados Unidos da América é constante.

Miguel Asensio destaca o significativo contraste entre o desenvolvimento legislativo em matéria de proteção de dados na Europa em relação à situação vigente nos Estados Unidos da América, onde prevalece, em geral, uma ausência de intervenção legislativa sobre o tema, em face da autorregulação imperante, favorecendo o interesse dos fornecedores no sentido da livre transmissão de informações, em detrimento do direito à privacidade e suas implicações sociais.[24]

Em razão disso, em novembro de 1998, o Departamento de Comércio dos Estados Unidos da América celebrou com a Comissão da União Europeia o acordo denominado "Safe Harbor", o qual impôs que empresas estadunidenses se adequassem a alguns princípios previstos nas regras do modelo europeu sobre proteção de dados pessoais.

---

21. LIMA, Cíntia Rosa Pereira de. A imprescindibilidade de uma entidade de garantia para a efetiva proteção de dados pessoais no cenário futuro do Brasil. *Tese de Livre-Docência apresentada à Faculdade de Direito de Ribeirão Preto da Universidade de São Paulo*. Ribeirão Preto: Universidade de São Paulo, 2015, p. 181.
22. DONEDA, Danilo. *Da privacidade à proteção de dados pessoais*. Rio de Janeiro: Renovar, 2006, pp. 271-272.
23. Op. cit.
24. MIGUEL ASENSIO, Pedro Alberto de. *Derecho Privado de Internet*. 2. ed. Madrid: Civitas, 2001, p. 503.

No entanto, esse modelo só foi reconhecido pela Comissão da União Europeia no ano de 2000, por meio da decisão 2000/520/CE.[25]

Infelizmente, a solução não se apresentou completamente eficiente, como destaca Cíntia Rosa Pereira de Lima:[26]

> Em face da inexistência de legislação e de um órgão específico para desempenhar esta missão, a doutrina já tinha antecipado a fragilidade deste modelo regulatório de proteção dos dados pessoais e da privacidade. Isso foi confirmado em outubro de 2015, através da Decisão do Tribunal de Justiça Europeu que declarou inválida a antiga decisão 2000/520/CE (que autorizava a transferência de dados de europeus para empresas norte americanas).

> Essa decisão originou-se em uma reclamação (Caso C362/14) feita por um sueco que questionava a transferência de seus dados para o *Facebook* (empresa sediada nos Estados Unidos) por esta não oferecer um nível adequado de proteção, na medida em que o país não tem um órgão como as agências europeias de controle e garantia da proteção dos dados pessoais e da privacidade, o que não garante que os princípios dispostos no *Safe Harbor* são, efetivamente, aplicados e seguidos. O Tribunal de Justiça Europeu, entre outros argumentos, concluiu que a Comissão europeia não poderia mitigar as atribuições das agências de garantia de cada país, que tem a competência de avaliar o nível do país terceiro destinatário dos dados pessoais, e que o *Safe Harbor* por si só não supre tal análise.

A comparação entre os modelos europeu e estadunidense não permite afirmar a eficiência de um ou de outro modelo, sem o risco de pretensiosa tentativa, sobretudo porque estruturas de regulação em sentido amplo dependem do histórico, da tradição e do nível de maturidade dos debates nos países envolvidos.

Nesse sentido, a solução para problemas como a necessidade ou não de uma autoridade garantidora de proteção de dados será apresentada de forma bastante diversa, a depender do modelo adotado, como se viu das experiências europeia e estadunidense.

Sem nenhuma dúvida, ambos os modelos podem apresentar lições para o Brasil, na medida em que neste país o tema foi regulado de forma específica apenas recentemente, com a edição da Lei n. 13.709/2018, não sem diversas críticas e debates, especialmente diante do veto presidencial à criação da chamada Autoridade Nacional de Proteção de Dados – ANPD.

Ainda que se tenha inspirado no modelo europeu, o modelo adotado pelo Brasil a partir da Lei n. 13.709/2018 apresenta diferenças substanciais, o que não parece novidade para aqueles que acompanharam a tramitação dos projetos de lei e os debates em torno do tema.

Rafael A. F. Zanatta, mesmo antes da edição da Lei de 2018, já apontava o acalorado debate sobre o tema:[27]

---

25. LIMA, Cíntia Rosa Pereira de. A imprescindibilidade de uma entidade de garantia para a efetiva proteção de dados pessoais no cenário futuro do Brasil. *Tese de Livre-Docência apresentada à Faculdade de Direito de Ribeirão Preto da Universidade de São Paulo.* Ribeirão Preto: Universidade de São Paulo, 2015, pp. 183-184.
26. Op. cit., pp. 354-355.
27. ZANATTA, Rafael A. F. A proteção de dados pessoais entre leis, códigos e programação: os limites do Marco Civil da Internet. In: DE LUCCA, Newton; SIMÃO FILHO, Adalberto; LIMA, Cíntia Rosa Pereira de (Coords.). *Direito & Internet III*. Tomo I. São Paulo: Quartier Latin, 2015, pp. 447-470, p. 462.

Percebe-se, assim, uma tentativa de criação de um regime regulatório diferente do europeu, mais pautado na autorregulação e na redução do papel da autoridade administrativa. Isso pode sugerir uma desconfiança por parte do setor privado com relação ao governo e suas autoridades administrativas. Parece não haver consenso para criação do modelo de corregulação – onde o Estado estimularia a produção de código de conduta pelo setor privado, validando tais regras e tornando-as vinculativas após a verificação de compatibilidade de seu conteúdo com a lei geral de proteção de dados pessoais.

No mesmo sentido, Cíntia Rosa Pereira de Lima, após aprofundado estudo do tema em sua tese de livre docência:[28]

> Concluímos, portanto, que é imprescindível a criação de um órgão de controle para a completa proteção dos dados pessoais, como o próprio APL/PD deixa claro ao trazer várias atribuições a este órgão. Em outras palavras, uma lei de proteção de dados pessoais, sem a criação deste órgão será inócua e ineficiente.
>
> O problema, contudo, é político e financeiro, ou seja, como se criar um órgão de controle com poder regulatório, fiscalizatório, decisório e sancionatório sem representar gastos para o Estado? Esta tese concentra-se na área de Direito Privado, não é objetivo, portanto, ingressar em temas como agências reguladoras. No entanto, nos parece que a solução mais adequada seria a criação deste órgão, com plena independência, para que possa cumprir as atribuições previstas em lei, bem como outras que forem necessárias.

As palavras do saudoso E. Ministro do STJ, Ruy Rosado de Aguiar, no já distante 1995, por certo, não perdem atualidade:[29]

> A inserção de dados pessoais do cidadão em bancos de informações tem se constituído em uma das preocupações do Estado moderno, onde o uso da informática e a possibilidade de controle unificado das diversas atividades da pessoa, nas múltiplas situações de vida, permitem o conhecimento de sua conduta pública e privada, até nos mínimos detalhes, podendo chegar à devassa de atos pessoais, invadindo área que deveria ficar restrita à sua intimidade; ao mesmo tempo, o cidadão objeto dessa indiscriminada colheita de informações, muitas vezes, sequer sabe da existência de tal atividade, ou não dispõe de eficazes meios para conhecer o seu resultado, retificá-lo ou cancelá-lo. E assim como o conjunto dessas informações pode ser usado para fins lícitos, públicos ou privados, na prevenção ou repressão de delitos, ou habilitando o particular a celebrar contratos com pleno conhecimento de causa, também pode servir, ao Estado ou ao particular, para alcançar fins contrários à moral ou ao Direito, como instrumento de perseguição política ou opressão econômica. A importância do tema cresce de ponto quando se observa o número imenso de atos da vida humana praticados através da mídia eletrônica ou registrados nos disquetes de computador.
>
> (...)
>
> A importância do tema cresce de pronto quando se observa o número imenso de atos da vida humana praticados através da mídia eletrônica ou registrados nos disquetes de computador. Nos países mais adiantados, algumas providências já foram adotadas. Na Alemanha, por exemplo, a questão está posta no nível das garantias fundamentais, com o direito de autodeterminação informacional (o cidadão tem o direito de saber quem sabe o que sobre ele), além da instituição de órgãos independentes, à semelhança do ombudsman, com poderes para fiscalizar o registro de dados informatizados, pelos órgãos públicos e privados, para garantia dos limites permitidos na legislação.

---

28. LIMA, Cíntia Rosa Pereira de. A imprescindibilidade de uma entidade de garantia para a efetiva proteção de dados pessoais no cenário futuro do Brasil. *Tese de Livre-Docência apresentada à Faculdade de Direito de Ribeirão Preto da Universidade de São Paulo*. Ribeirão Preto: Universidade de São Paulo, 2015, pp. 400-401.
29. Superior Tribunal de Justiça, 4.ª T., REsp 22.337-8-RS, rel. Min. Ruy Rosado de Aguiar, j. 13.02.1995.

O desafio brasileiro, portanto, foi apenas iniciado com a edição da Lei n. 13.709/2018, ainda que se reconheça esse primeiro passo rumo à eficiente proteção de dados pessoais no País.

4. A EFETIVIDADE DA LEI 13.709/2018 PARA A PROTEÇÃO DE DADOS

A proteção de dados pessoais, como já afirmado, não constitui preocupação exclusiva do século XXI, exatamente porque há muito as ordenações jurídicas estabelecem regras voltadas à garantia da privacidade dos indivíduos.

Ao mesmo tempo em que se trata de problema antigo, as soluções vêm sendo aperfeiçoadas, sobretudo a partir das possibilidades surgidas com o avanço da tecnologia em matéria de coleta, tratamento e uso de dados, constituindo-se sua regulação o grande desafio da atualidade.

Não parece haver dúvida de que a promulgação da Lei n. 13.709/2018 (LGPD) buscou tornar mais eficiente a ordenação jurídica voltada à proteção de dados no Brasil; no entanto, a questão é extrair de seus dispositivos a efetividade esperada, principalmente diante das constantes e progressivas alterações tecnológicas e dos modelos de negócio que envolvem a coleta, o tratamento e o uso de dados pessoais.

A LGPD, como se sabe, ainda está na *vacatio legis*, o que não impede que se verifique, a partir dos seus dispositivos, alterações que, efetivamente, permitirão o aprimoramento da proteção de dados pessoais no Brasil e, o que talvez seja mais relevante, certa estabilidade esperada, a fim de atender aos desafios decorrentes da constante evolução tecnológica.

O primeiro desafio à efetividade da proteção de dados a partir da nova lei está exatamente na própria definição do que seja dado pessoal.

O primeiro artigo da lei, nos termos do que exige a Lei Complementar n. 95/1998[30], indica o objeto da lei e o respectivo âmbito de aplicação, ou seja, dispõe sobre o tratamento de dados pessoais, inclusive nos meios digitais, por pessoa natural ou por pessoa jurídica de direito público ou privado, com o objetivo de proteger os direitos fundamentais de liberdade e de privacidade e o livre desenvolvimento da personalidade da pessoa natural.

É notório que o conceito de dado pessoal deveria estar disposto em uma lei que se propusesse a regular a proteção de dados pessoais, e foi o que ocorreu no inciso I do artigo 5º, ao declarar: "dado pessoal: informação relacionada a pessoa natural identificada ou identificável".

É interessante notar que o referido conceito sofreu severas abreviações ao longo do tempo em que tramitaram os projetos de lei sobre o tema.

Assim, percebe-se no Anteprojeto de Lei sobre Proteção de Dados de 2011, em seu artigo 4º, I, o seguinte conceito: "dado pessoal: qualquer informação relativa a uma pessoa determinada ou identificável, direta ou indiretamente, incluindo todo endereço

---

30. Lei Complementar que dispõe sobre a elaboração, a redação, a alteração e a consolidação das leis, conforme determina o parágrafo único do art. 59 da Constituição Federal, e estabelece normas para a consolidação dos atos normativos que menciona.

ou número de identificação de um terminal utilizado para conexão a uma rede de computadores".

No Anteprojeto de Lei sobre Proteção de Dados de 2015 – 1ª versão, o artigo 5, I, dispunha: "dado pessoal: dado relacionado à pessoa natural determinada ou determinável, inclusive a partir de números identificativos, dados locacionais ou identificadores eletrônicos". Já na segunda versão: "dado pessoal: dado relacionado à pessoa natural determinada ou determinável, inclusive números identificativos, dados locacionais ou identificadores eletrônicos, quando estes estiverem relacionados a uma pessoa".

Já o Projeto de Lei do Senado n. 330, de 2013, apresentava o seguinte conceito inicialmente: "dado pessoal: toda informação, de qualquer natureza e independentemente do respectivo suporte, passível de ser armazenada, processada ou transmitida, relativa a pessoas identificadas ou identificáveis".

Com a emenda 31 – CCT/CMA, o conceito foi alterado, nos seguintes termos: "dado pessoal: qualquer informação referente a pessoa natural identificável ou identificada". O referido texto acabou prevalecendo, ainda que com algumas poucas alterações de redação, no entanto, sem influenciar seu conteúdo.

A importância de um conceito claro para dados pessoais, e definido em lei, já era destacada por Marcel Leonardi, ainda ao tempo da entrada em vigor do Marco Civil da Internet, diante do silêncio daquela lei sobre o assunto:[31]

> Não é possível ter certeza de quais dados podem ser tratados e utilizados livremente, quais situações exigem ao menos consentimento tácito, nem quais dados exigiriam consentimento livre, expresso e informado para seu tratamento e utilização comercial.
>
> Essa lacuna legal é um grave problema pois, como se sabe, é a publicidade dirigida, possibilitada pelo tratamento de dados de usuários – pessoais ou não – que sustenta o ecossistema de serviços e de informações gratuitas online. Outros modelos de negócio – assinaturas, micropagamentos, sites fechados – não fizeram o mesmo sucesso perante a esmagadora maioria dos usuários, acostumados com "tudo grátis" online. Entre pagar uma pequena quantia por acesso, por dia ou por mês ou ceder dados pessoais, quase todos preferem pagar com seus dados.

A crítica que se faz ao conceito constante do artigo 5º da Lei n. 11.709/2018 é a restrição à proteção de dados pessoais apenas de pessoa natural, quando sustentar a proteção de dados pessoais das pessoas jurídicas não se referiria à identidade fisiológica nem psíquica, a justificar a restrição.

Como sustenta Cíntia Rosa Pereira de Lima:[32]

> As pessoas jurídicas também podem ser identificáveis por meios diretos, posto que possuem nome, e indiretos, como dados sociais, econômicos, culturais ou sociais, além de outros meios como números de identificação (e.g. CNPJ), o que permite um início de construção no sentido de proteger seus dados pessoais.

---

31. LEONARDI, Marcel. Marco Civil da Internet e Proteção de Dados Pessoais. In: DE LUCCA, Newton; SIMÃO FILHO, Adalberto; LIMA, Cíntia Rosa Pereira de (Coords.). *Direito & Internet III*. São Paulo: Quartier Latin, 2015, pp. 517-537, p. 528. t. I.
32. Op. cit., p. 107.

Seja como for, é interessante observar que o conceito apresentado no Regulamento (UE) 2016/679 também restringe o conceito de dados pessoais às pessoas naturais, conforme definição constante do artigo 4º, "1":

> «Dados pessoais», informação relativa a uma pessoa singular identificada ou identificável («titular dos dados»); é considerada identificável uma pessoa singular que possa ser identificada, direta ou indiretamente, em especial por referência a um identificador, como por exemplo um nome, um número de identificação, dados de localização, identificadores por via eletrónica ou a um ou mais elementos específicos da identidade física, fisiológica, genética, mental, económica, cultural ou social dessa pessoa singular;

Cíntia Rosa Pereira de Lima, por sua vez, sugere o seguinte conceito para dados pessoais:[33]

> São quaisquer informações que digam respeito a uma pessoa determinada ou determinável e que se refiram particularmente a um número de identificação, ou outros elementos que revelem sua identidade física, fisiológica, psíquica, econômica, cultural ou social.

Esse conceito, por certo, resolveria a crítica quanto à restrição da proteção às pessoas naturais, que não se sustenta no cenário atual em que os meios tecnológicos são instrumentos para o desenvolvimento como um todo, incluídas nessa ideia não apenas as pessoas naturais, como também as jurídicas.[34]

No artigo 7º da LGPD, por sua vez, são apresentadas hipóteses que autorizam o tratamento de dados pessoais, o que ocorrerá mediante o fornecimento de consentimento pelo titular ou nas demais hipóteses constantes do referido artigo.

Chama a atenção que nos incisos do referido artigo 7º constam pelo menos duas hipóteses que talvez possam gerar alguma dúvida acerca da efetividade da proteção de dados a partir da LGPD.

No inciso IV consta a possibilidade de tratamento de dados "para a realização de estudos por órgão de pesquisa, garantida, sempre que possível, a anonimização dos dados pessoais", do que se poderia indagar se, efetivamente, não seria necessária a coleta do consentimento do titular, sobretudo nas hipóteses que em não seja possível a anonimização dos dados pessoais.[35]

Da mesma forma, a partir do inciso VIII seria possível o tratamento de dados "para a tutela da saúde, exclusivamente, em procedimento realizado por profissionais de saúde, serviços de saúde ou autoridade sanitária". O conceito de "tutela da saúde" parece muito amplo, de modo que pode constituir entrave à proteção de dados, sobretudo consideran-

---

33. Op. cit., p. 107.
34. Cf. DE LUCCA, Newton; DEZEM, Renata Mota Maciel. A proteção de dados pessoais no Brasil a partir da Lei n. 13.709/2018: avanço ou retrocesso? In: JORGE, André Guilherme Lemos; ADEODATO, João Maurício; DEZEM, Renata Mota Maciel Madeira (Coords.). Direito empresarial: estruturas e regulação. v. 2. São Paulo: Uninove, 2018, pp. 255-276.
35. Para uma ampla investigação sobre a possibilidade de anonimização de dados pessoais, ver, sobretudo, o aprofundado estudo de Guilherme Magalhães Martins e José Luiz de Moura Faleiros Júnior, intitulado "A Anonimização de Dados Pessoais: Consequências Jurídicas do Processo de Reversão, a Importância da Entropia e sua Tutela à Luz da Lei Geral de Proteção de Dados", in DE LUCCA, Newton; SIMÃO FILHO, Adalberto; LIMA, Cíntia Rosa Pereira de; MACIEL, Renata Mota (Coords.). Direito & Internet IV. São Paulo: Quartier Latin, 2019, pp. 51-80.

do-se o grande interesse em dados acerca dos hábitos de vida das pessoas por empresas que atuam no ramo de produção e circulação de produtos voltados à saúde, como medicamentos, além dos prestadores de serviços de seguro saúde ou de serviços médicos.

Ainda que o artigo 11, § 5º, da LGPD, disponha ser vedado às operadoras de planos privados de assistência à saúde o tratamento de dados de saúde para a prática de seleção de riscos na contratação de qualquer modalidade, assim como na contratação e exclusão de beneficiários, o grande desafio será conformar estas regras aos cálculos atuariais, típicos e já há muito consolidados na atividade empresarial securitária. Parece difícil imaginar que o mencionado artigo possa impedir a organização das estratégias empresariais de empresas de seguro saúde, as quais, como é cediço, desenvolvem suas atividades a partir de análises de risco e de probabilidade de sinistros.

Ainda mais crítico é o teor do inciso IX, ao autorizar o tratamento de dados "quando necessário para atender aos interesses legítimos do controlador ou de terceiro, exceto no caso de prevalecerem direitos e liberdades fundamentais do titular que exijam a proteção dos dados pessoais". A grande questão que se refletirá na efetividade da proteção de dados nesta hipótese é exatamente saber qual é a extensão da ideia de "interesse legítimo do controlador ou de terceiro" apta a prevalecer sobre a proteção de dados pessoais.

Outra indagação a envolver a efetividade da proteção de dados consta do 4º do mesmo artigo 7º, ao dispor que "é dispensada a exigência do consentimento previsto no *caput* deste artigo para os dados tornados manifestamente públicos pelo titular, resguardados os direitos do titular e os princípios previstos nesta Lei."

Nesse sentido, na hipótese em que os termos de uso de determinada ferramenta tecnológica contenha o consentimento do titular para que "os dados coletados durante seu uso sejam tornados manifestamente públicos", indaga-se se estaria autorizado o tratamento amplo e irrestrito dos dados, por força do aludido dispositivo, ainda que com menção ao resguardo dos direitos do titular e dos princípios previstos na LGPD.

A resposta poderia estar no parágrafo subsequente do mesmo artigo, ao dispor que "o controlador que obteve o consentimento citado no inciso I do *caput* deste artigo que necessitar comunicar ou compartilhar dados pessoais com outros controladores deverá obter consentimento específico do titular para esse fim, ressalvadas as hipóteses de dispensa do consentimento previstas nesta Lei".

No entanto, a ressalva final, como se vê, dá margem à dispensa do consentimento em tal hipótese.

Melhor sorte não socorre a proteção de dados pessoais com base no § 7º do mesmo artigo, quando dispõe que "o tratamento posterior dos dados pessoais a que se referem os §§ 3º e 4º deste artigo poderá ser realizado para novas finalidades, desde que observados os propósitos legítimos e específicos para o novo tratamento e a preservação dos direitos do titular, assim como os fundamentos e os princípios previstos nesta Lei".

A extração do que sejam propósitos legítimos e específicos parece muito ampla, assim como a menção à preservação dos direitos do titular dos dados não contém a esperada efetividade para o caso.

Não se perca de vista que a grande maioria dos modelos de negócio na atualidade estão voltados ao domínio sobre a coleta, o uso e o tratamento de dados pessoais, tanto que a cada dia o ativo substancial das empresas é constituído pelos dados pessoais de seus clientes ou parceiros.

Portanto, é difícil imaginar que o mercado observe um dispositivo de natureza genérica, sem que haja uma regulação específica a guiar o desenvolvimento da atividade empresarial, destacando-se que o disposto no artigo 10 da LGPD não parece resolver a questão da efetividade da proteção de dados.

O artigo 8º da LGPD trata do consentimento do titular dos dados pessoais, questão que já era tratada pela ordenação jurídica, ainda que de forma mais geral, antes da vigência da referida lei.

De qualquer forma, mesmo sem adentrar as questões que envolvem a própria noção de consentimento no ambiente do espaço virtual, chama a atenção o disposto no 4º do artigo 8º, que exige que o consentimento se refira a finalidades determinadas e que as autorizações genéricas para o tratamento de dados pessoais sejam nulas.

A indagação é se, de fato, seria possível colher o consentimento para finalidades determinadas, principalmente em certos modelos de negócio desenvolvidos a partir da coleta, do uso e do tratamento de dados pessoais, ao passo que ainda mais grave, sob o prisma da efetividade da proteção de dados a partir da LGPD, é esclarecer em que medida o titular dos dados poderá ter "acesso facilitado às informações sobre o tratamento de seus dados".

Nesse aspecto, o artigo 9º da LGPD dispõe:

> Art. 9º O titular tem direito ao acesso facilitado às informações sobre o tratamento de seus dados, que deverão ser disponibilizadas de forma clara, adequada e ostensiva acerca de, entre outras características previstas em regulamentação para o atendimento do princípio do livre acesso:
>
> I - finalidade específica do tratamento;
>
> II - forma e duração do tratamento, observados os segredos comercial e industrial;
>
> III - identificação do controlador;
>
> IV - informações de contato do controlador;
>
> V - informações acerca do uso compartilhado de dados pelo controlador e a finalidade;
>
> VI - responsabilidades dos agentes que realizarão o tratamento; e
>
> VII - direitos do titular, com menção explícita aos direitos contidos no art. 18 desta Lei.
>
> § 1º Na hipótese em que o consentimento é requerido, esse será considerado nulo caso as informações fornecidas ao titular tenham conteúdo enganoso ou abusivo ou não tenham sido apresentadas previamente com transparência, de forma clara e inequívoca.

§ 2º Na hipótese em que o consentimento é requerido, se houver mudanças da finalidade para o tratamento de dados pessoais não compatíveis com o consentimento original, o controlador deverá informar previamente o titular sobre as mudanças de finalidade, podendo o titular revogar o consentimento, caso discorde das alterações.

§ 3º Quando o tratamento de dados pessoais for condição para o fornecimento de produto ou de serviço ou para o exercício de direito, o titular será informado com destaque sobre esse fato e sobre os meios pelos quais poderá exercer os direitos do titular elencados no art. 18 desta Lei.

Embora o dispositivo tente franquear ao titular dos dados o acesso facilitado às informações sobre o tratamento de seus dados, há o risco de que a ressalva, constante do inciso II, quanto ao segredo comercial e industrial – a qual, obviamente, é adequada e atende ao desenvolvimento da atividade empresarial –, possa ser utilizada de forma abusiva, impedindo o acesso do titular dos dados a essas informações.

A solução para dar efetividade à proteção de dados, novamente, estaria na regulação do fornecimento de tais informações, o que poderia ficar a cargo da autoridade nacional, conforme disposto no § 3º do artigo 10 da LGPD, em que pesem os problemas regulatórios da própria criação do referido órgão.

A propósito da Autoridade Nacional de Proteção de Dados – ANPD, inicialmente houve o veto dos artigos da LGPD que tratavam de sua criação.

Nesse aspecto:

> Assinale-se que o Poder Executivo editou, no dia 28/12/2018, a Medida Provisória 869/2018, que alterou a LGPD, de 14 de agosto de 2018, dispondo sobre a proteção de dados pessoais, criando a Autoridade Nacional de Proteção de Dados, e dando outras providências. Foi a última medida importante tomada pelo então presidente Michel Temer, que houvera estabelecido o veto, não por ser contrário à criação da referida Autoridade Nacional de Proteção de Dados, por ele tida como necessária, mas em razão de ser competência do Poder Executivo, e não do Legislativo, a criação de órgão. As razões do veto presidencial relativas a esse ponto específico foram: "Os dispositivos incorrem em inconstitucionalidade do processo legislativo, por afronta ao artigo 61, § 1º, II, 'e' cumulado com o artigo 37, XIX da Constituição." Tais dispositivos estabelecem, de um lado, ser de competência privativa do Presidente da República a iniciativa de leis que disponham sobre "criação, estruturação e atribuições dos Ministérios e órgãos da administração pública" (artigo 61, § 1º, II, 'e') e, de outro, que "somente por lei específica poderão ser criadas "empresa pública, sociedade de economia mista, autarquia e fundação pública" (art. 37, XIX). Ainda que a cumulação referida nas razões do veto com esse art. 37, XIX, pudesse ser questionada, já que se tratava, no caso, de "lei específica", o fato é que a aplicação do art. 61, § 1º, II, alínea "e", é absolutamente incontroversa, não tendo o Congresso Nacional tentado derrubar o veto do Presidente da República.[36]

Com a edição da Lei n. 13.853/2019, ficou criada a Autoridade Nacional de Proteção de Dados, órgão da administração pública federal, integrante da Presidência da República, porém, por força do artigo 55-A da LGPD, sem aumento de despesa.

Sem embargo da regulamentação acerca da organização do referido órgão, que pode, é verdade, no futuro ser transformado em entidade da administração pública

---

36. DE LUCCA, Newton; MACIEL, Renata Mota. A Lei n. 13.709, de 14 de agosto de 2018: a disciplina normativa que faltava. In: DE LUCCA, Newton; SIMÃO FILHO, Adalberto; LIMA, Cíntia Rosa Pereira de; MACIEL, Renata Mota. (Coords). *Direito & Internet IV*: sistema de proteção de dados pessoais. São Paulo: Quartier Latin, 2019, pp. 21 a 50, especialmente pp. 37-38.

federal indireta, submetida a regime autárquico especial, conforme previsão do § 1º do referido artigo, muitas são as dúvidas que ainda pairam acerca da efetividade da atuação desse órgão.

Sua importância, por outro lado, é evidente, assim como o potencial para dar efetividade à ordenação jurídica brasileira em matéria de proteção de dados pessoais a partir da Lei n. 13.709/18.

O desafio, no entanto, é garantir sua independência e atuação eficiente, na medida em que, por força da LGPD, está vinculada à Presidência da República e não há previsão de dotação orçamentária, primeiros e principais possíveis entraves, sobretudo diante do risco de atuação vinculada à política do Poder Executivo e, o que parece ainda mais grave, à mercê do risco de captura, problema tão conhecido em matéria de regulação.

Nessa breve análise, como seu viu, é possível destacar importantes avanços na edição da Lei n. 13.709/2018, cujos fundamentos, conforme seu artigo 2º, são o respeito à privacidade; a autodeterminação informativa; a liberdade de expressão, de informação, de comunicação e de opinião; a inviolabilidade da intimidade, da honra e da imagem; o desenvolvimento econômico e tecnológico e a inovação; a livre-iniciativa, a livre concorrência e a defesa do consumidor; e os direitos humanos, o livre desenvolvimento da personalidade, a dignidade e o exercício da cidadania pelas pessoas naturais.

A efetividade da Lei n. 13.709/2018 em matéria de proteção de dados pessoais, por sua vez, apresenta alguns desafios, como se viu, não obstante os reconhecidos avanços.

O tempo encarregar-se-á de apontar as necessárias mudanças, sempre com vistas a melhor conformar os "danos colaterais da modernidade líquida", para utilizar as palavras do filósofo polonês Zygmunt Bauman, ao descrever os riscos da fusão entre espaços públicos e privados de maneira a arquitetar uma "sociedade confessional", com graves riscos à liberdade humana.[37]

Para tanto, é preciso superar a infeliz tendência encontrada no meio jurídico, bem apontada por Fabio Konder Comparato, e repetida à exaustão por este coautor, como "a tradição misoneísta dos nossos jurisconsultos que continua a condenar às trevas exteriores toda e qualquer manifestação jurídica que não se enquadre no seu sistema"[38], e que não apenas continua mais atual do que nunca, como terá legitimado a existência dos estudos que culminaram na edição da Lei n. 13.709/2018. O tempo dirá...

---

37. BAUMAN, Zygmunt. *Danos colaterais*: desigualdades sociais numa era global. Tradução de Carlos Alberto Medeiros. Rio de Janeiro: Zahar, 2013, p.108.
38. Cf. O indispensável direito econômico, in *Revista dos Tribunais*, vol. 353, São Paulo: Revista dos Tribunais, p. 14. Seja-me permitido lembrar, a propósito, que o recredenciamento da disciplina da pós-graduação na Faculdade de Direito da Universidade de São Paulo, intitulada direito do espaço virtual, que já houvera sido ministrada com êxito deveras invulgar, desde o ano 2000, só pôde ser aprovada, no âmbito do Departamento de Direito Comercial, alguns anos mais tarde, graças a um novo parecer da lavra da Profª. Paula Forgioni, contrariando inteiramente posição anterior, que optava por lançar "às trevas exteriores" do esquecimento um enorme esforço que fora realizado até então...

REFERÊNCIAS

ASCENSÃO, José de Oliveira. Criminalidade informática. In: *Direito da sociedade da informação*. Coimbra: Coimbra Editora, 2001, pp. 210-211. v. II.

BAUMAN, Zygmunt. *Danos colaterais*; desigualdades sociais numa era global. Tradução de Carlos Alberto Medeiros. Rio de Janeiro: Zahar, 2013.

COMPARATO, Fabio Konder. O indispensável direito econômico, in *Revista dos Tribunais*, v. 353, São Paulo: Revista dos Tribunais.

DE LUCCA, Newton; DEZEM, Renata Mota Maciel. A proteção de dados pessoais no Brasil a partir da Lei n. 13.709/2018: avanço ou retrocesso? *In:* JORGE, André Guilherme Lemos; ADEODATO, João Maurício; DEZEM, Renata Mota Maciel Madeira (Coord.). *Direito empresarial*: estruturas e regulação. Volume 2. São Paulo: Uninove, 2018, pp. 255-276.

DE LUCCA, Newton. A Lei n. 13.709, de 14 de agosto de 2018: a disciplina jurídica que faltava. *In:* DE LUCCA, Newton; SIMÃO FILHO, Adalberto; LIMA, Cíntia Rosa Pereira de; MACIEL, Renata Mota (Coords.). *Direito & Internet IV*: Sistema de Proteção de dados Pessoais. São Paulo: Quartier Latin, 2019, pp. 21-50.

DONEDA, Danilo. Um código para a proteção de dados pessoais na Itália. *Revista Trimestral de Direito Civil*, Rio de Janeiro, ano 4, n. 16, out./dez. 2003.

DONEDA, Danilo. *Da privacidade à proteção de dados pessoais*. Rio de Janeiro: Renovar, 2006.

LEONARDI, Marcel. Marco Civil da Internet e Proteção de Dados Pessoais. In: DE LUCCA, Newton; SIMÃO FILHO, Adalberto; LIMA, Cíntia Rosa Pereira de (Coords.). *Direito & Internet III*. Tomo I. São Paulo: Quartier Latin, 2015, pp. 517-537.

LIMA, Cíntia Rosa Pereira de. A imprescindibilidade de uma entidade de garantia para a efetiva proteção de dados pessoais no cenário futuro do Brasil. *Tese de Livre-Docência apresentada à Faculdade de Direito de Ribeirão Preto da Universidade de São Paulo*. Ribeirão Preto: Universidade de São Paulo, 2015.

MARTINS, Guilherme Magalhães; FALEIROS JUNIOR, José Luiz de Moura. A Anonimização de Dados Pessoais: Consequências Jurídicas do Processo de Reversão, a Importância da Entropia e sua Tutela à Luz da Lei Geral de Proteção de Dados. *In*: DE LUCCA, Newton; SIMÃO FILHO, Adalberto; LIMA, Cíntia Rosa Pereira de; MACIEL, Renata Mota (Coords.). *Direito & Internet IV*. São Paulo: Quartier Latin, 2019, pp. 51-80.

MIGUEL ASENSIO, Pedro Alberto de. *Derecho Privado de Internet*. 2. ed. Madrid: Civitas, 2001.

PARENTONI, Leonardo Netto. O Direito ao Esquecimento (Right to Oblivion). In: DE LUCCA, Newton; SIMÃO FILHO, Adalberto; LIMA, Cíntia Rosa Pereira de (Coords.). *Direito & Internet III*. São Paulo: Quartier Latin, 2015, pp. 539-618. t. I.

PARLAMENTO EUROPEU; CONSELHO DA UNIÃO EUROPEIA. Diretiva 95/46/CE. Disponível em https://eur-lex.europa.eu/legal-content/pt/TXT/?uri=CELEX%3A31995L0046. Acesso em 08 out. 2018.

PARLAMENTO EUROPEU; CONSELHO DA UNIÃO EUROPEIA. Regulamento (UE) 2016/679. Disponível em https://eur-lex.europa.eu/legal-content/PT/ALL/?uri=celex%3A32016R0679. Acesso em 08. out. 2018.

RODOTÀ, Stefano. *Elaboratori elettronici e controllo sociale*. Bologna: Il Mulino, 1973.

SILVA, José Afonso da. *Curso de direito constitucional positivo*. 29ª ed. São Paulo: Malheiros, 2008.

U.S. DEPARTMENT OF HEALTH, EDUCATION & WELFARE. *Records, computers and the rights of citizens. Report of the Secretary's Advisory Committee on Automated Personal Data Systems*. USA:

OHEW Publication, July, 1973, pp. XX-XXI. Disponível em https://www.justice.gov/opcl/docs/rec-com-rights.pdf. Acesso em: 1º out.18.

WARREN, Samuel D.; BRANDEIS, Louis D. The Right to Privacy. *Harvard Law Review*. Cambridge: Harvard University Press. v. IV, n. 05, pp. 193-217, Dec. 1890.

WIKIPEDIA. Disponível em https://pt.wikipedia.org/wiki/Kodak. Acesso em: 09 set. 2018.

ZANATTA, Rafael A. F. A proteção de dados pessoais entre leis, códigos e programação: os limites do Marco Civil da Internet. In: DE LUCCA, Newton; SIMÃO FILHO, Adalberto; LIMA, Cíntia Rosa Pereira de (Coords.). *Direito & Internet III*. Tomo I. São Paulo: Quartier Latin, 2015, pp. 447-470.

11
LIBERDADE DE EXPRESSÃO, INTERNET E SIGNOS DISTINTIVOS

Pedro Marcos Nunes Barbosa

Sumário: 1 Introdução. 2 A liberdade de expressão na Constituição. 3 A liberdade de expressão e os signos distintivos. 4 A Internet como palco de conflitos entre direitos constitucionais. 5 Conclusão. Referências.

1. INTRODUÇÃO

*"Pensei que era liberdade
Mas, na verdade, eram as grades da prisão"*

Humberto Gessinger[1]

Há no senso comum a percepção de que a liberdade de expressão tem sido um valor cada vez mais "tímido"[2] nas relações entre núcleos de interesses, especialmente na seara comercial.

> Liberdade opõe-se a autoritarismo, à deformação da autoridade; não, porém, à autoridade legítima", e "quanto mais o processo de democratização avança, mais o homem se vai libertando dos obstáculos que o constrangem, mais liberdade conquista.[3]

O diagnóstico de um período pós-constitucional de cerceamento à livre expressão é facilmente detectado com ataques à liberdade de imprensa,[4] ao avanço dos valores pro-

---

1. Trio, Humberto Gessinger. *O preço.* São Paulo: BMG, 1996.
2. *"Nos dias de hoje, é preciso distinguir: os regimes democráticos permitem a expressão do pensamento, quer pela escrita, quer por meio de palavras ou dos gestos, quer através de quaisquer sinais exteriores idealizados pela imaginação humana, ao passo que os regimes totalitários, em qualquer das modalidades em que se apresentem, intervêm em todas as formas de manifestações do pensamento consideradas prejudiciais ao regime"* (CRETELLA JÚNIOR, J. *Comentários à Constituição 1988.* Rio de Janeiro: Forense Universitária, 1988. p. 212).
3. SILVA, José Afonso da. *Curso de direito constitucional positivo.* São Paulo: Malheiros, 2003. p. 231 e 233.
4. Episódios ultrajantes, como da proibição de um periódico paulista renomado em divulgar dados sobre o filho de um ex-presidente, bem demonstram esse período obscuro: *"O desembargador Dácio Vieira, do Tribunal de Justiça do Distrito Federal e Territórios (TJDFT), proibiu o jornal O Estado de S. Paulo e o portal Estadão de publicar reportagens que contenham informações da Operação Faktor, mais conhecida como Boi Barrica. O recurso judicial, que pôs o jornal sob censura, foi apresentado pelo empresário Fernando Sarney, filho do presidente do Senado, José Sarney (PMDB-AP) – que está no centro de uma crise política no Congresso".* Disponível em: < http://www.estadao.com.br/noticias/nacional,justica-censura-estado-e-proibe-informacoes-sobre-sarney,411711,0.htm >. Acesso em: 17 jan. 2020.

prietários num ambiente de "combate concorrencial"[5] sobre os princípios da liberdade comunicativa e até mesmo com o atravancamento do direito ao humor.

> Assim, como verdadeira máxima de experiência universal, de ontem, de hoje e de sempre, é possível afirmar que períodos de exagerada restrição são normalmente sucedidos por outros de exagerada abertura, sendo a recíproca verdadeira.[6]

Dessa forma, uma célere análise sobre a "festejada" liberdade de expressão na Internet, meio comunicativo "aberto" e teoricamente democrático, parece ser pertinente ao fato de que não vivemos um momento de crise, mas a *crise do momento*.

Assim, também será enfocada a liberdade de expressão no contexto mercantil, ainda que fora do viés concorrencial, na tentativa de ponderar o direito fundamental estudado para com outros valores constitucionais.

2. A LIBERDADE DE EXPRESSÃO NA CONSTITUIÇÃO

> *"Têm o meu destino pronto e não me deixam escolher.*
> *Vêm falar de liberdade pra depois me prender."*
>
> Renato Russo e Marcelo Bonfá[7]

No universo espiritual e político da pólis grega (séculos VII-IV a. C.), o conceito de liberdade representava a possibilidade de participação dos cidadãos na vida pública da cidade. **Ser livre significava poder intervir nos interesses e assuntos políticos. Daí a preeminência do uso da palavra** (discussão, argumentação, debate) **como instrumento de atuação na vida social.**[8]

Já no movimento Renascentista, um pouco mais próximo – *mutatis mutandi* – das noções atuais, a liberdade de opinião (junto com a tolerância religiosa) marcou a evolução social no tocante às vicissitudes do *multiprincípio* Liberdade.

Mas mesmo antes de chegarmos aos – contemporâneos – conceitos de liberdade negativa e liberdade positiva, os juristas históricos já registravam que a crítica, instrumento da liberdade de expressão, – até mesmo ao soberano, ao poder constituído –, servia ao engrandecimento da humanidade.[9]

---

5. *"A força militar e seu plano de guerra de 'atingir e correr' prefigura, incorpora e pressagia o que de fato está em jogo no novo tipo de guerra na era da modernidade líquida: não a conquista de novo território, mas a destruição das muralhas que impediam o fluxo dos novos e fluidos poderes globais; expulsar da cabeça do inimigo o desejo de formular suas próprias regras, abrindo assim o até então inacessível, defendido e protegido espaço para a operação dos outros ramos, não militares, do poder. A guerra hoje, pode-se dizer (parafraseando a famosa fórmula de Clausewitz), parece cada vez mais uma 'promoção do livre comércio por outros meios'"* (BAUMAN, Zygmunt. *Modernidade líquida*. Rio de Janeiro: Zahar Editora, 2001. p. 19).
6. GARCIA, Emerson. A liberdade de expressão dos membros do Ministério Público. In: ANDRADE, André. *A constitucionalização do direito*. Rio de Janeiro: Lumen Juris, 2003. p. 319.
7. *O reggae*. Legião Urbana. São Paulo: EMI, 1985.
8. MENDES, Alexandre Fabiano. Liberdade. In: BARRETO, Vicente de Paulo. *Dicionário de filosofia do direito*. Rio de Janeiro: Renovar, 2006. p. 534.
9. *"Longe de pensar em diminuir a autoridade legítima [...] se engrandecerá, de fato, quando a opinião pública for mais poderosa do que a força, quando a indulgência e a humanidade fizerem que se perdoe aos príncipes o seu poder"*. (BECCARIA, Cesare. *Dos delitos e das penas*. 2. ed. Tradução de Paulo Oliveira. Bauru: Edipro, 2010. p. 18).

Esse basilar direito fundamental possui em seu eixo o imperativo contexto social, uma vez que

> o homem não vive concentrado só em seu espírito, não vive isolado, visto que, por sua natureza, é ente social. Tem a viva tendência e necessidade imediata de expressar e trocar ideias e opiniões com os outros homens, de cultivar mútuas relações, e seria mesmo impossível vedar a exteriorização do pensamento, porque para isso seria necessário dissolver e proibir a sociedade.[10]

Em nosso sistema constitucional, o princípio da liberdade[11] aparece como objetivo[12] e objeto de proteção reiterada, mencionado no preâmbulo,[13] no art. 5°, *caput*,[14] e nos demais incisos, sob diversas facetas que serão explicitadas no transcurso deste capítulo.

Dentre os vários feixes, o legislador constituinte registrou as liberdades[15] de manifestação do pensamento[16] e da expressão intelectual criativa (científica ou artística)[17] no rol dos direitos fundamentais e entre o capítulo que regula a cultura[18] e a comunicação social.[19]

---

10. CRETELLA JÚNIOR, José. *Comentários à Constituição 1988*. Rio de Janeiro: Forense Universitária, 1988. p. 207.
11. "'Livre', no que se refere à manifestação do pensamento, é sinônimo de 'incensurado', 'inaprisionado'. Pensamento livremente manifestado é o que se projeta no mundo – fato –, primeiro, depois no mundo jurídico. O pensamento, no mundo, pode ser intransitivado (interno) ou transitivado (externo) e este último é o que interessa ao mundo jurídico" (CRETELLA JÚNIOR, José. *Comentários à Constituição de 1988*. Rio de Janeiro: Forense Universitária, 1988. p. 204).
12. "Art. 3° Constituem objetivos fundamentais da República Federativa do Brasil: I – construir uma sociedade livre, justa e solidária."
13. "Nós, representantes do povo brasileiro, reunidos em Assembleia Nacional Constituinte para instituir um Estado Democrático, destinado a assegurar o exercício dos direitos sociais e individuais, a liberdade, a segurança, o bem-estar, o desenvolvimento, a igualdade e a justiça como valores supremos de uma sociedade fraterna, pluralista e sem preconceitos, fundada na harmonia social e comprometida, na ordem interna e internacional, com a solução pacífica das controvérsias, promulgamos, sob a proteção de Deus, a seguinte CONSTITUIÇÃO DA REPÚBLICA FEDERATIVA DO BRASIL."
14. "Art. 5° Todos são iguais perante a lei, sem distinção de qualquer natureza, garantindo-se aos brasileiros e aos estrangeiros residentes no País a inviolabilidade do direito à vida, à liberdade, à igualdade, à segurança e à propriedade, nos termos seguintes."
15. "*Liberdades*, no plural, são formas da liberdade, que, aqui, em função do Direito Constitucional positivo, vamos distinguir em cinco grandes grupos: (1) liberdade da pessoa física (liberdades de locomoção, de circulação); (2) liberdade de pensamento, com todas as suas liberdades (opinião, religião, informação, artística, comunicação do conhecimento); (3) liberdade de expressão coletiva em suas várias formas (de reunião, de associação); (4) liberdade de ação profissional (livre escolha e de exercício de trabalho, ofício e profissão); (5) liberdade de conteúdo econômico e social (liberdade econômica, livre iniciativa, liberdade de comércio, liberdade ou autonomia contratual, liberdade de ensino e liberdade de trabalho), de que trataremos entre os direitos econômicos e sociais, porque não integram o campo dos direitos individuais, mas o daqueles". (SILVA, José Afonso da. *Curso de direito constitucional positivo*. São Paulo: Malheiros, 2003. p. 234).
16. "IV – é livre a manifestação do pensamento, sendo vedado o anonimato". "*A liberdade de pensamento*" – segundo Sampaio Dória – "é o direito de exprimir, por qualquer forma, o que se pense em ciência, religião, arte, ou o que for". Trata-se de liberdade de conteúdo intelectual e supõe o contacto do indivíduo com seus semelhantes, pela qual "o homem tenda, por exemplo, a participar a outros suas crenças, seus conhecimentos, sua concepção do mundo, suas opiniões políticas ou religiosas, seus trabalhos científicos". É Pimenta Bueno que arremata: "O homem, porém não vive concentrado só em seu espírito, não vive isolado, por isso mesmo que por sua natureza é um ente social. Ele tem a viva tendência e necessidade de expressar e trocar suas ideias e opiniões com os outros homens, de cultivar mútuas relações, seria mesmo impossível vedar, porque fora para isso necessário dissolver e proibir a sociedade". (SILVA, José Afonso da. *Curso de direito constitucional positivo*. São Paulo: Malheiros, 2003. p. 240).
17. "IX – é livre a expressão da atividade intelectual, artística, científica e de comunicação, independentemente de censura ou licença."
18. "Art. 216. Constituem patrimônio cultural brasileiro os bens de natureza material e imaterial, tomados individualmente ou em conjunto, portadores de referência à identidade, à ação, à memória dos diferentes grupos formadores da sociedade brasileira, nos quais se incluem: I – as formas de expressão."
19. "Art. 220. A manifestação do pensamento, a criação, a expressão e a informação, sob qualquer forma, processo ou veículo não sofrerão qualquer restrição, observado o disposto nesta Constituição. § 1° Nenhuma lei conterá dispositivo

Tais previsões constitucionais apenas referendam os dispositivos XVIII[20] e XIX[21] da Declaração Universal dos Direitos Humanos, dando maior concretude ao axioma normativo internacional.

Contudo, não se desconhece a distância entre a liberdade planejada como meta do sistema jurídico e aquela praticada no mundo *real*, eis a diferença entre os projetos e mitos sociojurídicos.

> Em cada período histórico os legisladores constituintes, de regra, incorporam nas Leis Fundamentais aquilo que no período correspondente se consagrou como a mais generosa expressão do ideário da época. Fazem-no, muitas vezes, com simples propósito retórico ou porque não se podem lavar [rectius, deixar] de consigná-los.[22]

No entanto, não será na perspectiva de palavras afeitas – somente – ao plano retórico que abordaremos as questões jurídicas, mas no viés de que a multifacetada liberdade, agora na ótica da manifestação das expressões do pensamento, é princípio previsto em norma de eficácia direta, imediata.[23]

E como axioma edificador dos ideais democráticos,[24] qualquer violação ao seu núcleo implicará em frontal desrespeito à essência da Constituição da República, pois

> é muito mais grave que transgredir uma norma. A desatenção ao princípio implica ofensa não apenas a um específico mandamento obrigatório, mas a todo o sistema de comandos. É a mais grave forma de ilegalidade ou inconstitucionalidade, conforme o escalão do princípio violado, porque representa insurgência contra todo o sistema, subversão dos seus valores fundamentais, contumélia irremissível a seu arcabouço lógico e corrosão de sua estrutura mestra.[25]

A doutrina sociológica bem explana que uma das questões mais complexas da atualidade cuida da relação entre sociedade e liberdade:

---

que possa constituir embaraço à plena liberdade de informação jornalística em qualquer veículo de comunicação social, observado o disposto no art. 5º, IV, V, X, XIII e XIV. § 2º É vedada toda e qualquer censura de natureza política, ideológica e artística."

20. *"Toda pessoa tem direito à liberdade de pensamento, consciência e religião; este direito inclui a liberdade de mudar de religião ou crença e a liberdade de manifestar essa religião ou crença, pelo ensino, pela prática, pelo culto e pela observância, isolada ou coletivamente, em público ou em particular."*
21. *"Toda pessoa tem direito à liberdade de opinião e expressão; este direito inclui a liberdade de, sem interferência, ter opiniões e de procurar, receber e transmitir informações e ideias por quaisquer meios e independentemente de fronteiras."*
22. MELLO, Celso Antônio Bandeira de. *Eficácia das normas constitucionais e direitos sociais*. São Paulo: Malheiros, 2009. p. 9.
23. Mesmo se assim não o fosse, caso algum intérprete classificasse tal princípio-norma entre aquelas de eficácia contida, ainda assim diversos direitos surgiriam desta: *"Sem embargo, como ao adiante melhor verá, permitem aos interessados contraporem-se aos atos legislativos e infralegislativos praticados e antagonismo com a previsão constitucional. Vale dizer: se não proporcionam sacar uma utilidade positiva, fruível a partir da simples norma constitucional, proporcionam, entretanto, empecer comportamentos antinômicos ao estatuído. Além disto, e por força disto, surtem a consequência de impor ao exegeta, na análise de quaisquer atos ou relações jurídicas, contenciosas ou não (portanto, submetidas ao Poder Judiciário ou apenas dependentes de aplicação administrativa), o dever jurídico irrecusável de interpretá-los na mesma linha e direção estimativa, para que aponte o dispositivo constitucional"* (MELLO, Celso Antônio Bandeira de. *Eficácia das normas constitucionais e direitos sociais*. São Paulo: Malheiros, 2009. p. 14).
24. *"Citando Le délabrement de l'Occident, de Cornelius Castoriadis, uma sociedade autônoma, uma sociedade verdadeiramente democrática, é uma sociedade que questiona tudo o que é predeterminado e assim libera a criação de novos significados. Em tal sociedade, todos os indivíduos são livres para escolher criar para suas vidas os significados que quiserem (e puderem)"* (BAUMAN, Zygmunt. *Modernidade líquida*. Rio de Janeiro: Zahar, 2001. p. 242).
25. MELLO, Celso Antônio Bandeira de. *Eficácia das normas constitucionais e direitos sociais*. São Paulo: Malheiros, 2009. p. 14.

É a possibilidade de que o que se sente como liberdade não seja de fato liberdade; que as pessoas poderem estar satisfeitas com o que lhes cabe mesmo que o que lhes cabe esteja longe de ser "objetivamente" satisfatório; que, vivendo na escravidão, se sintam livres e, portanto, não experimentem a necessidade de se libertar, e assim percam a chance de se tornar genuinamente livres. O corolário dessa possibilidade é a suposição de que as pessoas podem ser juízes incompetentes de sua própria situação, e devem ser forçadas ou seduzidas, mas em todo caso guiadas, para experimentar a necessidade de ser "objetivamente" livres e para reunir a coragem e a determinação para lutar por isso. Ameaça mais sombria atormentava o coração dos filósofos: que as pessoas pudessem simplesmente não querer ser livres e rejeitassem a perspectiva da libertação pelas dificuldades que o exercício da liberdade pode acarretar.[26]

Mas o direito constitucional positivado opera com o proselitismo necessário ao respeito – jurídico – pelos pensamentos e opiniões manifestados por qualquer interlocutor no Brasil.

> Se [alguém] crê em certas ideias é levado a desejar o seu implemento, a conformar o mundo segundo sua visão, necessitando destarte de liberdade para exprimir suas crenças e opiniões. A liberdade de pensamento nesta seara já necessita da proteção jurídica. Não se trata mais de possuir convicções íntimas, o que pode ser atingido independentemente do direito. Agora não. Para que possa exercitar a liberdade de expressão do seu pensamento, o homem, como visto, depende do direito. É preciso, pois, que a ordem jurídica lhe assegure esta prerrogativa e, mais ainda, que regule os meios para que se viabilize esta transmissão.[27]

Portanto, uma das premissas basilares dos dispositivos constitucionais é a proibição de censuras *a priori*, evitando a perpetuidade de uma prática comum em recentes regimes autoritários.

Em relação à revogada Carta Magna, a doutrina constitucionalista já asseverava:

> A manifestação mais comum do pensamento é a palavra falada, pela qual alguém se dirige a pessoa ou pessoas presentes para expor o que pensa. Essa liberdade é consagrada pelo art. 150, § 8º. Na verdade, é ela uma das principais de todas as liberdades humanas por ser a palavra uma das características fundamentais do homem, o meio por que este transmite e recebe as lições da civilização. A liberdade de palavra, todavia, não exclui a responsabilidade pelos abusos sob sua capa cometidos.[28]

Nesse diapasão,

> compreende-se por censura o expediente maléfico e execrável, contrário ao regime constitucional das liberdades públicas. Reveste-se numa ordem, num comando, proveniente do detentor do poder, o qual deseja impedir a circulação de ideias e ideais, que se entrechocam com determinados valores, tidos como imutáveis, perenes, insuscetíveis de contrariedades, considerados verdadeiros dogmas pelos seus defensores.[29]

No entanto, a vedação ao senso de censura não implica na inexistência da responsabilidade (civil, penal, administrativa) do agente que, usando de sua prerrogativa constitucional, viole a esfera jurídica de outrem.

Como bem aponta a doutrina,

---

26. BAUMAN, Zygmunt. *Modernidade líquida*. Rio de Janeiro: Zahar, 2001. p. 25.
27. BASTOS, Celso Ribeiro. *Curso de direito constitucional*. São Paulo: Celso Bastos, 2002. p. 330.
28. FERREIRA FILHO, Manoel Gonçalves. *Curso de direito constitucional*. São Paulo: Saraiva, 1975. p. 276.
29. BULOS, Uadi Lammêgo. *Constituição Federal anotada*. São Paulo: Saraiva, 2001. p. 102.

é inadmissível que alguém, ou algum órgão, revista-se na proibição à censura, visando praticar ato ou veicular mensagem, seja qual for, agressiva ao padrão mínimo de respeito mútuo. Uma faixa musical ou um depoimento de um determinado agente formador de opinião, concitando à prática do racismo, deve ter a sua exibição proibida, porquanto a manifestação do pensamento não se presta à violação de outros pórticos constitucionais, garantidos expressamente.[30]

Nesse sentido alguns julgados mais recentes à promulgação do texto constitucional já prestigiavam a liberdade de expressão com conteúdo crítico:

> Censura artística. Inexistência no novo Texto Constitucional. Letra de música contendo velada crítica à Administração Federal. I – Abolida do novo Texto Constitucional a prévia censura ou licença para a expressão da atividade intelectual, artística, científica ou de comunicação, e inexistindo na letra da canção impugnada ofensa à dignidade pessoal de autoridade pública, confirma-se a concessão da ordem, presente ainda o interesse de radiofundir [sic] a música (TRF, 5ª Região, Inq. 500093/PE, rel. Juiz Hugo Machado, Tribunal Pleno, DJ 3.2.1995).

Portanto, pode-se afirmar que a tutela da manifestação do pensamento e o "cerceamento" da censura não significa a supressão da tutela preventiva e/ou punitiva daquilo que ultrapassar o uso adequado da prerrogativa.[31] Aliás, é corolário da liberdade de expressão que o objeto da manifestação interpessoal poderá não agradar seu(s) interlocutor(es). Por sinal, se de fato a expressão, *per se*, fosse sempre agradável à unanimidade, de pouca utilidade teria sido o desenvolvimento do direito à tutela.

> A liberdade de expressão constitui um dos fundamentos essenciais de uma sociedade democrática e compreende não somente as informações consideradas como inofensivas, indiferentes ou favoráveis, mas também as que possam causar transtornos, resistência, inquietar pessoas, pois a Democracia somente existe baseada na consagração do pluralismo de ideias e pensamentos, da tolerância de opiniões e do espírito aberto ao diálogo.[32]

No entanto, mais próximos da zona *gris* ficam os discursos de ódio, conclamações de minorias (ou maiorias) racistas, organizações de culto a supremacia ariana etc. Para esses casos não será uma simples ponderação de valores constitucionais que poderá solver todas as hipóteses.

Caso interessante a respeito do conflito de tais prerrogativas constitucionais é o do pastor norte-americano Fred Phelps, que passou a comparecer aos funerais dos soldados mortos na guerra do Iraque com seguidores de sua igreja.

Em tais "visitas" indesejadas, o líder religioso ostenta cartazes de ódio aos homossexuais, mesmo que os *de cujus* não o fossem, para protestar contra a presença de *gays* no exército.

Na cristalina prática de vilipêndio ao defunto e de desrespeito às famílias, Fred Phelps tem uma caravana móvel à espera de publicações nos principais jornais americanos sobre os enterros de soldados mortos para, junto com seus fiéis, viajarem rumo ao próximo piquete.

---

30. Op. cit. p. 102.
31. "*Esse preceito consagra a irrestrita manifestação do pensamento, seja qual for a forma, o processo ou o veículo pelo qual ela se dissemina. Convém ser interpretado em harmonia com todo o ordenamento jurídico, para não extrapolar os padrões de moralidade aferidos para um convívio social sadio. Daí a advertência que o finda: 'observado o disposto nesta Constituição'*" (Op. cit. p. 1218).
32. MORAES, Alexandre. *Constituição do Brasil interpretada e legislação constitucional*. São Paulo: Atlas, 2002. p. 206.

Além das "diligências pessoais", o pastor Phelps tem um sítio na Internet (<http://www.godhatesfags.com/>), onde divulga seu *hate speech* para o internauta curioso.

Indignados com a conduta do "ícone religioso" que aproveita a vulnerabilidade alheia para a sua autopromoção, a família de um dos mortos ajuizou demanda contra Phelps, e o caso será julgado pela Suprema Corte Norte-Americana.[33]

Pelas divergências culturais com o paradigma brasileiro, não se pode prever se a Corte Constitucional norte-americana irá privilegiar a liberdade de expressão ou a dignidade dos familiares, mas aparenta estar claro que se está diante de um uso inadequado da espécie de liberdade.

Por outro lado, *"proibir a livre manifestação de pensamento é pretender alcançar a proibição ao pensamento e, consequentemente, obter a unanimidade autoritária, arbitrária e irreal"*.[34] Contudo, é razoável esperar que a Corte não cerceie completamente o protesto de Phelps, desde que o mesmo se dê em local público, e condicionado à transmissão de interlocução verídica e razoável.

Não obstante, o exercício abusivo do direito à liberdade de expressão poderá colidir com outros valores constitucionalmente assegurados, não havendo uma fórmula mágica conhecida *a priori*.[35]

> Os limites a considerar são apenas os limites imanentes resultantes da sua colisão com outros direitos fundamentais ou bens constitucionalmente protegidos. Estes limites referem-se, a maior parte das vezes, ao domínio da comunicação e irradiação da criação cultural, e não propriamente ao domínio da atividade de criação. A atividade criadora situa-se no domínio da esfera privada, sendo a sua limitação concebível apenas em casos excepcionais. Quando o "domínio da criação" se conexiona indissoluvelmente com o "domínio da irradiação" ou este último assume relativa autonomia, os casos de limites imanentes são já mais frequentes (ex.: limites à criação musical em virtude do direito ao silêncio, limites à invenção científica impostos pelo direito à vida e integridade física e moral em experiências médicas).[36]

Nesse aspecto, nosso direito constitucional apresenta diversas semelhanças com a Carta Magna de outros países, em especial a Lei Maior de Portugal.[37] Não obstante, a

---

33. Tais fatos foram, inclusive, objeto de matéria na *Folha de S. Paulo* do dia 16.10.2010, também disponível em: < http://supremoemdebate.blogspot.com.br/2010/10/audiencia-do-caso-phelps-na-corte.html >. Acesso em: 17 jan. 2020.
34. MORAES, Alexandre. *Constituição do Brasil interpretada e legislação constitucional*. São Paulo: Atlas, 2002. p. 607.
35. *"Se excessos forem detectados, múltiplos são os mecanismos existentes para a punição do infrator, os quais em nada se confundem com a desarrazoada e arbitrária restrição de um direito fundamental. Restringir a liberdade de expressão com a farisaica explicação de que se busca prevenir uma prática ilícita é o mesmo que conferir ares de normalidade a uma determinação que proíba a comunicação entre as pessoas para que possíveis ofensas não possam ser proferidas"* (GARCIA, Emerson. A liberdade de expressão dos membros do Ministério Público. In: ANDRADE, André. *A constitucionalização do direito*. Rio de Janeiro: Lumen Juris, 2003. p. 336).
36. CANOTILHO, J. J. Gomes. *Constituição da República portuguesa*. Coimbra: Editora Coimbra, 1984. p. 254.
37. *"Corolário da liberdade de expressão e da liberdade de informação é a proibição da censura (nº 2), pois esta é uma negação qualificada daquelas. A fórmula constitucional (qualquer tipo ou forma) é suficientemente enfática para exigir um conceito amplo de censura, que não apenas a típica censura administrativa preventiva. Assim, o conceito constitucional de censura abrange, não apenas a censura prévia à expressão ou informação originária, mas também a censura posterior (a posteriori), que se traduz no impedimento da sua difusão ou divulgação (proibição de index). Por outro lado, cabem no conceito, não apenas os meios jurídicos (exame prévio, apreensão de publicações, proibição de divulgação de notícias), mas também os meios de fato, diretamente dirigidos aos mesmos objetivos (cfr. art. 38º-6). Idêntica consideração vale para o abuso de meios de polícia administrativa no controlo de algumas formas de expressão (cartazes, grafitti, meios de difusão sonora), condicionando-os a autorização administrativa"* (CANOTILHO, J. J. Gomes. *Constituição da República portuguesa*. Coimbra: Editora Coimbra, 1984. p. 235).

opção do constituinte em não circunscrever a liberdade de expressão ao capítulo da Comunicação Social demonstra a amplitude de tal Direito, como também foi feito alhures. Também não foi feita qualquer delimitação ao direito de liberdade para uma forma de comunicação, como realizado no passado.[38]

A falsa defesa da liberdade de expressão poucas décadas atrás dependia de registro público da obra, como numa espécie de autorização oficial.[39]

> A colocação da proibição da censura no artigo respeitante à liberdade de expressão e informação, e não nos artigos referentes à liberdade de imprensa, significa que a proibição constitucional é de âmbito geral. Extensional e intencionalmente a proibição de censura aplica-se a toda e qualquer forma de expressão e informação e não apenas à que tem lugar através dos meios de comunicação social.
>
> Por outro lado, quanto aos seus destinatários, a proibição da censura não vale apenas perante o Estado, mas sim perante toda e qualquer entidade ou poder que esteja em condições de impedir a expressão ou divulgação de ideias ou de informações (cfr. art. 18º-1). Isto é relevante sobretudo para os "poderes sociais" (igrejas, partidos, organizações profissionais etc.), mas é de alcance geral.[40]

Como direito fundamental de âmbito geral,[41] também contém repercussão individual na sua contraface, o direito de resposta,[42] que não chegou a restar prejudicado[43] com a não recepção da Lei de Imprensa.[44]

---

38. "*A Constituição brasileira (art. 153, § 8º) veda a censura da palavra escrita*" (FERREIRA FILHO, Manoel Gonçalves. *Curso de direito constitucional*. São Paulo: Saraiva, 1975. p. 276).
39. "*Em razão da grande mutação que liberdades como esta implementaram no organismo social, cujo saldo, não obstante a presença de erros e acertos, certamente é positivo, muitos 'saudosistas' clamam pelo volver ao registro de outrora, no qual a liberdade de expressão em muito se assemelhava a um mito do folclore brasileiro (v. g.: o saci pererê): todos o conhecem, todos são capazes de descrevê-lo, mas ninguém nunca o vê*" (GARCIA, Emerson. A liberdade de expressão dos membros do Ministério Público. In: ANDRADE, André. *A constitucionalização do direito*. Rio de Janeiro: Lumen Juris, 2003. p. 320).
40. CANOTILHO, J. J. Gomes. *Constituição da República portuguesa*. Coimbra: Editora Coimbra, 1984. p. 235.
41. "*O Tribunal Constitucional Federal – que, desde as suas primeiras decisões, nunca colocou em dúvida o caráter garantidor de direitos subjetivos do art. 211, § 1º –, com sua interpretação do livre desenvolvimento da personalidade como uma 'liberdade de ação humana no sentido mais amplo', enfrentou o problema e se decidiu por uma teoria extremamente ampla e ao mesmo tempo subjetiva: por um direito geral de liberdade*" (ALEXY, Robert. *Teoria dos direitos fundamentais*. São Paulo: Malheiros, 2006. p. 343).
42. "*A manifestação do pensamento não raro atinge situações jurídicas de outras pessoas que corre o direito, também fundamental individual, de resposta*" (SILVA, José Afonso da. *Curso de direito constitucional positivo*. São Paulo: Malheiros, 2003). Sobre a eficácia dessa forma de reparação, importante frisar feliz passagem doutrinária: "*As cortes brasileiras, por exemplo, têm se valido com relativa frequência do instrumento da retratação pública, contemplado pela Lei de Imprensa [...]. Além de escapar ao contraditório binômio lesão existencial-reparação pecuniária, a retratação pública tem se mostrado extremamente eficaz em seus efeitos de desestímulo à conduta praticada (a festejada deterrence), sem a necessidade de se atribuir à vítima somas pecuniárias punitivas para cujo recebimento ela não possui qualquer título lógico ou jurídico*" (SCHREIBER, Anderson. *Novos paradigmas da responsabilidade civil*. Da erosão dos filtros da reparação à diluição dos danos. São Paulo: Atlas, 2009. p. 192).
43. Mutatis mutandi, bem assevera a doutrina: "*Assim, não se poderá, com efeito, negar tutela a quem requeira garantia sobre um aspecto de sua existência para o qual não haja previsão específica, pois aquele interesse tem relevância ao nível do ordenamento constitucional e, portanto, tutela também em via judicial. Eis aí a razão pela qual as hipóteses de dano moral são tão frequentes, porque a sua reparação está posta para a pessoa como um todo, sendo tutelado o valor da personalidade humana. Os direitos das pessoas estão, assim, todos eles, garantidos pelo princípio constitucional da dignidade humana, e vêm a ser concretamente protegidos pela cláusula geral de tutela da pessoa humana*" (MORAES, Maria Celina Bodin de. *Danos à pessoa humana*: uma leitura civil-constitucional dos danos morais. Rio de Janeiro: Renovar, 2003. p. 127).
44. Se não fosse possível sua aplicação por uma interpretação sistemática, basta se usar, por analogia, o art. 7º, da Lei nº 8.906/94, que trata da prerrogativa dos advogados a uma resposta: "XVII – *ser publicamente desagravado, quando ofendido no exercício da profissão ou em razão dela*".

Contudo, apesar de se aplicar também aos entes privados, a prática demonstra um tipo de censura específico nos meios de comunicação, derivada do aporte pecuniário.

Ou seja, muitas vezes, temerosos em perder os contratos com grandes patrocinadores, os veículos comunicativos evitam a publicização de quaisquer fatos desabonadores de seus "parceiros comerciais", praticando uma censura inversa, privada e velada. A partir do momento em que o Estado se afasta do controle dos interlocutores midiáticos, o "silêncio adquirido" pelos *donos do poder* pode importar num outro tipo de domínio e acesso ao conhecimento.

Alguns doutrinadores defendem a divergência de intensidade entre a liberdade de expressão e a liberdade de criação cultural, posto que a segunda exigiria uma maior participação omissiva e comissiva do Estado.[45]

Outro ponto de grande relevância é que o constituinte felizmente não adentrou ao crivo do "mérito" da expressão comunicativa/criativa para salvaguardá-la de eventual censura.[46]

A evolução e as vicissitudes jurídicas que regulam a matéria tendem a afastar um controle prévio, público ou privado, em homenagem à liberdade como um direito geral.

> Segundo Grabitz, sintetizando o entendimento do Tribunal Constitucional Alemão, 'quanto mais a intervenção afeta formas de expressão elementar da liberdade de ação do homem, tanto mais cuidadosamente devem ser ponderados os fundamentos justificativos de uma ação cometida contra as exigências fundamentais da liberdade do cidadão.[47]

No eixo infraconstitucional, um dos dispositivos mais importantes – e polêmicos – é o art. 20 do Código Civil.[48] Tal norma realiza uma ponderação *ex lege* entre as liberdades,

---

45. "A liberdade de criação cultural (cfr. epígrafe) é uma manifestação particular da liberdade de expressão do pensamento (art. 37.0). Todavia, a liberdade de criação intelectual, artística e científica pode exigir um reforço da proteção em relação à simples liberdade de manifestação do pensamento. A criação artística do nu, as intervenções científicas no corpo humano, etc. exigem um tratamento especial, que se reconduz a uma maior liberdade do que a que está implícita no direito geral de expressão do pensamento. A liberdade de criação cultural é aqui configurada, pela sua colocação sistemática e íntima conexão com a liberdade de consciência e com a liberdade de expressão, fundamentalmente como um direito de defesa, como direito à livre criação cultural sem impedimentos ou ingerências. Mas, ao lado desta dimensão negativa, a Constituição garante também uma dimensão positiva do direito à criação cultural, justificando a existência de imposições constitucionais dirigidas ao Estado (arts. 78°-2 e 81°/m). Garantia especial da liberdade de criação cultural é a proibição de direção estadual da cultura (cfr. art. 43°-2)" (CANOTILHO, J. J. Gomes. *Constituição da República portuguesa*. Coimbra: Editora Coimbra, 1984. p. 254).
46. A doutrina tradicional, referindo-se à antiga Carta Magna, destacou esse sensível problema: "*A Constituição não menciona, ao menos expressamente, os critérios dessa censura. Pode-se depreender da proibição de certas propagandas que impedi-las é o objeto dessa censura, assim como o combate à pornografia e a todos os modos de corrupção de juventude. A distinção entre arte e pornografia muitas vezes não é fácil, tendo ensejado polêmica e pleitos célebres*" ("A Constituição brasileira (art. 153, § 8°) veda a censura da palavra escrita". In: FERREIRA FILHO, Manoel Gonçalves. *Curso de direito constitucional*. São Paulo: Saraiva, 1975. p. 276).
47. GARCIA, Emerson. A liberdade de expressão dos membros do Ministério Público. In: ANDRADE, André. *A constitucionalização do direito*. Rio de Janeiro: Lumen Juris, 2003. p. 328.
48. "*Salvo se autorizadas, ou se necessárias à administração da justiça ou à manutenção da ordem pública, a divulgação de escritos, a transmissão da palavra, ou a publicação, a exposição ou a utilização da imagem de uma pessoa poderão ser proibidas, a seu requerimento e sem prejuízo da indenização que couber, se lhe atingirem a honra, a boa fama ou a respeitabilidade, ou se se destinarem a fins comerciais.*"

a honra[49] e até mesmo em relação ao direito de imagem[50] que não se confunde com sua mera reprodução gráfica.[51]

Certamente, como os dois valores[52] da personalidade supracitados são extremamente frágeis,[53] a intenção do legislador certamente foi excelente; o que já não se pode dizer da qualidade da redação textual.

Provavelmente aflito em tutelar o *círculo mínimo*[54] de valores necessários à dignidade humana, a lei acabou por dar azo a uma leitura paternalista e inadequada. Aliás, *"grande parte da doutrina identificava nestes direitos [os valores da personalidade] um meio de tutela de um mínimo essencial, a salvaguarda de um espaço privado que proporcionasse condições ao pleno desenvolvimento da pessoa"*.[55]

Até mesmo a mais clássica doutrina nacional já deu interpretação questionável sobre seu núcleo:

---

49. *"O direito ao bom nome e reputação consiste essencialmente no direito a não ser ofendido ou lesado na sua honra, dignidade ou consideração social mediante imputação feita por outrem, bem como no direito a defender-se dessa ofensa e a obter a competente reparação. Neste sentido, este direito constitui um limite para outros direitos (designadamente, a liberdade de informação e de imprensa)"* (CANOTILHO, J. J. Gomes; MOREIRA, Vital. *Constituição da República portuguesa anotada*. 2. ed. Coimbra: Editora Coimbra, 1984. p. 195).
50. *"O direito à imagem tem um conteúdo assaz rigoroso, abrangendo, primeiro, o direito de cada um de não ver o seu retrato exposto em público sem seu consentimento, e, depois, o direito de não o ver apresentado em forma gráfica ou montagem ofensiva e malevolamente distorcida ou infiel"* (CANOTILHO, J. J. Gomes; MOREIRA, Vital. *Constituição da República portuguesa anotada*. 2. ed. Coimbra: Editora Coimbra, 1984. p. 196). Ainda nesse sentido: *"Através do direito à imagem, protege-se a representação física de uma pessoa, seja esta fixada em fotos, filmes, vídeos, pinturas e outros meios que reproduzam o rosto da pessoa ou partes de seu corpo, sinais físicos ou gestos que possam servir à sua identificação e reconhecimento"* (BORGES, Roxana Cardoso Brasileiro. Dos direitos da personalidade. In: LOTUFO, Renan; NANNI, Giovanni Ettore. *Teoria geral do direito civil*. São Paulo: Atlas, 2008. p. 267). *"O entendimento de que a imagem tutelada pelo Direito apenas compreende a representação gráfica particulariza em excesso o escopo da proteção, deixando a descoberto uma série de hipóteses em que a imagem da pessoa é violada sem que se elabore uma reprodução gráfica da mesma. [...] Assim, a fisionomia e a sua reprodução, bem como os atributos comportamentais da pessoa, devem ser entendidos como objeto de proteção pelo Direito"* (TEPEDINO, Gustavo; Barboza, Heloisa Helena; Moraes, Maria Celina Bodin de. *Código Civil interpretado conforme a Constituição da República*. Rio de Janeiro: Editora Renovar, 2007. v. I, p. 51).
51. *"No mesmo contexto de proteção à intimidade e à imagem, hoje se assegura o direito à voz. A prática das irradiações, das dublagens e de outras modalidades de comunicação aliam uma pessoa à sua emissão vocal, e vice-versa, de tal modo que constitui atentado contra o direito à imagem a utilização por outrem, da voz de uma pessoa, que por ela se identifique"* (PEREIRA, Caio Mario da Silva. *Instituições de direito civil*. 23. ed. Rio de Janeiro: Forense, 2010. v. 1, p. 219).
52. *"A personalidade é, portanto, não um direito, mas um valor (o valor fundamental do ordenamento) e está na base de uma série aberta de situações existenciais, nas quais se traduz a sua incessantemente mutável exigência de tutela. O fato de a personalidade ser considerada como valor unitário, tendencialmente sem limitações, não impede que o ordenamento preveja, autonomamente, algumas expressões mais qualificantes como, por exemplo, o direito à saúde"* (PERLINGIERI, Pietro. *Perfis do direito civil*: introdução ao Direito Civil constitucional. Rio de Janeiro: Renovar, 2007. p. 155).
53. *"A honra é o bem jurídico mais frágil, dentre todos os outros protegidos pelos direitos de personalidade. Seu abalo é praticamente irrecuperável e os instrumentos jurídicos à disposição do titular são, em nossa opinião, insuficientes para uma tutela adequada, pois há sempre o medo de, através de uma tutela preventiva, incorrer-se no pecado da censura"* (BORGES, Roxana Cardoso Brasileiro. Dos direitos da personalidade. In: LOTUFO, Renan; NANNI, Giovanni Ettore. *Teoria geral do direito civil*. São Paulo: Atlas, 2008. p. 269).
54. *"São direitos gerais (todos deles gozam), extrapatrimoniais (embora as suas violações possam originar uma reparação em dinheiro, não têm, em si mesmos, valor pecuniário) e absolutos. É este um círculo de direitos necessários; um conteúdo mínimo e imprescindível da esfera jurídica de cada pessoa"* (PINTO, Carlos Alberto da Mota. *Teoria geral do direito civil*. Coimbra: Editora Coimbra, 2005. p. 209).
55. DONEDA, Danilo. Dos direitos da personalidade no Código Civil. In: TEPEDINO, Gustavo. *A parte geral do novo Código Civil*. 3. ed. Rio de Janeiro: Renovar, 2007. p. 41.

A regra pertinente ao direito à imagem, contida no artigo 20 do Código Civil, peca de sensível obscuridade. Ao se referir à proibição das divulgações, alude a requerimento. Não pode ser interpretado como requisito, pois que a lei, na defesa da privacidade, proíbe que sejam publicadas, salvo autorização [...] Não se compreende, também, que a divulgação seja proibida somente quanto atinja a honra, a boa fama ou a respeitabilidade do indivíduo, ou para fins comerciais. A divulgação é proibida sempre, salvo autorização.[56]

Pela exegese literal da norma, pareceria aos mais desatentos que a regra seria a proibição da exibição, o que gerou sérias críticas quanto a sua constitucionalidade. No entanto, não se pode concluir pela vedação apriorística, ou mesmo na existência de uma fórmula pronta, ou um critério inflexível preestabelecido.[57]

Tais critérios não encontram amparo constitucional, motivo pelo qual já se observou, em doutrina, que para evitar a declaração formal de inconstitucionalidade do dispositivo há de se utilizá-lo somente em situação excepcional, para a proibição prévia de divulgações "quando seja possível afastar, por motivo grave e insuperável, a presunção constitucional de interesse público que sempre acompanha a liberdade de informação e de expressão".[58]

No campo da hermenêutica jurisprudencial, também não nos parece ter havido uniformidade ou qualidade elogiável na aplicação da norma aos casos em concreto.[59]

Portanto, nessa preliminar análise sobre a tratativa constitucional, e no célere estudo da disposição legal do Código Civil, pode-se estabelecer que na dúvida entre o cerceamento à expressão e o Princípio Geral do Direito de *non altere laedere*, não se prestigiará a censura.

Entretanto, tal assertiva é por demasia vaga para responder ao tema proposto. Nas sessões a seguir será exposto como essa primeira conclusão lida com o veículo midiático Internet e os signos distintivos.

---

56. PEREIRA, Caio Mario da Silva. *Instituições de direito civil*. 23. ed. Rio de Janeiro: Forense, 2010. v. 1, p. 219.
57. "*Se houver conflito de interesses envolvendo o titular do direito à imagem e um alegado interesse público pela informação, ou um conflito entre direito à imagem e liberdade de imprensa ou liberdade de expressão, não há uma fórmula a priori que estabeleça qual interesse deve prevalecer. Apenas no caso concreto será possível obter-se uma solução, ponderando-se os interesses e, com auxílio do princípio da proporcionalidade*" (BORGES, Roxana Cardoso Brasileiro. Dos direitos da personalidade. In: LOTUFO, Renan; NANNI, Giovanni Ettore. *Teoria geral do direito civil*. São Paulo: Atlas, 2008. p. 267).
58. TEPEDINO, Gustavo. A tutela da personalidade no ordenamento civil-constitucional brasileiro. *Temas de direito civil*. 4. ed. Rio de Janeiro: Renovar, 2008. t. 1, p. 40.
59. "*Vocês não imaginam a tristeza que me deu ver as MENTIRAS que o advogado do Dr. Max escreveu na contestação, dizendo que era maltratado e ao mesmo tempo dizendo que o cliente não era nosso, mesmo com a rubrica dele na Ficha de Visitas [...] Infelizmente o Brasil é assim [...] Zangões, proprietários picaretas [...] O fato de ter o réu demonstrado sua indignação com um texto contendo expressões como MENTIRAS e proprietários picaretas, em um site de relacionamento (ORKUT), como se observa dos documentos de fls. 25/28, não é suficiente para gerar dano moral indenizável, pelo que evidente a generalidade e sutileza empregadas no texto*" (RIO DE JANEIRO, Tribunal de Justiça do Estado do Rio de Janeiro, 5ª Câmara Cível, Des. Antonio Saldanha Palheiro, AC 2009.00157296, DJ 16.11.2009). Em sentido diametralmente oposto, apesar da proximidade do caso: "*Lugar de ladrão é na cadeia!!!! Descrição: NÃO PERMITA que esse BABACA faça com você o que vem fazendo com os outros. Dê o GRITO, pois o LUGAR DE LADRÃO É NA CADEIA!!!! Para você que conheceu essa pessoa, sabe do seu passado sujo e do risco que ele oferece para a nossa sociedade, entre aqui e junte-se a nós. Se também foi roubado ou enganado por ele, ou conhece quem foi, entre aqui e conte-nos sua história [...] da-se provimento ao agravo, confirmando a tutela antecipada recursal anteriormente concedida, para que seja excluída a comunidade denominada 'Lugar de ladrão é na cadeia' do site de relacionamentos ORKUT, bem como forneça os dados referentes ao chamado Protocolo de Internet (IP) capazes de auxiliar na tentativa de identificação do seu criador*" (MINAS GERAIS, Tribunal de Justiça do Estado de Minas Gerais, Des. Francisco Kupidlowski, AC 1.0024.07.448859-4/001(1), DJ 28.9.2007).

3 LIBERDADE DE EXPRESSÃO E OS SIGNOS DISTINTIVOS

> *"Won't you help to sing,*
> *These songs of freedom?"*
>
> Bob Marley[60]

Uma vez pontuadas breves linhas sobre a liberdade de expressão, enquanto valor fundamental de nossa democracia representativa, insta aprofundar a abordagem sobre a relação do valor fundamental com os signos distintivos, especialmente no âmbito cultural.

Conforme leciona a experiente doutrina, temos hoje que o

> registro de marcas resulta na apropriação de uma expressão ou símbolo visual, extraindo do universo das potencialidades semiológicas um determinado complexo significativo, **cujo uso torna-se exclusivo ao titular para determinados contextos**. Ao designar um produto, mercadoria ou serviço, a marca serve, tradicionalmente, para assinalar a sua origem e, em face de outras marcas para itens competitivos, indicar a diferença. Mas, usada como propaganda, além de poder também identificar a origem e as diferenças relativas em face de competidores, deve primordialmente incitar ao consumo ou valorizar a atividade empresarial do titular".[61]

Portanto, na perspectiva do conteúdo de sua tutela jurídica, percebe-se que a proteção marcária concede um espaço de exclusiva ao titular para, num *contexto preciso*, identificar seus produtos e serviços. É limitada e constituída, portanto, dentro do nicho mercadológico que a comporta.[62]

Nessa ótica, poderia aparentar que um titular marcário – ou de outra espécie de signo distintivo – apenas poderia sofrer danos advindos do feixe concorrencial atuante.

Mesmo porque, por princípio, *"todos podem produzir obras intelectuais, científicas ou filosóficas, e divulgá-las, sem censura e sem licença de quem quer que seja. Determinadas expressões artísticas gozam de ampla liberdade, como as das artes plásticas, a música e a literatura"*.[63]

Contudo, não é incomum titulares proprietários sentirem-se "atingidos" por manifestações culturais expressas em diversos meios. Aliás, músicas com letras "afiadas" rotineiramente fazem menção a produtos, serviços, marcas conhecidas para realizar sua crítica.

Tais músicos, compositores e poetas, exercem – por sinal – direito expresso advindo da própria Lei nº 9.279/96, conforme disposto no art. 132, IV, da Lei nº 9.279/96: *"O titular da marca não poderá: IV – impedir a citação da marca em discurso, obra científica ou literária ou qualquer outra publicação, desde que sem conotação comercial e sem prejuízo para seu caráter distintivo"*.

O dispositivo demonstra que a marca é delimitada pela sua função distintiva, não abarcando o uso do signo em si. Entretanto, titulares de signos registrados poderiam averbar que uma crítica ácida importaria em prejuízo ao caráter distintivo da marca.

---

60. Redemption song. *Uprising*. Kingston: Island Records e Tuff Gong, 1980.
61. BARBOSA, Denis Borges. *Proteção de marcas*. Rio de Janeiro: Lumen Juris, 2007. p. 9.
62. Os dois últimos parágrafos foram extraídos do nosso artigo *As marcas de alto renome perante o princípio da função social*, no prelo.
63. SILVA, José Afonso da. *Curso de direito constitucional positivo*. São Paulo: Malheiros, 2003. p. 252.

Para melhor ilustrar possíveis conflitos entre a liberdade de expressão e o direito do titular proprietário, elegemos algumas canções brasileiras onde os compositores, algumas vezes de forma velada, outras de modo explícito, fazem clara menção a marcas registradas de modo não elogioso.

Uma extinta banda de *rock* do início dos anos 1990, em diversas canções, fazia menção a um protagonista humilde, engraçado e cafona, que dirigia um antigo veículo da Volkswagen.

Além de nítida crítica a suposta má qualidade do carro – que consta até no refrão –, o grupo musical realizou uma paródia com o símbolo da marca alemã nos CDs, com as iniciais da banda, Mamonas Assassinas:

> *"Minha Brasília amarela*
> *Tá de portas abertas*
> *Pra mode a gente se amar*
> *Pelados em Santos [...]*
> **Comprei um Reebok e uma calça Fiorucci, ela não quer usar".**[64]

Outras vezes, conjuntos e artistas fazem menção a determinada empresa como sinal de pobreza extrema, precariedade, o que poderia associar o titular – e sua marca – a uma ideia indesejável.

Nessas duas composições, autores diferentes se referem a uma popular loja de eletrodomésticos de forma sarcástica (no primeiro caso) e de maneira a constatar o "sofrimento" da personagem musical (na segunda obra):

> *"A minha felicidade*
> *É um crediário*
> *Nas Casas Bahia."*[65]

> *"Mama África*
> *A minha mãe*
> *É mãe solteira*
> *E tem que*
> *Fazer mamadeira*
> *Todo dia*
> *Além de trabalhar*
> *Como empacotadeira*
> *Nas Casas Bahia."*[66]

Por sua vez, um conhecido conjunto de *rock* brasileiro fez sucesso nos anos 1980 com uma música que utilizava de designação do famoso refrigerante norte-americano. Longe de tecer comentários discretos, o próprio título da canção e seu texto demonstram como o produto era – dentre outros – utilizado na *lavagem cerebral cultural* sofrida com o ambiente norte-americano:

---

64. DINHO. Pelados in Santos. *Mamonas Assassinas*. São Paulo: EMI, 1995.
65. DINHO e RASEC, Júlio. Chopis Centis. *Mamonas Assassinas*. São Paulo: EMI, 1995.
66. CESAR, Chico. Mama África. *Aos Vivos*. São Paulo: Velas, 1995.

> *"Quando nascemos fomos programados*
> *A receber o que vocês*
> *Nos empurraram com os enlatados*
> *Dos U.S.A., de nove às seis.*
>
> *Desde pequenos nós comemos lixo*
> *Comercial e industrial*
> *Mas agora chegou nossa vez*
> *Vamos cuspir de volta o lixo em cima de vocês.*
>
> *Somos os filhos da revolução*
> *Somos burgueses sem religião*
> *Somos o futuro da nação*
> *Geração Coca-Cola."*[67]

Se nas canções supra eventual ofensa a distintividade marcária parece diminuta, ou razoável dentro do parâmetro cultural crítico nacional, nem sempre a exteriorização musical pode significar ausência de danos a eventual titular.

Como exemplo paradigmático temos uma empresa de eletrodomésticos que estava há alguns anos investindo para alterar seu público padrão, até então, mais forte entre as classes "D" e "C". Seu objetivo era ampliar suas vendas para um público financeiramente mais amparado, tendo contratado artistas famosos[68] para promover esse *upgrade* de imagem.

Num popular funk carioca, dois anos após o aumento dos investimentos da empresa DAKO, a compositora e intérprete Tati Quebra Barraco ficou famosa com uma canção que além de citar o signo distintivo supra, o mencionava num contexto sexual.

Apesar da leitura liminar do texto não parecer ofensiva, na canção a letra é "declamada" de modo a incidir em cacofonia:

> *"Entrei numa loja, estava em liquidação.*
> *Queima de estoque, fogão na promoção.*
> *Escolhi da marca Dako porque Dako éh bom!*
>
> *Dako éh bom!*
> *Dako éh bom!*
> *Calma minha gente, é só a marca do fogão!!*
> *Calma minha gente, é só a marca do fogão!!*
> *Dako éh bom!"*[69]

Nesse caso, é nítida a possibilidade de prejuízo pelo titular da marca, ora nacionalmente citada num contexto diametralmente contrário ao ideal proclamado pela empresa titular.

---

67. RUSSO, Renato; LEMOS, Fê. Geração Coca-Cola. *Legião Urbana*. Rio de Janeiro: EMI, 1985.
68. *O ator Rodrigo Santoro é o garoto-propaganda da Dako*. Disponível em: <http://www.dako.com.br/empresa/imprensa/tedezembro.shtml>. Acesso em: 17 jan. 2020. Tal intensidade dos investimentos iniciou em 2002 e, "coincidentemente", após a divulgação da música DAKO É BOM, diminuiu vertiginosamente.
69. LOURENÇO, Tatiana dos Santos. (vulgo Tati Quebra Barraco). *Dako é bom* in *Boladona*. Rio de Janeiro: Unimar Music, 2004.

No entanto, a mera incidência da diluição,[70] na modalidade *tarnishment*,[71] fora do eixo concorrencial – ainda que existente um interesse comercial do artista/intérprete –, não é suficiente para justificar a tutela irrestrita do signo distintivo apropriado.

Tal se dá pelo fato de que a própria previsão constitucional de tutela das marcas prevê uma cláusula finalística atenta ao *interesse social* que se aproxima das manifestações culturais (ainda que de qualidade duvidosa).[72]

Mutatis mutandi, uma recente decisão do STF sobre dois dispositivos da Lei Eleitoral que vedavam a prática de paródias ou *sketches* humorísticos com candidatos e partidos na época eleitoral deixou claro estar vedada qualquer censura prévia.

Não obstante, também foi reforçado o aspecto humorístico, cômico e crítico como íntimos à liberdade de expressão. Pela sua importância e pertinência, se faz mister destacar alguns trechos:

> Pontuo, de saída, não caber ao Estado, por qualquer dos seus órgãos, definir previamente o que pode ou o que não pode ser dito por indivíduos e jornalistas. Dever de omissão que inclui a própria atividade legislativa, pois é vedado à lei dispor sobre o núcleo duro das atividades jornalísticas, assim entendidas as coordenadas de tempo e de conteúdo da manifestação do pensamento, da informação e da criação *lato sensu*. Vale dizer: **não há liberdade de imprensa pela metade ou sob as tenazes da censura prévia, pouco importando o Poder estatal de que ela provenha.** [...] Liberdades, enfim, que bem podem ser classificadas como sobredireitos, sendo que a última delas (acesso à informação) ainda mantém com a cidadania o mais vistoso traço de pertinência [...] Um abrir mão que repercute pelo modo mais danoso para a nossa ainda jovem democracia, necrosando o coração de todas as outras liberdades. Vínculo operacional necessário entre a imprensa e a Democracia que Thomas Jefferson sintetizou nesta frase lapidar: "Se me coubesse decidir se deveríamos ter um governo sem jornais, ou jornais sem um governo, não hesitaria um momento em preferir a última solução". [...] Pensamento crítico, diga-se, que é parte integrante da informação plena e fidedigna. Como é parte, acresça-se, do estilo de fazer imprensa que se convencionou chamar de **humorismo** (tema central destes autos). Humorismo, segundo feliz definição atribuída ao escritor Ziraldo, que não é apenas uma forma de fazer rir. Isto pode ser chamado de comicidade ou qualquer outro termo equivalente. O humor é uma visão crítica do mundo e o riso, efeito colateral pela descoberta inesperada da verdade que ele revela (cito de memória). Logo, a previsível utilidade social do labor jornalístico a compensar, de muito, eventuais excessos desse ou daquele escrito, dessa ou daquela charge ou caricatura, desse ou daquele programa. [...] Dando-se que o **exercício concreto dessa liberdade em plenitude assegura ao jornalista o direito de expender críticas a qualquer pessoa, ainda que em tom áspero, contundente, sarcástico, irônico ou irreverente, especialmente contra as autoridades e aparelhos de Estado.** [...] Equivale a dizer: a crítica jornalística em geral, pela sua relação de inerência com o interesse público, não é aprioristicamente suscetível de censura.[73]

---

70. "*A diluição ocorre, assim, quando há o uso de um mesmo significante por mais de um agente econômico, simultaneamente, mas fora do âmbito de proteção da marca sênior; nesse uso simultâneo – quando há extravasamento do efeito simbólico da marca júnior no campo da marca sênior (ou potencial disso) – pode haver perda de distintividade relativa (ou valor diferencial) em desfavor da marca sênior*" (BARBOSA, Denis Borges. Do direito de marcas. Rio de Janeiro: Lumen Juris, 2007. p. 115).
71. "*Maculação, que atinge a reputação do sinal pela associação deste com produto ou serviço de baixa qualidade ou pela sugestão de um vínculo com um conceito moralmente reprovado pela sociedade*" (BRASIL, Tribunal Regional Federal da 2ª Região, 2ª Turma Especializada, AC 2002.51.01.514660-7, Des. Liliane Roriz, decisão unânime, *DJ* 4.9.2006).
72. Art. 5º, XXIX, da CRFB: "*XXIX – a lei assegurará aos autores de inventos industriais privilégio temporário para sua utilização, bem como proteção às criações industriais, à propriedade das marcas, aos nomes de empresas e a outros signos distintivos, tendo em vista o interesse social e o desenvolvimento tecnológico e econômico do País*".
73. BRASIL, Supremo Tribunal Federal, Min. Ayres Brito, ADI 4451, *DJ* 26.8.2010, decisão liminar posteriormente referendada pelo Pleno.

Essa feliz decisão – ainda não meritória – do Supremo Tribunal Federal serve para iluminar o caminho a ser trilhado na hipótese de conflito entre as propriedades de signos distintivos e a liberdade de expressão. No entanto, o precedente é claramente dirigido a ligação entre Estado e entes privados, o que difere, sensivelmente, das hipóteses aqui traçadas.

Em primeiro lugar, não se pode afirmar que o mero *laissez faire* do Estado seja suficiente a salvaguardar a liberdade de expressão, posto que entes privados podem fazer o uso de títulos proprietários para angariar liminares *de censura*,[74] ou até mesmo ganhar causas, contra aqueles que proferem discursos "desagradáveis".

Portanto, o Estado não deve assegurar – tão somente – tutela indireta por meio do direito de petição, mas efetiva proteção da situação jurídica existencial.[75]

Nas felizes palavras do Prof. Cristophe Geiger:

> This is clearly the case for the freedom of expression in Art. 10 of the Convention, the European Court of Human Rights having laid down beyond all doubt that "genuine, effective exercise of this freedom does not depend merely on the state's duty not to interfere, bur may require positive measures of protection, even in the sphere of relations between individuals". This can be regarded as the logical consequence of a certain transfer of state power to the benefit of the business world, with the result that abuses of power can occasionally also come from major companies who are tempted to use legal means to achieve what they cannot achieve by means of social consensus.[76]

Portanto, desvirtuando da finalidade constitucional, um titular marcário poderia exercer seu título de maneira abusiva e promover uma censura privada.

Mas além do ato abusivo *per se*, as marcas registradas são comumente evocativas, descritivas, genéricas, sem qualquer distintividade originária.[77]

Conforme já tivemos a oportunidade de suscitar,

> quão maior a tutela à propriedade imaterial, mais celeremente se demandará por uma renovação, cada vez mais protetiva,[78] cada vez menos exigente com o escopo do direito.[79]

---

74. "*It is therefore hardly surprising property rights, granting their holders a formidable "right to prohibit", have been invoked in order to prevent criticism. Sometimes with success, since in certain cases the courts seem to have considered that the absence of express limits allows the rightholder to forbid any use of the protected sign*" (GEIGER, Christophe. Trade marks and freedom of expression – the proportionality of criticism. *International Review of Intellectual Property and Competion Law*, v. 38, nº 3, 2007, p. 317-327).
75. "*Por esse ponto de vista, o direito geral de liberdade tem o caráter de um direito protetor da liberdade geral de ação tanto direta quanto indiretamente (por meio da proteção de situações e posições jurídicas). Se se restringisse o direito a uma liberdade geral de ação apenas à proteção direta de ações, ele representaria, então, apenas uma parte do direito geral de liberdade. Aqui, é importante apenas não perder de vista essas distinções*" (ALEXY, Robert. *Teoria dos direitos fundamentais*. São Paulo: Malheiros, 2006. p. 344).
76. GEIGER, Christophe. Trade marks and freedom of expression – the proportionality of criticism. *International Review of Intellectual Property and Competition Law*, v. 38, nº 3, 2007, p. 317-327.
77. Que é requisito essencial à concessão do registro marcário, exigido em lei, mas de realidade dissonante.
78. Se compararmos o prazo de vigência que era assegurado na égide do revogado Código da Propriedade Industrial, Lei nº 5.772/71, para com a nova Lei de Propriedade Industrial, nº 9.279/96, perceberemos que os privilégios monopolísticos tiveram seu lapso total majorado em cinco anos, de 15 para 20.
79. No viés patentário farmacêutico, destacamos as patentes de segundo uso, de combinação, as patentes de seleção, os polimorfos, todas essas hipóteses utilizando um objeto já conhecido, introduzindo pequenos aperfeiçoamentos.

Na seara marcária, e. g, a proliferação[80] de signos "distintivos" nada criativos, que pleiteiam o uso exclusivo de termos nominativos evidentemente descritivos do produto ou serviço, acabam por minar o intuito legislativo de ponderar o direito à propriedade com o sinalagma exigido".[81]

Destarte, além de obterem um registro de signo sem distintividade originária, tentam opô-lo contra o uso do termo enquanto conceito linguístico, num claro avanço sobre o domínio público.

> A mesa foi virada, por assim dizer: a tarefa da teoria crítica foi invertida. Essa tarefa costumava ser a defesa da autonomia privada contra as tropas avançadas da "esfera pública": soçobrando sob o domínio opressivo do Estado onipotente e impessoal e de seus muitos tentáculos burocráticos ou réplicas em escala menor. Hoje a tarefa é defender o evanescente domínio público, ou, antes, reequipar e repovoar o espaço público que se esvazia rapidamente devido à deserção de ambos os lados: a retirada do "cidadão interessado" e a fuga do poder real para um território que, por tudo que as instituições democráticas existentes são capazes de realizar, só pode ser descrito como um "espaço cósmico". Não é mais verdade que o "público" tente colonizar o "privado". O que se dá é o contrário: é o privado que coloniza o espaço público, espremendo e expulsando o que quer que não possa ser expresso inteiramente, sem deixar resíduos, no vernáculo dos cuidados, angústias e iniciativas privadas.[82]

Portanto, a liberdade de expressão seria essencial à defesa não só da amplitude criativa, mas como corolário do domínio público das palavras e expressões enquanto conceitos.

No entanto, o Prof. Geiger enfatiza que sequer seria necessário invocar a liberdade de expressão para conter esse "avanço" proprietário, pois não seria da finalidade da tutela marcária a incidência sobre núcleos não competitivos. Ou seja, a marca não pode ser usada para proibir porque simplesmente seu poder de titularidade não abarca modalidades extraconcorrenciais.[83]

> O grande Pimenta Bueno já dizia no século passado que "a liberdade não é pois exceção, é sim a regra geral, o princípio absoluto, o Direito positivo; a proibição, a restrição, isso sim é que são as exceções, e que por isso mesmo precisam ser provadas, achar-se expressamente pronunciadas pela lei, e não por modo duvidoso, sim formal, positivo; tudo o mais é sofisma." Em dúvida [conclui] prevalece a liberdade, porque é o direito, que não se restringe por suposições ou arbítrio, que vigora, porque é facultas ejus, quod facere licet, nisi quid jure prohibet.[84]

Na doutrina estrangeira tal relação entre a espécie proprietária e a liberdade é resumida numa feliz metáfora: *"A propriedade intelectual é uma ilha de exclusividade num oceano de liberdades".*[85]

---

80. Como exemplo temos empresas denominadas "Casa do Pão de Queijo", "Companhia do Terno", "Casa do Biscoito", que são titulares de registros marcários para, respectivamente, alienar pães de queijo, trajes masculinos finos e guloseimas.
81. Trechos do artigo de Pedro Marcos Nunes Barbosa. Uma sucinta análise da teoria dos sistemas para com a propriedade intelectual. *Revista Criação.* Rio de Janeiro: Lumen Júris, v. 3, 2010.
82. BAUMAN, Zygmunt. *Modernidade líquida.* Rio de Janeiro: Zahar, 2001. p. 49.
83. "However, it must be asked if it is really necessary to have recourse to freedom of expression in order to justify these uses. Certain authors rightly emphasise that trade mark law is not intended to prohibit this type of use since it is not part of its function. In effect, the sign classified as a trade mark is only the subject of property rights as a distinctive sign and not sign 'in itself'. This involves two consequences. The trade mark right only exists with respect to the products and services referred to in the registration and is only protected against competing uses, i.e, uses in the economic sector" (GEIGER, Christophe. Trade marks and freedom of expression – the proportionality of criticism. *International Review of Intellectual Property and Competion Law,* v. 38, nº 3, 2007, p. 317-327).
84. SILVA, José Afonso da. *Curso de direito constitucional positivo.* São Paulo: Malheiros, 2003. p. 235.
85. *"To use a metaphor, intellectual property rights constitute islands of exclusivity in an ocean of liberty"* (GEIGER, Christophe. Trade marks and freedom of expression – the proportionality of criticism. *International Review of Intellectual Property and Competion Law,* v. 38, nº 3, 2007, p. 317-327).

Portanto, resta patente que a proibição do uso de signos registrados em manifestações culturais artísticas/científicas constitui hermenêutica desajustada e desproporcional do texto constitucional, em nítida violação do direito geral de liberdade.[86]

4. A INTERNET COMO PALCO DE CONFLITOS ENTRE DIREITOS CONSTITUCIONAIS

> *"As the internet has been integrated into ordinary life, it has changed things."*
> Lawrence Lessig[87]

Uma vez apurados alguns dos conflitos entre signos distintivos registrados e diversas espécies de manifestações culturais, abordaremos sucintamente os embates entre diversos valores constitucionalmente assegurados, no amplo espectro da rede mundial de computadores.

Essa mídia historicamente recente é um *"eficiente canal de distribuição para empresas de menor porte, que teriam poucas chances de sucesso se restringissem sua atuação ao mercado 'tradicional'"*.[88]

Contudo, a Internet não apenas representa um acesso democrático às empresas e comerciantes, mas também facilitou[89] a publicização de manifestações culturais independentes (através de *blogs*, redes sociais e outros) pela amplitude de sua difusão e pela *quase gratuidade*[90] em seu uso.

Com um maior número de *players* divulgando criações de seu espírito, naturalmente a Internet serviu de catalisador de conflitos como, *verbi gratia*, nomes de domínio e marcas, signos distintivos e liberdade de expressão e valores da personalidade para com todos os anteriores.

---

86. *"Quanto mais a intervenção legal afetar expressões elementares da liberdade de ação humana, tanto mais cuidadosamente devem ser sopesadas as razões utilizadas como fundamentação contra a pretensão básica de liberdade dos cidadãos. Esse postulado corresponde, com exceção do aspecto relativo ao cuidado, à lei de sopesamento formulada anteriormente, segundo a qual o aumento no grau de afetação de um princípio exige um correspondente aumento no grau de importância na satisfação do princípio colidente"* (ALEXY, Robert. Teoria dos direitos fundamentais. São Paulo: Malheiros, 2006. p. 343).
87. LESSIG, Lawrence. *Free culture*: the nature and future of creativity. Nova York: Penguin Books, 2004. p. 7.
88. FORGIONI, Paula. Nome de domínio e título de estabelecimento: nova função para um antigo instituto. In: Domingues, Alessandra de Azevedo; Finkelstein, Maria Eugênia (Org.). *Direito e Internet*: aspectos jurídicos relevantes. São Paulo: Quartier Latin, 2008. v. 2, p. 513.
89. *"Some of these changes are technical – the internet has made comunication faster, it has lowered the cost of gathering data ando so on"* (LESSIG, Lawrence. *Free culture* – the nature and future of creativity. Nova York: Penguin Books, 2004. p. 7).
90. Pode-se falar, factualmente, em receita indireta da maioria dos *sites*, pois através do número de cliques os sítios são valorizados para com a venda de publicidade: *"Não pode ser esquecido que o valor comercial de um site depende, em proporção direta, de sua popularidade, ou seja, do número usuários que o visitam. Quanto mais elevado for esse número, mais valorizado será o espaço publicitário ali oferecido e, por consequência, maiores serão os lucros destinados ao titular do site. [...] Diante de tais formas de contratação, cuja gratuidade é infirmada pela existência de um correspectivo prestado pelo consumidor, pode-se falar em uma nova moeda, entendida como instrumento de pagamento e troca, que consiste, diretamente, nas informações pessoais e econômicas que nos pertencem e, indiretamente, no nosso poder aquisitivo, contribuindo para aumentar a capacidade de penetração dessas empresas no mercado"* (MARTINS, Guilherme Magalhães. *Responsabilidade civil por acidente de consumo na Internet*. São Paulo: Revista dos Tribunais, 2008. p. 80 e 83).

Aliás, os sistemas proprietários tradicionais (direitos autorais, marcas e outras espécies de propriedade intelectual), bem como a clássica responsabilidade civil, não foram elaborados tendo em vista os avanços tecnológicos e alteração – destarte – de paradigma, trazidos pela Internet.[91]

Ao mesmo tempo em que *o mundo virtual* habilitou o acesso à divulgação de dados culturais de mais agentes, também se elevou a sofisticação dos *softwares* de busca que facilitam o *scanning* de expressões "indesejadas", popularizou-se a prática do *notice and take down*[92] imotivado, banalizou-se o controle – factual – da cultura.

> The technology that preserved the balance of our history – between uses of our culture that were free and the uses of our culture that were only upon permission – has been undone. The consequence is that we are less and less a free culture, more and more a permission[93] culture".[94]

Portanto, o espaço da liberdade, o *sermus communis omnium*, deu lugar a apropriação cultural, invadiu-se e apropriou-se o que já fora coisa pública.[95]

Longe de se propor o mesmo rigor aos entes privados face aos requisitos de validade das sentenças judiciais, mister se faz reconhecer que ante as tecnicidades do mundo virtual, a realidade é feita de uma série de decisões de empresas que "retiram do ar" páginas, músicas, manifestações de todo tipo, sem qualquer base legal (ou com uma leitura tacanha[96] da Lei de Direitos Autorais) ou justa motivação, em afronta à teleologia do art. 93, IX,[97] da CRFB.

---

91. "*Mais do que isso, os conceitos e as categorias tradicionais da responsabilidade civil não foram idealizados para um ambiente aberto, caracterizado pela participação de múltiplos sujeitos e organizações frequentemente amparados pelo anonimato, perfazendo-se a comunicação por meio de protocolos. Logo, deve ser abandonada a visão individualista, baseada na presença de uma vítima concreta e de um responsável passível de identificação*" (MARTINS, Guilherme Magalhães. *Responsabilidade civil por acidente de consumo na Internet*. São Paulo: Revista dos Tribunais, 2008. p. 56).
92. Prática comum nas redes sociais como o YouTube, Facebook e outros, onde qualquer conteúdo "ofensivo" pode ser rapidamente retirado de circulação mediante "denúncia" de quaisquer ofendidos, ainda que de forma abusiva ou sem qualquer motivação. Não adentraremos ao mérito da prática ser (in)suficiente à imunidade dos provedores no âmbito da responsabilidade civil, mas apenas tratamos aqui do poder censurador de tal "política virtual".
93. Um diagnóstico que confirma a hipótese é o disposto na Lei nº 9.610/98, em seu art. 29: "*Depende de autorização prévia e expressa do autor a utilização da obra, por quaisquer modalidades, tais como: I – a reprodução parcial ou integral. VII – a distribuição para oferta de obras ou produções mediante cabo, fibra ótica, satélite, ondas ou qualquer outro sistema que permita ao usuário realizar a seleção da obra ou produção para percebê-la em um tempo e lugar previamente determinados por quem formula a demanda, e nos casos em que o acesso às obras ou produções se faça por qualquer sistema que importe em pagamento pelo usuário*".
94. LESSIG, Lawrence. *Free culture* – the nature and future of creativity. Nova York: Penguin Books, 2004. p. 7.
95. "*There has never been a time in our history where more of our 'culture' was as 'owned' as it is now. And yet there has never been a time when the concentration of power to control the uses of culture has been as unquestioningly accepted as it is now*" (LESSIG, Lawrence. *Free culture* – the nature and future of creativity. Nova York: Penguin Books, 2004. p. 12).
96. "*Art. 105. A transmissão e a retransmissão, por qualquer meio ou processo, e a comunicação ao público de obras artísticas, literárias e científicas, de interpretações e de fonogramas, realizadas mediante violação aos direitos de seus titulares, deverão ser imediatamente suspensas ou interrompidas pela autoridade judicial competente, sem prejuízo da multa diária pelo descumprimento e das demais indenizações cabíveis, independentemente das sanções penais aplicáveis; caso se comprove que o infrator é reincidente na violação aos direitos dos titulares de direitos de autor e conexos, o valor da multa poderá ser aumentado até o dobro*". Além da previsão legal, a doutrina conservadora não hesita em promover uma hermenêutica literal: o "*legislador procura dar os instrumentos legais necessários para que se ponha fim à lesão, suspendendo-se a comunicação da obra ao público, seja qual for o meio utilizado, aí incluindo-se a INTERNET e as fontes de acesso remoto via computador*" (CABRAL, Plínio. *A nova lei e direitos autorais*. 4. ed. São Paulo: Harbra, 2003. p. 14-15 e 136-137).
97. "*Todos os julgamentos dos órgãos do Poder Judiciário serão públicos, e fundamentadas todas as decisões, sob pena de nulidade, podendo a lei limitar a presença, em determinados atos, às próprias partes e a seus advogados, ou somente a estes, em casos nos quais a preservação do direito à intimidade do interessado no sigilo não prejudique o interesse público à informação*".

Uma das formas mais comuns do exercício da neocensura, ou censura privada, é o uso dos direitos autorais para atravancar as transformações criativas,[98] que são, efetivamente, consideradas verdadeiras práticas da especificação[99] civil no âmbito evanescente. No entanto, o exercício de expressões criativas, a troca de dados, a divulgação cultural se dá na maioria das vezes em espaços privados, o que não exclui – mas ressalta – o fator de os usos serem primordialmente livres,[100] na forma do art. 220 da Constituição da República.

Nas felizes palavras da doutrina contemporânea, *"nos espaços privados, onde não há intenção lucrativa de nenhuma parte, também devem ser permitidos todos os tipos de execução"*.[101]

Nesse sentido, um dos pontos mais interessantes sobre a Internet é exatamente a majoração das possibilidades de acesso[102] a obras esgotadas, indisponíveis no mercado comercial, ou o rompimento das barreiras físicas. Sacia, portanto, a necessidade de contato cultural, essencial ao desenvolvimento da pessoa humana.[103]

Tal ampliação de acesso tem no conhecido caso do museu francês Louvre um feliz exemplo. Hoje, mesmo aqueles que não dispõem de possibilidades pecuniárias de ir a Paris podem apreciar, praticamente, todo o acervo de obras, que ficam acessíveis – com excelente qualidade de digitalização, por sinal – em seu sítio oficial.[104]

---

98. *"As transformações criativas que constituem basicamente de criações recombinantes realizadas no ambiente digital, que utilizam dos recursos tecnológicos para recontextualizar as informações digitais binárias em novos sons e imagens completamente distintos da base originalmente utilizada. Assim se pode observar a existência de transformações criativas em várias hipóteses, dentre as quais, exemplifica-se: transformação criativa de imagem – Quando por meio de recursos informáticos uma pessoa utilizando a informação digital de uma tonalidade da cor azul do quadro 'A noite estrelada' de Van Gogh realize uma recombinação desta informação digital para contextualizá-la em outra obra completamente distinta da base original, com o intuito de criar algo novo e original, como por hipótese, recombinar a informação digital deste tom de azul de Van Gogh numa paisagem marítima completamente distinta. Transformação criativa de sons – Ocorre quando por meio de recursos informáticos uma pessoa utilizando uma informação digital de um timbre de uma passagem qualquer da música Requiem de Wolfgang Amadeus Mozart venha realizar uma recombinação desta informação para acrescer no timbre de um saxofone com a intenção de criar uma outra obra original. A informação digital terá livre fluxo abrindo possibilidades para que, com novos estudos musicais, possam surgir novas criações que não se confundam com o bem intelectual original que tem proteção de Direitos Autorais"* (WACHOWICZ, Marcos. *A propriedade intelectual como fatores de produção de conhecimento*. Florianópolis: Boletim da UFSC, GEDAI (Grupo de Estudos em Direito Autoral e Informação), v. 5, ago. 2010, p. 3. Disponível em: <http://www.direitoautoral.ufsc.br/gedai/wp-content/uploads/BoletimGedai/BoletimGEDAI_Agosto2010.pdf>. Acesso em: 17 jan. 2020.
99. Código Civil, "Art. 1.269. *Aquele que, trabalhando em matéria-prima em parte alheia, obtiver espécie nova, desta será proprietário, se não se puder restituir à forma anterior*".
100. *"O intercâmbio de conteúdos, de terminal para terminal, é um ato de uso privado. Sob reserva do apofundamento posterior, avancamos que em termos de Direito Autoral o uso privado é tendencialmente livre"* (ASCENSÃO, José de Oliveira. Direito de autor e desenvolvimento tecnológico: controvérsias e estratégias. *Revista de Direito Autoral*, São Paulo, ano 1, nº 1, ago. 2004. p. 5).
101. SOUZA, Allan Rocha de. *A função social dos direitos autorais*. Campos: Ed. Faculdade de Direito de Campos, 2006. p. 290.
102. *"As novas tecnologias de comunicação permitem a difusão em maior escala das obras autorais. As transmissões via cabo e satélites ampliam o acesso às obras por um maior número de pessoas em um menor controle de seus usos por parte dos titulares, confrontando-os com novas ameaças"* (SOUZA, Allan Rocha de. *A função social dos direitos autorais*. Campos: Ed. Faculdade de Direito de Campos, 2006. p. 123).
103. Sobre a demanda humana que ultrapassa da mera alimentação fisiológica, uma feliz passagem de uma canção dos Titãs: *"Bebida é água. Comida é pasto. Você tem sede de quê? Você tem fome de quê? gente não quer só comida, A gente quer comida, diversão e arte"* (ANTUNES, Arnaldo; FROMER, Marcelo; BRITTO, Sérgio. *Comida. Jesus não tem dentes no país dos banguelas*. São Paulo: WEA, 1986).
104. Disponível em: <www.louvre.fr>. Acesso em: 17 jan. 2020.

Entretanto, com o conhecido discurso proprietário, as editoras e produtoras retiram de circulação centenas de vídeos do <www.youtube.com> editados por utentes diversos, resultando em novas obras, mas cerceadas pelo uso não autorizado de parte de obra alheia.[105]

Como substância da doutrina conservadora/empresarial, há a alegação que a disponibilização – não autorizada – de obras protegidas por direitos de exclusiva importa na minoração dos lucros dos titulares.

Porém, "*o que se verifica é a possibilidade de difusão da cultura, do acesso ao conhecimento, do aumento da produção intelectual e até a divulgação das obras de terceiros podendo haver mesmo um incremento em suas vendas, e necessariamente não uma diminuição*".[106] Não se pode circunscrever a liberdade de expressão apenas à emanação criativa, mas também à interlocução desta com o público.

Nessa toada, o sopesamento entre os interesses existenciais-culturais em face dos patrimoniais-proprietários deve resultar, categoricamente, na predominância dos primeiros contra os segundos, pois,

> sob o aspecto subjetivo, deve passar-se do sujeito abstrato à pessoa concretamente considerada. No objetivo, há de se dar prevalência aos interesses existenciais, sobre os patrimoniais. No formal, postula-se a forma fator limitador da autonomia privada, em favor de interesses socialmente relevantes e das pessoas vulneráveis.[107]

Se outrora o "cerceamento" das expressões culturais tinham como ícone a "segurança nacional", "os bons costumes", a "moralidade pública", hoje o equivocado – e popular – termo *pirataria* (mesmo que incabível) traz uma nefasta chaga sociopolítica, "legitimando" o atravancamento da liberdade de expressão no âmbito privado, sendo corriqueiramente acolhido pelos julgados.[108]

---

105. A criação e divulgação de novos *videoclipes* não oficiais, paródias, críticas, são, dessa forma, cerceadas.
106. BRANCO JÚNIOR, Sérgio Vieira. *Direitos autorais na internet e o uso de obras alheias*. Rio de Janeiro: Lumen Juris, 2007. p. 4.
107. BARBOZA, Heloisa Helena. Reflexões sobre a autonomia negocial. In: TEPEDINO, Gustavo; FACHIN, Luiz Edson. *O direito e o tempo. Embates jurídicos e utopias contemporâneas*. Rio de Janeiro: Renovar, 2008. p. 423.
108. "*APELAÇÃO CÍVEL E RECURSO ADESIVO. POSSE E PROPRIEDADE. AÇÃO DE INDENIZAÇÃO. EMPRESA DE TRANSMISSÃO DE DADOS VIA INTERNET. UTILIZAÇÃO NÃO AUTORIZADA DO SITE DA AUTORA. TRANSMISSÃO DE EVENTO. DANOS PATRIMONIAIS. Embora não caracterizada hipótese de violação de direito autoral, o uso indevido da transmissão gerada pela autora, sem a sua autorização, impõe o dever de indenizar. Ausência de comprovação quanto ao alegado contrato verbal. Dano consistente na redução do número de acessos à página da autora, e consequente implemento de acessos a da demandada, ocasionando reflexos nos contratos de publicidade. DANOS MORAIS. Não configurados no caso concreto, ausente abalo à imagem que a pessoa jurídica goza no meio social. Violação de direito autoral não caracterizada*" (RIO GRANDE DO SUL, Tribunal de Justiça do Estado do Rio Grande do Sul, 14ª Câmara Cível, Des. Sejalmo Sebastião de Paula Nery, Apelação Cível nº 70007110612, Julgado em 30.9.2004). "*APELAÇÃO CÍVEL. RESPONSABILIDADE CIVIL. DIREITO AUTORAL. UTILIZAÇÃO DE FOTOGRAFIAS NÃO AUTORIZADAS EM SITE NA INTERNET. DANO MATERIAL E MORAL. CONFIGURAÇÃO. INTELIGÊNCIA DA LEI Nº 9.610/98. O VALOR DA INDENIZAÇÃO ATENDE AOS SEUS OBJETIVOS: DE UM LADO, A PUNIÇÃO DO OFENSOR E, DE OUTRO, A COMPENSAÇÃO À VÍTIMA. APELO A QUE SE NEGA PROVIMENTO*" (RIO GRANDE DO SUL, Tribunal de Justiça do Estado do Rio Grande do Sul, 16ª Câmara Cível, Des. Artur Arnildo Ludwig, Apelação Cível nº 70007924681, julgado em 14.4.2004). "*ORKUT – SITE DE RELACIONAMENTO DE PROPRIEDADE DA GOOGLE – DISPONIBILIDADE DE MATERIAL GRATUITAMENTE – OFENSA A DIREITO AUTORAL DO AUTOR – DANO DE DIFÍCIL REPARAÇÃO – DEFERIMENTO DA TUTELA PRETENDIDA – FORNECIMENTO DE DADOS DOS USUÁRIOS – AUSÊNCIA DE URGÊNCIA – INDEFERIMENTO – MULTA DIÁRIA – POSSIBILIDADE – QUANTUM FIXADO – REDUÇÃO. Deve ser deferida a antecipação de tutela, para retirar do site de relacionamentos*

Mas essa prática abusiva através do direito de exclusiva-proprietário não se adapta à carga axiológica atual, estando desatualizada com as *cargas sociais* do plano constitucional de difusão cultural e promoção dos valores existenciais.[109]

Tal como ocorre nos meios tradicionais (mídia física), as críticas, citações, alusões a obras e pessoas alheias são uma salutar parte do material disponível na Internet.

> The constitutional principle of the freedom of expression implies that the organisation [...] can, on its internet site, criticise, in the form that it regards appropriate, the damage to the environment and the risk caused to public health by industrial activities (the social consequences of the reorganisation plans); that while this liberty it not absolute, it can nevertheless only be subject to restrictions made necessary by the defence of the rights of others.[110]

A realização de paródias também é bastante comum na Internet, por vezes fazendo uso de signos distintivos para a concretização do viés crítico e humorístico da natureza humana.

Nos exemplos abaixo, um sítio utiliza da chalaça para criticar os excessos dos ambientalistas da conhecida Fundação WWF; noutro *site*, divulga-se uma foto que estampa a expressão de propaganda e o signo figurativo de uma conhecida marca de *sportswear* numa situação escatológica:

Certamente, nenhum dos entes titulares dos direitos de exclusiva ficou muito feliz com a utilização de seus signos distintivos, mas os autores dessas obras humorísticas estão exercendo sua liberdade de expressão através da paródia visual.[111]

A titularidade proprietária não incide, destarte, fora do contexto comercial, especialmente perante manifestações culturais, pois "*a registered trade mark does not give an*

---

de propriedade da recorrente as páginas eletrônicas que disponibilizam materiais e produtos de autoria do requerente, em razão da possibilidade de ocorrência de dano de difícil reparação. Ausente a demonstração da urgência, do fundado receio de dano irreparável ou de difícil reparação, impõe-se o indeferimento da tutela antecipada quanto ao fornecimento de dados sobre os usuários, devendo-se observar o regular prosseguimento do feito. A imposição de multa diária objetiva assegurar o efetivo cumprimento da tutela antecipada concedida, devendo ser fixada em valor suficiente para compelir a parte à prática da ordem judicial" (MINAS GERAIS, Tribunal de Justiça do Estado de Minas Gerais, Des. Alvimar de Ávila, Apelação Cível nº 1.0024.07.801561-7/001(1), DJ 12.1.2009).

109. "*A ideia de interesse social corresponde ao início da distribuição de cargas sociais, ou seja, da previsão de que ao direito subjetivo da apropriação também correspondem deveres. Nessa esteira, passa-se a entender que esse direito subjetivo tem destinatários no conjunto da sociedade, de modo que o direito de propriedade também começa a ser lido como direito à propriedade*" (FACHIN, Luiz Edson. Teoria crítica do direito civil. Rio de Janeiro: Renovar, 2003. p. 289).
110. GEIGER, Christophe. Trade marks and freedom of expression – the proportionality of criticism. *International Review of Intellectual Property and Competition Law*, v. 38, nº 3, 2007. p. 317-327.
111. No direito brasileiro aplica-se *mutatis mutandi* o disposto no art. 47 da Lei nº 9.610/98: "*São livres as paráfrases e paródias que não forem verdadeiras reproduções da obra originária nem lhe implicarem descrédito*".

absolute monopoly to a trader; rather the monopoly is limited to the particular goods and services for which the mark is register".[112]

Outras vezes nomes de domínio[113] semelhantes a marcas famosas são registrados exatamente para satirizar as atividades ou a conduta política de veículos de comunicação.

Num recente caso,[114] insatisfeita com as palavras ácidas de um *site*, a *Folha de S. Paulo* ingressou com ação judicial visando vedar o exercício crítico da "Falha de São Paulo", através de seu nome de domínio. Tendo habilmente travestido sua pretensão de censura através do pleito de violação marcária, o gigante paulista logrou êxito liminar em que o *site* <www.falhadesaopaulo.com.br> fosse retirado de circulação.

Contudo, os "autores" do *site* crítico registraram o divertido sítio <www.desculpeanossafalha.com.br>, e continuam a impugnar a falta de parcialidade política e supostos abusos por parte do tradicional jornal de São Paulo.

Tais condutas demonstram que mesmo os órgãos de imprensa não estão preocupados em defender a liberdade de expressão, quando o alvo crítico são os próprios veículos comunicativos. Para estes, tal prerrogativa constitucional é interessante e essencial desde que não lhes cause incômodos.

Outrossim, hodiernamente, verifica-se a fragilidade do valor constitucional da liberdade, mesmo num ambiente – supostamente – democrático da Internet, perante os avanços tecnológicos, os poderes proprietários e o exercício de controle de conteúdo pelos grandes conglomerados empresariais.

5 CONCLUSÃO

*"Freedom
You've gotta give for what you take."*

George Michael[115]

No presente estudo tangenciamos o plano constitucional da liberdade de expressão enquanto direito fundamental, vinculado à noção do Estado Democrático de Direito.

---

112. WAELDE, Charlotte. Trade marks and domain names. There's a lot in a name. In: *Law and the Internet*. Edimburgo: AHRC Research Centre for Studies in Intellectual Property and Technology Law, 2000.
113. "*A defence of non-commercial speech and of free speech has surfaced several times in the USA. In Jews for Jesus v. Brodsky, 62 Brodsky registered the domain name JewsforJesus.com. He used the Web site to make disparaging comments about the organisation 'Jews for Jesus' who had a registration for that phrase. When challenged, Brodsky pled non-commercial speech and free speech as defences; arguing that he was just using the domain name as an identifier to makes comments about an organisation whose policies and teachings he disagreed with. However, the court said that he had done more than just register the name; rather, the site was a conduit to another organisation that sold merchandise. Importantly the court also noted that Brodsky's actions were in bad faith [...] This was held not to dilute the mark 'Spam' which had been registered or pork and ham luncheon meat because it was said the public identification of the mark with the owner would be increased: 'the joke magnifies the mark because it increases the fame'. Thus there was no blurring*" (WAELDE, Charlotte. Trade marks and domain names. There's a lot in a name. *Law and the Internet*. Edimburgo: AHRC Research Centre for Studies in Intellectual Property and Technology Law, 2000. p. 150-151).
114. Feito distribuído à 29ª Vara Cível do Fórum João Mendes de São Paulo, Autos de nº 583.00.2010.184534-2/000000-000.
115. MICHAEL, George. Freedom 90. *Listen without prejudice*. Columbia: Columbia Records, 1990.

Para tanto, foi abordada a relação entre o exercício *das liberdades* enquanto valor juridicamente tutelado contra o Estado, mas também garantido pelo último. Um idealista do século XVIII já preceituava que

> um governo que tem necessidade de censores ou de qualquer outra espécie de magistrados arbitrários, prova que é mal-organizado e que sua constituição não tem força. Num país em que o destino dos cidadãos está entregue à incerteza, a tirania oculta imola mais vítimas do que o tirano mais cruel que age abertamente. Este último revolta, mas não avilta.[116]

Hoje sabemos que na *"falta de liberdade de pensamento, todas as outras liberdades humanas estão sacrificadas, desde os fundamentos"*,[117] e por isso o legislador constituinte prestigiou, textual e reiteradamente, a liberdade de criação do espírito, da emanação da criatividade e da sensibilidade humana.

Entretanto, há nítida separação entre o virtuoso texto constitucional e a realidade, numa demonstração cristalina da separação do dever-ser com o mero ser. Poder-se-ia falar, inclusive, na ausência factual de eficácia social de tais normas quando do lado oposto – daquele que pretende exercer sua liberdade – figura um *medalhão* empresarial.

Ultrapassados os tempos onde o principal foco da liberdade de expressão era de limitar o Estado-censurador, hoje vivemos a censura "privatizada", o oligopólio do acesso e da difusão cultural pelos grandes veículos de comunicação, seja por meio físico ou até pela Internet vigiada e controlada.

O "novo inimigo" do consagrado direito é deveras poderoso, não estatal, indiferente a eleições democráticas, e usa do discurso proprietário para calar quaisquer palavras de eventual "oposição ideológica".

Certo é que nenhum direito de propriedade intelectual, ou qualquer tecnologia cibernética, pode servir de empecilho ao desenvolvimento dos valores culturais garantidos pela liberdade de expressão.

REFERÊNCIAS

ALEXY, Robert. *Teoria dos direitos fundamentais*. Tradução de Virgílio Afonso da Silva. São Paulo: Malheiros, 2006.

ANTUNES, Arnaldo; FROMER, Marcelo; BRITTO, Sérgio. Comida. *Jesus não tem dentes no país dos banguelas*. São Paulo: WEA, 1986.

ASCENSÃO, José de Oliveira. Direito de autor e desenvolvimento tecnológico: controvérsias e estratégias. *Revista de Direito Autoral*, São Paulo, ano 1, n° 1, p. 3-33, ago. 2004.

BARBOSA, Denis Borges. *Proteção de marcas*. Rio de Janeiro: Lumen Juris, 2007.

BARBOSA, Pedro Marcos Nunes. Uma sucinta análise da teoria dos sistemas para com a propriedade intelectual. *Revista Criação*. Rio de Janeiro: Lumen Juris, v. 3, 2010.

---

116. BECCARIA, Cesare. *Dos delitos e das penas*. 2. ed. Tradução de Paulo M. Oliveira. Bauru: Edipro, 2010. p. 99.
117. CRETELLA JÚNIOR, J. *Comentários à Constituição de 1988*. Rio de Janeiro: Forense Universitária, 1988. p. 204.

BARBOZA, Heloisa Helena. Reflexões sobre a autonomia negocial. In: TEPEDINO, Gustavo; FACHIN, Luiz Edson. *O direito e o tempo, embates jurídicos e utopias contemporâneas.* Rio de Janeiro: Renovar, 2008, p. 423.

BASTOS, Celso Ribeiro. *Curso de direito constitucional.* São Paulo: Ed. Celso Bastos, 2002.

BAUMAN, Zygmunt. *Modernidade líquida.* Rio de Janeiro: Zahar, 2001.

BECCARIA, Cesare. *Dos delitos e das penas.* 2. ed. Tradução de Paulo Oliveira. Bauru: Edipro, 2010.

BORGES, Roxana Cardoso Brasileiro. Dos direitos da personalidade. In: LOTUFO, Renan; NANNI, Giovanni Ettore. *Teoria geral do direito civil.* São Paulo: Atlas, 2008.

BULOS, Uadi Lammêgo. *Constituição Federal anotada.* São Paulo: Saraiva, 2001.

CABRAL, Plínio. *A nova lei e direitos autorais.* 4. ed. São Paulo: Harbra, 2003,

CANOTILHO, J. J. Gomes. *Constituição da República portuguesa.* Coimbra: Editora Coimbra, 1984.

CESAR, Chico. Mama africa. *Aos Vivos.* São Paulo: Velas,1995.

CRETELLA JÚNIOR, J. *Comentários à Constituição de 1988.* Rio de Janeiro: Forense Universitária, 1988.

DINHO. Pelados in Santos. *Mamonas Assassinas.* São Paulo: EMI, 1995.

DINHO; RASEC, Júlio. Chopis centis. *Mamonas Assassinas.* São Paulo: EMI, 1995.

DONEDA, Danilo. Dos direitos da personalidade no Código Civil. In: TEPEDINO, Gustavo. *A parte geral do novo Código Civil.* 3. ed. Rio de Janeiro: Renovar, 2007.

FERREIRA FILHO, Manoel Gonçalves. *Curso de direito constitucional.* São Paulo: Saraiva, 1975.

FORGIONI, Paula. Nome de domínio e título de estabelecimento: nova função para um antigo instituto. In: DOMINGUES, Alessandra de Azevedo; FINKELSTEIN, Maria Eugênia (Org.). *Direito e Internet*: aspectos jurídicos relevantes. São Paulo: Quartier Latin, 2008. v. 2.

GARCIA, Emerson. A liberdade de expressão dos membros do Ministério Público. In: ANDRADE, André. *A constitucionalização do direito.* Rio de Janeiro: Lumen Juris, 2003.

GEIGER, Christophe. Trade marks and freedom of expression – the proportionality of criticism. *International Review of Intellectual Property and Competion Law*, v. 38, n° 3, 2007, p. 317-327.

GESSINGER, Humberto. *O preço.* São Paulo: BMG, 1996.

LESSIG, Lawrence. *Free culture* – the nature and future of creativity. Nova York: Penguin Books, 2004.

LOURENÇO, Tatiana dos Santos (vulgo Tati Quebra Barraco). Dako é bom. *Boladona.* Rio de Janeiro: Unimar Music, 2004.

MARTINS, Guilherme Magalhães. *Responsabilidade civil por acidente de consumo na Internet.* São Paulo: Revista dos Tribunais, 2008.

MELLO, Celso Antônio Bandeira de. *Eficácia das normas constitucionais e direitos sociais.* São Paulo: Malheiros, 2009.

MENDES, Alexandre Fabiano. Liberdade. In: BARRETO, Vicente de Paulo. *Dicionário de filosofia do direito.* Rio de Janeiro: Renovar, 2006.

MICHAEL, George. Freedom 90. *Listen without prejudice.* Columbia: Columbia Records, 1990.

MORAES, Alexandre. *Constituição do Brasil interpretada e legislação constitucional.* São Paulo: Atlas, 2002.

MORAES, Maria Celina Bodin de. *Danos à pessoa humana*: uma leitura civil-constitucional dos danos morais. Rio de Janeiro: Renovar, 2003.

PEREIRA, Caio Mario da Silva. *Instituições de direito civil*. 23. ed. Rio de Janeiro: Forense, 2010. v. 1.

PERLINGIERI, Pietro. *Perfis do direito civil*: introdução ao direito civil constitucional. Rio de Janeiro: Renovar, 2007.

PINTO, Carlos Alberto da Mota. *Teoria geral do direito civil*. Coimbra: Editora Coimbra, 2005.

RUSSO, Renato; BONFÁ, Marcelo. O reggae. *Legião Urbana*. São Paulo: EMI, 1985.

RUSSO, Renato; LEMOS, Fê. Geração Coca-Cola. *Legião Urbana*. São Paulo: EMI, 1985.

SCHREIBER, Anderson. *Novos paradigmas da responsabilidade civil*. São Paulo: Atlas, 2009.

SILVA, José Afonso da. *Curso de direito constitucional positivo*. São Paulo: Malheiros, 2003.

SOUZA, Allan Rocha de. *A função social dos direitos autorais*. Campos: Ed. Faculdade de Direito de Campos, 2006.

TEPEDINO, Gustavo; BARBOSA, Heloisa Helena Barboza; MORAES, Maria Celina Bodin de. *Código Civil interpretado conforme a Constituição da República*. Rio de Janeiro: Renovar, 2007. v. I.

TEPEDINO, Gustavo. A tutela da personalidade no ordenamento civil-constitucional brasileiro. *Temas de Direito Civil*. 4. ed. Rio de Janeiro: Renovar, 2008. t. I.

WAELDE, Charlotte. Trade marks and domain names. There's a lot in a name. *Law and the Internet*. Edimburgo: AHRC Research Centre for Studies in Intellectual Property and Technology Law, 2000.

WACHOWICZ, Marcos. *A propriedade intelectual como fatores de produção de conhecimento*. Florianópolis: Boletim da UFSC, GEDAI (Grupo de Estudos em Direito Autoral e Informação), v. 5, ago. 2010. Disponível em: <http://www.direitoautoral.ufsc.br/gedai/wp-content/uploads/BoletimGedai/BoletimGEDAI_Agosto2010.pdf>. Acesso em: 17 jan. 2020.

12
INTERNET DAS COISAS:
A INAUGURAÇÃO DO NOVO MUNDO E SUAS INTERCORRÊNCIAS JURÍDICAS

Renato M. S. Opice Blum

Sumário: 1 Introdução. 2 Os problemas. 3 Privacidade e a maior *Big Data* de todos os tempos. 4 Legislação aplicável. 4.1 Marco Civil da Internet e Lei Geral de Proteção de Dados. 4.2 Código de Defesa do Consumidor. 4.3 Código Civil e Estatuto da Criança e do Adolescente. 4.4 Código Penal. 4.5 Leis de Proteção aos Direitos Intelectuais. 4.6 Plano Nacional da Internet das Coisas. 5 Colaboração em investigações criminais. 6 *Blockchain* - solução para as contratações intersistemáticas? 7 Considerações finais. Referências.

1. INTRODUÇÃO

Nos primórdios da Conectividade, quando os sistemas começaram a ter os primeiros traços do que hoje conhecemos como Internet, certamente não se imaginava quão gigantesca se tornaria a Rede. A exemplo da dinâmica do cérebro humano, as redes neurais da Web se estenderam exponencialmente, fazendo conexões incríveis, ligando pessoas, lugares e seus respectivos sentimentos abstratos e inexplicáveis.

Inegavelmente, e a despeito de grandes descobertas históricas, a comunicação deu um salto perdulário, fazendo desabrochar no ser humano a vontade nunca antes vista de informar, compartilhar experiências, medos e sonhos. Lamentável, mas previsivelmente, as idiossincrasias turvas do *homo sapiens* passaram então a contaminar o mundo virtual. Surgiram os ilícitos e, seguidamente, os crimes eletrônicos.

Deste modo, de fase em fase, a Internet foi alargando suas fronteiras de usabilidade: do mundo científico e acadêmico, dominou o público leigo, empresarial e governamental, registrando dados e aplicando-os de maneira lógica e racional e, também, outras vezes, de forma ilógica e irracional. Surgiram as Redes Sociais e a intimidade privada ganhou viés de *extimidade*, como anotado por muitos.

Nesta esteira, com conquistas diárias que são quase impossíveis de acompanhar, a tecnologia passou a apostar no potencial de certos objetos do cotidiano, vislumbrando na conectividade mais uma oportunidade para afinar e ampliar a serventia dos bens. A chamada *Internet das Coisas (ou IoT – Internet of Things,* em inglês), portanto, nasceu mirando a integração de objetos à Web e entre si, para aprimorar a sua utilização.

Óculos multimídias, geladeiras conselheiras, fechaduras e lâmpadas inteligentes, carros e até armas. Emerge uma nova "magia" dos bens tradicionais quando estes, ligados à Rede, passam a armazenar e trocar informações entre si, realizando tarefas e simplificando atividades.

De forma especial, consideremos o avanço da biotecnologia para remover obstáculos homéricos: pessoas com deficiência visual têm acesso a tênis conectados a sites de Mapas; portadores de Parkinson podem utilizar colheres que emitem sinais antitremores, entre milhares de exemplos divulgados na própria Rede. Nossos avós, que provavelmente achavam o *fac símile* uma prova dos finais dos tempos, ficariam estupefatos com a grandiosidade de projetos que fazem uso da nanotecnologia aliada à Rede.

No entanto, colocando de lado o encantamento natural que a tecnologia da IoT suscita, é preciso analisar com cautela as implicações que seu crescimento desprovido de medidas preventivas pode acarretar. Percorrendo os problemas já detectados por especialistas, verificaremos a seguir as questões jurídicas de destaque e as sugestões estratégicas de segurança da informação.

2. OS PROBLEMAS

Muita interação = muita facilidade; muitos dados = muitos interesses = muito dinheiro. Esta sequência, obrigatoriamente reconhecida quando objetos são associados à Internet, foi fácil e rapidamente percebida pelos indivíduos mal-intencionados que atuam na Web. Logicamente, a partir do momento em que as coisas (relógios, fogões, Tvs) precisam de dados reais e atualizados de seus usuários para funcionar de forma personalizada, estes objetos passaram a atrair a atenção de infratores.

De fato, neste espetáculo de objetos fantásticos, é proporcionalmente alarmante a gama de problemas decorrentes de vícios, defeitos ou vulnerabilidades constatados, de forma que a falta de segurança parece ser a grande pedra no caminho desta tecnologia. Neste sentido, são reiterados os brados de especialistas do mundo inteiro sobre a atual fragilidade dos sistemas de segurança da informação na IoT.

Ademais, além da singeleza dos sistemas de proteção, é preciso pontuar a ausência de políticas claras de informação ao consumidor sobre a coleta de dados, armazenamento e, obviamente, dos possíveis riscos em termos de violação da privacidade. E a situação é agravada pelo fato de que os objetos ofertados hoje no mercado não detêm sistema capaz de sujeitar-se à atualização *online*, abrindo com isto uma porta enorme de instabilidade.

Justamente por estas razões, são cada vez mais comuns as desafortunadas notícias a respeito de obtenção indevida de dados ou acidentes oriundos bens comuns ligados à Rede, como lâmpadas (captação de senhas Wi-fi), TVs (veiculação de vídeos inapropriados em locais públicos), entre outros. Acidentes com veículos autônomos podem ter ocorrido. Armas de fogo foram comprovadamente invadidas e controladas de modo remoto em testes. Ou seja: os problemas não são pequenos e envolvem, basicamente, atacabilidade da privacidade, compartilhamento inseguro de IPs, ausência de criptografia ou atualização, fragilidade nos sistemas de segurança e falta de capacitação do usuário.

No que concerne a este último apontamento – educação do usuário, a questão chega a ser embaraçosa: se as regras básicas para segurança da Internet não são aplicadas por donos de computadores e smartphones, o que dizer de segurança da informação e proteção de dados pessoais relativa aos eletrodomésticos? Ainda editamos cartilhas para ensinar o não compartilhamento de senhas e dados bancários e, mesmo assim, são inúmeros os incidentes por desatenção às boas práticas. Como, então, sensibilizar a população para os riscos da inadequação de uma "geladeira amiga" ou de uma "fechadura esperta"?

Por isso, no contexto apavorante de crescimento das práticas de *ramsomware* e outros crimes que podem ter a Internet das Coisas como entrada, não restam dúvidas de que o tema carece de mobilização multidisciplinar inadiável.

3. PRIVACIDADE E A MAIOR *BIG DATA* DE TODOS OS TEMPOS

Quando pensamos em milhões de dispositivos armazenando dados simultaneamente, em formatos e sistemas diferentes, com interfaces diversas, sem facilidade de identificação por tipo de objeto ligado à Web, desprovidos de mecanismos robustos de segurança, nas mãos de usuários desavisados, parece que estamos descrevendo uma visão apocalíptica. Mas é exatamente este o cenário desvairado de Big data da Internet das Coisas, atualmente em vigorosa expansão.

É de relevo anotar que toda esta falta de potencial de organização de segurança abala de modo preocupante um dos mais importantes pilares do uso da Internet pela humanidade: a privacidade. Por mais que este princípio elementar esteja sendo relativizado por alguns usuários inconsequentes, é essencial primar por sua preservação, principalmente quando se verifica que a segurança física e segurança da informação têm se fundido a cada dia, como parceiras indissociáveis.

A problemática mostra-se sobremaneira mais complexa quando lembramos que muitos destes novos dispositivos coletam dados pessoais, muitas vezes sensíveis.. Se os prejuízos decorrentes de obtenção indevida de dados pessoais gerais já são consideráveis, o que pensar dos mastodônticos danos oriundos do vazamento de dados sensíveis?

Destarte, preocupada com as perspectivas do avanço tecnológico, analisa Liliana Minardi Paesani[1]:

> Como consequência da atual realidade, concluímos que, sem uma tutela do 'corpo eletrônico', o conjunto das nossas informações pessoais, a própria liberdade pessoal está em perigo e se abre espaço para a construção de uma sociedade de vigilância, da classificação e da seleção social. (...) a tutela da privacidade se revela como sendo o instrumento necessário para a defesa da sociedade da liberdade.

Deveras, por mais estonteantes que sejam os proveitos oferecidos pela modernidade dos bens, estas jamais podem colidir com os princípios de elevação da dignidade humana. Aliás, as famosas *leis da robótica* de Asimov, desde 1950 denunciam esta verdade.

Sobre a gravidade do tema, adverte Danilo Doneda[2]:

> O tratamento de dados pessoais, em particular por processos automatizados, é, ao mesmo tempo, uma atividade que apresenta riscos cada vez mais claros. Risco que se concretiza na possibilidade de exposição e utilização indevida ou abusiva de dados pessoais; na eventualidade de esses dados não serem

---

1. A Evolução do Direito Digital: Sistemas Inteligentes, a Lei nº 12.737/2012 e a Privacidade, *in* O Direito na Sociedade da Informação III, p. 32.
2. O Direito Fundamental à Proteção de Dados Pessoais, *in* Direito Privado e Internet, p. 61/62.

corretos e representarem erroneamente seu titular; na utilização por terceiros sem o conhecimento ou autorização de seu titular; na eventualidade de eles serem utilizados para fins discriminatórios, somente para citar algumas hipóteses concretas. Daí a necessidade de mecanismos que possibilitem à pessoa deter conhecimento e controle sobre seus próprios dados- que são, no fundo, expressão direta de sua própria personalidade.

4. LEGISLAÇÃO APLICÁVEL

A Declaração Universal dos Direitos Humanos, considerando as mazelas do passado e prenunciando o futuro fundamentado em premissas basilares para proteção e desenvolvimento do homem, vociferou em seu artigo 12 pela relevância da proteção da vida privada dos indivíduos. Em outras palavras, no documento de 1948 ficou registrado que é elemento fundamental da vida de uma pessoa a preservação de sua intimidade, cabendo ao Estado, a tarefa de resguardar esse direito.

A Constituição Federal do Brasil que, por sua vez, reproduzindo boa parte das inspirações da Declaração citada, também registrou no inciso X do artigo 5°, que *são invioláveis a intimidade, a vida privada, a honra e a imagem das pessoas* (...). E discute-se atualmente a aprovação da PEC 17/2019, cuja proposta eleva a proteção de dados pessoais a um direito e garantia constitucionais e fixa a competência da União para legislar sobre o tema. Na esteira desses ideais, toda a legislação infraconstitucional em vigor é parametrizada.

Ocorre que, até pouco tempo, quando os dilemas de aplicação do referido princípio estavam adstritos ao mundo físico, as consequências eram limitadas. Agora, no entanto, como o avançar da tecnologia e a possibilidade latente de exposição acidental ou criminosa de aspectos da privacidade das pessoas e seus dados, o problema se tornou altamente complexo.

Comentando sobre o assunto, escreve Leonardo Roscoe Bessa[3]:

A preocupação com a privacidade nos mais diversos aspectos, mas principalmente no que se refere á proteção de dados pessoais, aumenta na mesma proporção da evolução tecnológica na área da informática. Há consenso na doutrina de que os avanços tecnológicos, ao lado dos seus inúmeros benefícios, representam ameaças aos direitos da personalidade ou, em última análise, à dignidade da pessoa humana.

Desta forma, ao analisamos os efeitos do desenvolvimento tecnológico, incluindo especificamente neste estudo os efeitos da Internet das Coisas, a mais importante preocupação refere-se à proteção legal da privacidade das pessoas e suas respectivas informações. Analisaremos, a seguir, elementos do nosso ordenamento jurídico com aplicação ao tema analisado.

4.1. Marco Civil da Internet e Lei Geral de Proteção de Dados

Após anos a fio em discussões, foi editada a lei federal que tem como escopo fornecer alicerce para as relações jurídicas civis atinentes ao uso da Web no Brasil. Trata-se da Lei

---

3. Manual de Direito do Consumidor, p. 247.

nº 12.965/2014, que ficou conhecida como *Marco Civil da Internet* (MCI), recebendo regulamentação pelo Decreto 8.771/2016.

Referidos instrumentos jurídicos notadamente reclamam interpretação aprofundada pela doutrina e jurisprudência. Contudo, muitos de seus dispositivos aplicam-se perfeitamente à temática aqui abordada.

Os incisos II e III do artigo 3º da lei, por exemplo, registram que o uso da Internet seguirá os princípios de proteção da privacidade e de dados pessoais. Além disso, o inciso I do artigo 7º estabelece ser direito do usuário a inviolabilidade de sua intimidade e da vida privada. Neste diapasão, o decreto regulamentador citado traz determinações relativas a padrões de segurança, registro e comunicações privadas.

Com base nestes diplomas legais, infere-se que toda forma de acesso à Rede Mundial, inclusive realizadas através de objetos inteligentes, precisa resguardar a segurança das informações de seus clientes e a proteção à privacidade, evitando vazamentos, obtenções indevidas de dados e seu respectivo desvio de finalidade.

Logo, se a deficiência dos sistemas de segurança de certos produtos da IoT, como amplamente denunciado nos canais de Comunicação, pode ser a razão do crescimento dos ataques de hackers, a implementação de mecanismos satisfatórios de proteção nos referidos objetos é juridicamente impositiva e precisa ser condição para sua colocação no mercado, sobre pena de desatenção às diretivas do MCI.

Portanto, os fornecedores precisam ser imediatamente impelidos ao aperfeiçoamento da segurança dos produtos conectáveis, sob pena de responsabilização pelos danos morais e materiais percebidos pelos usuários.

Ademais, inspirada pela entrada em vigor, no âmbito europeu, do Regulamento Geral para a Proteção de Dados, foi publicada no Brasil em 2018 a Lei 13.709 – Lei Geral de Proteção de Dados Pessoais (LGPD). Este importante compêndio de direitos e deveres posteriormente recebeu aditivos através da Lei 13.853/2019, que fez a conversão da MP 869/2018, criando a Autoridade Nacional de Proteção de Dados (ANPD), entre outros. A entrada em vigor foi segmentada, tendo entrado em vigor em dezembro de 2018 os artigos referentes à criação da ANPD, ficando para agosto de 2021 os artigos sobre as sanções administrativas e o restante da lei já em vigor a partir de 18 de setembro de 2020.

Complementando as bases lançadas pelo Marco Civil da Internet, a LGPD apresenta, especificamente no tocante à proteção de dados pessoais, determinações de relevo ao assunto, como a autodeterminação informativa, a portabilidade e o direito à eliminação de dados, entre muitos outros pontos destacáveis. Também foram fixadas ferramentas e mecanismos práticos de proteção. Assim, obrigações contundentes para empresas que manipulam dados em suas finalidades empresariais restaram impostas, passando a atingir, portanto, muitas empresas que fabricam/vendem produtos de IoT.

Para sintetizar o espírito da lei, além do empoderamento dos usuários sobre suas informações pessoais, a LGPD oficializa o seguinte recado: a conformidade legal, apta a afastar a aplicação de pesadas multas nela previstas, dependerá da estruturação empresarial de sistemas satisfatórios e comprovados de segurança da informação (nos termos do seu art. 46 e seguintes).

Ou seja: para quem trabalha com dados pessoais, segurança da informação não é mais opção: é pressuposto que passa a exigir o máximo empenho daqueles que pretendem exercer com consciência limpa sua vocação para o bem no mundo tecnológico.

4.2. Código de Defesa do Consumidor

Além dos princípios de segurança e proteção mencionados, bem antes disso, a Lei nº 8.078/1990 – Código de Defesa do Consumidor (CDC), igualmente já previa tais ditames, com fundamento no respeito à dignidade da pessoa humana em todos os seus aspectos (artigo 4º).

Notoriamente, determina o CDC ser vital a compatibilização da proteção do consumidor com a necessidade de desenvolvimento econômico e tecnológico, bem como o incentivo à criação de meios eficientes de controle de qualidade e segurança de produtos e serviços (incisos III e V do artigo 4º).

Com a Internet em geral e, mais especificamente com a Internet das Coisas, não poderia ser diferente: a tecnologia oferecida deve atender aos padrões amplos de qualidade e segurança.

A propósito, o CDC ainda repisa, em seu artigo 31, que oferta e apresentação dos produtos devem assegurar informações claras, entre outros, sobre os riscos que apresentam à saúde e segurança dos consumidores. Inequívoco concluir que as informações sobre os riscos e providências preventivas de segurança da informação relativa aos bens da IoT precisam ser expressas para os usuários. Informações de qualidade podem refletir diretamente na prevenção a danos.

Sobre a importância da informação aos consumidores, escreve Antonio Herman de Vasconcellos e Benjamin:

> Não é qualquer modalidade informativa que se presta para atender aos ditames do Código. A informação deve ser correta (verdadeira), clara (de fácil entendimento), precisa (sem prolixidade), ostensiva (de fácil percepção) e em língua portuguesa. (...) O consumidor bem informado é um ser apto a ocupar seu espaço na sociedade de consumo.

Adicionalmente, vale ressaltar que o CDC é cristalino ao tratar da responsabilidade dos fornecedores pelos danos decorrentes dos produtos, conforme estabelece o inciso VI de seu artigo 6º. Logo, havendo a demonstração que danos foram acarretados por deficiência nos sistemas de segurança de produtos da chamada Internet das Coisas, possível será a imposição de responsabilização ao fornecedor.

De outra sorte, com a edição do Decreto 7.962/2013, que veio regulamentar o Código de Defesa do Consumidor no que se refere ao comércio eletrônico, entende-se que os produtos de IoT com funcionalidade de realização de compras devem amparar as especialidades descritas em referido diploma. Possibilidade de visualização completa e armazenamento/envio por e-mail dos contratos das compras, ferramentas de segurança para os pagamentos, entre outros, são alguns pontos que precisam ser observados na formatação de tais bens para que eventuais limitações técnicas não inviabilizem a efetivação dos direitos garantidos pelo Decreto em questão.

Finalmente, vale pontuar que a coleta imoderada de dados dos consumidores por elementos de IoT (e pela Internet em geral) há de ser vista com atenção. Como assevera

Veridiana Alimenti[4], a obtenção de informações dos consumidores na Internet pode torná-lo ainda mais vulnerável nas relações de consumo. Em suas palavras:

> Assim, se por um lado aumentaram os meios para que o consumidor obtenha informações sobre produtos, serviços e fornecedores, de outro, a consolidação do fluxo do sentido inverso, do consumidor como fonte, não resultou no seu empoderamento. Ao contrário, o risco é justamente que esse movimento agrave a assimetria informacional na relação de consumo. (...) Além de impactar negativamente nas garantias de acesso não discriminatório a produtos e serviços, a prática de aliar ofertas ou publicidade a um perfil eletrônico pré-determinado do consumidor pode comprometer também a sua liberdade de escolha.

Por tal razão, a expansão das tecnologias da Internet das Coisas deve considerar a busca pela manutenção do equilíbrio das relações e preservação dos valiosos direitos consagrados em nosso ordenamento jurídico. Se a tecnologia não atender a estas premissas, deve ser questionada e repensada.

4.3. Código Civil e Estatuto da Criança e do Adolescente

Coisas conectadas à Rede e que possuam capacidade de celebrar negócios, como compra de produtos, precisam ser adequadas para dar suporte às exigências legais para as contratações.

Os artigos 421, 422 e seguintes do Código Civil, por exemplo, trazem diversas regras para a manifestação de vontade, contrato, proposta, nulidades, entre outras. Inclusive, se analisarmos as definições doutrinárias, notaremos a variedade de regras embutidas nestes conceitos, como explicado nas lições de Maria Helena Diniz[5]:

> Contrato é o acordo de duas ou mais vontades, na conformidade da ordem jurídica, destinado a estabelecer uma regulamentação de interesses entre as partes, com o escopo de adquirir, modificar ou extinguir relações jurídicas de natureza patrimonial.

Como se observa, os requisitos para a configuração das contratações não são poucos. Por este motivo, embora comprar coisas pela Internet seja, hoje, uma tarefa simples, existem elementos jurídicos indispensáveis que devem estar presentes para que o negócio jurídico se aperfeiçoe. E esta verdade igualmente se aplica à Internet das Coisas.

Destarte, um eletrodoméstico programado para realizar compras automáticas quando detectar que determinado produto de seu estoque se esgotou, precisa guardar todos os detalhes desta operação, bem como armazenar a coleta da inequívoca vontade de seu dono na ativação desta aplicação. Por outro lado, para evitar/confrontar alegações de não-reconhecimento de compras, empresas varejistas que permitirem compras automáticas através de seus sistemas devem implementar estratégias operacionais para confirmação da intenção da aquisição junto ao titular. O registro detalhado dos passos das operações, portanto, precisa ser devidamente armazenado, evitando-se prejuízos para todas as partes.

---

4. O Fortalecimento da Proteção do Consumidor com o Marco Civil da Internet, *in* Marco Civil da Internet – Análise Jurídica sob uma Perspectiva Empresarial, p. 242/243.
5. Código Civil Anotado, p. 367-368.

Aliás, sobre esta questão referente ao armazenamento eficaz dos registros e informações, vale assinalar que é realidade a utilização de sistemática interessante e, aparentemente comprovada, para a escrituração fiel dos registros nas contratações intersistemáticas. Trata-se da tecnologia *blockchain*, que será vista mais adiante, em tópico próprio.

Retomando, enfatiza-se, mais uma vez, que a preservação da segurança de todos estes dados e informações é, logicamente, imprescindível. A coleta mínima de dados (apenas o absolutamente necessário) deve ser preferida, juntamente com a análise de possibilidade de sua respectiva anonimização. A dificultação da reidentificação deve ser considerada, em políticas claramente descritas e alertadas previamente aos consumidores.

Outrossim, no estudo do tema há importante aspecto a delinear: os riscos da utilização indevida de objetos de uso doméstico ligados à Internet por crianças e adolescentes. A Lei nº 8.069/90 – Estatuto da Criança e do Adolescente (ECA) é categórica ao tratar do cuidado relacionado ao acesso de menores a conteúdos e produtos indevidos (artigo 77 e seguintes), além do tratamento de dados pessoais de crianças e adolescentes sempre devendo ser realizado em seu melhor interesse, conforme previsto na LGPD em seu artigo 14.

No caso de produtos comercializados, inclusive, há uma lista de restrições para venda de produtos (artigo 81), que a Doutrina entende não ser taxativa, principalmente pelo teor aberto do inciso III do artigo 81, *verbis*:

> Art. 81. É proibida a venda à criança ou ao adolescente de:
> (...)
> III - produtos cujos componentes possam causar dependência física ou psíquica ainda que por utilização indevida;
> (...)

A respeito desta proteção, Válter Kenji Ishida[6] reforça:

> Quis o legislador aqui também se acautelar com relação à criança e ao adolescente, proibindo a venda de arma, bebidas alcoólicas, produtos que possam causar dependência (por exemplo, 'cola de sapateiro', fogos de artifício, exceto os de reduzida capacidade de lesão, revistas pornográficas e bilhetes de loteria). (...) O rol elencado não é taxativo, podendo ser ampliado, mas tão somente por atuação do Juiz da Infância e da Juventude.

Desta maneira, referidos preceitos de proteção ao menor certamente são extensíveis à utilização de objetos de IoT. Embora a maioria destes produtos seja evidentemente destinada ao público adulto, não se pode descartar a hipótese de que o bem, inserido no ambiente doméstico, possa ser manuseado por crianças. Por isto, mecanismos de bloqueio e controle de uso, principalmente para objetos com funcionalidade de exposição de informações relativas à intimidade da criança ou realização de negócios jurídicos (captação, compartilhamento de imagens ou realização de compras, por exemplo) devem compor os sistemas de segurança de referidos utensílios.

---

6. Estatuto da Criança e do Adolescente – Doutrina e Jurisprudência, p. 125.

No tocante aos brinquedos que propõe a utilização desta tecnologia, cautela e atenção redobrada de pais e responsáveis são substanciais. De mais a mais, o ECA traz orientações contundentes sobre a proteção da privacidade do menor (artigo 17; inciso V do artigo 100). Destacamos o artigo 18, que prescreve:

> Art. 18. É dever de todos velar pela dignidade da criança e do adolescente, pondo-os a salvo de qualquer tratamento desumano, violento, aterrorizante, vexatório ou constrangedor.

Também prevista na Lei Geral de Proteção de Dados (Lei n.13709/2018), em seu artigo 14, está a necessidade de consentimento específico e em destaque dado por pelo menos um dos pais ou responsável legal no caso de tratamento de dados pessoais de crianças, devendo ainda os controladores manter pública a informação sobre os tipos de dados coletados e a forma de sua utilização, fornecendo essas informações de maneira simples, clara e acessível, considerando o público infantil a que se destinam.

Neste ensejo, entende-se que os diplomas legais que hoje compõem a legislação brasileira dão suporte ao entendimento de que a colocação no mercado de objetos tecnológicos de uso cotidiano com capacidade, ainda que acidental, de exposição vexatória ou constrangedora de menores, deve ser condicionada à provisão de sistemas robustos de prevenção contra incidentes por uso indevido.

Oportuno esclarecer que outro problema de igual gravidade refere-se ao uso exagerado a quaisquer ferramentas virtuais por crianças e adolescentes. Especialistas são unânimes ao alertar sobre os riscos que o uso indistinto de objetos tecnológicos pode acarretar na formação de menores. Abordando o tema, alerta Renato Porto[7]:

> É importante ressaltar ainda que crianças que nascem dentro de um ambiente absolutamente virtualizado não conseguem distinguir com clareza a diferença entre mundo real e mundo virtual, fazendo com isso que se tornem ainda mais vulneráveis.

Logo, embora se tenha plena consciência de que a virtualização de coisas do cotidiano seja o prenúncio de um futuro inevitável, a inserção de menores em ambientes e/ou com acesso a objetos tecnológicos deve ser medida precedida de adequação, por parte dos fornecedores, das ferramentas de segurança informação. São imperativos, ainda, o incentivo à educação para uso seguro por toda a Sociedade, além da vigilância intermitente pelos responsáveis.

4.4. Código Penal

A Lei nº 12.737/2012 introduziu no Código Penal o tipo penal de *invasão de dispositivo informático alheio*, com a adição do artigo 154-A, na Seção dedicada aos *Crimes Contra a Inviolabilidade dos Segredos*. A aprovação de referida lei ocorreu *no contexto de aumento da insegurança no ambiente de Internet*, nos termos descritos por Irineu Francisco Barreto Junior[8]:

---

7. Pequenos Navegantes: a influência da mídia nos hábitos de consumo do público infantojuvenil, In Direito Privado e Internet, p. 377.
8. Aspectos Sociológicos da Lei dos Delitos Informáticos na Sociedade da Informação, *in* O Direito na Sociedade da Informação III, p. 125/126.

Na segunda metade da década de 1990, com o advento da Internet e da globalização da economia, surgiu uma nova modalidade de crimes, cometidos no espaço virtual da rede através de *e-mails*, *websites* ou ocorridos em comunidades de relacionamento na Internet, entre as quais a mais conhecida é o Facebook. Denominados *Crimes Eletrônicos ou Crimes Virtuais*, exigiram adaptações tecnológicas para assegurar a segurança das transações comerciais eletrônicas (...)

Tornou-se comum o roubo de dados pessoais na Internet. Por intermédio da instalação de programas espiões (Trojans, Cavalos de Troia, entre outros), à revelia dos proprietários dos equipamentos informáticos, *piratas virtuais* infiltraram-se nas máquinas para se apoderar de informações sigilosas dos seus proprietários, tais como número de contas bancárias e de cartões de créditos, com as respectivas senhas, para realizar, indevidamente, transações financeiras fraudulentas. (...)

Destarte, para atender ao cenário repleto de novos fatos oriundos do uso da tecnologia para a prática de atos repreensíveis, veio dispor a lei:

Art. 154-A. Invadir dispositivo informático alheio, conectado ou não à rede de computadores, mediante violação indevida de mecanismo de segurança e com o fim de obter, adulterar ou destruir dados ou informações sem autorização expressa ou tácita do titular do dispositivo ou instalar vulnerabilidades para obter vantagem ilícita:

Pena - detenção, de 3 (três) meses a 1 (um) ano, e multa.

(...)

§ 3º. Se da invasão resultar a obtenção de conteúdo de comunicações eletrônicas privadas, segredos comerciais ou industriais, informações sigilosas, assim definidas em lei, ou o controle remoto não autorizado do dispositivo invadido:

Pena - reclusão, de 6 (seis) meses a 2 (dois) anos, e multa, se a conduta não constitui crime mais grave.

Pois bem, como se deduz do texto legal, o artigo 154-A passou a determinar a punição de invasão de qualquer dispositivo informático, ou seja, a invasão de qualquer objeto com capacidade de armazenar ou transmitir informações (dados). A lei evidencia, inclusive, que há possibilidade de aplicação de pena mais rigorosa quando houver o controle remoto não autorizado do dispositivo por terceiros.

Sem muito esforço e com base em diversos casos reais noticiados pela mídia, sabe-se que objetos variados conectados à Internet podem ser canais para a prática do crime descrito no mencionado artigo, com ainda mais facilidade do que a invasão dos computadores tradicionais. Isto porque, como já destacado, os mecanismos de segurança de grande parte desses objetos são frágeis, viabilizando o acesso indevido de criminosos.

Contudo, considerando que muitos objetos da IoT têm sido colocados no mercado sem quaisquer mecanismos de segurança ou proteção das informações, questiona-se se, nesta hipótese, estaria configurado plenamente o tipo legal indicado. Ora, se a invasão ou o controle remoto do bem ("uso qualificado") ocorrer sem quebra de qualquer barreira de salvaguarda dos dados (condicionante expressa), haveria a caracterização do crime ou somente prática de ilícito civil?

Ainda não sabemos como será o posicionamento consolidado da Jurisprudência para interpretar esta situação específica, mas é fato que, quando da edição da Lei nº 12.737/2012, diversos especialistas criticaram a composição de seu texto, inclusive no que se refere à citada condicionante de violação de mecanismos de segurança, justamente por seu potencial de restringir o âmbito de proteção da lei.

4.5. Leis de Proteção aos Direitos Intelectuais

Acrescida às questões já pontuadas, mister se faz citar a necessidade de atenção à legislação de proteção de direitos autorais (Lei nº 9.610/1998) e proteção da propriedade industrial (Lei nº 9.279/1996) no contexto de expansão da usabilidade da Web propalada pela Internet das Coisas.

Como se sabe, as leis mencionadas, publicadas para dar efetividade aos direitos fundamentais previstos na Constituição Federal, basicamente, proíbem a utilização ou exploração econômica de quaisquer criações registradas junto aos órgãos competentes, sem a autorização de seus titulares. Ocorre que, consternadamente, o MCI, na finalização de seu texto deixou de reforçar as regras protetivas de direitos intelectuais e traçar estratégias para sua garantia na Web. O parágrafo 2º de seu artigo 18, ademais, condiciona a apuração de infrações relativas a direitos autorais à futura previsão legal específica, que ainda não aconteceu. Confirmando a inexistência de regras específicas para tratar, no Marco Civil, da proteção dos direitos autorais, escrevem Cláudio Roberto Barbosa e Gabriel F. Leonardos[9]:

> O Marco Civil não enfrentou, portanto, a questão dos Direitos Autorais, afirmando expressamente que, neste tema, a situação permanece a mesma, disciplinando-se a matéria pela legislação vigente, a saber, a Lei 9.610 de 1998 (Lei de Direitos Autorais – LDA). Neste contexto, a prática do *notice and take down*, conforme já reportado, é muito comum, visto o próprio interesse dos provedores em cooperar com os titulares dos direitos e evitar conflitos.

Deste modo, considerando o ambiente virtual sem definições especiais para assegurar direitos autorais e dependo a sua proteção da eventual cooperação dos fornecedores, a pergunta que se faz é: se as conexões realizadas por smartphones e computadores já são potenciais vetores atentatórios aos direitos intelectuais, o que esperar da conjuntura de milhões de dispositivos, de naturezas e sistemas diversos, interoperando simultânea e freneticamente?

Verifica-se, então, que não é apenas a privacidade das pessoas que corre o risco de ser banalizada com expansão desplanejada da Internet pela intensificação da conexão entre os objetos: a efetiva proteção aos direitos intelectuais também parece estar ameaçada. A cópia de textos/filmes, o uso não autorizado de marcas, a viralização de arquivos com sincronização de músicas e a proliferação de conteúdo falso tendem a aumentar impunimente (ou ter a sua velocidade incrementada) se inexistirem formas eficazes de controle. Soluções de rastreabilidade e segurança da informação adequadas em IoT são, por conseguinte, de exigibilidade inafastável.

À vista do motivo apontado, urge a implementação de políticas públicas efetivas no sentido de estabelecer estratégias para a preservação e tutela apropriada dos direitos intelectuais na Internet, destacadamente na nova perspectiva aguardada pela revolução da *Internet of Things*. Afinal, tratando o caso de suposta colisão entre direitos fundamentais (*livre iniciativa* x *proteção do consumidor* x *direitos do autor*), os temas merecem ser

---

9. As infrações de Propriedade Industrial e o Marco Civil da Internet, *in* Marco Civil da Internet - Análise Jurídica sob uma Perspectiva Empresarial, p. 199.

tratados com a máxima seriedade e equilíbrio em sua proteção, eis que fazem parte dos fundamentos insculpidos na mesma Constituição.

Discorrendo sobre a relevante relação entre os direitos autorais, direitos fundamentais e direitos humanos, escreve Antonio Carlos Morato[10]:

> (...) persiste no rol de fundamentos do art. 2°, II, do Marco Civil da Internet a proteção aos direitos humanos, entre os quais – o que parece ter esquecido o legislador – também se encontram os direitos autorais, como estabelece o já mencionado art. 27 da Declaração Universal dos Direitos Humanos de 1948 que, em seu item 2, determina que 'todo ser humano tem direito à proteção dos interesses morais e materiais decorrentes de qualquer produção científica, literária ou artística da qual seja autor'.(...) a previsão específica de proteção aos consumidores (...) não conferiria uma supremacia da proteção ao consumidor em relação aos autores por aquele ser explícito e este implícito. Tal construção seria desprovida de qualquer sentido axiológico, uma vez que ambos são vulneráveis e protegidos por normas constitucionais consideradas como cláusulas pétreas (...)

4.6 Plano Nacional da Internet das Coisas

O Governo Brasileiro, após consulta pública sobre o tema em análise, editou o Decreto 9.854/2019, que instituiu o *Plano Nacional de Internet das Coisas*. Tendo como objetivo implementar e desenvolver a Internet das Coisas no país, com base na livre concorrência e na livre circulação de dados, traça as diretrizes de segurança da informação e de proteção de dados pessoais a serem seguidas.

O decreto fixa, ademais, funções para a *Câmara de Gestão e Acompanhamento do Desenvolvimento de Sistemas de Comunicação Máquina a Máquina e Internet das Coisas - Câmara IoT*, colegiado não deliberativo e com participação não remunerada. Entre as suas competências, destacamos: o monitoramento e avaliação das iniciativas de implementação do Plano Nacional de Internet das Coisas; a propositura e apoio a projetos mobilizadores, bem como a atuação conjunta com outros órgãos para estimular desenvolvimento de soluções de IoT.

5. COLABORAÇÃO EM INVESTIGAÇÕES CRIMINAIS

A aprovação da Lei n° 13.441/2017, que trata da possibilidade de policiais trabalharem infiltrados na Internet, reforça mais uma vez a instrumentalidade inigualável que a Grande Rede exibe em nossos tempos. A mesma Internet que é usada por cientistas, empresas e, infelizmente, por criminosos para a prática de malefícios, serve de ferramenta para a prevenção e repressão de tais crimes.

Entretanto, neste contexto, outro viés da Internet das Coisas precisa ser observado: além de suas facilidades/vulnerabilidades, nota-se seu enorme potencial de colaboração na coleta de provas e indícios nas investigações criminais. Vejamos.

Todo dispositivo com capacidade de armazenar dados tem uma história para contar. Logo, se câmeras de segurança e interceptações telefônicas não puderem elucidar os detalhes de um crime, objetos da nova geração poderão ter um importante papel. A guarda

---
10. Os direitos autorais e o Marco Civil da Internet, *in* O Direito na Sociedade da Informação III, p. 188.

de registros de comandos de voz, transações, fruições e o próprio conteúdo armazenado podem ser absolutamente esclarecedores para investigações criminais. Desta feita, a popularização da IoT dá a vida, indiretamente, a um exército de milhares e milhares de testemunhas eletrônicas: câmeras, TVs, geladeiras, fogões, óculos, carros... Objetivas, precisas, imparciais e, potencialmente a serviço da Justiça.

Já acusamos apontamentos de episódios reais envolvendo as novas testemunhas eletrônicas. Nos Estados Unidos, por exemplo, foi amplamente divulgado caso em que as autoridades policiais requisitaram à Amazon o acesso ao sistema do dispositivo *Echo Amazon* (caixa de som com inteligência artificial), que poderia ter gravado ruídos de um assassinato (Bentoville, 2015), em casa que continha diversos equipamentos conectados. A empresa resistia a fornecer as informações.

Em outro caso americano, relacionado à elucidação de ataque terrorista (San Bernardino, 2015), a Apple se recusou a desbloquear IPhone de envolvido, contrariando diretamente solicitação do FBI. Embora o departamento de investigações tenha, posteriormente, conseguido acessar o conteúdo do aparelho por outras formas, a Apple justificou sua resistência alegando que, ao abrir informações sobre seu sistema, colocaria em risco a privacidade de todos os seus usuários.

Discussões sobre privacidade e a forma para revestir de legalidade a coleta de provas por esta via, evidentemente, são cruciais e devem amadurecer tanto no plano internacional, como no Brasil. De um lado, temos os direitos de não autoincriminação e intimidade a serem preservados. De outro, encontramos o princípio da busca pela verdade real. Equilibrar judicialmente esta equação pode ser complicado. Todavia, tal enfrentamento já vem ocorrendo com relação à apreensão de celulares e a devassa de seu conteúdo (inclusive Whatsapp) por policiais.

A apreensão policial do objeto, em si, encontra tranquilo suporte na legislação processual penal. Contudo, segundo entendimentos recentemente exarados por tribunais superiores, o acesso ao conteúdo (dados) deve ser precedido de ordem judicial, excetuados os casos de urgência e, claro, sem que haja coerção do investigado para o fornecimento de senhas.

Por derradeiro, não se pode esquecer que tudo que se interliga à Rede pode levar à localização/identificação do usuário. Sabe-se que existem obstáculos técnicos consideráveis a serem vencidos, porém, há relatos de inúmeros estudos em andamento com essa finalidade. É apenas uma questão de tempo para isso se torne plenamente possível e, deste modo, aumentem as opções policiais para localização de infratores em geral.

6. *BLOCKCHAIN* – SOLUÇÃO PARA AS CONTRATAÇÕES INTERSISTEMÁTICAS?

Pode-se dizer, sem medo de errar, que o Brasil é um daqueles países com apego especial por burocracias. Como já vimos neste estudo, para que efeitos jurídicos sejam produzidos, em quase tudo que se faz exige-se uma série de assinaturas, carimbos, registros, confirmações e autenticações. A questão é tão enraizada em nossa cultura que, quando os reconhecimentos de firma são dispensados, a maioria das pessoas desconfia.

Pois bem, em termos tecnológicos, a certificação e assinatura digital já vêm alterando paradigmas deste cenário. E, embora haja a natural resistência, a informatização de muitos procedimentos e serviços é irreversível para agilizar e melhorar a vida das pessoas.

Agora, prometendo trazer ainda mais credibilidade às operações intersistemáticas, vem ganhando adeptos entusiasmados a tecnologia de registros distribuídos de dados, batizada de *Blockchain*. Seu formado de escrituração é criptografado e a alta complexidade do cruzamento de informações permite a confirmação automatizada das operações. Com versatilidade de utilização, a tecnologia anuncia dispensar a validação ou intermediação por instituições e organizações. E, em tese, seria uma excelente opção para resguardar as contratações via IoT.

Como se nota, o fato de prescindir de terceiros para a autenticação de atos, com rastreabilidade para identificação de agentes e integridade das informações, torna a sistemática *blockchain* uma alternativa tentadora para golpear a burocracia que obsta variados processos almejados pela tecnologia. Por isso, anota-se que instituições financeiras e empresas focadas em validações estão sendo obrigadas a analisar seriamente a ascensão desta nova forma de inteligência, repensando alguns de seus fluxos.

Assim, muitos defendem que o aprimoramento da técnica comentada pode implementar os projetos relacionados à economia programável, dando o empurrão que a Internet das Coisas tanto precisa para alavancar em grande escala. Neste sentido, pela facilidade de autenticação, pagamentos através das chamadas "moedas virtuais" podem se tornar cada vez mais comuns.

Evidentemente, estamos falando de tecnologia emergente e em desenvolvimento. A experiência atual, no que se refere a volume de uso, está ligada principalmente às transações com valores virtuais (Bitcoins). Entretanto, como afirmam especialistas, o potencial de ruptura da sistemática é imenso, justamente em função do nível satisfatório de preservação de verdades.

Seus limites atuais de aplicação, no entanto, são facilmente detectados: exige-se robustez dos sistemas para funcionamento adequado e, considerando-se seu código aberto de programação, pode haver dificuldades de compatibilização entre sistemas. Além disso, estudiosos alertam que a complexidade do cruzamento de dados compromete sua escalabilidade. É indiscutível que estes notáveis desafios precisam ser vencidos para a utilização exponencial.

Há de se falar também, das barreiras legais: os serviços de registros públicos no Brasil, por exemplo, que existem para trazer *autenticidade, segurança e eficácia aos atos jurídicos*, devem atender ao engessado regime estabelecido na Lei nº 6.015/73. A *fé pública*, aliás, é atributo exclusivo dos notários, tabeliões, oficiais e registradores (Lei nº 8.935/94).

O Sistema Financeiro Nacional, com todos os seus percalços e pormenores, segue a égide da Lei nº 4.595/64, acrescida de inúmeras resoluções expedidas pelo Banco Central. Os arranjos de pagamento (muito utilizados nas compras pela Internet), apesar de, sofrerem limitações impostas pela Lei nº 12.865/2013 e Circular BACEN 3765/2015, parecem passar por inovações como o novo PIX, novo sistema de pagamentos instantâneo, estabelecido pelo comunicado n. 32.927/2018 do Banco Central do Brasil e atualizado pelo comunicado n. 34.085/2019.

Ou seja: além da evolução e aprimoramento tão necessários da técnica, por hora, pelo menos no Brasil, a sistemática *blockchain*, deverá fustigar a burocracia pelas beiradas. Nas relações privadas, poderá ser encarada como solução viável, cabendo, contudo, os cuidados e análises prévias que todas as novidades demandam.

7. CONSIDERAÇÕES FINAIS

A tecnologia é admirável, dinâmica, volátil e surpreendente. Mas, exatamente por estas características, quando aplicada às coisas do dia a dia ligadas à Internet, deve ser ofertada e fruída com cautela, permeada pelo bom senso e sempre – de forma inafastável, com atenção aos ditames legais.

Neste sentido, verificamos que a Internet das Coisas parece singela e, às vezes, é apresentada apenas como um valor agregado de produtos. Mas que ninguém se engane: como visto neste estudo, com tantas características e proveitos diferenciados, ela está prestes a revolucionar, mais uma vez, a forma como vemos, reagimos e esclarecemos os fatos do nosso cotidiano.

REFERÊNCIAS

ALIMONTI, Veridiana. O Fortalecimento da Proteção do Consumidor com o Marco Civil da Internet. *In:* ARTESE, Gustavo (Coord.). *Marco Civil da Internet*: Análise Jurídica sob uma Perspectiva Empresarial. São Paulo: Quartier Latin do Brasil, 2015.

BARBOSA, Claudio Roberto; LEONARDOS, Gabriel F. As Infrações de Propriedade Industrial e o Marco Civil da Internet. *In:* ARTESE, Gustavo (Coord.). *Marco Civil da Internet*: Análise Jurídica sob uma Perspectiva Empresarial. São Paulo: Quartier Latin do Brasil, 2015.

BARRETO JUNIOR, Irineu Francisco. Aspectos Sociológicos da Lei dos Delitos Informáticos na sociedade da informação. *In:* PAESANI, Liliana Minardi (Coord.). *O Direito na Sociedade da Informação III*. São Paulo: Atlas, 2013.

BENJAMIN, Antonio Herman V.; MARQUES, Claudia Lima; BESSA, Leonardo Roscoe. *Manual de Direito do Consumidor*. São Paulo: Revista dos Tribunais, 2007.

DINIZ, Maria Helena. *Código Civil Anotado*. 13. ed. São Paulo: Saraiva, 2008.

DONEDA, Danilo. O Direito Fundamental à Proteção de Dados Pessoais, *In:* MARTINS, Guilherme Magalhães (Coord.). *Direito Privado e Internet*. São Paulo: Atlas, 2014.

GRINOVER, Ada Pelegrini; BENJAMIN, Antonio Herman V. *et al*. *Código Brasileiro de Defesa do Consumidor Comentado pelos Autores do Anteprojeto*. 8. ed. São Paulo: Forense Universitária, 2004.

ISHIDA, Válter Kenji. *Estatuto da Criança e do Adolescente*. 9. ed. São Paulo: Atlas, 2008.

MORATO, Antonio Carlos. Os direitos autorais e o Marco Civil da Internet, *In:* PAESANI, Liliana Minardi (Coord.). *O Direito na Sociedade da Informação III*. São Paulo: Atlas, 2013.

PAESANI, Liliana Minardi. A Evolução do Direito Digital: Sistemas Inteligentes, a Lei 12.737/2012 e a Privacidade. *In:* PAESANI, Liliana Minardi (Coord.). *O Direito na Sociedade da Informação III*. São Paulo: Atlas, 2013.

PORTO, Renato. Pequenos Navegantes: a influência da mídia nos hábitos de consumo do público infanto-juvenil. *In:* MARTINS, Guilherme Magalhães (Coord.). *Direito Privado e Internet*, São Paulo: Atlas, 2014.

13
CRITÉRIOS PARA APLICAÇÃO DO DIREITO AO ESQUECIMENTO À LUZ DO ORDENAMENTO JURÍDICO BRASILEIRO

Sérgio Branco
Vinicius Padrão

> **Sumário:** 1 Introdução. 2 Breves considerações sobre o direito ao esquecimento à luz do ordenamento jurídico pátrio. 3 Critérios para aplicação do direito ao esquecimento no Brasil. 3.1 Direito ao esquecimento como um aspecto de direito de personalidade. 3.2 O interesse público na informação. 3.3 O decurso temporal e a veracidade da informação. 3.4 O potencial dano. 3.5 Tutela da liberdade de expressão, eventos históricos e dever de memória. 3.6 Destinatários dos pedidos. 4 Delimitando a matéria: o que não é direito ao esquecimento. 5 Considerações finais.

1. INTRODUÇÃO

O direito ao esquecimento tem se tornado um tema cada vez mais complexo em razão da sua fronteira imprecisa. Se ele surge como uma forma de mitigar os efeitos sociais na divulgação de informações de presos após o fim das respectivas penas de prisão (ver, nesse sentido, o conhecido caso Lebach), após 2014 o direito ao esquecimento passa a ser associado à desindexação de informações de motores de busca na internet (ver, nesse sentido, o caso Google contra Agência Espanhola de Proteção de Dados e Mario Costeja González)[1].

Discute-se a nomenclatura é adequada, sua relação com proteção de dado, com *fake news*, com remoção de conteúdo e há, finalmente, quem negue sua existência, *tout court*. Dois casos emblemáticos de direito ao esquecimento foram julgados pelo Superior Tribunal de Justiça, ambos tratando do programa da Rede Globo de Televisão, Linha Direta Justiça. Em um deles, discutia-se a possibilidade de referência a um dos envolvidos no caso conhecido como Chacina da Candelária[2]. Em outro, familiares de Aída Curi[3], jovem assassinada no final dos anos 1950 em Copacabana, ingressaram com ação em juízo pedindo reparação por reviverem as dores do passado.

---

1. Uma síntese de ambos os casos pode ser encontrada em: <https://www.conjur.com.br/2015-jun-05/direitos-fundamentais-lebach-google-vs-agencia-espanhola-protecao-dados-mario-gonzalez>. Acesso em: 07 fev. 2021.
2. Recurso Especial n.1.334.097 – RJ (2012/0144910-7). Relator: Ministro Luís Felipe Salomão.
3. Recurso Especial n. 1.335.153 – RJ (2011/0057428-0). Relator Ministro Luís Felipe Salomão.

Este último caso foi levado ao Supremo Tribunal Federal[4], com repercussão geral. Mesmo não sendo um caso típico de direito ao esquecimento adequado ao momento atual, já que versa sobre programa de televisão e não sobre remoção de material acessível na internet, ainda assim sua análise pelo STF representa um passo importante para a compreensão dos limites desse instituto de forma e conteúdo imprecisos.

A verdade é que mesmo que uma decisão negue acolhimento ao direito ao esquecimento em nosso ordenamento jurídico, as questões de que ele trata podem ser, muitas vezes, analisadas a partir da incidência de outros direitos. Ainda que a terminologia "direito ao esquecimento", atualmente tão popular, venha a ser rechaçada e, ironicamente, esquecida, é importante tentarmos traçar alguns elementos importantes na análise de casos cujo conteúdo se assemelha àquilo que se convencionou chamar "direito ao esquecimento". Não é o desaparecimento, ou a mudança, da terminologia que fará desaparecer as demandas por ela outrora qualificadas.

Nesse sentido, o presente trabalho busca, sem qualquer pretensão de esgotar a matéria, trazer, à luz do ordenamento jurídico pátrio, critérios e limites para separar o que pode do que não pode estar incluído no debate do direito ao esquecimento – independentemente da nomenclatura que se atribua aos dilemas que o instituto pretende resolver.

2. BREVES CONSIDERAÇÕES SOBRE O DIREITO AO ESQUECIMENTO À LUZ DO ORDENAMENTO JURÍDICO PÁTRIO

Ainda que consagrado na literatura jurídica, controverte-se sobre o termo "direito ao esquecimento" e seus desdobramentos práticos. Em princípio, discute-se quanto à sua natureza jurídica: se se trata de fato de direito autônomo ou faceta do direito de privacidade. Em robusto parecer que trata da matéria, Daniel Sarmento afirma que o direito ao esquecimento *"não está consagrado em qualquer norma jurídica, constitucional ou infraconstitucional. Na extensão que lhe atribuiu o STJ, ele tampouco pode ser extraído da Constituição pela via interpretativa – seja da garantia da privacidade, do princípio da dignidade da pessoa humana ou de qualquer outra cláusula – pois é claramente incompatível com nosso sistema constitucional"*. E acrescenta que *"o esquecimento sobre fatos que envolvem interesse público não pode ser visto como um direito fundamental, em regime constitucional que se preocupa tanto com o acesso à informação, garante a memória coletiva e valoriza a História"*[5].

Nessa mesma direção, o termo "direito ao esquecimento" também é alvo de críticas pois, em última instância, não se trata proriamente de esquecimento, mas, ao contrário, de pleito para que determinada informação não esteja mais acessível publicamente, justamente porque não corresponderia à personalidade atual do sujeito. Com efeito, o esquecimento não pode ser imposto. Aliás, a experiência humana demonstra justamente o contrário: quanto mais se deseja o esquecimento, mais se desperta a curiosidade alheia

---
4. Recurso Extraordinário nº 1.010.606.
5. SARMENTO, Daniel. Parecer – Liberdades Comunicativas e "Direito ao Esquecimento" na Ordem Constitucional Brasileira. Disponível em: <http://www.migalhas.com.br/arquivos/2015/2/art20150213-09.pdf>.Acesso em: 04.02.2021.

e mais a memória aviva. A esse fenômeno, inclusive, se convencionou chamar *"Efeito Streisand"*, em razão de a atriz e cantora norte-americana Barbra Streisand ter tentado remover uma foto de sua casa de um site alegando preocupações com sua privacidade e, em razão disso, o site viu um aumento considerável de visitas de usuários que queriam ver a referida foto[6]. No limite, o que se pode impor é o apagamento de determinada informação, a proibição de que circule legalmente, a desindexação de base de dados, mas nunca que não seja lembrada.

Apesar de o direito ao esquecimento estar diretamente ligado à teoria geral do direito civil, outros ramos do direito também têm dispositivos que podem ser invocados na análise do tema, sobretudo para compreendermos sua origem histórica. O Código de Defesa do Consumidor (Lei nº 8.078/90), em seu art. 43[7], estabelece critérios para abertura de cadastros e para a manutenção das informações neles contidas, entre outras provisões. A mais relevante, para este estudo, é a que determina que consumada a prescrição relativa à cobrança de débitos do consumidor, não serão fornecidas, pelos respectivos Sistemas de Proteção ao Crédito, quaisquer informações que possam impedir ou dificultar novo acesso ao crédito junto aos fornecedores. Ora, se existe um prazo de cobrança por parte do credor e este prazo não é observado (o credor não cobra a dívida no tempo fixado legalmente e o direito de cobrá-la prescreve), o consumidor inadimplente não pode ser assim reconhecido – especialmente se essa informação vier a impedir ou dificultar acesso a novo crédito.

Por sua vez, o Direito Penal também se preocupa com os efeitos do passado. Nesse sentido, o Código Penal brasileiro define reincidência, em seu art. 63, como a prática de novo crime pelo agente, depois de transitar em julgado a sentença que, no País ou no estrangeiro, o tenha condenado por crime anterior (redação dada pela reforma de 1984). O artigo seguinte, entretanto, determina que, para efeito de reincidência, não prevalece a condenação anterior se entre a data do cumprimento ou extinção da pena e a infração posterior tiver decorrido período de tempo superior a 5 (cinco) anos, computado o período de prova da suspensão ou do livramento condicional, se não ocorrer revogação. Trata-se, pois, de dispositivos cuja finalidade é minimizar o efeito de uma condenação prévia na vida futura do condenado.

A propósito, prevê o Enunciado 531 da VI Jornada de Direito Civil do Conselho da Justiça Federal que a tutela da dignidade da pessoa humana na sociedade da informação

---

6. Disponível em https://www.economist.com/blogs/economist-explains/2013/04/economist-explains-what-streisand-effect. Acesso em: 04.02.2021.
7. "Art. 43. O consumidor, sem prejuízo do disposto no art. 86, terá acesso às informações existentes em cadastros, fichas, registros e dados pessoais e de consumo arquivados sobre ele, bem como sobre as suas respectivas fontes. § 1º Os cadastros e dados de consumidores devem ser objetivos, claros, verdadeiros e em linguagem de fácil compreensão, não podendo conter informações negativas referentes a período superior a cinco anos. § 2º A abertura de cadastro, ficha, registro e dados pessoais e de consumo deverá ser comunicada por escrito ao consumidor, quando não solicitada por ele. § 3º O consumidor, sempre que encontrar inexatidão nos seus dados e cadastros, poderá exigir sua imediata correção, devendo o arquivista, no prazo de cinco dias úteis, comunicar a alteração aos eventuais destinatários das informações incorretas. § 4º Os bancos de dados e cadastros relativos a consumidores, os serviços de proteção ao crédito e congêneres são considerados entidades de caráter público. § 5º Consumada a prescrição relativa à cobrança de débitos do consumidor, não serão fornecidas, pelos respectivos Sistemas de Proteção ao Crédito, quaisquer informações que possam impedir ou dificultar novo acesso ao crédito junto aos fornecedores".

inclui o *direito ao esquecimento*, mesmo que não seja este um direito de personalidade clássico. A justificativa para sua adoção, contudo, é a de que "*os danos provocados pelas novas tecnologias de informação vêm-se acumulando nos dias atuais. O direito ao esquecimento tem sua origem histórica no campo das condenações criminais. Surge como parcela importante do direito do ex-detento à ressocialização. Não atribui a ninguém o direito de apagar fatos ou reescrever a própria história, mas apenas assegura a possibilidade de discutir o uso que é dado aos fatos pretéritos, mais especificamente o modo e a finalidade com que são lembrados*".

Como visto, a discussão acerca do direito ao esquecimento é permeada por incontáveis dúvidas e perplexidades. Para Anderson Schreiber, essas questões acomodam-se, em síntese, em três principais correntes: (*i*) a favor do direito à informação (endossada por diversos organismos ligados a meios de comunicação, que chegam mesmo a negar o direito ao esquecimento); (*ii*) a favor do direito ao esquecimento (dentre outros, o IBCCrim – Instituto Brasileiro de Ciências Criminais); e (*iii*) intermediária (opinião defendida pelo IBDCivil – Instituto Brasileiro de Direito Civil)[8]. A começar daí, vê-se que estamos ainda longe de um consenso.

3. CRITÉRIOS PARA APLICAÇÃO DO DIREITO AO ESQUECIMENTO NO BRASIL

Independentemente da vertente adotada, diversos são os questionamentos a serem enfrentados. Em manifestação perante o Supremo Tribunal Federal em junho de 2017, Carlos Affonso Souza, diretor do ITS – Instituto de Tecnologia e Sociedade, apontou dez dilemas sobre o que tem se convencionado chamar de direito ao esquecimento, que servem de síntese a algumas das questões anteriormente abordadas. Os dilemas apresentados podem ser assim sintetizados[9]:

1 – Sua definição imprecisa;
2 – A arquitetura da internet é feita para lembrar, não para esquecer;
3 – É possível decidir *a priori* o que deve ser esquecido?;
4 – Privatização da análise sobre ilicitude;
5 – Efetividade da medida em âmbito internacional (o mundo todo precisa esquecer?);
6 – Efetividade, em razão do efeito parcial da decisão;
7 – Efeito Streisand;
8 – O risco de se reescrever a história;
9 – O direito ao esquecimento fragiliza a liberdade de expressão;
10 – O Marco Civil da Internet não dispõe sobre o tema.

Estes aspectos, muito bem sintetizados por Carlos Affonso Souza, se relacionam com as principais indagações que doutrinadores nacionais e estrangeiros vêm formulando a fim de melhor delimitar as fronteiras do direito ao esquecimento. Nessa direção, à luz da jurisprudência pátria e internacional, buscamos encontrar alguns parâmetros para

---

8. SCHREIBER, Anderson. *As Três Correntes do Direito ao Esquecimento*. Disponível em: <https://jota.info/artigos/as-tres-correntes-do-direito-ao-esquecimento-18062017>. Acesso em: 04 fev. 2021.
9. SOUZA, Carlos Affonso Pereira de. *Dez Dilemas sobre o Chamado Direito ao Esquecimento*. Disponível em: <https://itsrio.org/pt/publicacoes/dez-dilemas-sobre-o-chamado-direito-ao-esquecimento/>. Acesso em: 04 fev. 2021.

estabelecer um possível quadro teórico no qual se insere o direito ao esquecimento. É o que passamos a expor.

3.1 DIREITO AO ESQUECIMENTO COMO UM ASPECTO DE DIREITO DE PERSONALIDADE

De acordo com André Brandão Nery Costa, *"a comissão para revisão da Diretriz Europeia de Proteção de Dados definiu o direito ao esquecimento como 'o direito de indivíduos de terem seus dados não mais processados e deletados quando não são mais necessários para propósitos legítimos'. O desafio apresentado por essa comissão no desenvolvimento do direito ao esquecimento seria demonstrar sua relevância e autonomia frente a outros direitos lá já existentes como o direito de deletar e de objetar e em que contexto ele seria instrumento hábil na tutela da pessoa humana"*[10]. Em texto sobre o direito ao esquecimento, José Eduardo Junqueira Ferraz e Mário Viola apresentam definições propostas por Márcio André Lopes Cavalcante e Rogério Grecco[11]:

> Neste diapasão, foi que Márcio André Lopes Cavalcante concebeu o direito ao esquecimento como sendo *"o direito que uma pessoa possui de não permitir que um fato, ainda que verídico, ocorrido em determinado momento de sua vida, seja exposto ao público em geral, causando-lhe sofrimento ou transtornos"*. Idêntico, o magistério de Rogério Grecco acerca do tema: "Não somente a divulgação de fatos inéditos pode atingir o direito de intimidade das pessoas. Muitas vezes, mesmo os fatos já conhecidos publicamente, se reiteradamente divulgados, ou se voltarem a ser divulgados, relembrando acontecimentos passados, podem ferir o direito à intimidade. Fala-se, nesses casos, no chamado direito ao esquecimento".

Para Viviane Nóbrega Maldonado, o direito ao esquecimento deve ser entendido *"como a possibilidade de alijar-se do conhecimento de terceiros uma específica informação que, muito embora seja verdadeira e que, preteritamente, fosse considerada relevante, não mais ostenta interesse público em razão de anacronismo"*[12]. Por sua vez, Anderson Schreiber afirma: *"trata-se, em síntese, de um direito a não ser constantemente perseguido por fatos do passado, que já não mais refletem a identidade atual daquela pessoa. O direito ao esquecimento é, assim, essencialmente um direito contra uma recordação opressiva de fatos que pode minar a capacidade do ser humano de evoluir e se modificar"*[13].

A informação objeto de direito ao esquecimento deve ser, portanto, de natureza eminentemente privada e sua revelação deve atingir um direito de personalidade, seja a privacidade, seja a honra. Sendo um dado público ou sobre o qual paira interesse público, deve ser conservado – por mais difícil que seja aferir, *a priori*, se um dado se encontra revestido de interesse público no momento em que o alegado direito ao esquecimento for apreciado.

---

10. COSTA, André Brandão Nery. *Direito ao Esquecimento na Internet: a Scarlet Letter Digital*. Direito e Mídia (coord.: Anderson Schreiber). São Paulo: Atlas, 2013; p. 199-200.
11. FERRAZ, José Eduardo Junqueira e VIOLA, Mário. *O Direito ao Esquecimento*. Disponível em: <https://itsrio.org/pt/publicacoes/o-direito-ao-esquecimento/>. Acesso em: 04.02.2021.
12. MALDONADO, Viviane Nóbrega. *Direito ao Esquecimento*. São Paulo: Novo Século, 2017. Edição Kindle.
13. SCHREIBER, Anderson. *Nossa Ordem Jurídica não Admite Proprietários de Passado*. Disponível em: <http://www.conjur.com.br/2017-jun-12/anderson-schreiber-nossas-leis-nao-admitem-proprietarios-passado>. Acesso em: 04 fev. 2021.

3.2 O INTERESSE PÚBLICO NA INFORMAÇÃO

Nesse debate, o conceito de interesse público será fundamental. Ao analisar o tema do direito ao esquecimento, o Ministro Luís Felipe Salomão do Superior Tribunal de Justiça afirmou: *"o interesse público que orbita o fenômeno criminal tende a desaparecer na medida em que também se esgota a resposta penal conferida ao fato criminoso, a qual, certamente, encontra seu último suspiro com a extinção da pena ou com a absolvição, ambas consumadas irreversivelmente"*[14]. Também é este o entendimento de Viviane Nóbrega Maldonado ao afirmar que *"o interesse público é a chave que leva ao resultado concreto, de modo que, se ele estiver presente, não será viável o acolhimento do pedido de remoção ou o deferimento de indenização por possíveis danos materiais ou morais"*[15].

Sabe-se, contudo, da dificuldade em se circunscrever o que seria *"interesse público"*. Celso Antônio Bandeira de Mello assim o qualifica: *"deve ser conceituado como o interesse resultante do conjunto dos interesses que os indivíduos pessoalmente têm quando considerados em sua qualidade de membros da Sociedade e pelo simples fato de o serem"*[16]. Mais adiante, esclarece que *"uma vez reconhecido que os interesses públicos correspondem à dimensão pública dos interesses individuais, ou seja, que consistem no plexo dos interesses dos indivíduos enquanto partícipes da Sociedade (entificada juridicamente no Estado), nisto incluído o depósito intertemporal destes mesmos interesses, põe-se a nu a circunstância de que não existe coincidência necessária entre interesse público e interesse do Estado e demais pessoas de Direito Público"*[17]. Trata-se, portanto, não necessariamente de um interesse estatal, mas também de um interesse particular de um indivíduo inserido na coletividade, e nessa qualidade.

A simples dificuldade de conceituação do que seja, na prática, "interesse público" não pode ser obstáculo para se aceitar o critério ou, ainda, para se repelir a possibilidade de existência do direito ao esquecimento em razão da vagueza de um de seus requisitos. O Poder Judiciário precisa diariamente aplicar princípios igualmente abstratos, como boa-fé objetiva, função social e bons costumes, entre outros. O que se espera, nessas situações, é que outros valores mais concretos ajudem à construção de uma teoria doutrinária e jurisprudencial que minimize os efeitos da incerteza sobre o que seria "interesse público" diante do direito ao esquecimento.

A esse cenário pouco preciso, Viviane Nóbrega Maldonado adiciona uma dificuldade extra bastante relevante (e alvo de algumas críticas à possibilidade de existência de um verdadeiro direito ao esquecimento): *"não fosse já árdua missão a qualificação de uma determinada informação como de interesse público, ou não, a doutrida do Direito ao Esquecimento traz ainda outro elemento complicador, na medida em que induz caráter disruptivo quanto ao que seja interesse público em razão de mero transcurso temporal"*[18].

---

14. Ministro Luís Felipe Salomão. RE 1.334.097 – RJ (2012/0144910-7).
15. MALDONADO, Viviane Nóbrega. *Direito ao Esquecimento*. São Paulo: Novo Século, 2017. Edição Kindle.
16. MELLO, Celso Antônio Bandeira de. *Curso de Direito Administrativo* – 26ª edição. São Paulo: ed. Malheiros; p. 61. Grifos no original.
17. Ibid. p. 65.
18. MALDONADO, Viviane Nóbrega. Direito ao Esquecimento. Op. Cit.

3.3 O DECURSO TEMPORAL E A VERACIDADE DA INFORMAÇÃO

Como pode uma informação ser lícita quando de sua divulgação e tornar-se ilícita com o decurso do tempo? A bem da verdade, essa pergunta encontra resposta já na tutela dos próprios direitos de privacidade e de imagem. Um evento noticioso, por exemplo, pode levar que seus protagonistas sejam expostos, ainda que contra sua vontade, em mídia nacional ou internacional[19]. Passado o evento, contudo, a exposição dessas mesmas pessoas pode ser caracterizada como uma violação à privacidade ou à imagem. Para além da discussão em âmbito penal, essa seria a conclusão do caso Lebach, se analisados aspectos de direito civil (a proteção da imagem e da privacidade do ex-condenado diante do interesse em se produzir, anos depois, um documentário sobre os eventos passados).

Além disso, os arts. 43, §5°, do Código de Defesa do Consumidor e 63 do Código Penal[20] apresentam hipóteses em que a conservação e a utilização de informações legitimamente coletadas podem ser consideradas ilícitas para alguns fins após o decurso de certo prazo. Na verdade, não são raros os casos em que o efeito do tempo muda os direitos em jogo das partes envolvidas. Prescrição e usucapião são dois dos possíveis exemplos. Logo, não parece impossível – ou sequer contraditório – que a divulgação de dados e fatos em um primeiro momento seja lícita, mas, quando de sua divulgação, se converter em ilícita após um lapso temporal.

Outrossim, a veracidade da informação também deve estar presente para se invocar o direito ao esquecimento. Tratando-se de informação falsa, outros devem ser os mecanismos a serem preferivelmente utilizados, tais como o direito de resposta ou o dever de o meio de comunicação atualizar a informação com dados mais novos ou mais precisos. Ainda que nestes casos vá-se ao extremo de se suprimir a informação de acesso ao público por ordem judicial, não se deve qualificar tal hipótese como direito ao esquecimento, já que não é algo que se queira esquecer, apagar, mas tão-somente informação que, por ser falsa, deve ser combatida por violar outros direitos (como a honra, por exemplo).

3.4 O POTENCIAL DANO

Ainda que a informação seja verídica e que tenha se passado um lapso temporal entre sua divulgação original e a invocação do direito ao esquecimento, este só incidirá nas hipóteses em que houver dano potencial na manutenção daquela informação por parte de terceiros. Com efeito, o direito ao esquecimento não pode ser requerido por mero capricho, mas sim porque a conservação daquela informação acarreta um risco ou propriamente um dano a seu titular. Esse dano pode ser de ordem familiar, social, profissional – moral ou patrimonial. Se a conservação daquela informação específica for inócua, ou seja, não acarretar uma ameaça de dano, então não estaremos diante do direito ao esquecimento.

---

19. Ver, por exemplo, as considerações de Anderson Schreiber a respeito de direito de imagem e liberdade de informação. SCHREIBER, Anderson. Direitos da Personalidade. Cit.; p. 104-105.
20. "Art. 63. Verifica-se a reincidência quando o agente comete novo crime, depois de transitar em julgado a sentença que, no País ou no estrangeiro, o tenha condenado por crime anterior."

3.5 TUTELA DA LIBERDADE DE EXPRESSÃO, EVENTOS HISTÓRICOS E DEVER DE MEMÓRIA

Um dos elementos diversas vezes mencionado em casos nos quais se discute direito ao esquecimento é a tutela da liberdade de expressão, uma vez que aquele não pode se prestar a fazer o papel de censor. Todavia, parece-nos que se a manutenção do dado causa dano a seu titular e, por outro lado, não gera qualquer benefício público, sua supressão poderá ser deferida. Trata-se de hipótese semelhante ao já citado caso Lebach. De fato, a divulgação do nome do envolvido não revertia em qualquer benefício público, ao mesmo tempo em que lhe causava potenciais danos sociais. Além disso, a supressão dos nomes sequer comprometia a liberdade de expressão, uma vez que as histórias de que eram parte poderiam ser contadas em sua totalidade, independentemente de suas identidades. Estes parecem ser os casos típicos de direito ao esquecimento.

Por outro lado, se houver interesse público no acesso aos dados, então o direito ao esquecimento não será o melhor caminho a ser seguido. Este é um dos apectos mais evidentes da aplicação do critério do interesse público: a proteção da liberdade de expressão quando se tratar de evento histórico (ainda que essa categoria seja ontologicamente controvertida), que na verdade *não pode ser esquecido*. Existiria, nesta situação, um outro dever – reverso àquele: o dever de memória. O caso mais evidente, e mais lembrado, é o do holocausto. Diante de sua gravidade, não só seria impossível acolher demandas relativas a um desejo privado de ter o evento esquecido como seria imperioso que os registros do evento fossem preservados.

3.6 DESTINATÁRIOS DOS PEDIDOS

O pedido relativo ao exercício de direito ao esquecimento deve ter como destinatário o meio de comunicação onde o conteúdo a ser esquecido se encontra. No caso da internet, o pedido deve ser, portanto, voltado ao provedor de aplicações de internet que hospeda o endereço na internet no qual o conteúdo se encontra. Nesse sentido, cumpre destacar que o pedido não pode ser feito ao provedor de buscas, uma vez que não é ele o responsável por hospedar aquele conteúdo na rede. Nessa última hipótese, não estaríamos diante de direito ao esquecimento propriamente dito, mas mero pedido de **desindexação**.

Nesse ponto, são duas as questões que se apresentam como desafios para a efetividade de uma decisão judicial sobre direito ao esquecimento. A primeira diz respeito à eficácia parcial da decisão, especialmente quando o pedido de dirige a motores de busca. Nesse caso, se o Google, por exemplo, é obrigado a remover o *link* de seu resultado da pesquisa, muito provavelmente ainda é possível encontrar o mesmo resultado em outros mecanismos de busca, como Yahoo ou Bing. Em outras palavras, estaríamos longe da efetivação do direito ao esquecimento. Contudo, como acreditamos que neste caso sequer estamos diante do instituto (por se tratar, aqui, de pedido de desindexação), este fato não chega a ser um obstáculo à implementação do direito ao esquecimento dentro dos parâmetros estreitos que propomos.

Ainda assim, a segunda variável é mais complexa e trata da dificuldade de se efetivar internacionalmente decisões que determinem a remoção do conteúdo do site onde ele se encontra. Afinal, a retirada do conteúdo deverá ser aplicada sob quais parâmetros, sob a lei de qual país, para produzir efeitos onde? Quando a informação objeto da demanda de retirada do conteúdo se encontra em um único site, então sua efetividade se produz mais facilmente. Todavia, quando a informação está disseminada em diversos canais de comunicação online, em mais de um país, então o cumprimento de uma decisão relativa ao direito ao esquecimento será consideravalmente mais desafiadora.

O tema, ao lado de outras questões complexas aqui discutidas (como os próprios parâmetros do direito ao esquecimento ou o conceito de interesse público, para citar alguns), precisará ainda ser submetido a um debate global e profundo para que respostas adequadas sejam encontradas.

4. DELIMITANDO A MATÉRIA: O QUE NÃO É DIREITO AO ESQUECIMENTO

Sem prejuízo às outras hipóteses acima mencionadas, há que se fazer referência a determinadas demandas frequentemente confundidas com o direito ao esquecimento mas que parecem dele se diferençar. O caso Aída Curi, por exemplo, não parece atender aos requisitos para a qualificação como direito ao esquecimento. Parecem adequados os argumentos quando da análise do tema no Superior Tribunal de Justiça, tais como o fato de o crime, além de histórico, ter se celebrizado com o nome da vítima e por isso a necessidade de se fazer referência ao nome dela para se preservar a liberdade de expressão ao se contar um caso tão notório na crônica policial brasileira.

Todavia, há outro elemento a ser considerado. Parece-nos que os irmãos de Aída Curi, ao proporem a ação de reparação pelos danos sofridos, atuam em nome próprio, para pleitear indenização por dano sofrido por eles. Ora, o direito ao esquecimento, no caso, não seria de Aída Curi (se viva fosse)? Seria possível o direito ao esquecimento ser estendido a outras pessoas, não mencionadas diretamente no fato que se pretende não divulgar?

Não se pode também confundir o direito ao esquecimento com o desejo de voltar a ser uma pessoa anônima. Aqui, não há repúdio a dados ou fatos do passado. O que existe é apenas a vontade de não se ter mais os holofotes da fama voltados para si. Mesmo que alguns juristas apontem o lugar público e a pessoa pública como falsos parâmetros para se permitir a diminuição da esfera de proteção da imagem e da privacidade, na prática sabe-se que estes são mesmo critérios utilizados em detrimento dos direitos de personalidade de alguns indivíduos. Quem foi famoso e agora não quer mais sê-lo, não invoca por isso direito ao esquecimento – apenas pleiteia voltar à zona de anonimato da qual havia saído e na qual tem seus direitos de personalidade mais protegidos.

Também não pode ser considerado direito ao esquecimento o controle de dados pessoais previsto no art. 7º, X, do Marco Civil da Internet[21] – e na recém vigente Lei Geral de Proteção de Dados (Lei nº 12.965/2014) – e muito menos a remoção de conteúdo de-

---

21. "Art. 7º. O acesso à internet é essencial ao exercício da cidadania, e ao usuário são assegurados os seguintes direitos: (...) X – exclusão definitiva dos dados pessoais que tiver fornecido a determinada aplicação de internet, a seu requerimento, ao término da relação entre as partes, ressalvadas as hipóteses de guarda obrigatória de registros previstas nesta Lei"

corrente dos artigos 19²² e 21 do Marco Civil. No primeiro caso, trata-se de mera relação contratual, com pedido de exclusão de dados ao término da relação entre as partes. Não se cogita aqui de que os dados estejam causando potencial dano a direitos de personalidade de seu titular. O que ocorre é tão-somente que este não tem mais interesse nos serviços oferecidos pelo site e pede para seus dados serem excluídos de forma definitiva. Quanto ao previsto no artigo 19 e 21²³ do Marco Civil da Internet, trata-se de pedido de remoção de conteúdo infringente a direitos de terceiros. Há, aqui, uma violação a direitos *lato sensu*, decorrente de inúmeras hipóteses, como difamação e violação à intimidade sexual, com um campo de aplicação muito mais amplo do que o do direito ao esquecimento.

Finalmente, muitos são os casos em que se pode alegar uso ilícito de dados pessoais, mas não direito ao esquecimento. Por exemplo, quando há violação ao disposto no art. 43, §5°, do CDC²⁴, ou, mais modernamente, quando o tratamento de dados pessoais for realizado sem que esteja presente pelo menos uma das hipóteses autorizativas previstas na Lei Geral de Proteção de Dados. Nessas hipóteses, pode-se discutir se o uso dos dados é lícito, se há desvio de finalidade, se há interesse público – mas não parece ser caso específico de direito ao esquecimento. Afinal, em última instância, o que se pretende não é que o dado seja apagado, removido ou não divulgado publicamente; o que se quer é que o dado não seja usado para uma finalidade específica que pode causar prejuízo ao seu titular.

5. CONSIDERAÇÕES FINAIS

Diante dos riscos que representa à liberdade de expressão, da possibilidade de reescrita da história, à defesa de interesses escusos, o direito ao esquecimento deve ser aplicado de maneira excepcionalíssima, apenas quando presentes, em conjunto, todos os critérios acima apresentados: violação à privacidade por meio de publicação de dado verídico, após lapso temporal, capaz de causar dano a seu titular, sem que haja interesse público, preservando-se em todo caso a liberdade de expressão e desde que não se trate de fato histórico, cuja demanda é direcionada, em última instância, ao Poder Judiciário, que deverá, se entender cabível, ordenar a sua remoção ao meio de comunicação onde a informação se encontra (e nunca ao motor de busca).

---

22. "Art. 19. Com o intuito de assegurar a liberdade de expressão e impedir a censura, o provedor de aplicações de internet somente poderá ser responsabilizado civilmente por danos decorrentes de conteúdo gerado por terceiros se, após ordem judicial específica, não tomar as providências para, no âmbito e nos limites técnicos do seu serviço e dentro do prazo assinalado, tornar indisponível o conteúdo apontado como infringente, ressalvadas as disposições legais em contrário."
23. "Art. 21. O provedor de aplicações de internet que disponibilize conteúdo gerado por terceiros será responsabilizado subsidiariamente pela violação da intimidade decorrente da divulgação, sem autorização de seus participantes, de imagens, de vídeos ou de outros materiais contendo cenas de nudez ou de atos sexuais de caráter privado quando, após o recebimento de notificação pelo participante ou seu representante legal, deixar de promover, de forma diligente, no âmbito e nos limites técnicos do seu serviço, a indisponibilização desse conteúdo."
24. "Art. 43. O consumidor, sem prejuízo do disposto no art. 86, terá acesso às informações existentes em cadastros, fichas, registros e dados pessoais e de consumo arquivados sobre ele, bem como sobre as suas respectivas fontes. (...) § 5° Consumada a prescrição relativa à cobrança de débitos do consumidor, não serão fornecidas, pelos respectivos Sistemas de Proteção ao Crédito, quaisquer informações que possam impedir ou dificultar novo acesso ao crédito junto aos fornecedores.".

Por esse motivo, no estágio atual do debate, a eliminação do conteúdo não é, evidentemente, a única solução. E nem parece ser a mais simples, por todas as dificuldades práticas de se eliminar em definitivo um dado da internet. Outras soluções poderiam ser medidas de direito de resposta ou atualização de conteúdo (*right of reply* e *right of rectification*[25]), dando-se sempre a mesma ênfase da notícia original.

Essas soluções, eminentemente baseadas em mudanças comportamentais, certamente são mais lentas para serem implementadas, ainda que fossem, talvez, as mais desejáveis. Nesses casos, a sociedade seria levada a respeitar mais integralmente a dignidade alheia e lidaria com os fatos pretéritos não com sua destruição ou apagamento, mas com diálogo e mais informação. Nem sempre os conflitos seriam resolvidos, mas certamente teriam seu número reduzido.

Como sob a designação "direito ao esquecimento" encontramos diversas disputas que nem sempre deveriam ser assim qualificadas, esperamos que a passagem do tempo e o aprofundamento da doutrina e das decisões judiciais possam encontrar categorias mais adequadas para cada uma das demandas, com soluções justas e adequadas, independentemente da denominação que lhes seja atribuída.

---

25. Em manifestação perante a UNESCO, Ronaldo Lemos defende que os direitos de resposta e de atualização da informação devem ser preferíveis aos vagos conceitos do direito ao esquecimento. LEMOS, Ronaldo. *Legal Position on the Right to Be Forgotten*. Disponível em: <https://itsrio.org/en/publicacoes/legal-position-on-the-right-to-be-forgotten/>.Acesso em: 04 fev. 2021.

14
INFORMAÇÃO EM REDE: UMA COMPARAÇÃO DA LEI BRASILEIRA DE PROTEÇÃO DE DADOS PESSOAIS E O REGULAMENTO GERAL DE PROTEÇÃO DE DADOS EUROPEU

Têmis Limberger

Sumário: 1 Introdução. 2 Do contexto normativo de proteção de dados na Europa e no Brasil. 2.1 Aspectos gerais referentes ao Regulamento Geral de Proteção de Dados – RGPD. 2.2 Das agências administrativas independentes, das sanções pecuniárias infligidas (caso do Facebook) e dos procedimentos técnicos implementados. 2.3 Das previsões constitucionais e legais referentes à proteção de dados no Brasil e a experiência uruguaia. 3 Da evolução do Direito de estar só à tutela da proteção de dados pessoais. 4 Exposições virtuais e consequências reais. 5 Considerações finais. Referências.

1. INTRODUÇÃO

A frase "[...] se você não está pagando por algo, significa que você é o produto" expressada pelo jornalista norte-americano Andrew Lewis, referindo-se à utilização das plataformas digitais, apresenta-se como ponto de partida ao debate contextualizado pelo recente documentário "O Dilema das Redes"[1], que estreou, em 2020, na plataforma de streaming *Netflix*. Passa a ser cada vez mais ressonante a ideia de que, para as gigantes empresas do setor tecnológico (as *big techs*), os dados das pessoas são tratados de forma similar a produtos, direcionados ao lucro financeiro decorrente de um investimento anterior na coleta de dados e formação de perfis de usuário. Retrata, de forma muito simbólica, o que Eli Pariser menciona na obra *O filtro invisível*[2] sobre o fato que os usuários de serviços transformaram-se no *próprio conteúdo* do que anteriormente *apenas* usufruíam e como as grandes companhias ajustaram seu modelo de negócios visando atender à necessidade de personalização de seus produtos. Nesse cenário, parece não existir dúvidas, conforme já antecipado pela revista *The Economist*[3], de que os dados pessoais - especialmente os tratados por plataformas digitais – são a nova riqueza do

---
1. O DILEMA das redes. Direção: Jeff Orlowski. Produtor: Larissa Rhodes. [S.l.]: Netflix, 2020 (89 min), son., color.
2. PARISER, Eli. *O filtro invisível: o que a internet está escondendo de você*. Rio de Janeiro: Zahar, 2012. p.47 e seguintes.
3. THE ECONOMIST. The world's most valuable resource is no longer oil, but data (de 6 de maio de 2017). Disponível em: <https://www.economist.com/leaders/2017/05/06/the-worlds-most-valuable-resource-is-no-longer-oil-but-data>. (Acesso em: 17 nov. 2020).

século XXI e sugere que, se os serviços disponibilizados digitalmente não possuem custo, o preço tornou-se a própria privacidade dos usuários, moldada por meio da coleta de dados e tratamento por algoritmos[4].

No contexto atual da Internet, verifica-se a exposição constante e exacerbada das pessoas nas redes sociais. É a denominada sociedade do espetáculo[5]. As informações e os fatos da vida são noticiados e ilustrados com fotos no *Facebook*. Pode-se fazer uma paródia do velho brocardo latino: "quem não está no *face*, não está no mundo".

A certeza de que hoje existe o denominado "homem de cristal", na internet, no sentido de que há uma ampla visibilidade, a respeito das informações e dados que a pessoa disponibiliza e interesses que possui, a partir da consulta e visita aos sítios eletrônicos, que faz na internet, que ficam armazenados e contribuem para formação de um perfil, que na maioria das vezes, é repassado a outras empresas, sem o consentimento do usuário.

Assim, o objeto deste estudo é pesquisar: qual a proteção jurídica que pode ser oferecida ao usuário, no ordenamento jurídico europeu e brasileiro (diante da entrada em vigor do Regulamento Geral de Proteção de Dados Europeu e da Lei Brasileira de Proteção de Dados – Lei nº 13.709)? Neste contexto, o estudo vai se ocupar de verificar aspectos desse novo fenômeno de exposição constante das pessoas nas redes sociais e buscar instrumentos jurídicos e ferramentas que possam ser utilizadas para verificar quais as informações que estão armazenadas a respeito do usuário e buscar garantir que, sem o consentimento do cidadão estas informações não podem ser utilizadas para um fim diverso ao que forem coletadas.

2. DO CONTEXTO NORMATIVO DE PROTEÇÃO DE DADOS NA EUROPA E NO BRASIL

2.1. Aspectos gerais referentes ao Regulamento Geral de Proteção de Dados - RGPD

O Regulamento Geral de Proteção de Dados – RGPD (UE) 2016/679 entrou em vigor a partir de 25/5/2018, após 2 (dois) anos de promulgação, em 4/5/2016. O objetivo do RGPD é duplo: regular um direito (à proteção de dados) e garantir a liberdade (a livre circulação dos dados), à semelhança do que já ocorria com a Diretiva Comunitária nº 46/95[6].

Busca-se que a proteção do direito fundamental prevaleça sobre o interesse econômico dos responsáveis e encarregados do processamento de dados, como foi reconhecido pelo Tribunal de Justiça Europeu, na Sentença que se tornou paradigma,

---

4. LI, Wendy; NIREI, Makoko; YAMANA, Kazufumi. Value of data: There's no such thing as a free lunch in the digital economy (6 de fevereiro de 2019). Disponível em: <https://www.rieti.go.jp/en/publications/summary/19030027.html>. (Acesso em: 10 nov. 2020).
5. DEBORD, Guy. *A sociedade do espetáculo*. Rio de Janeiro: Contraponto, 1997.
6. Cabe notar que a Diretiva n. 46/95 foi revogada pelo Regulamento Europeu vigente, de forma a conferir maior densidade normativa aos comandos nele previstos. Postos em comparação, nota-se que o modelo revogado apresentava-se como ferramenta comunitária de uniformização das legislações nacionais, de forma a outorgar a cada estado-membro a tarefa de realizar as adequações, por meio da transposição. A atual normativa (RGPD) parte da obrigatoriedade, automaticidade e integralidade de aplicação das disposições, com caráter vinculativo em todos os países da União Europeia.

onde foram partes: Google Espanhol e Agência Espanhola de Proteção de Dados, ditada em 13/05/2014.[7]

O RGPD regulamenta o direito fundamental a proteção de dados, estatuído no art. 8º da Carta Europeia de Direitos Humanos[8], cujo âmbito material de aplicação atinge aqueles que têm um arquivo automatizado contendo dados pessoais. Neste aspecto, pode-se fazer uma crítica, ao RGPD, já que os sistemas informatizados não foram previstos, como objeto da tutela legal, deixando de incorporar as inovações trazidas pela sentença do Tribunal Constitucional Alemão, em 2008[9]. A proteção individual merece uma tutela legal, sem dúvida, mas as questões adquiriram maiores proporções com ataques a sistemas informatizados de caráter público ou privado. O local adequado, para disciplinar, talvez não fosse o RGPD, mas numa legislação própria, visando tutelar os sistemas informatizados, que atualmente, são a parte mais complexa, que desafia a todos. Outra alternativa seria fazer com que as empresas se preocupem com mecanismos de proteção. Aqui se abrem situações diferentes, pois a tendência é que as empresas grandes consigam estatuir estes mecanismos de proteção, sendo que as pequenas podem apresentar mais dificuldade em investir em tecnologia para tentar banir ataques indesejados. Porém, ainda que deficiente de proteção legal, sempre fica o espaço para criação jurisprudencial.

Relativo ao aspecto territorial, o RGPD é aplicável no âmbito da União Europeia e a outros países ainda que não comunitários; desde que, fundados em alguma relação jurídica ou comercial, que afetem os dados de cidadãos ou empresa estabelecida na União Europeia. Assim, o princípio da segurança jurídica tem sua incidência para além do território europeu, considerando que os dados circulam livremente, independente das fronteiras de um país. Por isso, é importante que os países não comunitários tenham uma legislação protetiva aos dados pessoais, como a Agência de Proteção dos Dados Pessoais, pois além do aspecto pedagógico da lei, no sentido de ajudar a promover a ideia de que os dados pessoais têm um valor na sociedade da informação, o diploma legislativo como órgão regulador é importante para as relações comerciais internacionais do Estado.

Constitui-se em elemento importante o consentimento do interessado (art. 4.11 do RGPD), considerado como toda manifestação de vontade livre, específica, informada e inequívoca pelo qual o interessado aceita, seja mediante uma declaração ou uma clara ação afirmativa, o tratamento de dados pessoais que lhe são relacionados.

---

7. Acórdão do Tribunal de Justiça Europeu (Grande Secção), em 13/05/2014.
8. Sobre o tema, cabe destacar que tramita no Congresso Nacional a proposta de Emenda a Constituição de n. 17/2019, atualmente em debate na Câmara dos Deputados, cujo objeto é inserir no texto constitucional "[...]a proteção de dados pessoais entre os direitos e garantias fundamentais e para fixar a competência privativa da União para legislar sobre proteção e tratamento de dados pessoais." BRASIL. Câmara dos Deputados. PEC 17/2019. Altera a Constituição Federal para incluir a proteção de dados pessoais entre os direitos e garantias fundamentais e para fixar a competência privativa da União para legislar sobre proteção e tratamento de dados pessoais. Disponível em: <https://www.camara.leg.br/proposicoesWeb/fichadetramitacao?idProposicao=2210757>. (Acesso em 17 nov. 2020).
9. MENKE, Fabiano. A proteção de dados e novo direito fundamental à garantia da confidencialidade e da integridade dos sistemas técnico-informacionais no direito alemão. In: MENDES, G.F; SARLET, I.W.; COELHO, A.Z.P. (Org.). Direito, Inovação e Tecnologia. 01 ed. São Paulo: Saraiva, 2014, v., p. 205-230. Haja vista, o denominado caso Snowden, nota nº 34.

O aspecto novo é que se especificam duas formas de expressar o consentimento: mediante declaração ou mediante uma clara ação afirmativa. Deste modo, não cabe mais o denominado consentimento tácito (o silêncio, as alternativas já marcadas ou a inação).

Logo, fica claro que o silêncio ou a inação não podem considerar-se como uma declaração de consentimento, pois este tem que ser um ato afirmativo claro e para finalidades específicas. O RGPD sinaliza em prol dos atos comissivos e não dos omissivos.

O Princípio da finalidade já se fazia presente desde o Convênio 108/1981 e foi incorporado pela DC nº 46/1995, mantendo-se no atual RGPD e no Convenio 108+, estabelece que os dados coletados para uma finalidade específica não podem ser utilizados para outra.

Analisando o RGPD, Sanchez Bravo[10] propugna que toda a informação dirigida ao público, em virtude do Princípio da Transparência, deve ser de fácil acessibilidade e compreensão, utilizando-se de uma linguagem simples e clara. As bases informacionais transparentes contribuem para a democracia e justiça social. O RGPD pretende estabelecer um regime único, especialmente no que concerne às garantias dos dados pessoais dos indivíduos para que estejam adequadamente protegidos, que aparecem reforçados, de um lado, mediante a ampliação dos elementos de tratamento que abarca o dever de informação e o direito de acesso, de outro, exigindo que o modo que o responsável cumpra estas obrigações seja transparente, isto é, de modo compreensível ao interessado.[11]

O Regulamento está atento à publicidade na Internet e outras situações tecnológicas complexas, nos dias de hoje. Por esta razão, faz-se necessário que o interessado possa saber, caso seus dados sejam recolhidos, por quem e para que finalidade. Os menores de idade, recebem tratamento privilegiado, uma vez que efetivos destinatários da proteção jurídica com relação a sua privacidade.

O RGPD inova com relação ao princípio de "accountability" ou responsabilidade pró-ativa, que se poderia identificar com a transparência. Caso a prevenção não tenha sido alcançada, o regulamento se ocupa também de sanções repressivas com relação ao ato danoso. No caso de que haja dano ou prejuízo material ou imaterial, o valor pode chegar a € 20.000.000 de euros, ou tratando-se de empresas, até 4% da receita global, o que for mais elevado[12].

---

10. SÁNCHEZ BRAVO, Álvaro A. Hacia un nuevo marco europeo de protección de datos personales: empoderamiento de los ciudadanos en la sociedad tecnológica. In: FERNÁNDEZ, Yarina Amoroso. (Org.). Sociocibernética e Infoética: contribuición a una nueva cultura y praxis jurídica. 1ed.Habana - Cuba: Editorial UNIJURIS, 2015, v. 1, p. 124. "Toda información dirigida al público, en virtud del principio de transparencia, debe ser fácilmente accesible y fácil de entender, utilizándose un lenguaje sencillo y claro. Especialmente pensado para la publicidad en línea, y otros entornos tecnológicos complejos, se hace necesario para que el interesado pueda saber y comprender si sus datos están siendo recogidos, por quién, para hacer qué. Especialmente, deberá prestarse atención a los menores, para que ese lenguaje sencillo y claro, sea comprensible con facilidad." Tradução livre da autora, no corpo do texto.
11. HERNÁNDEZ CORCHETE, Juan Antonio. Transparencia em la información al interessado del tratamiento de sus datos personales y en el ejercicio de sus derechos. MAÑAS, José Luis Piñar (Director). *Reglamento general de protección de datos – hacia un nuevo modelo europeo de privacidade*. Editora Reus: Madrid, 2016, p.225.
12. No caso da violação de dados ocorrida no Facebook, caso considerado que o RGPD já seria aplicável, a multa chegaria a seis bilhões de reais.

O RGPD busca otimizar a proteção dos dados, reduzindo os encargos administrativos às empresas, ao mesmo tempo em que implementa a *accountability*[13]. Assim, o RGPD pretende uma simplificação normativa e a supressão ou flexibilização de algumas exigências das leis nacionais que os mercados consideravam burocráticas. Deve-se aludir, também, que o RGPD introduz novas garantias para a proteção das pessoas físicas no tocante ao tratamento de seus dados pessoais que provém em grande medida da cultura jurídica anglo-saxã e da autorregulação.

É estabelecido um novo princípio o da "responsabilidade pró-ativa" – artigo 5.2, e no artigo 24, trata da responsabilidade do encarregado do tratamento de dados, para que seja capaz de demonstrar que o tratamento está em conformidade com o RGPD.

Deste modo, o Regulamento transforma as obrigações do responsável que estavam na Diretiva 95/46 em um princípio de responsabilidade, introduzindo a *accountability*.

Consequência da pró-atividade, ao responsável é devido declarar e notificar os tratamentos de dados, colocar legendas informativas, responder perante os cidadãos relativo aos direitos de acesso, retificação, cancelamento e oposição e implementar medidas de segurança descritas na norma. O RGPD determina que o responsável seja reflexivo e que avalie os riscos prováveis (alto, médio ou baixo) adotando as medidas a cada caso concreto, buscando prevenir riscos que podem acontecer e, avaliando as possibilidades de risco e analisando as medidas preventivas que podem ser adotadas, nas hipóteses que se fizerem necessárias. Para isso, o perfil do responsável pelo tratamento dos dados, indica na direção de que tenha iniciativa e diligência para avaliar os possíveis riscos no tratamento que advenham e diligentemente adote medidas preventivas e as atualize, quando o contexto indique.

Percebe-se, assim que o Regulamento se afasta da antiga figura do Responsável definida na Diretiva 95/46 e na antiga LOPD (Lei Orgânica de Proteção de Dados Pessoais – Lei nº 15/1999, que sucedeu a Lei nº 5/1992), desenhando um modelo mais moderno e atual, inspirado no modelo anglo-saxônico de responsabilidade *accountability* e de *compliance*, que não se limita a cumprir a determinação legal, mas se adiante a prevenir possíveis descumprimentos.

O RGPD se atualiza para ir além da codificação estruturada a partir de preceitos para o descumprimento e aponta na perspectiva de prospecção da legislação, estimulando as boas práticas e não apenas reprimindo.

2.2. Das agências administrativas independentes, das sanções pecuniárias infligidas (caso do *Facebook*), e dos procedimentos técnicos implementados

Na Europa, devido ao vazamento de informações pelo *Facebook*, sanções foram impostas no âmbito administrativo[14] na Itália, na Espanha e no Reino Unido. Os usuá-

---

13. REIGADA, Antonio Trancoso. *In:* PIÑAR MANÃS, José Luis. (Org.) *Reglamento General de Protección de Datos: Hacia un nuevo modelo europeo de privacidad.* Madrid: Reus, 2016, p. 463.
14. SANDOVAL, Pablo Ximénez de; COLOMÉ; Jordi Pérez. Facebook revela que deixou desprotegidos os dados de 50 milhões de clientes. *El País.* 28 set. 2018. Disponível em: <https://brasil.elpais.com/brasil/2018/09/28/tecnologia/1538153776_573711.html>. (Acesso em: 17 jan. 2020).

rios dos EUA são a grande maioria das "vítimas", pois correspondem a 81,6% do total, com 70,6 milhões de usuários afetados. Em seguida, estão Filipinas (1,4%) e Indonésia (1,3%). O Reino Unido, que estava no foco das notícias por ser o local da sede da *Cambridge Analytica*, ficou em quarto lugar na lista com 1,08 milhão (1,2%). O Brasil ocupa a oitava posição com 0,5% do total, com a violação aproximada de 443.000 brasileiros, que tiveram seus dados violados[15].

Há muito tempo já se sabia que os dados dos usuários da internet eram utilizados para se fazer um perfil de consumo, e se suspeitava de que pudessem ter uso para manipulação política[16]. Assim, além da oferta comercial direcionada que ocorre devido à formação do perfil do usuário consumidor, tem-se, também: a coleta da informação para utilização nas campanhas eleitorais, monitoramento das declarações dos candidatos com relação ao impacto que causam no eleitorado, favorável ou não; e robôs localizados, por vezes, longinquamente, que automaticamente conferem um universo de seguidores ao candidato, impactando positivamente o sítio eletrônico do elegível, que, ainda que falsamente, passa a ter muitos seguidores.

Em razão do mencionado escândalo, autoridade italiana de proteção de dados multou o *Facebook* em 10 milhões de euros por divulgar dados de seus usuários para fins comerciais e sem informá-los. É a sanção mais expressiva imposta até agora ao gigante tecnológico. Por sua vez, a Agência Espanhola de Proteção de Dados multou em 1,2 milhões de euros e, posteriormente (15 de setembro de 2018), em mais 300 mil euros, pela violação de 21 milhões de contas de usuários em solo Espanhol. Anteriormente, o Facebook havia sido multado no Reino Unido em 565.000 mil euros, sede da *Cambridge Analytica,* por tornar públicas contas de 1,08 milhões usuários.

Assim, na Itália, a condenação atingiu 46,72 euros, na Espanha, 0,07 euros e no Reino Unido a quantia de 0,56 euros, respectivamente, por usuário que teve seus dados lesados. No Brasil, ainda não se tem um valor definitivo, já que o procedimento administrativo não está acabado, mas a condenação pode chegar a 4,96 euros, que convertido ao real, chega-se a aproximadamente a R$ 20,00. As sanções pecuniárias impostas demonstram que não há um parâmetro uniforme com relação ao número de usuários lesados.

No Brasil, a Secretaria Nacional do Consumidor foi o órgão responsável por apurar a responsabilidade da empresa *Facebook* pela violação dos dados dos brasileiros, via processo administrativo, estimando que a sanção possa chegar a 9,7 milhões de reais, o equivalente a 2,2 milhões de euros pela violação de 443.000 mil contas de usuários brasileiros. O número de violações de dados na Europa pode ter chegado a 2,7 milhões de usuários[17].

Além do caráter reparatório dos danos causados, foram criados mecanismos técnicos pela empresa, para que o usuário possa ter o resguardo de seus dados, após o escânda-

---

15. BRASIL. Notícias R7. Disponível em: <https://noticias.r7.com/tecnologia-e-ciencia/facebook-notificara-usuarios--que-tiveram-dados-violados-05042018>. (Acesso em: 17 jan. 2020).
16. CASTELLS, Manuel. Ruptura: a crise da democracia liberal. Rio de Janeiro: Zahar, 2018.
17. AYUSO, Silvia. Facebook aplicará lei europeia de proteção de dados a todos os usuários do mundo. El País Internacional. 25 mai. 2018. Disponível em: <https://brasil.elpais.com/brasil/2018/05/24/internacional/1527180887_490401.html>. (Acesso em: 17 jan. 2020).

lo ocorrido no primeiro semestre de 2018. Dando seguimento a estas providências, a Comissão Europeia[18] exigiu que: a) as condições de utilização sejam mais explícitas e transparentes aos usuários, b) haja restrição nos termos de serviço que prevê a alteração unilateral das regras pela empresa e, c) ocorra a utilização limitada dos dados, após o apagamento pelo usuário, por parte da *Cambridge Analytica*. Desse modo, ainda que as ações contra o *Facebook* não tenham sido praticadas à égide do RGPD, o parâmetro da diretiva, então vigente, já apontava para o agir em desacordo da *Cambridge Analytica*, ao armazenar dados de seus usuários e repassá-los a outras empresas, não prevendo o consentimento e tampouco guardando a finalidade para o qual foram coletados. As sanções pecuniárias que lhe foram infligidas demonstra que a prática foi punida civilmente, além de terem sido criadas medidas técnicas para facilitar o acesso do usuário aos dados armazenados e facilitar a compreensão dos termos das políticas de privacidade.

2.3. Das previsões constitucionais e legais referentes à proteção de dados no Brasil e a experiência uruguaia

No Brasil, os direitos à intimidade e à privacidade estão referidos no artigo 5º, X, da Constituição Federal – CF, agasalhando a distinção proveniente da doutrina e jurisprudência alemãs, da teoria das esferas ou dos círculos concêntricos[19]. As esferas da vida privada comportam o grau de interferência que o indivíduo suporta com relação a terceiros. Para tal, leva-se em consideração o grau de reserva do menor para o maior. Assim, no círculo exterior está a privacidade; no intermediário, a intimidade; e, no interior desta, o sigilo. Logo, a proteção legal torna-se mais intensa, à medida que se adentra no interior da última esfera.

No espectro de proteção aos dados pessoais, algumas leis são referências, como: o Marco Civil da Internet (Lei 12.965/2014), que em seu artigo 3º, III, já previu a proteção dos dados pessoais, na forma da lei, sendo que somente agora, a lei foi editada. O Marco Civil prevê o consentimento na coleta dos dados (artigo 7º, IX) e o agir de maneira transparente (artigo 9º, II), tal qual acontece na normativa. O Provedor somente é responsabilizado se não cumprir a ordem judicial de retirada dos dados (artigo 19). Esse dispositivo legal burocratizou a celeridade da via administrativa que acontecia até então.

Devido ao comando do artigo 5º, XXXIII, da CF, que dispõe que todos têm direito ao acesso à informação contida nos órgãos públicos, sendo o interesse particular ou coletivo, foi promulgada a Lei de Acesso à Informação Pública (Lei 12.527/2011). Esta lei prevê que os órgãos públicos disponibilizem informação referente a despesas públicas realizadas com vencimentos ou licitações, em que a regra é a publicidade e o sigilo, a exceção. A lei inverteu a orientação que até então existia, quando os princípios tinham

---

18. LUSA, Stephanie Lecocq. Comissão Europeia obriga Facebook a clarificar direitos dos utilizadores. *Público (Jornal)*, 09 abr. 2019. Disponível em: <https://www.publico.pt/2019/04/09/tecnologia/noticia/comissao-europeia-obriga--facebook-clarificar-direitos-utilizadores-1868612> (Acesso em: 17 jan. 2020).
19. COSTA JR., Paulo José da. *O direito a estar só: tutela penal da intimidade*. São Paulo: RT, 1970, p. 31, citando HENKEL, Der Strafschutz des Privatlebens. Em sentido contrário, não reconhecendo a Teoria das Esferas, DONEDA, Danilo. *Da privacidade à proteção de dados pessoais*. Rio de Janeiro: Renovar: 2006, p. 108-109.

aplicação contrária. Atualmente, aquele que requer a informação tem de se identificar, pois receberá informação dos órgãos públicos e pela utilização desta, ficará responsável.

Em razão do artigo 5º, XXXII, da CF, que dispôs a respeito da proteção ao consumidor, foi o Código de Defesa do Consumidor (Lei 8.078/1990) legislação pioneira editada para proteção aos bancos de dados. Em seus artigos 43 e 44, tutela os bancos de dados de consumidores, prevendo situações de acesso, retificação e cancelamento das informações negativas, operando-se o prazo prescricional, que não podem ficar por mais de cinco anos registradas.

Posteriormente, foi editada a lei dos cadastros positivos, Lei 12.414/2011, com a promessa de diminuir as taxas de juros aos tomadores de financiamento, dos denominados *bons pagadores*, que são os consumidores que realizam o adimplemento de suas obrigações pontualmente.

Estatuída pelo comando constitucional do artigo 5º, LXXII, que visou assegurar o conhecimento das informações em nome do cidadão constantes em banco de dados de entidades governamentais ou de caráter público, bem como a possibilidade de retificá-las. Para tanto foi editada a Lei que disciplinou o *habeas data* (Lei 9.507/1997). Esta lei possui uma particularidade, que é a necessidade de esgotamento da via administrativa, antes do ingresso na via judicial. Isso é uma peculiaridade, pois no Brasil há a unidade de jurisdição como expressão do artigo 5º, XXXV, da CF, em que nenhuma lesão a direito pode deixar de ser examinada pelo Poder Judiciário.

A Lei Geral de Proteção de Dados (LGPD), Lei 13.709, de 14 de agosto de 2018, cuja entrada em vigor foi em 19 de setembro de 2020, conferiu proteção jurídica aos dados pessoais no país (de forma específica. Apesar de inovar no tema, no Brasil, nasceu com uma debilidade, ao não prever uma Autoridade Nacional de Proteção de Dados (ANPD) previamente ao inicio da vigência da legislação, o que representou um entrave concreto à organização estrutural e normativa de forma anterior à vigência da lei, com repercussões na proteção de direitos. Os últimos artigos da LGPD (arts. 55 a 59) que previam a criação da Autoridade Nacional de Proteção de Dados foram vetados sob alegação de vício de iniciativa, por ofensa aos artigos 61, § 1º, II e art. 37, da CF. Dentre os dispositivos da lei, diversas atribuições remetiam à autoridade garantidora como forma de preservar os direitos.

A atual redação da Lei nº 13.853/2019[20] prevê a ANPD como órgão da administração pública federal, integrante da Presidência da República, que poderá ser convertida em autarquia em regime especial, após avaliação do resultado dos dois anos da data da entrada em vigor da estrutura regimental da ANPD. Note-se que a experiência das agências reguladoras, no Brasil, não passa longe de críticas, seja por não solucionar problemas demandados pela população, seja por possuírem atuação considerada não resolutiva no enfrentamento de determinados conflitos. Por vezes, questiona-se, também, o preenchimento dos cargos, pelo não atendimento dos requisitos de formação adequada e conhecimento técnico adequado, o que vem sendo racionalizado com o advento da Lei n.

---

20. O artigo 55- A, §§ 1º e 2º, dá conta da estrutura da agência e o Decreto nº 10.474/2020, em seu anexo I, estrutura a Autoridade Nacional de Proteção de Dados.

13.848/2019, que dispõe sobre a gestão, a organização, o processo decisório e o controle social das agências reguladoras.

Percebe-se que a LGPD é tímida se comparada ao RGPD, mas representa um passo inicial importante rumo à proteção de dados, já que o Brasil apresenta a maior população do mundo com uma lei de proteção de dados vigente (LGPD). O que se pode notar, nos primeiros movimentos pós-início de vigência da LGPD[21], é a canalização das discussões em torno da temática da estruturação da ANPD. A causa dos debates tem como objeto a criação da ANPD como órgão da Presidência da República, uma importante dissonância com as previsões contidas no Regulamento Europeu e do modelo europeu que conserva a independência dos órgãos reguladores[22].

O ambiente de discussão acerca das melhores técnicas estruturais, jurídicas e tecnológicas de proteção dos dados pessoais fomentou uma preocupação comparatista, em torno da identificação de qual tipo de contribuição que o direito comunitário europeu (e dos países pertencentes ao bloco isoladamente) poderia oferecer à construção do modelo brasileiro. Essa postura, evidentemente, deveu-se à influência do Regulamento Europeu[23]. Notou-se também, ainda que mais timidamente, o mapeamento das leis de proteção de dados em países latino-americanos. Nesse particular, observa-se que países como Uruguai e Argentina detêm um caminho anterior ao brasileiro, reconhecido pela Comissão Europeia[24], em termos de anterioridade normativa e de estrutura institucional, como o fato do Uruguai ser o primeiro país não europeu a aderir a Convenção 108, em 2013 – o mencionado ato normativo comunitário foi revisto e atualizado em 2018 (Convenção 108+)[25].

A influência normativa europeia reforça a necessidade de verificar o contraste entre os modelos estruturados e em estruturação, além da existência de uma possibilidade de convergência entre modelos. A consolidação do modelo comunitário europeu é fruto de

---

21. Especialmente após a entrada em vigor da LGPD e a publicação do decreto n. 10.474, de 26 de agosto de 2020, que aprovou a estrutura regimental da ANPD (Anexo I). BRASIL. Decreto n. 10.474, de 26 de agosto de 2020. Aprova a Estrutura Regimental e o Quadro Demonstrativo dos Cargos em Comissão e das Funções de Confiança da Autoridade Nacional de Proteção de Dados e remaneja e transforma cargos em comissão e funções de confiança. Disponível em: <https://www.in.gov.br/en/web/dou/-/decreto-n-10.474-de-26-de-agosto-de-2020-274389226>. (Acesso em: 5 nov. 2020).
22. REIGADA, Antonio Troncoso. Autoridades de control independientes. In: PIÑAR MAÑAS, José Luis; GAYO, Miguel Recio; CARO, María Álvarez (Org.). *Reglamento general de protección de datos: hacia un nuevo modelo europeo de protección de datos*. Madrid: Editora Reus, 2016. p.465-516.
23. LOMBARTE, Artemi Rallo. De la "libertad informática" a la constitucionalización. De nuevos derechos digitales (1978-2018). *Revista de Derecho Político*, n. 100, p. 639-669, septiembre-diciembre, 2017.
24. COMISSÃO EUROPEIA. *Adequacy decisions. How the EU determines if a non-EU has an adequate level of protection*. Disponível em: <https://ec.europa.eu/info/law/law-topic/data-protection/international-dimension-data-protection/adequacy-decisions>. (Acesso em: 5 nov. 2020). Consultar, também, a decisão da Comissão Europeia acerca da adequação do Uruguai aos parâmetros europeus de proteção de dados, ainda sob à regulamentação da Diretiva 95/46. COMISSÃO EUROPEIA. Decisão de Execução da Comissão, de 21 de agosto de 2012, nos termos da Diretiva 95/46/CE do Parlamento Europeu e do Conselho relativa à adequação do nível de proteção de dados pessoais pela República Oriental do Uruguai no que se refere ao tratamento automatizado de dados [notificada com o número C(2012) 5704]. Disponível em: <https://eur-lex.europa.eu/legal-content/PT/TXT/PDF/?uri=CELEX:32012D0484&from=PT>. (Acesso em: 5 nov. 2020).
25. COMISSÃO EUROPEIA. Convention 108 + Convention for the protection of individuals with regard to the processing of personal data. Disponível em: <https://rm.coe.int/convention-108-conventionfor-the-protection--of-individuals-with-regar/16808b36f1>. (Acesso em: 5 de nov. 2020).

uma longa evolução normativa e cultural da necessidade de tutela e proteção de dados pessoais[26], caminho que o Brasil apenas começa a trilhar com a vigência da nova lei, embora seja possível tecer considerações e conexões com direitos constitucionalmente assegurados e marcos normativos anteriores à LGPD. Nesse contexto, a confiança no início da caminhada da LGPD e do órgão regulador apresenta-se como fator a não ser desprezado, em virtude da possibilidade de inviabilização da confiança futura da proteção de dados no país.

Partindo-se dessa visão, discutir os caminhos de adequação à legislação em vigor, à vista da do fluxo de dados transnacional – e do comprometimento com a imagem exterior do Brasil – apresenta-se como desafio pautado na adoção de um passo a passo que viabilize o alcance dos objetivos pretendido. A construção de uma Autoridade de Proteção de Dados apta a atender a tarefa de guiar preventivamente o setor público e privado, bem como as medidas de responsabilização administrativa (evitando a judicialização excessiva e perda da função regulatória ao Poder Judiciário[27]) insere-se no horizonte de proteção dos dados no Brasil.

Um olhar atento permite concluir que a independência preconizada pela União Europeia não encontra paralelo nas diferentes autarquias especiais já existentes no país. De acordo com a experiência europeia, a construção da independência dos órgãos reguladores parte da noção de *ausência de subordinação* ministerial, presidencial ou parlamentar e por prerrogativas funcionais de independência, modelo que inexiste no Brasil, ainda que se possa traçar paralelos com os mandatos e a estrutura diferenciada de agências reguladoras, ou autoridades de controle, como o da concorrência (CADE - Conselho de Defesa Econômica) e monetária (Banco Central do Brasil).

A LGPD prevê a possibilidade de conversão da autoridade em autarquia regime especial, no §2.º do artigo 55-A da LGPD, "submetida a regime autárquico especial e vinculada à Presidência da República". Se pode constatar, nesse sentido, que a eventual transformação manterá a estrutura da ANPD vinculada ao Executivo, mantendo a tradição administrativa nacional, de tal forma a continuar a não outorgar independência total ao órgão, em conformidade com os requisitos de independência contidos no RGPD – especialmente em torno da ausência de subordinação e da autonomia financeiro, modelo institucional importado que não está consolidado na experiência administrativa brasileira até o momento.

Deve-se aguardar a implementação total da agência, que poderá ser aprimorada pela PEC 17/19, cuja estruturação regimental, administrativa, orçamentária e regulatória ainda será desenvolvida. Note-se que a função fiscalizatória e regulatória não será desempenhada a pleno pela ANPD desde a posse dos membros do Conselho Diretor, em razão da necessidade de serem adotados procedimentos internos de estruturação, que poderão durar meses ou anos. A consolidação estrutural demanda tempo e esse tempo não poderá se exaurir em questões que fogem à orientação dos setores tecnológicos, em-

---

26. ROBLEDO, Enrique Pérez-Luño. La nueva normativa europea para la protección de los datos personales. *Derechos y libertades*, Madrid, n. 40, p. 213-238, enero, 2019.
27. WENECK VIANNA, Luiz. *et al*. A judicialização da política e das relações sociais no Brasil. Rio de Janeiro: Revan, 1999.

presariais e público na busca pelos melhores procedimentos e técnicas que minimizem o risco de violações de dados. A formulação de resoluções específicas, o cadastramento de banco de dados e de delegados de proteção de dados, a expedição das orientações e as análises dos relatórios de impacto de proteção de dados (que demandarão literatura especializada e profissionais capacitados) são assuntos com maior impacto e relevância técnica do que a estruturação formal do órgão, em si, no atual momento.

Ao analisar a experiência uruguaia, por exemplo, ainda que se possam estabelecer diferenças em relação à população, ao território do país e ao seu potencial econômico, notoriamente menores que o Brasil, pode-se identificar um caminho que tenderia a ser menos conturbado e que permitiria atingir o objetivo que consagra a seguridade dos dados no espaço digital e o progresso econômico pautado no fluxo de dados internacionais. A *Unidad Reguladora y de Control de Datos Personales* é órgão da Agência para Desenvolvimento de Gestão Eletrônica, da Sociedade da Informação e do Conhecimento, criada pela Lei Protección de Datos Personales y Acción de Habeas Data (LPDP)[28] e que com conta com a autonomia técnica, ainda que pertença à estrutura da Presidência da República do Uruguai, no âmbito da desconcentração administrativa do poder executivo daquele país.

A lei uruguaia reserva autonomia técnica ao órgão regulador que, além de disponibilizar resoluções e normativas, oferece espaço online para o recebimento de denúncias de violações e recebimento de consultas técnicas sobre o âmbito de vigência da legislação e quais a medidas técnicas adequadas à solução da consulta. Periodicamente, publica guias e recomendações sobre questões a relativas a proteção de dados dos cidadãos e às novas ferramentas digitais e aos produtos que surgem com tecnologia embarcada potencialmente violadoras da privacidade. Em outras palavras, há uma forte atuação da unidade uruguaia em termos de instrução, que desempenha suas funções com caráter técnico[29].

A experiência em destaque sugere que o mero pertencimento a estrutura do poder executivo não implica necessariamente uma contaminação política, muito menos debilidade técnica. É a atuação propriamente dita do órgão regulador que permitirá concluir se existe intervenção de ordem não técnica, especialmente acerca da capacidade normativa ou instrutiva e da sancionadora. A identificação prática da influência poderá fazer fomentar a necessidade de modificação estrutural com reforço nas garantias ou prerrogativas de independência, o que não se pode verificar no atual momento, pela prematuridade do avançar da estruturação da ANPD. Por outro lado, o potencial punitivo das autoridades de proteção de dados continua relevante. Ainda que perfil do RGPD e da doutrina produzida procure destacar um novo modelo pautado pela responsabilidade proativa dos atores públicos e privados, especialmente em termos dos princípios específicos da *privacy by default* e *privacy by design*, ainda se mantém como última *ratio*, a possibilidade de sancionamento por violações.

A criação de uma autoridade independente é importante nas duas ordens jurídicas (exterior e interior), como mínimo: a que o Brasil seja considerado um país com confiabi-

---

28. URUGUAI. Ley n° 18.331, de 18 de agosto de 2008. *Protección de datos personales y acción de habeas data*. Disponível em: <https://www.impo.com.uy/bases/leyes/18331-2008/29>. (Acesso em: 5 nov. 2020).
29. BRUNET, Laura. Datos y tecnologías GDPR: diferentes idiosincrasias, similares objetivos y valores. Revista Iberoamericana de Derecho Informático, n. 6, p. 75-98, 2019.

lidade em matéria de proteção de dados, frente à comunidade internacional, diminuindo a potencialidade dos negócios comerciais e, internamente, ao não propiciar a cultura da proteção de dados. A esperança é a de que esses desafios comecem a ser superados com início dos trabalhos da ANPD, que poderá observar outras experiências exitosas em países, sem deixar fechada a possibilidade de modificação posterior de estrutura. Há um longo caminho pela frente, que precisa ser encarado com seriedade e com o compromisso com tutela dos dados pessoais[30]. Os casos internacionais, como o de *Edward Snowden*[31] demonstram a necessidade dos direitos serem levados à sério pelos países e blocos econômicos, sob pena de afetação da confiança pública sobre o grau de vigilância realizam e de proteção que disponibilizam.

Nesse sentido, convém destacar que a LGPD se articula, a partir de cinco temas[32]: a) a unidade e generalidade da aplicação da Lei; b) legitimação para o tratamento de dados (situações de autorização); c) princípios e direitos do titular; d) obrigações dos agentes de tratamento de dados; e) responsabilização dos agentes.

No tocante ao âmbito territorial de aplicação da Lei, concentra-se na proteção de dados do cidadão, não distinguindo relativo a quem produz o tratamento dos dados, setor público ou privado. Abrange todo o fluxo de dados realizado na Internet. O cidadão é o destinatário da proteção legal e as pessoas jurídicas estão excluídas de amparo legislativo. A exclusão ocorre nas hipóteses de segurança pública e defesa nacional.

Relativo ao aspecto de legitimação para o tratamento dos dados, tem-se hipóteses autorizativas para o tratamento de dados prevista no artigo 7º, que elenca nove situações que são permitidas. Aí assume relevância o consentimento do titular dos dados, que na previsão do artigo 5º, XII, da LGPD, deve ser livre, informado e com a finalidade específica ao tratamento. Nas hipóteses de dados sensíveis, o consentimento deve ser mais robusto, de forma específica e destacada.

O terceiro aspecto da lei é composto pelos princípios e direitos do titular. A Lei visa conferir garantias para que o cidadão possa defender seus direitos. Nesse contexto, o princípio da finalidade na LGPD se funda na tradição europeia, que já havia, desde o Convênio 108 do Conselho de Europa, prestigiando a qualidade, a segurança e o acesso da informação, que foram mantidos no Convênio 108.

A Lei estabelece preocupação com as possíveis situações de discriminação pelo uso dos dados pessoais. Os dados quando vazam indevidamente e provocam discriminação, violam o Princípio da Igualdade[33].

---

30. MENKE, Fabiano. A proteção de dados e novo direito fundamental à garantia da confidencialidade e da integridade dos sistemas técnico-informacionais no direito alemão. In: MENDES, G.F.; SARLET, I.W.; COELHO, A.Z. P. (Org.). *Direito, Inovação e Tecnologia*. 1ª ed. São Paulo: Saraiva, 2014, v., p. 205-230.
31. Edward Snowden é ex-técnico da CIA e é acusado de espionagem por vazar informações sigilosas de segurança nos EUA e revelar em detalhes alguns dos programas de vigilância que o país utiliza para espionar a população americana, utilizando servidores de empresas como Google, Apple e Facebook – de vários países da Europa e América Latina, dentre estes o Brasil, quando houve gravações da Presidente Dilma Roussef com assessores, no ano de 2013. Disponível em: <http://g1.globo.com/mundo/noticia/2013/07/entenda-o-caso-de-edward-snowden-que-revelou-espionagem-dos-eua.html>. (Acesso em: 17 jan. 2020).
32. MENDES, Laura Schertel; DONEDA, Danilo. Reflexões iniciais sobre a nova Lei Geral de Proteção de Dados. *Revista de Direito do Consumidor*. São Paulo: Revista dos Tribunais, n. 120, nov./dez. 2018, p. 469/483.
33. LIMBERGER, Têmis. *O Direito à Intimidade na Era da Informática: A necessidade de proteção dos dados pessoais*, p. 60-62.

O princípio da boa-fé encontra posição central no artigo 7º, § 3º[34], da LGPD. Para isso, dispôs sobre o tratamento, cujo acesso é público e deve considerar a finalidade, a boa-fé e o interesse público em sua disponibilização. Tal disposição é de extrema relevância, levando em conta o caráter de impessoalidade e massificação que atinge a difusão da informação na Internet. A lei institui práticas de prevenção e reparação dentro do sistema de garantia ao usuário.

Outra figura criada na LGPD é a do controlador, que é encarregado pelo tratamento dos dados com atribuições para o interior e exterior da empresa. Assim, orienta a prática dos empregados relativa ao processamento dos dados e recebe a reclamação dos usuários. E, também, incumbe ao controlador e ao operador, a adoção de medidas de segurança técnicas e administrativas adequadas para proteger os dados contra medidas de ataques acidentais ou provocados para salvaguardá-los.

Merece destaque a segurança da informação, que traz inovações importantes, do ponto de vista da prevenção ou reparação, a saber: a) medidas que garantam a integridade e confidencialidade e a disponibilidade dos dados que são tratados, b) em caso de vazamento de dados, surge a obrigação do controlador de comunicar à Agência de Proteção de Dados, que determinará as medidas a serem tomadas que pode ser a mitigação dos efeitos ou a difusão para sociedade, c) a adoção de medidas desde a fase da concepção do produto ou serviço até a sua execução, d) a realização de um relatório que dê conta dos possíveis riscos da atividade com vista a aumentar a segurança e diminuir os riscos do tratamento, que será repassado à Autoridade Nacional de Proteção de Dados. É importante para eficácia da medida que esta providência não seja algo formal, apenas para cumprir tarefa burocrática, mas que seja realizado com o intuito de preservar materialmente o direito à proteção de dados dos usuários envolvidos, e) a responsabilidade dos agentes pelos danos decorrentes do tratamento de dados, que poderão ser apuradas em razão do cargo do encarregado ou operador. E, por fim, há a previsão de excludentes de responsabilidade.

3. DA EVOLUÇÃO DO DIREITO DE ESTAR SÓ À TUTELA DA PROTEÇÃO DE DADOS PESSOAIS

No Brasil, os direitos à intimidade e à privacidade estão referidos no artigo 5º, X, da Constituição Federal - CF, reconhecendo a distinção proveniente da doutrina e jurisprudência alemãs[35], da teoria das esferas ou dos círculos concêntricos[36]. As esferas da vida privada comportam o grau de interferência que o indivíduo suporta com relação a terceiros. Para tal, leva-se em consideração o grau de reserva do menor para o maior. Assim, no círculo exterior está a privacidade; no intermediário, a intimidade; e, no inte-

---

34. MARTINS COSTA, Judith. *A reconstrução do direito privado: reflexos dos princípios, diretrizes e direitos fundamentais constitucionais no direito privado.* São Paulo, Revista dos Tribunais, 2002, p. 612 e 611-661.
35. BRASIL. *Constituição da República Federativa do Brasil*, de 05 de outubro de 1988. Disponível em: <http://www.planalto.gov.br/ccivil_03/constituicao/constituicao.htm>. (Acesso em: 17 jan. 2020).
36. COSTA JR., Paulo José da. *O direito a estar só: tutela penal da intimidade.* São Paulo: RT, 1970, p. 31, citando HENKEL, Der Strafschutz des Privatlebens.

rior desta, o sigilo. Deste modo, a proteção legal torna-se mais intensa, à medida que se adentra no interior da última esfera.

O preceito constitucional, consagra a regra do fornecimento da informação pública, ressalvando o sigilo imprescindível à segurança da sociedade e do Estado – art. 5º, XXXIII, da CF[37]. Na regulamentação ao dispositivo da Constituição, a Lei de Acesso à Informação Pública, em seu art. 3º, I, estabelece que para assegurar o direito de acesso à informação pública, será observada a publicidade como preceito geral e do sigilo como exceção. Tem-se, ainda, o Marco civil da Internet e a Lei de Proteção de Dados Brasileira.

A legislação de proteção de dados teve três fases de desenvolvimento: 1ª) 1970 – primeiras legislações *Land de Hesse*; 2ª) criação das Agências de Proteção de Dados – Lei Francesa, que foi a primeira experiência da criação de órgão administrativo de controle; 3ª) a livre circulação de dados e unificação do direito comunitário[38].

Frente ao fenômeno informático, desenvolveu-se a noção de autodeterminação informativa[39], que equivale à liberdade informática com um valor indiscutível na sociedade da informação[40]. Sua função consiste em garantir aos cidadãos direitos de informação, acesso e controle dos dados que lhes concernem. Essa faculdade não é intrassubjetiva, mas sim uma autodeterminação do sujeito no seio de suas relações com os demais cidadãos e o poder público. O livre desenvolvimento da personalidade estaria divido em duas liberdades. De um lado, a liberdade para decidir realizar ou não determinados atos e a faculdade para comportar-se ou atuar de acordo com essa decisão. De outro, a autodeterminação informativa referente à liberdade do indivíduo para determinar se deseja tornar públicas informações a seu respeito, bem como a quem cedê-las e em que ocasião. É paradigmática a sentença do Tribunal Constitucional Federal Alemão com relação à Lei do Censo[41], em 1983.

---

37. BRASIL, *Constituição da República Federativa do Brasil*, de 05 de outubro de 1988. Disponível em: <http://www.planalto.gov.br/ccivil_03/constituicao/constituicao.htm>. (Acesso em: 17 jan. 2020).
38. LIMBERGER, Têmis. *O Direito à Intimidade na Era da Informática: A necessidade de proteção dos dados pessoais*. 1. ed. Porto Alegre: Livraria do Advogado, 2007.
39. PÉREZ LUÑO, Antonio Enrique. *Manual de informática y derecho*. Barcelona: Editorial Ariel S.A., 1996, p. 44.
40. Sustentando a mesma posição da tese afirmativa de um direito, a partir do artigo 18.4 da CE: DAVARA RODRIGUEZ, Miguel Ángel. *Manual de Derecho Informático*. Madrid: Aranzadi, 1993, p. 65. MURILLO, Pablo Lucas. *El derecho a la autodeterminación informativa*. Madrid: Tecnos, 1990, p. 157-8 (Temas Clave de la Constitución Española) e Informática y protección de datos personales. Cuadernos e Debates, Madrid nº 43, 1993, p. 47-87. HIGUERAS, Manuel Heredero. *La nueva ley alemana de protección de datos*. Boletín de Información del Ministerio de la Justicia, ano XLVI, nº 1630, 1992, p. 1765. RUIZ MIGUEL, Carlos. *La configuración constitucional del derecho a la intimidad*. Madrid: Tecnos, 1995, p. 94/7. BENDA, Ernesto. *Dignidad Humana y derechos de la personalidad*. In: Manual de Derecho Constitucional. Madrid: Marcial Pons, 1996, p. 132. Em sentido contrário, não reconhecendo o nascimento de um novo direito fundamental: DENNINGER, E. *El derecho a la autodeterminación informativa*. In problemas actuales de la documentación y la informática jurídica, PÉREZ LUÑO, Antonio E. (Org.). Madrid: Tecnos, 1987, p. 271.
41. Sentença de 15/12/1983, do Tribunal Constitucional Alemão, *Boletín de Jurisprudencial Constitucional*, nº 33, janeiro 1984, p. 137. A questão discutida, neste julgamento, que se tornou paradigmático, era com relação à Lei do Censo, que fazia demasiadas perguntas, o que poderia atentar diretamente contra os direitos fundamentais de liberdade de opinião, inviolabilidade de domicílio e liberdade de expressão. O objetivo do Tribunal era aprofundar as bases constitucionais da proteção de dados relativas à pessoa. A norma básica em referência era o direito geral de respeito à personalidade garantido pelo art. 2.1 (Direito Geral de Personalidade), combinado com o art.1.1 (a dignidade da pessoa humana) da Lei Fundamental de Bonn.

Com a expansão das novas tecnologias em rede, em 2008, o Tribunal Constitucional Federal Alemão atualizou a autodeterminação informativa, a partir do novo direito fundamental à garantia de confidencialidade e integridade dos sistemas técnico-informacionais[42], acentuando a aludida migração das relações sociais e condução da vida do indivíduo para o ambiente técnico-informacional. A decisão ficou restrita à atuação do poder público, mas é amplamente reconhecido o impacto que pode causar no setor privado, igualmente.

A discussão teórica, a respeito de ser a autodeterminação informativa um novo direito ou faceta do direito à intimidade evoluiu para a positivação do reconhecimento da proteção dos dados pessoais, de forma autônoma. Isto significa, a proteção de todos os dados de caráter pessoal que digam respeito ao cidadão. Esses dados devem ser objeto de um tratamento legal, com finalidade específica e com consentimento da pessoa interessada.

A proteção dos dados pessoais é um direito autônomo com relação à intimidade ou privacidade, nos países europeus, veja-se o Tratado de Lisboa, artigo 16-B[43], que ratificou a Carta de Nice[44], contemplando o direito fundamental à proteção dos dados pessoais (artigo 8º), em caráter autônomo à intimidade (artigo 7º). O diploma explicitador dos direitos fundamentais da União Europeia demonstra estar sintonizada com as questões oriundas do ciberespaço.

A proteção dos dados pessoais não é direito positivado em muitos países latino-americanos, porém deve-se conferir-lhe alguma tutela. Se não é possível como direito autônomo, pode-se proteger como consequência do direito à intimidade. A inexistência de autoridades administrativas para proteção dos dados, tal qual existe na Europa, leva à sobrecarga dos tribunais, propiciando uma judicialização excessiva[45].

4. EXPOSIÇÕES VIRTUAIS E CONSEQUÊNCIAS REAIS

Diante da exposição constante das pessoas nas redes sociais, o risco de vazamento de informações e imagens fica potencializado. Outrora os riscos existiam, mas eram diminuídos, se comparados aos dias de hoje.

Pérez Luño designa *metamorfose da intimidade*[46]. Uma metamorfose no direito à intimidade que se expressa duplamente: do original direito a estar só individualmente à perspectiva de estar no âmbito social e coletivo; e desde o direito à personalidade ao deslocamento que aponta para órbita patrimonial[47].

---

42. MENKE, Fabiano. A proteção de dados e novo direito fundamental à garantia da confidencialidade e da integridade dos sistemas técnico-informacionais no direito alemão. In: MENDES, G.F.; SARLET, I.W.; COELHO, A. Z. P. (Org.). Direito, Inovação e Tecnologia. 01 ed. São Paulo: Saraiva, 2014, v., p. 205-230.
43. UNIÃO EUROPEIA. *Jornal Oficial da União Europeia*. Tratado de Lisboa. C 306, 50º ano, 17 de dezembro de 2007. Disponível em: <http://eur-lex.europa.eu/LexUriServ/LexUriServ.do?uri=OJ:C:2007:306:FULL:PT:PDF>. (Acesso em: 17 jan. 2020).
44. UNIÃO EUROPEIA. *Carta dos Direitos Fundamentais da União Europeia*, de 07 de dezembro de 2000. Carta de Nice. Disponível em: <http://www.europarl.europa.eu/charter/default_pt.htm>. (Acesso em: 17 jan. 2020).
45. PERLINGEIRO, Ricardo. A codificação do direito à informação na América Latina. *Revista de Direito Administrativo & Constitucional A&C*. Ano 14, n. 56 – abr./jun. Belo Horizonte: Fórum, 2014, p.224.
46. PÉREZ LUÑO, Antonio Enrique. *Los derechos humanos en la sociedad tecnológica*. Madrid: Universitas, 2012, p. 115.
47. A respeito da evolução do direito à intimidade, veja-se LIMBERGER, Têmis. *Cibertransparência: informação pública em rede*. Porto Alegre: Livraria do Advogado, 2017.

O primeiro significado da intimidade (direito a estar só) se situa na esfera de *foro interno*, de solidão, de se ensimesmar e autoconfinamento , consequentemente, este conceito corre o risco de ser inexplicável e carecer de qualquer relevância jurídica; ou se ao contrário, toma-se como ponto de referência suas implicações e projeções intersubjetivas no âmbito do "foro externo", corre-se o risco de deformar a intimidade, de coisificá-la, de diluí-la em um conjunto de tópicos sociais, e vendê-la em seu antônimo, isto é, na sua alteração; ou seja, em que deixe de ser ela mesma para ser traída, levada e tiranizada pelo outro[48].

Existe algum ponto de mediação nesta polaridade do dilema, aparentemente insolúvel?

Antonio Enrique Pérez Luño estima que sim. A concepção de intimidade como isolamento e fechar-se em si mesmo não é necessariamente incompatível com suas projeções sociais, caso se coloque como um primeiro momento de seu processo formativo. Esse *intus* ou fase solitária e interna da intimidade se encontraria conformada por ideias, que reclamariam sua posterior exteriorização em ações. O isolamento confinado em si mesmo somente seria capaz de fabricar mundos exteriores, fantasmagóricos condenados a degenerar em puro solipsismo. A dimensão interna e ensimesmada da intimidade para realizar-se plenamente precisa extroverter-se; a convivência é indispensável na nossa vida, necessita apoiar-se em outras vidas[49].

Essa abertura da convivência se exercita por formas de comunicação e de linguagem que se integram e socializam no mais íntimo de nosso ser, assim o ser mais íntimo de cada homem já está informado, modelado por uma determinada sociedade. Isto porque, a própria noção de intimidade ou de privacidade é uma categoria cultural, social e histórica[50].

Assim, o núcleo significativo da intimidade se deslocou, inclusive se pode afirmar que foi ao seu oposto, desde o âmbito solitário do ensimesmamento à esfera dos usos sociais em que se manifesta e se exterioriza em termos de alteração. A decantação da cultura europeia da intimidade e privacidade, que pretende traduzir a noção anglo-saxão de privacidade, assim como a categoria dos denominados dados pessoais e perfis de personalidade, que se projetam sobre um conjunto mais amplo e global das relações intersubjetivas, refletem esta tendência paradoxal em direção a uma *socialização da intimidade*[51].

---

48. ORTEGA Y GASSET, J. *El hombre y la gente*, en Obras Completas, Alianza Editorial & Revista de Occidente, vol. 7, Madrid, 1983, *apud* PÉREZ LUÑO, Antonio Enrique. *Los derechos humanos en la sociedad tecnológica*. Madrid: Universitas, 2012, p. 116.
49. GARCÍA MORENTE, *Ensayo sobre la vida privada* (1935); se cita por la nueva Ed. De la Facultad de Filosofía de la Universidad Complutense, Madrid, 1992, p. 36, "*apud*" PÉREZ LUÑO, Antonio Enrique. *Los derechos humanos en la sociedad tecnológica*. Madrid: Universitas, 2012, p.116.
50. ORTEGA Y GASSET, J. *El hombre y la gente*, en Obras Completas, Alianza Editorial & Revista de Occidente, vol. 7, Madrid, 1983, *apud* PÉREZ LUÑO, Antonio Enrique. *Los derechos humanos en la sociedad tecnológica*. Madrid: Universitas, 2012, p. 116.
51. CABEZUELO ARENAS, A.L. *Derecho a la intimidad*, con Prólogo de L. H. CLAVERÍA GOSÁLBEZ, Tirant to Blanch, Valencia, 1998; CLAVERÍA GOSÁLBEZ, L. H., Reflexiones sobre los derechos de la personalidad a la luz de la LO1/82 de 5 de mayo de 1982, en *Anuario de Derecho Civil*, octubre-diciembre, 1983, pp. 1243/1268; M. GALÁN JUAREZ, *Intimidad, Nuevas dimensiones de un nuevo derecho*, Editorial Universitaria Ramón Areces & Servicio de Publicaciones de la Universidad Rey Juan Carlos I, Madrid, 2005, p. 79 ss.; PÉREZ LUÑO, A. E., Intimidad y protección de datos personales: del habeas corpus al habeas data, en *Estudios sobre el derecho a la intimidad*, ed. A

Outro aspecto que merece referência é o fato de que houve um deslocamento do âmbito do direito de personalidade ao âmbito patrimonial, considerando que muitas pessoas recebem quantias patrimoniais expressivas para exporem sua intimidade, negociando esta exposição, principalmente em programas televisivos[52].

A intimidade, que foi concebida inicialmente, como integrante dos direitos de personalidade e um dos mais destacados exemplos; atualmente, com os novos perfis coletivos e sociais, que conformam o exercício do direito à intimidade, encontra-se condicionada aos acontecimentos sociais. Com isso, a intimidade corre o risco de ser submetida aos modismos e, inclusive, às exigências de mercado.

Por isso, na sociedade da informação e de consumo, a intimidade se converteu, em muitas ocasiões, em uma mercadoria cujo valor se calcula em termos da lei da oferta e da procura. Nestas ocasiões, a intimidade de cada um vale o que os demais, em especial os meios de comunicação estão dispostos a pagar para publicizá-la[53].

Deste modo, o direito à intimidade somente se mantém como direito da personalidade dotado dos atributos de inviolabilidade, irrenunciabilidade e inalienabilidade para os menores, enquanto que para os maiores pode ser objeto de transações consentidas, de renúncias e cessões, em troca das correspondentes prestações econômicas. Constata-se, então, que para os adultos perdeu sua dimensão de direito da personalidade para integrar-se no sistema de direitos patrimoniais[54].

Assim, a metamorfose do direito à privacidade, segundo Pérez Luño, trouxe mudanças importantes. Deslocou-se do âmbito interno - direito a estar só a uma perspectiva social e coletiva e da condição de integrante de direito da personalidade passou a direito patrimonial, porque integra a ótica negocial para muitas pessoas, na condição desfrutada pela maioridade, subsistindo apenas para os menores.

A *reinvenção da privacidade* é como o Rodotà[55] denomina o fenômeno atual, enquanto a construção da identidade, efetua-se em condições de dependência crescente do exterior. Nesta perspectiva, assume um novo significado a liberdade de expressão como elemento essencial da pessoa e de sua situação na sociedade. Isto modifica a relação entre esfera pública e privada e a própria noção de privacidade. Reforça-se a noção de cidadania com outros poderes que caracterizam a cidadania do novo milênio, a partir da constitucionalização da pessoa humana.

Quando se consideram as questões suscitadas pela inovação tecnológica, ocorre o denominado *tsunami digital*[56]. Como consequência desta transformação, o critério de segurança pública se converte em exclusivo critério de referência.

---

cargo de L. GARCÍA SAN MIGUEL, 1982, cit., Tecnos, Madrid, 1992, p. 36 ss.; id., *Libertad informática y leyes de protección de datos personales*, en colab. Con M.G. LOSANGO y M.F. GUERRERO MATEUS, Centro de Estudios Constitucionales, Madrid, 1989.
52. Programa televisivo exibido por emissora nacional denominado *Big Brother Brasil*.
53. PÉREZ LUÑO, Antonio Enrique. *Los derechos humanos en la sociedad tecnológica*. Madrid: Universitas, 2012, p. 120.
54. PÉREZ LUÑO, Antonio Enrique. *Los derechos humanos en la sociedad tecnológica*. Madrid: Universitas, 2012, p. 121.
55. RODOTÀ, Stefano. *El derecho a tener derechos*. Madrid: Trotta, 2014, p. 293.
56. The Future Group: Freedom, Security, Privacy: European Home Affaires in na Open World, junho de 2008, In RODOTÀ, Stefano. *El derecho a tener derechos*. Madrid: Trotta, 2014, p.298.

Isto significa que as pessoas estão cada vez mais transparentes e os organismos públicos mais afastados do controle jurídico e político, ocasionando uma nova distribuição de poderes políticos e sociais.

O denominado *tsunami digital* pode ser considerado desde outros pontos de vista, começando pela identidade. Nesta perspectiva, o direito de acesso aos dados representa um aliado forte, em termos de proteção jurídica, que permite manter o controle sobre as próprias informações, seja qual for o sujeito que as gestiona, o local em que se encontrem e as modalidades de sua utilização. Direito fundamental à construção da identidade, já que confere poder para cancelamento nos seguintes casos: dados falsos, ilegitimamente recolhidos, conservados muito além do tempo previsto, os inexatos ou para completação.

O conhece-te a ti mesmo, já não é uma operação voltada ao interior, mas devido a esta nova perspectiva, vai-se ao exterior e à suposta necessidade de conhecer quem somos na dimensão eletrônica, aonde se desenvolvem questões importantes nas nossas vidas. Considerando hoje a dinâmica que caracteriza a recolhida dos dados e os sujeitos que a utilizam, cada vez é menos verossímil uma identidade como *sou o que digo que sou*, pois que haveria que substituí-la por *tu és o que Google diz que és*[57].

A construção da identidade fica entregue por completo aos algoritmos. A construção da identidade é interior e exterior. O sistema deve então: a) fazer explícito o fluxo de dados para permitir o controle da pessoa interessada, b) respeitar o princípio da minimização dos dados, tratando somente aqueles necessários em um contexto determinado, c) impor limites às conexões entre bancos de dados.

A nova abstração produz um esvaziamento do humano, de modo que é problemático afirmar que nos encontramos frente a uma nova antropologia.

Manuel Castells[58] - um dos maiores sociólogos da atualidade no estudo das redes sociais e internet - adverte para o perigo da exposição exacerbada nas redes, os programas de vigilância governamentais. Chega a afirmar de forma contundente que a privacidade na rede mundial de computadores acabou, no denominado mundo virtual.

Apesar do gasto de bilhões de dólares em segurança eletrônica, tornou-se evidente, que numa rede, a segurança só é tão boa, quando a segurança do elo mais fraco está protegida. Penetrando-se na rede, em qualquer ponto, pode-se percorrer seus nós com relativa facilidade.

Isto envolve a (in)capacidade que tem um Estado de agir sobre um comportamento, que tem lugar em outra jurisdição – isso será limitado pelas velhas formas de poder baseadas na territorialidade.

Castells adverte a respeito do *Panóptico Eletrônico*[59]. Há uma ameaça fundamental à liberdade sob o novo ambiente de policiamento global: a estruturação do comportamento cotidiano pelas normas dominantes da sociedade. A liberdade de expressão era a essência

---

57. RODOTÀ, Stefano. *El derecho a tener derechos*. Madrid: Trotta, 2014, p. 300.
58. CASTELLS, Manuel. *A Galáxia da Internet: reflexões sobre a Internet, os negócios e a sociedade*. Rio de Janeiro: Zahar, 2003, p. 145 e 152.
59. CASTELLS, Manuel. *A Galáxia da Internet: reflexões sobre a Internet, os negócios e a sociedade*. Rio de Janeiro: Zahar, 2003, p.148.

do direito à comunicação irrestrita na época em que a maior parte das atividades diárias não era relacionada à esfera pública. Mas em nosso tempo, uma proporção significativa da vida cotidiana, inclusive o trabalho, o lazer, a interação pessoal, tem lugar na Internet. A maior parte da atividade econômica, social e política é de fato um híbrido de interação *on-line* e física. Em muitos casos, estão imbricadas.

Assim, viver num panóptico eletrônico equivale a ter metade de nossas vidas permanentemente expostas a monitoramento. A segunda perda é a liberdade; isto é, o direito de se fazer o que se quer. Por que isso? Por que a ameaça à privacidade traduz-se na redução potencial de liberdade. Destarte, é impossível conceber direitos e garantias tendo como referência espaços do passado, especialmente nas dinâmicas sociais, no que diz respeito ao direito à privacidade.

5. CONSIDERAÇÕES FINAIS

Da tríade de autores estudados, tem-se sucintamente que, Pérez Luño propugna a Metamorfose da Privacidade, Rodotà a Reinvenção da Privacidade e Manuel Castells atualiza o simbolismo do Panótico, e diz que se vive sob a vigilância de um Panótico eletrônico, afirmando que a privacidade deixará de existir nas relações virtuais, por isso está evidente que a privacidade apresenta mutações.

O RGPD na Europa é fruto de uma legislação evoluída nas últimas cinco décadas. Contemplando mecanismos de: transparência, consentimento informado para coleta de dados, agência de proteção de dados, responsabilidade do encarregado da proteção de dados, de maneira pró-ativa, agindo preventivamente e pró-ativamente, diante da possibilidade de violação de dados. Como consequência dos recentes escândalos de apropriação indevida dos dados dos usuários do *Facebook*, e multas impostas ao gigante informático foi disponibilizada uma ferramenta para que seja possível a visualização de dados que estão armazenados em poder da rede social virtual, sendo que o arquivo contém dados que anteriormente haviam sido apagados pelo usuário. E, ainda, a *Google* criou ferramenta com melhorias de controle de privacidade e de política de privacidade para o usuário.

No Brasil, tem-se a LGPD, que demanda, primeiramente, a criação de uma cultura de proteção de dados. Por isso, em que pese a magnitude da experiência europeia, esta é fruto de uma construção e aperfeiçoamento de quase 50 anos. Deste modo, não se pode fazer uma comparação sem levar em conta as diferentes trajetórias do modelo brasileiro e europeu. Assim, a experiência uruguaia tem um papel importante, pois aponta no sentido de que uma agência na América Latina tem sua Agência reconhecida e, em breve, passará por nova certificação considerando a entrada em vigor do RGPD.

Propugna-se que, para a efetividade da LGPD, é importante uma tríade colaborativa entre cidadão, empresa e poder público. O cidadão no sentido de que valorize e lute pela proteção de seus dados. A empresa necessita cumprir os dispositivos de proteção de dados, pois isso lhe dará credibilidade interna e externa, evitando o desgaste de demandas administrativas e/ou judiciais e propiciando o acesso às relações comerciais internacionais, para as de grande porte. O poder público deve criar políticas públicas que fomentem a cultura da proteção de dados, implementando mecanismos de controle administrativo por meio da agência, a fim de evitar a judicialização e tal fará com que o país tenha o ganho interno, no sentido de respeitar os balizadores internacionais e no âmbito externo facilitará às relações comerciais das empresas que pretendam travar relações com o mercado europeu. Enfim, a caminhada brasileira rumo à proteção de dados se inicia e é importante que os três atores desempenhem seu papel para construir uma cultura de proteção dos dados pessoais.

REFERÊNCIAS

AYUSO, Silvia. Facebook aplicará lei europeia de proteção de dados a todos os usuários do mundo. *El País Internacional*. 25 mai. 2018. Disponível em: <https://brasil.elpais.com/brasil/2018/05/24/internacional/1527180887_490401.html>. (Acesso em: 17 jan. 2020).

BENDA, Ernesto. *Dignidad Humana y derechos de la personalidad*. In: Manual de Derecho Constitucional. Madrid: Marcial Pons, 1996.

BRASIL. Câmara dos Deputados. PEC 17/2019. Altera a Constituição Federal para incluir a proteção de dados pessoais entre os direitos e garantias fundamentais e para fixar a competência privativa da União para legislar sobre proteção e tratamento de dados pessoais. Disponível em: https://www.camara.leg.br/proposicoesWeb/fichadetramitacao?idProposicao=2210757. (Acesso em: 17 nov. 2020).

BRASIL, *Constituição da República Federativa do Brasil*, de 05 de outubro de 1988. Disponível em: <http://www.planalto.gov.br/ccivil_03/constituicao/constituicao.htm>. (Acesso em: 17 jan. 2020).

BRASIL. *Constituição da República Federativa do Brasil*, de 05 de outubro de 1988. Disponível em: <http://www.planalto.gov.br/ccivil_03/constituicao/constituicao.htm>. (Acesso em: 17 jan. 2020).

BRASIL. Decreto n. 10.474, de 26 de agosto de 2020. Aprova a Estrutura Regimental e o Quadro Demonstrativo dos Cargos em Comissão e das Funções de Confiança da Autoridade Nacional de Proteção de Dados e remaneja e transforma cargos em comissão e funções de confiança. Disponível em: https://www.in.gov.br/en/web/dou/-/decreto-n-10.474-de-26-de-agosto-de-2020-274389226. (Acesso em: 5 nov. 2020).

BRASIL. Notícias R7. Disponível em: <https://noticias.r7.com/tecnologia-e-ciencia/facebook-notificara-usuarios-que-tiveram-dados-violados-05042018>. (Acesso em: 17 jan. 2020).

BRASIL. Revista ISTOÉ, 18/04/2018, *Zuckerberg contra a parede*, Tecnologia, p. 66.

BRUNET, Laura. Datos y tecnologías GDPR: diferentes idiosincrasias, similares objetivos y valores. Revista Iberoamericana de Derecho Informático, n. 6, p. 75-98, 2019.

CABEZUELO ARENAS, A.L. *Derecho a la intimidad*, con Prólogo de L. H. CLAVERÍA GOSÁLBEZ, Tirant to Blanch, Valencia, 1998.

CASTELLS, Manuel. *A Galáxia da Internet: reflexões sobre a Internet, os negócios e a sociedade*. Rio de janeiro: Zahar, 2003.

CASTELLS, Manuel. Ruptura: a crise da democracia liberal. Rio de Janeiro: Zahar, 2018.

CLAVERÍA GOSÁLBEZ, L. H., Reflexiones sobre los derechos de la personalidad a la luz de la LO1/82 de 5 de mayo de 1982, em *Anuario de Derecho Civil*, octubre-deciembre, 1983, pp. 1243/1268.

COMISSÃO EUROPEIA. *Adequacy decisions. How the EU determines if a non-EU has an adequate level of protection*. Disponível em: <https://ec.europa.eu/info/law/law-topic/data-protection/international--dimension-data-protection/adequacy-decisions. (Acesso em: 5 nov. 2020).

COMISSÃO EUROPEIA. Convention 108 + Convention for the protection of individuals with regard to the processing of personal data. Disponível em: <https://rm.coe.int/convention-108-convention-for-the-protection-of-individuals-with-regar/16808b36f1>. (Acesso em: 5 de nov. 2020).

COMISSÃO EUROPEIA. Decisão de Execução da Comissão, de 21 de agosto de 2012, nos termos da Diretiva 95/46/CE do Parlamento Europeu e do Conselho relativa à adequação do nível de proteção de dados pessoais pela República Oriental do Uruguai no que se refere ao tratamento automatizado de dados [notificada com o número C(2012) 5704]. Disponível em: <https://eur-lex.europa.eu/legal-content/PT/TXT/PDF/?uri=CELEX:32012D0484&from=PT>. (Acesso em: 5 nov. 2020).

COSTA JR., Paulo José da. *O direito a estar só: tutela penal da intimidade.* São Paulo: RT, 1970, p. 31, citando HENKEL, Der Strafschutz des Privatlebens.

DAVARA RODRIGUEZ, Miguel Ángel. *Manual de Derecho Informático.* Madrid: Aranzadi, 1993.

DEBORD, Guy. *A sociedade do espetáculo.* Rio de Janeiro: Contraponto, 1997.

DENNINGER, E. *El derecho a la autodeterminación informativa.* In problemas actuales de la documentación y la informática jurídica, PÉREZ LUÑO, Antonio E. (Org.). Madrid: Tecnos, 1987.

DONEDA, Danilo. *Da privacidade à proteção de dados pessoais.* Rio de Janeiro: Renovar: 2006, p. 108-109.

GARCÍA MORENTE, *Ensayo sobre la vida privada* (1935); se cita por la nueva Ed. De la Facultad de Filosofía de la Universidad Complutense, Madrid, 1992, p. 36, "*apud*" PÉREZ LUÑO, Antonio Enrique. *Los derechos humanos en la sociedad tecnológica.* Madrid: Universitas, 2012.

HERNÁNDEZ CORCHETE, Juan Antonio. Transparencia em la información al interesado del tratamiento de sus datos personales y en el ejercicio de sus derechos. MAÑAS, José Luis Piñar (Director). *Reglamento general de protección de datos – hacia un nuevo modelo europeo de privacidade.* Editora Reus: Madrid, 2016, p. 205-226.

HIGUERAS, Manuel Heredero. *La nueva ley alemana de protección de datos.* Boletín de Información del Ministerio de la Justicia, ano XLVI, nº 1630, 1992.

LI, Wendy; NIREI, Makoko; YAMANA, Kazufumi. Value of data: There's no such thing as a free lunch in the digital economy (6 de fevereiro de 2019). Disponível em: <https://www.rieti.go.jp/en/publications/summary/19030027.html>. (Acesso em: 10 de nov. 2020).

LIMBERGER, Têmis. *Cibertransparência: informação pública em rede.* Porto Alegre: Livraria do Advogado, 2017.

LIMBERGER, Têmis. *O Direito à Intimidade na Era da Informática: A necessidade de proteção dos dados pessoais.* 1. ed. Porto Alegre: Livraria do Advogado, 2007.

LOMBARTE, Artemi Rallo. De la "libertad informática" a la constitucionalización. De nuevos derechos digitales (1978-2018). *Revista de Derecho Político,* n. 100, p. 639-669, septiembre-diciembre, 2017.

LUSA, Stephanie Lecocq. Comissão Europeia obriga Facebook a clarificar direitos dos utilizadores. *Público (Jornal).* 09 abr. 2019. Disponível em: https://www.publico.pt/2019/04/09/tecnologia/noticia/comissao-europeia-obriga-facebook-clarificar-direitos-utilizadores-1868612. (Acesso em: 17 jan. 2020).

M. GALÁN JUAREZ, *Intimidad, Nuevas dimensiones de un nuevo derecho,* Editorial Universitaria Ramón Areces & Servicio de Publicaciones de la Universidad Rey Juan Carlos I, Madrid, 2005.

MARTINS COSTA, Judith. *A reconstrução do direito privado: reflexos dos princípios, diretrizes e direitos fundamentais constitucionais no direito privado.* São Paulo, Revista dos Tribunais, 2002, p. 612 e 611-661.

MENDES, Laura Schertel; DONEDA, Danilo. Reflexões iniciais sobre a nova Lei Geral de Proteção de Dados. *Revista de Direito do Consumidor.* São Paulo: Revista dos Tribunais, n. 120, nov./dez. 2018, p. 469/483.

MENKE, Fabiano. A proteção de dados e novo direito fundamental à garantia da confidencialidade e da integridade dos sistemas técnico-informacionais no direito alemão. In: MENDES, G.F.; SARLET, I.W.; COELHO, A.Z. P. (Org.). Direito, Inovação e Tecnologia. 01 ed. São Paulo: Saraiva, 2014, v., p. 205-230.

MURILLO, Pablo Lucas. *El derecho a la autodeterminación informativa.* Madrid: Tecnos, 1990 (Temas Clave de la Constitución Española) e Informática y protección de datos personales. Cuadernos e Debates, Madrid nº 43, 1993, p. 47-87.

O DILEMA das redes. Direção: Jeff Orlowski. Produtor: Larissa Rhodes. [S.l.]: Netflix, 2020 (89 min), son., color.

ORTEGA Y GASSET, J. *El hombre y la gente*, en Obras Completas, Alianza Editorial & Revista de Occidente, vol.7, Madrid, 1983, *apud* PÉREZ LUÑO, Antonio Enrique. *Los derechos humanos en la sociedad tecnológica.* Madrid: Universitas, 2012.

PARISER, Eli. *O filtro invisível: o que a internet está escondendo de você.* Rio de Janeiro: Zahar, 2012.

PÉREZ LUÑO, A. E., Intimidad y protección de datos personales: del habeas corpus al habeas data, en *Estudios sobre el derecho a la intimidad*, ed. A cargo de L. GARCÍA SAN MIGUEL, 1982, cit., Tecnos, Madrid, 1992, p. 36 ss.; id., *Libertad informática y leyes de protección de datos personales*, en colab. Con M.G. LOSANGO y M.F. GUERRERO MATEUS, Centro de Estudios Constitucionales, Madrid, 1989.

PÉREZ LUÑO, Antonio Enrique. *Los derechos humanos en la sociedad tecnológica.* Madrid: Universitas, 2012.

PÉREZ LUÑO, Antonio Enrique. *Manual de informática y derecho.* Barcelona: Editorial Ariel S.A., 1996.

PERLINGEIRO, Ricardo. A codificação do direito à informação na América Latina. *Revista de Direito Administrativo & Constitucional A&C.* Ano 14, n. 56 – abr./jun. Belo Horizonte: Fórum, 2014.

REIGADA, Antonio Trancoso "in" Reglamento General de Protección de Datos: Hacia un nuevo modelo europeo de privacidad, director PIÑAR MAÑAS, José Luis, Madrid: Reus, 2016.

REIGADA, Antonio Troncoso. Autoridades de control independientes. In: PIÑAR MAÑAS, José Luis; GAYO, Miguel Recio; CARO, María Álvarez (Org.). *Reglamento general de protección de datos: hacia un nuevo modelo europeo de protección de datos.* Madrid: Editora Reus, 2016. p.465-516.

ROBLEDO, Enrique Pérez-Luño. La nueva normativa europea para la protección de los datos personales. *Derechos y libertades*, Madrid, n. 40, p. 213-238, enero, 2019.

RODOTÀ, Stefano. *El derecho a tener derechos.* Madrid: Trotta, 2014.

RUIZ MIGUEL, Carlos. *La configuración constitucional del derecho a la intimidad.* Madrid: Tecnos, 1995.

SÁNCHEZ BRAVO, Álvaro A. *Hacia un nuevo marco europeo de protección de datos personales: empoderamiento de los ciudadanos en la sociedad tecnológica.* In: Yarina Amoroso Fernández. (Org.). Sociocibernética e Infoética: contribuición a una nueva cultura y praxis jurídica. 1ed.Habana - Cuba: Editorial UNIJURIS, 2015, v. 1.

SANDOVAL, Pablo Ximénez de; COLOMÉ; Jordi Pérez. Facebook revela que deixou desprotegidos os dados de 50 milhões de clientes. *El País.* 28 set. 2018. Disponível em: <https://brasil.elpais.com/brasil/2018/09/28/tecnologia/1538153776_573711.html>. (Acesso em: 17 jan. 2020).

THE ECONOMIST. The world's most valuable resource is no longer oil, but data (de 6 de maio de 2017). Disponível em: <https://www.economist.com/leaders/2017/05/06/the-worlds-most-valuable-resource-is-no-longer-oil-but-data>. (Acesso em: 17 nov. 2020).

UNIÃO EUROPEIA. *Carta dos Direitos Fundamentais da União Europeia*, de 07 de dezembro de 2000. Carta de Nice. Disponível em: <http://www.europarl.europa.eu/charter/default_pt.htm>. (Acesso em: 17 jan. 2020).

UNIÃO EUROPEIA. *Jornal Oficial da União Europeia*. Tratado de Lisboa. C 306, 50º ano, 17 de dezembro de 2007. Disponível em: <http://eur-lex.europa.eu/LexUriServ/LexUriServ.do?uri=OJ:C:2007:306:-FULL:PT:PDF>. (Acesso em: 17 jan. 2020).

URUGUAI. Ley nº 18.331, de 18 de agosto de 2008. *Protección de datos personales y acción de habeas data*. Disponível em https://www.impo.com.uy/bases/leyes/18331-2008/29. (Acesso em: 5 nov. 2020).

WENECK VIANNA, Luiz. et al. *A judicialização da política e das relações sociais no Brasil*. Rio de Janeiro: Revan, 1999.

15
A TUTELA DA IMAGEM DA PESSOA HUMANA NA INTERNET NA EXPERIÊNCIA JURISPRUDENCIAL BRASILEIRA

Thaita Campos Trevizan

> **Sumário:** 1 Introdução: o papel do Direito em face das mídias. 2 As situações jurídicas existenciais e a tutela dos direitos da personalidade. 3 A proteção do direito à imagem no ordenamento jurídico brasileiro e a flexibilização de conceitos no ambiente virtual. 4 Conclusão. Referências.

1. INTRODUÇÃO: O PAPEL DO DIREITO EM FACE DAS MÍDIAS

"Muda Brasil." "O gigante acordou." "Vem pra rua." "Queremos hospitais padrão FIFA." "Não à PEC 37." Essas foram, nos últimos dias, as frases mais lidas, ouvidas e proclamadas por milhares de brasileiros que aderiram ao movimento popular e tomaram as ruas das principais capitais do país com o objetivo de demonstrar a insatisfação e o descontentamento em face da corrupção e da má gestão do dinheiro público.

Já designado como "A revolução de 2013", o movimento nasceu em São Paulo, a partir da atuação do Movimento pelo Passe Livre que barganhava a diminuição do preço das passagens dos transportes coletivos (já obtida em nove cidades, após o início dos protestos) e ganhou força após reações desproporcionais e violentas da Polícia Militar contra os estudantes.

Nesse contexto, a mídia, através de *sites* como *Facebook*, *MSN*, *YouTube* e *Instagram* passou a ser o grande palco difusor do movimento, congregando milhares de pessoas a participarem não só virtualmente, mas também pessoalmente do movimento que tomou conta do Brasil. Prova disso é que nas ruas foram comuns os cartazes com frases do tipo "saí do *face* e vim pra rua" e jargões com o uso do "#", ícone de caráter reconhecidamente virtual, demonstrando a importância das redes sociais na propagação de um movimento popular.

Desperta atenção o caráter genuinamente popular do movimento, à medida que não é em tese capitaneado por qualquer partido político ou instituição, fato esse atribuído ao caráter descentralizado da Internet, cuja estrutura diverge do caráter "autoritário" da mídia tradicional.

As redes sociais convocam os indivíduos a participarem ativamente não apenas da seleção, mas também da construção das informações que recebem. Ou seja, o conteúdo dos *sites* mais acessados do mundo (*Facebook, YouTube*, MSN, *Instagram*) é criado por seus próprios usuários, denotando seu caráter verdadeiramente democrático e revolucionário.[1]

Não é por outro motivo que a mídia tradicional chegou a ser tachada de conservadora nesse cenário, na medida em que não raras vezes restringiu o movimento às atuações de vandalismo de uma minoria e o criticou sob o argumento de ser "sem bandeira", como se a realidade social do brasileiro no que tange aos índices de saúde, educação e segurança não fosse um estigma apto a ensejar indignação.

O contexto de sucesso de um movimento popular amplamente marcado pela atuação das mídias sociais comprova factualmente algo que os estudiosos da comunicação e do direito já identificavam: a importância da Internet no processo de democratização do acesso à informação e da própria participação popular no que concerne à construção das informações acerca dos fatos sociais e políticos.

Se o uso da Internet revela benefícios sociais inquestionáveis, de forma diretamente proporcional saltam aos olhos entraves jurídicos daí decorrentes, na medida em que inúmeros conceitos tradicionais devem ser flexibilizados diante das peculiaridades do ambiente virtual. Sobre o tema, a ponderação perspicaz de Anderson Schreiber:

> Da mesma maneira que não se deve adotar uma postura ludista em relação aos avanços tecnológicos, confundindo-os com os eventuais perigos suscitados pela sua utilização, não se deve incorrer no equívoco oposto: ignorar os riscos trazidos por toda essa imensa transformação dos meios e instrumentos de comunicação. Superexposição dos indivíduos, violações à privacidade, uso indevido de imagem, venda de dados pessoais, furto de identidade são apenas alguns dos riscos trazidos pelas novas tecnologias de comunicação, além de outros que dizem respeito ao próprio papel da Mídia em sociedades democráticas[...]. A celeridade na difusão de imagens e notícias, a frequente impossibilidade de identificação do autor da ofensa (muitas vezes, um usuário anônimo, que se vale de um computador de acesso público ou não rastreável) e o imenso esforço necessário para se retirar da rede uma notícia falsa ou de conteúdo ofensivo são alguns dos obstáculos que vêm sendo enfrentados pelos tribunais neste campo.[2]

As dificuldades existem e merecem atenção do intérprete. Por esse motivo, adequada é a análise do direito à imagem e as especificidades de sua proteção no ambiente virtual, sob a perspectiva dos parâmetros funcionais da interpretação jurídica, ou seja, a partir de estudos de casos selecionados da jurisprudência pátria, à luz da interpretação civil-constitucional. Antes disso, no entanto, vale relembrar as nuances dessa hermenêutica de vanguarda, sobretudo no que concerne aos direitos de caráter existencial, como o direito à imagem.

2. AS SITUAÇÕES JURÍDICAS EXISTENCIAIS E A TUTELA DOS DIREITOS DA PERSONALIDADE

Na esteira de proteção da dignidade da pessoa humana, iniciada a partir de 1988 com a mudança de perspectiva constitucional, houve um substancial aumento da relevância normalmente conferida às situações de cunho existencial. Outros elementos extraídos

---

1. SCHREIBER, Anderson. Direito e mídia. In: SCHREIBER, Anderson (Coord.). *Direito e mídia*. São Paulo: Atlas, 2013.
2. SCHREIBER, Anderson. Op. cit., p. 12-13.

da realidade social também contribuíram para esse aumento quantitativo e qualitativo de tutela, tais como: a massificação dos meios de comunicação; a fugacidade e a liquidez das relações sociais, familiares e políticas; o ceticismo decorrente do avanço tecnológico; o desenvolvimento das técnicas de reprodução humana assistida.[3]

Com a Constituição de 1988, a dignidade da pessoa humana foi alçada a valor central do ordenamento jurídico, exigindo do intérprete que dê prevalência às situações existenciais em detrimento das situações meramente patrimoniais. Tal movimento reflete o deslocamento verificado em nosso sistema do *ter* para o *ser*, eis que a pessoa humana e sua dignidade passaram a ser preocupação nuclear do ordenamento pátrio. Especificamente, o diploma civil de 2002 seguiu o mesmo caminho, elevando à categoria autônoma os direitos da personalidade, que são dispostos, ainda que sob os moldes de direito subjetivo, dentre os arts. 11 e 20.

A polêmica divergência em torno da tipicidade ou não dos direitos da personalidade permaneceu em destaque por muito tempo, o que talvez tenha contribuído para o deficiente desenvolvimento científico de outras estruturas ou de um novo arcabouço teórico mais adequado para a tutela de tal categoria dos chamados direitos da personalidade.

Pietro Perlingieri assevera que a falta de profundidade dos civilistas na concretização das relações não patrimoniais encontra explicação em três fatores básicos: sua identificação imprudente com o direito das relações patrimoniais; a restrição da juridicidade ao momento coercitivo específico; bem como a restrição da tutelabilidade do interesse mediante o processo, embora muitas técnicas de realização do direito sejam previstas em normas de direito substancial.[4]

Atualmente, a ideia de ordenamento unitário contribuiu para que se entendesse que a tutela da personalidade também deve ser encarada de forma unitária. Mas, além disso, cabe considerar que o valor da pessoa humana é dinâmico e elástico e isso se revela na medida em que devemos tutelar situações típicas e atípicas, desde que esteja em jogo o valor maior do ordenamento, ou seja, a dignidade da pessoa humana.

Nesse sentido, Danilo Doneda observa:

> A constatação da existência desta cláusula geral e da sua coexistência no ordenamento com os direitos da personalidade nos permitem uma pequena reflexão sobre o papel destes últimos. Estes, considerando sua importância histórica ao inserir no direito privado a força normativa revelada nos direitos fundamentais e, desta forma, realizar sua tradução em termos caros aos civilistas – possibilitando a atuação de valores que antes estavam "fora" do direito privado – parecem ter perdido no atual panorama parte da sua razão de ser originária. Isto se daria porque, à parte de sua conotação axiológica no plano estrutural, os direitos da personalidade surgiram de fato para a resolução dos problemas da responsabilidade civil, como nos lembra Davide Messinetti. É inevitável que, no desenvolvimento de uma tradição hermenêutica que porte às devidas consequências os efeitos da cláusula geral da proteção da personalidade, tal operação tenda a absorver a própria ideia geratriz dos direitos da personalidade. Isto se justifica pelo abandono de um arcabouço teórico identificado com a categoria de direitos subjetivos, como a subsunção e o sujeito

---

3. Nesse sentido: MORAES, Maria Celina Bodin de. Ampliando os direitos da personalidade. In: VIEIRA, José Ribas (Org.). *20 anos da Constituição Cidadã de 1988*: efetivação ou impasse institucional. Rio de Janeiro: Forense, 2008, p. 369-388.
4. PERLINGIERI, Pietro. *O direito civil na legalidade constitucional*. Tradução de Maria Cristina de Cicco. Rio de Janeiro: Renovar, 2009, p. 770-771.

de direito, em favor de instrumentos como a concreção e a própria pessoa humana, cuja ubiquidade como ponto de referência objetivo das relações jurídicas pode ao fim tornar desnecessário o recurso aos próprios direitos da personalidade.[5]

Obviamente que o intérprete não deve limitar sua atuação aos dispositivos do Código Civil, uma vez que a função promocional[6] do direito o impele a perseguir não somente a tutela negativa da personalidade, isto é, sua proteção ante uma eventual violação, mas também a tutela positiva, ao buscar a promoção da dignidade de todos.

Sobre a tutela positiva nas situações existenciais, Rose Melo Vencelau Meireles[7] leciona:

> A tutela positiva das situações jurídicas existenciais permite que a autonomia privada possa ser também instrumento de regulação de interesses existenciais, a fim de garantir o livre desenvolvimento do seu titular. É chamada positiva porque realizada mediante a autodeterminação do titular, muitas vezes com a colaboração de outrem; enquanto que a tutela negativa diz respeito a comportamentos omissivos gerais, os quais têm repercussão jurídica apenas depois da lesão.

Considera-se, pois, que a autonomia privada[8] é o fundamento para conferir proteção positiva às situações existenciais, permitindo que o particular desenvolva livremente sua personalidade a partir da criação, modificação ou extinção das situações subjetivas, sem que tal atividade se restrinja ao rol de direitos da personalidade dispostos no Código Civil.

Observe-se, porém, que essa tutela positiva das situações subjetivas existenciais, ancorada na cláusula geral de proteção e promoção da dignidade da pessoa humana, não pode ser exercida de maneira arbitrária, isto é, não deve ficar à mercê do voluntarismo do particular. Isso seria um retrocesso ao antigo dogma subjetivo da autonomia da vontade, predominante à época do estado liberal-individual burguês. Ademais, esse tipo de proteção poderia dar azo à tutela de situações absurdas, que não exerçam qualquer tipo de função. A autonomia privada não pode ser levada ao extremo, sob pena de se exercer uma autocracia privada.

---

5. DONEDA, Danilo. *Da privacidade à proteção de dados pessoais*. Rio de Janeiro: Renovar, 2006, p. 98-99.
6. Sobre o sentido promocional do direito, Norberto Bobbio expõe: "Em poucas palavras, é possível distinguir, de modo útil, um ordenamento protetivo-repressivo, de um promocional com a afirmação de que, ao primeiro, interessam, sobretudo, os comportamentos socialmente não desejados, sendo seu fim precípuo impedir o máximo possível a sua prática; ao segundo, interessam, principalmente, os comportamento socialmente desejáveis, sendo seu fim levar a realização destes até mesmo aos recalcitrantes" (BOBBIO, Norberto. *Da estrutura à função*. Barueri: Manole, 2007, p. 15).
7. MEIRELES, Rose Melo Vencelau. *Autonomia privada e dignidade humana*. Rio de Janeiro: Renovar, 2009, p. 57.
8. Rose Melo Vencelau Meireles desenvolve sua obra a partir da distinção de conceitos, por vezes, tratados de forma confusa pela doutrina, tais como liberdade jurídica, autonomia da vontade, autonomia privada e autonomia negocial. Para a autora, a liberdade jurídica corresponde a toda manifestação de liberdade tutelada pelo ordenamento, cuja máxima se insere no art. 5º, inciso II, da CF/88. Esclarece, nesse ínterim, que no liberalismo predominava a identidade entre liberdade, autonomia da vontade e autonomia privada. Nessa época, reinava a autonomia da vontade, expressão subjetiva da mesma, isto é, a vontade em seu sentido psicológico. Contudo, essa proteção absoluta da vontade não sobreviveu diante de algumas constatações inexoráveis de incongruências entre vontade interna e sua respectiva manifestação. Foi em meio a esse terreno que se objetivou o conceito, identificado a partir de então pela expressão autonomia privada. Por fim, na esteira do professor Pietro Perlingieri, a autora adota a noção de autonomia negocial como poder reconhecido e atribuído pelo ordenamento ao sujeito de direito, privado ou público, e regular com a própria manifestação de vontade interesses privados ou públicos, porém não necessariamente próprios. Sob esse ponto de vista, defende que o negócio jurídico pode ser considerado instrumento da autonomia, não apenas da autonomia privada. (MEIRELES, Rose Melo Vencelau. Op. cit., p. 63-73).

Deve-se pensar dessa maneira até porque, mediante os avanços da biotecnociência e da informática, em um momento identificado como o da pós-modernidade, novos interesses merecedores de tutela não deixam de surgir diuturnamente, exigindo que o ordenamento se dinamize, o que constantemente é feito através do uso das técnicas legislativas conhecidas como cláusulas gerais e conceitos jurídicos indeterminados.

No tocante às relações existenciais, sem sombra de dúvida, a cláusula geral de tutela da dignidade da pessoa humana é a ferramenta mais apropriada para conferir tal dinamicidade de proteção.

3. A PROTEÇÃO DO DIREITO À IMAGEM NO ORDENAMENTO JURÍDICO BRASILEIRO E A FLEXIBILIZAÇÃO DE CONCEITOS NO AMBIENTE VIRTUAL

O direito à imagem pode ser conceituado como conjunto de traços e caracteres que distinguem e individualizam uma pessoa no meio social. Assim, além do aspecto visual da pessoa (fisionomia), também a voz, a silhueta, os gestos e todas as expressões dinâmicas da personalidade capazes de identificar o sujeito são manifestações da imagem. Trata-se, pois, de "toda expressão formal e sensível da personalidade".[9]

Sob uma perspectiva tradicional, a imagem é identificada com o retrato da pessoa, isto é, sua "forma plástica", seu rosto, olhos e perfil. É a representação fisionômica da pessoa estampada em qualquer suporte físico ou imaterial, como fotografias (armazenada digitalmente ou revelada), desenhos, estátuas, busto, entre outras formas. Nesse sentido, se convencionou chamar tal aspecto de imagem-retrato.

Embora, a princípio, pareça que o legislador tenha se preocupado com a proteção somente da imagem-retrato, que encontra respaldo protetivo tanto na Constituição, no art. 5º, inciso X, e, em sede infraconstitucional, no art. 20 do CC,[10] é intuitivo que com a ampliação do conceito de imagem, os mencionados dispositivos igualmente acobertam a tutela dos outros aspectos da imagem, que não a traduzida através da mera representação fisionômica da pessoa. Nesse passo, a doutrina e a jurisprudência ampliaram o conceito de imagem da pessoa humana na medida em que se passou a contemplar a projeção das características inerentes e singulares da individualidade de cada ser humano no meio social. Daí passou a serem identificados dois conceitos: a imagem-retrato (perspectiva tradicional) e a imagem-atributo (perspectiva ampliada).

---

9. MORAES, Walter. Direito à própria imagem. *RT*. São Paulo: Revista dos Tribunais, n. 443, p. 64-65. Sobre o direito à imagem, cf.: SCHREIBER, Anderson. *Direitos da personalidade*. 2. ed. São Paulo: Atlas, 2013; SOUZA, Carlos Affonso Pereira de. Fundamentos e transformações do direito à imagem. In: TEIXEIRA, Ana Carolina Brochado; LEITE FILHO, Gustavo Pereira (Org.). *Manual de teoria geral do direito civil*. Belo Horizonte: Del Rey, 2011, p. 287-307.
10. O inciso X do art. 5º da CF/88 assim estabelece: "são invioláveis a intimidade, a vida privada, a honra e a imagem das pessoas, assegurado o direito a indenização pelo dano material ou moral decorrente de sua violação". Por sua vez, o art. 20, *caput*, do Código Civil preconiza: "Salvo se autorizadas, ou se necessárias à administração da justiça ou à manutenção da ordem pública, a divulgação de escritos, a transmissão da palavra, ou a publicação, a exposição ou a utilização da imagem de uma pessoa poderão ser proibidas, a seu requerimento e sem prejuízo da indenização que couber, se lhe atingirem a honra, a boa fama ou a respeitabilidade, ou se se destinarem a fins comerciais".

Nesse ponto, merece ser destacada a observação feita por Antônio dos Reis: "Sucede que a ideia de imagem-atributo construída pela jurisprudência italiana em tanto se desprendeu do substrato originário da imagem que seu desenvolvimento deu origem a um direito de personalidade autônomo, designado de direito à identidade pessoal".[11]

Cabe notar que a proteção ao direito à imagem já está consagrada na jurisprudência nacional, que tem proferido condenações elevadas em decorrência do desrespeito desse direito da personalidade, como, por exemplo, na sua utilização não autorizada.[12] Em que pese tal enérgica atuação do Poder Judiciário, parece que as ações voltadas à violação da imagem tanto na mídia impressa quanto no campo virtual não foram desestimuladas, pois continuam a ser verificadas com frequência estarrecedora.

A confusa redação do art. 20 do Código Civil gerou um equívoco comum na comunidade jurídica, na medida em que vinculou a tutela da imagem a ofensa ao direito à honra. É claro que tal visão precisa ser afastada, tendo em vista que o direito à honra e o direito à imagem têm objetos distintos, e por isso não se confundem. Enquanto o primeiro se refere ao respeito e reputação social que cada indivíduo goza na sociedade,[13] o segundo confere ao seu titular a prerrogativa de se opor a exposições ou publicações ilícitas ou abusivas da sua imagem, ainda que não haja ofensa ao seu decoro ou à sua reputação.[14]

É comum que a violação do direito à imagem ofenda simultaneamente a honra do sujeito e vice-versa. Ademais, Antônio Chaves ressalta a hipótese em que a tutela da imagem relaciona-se com a proteção da própria intimidade, que atualmente vem expandindo-se de fotos e filmes a perfis em redes sociais on-line.[15]

Porém, deve-se ter em mente que é perfeitamente possível que a imagem da pessoa seja violada, seja a imagem-retrato ou a imagem-atributo, sem que se produza qualquer lesão à honra do indivíduo. Portanto, são direitos autônomos, bastando-se imaginar, por exemplo, a hipótese em que um veículo de comunicação publique uma foto sem autorização de uma famosa modelo, sem atacar sua reputação ou bom nome, bem como não se importe em legitimar o uso de tal imagem com base no direito à informação, ou seja, tenha divulgado a imagem sem que ela corresponda com um fato socialmente relevante e de interesse legítimo do público-leitor.

O direito à imagem pode ser exercido de maneira positiva e negativa. Sob o aspecto positivo, pode-se dizer que somente o titular pode autorizar a difusão e a publicação da sua imagem. Já o conteúdo negativo se traduz na prerrogativa de impedir a utilização

---

11. REIS, Antônio dos. Novas perspectivas sobre o direito à honra: estudos sobre a ótica civil-constitucional. *Civilistica.com*, ano 2, n. 3, 2013, p. 19.
12. CHAVES, Antônio. Direito à intimidade nas fotografias e nos filmes cinematográficos. In: MENDES, Gilmar Ferreira; STOCO, Rui (Org.). *Doutrinas essenciais*: direito civil, parte geral. São Paulo: Revista dos Tribunais, 2011, v. 3, p. 113.
13. Sobre os novos contornos do direito à honra, cf. Antônio dos Reis. *Novas perspectivas sobre o direito à honra*: estudos sobre a ótica civil-constitucional. Op. cit.
14. Nesse sentido: BITTAR, Carlos Alberto. *Os direitos da personalidade*. Rio de Janeiro: Forense Universitária, 2004; DE CUPIS, Adriano. *Os direitos da personalidade*. Campinas: Romana Jurídica, 2004; DANTAS, San Tiago. *Programa de direito civil*. Rio de Janeiro: Forense, 2001.
15. CHAVES, Antônio. Direito à intimidade nas fotografias e nos filmes cinematográficos. In: MENDES, Gilmar Ferreira; STOCO, Rui (Org.). *Doutrinas essenciais*: direito civil, parte geral. São Paulo: Revista dos Tribunais, 2011. v. 3, p. 113.

indevida da imagem, isto é, sem a autorização ou a legitimação por meio de uma informação socialmente relevante, ancorada na liberdade de imprensa e no direito à informação. Ademais, pode-se impedir também a divulgação de informações que não correspondam com a imagem-atributo externada e construída pela pessoa, tendo em vista que igualmente pode violar a personalidade humana. Sob uma perspectiva restritiva, ausente a autorização do titular do direito, indevida a utilização da imagem.[16] No entanto, a partir de uma análise sistemática do ordenamento jurídico e de outros interesses tuteláveis, sobretudo a liberdade de expressão e o direito à informação, outros fatores passaram a ser observados.

Enquanto sob uma perspectiva dogmática o art. 20 do CC mitiga a proteção à imagem em casos de sua utilização ser necessária à administração da justiça ou à manutenção da ordem pública, além do critério da autorização, sob um viés doutrinário e jurisprudencial, outros parâmetros implicam a flexibilização da proteção à imagem, tais como: o exercício da liberdade da informação; a notoriedade da pessoa; o ambiente em que a imagem foi captada. Assim, cristalizou-se na doutrina tradicional que a pessoa pública e a imagem colhida em local público constituiriam exceções à proteção desse direito da personalidade.

Com base na indispensável clivagem que deve ser feita a partir dos direitos fundamentais constitucionais, o constituinte não buscou tutelar apenas o direito à imagem, mas teve em consideração também o direito à informação, "realizando um juízo de ponderação da imagem de uma pessoa quando não lhe macule a honra ou quando tenha finalidade lucrativa".[17]

Infelizmente, o legislador infraconstitucional não ponderou adequadamente os interesses constitucionalmente albergados, motivo pelo qual alguns autores entendem que o conteúdo contido na regra disposta no art. 20 do Código Civil é retrógrada e desproporcional, argumentando, inclusive, em prol de sua inconstitucionalidade:[18]

> A divulgação de informações verdadeiras e obtidas licitamente sempre se presume necessária ao bom funcionamento da ordem pública e apenas em casos excepcionais, que caberá ao intérprete definir diante de fatos reais inquestionáveis, é que se poderá proibi-la.

No meio virtual, os obstáculos à tutela da imagem são intensificados diante das peculiaridades do meio cibernético. Nesse terreno desponta o fenômeno da despersonalização extrema das relações, que muitas das vezes ficam sob o anonimato proporcionado pelos recursos tecnológicos inerentes ao meio. Mencione-se, ainda, a inaplicabilidade

---

16. Direito à imagem. Direito de arena. Jogador de futebol. Álbum de figurinhas. O direito de arena que a lei atribui às entidades esportivas limita-se à fixação, transmissão e retransmissão do espetáculo desportivo público, mas não compreende o uso da imagem dos jogadores fora da situação específica do espetáculo, como na reprodução de fotografias para compor 'álbum de figurinhas'. Lei nº 5.989/73, artigo 100; Lei nº 8.672/93" (STJ, 4ª Turma, REsp 46.420, Rel. Min. Ruy Rosado de Aguiar, julg. 12.9.1994, publ. *RSTJ* 68/358).
17. GAMA, Guilherme Calmon Nogueira da; PEREIRA, Daniel Queiroz. Direitos da personalidade e Código Civil de 2002. In: MENDES, Gilmar Ferreira; STOCO, Rui (Org.). *Doutrinas essenciais*: direito civil, parte geral. São Paulo: Revista dos Tribunais, 2011. v. 3, p. 317.
18. Nesse sentido, Luiz Roberto Barroso: "As liberdades de expressão e de informação são por ele esvaziadas. Estas só podem ser afastadas se não estiver em jogo o interesse público" (BARROSO, Luís Roberto. Colisão entre liberdade de expressão e direitos da personalidade. Critérios de ponderação. Interpretação constitucionalmente adequada do Código Civil e da Lei de Imprensa. *Revista Trimestral de Direito Civil*, ano 4, v. 16, out./dez. 2003, p. 90-91).

dos critérios tradicionais de aferição de competência, uma vez que o local da prática da ofensa facilmente poderá não corresponder ao local do efetivo prejuízo, desafiando muitas vezes conflitos internacionais, dentre outras particularidades.

Isso sem contar as dificuldades práticas encontradas no sentido de retirar uma ofensa da rede, na medida em que em um ambiente virtual é impossível controlar quem teve acesso à informação. A jurisprudência é farta em exemplos que demonstram a pulverização das fronteiras sociais a partir da Internet, bem como as demais dificuldades descritas.

Em maio de 2012, a 4ª Turma do STJ definiu que a justiça brasileira pode ser acionada em caso de violação no exterior ao direito de imagem, veiculada pela Internet, sendo que o contrato entre as partes fixava a Espanha como foro e envolvia uma cidadã que vive no Brasil.[19]

Para o relator do caso, ministro Luis Felipe Salomão, a demanda pode ser proposta no local onde ocorreu o fato, "ainda que a ré seja pessoa jurídica, com sede em outro lugar, pois é na localidade em que reside e trabalha a pessoa prejudicada que o evento negativo terá maior repercussão".

Em outro julgamento, o mesmo colegiado determinou ao *site Yahoo!* Brasil que retirasse da rede um *site* com conteúdo inverídico sobre uma mulher que ofereceria programas sexuais, além de fotos pornográficas a ela atribuídas. Para os ministros, mesmo diante da afirmação de que a *Yahoo!* Brasil é sócia da *Yahoo!* Inc., o consumidor não distingue com clareza as divisas entre a empresa americana e sua correspondente nacional.[20]

Sob a vertente da imagem-atributo, a tutela jurisdicional no ambiente virtual também apresenta particularidades. Nesse sentido, uma famosa apresentadora brasileira de programas televisivos infantis teve julgado improcedente seu recurso junto ao STJ no afã de ver condenado o provedor de pesquisa no qual se pleiteava que o provedor impedisse alguns resultados diante da busca de seu nome artístico somado ao adjetivo "pedófila".

De acordo com a linha de raciocínio adotada pela relatora do caso, a despeito da "gratuidade" dos serviços de pesquisa ofertados pela rede mundial de computadores através de *sites* como *Google*, *Yahoo*, dentre outros, é plenamente reconhecida a relação de consumo na medida em que os ganhos indiretos de tais fornecedores de serviços são perfeitamente identificáveis.

No caso, o Superior Tribunal de Justiça não considerou atividade intrínseca dos provedores de pesquisa a filtragem das expressões utilizadas pelos usuários em suas pesquisas, de modo que não se pode reputar defeituoso, nos termos do art. 14 do CDC, o *site* que não exerce esse controle sobre os resultados das buscas. Segundo a fundamentação do acórdão, os provedores de pesquisa realizam suas buscas dentro de um universo virtual, cujo acesso é público e irrestrito, ou seja, seu papel se restringe à identificação de páginas na *web* onde determinado dado ou informação, ainda que ilícito, estão sendo livremente veiculados. Dessa forma, ainda que seus mecanismos de busca facilitem o acesso e a consequente divulgação de páginas cujo conteúdo seja potencialmente ilegal, fato é que essas páginas são públicas e compõem a rede mundial de computadores e, por

---

19. STJ. REsp 1168547/RJ, Rel. Ministro Luis Felipe Salomão, 4ª Turma, julgado em 11.5.2010, *DJe* 7.2.2011.
20. STJ. REsp 1021987/RN, Rel. Ministro Fernando Gonçalves, 4ª Turma, julgado em 7.10.2008, *DJe* 9.2.2009.

isso, aparecem no resultado dos *sites* de pesquisa. No entanto, tal posição não restou imune às observações de abalizada doutrina, de acordo com a qual a melhor solução deveria apontar justamente o contrário, em observância do teor dos arts. 12 a 14 da Diretiva CEE nº 31/00, relativa ao comércio eletrônico, sob o argumento de que se há controle, deve haver responsabilidade:

> A partir do momento em que o provedor intervém na comunicação, dando-lhe origem, escolhendo ou modificando o conteúdo ou selecionando o destinatário, passa a ser considerado responsável, pois a inserção de conteúdos ofensivos constitui fortuito interno, ou seja, risco conhecido e inerente ao seu empreendimento. Conclui-se, dessa forma, ser objetiva, com fundamento no artigo 14 do Código de Defesa do Consumidor, a responsabilidade pelo fato do serviço do detentor do *site* em que se encontram os *links* que contêm dados sensíveis dos usuários, por se utilizarem dessa maciça aglutinação de informações para obterem sua remuneração em gigantescos contratos de publicidade e, acima de tudo, por deterem os meios técnicos de se individualizar os reais causadores dos danos. Para tal fim, podem ser consideradas *bystanders* as vítimas do evento danoso.[21]

Assim, os provedores de pesquisa devem ser obrigados a eliminar do seu sistema os resultados derivados da busca de determinado termo ou expressão, igualmente os resultados que apontem para uma foto ou texto específico, independentemente da indicação do URL da página onde este estiver inserido.[22]

Em hipóteses análogas, envolvendo a responsabilidade civil dos provedores de redes sociais, o Superior Tribunal de Justiça considerou tratar-se de mero fortuito interno, em virtude da configuração do acidente de consumo. Verifica-se, portanto, que não há uma univocidade na experiência jurisprudencial brasileira acerca da responsabilidade civil dos provedores de conteúdo e hospedagem, aqui incluídos os motores de busca.[23]

Verifica-se que no caso narrado o direito de imagem foi sopesado com o direito à informação, tendo a tutela deste último prevalecido no caso. A relatora considerou que não se poderia restringir o uso da Internet como fonte de informação, sob o pretexto de evitar propagação de *sites* de conteúdos ilícitos.[24]

Da mesma forma, conteúdos ilícitos não geram imediata condenação do provedor, que somente se vê condenado solidariamente caso não promova a retirada do conteúdo do ar uma vez notificado. Isso porque entende-se que a divulgação de conteúdos ilícitos na rede mundial não é um risco inerente à atividade do provedor a fim de dar ensejo à responsabilidade objetiva prevista no art. 927 do CC.

No entanto, ressalva-se a necessidade de oferta de alternativas pelo provedor de meios de denúncia de tais conteúdos, assim como a possibilidade de sua retirada ime-

---

21. MARTINS, Guilherme Magalhães; LONGHI, João Vitor Rozatti A tutela do consumidor nas redes sociais virtuais. Responsabilidade civil por acidentes de consumo na sociedade da informação. *Revista de direito do consumidor*, ano 20, nº 78, abr./jun. 2011, p. 215.
22. Enunciado nº 554 do CJF: "Independe de indicação do local específico da informação a ordem judicial para que o provedor de hospedagem bloqueie determinado conteúdo ofensivo na internet".
23. Nesse sentido, o voto do Ministro Antonio Herman Benjamin no REsp 1117633-RO, 2ª Turma, j. 9.3.2010, no sentido de que "no mundo real, como no virtual, o valor da dignidade da pessoa humana é um só, pois nem o meio em que os agressores transitam nem as ferramentas tecnológicas que utilizam conseguem transmudar ou enfraquecer a natureza de sobreprincípio irrenunciável, intransferível e imprescritível que lhe confere o Direito brasileiro".
24. STJ. REsp 1316921/RJ, Rel. Ministra Nancy Andrighi, 3ª Turma, julgado em 26.6.2012, *DJe* 29.6.2012.

diata em caso de ilícitos. A diligência do provedor é aferida nesse sentido, conforme se depreende do trecho do julgado a seguir:[25]

> Ao ser comunicado de que determinado texto ou imagem possui conteúdo ilícito, deve o provedor agir de forma enérgica, retirando o material do ar imediatamente, sob pena de responder solidariamente com o autor direto do dano, em virtude da omissão praticada. Ao oferecer um serviço por meio do qual se possibilita que os usuários externem livremente sua opinião, deve o provedor de conteúdo ter o cuidado de propiciar meios para que se possa identificar cada um desses usuários, coibindo o anonimato e atribuindo a cada manifestação uma autoria certa e determinada. Sob a ótica da diligência média que se espera do provedor, deve este adotar as providências que, conforme as circunstâncias específicas de cada caso, estiverem ao seu alcance para a individualização dos usuários do *site*, sob pena de responsabilização subjetiva por culpa *in omittendo*.

Na esfera criminal, a proteção das imagens no ambiente virtual também gera conflitos de competência, especialmente no que tange ao combate à pedofilia (crimes tipificados nos arts. 241-A e 241-B do ECA). Os tribunais superiores, nesse sentido, têm se posicionado no sentido de que a competência seria estadual, a despeito do uso da Internet, que por si só não ensejaria a competência federal nos termos do art. 109 da CF/88, o que somente se justificaria caso constatada a internacionalidade do crime.[26]

A retirada de conteúdo ofensivo da rede mundial de computadores também enseja interpretações adaptadas no âmbito da responsabilidade civil. Em recente julgado, o STJ conferiu o prazo de 24 horas para o provedor retirar conteúdo ofensivo do ar sob pena de responder solidariamente com o autor do dano em virtude da omissão praticada.[27]

O prazo exíguo se justifica pela velocidade da troca de informações no ambiente virtual e durante esse período. Vale esclarecer, não estará o provedor obrigado a analisar o teor da denúncia recebida, devendo apenas promover a suspensão preventiva das respectivas páginas, até que tenha tempo hábil para apreciar a veracidade das alegações, de modo a que, confirmando-as, exclua definitivamente o perfil ou, tendo-as por infundadas, restabeleça o seu livre acesso. Seria uma espécie de tutela inibitória-preventiva no ambiente virtual.

Em outro julgado recente, o ambiente virtual deu ensejo à mitigação da distribuição do ônus da prova nos moldes estáticos e, via de consequência, a adoção da teoria da carga dinâmica da distribuição do ônus probatório. No caso relatado, o autor moveu ação indenizatória em razão de ter sua imagem em passeata do movimento LGBT em São Paulo publicada em *site* sem sua autorização. O fato de não ter juntado em sua peça exordial a reportagem em questão rendeu recurso junto ao STJ, que não foi provido a partir dos seguintes argumentos utilizados pela ministra relatora que manteve a condenação de dano moral:[28]

> A Internet é um veículo de comunicação fluído. Uma página acessível em um dia pode perfeitamente ser irrecuperável pelo cidadão no dia seguinte. Para o administrador do Portal que a publicou, contudo,

---

25. STJ. REsp 1308830/RS, Rel. Ministra Nancy Andrighi, 3ª Turma, julgado em 8.5/2012, *DJe* 19.6.2012.
26. STJ. Nesse sentido, CC 103.011/PR, Rel. Ministra Assusete Magalhães, 3ª Seção, julgado em 13.3.2013, *DJe* 22.3.2013.
27. STJ. REsp 1323754/RJ, Rel. Ministra Nancy Andrighi, 3ª Turma, julgado em 19.6.2012, *DJe* 28.8.2012.
28. STJ. REsp 1135543/SP, Rel. Ministra Nancy Andrighi, 3ª Turma, julgado em 22.5.2012, *DJe* 7.11.2012.

tanto a matéria quanto a foto são sempre perfeitamente recuperáveis. Assim, ainda que, pelo critério de distribuição estática, o ônus da prova quanto à existência e o conteúdo da reportagem seja do autor, na hipótese dos autos é admissível promover-se uma distribuição dinâmica desse ônus, de modo que a juntada da reportagem seja dispensada.

Diante do cenário jurisprudencial traçado verifica-se que a proteção do direito de imagem na Internet cria ao seu redor uma gama de interpretações marcadas pela indispensável ponderação de interesses em conflito, na medida em que envolve situações jurídicas de caráter existencial e com assento constitucional, a exemplo da própria imagem, vida privada e liberdade de expressão, que além de serem complexas por sua própria natureza, requerem cuidados especiais em razão do meio no qual se exercitam tais direitos – o ambiente virtual.

4. CONCLUSÃO

Um dos consensos acordados em relação à proteção da imagem da pessoa humana no terreno virtual é a sua complexidade, tendo em vista a multiplicidade de perspectivas possíveis para se examinar tal temática. Se a tutela da imagem já reclama uma atuação mais enérgica do intérprete do direito na medida em que mesmo as mídias chamadas tradicionais (a exemplo dos jornais, revistas e televisão) ainda desafiam a efetividade desse direito da personalidade, é de se concordar que tratar do tema no contexto virtual adquire novas questões ainda mais delicadas. Em estudos mais específicos, a doutrina já se debruçou sobre o uso no ambiente virtual das imagens fora do contexto e de arquivo,[29] bem como sobre a aplicação do direito ao esquecimento na Internet.[30]

Com efeito, a tutela da imagem no ambiente virtual, além de gerar mitigações no âmbito da fixação de competência, tanto na esfera cível quanto na criminal, flexibiliza o caráter estático de distribuição do ônus da prova e reforça a importância da tutela inibitória – alternativa que, não raras vezes, melhor respalda situações de natureza existencial.

No que concerne à análise dos julgados acerca do assunto, observou-se que não há consenso na experiência jurisprudencial nacional acerca de consistir em atividade intrínseca dos provedores de pesquisa a análise dos conteúdos postados pelos seus usuários, a despeito de se reconhecer o caráter consumerista da relação travada entre provedor e usuário/consumidor. Tal peculiaridade do ambiente virtual compromete a tradicional forma de atribuição de responsabilidade objetiva que impera nas relações de consumo, ao conferir demasiada importância à avaliação do nexo de causalidade, consubstanciada na análise da diligência administrativa do provedor no sentido de promover de forma rápida e eficaz a retirada de conteúdos ilícitos ou abusivos e possibilitar alternativas de denúncias ao usuário.

---

29. ALMEIDA JUNIOR, Vitor de Azevedo. A imagem fora de contexto: o uso de imagens de arquivo. In: SCHREIBER, Anderson (Coord.). *Direito e mídia*. São Paulo: Atlas, 2013, p. 158-183.
30. Sobre o tema: MARTINS, Guilherme Magalhães. Op. cit. e COSTA, André Brandão Nery. Direito ao esquecimento na Internet: a scarlet letter digital. In: SCHEREIBER, Anderson (Coord.). Op. cit., p. 184.

Dessa forma, no ambiente virtual tais análises se mostram imprescindíveis a fim de identificar o nexo de causalidade e, por razões óbvias, o próprio dever de indenizar, contribuindo ainda na fixação do *quantum debeatur*.

Com efeito, verifica-se que o papel da jurisprudência, a partir da análise das especificidades decorrentes da atividade dos provedores de conteúdo, estabelece os limites e os contornos da proteção atribuída ao direito à imagem da pessoa humana no mundo virtual, que, indiscutivelmente, merece tutela por parte do ordenamento. É de se salientar que não basta afirmar que o interesse merece ser tutelável pelo nosso sistema normativo, mas cabe aos operadores do direito apontar os instrumentos que efetivamente irão proteger a dignidade da pessoa humana no ambiente digital, tendo em vista que o risco de violação é potencializado, multiplicando os danos à pessoa humana.

Nesse contexto, Stéfano Rodotà já externou uma angústia comum aos estudiosos do campo da responsabilidade civil ao afirmar "o receio de que a multiplicação de novas figuras de dano venha a ter como únicos limites a fantasia do intérprete e a flexibilidade da jurisprudência".[31] Tal preocupação demanda do intérprete uma atuação mais enérgica no sentido de filtrar os interesses merecedores de tutela e que, portanto, se apresentem como danos indenizáveis.

Diante dessa situação, as soluções encontradas pelos tribunais aos conflitos que lhe são submetidos devem ser capazes de identificar as reais violações à dignidade da pessoa humana no ambiente virtual, servindo como um filtro às fantasias do intérprete e fornecendo segurança ao jurisdicionado em terreno ainda tão pouco explorado.

REFERÊNCIAS

ALMEIDA JUNIOR, Vitor de Azevedo. A imagem fora de contexto: o uso de imagens de arquivo. In: SCHREIBER, Anderson (Coord.). *Direito e mídia*. São Paulo: Atlas, 2013.

BARROSO, Luís Roberto. Colisão entre liberdade de expressão e direitos da personalidade. Critérios de ponderação. Interpretação constitucionalmente adequada do Código Civil e da Lei de Imprensa. *Revista Trimestral de Direito Civil*, ano 4, v. 16, out./dez. 2003.

BITTAR, Carlos Alberto. *Os direitos da personalidade*. Rio de Janeiro: Forense Universitária, 2004.

BOBBIO, Norberto. *Da estrutura à função*. Barueri: Manole, 2007.

CHAVES, Antônio. Direito à intimidade nas fotografias e nos filmes cinematográficos. In: MENDES, Gilmar Ferreira; STOCO, Rui (Org.). *Doutrinas essenciais*: direito civil, parte geral. São Paulo: Revista dos Tribunais, 2011.

COSTA, André Brandão Nery. Direito ao esquecimento na Internet: a scarlet letter digital. In: SCHEREIBER, Anderson (Coord.). *Direito e mídia*. São Paulo: Atlas, 2013.

DANTAS, San Tiago. *Programa de direito civil*. Rio de Janeiro: Forense, 2001.

DE CUPIS, Adriano. *Os direitos da personalidade*. Campinas: Romana Jurídica, 2004.

DONEDA, Danilo. *Da privacidade à proteção de dados pessoais*. Rio de Janeiro: Renovar, 2006.

---

31. SCHREIBER, Anderson. Tendências atuais da responsabilidade civil. *Revista Trimestral de Direito Civil*, n. 22, abr./jun. 2005, p. 60.

GAMA, Guilherme Calmon Nogueira da; PEREIRA, Daniel Queiroz. Direitos da personalidade e Código Civil de 2002. In: MENDES, Gilmar Ferreira; STOCO, Rui (Org.). *Doutrinas essenciais*: direito civil, parte geral. São Paulo: Revista dos Tribunais, 2011.

MARTINS, Guilherme Magalhães; LONGHI, João Vitor Rozatti A tutela do consumidor nas redes sociais virtuais. Responsabilidade civil por acidentes de consumo na sociedade da informação. *Revista de direito do consumidor*, ano 20, n° 78, abr./jun. 2011.

MEIRELES, Rose Melo Vencelau. *Autonomia privada e dignidade humana*. Rio de Janeiro: Renovar, 2009.

MORAES, Maria Celina Bodin de. Ampliando os direitos da personalidade. In: VIEIRA, José Ribas (Org.). *20 anos da Constituição Cidadã de 1988*: efetivação ou impasse institucional. Rio de Janeiro: Forense, 2008.

MORAES, Walter. Direito à própria imagem. *RT*. São Paulo: Revista dos Tribunais, n. 443.

PERLINGIERI, Pietro. *O direito civil na legalidade constitucional*. Tradução de Maria Cristina de Cicco. Rio de Janeiro: Renovar, 2009.

REIS, Antônio dos. Novas perspectivas sobre o direito à honra: estudos sobre a ótica civil-constitucional. *Civilistica.com*, ano 2, n. 3, 2013.

SCHREIBER, Anderson. Direito e mídia. In: SCHREIBER, Anderson (Coord.). *Direito e mídia*. São Paulo: Atlas, 2013.

SCHREIBER, Anderson. *Direitos da personalidade*. 2. ed. São Paulo: Atlas, 2013.

SCHREIBER, Anderson. Tendências atuais da responsabilidade civil. *Revista Trimestral de Direito Civil*, n. 22, abr./jun. 2005.

SOUZA, Carlos Affonso Pereira de. Fundamentos e transformações do direito à imagem. In: TEIXEIRA, Ana Carolina Brochado; LEITE FILHO, Gustavo Pereira (Org.). *Manual de teoria geral do direito civil*. Belo Horizonte: Del Rey, 2011.

Parte II
A PROTEÇÃO DO CONSUMIDOR NA INTERNET

16
BLOQUEIO JUDICIAL DO *WHATSAPP*: O CAMINHO DA LEGALIDADE

Ana Amelia Menna Barreto

> **Sumário:** 1 Túnel do tempo. 2 *Punctum dolens*. 3 Cronologia. 4 Audiência pública no Supremo Tribunal Federal. 5 Impositivos legais. 6 Argumentos do prestador de serviço. 7 Reflexões. 8 Conclusões.

1. TÚNEL DO TEMPO

No ano de 2004 participei de reunião para discutir questões jurídicas relacionadas à criptografia realizada pelo Grupo de Criptografia Comercial, vinculado ao Comitê Gestor de Segurança da Informação[1].

A Política de Segurança da Informação nos órgãos e entidades da Administração Pública Federal – instituída pelo Decreto 3.505/2000 - tinha entre seus pressupostos básicos a "capacitação científico-tecnológica do País para uso da criptografia na segurança e defesa do Estado"[2].

As apresentações de ordem técnica demonstraram que a criptografia assegura a inviolabilidade de dados, conferindo a necessária segurança quanto à integridade da informação, protegendo-a contra alteração, compartilhamento ou acesso indevido por terceiros. Em se tratando de um sistema criptográfico fechado, inexiste a chamada 'porta dos fundos', uma falha artificial que usa uma chave mestra para obter o acesso aos dados originais por aquele que a possuir, tornando, em consequência, inseguro o protocolo de encriptação.

Naquele momento ficou claro que essa blindagem de ordem técnica tornaria ineficaz uma ordem judicial de quebra da comunicação.

Passada mais de uma década do fato narrado a questão ganhou musculatura, cabendo ao Poder Judiciário brasileiro o desafio deslindar a questão.

2. *PUNCTUM DOLENS*

As relações jurídicas vivenciadas no mundo digital não estão desconectadas, dissociadas do ordenamento jurídico vigente.

---

1. Coordenado pelo Ministério do Desenvolvimento Indústria e Comércio, no âmbito da Secretaria de Tecnologia Industrial
2. Art. 1º, IV.

Não se pode perder de vista o cerne da questão: a absoluta imprestabilidade de uma ordem judicial exarada por quem detém a reserva constitucional de jurisdição.

Também estão atingidos também os poderes investigatórios e persecutórios. O desprestígio do Poder exercido pelo Judiciário impede a entrega efetiva da prestação jurisdicional e atinge própria soberania nacional, fundamento do Estado Democrático de Direito[3].

A ordem econômica se funda na livre iniciativa, mas deve ser observado o primeiro princípio constitucional: o da soberania nacional[4].

De nenhuma forma a espécie cuida da hipótese de qualquer tipo de censura de ordem estatal.

3. CRONOLOGIA

Cabe registrar que mesmo antes da promulgado o Marco Civil da Internet existiam ordens de bloqueio de serviços que operam no mercado brasileiro[5], assim como outro aplicativo já havia sido bloqueado pela Justiça brasileira[6].

As ordens judiciais para entrega de dados pelo WhatsApp se iniciaram em 2015, sendo certo que somente a partir de abril de 2016 o aplicativo adotou a criptografia ponta a ponta.

Até a presente data o prestador de serviço não entregou os dados legalmente requisitados, não informou os metadados que tem em seu poder, não pagou a multas estabelecidas judicialmente e, continua operando em solo brasileiro sem que os braços da lei o alcancem.

4. AUDIÊNCIA PÚBLICA NO SUPREMO TRIBUNAL FEDERAL

O Supremo Tribunal Federal recebeu duas ações relativas ao funcionamento do aplicativo no Brasil.

O Partido Popular Socialista ingressou perante o Supremo Tribunal Federal com ação de Descumprimento de Preceito Fundamental sustentando que os bloqueios judiciais da ferramenta violam o preceito fundamental da liberdade de expressão e comunicação (art. 5º, IX, da Constituição Federa), assim como o Marco Civil da Internet[7].

Em Ação Direta de Inconstitucionalidade o Partido da República questiona a constitucionalidade de dispositivos do Marco Civil que fundamentam decisões judiciais de suspensão do serviço[8].

---

3. CF, art. 1º.
4. CF, art. 170.
5. O caso da apresentadora Cicarelli contra o Youtube ocorreu no ano de 2007.
6. Secret.
7. ADPF 403, relator Ministro Edson Fachin.
8. ADI 5527 questiona os incisos III e IV, do artigo 12 do Marco Civil. Deferido pela relatora Ministra Rosa Weber o ingresso como *amicus curiae* de entidades civis.

Os Ministros relatores decidiram convocar uma audiência pública conjunta em vista do interesse público da controvérsia e da necessidade de elucidação dos multiformes aspectos envolvidos interpretações, sendo oportunizada a manifestação do Ministério Público, Polícia Federal, entidades civis e governamentais, academia, representantes da área técnica, além do Facebook e WhatsApp[9].

Para a ministra presidente Carmen Lucia o tema 'diz respeito com o direito de informar, os limites da atuação do juiz e a própria situação de novas formas de atuar na vida digital", ressaltando que a audiência permitirá ao STF "aportar os dados mais importantes para a elucidação dos temas"[10].

5. IMPOSITIVOS LEGAIS

Convido o leitor a refletir sobre células vivas de nosso ordenamento jurídico, aplicáveis no caso em espécie.

A lei não excluirá da apreciação do Poder Judiciário lesão ou ameaça a direito (CF, art. 5º, XXXV).

A inviolabilidade do direito à vida, à liberdade, à igualdade, à segurança e à propriedade é garantida a brasileiros e estrangeiros residentes no País, não se sujeitando a censura a expressão da atividade intelectual, artística, científica e de comunicação (CF, art. 5º, IX).

Incide o postulado da reserva constitucional de jurisdição do Poder Judiciário quando se cuida da quebra das comunicações telegráficas, de dados e telefônicas, para fins de investigação criminal ou instrução processual penal (CF, art. 5º, XII)[11].

Cabe ao Juiz competente da ação principal, sob segredo de justiça, determinar a interceptação do fluxo de comunicações em sistemas de informática e telemática (art.1º e parágrafo único da Lei 9.296/96).

Devido a garantia constitucional do princípio da não autoincriminação (CF, art. 5º, LXIII), ninguém e obrigado a produzir prova contra si mesmo, fornecendo informação que o incrimine mesmo de forma indireta[12].

É competente a autoridade judiciária brasileira quando o réu for domiciliado no país, quando a obrigação aqui tiver de ser cumprida ou quando a ação se originar de fato ocorrido ou de ato praticado no Brasil, reputando-se domiciliada no Brasil a pessoa jurídica estrangeira que aqui tiver agência, filial ou sucursal (CPC, art. 88, II, III e parágrafo único).

---

9. Disponível em: < http://www.stf.jus.br/portal/cms/verNoticiaDetalhe.asp?idConteudo=341437 >. Acesso em: 17 jan. 2020.
10. Disponível em: < http://www.stf.jus.br/portal/cms/verNoticiaDetalhe.asp?idConteudo=345369>. Acesso em: 17 jan. 2020.
11. MS 23639 DF - Pleno do STF - Rel. Min. Celso de Mello - j. 16.11.2000 - DJU 16.02.01 - Unânime. - No mesmo sentido MS - 23652 - DF - Pleno STF - Rel. Min. Celso de Mello - j. 22.11.2000 - DJU 16.02.01 - Unânime.
12. GOMES, Luiz Flávio. Princípio da não autoincriminação: significado, conteúdo, base jurídica e âmbito de incidência. Disponível em: < http://www.lfg.com.br >. Acesso em: 17 jan. 2020.

A desobediência de ordem legal se sujeita a pena de detenção e multa (Código Penal, art. 330).

O Código de Processo Penal autoriza a suspensão do exercício de atividade de natureza econômica ou financeira quando houver justo receio de sua utilização para a prática de infrações penais, como medida cautelar (Art. 319, VI).

A Lei de Organizações Criminosas criminaliza a conduta daquele que impede ou embaraça a investigação de infração que envolva organização criminosa, assim como daquele que se recusa ou omite dados, registros e informações requisitadas pelo juiz, Ministério Público ou delegado de polícia, no curso de investigação ou do processo (Lei 12.850/2013, arts. 2º e 21).

A mesma Lei impõe a pena de reclusão de três a oito anos, e multa, a quem impede ou, de qualquer forma, embaraça a investigação de infração penal que envolva organização criminosa (Art. 2º e § 1º).

O caçula Marco civil da Internet se sujeita a todo o arcabouço jurídico pré-existente. Em conformidade com o ordenamento vigente, essa jovem Lei 12.965/2014 veio estabelecer os princípios, garantias, direitos e deveres para o uso da internet no Brasil. Assegura a inviolabilidade e sigilo do fluxo de suas comunicações pela internet, a inviolabilidade e sigilo de suas comunicações privadas armazenadas', ressalvando, por óbvio, a hipótese legal de exceção por ordem judicial (Art. 7º, II, III e VII).

O prestador de serviço tem a obrigação de fornecer os registros de conexão ou dos registros de acesso a aplicações de internet por ordem legal, para instrução probatória em processo judicial, tanto em matéria cível quanto penal (Art. 22).

O dever de respeito à legislação brasileira é imposto em relação a coleta, armazenamento, guarda e tratamento de dados, quando esses sejam coletados em território nacional, ou, quando ao menos um dos terminais esteja localizado no Brasil. A competência da legislação brasileira é fixada mesmo que as atividades sejam realizadas por pessoa jurídica sediada no exterior e desde que oferte serviço ao público brasileiro ou pelo menos uma integrante do mesmo grupo econômico possua estabelecimento no Brasil (Art. 11).

O Marco Civil pavimentou a competência da Justiça brasileira quando se tratar de empresa estrangeira a responsabilidade solidária pelo pagamento será da filial, sucursal, escritório ou estabelecimento situado no País, sujeitando o prestador de serviço a suspensão temporária das atividades e até a proibição de exercício das atividades, além de outras de ordem pecuniária (Art. 12).

6. ARGUMENTOS DO PRESTADOR DE SERVIÇO

O maior aplicativo mensageiro em operação no Brasil - com estimadas 120 milhões de usuários - desde sempre alega a isenção de sua responsabilidade e se furta ao cumprimento de ordens legais. Tal prática, aliás, é comum a todas empresas de tecnologia aqui estabelecidas e que aqui auferem seus lucros.

É de conhecimento público e notório que o Facebook adquiriu a empresa WhatsApp no ano de 2014, 'passando a fazer parte da família de empresas do Facebook', como anunciado pelo próprio em suas páginas web[13].

Apesar de se tratar de empresas do mesmo grupo, o Facebook informa que não detém representação legal para receber notificações pelo WhatsApp, e, que esse serviço se submete exclusivamente a legislação americana. Apesar de informar que as empresas atuam de forma independente, quando o WhatsApp apresenta problemas de funcionamento é o Facebook que veicula esse aviso: *"estamos trabalhando para restaurar o WhatsApp. Enquanto isso use o Messenger. Desculpas pela inconveniência"*[14].

Quando ainda a empresa não adotava a criptografia ponta-a-ponta, a alegação de impossibilidade de ordem técnica também embasava o universo das recusas de cumprimento de ordens judiciais brasileiras.

Não se questiona o emprego da criptografia, recurso indispensável para proteger as informações do acesso indevido e não autorizado. Dela, inclusive, faz uso os órgãos de persecução penal, do Judiciário, além de instituições bancárias, serviços de e-mail, telecomunicação etc.

Não está em discussão a legalidade do uso da criptografia. Tampouco se defende flexibilizar sua segurança e muito menos adotar um regime jurídico para tanto.

O cofundador do WhatsApp, Brian Acton, afirma que sempre colaboraram com a Justiça brasileira, define seu serviço como uma forma segura e acessível de comunicação para uso pessoal ou corporativo, sempre focado na segurança e privacidade[15].

Explica que o sistema de criptografia ponta-a-ponta - agora embarcado na aplicação -, garante que cada mensagem tenha sua própria chave de decodificação, que muda a cada mensagem, e fica armazenada, exclusivamente, no aparelho celular do usuário.

Esclarece que o serviço oferece uma proteção batizada de 'sigilo futuro', garantidor que as chaves não poderão ser usadas para retornar e retirar a criptografia de mensagens já transmitidas.

E afirma não ser possível tecnicamente 'interceptar' conversas enviadas pelo aplicativo com a criptografia ativada e como a aplicação foi concebida para operar com criptografia, se for retirada, deixará de funcionar.

Cumpre registrar que nunca foi apresentado um laudo pericial técnico comprobatório da impossibilidade de acesso ao conteúdo das mensagens trocadas em sua plataforma.

Ocorre que o WhatsApp coleta um grande conjunto de informações, armazenados sob a forma de metadados[16], cuja entrega e disponibilização é previsto no Marco Civil.

---

13. Informação legal do WhatsApp. Disponível em: < https://www.whatsapp.com/legal/?l=pt_br#key-updates >. Acesso em: 17 jan. 2020.
14. Print de tela quando o serviço está com problemas técnicos de funcionamento.
15. Apresentação na audiência pública do STF. Disponível em < https://www.youtube.com/watch?v=3TNsQCNIOO0 >. Acesso em: 17 jan. 2020.
16. Dados estruturados que descrevem e permitem encontrar, gerenciar, compreender e/ou preservar documentos arquivísticos ao longo do tempo. Glossário do Conselho Nacional de Arquivos, CONARQ. Câmara Técnica de Documentos Eletrônicos. Disponível em < http://www.conarq.arquivonacional.gov.br/images/ctde/Glossario/2008ctdeglossariov4.pdf >. Acesso em: 17 jan. 2020.

Em sua política de privacidade o WhatsApp informa que sempre que prestam seus serviços, recebem e coletam os seguintes dados: número do celular do usuário, nome, foto de perfil, status online e mensagem de status, o status de visto pela última vez e as notificações de entrega; números de telefone de sua lista de contato, grupos e lista de transmissão; mensagens não entregues; dados de serviços, diagnóstico e desempenho; dados sobre transações financeiras quanto a pagamentos pelo serviço ou de terceiros que o estejam processando; dados sobre dispositivos e conexões como modelo de hardware, dados do sistema operacional, dados sobre o navegador, endereço de IP, dados sobre a rede móvel, incluindo o número do telefone e identificadores do dispositivo; dados sobre a localização do dispositivo se ativado o recurso de localização; uso de cookies para personalizar sua navegação; dados de e de conexão; dados divulgados por terceiros sobre o usuário; dados fornecidos por prestadores de serviço terceirizados[17].

Essa importante massa de dados - coletada para ajudá-los 'a operar, aprimorar, entender, personalizar, dar suporte e a promover seus serviços' -, são compartilhados pela 'família de empresas do Facebook'[18].

Apesar de registrar em seu termo de uso que as informações por ele coletadas serão compartilhadas para processos judiciais, isso não ocorre na prática[19].

7. REFLEXÕES

O serviço de mensageria é uma forma de comunicação assíncrona que permite a troca de mensagens entre aplicações. O WhatsApp realiza essa troca de mensagens entre usuários, sem necessidade de pagar a operadora de telefonia, como ocorre com o SMS.

Seu funcionamento depende do serviço de telecomunicação para funciona: o usuário necessita contratar serviço de conexão à internet, fornecido pelas operadoras de telefonia móvel.

O WhatsApp não é internet e não presta um serviço essencial na acepção legal, pois existem outros serviços de mensageria em operação no país.

O próprio WhatsApp admite em seus termos de uso que pode encerrar a oferta de seu serviço e suspender o acesso a qualquer momento e por qualquer motivo. Nessa hipótese indaga-se qual seria o amparo jurídico em defesa do usuário.

Nenhuma ordem judicial determinou o bloqueio do serviço, *ab initio*. As ordens legais somente aconteceram após sucessivas recusas de entrega de dados[20].

É disposição expressa da Lei de interceptação que a autoridade competente - portanto a única que está investida de poderes para determinar a interceptação do fluxo de comunicações - é o Juiz da ação principal[21].

---

17. Disponível em < https://www.whatsapp.com/legal/?l=pt_br%20-%20privacy-policy#terms-of-service >. Acesso em: 17 jan. 2020.
18. Item "Empresas afiliadas', disponível em < https://www.whatsapp.com/legal/?l=pt_br%20-%20privacy-policy#-terms-of-service >. Acesso em: 17 jan. 2020.
19. Item 'Proteção jurídica', id. Ib.
20. De um modo geral, as empresas de tecnologia cumprem as ordens judiciais em demandas da Justiça Eleitoral
21. Lei 9.296/96, art.1º e parágrafo único

Trata-se de ficção defender a autorização de quebra unicamente pela segunda instância visto que viola o princípio constitucional de direito processual do duplo grau de jurisdição, resultando em supressão de instância.

Os dispositivos e os princípios adotados pelo Marco Civil da Internet – inspirados nos princípios para a governança e uso da internet adotados pelo Comitê Gestor da Internet no Brasil[22], não se revestem de obrigatoriedade, não estão acima da Lei Maior e tampouco do ordenamento jurídico vigente.

8. CONCLUSÕES

O ecossistema digital apresenta nova roupagem de questões jurídicas que exigem do intérprete uma visão descortinada.

A análise é submetida a adequação dos serviços pelo primado da Lei e não por argumentos de ordem tecnológica.

Com respeito aos arautos da liberdade pura e desmedida da rede, pondero que a tecnologia não está à disposição para acobertar atividades ilícitas (mesmo que a aplicação preste serviços lícitos).

Os emocionados argumentos de censura são desprovidos de lógica jurídica. A ordem de bloqueio é emanada por quem detém a reserva constitucional de jurisdição para autorizar a quebra, o Poder Judiciário. Diante dessa realidade fática não se pode negar a legalidade no bloqueio das aplicações.

Também não cuida a espécie de tema afeto à cooperação internacional e de aplicação de tratados internacionais, mas, sim, de cumprimento de dispositivos legais expressos e previstos no próprio Marco Civil.

Reside o dever legal de cooperação e de obediência ao ordenamento jurídico brasileiro pelas empresas que prestam serviços e auferem lucros em território nacional. Nenhuma empresa pode estar acima da Lei.

Admitir o descumprimento da legislação pátria resulta na afronta da soberania nacional.

A solução não é simples, mas é dialética.

Não se trata de questão técnica como desejam fazer crer, mas de questão jurídica.

Os argumentos lançados durante a audiência pública do STF são uma cortina de fumaça da questão principal. Em absoluto se deseja impedir o fluxo da economia digital, atingir a confiança do mercado, interferir na livre-iniciativa e na prestação de serviços lícitos, atacar a estrutura da rede, violar direitos humanos ou frear o exercício da cidadania, limitar a liberdade de expressão ou instalar estado de vigilância.

Cuida-se em não tolerar, fundado exclusivamente no ordenamento jurídico vigente, que um serviço abrigue livremente atividades criminosas e resulte na impunidade dos delitos praticados em território brasileiro. Trata-se de assegurar uma questão de soberania, a aplicação da lei.

---

22. Resolução CGI.br/RES/2009/003/P

Como acentuado pelo Ministro Celso de Melo "não há no sistema constitucional brasileiro, direitos ou garantias que se revistam de caráter absoluto .... nenhum direito ou garantia pode ser exercido em detrimento da ordem pública ou com desrespeito aos direitos e garantias de terceiros"[23].

Aplica-se o princípio da proporcionalidade na ponderação de interesses legítimos, baseado na adequação e necessidade.

'Pelo Princípio da Proporcionalidade, as normas constitucionais se articulam num sistema, cujo harmonia impõe que, em certa medida, tolere-se o detrimento a alguns direitos por ela conferidos, no caso, o direito à intimidade'[24].

Com máxima vênia a ordem jurídica brasileira não pode permanecer sendo desrespeitada pela prática de infinitos recursos unicamente de caráter postergatórios, sem o pagamento da multa imposta pelo Poder Judiciário e que o serviço prestado em solo brasileiro permaneça operando, de forma inatingível pela Lei brasileira

A lei vale para todos e deve ser aplicada.

"Com a lei, pela lei e dentro da lei; porque fora da lei não há salvação".

Rui Barbosa

---

23. MS 23452 R. Pleno do STF. Rel. Min. Celso de Mello. Julg. 16.09.99. DJU 12.05.00. Unânime
24. RHC 7216/SP. DJ 25/05/1998. Rel. Min. Edson Vidigal. Julg. 28/04/1998. 5ª Turma do STJ. Unânime

17
O CONCEITO DE ESTABELECIMENTO EMPRESARIAL VIRTUAL E A PROTEÇÃO DO CONSUMIDOR NOS CONTRATOS ELETRÔNICOS: ALGUMAS REFLEXÕES

Antonia Espíndola Longoni Klee

Sumário: 1 Introdução. 2 O contrato eletrônico de consumo. 3 A necessidade de se adaptar o conceito de estabelecimento empresarial para a proteção do consumidor na internet. 3.1 A teoria do estabelecimento empresarial. 3.2 O estabelecimento empresarial virtual e o direito de arrependimento do consumidor. 4 Conclusão. Referências.

1. INTRODUÇÃO

A globalização e o comércio internacional decorrentes do desenvolvimento cultural, social e econômico da humanidade suscitam preocupações.[1] Um dos desdobramentos mais emblemáticos da globalização é a criação da internet,[2] fenômeno que une a comunidade global em um mundo virtual, por meio da comunicação facilitada pela rede

---

1. JAYME, Erik. O direito internacional privado do novo milênio: a proteção da pessoa humana face à globalização. *Cadernos do Programa de Pós-Graduação em Direito PPGDir/UFRGS*, Porto Alegre, v. 1, nº 1, p. 85, mar. 2003.
2. Lorenzetti ensina que "a internet é 'uma rede internacional de computadores interconectados, que permite que se comuniquem entre si dezenas de milhões de pessoas, bem como o acesso a uma imensa quantidade de informações de todo o mundo'. Pode-se observar algumas características juridicamente relevantes: é uma rede aberta, posto que qualquer um pode acessá-la; é interativa, já que o usuário gera dados, navega e estabelece relações; é internacional, no sentido de que permite transcender as barreiras nacionais; existe uma multiplicidade de operadores; tem uma configuração de sistema autorreferente, que não tem um centro que possa ser denominado 'autoridade', opera descentralizadamente e constrói a ordem a partir das regras do caos; tem aptidão para gerar suas próprias regras com base no costume; apresenta uma aceleração do tempo histórico; permite a comunicação em 'tempo real' e uma 'desterritorialização' das relações jurídicas; diminui drasticamente os custos das transações" (LORENZETTI, Ricardo Luis. *Comércio eletrônico*. Tradução de Fabiano Menke. Notas de Claudia Lima Marques. São Paulo: Revista dos Tribunais, 2004. p. 24-26). Afirma-se que o termo *Internet* foi utilizado pela primeira vez em 1974. MERCOSUL.COM (Org.). *B2B: uma alternativa para a expansão de seus negócios na Internet*. São Paulo: Cia. Latino-Americana de Negócios On-Line, 2000. p. 6. A internet também pode ser assim definida: "rede internacional de computadores interconectados, que permite a seus usuários um intercâmbio célere e dinâmico de conteúdos" MOTTA, Fernando Previdi; GUELMANN, Karine Rose; CASTILHO, William Moreira. Reflexões sobre o direito do consumidor e a Internet. In: CAPAVERDE, Aldaci do Carmo; CONRADO, Marcelo (Org.). *Repensando o direito do consumidor: 15 anos do CDC: 1990-2005*. Curitiba: Ordem dos Advogados do Brasil, Seção do Paraná, 2005. p. 242. Martins afirma que a internet é uma das facetas mais emblemáticas da globalização. MARTINS, Guilherme Magalhães. *Formação dos contratos eletrônicos de consumo via Internet*. 2. ed. rev. e atual. Rio de Janeiro: Lumen Juris, 2010. p. 3.

internacional, que extinguiu o espaço, conforme declarou Jayme,[3] e representou uma verdadeira ruptura com o passado.[4] Essa comunicação facilitada pela internet determina uma maior vulnerabilidade daqueles que se comunicam.[5] Entre eles, encontram-se os consumidores, que se relacionam com fornecedores de produtos e serviços,[6] celebrando contratos, vinculando-se pela internet, que é um novo ambiente de relacionamento interpessoal.

A internet originou-se num sistema de interligação de redes de computadores nos Estados Unidos da América, no período da Guerra Fria, durante a década de 1960, para fins de proteção militar e industrial.[7] A rede mundial de computadores tinha e tem como característica a garantia do acesso ágil às informações, não possuindo um centro único de emissão e recepção de dados. Surgiu da necessidade de distribuição de informações de forma descentralizada. Em tempo de guerra, isso era especialmente importante, devido à possibilidade de ocorrer qualquer ataque que destruísse o centro de comando das operações militares. Com a internet, os dados podiam continuar a ser transmitidos, independentemente de pontos de comunicação específicos que porventura viessem a ser destruídos. Posteriormente, a rede de interligação de computadores passou a ser

---

3. JAYME, Erik. O direito internacional privado do novo milênio: a proteção da pessoa humana face à globalização. *Cadernos do Programa de Pós-Graduação em Direito PPGDir/UFRGS*, Porto Alegre, v. 1, nº 1, p. 86, mar. 2003. Nesse texto, o autor ressalta a característica de ubiquidade inerente ao comércio eletrônico. O texto também foi publicado em JAYME, Erik. O direito internacional privado no novo milênio: a proteção da pessoa humana face à globalização. In: MARQUES, Claudia Lima; ARAUJO, Nadia (Org.). *O novo direito internacional*: estudos em homenagem a Erik Jayme. Rio de Janeiro: Renovar, 2005. p. 3-20.
4. WALD, Arnoldo. A evolução do contrato no terceiro milênio e o novo Código Civil. In: ALVIM NETO, José Manuel de Arruda; CÉSAR, Joaquim Portes Cerqueira; ROSAS, Roberto (Coord.). *Aspectos controvertidos do novo Código Civil*. São Paulo: Revista dos Tribunais, 2003. p. 61.
5. MARQUES, Claudia Lima. *Confiança no comércio eletrônico e a proteção do consumidor*: um estudo dos negócios jurídicos de consumo no comércio eletrônico. São Paulo: Revista dos Tribunais, 2004. p. 72.
6. O conceito de fornecedor está no art. 3º do CDC. Claudia Marques Lima discorre sobre o conceito de fornecedor em *Contratos no Código de Defesa do Consumidor*: o novo regime das relações contratuais. 5. ed. rev., atual. e ampl. São Paulo: Revista dos Tribunais, 2006. p. 393-426. Veja também: PASQUALOTTO, Adalberto de Souza. Conceitos fundamentais do Código de Defesa do Consumidor, *RT*, São Paulo: Revista dos Tribunais, v. 80, n 666, p. 52, abr. 1991. Para os comentários ao art. 3º do CDC, veja: NUNES, Luiz Antônio Rizzatto. *Comentários ao Código de Defesa do Consumidor*. 3. ed. rev. e atual. São Paulo: Saraiva, 2007. p. 108-124. Da mesma forma, veja FILOMENO, José Geraldo Brito. Disposições gerais. In: GRINOVER, Ada Pellegrini et al. *Código Brasileiro de Defesa do Consumidor*: comentado pelos autores do anteprojeto. 9. ed. rev., atual. e ampl. Rio de Janeiro: Forense Universitária, 2007. p. 46-50. Bessa expõe o conceito de *fornecedor equiparado*, ao lado do *conceito genérico* de fornecedor trazido pelo art. 3º do CDC. Explica o autor que o Código de Defesa do Consumidor indica e detalha, em outras passagens que não no art. 3º, atividades desenvolvidas por fornecedores de produtos e serviços que estão sujeitas à lei. Por isso, a definição de *fornecedor equiparado* leva em consideração a preponderância da atividade do fornecedor e não da configuração de um fornecedor com todos os requisitos exigidos pelo *caput* do art. 3º. BESSA, Leonardo Roscoe. *Aplicação do Código de Defesa do Consumidor*: análise crítica da relação de consumo. Brasília: Brasília Jurídica, 2007. p. 84-87.
7. Martins afirma que a origem da internet "remonta aos anos 60, durante a Guerra Fria, quando o governo norte-americano deu vida ao projeto Arpanet (precursor da internet, criado pela Arpa – *Advanced Research Projects Agency* – Agência de Projetos de Pesquisa Avançada), no sentido de uma ligação entre computadores militares e industriais, em 1969, por intermédio da rede telefônica, de modo a prevenir um possível ataque nuclear, inexistindo, em razão de tal preocupação, um centro de controle único a ser destruído" (MARTINS, Guilherme Magalhães. *Formação dos contratos eletrônicos de consumo via Internet*. 2. ed. rev. e atual. Rio de Janeiro: Lumen Juris, 2010. p. 33). Da mesma forma, afirma-se que a criação da internet ocorreu na década de 1960, nos Estados Unidos da América, entretanto, foi reconhecida como um fenômeno global apenas na década de 1990, com a criação de *World Wide Web*, ou, simplesmente, *www*, cuja ideia básica foi criada por Tim Berners-Lee em 1989. MERCOSUL.COM (Org.). *B2B*: uma alternativa para a expansão de seus negócios na Internet. São Paulo: Cia. Latino-Americana de Negócios On-Line, 2000. p. 5 e 7.

utilizada nas universidades e nos laboratórios de pesquisas norte-americanos. Em um terceiro momento, disseminou-se ao redor do mundo. Assim, uma grande quantidade de informação passou a estar disponível às pessoas e às instituições que tinham acesso à rede.

A internet é uma rede mundial de computadores operada por pessoas que interagem e se comunicam trocando entre si, em tempo real, mensagens, arquivos de textos, de dados e de imagens, de som e de voz. Uma vez utilizada pelas empresas, a internet possibilitou a negociação sem fronteiras, tanto na relação entre empresas (*business to business* – B2B),[8] quanto na relação entre empresas e consumidores (*business to consumer* – B2C).[9]

Na esfera jurídica, a preocupação consiste em verificar como serão resolvidos os problemas existentes no mundo real, quando transpostos para o mundo virtual, buscando inspiração nos princípios consagrados pela Constituição da República de 1988 e aplicando os preceitos dispostos no Código de Proteção e Defesa do Consumidor, em conjunto com as disposições do Código Civil de 2002, objetivando sempre a melhor e mais eficaz proteção do consumidor, evitando-se o seu retrocesso, no âmbito do direito interno e internacional.

Para a análise da proteção do consumidor no ambiente virtual, faz-se necessário definir alguns conceitos, tais como contrato de adesão, estabelecimento empresarial virtual e ausência no momento da celebração do contrato, com o objetivo de determinar a legislação aplicável para a proteção dos direitos dos consumidores. Do ponto de vista do direito empresarial, a concepção de estabelecimento empresarial preocupa juristas e já foi objeto de estudos anteriores.[10]

Mais do que uma efetiva alteração na sistemática das relações, a internet impõe uma necessidade de transposição e de adaptação de conceitos e, no que couber, de adequação da legislação já existente,[11] a ser complementada pela regulamentação específica dos aspectos

---

8. O *B2B* também é conhecido como *e-biz*, definido como "o intercâmbio de produtos, serviços ou informação entre empresas, mais do que entre empresas e consumidores" (MERCOSUL.COM (Org.). B2B: uma alternativa para a expansão de seus negócios na Internet. São Paulo: Cia. Latino-Americana de Negócios On-Line, 2000. p. 34).
9. Ballarino refere que, além dos contratos *B2B* e dos *B2C*, há os *P2P* (*peer to peer*), que "são aqueles concluídos entre sujeitos de mesmo 'grau', conhecidos principalmente pelas trocas de arquivos musicais segundo as modalidades da *Napster*" (BALLARINO, Tito. A Internet e a conclusão dos contratos. In: POSENATO, Naiara (Org.). *Contratos internacionais*: tendências e perspectivas: estudos de direito internacional privado e direito comparado. Ijuí: Unijuí, 2006. p. 203).
10. Veja: LIPPERT, Márcia Mallmann. *A empresa no Código Civil*: elemento de unificação no direito privado. São Paulo: Revista dos Tribunais, 2003. p. 147-152.
11. Santolim sustenta que a proteção do consumidor no comércio eletrônico pode se dar pela aplicação dos princípios já consagrados nessa esfera, quais sejam, a boa-fé objetiva, a transparência, a confiança, a probidade, a vulnerabilidade, a solidariedade obrigacional e a autonomia privada. SANTOLIM, Cesar Viterbo Matos. Os princípios de proteção do consumidor e o comércio eletrônico no direito brasileiro. *Revista de Direito do Consumidor*, São Paulo, v. 14, nº 55, p. 55, jul./set. 2005. Pode-se afirmar que Santolim foi inspirado por Couto e Silva, emérito professor da Faculdade de Direito da UFRGS, que ponderou: "Certamente, o mundo jurídico tem lacunas, mas isso significa que ele está em constante evolução, dinamizando, em contato com as necessidades sociais, os seus princípios, de modo que abranjam situações não previstas anteriormente" (COUTO E SILVA, Clovis Verissimo do. *A obrigação como processo*. São Paulo: J. Bushatsky, 1976. p. 113). Junqueira assevera que aos contratos eletrônicos também são aplicáveis os princípios da obrigatoriedade, da autonomia da vontade, do consensualismo e da boa-fé. JUNQUEIRA, Miriam. *Contratos eletrônicos*. Rio de Janeiro: Mauad, 1997. p. 111. Seguindo os passos de Santolim e Junqueira, Elias afirma que aos contratos celebrados pela internet são aplicáveis, além dos princípios já referidos, o da leal cooperação e o da informação. ELIAS, Paulo Sá. *Contratos eletrônicos e a formação do vínculo*. São Paulo: Lex, 2008. p. 70.

inovadores da rede mundial de computadores, numa perspectiva civil-constitucional, segundo o princípio da proibição do retrocesso (ou da não regressão), recepcionado implicitamente pela Constituição da República de 1988.[12]

Nessa perspectiva, foi instituída a Comissão de Juristas pela Presidência do Senado Federal,[13] com o objetivo de oferecer subsídios para a atualização do Código de Proteção e Defesa do Consumidor, entre outros aspectos, no tema de comércio eletrônico. Essa Comissão elaborou uma Minuta de Projeto de Lei que, no dia 2 de agosto de 2012, passou a tramitar no Senado Federal com a identificação Projeto de Lei do Senado nº 281, de 2012, que "altera a Lei nº 8.078, de 11 de setembro de 1990 (Código de Defesa do Consumidor), para aperfeiçoar as disposições gerais do Capítulo I do Título I e dispor sobre o comércio eletrônico".[14]

Encerrada a tramitação do PLS 281/2012 no Senado, em 4 de novembro de 2015 o texto oficial foi remetido à Câmara dos Deputados e identificado como Projeto de Lei 3.514, de 2015.[15] O texto foi apensado ao Projeto de Lei nº 4.906/2001. Atualmente, também estão apensados ao PL 3.514/2015 os Projetos de Lei nºs 4.678 e 6.533, ambos de 2016. Até julho de 2017, o PL 3.514/2015 estava na Mesa Diretora da Câmara dos Deputados. O texto do projeto de lei sobre comércio eletrônico sofreu inúmeras emendas e muitas alterações; está bastante diferente do anteprojeto elaborado pela Comissão de Juristas em 2012.

Uma das características da internet é a total ausência de um controle centralizado ou de um órgão regulador, o que está modificando as relações comerciais no mercado de consumo dos países. Questões como a facilidade de acesso a informações com baixo custo, a facilidade de comunicação e troca de dados por meio do correio eletrônico, a realização de negócios diversos através da internet e a divulgação de toda e qualquer informação têm influenciado a vida do consumidor, que se vê desprotegido nas relações que estabelece no mercado de consumo com fornecedores de produtos e serviços acessíveis pela internet. Isso decorre da utilização da rede de computadores por um grande

---

12. Sobre o tema: SARLET, Ingo Wolfgang. *A eficácia dos direitos fundamentais*: uma teoria geral dos direitos fundamentais na perspectiva constitucional. 10. ed. Porto Alegre: Livraria do Advogado, 2009.
13. A Comissão de Juristas foi criada em 2 de dezembro de 2010 pelo Ato do Presidente nº 305 e teve seu mandato renovado até 31 de março de 2012, pelos Atos do Presidente 308, de 2010, nº 115, de 2011, e 206, de 2011. Nesse período, a Comissão de Juristas foi presidida pelo Ministro do Superior Tribunal de Justiça (STJ) Antonio Herman de Vasconcellos e Benjamin e teve como membros a Professora Doutora Claudia Lima Marques (Relatora-Geral), Ada Pellegrini Grinover, Leonardo Roscoe Bessa, Roberto Augusto Castellanos Pefeiffer e Kazuo Watanabe, e foi assessorada no plano técnico-jurídico por Wellerson Miranda Pereira. O Relatório-Geral da Comissão pode ser lido em BRASIL. Senado Federal. Atualização do Código de Defesa do Consumidor: anteprojetos: relatório. Brasília, DF, [2012]. Veja, em especial, p. 27 ss.
14. BRASIL. Senado Federal. Projeto de Lei nº 281/2012. Altera a Lei nº 8.078, de 11 de setembro de 1990 (Código de Defesa do Consumidor), para aperfeiçoar as disposições gerais do Capítulo I do Título I e dispor sobre o comércio eletrônico. Disponível em: <file:///C:/Users/Antonia%20Klee/Downloads/sf-sistema-sedol2-id-documento-composto-38523%20(4).pdf>. Acesso em: 17 jan. 2020.
15. BRASIL. Câmara dos Deputados. Projeto de Lei nº 3.514/2015. Altera a Lei nº 8.078, de 11 de setembro de 1990 (Código de Defesa do Consumidor), para aperfeiçoar as disposições gerais do Capítulo I do Título I e dispor sobre o comércio eletrônico, e o art. 9º do Decreto-Lei nº 4.657, de 4 de setembro de 1942 (Lei de Introdução às Normas do Direito Brasileiro), para aperfeiçoar a disciplina dos contratos internacionais comerciais e de consumo e dispor sobre as obrigações extracontratuais. Disponível em: <http://imagem.camara.gov.br/Imagem/d/pdf/DCD0020151118001980000.PDF#page=302>. Acesso em: 17 jan. 2020.

número de pessoas, para realizar atividades que anteriormente se faziam com a presença física de ambas as partes.

O público-alvo do comércio eletrônico é um mercado em constante crescimento, com expectativas elevadas no tocante ao sucesso das relações travadas virtualmente, em função da diminuição de custos. Da mesma forma, a segurança das transações feitas através da rede incentivará o crescimento do comércio eletrônico.[16]

No Brasil, a proteção do consumidor, agente vulnerável da relação de consumo, é disposta no Código de Proteção e Defesa do Consumidor, de nítida inspiração constitucional, conforme se depreende da leitura da Constituição. Ademais, o art. 4º do CDC[17] determina os objetivos da Política Nacional das Relações de Consumo, indicando os princípios que devem ser respeitados, inclusive com relação à proteção do consumidor que contrata pela internet.

Para tratar da proteção do consumidor na rede mundial de computadores, é relevante analisar a disseminação dos contratos de adesão nas relações de consumo, a concepção de estabelecimento e o conceito de ausência no direito, para a determinação da existência ou não do direito de arrependimento do consumidor que contrata pela internet.

A legislação brasileira já existente de proteção e defesa do consumidor é plenamente aplicável aos contratos eletrônicos celebrados entre consumidores e fornecedores,[18] uma

---

16. O Brasil conta com a Câmara Brasileira de Comércio Eletrônico, que divulgou os seguintes dados: "As vendas pela internet estão fazendo a cabeça do brasileiro, aliam comodidade, agilidade e conforto, além da facilidade de pesquisar preços e decidir pela compra em poucos cliques. Em 2009 esse mercado movimentou cerca de R$ 10,8 bilhões, sendo R$ 2 bilhões somente entre pequenas e médias empresas. A estimativa é que esse número cresça até 30% em 2010. Datas comemorativas como o Dia das Mães, Natal, Dia dos Namorados e Dia dos Pais alcançam picos de vendas e batem recordes anualmente. Para esse ano, a expectativa é que as vendas *on-line* no Dia das Mães cresçam cerca de 40% em relação a 2009" (HUNGRIA, Camila. *E-commerce*: uma das oportunidades de negócios que mais cresce no Brasil. Disponível em: <http://www.camara-e.net/>. Acesso em: 17 jan. 2020). Veja, também, o *site* do Departamento de Comércio Norte-Americano, que realiza pesquisas anuais sobre os dados estatísticos do comércio eletrônico. O último relatório "E-Stats" é de 2015, e foi divulgado em 24 de maio de 2017. Disponível em: < https://www.census.gov/content/dam/Census/library/publications/2017/econ/e15-estats.pdf>. Acesso em: 17 jan. 2020.
17. Grau afirma que o art. 4º do CDC é bastante peculiar, porque não pode ser considerado norma de conduta (aquela que disciplina o comportamento dos indivíduos ou a atividade de grupos), nem norma de organização (aquela que possui caráter instrumental e tem por objetivo estruturar o funcionamento de órgãos ou de processos técnicos de identificação e aplicação de normas). Seria, no dizer do autor, "norma-objetivo", uma vez que determina obrigações de resultado, ou seja, os *fins* da Política Nacional das Relações de Consumo; "ela define resultados a serem alcançados" (GRAU, Eros Roberto. Interpretando o Código de Defesa do Consumidor; algumas notas. *Revista de Direito do Consumidor*, São Paulo, nº 5, p. 185-186 e p. 188, jan./mar. 1993). Veja, também, DE LUCCA, Newton. *Direito do consumidor*: teoria geral da relação de consumo. Prefácio de Ruy Rosado de Aguiar Júnior. São Paulo: Quartier Latin, 2003. p. 185. Veja, da mesma forma, os comentários ao art. 4º do CDC por José Geraldo Brito Filomeno. Da política nacional de relações de consumo. In: GRINOVER, Ada Pellegrini et al. *Código Brasileiro de Defesa do Consumidor*: comentado pelos autores do anteprojeto. 9. ed. rev., atual. e ampl. Rio de Janeiro: Forense Universitária, 2007. p. 66-111. Veja, ainda: NUNES, Luiz Antônio Rizzatto. *Comentários ao Código de Defesa do Consumidor*. 3. ed. rev. e atual. São Paulo: Saraiva, 2007. p. 124-133. Para uma análise jurisprudencial do art. 4º do CDC, veja: MARQUES, Claudia Lima; BENJAMIN, Antônio Herman de Vasconcellos; MIRAGEM, Bruno Nubens Barbosa. *Comentários ao Código de Defesa do Consumidor*: artigo por artigo. 2. ed. São Paulo: Revista dos Tribunais, 2006. p. 142-166.
18. Nas palavras de Santolim: "as normas já existentes, submetidas à correta hermenêutica, são suficientes para a construção de um 'piso mínimo' que suporte as demandas trazidas pela tecnologia da informação". E acrescenta: "evidencia-se a necessidade da utilização dos princípios, como responsáveis pela manutenção da coesão do sistema jurídico" (SANTOLIM, Cesar Viterbo Matos. Os princípios de proteção do consumidor e o comércio eletrônico no direito brasileiro. *Revista de Direito do Consumidor*, São Paulo, v. 14, nº 55, p. 56, jul./set. 2005).

vez que a internet não é uma nova fonte de obrigações, nem cria um novo tipo contratual, mas é um outro meio através do qual o consumidor pode se relacionar com os fornecedores de produtos e serviços. Com a utilização da internet, o fornecedor vai ao encontro do consumidor, utilizando-se, muitas vezes, dos contratos de adesão[19] e dos contratos a distância, mediante técnicas de comunicação por computadores, *e-mail* e páginas na internet (por exemplo, *sites*, *chats* e redes sociais).

Ressalta-se que o campo de análise se restringirá às relações estabelecidas entre consumidor pessoa física e fornecedor, que também são chamadas de relações *business to consumer*, ou, simplesmente, *B2C*.

O art. 6º do CDC,[20] ao estipular os direitos básicos do consumidor, não exemplificou os meios pelos quais o contrato de consumo deva ser celebrado para conferir tais direitos, concluindo-se, portanto, que em qualquer meio em que se realizar uma contratação de consumo, inclusive a internet, o consumidor terá seus direitos assegurados.

Embora haja uma elevada interatividade em muitos *sites* na internet, a contratação de bens e serviços através da internet se processa a distância, sem que o consumidor tenha contato real com os produtos ou com seus fornecedores. Em muitas situações, os produtos e serviços são contratados de empresas situadas no exterior. Isso porque um consumidor ligado à internet pode comprar diretamente, sem qualquer intermediação de importadores, produtos e serviços de diversos países. Devido ao grande alcance das relações jurídicas estabelecidas pela internet é que se torna importante a análise dos contratos a distância no comércio eletrônico, enfocando a definição de estabelecimento empresarial virtual, com o objetivo de melhor proteger o consumidor.

Os contratos eletrônicos tanto podem ser entre presentes (os chamados contratos interativos, celebrados por meio de *chats*), como entre ausentes (caso em que o *e-mail* é utilizado como meio de comunicação entre as partes contratantes, ou a página eletrônica que o fornecedor disponibiliza na internet, ou por meio de um aplicativo de celular). Entretanto, com a utilização do meio eletrônico para celebrar contratos, que possibilita a interatividade e a simultaneidade, essa classificação perdeu a relevância para os contratos eletrônicos.[21]

Na primeira parte do trabalho, analisam-se, em linhas gerais e introdutórias, a formação do contrato eletrônico de consumo e a aplicação do Código de Defesa do Consumidor ao meio eletrônico, no âmbito do direito interno. Na segunda parte, abordam-se

---

19. No presente trabalho, adotar-se-á a expressão *contrato de adesão* sem, no entanto, desconsiderar que parte importante dos doutrinadores, entre eles os franceses, afirma que o mais correto seria denominar essa forma de contratar de *contrato por adesão*. Contratos de adesão são aqueles que resultam da adesão, pelo adquirente (pelo consumidor, no contrato de consumo) às cláusulas gerais estabelecidas de forma unilateral pelo proponente (pelo fornecedor, no contrato de consumo).
20. Para uma análise do art. 6º do CDC, veja: MARQUES, Claudia Lima; BENJAMIN, Antônio Herman de Vasconcellos; MIRAGEM, Bruno Nubens Barbosa. *Comentários ao Código de Defesa do Consumidor*: artigo por artigo. 2. ed. São Paulo: Revista dos Tribunais, 2006. p. 174-219. Veja, também: FILOMENO, José Geraldo Brito. Dos direitos básicos do consumidor. In: GRINOVER, Ada Pellegrini et al. *Código Brasileiro de Defesa do Consumidor*: comentado pelos autores do anteprojeto. 9. ed. rev., atual. e ampl. Rio de Janeiro: Forense Universitária, 2007. p. 136-164. Veja, ainda: NUNES, Luiz Antônio Rizzatto. *Comentários ao Código de Defesa do Consumidor*. 3. ed. rev. e atual. São Paulo: Saraiva, 2007. p. 140-157.
21. KLEE, Antonia Espíndola Longoni. *Comércio Eletrônico*. São Paulo: Revista dos Tribunais, 2014. p. 115.

o conceito de estabelecimento empresarial virtual até agora desenvolvido pela doutrina e a sua aproximação ao direito do consumidor, pelo diálogo das fontes, e o direito de arrependimento do consumidor.

2. O CONTRATO ELETRÔNICO DE CONSUMO

Inicialmente, é necessário mencionar a noção de *vínculo contratual* elaborada pelos juristas. Almeida Costa define *vínculo contratual* como a "relação jurídica validamente surgida de um contrato".[22] O vínculo contratual se dá mediante "uma proposta de negócio, seguida de uma imediata aceitação, para que se tenha a sua formação".[23] Em outras palavras, o vínculo contratual é o estabelecimento do liame entre credor e devedor.[24]

No âmbito das relações de consumo, o *vínculo contratual* só é estabelecido se o consumidor tiver ciência prévia do conteúdo do contrato,[25] uma vez que o Código de Defesa do Consumidor dispõe, em seu art. 46, que os contratos de consumo "não obrigarão os consumidores, se não lhes for dada a oportunidade de tomar conhecimento prévio de seu conteúdo."[26]

O art. 46 do CDC deve ser lido em conjunto com o art. 47, que estabelece que "as cláusulas contratuais serão interpretadas de maneira mais favorável ao consumidor,"[27] na medida em que são estipuladas pelo fornecedor, unilateralmente e segundo o princípio da *interpretatio contra stipulatorem*,[28] ou *interpretatio contra proferentem*.[29]

Na sociedade de consumo massificado, geralmente, o consumidor se vincula com o fornecedor por meio do contrato de adesão. Para melhor proteger o consumidor, é

---

22. ALMEIDA COSTA, Mário Júlio de. *Direito das obrigações*. 9. ed. rev. e aum. Coimbra: Almedina, 2006. p. 283.
23. DINIZ, Maria Helena. *Tratado teórico e prático dos contratos*. São Paulo: Saraiva, 1993. v. 1. p. 66.
24. BDINE JÚNIOR, Hamid Charaf. *Cessão da posição contratual*. São Paulo: Saraiva, 2007. p. 4.
25. RÊGO, Werson. *O Código de Proteção e Defesa do Consumidor, a nova concepção contratual e os negócios jurídicos e imobiliários*: aspectos doutrinários e jurisprudenciais. Rio de Janeiro: Forense, 2001. p. 39.
26. Sobre os comentários ao art. 46 do CDC, veja: NERY JUNIOR, Nelson. Da proteção contratual. In: GRINOVER, Ada Pellegrini et al. *Código Brasileiro de Defesa do Consumidor*: comentado pelos autores do anteprojeto. 9. ed. rev., atual. e ampl. Rio de Janeiro: Forense Universitária, 2007. p. 551-555. Veja, também: NUNES, Luiz Antônio Rizzatto. *Comentários ao Código de Defesa do Consumidor*. 3. ed. rev. e atual. São Paulo: Saraiva, 2007. p. 556-561. Para completar a análise do art. 46 do CDC, sob o enfoque da jurisprudência, veja: MARQUES, Claudia Lima; BENJAMIN, Antônio Herman de Vasconcellos; MIRAGEM, Bruno Nubens Barbosa. *Comentários ao Código de Defesa do Consumidor*: artigo por artigo. 2. ed. São Paulo: Revista dos Tribunais, 2006. p. 633-644.
27. Sobre os comentários ao art. 47 do CDC, veja: NERY JUNIOR, Nelson. Da proteção contratual. In: GRINOVER, Ada Pellegrini et al. *Código Brasileiro de Defesa do Consumidor*: comentado pelos autores do anteprojeto. 9. ed. rev., atual. e ampl. Rio de Janeiro: Forense Universitária, 2007. p. 555-557. Veja, também: NUNES, Luiz Antônio Rizzatto. *Comentários ao Código de Defesa do Consumidor*. 3. ed. rev. e atual. São Paulo: Saraiva, 2007. p. 561-563. Para completar a análise do art. 47 do CDC, sob o enfoque da jurisprudência, veja MARQUES, Claudia Lima; BENJAMIN, Antônio Herman de Vasconcellos; MIRAGEM, Bruno Nubens Barbosa. *Comentários ao Código de Defesa do Consumidor*: artigo por artigo. 2. ed. São Paulo: Revista dos Tribunais, 2006. p. 645-652.
28. NUNES, Luiz Antônio Rizzatto. *Comentários ao Código de Defesa do Consumidor*. 3. ed. rev. e atual. São Paulo: Saraiva, 2007. p. 561.
29. MARQUES, Claudia Lima; BENJAMIN, Antônio Herman de Vasconcellos; MIRAGEM, Bruno Nubens Barbosa. *Comentários ao Código de Defesa do Consumidor*: artigo por artigo. 2. ed. São Paulo: Revista dos Tribunais, 2006. p. 645.

necessário analisar o contrato de adesão à luz do Código Civil de 2002 e do Código de Defesa do Consumidor, realizando o "diálogo das fontes", conforme nos ensina Marques.[30]

O Código Civil brasileiro trata da figura do contrato de adesão em dois de seus artigos, o 423[31] e o 424.[32] Esses dois artigos devem ser lidos em conjunto com o art. 46, 47 e 51, I,[33] do CDC, quando o contrato de adesão for celebrado entre um fornecedor e um consumidor.[34]

O contrato de adesão retrata a situação na qual a vontade do aderente – que, no caso das relações de consumo, é o consumidor – não é verdadeiramente considerada, uma vez que ele não participa ativamente da estipulação das cláusulas contratuais. Por isso, pode-se dizer que, na sociedade de consumo, há uma objetivação do contrato, imposta pela sociedade de massa, desenvolvida de forma mais estandardizada e impessoal.

Considerando que o elemento marcante dos contratos de adesão é a minoração da valorização do elemento *vontade* na formação do vínculo contratual,[35] faz-se necessário analisar como ocorre a vinculação entre fornecedor e consumidor no ambiente virtual, por meio dos contratos a distância no comércio eletrônico, bem como a aplicação do Código de Defesa do Consumidor e do Código Civil para a efetiva proteção dos consumidores que contratam pela internet com seus fornecedores.

---

30. MARQUES, Claudia Lima. Diálogo das fontes. In: BENJAMIN, Antônio Herman de Vasconcellos; MARQUES, Claudia Lima; BESSA, Leonardo Roscoe. *Manual de direito do consumidor*. São Paulo: Revista dos Tribunais, 2007. p. 87-99.
31. Para os comentários sobre o art. 423 do CC/2002, veja: ASSIS, Araken de. Dos contratos em geral. In: ASSIS, Araken de; ANDRADE, Ronaldo Alves de; ALVES, Francisco Glauber Pessoa. *Comentários ao Código Civil brasileiro*: do direito das obrigações: arts. 421 a 578. Coordenação de Arruda Alvim e Thereza Alvim. Rio de Janeiro: Forense, 2007. v. 5, p. 101-119.
32. ASSIS, Araken de. Dos contratos em geral. In: ASSIS, Araken de; ANDRADE, Ronaldo Alves de; ALVES, Francisco Glauber Pessoa. *Comentários ao Código Civil brasileiro*: do direito das obrigações: arts. 421 a 578. Coordenação de Arruda Alvim e Thereza Alvim. Rio de Janeiro: Forense, 2007. v. 5, p. 101-119, p. 120-127.
33. Para os comentários ao art. 51, I, do CDC, veja: NERY JUNIOR, Nelson. Da proteção contratual. In: GRINOVER, Ada Pellegrini et al. *Código Brasileiro de Defesa do consumidor*: comentado pelos autores do anteprojeto. 9. ed. rev., atual. e ampl. Rio de Janeiro: Forense Universitária, 2007. p. 567-622. Veja, também: NUNES, Luiz Antônio Rizzatto. *Comentários ao Código de Defesa do Consumidor*. 3. ed. rev. e atual. São Paulo: Saraiva, 2007. p. 576-604. Para uma análise da aplicação do art. 51, I, do CDC pelos tribunais, veja: MARQUES, Claudia Lima; BENJAMIN, Antônio Herman de Vasconcellos; MIRAGEM, Bruno Nubens Barbosa. *Comentários ao Código de Defesa do Consumidor*: artigo por artigo. 2. ed. São Paulo: Revista dos Tribunais, 2006. p. 691-700.
34. Para uma análise da limitação da autonomia privada no Código Civil de 2002, veja: HIRONAKA, Giselda Maria Fernandes Novaes; TARTUCE, Flávio. O princípio da autonomia privada e o direito contratual brasileiro. In: HIRONAKA, Giselda Maria Fernandes Novaes; TARTUCE, TARTUCE, Flávio (Coord.). *Direito contratual*: temas atuais. São Paulo: Método, 2007. p. 70.
35. FERREIRA DA SILVA, Luís Renato. *Revisão dos contratos*: do Código Civil ao Código do Consumidor. Rio de Janeiro: Forense, 1998. p. 29-30. Roppo assevera que as transformações que ocorreram na teoria contratual serviram para "garantir ao máximo a estabilidade e a continuidade das relações contratuais, e portanto, das relações econômicas, e, por esta via, de assegurar-lhes aquele dinamismo que é postulado pelos modos de funcionamento das modernas economias de massa. Para que um tal objetivo seja conseguido, o contrato não pode mais configurar-se como o reino da vontade individual, a expressão direta da personalidade do seu autor, exposto, por isso, a sofrer, de forma imediata, os reflexos de tudo quanto pertence à esfera daquela personalidade e daquela vontade; para servir o sistema da produção e da distribuição de massa, o contrato deve, antes, tornar-se, tanto quanto possível, autônomo da esfera psicológica e subjetiva em geral do seu autor, insensível ao que nesta se manifesta e sensível sobretudo ao que se manifesta no ambiente social, nas condições objetivas de mercado: o contrato deve transformar-se em instrumento objetivo e impessoal, para adequar-se à objetividade e impessoalidade do moderno sistema de relações econômicas. ROPPO, Enzo. *O contrato*. Tradução de Ana Coimbra e M. Januário C. Gomes. Coimbra: Almedina, 1988. p. 309.

O contrato é a união de dois ou mais indivíduos para uma declaração de vontade em consenso, mediante a qual se define a relação jurídica entre eles;[36] o contrato eletrônico é a manifestação da vontade em consenso de dois ou mais indivíduos por meio eletrônico.[37]

Na internet, "a exteriorização da vontade negocial se dá na forma de mensagens eletrônicas, isto é, a informação é gerada, enviada, recebida ou arquivada eletronicamente por meio ótico ou similar".[38]

Os contratos eletrônicos são típicos da pós-modernidade,[39] celebrados, na maioria das vezes, na forma do contrato de adesão, cuja tônica é padronizada e realizada em série. Isto é, há uma predeterminação do conteúdo negocial por uma das partes, a unilateralidade na estipulação e bilateralidade somente no momento da constituição do vínculo, substituindo-se o consentimento, o acordo, a participação bilateral pela adesão indiscutida do aderente ao estipulado pelo proponente.

A característica específica do contrato eletrônico é o meio eletrônico utilizado, que o torna substancialmente diferente de outros contratos, porque permite, por um lado, a interatividade e, por outro, algo semelhante às correspondências, pelo uso do *e-mail* na contratação a distância com intervalo temporal.[40] Outra distinção desse meio de contratação é o uso de imagens e de *clicks* e a conduta silenciosa[41] dos consumidores.

O primeiro elemento dos contratos celebrados na internet é a interatividade das partes possibilitada pelo meio virtual, apesar da distância física que existe entre elas. Da mesma forma, os contratos eletrônicos influenciam o conceito de tempo, porque dão uma sensação de ubiquidade, isto é, de estar em vários locais (em *diferentes sites ou aplicativos, ou em casa – fisicamente – e na loja – virtualmente –*) ao mesmo tempo. Além disso, os contratos eletrônicos também alteram a extensão do conceito de território e do conceito de local de celebração do contrato, uma vez que a oferta na internet é *global*, está na rede, não possui uma limitação territorial ou nacional.

Ademais, os contratos no meio eletrônico são aqueles em que o fornecedor não mais aparece fisicamente ou territorialmente, pois a relação se dá diretamente com o computador,[42] ou outro dispositivo que se conecta à rede mundial de computadores, tais como *tablets* e *smartphones*. A peculiaridade dessa forma de contratar é que o contato entre o

---

36. GOMES, Orlando. *Contratos*. 6. ed. Rio de Janeiro: Forense, 1977. p. 16.
37. GLANZ, Semy. Contratos eletrônicos. *Revista de Direito Bancário, do Mercado de Capitais e da Arbitragem*, São Paulo, v. 3, nº 7, p. 16, jan./mar. 2000.
38. ROCHA, Roberto Silva da. Natureza jurídica dos contratos celebrados com *sites* de intermediação no comércio eletrônico. *Revista de Direito do Consumidor*, São Paulo, v. 16, nº 61, p. 236, jan./mar. 2007.
39. MARQUES, Claudia Lima. *Contratos no Código de Defesa do Consumidor*: o novo regime das relações contratuais. 5. ed. rev., atual. e ampl. São Paulo: Revista dos Tribunais, 2006. p. 111.
40. MARQUES, Claudia Lima. *Contratos no Código de Defesa do Consumidor*: o novo regime das relações contratuais. 5. ed. rev., atual. e ampl. São Paulo: Revista dos Tribunais, 2006. p. 113.
41. É importante ressaltar que aqui não está se falando de silêncio como manifestação de vontade e sim, de conduta em silêncio, conduta silenciosa. Veja: ROPPO, Enzo. *O contrato*. Tradução de Ana Coimbra e M. Januário C. Gomes. Coimbra: Almedina, 1988. p. 93-95 e p. 302. Veja também: Betti, Emilio. *Teoría general del negocio jurídico*. 2. ed. Madrid: Revista de Derecho Privado, 1959. p. 112.
42. MARQUES, Claudia Lima. *Contratos no Código de Defesa do Consumidor*: o novo regime das relações contratuais. 5. ed. rev., atual. e ampl. São Paulo: Revista dos Tribunais, 2006. p. 111. Veja também: MARQUES, Claudia Lima. *Confiança no comércio eletrônico e a proteção do consumidor*: um estudo dos negócios jurídicos de consumo no comércio eletrônico. São Paulo: Revista dos Tribunais, 2004. p. 66.

consumidor e o fornecedor ocorre por meio do acesso eletrônico aos *sites*, *homepages*, *webpages*, aplicativos. Outro modo de expressar esse novo meio de celebrar contratos é afirmar que são contratos em "silêncio", "sem diálogo", porque são conduzidos mais pela imagem, pela conduta de clicar o botão do *mouse*, do que pela linguagem.[43]

Os contratos eletrônicos de consumo são, de regra, considerados contratos de adesão, pois "se constituem de um simples clicar de botão, uma adesão a um esquema contratual já predisposto e eletronicamente fornecido pelo fornecedor ao consumidor".[44]

Dentro da categoria de contrato eletrônico, Santolim classifica os contratos por computador em três classes: (a) "o computador como simples meio de comunicação", quando o computador é utilizado apenas para comunicar a vontade já aperfeiçoada, equiparando-se a outros meios de comunicação como telefone, telex ou *fax*; (b) "o computador como local de encontro de vontades já aperfeiçoadas", hipótese em que "o computador é posto a serviço das partes contratantes, não pertencendo o sistema a nenhuma delas, com exclusividade"; (c) "o computador como auxiliar no processo de formação da vontade, quando o computador incide diretamente no processo de formação da vontade negocial, não apenas como meio de comunicação ou mero instrumento ou local de encontro de vontades".[45] Nessa última divisão estão os contratos eletrônicos de consumo.

O contrato eletrônico de consumo, segundo Santolim, é aquele em que "o computador incide diretamente no processo da formação da vontade negocial".[46] Esse conceito é diferente da definição de contrato informático, que, segundo o mesmo autor, é o contrato que tem como objeto um bem de uso informático,[47] como o *download* de um *software*.

Santos e Rossi, por sua vez, propõem a seguinte classificação das formas de contratação eletrônica: (a) interpessoais, (b) interativas e (c) intersistêmicas. As contratações interpessoais são aquelas realizadas mediante correspondência eletrônica (*e-mail*). As interativas resultam de uma relação de comunicação entre uma pessoa e um sistema aplicativo. Por fim, nas contratações intersistêmicas, a comunicação eletrônica se estabelece entre sistemas aplicativos previamente programados, não havendo ação humana no momento da comunicação propriamente dita. As contratações interpessoal e inte-

---

43. MARQUES, Claudia Lima. *Confiança no comércio eletrônico e a proteção do consumidor*: um estudo dos negócios jurídicos de consumo no comércio eletrônico. São Paulo: Revista dos Tribunais, 2004. p. 66. Veja também: MARQUES, Claudia Lima. *Contratos no Código de Defesa do Consumidor*: o novo regime das relações contratuais. 5. ed. rev., atual. e ampl. São Paulo: Revista dos Tribunais, 2006. p. 111. Da mesma forma, veja: IRTI, Natalino. Scambi sena accordo. *Rivista Trimestrale di Diritto e Procedura Civile*, Milano, v. 52, nº 2, p. 347-364, Giugno 1998. Ainda, veja: OPPO, Giorgio. Disumanizzazione del contratto? *Rivista di Diritto Civile*, Padova, v. 44, nº 5, p. 525-533, sett./ott. 1998. Por último, veja: IRTI, Natalino. È vero, ma...: replica a Giorgio Oppo. *Rivista di Diritto Civile*, Padova, v. 45, nº 2, p. 273-278, mar./apr. 1999.
44. MULHOLLAND, Caitlin. *Internet e contratação*: panorama das relações contratuais eletrônicas de consumo. Rio de Janeiro: Renovar, 2006. p. 67.
45. SANTOLIM, Cesar Viterbo Matos. *Formação e eficácia probatória dos contratos por computador*. São Paulo: Saraiva, 1995. p. 24-26.
46. SANTOLIM, Cesar Viterbo Matos. *Formação e eficácia probatória dos contratos por computador*. São Paulo: Saraiva, 1995. p. 25.
47. SANTOLIM, Cesar Viterbo Matos. *Formação e eficácia probatória dos contratos por computador*. São Paulo: Saraiva, 1995. p. 25. Para uma análise mais aprofundada do conceito de contrato informático, veja: WÜST, Graciela Cristina. Contratos informáticos. In: LÓPEZ CABANA, Roberto M. (Coord.). *Contratos especiales en el siglo XXI*. Buenos Aires: Abeledo-Perrot, 1999. p. 435-446.

rativa podem ser de consumo; a contratação intersistêmica é típica de contratos entre fornecedores (B2B), de acordo com os autores.[48]

Os contratos eletrônicos de consumo são aqueles em que o acesso à internet por meio do computador ou de outro dispositivo eletrônico incide na formação do convencimento do consumidor e é indispensável para a contratação, uma vez que, se não fosse pela internet, a celebração do contrato não seria possível, seja porque o fornecedor não possui um estabelecimento comercial físico na cidade do consumidor, seja porque o valor do produto ofertado pelo *site* ou pelo aplicativo é mais vantajoso do que o valor ofertado na loja física.

Isso significa que os contratos eletrônicos de consumo, nos quais o computador influencia o processo de formação da vontade do consumidor, são contratos de adesão celebrados por meios eletrônicos, automatizados, por vezes quase instantâneos, sem contato pessoal entre as partes. Caracterizam-se por serem contratações em que a fase das negociações preliminares é suprimida. Ou seja, a discussão das condições negociais não se conforma com a natureza de contratos celebrados por meio da internet.[49] Para o consumidor poder adquirir o produto ou o serviço, precisa submeter-se às regras contratuais preestabelecidas pelo fornecedor. Ainda, é preciso ressaltar que, em muitas situações, se não fosse o meio eletrônico, o contrato não seria celebrado, considerando-se que o fornecedor não alcançaria o consumidor com a sua oferta, nem o consumidor seria informado da existência dessa oferta.

Lawand afirma que "contrato eletrônico é o negócio jurídico concretizado através da transmissão de mensagens eletrônicas pela internet, entre duas ou mais pessoas, a fim de adquirir, modificar ou extinguir relações jurídicas de natureza patrimonial".[50]

Segundo a melhor doutrina, o contrato se constitui da fusão da oferta com a aceitação, que tem, por trás, o elemento volitivo,[51] que determina a prestação principal do negócio jurídico.[52] Nas palavras de Gomes, "contrato é negócio jurídico bilateral, ou plurilateral, que sujeita as partes à observância de conduta idônea à satisfação dos interesses

---

48. SANTOS, Manoel J. Pereira dos; ROSSI, Mariza Delapieve. Aspectos legais do comércio eletrônico: contratos de adesão. *Revista de Direito do Consumidor*, São Paulo, v. 9, n° 36, p. 111, out./dez. 2000. Outra forma de expressar a contratação intersistêmica por meios eletrônicos foi realizada por Almeida: "Pense-se na negociação com intervenção de computadores, em que a memória eletrônica se substitui à memória humana. Negócios jurídicos há que são celebrados através de "diálogo" entre computadores, programados para reagir à recepção de certos dados, formulando ou aceitando propostas para a conclusão de um contrato. Não sendo defensável qualificar o computador como representante ou núncio (por falta de personalidade), mas sim como auxiliar técnico, impõe-se a imputação das mensagens eletrônicas a um declarante que não interveio diretamente na decisão que, em concreto, lhe vai ser atribuída e que poderá exceder as suas previsões" (ALMEIDA, Carlos Ferreira de. *Texto e enunciado na teoria do negócio jurídico*. Coimbra: Almedina, 1992. v. 1. p. 91).
49. MOTTA, Fernando Previdi; GUELMANN, Karine Rose; CASTILHO, William Moreira. Reflexões sobre o direito do consumidor e a Internet. In: CAPAVERDE, Aldaci do Carmo; CONRADO, Marcelo (Org.). *Repensando o direito do consumidor*: 15 anos do CDC: 1990-2005. Curitiba: Ordem dos Advogados do Brasil, Seção do Paraná, 2005. p. 247.
50. LAWAND, Jorge José. *Teoria geral dos contratos eletrônicos*. São Paulo: José de Oliveira, 2003. p. 87.
51. COUTO E SILVA, Clovis Verissimo do. *A obrigação como processo*. São Paulo: José Bushatsky, 1976. p. 33.
52. COUTO E SILVA, Clovis Verissimo do. *A obrigação como processo*. São Paulo: José Bushatsky, 1976. p. 36. O autor afirma que o negócio jurídico constitui-se em centro da dogmática de direito privado. COUTO E SILVA, Clovis Verissimo do. *A obrigação como processo*. São Paulo: José Bushatsky, 1976. p. 84.

que regularam".⁵³ Bessone define contrato como "acordo de duas ou mais pessoas para, entre si, constituir, regular ou extinguir uma relação jurídica de natureza patrimonial".⁵⁴

No direito brasileiro, o contrato se forma, isto é, o vínculo entre as partes é estabelecido quando a proposta de uma das partes encontra a aceitação da outra parte. Na internet não é diferente, e os contratos podem ser entre ausentes ou entre presentes, embora essa classificação não seja muito relevante para o meio eletrônico, em função da sua interatividade, conforme já se afirmou acima.

O contrato eletrônico de consumo celebrado por meio de troca de mensagens (*e-mail*) entre consumidor e fornecedor é considerado análogo ao contrato por correspondência. É contrato entre ausentes, porque as partes contratantes manifestam a oferta e a aceitação por meio de *e-mail*,⁵⁵ havendo um lapso temporal entre a oferta e a manifestação da aceitação.

Outro termo utilizado para denominar o contrato celebrado pela internet é *web-wrap agreement*,⁵⁶ que engloba o contrato informático e o contrato eletrônico. Brizzio refere que *wrap* derivou do invólucro utilizado para a comercialização do produto, em geral papel celofane ou plástico transparente.⁵⁷ Ensina que os contratos de compra e venda de *softwares* pela internet são chamados de *shrink-wrap agreements*,⁵⁸ porque, antes de fazer o *download* do programa, o consumidor é obrigado a *abrir o invólucro*, para ler e dar o "aceite" nas condições gerais do contrato estabelecidas pelo fornecedor de produtos de *software*.⁵⁹ Já os contratos eletrônicos celebrados *on-line* são identificados pelas expressões *click-wrap agreements*, ou *point-and-click agreements*, ou *click-through-page agreements*, que denominam os contratos em que a aceitação é expressa mediante o acionamento do *mouse* do computador⁶⁰ e os produtos podem ser recebidos pela internet (*e-mail, download, streaming*), pelos Correios ou por empresas transportadoras.

Se o contrato for celebrado por meio da aceitação da oferta de um fornecedor feita em seu *site* ou aplicativo, é contrato de adesão celebrado entre presentes, por meio do *click*. Há autores que denominam os contratos eletrônicos de *point & click*, pois o contrato é concluído "mediante a pressão do texto negocial virtual, processo ao qual não é difícil atribuir a natureza de um verdadeiro sinal de linguagem, capaz de externar uma

---

53. GOMES, Orlando. *Contratos*. 6. ed. Rio de Janeiro: Forense, 1977. p. 17.
54. ANDRADE, Darcy Bessone de Oliveira. *Do contrato*: teoria geral. 3. ed. Rio de Janeiro: Forense, 1987. p. 21.
55. MARTINS, Guilherme Magalhães. *Formação dos contratos eletrônicos de consumo via Internet*. 2. ed. rev. e atual. Rio de Janeiro: Lumen Juris, 2010. p. 179 ss.
56. BRIZZIO, Claudia Rita. *Contratación mediante click-wraping*. Disponível em: <www.alterini.org/tonline.htm>. Acesso em: 17 jan. 2020.
57. BRIZZIO, Claudia Rita. *Contratación mediante click-wraping*. Disponível em: <www.alterini.org/tonline.htm>. Acesso em: 17 jan. 2020.
58. BRIZZIO, Claudia Rita. *Contratación mediante click-wraping*. Disponível em: <www.alterini.org/tonline.htm>. Acesso em: 17 jan. 2020. Ou *blister agreement*, ou *end user agreement*, ou *tear me open*, ou *box-top agreement*, ou *envelope agreement*, ou *referral agreement*; esses termos referem-se às condições gerais da compra e venda ou da cessão de direitos relativos ao *software*, mediante um acordo no qual a aceitação por parte do consumidor resulta de abrir o envoltório do suporte do *software* e de utilizá-lo.
59. BRIZZIO, Claudia Rita. *Contratación mediante click-wraping*. Disponível em: <www.alterini.org/tonline.htm>. Acesso em: 17 jan. 2020.
60. BRIZZIO, Claudia Rita. *Contratación mediante click-wraping*. Disponível em: <www.alterini.org/tonline.htm>. Acesso em: 17 jan. 2020.

determinada vontade contratual".⁶¹ Ademais, o contrato celebrado pela internet entre presentes é análogo ao contrato celebrado por telefone, por causa da "imediatidade da comunicação em detrimento da presença física das partes negociantes".⁶²

O contrato eletrônico representa o vínculo estabelecido entre consumidor e fornecedor por meio eletrônico, na internet; a manifestação da vontade do consumidor é objetivada e transmitida por meio eletrônico. O contrato é típico da sociedade de consumo, o meio é que é diferente. Esse vínculo tanto pode ser estabelecido mediante a troca de *e-mails*, como mediante a aceitação em bloco das cláusulas do contrato de adesão elaborado pelo fornecedor e disponibilizado à aceitação do consumidor no *site*. A manifestação da vontade, no caso dos contratos de adesão, é realizada por meio do *click*, que é a aceitação do contrato de adesão em meio eletrônico.

É importante ressaltar que, mesmo não havendo legislação específica para regulamentar a proteção do consumidor que contrata por meios eletrônicos, o consumidor está amparado pela legislação já existente, qual seja, a Constituição da República de 1988, o Código de Defesa do Consumidor e o Código Civil de 2002. Ademais, a fim de garantir a tutela da confiança depositada pelos consumidores na realização dos negócios celebrados por meio da internet, deve-se lançar mão do princípio da boa-fé objetiva e dos deveres anexos de lealdade, informação, transparência, esclarecimento, veracidade, honestidade e probidade.⁶³

Em 14 de março de 2012, na véspera do Dia Mundial do Consumidor, o Ministro do STJ Antônio Herman de Vasconcellos e Benjamin entregou ao Presidente do Senado, Senador José Sarney, o Relatório-Geral da Comissão de Juristas de Atualização do Código de Defesa do Consumidor, contendo as proposições aprovadas pelos membros da Comissão de Juristas para serem analisadas pela Comissão de Meio Ambiente, Defesa do Consumidor e Fiscalização e Controle (CMA). Os principais temas abordados pelos juristas no anteprojeto foram o comércio eletrônico, o superendividamento e as ações coletivas. Na ocasião, o Ministro Benjamin afirmou: "A atualização que se propõe é cirúrgica. O CDC é um marco da cidadania, mas passados 20 anos, precisa de atualização".⁶⁴

---

61. Santolim utiliza-se da expressão *contratos por clique*. Veja: SANTOLIM, Cesar Viterbo Matos. *A aplicação dos princípios de proteção do consumidor ao comércio eletrônico no direito brasileiro*. 2004. 123 f. Tese (Doutorado em Direito) – Programa de Pós-Graduação da Faculdade de Direito, Universidade Federal do Rio Grande do Sul, Porto Alegre, 2004. p. 49 ss. Veja, também, do mesmo autor: SANTOLIM, Cesar Viterbo Matos. Os princípios de proteção do consumidor e o comércio eletrônico no direito brasileiro. *Revista de Direito do Consumidor*, São Paulo, v. 14, nº 55, p. 62, jul./set. 2005. Ainda, veja: BALLARINO, Tito. A Internet e a conclusão dos contratos. In: POSENATO, Naiara (Org.). *Contratos internacionais*: tendências e perspectivas: estudos de direito internacional privado e direito comparado. Ijuí: Unijuí, 2006. p. 203-204.
62. ALMEIDA, Ricardo Gesteira Ramos de. Aspectos relevantes dos contratos eletrônicos. In: FERREIRA, Ivette Senise; BAPTISTA, Luiz Olavo (Coord.). *Novas fronteiras do direito na era digital*. São Paulo: Saraiva, 2002. p. 95.
63. Sobre a tutela da confiança do consumidor que contrata pela internet, veja: MARQUES, Claudia Lima. *Confiança no comércio eletrônico e a proteção do consumidor*: um estudo dos negócios jurídicos de consumo no comércio eletrônico. São Paulo: Revista dos Tribunais, 2004. p. 33 ss. Sobre a aplicação dos princípios de proteção do consumidor ao comércio eletrônico no direito brasileiro, veja: SANTOLIM, Cesar Viterbo Matos. *A aplicação dos princípios de proteção do consumidor ao comércio eletrônico no direito brasileiro*. 2004. 123 f. Tese (Doutorado em Direito) – Programa de Pós-Graduação da Faculdade de Direito, Universidade Federal do Rio Grande do Sul, Porto Alegre, 2004.
64. BRASIL. Senado Federal. Comissão de Juristas apresenta relatório sobre atualização do CDC. Disponível em: <http://www12.senado.gov.br/noticias/materias/2012/03/14/comissao-de-juristas-encerra-primeira-etapa-do--cdc>. Acesso em: 17 jan. 2020.

Depois de mais de três anos de tramitação, desde a data de seu protocolo legislativo, em 2 de agosto de 2012, o Projeto de Lei do Senado nº 281/2012 foi aprovado pelo Senado Federal e remetido à Câmara dos Deputados, em 4 de novembro de 2015. O texto oficial foi identificado como Projeto de Lei nº 3.514, de 2015, e, até julho de 2017, estava com a Mesa Diretora da Câmara dos Deputados.[65] Os projetos de lei 4.906/2001, 4.678/2016 e 6.533/2016 estão apensados ao texto do PL 3.514/2015.

Passa-se, agora, à segunda parte do artigo, referente à necessidade de se adaptar o conceito de estabelecimento empresarial para uma mais efetiva proteção do consumidor na internet, em vista da preservação do seu direito de arrependimento.

3. A NECESSIDADE DE SE ADAPTAR O CONCEITO DE ESTABELECIMENTO EMPRESARIAL PARA A PROTEÇÃO DO CONSUMIDOR NA INTERNET

A contratação a distância no comércio eletrônico é uma técnica de contratação de massa na sociedade pós-moderna,[66] desenvolvida em um novo espaço de comércio, que é a internet. A internet, em si, é um meio, um veículo tecnologicamente evoluído, um amplificador e um difusor[67] das informações disponíveis no mercado de consumo.

Devido ao baixo custo que possui, os fornecedores têm, cada vez mais, utilizado o meio eletrônico para divulgar a sua atividade empresarial e se vincular com os consumidores, objetivando atingir um número infinito de clientes. A empresa é um fenômeno econômico e seu elemento essencial é a sua organização.[68] Isto é, economicamente, a empresa representa a organização dos fatores de produção: natureza, capital e trabalho, que necessitam de um suporte ou de uma base física, que é o complexo organizado de bens para o exercício da atividade empresarial. Ao lado de muitas inovações trazidas ao direito brasileiro pelo Código Civil de 2002, está a tutela específica do estabelecimento empresarial, nos arts. 1.142 ao 1.149 do CC/2002.

Por isso, é importante analisar o conceito de estabelecimento empresarial,[69] buscando a sua adaptação à evolução das relações sociais e jurídicas, para garantir a proteção

---

65. BRASIL. Câmara dos Deputados. Projeto de Lei nº 3.514/2015. Altera a Lei nº 8.078, de 11 de setembro de 1990 (Código de Defesa do Consumidor), para aperfeiçoar as disposições gerais do Capítulo I do Título I e dispor sobre o comércio eletrônico, e o art. 9º do Decreto-Lei nº 4.657, de 4 de setembro de 1942 (Lei de Introdução às Normas do Direito Brasileiro), para aperfeiçoar a disciplina dos contratos internacionais comerciais e de consumo e dispor sobre as obrigações extracontratuais. Disponível em: <http://imagem.camara.gov.br/Imagem/d/pdf/DCD00201511180019800000.PDF#page=302>. Acesso em: 17 jan. 2020.
66. MARQUES, Claudia Lima. *Contratos no Código de Defesa do Consumidor*: o novo regime das relações contratuais. 5. ed. rev., atual. e ampl. São Paulo: Revista dos Tribunais, 2006. p. 109.
67. RIDOLFO, José Olinto de Toledo. Aspectos da valoração do estabelecimento comercial de empresas da nova economia. In: DE LUCCA, Newton; SIMÃO FILHO, Adalberto (Coord.). *Direito & Internet*: aspectos jurídicos relevantes. 2. ed. São Paulo: Quartier Latin, 2005. p. 296.
68. PEREIRA, Thomaz Henrique Junqueira de Andrade. O conceito de "estabelecimento virtual". *Revista de direito empresarial*, Curitiba, nº 9, p. 219, jan./jun. 2008.
69. Para um estudo aprofundado sobre o direito de empresa, veja: WALD, Arnoldo. *Comentários ao novo Código Civil*: livro III: do direito de empresa: arts. 966 a 1.195. Coordenação de Sálvio de Figueiredo Teixeira. Rio de Janeiro: Forense, 2005. v. 14; TEPEDINO, Gustavo; BARBOZA, Heloisa Helena; MORAES, Maria Celina Bodin de. *Código Civil interpretado*: conforme a Constituição da República: direito de empresa, direito das coisas: arts. 966 a 1.510. Rio de Janeiro: Renovar, 2011. v. 3; FONSECA, Priscila M. P. Corrêa da; SZTAJN, Rachel. *Código civil comentado*: direito de empresa: arts. 887 a 926 e 966 a 1.195. Coordenação de Álvaro Villaça Azevedo. São Paulo: Atlas, 2008.

dos direitos dos consumidores que contratam por meio da internet, devido a algumas dúvidas que podem surgir com relação ao local e ao momento de celebração do contrato. O conceito de estabelecimento empresarial virtual pode interferir na aplicação do direito de arrependimento do consumidor, conforme será analisado.

3.1. A teoria do estabelecimento empresarial

Segundo o texto do art. 1.142 do CC/2002, estabelecimento é "todo complexo de bens organizados, para exercício da empresa, por empresário, ou por sociedade empresária".

Em outras palavras,

> o estabelecimento é o conjunto de bens organizados para o exercício de atividade econômica, isto é, é o complexo de bens reunidos para a prática de uma atividade econômica organizada titularizada pelo empresário ou por uma sociedade empresária, ou titularizada pelo empresário na sua forma singular ou coletiva.[70]

Segundo Gonçalves Neto, "inspira-se no conceito de *azienda* do art. 2.555 do Código Civil italiano de 1942, que a define como 'o complexo de bens organizados pelo empresário para o exercício da empresa".[71]

O estabelecimento integra o patrimônio do empresário e é diferente da atividade econômica explorada pela empresa, porque é mero instrumento da atividade econômica do empresário.[72]

A atividade que a empresa representa na busca da produção de bens e serviços encontra no empresário seu sujeito e leva à compreensão do que é o estabelecimento empresarial,[73] como seu objeto.

Empresa e estabelecimento, na sistemática proposta pelo Código Civil, "são dois conceitos diversos, embora essencialmente vinculados, distinguindo-se ambos do empresário ou sociedade empresária que são titulares da empresa".[74]

A empresa é a unidade econômica de produção ou circulação de bens ou serviços. Para atingir os seus fins, a empresa necessita de um ou mais estabelecimentos, que são

---

v. 11; MONTEIRO, Rogério. Do empresário: arts. 966 a 980. In: LUCCA, Newton et al. *Comentários ao Código Civil brasileiro*: do direito de empresa (arts. 966 a 1.087). Coordenação de Arruda Alvim e Thereza Alvim. Rio de Janeiro: Forense, 2005. v. 9. p. 107-130; ALMEIDA, Marcus Elidius Michelli de. Do estabelecimento: arts. 1.142 a 1.195. In: PRUX, Oscar Ivan; HENTZ, Luiz Antonio Soares; ALMEIDA, Marcus Elidius Michelli de. *Comentários ao Código Civil brasileiro*: da sociedade, do estabelecimento e dos institutos complementares: arts. 1.088 a 1.195. Coordenação de Arruda Alvim e Thereza Alvim. Rio de Janeiro: Forense, 2006. v. 10. p. 255-414.

70. MORAES, Maria Antonieta Lynch de. O estabelecimento comercial no novo Código Civil: o direito de empresa. *Revista Jurídica Consulex*, Brasília, v. 6, nº 125, p. 44, mar. 2002.
71. GONÇALVES NETO, Alfredo de Assis. *Direito de empresa*: comentários aos artigos 966 a 1.195 do Código Civil. São Paulo: Revista dos Tribunais, 2007. p. 558.
72. MORAES, Maria Antonieta Lynch de. O estabelecimento comercial no novo Código Civil: o direito de empresa. *Revista Jurídica Consulex*, Brasília, v. 6, nº 125, p. 44-45, mar. 2002.
73. SALLES, Marcos Paulo de Almeida. Estabelecimento, uma universalidade de fato ou de direito? *Revista do Advogado*, São Paulo, v. 23, nº 71, p. 73, ago. 2003.
74. PACHECO, José da Silva. Do estabelecimento empresarial em face do novo Código Civil. *ADV Advocacia Dinâmica*: boletim informativo semanal, São Paulo, v. 23, nº 28, p. 417, jul. 2003.

complexos de bens ou bens coletivos, que possuem uma unidade de destinação e podem ser objeto unitário de direitos e de negócios jurídicos.[75]

Estabelecimento é todo o conjunto patrimonial organicamente agrupado para a produção. O estabelecimento é o instrumento do exercício da empresa organizado pelo empresário.

Assim, o Código Civil distinguiu: (a) o empresário ou a sociedade empresária, que desenvolve, profissionalmente, uma atividade econômica organizada (art. 966); (b) a empresa, que é a atividade econômica organizada para a produção ou a circulação de bens ou de serviços (art. 966, in fine); (c) o estabelecimento, que é o complexo de bens de que o empresário ou a sociedade empresária dispõe, organizadamente, para o exercício da atividade empresarial.[76] É no conceito de estabelecimento que se insere a noção do local onde o empresário desempenha a sua atividade. Isto é, o local – seja ele físico ou eletrônico – não é o estabelecimento empresarial em si, mas dele faz parte.

Para que o complexo de bens seja considerado estabelecimento, é preciso: (a) que tenha sido organizado pelo empresário ou sociedade empresária; (b) que se destine ao exercício de uma atividade empresarial.[77]

Quaisquer bens podem fazer parte do complexo, desde que vinculados ao exercício da atividade empresarial. São máquinas, equipamentos, ferramentas de trabalho, móveis, adubo, matérias-primas, mercadorias, produtos, estoque, veículos, imóveis, marcas, patentes, nome empresarial, título do estabelecimento, desenhos industriais, ponto empresarial, isto é, tudo o que o empresário utiliza para atuar no mercado. O estabelecimento empresarial é composto pelo conjunto de bens corpóreos e incorpóreos que pode ser objeto de negócios jurídicos.

Assim, a página que o fornecedor mantém na internet e/ou o aplicativo desenvolvido para as plataformas digitais integram o conjunto de bens mencionado no conceito legal de estabelecimento, isto é, o site e/ou o aplicativo não são o estabelecimento em si.

O estabelecimento empresarial não se confunde com a empresa, que é a atividade empresarial desenvolvida seja no estabelecimento ou fora dele. O estabelecimento empresarial é a reunião, de forma organizada, de todos os instrumentos voltados ao desenvolvimento da atividade empresarial e à obtenção de lucro. Estão dentro desse conceito os bens corpóreos, como a sede da empresa, o terreno, o depósito, o maquinário, a matéria-prima. São bens incorpóreos a marca, o nome empresarial, a patente, o ponto comercial, o direito de renovação compulsória do contrato de locação.

Segundo Coelho, para se examinar o conceito de estabelecimento empresarial virtual, deve ser realizado um paralelo entre o mundo físico e o mundo virtual. Fazendo-se esse paralelo, o autor determina que "a venda de produtos ou prestação de serviços por meio da rede mundial de computadores pode ser, agora, considerada mais um canal de

---

75. PACHECO, José da Silva. Do estabelecimento empresarial em face do novo Código Civil. *ADV Advocacia Dinâmica*: boletim informativo semanal, São Paulo, v. 23, nº 28, p. 417, jul. 2003.
76. PACHECO, José da Silva. Do estabelecimento empresarial em face do novo Código Civil. *ADV Advocacia Dinâmica*: boletim informativo semanal, São Paulo, v. 23, nº 28, p. 417, jul. 2003.
77. PACHECO, José da Silva. Do estabelecimento empresarial em face do novo Código Civil. *ADV Advocacia Dinâmica*: boletim informativo semanal, São Paulo, v. 23, nº 28, p. 417, jul. 2003.

venda, que integra o estabelecimento empresarial".[78] O autor continua: "Muitas vezes esse canal de vendas pode agregar considerável valor ao estabelecimento empresarial; ou até mesmo representar o único de seus elementos realmente valioso".[79]

O eminente professor se expressa no sentido de reforçar a noção de que o estabelecimento empresarial virtual ou digital está inserido no contexto dos bens incorpóreos que constituem o estabelecimento empresarial clássico, sendo, de fato, a sua extensão no ambiente digital.[80]

O estabelecimento pertence à categoria dos bens móveis e deve ser classificado como incorpóreo, pois transcende às unidades de coisas que o compõem, e são mantidas unidas pela destinação que lhes dá o empresário. O estabelecimento constitui, portanto, um bem incorpóreo, formado por um complexo de bens que não se fundem, mas mantêm unitariamente sua individualidade própria.[81]

A organização dos elementos que compõem a universalidade do estabelecimento necessita se destinar para as funções que o empresário exercerá na empresa a que se predispôs,[82] sempre observando a proteção dos direitos do consumidor, inclusive aquele que opta por se relacionar com a empresa por intermédio de *sites* na internet, ou aplicativos utilizados nas plataformas digitais tais como *tablets* e *smartphones*.

A determinação do conceito de estabelecimento empresarial é de fundamental importância para a proteção do consumidor, no que toca ao seu direito de arrependimento, conforme será analisado abaixo.

3.2. O estabelecimento empresarial virtual e o direito de arrependimento do consumidor

A internet se caracteriza por constituir uma representação eletrônica da realidade tangível.[83] Assim, enquanto no mundo físico, tangível, o consumidor deve se deslocar no espaço e no tempo para alcançar um estabelecimento empresarial e ali celebrar contratos de consumo, no *universo virtual* não é necessário o seu deslocamento no espaço; o acesso à página do fornecedor é feito por *clicks* do *mouse* em imagens mostradas na tela do monitor do computador, do celular e do *tablet*. O consumidor, então, *navega* na rede mundial de computadores, *entrando* e *saindo* das *janelas* que encontra, à medida que aciona os botões do *mouse* ou da *touch screen*.

---

78. COELHO, Fábio Ulhoa. *Direitos do consumidor no comércio eletrônico*. Disponível em: <http://www.ulhoacoelho.com.br/pt/artigos/doutrina/54-direitos-do-consumidor-no-comercio-eletronico.html>. Acesso em: 17 jan. 2020.
79. COELHO, Fábio Ulhoa. *Direitos do consumidor no comércio eletrônico*. Disponível em: <http://www.ulhoacoelho.com.br/pt/artigos/doutrina/54-direitos-do-consumidor-no-comercio-letronico.html>. Acesso em: 17 jan. 2020.
80. RIDOLFO, José Olinto de Toledo. Aspectos da valoração do estabelecimento comercial de empresas da nova economia. In: DE LUCCA, Newton; SIMÃO FILHO, Adalberto (Coord.). *Direito & Internet*: aspectos jurídicos relevantes. 2. ed. São Paulo: Quartier Latin, 2005. p. 298.
81. RIDOLFO, José Olinto de Toledo. Aspectos da valoração do estabelecimento comercial de empresas da nova economia. In: DE LUCCA, Newton; SIMÃO FILHO, Adalberto (Coord.). *Direito & Internet*: aspectos jurídicos relevantes. 2. ed. São Paulo: Quartier Latin, 2005. p. 298, citando Rubens Requião. *Curso de direito comercial*. 20. ed. São Paulo: Saraiva, 1991. v. 1. p. 210.
82. SALLES, Marcos Paulo de Almeida. Estabelecimento, uma universalidade de fato ou de direito? *Revista do Advogado*, São Paulo, v. 23, nº 71, p. 75, ago. 2003.
83. ZAMPAR JÚNIOR, José Américo. O *site* como estabelecimento virtual: novo meio de interação entre a empresa e o consumidor ou nova categoria jurídica? *Revista de Direito Privado*, São Paulo, v. 9, nº 35, p. 166, jul./set. 2008.

O estabelecimento é definido como virtual em função do meio de acesso dos consumidores: se o acesso é feito fisicamente, físico também será o estabelecimento; se o acesso é realizado por meio de transmissão eletrônica de dados, o estabelecimento será virtual, uma representação do estabelecimento físico, um acesso mais ágil aos produtos e aos serviços disponíveis no mercado de consumo.

Isso porque a atividade empresarial sempre deve ser desenvolvida sobre uma base fática. Assim, o *site* por meio do qual os consumidores negociam com seus fornecedores é uma representação do estabelecimento empresarial do fornecedor, é um local de acesso, um canal de acesso às informações e deve observar as regras do ordenamento jurídico vigente.

O *site* é um elemento imaterial que compõe o estabelecimento, não se pode confundi-lo com o estabelecimento em si. O que é virtual é o meio de acesso e não o estabelecimento.[84] Isto é, "a imaterialidade ínsita ao estabelecimento virtual não se refere aos bens componentes, mas à acessibilidade".[85]

O estabelecimento virtual extravasa o espaço aéreo e volúvel do ambiente da internet operado pelo *site* para atingir o próprio estabelecimento físico que gera toda a empresarialidade expressa no âmbito do *site*.[86] Isto é, a empresa, no mundo pós-moderno, é mais do que o *site* na internet, que é a sua representação digital. A exploração econômica do *site* será objeto principal dos fornecedores no mundo pós-moderno que, no mundo físico, estará devidamente materializada para poder atingir o seu fim social.[87]

A ideia de que o *site* é a representação de uma empresa no mundo físico é sustentada pelo fato de que, se considerássemos o estabelecimento integralmente virtual, ele acabaria esbarrando nas dificuldades próprias da forma de alimentação do *site*. Se, por um lado, ele funciona e existe no mundo virtual devidamente nominado por seu endereço eletrônico, não é menos verdade que a sua existência está condicionada aos atos de gestão e administração de seus gerentes, controladores, diretores, que deverão organizar-se no mundo físico para a atividade empresarial desenvolvida na internet.[88]

Isto é, no mundo físico deverá haver a criação da empresa que dará suporte às transações com o fim de buscar a sua regularidade. O estabelecimento empresarial estará constituído no mundo físico e não no ambiente virtual.[89]

---

84. COELHO, Fábio Ulhoa. O estabelecimento virtual e o endereço eletrônico. *Tribuna do Direito*, São Paulo, ano 7, n° 79, p. 32, nov. 1999.
85. COELHO, Fábio Ulhoa. O estabelecimento virtual e o endereço eletrônico. *Tribuna do Direito*, São Paulo, ano 7, n° 79, p. 32, nov. 1999.
86. RIDOLFO, José Olinto de Toledo. Aspectos da valoração do estabelecimento comercial de empresas da nova economia. In: DE LUCCA, Newton; SIMÃO FILHO, Adalberto (Coord.). *Direito & Internet*: aspectos jurídicos relevantes. 2. ed. São Paulo: Quartier Latin, 2005. p. 306.
87. RIDOLFO, José Olinto de Toledo. Aspectos da valoração do estabelecimento comercial de empresas da nova economia. In: DE LUCCA, Newton; SIMÃO FILHO, Adalberto (Coord.). *Direito & Internet*: aspectos jurídicos relevantes. 2. ed. São Paulo: Quartier Latin, 2005. p. 306.
88. RIDOLFO, José Olinto de Toledo. Aspectos da valoração do estabelecimento comercial de empresas da nova economia. In: DE LUCCA, Newton; SIMÃO FILHO, Adalberto (Coord.). *Direito & Internet*: aspectos jurídicos relevantes. 2. ed. São Paulo: Quartier Latin, 2005. p. 306.
89. RIDOLFO, José Olinto de Toledo. Aspectos da valoração do estabelecimento comercial de empresas da nova economia. In: DE LUCCA, Newton; SIMÃO FILHO, Adalberto (Coord.). *Direito & Internet*: aspectos jurídicos relevantes. 2. ed. São Paulo: Quartier Latin, 2005. p. 307.

A internet deve ser vista como um novo canal de comunicação e publicidade e deve ser utilizada como mecanismo de oferta dos produtos e serviços dos fornecedores aos seus consumidores (atuais e os em potencial) que muitas vezes, já são clientes dos fornecedores, antes mesmo da existência da página do fornecedor na internet, do aplicativo de telefone celular ou da plataforma digital.

Há fornecedores que preferem iniciar suas atividades empresariais diretamente nesse novo ambiente de contratação, dando origem às afamadas empresas exclusivamente *ponto com*.[90] Nesses casos, o empresário abriu mão de um ponto comercial *físico* onde poderia atuar, para então oferecer seus produtos por meio de um endereço virtual, um *site*.[91] Para efetuar uma compra nesses estabelecimentos, os consumidores não precisam se deslocar até um espaço físico determinado. Basta acessar o *site*, ou o telefone, no caso de *sites* de televendas, e utilizar os meios eletrônicos de transmissão de dados disponíveis para que a transação seja concretizada.[92] O local de onde o empresário comanda e supervisiona as operações desse *site* fará parte do estabelecimento empresarial, porque é onde ele mantém o registro de suas atividades junto às autoridades competentes.

Integram o estabelecimento comercial os bens corpóreos, materializados e concretos, e os bens incorpóreos, intangíveis e abstratos, que não ocupam espaço no mundo exterior. O estabelecimento virtual, embora apenas represente o seu equivalente no mundo físico, adquire características próprias, em decorrência do meio. São algumas das características, de acordo com Ridolfo:[93] (a) a interatividade: capacidade de produzir informação qualitativa baseada na coleta em tempo real das manifestações relacionadas aos atos de consulta, visita ou compra efetiva de produtos ou serviços ofertados por meio do *site*; (b) a dinamicidade: as informações disponíveis devem ser atualizadas constantemente, para bem informar os consumidores que navegam na rede; (c) a customização: possibilidade de se adequar ao perfil do consumidor que acessa a página; (d) a navegabilidade: característica tecnológica interna do estabelecimento empresarial digital que deve permitir uma condição favorável de identificação e intelecção de produtos, serviços e informações próprias do estabelecimento visitado; (e) a acessibilidade: é a característica do estabelecimento empresarial digital por meio da qual se tornou possível induzir ou identificar necessidades correlatas ou adjacentes aos bens e/ou serviços originariamente ofertados no estabelecimento, remetendo o interessado direta e simultaneamente a outro estabelecimento indicado; (f) a conectividade: o estabelecimento digital pode ser acessado por diferentes meios tecnológicos; (g) a escalabilidade: capacidade de ser visitado ou consultado por um número não necessariamente planejado e crescente de visitantes.

---

90. CARVALHOSA, Modesto. *Comentários ao Código Civil*: parte especial: do direito de empresa (artigos 1.052 a 1.195). Coordenação de Antônio Junqueira de Azevedo. São Paulo: Saraiva, 2003. v. 13. p. 624.
91. CARVALHOSA, Modesto. *Comentários ao Código Civil*: parte especial: do direito de empresa (artigos 1.052 a 1.195). Coordenação de Antônio Junqueira de Azevedo. São Paulo: Saraiva, 2003. v. 13. p. 624.
92. CARVALHOSA, Modesto. *Comentários ao Código Civil*: parte especial: do direito de empresa (artigos 1.052 a 1.195). Coordenação de Antônio Junqueira de Azevedo. São Paulo: Saraiva, 2003. v. 13. p. 624-625.
93. RIDOLFO, José Olinto de Toledo. Aspectos da valoração do estabelecimento comercial de empresas da nova economia. In: DE LUCCA, Newton; SIMÃO FILHO, Adalberto (Coord.). *Direito & Internet*: aspectos jurídicos relevantes. 2. ed. São Paulo: Quartier Latin, 2005. p. 299-300.

Nos contratos eletrônicos, a oferta e a aceitação são feitas por transmissão e recepção eletrônica de dados, em estabelecimentos virtuais, que são a representação da realidade fática, do mundo físico.

A existência do estabelecimento virtual não invalida a noção jurídica do estabelecimento empresarial físico já desenvolvida por doutrinadores.[94] Assim, o estabelecimento virtual é apenas uma representação do estabelecimento empresarial constituído no mundo físico. O local de onde o empresário comanda e supervisiona as operações do *site* será o local incorporado ao estabelecimento empresarial sobre o qual recairão todas as regras jurídicas. Isso porque, embora o estabelecimento virtual pareça ter todas as características de um estabelecimento empresarial, ele não pode existir sem o local onde se encontra o seu suporte técnico. A sede da empresa, onde ela desenvolve a parte substancial de suas atividades, constante do contrato social registrado na Junta Comercial, é a sede do estabelecimento empresarial, local mais provável no qual se encontrarão os computadores, móveis e outros utensílios que dão suporte existencial ao *site* e que formam o conjunto de bens organizado que integra o estabelecimento comercial.

Se nos utilizarmos dos preceitos da lei de falências, a norma fixa como domicílio único do empresário o lugar onde ele tem o *principal estabelecimento*. Deve-se entender por isso a sede administrativa, que é, com efeito, o ponto central dos negócios, de onde partem todas as ordens, que imprimem e regularizam o movimento econômico dos estabelecimentos produtores.[95] O estabelecimento empresarial deve ser considerado o centro vital das principais atividades empresariais, levado a registro nos órgãos competentes.

Contudo não é essa a situação real atual, em se tratando de estabelecimentos empresariais virtuais. Isso porque os estabelecimentos virtuais podem atingir os consumidores brasileiros por meio de *sites* gerados em qualquer parte do mundo.

A internet configura um novo meio, permitindo a conexão de pessoas nas mais diversas situações, com os mais diversos propósitos. A inter-relação é de tal modo facilitada que se costuma mencionar a desterritorialização das relações celebradas por meio eletrônico, que estariam localizadas no *não território* da internet.[96]

Certo é, entretanto, que, ao final, sempre haverá uma pessoa física, ou jurídica, devidamente constituída e administrada por pessoas naturais envolvidas na relação internáutica. Seu domicílio, portanto, será o físico, o real, e será identificado pelo ânimo definitivo ou centro vital de atividades, de acordo com o art. 75, IV, do CC/2002: "o lugar onde funcionarem as respectivas diretorias e administrações, ou onde elegerem domicílio especial no seu estatuto ou atos constitutivos".

Tanto é assim que a jurisprudência já consagrou a aplicação do art. 49 do CDC aos contratos celebrados pela internet, uma vez que é considerada uma relação celebrada fora do estabelecimento comercial. Logo, pode-se afirmar que, se os tribunais não decidissem

---

94. ZAMPAR JÚNIOR, José Américo. O *site* como estabelecimento virtual: novo meio de interação entre a empresa e o consumidor ou nova categoria jurídica? *Revista de Direito Privado*, São Paulo, v. 9, nº 35, p. 167, jul./set. 2008.
95. SALLES, Marcos Paulo de Almeida. Estabelecimento, uma universalidade de fato ou de direito? *Revista do Advogado*, São Paulo, v. 23, nº 71, p. 76, ago. 2003.
96. RIBEIRO, Luciana Antonini. Direito de arrependimento nas relações internáuticas. *Revista de Direito de Informática e Telecomunicações*, Belo Horizonte, v. 2, nº 3, p. 89, jul./dez. 2007.

nesse sentido, o resultado seria uma restrição do âmbito de abrangência das normas de proteção do consumidor, o que vai de encontro aos preceitos constitucionais de proteção dos direitos dos consumidores como direitos fundamentais.

Entre os direitos assegurados pelo CDC, no que toca aos contratos eletrônicos, está o disposto no art. 31.[97] Isso porque, certamente, uma das principais funções da internet é propiciar o meio de apresentação e oferta de produtos e serviços. Por isso, a oferta e a apresentação de produtos e serviços pela internet devem assegurar informações corretas, claras, precisas e ostensivas sobre suas características, qualidades, quantidade, composição, preço, garantia, prazos de validade e origem, entre outros dados, bem como os riscos que apresentam à saúde e segurança dos consumidores.

Da mesma forma, é importante destacar a garantia presente no art. 49 do CDC, em que há previsão do direito de arrependimento, que tem como finalidade a proteção da declaração de vontade do consumidor,[98] para que esta seja decidida e refletida com calma, protegida das técnicas agressivas de venda em domicílio e fora do estabelecimento comercial. Esse direito expressamente assegurado pelo CDC influenciará positivamente a proteção do consumidor que contrata por meios eletrônicos, pois a contratação pela internet pode ser considerada uma contratação a distância. Esse dispositivo é objeto de atualização conforme o texto do PL 3.514/2015.

O art. 49 do CDC menciona expressamente os contratos celebrados fora do estabelecimento comercial e por telefone e o prazo de reflexão de sete dias. A comunicação que ocorre pela internet é análoga àquela que ocorre por telefone. Portanto pode-se afirmar que as relações jurídicas estabelecidas em ambiente virtual também estão sujeitas a essa norma,[99] porque são contratações a distância, celebradas fora do estabelecimento comercial. Entretanto, havendo a atualização do dispositivo, caso o Congresso aprove o texto do Projeto de Lei nº 3.514/2015, a menção aos contratos eletrônicos ficará clara e expressa, e não restará dúvida de que o art. 49 será aplicável aos contratos celebrados a distância, inclusive por meios eletrônicos.

Segundo a redação atual, o art. 49 estabelece dois requisitos cumulativos para a desistência do contrato pelo consumidor: (a) que seja observado o prazo de sete dias; e (b) que a contratação tenha sido realizada fora do estabelecimento comercial. Mediante

---

97. Veja os comentários ao art. 31 do CDC por Antônio Herman de Vasconcellos e Benjamin. Das práticas comerciais. In: GRINOVER, Ada Pellegrini et al. *Código Brasileiro de Defesa do Consumidor*: comentado pelos autores do anteprojeto. 9. ed. rev., atual. e ampl. Rio de Janeiro: Forense Universitária, 2007. p. 282-289. Veja, também: NUNES, Luiz Antônio Rizzatto. *Comentários ao Código de Defesa do Consumidor*. 3. ed. rev. e atual. São Paulo: Saraiva, 2007. p. 396-411. Para uma análise da aplicação do art. 31 do CDC pelos tribunais, veja: MARQUES, Claudia Lima; BENJAMIN, Antônio Herman de Vasconcellos; MIRAGEM, Bruno Nubens Barbosa. *Comentários ao Código de Defesa do Consumidor*: artigo por artigo. 2. ed. São Paulo: Revista dos Tribunais, 2006. p. 482-494.
98. Veja os comentários ao art. 49 do CDC em Nelson Nery Júnior. Da proteção contratual. In: GRINOVER, Ada Pellegrini et al. *Código Brasileiro de Defesa do Consumidor*: comentado pelos autores do anteprojeto. 9. ed. rev., atual. e ampl. Rio de Janeiro: Forense Universitária, 2007. p. 559-564. Veja, também: NUNES, Luiz Antônio Rizzatto. *Comentários ao Código de Defesa do Consumidor*. 3. ed. rev. e atual. São Paulo: Saraiva, 2007. p. 565-572. Para uma análise da aplicação do art. 49 do CDC pelos tribunais, veja: MARQUES, Claudia Lima; BENJAMIN, Antônio Herman de Vasconcellos e; MIRAGEM, Bruno Nubens Barbosa. *Comentários ao Código de Defesa do Consumidor*: artigo por artigo. 2. ed. rev., atual. e ampl. São Paulo: Revista dos Tribunais, 2006. p. 670-683.
99. MARQUES, Claudia Lima. *Contratos no Código de Defesa do Consumidor*: o novo regime das relações contratuais. 5. ed. rev., atual. e ampl. São Paulo: Revista dos Tribunais, 2006. p. 856.

esse dispositivo, o elaborador do Código objetivou resguardar as situações nas quais o consumidor não teve acesso prévio ao produto ou ao serviço e, portanto, o prazo destina-se à verificação da correspondência entre a expectativa do consumidor e o produto real adquirido, devido à majoração da sua vulnerabilidade, em decorrência do distanciamento entre as partes contratantes.

Doutrinária e jurisprudencialmente tem sido considerado celebrado o contrato fora do estabelecimento comercial quando: (a) a mercadoria é entregue no domicílio do consumidor; e (b) a contratação de produto ou serviço se perfaz por telefone.

Assegurar o direito de arrependimento no comércio eletrônico é uma forma de proteger o consumidor e evitar práticas abusivas por parte dos fornecedores.[100] Isso porque, segundo Almeida:

> Sob a designação de direito de arrependimento, compreendem-se todas as hipóteses em que a lei concede a um dos contratantes (o consumidor) a faculdade de, em prazo determinado e sem contrapartida, se desvincular de um contrato através de declaração unilateral e imotivada.[101]

A razão de ser do art. 49 do CDC é a de que o fornecedor assume os riscos da prática comercial fora do estabelecimento comercial[102] e, principalmente, quando se trata de comércio eletrônico. Isso não foge à finalidade de todo o microssistema do CDC, de proteção da parte mais fraca, mais vulnerável na relação de consumo. Em outras palavras, "se o contato físico com o produto, quando da entrega, desperta o sentimento de arrependimento do ato de compra, deve ser reconhecido o direito do consumidor ao desfazimento do contrato".[103]

Sobre a aplicação do art. 49 do CDC aos contratos celebrados pela internet, o TJ/RS decidiu que, "em se tratando de compra realizada fora do estabelecimento comercial – via Internet – cabível o exercício do direito de arrependimento pelo consumidor, nos termos do art. 49, *caput*, do CDC".[104]

---

100. MARQUES, Claudia Lima. *Contratos no Código de Defesa do Consumidor:* o novo regime das relações contratuais. 5. ed. rev., atual. e ampl. São Paulo: Revista dos Tribunais, 2006. p. 870.
101. ALMEIDA, Carlos Ferreira de. *Direito do consumo.* Coimbra: Almedina, 2005. p. 105.
102. CARVALHO, Rodrigo Benevides de. A Internet e as relações de consumo. In: SCHOUERI, Luís Eduardo (Org.). *Internet:* o direito na era virtual. 2. ed. Rio de Janeiro: Forense, 2001. p. 106.
103. COELHO, Fábio Ulhoa. Direitos do consumidor no comércio eletrônico. *Revista do Advogado*, São Paulo, v. 26, nº 89, p. 34, dez. 2006.
104. Veja a ementa do julgamento: "Ementa: Consumidor. Compra e venda fora do estabelecimento comercial. Exercício do direito de arrependimento. Pagamento mediante débito no cartão de crédito. Cancelamento. Persistência das cobranças. Legitimidade passiva da vendedora, uma vez que impossível identificar o verdadeiro causador do dano. Exegese do art. 7º, parágrafo único, do CDC. Compra efetivada pela Internet. Tendo sido legitimamente exercido o direito de desistência do negócio, em razão de suas características (art. 49 do CDC), revelou-se indevida a cobrança das parcelas relativas ao negócio desfeito. Direito à declaração de extinção do contrato e inexigibilidade das parcelas. Sentença confirmada pelos próprios fundamentos. Recurso desprovido" (RIO GRANDE DO SUL. Turmas Recursais Cíveis. *Recurso cível nº 71000955773*, da 3ª Turma Recursal Cível. Recorrente: Terra Networks Brasil S.A. Recorrido: Luciane Ávila. Relator: Eugênio Facchini Neto. Porto Alegre, 3 de outubro de 2006. Disponível em: <http://www.tj.rs.gov.br/site_php/jprud2/ementa.php>. Acesso em: 17 jan. 2020).
    Há outros casos em que é aplicado o art. 49 a contratos celebrados pela internet. Veja: "Ementa: Consumidor. Preliminares rejeitadas. Compra de aparelho de ar-condicionado via Internet. Exercício do direito de arrependimento (art. 49 do CDC). Solicitação de cancelamento da compra após 15 minutos de sua concretização. Parcelas creditadas em fatura de cartão de crédito. Pedido de estorno de valores não atendido pela demandada. Condenação à restituição em dobro do montante cobrado indevidamente. Hipótese de má execução contratual, que, regra geral,

A título de ilustração, cita-se um julgado do TJ/RS que aplicou o art. 49 do CDC a contrato celebrado pela internet, com o fundamento de ser fora do estabelecimento empresarial:

> Reparação de danos. Consumidor. Compra e venda de aparelho celular efetuada pela Internet. Direito de arrependimento exercido conforme art. 49 do CDC. Transtornos para confirmar o distrato. Cobrança das parcelas na fatura de cartão de crédito que perdurou até o recolhimento do aparelho. Direito à restituição dos valores pagos. Inexistência de danos morais. Sentença mantida. Recurso improvido.[105]

Nery Junior afirma que o direito de arrependimento existe *per se*, "sem que seja necessária qualquer justificativa do porquê da atitude do consumidor".[106] Isto é, a cláusula de arrependimento incidirá plenamente nos casos em que o contrato de consumo for celebrado fora do estabelecimento comercial. Como consequência do exercício do direito de arrependimento tem-se a satisfação do cliente,[107] que aumentará o volume das transações de consumo realizadas na rede.

Santolim tem opinião diversa: examina a questão do direito de arrependimento do consumidor nos contratos celebrados pela internet e conclui que não necessariamente é uma relação "fora" do estabelecimento empresarial, "já que este deve ser apreciado pela sua existência na rede de computadores, e não fisicamente".[108] O autor defende a aplicação restritiva do art. 49 do CDC aos contratos celebrados pela internet; sustenta que esse dispositivo deve ser empregado aos contratos eletrônicos somente quando ficar comprovado o déficit de reflexão e/ou o déficit de informação do consumidor.[109] Segundo Santolim, nem todo fornecedor que oferece seus produtos e serviços por meio da internet instiga o consumidor a comprar por impulso. Por isso, não estaria justificada a aplicação do art. 49 do CDC a todo e qualquer contrato eletrônico.

---

não dá ensejo ao pagamento de indenização por danos morais. Afastamento de tal parcela da condenação. Deram parcial provimento ao recurso" (RIO GRANDE DO SUL. Turmas Recursais Cíveis. *Recurso cível nº 71001388974*, da 1ª Turma Recursal Cível. Recorrente: Americanas.com. Recorrido: Marcelo Ramos Azevedo. Relator: Heleno Tregnago Saraiva. Porto Alegre, 27 de março de 2008. Disponível em: <http://www.tj.rs.gov.br/site_php/jprud2/ementa.php>. Acesso em: 17 jan. 2020).

"Ementa: Consumidor. Compra de aparelho de *home theater* via Internet. Exercício do direito de arrependimento (art. 49 do CDC). Solicitação de substituição do produto adquirido por outro de qualidade superior. Complementação do valor por meio de depósito em conta-corrente. Demora na entrega do bem. Pedido de desfazimento do negócio. Necessidade de restituição do montante comprovadamente pago a tal título. Hipótese de má execução contratual, que, regra geral, não dá ensejo ao pagamento de indenização por danos morais. Recurso parcialmente provido" (RIO GRANDE DO SUL. Turmas Recursais Cíveis. *Recurso cível nº 71001116813*, da 1ª Turma Recursal Cível. Recorrente: Globex Utilidades S.A. – Ponto Frio. Recorrido: Patrick Jan Georg Klemt e Aline Leal Fontanella. Relator: Ricardo Torres Hermann. Porto Alegre, 19 de abril de 2007. Disponível em: <www.tjrs.jus.br>. Acesso em: 17 jan. 2020).

105. RIO GRANDE DO SUL. Turmas Recursais Cíveis. *Recurso cível nº 71002071918*, da 2ª Turma Recursal Cível. Relatora: Vivian Cristina Angonese Spengler. Porto Alegre, 24 de fevereiro de 2010.
106. NERY JUNIOR, Nelson. Da proteção contratual. In: GRINOVER, Ada Pellegrini et al. *Código Brasileiro de Defesa do Consumidor*: comentado pelos autores do anteprojeto. 9. ed. rev., atual. e ampl. Rio de Janeiro: Forense Universitária, 2007. p. 560.
107. ALMEIDA, Carlos Ferreira de. *Direito do consumo*. Coimbra: Almedina, 2005. p. 109.
108. SANTOLIM, Cesar Viterbo Matos. *A aplicação dos princípios de proteção do consumidor ao comércio eletrônico no direito brasileiro*. 2004. 123 f. Tese (Doutorado em Direito) – Programa de Pós-Graduação da Faculdade de Direito da Universidade Federal do Rio Grande do Sul, Porto Alegre, 2004. p. 93-94.
109. SANTOLIM, Cesar Viterbo Matos. Os princípios de proteção do consumidor e o comércio eletrônico no direito brasileiro. *Revista de Direito do Consumidor*, São Paulo, v. 14, nº 55, p. 79, jul./set. 2005.

Durante a Audiência Pública realizada no Tribunal de Justiça do Rio Grande do Sul, em Porto Alegre, em 2011, organizada pela Comissão de Juristas de Atualização do Código de Defesa do Consumidor,[110] Santolim mencionou que esse debate restará superado caso o Congresso acate a modificação proposta pela Comissão de Juristas na redação do art. 49 do CDC (atualmente na versão constante do PL 3.514/2015).

A nova redação do art. 49 do CDC, constante do Projeto de Lei 3.514/2015 é a seguinte:

Art. 49. O consumidor pode desistir da contratação a distância no prazo de sete dias a contar da aceitação da oferta, do recebimento ou da disponibilidade do produto ou serviço, o que ocorrer por último.

§ 1º Se o consumidor exercitar o direito de arrependimento previsto neste artigo, os valores eventualmente pagos, a qualquer título, durante o prazo de reflexão, serão devolvidos, de imediato, monetariamente atualizados.

§ 2º Por contratação a distância entende-se aquela efetivada fora do estabelecimento ou sem a presença física simultânea do consumidor e do fornecedor, especialmente em domicílio, por telefone, por reembolso postal ou por meio eletrônico ou similar.

§ 3º Equipara-se à modalidade de contratação prevista no § 2º deste artigo aquela em que, embora realizada no estabelecimento, o consumidor não tenha tido a prévia oportunidade de conhecer o produto ou serviço, por não se encontrar em exposição ou pela impossibilidade ou dificuldade de acesso a seu conteúdo.

§ 4º A desistência formalizada dentro do prazo previsto no *caput* implica a devolução do produto, com todos os acessórios recebidos pelo consumidor e a nota fiscal.

§ 5º Caso o consumidor exerça o direito de arrependimento, inclusive em operação que envolva a retirada de recursos ou transação de financiamento, os contratos acessórios de crédito são automaticamente rescindidos, devendo ser devolvido ao fornecedor do crédito o valor total financiado ou concedido que tiver sido entregue, acrescido de eventuais juros incidentes até a data da efetiva devolução, tributos e tarifas, sendo estas cobradas somente quando aplicável.

§ 6º Sem prejuízo da iniciativa do consumidor, o fornecedor deve comunicar de modo imediato a manifestação do exercício de arrependimento à instituição financeira ou à administradora do cartão de crédito ou similar, a fim de que:

I – a transação não seja lançada na fatura do consumidor;

II – seja efetivado o estorno do valor, caso a fatura já tenha sido emitida no momento da comunicação;

III – caso o preço já tenha sido total ou parcialmente pago, seja lançado o crédito do respectivo valor na fatura a ser emitida posteriormente à comunicação.

§ 7º Se o fornecedor de produtos ou serviços descumprir o disposto no § 1º ou no § 6º, o valor pago será devolvido em dobro.

§ 8º O fornecedor deve informar, de forma prévia, clara e ostensiva, os meios adequados, facilitados e eficazes disponíveis para o exercício do direito de arrependimento do consumidor, que devem contemplar, ao menos, o mesmo modo utilizado para a contratação.

§ 9º O fornecedor deve enviar ao consumidor confirmação individualizada e imediata do recebimento da manifestação de arrependimento.[111]

---

110. SANTOLIM, Cesar Viterbo Matos. Anotações sobre o Anteprojeto da Comissão de Juristas para a Atualização do Código de Defesa do Consumidor, na parte referente ao Comércio Eletrônico. *Revista de Direito do Consumidor*, São Paulo, ano 21, v. 83, jul./set. 2012. p. 74.

111. Art. 49 do Projeto de Lei do da Câmara nº 3.514/2015. BRASIL. Câmara dos Deputados. Projeto de Lei nº 3.514/2015. Altera a Lei nº 8.078, de 11 de setembro de 1990 (Código de Defesa do Consumidor), para aperfeiçoar as disposições gerais do Capítulo I do Título I e dispor sobre o comércio eletrônico, e o art. 9º do Decreto-Lei nº 4.657,

Durante a tramitação, o PLS 281/2012 recebeu o acréscimo do art. 49-A, que continua presente no texto do PL 3.514/2015 e dispõe o que segue:

> Art. 49-A. Sem prejuízo do direito de rescisão do contrato de transporte aéreo antes de iniciada a viagem, nos termos do art. 740, § 3°, da Lei n° 10.406, de 10 de janeiro de 2002 (Código Civil), o exercício do direito de arrependimento do consumidor de passagens aéreas poderá ter seu prazo diferenciado, em virtude das peculiaridades do contrato, por norma fundamentada das agências reguladoras.
> *Parágrafo único*. A regulamentação prevista no *caput* deverá ser realizada no prazo máximo de cento e oitenta dias após a entrada em vigor desta Lei.[112]

Embora tenha havido a inclusão de uma exceção ao direito de arrependimento, exclusiva para o caso da compra de passagem aérea, durante a tramitação do projeto de lei, – com o que não se concorda – a jurisprudência do TJ/RS tem reconhecido o direito de arrependimento do consumidor nessas situações, e equipara a internet e o meio eletrônico à expressão "fora do estabelecimento comercial" presente na redação do art. 49 do CDC. Por isso, é importante destacar a decisão do TJ/RS, que adotou o correto entendimento sobre o direito de arrependimento do consumidor e o reconheceu para o caso de compras de passagens aéreas:

> Apelação cível. Contrato de transporte aéreo. Ação de reparação de danos materiais e morais c/c pedido de repetição de indébito. Aquisição de bilhete aéreo com posterior desistência da viagem. Compra pela Internet. Código de Defesa do Consumidor. Devolução em dobro. Inaplicabilidade do art. 42, parágrafo único do CDC. Danos morais. Inocorrência. Código de Defesa do Consumidor. Não há por que o Código de Defesa do Consumidor não se aplicar aos casos de compra de passagens aéreas pela Internet. A interpretação extensiva ao conceito de serviço, excluindo desse aquele oferecido pela Internet na aquisição de bilhetes aéreos, além de militar em *malam partem*, com indiscutível prejuízo da parte mais vulnerável, sobretudo nas compras virtuais, não encontra correspondência no que dispõe o texto da legislação consumerista. Art. 49 do CDC. Direito de arrependimento. Interpretação pontual, a partir do bom senso, no que se refere ao transporte aéreo. Devolução do valor pago. Tendo a autora desembolsado, pelo desfazimento do negócio, o valor relativo à taxa de cancelamento, deverá ser reembolsada dos valores que permaneceram sendo descontados nas faturas do seu cartão de crédito, considerando que o valor total da compra já havia sido repassado à apelada. Devolução de forma simples, pois não se flagra a figura do art. 42, parágrafo único, do CDC. Danos morais. Inocorrência. Não se cuida do dano *in re ipsa*, pois o fato, por si, não deve ter provocado na autora mais do que sentimentos de contrariedade e até mesmo indignação, o que não traduz o abalo moral nem o estresse além do limite tolerável, de forma a merecer avaliação pecuniária. Apelo parcialmente provido.[113]

Sobre essa decisão, já se afirmou:

---

de 4 de setembro de 1942 (Lei de Introdução às Normas do Direito Brasileiro), para aperfeiçoar a disciplina dos contratos internacionais comerciais e de consumo e dispor sobre as obrigações extracontratuais. Disponível em: <http://imagem.camara.gov.br/Imagem/d/pdf/DCD0020151118001980000.PDF#page=302>. Acesso em: 17 jan. 2020.

112. Art. 49-A do Projeto de Lei da Câmara dos Deputados n° 3.514/2015. BRASIL. Câmara dos Deputados. Projeto de Lei n° 3.514/2015. Altera a Lei n° 8.078, de 11 de setembro de 1990 (Código de Defesa do Consumidor), para aperfeiçoar as disposições gerais do Capítulo I do Título I e dispor sobre o comércio eletrônico, e o art. 9° do Decreto-Lei n° 4.657, de 4 de setembro de 1942 (Lei de Introdução às Normas do Direito Brasileiro), para aperfeiçoar a disciplina dos contratos internacionais comerciais e de consumo e dispor sobre as obrigações extracontratuais. Disponível em: <http://imagem.camara.gov.br/Imagem/d/pdf/DCD0020151118001980000.PDF#page=302>. Acesso em: 17 jan. 2020.
113. RIO GRANDE DO SUL. Tribunal de Justiça. Apelação Cível n° 70049155534, da 12ª Câmara Cível. Apelante: Salete Coradi Costa. Apelada: VRG Linhas Aéreas S.A. Rel. Des. Ana Lúcia Carvalho Pinto Vieira Rebout. Porto Alegre, 16.08.2012.

Conforme se depreende da leitura da ementa dessa decisão, o Tribunal decidiu que não há motivos para não se aplicar o direito de arrependimento assegurado pelo Código de Defesa do Consumidor às compras de passagens aéreas pela internet, considerando-se que é um contrato eletrônico, celebrado a distância, fora do estabelecimento comercial.[114]

Marques sustenta a aplicação irrestrita do direito de arrependimento do consumidor,[115] por causa da distância entre fornecedor e consumidor, que acentua a vulnerabilidade do consumidor. Já Almeida, diferentemente, assevera sobre os fundamentos do direito de arrependimento:

> O mais comum dos fundamentos indicados é a concessão do tempo necessário para um consentimento refletido, um período de *cooling off*, que protege os consumidores contra o risco de precipitação provocada pela persuasão e pressão psicológica, pela surpresa e pela sedução dos métodos agressivos de comercialização. Como fundamento cumulativo ou alternativo à proteção da reflexão, invoca-se a neutralização do *déficit* de informação do consumidor, em situações que dificultam ver o produto e verificar a sua qualidade, e do desequilíbrio institucional inerente a circunstâncias de monopólio situacional. Funcionando como compensação para a inferioridade psíquica e informativa e salvaguardando a formação de uma vontade livre de influências, o direito de arrependimento serviria de instrumento para a realização da liberdade contratual material e efetiva. [...] O direito de arrependimento surge assim como sucedâneo ora da coação ora do dolo, conforme se tenha mais em vista a proteção da reflexão ou da informação.[116]

Coelho apresenta um critério de ponderação quanto à aplicação do art. 49 do CDC aos contratos celebrados pela internet. Sustenta o autor:

> Esse dispositivo (o art. 49 do CDC), se ficarmos em sua literalidade, seria aplicável ao comércio eletrônico. Mas não é apropriado estabelecer que qualquer ato de consumo praticado via Internet poderia ser desfeito pelo consumidor arrependido, no prazo de 7 dias. Pense numa operação financeira qualquer, realizada por meio de Internet-*banking*, como uma aplicação em fundo, transferência de numerário ou contratação de empréstimo. Não é razoável supor que 7 dias depois o consumidor pudesse unilateralmente desfazer a operação apenas porque se arrependeu do ato praticado. Por outro lado, é inegável que o contato físico (visual e mesmo táctil) do consumidor com o produto que pretende comprar transmite-lhe informações que nenhuma página na Internet é capaz de fornecer. Por mais que a foto do eletrodoméstico seja fiel e apresente detalhes; por mais que ela gire 360°, o contato físico com o produto de mostruário na loja permite ao consumidor ter uma ideia mais completa do que estará adquirindo, se concluir a compra.[117]

E conclui o autor:

> De um modo geral, o art. 49 do CDC pode ser aplicado ao comércio eletrônico sempre que houver menos informações sobre o produto ou serviço a adquirir nesse canal de venda do que no comércio físico. Quer dizer, não há direito de arrependimento se o consumidor puder ter, por meio da Internet, rigorosamente as mesmas informações sobre o produto ou serviço que teria se o ato de consumo fosse praticado no ambiente físico e não no virtual. Quer dizer, se o *site* permite ao consumidor ouvir as faixas do CD e apresenta todas as informações constantes da capa e contracapa (isto é, franquia rigorosamente tudo a que teria acesso o mesmo consumidor se estivesse examinando o produto numa loja física),

---

114. KLEE, Antonia Espíndola Longoni. *Comércio Eletrônico*. São Paulo: Revista dos Tribunais, 2014. p. 173.
115. MARQUES, Claudia Lima. *Confiança no comércio eletrônico e a proteção do consumidor*: um estudo dos negócios jurídicos de consumo no comércio eletrônico. São Paulo: Revista dos Tribunais, 2004. p. 259.
116. ALMEIDA, Carlos Ferreira de. *Direito do consumo*. Coimbra: Almedina, 2005. p. 107-108.
117. COELHO, Fábio Ulhoa. *Direitos do consumidor no comércio eletrônico*. Disponível em: <http://www.ulhoacoelho.com.br/pt/artigos/doutrina/54-direitos-do-consumidor-no-comercio-eletronico.html>. Acesso em: 17 jan. 2020.

então não há razões para reconhecer o direito de arrependimento. Por outro lado, por mais informações que preste o *site*, o usuário da Internet não tem como abrir a porta da geladeira ou *sentir* o tamanho do aparelho televisor. Nesse caso, se o contato físico com o produto, quando da entrega, desperta o sentimento de arrependimento do ato de compra, deve ser reconhecido o direito do consumidor ao desfazimento do contrato.[118]

Procurando aumentar a proteção do consumidor, antes do trabalho da Comissão de Juristas, em seu excelente *Confiança no comércio eletrônico e a proteção do consumidor: um estudo dos negócios jurídicos de consumo no comércio eletrônico*, Marques havia sugerido algumas complementações ao Código de Defesa do Consumidor, para expressamente mencionar os contratos celebrados pela internet e outros meios eletrônicos. Entre elas, a inclusão de um art. 49bis, com a seguinte redação:

> Art. 49bis. Quando o fornecedor utilizar-se, seja para conclusão, seja para a execução, total ou parcial, de um contrato com consumidores, de um meio eletrônico, de telemídia, *teleshopping* ou meio semelhante de comunicação de massas, deverá organizar um meio técnico de forma que o consumidor possa ter acesso prévio ao texto do contrato e às informações impostas nos artigos 31, 33, 40 e 52 desta lei; bem como possa informar, rápida e definitivamente, a ocorrência de um erro ou falha no pedido ou cancelamento imediato da contratação, sem custos financeiros para tal. § 1º Nestes casos, deverá igualmente organizar um meio técnico de forma que o consumidor possa perenizar e arquivar o texto do contrato e receber uma confirmação, individualizada e automática, sobre o sucesso da contratação, seu tempo e local. § 2º Quando os deveres do *caput* deste artigo forem cumpridos, o fornecedor deverá organizar um meio técnico de forma que o consumidor possa – pelo mesmo meio – comunicar seu arrependimento, em quatorze dias, de acordo com o regime imposto pelo art. 49 desta lei, e receber uma confirmação sobre a resolução do contrato. Se o consumidor não receber as informações previstas no n. 1, o seu prazo de arrependimento, segundo o regime do art. 49, passará para trinta dias, a partir do momento em que identificar o endereço físico do fornecedor.[119]

A inspiração de Marques para a redação do art. 49bis está no direito europeu, com um prazo de reflexão maior para o resguardo dos direitos dos consumidores. A sugestão da autora é no sentido de o consumidor poder desistir da contratação imediatamente, realizando o cancelamento da contratação, assim como o alargamento do prazo para exercer o direito de arrependimento.

Em 25 de outubro de 2011, a União Europeia adotou a Diretiva nº 2011/83/UE,[120] do Parlamento Europeu e do Conselho, relativa aos direitos dos consumidores, que alterou a Diretiva nº 93/13/CEE[121] do Conselho, e a Diretiva nº 1999/44/CE[122] do Parlamento

---

118. COELHO, Fábio Ulhoa. *Direitos do consumidor no comércio eletrônico*. Disponível em: <http://www.ulhoacoelho.com.br/pt/artigos/doutrina/54-direitos-do-consumidor-no-comercio-letronico.html>. Acesso em: 17 jan. 2020.
119. MARQUES, Claudia Lima. *Confiança no comércio eletrônico e a proteção do consumidor*: um estudo dos negócios jurídicos de consumo no comércio eletrônico. São Paulo: Revista dos Tribunais, 2004. p. 468-469.
120. DIRETIVA nº 2011/83/UE do Parlamento Europeu e do Conselho, de 25 de outubro de 2011. Disponível em: <http://eur-lex.europa.eu/LexUriServ/LexUriServ.do?uri=OJ:L:2011:304:0064:0088:PT:PDF>. Acesso em: 17 jan. 2020. Uma análise mais aprofundada dessa Diretiva Europeia será feita em outra oportunidade.
121. DIRETIVA nº 93/13/CEE do Conselho, de 5 de abril de 1993, relativa às cláusulas abusivas nos contratos celebrados com os consumidores. Disponível em: <http://eur-lex.europa.eu/LexUriServ/LexUriServ.do?uri=CELEX:31993L0013:PT:HTML>. 17 jan. 2020. Alterada.
122. DIRETIVA nº 1999/44/CE do Parlamento Europeu e do Conselho, de 25 de maio de 1999, relativa a certos aspectos da venda de bens de consumo e das garantias a ela relativas. Disponível em: <http://eur-lex.europa.eu/LexUriServ/LexUriServ.do?uri=OJ:L:1999:171:0012:0016:PT:PDF>. Acesso em: 17 jan. 2020. Alterada.

Europeu e do Conselho, e que revogou a Diretiva n° 85/577/CEE[123] do Conselho, bem como a Diretiva n° 97/7/CE[124] do Parlamento Europeu e do Conselho. Essa Diretiva Europeia modernizou o direito europeu e foi analisada em outra oportunidade.[125]

Assim, buscando um diálogo entre o conceito de estabelecimento empresarial estabelecido pelo Código Civil e a norma do art. 49 do CDC, deve-se dar vigência a ambas, observando que o *site* é uma mera representação do estabelecimento físico e pode ser entendido no contexto legal "a distância" e/ou "fora do estabelecimento empresarial". O estabelecimento virtual e o estabelecimento físico são uma única realidade jurídica, diferindo no aspecto de sua apresentação e meios em que se inserem.

Conforme demonstrado acima, não há consenso na doutrina a respeito do fundamento de aplicação do direito de arrependimento do consumidor aos contratos eletrônicos. Enquanto alguns juristas sustentam a sua aplicação por serem contratos celebrados fora do estabelecimento empresarial, outros afirmam que é necessário haver insuficiência de informação e reflexão do consumidor.

A proposta de alteração da redação do art. 49 do CDC feita pela Comissão de Juristas de Atualização do CDC (e mantida em sua essência no PL 3.514/2015, apesar das inúmeras emendas realizadas no texto original) está em perfeita consonância com o avanço tecnológico dos meios de contratação e a necessária adaptação do nosso diploma consumerista.

4. CONCLUSÃO

Diante de uma diversidade de fatores que levam ao surgimento de novos contratos e de variados meios de contratação, o direito não pode ficar atrelado a dogmas inertes que se adequavam a um determinado período histórico e a uma ordem econômica, política e social específica. O ideal do contrato como acordo de vontades livres e iguais está, em muitos casos, dissociado da realidade. A multiplicação dos contratos, observada na celebração de contratos de adesão, por telefone, por meio da informática – o contrato celebrado pela internet, inclusive –, os contratos internacionais e os contratos de consumo mostram que a maneira de se pensar o direito no século XXI deve-se transformar para, mais forte e completa, tornar-se ferramenta eficaz no trato das relações jurídicas que estão sendo estabelecidas na internet.

A autonomia da vontade não desapareceu da teoria geral dos contratos, mas vem se adaptando ao desenvolvimento das relações jurídicas atuais. A mudança do enfoque deve ser dada pela interpretação de que a manifestação de vontade das partes, em contratos de adesão, em contratos de consumo e em contratos celebrados pela internet, não

---

123. DIRETIVA n° 85/577/CEE do Conselho, de 20 de dezembro de 1985, relativa à proteção dos consumidores no caso de contratos negociados fora dos estabelecimentos comerciais. Disponível em:<http://eur-lex.europa.eu/LexUriServ/LexUriServ.do?uri=CELEX:31985L0577:pt:HTML>. Acesso em: 17 jan. 2020. Revogada.
124. DIRETIVA n° 97/7/CE do Parlamento Europeu e do Conselho, de 20 de maio de 1997, relativa à proteção dos consumidores em matéria de contratos a distância. Disponível em: <http://ec.europa.eu/consumers/policy/developments/dist_sell/dist01es.pdf>. Acesso em: 17 jan. 2020. Revogada.
125. Para sugestões acerca do reforço do direito de arrependimento do consumidor no comércio eletrônico, ver KLEE, Antonia Espíndola Longoni. *Comércio Eletrônico*. São Paulo: Revista dos Tribunais, 2014. p. 304-335.

se caracteriza pela entrega da vontade livre e consciente do que está sendo acordado, mas do que está sendo determinado pela parte mais forte, pelos usos do tráfego e pelas práticas comerciais.

A aprovação do Código de Defesa do Consumidor, no início da década de 1990, com certeza representou um extraordinário avanço para a proteção dos interesses dos consumidores. Na medida em que privilegiou o aspecto preventivo e estabeleceu medidas de grande alcance prático para os diversos setores das relações de consumo, o Código inovou ao consagrar soluções flexíveis para a tutela dos interesses dos consumidores. Do mesmo modo, a entrada em vigor do novo Código Civil, ocorrida em 2003, provou não ser um retrocesso do nível de proteção alcançado para os consumidores. O Código Civil constitui instrumento fundamental para uma melhor e maior proteção da parte mais fraca na relação de consumo, visando à garantia da dignidade da pessoa humana.

A sociedade brasileira mudou de 1990 para cá, mudou a economia, temos um novo Código Civil, e o Código de Defesa do Consumidor precisa ser atualizado. Por isso, foi de extrema importância o trabalho de atualização do Código de Defesa do Consumidor realizado pela Comissão de Juristas, ao elaborar o Projeto de Lei de atualização sobre o tema do comércio eletrônico, que atualmente tramita na Câmara dos Deputados.[126]

Nesse passo, a adequação de alguns conceitos jurídicos, tais como o de estabelecimento empresarial, faz-se necessária, com o objetivo de conferir uma proteção mais eficaz ao sujeito contratual mais vulnerável da relação de consumo.

A regulamentação jurídica dessas novidades técnicas impõe o reexame de conceitos tradicionais, como sempre ocorre quando novos desenvolvimentos tecnológicos são criados. Ao jurista cabe, por um lado, empreender a releitura do sistema vigente, aprofundando a análise dos valores e dos princípios inscritos no cerne dos conceitos tradicionais, lançando mão de uma interpretação à luz da Constituição, estando sempre atento aos novos desafios; por outro, ser o mediador entre os interesses múltiplos, às vezes contraditórios, que a utilização da tecnologia gera diante das distintas categorias de atores, sejam eles fornecedores ou consumidores.

Também cabe ao jurista conciliar os princípios contratuais clássicos com a concepção pós-moderna, múltipla e pluralista de contrato, superando os impasses existentes e catalisando a verdadeira revolução cultural que está ocorrendo, iniciada pelo advento da internet. "A nova sociedade exige, pois, um novo direito, uma nova dogmática jurídica".[127]

Por último, não se pode deixar de reconhecer o importante papel que terá o Poder Judiciário na interpretação das normas de proteção dos consumidores para adaptá-las ao consumo realizado por meio da internet. Não será diferente, após a atualização do CDC:

---

126. BRASIL. Câmara dos Deputados. Projeto de Lei nº 3.514/2015. Altera a Lei nº 8.078, de 11 de setembro de 1990 (Código de Defesa do Consumidor), para aperfeiçoar as disposições gerais do Capítulo I do Título I e dispor sobre o comércio eletrônico, e o art. 9º do Decreto-Lei nº 4.657, de 4 de setembro de 1942 (Lei de Introdução às Normas do Direito Brasileiro), para aperfeiçoar a disciplina dos contratos internacionais comerciais e de consumo e dispor sobre as obrigações extracontratuais. Disponível em: <http://imagem.camara.gov.br/Imagem/d/pdf/DCD0020151118001980000.PDF#page=302>. Acesso em: 17 jan. 2020.
127. WALD, Arnoldo. A evolução do contrato no terceiro milênio e o novo Código Civil. In: ALVIM NETO, José Manuel de Arruda; CÉSAR, Joaquim Portes Cerqueira; ROSAS, Roberto (Coord.). *Aspectos controvertidos do novo Código Civil*. São Paulo: Revista dos Tribunais, 2003. p. 67.

caberá aos julgadores e à ação concretizadora da jurisprudência a tarefa de contribuir de modo decisivo para definir os limites e o alcance dos dispositivos contemplados pelo Código de Defesa do Consumidor, em diálogo com o Código Civil e almejando a proteção da dignidade da pessoa humana, ao analisar as relações contratuais de consumo pela internet e evitar o retrocesso.

REFERÊNCIAS

ALMEIDA COSTA, Mário Júlio de. *Direito das obrigações*. 9. ed. rev. e aum. Coimbra: Almedina, 2006.

ALMEIDA, Carlos Ferreira de. *Direito do consumo*. Coimbra: Almedina, 2005.

ALMEIDA, Carlos Ferreira de. *Texto e enunciado na teoria do negócio jurídico*. Coimbra: Almedina, 1992. v. 1.

ALMEIDA, Marcus Elidius Michelli de. Do estabelecimento: arts. 1.142 a 1.195. In: PRUX, Oscar Ivan; HENTZ, Luiz Antonio Soares; ALMEIDA, Marcus Elidius Michelli de. *Comentários ao Código Civil brasileiro*: da sociedade, do estabelecimento e dos institutos complementares: arts. 1.088 a 1.195. Coordenação de Arruda Alvim e Thereza Alvim. Rio de Janeiro: Forense, 2006. v. 10.

ALMEIDA, Ricardo Gesteira Ramos de. Aspectos relevantes dos contratos eletrônicos. In: FERREIRA, Ivette Senise; BAPTISTA, Luiz Olavo (Coord.). *Novas fronteiras do direito na era digital*. São Paulo: Saraiva, 2002.

ANDRADE, Darcy Bessone de Oliveira. *Do contrato*: teoria geral. 3. ed. Rio de Janeiro: Forense, 1987.

ASSIS, Araken de. Dos contratos em geral. In ASSIS, Araken de; ANDRADE, Ronaldo Alves de; ALVES, Francisco Glauber Pessoa. *Comentários ao Código Civil brasileiro*: do direito das obrigações: arts. 421 a 578. Coordenação de Arruda Alvim e Thereza Alvim. Rio de Janeiro: Forense, 2007. v. 5.

BALLARINO, Tito. A Internet e a conclusão dos contratos. In: POSENATO, Naiara (Org.). *Contratos internacionais*: tendências e perspectivas: estudos de direito internacional privado e direito comparado. Ijuí: Unijuí, 2006.

BDINE JÚNIOR, Hamid Charaf. *Cessão da posição contratual*. São Paulo: Saraiva, 2007.

BENJAMIN, Antônio Herman de Vasconcellos e. Das práticas comerciais. In: GRINOVER, Ada Pellegrini et al. *Código Brasileiro de Defesa do Consumidor*: comentado pelos autores do anteprojeto. 9. ed. rev., atual. e ampl. Rio de Janeiro: Forense Universitária, 2007.

BESSA, Leonardo Roscoe. *Aplicação do Código de Defesa do Consumidor*: análise crítica da relação de consumo. Brasília: Brasília Jurídica, 2007.

BETTI, Emilio. *Teoría general del negocio jurídico*. 2. ed. Madrid: Revista de Derecho Privado, 1959. p. 112.

BRASIL. Senado Federal. Atualização do Código de Defesa do Consumidor: anteprojetos: relatório. Brasília, DF, [2012].

BRASIL. Câmara dos Deputados. Projeto de Lei nº 3.514/2015. Altera a Lei nº 8.078, de 11 de setembro de 1990 (Código de Defesa do Consumidor), para aperfeiçoar as disposições gerais do Capítulo I do Título I e dispor sobre o comércio eletrônico, e o art. 9º do Decreto-Lei nº 4.657, de 4 de setembro de 1942 (Lei de Introdução às Normas do Direito Brasileiro), para aperfeiçoar a disciplina dos contratos internacionais comerciais e de consumo e dispor sobre as obrigações extracontratuais. Disponível em: <http://imagem.camara.gov.br/Imagem/d/pdf/DCD0020151118001980000.PDF#page=302>. Acesso em: 17 jan. 2020.

_____ BRASIL. *Comissão de Juristas apresenta relatório sobre atualização do CDC*. Disponível em: <http://www12.senado.gov.br/noticias/materias/2012/03/14/comissao-de-juristas-encerra-primeira-etapa-do-cdc>. Acesso em: 17 jan. 2020.

BRIZZIO, Claudia Rita. *Contratación mediante click-wraping*. Disponível em: <www.alterini.org/tonline.htm>. Acesso em: 17 jan. 2020.

CARVALHO, Rodrigo Benevides de. A Internet e as relações de consumo. In: SCHOUERI, Luís Eduardo (Org.). *Internet*: o direito na era virtual. 2. ed. Rio de Janeiro: Forense, 2001.

CARVALHOSA, Modesto. *Comentários ao Código Civil*: parte especial: do direito de empresa (artigos 1.052 a 1.195). Coordenação de Antônio Junqueira de Azevedo. São Paulo: Saraiva, 2003. v. 13.

COELHO, Fábio Ulhoa. *Direitos do consumidor no comércio eletrônico*. Disponível em: <http://www.ulhoacoelho.com.br/pt/artigos/doutrina/54-direitos-do-consumidor-no-comercio-eletronico.html>. Acesso em: 17 jan. 2020.

COELHO, Fábio Ulhoa. Direitos do consumidor no comércio eletrônico. *Revista do Advogado*, São Paulo, v. 26, nº 89, p. 32-37, dez. 2006.

COELHO, Fábio Ulhoa. O estabelecimento virtual e o endereço eletrônico. *Tribuna do Direito*, São Paulo, ano 7, nº 79, p. 32, nov. 1999.

COUTO E SILVA, Clovis Verissimo do. *A obrigação como processo*. São Paulo: José Bushatsky, 1976.

DE LUCCA, Newton. *Direito do consumidor*: teoria geral da relação de consumo. Prefácio de Ruy Rosado de Aguiar Júnior. São Paulo: Quartier Latin, 2003.

DINIZ, Maria Helena. *Tratado teórico e prático dos contratos*. São Paulo: Saraiva, 1993. v. 1.

DIRETIVA nº 93/13/CEE do Conselho, de 5 de abril de 1993, relativa às cláusulas abusivas nos contratos celebrados com os consumidores. Disponível em: <http://eur-lex.europa.eu/LexUriServ/LexUriServ.do?uri=CELEX:31993L0013:PT:HTML>. Acesso em: 17 jan. 2020.

DIRETIVA nº 85/577/CEE do Conselho, de 20 de dezembro de 1985, relativa à proteção dos consumidores no caso de contratos negociados fora dos estabelecimentos comerciais. Disponível em:<http://eur-lex.europa.eu/LexUriServ/LexUriServ.do?uri=CELEX:31985L0577:pt:HTML>. Acesso em: 17 jan. 2020.

DIRETIVA nº 1999/44/CE do Parlamento Europeu e do Conselho, de 25 de maio de 1999, relativa a certos aspectos da venda de bens de consumo e das garantias a ela relativas. Disponível em: <http://eur-lex.europa.eu/LexUriServ/LexUriServ.do?uri=OJ:L:1999:171:0012:0016:PT:PDF>. Acesso em: 17 jan. 2020.

DIRETIVA nº 2011/83/UE do Parlamento Europeu e do Conselho, de 25 de outubro de 2011. Disponível em:<http://eur-lex.europa.eu/LexUriServ/LexUriServ.do?uri=OJ:L:2011:304:0064:0088:PT:PDF>. Acesso em: 17 jan. 2020.

DIRETIVA nº 97/7/CE do Parlamento Europeu e do Conselho, de 20 de maio de 1997, relativa à proteção dos consumidores em matéria de contratos à distância. Disponível em: <http://ec.europa.eu/consumers/policy/developments/dist_sell/dist01es.pdf>. Acesso em: 17 jan. 2020.

ELIAS, Paulo Sá. *Contratos eletrônicos e a formação do vínculo*. São Paulo: Lex, 2008.

FERREIRA DA SILVA, Luís Renato. *Revisão dos contratos*: do Código Civil ao Código do Consumidor. Rio de Janeiro: Forense, 1998.

FILOMENO, José Geraldo Brito. Da política nacional de relações de consumo. In: GRINOVER, Ada Pellegrini et al. *Código Brasileiro de Defesa do consumidor*: comentado pelos autores do anteprojeto. 9. ed. rev., atual. e ampl. Rio de Janeiro: Forense Universitária, 2007.

FILOMENO, José Geraldo Brito. Disposições gerais. In: GRINOVER, Ada Pellegrini et al. *Código Brasileiro de Defesa do consumidor*: comentado pelos autores do anteprojeto. 9. ed. rev., atual. e ampl. Rio de Janeiro: Forense Universitária, 2007.

FILOMENO, José Geraldo Brito. Dos direitos básicos do consumidor. In: GRINOVER, Ada Pellegrini et al. *Código Brasileiro de Defesa do consumidor*: comentado pelos autores do anteprojeto. 9. ed. rev., atual. e ampl. Rio de Janeiro: Forense Universitária, 2007.

FONSECA, Priscila M. P. Corrêa da; SZTAJN, Rachel. *Código civil comentado*: direito de empresa: arts. 887 a 926 e 966 a 1.195. Coordenação de Álvaro Villaça Azevedo. São Paulo: Atlas, 2008. v. 11.

GLANZ, Semy. Contratos eletrônicos. *Revista de Direito Bancário, do Mercado de Capitais e da Arbitragem*, São Paulo, v. 3, nº 7, p. 15-22, jan./mar. 2000.

GOMES, Orlando. *Contratos*. 6. ed. Rio de Janeiro: Forense, 1977.

GONÇALVES NETO, Alfredo de Assis. *Direito de empresa*: comentários aos artigos 966 a 1.195 do Código Civil. São Paulo: Revista dos Tribunais, 2007.

GRAU, Eros Roberto. Interpretando o Código de Defesa do Consumidor; algumas notas. *Revista de Direito do Consumidor*, São Paulo, nº 5, p. 183-189, jan./mar. 1993.

HIRONAKA, Giselda Maria Fernandes Novaes; TARTUCE, Flávio. O princípio da autonomia privada e o direito contratual brasileiro. In: HIRONAKA, Giselda Maria Fernandes Novaes, TARTUCE, Flávio. (Coord.). *Direito contratual*: temas atuais. São Paulo: Método, 2007.

HUNGRIA, Camila. *E-commerce*: uma das oportunidades de negócios que mais cresce no Brasil. Disponível em: <http://www.camara-e.net/>. Acesso em: 17 jan. 2020.

IRTI, Natalino. È vero, ma...: replica a Giorgio Oppo. *Rivista di Diritto Civile*, Padova, v. 45, nº 2, p. 273-278, mar./apr. 1999.

IRTI, Natalino. Scambi sena accordo. *Rivista Trimestrale di Diritto e Procedura Civile*, Milano, v. 52, nº 2, p. 347-364, giugno 1998.

JAYME, Erik. O direito internacional privado do novo milênio: a proteção da pessoa humana face à globalização. *Cadernos do Programa de Pós-Graduação em Direito PPGDir/UFRGS*, Porto Alegre, v. 1, nº 1, p. 85-97, mar. 2003.

JUNQUEIRA, Miriam. *Contratos eletrônicos*. Rio de Janeiro: Mauad, 1997.

KLEE, Antonia Espíndola Longoni. *Comércio Eletrônico*. São Paulo: Revista dos Tribunais, 2014.

LAWAND, Jorge José. *Teoria geral dos contratos eletrônicos*. São Paulo: J. de Oliveira, 2003.

LIPPERT, Márcia Mallmann. *A empresa no Código Civil*: elemento de unificação no direito privado. São Paulo: Revista dos Tribunais, 2003.

LORENZETTI, Ricardo Luis. *Comércio eletrônico*. Tradução de Fabiano Menke. Notas de Claudia Lima Marques. São Paulo: Revista dos Tribunais, 2004.

MARQUES, Claudia Lima. *Confiança no comércio eletrônico e a proteção do consumidor*: um estudo dos negócios jurídicos de consumo no comércio eletrônico. São Paulo: Revista dos Tribunais, 2004.

MARQUES, Claudia Lima. *Contratos no Código de Defesa do Consumidor*: o novo regime das relações contratuais. 5. ed. rev., atual. e ampl. São Paulo: Revista dos Tribunais, 2006.

MARQUES, Claudia Lima. Diálogo das fontes. In: BENJAMIN, Antônio Herman de Vasconcellos; BESSA, Leonardo Roscoe. *Manual de direito do consumidor*. São Paulo: Revista dos Tribunais, 2007.

MARQUES, Claudia Lima; BENJAMIN, Antônio Herman de Vasconcellos e; MIRAGEM, Bruno Nubens Barbosa. *Comentários ao Código de Defesa do Consumidor*: artigo por artigo. 2. ed. São Paulo: Revista dos Tribunais, 2006.

MARTINS, Guilherme Magalhães. *Formação dos contratos eletrônicos de consumo via Internet*. 2. ed. rev. e atual. Rio de Janeiro: Lumen Juris, 2010.

MERCOSUL.COM (Org.). B2B: uma alternativa para a expansão de seus negócios na Internet. São Paulo: Cia. Latino-Americana de Negócios On-Line, 2000.

MONTEIRO, Rogério. Do empresário: arts. 966 a 980. In: LUCCA, Newton et al. *Comentários ao Código Civil brasileiro*: do direito de empresa: (arts 966 a 1.087). Coordenação de Arruda Alvim e Thereza Alvim. Rio de Janeiro: Forense, 2005. v. 9.

MORAES, Maria Antonieta Lynch de. O estabelecimento comercial no novo Código Civil: o direito de empresa. *Revista Jurídica Consulex*, Brasília, v. 6, nº 125, p. 44-46, mar. 2002.

MOTTA, Fernando Previdi; GUELMANN, Karine Rose; CASTILHO, William Moreira. Reflexões sobre o direito do consumidor e a Internet. In: CAPAVERDE, Aldaci do Carmo; CONRADO, Marcelo (Org.). *Repensando o direito do consumidor*: 15 anos do CDC: 1990-2005. Curitiba: Ordem dos Advogados do Brasil, Seção do Paraná, 2005.

MULHOLLAND, Caitlin. *Internet e contratação*: panorama das relações contratuais eletrônicas de consumo. Rio de Janeiro: Renovar, 2006.

NERY JUNIOR, Nelson. Da proteção contratual. In: GRINOVER, Ada Pellegrini et al. *Código Brasileiro de Defesa do Consumidor*: comentado pelos autores do anteprojeto. 9. ed. rev., atual. e ampl. Rio de Janeiro: Forense Universitária, 2007.

NUNES, Luiz Antônio Rizzatto. *Comentários ao Código de Defesa do Consumidor*. 3. ed. rev. e atual. São Paulo: Saraiva, 2007.

OPPO, Giorgio. Disumanizzazione del contratto? *Rivista di Diritto Civile*, Padova, v. 44, nº 5, p. 525-533, sett./ott. 1998.

PACHECO, José da Silva. Do estabelecimento empresarial em face do novo Código Civil. *ADV Advocacia Dinâmica*: boletim informativo semanal, São Paulo, v. 23, nº 28, p. 417-415, jul. 2003.

PASQUALOTTO, Adalberto de Souza. Conceitos fundamentais do Código de Defesa do Consumidor. *RT*, São Paulo: Revista dos Tribunais, v. 80, nº 666, p. 48-53, abr. 1991.

PEREIRA, Thomaz Henrique Junqueira de Andrade. O conceito de "estabelecimento virtual". *Revista de Direito Empresarial*, Curitiba, nº 9, p. 219, jan./jun. 2008.

RÊGO, Werson. *O Código de Proteção e Defesa do Consumidor, a nova concepção contratual e os negócios jurídicos e imobiliários*: aspectos doutrinários e jurisprudenciais. Rio de Janeiro: Forense, 2001.

RIBEIRO, Luciana Antonini. Direito de arrependimento nas relações internáuticas. *Revista de Direito de Informática e Telecomunicações*, Belo Horizonte, v. 2, nº 3, p. 87-107, jul./dez. 2007.

RIDOLFO, José Olinto de Toledo. Aspectos da valoração do estabelecimento comercial de empresas da nova economia. In: DE LUCCA, Newton; SIMÃO FILHO, Adalberto (Coord.). *Direito & Internet*: aspectos jurídicos relevantes. 2. ed. São Paulo: Quartier Latin, 2005.

RIO GRANDE DO SUL. Turmas Recursais Cíveis. *Recurso cível nº 71000955773*, da 3ª Turma Recursal Cível. Recorrente: Terra Networks Brasil S.A. Recorrido: Luciane Ávila. Relator: Eugênio Facchini Neto. Porto Alegre, 3 de outubro de 2006. Disponível em: <http://www.tj.rs.gov.br/site_php/jprud2/ementa.php>. Acesso em: 17 jan. 2020.

RIO GRANDE DO SUL. Turmas Recursais Cíveis. *Recurso cível nº 71001388974*, da 1ª Turma Recursal Cível. Recorrente: Americanas.com. Recorrido: Marcelo Ramos Azevedo. Relator: Heleno Tregnago Saraiva. Porto Alegre, 27 de março de 2008. Disponível em: <http://www.tj.rs.gov.br/site_php/jprud2/ementa.php>. Acesso em: 17 jan. 2020.

RIO GRANDE DO SUL. Turmas Recursais Cíveis. *Recurso cível nº 71001116813*, da 1ª Turma Recursal Cível. Recorrente: Globex Utilidades S.A. – Ponto Frio. Recorrido: Patrick Jan Georg Klemt e Aline

Leal Fontanella. Relator: Ricardo Torres Hermann. Porto Alegre, 19 de abril de 2007. Disponível em: <http://www.tj.rs.gov.br/site_php/jprud2/ementa.php>. Acesso em: 17 jan. 2020.

RIO GRANDE DO SUL. Turmas Recursais Cíveis. *Recurso cível nº 71002071918*, da 2ª Turma Recursal Cível. Relatora: Vivian Cristina Angonese Spengler. Porto Alegre, 24 de fevereiro de 2010.

RIO GRANDE DO SUL. Tribunal de Justiça. Apelação Cível nº 70049155534, da 12ª Câmara Cível. Apelante: Salete Coradi Costa. Apelada: VRG Linhas Aéreas S.A. Rel. Des. Ana Lúcia Carvalho Pinto Vieira Rebout. Porto Alegre, 16.08.2012.

ROCHA, Roberto Silva da. Natureza jurídica dos contratos celebrados com sites de intermediação no comércio eletrônico. *Revista de Direito do Consumidor*, São Paulo, v. 16, nº 61, p. 230-269, jan./mar. 2007.

ROPPO, Enzo. *O contrato*. Tradução de Ana Coimbra e M. Januário C. Gomes. Coimbra: Almedina, 1988.

SALLES, Marcos Paulo de Almeida. Estabelecimento, uma universalidade de fato ou de direito? *Revista do Advogado*, São Paulo, v. 23, nº 71, p. 73-79, ago. 2003.

SANTOLIM, Cesar Viterbo Matos. *A aplicação dos princípios de proteção do consumidor ao comércio eletrônico no direito brasileiro*. 2004. 123 f. Tese (Doutorado em Direito) – Programa de Pós-Graduação da Faculdade de Direito, Universidade Federal do Rio Grande do Sul, Porto Alegre, 2004.

SANTOLIM, Cesar Viterbo Matos. Anotações sobre o Anteprojeto da Comissão de Juristas para a Atualização do Código de Defesa do Consumidor, na parte referente ao Comércio Eletrônico. *Revista de Direito do Consumidor*, São Paulo, ano 21, v. 83, jul./set. 2012.

SANTOLIM, Cesar Viterbo Matos. *Formação e eficácia probatória dos contratos por computador*. São Paulo: Saraiva, 1995.

SANTOLIM, Cesar Viterbo Matos. Os princípios de proteção do consumidor e o comércio eletrônico no direito brasileiro. *Revista de Direito do Consumidor*, São Paulo, v. 14, nº 55, p. 53-84, jul./set. 2005.

SANTOS, Manoel J. Pereira dos; ROSSI, Mariza Delapieve. Aspectos legais do comércio eletrônico: contratos de adesão. *Revista de Direito do Consumidor*, São Paulo, v. 9, nº 36, p. 105-129, out./dez. 2000.

SARLET, Ingo Wolfgang. *A eficácia dos direitos fundamentais*: uma teoria geral dos direitos fundamentais na perspectiva constitucional. 10. ed. Porto Alegre: Livraria do Advogado, 2009.

TEPEDINO, Gustavo; BARBOZA, Heloisa Helena; MORAES, Maria Celina Bodin de. *Código Civil interpretado*: conforme a Constituição da República: direito de empresa, direito das coisas: arts. 966 a 1.510. Rio de Janeiro: Renovar, 2011. v. 3.

U.S.A. Department of Commerce. Economics and Statistics Administration. U.S. Census Bureau. *E-Stats 2015*: Measuring the Electronic Economy. Economy-Wide Statistics Briefs. Disponível em: <https://www.census.gov/content/dam/Census/library/publications/2017/econ/e15-estats.pdf>. Acesso em: 17 jan. 2020.

WALD, Arnoldo. A evolução do contrato no terceiro milênio e o novo Código Civil. In: ALVIM NETO, José Manuel de Arruda; CÉSAR, Joaquim Portes Cerqueira; ROSAS, Roberto (Coord.). *Aspectos controvertidos do novo Código Civil*. São Paulo: Revista dos Tribunais, 2003.

WALD, Arnoldo. *Comentários ao novo código civil*: livro III: do direito de empresa: arts. 966 a 1.195. Coordenação de Sálvio de Figueiredo Teixeira. Rio de Janeiro: Forense, 2005. v. 14.

WÜST, Graciela Cristina. Contratos informáticos. In: LÓPEZ CABANA, Roberto M. (Coord.). *Contratos especiales en el siglo XXI*. Buenos Aires: Abeledo-Perrot, 1999.

ZAMPAR JÚNIOR, José Américo. O *site* como estabelecimento virtual: novo meio de interação entre a empresa e o consumidor ou nova categoria jurídica? *Revista de Direito Privado*, São Paulo, v. 9, nº 35, p. 160-172, jul./set. 2008.

18
ABRINDO A "CAIXA DE FERRAMENTAS" DA LGPD PARA DAR VIDA AO CONCEITO AINDA ELUSIVO DE *PRIVACY BY DESIGN*[1]

Bruno Ricardo Bioni

Sumário: 1 Introdução. 2 Teoria da Regulação e Proteção de Dados Pessoais: de onde partimos, onde estamos e onde podemos chegar com *privacy by design*? 2.1. De onde partimos: a "velha" interconexão entre direito e tecnologia para modificar comportamentos. 2.2 Onde estamos: + assimetria de informação e normatização do conceito de *privacy by design*. 2.2.1 Exemplos do aprofundamento da assimetria de informação: fricção na espinha dorsal das leis de proteção de dados. 2.2.1.1 Dado Pessoal *versus* Dado Anonimizado. 2.2.1.2 Bases Legais: Consentimento *versus* Legítimo Interesse. 2.3 Onde podemos chegar: enxergando *privacy by design* pelas lentes da metarregulação e como saldo da caixa de ferramentas da LGPD. 2.3.1 Estreitando um diálogo entre Bennett, Raab e Lee Bygrave. 2.3.1.1 Abrindo a caixa de ferramentas e usando os instrumentos de forma integrada da governança de privacidade. 2.3.1.2 Usando as ferramentas para conversas regulatórias e para ativar o conceito de *privacy by design*. 2.3.1.3. Incentivos econômicos na direção da formatação de um mercado de PETs: *accountability* como instrumento de calibração de penalidades. 3. Conclusão: perspectivas e desafios da realidade Brasileira. Referências.

1. INTRODUÇÃO

Não é de hoje que se repete o seguinte mantra[2], quase como se fosse uma panaceia para todos os problemas: serviços e produtos devem ser *concebidos* para garantir a privacidade e a proteção de dados pessoais. Ao se apoiar em clássicos da literatura da teoria da regulação, esse conceito de *privacy by design/PbD*[3] reconhece o papel da própria tecnologia, ao lado do direito (leis) e outros fatores, para modificar comportamentos sociais.[4] Mais do que isso, PbD é a tradução e a verticalização de tais referenciais teóricos para o campo em específico da proteção de dados pessoais.

---

1. Agradeço aos comentários dos colegas Rafael Zanatta e Renato Leite Monteiro. Obviamente, eventuais equívocos e erros são de total minha responsabilidade.
2. A expressão é de: BYGRAVE, Lee A., *Hardwiring Privacy*, Oslo, Noruega: Faculdade de Direito da Universidade de Oslo, 2017. p. 4.
3. Utilizaremos de forma indistinta o termo *privacy by design*, ainda que se reconheça a sua distinção conceitual para *data protection by design*. Referida autonomia conceitual foi analisada por: *Ibid.* p. 08.
4. Adota-se um conceito amplo de regulação pelo qual não se trata apenas de normas legais, mas de todas as formas sociais e econômicas para influenciar-modificar comportamentos. Nesse sentido: BALDWIN, Robert; CAVE, Martin; LODGE, Martin, *Understanding regulation*: theory, strategy, and practice, 2nd ed. New York: Oxford University Press, 2012. p. 04.

Recentemente, nota-se o movimento de legislações em vocalizarem o mantra da PbD no corpo dos seus textos. Esse é o caso da Lei Geral Brasileira de Proteção de Dados Pessoais/LGPD e do Regulamento Europeu de Proteção de Dados Pessoais/GDPR, os quais positivaram senão a própria terminologia, ao menos o conceito de PbD.[5]

O intervalo entre a formulação teórica e a positivação legal de PbD é um convite para refletir sobre o quão elusivo tem sido esse conceito. Nesse sentido, o presente artigo[6] investiga se para além da normatização do conceito de PdD em seu texto legal, de que forma a LGPD, tal como a GDPR, dispensa um modelo regulatório capaz de garantir a proteção de dados pessoais desde a concepção de um produto ou serviço.

Dito de outra forma, além da previsão legal de *privacy by design* em si, o que mais a lei brasileira fornece como gatilhos para dar vida a esse conceito e, efetivamente, modificar os comportamentos sociais dos agentes de tratamento de dados na fase de prototipagem desses produtos e serviços?

O artigo está dividido em quatro partes: *a)* mapeia os referenciais teóricos de PbD; *b)* identifica qual é a racionalidade regulatória por trás do movimento de atualização das leis de proteção de dados pessoais e; *c)* ao olhar holisticamente a lei brasileira e a GDPR, aponta-se que PbD é condicionada e tende a ser o saldo da ativação de ferramentas como relatórios de impacto à proteção de dados pessoais, códigos de boas condutas e selos de terceiros (certificações) do que resultado da sua previsão legal em si; *d)* ao final, aponta-se, ainda, quais são os desafios do contexto brasileiro.

2. TEORIA DA REGULAÇÃO E PROTEÇÃO DE DADOS PESSOAIS: DE ONDE PARTIMOS, ONDE ESTAMOS E ONDE PODEMOS CHEGAR COM *PRIVACY BY DESIGN?*

2.1 De onde partimos: a "velha" interconexão entre direito e tecnologia para modificar comportamentos

Em 1980, em um artigo publicado na revista do Massachusetts *Institute of Technology*/MIT, o cientista político, Landgon Winner[7] já apontava como a tecnologia era um instrumento eficaz para modular comportamentos sociais e, em certos casos, até mesmo para driblar os comandos das leis.

Ao relembrar como se deu a construção de túneis e pontes que não comportavam o trânsito de veículos mais altos, a cidade de Nova Iorque estava recheada de *artefatos tecnológicos* que reforçavam a segregação e práticas discriminatórias de pessoas de etnia negra. Era justamente essa parcela da população mais dependente de transporte público,

---

5. Veja tabela infra 03.
6. Esse artigo é resultado de reflexões de duas palestras conferidas pelo autor: a) revisitando a relação entre privacidade, proteção de dados pessoais e tecnologia: privacidade por concepção (*privacy by design*) e por padrão (*by default*) no IX Seminário de Proteção à Privacidade e aos Dados Pessoais, organizado pelo Comitê Gestor da Internet e pelo Núcleo de Informação e Coordenação do Ponto BR.; b) Proteção de dados: fluxo transnacional, GDPR e novos padrões no III Seminário de Governança das Redes, organizado pelo Instituto de Referência em Internet e Sociedade/IRIS e pela Faculdade de Direito da Universidade Federal de Minas Gerais/UFMG.
7. WINNER, LANGDON, Do Artifacts Have Politics?, *Daedalus*, v. 109, n. 1, p. 17, 1980. p. 17.

de veículos mais altos (ônibus) para explorar todo o espaço urbano. As pontes e os tuneis interligavam apenas uma parcela da sociedade americana, condicionando a outra a não partilhar das mesmas áreas da cidade e gozar da mesma mobilidade no espaço urbano.[8]

No final da década de 90, Lawrence Lessig, professor de Harvard, verticaliza essa visão *sociotécnica* no campo da Internet. Ao cunhar a expressão o "Código é a Lei", Lessig vai além e realça não apenas o papel da tecnologia e do direito, mas, também, normas sociais (padrões de conduta enraizados na própria sociedade) e o próprio mercado (incentivos econômicos) como mecanismos para modificar certos tipos de comportamento.

Ao citar o exemplo da proibição de jogos *online*, Lessisg ilustra como não bastou apenas a vedação desse tipo de comportamento em lei, mas, também, articulá-la com a tecnologia de sistemas de pagamento e a eventual responsabilização das operadoras de cartão de crédito. Caso houvesse a validação de transações bancárias de pessoas localizadas em países que vedassem tal prática, tais intermediários poderiam ser corresponsabilizados. A interligação entre lei, mercado (perdas econômicas) e tecnologia formaria uma *arquitetura de controle* capaz de modificar o comportamento social quanto ao consumo de "jogos de azar".[9]

Nos anos 2000,[10] a então Comissária de Privacidade de Ontário/Canadá, Ann Cavoukian, cunhou o termo *Privacy by Design*. Como um desdobramento da agenda das chamadas *Privacy Enhancing Technologies*/PETs no início da década de 90,[11] a principal contribuição teórica foi a sistematização de 07 (sete) princípios para a articulação entre leis (de proteção de dados pessoais) e os códigos (a tecnologia) dos produtos e serviços. Em suma, o que se propõe é que os sistemas de tecnologia de informação e toda a infraestrutura tecnológica para a produção de bens e serviços traduzam materialmente conformidade (*compliance*) às normas de proteção de dados pessoais.

Todos esses três referenciais teóricos apontam para a necessidade de interconexão entre direito e tecnologia, o que não é algo novo e, muito menos, no campo em específico da proteção de dados pessoais. O mantra de que serviços e produtos devem ser concebidos para garantir a privacidade tem sido repetido pelo menos desde a década 90,[12] mas com pouca aderência prática.

O título do recente estudo conduzido por Ar Ezra Waldman, professor da Escola de Direito de Nova Iorque, é autoexplicativo: *designing without privacy*. Ao conduzir uma série de entrevistas com diversos colaboradores de diversas organizações, a conclusão do estudo aponta que PbD se transformou muito mais em um artifício retórico à serviço de *Data Privacy Officers* do que a cultura organizacional de uma entidade.[13] Quem está no "chão da fábrica", quem está de fato projetando produtos e serviços como cientistas

---

8. Ibid. p. 123.
9. LESSIG, Lawrence, *Code 2.0*, New York, NY: Basic Books, 2006.
10. CAVOUKIAN, Ann, *The 7 Foundational Principles*, [s.l.]: Information and Privacy Commissioner of Ontario, 2009.
11. NETHERLANDS; INFORMATION AND PRIVACY COMMISSIONER/ONTARIO; TNO PHYSICS AND ELECTRONICS LABORATORY (Orgs.), *Privacy-enhancing technologies: the path to anonymity*, Rijswick, The Netherlands : Toronto, Ont., Canada: Registratiekamer ; Information and Privacy Commissioner/Ontario, 1995.
12. Estamos considerando a emergência do debate sobre *privacy by design* no seio do movimento de *privacy enhancing technologies*/PET, cujo relatório inicial data de 1995.
13. WALDMAN, Ari Ezra, Designing without privacy, *Houston Law Review*, v. 55, n. 3, p. 659-727, 2018.

da computação e de dados, profissionais de *marketing* e de produtos, ainda não está consciente sobre o conjunto de normas de proteção de dados, representando o grande gargalo para que PbD se materialize.

Portanto, PbD tem se mostrado um "conceito elusivo"[14] (Rubenstein and Good, 1335) e uma "promessa"[15] (Peter Hustinx) ainda a ser cumprida. Algo cuja gênese data da década de 80, esculpido especificamente na década de 90, mas que mesmo já em 2018 ainda não decolou. Ao olhar no retrovisor e reconstruir a linha do tempo da formação do conceito de PbD, não há muito o que se comemorar e, em última análise, é duvidosa o quão efetiva é a estratégia de leis que positivaram ou prescreveram o seu conceito.

2.2 Onde estamos: + assimetria de informação e normatização do conceito de *privacy by design*

Houve e está havendo uma virada "Copernicana"[16] no campo da proteção de dados, representada por um "ponto de virada" em sua "moldura teórica". Se antes o sistema girava todo em torno da perspectiva da autodeterminação informacional, a sua rotação se dá cada vez mais ao redor de processos de gerenciamento dos riscos das atividades de tratamento de dados.[17]

Como bem alerta Rafael Zanatta[18] não se trata de "um processo de colisão jurídica ou de substituição normativa", mas de uma nova tipologia a respeito da emergência de mecanismos mais centrados na identificação e mitigação das incertezas e das probabilidades dos malefícios decorrentes da manipulação das informações pessoais dos indivíduos.

Em poucas palavras, o *saldo normativo* das novas leis de proteção de dados pessoais não se contabiliza apenas pelo objetivo de franquear controle aos cidadãos sobre suas informações pessoais, mas, também, e principalmente, por uma arquitetura de prevenção de danos. Nadezhda Purtova, professora de Tilburg, resume bem: há uma guinada de "*informational self-determination*" na direção de "*information-induced-harms*".[19]

O fio condutor de todo esse processo é o acirramento da assimetria de informação,[20] o qual, apesar de ser um elemento histórico da própria formação de leis de proteção de

---

14. RUBENSTEIN, IRA S.; GOOD, NATHANIEL, Privacy by Design: A Counterfactual Analysis of Google and Facebook Privacy Incidents, *Berkeley technology law journal*, v. 28, n. 2, p. 1333-1413, 2013.
15. HUSTINX, Peter, Privacy by design: delivering the promises, *Identity in the Information Society*, v. 3, n. 2, p. 253–255, 2010.
16. KUNER, Christopher, The European Commission's Proposed Data Protection Regulation: A Copernican Revolution in European Data Protection Law, *Bloomberg BNA Privacy and Security Law Report*, v. 6, n. 11, p. 1–15, 2012.
17. Veja o debates e os desafios teóricas dessa "risquificação" do campo de proteção de dados pessoais por: QUELLE, Claudia, *The 'Risk Revolution' in EU Data Protection Law: We Can't Have Our Cake and Eat It, Too*, Rochester, NY: Social Science Research Network, 2017.
18. ZANATTA, Rafael A. F., Proteção de dados pessoais como regulação do risco: uma nova moldura teórica?, in: *I Encontro da Rede de Pesquisa em Governança da Internet*, Rio de Janeiro: Rede de Pesquisa em Governança da Internet, 2018, p. 175-193.
19. PURTOVA, Nadezhda, The law of everything. Broad concept of personal data and future of EU data protection law, *Law, Innovation and Technology*, v. 10, n. 1, p. 40-81, 2018.
20. Com maior ou menor intensidade o debate regulatório de proteção de dados pessoais sempre envolveu o gerenciamento de risco, mas o que nos parece mais sintomático é a complexificação no processo de reunião de informação para tomadas de ações ou inações para a modificação de comportamentos, o que impacta o próprio conceito e

dados,[21] atingiu um patamar ainda mais elevado diante dos avanços da tecnologia e pela consolidação de uma economia movida e orientada por dados. Os agentes de tratamento de dados – controladores e operadores – passaram a deter uma superioridade informacional ainda maior frente aos demais atores – cidadãos e órgãos fiscalizadores – desse ecossistema.

2.2.1 Exemplos do aprofundamento da assimetria de informação: fricção na espinha dorsal das leis de proteção de dados[22]

É bastante ilustrativo como o avanço do poder computacional e a consolidação de uma economia e sociedade movida e orientada[23] por dados friccionou os conceitos mais básicos das leis de proteção de dados pessoais. Lista-se, de maneira breve, quatro pontos que são a espinha dorsal de qualquer norma de proteção de dados.

2.2.1.1 Dado pessoal versus dano anonimizado

Historicamente, o escopo de aplicação das leis de proteção de dados pessoais sempre foi calibrado por dois conceitos básicos: i) dado pessoal e; ii) dado anonimizado. No entanto, já há um certo tempo, a literatura aponta ser uma "promessa falha"[24] essa dicotomia dura para deflagrar qual tipo de dado mereceria proteção legal, isto é, o que poderia ser adjetivado como pessoal.

Quase que por diversão, vários cientistas de computação têm conduzido experimentos de reversão de processos de anonimização de bases de dados.[25] A princípio, dados que não tinham "cara e nem rosto" – dados anonimizados – passam a ter. Com isso, haveria todo um universo, de difícil mensuração, dos dados que poderiam estar relacionados a uma pessoa identificável.

É, por isso, que as legislações passaram a estabelecer um "filtro"[26] para manter tal lógica dicotômica que demarca o seu âmbito de aplicação. Tanto a GDPR, como a LGPD, estabelecem que um dado só não será considerado dado pessoal se não for possível, mediante esforços "razoáveis", atribuí-lo a uma determinada pessoa. Fatores objetivos

---

empreitada de regulatória desse campo. Veja, nesse sentido: GELLERT, Raphaël, We Have Always Managed Risks in Data Protection Law, *European Data Protection Law Review*, v. 2, n. 4, p. 481-492, 2016.
21. Veja, por exemplo, a própria decisão da Corte Constitucional Alemã que, ao cunhar o termo autodeterminação informacional, traz ínsita a ideia de reduzir assimetria de informação perante o cidadão para que o cidadão tenha controle sobre seus dados. SCHWABE, Jürgen; MARTINS, Leonardo; WOISCHNIK, Jan, *Cinqüenta anos de jurisprudência do Tribunal Constitucional Federal Alemão*, Montevideo: Fundación Konrad-Adenauer, 2005. p. 233.
22. Nosso objetivo aqui é apenas apontar como a engenharia normativa da LGPD e GDPR por si já é um vetor para o aprofundamento de assimetria de informação. Desta forma, não será aprofundado conceitualmente e teoricamente os elementos ora abordados, o que já foi feito em outro trabalho de nossa autoria: BIONI, Bruno Ricardo, *Proteção de Dados Pessoais*: a função e os limites do consentimento, Rio de Janeiro: Forense, 2019.
23. Essa é uma terminologia utilizada pela: OECD, The OECD Privacy Framework, 2013. p. 4. Disponível em: <https://www.oecd.org/sti/ieconomy/oecd_privacy_framework.pdf>.
24. OHM, Paul, Broken Promises of Privacy: Responding to the Surprising Failure of Anonymization, *UCLA Law Review*, v. 57, p. 1701–1777, 2010.
25. Veja-se, por exemplo, o site de Arvind Narayan cujo título é autoexplicativo: 33 bits of entropy: the ends of anonymous data and what to do about it. Disponível em: <https://33bits.wordpress.com/about/>.
26. BIONI, *Proteção de Dados*...Op. Cit., p. 70-77.

como custo, tempo e estado da arte da tecnologia orientariam a aplicação desse conceito jurídico indeterminado:

LGPD	GDPR
Art. 5º da LGPD – dado anonimizado: dado relativo a titular que não possa ser identificado, considerando a utilização de meios técnicos **razoáveis** e disponíveis na ocasião de seu tratamento; XI – anonimização: utilização de meios técnicos **razoáveis** e disponíveis no momento do tratamento, por meio dos quais um dado perde a possibilidade de associação, direta ou indireta, a um indivíduo; **Art. 12, § 1º, da LGPD** A determinação do que seja razoável deve levar em consideração fatores objetivos, tais como **custo e tempo** necessários para reverter o processo de anonimização, de acordo com **as tecnologias disponíveis**, e a utilização exclusiva de meios próprios.	Consideranda 26 whether a natural person is identifiable, account should be taken of all the means _reasonably_ likely to be used (...)To ascertain whether means are _reasonably_ (...) should be taken of all objective factors, such as the _costs of and the amount of time_ required for identification, taking into consideration the available technology.

(Tabela 01 – Quadro Comparativo sobre Anonimização LGPD *vs* GDPR)

Há, assim, uma *engenharia normativa* cujos alicerces geram *per si incerteza* a respeito de quando um dado será pessoal, isto é, quais atividades de tratamento de dados poderiam ser enquadradas como sendo de risco e, com isso, atrair a aplicação da lei. Em poucas palavras, há assimetria de informação até mesmo com relação ao momento em torno da deflagração das normas de proteção de dados.

2.2.1.2 Bases legais: consentimento *versus* legítimo interesse

Outro ponto basilar de toda e qualquer lei de proteção de dados pessoais são as bases legais que legitimam o tratamento de dados. Ou seja, de que forma a lei prevê autorizações em seu texto sobre a qual toda e qualquer atividade de tratamento de dados deve estar apoiada.

Historicamente, o consentimento sempre foi a "carta coringa regulatória"[27] por meio da qual o titular deveria exercer controle sobre seus dados. A autodeterminação informacional sempre teve como o seu principal veículo a autonomia da vontade do cidadão. Todos os movimentos dos dados deveriam ser seguidos pelo seu titular, o qual deveria consentir para uma finalidade específica.

Tecnologias mais recentes como *Big Data* e Inteligência Artificial complexificaram essa dinâmica normativa pautada pelo consentimento e pelo princípio da especificação dos propósitos. Tais recursos tecnológicos foram concebidos para a reutilização de bases de dados para as mais diversas finalidades. A própria aplicação de tais tecnologias[28] sequer permitiria antever quais correlações (finalidades) poderiam ser extraídas de um conjunto de dados, tornando difícil a equação consentimento + finalidade específica.

Nesse cenário, uma outra base legal alçou um papel de protagonismo ainda maior que o consentimento. O legítimo interesse é uma das outras hipóteses legais que autoriza

---

27. TENE, Omer; POLENESTKY, Jules, To Track or "Do Not Track": Advancing Transparency and Individual Control in Online Behavioral Advertising, *Minnesota Journal of Law, Science & Technology*, v. 13, n. 1, p. 281–357, 2012.
28. Algoritmos de autoaprendizado.

a atribuição de uma nova finalidade a um conjunto de dados, sem que seja necessário recorrer ao consentimento. No entanto, essa carta "coringa regulatória 2.0"[29] não deve ser um cheque em branco, devendo ser contrabalanceada com as legítimas expectativas do titular e o contexto do tratamento, que deve orientar práticas de minimização e transparência.

Por essa razão, um teste de balanceamento entre o legítimo interesse e a legítima expectativa do titular do dado foi sistematizado doutrinariamente e normativamente em leis gerais de proteção de dados. Com isso, o objetivo seria alcançar previsibilidade e consistência na aplicação e interpretação dessa base legal em específico[30]:

LGPD	GDPR
Art. 10. O legítimo interesse do controlador somente poderá fundamentar tratamento de dados pessoais para finalidades legítimas, consideradas a partir de situações concretas, que incluem, mas não se limitam a: II – proteção, em relação ao titular, do exercício regular de seus direitos ou prestação de serviços que o beneficiem, respeitadas as legítimas expectativas dele e os direitos e liberdades fundamentais, nos termos desta Lei. § 1º Quando o tratamento for baseado no legítimo interesse do controlador, somente os dados pessoais estritamente necessários para a finalidade pretendida poderão ser tratados. § 2º O controlador deverá adotar medidas para garantir a transparência do tratamento de dados baseado em seu legítimo interesse.	Consideranda (47) The legitimate interests of a controller, including those of a controller to which the personal data may be disclosed, or of a third party, may provide a legal basis for processing, provided that the interests or the fundamental rights and freedoms of the data subject are not overriding, taking into consideration the reasonable expectations of data subjects based on their relationship with the controller.

(Tabela 02 – Quadro Comparativo sobre Legítimo Interesse LGPD vs GDPR)

Ainda assim, tal engenharia normativa gera *incertezas* a respeito de quando um tratamento de dados, com base no legítimo interesse, não violará as legítimas expectativas do seu titular.[31] A aplicação e a avaliação dos referidos conceitos jurídicos indeterminados fica a cargo do próprio controlador, o que reforça o desequilíbrio informacional frente ao outro lado da balança (o titular do dado) e até mesmo em relação aos órgãos reguladores.

Ao final e ao cabo, a própria *espinha dorsal* das leis de proteção de dados pessoais está recheada de incertezas. Não se sabe ao certo quais os possíveis malefícios que uma atividade de tratamento de dados pode causar, mesmo com relação a dados anonimizados. E, em se tratando de dados pessoais, como se dará sua legitimação através das bases legais dispostas na legislação, especialmente através do legítimo interesse que pode lesar as legítimas expectativas do cidadão. Sendo o elemento risco compreendido como um cenário de incerteza (quantificável) acerca da probabilidade da ocorrência de um malefício,[32] está havendo um processo de "risquificação"[33] do campo da proteção

---

29. BIONI, *Proteção de Dados...* Op. Cit., p. 249.
30. ARTICLE 29 DATA PROTECTION WORKING PARTY, Opinion 06/2014 on the notion of legitimate interests of the data controllers under article 7 of directive 95/46/EC, 2014. Nesse mesmo sentido, veja o teste previsto na LGPD: BIONI, *Proteção de Dados...* Op. Cit., p. 256.
31. VAN DIJK, Niels; GELLERT, Raphaël; ROMMETVEIT, Kjetil, A risk to a right? Beyond data protection risk assessments, *Computer Law & Security Review*, v. 32, n. 2, p. 286-306, 2016.
32. KNIGHT, Frank H., *Risk, uncertainty and profit*, Kissimmee, Fla: Signalman, 2009.
33. SPINA, Alessandro, A Regulatory Mariage de Figaro: Risk Regulation, Data Protection, and Data Ethics, European Journal of Risk Regulation, v. 8, n. 01, p. 88-94, 2017

de dados pessoais que desencadeou senão uma nova racionalidade regulatória, a sua preponderância sobre outras.

2.3 Onde podemos chegar: enxergando privacy by design pelas lentes da metarregulação e como saldo da caixa de ferramentas da LGPD

Mais do que um meio termo entre autorregulação e regulação estatal "pura", metarregulação se caracteriza como um processo em que autoridades estatais fiscalizam os processos de gerenciamento de riscos conduzidos pelos próprios atores regulados[34]. Há, em parte, a delegação das tarefas regulatórias aos próprios agentes econômicos que estariam em melhores condições para mitigar os riscos das suas próprias atividades, e não somente o próprio Estado.

Dito de outra forma, em cenários de extrema assimetria de informação que complexifica o processo de reunião de informações para a cognição, avaliação e gerenciamento eficiente dos riscos de uma atividade, justifica-se[35] que o mandato regulatório seja exercido de forma *colaborativa* entre órgãos estatais e os atores reguladores. É o que se tem chamado também de "corregulação",[36] cujo termo denota justamente a ausência do monopólio estatal na empreitada regulatória.

Mais importante do que identificar essa nova fase do campo da proteção de dados a partir do elemento do risco para fins analíticos, é compreender que há uma nova racionalidade regulatória em cena. Decompondo a palavra metarregulação, metas são estabelecidas pela legislação que serão alcançadas colaborativamente por todos os agentes do ecossistema. Desta forma, os atores regulados têm discricionariedade para formular seus respectivos processos de gestão de riscos. Por outro lado, espera-se que tais processos sejam monitorados pelos órgãos reguladores e pelo restante da comunidade afetada por tais atividades econômicas.

Nesse sentido, a nova roupagem de leis de proteção de dados pessoais prevê todo um ferramental que intensifica a adoção de processos de gerenciamento de riscos, e, sobretudo, o que se espera alcançar – as metas – ao se fazer uso de tais instrumentos. A partir dessa nova racionalidade regulatória, a Organização para Cooperação e Desenvolvimento Econômico, o Conselho da Europa e a União Europeia atualizaram as suas respectivas normas de proteção de dados pessoais, cujo padrão foi seguido pela legislação brasileira.[37] Veja, nesse sentido, o quadro comparativo abaixo:

---

34. BALDWIN; CAVE; LODGE, *Understanding regulation*...Op. Cit., 146.
35. BLACK, Julia, The role of risk in regulatory process, in: BALDWIN, Robert; CAVE, Martin; LODGE, Martin (Orgs.), *The Oxford handbook of regulation*, 1st pbk. ed. Oxford, U. K: Oxford University Press, 2012, p. 302-349.
36. HIRSCH, Dennis D, The Law and Policy of Online Privacy: Regulation, Self-Regulation, or Co-Regulation?, *Seattle Univesity Law Review*, v. 34, n. 2, p. 439-480, 2011. Para um referencial brasileiro, veja o texto de: ZANATTA, Rafael A. F., A proteção de dados pessoais entre leis, códigos e programação: os limites do marco civil da internet, in: *Direito & Internet III*: marco civil da internet, São Paulo: Quartier Latin, 2015, v. 1, p. 447-470.
37. É nesse sentido que afirmarmos haver uma preponderância de meta-regulação enquanto racionalidade regulatória diante do diagnóstico de que tais normas estipulam metas a serem alcançadas pelos atores regulados, bem como mecanismos para a sua respectiva fiscalização.

Elementos de Análise	OECD	GDPR	CoE	LGPD
Risco	Explicita que um dos temas que capitanearam a atualização das *guidelines* foi a "implementação prática da proteção privacidade a partir de uma abordagem enraizada no gerenciamento de risco"[38]	Ao todo, a palavra risco é mencionada 75 (setenta e cinco vezes) e, em diversos momentos, entrelaça a atividade de tratamento de dados como algo que gera "risco para os direitos e liberdades fundamentais dos indivíduos"[39]	Ao todo a palavra risco é mencionada 08 (oito vezes) com destaque para que os agentes da cadeia de tratamento de dados pessoais devem adotar medidas para "prevenir ou minimizar os riscos de interferência" das suas atividades frente aos "direitos e liberdades fundamentais" dos indivíduos.[40]	Ao todo a palavra risco é mencionada 9 (nove) vezes com destaque para o princípio que determina a adoção de medidas para "prevenir a ocorrência de danos"[41]
Accountability	O princípio da responsabilidade demonstrável já era um dos princípios das antigas diretrizes, mas ganhou mais atenção a respeito da sua implementação e foi diretamente associado à avaliação e gerenciamento de risco[42]	*Accountability* é um novo princípio cuja aplicação é transversal não só por toda a lei, mas, também, em relação aos demais princípios[43]	Apesar de não usar o termo accountability, o artigo 10 internaliza o seu conceito ao focar na obrigação dos agentes de tratamento de dados acerca da sua "responsabilidade em verificar e estar em posição (adequada) em demonstrar estar em conformidade"[44] com as normas de proteção de dados	A lei brasileira também traz o princípio da prestação da responsabilização e prestação de contas, pelo qual se deve demonstrar a adoção de medidas eficazes para comprovar a observância das normas de proteção de dados[45]
Relatórios de Impacto à Proteção de Dados Pessoais	Uma das consideranda ressalta a "importância das avaliações de risco no desenvolvimento de políticas públicas e na adoção de salvaguardas para a privacidade"[46]	Há um capítulo que obriga a elaboração de relatórios de impacto à proteção de dados pessoais quando a atividade for de alto risco, prescrevendo, inclusive, critérios que devem ser objeto de tal avaliação[47]	O termo avaliação é mencionado diversas vezes, sobretudo como parte das obrigações dos agentes de tratamento de dados quanto ao impacto das suas atividades sobre direitos e liberdades fundamentais dos cidadãos	Além de conter a definição do que seria um relatório de impacto à proteção de dados pessoais, há a previsão em quais situações seria aplicável (e.g., legítimo interesse)
Códigos de Boas Condutas	É um dos instrumentos pelos quais os países-membros implementariam as diretrizes em suas respectivas jurisdições[48]	Há um capítulo que encoraja a formulação de códigos de boas condutas como uma das formas aplicação da regulação às diferentes particularidades de distintos setores e de acordo com a realidade do tamanho da empresa (pequena, média e grande)[49]	Como um dos deveres dos países signatários da Convenção, deveria haver o incentivo para a formulação de Códigos de Boas Condutas para reforçar as obrigações das suas respectivas leis nacionais de proteção de dados	Há um capítulo que trata sobre boas práticas e governança, incentivando que os agentes de tratamento de dados, individualmente ou por meio de associações, formulem suas próprias regras de acordo com as particularidades das suas atividades e os riscos dela decorrentes[50]

38. OECD Privacy Framework. p. 4.
39. Nesse sentido, veja as consideradas 74, 75, 76, 77, 80, 81, 84, 85, 86, 89, 91, 94
40. Artigo 10 (2) da Convenção 108+.
41. Artigo 6o, VIII, da LGPD.
42. OECD, Op. Cit. p. 16.
43. Artigo 5(2).
44. O trecho foi tirado do relatório de explicação da Convenção 108+, p. 14.
45. Art. 5º, X, da LGPD.
46. OECD, Op. Cit. p. 12.
47. Artigo 35 GDPR.
48. OECD, Op. Cit. 17.
49. Artigo 40 GDPR.
50. Artigo 50 LGPD.

Elementos de Análise	OECD	GDPR	CoE	LGPD
Selos	Há associação de forma expressa entre programas corporativos de privacidade e a sua certificação por terceiros[51]	Além de haver um capítulo específico sobre selos,[52] a sua previsão como um dos mecanismos para transferência internacional,[53] há correlação expressa entre selos e PbD	Não há menção a selos ou mesmo da atuação de terceiros em processos de validação ou certificação das atividades dos agentes de tratamento de dados	Há a previsão de selos como uma das hipóteses para transferência internacional
Privacy by Design	Após elencar a formulação de programas corporativos de privacidade como um dos eixos condutores para a atualização das *guidelines*, o documento cita reiteradamente o termo *privacy by design*[54]	Há um artigo específico intitulado como "data protection by design",[55] de modo que o desenvolvimento, concepção, seleção e uso de um bem, produto ou serviço seja feito para se assegurar proteção de dados pessoais (Considerando 78)[56]	Há um artigo específico que menciona que os agentes de tratamento de dados devem avaliar os riscos de suas atividades e concebê-las de forma a minimizar os riscos de interferência nas liberdades e direitos fundamentais dos cidadãos[57]	Há um artigo específico que menciona que os agentes de tratamento de dados devem adotar as medidas técnicas e administrativas para que não haja qualquer forma de tratamento ilícito de dados, o que deve ser observado desde a fase de concepção de um produto ou serviço até a sua execução.[58]

(Tabela 03 – Quadro comparativo sobre os principais elementos da racionalidade regulatória
LGPD vs GDPR) – elaboração própria

O quadro esquemático acima ilustra como os instrumentos das novas leis de proteção de dados pessoais, refletidos na legislação brasileira, fazem parte de uma racionalidade que delega aos próprios atores regulados uma série de tarefas regulatórias. Todo o ferramental acima tem como principal objetivo chamar quem está no "chão da fábrica" para que proativamente formule processos de gerenciamento de riscos das suas próprias atividades e até mesmo terceiros (certificações). Esse "raio-x" permite identificar o conjunto de "geografias institucionais, regras, práticas e ideias animadoras"[59] por trás dessa virada copernicana do campo da proteção de dados pessoais, sendo PbD apenas uma das coordenadas ou, até mesmo, o destino dessa nova rota.

2.3.1 Estreitando um diálogo entre Bennett, Raab e Lee Bygrave

2.3.1.1 Abrindo a caixa de ferramentas e usando os instrumentos de forma integrada da governança de privacidade

A parceria entre dois cientistas políticos deu fruto a um dos principais referenciais teóricos do campo da proteção de dados pessoais: "*The governance of privacy*". Resulta-

---

51. OECD, Op. Cit. 17.
52. Artigo 42 da GDPR.
53. Artigo 46(2) "f".
54. P. 68, 103-104, 117.
55. Art. 25(1) da GDPR.
56. Considerando 78 da GDPR.
57. Artigo 10 (2) da Convenção 108+.
58. Art. 46, § 2º, da LGPD.
59. Essa á definição de regimes regulatórios de : HOOD, Christopher; ROTHSTEIN, Henry; BALDWIN, Robert, *The government of risk*: understanding risk regulation regimes, Oxford: Oxford Univ. Press, 2004. p. 09.

do de uma pesquisa empírica e de direito comparado de fôlego, a obra se propôs a fazer uma investigação em torno de todo o arranjo de governança da privacidade,[60] mapeando holisticamente os instrumentos de formulação de políticas públicas desse campo em diferentes jurisdições.

Uma leitura que por vezes passa despercebida é que a obra não só mapeia toda a "caixa de ferramentas" regulatória de proteção aos dados pessoais, mas, também e principalmente, aponta criticamente a ausência da sua utilização de forma sistemática e coordenada.[61] Um dos principais gargalos para a aplicação e fiscalização eficiente das leis de proteção de dados pessoais seria justamente a falta de combinação e a aplicação conjunta de todo esse ferramental para atingir um único objetivo.

Ao revisitar 18 (dezoito) anos depois o referencial teórico desse livro seminal, Bennett e Rabb alertam para dois pontos:

a) apesar do ferramental de governança da privacidade não ser propriamente novo e se manter relativamente estável (relatórios de impacto à proteção de dados pessoais, códigos de boas condutas, selos etc.), não se pode perder de vista as mudanças conceituais recentes que podem energizá-lo de maneira bastante distante do que no passado e;

b) há, de fato, a proeminência de arranjos de corregulação em que metas são previstas pela legislação, as quais devem ser alcançadas cooperativamente entre regulador, regulados e terceiros.[62]

Por isso, não se deve negligenciar a possível *ressignificação* de todo esse ferramental a partir dessa virada teórica e da preponderância de uma racionalidade regulatória em específico no campo da proteção de dados.

Nesse sentido, recuperando-se a conclusão do subcapítulo anterior, o acirramento da assimetria de informação do próprio objeto regulatório tem demandado dos agentes econômicos que sejam mais *accountable(s)*[63] na adoção de processos de gerenciamento do risco de suas atividades, visando, em última análise, a uma maior interação com o regulador na empreitada regulatória.

Por isso, ousa-se avançar na revisão feita por Bennet e Rabb. A referida virada teórica, acompanhada do protagonismo de uma estratégia regulatória específica, representa uma janela de oportunidade para que haja o uso de forma integrada dessa "caixa de ferramentas" de governança à privacidade, algo que foi objeto de crítica deles há 18 (dezoito) anos.

Isto porque, tal movimento está canalizado por um único fio-condutor que é atingir a meta de colaboração[64] entre reguladores e agentes econômicos na formulação de processos de gerenciamento de riscos de uma economia de dados. Essa parece ser a receita

---

60. BENNETT, Colin J.; RAAB, Charles D., *The governance of privacy*: policy instruments in global perspective, 2nd and updated ed. Cambridge, Mass: MIT Press, 2006. p. xxvi.
61. Ibid. p. 208.
62. BENNETT, Colin J.; RAAB, Charles D., Revisiting the governance of privacy: Contemporary policy instruments in global perspective: Revisiting the governance of privacy, *Regulation & Governance*, 2018. p. 14-15.
63. *Accountability* seria um dos 04 pontos de mudanças conceituais significativas do campo da proteção de dados pessoais, ao lado de risco, ético e a dimensão coletiva desse direito humano fundamental. Ibid. p.11.
64. Ao revisitar o referencial teórico do livro acima citado em um artigo, seus autores apontam que a corregulação tem ganhado proeminência nos arranjos de governança de proteção de dados pessoais, sendo o risco uma das mudanças conceituais significativas dessa área de proteção de dados. Ibid. p. 15.

para "misturar" os ingredientes da caixa de ferramentas da governança da privacidade, cujo fruto pode ser a concepção de produtos e serviços que garantam a privacidade e a proteção de dados pessoais.

2.3.1.2 Usando as ferramentas para conversas regulatórias e para ativar o conceito de *privacy by design*

Professor da Universidade de Oslo, Lee Bygrave tem sido um dos principais acadêmicos na área de *privacy by design*. Fazendo parte de um centro de pesquisa interdisciplinar, que reúne profissionais do direito e da computação, suas reflexões são críticas sobre a positivação de PbD, em especial na GDPR. Ao articular referenciais teóricos das diferentes áreas, argumenta-se, em síntese, que os principais desafios para fazer decolar o conceito de PbD não era e nem é a sua falta de previsão em lei, mas:

a) a ausência de conversas regulatórias entre reguladores e regulados, principalmente com aqueles que estão na linha de produção dos sistemas de tecnologia de informação. Nesse sentido, o conceito vago de PbD nas legislações pouco ajudaria em estreitar tais interações e;[65]

b) a ausência de um mercado de soluções tecnológicas de melhoria de proteção de dados pessoais (PETs), tal como de incentivos econômicos como gatilhos para que haja realmente a concepção de produtos e serviços que garantam a privacidade e a proteção de dados pessoais.[66]

A falta de conversas regulatórias pode deixar de existir diante da uma nova racionalidade regulatória, cuja gênese é a interação entre agente regulador e atores regulados. É óbvio que a eficácia dessa sinergia depende de uma série de variáveis, mas, de toda forma, há um horizonte mais favorável a partir dessa possível ressignificação do ferramental de governança à privacidade.

Ao se prever os chamados relatórios de impacto à proteção de dados pessoais, as leis gerais de proteção de dados pessoais convidam e, em alguns casos, determinam, que quem está no "chão da fábrica" mapeie e mitigue os riscos da sua própria atividade.[67] Essa ferramenta é o portal de entrada para quem está com a "mão na massa" no processo de produção seja protagonista nos programas corporativos de privacidade e proteção de dados pessoais, para muito além das figuras dos departamentos jurídicos e *Data Protection Officers*.

Em um outro nível de escala, mas ainda dentro dessa lógica de cooperação, os códigos de boas condutas convidam todo um setor ou um grupo de agentes de tratamento de dados para que eles próprios digam quais são os riscos das suas atividades.[68] Mais do

---

65. BYGRAVE, Lee A., Data Protection by Design and by Default: Deciphering the EU's Legislative Requirements, *Oslo Law Review*, v. 4, n. 2, p. 105–120, 2017. p. 117. Em sentido análogo, também defendendo que os reguladores deveriam prestar mais atenção no design dos produtos e serviços e, em última análise, destravar tais conversas regulatórias: HARTZOG, Woodrow, *Privacy's blueprint*: the battle to control the design of new technologies, Cambridge, Massachusetts: Harvard University Press, 2018.
66. BYGRAVE, *Data Protection by Design and by Default*. p. 118.
67. WRIGHT, David; DE HERT, Paul (Orgs.), *Privacy Impact Assessment*, Dordrecht: Springer Netherlands, 2012.
68. HIRSCH, Dennis D., In Search of the Holy Grail: Achieving Global Privacy Rules Through Sector-Based Codes of Conduct, *Ohio State Law Journal*, v. 74, n. 6, p. 1030-1069, 2013.

isso, que o façam unindo esforços com seus pares do seu setor produtivo com o objetivo de verticalizar as metas traçadas de forma horizontal e ampla pela regulação à sua realidade econômica.

Os selos de certificação consistem em uma das ferramentas que aumentam a densidade demográfica dos atores que podem cooperar para atingir as metas previstas na regulação. Nesse caso, terceiros verificariam as práticas adotadas pelos agentes de tratamento de dados, certificando a sua eficácia para a proteção dos dados pessoais. Eles seriam praticamente uma *longa manus* das autoridades estatais para fiscalizar e monitorar os processos de gerenciamento de riscos dos agentes econômicos.

Todas essas ferramentas são alocadas para que haja cooperação entre os mais diferentes atores mediante a reunião colaborativa de informações com o objetivo de modificar comportamentos lesivos à proteção de dados dos cidadãos. O resultado visado é a criação de sinergia nesse admirável mundo novo de reguladores, a partir de conversas que deságuem, em última análise, na concepção de produtos e serviços mais seguros.

Portanto, não é a mera previsão legal do conceito ou da própria terminologia de *privacy by design* que a fará deixar de ser algo elusivo. A sua tangibilização tende a ser o saldo da ativação e coordenação do uso da "caixa de ferramentas" de governança à privacidade. Não há como chegar nesse resultado final sem que antes sejam relatados os riscos da atividade econômica em si, o que pode e deve ser oxigenado pela reunião de esforços de todo um setor produtivo e pela validação de terceiros – respectivamente, relatórios de impacto à proteção de dados pessoais, códigos de boas condutas e selos de certificação.

Se por um lado se faz coro à conclusão de Bygrave de que a mera previsão legal de PbD é pouco efetiva para fazer florescê-la, por outro lado se discorda de que não haja entradas robustas para conversas regulatórias que permitam tangibilizá-la. A elusividade de PbD tende a se dissipar caso seja seguida a receita em torno da reunião de todos os ingredientes da caixa de ferramentas de governança à privacidade, cuja mistura se dá sob uma lógica comum.

2.3.1.3 Incentivos econômicos na direção da formatação de um mercado de PETs: *accountability* como instrumento de calibração de penalidades

A ativação de toda as ferramentas de governança à privacidade facilita a "prestação de contas" pelos agentes de tratamento de dados sobre a "adoção de medidas eficazes e capazes de comprovar a observância e o cumprimento das normas de proteção de dados pessoais".[69] Esse é o conceito de *accountability*, que passou a estar presente em diversas normas de proteção de dados pessoais, especialmente na legislação brasileira.

Para além de um novo princípio e uma das metas da LGPD, a "prestação de contas" serve como calibragem para a aplicação das penalidades previstas nas leis de proteção de dados pessoais. O quão reprovável é um comportamento ilícito é parametrizado a partir

---

69. Artigo 5º, X, da LGPD.

da "demonstração" dos esforços realizados para se evitar a transgressão das normas de proteção de dados e, assim, puni-lo de mais ou menos severa.[70]

Dito de outra forma, há uma engenharia normativa com possíveis incentivos econômicos que justificam o grau de investimento necessário para abrir e usar todo esse ferramental de governança de dados.

Com isso, há a perspectiva de estimular um mercado de *privacy enhancing technologies/PETs* até então represado. Isto porque, será necessária a adoção de soluções tecnológicas para auxiliar nos processos de mitigação de riscos e, principalmente, de eventuais perdas econômicos. Isso só será possível se, ao final, houver a concepção de produtos e serviços mais seguros para a privacidade das pessoas.

Em termos esquemáticos, poderia se resumir toda a jornada teórica desse artigo da seguinte forma:

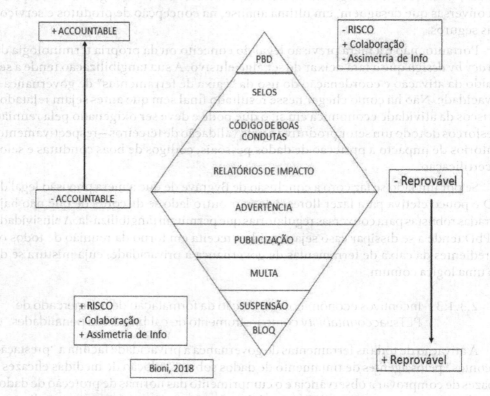

Gráfico 1 esquemático de Aplicação *Accountability* e Aplicação de Penalidades
Elaboração própria

---

70. Nesse sentido, a lei brasileira fala não só em boa-fé, mas, também, na adoção de políticas de boas práticas e de governança para fins de aplicação de penalidades (Artigo 52, § 1º, II e IX, da LGPD). A mesma coisa faz o Regulamento Europeu de Proteção de Dados ao considerar que fixação das penalidades deve levar em consideração as medidas técnicas e organizacionais implementadas para se evitar o dano, especificamente *privacy by design* e padrões de segurança da informação, bem como a aderência à códigos de boas condutar e selos (Artigo 83, "d" e "j", da GDPR).

3. CONCLUSÃO: PERSPECTIVAS E DESAFIOS DA REALIDADE BRASILEIRA

O campo da proteção de dados pessoais está em plena ebulição com um movimento de modernização das principais normas de proteção de dados pessoais, cujos novos padrões influenciaram claramente a legislação brasileira. Nesse sentido, à luz da OCDE, da União Europeia e do Conselho da Europa que atualizaram recentemente os seus respectivos quadros normativos, o Brasil editou a sua lei geral de proteção de dados que também aposta em mecanismos (e.g., relatórios de impacto à privacidade, códigos de boa conduta, selos e princípio da *accountability*) pelos quais deve haver a colaboração entre agentes estatais (reguladores) e os atores privados (regulados). Essa cooperação é guiada por uma série de metas estabelecidas pela própria lei (metarregulação), sendo uma delas a concepção de produtos e serviços que levem em consideração as normas de privacidade e proteção de dados pessoais desde a sua fase de prototipagem (*privacy by design*).

Apontou-se, ao longo desse artigo, que a mera e recente positivação de PbD em leis gerais de proteção de dados pessoais não será suficiente para deixar para trás o seu caráter elusivo, cujo conceito foi formulado ainda na década de 90. A concepção de bens de consumo "*privacy-friendly*" tende a ser o saldo da ativação e o uso integrado das ferramentas regulatórias que desengatilharão uma efetiva colaboração entre regulador e regulado. A partir disso, pode-se esperar que haja conversas regulatórias para se atingir cooperativamente os objetivos previstos na regulação.

No entanto, ainda é bastante incerto em quais condições institucionais se dará a aplicação dessa legislação. Diferentemente de outros países que estão modernizando as suas leis gerais de proteção de dados pessoais, o Brasil acabou de editar a sua lei e recém criar[71] a sua Autoridade Nacional de Proteção de Dados Pessoais/ANPD.[72] Nesse sentido, é duvidoso se tal órgão gozará de autonomia funcional, decisória e financeira[73] para cumprir com a sua missão institucional atinente à aplicação e fiscalização eficiente da lei, principalmente em termos de monitoramento dos processos de mitigação dos riscos formulados pelos agentes econômicos de suas próprias atividades.

Soma-se a isso, ainda, o cenário complexo para que haja a coordenação com os demais órgãos reguladores de setores específicos da economia, bem como com o Sistema Nacional de Defesa do Consumidor. O Brasil conta com um mosaico de agências reguladoras,[74] bem como de órgãos de defesa do consumidor espalhados por diferentes

---

71. Após ter sido objeto de veto presidencial, a ANPD foi criada através da Medida Provisória Nº 869/2018.
72. Neste ensaio não houve condições de tratar propriamente do tema da Autoridade Nacional de Proteção de Dados pessoais, especialmente como deveria se dar o seu funcionamento e a sua missão institucional. Recomenda-se a leitura da tese de livre de docência de: LIMA, Cíntia Rosa Pereira de. A imprescindibilidade de uma entidade de garantia para a efetiva proteção dos dados pessoais no cenário futuro do Brasil. Tese de Livre Docência. Faculdade de Direito de Ribeirão Preto. USP, Ribeirão Preto, 2015.
73. Até o momento da conclusão desse artigo, ainda prevalecia a vinculação da ANPD à Casa Civil da Presidência da República no âmbito da administração pública direta. Esse modelo organizacional, em contraposição ao de um modelo de autarquia pertencente à administração indireta, é bastante criticável no que diz respeito à autonomia funcional, decisória e financeira. Veja, nesse sentido: LIMA, Cíntia Rosa Pereira de. A imprescindibilidade...Op. Cit.,
74. Por exemplo, Agência Nacional das Telecomunicações/Anatel, Agência Nacional de Energia e Eletricidade/ANEEL; Agência Nacional de Saúde/ANS e etc.

estados da federação[75] que invariavelmente lidarão com questões relacionadas à proteção de dados pessoais.

Dito de outra forma, não se sabe ao certo em que contexto o conteúdo dessa nova regulação ganhará tração,[76] principalmente em um cenário no qual não há uma cultura de proteção de dados pessoais previamente formada. Diferentemente de outros países e blocos econômicos que atualizaram e adotaram conscientemente essa nova racionalidade regulatória baseada em experiências de décadas atrás, o Brasil seguiu o movimento sem ter um passado pelo qual acumulou tal experiência e, sobretudo, capacidade institucional para tanto.

O Brasil tem, portanto, um cenário duplamente desafiador.

O primeiro, antes de mais nada, é compreender como a lei geral de proteção de dados pessoais foi formatada para que a sua empreitada regulatória seja compartilhada entre a figura do regulador e demais agentes econômicos. Sem a existência de uma ANPD autônoma e independente, dificilmente a engenharia normativa da nova lei irá decolar em razão da ausência da sua principal fundação. O segundo é se haverá realmente a colaboração e conversa regulatórias para que o resultado da aplicação e fiscalização da lei seja a concepção de produtos e serviços que garantam a privacidade e a proteção de dados pessoais.

REFERÊNCIAS

ARTICLE 29 DATA PROTECTION WORKING PARTY. Opinion 06/2014 on the notion of legitimate interests of the data controllers under article 7 of directive 95/46/EC. 2014.

BALDWIN, Robert; CAVE, Martin; LODGE, Martin. *Understanding regulation*: theory, strategy, and practice. 2nd ed. New York: Oxford University Press, 2012.

BENNETT, Colin J.; RAAB, Charles D. Revisiting the governance of privacy: Contemporary policy instruments in global perspective: Revisiting the governance of privacy. *Regulation & Governance*, 2018. Disponível em: <http://doi.wiley.com/10.1111/rego.12222>. Acesso em: 28 nov. 2018.

BENNETT, Colin J.; RAAB, Charles D. *The governance of privacy*: policy instruments in global perspective. 2nd and updated ed. Cambridge, Mass: MIT Press, 2006.

BIONI, Bruno Ricardo. *Proteção de Dados Pessoais*: a função e os limites do consentimento. Rio de Janeiro: Forense, 2019.

BLACK, Julia. The role of risk in regulatory process. In: BALDWIN, Robert; CAVE, Martin; LODGE, Martin (Orgs.). *The Oxford handbook of regulation*. 1st pbk. ed. Oxford, U. K: Oxford University Press, 2012, p. 302–349.

BYGRAVE, Lee A. Data Protection by Design and by Default: Deciphering the EU's Legislative Requirements. *Oslo Law Review*, v. 4, n. 02, p. 105–120, 2017. Disponível em: <https://www.idunn.no/oslo_law_review/2017/02/data_protection_by_design_and_by_default_deciphering_the_>. Acesso em: 4 jun. 2018.

---

75. É o caso dos PROCONS que são autarquias estaduais para proteção de defesa e do consumidor.
76. Parafraseamos teóricos da regulação que consideram a necessidade de não só investigar o conteúdo em termos substantivos de arranjos regulatórias (normas), mas, também, fatores culturas, econômicos que colorem o contexto no qual ela será aplicada: HOOD; ROTHSTEIN; BALDWIN, *The government of risk*...Op. cit., p. 21.

BYGRAVE, Lee A. *Hardwiring Privacy*. Oslo, Noruega: Faculdade de Direito da Universidade de Oslo, 2017. (Research Papers Series). Disponível em: <https://papers.ssrn.com/abstract=2901405>. Acesso em: 28 nov. 2018.

CAVOUKIAN, Ann. *The 7 Foundational Principles*. [s.l.]: Information and Privacy Commissioner of Ontario, 2009. Disponível em: <https://www.ipc.on.ca/wp-content/uploads/Resources/7foundationalprinciples.pdf>. Acesso em: 29 nov. 2018.

GELLERT, Raphaël. We Have Always Managed Risks in Data Protection Law. *European Data Protection Law Review*, v. 2, n. 4, p. 481–492, 2016. Disponível em: <http://edpl.lexxion.eu/article/EDPL/2016/4/7>. Acesso em: 16 out. 2017.

HARTZOG, Woodrow. *Privacy's blueprint*: the battle to control the design of new technologies. Cambridge, Massachusetts: Harvard University Press, 2018.

HIRSCH, Dennis D. In Search of the Holy Grail: Achieving Global Privacy Rules Through Sector-Based Codes of Conduct. *Ohio State Law Journal*, v. 74, n. 6, p. 1030–1069, 2013. (Ohio State Law Journal). Disponível em: <https://papers.ssrn.com/abstract=2393757>. Acesso em: 28 nov. 2018.

HIRSCH, Dennis D. The Law and Policy of Online Privacy: Regulation, Self-Regulation, or Co-Regulation? *Seattle Univesity Law Review*, v. 34, n. 2, p. 439–480, 2011. (Seattle Univesity Law Review).

HOOD, Christopher; ROTHSTEIN, Henry; BALDWIN, Robert. *The government of risk*: understanding risk regulation regimes. Oxford: Oxford Univ. Press, 2004.

HUSTINX, Peter. Privacy by design: delivering the promises. *Identity in the Information Society*, v. 3, n. 2, p. 253–255, 2010. Disponível em: <http://link.springer.com/10.1007/s12394-010-0061-z>. Acesso em: 28 nov. 2018.

KNIGHT, Frank H. *Risk, uncertainty and profit*. Kissimmee, Fla: Signalman, 2009.

KUNER, Christopher. The European Commission's Proposed Data Protection Regulation: A Copernican Revolution in European Data Protection Law. *Bloomberg BNA Privacy and Security Law Report*, v. 6, n. 11, p. 1–15, 2012. Disponível em: <http://robertgrzeszczak.bio.wpia.uw.edu.pl/files/2012/12/Kuner_A-Copernican-Revolution-in-European-Data-Protection-Law.pdf>. Acesso em: 28 nov. 2018.

LESSIG, Lawrence. *Code 2.0*. New York, NY: Basic Books, 2006. Disponível em: <http://codev2.cc/download+remix/Lessig-Codev2.pdf>.

LIMA, Cíntia Rosa Pereira de. *A imprescindibilidade de uma entidade de garantia para a efetiva proteção dos dados pessoais no cenário futuro do Brasil*. Tese de Livre Docência. Faculdade de Direito de Ribeirão Preto. USP, Ribeirão Preto, 2015.

NETHERLANDS; INFORMATION AND PRIVACY COMMISSIONER/ONTARIO; TNO PHYSICS AND ELECTRONICS LABORATORY (Orgs.). *Privacy-enhancing technologies: the path to anonymity*. Rijswick, The Netherlands : Toronto, Ont., Canada: Registratiekamer ; Information and Privacy Commissioner/Ontario, 1995. (Achtergrondstudies en verkenningen, 5A-5B).

OECD. The OECD Privacy Framework. 2013. Disponível em: <https://www.oecd.org/sti/ieconomy/oecd_privacy_framework.pdf>. Acesso em: 29 nov. 2018.

OHM, Paul. Broken Promises of Privacy: Responding to the Surprising Failure of Anonymization. *UCLA Law Review*, v. 57, p. 1701–1777, 2010. (UCLA Law Review). Disponível em: <https://www.uclalawreview.org/pdf/57-6-3.pdf>.

PURTOVA, Nadezhda. The law of everything. Broad concept of personal data and future of EU data protection law. *Law, Innovation and Technology*, v. 10, n. 1, p. 40–81, 2018. Disponível em: <https://www.tandfonline.com/doi/full/10.1080/17579961.2018.1452176>. Acesso em: 23 nov. 2018.

QUELLE, Claudia. *The 'Risk Revolution' in EU Data Protection Law: We Can't Have Our Cake and Eat It, Too*. Rochester, NY: Social Science Research Network, 2017. Disponível em: <https://papers.ssrn.com/abstract=3000382>. Acesso em: 9 jan. 2018.

RUBENSTEIN, IRA S.; GOOD, NATHANIEL. Privacy by Design: A Counterfactual Analysis of Google and Facebook Privacy Incidents. *Berkeley technology law journal*, v. 28, n. 2, p. 1333–1413, 2013. (Berkeley technology law journal). Disponível em: <http://scholarship.law.berkeley.edu/btlj/vol28/iss2/6>. Acesso em: 28 nov. 2018.

SCHWABE, Jürgen; MARTINS, Leonardo; WOISCHNIK, Jan. *Cinqüenta anos de jurisprudência do Tribunal Constitucional Federal Alemão*. Montevideo: Fundación Konrad-Adenauer, 2005.

SPINA, Alessandro. A Regulatory Mariage de Figaro: Risk Regulation, Data Protection, and Data Ethics. *European Journal of Risk Regulation*, v. 8, n. 01, p. 88–94, 2017. Disponível em: <https://www.cambridge.org/core/product/identifier/S1867299X16000155/type/journal_article>. Acesso em: 16 out. 2017.

TENE, Omer; POLENESTKY, Jules. To Track or "Do Not Track": Advancing Transparency and Individual Control in Online Behavioral Advertising. *Minnesota Journal of Law, Science & Technology*, v. 13, n. 1, p. 281–357, 2012. (Minnesota Journal of Law, Science & Technology).

VAN DIJK, Niels; GELLERT, Raphaël; ROMMETVEIT, Kjetil. A risk to a right? Beyond data protection risk assessments. *Computer Law & Security Review*, v. 32, n. 2, p. 286–306, 2016. Disponível em: <http://linkinghub.elsevier.com/retrieve/pii/S026736491500182X>. Acesso em: 16 out. 2017.

WALDMAN, Ari Ezra. Designing without privacy. *Houston Law Review*, v. 55, n. 3, p. 659-727, 2018.

WINNER, LANGDON. Do Artifacts Have Politics? *Daedalus*, v. 109, n. 1, p. 17, 1980.

WRIGHT, David; DE HERT, Paul (Orgs.). *Privacy Impact Assessment*. Dordrecht: Springer Netherlands, 2012. Disponível em: <http://link.springer.com/10.1007/978-94-007-2543-0>. Acesso em: 28 nov. 2018.

ZANATTA, Rafael A. F. A proteção de dados pessoais entre leis, códigos e programação: os limites do marco civil da internet. *In: Direito & Internet III*: marco civil da internet. São Paulo: Quartier Latin, 2015, v. 1, p. 447-470. 2v.

19
A INFRAESTRUTURA JURÍDICA DA ECONOMIA DOS DADOS: DOS PRINCÍPIOS DE JUSTIÇA ÀS LEIS DE DADOS PESSOAIS[1]

Bruno Ricardo Bioni
Rafael A. F. Zanatta

Sumário: 1 Introdução. 2 O debate estadunidense e a centralidade dos *Fair Information Practices Principles*. 2.1 A transformação do direito estatutário e a construção de princípios de justiça. 2.2 Transformações regulatórias: *Fair Credit Reporting Act* e *Privacy Act*. 2.3 O fortalecimento dos FIPPs na Federal Trade Commission. 3 Dos princípios às Leis Gerais de Proteção de Dados Pessoais: a abordagem europeia. 3.1 A harmonização jurídica via Convenção Internacional 108 e Parlamento Europeu. 3.2 O esforço político para construção do Regulamento Geral de Proteção de Dados Pessoais. 3.3 Transferências internacionais, o "Mercado Único Europeu" e a corregulação. 4 Tendências jurídicas e desafios para o direito regulatório brasileiro. 4.1 *Privacy by design* e normatividade pela programação. 4.2 *Accountability* como elemento central dos novos sistemas de proteção de dados pessoais: da GDPR à LGPD. 4.3 Avaliações de impacto: tecnocracia ou possibilidade de participação? 5 Conclusão. Referências.

1. INTRODUÇÃO

É lugar-comum afirmar que "vivemos em uma economia de dados" e que estamos passando por um processo de "transformação digital"[2]. Nas ciências sociais, fala-se de "datificação"[3] – um processo de transformação de todos os aspectos da ação social em dados, fazendo com que essa informação tenha valor pela capacidade de análise preditiva –, ao passo que o Fórum Econômico Mundial, sem as mesmas pretensões acadêmicas, tem utilizado constantemente o termo *digital economy* e enfatizado os potenciais da revolução gerada pela conectividade em massa e serviços que se valem de técnicas avançadas de

---

1. Este ensaio foi escrito entre março e abril de 2019, antes da fundação da Associação Data Privacy Brasil de Pesquisa e nosso trabalho em conjunto como diretores da organização. Uma versão foi publicada no livro de Ladislau Dowbor intitulado "Sociedade Vigiada: Como a invasão da privacidade, por grandes corporações e Estados autoritários, ameaça instalar uma nova distopia", pela editora Autonomia Literária (2020), com o título "Direito e economia política dos dados: um guia introdutório". Somos gratos a Antonio Martins e Ladislau Dowbor pelo estímulo à escrita.
2. SILVA, Nelson. Transformação digital: a 4. Revolução industrial. *Boletim de Conjuntura da FGV*, n. 8, p. 15-18, 2018. Para um diagnóstico anterior. cf. IANSITI, Marco; LAKHANI, Karim R. Digital ubiquity: How connections, sensors, and data are revolutionizing business. *Harvard Business Review*, v. 92, n. 11, p. 19, 2014.
3. VAN DIJCK, Johana. Datafication, dataism and dataveillance: Big Data between scientific paradigm and ideology. *Surveillance & Society*, v. 12, n. 2, p. 197-208, 2014.

análise de dados.⁴ Com acerto, Evgeny Morozov tem defendido a orientação dos debates nas ciências humanas para o fenômeno do "capitalismo dadocêntrico"⁵.

No nível político, planos como o *"Building a European Data Economy"*⁶ da União Europeia e a "Estratégia Brasileira para a Transformação Digital"⁷ evidenciam interesses, no nível regional e nacional, em buscar "competitividade em negócios digitais, digitalização de serviços públicos, criação de empregos qualificados na nova economia e políticas para uma educação melhor e mais avançada". A centralidade da "datificação" se dá, também, nas políticas industriais e nos novos planos de "inteligência artificial", que o Brasil ainda não possui.⁸

A configuração dessa "economia política dos dados"⁹ parte de um longo processo de transformação sociotécnica, chamado por James Beninger, em livro clássico de 1986, de "revolução do controle"¹⁰, decorrente de uma série de inovações no campo da física, das telecomunicações e da computação, que ampliaram a capacidade de controle da informação.¹¹ Recentemente, livros como *Data and Goliath* (2015), de Bruce Schneier, e *The Age of Surveillance Capitalism* (2019), de Shoshana Zuboff, colocaram em evidência uma especificidade dessa economia após o advento de Google, Alibaba e Facebook: a enorme capacidade de empresas de tecnologia de monetizar e extrair valor do "material cru" composto por nossas relações sociais cotidianas, graças à ubiquidade dos *smartphones*, computadores e barateamento dos custos de coleta e transmissão de informações relacionadas a nossa atuação diante de tais dispositivos e aplicações. Tornou-se evidente, enfim, que a Internet é (e sempre foi) uma rede de controle¹² e que a digitalização promove uma espécie de "capitalismo de vigilância"¹³, com uma lógica econômica específica.

---

4. Ver <https://www.weforum.org/system-initiatives/shaping-the-future-of-digital-economy-and-society>.
5. MOROZOV, Evgeny. Big Tech: a ascensão dos dados e a morte da política. São Paulo: Ubu Editora, 2018.
6. <https://ec.europa.eu/digital-single-market/en/policies/building-european-data-economy>.
7. <http://www.mctic.gov.br/mctic/export/sites/institucional/estrategiadigital.pdf>.
8. LEMOS, Ronaldo. É preciso plano de inteligência artificial, Folha de São Paulo, 04/02/2019 (argumentando que inteligência artificial "deve ser vista hoje como parte da infraestrutura de qualquer país, pois é capaz de gerar externalidades positivas para todas as atividades produtivas, tornando-as mais competitivas e eficientes"). O plano pode ser encontrado aqui: <http://www.mctic.gov.br/mctic/export/sites/institucional/estrategiadigital.pdf>.
9. ARRIETA IBARRA, Imanol et al. Should We Treat Data as Labor? Moving Beyond 'Free'. *American Economic Association Papers & Proceedings*, v. 1, n. 1, 2017.
10. BENIGER, James. *The control revolution: Technological and economic origins of the information society*. Harvard university press, 2009.
11. O historiador da ciência Benît Godin demonstrou que o conceito de "information economy", utilizado desde 1945, passou por uma compreensão da informação como conhecimento, depois como informação como "commodity", informação como "atividade industrial" e informação como "tecnologia".
12. Demi Getschko, um dos engenheiros responsáveis pela disseminação da Internet no Brasil, sempre afirma em suas palestras que o conceito de *cybernetics*, tal como desenvolvido por Norbert Wiener (1894-1964), se relaciona ao "estudo científico do controle e da comunicação dos animais e das máquinas". A etimologia da palavra "cyber" vem do grego κυβερνητική, originária da navegação marítima, designando "governança". Nesse sentido, é ilusório acreditar que "cyber" significa algo como espaço etéreo, livre de normas e incontrolável. Wiener emprestou o conceito do cientista francês André Marie Ampére, que cunhou a expressão "*Cybernétique*" como ciência ou arte do governo, sendo uma subciência da "*Politique*". Ampére, por sua vez, adaptou a expressão de Platão (*kybernetike*). LEVIN, Mariam. *Cultures of Control*. Amsterdam: Harwood Academic Publisher, 2000, p. 252.
13. EVANGELISTA, Rafael. Capitalismo de Vigilância no Sul Global: por uma perspectiva situada, in: *5º Simpósio Internacional LAVITS*, Santiago, Chile, 2017, p. 243-253. Disponível em: <http://lavits.org/wp-content/uploads/2018/04/08-Rafael-Evangelista.pdf>.

Para os juristas, a reconfiguração dessas economias para um modelo de vigilância gera um conjunto de questões passíveis de aprofundamento.

Primeiro, porque também está havendo a reformatação dos arranjos regulatório à reboque da nova lógica econômica. Por exemplo, ao mirar na construção de um "Mercado Único Digital", a União Europeia ainda está passando por um processo profundo de modernização do seu quadro regulatório sobre proteção de dados pessoais. Após aprovar o Regulamento Europeu de Proteção de Dados Pessoais[14] – norma que Ricardo Abramovay chamou de "a mais vigorosa reação pública ao modelo de negócios dos gigantes digitais"[15] – e uma nova Diretiva que regula o acesso à dados para fins de investigação criminal,[16] ainda está em discussão a reforma da Diretiva sobre comunicações eletrônicas.[17] Enquanto o Brasil, logo após a formulação de um plano nacional de Internet das Coisas que destacava a fragilidade da regulação sobre dados no país,[18] acabou por aprovar uma lei geral de proteção acerca da matéria (Lei 13.709/2018). Muitos outros exemplos ao redor do mundo poderiam ser apontados como exemplo dessa ebulição regulatória puxada pela formatação de uma nova economia.

Neste ensaio, buscamos responder algumas questões, atribuindo sentido a essa discussão regulatória. Qual a relação entre economia política dos dados e proteção de dados pessoais? Que infraestrutura jurídica dá sustentação a essa economia? O que se entende por proteção de dados pessoais no Brasil, em um contexto de "regulação pelo código"[19] e de normatividade gerada pelas próprias tecnologias[20]? O que há de diferente no modelo jurídico criado nos EUA, no sistema europeu e nas reações emergentes em países como o Brasil?

O texto divide-se em três partes. Na primeira, discutimos a evolução do sistema jurídico de *privacy* nos EUA, com seu enfoque predominantemente consumerista e principiológico. Na segunda parte, discutimos a emergência do discurso da proteção de

---

14. A General Data Protection Regulation/GDPR, Regulamento 2016/679, substituiu a antiga Diretiva 95/46/EC. Diferentemente da Diretiva, o Regulamento tem aplicação direta em todos os países membros do bloco econômico e, ao mesmo tempo, poucas normas podem ser derrogadas ou procedimentalizadas por leis domésticas. Com isso, o Regulamento objetiva unificar e trazer consistência na regulação de proteção de dados em todo o bloco econômico, algo que não foi alcançado pela Diretiva por ser um mecanismo sem eficácia direta e que, ao ser internalizado por leis domésticas, acabou por criar um cenário regulatório conflituoso em cada um dos integrantes do bloco europeu. Disponível em: <https://eur-lex.europa.eu/legal-content/EN/TXT/?uri=celex%3A32016R0679>.
15. ABRAMOVAY, Ricardo. Aos dados, cidadãos!, *Revista Quatro Cinco Um*, São Paulo, abril de 2018, p. 6.
16. Trata-se da diretiva 2016/680 que visa não só à proteção dos dados pessoais do cidadão, mas, igualmente, a cooperação entre autoridades para o combate à crimes. Disponível em: <https://eur-lex.europa.eu/legal-content/EN/ALL/?uri=LEGISSUM:310401_3>.
17. Um dos pontos mais controversos da nova regulação é sobre cookies e outras formas monitoramento de navegação, o que é a base da publicidade comportamental online que sustenta o modelo de negócio predominante na União Europeia. Disponível em: <https://ec.europa.eu/digital-single-market/en/proposal-eprivacy-regulation>.
18. Veja, nesse sentido, o estudo sobre ambiente regulatório: <https://www.bndes.gov.br/wps/wcm/connect/site/e614e9a3-053b-42d4-853a-6b4aa406e31f/produto-3-analise-de-oferta-e-demanda-relatorio-horizontal-ambiente-regulatorio.pdf?MOD=AJPERES&CVID=lWrmVIj>.
19. LESSIG, Lawrence. The constitution of code: limitations on choice-based critiques of cyberspace regulation. *CommLaw Conspectus*, v. 5, p. 181, 1997. GRIMMELMANN, James. Regulation by software. *Yale Law Journal*, v. 114, p. 1719, 2004. No Brasil, ver ABRAMOVAY, Ricardo. Eficiência e democracia na era digital, *Valor Econômico*, 04/02/2019.
20. HILDEBRANDT, Mireille; TIELEMANS, Laura. Data protection by design and technology neutral law. *Computer Law & Security Review*, v. 29, n. 5, p. 509-521, 2013.

dados pessoais como um "direito fundamental" nos países europeus e a afirmação de um modelo regulatório que combina expertise tecnocrática (a criação de *Data Protection Authorities*) com leis gerais de proteção de dados pessoais. Na terceira, discutimos tendências jurídicas que se ganham força no Brasil, inspiradas por Europa e EUA, e as dificuldades de construção dessas molduras regulatórias em uma sociedade marcada por instituições democráticas frágeis e por um lugar ainda periférico no arranjo global de proteção de dados pessoais.

Argumentamos que a proteção de dados pessoais é um componente central da infraestrutura jurídica que dá sustentação a essa economia de dados. A análise histórica da formulação desses arranjos regulatórios evidencia o papel central dado aos *fluxos dos dados*, combinado com uma preocupação de princípios de justiça e direitos fundamentais. Nesse sentido, a "proteção de dados pessoais" ocupa um lugar *sui generis*, sendo, ao mesmo tempo, regulação econômica orientada aos negócios e legislação humanista preocupada com a dignidade das pessoas e contenção de disparidades de poder.[21]

2. O DEBATE ESTADUNIDENSE E A CENTRALIDADE DOS *FAIR INFORMATION PRACTICES PRINCIPLES*

A década de 1960 foi marcada por grandes debates sobre o "direito à privacidade" nos Estados Unidos da América, em um contexto de crescentes poderes governamentais, de uma prática constante de *wire-tapping* e de suspeitas de vigilantismo e coleta de informações privadas derivada do "macartismo" da década de 1950 (a intensificação de elaboração de bancos de dados de "grupos subversivos" e de monitoramento de comunistas nos EUA).[22] Alan Westin foi um dos juristas a capitanear essa discussão em uma série de publicações no final da década de 1950.

Paralelamente, o direito estadunidense foi redefinido no campo do direito privado no começo da década de 1960, em especial pela elaboração doutrinária do "direito à privacidade" como proteção contra quatro tipos distintos de delitos (*torts*) pelo Prof. William Prosser, desencadeando um sistema de responsabilização civil.[23] No esquema arquitetado por Prosser em 1960, a violação da privacidade – até então entendida como "direito de ser deixado a sós" – poderia ser entendida em quatro diferentes tipos de *torts*, diferenciados a partir de ações e interesses distintos: (i) *intrusion upon the plaintiff's seclusion or solitude, or into his private affairs;* (ii) *public disclosure of embarassing private facts about the plaintiff;* (iii) *publicity which places the plaintiff in a false light in the public eye;* (iv) *appropriation, for the defendant's advantage, of the plaintiff's name or likeness*. Essa formulação, apesar de ter se tornado imediatamente influente nas Cortes e a doutrina

---

21. Nesse sentido, ver RODOTÀ, Stefano. *Vivere la democrazia*. Gius. Laterza & Figli Spa, 2019.
22. WESTIN, Alan F. The Wire-Tapping Problem: An Analysis and a Legislative Proposal. *Columbia Law Review*, v. 52, n. 2, p. 165-208, 1952. KING, Donald B.; BATT, Marwin A. Wire Tapping and Electronic Surveillance: A Neglected Constitutional Consideration. *Dick. L. Rev.*, v. 66, p. 17, 1961.
23. William Prosser apresentou essa sistematização em um artigo muito citado no direito estadunidense, intitulado "Privacy", publicado em 1960 na *California Law Review*.

dominante no direito privado, "ossificou"[24] o debate sobre privacidade em uma matriz de direitos individuais e se mostrou pouco responsiva a um debate mais complexo sobre "fluxos adequados de dados" e proteção de dados pessoais.

2.1 A transformação do direito estatutário e a construção de princípios de justiça

Como sustentam Daniel Solove e Paul Schwartz, foi no campo do direito regulatório de nível federal (*federal statutory law*) que o desenvolvimento do direito à privacidade foi mais robusto.[25] Seguindo a tradição estadunidense de imposição de limites à atuação governamental, surgiu na década de 1960 um vigoroso debate sobre a determinação de direitos claros que pudessem superar a teoria de "invasão da propriedade", definindo os limites de atuação do governo na execução de políticas públicas.[26] Esse debate ganhou novas dimensões com trabalhos como *Privacy and Freedom* (1967), de Alan Westin, que se dedicou à compreensão da privacidade como *capacidade dos cidadãos de controlar os fluxos de dados gerados*.[27] Como sustenta Priscilla Regan, em 1965 "um novo problema foi colocado na agenda do Congresso e de subcomitês da Câmara [*House*] e do Senado [*Senate*]. O problema foi definido como a invasão da privacidade pelos computadores e evocava imagens de 1984 [livro de George Orwell], do Homem Computadorizado, e de uma sociedade do dossiê"[28]. Durante trinta dias foram realizadas audiências públicas sobre o tema. Essa discussão na esfera pública motivou a elaboração de um influente relatório pelo *United States Department of Health, Education and Welfare* (HEW) em 1972, durante a gestão Richard Nixon, que atacou o problema da privacidade e da coleta abusiva de dados pessoais por meio da proposição de uma base principiológica (*Code of Fair Information Practices*) estruturada em cinco pilares:

a) Não deve haver sistemas de registro de dados pessoais cuja própria existência seja secreta;

b) Deve haver uma maneira de uma pessoa descobrir quais informações sobre ela estão em registro e como essa informação é usada;

c) Deve haver uma maneira de uma pessoa impedir que informações sobre ela, obtidas para um propósito específico, sejam usadas ou disponibilizadas para outros fins sem o consentimento da pessoa;

d) Deve haver uma maneira de uma pessoa corrigir ou ajustar um registro de informações identificáveis sobre a pessoa;

---

24. RICHARDS, Neil'; SOLOVE, Daniel. Prosser's Privacy Law: a mixed legacy, *California Law Review*, v. 98, 2010, p. 1888-1928 ("the privacy torts have struggled to address the collection, use, and dissemination of personal information in computer databases. (...) Several privacy torts – public disclosure, intrusion, and false light – require that the privacy invasion be "highly offensive to a reasonable person". Much of the information that is gathered, used, and disseminated by businesses is done in bits and pieces. (...) The tort of appropriation has also failed to address the collection, use, and dissemination of personal data").
25. SOLOVE, Daniel; SCHWARTZ, Paul. *Information Privacy Law*. Sixth edition. New York: Wolters Kluwer, 2018, p. 36.
26. LONG, Edward V. The Right to Privacy: The Case Against the Government. Louis ULJ, v. 10, p. 1, 1965.
27. WESTIN, Alan F.; RUEBHAUSEN, Oscar M. *Privacy and Freedom*. New York: Atheneum, 1967.
28. REGAN, Priscilla. *Legislating Privacy: technology, social values and public policy*. The University of North Carolina Press, 1995, p. 82.

e) Qualquer organização que crie, mantenha, utilize, ou divulgue registros de dados pessoais identificáveis deve garantir a confiabilidade dos dados para o uso pretendido e deve tomar precauções para evitar usos indevidos dos dados;

Esses cinco pilares formaram o eixo central dos *Fair Information Practices Principles* (FIPPs), que, na opinião de acadêmicos renomados como Marc Rotenberg (fundador da *Electronic Privacy Information Center*), se tornaram a principal moldura jurídica para estruturação das leis de proteção de dados pessoais nos EUA.[29] Até hoje, os princípios da FIPP são utilizados pela Federal Trade Commission para avaliar casos de práticas abusivas que precisam ser repreendidas pela autoridade.[30]

2.2 Transformações regulatórias: *Fair Credit Reporting Act* e *Privacy Act*

Paralelamente ao desenvolvimento das FIPPs, três fenômenos concretos ocorreram na década de 1970 e formataram grande parte da matriz jurídica de regulação da proteção de dados pessoais nos EUA.[31] Entendê-los é fundamental para uma compreensão clara da relação entre direito e economia política dos dados nos Estados Unidos.

O primeiro deles é o intenso debate sobre "consumer reports" (fichas de consumidores) gerado pela enorme indústria de avaliação de risco no setor de crédito, capitaneada por gigantes como Equifax. Em 1969, Democratas propuseram uma série de audiências públicas sobre o problema discriminatório desses mecanismos de avaliação de risco e a completa opacidade, por parte do cidadão, da possibilidade de compreensão de como as fórmulas de *credit scoring* funcionam e quais informações são utilizadas para compor essas notas. Impulsionado pelo ativismo de Ralph Nader e outras grandes figuras públicas do movimento consumerista,[32] o Congresso aprovou em 1970 uma lei federal chamada *Fair Credit Reporting Act* (FCRA), com um conjunto de direitos básicos assegurados aos cidadãos estadunidenses (direito de informação sobre a existência de um credit report, direito de saber o que um birô de crédito sabe sobre você, direito de obtenção gratuita da pontuação de crédito, direito de contestar informações incompletas e imprecisas, direito de corrigir e deletar informações não verificadas e incompletas, direito de se opor à utilização de informações com mais de 7 anos, direito de consentir para que essas informações sejam transmitidas a empregadores)[33]. Na época, a legislação foi celebrada por Sheldon Feldman, diretor assistente de legislação da Federal Trade Commission, como um importante avanço diante dos inúmeros casos de práticas abusivas denunciados

---

29. ROTENBERG, Marc. Fair information practices and the architecture of privacy (What Larry doesn't get). *Stanford Technology Law Review*, v. 44, 2001.
30. "Fair Information Practices became the dominant U.S. approach to information-privacy protection for the next three decades". WESTIN, Alan. Social and Political Dimensions of Privacy, *Journal of Social Issues*, v. 59, 2003, p. 436.
31. Essa análise segue de perto as reflexões de Alan Westin. WESTIN, Alan. Social and Political Dimensions of Privacy, *Journal of Social Issues*, v. 59, 2003, p. 431-453. Disponível em: <https://spssi.onlinelibrary.wiley.com/doi/full/10.1111/1540-4560.00072>.
32. WALLER, Spencer. Consumer protection in the United States: an overview. *European Journal of Consumer Law*, 2011 (destacando o papel de Ralph Nader na publicação de *Unsafe At Any Speed*, na criação de grupos de voluntários de investigação da regulação nos EUA e na fundação da ONG Public Citizen em 1971).
33. Para um sumário preparado pela Federal Trade Commission, resumindo a FCRA, ver: <https://www.consumer.ftc.gov/articles/pdf-0096-fair-credit-reporting-act.pdf>.

em audiências públicas.³⁴ O FCRA também mudou as regras de responsabilização civil, gerando incentivos econômicos aos birôs de crédito.³⁵

O segundo fato relevante foi a aprovação do *Privacy Act* de 1974,³⁶ na esteira do "escândalo de Watergate", que custou a renúncia de Richard Nixon e expôs ao grande público um aparato de escutas ilegais e coleta de dados – colocado em prática para grampear a Convenção Nacional dos Democratas – contestado internamente pelo próprio *Federal Bureau of Investigation* (FBI).³⁷ Como sustenta Alan Westin, "em termos políticos, o final dos anos 1960 e 1970 viu a maioria da mudança da opinião pública americana da confiança geral nas instituições para a desconfiança dramática. Os excessos do FBI e da CIA, o episódio de Watergate e outras intrusões da Administração Nixon forneceram exemplos concretos de abuso de poder por parte do governo que tornou politicamente possível a promulgação da Lei de Privacidade federal de 1974"³⁸.

2.3 O fortalecimento dos FIPPs na Federal Trade Commission

Por fim, o terceiro elemento concreto foi a designação, por meio do *Privacy Act* de 1974, do "U.S. Privacy Protection Study Commission", que se debruçou à questão da aplicação do *Fair Information Practice Principles* ao setor privado.³⁹ Esse grupo de trabalho, liderado por David Linowes (1917-2007), trabalhou por três anos e publicou, em 1977, o relatório *Personal Privacy in an Information Society*. No relatório, a Comissão conclui por uma abordagem de "reforma sistêmica", com a devida aplicação dos FIPPs por meio da Federal Trade Commission e a expansão de leis federais para setores regulados específicos (saúde, educação, telecomunicações), buscando um balanço capaz de fomentar o empreendedorismo e as proteções dos direitos dos cidadãos com relação aos seus dados:

> "As conclusões da Comissão revelam claramente um enorme desequilíbrio na relação de manutenção de registros entre um indivíduo e uma organização, e suas recomendações de política visam fortalecer a capacidade do indivíduo de participar desse relacionamento. Isso pode ser feito de três maneiras: proibindo ou restringindo práticas de coleta de informações injustificadamente intrusivas; concedendo os direitos básicos individuais, como o direito de ver, copiar e corrigir registros sobre si mesmo, juntamente com obrigações ou organizações para incorporar proteções à privacidade pessoal em suas operações rotineiras de manutenção de registros; e dando o controle individual sobre a divulgação de registros sobre ele. Ao explorar maneiras de implementar suas recomendações de política, a Comissão foi guiada por três princípios: (1) que os incentivos para a reforma sistêmica devem ser criados; (2) que

---

34. FELDMAN, Sheldon. The Fair Credit Reporting Act-From the Regulators Vantage Point. *Santa Clara Lawyer*, v. 14, p. 459, 1973.
35. ULLMAN, Charles M. Liability of Credit Bureaus after the Fair Credit Reporting Act: the need for further reform. *Vill. L. Rev.*, v. 17, p. 44, 1972.
36. "The Privacy Act of 1974, 5 U.S.C. § 552a (2012), which has been in effect since September 27, 1975, can generally be characterized as an omnibus 'code of fair information practices' that attempts to regulate the collection, maintenance, use, and dissemination of personal information by federal executive branch agencies". Ver <https://www.justice.gov/opcl/introduction>.
37. Sobre o escândalo Watergate e suas repercussões para o direito à privacidade, ver SOBEL, Lester A. (Ed.). *War on Privacy*. New York: Facts on File, 1976.
38. WESTIN, Alan. Social and Political Dimensions of Privacy, *Journal of Social Issues*, v. 59, 2003, p. 437.
39. Ver <https://www.justice.gov/opcl/role-privacy-protection-study-commission>.

os mecanismos existentes de regulação e execução devem ser usados na medida do possível; e (3) que custos desnecessários devem ser evitados"[40].

Como sustenta Alan Westin, esse influente relatório de 1977 incentivou "iniciativas pelo setor privado" e uma abordagem caso-a-caso de repressão, conduzida pela Federal Trade Commission, ao invés de uma Lei Geral de Proteção de Dados Pessoais aos moldes de países como França e Suécia. O relatório de pesquisa *Dimensions of Privacy*, publicado em 1978, demonstrou que, para a maioria dos cidadãos nos EUA, era mais desejável a existência de leis setoriais específicas, protegendo dados mais sensíveis como aqueles coletados em hospitais, clínicas de saúde e farmácias.

Como sustentam acadêmicos como Daniel Solove, Woodrow Hartzog e Chris Hoofnagle, as escolhas políticas de década de 1970 levaram os EUA para uma direção oposta da União Europeia. Ao invés de um modelo de "leis gerais" e Autoridades Nacionais de Proteção de Dados Pessoais, os FIPPs foram internalizados na cultura decisória da Federal Trade Commission, que acabou por criar, ao longo de décadas de atuação, uma espécie de "common law" da privacidade.[41] Esse desenvolvimento jurídico, que apresenta uma história notável e construída casuisticamente,[42] garantiu a FTC um "escopo de autoridade que é essencial ao regime de proteção de dados dos EUA e que deveria ser amplamente abraçado para responder às violações de privacidade que não são atendidas pelo direito contratual e pelo regime de responsabilidade civil"[43].

Esse desenvolvimento histórico da "regulação da privacidade" levou os EUA a um sistema baseado em três pilares. Primeiro, a proliferação de normas setoriais de privacidade, como no campo da educação, da saúde, do crédito, das telecomunicações etc. Acrescente-se a esse cenário um modelo federativo no qual os Estados (Califórnia, Texas, Oregon etc.) podem também legislar sobre assuntos de privacidade, fazendo com que os EUA tenham atualmente mais de 2.000 leis sobre o assunto. Segundo, um sistema de proteção dos consumidores baseado na atuação da Federal Trade Commission e nos conceitos de "deceptive act" e "unfairness"[44], ou seja, um sistema de análise caso-a-caso no qual a FTC avalia se há lesões aos consumidores ou práticas abusivas, como no caso em que a fabricante de "televisores inteligentes" Vizio foi condenada ao pagamento de mais de 2 milhões de dólares de multa pela coleta de informações de visualizações de canais de mais de 11 milhões de consumidores sem consentimento.[45] Terceiro, uma abordagem consumerista fortalecida na década de 1990 na qual o elemento central é o "notice-and-consent", ou seja, a obrigação de empresas explicitarem quais são as práticas de coletas de dados colocadas em prática e a verificação do consentimento dos consu-

---

40. *Personal Privacy in an Information Society*: The Report of the Privacy Protection Study Commission transmitted to President Jimmy Carter on July 12, 1977. Disponível em: <https://epic.org/privacy/ppsc1977report/c1.htm>.
41. SOLOVE, Daniel J.; HARTZOG, Woodrow. The FTC and the new common law of privacy. *Columbia Law Review*, v. 114, p. 583, 2014.
42. Para uma análise completa da história da FTC e o desenvolvimento casuístico em proteção de dados pessoais, ver HOOFNAGLE, Chris Jay. *Federal Trade Commission Privacy Law and Policy*. Cambridge University Press, 2016.
43. HARTZOG, Woodrow; SOLOVE, Daniel J. The Scope and Potential of FTC Data Protection. *George Washington Law Review*, v. 83, p. 2230, 2014.
44. HOOFNAGLE, Chris Jay. *Federal Trade Commission Privacy Law and Policy*. Cambridge University Press, 2016.
45. <https://www.ftc.gov/news-events/press-releases/2017/02/vizio-pay-22-million-ftc-state-new-jersey-settle-charges-it>.

midores pelas vias contratuais.[46] Apesar das inúmeras críticas– muitas delas internas, produzidas pela própria Federal Trade Commission, sobre a necessidade de um novo Consumer Privacy Protection Principles[47] –, o sistema consumerista e de regulação via FTC ainda se mantém como dominante nos EUA.

3. DOS PRINCÍPIOS ÀS LEIS GERAIS DE PROTEÇÃO DE DADOS PESSOAIS: A ABORDAGEM EUROPEIA

Em 1975, em relatório publicado pela Organização para Cooperação e Desenvolvimento Econômico, observou-se que as diferentes experiências de Suécia, França, Alemanha e outros países integrantes da OCDE[48] na criação de leis de privacidade e proteção de dados pessoais apresentava "similaridade impressionante apesar de ações independentes"[49]. Colin Bennett, em estudo clássico da ciência política sobre "convergência da regulação da privacidade", demonstrou que a experiência europeia foi construída a partir de uma filosofia comum e uma atenção a princípios fundamentais de justiça, muitas vezes chamados de *"Fair Information Practices Principles"* em razão da atuação do governo dos EUA.[50]

Concebido à nível local pelo Departamento da Saúde e Bem-Estar do governo estadunidense,[51] os princípios de práticas informacionais justas são a base de todas as normas transnacionais e nacionais de proteção de dados pessoais.[52] Ao ampliar de cinco[53] para oito princípios,[54] a OCDE acabou por transformá-los na espinha dorsal da grande gama dos regimes jurídicos de proteção de dados ao redor do mundo. O objetivo era justamente estabelecer pilares pelos quais diferentes leis nacionais estariam neles escorados para

---

46. A cristalização desse modo de pensamento, fundado na crença na capacidade de escolha dos consumidores e nas práticas de autorregulação, está no relatório *Privacy Online: a report to the Congress*, publicado em 1998: <https://www.ftc.gov/sites/default/files/documents/reports/privacy-online-report-congress/priv-23a.pdf>.
47. Ver <https://www.ftc.gov/system/files/documents/public_comments/2018/12/ftc-2018-0098-d-0036-163372.pdf>.
48. Sobre os membros da OCDE e sua história, ver <http://www.oecd.org/about/history/>.
49. OECD, Developments in Data Protection and Privacy by OECD Countries, Survey from OECD'S Computer Utilization Group. Paris: OECD, 1975, p. 2.
50. Para o estudo de Bennett, ver capítulos 3 e 4. BENNETT, Colin. *Regulating Privacy: data protection and public policy in Europe and the United States*. Cornell University Press, 1992, p. 95-155.
51. Disponível em: <https://www.justice.gov/opcl/docs/rec-com-rights.pdf>.
52. GELLMAN, Robert, *Fair Information Practices: A Basic History*, Rochester, NY: Social Science Research Network, 2017.
53. 1. There must be no personal datarecord keeping systems whose very existence is secret. 2. There must be a way for an individual to find out what information about him (or her) is in a record and how it is used. 3. There must be a way for an individual to prevent information about him (or her) that was obtained for one purpose from being used or made available for other purposes without his (or her) consent. 4. There must be a way for an individual to correct or amend a record of identifiable information about him (or her). 5. Any organization creating, maintaining, using or disseminating records of identifiable personal data must assure the reliability of the data for their intended use and must take precautions to prevent misuse of the data. Disponível em: <https://www.justice.gov/opcl/docs/rec-com-rights.pdf>.
54. Os oito princípios são: a) Limitação de Coleta (Collection Limitation Principle); b) Qualidade dos dados (Data Quality Principle); c) Especificação dos propósitos (Purpose Specification Principle); d) Limitação do uso (Use Limitation Principle); e) Padrões mecanismos de segurança (Security Safeguards Principle); f) Abertura (Openness Principle); g) Participação individual (Individual Participation Principle); h) Responsabilidade (Accountability Principle).

evitar regras conflituosas, as quais poderiam impor barreiras ao livre fluxo informacional. Em poucas palavras, a moldura normativa de proteção de dados à nível global deveria ser responsiva à demanda de uma economia global que já se apresentava dependente da troca de dados.[55] Esse foi o projeto regulatório pensando pelos europeus, combinando ambições de economia política (construção de um espaço de livre comércio dentro do território europeu) com uma visão forte de direitos fundamentais, teoria que ganhou força na filosofia política do pós-guerra.[56]

3.1 A harmonização jurídica via Convenção Internacional 108 e Parlamento Europeu

O trabalho da OCDE durante a década de 1970 mobilizou uma forte atuação política em sentido de convergência. Após um trabalho de cooperação em nível comunitário conduzido pelo *Committee on Legal Data Processing*,[57] o Conselho da Europa abriu para adesões a Convenção Internacional 108 de proteção de dados pessoais, sendo este o primeiro instrumento normativo transnacional vinculante de proteção de dados pessoais. A exemplo das diretrizes da OCDE, as FIPPs orientam toda a sua estrutura normativa,[58] colocando-se, também, como um mecanismo de uniformização de normas de proteção de dados para não travar o livre fluxo de dados.[59] Nesse sentido, como regra, há inclusive a proibição de que países-membros da convenção imponham restrições uns aos outros, sob o argumento puro e abstrato da proteção da privacidade, no que diz respeito à transferência internacional de dados.[60]

No meio da década de 90, a União Europeia, também se valendo das FIPPs,[61] editou a Diretiva 95/46/EC. Um dos seus principais objetivos era também assegurar um grau mínimo de convergência regulatória, o qual estimularia a integração econômica entre seus países-membros na linha do que previu o tratado de criação do bloco econômico

---

55. BIONI, Bruno Ricardo, A produção normativa a respeito da privacidade na economia da informação e do livre fluxo informacional transfronteiriço, in: *Direitos e novas tecnologias: XXIII Encontro Nacional do Conpedi*, Florianópolis: Conpedi, 2014, v. 1, p. 59-82.
56. KERSON, D. L. A. The European Convention for the protection of human rights and fundamental freedoms. *California Law Review*, v. 49, p. 172, 1961. PESCATORE, Pierre. Fundamental rights and freedoms in the system of the European Communities. *American Journal of Comparative Law*, v. 18, p. 343, 1970.
57. "The OECD established its first expert group, the Data Bank Panel, as early as 1969. In 1978, a new Group of Experts on Transborder Data Barriers and Privacy Protection was established and instructed to draft a set of recommendations. The resulting "Guidelines on the Protection of Privacy and Transborder Flows of Personal Data" (Guidelines) were adopted by the OECD in 1980". BING, Jon. The Council of Europe Convention and OECD Guidelines on Data Protection. *Michigan Legal Studies*, v. 5, p. 271, 1984.
58. GELLMAN, Robert, *Fair Information Practices: A Basic History*, Rochester, NY: Social Science Research Network, 2017.
59. O termo livro fluxo está presente inclusive nas "considerandas" da Convenção: "Recognising that it is necessary to reconcile the fundamental values of the respect for privacy and the free flow of information between peoples".
60. Trata-se do artigo 12 do Convenção cuja proibição foi mantida na versão revisada de 2018: "A Party shall not, for the sole purpose of the protection of personal data, prohibit or subject to special authorisation the transfer of such data to a recipient who is subject to the jurisdiction of another Party to the Convention. Such a Party may, however, do so if there is a real and serious risk that the transfer to another Party, or from that other Party to a non-Party, would lead to circumventing the provisions of the Convention. A Party may also do so, if bound by harmonised rules of protection shared by States belonging to a regional international organisation."
61. GONZÁLEZ FUSTER, Gloria, *The emergence of personal data protection as a fundamental right of the EU*, Cham: Springer, 2014.

europeu.[62] Sendo uma *Diretiva*, e não um *Regulamento*, seu conteúdo foi pensado como uma espécie de "sugestão de adaptação" aos Estados-membros da União Europeia, permitindo, ainda, um certo grau de manobra e de variação jurídica entre países como Itália, Espanha, Alemanha e Reino Unido. Os "considerandos" da Diretiva deixam claro essa possibilidade de criações jurídicas nacionais diferenciadas e uma forte preocupação com a harmonização em nível comunitário:

> "(8) Considerando que, para eliminar os obstáculos à circulação de dados pessoais, o nível de protecção dos direitos e liberdades das pessoas no que diz respeito ao tratamento destes dados deve ser equivalente em todos os Estados-membros; que a realização deste objectivo, fundamental para o mercado interno, não pode ser assegurada unicamente pelos Estados-membros, tendo especialmente em conta a dimensão das divergências que se verificam actualmente a nível das legislações nacionais aplicáveis na matéria e a necessidade do coordenar as legislações dos Estados-membros para assegurar que a circulação transfronteiras de dados pessoais seja regulada de forma coerente e em conformidade com o objectivo do mercado interno nos termos do artigo 7º A do Tratado; que é portanto necessária uma acção comunitária com vista à aproximação das legislações;
>
> (9) Considerando que, devido à protecção equivalente resultante da aproximação das legislações nacionais, os Estados-membros deixarão de poder levantar obstáculos à livre circulação entre si de dados pessoais por razões de protecção dos direitos e liberdades das pessoas, nomeadamente do direito à vida privada; que é deixada aos Estados-membros uma margem de manobra que, no contexto da aplicação da directiva, poderá ser utilizada pelos parceiros económicos e sociais; que os Estados-membros poderão, pois, especificar na sua legislação nacional as condições gerais de licitude do tratamento de dados; que, ao fazê-lo, os Estados-membros se esforçarão por melhorar a protecção actualmente assegurada na respectiva legislação nacional; que, nos limites dessa margem de manobra e em conformidade com o direito comunitário, poderão verficar-se disparidades na aplicação da directiva, o que poderá reflectir-se na circulação de dados quer no interior de um Estado-membro, quer na Comunidade"[63];

A Diretiva de outubro de 1995 da União Europeia estabeleceu um regramento básico, aprofundando o processo de "policy convergence" nos termos de Colin Bennett. Conforme notado por Rita Blum, a Diretiva enfatizou "a importância de cada Estado-membro ter a sua própria legislação para tratar os dados pessoais a qual pode ser concretizada por uma lei geral relativa à proteção das pessoas e por leis setoriais como, por exemplo, as relativa aos institutos de estatística"[64]. A legislação também definiu um conceito unificado de *tratamento de dados* ("qualquer operação ou conjunto de operações efetuadas sobre dados pessoais, com ou sem meios automatizados, tais como a coleta, registro, organização, conservação, adaptação ou alteração, recuperação, consulta, ou qualquer outra forma de colocação à disposição, com comparação ou interconexão, bem como o bloqueio, apagamento ou destruição"), definindo que o tratamento só pode ocorrer, dentro de um Estado-membro, se for:

a) Objeto de um tratamento leal e lícito;

---

62. Esse é o conteúdo da primeira consideranda da diretiva 95/46 que cita os tratados de criação do bloco econômico europeu, fazendo alusão à "eliminar barreiras que dividem a Europa" para "assegurar progresso econômico e social".
63. Ver a Diretiva em: <https://eur-lex.europa.eu/legal-content/PT/TXT/HTML/?uri=CELEX:31995L0046&from=EN>.
64. BLUM, Rita Peixoto. *O direito à privacidade e à proteção de dados pessoais*. São Paulo: Almedina, 2018, p. 115.

b) Recolhidos para finalidades determinadas, explícitas e legítimas, e que não serão posteriormente tratados de forma incompatível com essas finalidades (sendo que o tratamento posterior para fins históricos, estatísticos ou científicos não é considerado incompatível desde que os Estados-membros estabeleçam garantias adequadas);

c) Adequados, pertinentes e não excessivos relativamente às finalidades para que são recolhidos e para que são tratados posteriormente;

d) Exatos e, se necessário, atualizados (sendo que devem ser tomadas todas as medidas razoáveis para assegurar que os dados inexactos ou incompletos, tendo em conta as finalidades para que foram recolhidos ou para que são tratados posteriormente, sejam apagados ou rectificados);

e) Conservados de forma a permitir a identificação das pessoas em causa apenas durante o período necessário para a prossecução das finalidades para que foram recolhidos ou para que são tratados posteriormente (sendo que os Estados-membros estabelecerão garantias apropriadas para os dados pessoais conservados durante períodos mais longos do que o referido, para fins históricos, estatísticos ou científicos).

Nos anos 2000, a carta de direitos fundamentais da União Europeia destacou o direito à proteção de dados pessoais do direito à privacidade.[65] A autonomia desse novo direito fundamental é o ponto de chegada de teóricos europeus, dos quais se destaca o jurista e político Stefano Rodotà, que por trás dele enxergavam um conjunto de direitos que configurariam a nova cidadania do milênio e, em última análise, o cerne das próprias relações sociais.[66]

3.2 O esforço político para construção do Regulamento Geral de Proteção de Dados Pessoais

Como se percebe, o modelo jurídico construído na União Europeia é marcado por complexidades e um conjunto de fatores que se sobrepõem ao longo do tempo. Primeiro, houve um processo de aprendizado institucional e regulatório por parte da OCDE no final da década de 1970, mobilizando ativamente uma estratégia regional por meio da Convenção 108 sobre fluxos internacionais de dados firmada em 1981. Segundo, houve um processo de harmonização de leis nacionais fortes, durante as décadas de 1980 e 1990, e de teorização da proteção de dados pessoais como direito fundamental, ou seja, como um "direito de manter o controle sobre suas próprias informações e de determinar a maneira de construir sua própria esfera particular"[67]. Terceiro, houve um *processo de diferenciação* do direito à privacidade ao direito à proteção de dados pessoais, fenômeno que não ocorreu com clareza nos EUA e que se cristalizou na elaboração da Carta dos

---

65. Artigo 8o da Carta de Direitos Humanos Fundamentais.
66. RODOTÀ, Stefano, *Il diritto di avere diritti*, Roma; Bari: Laterza, 2013. p. 321.
67. RODOTÀ, Stefano. *A vida na sociedade de vigilância: a privacidade hoje*. Tradução Danilo Doneda e Luciana Doneda. Rio de Janeiro: Renovar, 2008, p. 15.

Direitos Fundamentais da União Europeia.[68] Como explica Stefano Rodotà, que por muitos anos foi a Autoridade Garante de proteção de dados pessoais na Itália, "no direito ao respeito à vida privada e familiar se manifesta sobretudo o momento individualista, nele o poder se exaure substancialmente pela exclusão de interferências de terceiros: a tutela é estática, negativa. A proteção de dados, ao invés, fixa regras sobre as modalidades de tratamento dos dados, concretiza-se em poderes de intervenção: a tutela é dinâmica, segue os dados em sua circulação.[69] Os poderes de controle e de intervenção, além disso, não são atribuídos somente aos interessados diretos, mas são confiados também a uma autoridade independente"[70]. Essa teorização que motivou experiências como o Código Italiano em Matéria de Tratamento de Dados Pessoais,[71] aprovado em junho de 2003, e uma coordenação estratégica, por parte do Parlamento Europeu, para iniciar um trabalho de revisão da Diretiva de 1995 e construção de uma nova norma jurídica, aplicável a toda a União Europeia, sobre proteção de dados pessoais.

O ano de 2010 é considerado chave para compreensão das origens da *General Data Protection Regulation* (GDPR) e suas negociações políticas em Bruxelas. Uma das origens do Regulamento é o documento "*A comprehensive approach on personal data protection in EU*" publicado por um grupo de experts em proteção de dados pessoais reunidos no European Data Protection Supervisory (EDPS), entidade independente fundada em janeiro de 2004 para supervisão das atividades de proteção de dados pessoais na União Europeia e inicialmente presidida por Peter Johan Hustinx.[72] Nesse documento, constatou-se que "os desafios exigem que a União Europeia desenvolva uma abordagem abrangente e coerente, garantindo que o direito fundamental à proteção de dados para os indivíduos seja plenamente respeitado dentro e fora da UE"[73].

A partir do diagnóstico de que a União Europeia possui uma "forte dimensão de mercado interno", o relatório apontou para a necessidade de simplificação e harmonização das diferentes leis nacionais em torno de um Regulamento, com eficácia vinculante aos Estados-membro. Diferentemente da Diretiva, o Regulamento é uma técnica legislativa que têm eficácia direta, sem a necessidade nacionalização pelos países-membros, e mais prescritiva deixando pouca margem para variação jurídica. Como conclusão, a EDPS afirmou que "na sequência de uma avaliação de impacto e tendo em conta a Carta dos Direitos Fundamentais da UE, a Comissão irá propor legislação em 2011 destinada a rever

---

68. RODOTÀ, Stefano. *A vida na sociedade de vigilância: a privacidade hoje*. Tradução Danilo Doneda e Luciana Doneda. Rio de Janeiro: Renovar, 2008, p. 175.
69. BIONI, Bruno Ricardo, *Proteção de Dados Pessoais: a função e os limites do consentimento*, Rio de Janeiro: Forense, 2019.
70. RODOTÀ, Stefano. *A vida na sociedade de vigilância: a privacidade hoje*. Tradução Danilo Doneda e Luciana Doneda. Rio de Janeiro: Renovar, 2008, p. 198-199.
71. DONEDA, Danilo. Um código para a proteção de dados pessoais na Itália. *Revista Trimestral de Direito Civil*, Rio de Janeiro, v. 16, p. 117, 2003.
72. Hustinx foi membro da Comissão Real de Proteção de Dados Pessoais da Holanda entre 1972 e 1976, membro do Conselho da Europa e presidente do Comitê de Dados Pessoais entre 1985 e 1988, e Presidente da Autoridade de Proteção de Dados Pessoais da Holanda entre 1991 e 2003. Em 2004, foi nomeado Presidente do European Data Protection Supervisor.
73. EUROPEAN COMMISSION, Communication from the Commission to the European Parliament, the Council, the Economic and Social Committee and the Committee of the Regions, *"A comprehensive approach on personal data protection in the European Union"*, Brussels, 2010, p. 4. Disponível em: <https://eur-lex.europa.eu/LexUriServ/LexUriServ.do?uri=COM:2010:0609:FIN:EN:PDF>.

o quadro jurídico relativo à proteção de dados, com o objetivo de reforçar a posição da UE na proteção dos dados pessoais do indivíduo no contexto de todas as políticas da UE"[74].

Dito e feito. Em 2012, a partir de uma definição de estratégia consolidada e por meio da liderança da Comissária de Justiça, Direitos Fundamentais e Cidadania Viviane Reding,[75] a Comissão Europeia anunciou uma ampla reforma da legislação de proteção de dados pessoais, o embrião da *General Data Protection Regulation*.[76] De acordo com o anúncio feito à comunidade internacional em janeiro de 2012,[77] a reforma consistiria nos seguintes elementos:

a) Um conjunto único de regras sobre proteção de dados, válido em toda a UE. Requisitos administrativos desnecessários, como requisitos de notificação para empresas, serão removidos (com economia de cerca de 2,3 bilhões de euros por ano);

b) Em vez da obrigação de todas as empresas de notificar todas as atividades de proteção de dados aos supervisores de proteção de dados – um requisito que resultou em burocracia desnecessária e custa às empresas 130 milhões por ano, o Regulamento prevê maior responsabilidade e prestação de contas para aqueles que processam dados pessoais;

c) Empresas e organizações devem notificar a autoridade supervisora nacional sobre violações graves de dados o mais rápido possível (se possível dentro de 24 horas);

d) As organizações só terão de lidar com uma única autoridade nacional de proteção de dados no país da UE onde têm o seu estabelecimento principal. Da mesma forma, as pessoas podem se referir à autoridade de proteção de dados em seu país, mesmo quando seus dados são processados por uma empresa sediada fora da UE. Sempre que o consentimento é necessário para que os dados sejam processados, fica claro que ele deve ser dado explicitamente, em vez de ser assumido;

e) As pessoas terão acesso mais fácil aos seus próprios dados e poderão transferir dados pessoais de um provedor de serviços para outro com mais facilidade (direito à portabilidade de dados), aumentando a concorrência entre os serviços;

f) Um "direito de ser esquecido" ajudará as pessoas a gerenciar melhor os riscos de proteção de dados on-line: as pessoas poderão excluir seus dados se não houver motivos legítimos para retê-los;

---

74. EUROPEAN COMMISSION, Communication from the Commission to the European Parliament, the Council, the Economic and Social Committee and the Committee of the Regions, *"A comprehensive approach on personal data protection in the European Union"*, Brussels, 2010, p. 18.
75. Viviane Reding é uma política de Luxemburgo, doutora em ciências sociais pela Universidade de Sorbonne e membra do Parlamento Europeu. Entre 2004 e 2010 foi Comissária para Educação e Cultura. Entre 2010 e 2014 foi Comissária de Justiça, Direitos Fundamentais e Cidadania.
76. O anúncio de Viviane Reding, feito em 25 de janeiro de 2012, está disponível online: <https://www.youtube.com/watch?v=9binnTteKeA>.
77. Em artigos acadêmicos, Reding apresentou as linhas gerais da GDPR. Ver REDING, Viviane. The upcoming data protection reform for the European Union. *International Data Privacy Law*, v. 1, n. 1, p. 3-5, 2010. REDING, Viviane. The European data protection framework for the twenty-first century. *International Data Privacy Law*, v. 2, n. 3, p. 119-129, 2012.

g) As regras da UE devem aplicar-se caso os dados pessoais sejam tratados no estrangeiro por empresas que operam no mercado da UE e ofereçam os seus serviços aos cidadãos da UE;

h) As autoridades nacionais independentes de proteção de dados serão reforçadas para que possam aplicar melhor as regras da UE em casa. Eles terão poderes para multar as empresas que violarem as regras de proteção de dados da UE. Isso pode levar a multas de até € 1 milhão ou até 2% do faturamento anual global de uma empresa.[78]

i) Criação do European Data Protection Board/EDPB, o qual substitui o antigo grupo de trabalho artigo 29. Com isso, criou-se, um arranjo institucional com o objetivo de garantir "consistência" no plano de aplicação e fiscalização da nova lei de proteção de dados Pessoais. Cabe, por exemplo, ao EDPB[79] emitir opinião quando existir conflito de visões entre Autoridades Nacionais de Proteção de Dados Pessoais, sendo vinculativa a sua respectiva decisão.[80] Atacou-se em dois planos, normativo e institucional, a uniformização da regulação acerca da proteção de dados pessoais.

O trabalho político arquitetado pelos membros do Parlamento Europeu, que enfrentou severos lobbies contrários por parte das grandes empresas de tecnologia (detalhados no filme *Democracy*[81] dirigido por David Bernet), foi apoiado pela Working Party 29 (grupo de Autoridades de Proteção de Dados Pessoais) em notas técnicas publicadas em 2012. Após um período de longas negociações no Parlamento Europeu, o Comitê de Liberdades Civis, Justiça e Assuntos Domésticos, liderado pelo jovem Jan-Philipp Albrecht (Partido Verde da Alemanha) e por Dimitrios Droutsas (Partido Socialista da Grécia), aprovou um texto em outubro de 2013,[82] impulsionados pelos efeitos políticos tectônicos do caso Edward Snowden. Em março de 2014, o Parlamento Europeu votou por esmagadora maioria (621 votos a favor e 10 votos contrários) em favor da proposta de Regulamento relatada por Albrecht e Droutsas. Após a histórica votação do Regulamento, o Parlamento Europeu publicou *press release* com a seguinte declaração de Viviane Reding:

"A mensagem que o Parlamento Europeu está enviando é inequívoca: esta reforma é uma necessidade, e agora é irreversível. Os parlamentares eleitos diretamente pela Europa ouviram os cidadãos europeus e as empresas europeias e, com esta votação, deixaram claro que precisamos de uma lei europeia de proteção de dados uniforme e forte, que facilite a vida das empresas e reforce a proteção dos nossos cidadãos. A proteção de dados é feita na Europa. Regras rigorosas de proteção de dados devem ser a

---

78. EUROPEAN COMMISSION, *A comprehensive reform of data protection rules to increase users' control of their data and to cut costs for businesses*, EC: Brussels, 2012. Disponível em: <http://europa.eu/rapid/press-release_IP-12-46_en.htm>.
79. <https://edpb.europa.eu/about-edpb/about-edpb_en>.
80. É o chamado mecanismo de resolução de disputa previsto no artigo 65 da GDPR.
81. POWLES, Julia. Democracy: the film that gets behind the scenes of the European privacy debate, *The Guardian*, 14/11/2015 (detalhando os bastidores da negociação e aprovação do GDPR). Disponível em: <https://www.theguardian.com/technology/2015/nov/14/democracy-film-european-data-protection-privacy-debate>.
82. Ver <http://europa.eu/rapid/press-release_MEMO-14-60_en.htm>.

marca da Europa. Após os escândalos de espionagem de dados dos EUA, a proteção de dados é mais do que nunca uma vantagem competitiva"[83].

Em 2015, o texto recebeu recomendações de mudanças pelo European Data Protection Supervisor (EDPS) – já sob a direção de Giovanni Butarelli[84] –, chegando a um consenso político em dezembro deste ano. Em fevereiro de 2016, a Working Party 29 lançou um "plano de ação" para implementação do novo regulamento e, em 27 de abril de 2016, finalmente ocorreu a aprovação e publicação oficial do Regulamento (EU) 2016/679.[85] Enfim, o projeto capitaneado pelo Parlamento Europeu se tornou uma das normas jurídicas mais importantes do século XXI – ao menos no nível político e discursivo[86] –, projetada para ter efeito vinculante a partir de 25 de maio de 2018.

3.3 Transferências internacionais, o "Mercado Único Europeu" e a corregulação

Em 2015, o fórum para Cooperação Econômica Ásia-Pacífico/APEC também editou um conjunto de diretrizes sobre proteção de dados buscando a criação de padrões normativos "interoperáveis" para desafogar o fluxo transfronteiriço de dados.[87] Diferentemente dos outros instrumentos transnacionais, a APEC já havia estabelecido antes, em 2005, um sistema de certificação para transferência internacional – Regras Transfronteiriças de Privacidade/CBPR[88] Organizações poderiam aderir voluntariamente a tais regras, sendo certificado os seus respectivos programas de conformidade para viabilizar transferência internacional de dados dentre os países fazem parte do programa.[89]

Com exceção da APEC, todos os organismos transnacionais citados revisaram as suas normas de proteção de dados pessoais no curto período de 06 (anos). Para além de uma investigação se há uma nova rodada de convergência regulatória que agora não tende a ser somente calibrada pelas FIPPs, é importante notar que todos os instrumentos internacionais e regionais foram modernizados tendo como um dos seus principais gargalos a expansão dos mecanismos de transferência internacional.

Nesse sentido, o novo Regulamento Europeu de Proteção de Dados Pessoais, a Convenção Internacional de Proteção de Dados do Conselho da Europa e o *Privacy Framework* da OCDE passaram a prever ou reforçar a importância de compromissos voluntários por parte das organizações para fins de transferência internacional. Como uma válvula de escape ao sistema de análise se o país destinatário teria um nível equivalente de proteção de dados, selos e códigos de boas condutas passaram a compor um

---

83. EUROPEAN COMMISSION, Progress on EU data protection reform now irreversible following European Parliament vote, EC: Strasbourg, 2014. Disponível em: <http://europa.eu/rapid/press-release_MEMO-14-186_pt.htm>.
84. Butarelli é um jurista italiano, formado na Universidade La Sapienza (Roma), com experiência de mais de 10 anos na Secretaria Executiva da Autoridade de Proteção de Dados Pessoais da Itália, onde trabalhou com Stefano Rodotà. Em 2015, substituiu Peter Hustinx na Presidência da EPDS.
85. Para uma análise de diferentes elementos do Regulamento, ver MALDONADO, Viviane (ed.), *Comentários ao GDPR: Regulamento Geral de Proteção de Dados da União Europeia*. São Paulo: Thomson Reuters, 2018.
86. ALBRECHT, Jan Philipp. How the GDPR will change the world. *European Data Protection Law Review*, v. 2, p. 287, 2016.
87. Disponível em: <https://www.apec.org/Publications/2017/08/APEC-Privacy-Framework-(2015)>.
88. Disponível em: <http://cbprs.org/>.
89. Atualmente 08 (oito) países fazem parte do programa: Estados Unidos, México, Japão, Canadá, Singapura, Coreia, Austrália e China.

cardápio mais amplo de opções para destravar o livre fluxo de dados. Nota-se, inclusive, um movimento semelhante no cenário brasileiro acerca do alargamento da caixa de ferramentas para fins transferência internacional:

OCDE	CoE	UE	Brasil
Ao destacar a importância dos programas corporativos de privacidade,[90] acaba por interligá-los ao movimento da APEC, CBPRs, que respalda a transferência internacional de dados em compromissos voluntários[91] firmados pelas organizações e certificados por terceiros.	Ao prever que a transferência internacional de dados poderá se dar de forma *ad hoc* ou mediante salvaguardas padronizadas através de instrumento vinculante por parte, o novo texto da Convenção abre espaço para que códigos de boas condutas e selos sejam veículos para transferência internacional de dados	Enquanto a diretiva reconhecia apenas expressamente cláusulas contratuais-padrão enquanto um compromisso voluntário para respaldar transferência internacional, o Regulamentado previu também códigos de boas condutas e selos[92]	Selos e códigos de boas condutas não constavam na versão do então anteprojeto de lei,[93] tendo sido incorporados somente no desenho final da lei aprovada no Congresso Nacional.[94]

Desde a década de 80, há uma tensão permanente em se arquitetar arranjos normativos à nível regional e transnacional convergentes que não restrinjam o fluxo de informações transfronteiriço. As últimas gerações[95] de leis de proteção de dados pessoais reforçaram essa tônica ao ampliar os mecanismos pelos quais se pode ativar a transferência internacional de dados, criando ou reforçando válvulas de escape com base em compromissos privados de organizações que dependem desse livre trânsito de dados para suas operações. Os próximos anos nos reservam novos capítulos dessa permanente tensão geopolítica, mas sob um novo roteiro que abre espaço para que organizações privadas assuma cada vez mais protagonismo e sejam mais proativas para circulação transfronteiriço da informação.

A União Europeia, por meio do Regulamento Geral de Proteção de Dados Pessoais, avançou um sistema de corregulação no qual os controladores possuem enormes funções (obrigações jurídicas, documentação de processos e avaliações de impacto) e o próprio setor privado possui a alternativa se organizar mecanismos de certificação, criação de arranjos contratuais protetivos de direitos (os chamados *binding corporate rules*) e a possibilidade de instrumentos privados voltados à transferência internacional de dados. Ao mesmo, os reguladores europeus não deixaram de lado o "porrete" e a velha abordagem de comando e controle. Em casos de descumprimentos das normas e dos direitos fundamentais assegurados na GDPR, as sanções a serem aplicadas podem ser bastante elevadas, chegando a 50 milhões de Euros a um mesmo grupo econômico. Como declarado por Reding, busca-se assim o fortalecimento de uma economia de dados no continente europeu e a proteção de direitos fundamentais afirmados historicamente.

---

90. OECD, The OECD Privacy Framework, 2013. p. 4.
91. OECD, The OECD Privacy Framework, 2013. p. 106.
92. Deve-se comparar o artigo 46 da GDPR ao artigo 26 da Diretiva.
93. Disponível em: <http://pensando.mj.gov.br/dadospessoais/texto-em-debate/anteprojeto-de-lei-para-a-protecao-de-dados-pessoais/>.
94. Artigo 33 da LGPD.
95. MAYER-SCHONEBERGER, Viktor, Generational development of data protection in europe, *in*: AGRE, Philip; ROTENBERG, Marc (Orgs.), *Technology and privacy: the new landscape*, 1st paperback ed. Cambridge, Mass.: MIT Press, 1998, p. 219-242.

4. TENDÊNCIAS JURÍDICAS E DESAFIOS PARA O DIREITO REGULATÓRIO BRASILEIRO

A emergência explícita de um "capitalismo dadocêntrico" tem friccionado as concepções jurídicas dominantes e o próprio modelo construído na União Europeia, visto por muitos críticos como limitado e excessivamente focado nas obrigações jurídicas dos controladores e operadores em um cenário de difícil fiscalização e de controle efetivo de quebra dos "fluxos adequados de dados"[96]. Apesar das altas aspirações e das críticas, experiências como a GDPR e a LGPD são hoje, como nota Ricardo Abramovay, "a mais ambiciosa tentativa de iniciar a mudança no funcionamento do punhado de empresas que dominam o mundo atual"[97]. Concordamos com Abramovay quando afirma que a defesa "do poder dos cidadãos sobre seus dados pessoais" é "um dos importantes fundamentos da vida pública, tanto na economia, como na política"[98]. Essa disputa de poder deve ser vista, também, da perspectiva da construção do direito regulatório e da relação entre softwares, código e algoritmos com a normatividade.[99]

Nesta seção, destacamos três tendências e suas limitações para o Sul Global: (i) a emergência do *privacy by design* e a regulação por arquitetura, (ii) a centralidades dos mecanismos de documentação e responsabilização (*accountability*) e o surgimento de (iii) avaliações de impacto à proteção de dados pessoais, em aproximação com um modelo regulatório construído no campo ambiental.

4.1 *Privacy by design* e normatividade pela programação

A ideia de que a própria tecnologia é um mecanismo de modulação de comportamentos sociais não é nova. Em 1980, em um artigo publicado na revista do Massachusetts Institute of Technology (MIT), o cientista político Langdon Winner já apontava como a arquitetura urbanística reforçava a segregação racial na sociedade norte-americana através da construção de túneis e pontes inacessíveis pelo transporte público – majoritariamente utilizado por pessoas de etnia negra.[100]

Já na década de 90, Lawrence Lessig[101] verticalizou tal abordagem sociotécnica para o campo da internet, investigando especialmente como *softwares* e *hardwares* poderiam

---

96. A expressão é da filósofa Helen Nissenbaum. Por questões de escopo, não poderemos detalhar os elementos estruturantes da teoria da privacidade como integridade contextual. Ver NISSENBAUM, Helen. *Privacy in context: Technology, policy, and the integrity of social life.* Stanford University Press, 2009.
97. ABRAMOVAY, Ricardo. Aos dados, cidadãos!, *Revista Quatro Cinco Um*, São Paulo, abril de 2018, p. 6.
98. ABRAMOVAY, Ricardo. Aos dados, cidadãos!, *Revista Quatro Cinco Um*, São Paulo, abril de 2018, p. 6.
99. Essa é uma das teses centrais de *Future Politics*, do cientista político Jamie Sussking, em livro publicado pela Oxford University Press em 2018. Para uma resenha, ver ABRAMOVAY, Ricardo. Sociedade da vigilância em rede, *Revista Quatro Cinco Um*, São Paulo, março de 2019 ("Se, durante o século 20, se tratava de saber em que medida a nossa vida era determinada pelo Estado, pelo mercado e pela sociedade civil, agora a questão (que norteia o livro de Susskind) é outra: em que medida a nossa vida será determinada por poderosos sistemas digitais e em que termos esse poder será exercido. A dominação – a capacidade de fazer os outros agirem segundo a vontade do dominador, na célebre definição de Max Weber – cada vez mais estará em códigos a partir dos quais nossos equipamentos trarão a instrução sobre o que podemos e o que não podemos fazer. No lugar das regulamentações escritas virão as prescrições programadas").
100. WINNER, Langdon, Do Artifacts Have Politics?, *Daedalus*, v. 109, n. 1, p. 17, 1980.
101. LESSIG, Lawrence, *Code 2.0*, New York, NY: Basic Books, 2006.

reforçar ou esvaziar os comandos legais. Ao cunhar a expressão clássica e intercambiável o "Código é a Lei", o professor de Harvard joga ainda mais luz sobre o poder normativo dos artefatos tecnológicos em contraste ao codificado em leis.

Mais recentemente, filósofos da informação, como Mireille Hildebrant[102] e Luciano Floridi[103], avançaram nessa análise ao investigar como há uma infraestrutura informacional, além de uma infraestrutura física, que orquestra a vida das pessoas. Um visão ecológica[104], no sentido mais amplo do termo, que leva em consideração a interdependência entre os seres vivos (cidadãos) e não vivos (artefatos) na reconfiguração do meio-ambiente que condiciona o comportamento dos seus habitantes.[105]

Desde a década de 90,[106] também se nota um movimento que enxerga a tecnologia enquanto um mecanismo de melhoramento da privacidade – tradução literal do termo *privacy enhancing technologies/PETs*. O movimento das PETs é o germe do que hoje é conhecido por *privacy by design*, repetido como um mantra[107] para a codificação da proteção dos dados pessoais já na fase de prototipagem de serviços e produtos.

Passadas algumas décadas, a exemplo da LGPD[108] e da GDPR,[109] nota-se uma abordagem recente em torno da positivação do conceito de *privacy by design*. Isto é os textos da leis passaram a prever expressamente o dever dos agentes econômicos em protegerem a proteção de dados pessoais desde a concepção de seus produtos e serviços.[110] Trata-se uma meta ambiciosa que aposta na colaboração de quem está na linha de produção[111] em gerenciar os riscos[112] da sua própria atividade econômica. É uma nova moldura jurídico-teórica[113] que vai muito além da mera positivação em si de *privacy by design*.

Há uma agenda ainda a ser explorada, por acadêmicos e reguladores, que investigue quais são os gargalos para a materialização de um conceito formulado teoricamente na década de 90, mas que apenas, recentemente, foi previsto em leis. Dito de outra forma,

---

102. HILDEBRANDT, Mireille, *Smart technologies and the end(s) of law: novel entanglements of law and technology*, Paperback edition. Cheltenham, UK Northampton, MA, USA: EE Edward Elgar Publishing, 2016.
103. FLORIDI, Luciano, *The 4th revolution: how the infosphere is reshaping human reality*, Oxford: Oxford Univ. Press, 2014.
104. SPINA, Alessandro, *Laudato Si' and Augmented Reality – In Search of an Integral Ecology for the Digital Age*, Rochester, NY: Social Science Research Network, 2017.
105. BIONI, Bruno Ricardo, Ecologia: uma narrativa inteligente para a proteção de dados pessoais nas cidades inteligentes, in: BARBOSA, Alexandre F. (Org.), *Pesquisa sobre o uso das tecnologias de informação e comunicação no setor público brasileiro : TIC governo eletrônico 2017*, São Paulo: Comitê Gestor da Internet, 2018, p. 53-62.
106. GOLDBERG, I.; WAGNER, D.; BREWER, E., Privacy-enhancing technologies for the Internet, in: *Proceedings IEEE COMPCON 97. Digest of Papers*, San Jose, CA, USA: IEEE Comput. Soc. Press, 1997, p. 103-109.
107. BYGRAVE, Lee A., *Hardwiring Privacy*, Oslo, Noruega: Faculdade de Direito da Universidade de Oslo, 2017.
108. Art. 46, § 2º, da LGPD.
109. Art. 25(1) da GDPR.
110. ZANATTA, Rafael A. F., A proteção de dados pessoais entre leis, códigos e programação: os limites do Marco Civil da Internet, in: *Direito & Internet III: Marco Civil da Internet*, São Paulo: Quartier Latin, 2015, v. 1, p. 447-470.
111. BIONI, Bruno Ricardo, *Entre linhas de Código e de Fábrica: o que a GDPR tem a ver com o ex-presidente americano John F. Kennedy?*, GEN Jurídico, Junho de 2018. Disponível em: <http://genjuridico.com.br/2018/06/12/entrelinhas-de-codigo-e-de-fabrica-o-que-gdpr-tem-ver-com-o-ex-presidente-americano-john-f-kennedy/>.
112. MACENAITE, Milda, The "Riskification" of European Data Protection Law through a two-fold Shift, *European Journal of Risk Regulation*, v. 8, n. 03, p. 506-540, 2017.
113. ZANATTA, Rafael A. F., Proteção de dados pessoais como regulação do risco: uma nova moldura teórica?, in: *I Encontro da Rede de Pesquisa em Governança da Internet*, Rio de Janeiro: Rede de Pesquisa em Governança da Internet, 2018, p. 175-193.

quais são os riscos e as oportunidades em virtude da codificação (legal) de *privacy by design*, sobretudo as limitações que são ínsitas à formalização legal de um conceito até então tão evasivo.

No Brasil e na Índia, por outro lado, a ideia de *privacy by design* ainda é um projeto em construção. O ponto de partida, no que toca ao Brasil, é a Lei Geral de Proteção de Dados Pessoais, que prevê uma dimensão principiológica de precaução. O art. 6º estabelece que, dentre os princípios da legislação, está a "adoção de medidas para prevenir a ocorrência de danos em virtude do tratamento de dados pessoais". Apesar de não haver uma menção explícita à "privacidade por desenho" (ou *por default*), o capítulo que trata de segurança e boas práticas estabelece comandos normativos de *estímulo* ao setor privado, deixando essa missão em aberto para controladores e operadores.

Está em aberto a questão da efetividade dessas normas e mesmo a possibilidade de o Estado criar mecanismos de "sanções premiais"[114] e de estímulo a essas práticas por meio de políticas tarifárias e tributárias (a possibilidade de isenções fiscais para a demonstração de práticas de *privacy by design*), uso estratégico de intervenção no campo financeiro (a possibilidade de linhas de crédito e de financiamento via BNDES para projetos deste porte) e promoção de "competições de desenvolvimento" e técnicas de *privacy by design*.

4.2 *Accountability* como elemento central dos novos sistemas de proteção de dados pessoais: da GDPR à LGPD

Ao se estabelecer metas[115] como de *privacy by design* aos agentes da cadeia de tratamento de dados, as novas leis de proteção de dados pessoais apostam, cada vez mais, na colaboração de quem está prototipando produtos e serviços para mitigar os riscos das suas próprias atividades. Ao contrário de toda e qualquer atividade de tratamento de dados ser notificado às autoridades fiscalizadores,[116] hoje a regulação europeia só exige algum tipo de comunicação quando tal atividade atrai um risco elevado para os titulares dos dados. Todo o sistema é calibrado por esse voto de confiança e por uma série de ferramentas pelas quais os agentes de tratamento de dados demonstram a eficácia das medidas tomadas para estarem em conformidade com as regras de proteção de dados pessoais.

Uma das principais ferramentas são os chamados relatórios de impacto à proteção de dados pessoais,[117] pelo qual o controlador – quem tem poder de tomada decisão na cadeia de tratamento de dados – deve obrigatoriamente executá-los quando houver um *alto risco em jogo*. A regulação europeia além de trazer uma lista exemplificativa dessas situações, exige que os órgãos fiscalizadores sejam comunicados apenas quando o próprio agente econômico não encontrar meios de mitigar os prováveis malefícios da sua respectiva atividade, devendo nesse caso aguardar "luz verde" da autoridade para seguir

---

114. BIONI, Bruno. Como o Brasil pode inovar na proteção de dados pessoais. Valor Econômico, 20 mar. 2017.
115. GELLERT, Raphaël, *Understanding the risk-based approach to data protection: An analysis of the links between law, regulation, and risk*, Vrije University Brussel, Bruxelas, 2017.
116. Veja, por exemplo, a obrigação de notificação de qualquer atividade de tratamento de dados pessoais as autoridades europeias na antiga diretiva de proteção de dados. Pessoais, a qual deixou de existir no novo regulamento europeu (artigo 18 da Diretiva 95/46/EC).
117. WRIGHT, David; DE HERT, Paul (Orgs.), *Privacy Impact Assessment*, Dordrecht: Springer Netherlands, 2012.

em frente. Portanto, diferentemente da diretiva onde qualquer atividade deveria ser comunicada, a GDPR estabelece um regime totalmente novo de reunião de informação cujo gargalo é torneado por quem está com as mãos nos dados. Os "considerandos" do Regulamento deixam claro essa mudança da mentalidade regulatória:

> "(89) Diretiva 95/46/EC estipulava a obrigação geral de notificar o tratamento de dados para as autoridades supervisoras (...) essas notificações gerais indiscriminadas devem ser abolidas, sendo substituídas por procedimentos e mecanismos efetivos com foco em quais tipos de operações são de alto risco para os direitos e liberdades fundamentais (...) ao envolver o uso de novas tecnologias"

> "(84) (...) quando uma relatório de impacto à proteção de dados pessoais indicar que o tratamento envolve um alto risco, o qual não pode ser mitigado por meio de medidas adequados em acordo com a tecnologia disponível e os custos de implementação, um consulta à autoridade de proteção de dados deve ser realizado antes de processamento de dados."

Nessa mesma linha, códigos de boas condutas e certificações seriam outras ferramentas pelos quais os agentes de tratamento de dados demonstrariam ser responsivos às regras de proteção de dados pessoais. Respectivamente, pares de um mesmo setor verticalizaram normas transversais às realidades e desafios dos seus respectivos setor[118] e, ainda, haveriam terceiros imparciais que certificariam[119] os programas corporativos de privacidade das demais diversas organizações. Todo esses mecanismos seriam um cardápio de opções à disposição dos agentes de tratamento de dados pessoais para demonstrar a sua aderências às normas de proteção de dados pessoais, o que deveria ser obrigatoriamente contabilizado na imposição de qualquer penalidade como resultado das ações de fiscalização.[120]

Na linha da GDPR, a lei brasileira também previu o princípio específico da accountabiliuty,[121] relatórios de impacto à proteção de dados pessoais,[122] selos[123] e códigos de boas condutas.[124] Tudo isso pode dar roupagem à "boa-fé" dos agentes de tratamento de dados pessoais, o que deve calibrar a imposição de eventuais penalidades.[125] Há, no entanto, uma diferença significativa entre tais legislações e que decorre do próprio tipo de técnica legislativa de uma lei, mais geral, em relação a um regulamento, mais prescritivo.

---

118. Consideranda 98 da GDPR.
119. Consideranda 77 da GDPR.
120. Regulamento Europeu de Proteção de Dados ressalta que a fixação das penalidade deve levar em consideração as medidas técnicas e organizacionais implementadas para se evitar o dano, especificamente privacy by design e padrões de segurança da informação, bem como a aderência à códigos de boas condutar e selos (Artigo 83, "d" e "j", da GDPR).
121. Artigo 6º, X – responsabilização e prestação de contas: demonstração, pelo agente, da adoção de medidas eficazes e capazes de comprovar a observância e o cumprimento das normas de proteção de dados pessoais e, inclusive, da eficácia dessas medidas.
122. Artigo 5º, XVII – relatório de impacto à proteção de dados pessoais: documentação do controlador que contém a descrição dos processos de tratamento de dados pessoais que podem gerar riscos às liberdades civis e aos direitos fundamentais, bem como medidas, salvaguardas e mecanismos de mitigação de risco.
123. Artigo 33, I, "d".
124. Artigo 50: Os controladores e operadores, no âmbito de suas competências, pelo tratamento de dados pessoais, individualmente ou por meio de associações, poderão formular regras de boas práticas e de governança que estabeleçam as condições de organização, o regime de funcionamento, os procedimentos, incluindo reclamações e petições de titulares, as normas de segurança, os padrões técnicos, as obrigações específicas para os diversos envolvidos no tratamento, as ações educativas, os mecanismos internos de supervisão e de mitigação de riscos e outros aspectos relacionados ao tratamento de dados pessoais.
125. Artigo 52, § 1º, II e IX, da LGPD.

A legislação brasileira *não procedimentaliza minimamente* como tais mecanismos deveriam ganhar vida, deixando para posterior regulação por parte da Autoridade Nacional de Proteção de Dados Pessoais. Enquanto que o Regulamento sistematiza todos eles em capítulos próprios e, em particular no caso dos relatórios de impacto à proteção de dados pessoais, já aponta em quais casos são obrigatórios e em que momento deve estabelecer conversas regulatórias com o órgão fiscalizador.

Apesar, portanto, de um sistema de corregulação, através do princípio da *accountability*, ser uma tendência que aproxima o modelo brasileiro do europeu; deve-se ter em mente a diferença em torno não só da estrutura normativa em questão, mas, também, principalmente do contexto socioeconômico que serão aplicados.

Há, por fim, uma diferença *cultural* que deve ser levada em conta. As pressões em Bruxelas para que a GDPR tivesse um grande foco em "accountability" – que podemos traduzir como processos de documentação, transparência e responsabilização – foram mobilizadas por parlamentares de países onde a cultura regulatória de transparência e colaboração é grande, como Holanda, Bélgica e Reino Unido. Em países como Brasil, a simples transferência e importação de regras de accountability pode não resultar no efeito esperado por, pelo menos, três fatores: (i) a ausência de uma tradição de regulação focada em "accountability", mas muito focada em regulação do tipo "comando e controle" por agências integrantes da administração pública, (ii) uma desconfiança, por parte do setor privado, sobre as reais capacidades de colaboração e de expertise técnica por parte do regulador, e (iii) a inexistência de criação da Autoridade Nacional de Proteção de Dados Pessoais, que tem como missão a criação de uma cultura de corregulação e de uso variado de técnicas de regulação (dosando a abordagem de "cenoura", de geração de estímulos, e de "porrete", focada na sanção e punição)[126].

4.3 Avaliações de impacto: tecnocracia ou possibilidade de participação?

Por fim, como dito anteriormente, uma das tendências no campo regulatório com relação à proteção de dados pessoais é a definição de um sistema de documentação e de mitigação de riscos, inspirados na cultura regulatória ambiental (e os *Enrivonmental Impact Assessment*), cristalizado na obrigação de produção de "avaliações de impacto à proteção de dados pessoais".

Essa "laboriosa tarefa de avaliação de risco pelos controladores", na expressão de Claudia Quelle, funciona como uma espécie de *outsourcing* da tarefa regulatória, colocando ao setor privado a tarefa de avaliação do (i) tipo de tratamento de dados em questão, (ii) o uso de novas tecnologias, (iii) a natureza e o escopo do tratamento, (iv) e se há possibilidade de tal tratamento resultar em alto risco com relação às "liberdades e liberdades da pessoa natural".

No debate contemporâneo sobre o uso das "avaliações de impacto à proteção de dados pessoais" há diferentes interpretações sobre o quão efetivo pode ser esse instru-

---

126. A expressão é utilizada pelo jurista Diogo Coutinho. Ver: COUTINHO, Diogo. A universalização do serviço público para o desenvolvimento como uma tarefa da regulação, in: SALOMÃO, Calixto (org.), *Regulação e Desenvolvimento*. São Paulo: Malheiros, 2002.

mento para a contenção de violações aos direitos coletivos e para um real conhecimento, por parte da população, sobre como funcionam as técnicas avançadas de profiling e análise preditiva baseada em dados. De um lado, juristas como Paul de Hert, David Wright e Vagelis Papakonstantitnou enxergam nas avaliações de impacto uma aposta positiva de maior documentação, de internalização de riscos por parte do setor privado e de possibilidade de coleta de informações por parte das Autoridades de Proteção de Dados Pessoais.[127] Juristas como Claudia Quelle e Maria Eduarda Gonçalves, por outro lado, apontam que esse tipo de tecnicismo pode gerar uma interpretação errônea de uma "regulação baseada em riscos", típica do sistema financeiro, colocando em segundo plano a ideia de que o risco serve apenas como instrumento de calibração sobre as obrigações por parte do controlador, sendo essencial a manutenção da linguagem da proteção de dados pessoais como um sistema de proteção de direitos fundamentais.[128] Em outro extremo, juristas como o italiano Alessandro Mantelero apontam que o formato atual das avaliações de impacto, ao menos no formato definido pela GDPR, são excessivas técnicas e fechadas em uma relação de documentação entre controlador e Autoridade, sendo necessário repensar o papel que a sociedade civil e as entidades especializadas podem ocupar na própria *elaboração participativa* das avaliações de impacto, fazendo com esse processo "inclua as várias partes envolvidas e mecanismos de representação dos interesses coletivos afetados por atividades específicas de tratamento de dados"[129].

No Brasil, o sistema de avaliação de impacto também foi adotado pela Lei Geral de Proteção de Dados Pessoais. O chamado "relatório de impacto à proteção de dados" é definido como "documentação do controlador que contém a descrição dos processos de tratamento de dados pessoais que podem gerar riscos às liberdades civis e aos direitos fundamentais, bem como medidas, salvaguardas e mecanismos de mitigação de risco" (art. 5º, XVII). No entanto, ele não é obrigatório para atividades de alto risco, como definido na legislação europeia. Em termos práticos, isso implica dizer que o modelo brasileiro funciona como uma espécie de *documentação posterior*, que se torna obrigatória somente quando houver pedido expresso por parte da Autoridade Nacional de Proteção de Dados Pessoais. O art. 38 diz que "a autoridade nacional poderá determinar ao controlador que elabore relatório de impacto à proteção de dados pessoais, inclusive de dados sensíveis, referente a suas operações de tratamento de dados, nos termos de regulamento, observados os segredos comercial e industrial". Há regra semelhante quando o controlador utiliza a hipótese de *legítimo interesse* para tratamento dos dados.[130] Nesse caso, poderá a

---

127. DE HERT, Paul; PAPAKONSTANTINOU, Vagelis, The new General Data Protection Regulation: still a sound system for the protection of individuals?, *Computer Law & Security Review*, 32, p. 179, 194, 2016. WRIGHT, David; DE HERT, Paul (Orgs.), *Privacy Impact Assessment*, Dordrecht: Springer Netherlands, 2012.
128. GONÇALVES, Maria Eduarda, The EU data protection reform and the challenges of Big Data, *Information & Communications Technology Law*, 26, 2, p. 90-115, 2017. QUELLE, Claudia, The risk revolution in EU data protection law: we can't have our cake and eat it too, in: LEENES, Ronald et al, *Data Protection and Privacy: the age of intelligent machines*, Springer, 2017, p. 33-62.
129. MANTELERO, Alessandro. Personal data for decisional purposes in the age of analytics: from an individual to a collective dimension of data protection, *Computer Law & Security Review*, 32, 2, p. 238-255, 2016.
130. Art. 10. O legítimo interesse do controlador somente poderá fundamentar tratamento de dados pessoais para finalidades legítimas, consideradas a partir de situações concretas (...)
    § 3º A autoridade nacional poderá solicitar ao controlador relatório de impacto à proteção de dados pessoais, quando o tratamento tiver como fundamento seu interesse legítimo, observados os segredos comercial e industrial.

Autoridade "bater à porta" do controlador e exigir que o mesmo elabore, em certo prazo, a referida documentação.[131]

Como consequência, a mensagem que se passa é que a avaliação de impacto é uma *possibilidade*, mas não uma obrigação regulatória. Não há, também, mecanismos definidos de construção participativa desses relatórios, sendo muito distante o horizonte imaginado por Alessandro Mantelero e outros críticos. Está em aberto a possibilidade de uma inclusão participativa por mecanismos autorregulatórios (as próprias empresas definirem processos de discussão e de participação para elaboração dos relatórios) e da criação de uma espécie de rede social de controle e monitoramento, capaz de discutir publicamente como esses relatórios são criados, com quais metodologias e quais instrumentos de verificação de como liberdades civis e direitos fundamentais são afetados por atividades de tratamento de dados.[132] Esse é um trabalho que, em tese, pode ser desenvolvido por centros de pesquisa e organizações civis como Idec, InternetLab, Coding Rights, Instituto Iris e outros integrantes da Coalizão Direitos na Rede,[133] bem como outras organizações da sociedade civil que integram o campo dos "direitos digitais".

5. CONCLUSÃO

A formulação de instrumentos regulatórios e princípios de justiça à proteção de dados pessoais datam de mais de meio século e apresentam uma tendência de convergência, apesar de existirem claras distinções e opções jurídicas e políticas em regiões como Estados Unidos da América e União Europeia. Apresentamos, neste texto, como se deu a formulação dos *Fair Information Practices Principles* nos EUA e como uma preocupação voltada às limitações dos poderes governamentais foi transporta ao setor privado, por meio de uma estrutura de fiscalização e repressão colocada em prática pela Federal Trade Commission. Os países europeus, por outro lado, valeram-se da formulação destes princípios para avançar uma estratégia regional de harmonização jurídica, impulsionada pelos trabalhos técnicos da Comissão Europeia e da OCDE e por uma forte cultura de afirmação de direitos fundamentais e constituição da proteção de dados pessoais como um direito autônomo e distinto do direito à privacidade.

---

131. Já se argumentou no Brasil, em diversas ocasiões e por diferentes autores, que há uma tendência de se debater poluição de dados e avaliações de impacto. "De certo modo, falar de 'dados pessoais' é também falar de ambiente, de direitos humanos e de trabalho. Nosso ambiente 'natural' estará cada vez mais integrado com o 'digital', especialmente em um contexto de Internet das Coisas. Será difícil separar a natureza de nossos artefatos em um cenário de 'inteligência ambiental'. As cidades do futuro terão integração de dispositivos e sensores com sistemas inteligentes de energia, irrigação e controle de poluição, alimentados ou não pela atuação humana. Nessa reinvenção do ambientalismo, ganha força o debate sobre poluição de dados e avaliações de impacto". LEMOS, Ronaldo; DOUEK, Daniel; LANGENEGGER, Natalia; ZANATTA, Rafael. *O dia internacional da proteção de dados pessoais*, Jota, 25/01/2019. Disponível em: <https://www.jota.info/opiniao-e-analise/artigos/dia-internacional-da-protecao-de-dados-pessoais-28012019>.
132. Essas possibilidades foram discutidas em texto de um dos autores. Ver ZANATTA, Rafael. *Regulatory Studies, Post-Normal Science and Personal Data Protection: rethinking complexity and uncertainty in the 21st century*, Paper prepared for the course New Legal Theories, University of São Paulo Faculty of Law, 2018. Disponível em: <https://www.researchgate.net/publication/327433867_Regulatory_Studies_Post-Normal_Science_and_Personal_Data_Protection_rethinking_complexity_and_uncertainty_in_the_21st_century>.
133. <https://direitosnarede.org.br/>.

Demos destaque à inter-relação entre direito e política tanto na experiência estadunidense das últimas décadas quanto na rica experiência europeia, em especial o esforço de criação de novos direitos e instrumentos regulatórios por meio da General Data Protection Regulation (GDPR). Como sustentado, a estratégia europeia deve ser lida também por uma lente geopolítica de constituição de um "mercado europeu único" e de aplicação extraterritorial de suas normas, gerando uma espécie de "modelo de exportação" para outros países. Sem dúvidas, a União Europeia tem como pretensões criar um modelo jurídico de referência para a proteção de dados pessoais, fundamentada em fortes obrigações aos controladores, novos direitos aos titulares de dados, processos de accountability e fiscalização técnica por meio das Autoridades Nacionais de Proteção de Dados Pessoais.

Apontamos três tendências jurídicas dominantes e seus desafios ao Brasil, para além da já criada Lei Geral de Proteção de Dados Pessoais (Lei 13.709/2018). Primeiro, a construção de incentivos e de uma cultura adequada de *privacy by design*. Segundo, o fortalecimento de uma cultura de documentação, transparência e responsabilização, fundamentada em uma espécie de "regulação colaborativa" por meio da Autoridade Nacional de Proteção de Dados Pessoais. Terceiro, a possibilidade de que as avaliações de impacto fujam de uma perspectiva tecnocrata e fechada entre empresas e autoridades, fortalecendo uma cultura cívica participativa e de maior compreensão sobre os "detalhes internos" de funcionamento de um capitalismo dadocêntrico. Esperamos que esse guia sirva de incentivo a mais pesquisas e ações práticas nesta área, reforçando o diálogo entre juristas e economistas que se mostra cada vez mais necessário para dimensionarmos a nova lógica econômica e regulatória em questão.

REFERÊNCIAS

ABRAMOVAY, Ricardo. Aos dados, cidadãos!, *Revista Quatro Cinco Um*, São Paulo, abril de 2018.

ABRAMOVAY, Ricardo. Sociedade da vigilância em rede, *Revista Quatro Cinco Um*, São Paulo, março de 2019.

ALBRECHT, Jan Philipp. How the GDPR will change the world. *European Data Protection Law Review*, v. 2, p. 287, 2016.

ARRIETA IBARRA, Imanol et al. Should We Treat Data as Labor? Moving Beyond 'Free'. *American Economic Association Papers & Proceedings*, v. 1, n. 1, 2017.

BENIGER, James. *The control revolution: Technological and economic origins of the information society.* Harvard university press, 2009.

BING, Jon. The Council of Europe Convention and OECD Guidelines on Data Protection. *Michigan Legal Studies*, v. 5, p. 271, 1984.

BIONI, Bruno Ricardo, A produção normativa a respeito da privacidade na economia da informação e do livre fluxo informacional transfronteiriço, in: *Direitos e novas tecnologias: XXIII Encontro Nacional do Conpedi*, Florianópolis: Conpedi, 2014, v. 1, p. 59–82.

BIONI, Bruno Ricardo, Ecologia: uma narrativa inteligente para a proteção de dados pessoais nas cidades inteligentes, in: BARBOSA, Alexandre F. (Org.), *Pesquisa sobre o uso das tecnologias de informação e comunicação no setor público brasileiro: TIC governo eletrônico 2017*, São Paulo: Comitê Gestor da Internet, 2018, p. 53–62.

BIONI, Bruno Ricardo, Entre linhas de Código e de Fábrica: o que a GDPR tem a ver com o ex-presidente americano John F. Kennedy?, *GEN Jurídico,* Junho de 2018.

BIONI, Bruno. Como o Brasil pode inovar na proteção de dados pessoais. Valor Econômico, 20 mar. 2017.

BIONI, Bruno Ricardo, *Proteção de Dados Pessoais: a função e os limites do consentimento,* Rio de Janeiro: Forense, 2019.

BLUM, Rita Peixoto. *O direito à privacidade e à proteção de dados pessoais.* São Paulo: Almedina, 2018.

COUTINHO, Diogo. A universalização do serviço público para o desenvolvimento como uma tarefa da regulação, in: SALOMÃO, Calixto (org.), *Regulação e Desenvolvimento.* São Paulo: Malheiros, 2002.

DE HERT, Paul; PAPAKONSTANTINOU, Vagelis, The new General Data Protection Regulation: still a sound system for the protection of individuals?, *Computer Law & Security Review,* 32, p. 179, 194, 2016.

DONEDA, Danilo. Um código para a proteção de dados pessoais na Itália. *Revista Trimestral de Direito Civil,* Rio de Janeiro, v. 16, p. 117, 2003.

EVANGELISTA, Rafael. Capitalismo de Vigilância no Sul Global: por uma perspectiva situada, in: *5º Simpósio Internacional LAVITS,* Santiago, Chile, 2017, p. 243-253.

EUROPEAN COMMISSION, *Communication from the Commission to the European Parliament, the Council, the Economic and Social Committee and the Committee of the Regions,* "A comprehensive approach on personal data protection in the European Union", Brussels, 2010.

EUROPEAN COMMISSION, *A comprehensive reform of data protection rules to increase users' control of their data and to cut costs for businesses,* EC: Brussels, 2012.

EUROPEAN COMMISSION, *Progress on EU data protection reform now irreversible following European Parliament vote,* EC: Strasbourg, 2014.

FELDMAN, Sheldon. The Fair Credit Reporting Act-From the Regulators Vantage Point. *Santa Clara Lawyer,* v. 14, p. 459, 1973.

FLORIDI, Luciano, *The 4th revolution: how the infosphere is reshaping human reality,* Oxford: Oxford Univ. Press, 2014.

GELLERT, Raphaël, *Understanding the risk-based approach to data protection: An analysis of the links between law, regulation, and risk,* Vrije University Brussel, Bruxelas, 2017.

GELLMAN, Robert, *Fair Information Practices: A Basic History,* Rochester, NY: Social Science Research Network, 2017.

GONÇALVES, Maria Eduarda, The EU data protection reform and the challenges of Big Data, *Information & Communications Technology Law,* 26, 2, p. 90-115, 2017.

GONZÁLEZ FUSTER, Gloria, *The emergence of personal data protection as a fundamental right of the EU,* Cham: Springer, 2014.

HILDEBRANDT, Mireille; TIELEMANS, Laura. Data protection by design and technology neutral law. *Computer Law & Security Review,* v. 29, n. 5, p. 509-521, 2013.

HOOFNAGLE, Chris Jay. *Federal Trade Commission Privacy Law and Policy.* Cambridge University Press, 2016.

IANSITI, Marco; LAKHANI, Karim R. Digital ubiquity: How connections, sensors, and data are revolutionizing business. *Harvard Business Review,* v. 92, n. 11, p. 19, 2014.

KERSON, D. L. A. The European Convention for the protection of human rights and fundamental freedoms. *California Law Review,* v. 49, p. 172, 1961.

LEMOS, Ronaldo. É preciso plano de inteligência artificial, *Folha de São Paulo*, 04/02/2019.

LEMOS, Ronaldo; DOUEK, Daniel; LANGENEGGER, Natalia; ZANATTA, Rafael. O dia internacional da proteção de dados pessoais, *Jota*, 25/01/2019.

LESSIG, Lawrence. The constitution of code: limitations on choice-based critiques of cyberspace regulation. *CommLaw Conspectus*, v. 5, p. 181, 1997.

LEVIN, Mariam. *Cultures of Control*. Amsterdam: Harwood Academic Publisher, 2000.

MACENAITE, Milda, The "Riskification" of European Data Protection Law through a two-fold Shift, *European Journal of Risk Regulation*, v. 8, n. 03, p. 506–540, 2017.

MANTELERO, Alessandro. Personal data for decisional purposes in the age of analytics: from an individual to a collective dimension of data protection, *Computer Law & Security Review*, 32, 2, p. 238-255, 2016.

MAYER-SCHONEBERGER, Viktor, Generational development of data protection in europe, in: AGRE, Philip; ROTENBERG, Marc (Orgs.), *Technology and privacy: the new landscape, 1st paperback ed.* Cambridge, Mass.: MIT Press, 1998, p. 219–242.

MOROZOV, Evgeny. *Big Tech: a ascensão dos dados e a morte da política*. São Paulo: Ubu Editora, 2018.

OECD, *Developments in Data Protection and Privacy by OECD Countries*, Survey from OECD'S Computer Utilization Group. Paris: OECD, 1975.

POWLES, Julia. Democracy: the film that gets behind the scenes of the European privacy debate, *The Guardian*, 14/11/2015.

QUELLE, Claudia, The risk revolution in EU data protection law: we can't have our cake and eat it too, in: LEENES, Ronald et al, *Data Protection and Privacy: the age of intelligent machines*, Springer, 2017, p. 33-62.

REDING, Viviane. The upcoming data protection reform for the European Union. *International Data Privacy Law*, v. 1, n. 1, p. 3-5, 2010.

REDING, Viviane. The European data protection framework for the twenty-first century. *International Data Privacy Law*, v. 2, n. 3, p. 119-129, 2012.

REGAN, Priscilla. *Legislating Privacy: technology, social values and public policy*. The University of North Carolina Press, 1995.

RICHARDS, Neil'; SOLOVE, Daniel. Prosser's Privacy Law: a mixed legacy, *California Law Review*, v. 98, 2010, p. 1888-1928.

RODOTÀ, Stefano, *Il diritto di avere diritti,* Roma; Bari: Laterza, 2013.

RODOTÀ, Stefano. *A vida na sociedade de vigilância: a privacidade hoje*. Tradução Danilo Doneda e Luciana Doneda. Rio de Janeiro: Renovar, 2008.

ROTENBERG, Marc. Fair information practices and the architecture of privacy (What Larry doesn't get). *Stanford Technology Law Review*, v. 44, 2001.

SPINA, Alessandro, *Laudato Si' and Augmented Reality – In Search of an Integral Ecology for the Digital Age*, Rochester, NY: Social Science Research Network, 2017.

SILVA, Nelson. Transformação digital: a 4. revolução industrial. *Boletim de Conjuntura da FGV*, n. 8, p. 15-18, 2018.

SOBEL, Lester A. (Ed.). *War on Privacy*. New York: Facts on File, 1976.

SOLOVE, Daniel; SCHWARTZ, Paul. *Information Privacy Law*. Sixth edition. New York: Wolters Kluwer, 2018.

SOLOVE, Daniel J.; HARTZOG, Woodrow. The FTC and the new common law of privacy. *Columbia Law Review*, v. 114, p. 583, 2014.

ULLMAN, Charles M. Liability of Credit Bureaus after the Fair Credit Reporting Act: the need for further reform. *Vill. L. Rev.*, v. 17, p. 44, 1972.

VAN DIJCK, Johana. Datafication, dataism and dataveillance: Big Data between scientific paradigm and ideology. *Surveillance & Society*, v. 12, n. 2, p. 197-208, 2014.

WESTIN, Alan F. The Wire-Tapping Problem: An Analysis and a Legislative Proposal. *Columbia Law Review*, v. 52, n. 2, p. 165-208, 1952.

WESTIN, Alan F.; RUEBHAUSEN, Oscar M. *Privacy and Freedom*. New York: Atheneum, 1967.

WESTIN, Alan. Social and Political Dimensions of Privacy, *Journal of Social Issues*, v. 59, 2003, p. 431-453.

WINNER, Langdon, Do Artifacts Have Politics?, *Daedalus*, v. 109, n. 1, p. 17, 1980.

WRIGHT, David; DE HERT, Paul (Orgs.), *Privacy Impact Assessment*, Dordrecht: Springer Netherlands, 2012.

ZANATTA, Rafael A. F., A proteção de dados pessoais entre leis, códigos e programação: os limites do Marco Civil da Internet, in: *Direito & Internet III: Marco Civil da Internet*, São Paulo: Quartier Latin, 2015, v. 1, p. 447–470.

ZANATTA, Rafael. Regulatory Studies, Post-Normal Science and Personal Data Protection: rethinking complexity and uncertainty in the 21st century, *Paper prepared for the course New Legal Theories*, University of São Paulo Faculty of Law, 2018.

20
NOVO PARADIGMA TECNOLÓGICO, MERCADO DE CONSUMO E O DIREITO DO CONSUMIDOR[1]

Bruno Miragem

Sumário: 1 Introdução. 2 Os novos modelos de oferta e contratação. 2.1 O comércio eletrônico. 2.2 O fornecimento por plataforma digital. 2.3 Contratos inteligentes (*smart contracts*). 3 Os novos produtos e serviços. 3.1 Bens digitais. 3.2 Internet das coisas. 3.3 Inteligência artificial. 4 Repercussão do novo paradigma tecnológico sobre os direitos do consumidor. 4.1 Aproximação das categorias de produto e serviço. 4.2 Novos riscos tecnológicos e os regimes de responsabilidade do fornecedor. 4.3 Novos métodos de solução de conflitos (Resolução de disputas on-line). 5 Considerações finais. Referências.

1. INTRODUÇÃO

Em um clássico ensaio sobre a inovação originada pelo desenvolvimento tecnológico em meados do século XX, Elting E. Morison referiu que grande parte de sua pesquisa e reflexão concentrou-se, essencialmente, em quatro aspectos: a condição original das coisas que sofreriam mudanças; os agentes de mudança; a natureza da resistência à mudança e os meios para facilitar a acomodação com a mudança.[2] Não é diferente hoje com o aprofundamento das transformações do mercado de consumo, resultado da utilização intensiva da tecnologia da informação para criação de novas formas de oferta e contratação, como também de novos produtos e serviços. A sociedade de consumo, em alguma medida, incentiva as transformações tecnológicas, uma vez que favorece a concorrência e eficiência dos agentes econômicos para oferecer mais e melhores produtos e serviços, estimulando a inovação que promova a qualidade.[3] Por outro lado, será impactada por essas mesmas transformações tecnológicas, que alteram substancialmente a forma de se relacionar no mercado, seja na aproximação pré-negocial, na celebração dos contratos, em sua execução, ou mesmo nos efeitos que perdurem do contrato ou resultem da responsabilidade do fornecedor pelo inadimplemento de seus deveres.

O desenvolvimento da informática e das tecnologias da informação que se seguiram, permitiram a potencialização da economia de escala – característica da sociedade

---
1. Este texto foi originalmente publicado na *Revista de Direito do Consumidor* – RDC, vol. 125, set./out. 2019.
2. MORISON, Elting E. *Men, machines and modern times*. 50th anniversary edition. Cambridge: The MIT Press, 2016. p. 9.
3. Sobre as características da sociedade de consumo e a origem do direito do consumidor, veja-se: MIRAGEM, Bruno. *Curso de direito do consumidor*. 7. ed. São Paulo: Ed. RT, 2018. p. 47 e ss.

de consumo contemporânea –, porém colocaram em destaque novos elementos, como a definição de novas utilidades, aperfeiçoamento de produtos e serviços visando a redução de falhas ou otimização de sua eficiência, assim como, em outro estágio, de novos produtos e serviços. Nesse particular, percebe-se tanto a aplicação das tecnologias da informação para aperfeiçoamento de produtos e serviços ofertados comumente no mercado de consumo já antes de seu desenvolvimento, como outros que supõem a existência dessas tecnologias, e só em razão delas passam a ter a possibilidade de serem desenvolvidos.

Entre os vários exemplos de avanço tecnológico, nenhum é mais relevante do que o desenvolvimento da Internet, o qual deu causa, mesmo, ao surgimento de uma dimensão nova do mercado de consumo (mercado de consumo virtual) e as relações que se estabelecem por intermédio dela, como o comércio eletrônico – integrando fenômenos diversos como a oferta pela Internet e os meios de pagamento eletrônico –, novas estruturas negociais de oferta de produtos e serviços – caso, e.g. do fornecimento por plataforma digital – e a estratégia de reconhecimento mais preciso dos interesses dos consumidores – em especial pelo tratamento de dados pessoais.

A utilização da Internet para fins negociais data de meados da década de 1990, quando se afasta de sua ênfase acadêmica, e passa a se tornar um meio de oferta de produtos e serviços, sob diferentes modelos de custeio e remuneração. Tanto assim é que, desde então, muitos serviços são oferecidos de modo aparentemente gratuito (caso dos sites de busca, rede social, entre outros), porém sempre com base em refinados modelos de remuneração indireta, a partir do interesse que despertam nos consumidores, quantidade de acessos em sites, dados que permitem coletar, ou outros elementos que se vinculem, de diferentes formas, a um genuíno interesse negocial.

Em um curto espaço de tempo, essas transformações tecnológicas operaram profundas transformações no modo como consumidores adquirem ou utilizam determinados produtos ou serviços. São exemplos notáveis os serviços bancários, em relação aos quais um crescente contingente de consumidores serve-se da Internet para realização de operações bancárias antes realizadas em agências; a oferta e venda de um conjunto cada vez maior de produtos, seja diretamente pelo fornecedor, seja por grandes varejistas virtuais que apresentam como vantagem o sistema de pagamento simplificado (eletrônico ou por cartões de débito ou crédito), ou a eficiência e celeridade na entrega (dispensando o consumidor de ter de ir ao estabelecimento físico buscar o bem ou arcar com seu transporte). Da mesma forma, a facilidade de encontrar o fornecedor que ofereça precisamente o produto ou serviço de que necessita o consumidor, com informações suficientes sobre suas características, preços, comparação a outros fornecedores semelhantes, sem a necessidade de interação pessoal, com economia de tempo e uma aparência ou sensação de melhor controle sobre a entrega/fornecimento, são vantagens comumente associadas ao comércio pela Internet.

Em um primeiro momento, os serviços e utilidades disponíveis na Internet, bem como seu modo de fruição realizavam-se, geralmente, em terminais de computadores e em um sentido unidirecional, no qual o conteúdo gerado pelos provedores era recebido pelos usuários. Será em um segundo estágio, então, que o uso da Internet se converte em bidirecional, de modo que os usuários passam também a interagir, participando da formação do conteúdo exposto na rede. Essa transformação trouxe consigo a possibilidade de participação mais ativa dos usuários na internet, o que foi facilitado também pelo desenvolvimento de aparelhos telefônicos multifuncionais (*smartphones*), permitindo o crescente acesso à internet por dispositivos móveis, a qualquer hora, aumentando exponencialmente as finalidades e o tempo médio de sua utilização. Da mesma forma, a crescente capacidade de processamento de dados resultantes da navegação pela internet, ou aqueles associados ao usuário, passa a permitir um refinamento e maior precisão da oferta de informações pela rede, otimizando tempo e buscando antecipar seu interesse, aumentando a probabilidade de direcioná-las, com êxito, às opções mais adequadas a seus objetivos.

Outro elemento característico do consumo realizado pela internet será a facilidade, simplicidade e agilidade na celebração dos contratos de consumo. Por vezes, mediante simples aceitação (*one click contracts*), confiança em relação à exatidão do objeto contratado e seu cumprimento, e maior segurança no meio de pagamento (pagamento por cartões ou transferência de fundos, via bancária, ou arranjos de pagamento).

Será nesse mercado de consumo "virtual" ou "digital" que passam a se organizar, então, novos modos de oferta de produtos e serviços, por intermédio de estruturas de maior complexidade, com a participação de diferentes agentes, especialmente dentre os fornecedores dos serviços. Assim, por exemplo, o que passa a ocorrer com a denominada economia do compartilhamento, no qual o fornecimento dos serviços através de uma plataforma digital permitirá aproximar consumidores interessados em sua fruição e fornecedores que ofertem a prestação – assim considerados aqueles que diretamente prestam o serviço, como também os que o organizam, formatam a contratação, o pagamento e controlam sua execução.

Outra transformação recente permitida pela aplicação de tecnologias da informação, e da internet em especial, diz respeito à transformação no modo de execução dos contratos, de modo que não apenas sua celebração se dá de modo automatizado (ou mediante aceitação virtual do consumidor), senão também a execução, mediante ordens predeterminadas que as partes contratantes definem para que se realizem de modo automático, normalmente por intermédio de *software* que as viabiliza. Trata-se dos denominados "contratos inteligentes" (ou "*smart contracts*"), que projetam a padronização dos comportamentos dos contratantes, reduzindo a oportunidade de interação pessoal entre as partes, também durante a execução do objeto contratual, sempre tendo em vista o interesse útil presumido das partes na contratação.

A essas novas formas de oferta e contratação entre consumidores e fornecedores no mercado de consumo, acrescenta-se, como resultado do novo paradigma tecnológico da digitalização também a transformação de produtos e serviços, dando causa a novos objetos da relação de consumo. Tem especial interesse, no atual estágio de desenvolvimento tecnológico, os denominados bens digitais, também denominados *digital assets* ou *digital property*. Assim, por exemplo, as mensagens de correio eletrônico arquivadas, informações, arquivos (fotos, documentos) disponibilizados em rede social ou em site de compras ou em plataformas de compartilhamento de fotos ou vídeos, os *softwares* que contratam licença de uso on-line (mediante senha ou código) pelo tempo assegurado de fruição, ou arquivos compartilhados em serviços de compartilhamento ou armazenamento de dados (p. ex. o armazenamento em nuvem – *cloud computing*). Há, nesses casos, interação entre a prestação de um serviço que poderá ser de oferta ou de custódia de bens digitais, espécies de bens incorpóreos[4] cujo interesse legítimo de uso fruição e disposição pertença ao consumidor.

Da mesma forma, a aplicação da internet sobre produtos e serviços permite que passem a servir a novas utilidades, especialmente ao permitir a conectividade de produtos, de modo que possam coletar e transmitir dados com a finalidade de otimizar sua utilização, assegurando precisão, eficiência nos recursos e melhor atendimento do interesse do consumidor. Trata-se do que vem sendo comumente denominado de internet das coisas (*internet of things* ou IoT), e repercute nas relações de consumo, tanto na redefinição do dever de qualidade (finalidade legitimamente esperada do produto ou serviço), quanto em novos riscos que eventual defeito da prestação pode dar causa.

Na mesma linha, a multiplicação da capacidade de processamento de dados dá causa ao desenvolvimento de *softwares* para interpretação de dados externos ou ambientais, de modo a determinar a atividade consequente de objetos inanimados (produtos, e.g.), o que está na origem da denominada inteligência artificial (*Artificial Intelligence* ou AI), e permite, inclusive, a possibilidade de autoaperfeiçoamento do próprio bem, a partir do uso da linguagem (*machine learning*).[5] Nesse caso, a adoção da inteligência artificial em produtos e serviços permite um grau de automatização na relação entre o fornecedor e o consumidor, reduzindo a interação entre ambos e intensificando a padronização do atendimento ou do fornecimento de produtos ou serviços. A repercussão na relação de consumo pode ser vislumbrada tanto pela maior agilidade ou precisão no atendimento do interesse do consumidor, quanto pela potencialização dos riscos decorrentes de um vício ou defeito na interpretação a ser feita pelo sistema informatizado em relação a dados externos e sua resposta automatizada.

Daí porque a proteção do consumidor, frente a esse novo paradigma tecnológico, não reside exclusivamente nas normas do direito do consumidor, mas na compreensão dessas em comum com outras legislações, como é o caso das atinentes à proteção de dados pessoais, à defesa da concorrência, ao processo civil, entre outras.[6] Por outro lado, observa-se também o surgimento de novas formas de distribuição de produtos e serviços, como a formação de cadeias complexas e a própria alteração de noções clássicas de propriedade sobre bens, de modo a enfatizar sua utilidade em contraposição à de simples

---

4. Uma vez bens sem existência material, mas que podem ser objeto de direito, como bem ensina a doutrina. Ver, por todos: GOMES, Orlando. *Introdução ao direito civil*. 19. ed. Rio de Janeiro: Forense, 2007. p. 191-192.
5. *Machine learning* é um dos modos de desenvolvimento da inteligência artificial. Por intermédio da padronização de um conjunto de dados, ou por repetidas tentativas usando aprendizado por reforço, pode-se conduzir um *software* a maximizar um critério de desempenho, a partir da interpretação de um determinado contexto, adotando a partir dali aquele significado para padronizar suas reações. Veja-se: ALPAIDYN, Ethem. *Machine learning*. Cambridge: MIT, 2016. p. 161-162.
6. Assim bem registra o relatório do Conselho de Especialistas em Direito do Consumidor (Sachverständigenrat für Verbraucherfragen – SVRV) do Ministério da Justiça e Defesa do Consumidor alemão publicado em: MICKLITZ, Hans-Wolfgang; REISCH, Lucia A.; JOOST, Gesche; ZANDER-HAYAT, Helga (Hrsg.). *Verbraucherrecht 2.0*: Verbraucher in der digitalen Welt. Baden-Baden: Nomos, 2017. p. 9.

domínio. Tudo o que reforça os deveres, do fornecedor, de informação e esclarecimento do consumidor nas relações de consumo que envolvam tais inovações.

Para tanto, divide-se o presente estudo em duas partes. Na primeira, examina-se a influência do novo paradigma tecnológico no desenvolvimento de novos modelos de oferta e contratação de consumo por intermédio da internet e de novos produtos e serviços ofertados no mercado. No primeiro caso, examinam-se os fenômenos contemporâneos do comércio eletrônico, do fornecimento por plataforma digital e os denominados contratos inteligentes (*smart contracts*, na sua conhecida indicação em língua inglesa). Em seguida, o desenvolvimento de novos produtos e serviços a partir da aplicação das tecnologias, em especial, dos bens digitais, da internet das coisas e da inteligência artificial.

Na segunda parte, propõe-se a repercussão, no direito do consumidor dessas transformações no mercado de consumo, em especial atentando para a aproximação das categorias de produto e serviço, conforme sua definição legal, os novos riscos decorrentes da aplicação das tecnologias da informação e sua repercussão no âmbito da responsabilidade do fornecedor. E, afinal, a influência das novas tecnologias da informação também no tocante aos métodos de solução de conflitos, com especial referência aos instrumentos de resolução de disputas on-line.

2. OS NOVOS MODELOS DE OFERTA E CONTRATAÇÃO

2.1. O comércio eletrônico

No atual estágio do desenvolvimento tecnológico, destacam-se novas formas de oferta e contratação com ampla repercussão no mercado de consumo. A primeira delas diz respeito ao comércio eletrônico, cujo exame mais detalhado se faz também, nesta obra, quando do estudo da proteção contratual do consumidor pelo CDC.

O comércio eletrônico de consumo observa grande crescimento no direito brasileiro, dadas as facilidades que permite, como a possibilidade de adquirir produtos e serviços sem ter de deslocar-se até o estabelecimento físico do fornecedor, ou a comparação de preços entre diferentes fornecedores. Por outro lado, entre as desvantagens do sistema estão limitações de contato direto e pessoal entre o consumidor e o produto no momento da aquisição – o que atrai a utilidade da incidência do art. 49, assegurando o direito de arrependimento do consumidor – assim como a vulnerabilidade inerente à forma da contratação, tanto para efeito de acesso à informação sobre o contrato, controle dos meios de pagamento e a própria localização geográfica do fornecedor, por vezes submetido à jurisdição estrangeira (no caso do comércio eletrônico internacional).

Desse modo, o principal aspecto inerente ao comércio eletrônico de consumo diz respeito ao dever de informar do fornecedor. O Decreto Federal 7.962/2013, define o conteúdo e extensão do dever de informar do fornecedor no comércio eletrônico, estabelecendo que deve dispor em local de destaque e fácil visualização no site, os seguintes elementos: "I – nome empresarial e número de inscrição do fornecedor, quando houver, no Cadastro Nacional de Pessoas Físicas ou no Cadastro Nacional de Pessoas Jurídicas do Ministério da Fazenda; II – endereço físico e eletrônico, e demais informações necessárias para sua localização e contato; III – características essenciais do produto ou do serviço, incluídos os riscos à saúde e à segurança dos consumidores; IV – discriminação, no preço, de quaisquer despesas adicionais ou acessórias, tais como as de entrega ou seguros; V – condições integrais da oferta, incluídas modalidades de pagamento, disponibilidade, forma e prazo da execução do serviço ou da entrega ou disponibilização do produto; e VI – informações claras e ostensivas a respeito de quaisquer restrições à fruição da oferta." (art. 2º).

Da mesma forma, exige-se que o fornecedor apresente o sumário da contratação com as informações necessárias ao pleno exercício do direito de escolha do consumidor, destacadas as cláusulas que limitem seus direitos. Deve, ainda, dispor de meios eficazes para o consumidor identificar e corrigir erros ocorridos nas etapas anteriores à conclusão do contrato, confirmar imediatamente o recebimento da aceitação da oferta, disponibilizar o contrato de modo a permitir sua conservação e reprodução pelo consumidor, além de utilizar mecanismos de segurança eficazes para pagamento e tratamento de dados (art. 4º).

O fato de a contratação de consumo se dar por intermédio da internet, caracterizando o denominado comércio eletrônico, não afasta a incidência das normas do CDC, tampouco prejudicam sua aplicação. A alteração do meio não implica desnaturar a definição jurídica da relação entre consumidor e fornecedor – contrato de consumo – que se submete às mesmas normas. Pode ocorrer que certas situações características da celebração do contrato de consumo pela internet possam ser exclusivas, em razão do meio de contratação, como é o caso das obrigações inerentes à identificação do fornecedor, do meio de pagamento, ou inerentes à entrega do produto sem que o consumidor tenha tido contato com o mesmo. Essas situações, quando relevantes em relação ao interesse útil do consumidor no contrato, podem ser objeto de normas específicas (como as previstas no Decreto Federal 7.962/2013, que apenas especializam e adaptam as normas do CDC, permitindo sua aplicação.

2.2. O fornecimento por plataforma digital

Uma das diferenças mais relevantes da oferta de produtos e serviços tradicionais, em estabelecimentos físicos, e o mesmo fenômeno na internet, diz respeito ao modo de identificação e contato entre consumidores e fornecedores. Enquanto no mercado de consumo tradicional o consumidor se desloca, normalmente, até onde se localiza o estabelecimento empresarial do fornecedor, sendo atraído para ele pela oferta e publicidade, no mundo digital, o volume de informações disponíveis na internet, e de fornecedores disponíveis, exige uma certa organização da oferta. Em especial, para tornar mais acessível aos potenciais consumidores determinados produtos ou serviços por eles ofertados, inclusive com a redução de custos e eliminação do desperdício de recursos.[7] Trata-se do que se pode denominar como fornecimento por plataforma digital, pelo qual a relação do fornecedor do produto ou serviço com o consumidor é intermediada por alguém que organiza a relação e aproxima os interessados, facilitando a celebração dos contratos. A OCDE, ao identificar o que denomina como intermediários da internet, os define como aqueles que: "reúnem ou facilitam transações entre terceiros na Internet". E

---
7. LOBEL, Orly. The law of platform. *Minnesotta Law Review*, v. 101, 2016. p. 166.

prossegue afirmando que "eles dão acesso, hospedam, transmitem e indexam conteúdo, produtos e serviços originados por terceiros, ou fornecer serviços baseados na Internet a terceiros".[8] Esse conceito, contudo, é mais amplo do que o de plataforma digital que se dirige, especificamente, à intermediação de fornecedores diretos e consumidores, uma vez que abrange toda a sorte de provedores de serviços, serviços de busca e pesquisa, responsáveis pelos sistemas de pagamento, entre outros.[9]

Como ensinam Evans e Schmalensee, as plataformas digitais têm por característica ter dois ou mais grupos de clientes, que precisam uns dos outros, mas que não conseguem se conectar por conta própria, razão pela qual confiam em um terceiro como facilitador da interação entre eles.[10] Nesse caso, a própria natureza das relações jurídicas que se estabelecem pode ser distinta. Visualizando exemplos de plataformas digitais que intermediam relações entre fornecedores diretos e consumidores, é induvidoso que entre eles caracteriza-se relação de consumo. Porém, entre os fornecedores diretos e o organizador da plataforma digital, embora possam estar presentes características que permitam identificar certa assimetria, ou mesmo dependência dos primeiros, não há de se considerar a existência, como regra, de outra relação de consumo. Poderá até se cogitar exceções, como é o caso em que não se tenha uma relação propriamente de consumo entre vendedores e adquirentes em plataformas que intermedeiem relações eventuais entre não profissionais. Porém, como regra, se alguém se serve de uma plataforma digital para intermediar ofertas de produtos e serviços inerentes a sua atividade profissional, não se há de cogitar haver, nessa hipótese, relação de consumo. Nesse caso, a relação será empresarial, se presentes os requisitos para caracterização da atividade (art. 966 do Código Civil), sem prejuízo que se considere a possibilidade de endereçar àquele que se relaciona com o organizador da plataforma digital, a tutela própria ao aderente em relação ao contrato de adesão (arts. 423 e 424 do Código Civil). Ou, em situações muito específicas, a equiparação a consumidor, demonstrada a vulnerabilidade in concreto, segundo a interpretação prevalente do art. 29 do CDC.

Em geral, a legislação não se ocupa particularmente dessas plataformas digitais, que se organizam a partir do fornecimento, por elas próprias, de serviços às vezes gratuitos (p. ex. sites de busca, redes sociais), às vezes remunerados por percentual da vantagem do fornecedor direto (p. ex. plataformas que intermediam hospedagem ou serviços de transporte individual).

Em comum, o fornecimento de produtos e serviços por intermédio de plataforma digital conta com uma estrutura característica da relação jurídica que se estabelece entre três pessoas distintas: a) o organizador da plataforma, que intermedia a relação; b) o fornecedor direto do serviço; c) o consumidor. O organizador da plataforma é aquele a quem incumbe definir o modelo do negócio e do modo como produtos ou serviços serão ofertados e fornecidos por intermédio da internet. Exerce, por isso, poder em relação aos demais

---

8. OCDE (Organização para a Cooperação Econômica e Desenvolvimento). *The economic and social role of internet intermediaries*. OECD, april 2010. p. 9.
9. OCDE (Organização para a Cooperação Econômica e Desenvolvimento). *The economic and social role of internet intermediaries*, cit.
10. EVANS, David S.; SCHMALENSEE, Richard. *Matchmakers*: The new economics of multisided platforms. Cambridge: Harvard Business Review Press, 2016.

envolvidos, sobretudo porque é ele quem controla o acesso àquele específico canal que organiza,[11] seja de fornecedores diretos ou de consumidores; por vezes controla o pagamento e, desse modo, também parte da execução do contrato celebrado entre as partes. Por essa razão será denominado como espécie de guardião do acesso (*gatekeeper*), expressão que destaca seu poder de controle da possibilidade de contratação por fornecedores diretos e consumidores no ambiente virtual. Esse poder do organizador da plataforma também se expressa na formação dos preços, conforme controle os níveis de acesso à oferta e demanda de fornecedores e consumidores, com efeitos concorrenciais.[12] A atuação das empresas que organizam essas plataformas digitais também visam, cada vez mais, a coleta e tratamento de dados dos consumidores, visando a seu tratamento, tanto para segmentação de mercado e maior eficiência no direcionamento de ofertas de produtos e serviços, quanto seu compartilhamento com outros fornecedores, na internet e fora dela.

A diversidade de modelos de plataformas tecnológicas impõe, também, o desafio da qualificação de seus participantes em todas as relações que estabeleçam como consumidores ou fornecedores. A relação de consumo típica por plataforma digital se dá naquelas que intermediam o fornecimento de produtos e serviços entre fornecedores e consumidores (B2C, *business to consumer*). Não deve incidir o CDC, como regra, às relações por plataforma digital que envolvam relações entre empresários (B2B, *business to business*). Porém, essa delimitação nem sempre será clara, afinal, não é incomum a utilização de plataformas digitais para intermediação de negócios de compra e venda ou troca entre pessoas (P2P, *peer to peer*), que não serão necessariamente profissionais, ou exerçam a atividade com habitualidade, senão aproveitam-se da facilidade do meio para realizar negócios episodicamente. Como destaca a doutrina, nesses casos, será difícil precisar qual o número de transações deve alguém celebrar para que deixe de ser considerado um consumidor, tornando-se um fornecedor. Seria um critério útil para determinar a incidência ou não da legislação de proteção do consumidor?[13] Independentemente da resposta, contudo, há de determinar se existe um dever do organizador da plataforma digital de informar, conforme a boa-fé, que a relação que intermedia, celebrada entre pessoas que não são fornecedoras, poderá ter por consequência a não incidência do CDC (e.g. alguém que venda por intermédio de certa plataforma tecnológica um bem usado seu, em caráter eventual e sem o intuito de lucro).

Da mesma forma, discute-se se a forma de atuação do organizador da plataforma é decisiva ou não para sua qualificação como fornecedor, de modo que passe a integrar, com o fornecedor direto que contrata com o consumidor, a cadeia de fornecimento. Havendo essa qualificação como consumidor, uma das consequências mais expressivas será a extensão da responsabilidade pelo inadimplemento contratual ou por outros danos que decorrem da relação cuja intermediação realiza.

---

11. ADAM, Leonie; MICKLITZ, Hans-W. Verbraucher und Online-Plattformen. *In*: MICKLITZ, Hans-Wolfgang; REISCH, Lucia A.; JOOST, Gesche; ZANDER-HAYAT, Helga (Hrsg.). *Verbraucherrecht 2.0*: Verbraucher in der digitalen Welt. Baden-Baden: Nomos, 2017, p. 47.
12. ADAM, Leonie; MICKLITZ, Hans-W. Verbraucher und Online-Plattformen, p. 52; PODSZUN, Rupprecht; KREIFELS, Stephan. Digital Platforms and Competition Law. *Journal of European Consumer and Market Law*, v. 5, Issue 1, 2016, p. 33-39.
13. ADAM, Leonie; MICKLITZ, Hans-W. Verbraucher und Online-Plattformen, p. 57.

Uma primeira linha de entendimento poderá considerar a gradativa extensão da responsabilidade do organizador da plataforma, conforme sua intervenção ou participação na contratação entre o consumidor e o fornecedor direto.[14] Assim, por exemplo, se controla e avalia a execução da prestação (entrega do produto ou realização do serviço), o pagamento pelo consumidor, ou ainda quando tenha participação na própria remuneração (uma vantagem direta, decorrente da remuneração, mediante desconto ou retenção do valor recebido, de parte do preço pago pelo consumidor). Claudia Lima Marques, examinando o fenômeno de consumo compartilhado, filia-se a esse entendimento, ao definir a existência de uma cadeia "escondida" de fornecedores, que devem responder solidariamente quando participam da organização da plataforma digital.[15] Essa compreensão é reforçada pelo argumento da proteção da confiança em relação à imagem ou publicidade que realiza o organizador da plataforma digital, segundo a conclusão de que a decisão do consumidor de contratar por intermédio daquela específica plataforma se deve à confiança nela própria e não, necessariamente, nos fornecedores diretos que dela se utilizam para oferecer seus produtos aos consumidores. Nesse caso, ainda que não se chegue a identificar a responsabilidade baseada na teoria da aparência (afinal, não há necessariamente identificação entre o organizador da plataforma e o fornecedor direto), será a confiança na segurança ou eficiência da plataforma um fator que informa a decisão de contratar do consumidor, razão pela qual atrai a responsabilidade do seu organizador.[16]

Outra linha de entendimento será a que sustenta a necessidade de examinar-se caso a caso o modo de participação do organizador da plataforma digital e sua capacidade de intervenção no conteúdo da relação entre o fornecedor direto e o consumidor que resulta da sua intermediação. Em outros termos, diferenciando as situações em que o poder do organizador da plataforma digital se estende também à execução do contrato de consumo que intermediou, sobre o qual exerce diferentes níveis de controle, e aquelas nas quais sua atuação limita-se à intermediação, sem que possa interferir na

---

14. DOMURATH, Irina. Verbraucherrecht in der Plattformökonomie. In: MICKLITZ, Hans-Wolfgang; REISCH, Lucia A.; JOOST, Gesche; ZANDER-HAYAT, Helga (Hrsg.). *Verbraucherrecht 2.0*: Verbraucher in der digitalen Welt. Baden-Baden: Nomos, 2017. p. 128.
15. MARQUES, Claudia Lima. A nova noção de fornecedor no consumo compartilhado: um estudo sobre as correlações do pluralismo contratual e o acesso ao consumo. *Revista de Direito do Consumidor*, São Paulo, v. 111, p. 247-268, maio-jun, 2017. Será ainda Claudia Lima Marques (Contratos no Código de Defesa do Consumidor. 9. ed. São Paulo: Ed. RT, 2019. p. 444) que apontará uma tendência da jurisprudência para o reconhecimento da responsabilidade do organizador da cadeia, indicando decisão do Recurso Especial 1426578/SP, no qual o STJ sinalizou a "responsabilização solidária de todos os que participem da introdução do produto ou serviço no mercado, inclusive daqueles que organizem a cadeia de fornecimento, por eventuais defeitos ou vícios apresentados" (REsp 1426578/SP, rel. Min. Marco Aurélio Bellizze, 3ª T., j. 23.06.2015, DJe 22.09.2015).
16. Nesse sentido mencione-se um caso julgado pelo Tribunal Federal alemão (*Bundesgerichtshof* – BGH), no qual a plataforma digital Tchibo dispunha-se a intermediar a contratação de seguros e serviços financeiros com "seguradores parceiros" designados como "especialistas selecionados pela Tchibo". Desse modo a intermediação era realizada pela plataforma, inclusive com o preenchimento de formulário e envio de e-mail de confirmação, inclusive com a marca da Tchibo. Uma vez demandado judicialmente por um concorrente, em especial pelo descumprimento dos deveres exigidos na intermediação de seguros, a Tchibo defendeu-se sustentando não atuar como corretor de seguros, de modo que esses deveres não lhe seriam aplicáveis. O BGH, contudo, concluiu que a imposição desses deveres inerentes à intermediação de seguros, segundo a legislação própria, dependeriam da aparência objetiva da atividade realizada, razão pela qual reconheceu a responsabilidade da Tchibo pela falha no dever de fornecer informações aos consumidores. (BGH, acórdão de 28.11.2013 – I ZR 7/13, processo Hanseatisches Oberlandesgericht Hamburg, de 12. 12. 2012 – 5 U 79/10). Conforme ADAM, Leonie; MICKLITZ, Hans-W. Verbraucher und Online-Plattformen, p. 76.

prestação. No tocante à formação do contrato, auxilia neste entendimento a incidência do art. 19 do Marco Civil da Internet (Lei 12.965/2014), que afasta a responsabilidade do provedor de aplicações de internet por conteúdo ilegal gerado por terceiros, e que a rigor poderia ser estendido à oferta realizada pelo fornecedor direto por intermédio da plataforma. Nesse caso, mesmo nas hipóteses em que o organizador da plataforma digital intervenha para divulgar oferta ou informação sobre produto ou serviço a ser fornecido pelo fornecedor direto, no próprio regime do CDC isso poderá estender a responsabilidade para obrigar esse ao cumprimento, se for possível caracterizar relação de preposição ou representação nos termos do art. 34 do CDC. Será, todavia, o inverso verdadeiro? Ou seja, que o fornecedor direto possa ser considerado preposto ou representante autônomo do organizador da plataforma digital para efeito de estender a ele a responsabilidade pela oferta? A rigor, as situações típicas havidas no mercado não permitem essa conclusão, com exceção de casos que não dirão respeito propriamente à oferta (art. 34 do CDC), mas à própria execução do contrato, do que o caso mais conhecido é o da prestação de serviços de transporte ou de hospedagem por aplicativos. Porém, nessas situações, o transportador ou o anfitrião participam da execução do serviço, não da sua oferta, razão pela qual o regime de responsabilidade será orientado pela extensão da interferência do organizador da plataforma digital na prestação do serviço ou, ainda – segundo o primeiro entendimento mencionado –, na remuneração da atividade.

Em qualquer caso, todavia, será incontroversa a responsabilidade do organizador da plataforma digital pelo descumprimento de deveres próprios da atividade de intermediação que desempenhe, como é o caso do dever de informação e esclarecimento sobre o conteúdo e características do contrato (inclusive os termos de uso) e deveres das partes, inclusive a própria extensão de sua participação, os riscos ordinários da contratação, e a orientação do comportamento do consumidor para obtenção da finalidade útil do contrato que venha a celebrar. O mesmo se diga em relação à segurança dos atos que venha a desempenhar, como é o caso dos riscos inerentes ao tratamento dos dados pessoais do consumidor que venha a ter acesso em razão do negócio que intermedia, dentre os quais suas informações financeiras, no caso de participar da transação relativa ao pagamento do preço.

Destaca-se também, para efeito da proteção da confiança legítima do consumidor na oferta por intermédio da plataforma digital, os sistemas de classificação por ela divulgados, dando conta de maior ou menor correção ou eficiência dos fornecedores diretos no adimplemento dos contratos de consumo que celebram com os consumidores. Esses sistemas de classificação colaboram para a formação de reputação,[17] tanto da própria plataforma digital, quanto dos fornecedores diretos que ofertam produtos e serviços por seu intermédio, razão pela qual as informações que divulgam também se submetem aos deveres de veracidade e clareza impostos pela legislação de proteção do consumidor. Assim, por exemplo, no Reino Unido, em 2012, a *British Advertising Standards Authority*

---

17. OCDE (Organização para a Cooperação Econômica e Desenvolvimento). Protecting consumers in peer platform markets: 2016 Ministerial meeting on the digital economy background report. *OECD Digital Economy Papers*, n. 253, 2016. p. 10.

decidiu que uma conhecida plataforma digital de oferta de serviços turísticos (passagens aéreas e hospedagem), não poderia anunciar que as avaliações dos seus serviços eram feitas por "viajantes reais" se o organizador da plataforma não as controlasse de modo a atestar a veracidade da informação. Da mesma forma, identificam-se, em diferentes países, arranjos para fraude desses sistemas de avaliação de serviços on-line.[18] Razão pela qual sua divulgação, quando incorporada como elemento de publicidade, atrai a responsabilidade da plataforma digital, no direito brasileiro, com a subsunção às hipóteses de publicidade enganosa (art. 37 do CDC); sem prejuízo do ônus da prova da veracidade e correção da informação ou comunicação publicitária, nos termos do art. 38 do CDC. Há, contudo, situações mais difíceis, como aquelas em que avaliações positivas de um certo fornecedor são situadas com destaque e prioridade para conhecimento do consumidor (e.g. prioridade de divulgação em sistema de buscas), mediante remuneração do provedor de aplicações que preste o serviço de busca, de avaliação, ou mesmo o próprio organizador da plataforma digital. Essa prática foi considerada ilícita, e classificada como publicidade enganosa no direito estrangeiro.[19]

Outro aspecto a ser considerado, à luz do direito do consumidor, serão as situações de bloqueio ou exclusão do consumidor do ambiente de negócios viabilizado pela plataforma digital que tenha acesso controlado (e.g. mediante cadastro prévio, uso de senha etc.), hipótese em que a decisão do organizador, automatizada ou não, submete-se aos limites definidos pela proibição de práticas abusivas, em especial as previstas no art. 39, incisos II ("recusar atendimento às demandas dos consumidores, na exata medida de suas disponibilidades de estoque, e, ainda, de conformidade com os usos e costumes") e IX ("recusar a venda de bens ou a prestação de serviços, diretamente a quem se disponha a adquiri-los mediante pronto pagamento, ressalvados os casos de intermediação regulados em leis especiais"), do CDC.

2.3. Contratos inteligentes (*smart contracts*)

Outra inovação oferecida pelo novo paradigma tecnológico no mercado de consumo digital consiste nos denominados contratos inteligentes, também comumente designados na expressão em língua inglesa "*Smart contracts*". Diferenciam-se os contratos inteligentes ("*Smart contracts*"), pelo fato de sua execução, total ou parcialmente, se dar por meio digital, de modo que se submeta a uma programação específica que determine a realização automatizada de ações no interesse dos contratantes. Ou seja, são contratos

---

18. ADAM, Leonie; MICKLITZ, Hans-W. Verbraucher und Online-Plattformen, p. 65. A transparência nos critérios de comparação de condições de contratação de serviços turísticos oferecidos por plataformas digitais também é objeto de atenção da atividade regulatória nos Estados Unidos, conforme menciona: VAN LOO, Rory. Rise of the Digital Regulator, *Duke Law Journal*, v. 66, 2017, em especial p. 1313-1315.
19. Assim o caso do *ranking* de serviços de hospedagem em hotéis decidido pelo tribunal de Berlim, e o caso do sistema de avaliação de serviços médicos que oferecia aos profissionais avaliados a possibilidade de serem associados "*premium*" com a finalidade de destacar suas avaliações positivas no *ranking* organizado pelo provedor, decidido pelo tribunal de Munique, ambos na Alemanha. Nesse segundo caso, contudo, após a decisão do tribunal houve apenas a alteração da aparência das informações de modo a ser indicado, quando apresentado o resultado da pesquisa ao consumidor, tratar-se de anúncio patrocinado, o que é objeto da crítica de ADAM, Leonie; MICKLITZ, Hans-W. Verbraucher und Online-Plattformen, p. 69-70.

cuja execução será total ou parcialmente automática,[20] afastando a interferência do comportamento dos contratantes para seu cumprimento. Embora alguns autores levantem a dúvida se não se trata de fenômeno passageiro,[21] parece mais correto compreendê-los como uma nova etapa da padronização contratual (sucedendo a expansão da técnica das condições gerais contratuais e dos contratos de adesão) que tem lugar na sociedade de massas, incrementada pelas possibilidades das novas tecnologias da informação. Tiveram lugar, originalmente, em contratos celebrados no âmbito do sistema financeiro (mercado de capitais, seguros) e, também, em certos países, em contratos de empreitada para a construção, visando prevenir situações usuais de inadimplemento (atrasos de entrega ou pagamento, desconformidade de projetos etc.). Porém, vem crescentemente se desenvolvendo também no âmbito das relações de consumo, sobretudo, em contratos celebrados pela internet, e cuja execução se dê total ou parcialmente por meio digital.

As vantagens enunciadas nesses contratos inteligentes, além da facilidade e agilidade na contratação e execução, são a redução de conflitos entre as partes, decorrentes da interpretação de cláusulas ambíguas e dos riscos de inadimplemento[22] pela natureza autoexecutável de suas disposições. Por outro lado, por tratar-se de uma determinada programação, a inflexibilidade de sua execução, embora por um lado seja saudada por reduzir os riscos de inadimplemento, por outro implica em dificuldades na alteração dos termos do contrato pelas partes. Um exemplo citado no âmbito das relações comerciais é o de um contrato de fornecimento em que o vendedor envie, habitualmente, bens ao comprador, e que após uma determinada remessa de produtos de qualidade diversa, busca compensá-lo com a prorrogação do prazo de pagamento. Será provável que, pelo caráter específico da situação, não tenha havido previsão sobre essa circunstância, podendo, inclusive, ser muito oneroso reprogramar o contrato para contemplá-la. Tais situações podem ser reproduzidas em uma variedade de hipóteses nas quais alterações tópicas na relação entre os contratantes se tornem excessivamente onerosas para uma reprogramação do contrato.[23]

Nas relações de consumo, a celebração dos contratos inteligentes ("smart contracts") já tem lugar tanto em situações nas quais toda sua celebração e execução pode se dar digitalmente (e.g. a contratação de um seguro, cujo pagamento do prêmio, e eventual regulação e pagamento da indenização possa se dar exclusivamente pela internet), quanto

---

20. RASKIN, Max. The law and legality of smart contracts. *Georgetown Law Technology Review*, v. 1, 2017, p. 305-341. CARRON, Blaise; BOTTERON, Valentin. How smart can a contract be? In: KRAUS, Daniel; OBRIST, Thierry; HARI, Olivier (Eds.). *Blockchains, smart contracts, descentralised autonomous organizations and the law*. Cheltenham: Edward Elgar, 2019. p. 109.
21. WERBACH, Kevin; CORNELL, Nicolas. Contracts ex machina. *Duke Law Journal*, v. 67, 2017. p. 381.
22. A autoexecutividade do contrato pode dar causa a debates sobre os próprios limites do poder do fornecedor que, afinal, estipule as condições contratuais. No limite, a doutrina chega a cogitar de situações de restrição de uso do bem adquirido, mediante pagamento diferido no tempo, mediante utilização de *software* que associe o inadimplemento das parcelas do preço e a restrição do uso pelo período em que durar o inadimplemento. Assim, por exemplo, um automóvel pago cujo preço é pago em parcelas, e o adquirente ficasse impedido de utilizá-lo quando estivesse em mora (o exemplo é de SPINDLER, Gerald. Regulierung durch Technik. In: MICKLITZ, Hans-Wolfgang et alli, *Verbraucherrecht 2.0*: Verbraucher in der digitalen Welt, p. 347). Ilustra bem a situação no qual as novas possibilidades dos contratos inteligentes possam confrontar os limites do exercício do direito de crédito pelo fornecedor.
23. SKARLOFF, Jeremy M. Smart contracts and the cost of inflexibility. *University of Pennsylvania Law Review*, v. 166, p. 263-303, 2017.

parcialmente (assim a reserva de um hotel ou locação de imóvel pela qual o hóspede ou o locatário receba um código ou senha alfanumérica para acesso ao local pelo período contratado, sem a necessidade de check-in presencial). A tendência de aumento da utilização dos contratos inteligentes em relações de consumo deve, necessariamente, contemplar três aspectos: a) atendimento ao dever de informação e esclarecimento do fornecedor, prévio à contratação, sobre seus aspectos característicos e o modo de exercício dos direitos pelo consumidor, inclusive com a possibilidade de acesso prévio ao instrumento contratual (art. 46 do CDC, e art. 4º, IV, do Decreto 7.962/2013); b) assegurar-se a possibilidade de contato do consumidor com o fornecedor por meio alternativo ao da contratação (e-mail, telefone ou endereço físico, p. ex.); c) na programação de suas ordens autoexecutáveis, assegurar-se que contemplam os condicionamentos definidos pela legislação. Em especial, a possibilidade de efetivo exercício pelo consumidor do direito de reclamação ou resolução no caso de vícios da prestação (arts. 18 a 20 do CDC), assim como o direito de arrependimento (art. 49 do CDC).

O caráter autoexecutável dos contratos de consumo que se caracterizem como contratos inteligentes (*smart contracts*), deverá considerar, ainda, eventual participação de outros agentes distintos do consumidor e do fornecedor, como destinatários ou executores de ações determinadas pela programação definida à contratação. Será o caso, especialmente, daqueles que viabilizarem a transação financeira de pagamento pelo consumidor – caso das instituições de pagamento, cuja atuação será destacada nas situações de resolução ou abatimento do preço – frente à necessidade de devolução ou alteração dos valores cobrados. Nesses casos, embora o caráter autoexecutável do contrato sirva à realização do pagamento, nem sempre as ações relativas à devolução de valores ou modificação de cobrança, por seu caráter específico, o serão. Mesmo quando não se trate de execução automatizada, o fornecedor deverá assegurar que sejam adotadas as providências, em prazo razoável, para atender o interesse legítimo do consumidor à devolução dos valores pagos, ou para eliminar a exigência de cobrança, conforme o caso.

Da mesma forma, o caráter autoexecutável do contrato não elimina o controle de legalidade sobre seu conteúdo,[24] trate-se de cláusulas contratuais constantes em condições gerais ou termos de uso, sejam decorrentes da prática contratual determinada pela programação de execução realizada pelo fornecedor. Nesses casos, identificada eventual ilegalidade ou abusividade no conteúdo do contrato, ou no modo de exercício dos direitos e deveres que define, cumprirá ao fornecedor alterar a programação predeterminada à execução do contrato, promovendo sua adequação às exigências legais. Em tais situações, não devem ser admitidas, a qualquer pretexto, alegações de dificuldades ou de impossibilidade técnica de alteração da programação realizada para execução do contrato, frente à óbvia constatação de que as ações autoexecutáveis que integram a programação dos contratos inteligentes, apenas devem ser admitidas em conformidade com o regime legal a que se submetem.

Considerando que, no âmbito das relações de consumo, a adoção dos contratos inteligentes se dará, sem que se visualize qualquer exceção, sob a forma de contratos de

---

24. WERBACH, Kevin; CORNELL, Nicolas. Contracts ex machina. *Duke Law Journal*, v. 67, 2017, p. 372-374.

adesão elaborados (e programados) pelo fornecedor, é relevante atentar a situações nas quais as ações autoexecutáveis programadas possam se caracterizar como espécies de cláusulas-mandato, ou ainda possam subsumir-se às hipóteses proibidas pelo art. 51 do CDC. É o caso, por exemplo, da variação do preço, ou a possibilidade de cancelamento ou alteração unilateral pelo fornecedor (incisos X, XI e XII).

Da mesma forma, eventuais falhas do sistema que sirva de meio aos contratos inteligentes são compreendidas no âmbito do que é risco inerente à atividade do fornecedor, razão pela qual deverá responder pelos prejuízos que, em razão dessas falhas, forem causados aos consumidores.

3. OS NOVOS PRODUTOS E SERVIÇOS

As transformações do mercado de consumo digital não se restringem, contudo, a novas formas de fornecimento de produtos e serviços, e ao relacionamento entre consumidor e fornecedor, especialmente na internet. Importa também no desenvolvimento de novos produtos e serviços como resultado direto das novas tecnologias. É o que o ocorre tanto em relação a produtos e serviços totalmente novos, cuja existência supõe o desenvolvimento da tecnologia da informação, e outros que já existiam com determinadas características, mas que são aperfeiçoados, com o acréscimo de novas utilidades ou vantagens, a partir do desenvolvimento tecnológico.

Frente à diversidade de novos produtos e serviços sobre os quais repercutem as novas tecnologias da informação, três aspectos merecem destaque. O primeiro deles, os denominados bens digitais, em relação aos quais, tanto a oferta e fornecimento, quanto sua fruição, supõem a existência da internet. Em seguida, o que vem sendo denominado como internet das coisas, que compreende a integração entre objetos e serviços que se realizem por intermédio deles, agregando-lhes utilidade a partir de infraestrutura que permite sua conexão à internet. E, por fim, a inteligência artificial, crescentemente utilizada tanto no desenvolvimento de produtos e serviços, como também no relacionamento entre os fornecedores e seus consumidores.

3.1. Bens digitais

O desenvolvimento da internet e a forma de organização e circulação das informações por seu intermédio colocou em destaque o interesse dos usuários no acesso, preservação e utilização dessas informações – seja com finalidade econômica ou meramente existencial. A importância dessas informações organizadas, inclusive sob a forma de produtos e serviços, deu causa à necessidade de sua correta classificação como objeto das relações de consumo. A conhecida distinção entre bens e coisas confere aos primeiros designar tudo o que, podendo proporcionar certa utilidade, seja passível de apropriação privada; já as coisas, em sentido mais amplo, serão consideradas tudo o quanto existe na natureza, com exceção da pessoa.[25] Serão a utilidade, a possibilidade de apropriação e de serem objeto de relações jurídicas negociais, mediante alienação e aquisição, que fará com que

---

25. SERPA LOPES, Miguel Maria. *Curso de direito civil*. 6. ed. Rio de Janeiro: Freitas Bastos, 1988. v. I, p. 332.

tais informações, organizadas de certo modo, possam ser consideradas bens digitais. São espécies de bens incorpóreos, sobre os quais recai titularidade e a possibilidade de sua oferta e alienação sob a forma de produtos, os quais, segundo o art. 3º, § 1º, do CDC, podem ser bens imateriais.

A doutrina vem identificando os principais bens digitais, conteúdo arquivado na internet e vinculado a um determinado titular, como fotos, mensagens em correio eletrônico e demais aplicações de internet, músicas, filmes e livros digitais, dentre outros.[26] Também a moeda eletrônica, sob custódia de instituições de pagamento, será bem digital. Atualmente, inclusive, em certos setores econômicos,[27] a própria forma de fornecimento de certos produtos dá conta da inexistência de suporte físico fora da rede, como é o caso de *softwares* diversos, cuja aquisição é realizada mediante licença, diretamente pela internet, inclusive com a possibilidade de limitação do seu uso por um determinado tempo (vigência da licença).

Uma vez que sejam ofertados no mercado de consumo, serão considerados produtos, nos termos do art. 3º, § 1º, do CDC, objetos do contrato de consumo e, nesse sentido, submete-se o fornecedor ao atendimento dos deveres de adequação e segurança que integram o dever geral de qualidade de produtos e serviços. Essa classificação terá várias implicações práticas. De um lado, sendo bens passíveis de apropriação, e tendo sido objeto de alienação por ocasião da oferta e fornecimento do produto ao consumidor, deve ser assegurado, como efeito da transferência do domínio, e salvo restrições previamente informadas ao consumidor, ampla possibilidade de uso, fruição e disposição do bem. Assim como, nos casos em que seja tecnicamente possível, o próprio direito de o consumidor reivindicar o bem, exercendo o que é também virtualidade do domínio (art. 1.228, *caput*, do Código Civil).

Não é desconhecido, contudo, que certos bens digitais, quando produtos colocados no mercado de consumo, têm sua forma de fornecimento ou fruição subordinados a determinadas condições técnicas, que podem limitar o exercício pleno das faculdades do domínio (uso, fruição e disposição, reivindicação), em comparação a produtos fornecidos pela forma tradicional. Assim ocorre em relação ao bem digital que só pode ser acessado mediante uso de um determinado programa, ou um *hardware* específico (p. ex. livros digitais acessíveis por uma plataforma específica), ou ainda cujo uso é franqueado por certo tempo (contratos de licença temporária), ou enquanto permanecer vigente um contrato de duração (filmes e vídeos baixados em serviços de *streaming*). Há situações que, mesmo disciplinadas por contrato, tornam duvidosa a possibilidade de manutenção do acesso, no caso de morte do consumidor, pelos sucessores.

Nesses casos, a existência de condições para utilização ou fruição dos produtos, desde que revelem característica que é própria do meio utilizado para seu fornecimento, não deve ser considerada por si só, atuação abusiva do fornecedor. Ao contrário, é possível afastar eventual entendimento quanto à sua abusividade, considerando as

---

26. ZAMPIER, Bruno. *Bens digitais*. Indaiatuba: Foco, 2017. p. 59.
27. Examinando em sentido mais amplo os impactos das tecnologias da informação sobre o fornecimento de produtos e serviços e sua relação com os consumidores, veja-se: CORTADA, James W. *Information and the modern corporation*. Cambridge: MIT, 2011. p. 72 e ss.

características do produto ou a própria natureza do contrato (art. 51, § 1º, II, do CDC, *a contrario sensu*). Contudo, há nessas circunstâncias o reforço do dever de informação e esclarecimento pré-contratual pelo fornecedor, na oferta ou publicidade, de modo a indicar, precisamente, o modo e as restrições de utilização e fruição desses produtos digitais. Ou ainda, dependendo da quantidade de informações necessárias, inclusive, para que o consumidor possa perceber toda a utilidade do bem adquirido, o detalhamento das informações quanto ao modo de utilização no contrato ou termo de uso cujo acesso prévio à contratação deve assegurar. Será, o eventual descumprimento desse dever de informar prévio à celebração do contrato, o fundamento para a caracterização, seja do vício de informação que origina a responsabilidade do fornecedor com fundamento no art. 18 do CDC, ou mesmo da própria abusividade da cláusula contratual que defina a restrição de uso e fruição do produto digital, em razão da violação da qualidade do consentimento do consumidor. É conclusão a que se chega frente à violação do dever de informar sobre as características do produto (art. 31 do CDC), assim como do dever de dar conhecimento prévio do instrumento contratual (art. 46 do CDC).

Outro aspecto relevante em relação ao fornecimento dos bens digitais diz respeito ao exercício, pelo consumidor, do direito de arrependimento previsto no art. 49 do CDC. Define, a norma, que "o consumidor pode desistir do contrato, no prazo de 7 dias a contar de sua assinatura ou do ato de recebimento do produto ou serviço, sempre que a contratação de fornecimento de produtos e serviços ocorrer fora do estabelecimento comercial, especialmente por telefone ou a domicílio." Não há dúvida de sua incidência nos contratos de consumo celebrados pela internet, ademais porque presente nessas situações uma das principais justificativas para que seja assegurado o arrependimento para a contratação fora do estabelecimento comercial, a saber, a falta de contato prévio entre o consumidor e o produto ou serviço ofertado, acentuando sua vulnerabilidade na relação jurídica com o fornecedor. Da mesma forma, a tentativa de definição de um conceito autônomo de "estabelecimento comercial virtual" como local próprio para exercício da atividade negocial na internet,[28] afastando a ideia de que a contratação, nesses casos, se daria "fora do estabelecimento", não logrou êxito, reforçando-se o reconhecimento da possibilidade de exercício do arrependimento no caso de fornecimento de produtos e serviços pela rede.

Em relação aos bens digitais, contudo, a dúvida que se planta diz respeito às características específicas do produto, cujo fornecimento e fruição se dá diretamente pela internet, inclusive podendo, em muitas situações, o consumidor perceber toda a utilidade do bem em um primeiro contato, ou mesmo no prazo legal para exercício do direito de arrependimento. É o exemplo recorrente do livro, música ou filme comercializado e fruído totalmente pela internet, no qual a possibilidade de arrependimento pode dar conta de situações que incentivem o oportunismo e a má-fé de consumidores que adquiram tais produtos, deles usufruam e exerçam o arrependimento para obter a devolução do valor do preço pago, nos termos do parágrafo único do art. 49 do CDC.

---

28. Defendeu esse entendimento, em sua tese de doutoramento, entre outros, SANTOLIM, Cesar Viterbo Matos. *Os princípios da proteção do consumidor e o comércio eletrônico no direito brasileiro*. Tese. Porto Alegre: UFRGS, 2004. p. 97-98.

Observe-se, contudo, que esse argumento, por si só, não parece suficiente para afastar o direito de arrependimento em relação a bens digitais, afinal, não elimina qualquer das características da contratação que o justificam: a saber, a falta de conhecimento prévio do consumidor sobre o produto e, eventualmente, a falta de informações sobre a própria contratação. Isso não significa que não se possa conceber, de lege ferenda, e com apoio na própria tecnologia, meios específicos que impeçam o exercício do arrependimento após a completa fruição do produto ou, ainda, a limitação, fundada na boa-fé, do exercício abusivo do direito em situações concretamente verificáveis. Não há, atualmente, contudo, no sistema legal de proteção do consumidor, exceções ao reconhecimento do direito de arrependimento previsto no art. 49 do CDC, mesmo no caso de bens digitais.

3.2. Internet das coisas

A internet das coisas, tradução da expressão em inglês *internet of things*, também designada pela sigla IoT, compreende a técnica que permite conexão física ou virtual entre bens e serviços, por intermédio de redes de comunicação, fomentando o desenvolvimento de novas aplicações para automação de atividades por intermédio da internet. Segundo definição jurídico-normativa recentemente expressa no Decreto 9.854, de 25 de junho de 2019, que instituiu o Plano Nacional de Internet das Coisas, compreende a "infraestrutura que integra a prestação de serviços de valor adicionado com capacidades de conexão física ou virtual de coisas com dispositivos baseados em tecnologias da informação e comunicação existentes e nas suas evoluções, com interoperabilidade" (art. 2º, I).

De grande repercussão sobre toda atividade econômica, o desenvolvimento da internet das coisas tem especial impacto no âmbito das relações de consumo, transformando produtos e serviços já existentes no mercado, e permitindo o surgimento de outros decorrentes dessas inovações tecnológicas. A adoção dos componentes de processamento de dados incorporados a produtos,[29] permitindo que possam transmitir e receber dados a partir de redes existentes – a conectividade por rede é o que caracteriza o fenômeno[30] – já dá origem ao incremento da utilidade de produtos "*smart*" (aparelhos telefônicos multifuncionais, televisões, geladeiras), na automação das casas, brinquedos (bonecos que falam com crianças), rastreadores e verificadores da condição física e de saúde de pessoas, automóveis de condução remota, entre outros produtos. Prevê-se a extensão do uso da tecnologia a uma infinidade de outros produtos, como vestuário, eletrodomésticos diversos etc.

Há, nesses casos, a compreensão, em conjunto, de produtos cuja utilidade ou se torna dependente, ou vem a ser incrementada pela aplicação da tecnologia da denominada internet das coisas. A utilidade do produto supõe a do serviço – examinando-se o fenômeno segundo as categorias tradicionais do direito do consumidor – e nesses

---

29. Em especial, atualmente, a identificação dos produtos com uma determinada identificação (UID, unique identification number) e um endereço IP (internet protocol), conectado por tecnologia RIFD (Radio-frequency identification) sob a forma de chips acoplados aos produtos e seu reconhecimento por *softwares* programados a executar as ações definidas a partir da sua identificação. Para a explicação didática da estrutura da rede, veja-se: GREENGARD, Samuel. *The internet of things*. Cambridge: MIT, 2015. p. 15.
30. GRÜNWALD, Andreas; NÜ ING. Machine to machine (M2M): Kommunikation Regulatorische fragen bei der Kommunikation im Internet der Dinge. *Multimedia und Recht*. Munich: C.H.Beck, june 2015. p. 378-383.

termos, a própria caracterização da qualidade esperada e do regime de responsabilidade do fornecedor decorrente da violação do seu dever de qualidade pode ser alterado. Essa interdependência entre produto e serviço vem, inclusive, permitindo que se refira a uma erosão da propriedade,[31] o que merece reflexão, especialmente considerando a separação entre o domínio e a integralidade de suas faculdades, em especial de uso e fruição.[32]

Um caso notório a esse respeito, concerne aos adquirentes de tratores da fabricante John Deere que vinha com *software* embarcado para sua fruição, e a pretensão da empresa, sob o fundamento de proteção de seus direitos autorais sobre o *software*, de limitar sua atualização às condições por ela definidas (inclusive com exigência eventual de remuneração para esse fim).[33] Esse caso chamou a atenção para um dos principais aspectos da associação entre produtos e o *software* que lhe confere utilidade, própria da internet das coisas, que é a projeção, no tempo, da dependência do consumidor em relação a determinada prestação de serviço do fornecedor, que assegure a utilidade esperada. Essa característica pode ser vislumbrada sob duas perspectivas. De um lado, a possibilidade de atualização do *software*, incrementando sua utilidade durante a vida útil do produto, deve ser considerada uma vantagem para o consumidor. De outro, contudo, a necessidade de atualizações que só podem ser fornecidas por aquele que originalmente ofertou o produto, acentua a dependência do consumidor em relação ao fornecedor. Inclusive dá ao fornecedor um expressivo poder, uma vez que, ao controlar os modos de atualização do *software*, pode acelerar sua obsolescência, estimulando a aquisição de um novo produto em substituição àquele que cuja atualização seja, eventualmente, restringida ou limitada, o que já ocorre comumente na comercialização de *hardwares*, por exemplo.

Em geral, o conteúdo da prestação em contratos de consumo que envolvam a compra e venda de produtos nos quais se aplica a internet das coisas inclui: a) a própria coisa (incluindo o *"hardware"*); b) o conteúdo digital permanentemente incorporado a ele, e que não pode ser desinstalado pelo consumidor sem conhecimento especializado em tecnologia da informação; c) o conteúdo digital oferecido pelo próprio fornecedor ou por terceiros (aplicações de internet); d) atualizações do *software* e/ou das aplicações de internet, que podem ser carregadas on-line; e) serviços digitais que envolvem a transmissão de dados necessária ao atendimento das funções do produto; e f) o tratamento de dados, propriamente dito.[34] Nesse particular, muitas tecnologias que utilizam chips RIFD (*Radio-frequency identification*) processam dados e, por isso, sua utilização submete-se também à legislação de proteção de dados pessoais.[35] Nesse ponto, recorde-se que a possibilidade de maior personalização de produtos e funcionalidades de acordo com

---

31. Veja-se a expressão originalmente, no estudo da Consumers International sobre os impactos da internet das coisas no direito do consumidor: COLL, Liz; SIMPSON, Robin. *Conection and protection in digital age*. The internet of things and challeges for consumer protection. London: Consumers International, april 2016. p. 34.
32. WENDERHORST, Christiane. Besitz und Eigentum im Internet der Dinge. *In*: MICKLITZ, Hans-Wolfgang; REISCH, Lucia A.; JOOST, Gesche; ZANDER-HAYAT, Helga (Hrsg.). *Verbraucherrecht 2.0*: Verbraucher in der digitalen Welt. Baden-Baden: Nomos, 2017. p. 367-368.
33. COLL, Liz; SIMPSON, Robin. Conection and protection in digital age. The internet of things and challeges for consumer protection, cit.
34. Com adaptações às peculiaridades da relação de consumo, toma-se em atenção a sistematização de: WENDERHORST, Christiane. Besitz und Eigentum im Internet der Dinge, p. 369.
35. SCHMECHEL, Philipp. Verbraucherdatenschutzrecht in der EU-Datenschutz-Grundverordnung, p. 274.

características e preferências do consumidor – permitida pela internet das coisas – gera, consequentemente, maior demanda pelo acesso e tratamento de seus dados pessoais.[36]

Essa característica do objeto dos contratos de consumo que envolvam a internet das coisas, ao mesmo tempo em que conjuga em um mesmo objeto características de produtos e serviços (obrigações de dar e fazer), também exige que se investigue a extensão da responsabilidade dos fornecedores do produto em si, e os do *software* ou das demais aplicações que definem sua funcionalidade.

A maior complexidade técnica do produto, nesse caso, exige do fornecedor maior atenção ao cumprimento de um dever de informação qualificado, que esclareça, de modo compreensível ao consumidor médio e não especialista em tecnologia da informação, as características do produto, suas funcionalidades e limitações, assim como todos os custos associados à sua fruição (por ex. se será necessário ou não aquisição, além do produto em si, de outros serviços para fruir de outras utilidades possíveis). Nesse caso, o desafio da oferta e atendimento, em especial, dos arts. 6°, III, e 31 do CDC, deverá ter em conta a vulnerabilidade técnica do consumidor médio em relação às inovações tecnológicas.

Outro aspecto a destacar diz respeito à extensão das regras de responsabilidade solidária previstas no CDC no caso de produtos relacionados à internet das coisas.[37] Não é demais lembrar que se tratando do fato do produto, o art. 12 do CDC prevê a responsabilidade solidária de uma estreita cadeia de fornecedores (fabricante, construtor, produtor e importador), ao contrário do regime do fato do serviço, no qual a interpretação consagrada do art. 14 do CDC define um sentido abrangente da solidariedade dos fornecedores envolvidos. Todavia, peculiaridades do próprio modo de fornecimento podem influenciar na conclusão sobre maior ou menor extensão da responsabilidade dos fornecedores. A título de exemplo, contraponham-se situações nas quais a aplicação que permita funcionalidades ao produto seja fornecida pelo mesmo fabricante, por algum fornecedor seu parceiro (em relação ao qual o próprio fabricante do produto possa atuar de modo semelhante ao de um agente ou distribuidor) ou por terceiro independente, sem qualquer relação com o primeiro. Em todos os casos, necessariamente, será o caso de reconhecer a responsabilidade solidária de todos eles? Da mesma forma, tratando-se de violação do dever de adequação dos produtos, os regimes de vício do produto e do serviço (arts. 18 a 20 do CDC) já conduzem à solidariedade da cadeia de fornecimento, o que não ocorre no caso do fato do produto, em que a responsabilidade solidária pelos danos causados por produtos defeituosos, conforme já se indicou, será restrita (art. 12 do CDC).

Essas relações entre o fabricante do produto e os fornecedores do *software* e aplicações que assegurem suas funcionalidades esperadas, ou agreguem novas ao longo do tempo, também terão reflexos em matéria concorrencial. Nesse particular, estarão sob controle das autoridades de defesa da concorrência, e mesmo de defesa do consumidor

---

36. HELBERGER, Natali. Profiling and targeting consumers in the Internet of Things – A new challenge for consumer law. In: SCHULZE, Reiner; STAUDENMAYER, Dirk (Ed.) *Digital Revolution*: challenges for contract law in practice. Baden-Baden: Nomos, 2016. p. 135-161.
37. O problema da extensão da responsabilidade entre vários fornecedores de produtos em que aplicada a internet das coisas, também é notada do direito comparado: WENDERHORST, Christiane. Besitz und Eigentum im Internet der Dinge, p. 370-371.

quando afetem diretamente os interesses dos consumidores (em especial sua liberdade de escolha), os acordos entre os fabricantes dos produtos com aplicação da internet das coisas, e os desenvolvedores de *softwares* e aplicações que possam comprometer a livre concorrência, assim como a interpretação sobre as normas de proteção aos direitos autorais sobre os *softwares* aplicados, que possam conduzir a um mesmo resultado restritivo do ingresso de novos agentes no mercado, ou dificultar seu acesso aos consumidores.

3.3. Inteligência artificial

O desenvolvimento da tecnologia da informação, a par das inovações de processos tradicionais nas variadas atividades econômicas, com importantes reflexos no mercado de consumo, cruzou uma fronteira sensível que separava o ser humano e suas invenções, com o surgimento da inteligência artificial. Essa noção de inteligência artificial compreende a capacidade de um determinado sistema informatizado não apenas executar comandos pré-programados, mas também interpretar um determinado contexto e atuar sem prévia definição, apenas de acordo com a representação que estabeleça sobre a ação mais adequada para intervir em certa situação. Daí a noção de "inteligência" reconhecida como capacidade de interpretação da realidade e determinação de uma ação de forma autônoma, independente de comandos anteriores definidos por programação. Será "artificial" porque desenvolvida no âmbito da computação e das tecnologias da informação, em oposição àquela natural, reconhecida aos seres humanos. A rigor, uma pessoa muitas vezes decide o que fazer, avaliando os resultados das diferentes possibilidades de ações que pode realizar. Um programa inteligente deverá fazer o mesmo, mas usando processo lógico, capaz de identificar e demonstrar as alternativas sem deixar de considerar que se trata, em última análise, de uma máquina.[38]

Ao examinar as implicações iniciais do tema, a Resolução do Parlamento Europeu, de 2017, definiu o que seriam características de um "robô inteligente", identificando: a) sua autonomia através de sensores e/ou da troca de dados com o ambiente (interconectividade), e da troca e análise desses dados; b) capacidade de autoaprendizagem com a experiência e a interação (critério opcional); c) um suporte físico mínimo; d) adaptação de seu comportamento e de suas ações no ambiente; e) inexistência de vida no sentido biológico do termo.[39] Naturalmente, são critérios úteis para a interpretação do fenômeno também à luz do direito brasileiro.

Segundo uma visão orientada aos benefícios empresariais, a inteligência artificial tem aplicações conhecidas na automatização dos processos negociais, na obtenção de informações que incrementem a atuação dos agentes econômicos por intermédio da análise de dados, assim como para fomento ao engajamento de consumidores e empregados da empresa.[40]

---

38. MCCARTHY, John; HAYES, Patrick J. Some philosophical problems from the standpoint of artificial intelligence. *In*: MELTZER, B.; MICHIE, D. *Machine Intelligence 4*. Edinburgh University Press, 1969. p. 463-502.
39. Relatório do Parlamento Europeu, de 16 de fevereiro de 2017, que contém recomendações à Comissão sobre disposições de direito civil sobre robótica, p. 8.
40. DAVENPORT, Thomas H.; RONANKI. Rajeev. Artificial intelligence for the real world. *In: On AI, Analytics and the new machine age*. Boston: Harvard Business Review Press, p. 1-18, 2019.

No âmbito das relações de consumo, o fato de se tratar de sistemas não completamente programados, mas que adquirem a capacidade de "interpretar" dados objeto de tratamento para formar decisões coerentes com o propósito presumível do consumidor, gera problemas de qualificação importantes, como é o caso da própria capacidade para celebrar contratos ou praticar atos em representação autônoma ou simples meio interposto da contratação, a partir da vontade mediata do consumidor ao adotar o meio de contratação.[41] Nessas situações, embora no âmbito da teoria geral dos contratos possa haver dificuldades importantes a serem superadas no plano da validade da proposta formulada por robôs, no caso dos contratos de consumo a solução é dada, segundo o direito existente, nos termos do art. 30 do CDC (LGL\1990\40), ao definir que "toda informação ou publicidade, suficientemente precisa, veiculada por qualquer forma ou meio de comunicação com relação a produtos e serviços oferecidos ou apresentados, obriga o fornecedor que a fizer veicular ou dela se utilizar e integra o contrato que vier a ser celebrado." A ausência de exigências formais para a oferta de consumo, e a amplitude reconhecida ao comportamento vinculante do fornecedor ("toda informação", "veiculada por qualquer forma ou meio") é suficientemente abrangente para contemplar também a contratação eletrônica feita com utilização de inteligência artificial.

Por outro lado, a utilização da inteligência artificial no tratamento de dados (p. ex. para análise de crédito do consumidor), ou em serviços de atendimento a clientes (atendimento por robôs), impõe dificuldades mais sensíveis. Sobretudo, em relação ao exame da motivação das decisões adotadas no caso de tratamento de dados, e a incapacidade de predizer o modo de ação em relação a situações específicas (que se distanciem das hipóteses de maior ocorrência, e por isso padronizadas), nas situações relacionadas ao atendimento virtual do consumidor.

Em relação ao tratamento de dados, uma das principais questões diz respeito ao risco de que, mediante uso da inteligência artificial, a decisão que dela resulte possa ser conflitante com a proibição de discriminação segundo critérios definidos pelo Direito. Nesse caso destaca-se mesmo a pergunta se o resultado da análise de dados a partir de critérios objetivos (estatísticas, por exemplo), poderá ser considerado discriminatório. A resposta tende a ser afirmativa, considerando, ademais, que o modo como os dados sejam reconhecidos e interpretados pode conduzir a conclusões que se revelem discriminatórias. É pressuposto da utilização da inteligência artificial no tratamento de dados, sua conformidade com a legislação de proteção dos dados pessoais, em especial respeitando a finalidade do tratamento e a proibição de discriminação ilícita.

No caso dos serviços de atendimento a consumidores, a utilização da inteligência artificial permite a redução de custos e maior eficiência na padronização de procedimentos pelo fornecedor. Contudo, é evidente que as diversas situações pelas quais os consumidores demandam o contato com o fornecedor, para solução de dúvidas, reclamações ou exercício de seus direitos, compreendem circunstâncias que nem sempre são passíveis de resposta padronizada. Daí porque devem ser asseguradas alternativas para que o consu-

---

41. SPECHT, Louisa; HEROLD, Sophie. Roboter als Vertragspartner? Gedanken zu Vertragsabschlüssen unter Einbeziehung automatisiert und autonom agierender Systeme. *Multimedia und Recht*, n. 1 Munich: C.H.Beck, 2018. p. 40-44.

midor possa contatar o fornecedor em caso de necessidade, o que, aliás, é previsto pelo Decreto 7.962, de 15 de março de 2013), que disciplinou o comércio eletrônico (art. 4º, V, e, também, arts. 2º, II, 4º, II, e 5º, § 1º).

Outro aspecto de grande repercussão acerca da utilização da inteligência artificial em produtos e serviços ofertados no mercado de consumo, diz respeito aos riscos de dano a que dá causa, e o preenchimento das condições para responsabilização do fornecedor. A própria Resolução do Parlamento Europeu, de 16 de fevereiro de 2017, que contém recomendações à Comissão sobre disposições de Direito Civil sobre Robótica, destaca a insuficiência das regras sobre responsabilidade por fato do produto na sua aplicação aos robôs dotados de inteligência artificial, sobretudo em vista da dificuldade de demonstração do nexo de causalidade.[42] Da mesma forma, considerando a capacidade de autoaperfeiçoamento e autonomia nas decisões, independentemente de comandos predefinidos, que caracterizam a inteligência artificial, questiona-se qual o limite da responsabilidade dos programadores de sistema em relação a essas decisões.[43] No caso da responsabilidade do fornecedor por danos ao consumidor em razão da utilização da inteligência artificial, sendo o regime legal previsto no CDC o da responsabilidade objetiva, são afastadas maiores dificuldades a serem enfrentadas caso fosse necessário perquirir de quem seria a culpa pela falha. Todavia, dois aspectos merecem atenção, em especial quanto à crescente utilização da inteligência artificial em produtos e serviços ofertados no mercado de consumo. A primeira delas diz respeito à extensão da cadeia de fornecimento para efeito do reconhecimento da responsabilidade solidária dos fornecedores. A segunda suscita a interpretação dos denominados riscos do desenvolvimento e sua repercussão no caso de danos causados por decisões decorrentes da aplicação de inteligência artificial.

No primeiro caso, trata-se de saber os limites da extensão de responsabilidade em relação a todos os fornecedores que participam, direta ou indiretamente, na fabricação e oferta do produto ou serviço no mercado. Segundo o direito brasileiro, a solidariedade dos fornecedores pelos danos causados resulta da sua contribuição para o dano (art. 7º, parágrafo único, do CDC) ou por imputação legal (art. 12 a 14 do CDC). Nesse segundo caso, especialmente quando o uso da inteligência artificial se dê mediante sua aplicação a produtos e serviços, imbricando-se, muitas vezes, com a internet das coisas, trata-se de saber se todos os que participam da cadeia serão responsáveis por danos decorrentes de falhas nas decisões tomadas de modo autônomo pelo sistema informatizado, ou apenas aqueles fornecedores que tenham participado de sua programação ou instalação. Recorde-se, nesse ponto, que o regime de responsabilidade pelo fato do produto (art. 12 do CDC) é bastante mais restrito em relação à extensão do conjunto de fornecedores a quem se pode imputar a responsabilidade, do que no caso do fato do serviço (art. 14 do CDC). Nesse sentido, a própria qualificação do dano decorrente de decisão tomada com

---

42. Relatório do Parlamento Europeu, de 16 de fevereiro de 2017, que contém recomendações à Comissão sobre disposições de direito civil sobre robótica, itens AH e AI, p. 8.
43. SCHAUBE, Renate. Interaktion von Mensch und Maschine: Haftungs- und immaterialgüterrechtliche Fragen bei eigenständigen Weiterentwicklungen autonomer Systeme. Juristen Zeitung, Tübingen, v. 72, issue 7, 2017. p. 342-349.

o uso de inteligência artificial, como fato do produto ou do serviço, terá consequências práticas significativas.

Afinal, sendo defeito do produto, apenas o fabricante e o importador (se houver), responderão pela indenização ao consumidor, ainda que, identificando-se a causa específica, se possa estender a responsabilidade ao fornecedor de algum dos componentes do produto que seja identificado como causa do dano. Qualificando a falha decorrente da decisão adotada com uso da inteligência artificial como fato do serviço, amplia-se a extensão da cadeia de fornecimento para efeitos de responsabilização. Em situações nas quais há prestação de serviços digitais, como ocorre nos casos de automação, típicas da internet das coisas, a identificação do regime do fato do serviço é admissível. Tratando-se, contudo, de funcionalidade do produto que não se associe à prestação de serviços posterior à venda e entrega ao consumidor, a incidência do art. 12 do CDC tenderá a prevalecer, podendo reclamar a necessidade de novas soluções legislativas.

Em relação aos riscos do desenvolvimento, assim compreendidos aqueles que o fornecedor não tinha condições de identificar (e, desse modo, tampouco de prevenir) pelo estágio da ciência e da técnica ao tempo da colocação do produto ou serviço no mercado, trata-se de saber como repercute sobre a responsabilidade do fornecedor no caso de danos causados por decisões autônomas de sistema informatizado mediante aplicação de inteligência artificial. Seu fundamento legal reputa-se no art. 12, § 1º, III, do CDC, que, ao definir critérios para identificação do defeito do produto, inclui "a época em que foi colocado em circulação". A rigor, tratando-se da capacidade de decisões futuras que não foram objeto de programação anterior (e, portanto, não são completamente previsíveis), há dificuldade mesmo de exigir do fornecedor o *standard* estabelecido no art. 10 do CDC, de que não pode "colocar no mercado de consumo produto ou serviço que sabe ou deveria saber apresentar alto grau de nocividade ou periculosidade à saúde ou segurança".[44]

Contudo, registre-se que o mesmo art. 12, § 1º, do CDC, define como critério para definição de defeito do produto, "o uso e os riscos que razoavelmente dele se esperam". Nesse sentido, tratando-se da aplicação de inteligência artificial a produtos e serviços, nos quais há ciência quanto à capacidade de tomada de decisões independentemente de programação prévia, configura-se um risco esperado a possibilidade de que possa causar danos decorrentes de falhas na interpretação do contexto de atuação pelo *software*, o que, por si, pode dar causa à configuração do defeito e consequente responsabilização do fornecedor. A definição de risco que razoavelmente era esperado, contudo, não abrange qualquer situação, em especial quanto a características e extensão do dano que venha a ser causado. Afinal, risco razoavelmente esperado supõe um mínimo de determinação do evento futuro possível, não sendo suficiente relacionar que "algo pode dar errado", ou, simplesmente, que "algum dano pode ser causado", sem qualquer elemento que permita delimitar o fato. Poderá, contudo, ser útil neste caso, a exata delimitação daquilo que se

---

44. A doutrina alemã sustentará a possibilidade de exclusão da responsabilidade do fornecedor, em razão dos riscos do desenvolvimento. Aponta, então, no sistema alemão, a importância da culpa do fabricante no sistema de responsabilidade geral do BGB, ainda que haja a dificuldade de determinar que a máquina, por intermédio da inteligência artificial, cometa ato ilícito. SCHAUBE, Renate. Interaktion von Mensch und Maschine..., cit. p. 343.

considere risco inerente à atividade (o denominado fortuito interno), o que dependerá de concreção pelo intérprete, em acordo com as características e funcionalidades do produto, assim como das circunstâncias do caso.

O exemplo mais lembrado nessas situações, ainda que se encontre, como regra, em fase de testes, diz respeito ao carro autônomo, que se desloca sem motorista, e vem sendo considerado uma das grandes inovações com chances reais de breve introdução em escala no mercado de consumo. Considerando tratar-se de veículo que se desloca mediante aplicação de inteligência artificial, identificando as regras de trânsito, obstáculos físicos no trajeto que desenvolve, de modo a reagir às eventualidades que possam ocorrer no trajeto, no caso de algum acidente a que venha dar causa, a quem seria imputável a responsabilidade pela reparação dos danos causados? Alternativamente, ao fabricante, ao proprietário, ao fornecedor do componente de inteligência artificial? A todos de forma solidária? Ou a nenhum deles, sendo necessário conceber-se um novo modelo de garantia para esses riscos (seguro obrigatório, por exemplo)? Seguindo os fundamentos de responsabilização do fornecedor, próprios da disciplina de proteção do consumidor, a tendência será a de responsabilização do fabricante, sobretudo sob o argumento de que ele terá a capacidade de exercer certo controle de riscos em relação ao produto que colocou no mercado.[45] De fato, mesmo no direito brasileiro, seria a hipótese mais adequada à primeira vista (art. 12 do CDC). Não se deixe de considerar, contudo, que em razão da causa identificada do dano, essa atribuição de responsabilidade poderia se deslocar e estender-se ao fornecedor do componente de inteligência artificial, seja como fato do produto ou, no caso da prestação de serviços digitais – como poderá ocorrer nos carros autônomos – também com fundamento no art. 14 do CDC (fato do serviço). Sem prejuízo de que, com fundamento na interpretação tradicional sobre a responsabilidade objetiva do proprietário do veículo no caso de acidentes de trânsito, possa se estender a ele a responsabilidade frente à vítima (pelo fato da coisa ou quando conduzido por terceiros, segundo a teoria da guarda da coisa, amplamente reconhecida pela jurisprudência brasileira).[46]

Percebe-se, desse modo, que a incidência das normas do CDC às situações que envolvam danos decorrentes de defeitos de produtos e serviços com aplicação da inteligência artificial, tem aptidão para resolver boa parte dos casos de responsabilidade pela indenização em favor da vítima. Exigências de interpretação quanto aos fatos e sua subsunção à norma se dão em face das características e funcionalidades do produto e a existência ou não de serviço prestado por seu intermédio, desafiando a qualificação mais precisa em acordo com esses elementos.

4. REPERCUSSÃO DO NOVO PARADIGMA TECNOLÓGICO SOBRE OS DIREITOS DO CONSUMIDOR

Diante dos exemplos de formas de contratação e relacionamento entre o fornecedor e o consumidor, e novos produtos e serviços decorrentes da aplicação das tecnologias da

---

45. EIDENMÜLLER, Horst. The rise of robots and the law of humans. *Zeitschrift für Europäisches Privatrecht*. Munich; C.H. Beck, 2017. v. 4. p. 772.
46. A título ilustrativo: STJ, REsp 604.758/RS, rel. p/ acórdão Min. Nancy Andrighi, 3ª T., j. 17.10.2006, DJ 18.12.2006.

informação, são diversas as repercussões na interpretação e aplicação das normas de direito do consumidor. Esses impactos resultam da própria característica que acompanha esse novo paradigma tecnológico, "destruição criativa" segundo conhecida expressão de Joseph Schumpeter,[47] ou "disrupção" ("inovação disruptiva"), cunhada por Clayton Christensen[48] para explicar como novos empreendedores inovam criando produtos e serviços mais acessíveis, com novas opções para os consumidores, de modo a desestabilizar a posição daqueles já estabelecidos no mercado. Fazem isso, inclusive, criando novos mercados e atraindo consumidores que até então não demonstravam interesse em participar e consumir.[49]

Essas transformações do mercado de consumo desafiam então, igualmente, os conceitos estabelecidos do direito do consumidor, exigindo o estudo e intepretação de suas normas orientados a dois propósitos essenciais: a) primeiro, um esforço no sentido de subsumir as novas situações do mercado às normas em vigor, considerando o pressuposto da vulnerabilidade do consumidor (princípio da vulnerabilidade) que justifica a proteção constitucional e legal que lhe é endereçada; e b) a identificação das situações de suficiência ou não das normas legais vigentes à realidade que decorre das transformações do mercado em razão das inovações tecnológicas, seja para a colmatação de lacunas ou proposição de lege ferenda, sempre observado o fundamento constitucional de defesa do consumidor na forma da lei (art. 5º, XXXII, da Constituição da República).

Alguns desses aspectos são examinados a seguir, para fins de sistematização. Primeiro, a aproximação das categorias jurídicas de produto e serviço como objeto de relações de consumo devido às inovações decorrentes do uso da tecnologia da informação. Em seguida, uma síntese das questões envolvendo os novos riscos tecnológicos e sua repercussão sobre o regime de responsabilidade do fornecedor no CDC, consolidando aspectos examinados nos itens anteriores. Por fim, um aspecto que até aqui tem contado com menor interesse dos estudiosos do Direito, mas que merece atenção em razão da tendência evidente de expansão da oferta remota e a distância de produtos e serviços ampliada pelas novas tecnologias e, sobretudo, pela internet: as novas formas de resolução de litígios, em especial, por intermédio da própria rede mundial de computadores (comumente denominados ODR – *Online dispute resolution*).

4.1. Aproximação das categorias de produto e serviço

Uma das principais repercussões das novas tecnologias da informação sobre o mercado de consumo, e sua aplicação em produtos e serviços, consiste na aproximação

---

47. SCHUMPETER, Joseph A. *Capitalism, socialism and democracy*. London/New York: Routledge, 1976. p. 81 e ss.
48. A expressão original de Clayton Christensen em sua obra de 1997 (CHRISTENSEN, Clayton M. *The Innovator's Dilemma*. Boston: Harvard Business School Press, 1997) visava, sobretudo o exame os aspectos relacionados à gestão empresarial e ao fenômeno da disrupção de mercados. A expressão, contudo, ganhou sentido mais largo pelo uso, especialmente, relacionado às inovações decorrentes da tecnologia da informação e da internet, levando o próprio autor a revisitá-la em artigo, em coautoria, de 2015, incorporando de forma sistemática as inovações decorrentes desse novo paradigma tecnológico (CHRISTENSEN, C. M.; RAYNOR, M.; MCDONALD, R. What Is Disruptive Innovation? *Harvard Business Review*, p. 1-11, december 2015). A utilização ampla da ideia de disrupção, contudo, não passou desapercebida, sendo objeto de crítica mais recente daqueles que percebem a falta de critérios para seu emprego como causa do seu esvaziamento. Nesse sentido: GOBBLE, MaryAnne M. *The case against disruptive innovation*. Research-Technology Management, v. 58, (1), 2015. p. 59-61.
49. CHRISTENSEN, C. M.; RAYNOR, M.; MCDONALD, R. What Is Disruptive Innovation? p. 5.

dessas categorias. O CDC (, ao definir produto e serviço como objetos da relação de consumo, distingue claramente o primeiro como um bem e o segundo como "qualquer atividade fornecida no mercado de consumo". Em certa medida, projetam na prestação objeto da relação de consumo a distinção clássica entre as obrigações de dar e fazer, consagradas no direito obrigacional.[50] Ao permitir a conectividade de produtos, a partir da qual passa a contar com novas funcionalidades – como é o caso, especialmente, da internet das coisas e da aplicação da inteligência artificial – passa a existir, em muitas situações, uma interdependência entre produto ou serviço, de modo que sua utilidade e valor supõem essa relação. A rigor, essa dependência acompanha o desenvolvimento da tecnologia da informação. Conectividade pressupõe serviços que se realizam por intermédio da utilização do produto. O modo como se dá o proveito do consumidor é que varia. Assim, o valor de um smartphone estará cada vez menos na sua utilidade original de realizar ligações telefônicas, e mais na capacidade de armazenamento de dados e aplicações de internet que permitem a realização de uma série de tarefas, com diferentes níveis de interação humana. No domínio da internet das coisas, a tecnologia acoplada ao produto permite a execução de tarefas, e dessa funcionalidade retira seu valor. Há situações paradigmáticas, inclusive, quando o próprio fornecimento de um novo produto tende a depender da correta execução de uma funcionalidade associada a outro produto (ex. das impressoras 3D que produzem novos objetos). O mesmo se diga em relação à aplicação da inteligência artificial, cujo principal aspecto distintivo diz respeito, justamente, à capacidade de atuação autônoma a partir de *software* para realização de tarefas (serviços) no interesse do usuário.

A relação entre a noção tradicional do produto, que oferece toda sua utilidade ao consumidor após a tradição, pelo qual se transfere, usualmente, a propriedade e a posse, é alterada a partir desse novo paradigma tecnológico da sociedade da informação. A principal situação diz respeito aos produtos cuja utilidade suponha sua conexão a um determinado *software* oferecido pelo mesmo fornecedor ou por terceiro. Nesse caso, o produto adquirido pelo consumidor com tecnologia da internet das coisas ou de inteligência artificial, tem seu uso e fruição dependente do correto funcionamento do *software*, hipótese na qual, havendo falha no fornecimento desse, restringe-se sua utilidade, ou mesmo perde todo o valor. Isso pode dar causa à maior cativeiro do consumidor quando dependa de uma licença de *software*, ou de sua atualização, inclusive implicando na transição do modelo de negócios em relação a "produtos inteligentes" do novo mercado de tecnologia da informação, da simples compra e venda de consumo tradicional, para um modelo de licenciamento,[51] exigindo uma relação continuada com o fornecedor para preservar a utilidade do bem.

A dependência do *software* que assegure a preservação da funcionalidade do produto, por outro lado, também pode submeter o consumidor à necessidade de contínuas atualizações requeridas para que o produto ou serviço continue atendendo à finalidade original, ou mesmo acrescente novos usos ao longo do tempo. Isso gera situações como:

---

50. Veja-se: MIRAGEM, Bruno. *Direito civil*: direito das obrigações. 2. ed. São Paulo: Saraiva, 2018. p. 165 e ss.
51. SCHAUBE, Renate. Interaktion von Mensch und Maschine... cit., p. 373.

a) atualizações de *software* que podem modificar conteúdos já existentes ou requerer condições que o produto original não tenha capacidade de suportar (espaço de memória, por exemplo), acelerando sua obsolescência e estimulando a necessidade da aquisição de uma nova versão do produto pelo consumidor (obsolescência programada); e b) controle (e possibilidade de restrição) pelo fornecedor do *software*, de sua interoperabilidade com outras aplicações (especialmente de internet), aumentando sua posição dominante tanto no âmbito da relação de consumo, como em termos concorrenciais com outros agentes econômicos; c) possibilidade de limitação das atualizações gratuitas a determinado período, passando a exigir remuneração específica, e em separado, para aquelas que sejam realizadas fora dessas condições; d) vinculação do produto a um serviço digital de manutenção do *software*, mediante cobrança de um valor específico para esse fim, o que pode, eventualmente, restringir a liberdade de escolha do consumidor, ao caracterizar prática abusiva de venda casada (art. 39, I, do CDC); e) oferta ao consumidor, na ocasião em que esse realiza a compra do produto, de um pacote de serviços digitais que abranja as atualizações necessárias para preservar a funcionalidade ou segurança do produto por certo tempo, ou mesmo indefinidamente.

Outra questão diz respeito às situações em que a atualização do software de produtos da internet das coisas ou de inteligência artificial não seja uma escolha do consumidor, mas uma exigência para preservar a utilidade original do produto. Nessas situações, coloca-se em destaque a existência mesmo da informação prévia ao consumidor, quando da aquisição do produto, sobre o caráter necessário dessas providências posteriores para preservar sua utilidade. Embora seja inequívoco que as atualizações, nesses casos, se dão no interesse do consumidor, uma vez que visam à preservação ou acréscimo de utilidade do produto, há consequências que podem ser indesejadas, como o comprometimento do espaço de armazenamento de dados do produto, a alteração do modo de apresentação dos comandos (alteração do menu de comando), além de novas formas de processamento e monitoramento de dados pessoais que podem ser adicionadas. Em geral, essas atualizações, quando impliquem alteração da oferta original, poderão ter que ser objeto de uma nova oferta ao consumidor, com as informações adequadas e claras, uma vez que nem sempre a oferta inicial, quando da aquisição do produto, é suficientemente precisa sobre os termos do relacionamento posterior entre consumidor e fornecedor.

Nesse particular, pergunta-se se a necessidade de atualização de *software* pode ser uma condição implícita da aquisição de um produto com tecnologia da internet das coisas ou de inteligência artificial. A rigor, embora seja razoável cogitar dessa possibilidade em contratos interempresariais, por exemplo, é difícil sustentar a mesma conclusão no âmbito do contrato de consumo, no qual a vulnerabilidade do consumidor é a regra. Nesse sentido, a necessidade de atualização do *software* e os termos em que será feita ao longo do tempo (em especial, a existência de custo para o consumidor), deve ser adequadamente informada quando da oferta do produto, sob pena de não obrigá-lo, nos termos do art. 46 do CDC, ou ainda, gerar pretensão decorrente da frustração de expectativas legítimas que tenha em relação à utilização do produto.

Essa integração entre o produto com aplicação da internet das coisas ou com inteligência artificial e o *software* que lhe garante funcionalidade pode implicar não apenas na possibilidade de uso e fruição inerente à propriedade, mas também ao poder de disposição (*ius abutendi*) do consumidor que o adquiriu. É o caso de produtos que dependam de *software* para conectividade, com acesso por intermédio de conta digital e/ou senha no site do fornecedor. Tal circunstância, como já foi mencionado, aumenta a dependência do consumidor em relação ao fornecedor, que se torna protagonista não apenas ao longo da execução do contrato com o consumidor que primeiro o tenha adquirido, mas lhe dá poder mesmo nas situações em que esse pretenda desfazer-se do produto após algum tempo de uso, revendendo-o a outra pessoa.[52] Isso porque, estando sua funcionalidade dependente dos serviços do fornecedor com acesso controlado por intermédio de conta digital e/ou senha, o produto apenas será útil ao novo adquirente se a ele for conferida a mesma possibilidade de acesso. Assim, por exemplo, se o produto só puder ser acionado por intermédio de um aplicativo de internet desenvolvido pelo fornecedor, o novo adquirente só conseguirá obter a utilidade esperada do produto na hipótese em que não tenha dificuldade para fazer o download e respectivo registro no aplicativo.[53]

As várias situações descritas permitem identificar que a adoção de tecnologia da internet das coisas ou de inteligência artificial em produtos, ao condicionar sua plena utilidade a uma atividade que deve ser prestada pelo próprio fabricante ou por outros fornecedores, determina uma relação indissociável com essa prestação de serviços.[54] Mais do que isso até, resultam na conclusão de uma prevalência do serviço prestado em relação ao produto em si, considerando que dele se retira a utilidade esperada pelo consumidor.[55]

Respeitadas as características do produto e da tecnologia que lhe assegura a utilidade, deve ser marcado que frente a essas implicações da internet das coisas e da inteligência artificial no fornecimento de produtos e serviços, a medida da tutela dos interesses legítimos do consumidor será dada prioritariamente pelos termos da oferta, quando da contratação. Dito de outro modo, sendo uma característica desses novos produtos sua dependência de serviços prestados pelo fornecedor, em caráter continuado ou não, os termos da oferta realizada se convertem no principal critério de aferição das expectativas legítimas do consumidor. Nesse sentido, será no momento da oferta que o fornecedor deverá informar sobre a existência do *software* acoplado, os requisitos para sua utilização, eventual necessidade de sua atualização e as respectivas condições, entre outras informações relevantes, nos termos do art. 31 do CDC. Será o atendimento ou não do

---

52. SCHAUBE, Renate. Interaktion von Mensch und Maschine... cit., p. 408.
53. O exemplo da doutrina estrangeira é o do consumidor que adquire um sistema de irrigação inteligente para o jardim, com vida útil esperada de cerca de 15 anos. Para sua utilização requer-se o uso de um aplicativo de controle do fabricante, instalado em *smartphone*, bem como acesso on-line a uma conta de usuário pessoal no site do fabricante e a uma plataforma com dados meteorológicos operada por um terceiro. Dois anos depois, o consumidor original pretende revender o produto, mas o fabricante se recusa a configurar uma nova conta de usuário para o novo adquirente para permitir o download do aplicativo de controle, indicando que os direitos em relação ao uso do *software*, segundo seus termos de licença, não são transferíveis. SCHAUBE, Renate. Interaktion von Mensch und Maschine... cit., p. 409.
54. TURNER, Jacob. *Robot rules*: regulating artificial intelligence. Cham: Palgrave MacMillan, 2019. p. 95-98.
55. Veja-se, nesse sentido, as considerações do estudo coordenado pela União Europeia, sobre o desafio de atualização da sua Diretiva 85/374/EEC, sobre responsabilidade do fornecedor pelo fato do produto, frente às exigências da economia digital: EUROPEAN UNION. *Evaluation of Council Directive 85/374/EEC on the approximation of laws, regulations and administrative provisions of the Member States concerning liability for defective products*. Luxembourg: Publications Office of the European Union, 2018. p. 39.

dever de prestar informações corretas, claras, precisas, ostensivas, sobre características e qualidades do produto, que dará a medida da expectativa legítima do consumidor em relação a sua utilização, em especial para efeito da vinculação do consumidor aos termos do contrato (art. 46 do CDC) e da responsabilidade do fornecedor (em especial, arts. 18 e 20 do CDC).[56] Quando for o caso, mesmo limitações decorrentes de lei (como aquelas que resultem da legislação de proteção de direitos autorais sobre *software*), devem ser esclarecidas previamente ao consumidor, considerando, sobretudo, sua vulnerabilidade técnica e jurídica, para que possam incidir sem que o fornecedor responda pela violação do seu dever legal de informar. Eventuais restrições cabíveis, nesse caso, ao exercício do direito de propriedade do consumidor sobre o produto que adquiriu, colocam-se sob o crivo da proporcionalidade em relação ao atendimento às finalidades legitimamente esperadas. Não podem, em qualquer caso, implicar no sacrifício do direito (art. 51, § 1º, I, do CDC), bem como devem respeitar a proibição de cláusulas que imponham condições excessivamente onerosas ao consumidor (art. 51, § 1º, II, do CDC).

4.2. Novos riscos tecnológicos e os regimes de responsabilidade do fornecedor

O desenvolvimento de novas tecnologias sempre dá causa a novos riscos de dano a elas associados. Em perspectiva jurídica, trata-se de reconhecer nos novos fatos em causa a possibilidade de sua adequada subsunção às normas já existentes, ou a necessidade de seu aperfeiçoamento. Frente ao novo paradigma tecnológico, alguns aspectos vêm sendo identificados. Em relação aos produtos da internet das coisas, registram-se dificuldades inerentes à demonstração da causalidade entre eventuais falhas que possam apresentar e os danos que delas decorrem.[57] Por outro lado, no âmbito do direito europeu, em relação à responsabilidade dos fornecedores, a legislação comunitária ocupa-se apenas dos danos decorrentes de produtos defeituosos, levando a doutrina a sustentar a necessidade de uma interpretação extensiva para abranger também os serviços digitais característicos da internet das coisas.[58]

No direito brasileiro, o sistema de responsabilidade do fornecedor fundado pelo CDC é compreensivo, tanto de situações causadas por danos decorrentes de produtos e serviços defeituosos (que não sejam seguros), quanto nos casos em que esses produtos e serviços não atendam aos fins que são legitimamente esperados (vícios que comprometem seu valor ou utilidade).[59] As normas de proteção do consumidor concentram-se, em boa medida, na disciplina das situações em que há falha no dever de qualidade de produtos e serviços pelo consumidor. Resultam nos regimes de responsabilidade pelo fato e pelo vício do serviço. Embora em relação ao regime de vícios, a similitude dos efeitos não determine uma distinção prática relevante no caso de produtos ou serviços (arts. 18 a 20

---

56. Assim, por exemplo, nada impede que se imponham limites quantitativos, como é o caso em que a licença de uso de um *software* ou de uma aplicação de internet diga respeito a sua utilização simultânea ou não em um determinado número de dispositivos (*hardwares*), desde que adequadamente informado ao consumidor no momento da oferta.
57. WEBER, Rolf H. Statement. *In*: SCHULZE, Reiner; STAUDENMAYER, Dirk (Ed.). *Digital Revolution*: challenges for contract law in practice. Baden-Baden: Nomos, 2016. p 263.
58. WEBER, Rolf H. Liability in the internet of things. *Journal of European Consumer and Market Law*, n. 6, issue 5, p. 207-212, 2017.
59. MIRAGEM, Bruno. *Curso de direito do consumidor*. 7. ed. São Paulo: Ed. RT, 2018. p. 598 e ss.

do CDC), o mesmo não ocorre em relação ao fato do produto ou do serviço. Isso porque, nesse caso, a solidariedade dos fornecedores pela dívida de indenização do consumidor não se estende a todos. No caso de produtos que se revelem defeituosos (art. 12 do CDC), responderá o fabricante em conjunto com o importador (quando exista). O comerciante que realiza a venda responderá em situações muito específicas, que tendem a ter pouca ocorrência no caso de produtos associados às novas tecnologias da informação. Já no caso dos serviços defeituosos (art. 14 do CDC), como já foi examinado, a interpretação prevalente é de que abrange todos os membros da cadeia de fornecimento, assim considerados aqueles que tenham participado de algum modo com sua oferta e execução no mercado. Em termos práticos, a identificação entre as funcionalidades de um produto – em especial quando conte com atividade contínua ou intermitente de um fornecedor externo (serviços digitais), poderá resultar na extensão da cadeia de fornecimento para fins de imputação de responsabilidade pelo fato do serviço.

Registre-se, ainda, que se tratando de produtos desenvolvidos na internet das coisas com inteligência artificial, há situações em que o fabricante também será aquele que desenvolve o *software* ou presta o serviço que assegura sua funcionalidade ao longo do tempo. Ou essa atividade será prestada por outro fornecedor, que não se envolveu com a fabricação do produto, mas apenas da atividade que lhe garante ou otimiza a utilidade. Nesses casos, independentemente do relacionamento entre o fabricante do produto e do fornecedor do serviço, no caso de exercício de pretensão do consumidor em relação a qualquer um deles, não poderá o outro, sob qualquer circunstância, ser considerado como terceiro (arts. 12, § 3º, III e 14, § 3º, II, do CDC), para efeito de excluir a responsabilidade daquele que for demandado.

Destaca-se a importância, nas demandas que envolvam a pretensão de reparação de danos de consumidores causados por falhas de produtos ou serviços com aplicação das novas tecnologias da informação, da possibilidade de inversão do ônus da prova assegurado pelo art. 6º, VIII, do CDC. A vulnerabilidade técnica e jurídica do consumidor frente às características e riscos dessas novas tecnologias, assim como aos termos contratuais complexos que são impostos, especialmente pela internet, remetendo a autorizações e cláusulas que limitam situações de responsabilização ou de acesso a informações pelos consumidores, dão causa geralmente à hipossuficiência exigida pela norma para a inversão do ônus da prova pelo juiz. Fique registrado que, em poucas situações no âmbito das relações de consumo, a inversão do ônus da prova será tão necessária à efetividade do interesse do consumidor em juízo, do que nos casos que envolvam a pretensão de reparação de danos decorrentes de falhas em produtos associados à internet das coisas ou com inteligência artificial, dada a dificuldade prática e custo de produção da prova do defeito (que envolve a necessidade de conhecimentos hiperespecializados, perícia etc.).

4.3. Novos métodos de solução de conflitos (resolução de disputas on-line)

As transformações operadas pelo novo paradigma tecnológico não se percebem apenas em relação à formação da relação de consumo e seu objeto. Também abrangem a própria necessidade e expectativa dos consumidores com a maior agilidade e eficiência da solução de litígios que porventura dela se originem. O desenvolvimento de novos métodos de solução de litígios é tema que extravasa o exame específico dos conflitos de consumo.[60] A adoção de novas tecnologias (em especial, da inteligência artificial) para contribuir com a eficiência e agilidade nos processos judiciais é um dos grandes temas do Direito contemporâneo, importando, sobretudo, examinar sua repercussão e seus limites em relação às normas de direito material e processual incidentes.

No âmbito das relações de consumo, o despertar para novos métodos de solução de litígios a partir da aplicação das novas tecnologias resulta de duas constatações: a) a primeira, mais geral, quanto às dificuldades associadas ao longo tempo de tramitação e aos custos de demandas judiciais, ou de reclamações junto aos órgãos administrativos, comprometendo a própria efetividade da resposta dada ao consumidor no caso de violação de seus direitos; e b) o descompasso entre novas formas de contratação eletrônica à distância pela internet, inclusive entre consumidores e fornecedores sob diferentes jurisdições, e o exercício da pretensões do consumidor pelos meios tradicionais do Poder Judiciário ou dos órgãos administrativos, que acrescentam às razões do item anterior, muitas vezes, o desinteresse ou impossibilidade prática de cumprimento das decisões porventura prolatadas.

Essas circunstâncias estimulam o desenvolvimento de meios alternativos de solução de litígios, expressão sob a qual se designam tanto procedimentos previstos na legislação processual (p. ex. mediação – arts. 3º, § 3º, 166 e ss., e 334 do Código de Processo Civil), quanto em legislação especial (arbitragem, prevista na Lei 9.307/1996). No âmbito internacional, quando realizados como alternativa ao processo judicial (em especial no caso da mediação extrajudicial e da arbitragem), são comumente denominados sob a expressão em língua inglesa *Alternative Dispute Resolution* (ADR).

Alguns desses métodos poderão enfrentar certos óbices legais no direito brasileiro, especialmente a arbitragem, quando seja compulsória para o consumidor (art. 51, VII, do CDC).[61] Outros têm certa aplicação, porém limitada no âmbito das relações de consumo (assim a experiência da mediação em casos que envolvam a renegociação de dívidas de consumidores superendividados). Porém, frente às próprias características das tecnologias da informação e, especialmente, do acesso à internet, vem ganhando destaque dentre os métodos alternativos, aqueles realizados no âmbito da própria rede, denominados genericamente *Online Dispute Resolution* (ODR).[62]

Os argumentos em favor dos métodos de resolução de disputas on-line destacam sua maior simplicidade e confiabilidade, que não se destinam à aplicação em toda e qual-

---

60. Ainda que o próprio Código de Defesa do Consumidor preveja, no âmbito da Política Nacional das Relações de Consumo, o incentivo à criação de mecanismos alternativos de solução de conflitos, conforme anotam: PORTO, Antônio José Maristrello; NOGUEIRA, Rafaela; QUIRINO, Carina de Castro. Resolução de conflitos on-line no Brasil: um mecanismo em construção. *Revista de Direito do Consumidor*, São Paulo, v. 114, p. 295-318, nov.-dez. 2017.
61. Registre-se, contudo, entendimento do STJ admitindo a possibilidade de arbitragem quando o aderente no contrato de adesão a proponha ou concorde expressamente com sua instituição. Sustenta nesse sentido que "o art. 51, VII, do CDC se limita a vedar a adoção prévia e compulsória da arbitragem, no momento da celebração do contrato, mas não impede que, posteriormente, diante de eventual litígio, havendo consenso entre as partes (em especial a aquiescência do consumidor), seja instaurado o procedimento arbitral." (STJ, REsp 1169841/RJ, rel. Min. Nancy Andrighi, 3ª T., j. 06.11.2012, DJe 14.11.2012).
62. Para um resumo do desenvolvimento histórico dos ODRs, veja-se: KATSH, Ethan. RIFKIN, Janet. *Online Dispute Resolution*: Resolving conflicts in cyberspace. São Francisco: Jossey-Bass, 2001. p. 45 e ss.

quer disputa, mas preferencialmente àquelas que tenham grande recorrência e envolvam pequenos valores, de modo a permitir um modo menos custoso do que o oferecido pelas cortes judiciais.⁶³ Da mesma forma, a um maior empoderamento dos consumidores corresponderia, para os fornecedores, ganhos de reputação com a adoção desses métodos.⁶⁴

Os estudos relativos aos ODRs enfatizam quatro princípios essenciais na sua adoção, no âmbito das relações comerciais em geral: transparência, independência, expertise e consentimento das partes que se submetam a eles. A transparência envolve tanto a divulgação de informações sobre o próprio procedimento, quanto de eventual relação entre aquele que administra o sistema de resolução de litígios on-line e os usuários do serviço, para efeito, especialmente, de identificar-se potenciais conflitos de interesse. Independência, mediante adoção de um código de ética que assegure sua neutralidade, assim como de políticas que identifiquem e atuem em situações de conflitos de interesse. Mais do que isso, que assegure a imparcialidade e o devido processo na solução do litígio. Expertise envolvendo a implementação de políticas de seleção e treinamento, assim como controle e supervisão que assegurem a conformidade da sua atuação com os padrões que o próprio administrador do sistema tenha estabelecido. Por fim, o consentimento, fixando que a submissão ao ODR pressupõe o consentimento explícito e informado das partes.⁶⁵

Há questões relevantes que desafiam a efetiva implementação dos meios de resolução de disputas on-line. A começar pelo modelo de custeio do sistema – sobretudo em vista da independência e autonomia decisória que deve lhe caracterizar, e sua vocação, no tocante às relações de consumo, à solução de demandas de pequeno valor. Nesse caso, cogita-se das vantagens e desvantagens do custeio do sistema se dar mediante emprego de recursos públicos ou privados (nesse caso, sobretudo por meio de seguros que garantam o risco das transações).⁶⁶ A rigor, contudo, nada impede que os próprios fornecedores (especialmente quando se tratem de plataformas digitais), organizem seu próprio sistema de resolução de disputas on-line, com mecanismos internos de controle, e com adesão voluntária do consumidor. Nesses casos, a adesão convencional ao meio deverá se apoiar, sobretudo, na credibilidade e reputação que o próprio fornecedor angariar a partir das práticas adotadas e reconhecidas no mercado. Nesse particular, tem especial importância, entre as práticas de transparência a serem adotadas pelo fornecedor, a própria publicidade sobre os fundamentos e critérios adotados na solução dos litígios.⁶⁷

Outro desafio dos meios de resolução de disputas on-line, da mesma forma, diz respeito à própria exigibilidade da decisão que deles resulte (*enforcement*).⁶⁸ Afinal, se a

---

63. BARROS, João Pedro Leite. *Arbitragem online em conflitos de consumo*. Florianópolis: Tirant lo Blanch/Iberojur, 2019. p. 35.
64. SCHMITZ, Amy J. RULE, COLIN. *The new handshake*: Online Dispute Resolution and the future of consumer protection. Chicago: American Bar Association, 2017. p. XI.
65. UNCITRAL. *Uncitral Technical Notes on Online Dispute Resolution*. UN: New York, 2017. p. 2-3.
66. CORTÉS, Pablo. *Online Dispute Resolution for consumers in the European Union*. London: Routledge, 2011. p. 76-77.
67. CORTÉS, Pablo. *Online Dispute Resolution for consumers in the European Union*, cit., p. 78.
68. CORTÉS, Pablo. *Online Dispute Resolution for consumers in the European Union*, cit., p. 82-83. Destaca-se na literatura como exemplo de meio de resolução de disputas on-line que assegura o cumprimento das suas decisões as disputas por nomes de domínio na internet, mantido pela entidade que gerencia seu registro, a ICANN (*Internet Corporation for Assigned Names and Numbers*). Essa desenvolveu o sistema denominado Uniform Dispute Resolution Policy (UDRP), pelo qual árbitros decidem disputas, sobretudo quando haja reclamação acerca do registro de nome de domínio por má-fé, e embora não tenha caráter vinculante, suas decisões poucas vezes foram contestadas pelas

justificativa para sua adoção é a eficiência da solução, comparativamente aos sistemas tradicionais associados ao Poder Judiciário, em especial nos negócios celebrados pela internet, em que o limites da jurisdição desestimula o exercício da pretensão pelo consumidor nos tribunais locais, em relação a fornecedores distantes, tornar necessário recorrer ao processo civil tradicional para exigir o cumprimento de suas decisões seria, no mínimo, contraditório. Nesse particular, anote-se que, no comércio eletrônico, esses meios de solução de disputas serão acionados, geralmente, por iniciativa do consumidor, em vista da alegação de descumprimento do contrato pelo fornecedor. Essas demandas geralmente abrangem a desconformidade com as características do produto ou serviço, das condições de cumprimento da oferta, ou algum aspecto relativo ao pagamento. Todas questões atinentes ao comportamento negocial do fornecedor, uma vez que – regra geral – o consumidor já realizou o pagamento do preço por intermédio de meio eletrônico. Nesses casos, o desafio da exigibilidade recairá, sobretudo, sobre o fornecedor e sua disposição de submeter-se à decisão que resultar do sistema de solução de disputas, e se associa diretamente a sua própria credibilidade e reputação.

No caso do fornecimento por plataformas digitais, seu próprio organizador pode atuar para convencionar mecanismos de sanção aos fornecedores que ofertem produtos ou serviços por seu intermédio. Já em relação a conflitos que se submetam a meios de resolução de disputas on-line, porém tenham sua origem em contratos de consumo tradicionais, o desafio da exigibilidade da decisão permanece, inclusive para que sua adoção não seja compreendida como simples etapa formal, ou ainda meio de obstaculizar ou retardar o recurso aos órgãos administrativos ou ao Poder Judiciário, comprometendo sua própria credibilidade.

Destacam-se, entre as formas de resolução de disputas on-line, os sistemas de liquidação on-line, arbitragem on-line, a resolução de reclamações de consumidores e a mediação on-line. No primeiro caso, de liquidação on-line, consumidor e fornecedor se colocam em contato para resolver uma determinada disputa, informando o quanto aceitam pagar ou receber da outra parte, conforme o caso, por intermédio de um sistema de lances dados de forma confidencial e sem que uma das partes saiba quanto a outra oferece (*blind biddings*). Havendo identidade entre as ofertas, o sistema, então, liquida automaticamente a operação, resolvendo a disputa.

A arbitragem on-line, de sua vez, supõe a participação de um terceiro árbitro, a quem incumbe decidir a disputa. Na mediação on-line, há um terceiro que não decide, mas apenas busca construir o entendimento entre as partes. Já os sistemas de reclamações de consumidores, tanto podem compreender aqueles mantidos pelos próprios fornecedores, para facilitar o acesso e solução das falhas apontadas, como pelo Poder Público, que, inclusive, pode atuar na mediação do conflito. Nesses casos, contudo, opõe-se crítica sobre o risco de transferir ao Estado aquilo que é dever primário do fornecedor – o atendimento do consumidor –, desonerando-o, parcialmente, dessa incumbência. Por outro lado, a

partes envolvidas. No caso, há interação com árbitros da Organização Mundial de Propriedade Intelectual, que tornam disponíveis árbitros para as disputas, sendo reconhecido que na imensa maioria das situações, resolve-se o litígio em favor do titular da marca. Para detalhes, veja-se: KATSH, Ethan; RULE, Colin. What we know and need to know about online dispute resolution? *South Carolina Law Review*, v. 67, 2015, em especial p. 335-337.

participação do Estado no esforço de unificação dos canais de reclamação e sua distribuição conforme o fornecedor e o objeto da postulação do consumidor, pode oferecer uma maior resolutividade à questão. Examinando-se, especialmente o caso brasileiro do portal "Consumidor.gov", mantido pela Secretaria Nacional do Consumidor do Ministério da Justiça e Segurança Pública, as vantagens reconhecidas do sistema, todavia, não podem autorizar que se converta o registro da reclamação em condição inafastável para futuro exercício de pretensão judicial pelo consumidor. Porém, lamentavelmente, é o que tem sido considerado por muitos tribunais estaduais no Brasil, estimulados pela perspectiva de redução das demandas (e não, necessariamente, a redução dos conflitos). Nesse caso, além da crítica mais evidente, de confronto com o direito fundamental de acesso à justiça, deixa de observar uma das principais características dos ODRs, que é a voluntariedade da adesão dos consumidores. Também nesse caso serão a reputação e credibilidade do sistema, mesmo que mantido pelo Poder Público, que deve orientar a decisão dos consumidores em aderir a ele para solução de suas disputas com os fornecedores.

Os méritos da contribuição das novas tecnologias para novos métodos de resolução de litígios, contudo, são evidentes. E sua adequação aos contratos de consumo celebrados pela internet, sobretudo quando envolvam a aquisição de produtos ou serviços de valor relativamente baixo – a ponto de tornar tão ou mais custoso o exercício da pretensão do consumidor pelos meios tradicionais, do que o próprio valor do negócio – parece estimular sua adoção por fornecedores. Com especial atenção ao fornecimento por plataforma tecnológica, cujo próprio organizador da plataforma pode adotar o sistema, atentando aos ganhos de reputação e credibilidade que podem reverter, inclusive, em favor dele próprio.

5. CONSIDERAÇÕES FINAIS

O caráter dinâmico do mercado de consumo, é inerente ao processo de desenvolvimento econômico e social atual, tanto assim que foi expressamente previsto pelo CDC (art. 4º, VIII) como condição a ser observada pelo intérprete. Será a velocidade, profundidade e extensão das transformações ocorridas nas últimas décadas, a partir da inovação tecnológica que altera tanto os modos de consumir, quanto o que é objeto de consumo, que promove a noção de um novo paradigma – a que se denomina neste estudo "novo paradigma tecnológico". Dá origem a novas formas de consumir e novos produtos e serviços a serem consumidos, e desafia a aplicação das normas de proteção ao consumidor de modo a assegurar sua eficácia ao mesmo tempo em que preserve a utilidade e interesse dessas novas realidades do mercado.

Surgem daí consequências relevantes para os direitos dos consumidores em sua configuração definida no sistema jurídico brasileiro. Primeiro, a tensão entre a necessidade de intepretação e aplicação das normas da legislação de proteção ao consumidor – em especial do CDC – e o recurso a iniciativas de alteração legislativa, com a finalidade de disciplinar situações não previstas expressamente pela lei, porque inexistentes quando de sua edição. Em outros termos, a disputa entre a atualização da norma pela via da interpretação ou de sua alteração pelo processo legislativo.

Um segundo aspecto diz respeito ao próprio reexame dos fundamentos do direito do consumidor, que nesse caso não pertencem apenas à norma, mas do significado mais amplo que para conformação de seus institutos emprestam doutrina e jurisprudência. Hipótese que, como foi visto, tem repercussão prática, sobretudo considerando se imbricarem, a partir de tecnologias como a da internet das coisas e a inteligência artificial, as noções de produto e serviço. Nesses termos, a compreensão quanto a sua utilidade ou finalidade, assim como os regimes de responsabilidade do fornecedor no caso da violação do dever de qualidade observam importantes consequências.

A melhor atitude do jurista, nesse caso, é considerar tais transformações pelo que são: uma consequência natural do desenvolvimento econômico e social própria do atual estágio histórico, que não torna dispensável ou obsoleto o direito posto, mas desafia a sua atualização pela via da interpretação, considerando a permanência de certas categorias fundamentais e a necessidade de repensar outras. Afinal, o conceito de contrato ou de dano não perde em substância pelo fato de se dar com a intervenção de novas tecnologias ou no ambiente da internet. Ou as próprias categorias de produto e serviço, que naturalmente não desaparecem, mas se conglobam, devendo-se investigar a predominância das características de um ou de outro, com tendência à valorização dos fazeres.

O desenvolvimento tecnológico que transforma o mercado de consumo, desse modo, não afasta os preceitos fundamentais do direito do consumidor que o disciplina. Ao contrário, tende, em muitas situações, a confirmar o próprio fundamento de seu surgimento, e critério de interpretação e aplicação de suas normas: a vulnerabilidade do consumidor, que frente às novas tecnologias da informação pode ser agravada pelo desconhecimento de seus aspectos técnicos ou mesmo a incapacidade de acompanhar a velocidade das inovações. Resta ao jurista que se debruça sobre o fenômeno, conciliar visões perspectiva e prospectiva sobre as repercussões do direito sobre a realidade que se impõe neste novo mercado de consumo, e a mirada em retrospecto dos próprios fundamentos e propósitos do direito do consumidor, que mantêm sua atualidade e relevância.

REFERÊNCIAS

ADAM, Leonie; MICKLITZ, Hans-W. Verbraucher und Online-Plattformen. In: MICKLITZ, Hans-Wolfgang; REISCH, Lucia A.; JOOST, Gesche; ZANDER-HAYAT, Helga (Hrsg.). *Verbraucherrecht 2.0*: Verbraucher in der digitalen Welt. Baden-Baden: Nomos, 2017.

ALPAIDYN, Ethem. *Machine learning*. Cambridge: MIT, 2016.

BARROS, João Pedro Leite. *Arbitragem online em conflitos de consumo*. Florianópolis: Tirant lo Blanch/Iberojur, 2019.

CARRON, Blaise; BOTTERON, Valentin. How smart can a contract be? In: KRAUS, Daniel; OBRIST, Thierry; HARI, Olivier (Eds.). *Blockchains, smart contracts, descentralised autonomous organizations and the law*. Cheltenham: Edward Elgar, 2019.

CHRISTENSEN, C. M.; RAYNOR, M.; MCDONALD, R. What Is Disruptive Innovation? *Harvard Business Review*, december 2015.

CHRISTENSEN, Clayton M. *The Innovator's Dilemma*. Boston: Harvard Business School Press, 1997.

COLL, Liz; SIMPSON, Robin. *Conection and protection in digital age*. The internet of things and challeges for consumer protection. London: Consumers International, april 2016.

CORTADA, James W. *Information and the modern corporation*. Cambridge: MIT, 2011.

CORTÉS, Pablo. *Online Dispute Resolution for consumers in the European Union*. London: Routledge, 2011.

DAVENPORT, Thomas H.; RONANKI. Rajeev. Artificial intelligence for the real world. *In: On AI, Analytics and the new machine age*. Boston: Harvard Business Review Press, 2019.

DOMURATH, Irina. Verbraucherrecht in der Plattformökonomie. *In:* MICKLITZ, Hans-Wolfgang; REISCH, Lucia A.; JOOST, Gesche; ZANDER-HAYAT, Helga (Hrsg.). *Verbraucherrecht 2.0*: Verbraucher in der digitalen Welt. Baden-Baden: Nomos, 2017.

EIDENMÜLLER, Horst. The rise of robots and the law of humans. *Zeitschrift für Europäisches Privatrecht*, v. 4. Munich; C.H. Beck, 2017.

EUROPEAN UNION. *Evaluation of Council Directive 85/374/EEC on the approximation of laws, regulations and administrative provisions of the Member States concerning liability for defective products*. Luxembourg: Publications Office of the European Union, 2018.

EVANS, David S.; SCHMALENSEE, Richard. *Matchmakers*: The new economics of multisided platforms. Cambridge: Harvard Business Review Press, 2016.

GOBBLE, MaryAnne M. The case against disruptive innovation. *Research-Technology Management*, v. 58, (1), p. 59-61, 2015.

GOMES, Orlando. *Introdução ao direito civil*. 19. ed. Rio de Janeiro: Forense, 2007.

GREENGARD, Samuel. *The internet of things*. Cambridge: MIT, 2015.

GRÜNWALD, Andreas; NÜ ING. *Machine to machine (M2M)*: Kommunikation Regulatorische fragen bei der Kommunikation im Internet der Dinge. Multimedia und Recht. Munich: C.H.Beck, jun. 2015.

HELBERGER, Natali. Profiling and targeting consumers in the Internet of Things – A new challenge for consumer law. *In:* SCHULZE, Reiner; STAUDENMAYER, Dirk (Ed.) *Digital Revolution*: challenges for contract law in practice. Baden-Baden: Nomos, 2016.

KATSH, Ethan. RIFKIN, Janet. *Online Dispute Resolution*: Resolving conflicts in cyberspace. São Francisco: Jossey-Bass, 2001.

KATSH, Ethan; RULE, Colin. What we know and need to know about online dispute resolution? *South Carolina Law Review*, v. 67, 2015.

KRAUS, Daniel; OBRIST, Thierry; HARI, Olivier (Eds.). *Blockchains, smart contracts, descentralised autonomous organizations and the law*. Cheltenham: Edward Elgar, 2019.

LOBEL, Orly. The law of platform. *Minnesotta Law Review*, v. 101, 2016.

MARQUES, Claudia Lima. A nova noção de fornecedor no consumo compartilhado: um estudo sobre as correlações do pluralismo contratual e o acesso ao consumo. *Revista de Direito do Consumidor*, São Paulo, v. 111, p. 247-268, maio-jun. 2017.

MARQUES, Claudia Lima. *Contratos no Código de Defesa do Consumidor*. 9. ed. São Paulo: Ed. RT, 2019.

MCCARTHY, John; HAYES, Patrick J. Some philosophical problems from the standpoint of artificial intelligence. *In:* MELTZER, B.; MICHIE, D. *Machine Intelligence 4*. Edinburgh University Press, 1969.

MELTZER, B.; MICHIE, D. *Machine Intelligence 4*. Edinburgh University Press, 1969.

MICKLITZ, Hans-Wolfgang; REISCH, Lucia A.; JOOST, Gesche; ZANDER-HAYAT, Helga (Hrsg.). *Verbraucherrecht 2.0*: Verbraucher in der digitalen Welt. Baden-Baden: Nomos, 2017.

MIRAGEM, Bruno. *Curso de direito do consumidor*. 7. ed. São Paulo: Ed. RT, 2018.

MIRAGEM, Bruno. *Direito civil*: direito das obrigações. 2. ed. São Paulo: Saraiva, 2018.

MORISON, Elting E. *Men, machines and modern times*. 50th anniversary edition. Cambridge: The MIT Press, 2016.

OCDE (Organização para a Cooperação Econômica e Desenvolvimento). *The economic and social role of internet intermediaries*. OECD, april 2010.

OCDE (Organização para a Cooperação Econômica e Desenvolvimento). *Protecting consumers in peer platform markets*: 2016 Ministerial meeting on the digital economy background report. OECD Digital Economy Papers, n. 253, 2016.

PODSZUN, Rupprecht; KREIFELS, Stephan. Digital Platforms and Competition Law. *Journal of European Consumer and Market Law*, v. 5, Issue 1, 2016.

PORTO, Antônio José Maristrello; NOGUEIRA, Rafaela; QUIRINO, Carina de Castro. Resolução de conflitos on-line no Brasil: um mecanismo em construção. *Revista de Direito do Consumidor*, São Paulo, v. 114, p. 295-318, nov.-dez. 2017.

RASKIN, Max. The law and legality of smart contracts. *Georgetown Law Technology Review*, v. 1, p. 305-341, 2017.

SANTOLIM, Cesar Viterbo Matos. *Os princípios da proteção do consumidor e o comércio eletrônico no direito brasileiro*. Tese (Doutorado em Direito) – Faculdade de Direito, Universidade Federal do Rio Grande do Sul, Porto Alegre, 2004.

SCHAUBE, Renate. Interaktion von Mensch und Maschine: Haftungs- und immaterialgüterrechtliche Fragen bei eigenständigen Weiterentwicklungen autonomer Systeme. *Juristen Zeitung*, Tübingen, v. 72, issue 7, p. 342-349, 2017.

SCHMECHEL, Philipp. Verbraucherdatenschutzrecht in derEU-Datenschutz-Grundverordnung. *In:* MICKLITZ, Hans-Wolfgang; JOOST, Lucia A. Reisch Gesche; ZANDER-HAYAT, Helga (Hrsg.). *Verbraucherrecht 2.0* – Verbraucher in der digitalen Welt. Baden-Baden: Nomos, 2017.

SCHMITZ, Amy J. RULE, COLIN. *The new handshake*: Online Dispute Resolution and the future of consumer protection. Chicago: American Bar Association, 2017.

SCHULZE, Reiner; STAUDENMAYER, Dirk (Ed.) *Digital Revolution*: challenges for contract law in practice. Baden-Baden: Nomos, 2016.

SCHUMPETER, Joseph A. *Capitalism, socialism and democracy*. London/New York: Routledge, 1976.

SERPA LOPES, Miguel Maria. *Curso de direito civil*. 6. ed. Rio de Janeiro: Freitas Bastos, 1988. v. I.

SKARLOFF, Jeremy M. Smart contracts and the cost of inflexibility. *University of Pennsylvania Law Review*, v. 166, p. 263-303, 2017.

SPECHT, Louisa; HEROLD, Sophie. Roboter als Vertragspartner? Gedanken zu Vertragsabschlüssen unter Einbeziehung automatisiert und autonom agierender Systeme. *Multimedia und Recht*, n. 1 Munich: C.H.Beck, 2018.

SPINDLER, Gerald. Regulierung durch Technik. *In:* MICKLITZ, Hans-Wolfgang; REISCH, Lucia A.; JOOST, Gesche; ZANDER-HAYAT, Helga (Hrsg.). *Verbraucherrecht 2.0*: Verbraucher in der digitalen Welt. Baden-Baden: Nomos, 2017.

TURNER, Jacob. *Robot rules*: regulating artificial intelligence. Cham: Palgrave MacMillan, 2019.

UNCITRAL. Uncitral Technical Notes on Online Dispute Resolution. UN: New York, 2017. VAN LOO, Rory. Rise of the Digital Regulator, *Duke Law Journal*, v. 66, 2017.

WEBER, Rolf H. Liability in the internet of things. *Journal of European Consumer and Market Law*, n. 6, issue 5, p. 207-212, 2017.

WEBER, Rolf H. Statement. In: SCHULZE, Reiner; STAUDENMAYER, Dirk (Ed.). *Digital Revolution*: challenges for contract law in practice. Baden-Baden: Nomos, 2016.

WENDERHORST, Christiane. Besitz und Eigentum im Internet der Dinge. *In*: MICKLITZ, Hans-Wolfgang; REISCH, Lucia A.; JOOST, Gesche; ZANDER-HAYAT, Helga (Hrsg.). *Verbraucherrecht 2.0*: Verbraucher in der digitalen Welt. Baden-Baden: Nomos, 2017.

WERBACH, Kevin; CORNELL, Nicolas. Contracts ex machina. *Duke Law Journal*, v. 67, 2017.

ZAMPIER, Bruno. *Bens digitais*. Indaiatuba: Foco, 2017.

21
O PAPEL DA AUTORIDADE NACIONAL DE PROTEÇÃO DE DADOS (ANPD) NA CONCRETIZAÇÃO DA LGPD

Cíntia Rosa Pereira de Lima

Sumário: 1 Introdução. 2 Missões e atribuições da ANPD. 2.1 Poder-dever de fiscalização. 2.2 Poder-dever de regulação. 2.3 Poder-dever sancionatório da ANPD. 2.4 Tutela dos direitos pessoais mediante reclamação dos titulares de dados. 2.5 Atuação na circulação transfronteiriça de dados pessoais. 3 Estrutura e composição da ANPD e o Decreto n. 10.474/2020. 4 Conclusão. Referências.

1. INTRODUÇÃO

Na Carta de Direitos Fundamentais da União Europeia (*Charter of Fundamental Rights of the European Union – 2000/C 364/01*), de 07 de dezembro de 2000, ficou evidenciada a importância da atuação de um órgão independente para fiscalizar e fazer cumprir a lei de proteção de dados pessoais, *in verbis*:

Article 8 – Protection of personal data:

1. Everyone has the right to the protection of personal data concerning him or her.

2. Such data must be processed fairly for specified purposes and on the basis of the consent of the person concerned or some other legitimate basis laid down by law. Everyone has the right of access to data which has been collected concerning him or her, and the right to have it rectified.

3. Compliance with these rules shall be subject to *control by an independent authority*. (grifo nosso)

Haja vista a importância deste direito, a *Convenção de Estrasburgo sobre a Proteção de Dados Pessoais*, denominada *Convenção n. 108*, de 28 de janeiro de 1981, tem por objetivo garantir o respeito à liberdade fundamental, à vida privada, à identidade pessoal e à proteção de dados no que diz respeito ao tratamento automatizado dos dados pessoais e a circulação transfronteiriça desses.[1]

---

1. LIMA, Cíntia Rosa Pereira de; PEROLI, Kelvin. Desafios para a atuação independente da Autoridade Nacional de Proteção de Dados Pessoais brasileira à luz das exigências internacionais para a adequada proteção dos dados pessoais. *In*: LUCCA, Newton de; SIMÃO FILHO, Adalberto; LIMA, Cíntia Rosa Pereira de; MACIEL, Renata Mota (coord.). *Direito & Internet IV: Sistema de Proteção de Dados Pessoais*. São Paulo: Quartier Latin, 2019. p. 419-446. p. 435.

Portanto, a *Convenção de Estrasburgo*, após o protocolo adicional de 2001[2], estabeleceu a necessidade de criação de uma autoridade independente para a efetiva proteção dos dados pessoais, destacando que a lei por si só será pouco eficaz. Pode-se afirmar que a importância deste órgão ficou evidenciada a partir da experiência europeia, que desde a revogada Diretiva 95/46/CE (art. 28), verificava-se a partir dos órgãos denominados *Autoridade de Controle* ("*Supervisory Authoroty*", "*Autoridad de Control*" ou "*Autorità Garante*"), designada pela sigla *DPA – Data Protection Authority*.[3] O órgão foi mantido no atual GDPR[4], capítulo VI, arts. 51 a 59, ampliando a competência e os poderes deste órgão, enfatizando a necessária independência no desempenho de suas funções, consolidando os mais de vinte anos de existência destes órgãos desde a Diretiva 95/46/CE.[5]

Para que essa entidade realize suas atribuições, é fundamental que ela seja independente como na proposta feita por Danilo Doneda[6], que inicialmente propõe uma definição desta entidade como "entes ou órgãos públicos dotados de substancial independência do governo, caracterizados pela sua autonomia de organização, financiamento e contabilidade; da falta de controle e sujeição ao poder Executivo". Além disso, o autor destaca a necessidade de que os membros integrantes desse órgão sejam escolhidos de forma autônoma, comprovada sua competência na matéria, e com prévia definição da duração dos respectivos mandatos. Cada país tem seu próprio modelo para um órgão com tais características, no Brasil, estaria mais próximo das Agências Reguladoras.[7]

No entanto, a estrutura atual da ANPD é um órgão da Administração Pública direta, após as alterações pela Medida Provisória n. 869, de 27 de dezembro de 2018, convertida na Lei n. 13.853, de 08 de julho de 2019, cujos integrantes ainda não foram indicados.[8] Todavia, a própria lei determina a transitoriedade desta estrutura da ANPD, que deverá ser revista a oportunidade de transformá-la em órgão da Administração Pública Federal indireta (§ 1º do art. 55-A da LGPD).

Neste artigo, pretende-se analisar o papel da ANPD para a concretização da LGPD, organizando suas competências em: "Poder-dever de fiscalização", "Poder-dever de regulação" e "Poder-dever sancionatório". Esta contribuição destaca, ainda, a importante

---

2. Additional Protocol to the Convention for the Protection of Individuals with regard to Automatic Processing of Personal Data regarding supervisory authorities and transborder data flows. Disponível em: <http://www.apd.cat/media/2299.pdf>, acessada em 20 nov. 2015.
3. Disponível em: <https://eur-lex.europa.eu/legal-content/EN/TXT/PDF/?uri=CELEX:31995L0046&from=PT>, último acesso em 15 fev. 2021.
4. Regulation (EU) 2016/679 of the European Parliament and of the Council of 27 April 2016 on the protection of natural persons with regard to the processing of personal data and on the free movement of such data, and repealing Directive 95/46/EC (General Data Protection Regulation). Disponível em: <https://eur-lex.europa.eu/eli/reg/2016/679/oj>, último acesso em 20 fev. 2021.
5. GUARDIGLI, Elena. Il Garante per la Protezione dei Dati e la Cooperazione fra Autorità Garanti. *In*: FINOCCHIARO, Giusella (coord.). *Il nuovo Regolamento europeo sulla privacy e sulla protezione dei dati personali*. Torino: Zanichelli Editore, 2017. p. 489-515. p. 494.
6. *Da privacidade à proteção de dados pessoais*. Rio de Janeiro: Renovar, 2006. p. 388.
7. LIMA, Cíntia Rosa Pereira de. *Autoridade Nacional de Proteção de Dados e a Efetividade da Lei Geral de Proteção de Dados*. São Paulo: Almedina, 2020. p. 295.
8. LIMA, Cíntia Rosa Pereira de; LUCCA, Newton de. Autoridade Nacional de Proteção de Dados Pessoais (ANPD) e Conselho Nacional de Proteção de Dados Pessoais e da Privacidade. *In*: LIMA, Cíntia Rosa Pereira de (coord.). *Comentários à Lei Geral de Proteção de Dados*. São Paulo: Almedina, 2020. p. 373-398. p. 378.

atuação da ANPD ao receber as reclamações dos titulares de dados pessoais e a possibilidade de adotar providências.

Ao final, pretende-se demonstrar que para o fiel cumprimento das atribuições que tem a ANPD, é fundamental assegurar sua autonomia técnica, financeira e organizacional. Além disso, o artigo destaca alguns pontos relevantes do Decreto n. 10.474, de 26 de agosto de 2020, que aprova a estrutura regimental da ANPD.

2. MISSÕES E ATRIBUIÇÕES DA ANPD

O art. 55-J da LGPD traz um rol das atribuições da ANPD, que foi reproduzido no art. 2º do Dec. n. 10.474/2020. Esse rol é extenso, composto por 24 incisos, muitos dos quais trazem previsão de uma atuação mais genérica e abstrata da ANPD, como por exemplo, o inc. I que determina a função de "zelar pela proteção dos dados pessoais, nos termos da legislação"; outros são mais pontuais, como o inc. V que atribui à ANPD a missão de "apreciar petições de titular contra controlador após comprovada pelo titular a apresentação de reclamação ao controlador não solucionada no prazo estabelecido em regulamentação".

Neste sentido, é importante destacar que é difícil prever uma atuação demasiadamente pontual por parte da ANPD dada à dinamicidade da sociedade atual que, além do tratamento de dados pessoais em meio físico, caracteriza-se pelo tratamento de dados pessoais a partir de ferramentas da Tecnologia da Informação e da Comunicação (TIC), além de outras tecnologias como Internet das Coisas (IoT) e Inteligência Artificial (IA). Todo esse contexto dinâmico representa um desafio à atuação da ANPD tanto no que diz respeito à quantidade de funcionários para poder responder às demandas e necessidades referentes ao tratamento de dados pessoais em massa; quanto no que diz respeito ao aparelhamento tecnológico que esse órgão requer para exercer suas atribuições de forma eficiente.

Analisando os incisos previstos na LGPD e no seu Decreto regulamentador, as missões da ANPD podem ser agrupadas em:

a) *preventivas*: elaborar diretrizes para a Política Nacional de Proteção de Dados Pessoais e da Privacidade (inc. III), promover conhecimento na população das normas e políticas públicas sobre proteção de dados pessoais e das medidas de segurança (inc. VI), promover e elaborar estudos sobre as práticas nacionais e internacionais sobre proteção de dados e privacidade (inc. VII), ouvir os agentes de tratamento de dados (inc. XIV), comunicar às autoridades competentes as infrações à lei (inc. XXI), comunicar aos órgãos de controle interno o descumprimento da lei (inc. XXII);

b) *fiscalizatórias*: zelar pela proteção dos dados pessoais (inc. I), zelar pela observância dos segredos comercial e industrial (inc. II), fiscalizar (inc. IV), solicitar do poder público informações sobre as respectivas atividades de tratamento de dados (inc. XI), realizar auditorias ou determinar sua realização (inc. XVI);

c) *regulatórias*: estimular a adoção de padrões para serviços e produtos que privilegiem a autodeterminação informacional (inc. VIII), promover ações de cooperação com autoridades de proteção de dados de outros países (inc. IX), dispor sobre as formas de publicidade das operações de tratamento de dados pessoais (inc. X), editar regulamentos e procedimentos sobre proteção de dados pessoais (inc. XIII), editar normas, orientações e procedimentos (inc. XVIII), deliberar administrativamente sobre a interpretação da LGPD (inc. XX), articular-se com autoridades reguladoras (inc. XXIII);

d) *sancionatórias e reparatórias*: aplicar sanções nas hipóteses de descumprimento da lei, mediante processo administrativo, sendo assegurado o contraditório, a ampla defesa e o direito de recurso (inc. IV), apreciar pedidos dos titulares contra os controladores (inc. V), celebrar compromisso com agentes de tratamento para eliminar irregularidades (inc. XVII) e implementar mecanismos simplificados para o registro de reclamações sobre o tratamento de dados pessoais (inc. XXIV).

Por fim, a ANPD exerce funções de gestão, tais como elaborar relatórios de gestão sobre suas atividades (inc. XII) e arrecadar e aplicar suas receitas (inc. XV). Os intensos debates durante a tramitação da LGPD no Congresso Nacional revelaram a preocupação de se fomentar a temida "indústria da multa", por isso o texto atual determina que o produto da arrecadação das multas aplicadas pela ANPD será destinado ao Fundo de Defesa de Direitos Difusos (§ 5o do art. 52 da LGPD, com a redação dada pela Lei n. 13.853, de 8 de julho de 2019).

2.1 Poder-dever de fiscalização

A função de fiscalizar deve ser desempenhada com o máximo empenho, ainda que tenha sido prevista em forma ampla no inc. IV e no inc. XVI, mesmo porque o princípio da prevenção tem previsão expressa no inc. VIII do art. 6º da LGPD. Aliás, a efetiva proteção dos titulares de dados pessoais ocorre quando se evita efetivamente situações como vazamento de dados pessoais ou tratamento de dados pessoais desautorizado pela lei.

O poder-dever de fiscalização da ANPD é caracterizado de maneira exemplificativa, pois as medidas a serem adotadas na atuação de fiscalização são tantas quando a ANPD entender necessárias diante da atividade de tratamento de dados pessoais, os agentes envolvidos e o aparato tecnológico quando for o caso. Portanto, a LGPD não poderia prever taxativamente quais seriam as medidas fiscalizatórias como o fez para a sancionatória.

2.2 Poder-dever de regulação

O poder-dever da ANPD é fundamental tendo em vista a natureza principiológica e genérica em diversas previsões da LGPD, como por exemplo, as técnicas de anonimização e pseudonimização, dentre outras. No entanto, parte da sociedade teme os efeitos de uma regulação exaustiva que poderia criar obstáculos ao desenvolvimento econômico. Todavia, é justamente o contrário, o poder-dever de regulação da ANPD representa um fator de segurança jurídica, para que os titulares saibam seus direitos e condições de exercício de um lado; e de outro, os agentes de tratamento de dados tenham plena consciência das obrigações e deveres que decorrem do sistema de proteção de dados. Por fim, um país com regras claras e eficientes sobre a matéria aumenta a confiança e fomenta parcerias e investimentos às empresas brasileiras.

A ANPD faz parte, atualmente, da Administração Pública Federal direta nos termos do art. 55-A da LGPD, ainda que seja transitória, pois após dois anos deverá ser avaliada a transformação da ANPD em entidade da Administração Pública Federal Indireta, submetida a regime autárquico especial e vinculada à Presidência da República, nos termos do § 1º do mesmo dispositivo legal.

Quanto ao poder-dever regulador da ANPD, Maria Sylvia Zanella di Pietro[9] alerta que é hierarquicamente subordinado a uma lei prévia, pois é a única possibilidade admissível no direito brasileiro após a CF/88. Nesse caso, o poder-dever normativo da ANPD está subordinado à LGPD.

Nesse sentido, a ANPD poderá emitir resoluções, portarias, deliberações e instruções para:

a) estimular a adoção de padrões para serviços e produtos que privilegiem a autodeterminação informacional (inc. VIII do art. 55-J da LGPD), por exemplo, ainda que a LGPD não tenha estabelecido a *privacy by design* e *by default*, como o faz o *General Data Protection Regulation* – GDPR (art. 25).[10] A ANPD poderá, por portaria, implementar essa prática, pois está dentro desse "poder-dever" regulamentador.

b) promover ações de cooperação com autoridades de proteção de dados de outros países (inc. IX do art. 55-J da LGPD). Ainda por meio de portarias, a ANPD poderá implementar ações de cooperação com autoridades de proteção de dados de outros países, função de suma relevância, dada a circulação transfronteiriça dos dados pessoais;

c) dispor sobre as formas de publicidade das operações de tratamento de dados pessoais (inc. X do art. 55-J da LGPD), ou seja, caberá à ANPD definir como os agentes de tratamento de dados pessoais deverão informar amplamente sobre as respectivas práticas de tratamento de dados pessoais;

f) articular-se com autoridades reguladoras e órgãos públicos (inc. XXIII do art. 55-J), ou seja, a ANPD deverá se comunicar com as autoridades reguladoras, por exemplo, se for um problema relacionado aos serviços dos provedores de Internet; ela poderá adotar medidas conjuntas com a ANATEL. Se, em outra hipótese, for assunto relacionado a dados de eleitores, a ANPD pode se articular com o Tribunal Superior Eleitoral.

---

9. *Direito Administrativo*. 12 ed. São Paulo: Atlas, 2000. p. 88.
10. "1. Taking into account the state of the art, the cost of implementation and the nature, scope, context and purposes of processing as well as the risks of varying likelihood and severity for rights and freedoms of natural persons posed by the processing, the controller shall, both at the time of the determination of the means for processing and at the time of the processing itself, implement appropriate technical and organisational measures, such as pseudonymisation, which are designed to implement data-protection principles, such as data minimisation, in an effective manner and to integrate the necessary safeguards into the processing in order to meet the requirements of this Regulation and protect the rights of data subjects.

2. The controller shall implement appropriate technical and organisational measures for ensuring that, by default, only personal data which are necessary for each specific purpose of the processing are processed. That obligation applies to the amount of personal data collected, the extent of their processing, the period of their storage and their accessibility. In particular, such measures shall ensure that by default personal data are not made accessible without the individual's intervention to an indefinite number of natural persons." *Op. cit.*

2.3 Poder-dever sancionatório da ANPD

Quanto ao poder-dever sancionatório da ANPD, cumpre destacar que é taxativo, em virtude, inclusive, do direito fundamental previsto no inc. XXXIX do art. 5º da CF/88, que estabelece não haver "pena sem prévia cominação legal". Neste sentido, as sanções administrativas que podem ser aplicadas pela ANPD somente são aquelas previstas no art. 52 da LGPD, quais sejam:

I – *advertência*, com indicação de prazo para adoção de medidas corretivas (inc. I);

II – *multa simples*, de até 2% (dois por cento) do faturamento da pessoa jurídica de direito privado, grupo ou conglomerado no Brasil no seu último exercício, excluídos os tributos, limitada, no total, a R$ 50.000.000,00 (cinquenta milhões de reais) por infração (inc. II);

III – *multa diária*, observado o limite total acima (inc. III);

IV – *publicização da infração* após devidamente apurada e confirmada a sua ocorrência (inc. IV);

V – *bloqueio dos dados pessoais* a que se refere a infração até a sua regularização (inc. V);

VI – *eliminação dos dados pessoais* a que se refere a infração (inc. VI).

Ademais, segundo Maria Sylvia Zanella Di Pietro,[11] o poder disciplinar da Administração Pública é discricionário, pois a Administração Pública pode escolher a penalidade a ser aplicada levando em consideração a natureza e a gravidade da infração, bem como os danos causados. No entanto, a Administração Pública não tem liberdade de escolha entre punir e não punir, uma vez apurada a falta mediante processo administrativo disciplinar.

Neste sentido, a discricionariedade da ANPD ao aplicar as sanções previstas na LGPD é limitada e se restringe em determinar uma das sanções previstas em lei. Contudo, constatada a violação à LGPD por parte dos agentes de tratamento de dados pessoais, em processo administrativo que garanta o contraditório e a ampla defesa com direito a recurso, a ANPD deverá exercer o seu "poder-dever" sancionatório.

Além disso, cumpre destacar que a discricionariedade da ANPD ao exercer o seu "poder-dever" sancionatório fica ainda mais evidente dadas as regras de gradação para a aplicação destas sanções previstas na LGPD conforme o § 1º do art. 52:

§ 1º As sanções serão aplicadas após procedimento administrativo que possibilite a oportunidade da ampla defesa, de forma gradativa, isolada ou cumulativa, de acordo com as peculiaridades do caso concreto e considerados os seguintes parâmetros e critérios:

I – a gravidade e a natureza das infrações e dos direitos pessoais afetados;

II – a boa-fé do infrator;

III – a vantagem auferida ou pretendida pelo infrator;

IV – a condição econômica do infrator;

V – a reincidência;

VI – o grau do dano;

VII – a cooperação do infrator;

---

11. *Op. cit.*, p. 90.

VIII – a adoção reiterada e demonstrada de mecanismos e procedimentos internos capazes de minimizar o dano, voltados ao tratamento seguro e adequado de dados, em consonância com o disposto no inciso II do § 2º do art. 48 desta Lei;

IX – a adoção de política de boas práticas e governança;

X – a pronta adoção de medidas corretivas; e

XI – a proporcionalidade entre a gravidade da falta e a intensidade da sanção.

Importante destacar que o art. 12 do Marco Civil da Internet previu sanções para a violação das regras de tratamento de dados pessoais, haja vista que antes da LGPD, o MCI era considerado um "MiniEstatuto" de Proteção de Dados, pois os incisos VI a X do art. 7º do MCI trouxeram regras sobre o tratamento de dados pessoais. Destaca-se, quanto à multa, o percentual estabelecido no MCI é bem mais elevado do que o previsto na LGPD, na medida em que o MCI prevê a multa de até 10% sobre o faturamento, *in verbis*:

Art. 12. Sem prejuízo das demais sanções cíveis, criminais ou administrativas, as infrações às normas previstas nos arts. 10 e 11 ficam sujeitas, conforme o caso, às seguintes sanções, aplicadas de forma isolada ou cumulativa:

I – advertência, com indicação de prazo para adoção de medidas corretivas;

II – multa de até 10% (dez por cento) do faturamento do grupo econômico no Brasil no seu último exercício, excluídos os tributos, considerados a condição econômica do infrator e o princípio da proporcionalidade entre a gravidade da falta e a intensidade da sanção;

III – suspensão temporária das atividades que envolvam os atos previstos no art. 11; ou

IV – proibição de exercício das atividades que envolvam os atos previstos no art. 11.

Diante deste conflito aparente de norma, entendemos ser aplicável a LGPD por ser lei especial, muito embora tenha o título "Lei Geral de Proteção de Dados", ela é específica se comparada ao Marco Civil da Internet. Portanto, é forçoso concluir que a ANPD deverá escolher dentre as sanções previstas na LGPD, sendo o art. 12 do MCI sem efeito porque foi implicitamente revogado pelo art. 52 da LGPD, que sendo posterior, tratou especificamente das sanções por violação das regras do tratamento de dados pessoais.

2.4 Tutela dos direitos pessoais mediante reclamação dos titulares de dados

A LGPD prevê, ainda, uma função de suma relevância da ANPD, qual seja, a de apreciar os pedidos dos titulares contra os controladores (inc. V do art. 55-J da LGPD). Tal função deve ser vista com bons olhos, pois é uma alternativa interessante aos titulares de dados pessoais que poderão reclamar seus direitos diretamente à ANPD, favorecendo a desjudicialização de conflitos e decisões por parte de um órgão especializado, uma vez que seus integrantes devem ser conhecedores da matéria.

Além disso, o § 7º do art. 52 da LGPD prevê a possibilidade de conciliação direta entre controlador e titular dos dados pessoais nas hipóteses de vazamento de dados pessoais ou acessos não autorizados, o que deverá aliviar o Poder Judiciário que já está sobrecarregado com o excesso de demandas. Nesse sentido, como o próprio CPC prevê (art. 334), a ANPD deverá estimular a conciliação e mediação para a célere e eficiente aplicação da LGPD.

2.5 Atuação na circulação transfronteiriça de dados pessoais

Por fim, deve-se realçar a atuação imprescindível da ANPD na circulação transfronteiriça de dados. Esta é uma preocupação que ficou evidente dadas as características da economia informacional, que se desenvolve a partir de um modo revolucionário (global e interconectado) de estruturação do mercado e circulação dos produtos e serviços, sendo que a propriedade das coisas foi substituída pelo controle das informações. Além disso, esta economia pode ser caracterizada como fluída ou "líquida", utilizando-se da metáfora de Zygmunt Bauman.[12] Em outras palavras, as grandes empresas controlam as informações sobre coisas e, principalmente, sobre pessoas. Assim, como seus produtos e serviços circulam pela sociedade globalizada e interconectada, as informações sobre as pessoas, consequentemente, terá o mesmo destino.

A OCDE adiantou-se no tema e estabeleceu alguns princípios nas Diretrizes sobre *"Protection of Privacy and Transborder Flows of Personal Data"*[13]. A terceira parte destas Diretrizes contém o princípio geral de não se criar empecilhos à circulação de informação entre os Estados-membros e, ao mesmo tempo, de adotar leis sobre proteção de dados com o "mesmo nível de proteção" pelos Estados-membros.

Neste sentido, a LGPD dedica um capítulo (Cap. V, arts. 33 a 36) sobre a transferência internacional de dados pessoais. Assim, a transferência de dados pessoais de brasileiros pode ser feita para outros países ou empresas sediadas em outros países, desde que se comprove o nível adequado à proteção de dados estabelecido na LGPD nos termos do art. 33 da LGPD.

Semelhantemente ao art. 45 do GDPR,[14] caberá à ANPD avaliar tais circunstâncias conforme dispõe o art. 34 da LGPD, que deverá levar consideração: I – as normas gerais e setoriais da legislação em vigor no país de destino ou no organismo internacional; II – a natureza dos dados; III – a observância dos princípios gerais de proteção de dados pessoais e direitos dos titulares previstos nesta Lei; IV – a adoção de medidas de segurança previstas em regulamento; V – a existência de garantias judiciais e institucionais para o respeito aos direitos de proteção de dados pessoais; e VI – outras circunstâncias específicas relativas à transferência.

Assim, a ANPD receberá pedidos de empresas sediadas em outros países, assim como analisará o sistema de proteção de diversos países antes de autorizar o envio de dados pessoais de brasileiros para outros países, o que deve vir regulamentado em seu Regimento Interno.

---

12. *Tempos Líquidos*. Tradução de Carlos Alberto Medeiros. Rio de Janeiro: Zahar, 2007. p. 12-13.
13. *Op. cit.*: PART THREE. BASIC PRINCIPLES OF INTERNATIONAL APPLICATION: FREE FLOW AND LEGITIMATE RESTRICTIONS.
    15. Member countries should take into consideration the implications for other Member countries of domestic processing and re-export of personal data.
    16. Member countries should take all reasonable and appropriate steps to ensure that transborder flows of personal data, including transit through a Member country, are uninterrupted and secure.
14. "A transfer of personal data to a third country or an international organisation may take place where the Commission has decided that the third country, a territory or one or more specified sectors within that third country, or the international organisation in question ensures an adequate level of protection. 2Such a transfer shall not require any specific authorisation." *Op. cit.*

3. ESTRUTURA E COMPOSIÇÃO DA ANPD E O DECRETO N. 10.474/2020

O art. 55-C da LGPD traz claramente a estrutura da ANPD, que foi detalhado no art. 3º do Decreto n. 10.474/2020, que é composta:

I – Conselho Diretor;

II – órgão consultivo: Conselho Nacional de Proteção de Dados Pessoais e da Privacidade;

III – órgãos de assistência direta e imediata ao Conselho Diretor:
a) Secretaria-Geral;
b) Coordenação-Geral de Administração; e
c) Coordenação-Geral de Relações Institucionais e Internacionais;

IV – órgãos seccionais:
a) Corregedoria;
b) Ouvidoria; e
c) Assessoria Jurídica; e

V – órgãos específicos singulares:
a) Coordenação-Geral de Normatização;
b) Coordenação-Geral de Fiscalização; e
c) Coordenação-Geral de Tecnologia e Pesquisa.

A LGPD disciplina as regras quanto à composição e à competência do Conselho Diretor e do Conselho Nacional de Proteção de Dados Pessoais e da Privacidade, o que foi esmiuçado no art. 4º do Decreto n. 10.474/2020. Este é o órgão máximo da ANPD como definido tanto na LGPD quanto no referido decreto, daí o art. 4º do Decreto n. 10.474/2020 ter trazido muitos detalhes sobre a atuação deste órgão que poderá, dentre outras, designar e fiscalizar organismos de certificação (inc. XIII), bem como rever os atos realizados por tais organismos (inc. XIV).

Além disso, o art. 11 do Decreto regulamentador proíbe algumas condutas que não podem ser praticadas pelos Diretores da ANPD, a saber:

Art. 11. Aos membros do Conselho Diretor é vedado:

I – receber honorários ou percentagens;

II – exercer profissão liberal, exceto as constitucionalmente permitidas;

III – participar, na forma de controlador, diretor, administrador, gerente, preposto ou mandatário, de sociedade civil, comercial ou empresas;

IV – emitir parecer sobre matéria de sua especialização, ainda que em tese, ou atuar como consultor de empresa;

V – manifestar, por qualquer meio de comunicação, opinião sobre processo pendente de julgamento ou juízo depreciativo sobre despachos, votos ou sentenças de órgãos judiciais, ressalvada a crítica nos autos, em obras técnicas ou no exercício do magistério; e

VI – exercer atividade político-partidária.

Neste sentido, a estrutura regimental da ANPD foi criada pelo Presidente da República nos termos do art. 55-G da LGPD, resultando no Decreto n. 10.474/2020, cabendo ao Conselho Diretor, ora nomeado, dispor sobre o regimento interno nos termos do § 2º do mesmo dispositivo legal.

O Decreto regulamentador menciona também, como órgão consultivo, o Conselho Nacional de Proteção de Dados Pessoais e da Privacidade (CNPDP) nos arts. 14 a 17, sendo muito semelhante aos arts. 58-A E 58-B da LGPD. Este órgão será composto por 23 (vinte e três) titulares e suplentes nos termos do art. 58-A da LGPD conforme a redação alterada pela Lei n. 13.853/2019. Os conselheiros serão provenientes dos seguintes órgãos:

a) Serão indicados pelos titulares dos respectivos órgãos e entidades da administração pública: – 5 do Poder Executivo federal; – 1 do Senado Federal; – 1 da Câmara dos Deputados; – 1 do Conselho Nacional de Justiça; – 1 do Conselho Nacional do Ministério Público; – 1 do Comitê Gestor da Internet no Brasil;

b) Serão indicados na forma de regulamento, desde que não façam parte do Comitê Gestor da Internet no Brasil, com mandato de 2 anos, permitida uma recondução: – 3 de entidades da sociedade civil com atuação comprovada em proteção de dados pessoais; – 3 de instituições científicas, tecnológicas e de inovação; – 3 de confederações sindicais; – 2 de entidades representativas do setor empresarial relacionado à área de tratamento de dados pessoais; e, – 2 de entidades representativas do setor laboral.

Os demais órgãos da ANPD, Secretaria-Geral, Coordenação-Geral de Administração, Coordenação-Geral de Relações Institucionais e Internacionais, Corregedoria, Ouvidoria, Assessoria Jurídica, Coordenação-Geral de Regulamentação, Coordenação-Geral de Fiscalização e Coordenação-Geral de Tecnologia e Pesquisa têm a missão de propor e analisar matérias afetas à LGPD.

Percebe-se que o Decreto 10.474/2020 trouxe um quadro enxuto, porém acredita-se que a composição multisetorial do Conselho Nacional de Proteção de Dados e da Privacidade será decisiva para uma atuação eficiente da ANPD.

4. CONCLUSÃO

Constata-se a partir de tudo que foi exposto, que o papel da ANPD para a concretização da LGPD é fundamental. Assim, os receios em torno do debate entre regular ou não as atividades de tratamento de dados pessoais devem sucumbir diante do que ficou evidenciado inclusive durante a tramitação da lei no Congresso Nacional.

De fato, quando se regula um determinado setor, busca-se conciliar os interesses econômicos, públicos e sociais. Portanto, a LGPD e a atuação da ANPD não devem ser vistas como um entrave ao desenvolvimento econômico; ao contrário, trata-se de medida indispensável a fim equacionar os interesses dos agentes de tratamento de dados pessoais, de um lado; e dos titulares de dados pessoais, de outro, uma vez que se reconhece o direito à proteção de dados pessoais como um direito e garantia fundamental, muito embora ainda não esteja inserido no art. 5º da CF/88[15].

---

15. Cabe destacar que a aprovação da PEC n. 17/2019 suprirá essa lacuna importante no texto constitucional, deixando expresso o direito fundamental à proteção de dados pessoais por meio do sugerido acréscimo do inc. X-A ao art.

Além disso, a atuação eficiente e independente da ANPD viabilizará um sistema de proteção de dados sólido, imprescindível para que o Brasil possa se inserir no capitalismo informacional, recebendo informações sobre cidadãos residentes em países com um consistente sistema de proteção de dados.

Quanto à estrutura provisória da ANPD, atualmente criada como órgão da Administração Pública Federal direta, vinculada à Presidência da República, espera-se que em dois anos seja revista como dispõe o art. 55-A, § 2º da LGPD. Desta forma, poder-se-á garantir uma atuação técnica, organizacional, financeira independente, característica importante para que a ANPD possa desempenhar seus "poderes-deveres" de maneira plena.

Quanto à independência da ANPD, este requisito é avaliado por outros sistemas de proteção de dados pessoais para o reconhecimento do nível adequado de proteção de dados brasileiro, o art. 55-B da LGPD no contexto da circulação transfronteiriça de dados pessoais.

A ANPD exercerá diversas funções listadas no art. 55-J da LGPD, sejam elas de natureza regulatória ("poder-dever" normativo ou regulador), sejam de natureza fiscalizatória ou, ainda, de natureza sancionatória ("poder-dever" disciplinar ou sancionatório). Os próximos dois anos serão decisivos para que possamos ter uma avaliação concreta da ANPD, espera-se que os obstáculos financeiros, de recursos humanos e tecnológicos sejam superados para que, enfim, o Brasil possa ter um sistema sólido e avançado nesta matéria, servindo de exemplos para outros países como o foi o Código de Defesa do Consumidor brasileiro.

REFERÊNCIAS

BAUMAN, Zygmunt. *Tempos Líquidos*. Tradução de Carlos Alberto Medeiros. Rio de Janeiro: Zahar, 2007.

BRASIL. Senado Federal. Proposta de Emenda à Constituição n. 17/2019. Acrescenta o inciso XII-A, ao art. 5º, e o inciso XXX, ao art. 22, da Constituição Federal para incluir a proteção de dados pessoais entre os direitos fundamentais do cidadão e fixar a competência privativa da União para legislar sobre a matéria. Disponível em: <https://www25.senado.leg.br/web/atividade/materias/-/materia/135594>, acessado em 10 de janeiro de 2021.

CATALLOZZI, Marina. I provvedimenti del Garante per la protezione dei dati personali. *In: La nuova giurisprudenza civile commentata*, ano XIV, 2ª Parte. Padova: CEDAM, 1998. p. 436-451. p.438.

CIRILLO, Gianpiero Paolo. *La tutela della privacy nel sistema del nuovo codice sulla protezione dei dati personali*: tutela civile – in via amministrativa – penale. Padova: CEDAM, 2004.

DI PIETRO, Maria Sylvia Zanella. *Direito Administrativo*. 12 ed. São Paulo: Atlas, 2000.

DONEDA, Danilo. *Da privacidade à proteção de dados pessoais*. Rio de Janeiro: Renovar, 2006.

GUARDIGLI, Elena. Il Garante per la Protezione dei Dati e la Cooperazione fra Autorità Garanti. *In*: FINOCCHIARO, Giusella (coord.). *Il nuovo Regolamento europeo sulla privacy e sulla protezione dei dati personali*. Torino: Zanichelli Editore, 2017. p. 489-515.

5º da CF/88. BRASIL. Senado Federal. Proposta de Emenda à Constituição n. 17/2019. Acrescenta o inciso XII-A, ao art. 5º, e o inciso XXX, ao art. 22, da Constituição Federal para incluir a proteção de dados pessoais entre os direitos fundamentais do cidadão e fixar a competência privativa da União para legislar sobre a matéria. Disponível em: <https://www25.senado.leg.br/web/atividade/materias/-/materia/135594>, acessado em 20 jan. 2021.

LIMA, Cíntia Rosa Pereira de; LUCCA, Newton de. Autoridade Nacional de Proteção de Dados Pessoais (ANPD) e Conselho Nacional de Proteção de Dados Pessoais e da Privacidade. *In:* LIMA, Cíntia Rosa Pereira de (coord.). *Comentários à Lei Geral de Proteção de Dados*. São Paulo: Almedina, 2020. p. 373-398.

LIMA, Cíntia Rosa Pereira de; PEROLI, Kelvin. Desafios para a atuação independente da Autoridade Nacional de Proteção de Dados Pessoais brasileira à luz das exigências internacionais para a adequada proteção dos dados pessoais. *In:* LUCCA, Newton de; SIMÃO FILHO, Adalberto; LIMA, Cíntia Rosa Pereira de; MACIEL, Renata Mota (coord.). *Direito & Internet IV: Sistema de Proteção de Dados Pessoais*. São Paulo: Quartier Latin, 2019. p. 419-446.

LIMA, Cíntia Rosa Pereira de. *Autoridade Nacional de Proteção de Dados e a Efetividade da Lei Geral de Proteção de Dados*. São Paulo: Almedina, 2020.

UNIÃO EUROPEIA. Additional Protocol to the Convention for the Protection of Individuals with regard to Automatic Processing of Personal Data regarding supervisory authorities and transborder data flows. Disponível em: < http://www.apd.cat/media/2299.pdf>, acessada em 20 de novembro de 2015.

UNIÃO EUROPEIA. Regulation (EU) 2016/679 of the European Parliament and of the Council of 27 April 2016 on the protection of natural persons with regard to the processing of personal data and on the free movement of such data, and repealing Directive 95/46/EC (General Data Protection Regulation). Disponível em: < https://eur-lex.europa.eu/eli/reg/2016/679/oj>, último acesso em 20 de fevereiro de 2021.

UNIÃO EUROPEIA. Directiva 95/46/CE do Parlamento Europeu e do Conselho, de 24 de Outubro de 1995, relativa à protecção das pessoas singulares no que diz respeito ao tratamento de dados pessoais e à livre circulação desses dados. Disponível em: < https://eur-lex.europa.eu/legal-content/EN/TXT/PDF/?uri=CELEX:31995L0046&from=PT>, último acesso em 15 de fevereiro de 2021.

22
INFORMAÇÃO E CONSUMO: A PROTEÇÃO DA PRIVACIDADE DO CONSUMIDOR NO MERCADO CONTEMPORÂNEO DA OFERTA

Fernanda Nunes Barbosa

Sumário: 1 Introdução. 2 Privacidade e mercado. 3 Exame do REsp nº 844.736/DF e o conceito de dano moral. 4 O direito do consumidor à não informação em seu duplo aspecto: da venda de cadastro e banco de dados de consumidores à publicidade agressiva. 5 Proposta de atualização do CDC: novos tempos para a privacidade do consumidor. 6 A figura do "assédio de consumo". 7 Algumas conclusões. Referências.

1. INTRODUÇÃO

Como garantia dos consumidores, o direito à informação[1] advém, por um lado, do reconhecimento do valor da livre e racional manifestação da vontade,[2] que se concretiza no direito de escolha. Por outro - e talvez menos óbvio a uma primeira vista -, provém da proteção contra a propagação de informações de interesse exclusivo do consumidor - a exemplo do chamado segredo profissional - ou mesmo de qualquer outra mensagem que venha a ferir o direito à privacidade[3] da pessoa, seja quanto ao seu *conteúdo*, a exemplo da divulgação, venda ou permuta de cadastros e bancos de dados (conjunto de informações organizadas obedecendo a uma determinada lógica), seja quanto à sua *forma*, considerando a agressividade com que algumas informações (publicitárias) são impostas ao consumidor por meio de técnicas ilegítimas de marketing. Nessa lógica, a informação é abordada sob um viés negativo, da *não-informação*.

---

1. Nas palavras de Fabíola Santos ALBUQUERQUE: "A informação é dotada de um *colorido coletivo*, a ausência de informação na relação de consumo não atinge apenas aquele consumidor específico que está em vias de celebrar um contrato, mas a toda a coletividade de forma indistinta. Tanto que a lei ao dispor sobre o conceito de consumidor não ficou adstrita ao de consumidor final, ampliou as hipóteses de incidência (arts. 2.º, *caput* e parágrafo único, 17 e 29 CDC)". O Dever de Informar nas Relações de Consumo. *Revista Trimestral de Direito Civil*, v. 5, p. 83-100, 2001, p. 85. (g.n.).
2. Veja: MARQUES, Claudia Lima. *Contratos no Código de Defesa do Consumidor*: o novo regime das relações contratuais. 5. ed. São Paulo: Revista dos Tribunais, 2006, p. 182.
3. Privacidade essa já proclamada em 1890 por Warren e Brandeis, quando em seu artigo The right to privacy defendiam "a general right to privacy", isto é, "a principle from which may be invoked to protect the privacy of the individual from invasion either by the too enterprising press, the photographer scenes or sounds" (g.n.) Samuel WARREN; Louis BRANDIES. The right to privacy. *Harvard Law Review*, vol. IV, dez. 1890, nº 5.

No primeiro aspecto, o direito do consumidor à informação e o consequente dever do fornecedor de prestá-la encontra origem nos fundamentos constitucionais do direito à informação dos cidadãos (inciso XIV) e na defesa do consumidor (inciso XXXII) como garantias fundamentais e cláusulas pétreas do art. 5º da CF/88. Com efeito, sob o aspecto constitucional é possível dizer que a proteção do consumidor relativamente à informação encontra guarida no pleno exercício da cidadania, pois, na sociedade contemporânea, massificada e globalizada,[4] somente um indivíduo bem informado é capaz de exercer os diversos papéis que lhe são reservados na convivência social, dentre os quais o de consumidor.

A constatação de que o direito à informação não estaria contido apenas em legislações infraconstitucionais, mas também nas Constituições mais recentes, como direito fundamental, denota que seus efeitos não se restringem à ordem privada dos sujeitos, mas irradiam-se na consideração pública do campo indisponível da cidadania ativa, segundo a concepção contemporânea que não a vê somente no exercício do direito oponível ao Estado, mas em face do poder econômico.[5] José Geraldo Brito Filomeno, ao tratar do consumidor "cidadão" (sob o enfoque político), assim leciona: "A 'cidadania' não significa apenas, consoante sua raiz latina, a qualidade daquele que detém 'direitos políticos', mas de quem participa das decisões procurando transformar uma realidade".[6] Sustenta, com base nessa afirmação, o despropósito do veto presidencial ao inc. IX do art. 6.º do CDC, o qual propugnava ser direito básico dos consumidores "a participação e consulta na formulação das políticas que os afetam diretamente, e a representação de seus interesses por intermédio das entidades públicas ou privadas de defesa do consumidor".[7]

---

4. Em análise da globalização na pós-modernidade como fenômeno ideológico, social e econômico, ver: Ghersi, Carlos Alberto. Globalización y derecho de daños: los derechos constitucionales incumplidos. *Revista de Direito do Consumidor*. São Paulo: RT, nº 47, p. 9-18, jul.-set. 2003. Importantes considerações também são feitas por JAYME, Erik. O direito internacional privado no novo milênio: a proteção da pessoa humana face à globalização. *Cadernos do Programa de Pós-Graduação em Direito – PPGDir./UFRGS*. Porto Alegre, v. 1, nº 1, p. 86, mar. 2003. Em palavras do autor: "Em verdade, a globalização é caracterizada pelo fato de os Estados não serem mais os centros do poder e da proteção da pessoa humana. Os Estados estão cedendo grande parte de seus poderes aos mercados. As regras da concorrência determinam a vida e o comportamento dos seres humanos. A existência de um mercado global permite fusões de grandes empresas, resultando em um poder econômico gigantesco, que deixa aberta a questão da proteção do indivíduo que gostaria de manter seu posto de trabalho, proteção tradicionalmente fornecida pelo Estado. Para preencher este vazio legal, os juristas reclamam a criação de um sistema mundial de proteção contra as práticas anticoncorrência". Este poder que hoje se encontra "nas mãos" do mercado acarreta reflexos bastante negativos, como bem aponta Michael J. SANDEL, ao abordar os seus limites morais e criticar a transposição atual de nossa sociedade, que de uma *economia de mercado* transmuta-se para uma verdadeira *sociedade de mercado*. Há, nesse sentido, uma "tendência corrosiva dos mercados", que acaba por "corromper o significado da cidadania". SANDEL, Michael J. *O que o dinheiro não compra*: os limites morais do mercado. Trad. Clóvis Marques. Rio de Janeiro: Civilização Brasileira, 2012, esp. pp. 14-15.
5. LÔBO, Paulo Luiz Neto. *A informação como direito fundamental do consumidor*. Disponível em: < http://www1.jus.com.br/doutrina/texto >. Acesso em: 10 jan. 2020, p. 1.
6. FILOMENO, José Geraldo Brito. Consumidor e cidadania: agente político e econômico. *Revista de Direito do Consumidor*. São Paulo: RT, ano 10, n. 40, p. 261-265, out.-dez. 2001, p. 263.
7. O veto assim se justificava: "O dispositivo contraria o princípio da democracia representativa ao assegurar, de forma ampla, o direito de participação na formulação das políticas que afetam diretamente o consumidor. O exercício do poder pelo voto faz-se por intermédio de representantes legitimamente eleitos, excetuadas as situações previstas expressamente na Constituição (CF, art. 61, § 2.º)". (FILOMENO, José Geraldo Brito. Consumidor e cidadania: agente político e econômico, cit., p. 263.)

Ademais, tem-se que o reconhecimento do direito à informação como direito fundamental do consumidor decorre basicamente da verificação de que o consumidor é, antes de tudo, pessoa humana, e como tal não pode ser considerado apenas na sua esfera econômica.⁸ Tal conclusão encontra suporte diretamente nas transformações verificadas no Estado contemporâneo – transformações essas de índole tanto social como econômica –,⁹ a partir do que a informação passou a ser vista como valor, e a vontade (no sentido de autonomia) como elemento material da atuação dos sujeitos. De fundamental relevância nesse contexto apresentou-se o fenômeno da constitucionalização do direito privado,¹⁰ com o reconhecimento da centralização do ordenamento jurídico nas Constituições,¹¹ das quais emanam os princípios fundamentais que irão reger todo o conjunto normativo, a partir da tutela da pessoa humana, e a teoria do diálogo das fontes, tendo em vista a consideração de que a nova realidade social exigia a aceitação de uma pluralidade de fontes¹² dentro do ordenamento jurídico, que, antes de se anularem, se complementam. Claudia Lima Marques aponta que a crise da pós-modernidade é uma crise social, com reflexos em todas as ciências, especialmente no direito, e salienta a necessidade de "reconstrução de uma doutrina e de uma prática mais adaptada aos desafios atuais da sociedade 'desmaterializada', 'despersonalizada' e globalizada dos serviços".¹³ A reestruturação da ciência jurídica, tanto no que se refere à centralidade do sistema, com a mudança de enfoque dos Códigos para a Constituição, que passou a englobar dispositivos tipicamente regentes de relações interprivadas, como no que tange ao reconhecimento de uma pluralidade de fontes, a garantir direitos a diversas categorias de sujeitos, foi a base dessa nova realidade.

Ao buscar as origens da imposição do dever de informar, que estariam na *common law*, Véra Fradera sugere que o dever de informar tem o sentido original de proteger, avisar, tendo em vista o vocábulo *warn*, da expressão *duty to warn*¹⁴, sentido esse muitas

---

8. Sobre a existência de um direito fundamental do consumidor à informação em relação a componentes, características e origem de um produto alimentar, tendo em vista a ideia de um direito à informação necessário à saúde e à dignidade humana: Claudia Lima MARQUES. Le droit de la consommation au Brésil à l'épreuve des OGM. *Gastronomie, alimentation et droit*: mélanges en l'honneur de Pierre Widmer. Lausana: Institut Suisse de Droit Comparé, 2003. p. 293.
9. Referidas mudanças é que acarretaram o surgimento da assim denominada "Sociedade da informação". Veja interessante artigo de: Mattelart, Armand. A era da informação: gênese de uma denominação descontrolada. Trad. Francisco Rüdiger. Revista Famecos: mídia, cultura e tecnologia. Porto Alegre, n. 15, p. 7-23, ago. 2001.
10. Veja-se, no tópico, BODIN DE MORAES, Maria Celina. A caminho de um direito civil constitucional. *Revista de Direito Civil*. São Paulo, n. 65, p. 21-32, 1992. Da mesma autora, *Danos à pessoa humana*: uma leitura civil-constitucional dos danos morais. Rio de Janeiro, São Paulo: Renovar, 2003; e TEPEDINO, Gustavo. Premissas metodológicas para a constitucionalização do direito civil. *Temas de direito civil*. Rio de Janeiro: Renovar, 2001.
11. Conforme Doneda, nesta mudança de paradigma, o instituto da personalidade era o que apresentava a mais forte vocação para se tornar o centro de irradiação, no direito privado, desta nova dogmática. (DONEDA, Danilo. *Da privacidade à proteção de dados pessoais*. Rio de Janeiro: Renovar, 2005, p. 79.)
12. Veja-se: MARQUES, Claudia Lima. O diálogo das fontes como método da nova teoria geral do direito: um tributo a Erik Jayme. In: *Diálogo das fontes: do conflito à coordenação de normas do direito brasileiro*. São Paulo: Revista dos Tribunais, 2012.
13. MARQUES, Claudia Lima. Direitos básicos do consumidor na sociedade pós-moderna de serviços: o aparecimento de um sujeito novo e a realização de seus direitos. *Revista de Direito do Consumidor*. São Paulo: RT, n. 35, p. 61-96, jul.-set. 2000, p. 65.
14. FRADERA, Véra Maria Jacob de. A interpretação da proibição da publicidade enganosa ou abusiva à luz do princípio da boa-fé: o dever de informar no Código de Defesa do Consumidor. *Revista de Direito do Consumidor*. São Paulo: RT, nº 4, p. 173-191, 1993, p. 174.

vezes violado não apenas pela falta ou deficiência da informação, mas também pelo seu excesso, como asseveram Jean Calais-Auloy e Frank Steinmetz, ao examinarem alguns textos de leis francesas:

> [...]. trop d'information finit par détruire l'information. Combien de consommateurs lisent intégralement, avant l'achat, les étiquettes des produits mis em vente? Un effort de simplification est sans doute devenu nécessaire. La complexité des étiquettes est ancore accrue par la présence fréquente de mentions facultatives mélangées avec les mentions obligatoires, de sorte que le consommateur ne perçoit pas ce qui relève de l'information et ce qui relève de la publicité.[15]

No entanto verifica-se, na atualidade, que os aspectos positivos da informação têm cedido largo espaço a uma informação que nada tem de protetiva dos interesses do consumidor e que acaba por atingir outra esfera de interesses merecedores de tutela, cuja proteção também encontra respaldo no art. 5º da CF/88, a saber, o direito da pessoa à privacidade. Privacidade essa que, na lição de Stefano Rodotà, deixa de se estruturar no eixo *pessoa – informação – sigilo* e passa a se reestruturar no eixo *pessoa – informação – circulação - controle*.[16]

2. PRIVACIDADE E MERCADO

Acerca da abusividade existente na comercialização de bancos de dados, Ronaldo Porto Macedo Júnior há muito questionava se a venda de informações pessoais contidas num cadastro de consumidores - as *mailing lists*, consideradas ativos patrimoniais das empresas -[17] fornecido a uma empresa por outra configuraria uma violação do direito à privacidade (conceito, segundo o autor, metafisicamente incomensurável) e demandaria uma reparação com base nos princípios de privacidade constitucionalmente assegurados ou, antes, reclamaria participação e controle do consumidor (direto ou indireto) na utilização de seus dados com finalidade não autorizada[18].[19] Nessa linha, as indagações

---

15. CALAIS-AULOY, Jean; STEINMETZ, Frank. *Droit de la Consommation*. 6. ed. Paris: Dalloz, 2003, p. 59.
16. RODOTÀ, Stefano. *A vida na sociedade da vigilância:* a privacidade hoje. Trad. Danilo Doneda e Luciana Cabral Doneda. Rio de Janeiro/São Paulo: RENOVAR, 2008, p. 93
17. Em Estudo sobre a regulamentação jurídica do spam no Brasil (*Trabalho comissionado pelo Comitê Gestor da Internet no Brasil ao Centro de Tecnologia e Sociedade (CTS), da Escola de Direito do Rio de Janeiro / Fundação Getúlio Vargas*), os autores Ronaldo Lemos, Danilo Maganhoto Doneda, Carlos Affonso Pereira de Souza e Carolina Almeida A. Rossini destacam que a violação da privacidade do usuário deve ser analisada em três momentos distintos da utilização dos chamados *cookies*: (i) a coleta; (ii) o armazenamento; e (iii) a utilização dos dados pessoais. E sintetizam dizendo que: "a tecnologia dos *cookies* não representa em si uma violação ao direito da privacidade. Todavia, a forma pela qual irá se estruturar a coleta, o armazenamento e a utilização das informações pessoais é que irá determinar a licitude, ou ilegalidade, da conduta do administrador do banco de dados". (Disponível em: < http://www.cgi.br/publicacoes/documentacao/ct-spam-EstudoSpamCGIFGVversaofinal.pdf >. Acesso em: 10 jan. 2020).
18. MACEDO JÚNIOR, Ronaldo Porto. Privacidade, Mercado e Informação. *Revista de Direito do Consumidor*, São Paulo, v. 31, p. 13-24, 1999, p. 34.
19. DONEDA aponta que "uma significativa parcela da doutrina professa o reconhecimento de um direito de propriedade sobre os dados pessoais como uma solução para a matéria, assumindo que a criação de um mercado para estes bens proporcionaria uma solução para os problemas através dos mecanismos econômicos de caráter liberal para otimização de custos e benefícios. [...]. Considerar a informação basicamente como um bem jurídico e estender a tutela de caráter patrimonial para os dados pessoais, no entanto, não parece uma solução adequada, em vista da multiplicidade de situações e interesses presentes em torno dos próprios dados pessoais, que não se limitam aos vetores patrimoniais e que seriam, irremediavelmente prejudicados se considerados somente a partir

que ora colocamos para reflexão podem ser sintetizadas da seguinte forma: quais são os limites estabelecidos pela ordem jurídica - nacional e internacional - existentes entre as modernas técnicas de marketing direto e o direito à privacidade do consumidor? Será possível falar de um direito do consumidor à *não informação,* com consequências no terreno do direito de danos?

A resposta é afirmativa, e tanto o Brasil como a União Europeia[20] já assim o reconhecem por meio de suas recentes normativas. No Brasil, a Lei nº 13.709, de 14 de agosto de 2018, relativa à proteção de dados pessoais (LGPD) e que alterou a Lei nº 12.965, de 23 de abril de 2014 (Marco Civil da Internet), prevê a responsabilidade dos agentes de tratamento[21] e o ressarcimento dos danos por eles causados nos arts. 42 a 45. Merece destaque, no tópico, o art. 45 ao dispor que: "As hipóteses de violação do direito do titular no âmbito das relações de consumo permanecem sujeitas às regras de responsabilidade previstas na legislação pertinente." Ou seja, ao consumidor é assegurada a dupla proteção legal, como também explicita o art. 7º da Lei nº 8.078/90 (CDC), ao afirmar que: "Os direitos previstos neste código não excluem outros decorrentes de tratados ou convenções internacionais de que o Brasil seja signatário, da legislação interna ordinária, de regulamentos expedidos pelas autoridades administrativas competentes, bem como dos que derivem dos princípios gerais do direito, analogia, costumes e equidade. Parágrafo único. Tendo mais de um autor a ofensa, todos responderão solidariamente pela reparação dos danos previstos nas normas de consumo."

---

de seu valor econômico". *Da privacidade à proteção de dados pessoais,* cit., pp. 165-166. Em estudo recente sobre a natureza jurídica da titularidade dos dados pessoais, Roberta Mauro sustenta que: "Muito embora a discussão a respeito da possibilidade de dados pessoais serem considerados objeto de propriedade não seja nova, o tema foi explorado no país em pouquíssimas oportunidades até o advento da LGPD. O debate intensificou-se não apenas em virtude da valorização econômica dos dados pessoais e da informação, de um modo geral, mas também por força do gigantesco afluxo de dados coletados a partir da ascensão da Internet das Coisas, na qual, ao contrário da troca de informações entre pessoas – viabilizada pela internet –, tem-se a troca de informações entre objetos, que captam dados de seus usuários diariamente. Este intercâmbio intenso gerou na doutrina estrangeira, nos anos que antecederam o GDPR e a LGPD, preocupação relativa à possibilidade de se controlar a transmissão a terceiros dos dados coletados por quem originalmente os captou, sem o consentimento ou mesmo ciência de seu titular. Por isso, como se verá, dois fatores têm contribuído primordialmente para a defesa, em sede doutrinária, de que dados pessoais são objeto de propriedade: a insuficiência da responsabilidade civil para apresentar soluções a problemas modernos como a prática de *profiling,* sem consentimento do titular dos dados, e a necessidade de recorrer ao direito de sequela, atributo do direito de propriedade e dos direitos reais, na intenção de reaver dados indevidamente transmitidos a terceiros." MAIA, Roberta Mauro Medina. A natureza jurídica da titularidade dos dados pessoais. *In:* MULHOLLAND, Caitlin (Org.). *A Lei Geral de Proteção de Dados e o Novo Marco Normativo no Brasil.* Porto Alegre: Arquipélago Editorial/Série Pautas em Direito, 2020, p. 179-193, esp. p. 180.

20. No primeiro semestre de 2018 entrou em vigor na União Europeia o Regulamento 2016/679 sobre a proteção de dados pessoais das pessoas singulares (naturais). Trata-se de ato legislativo vinculativo que revoga a então vigente Diretiva 95/46/CE, que fixava objetivos gerais para os países formadores do bloco relativamente à proteção de dados pessoais. Disponível em: < https://eur-lex.europa.eu/legal-content/PT/ALL/?uri=celex%3A32016R0679 >. Acesso em: 10 jan. 2020.

21. Art. 5º da Lei nº 13.709/2018: "Para os fins desta Lei, considera-se: [...]. VI - controlador: pessoa natural ou jurídica, de direito público ou privado, a quem competem as decisões referentes ao tratamento de dados pessoais; VII - operador: pessoa natural ou jurídica, de direito público ou privado, que realiza o tratamento de dados pessoais em nome do controlador; VIII - encarregado: pessoa natural, indicada pelo controlador, que atua como canal de comunicação entre o controlador e os titulares e a autoridade nacional; IX - agentes de tratamento: o controlador e o operador; [...]."

Ao analisar o princípio da dignidade da pessoa a partir do conceito filosófico-político de dignidade, Maria Celina Bodin de Moraes[22] nos lembra a distinção importante - e que hoje poderia parecer singela - feita por Kant no século XVIII entre "coisas" e "pessoas", ao dizer que no mundo social existiriam duas categorias de valores: o preço (*Preis*) e a dignidade (*Würden*). "As coisas têm preço; as pessoas, dignidade".[23] O que dizer, no entanto, dos *dados* de uma pessoa?

Trata-se, aqui, das informações armazenadas em bancos de dados digitais, cuja proliferação abusiva[24] tem sido um dos maiores problemas enfrentados pelos consumidores na atualidade, e que viola o que se tem convencionado chamar de "direito à autodeterminação informativa"[25] (ou "liberdade informática", como na Alemanha, ou ainda, "proteção de dados pessoais", como na Itália), entendido como "o direito do cidadão de tomar conhecimento sobre o arquivamento e uso de informações suas por terceiros, bem como de controlá-los e mesmo impedi-los"[26]. A proliferação será considerada abusiva ou não tomando-se em conta dois aspectos: o tipo de dado divulgado e a forma de sua divulgação.

Relativamente ao primeiro aspecto – tipo ou espécie de dado divulgado – a doutrina classifica os dados em a) públicos, que interessam a toda a sociedade, a exemplo dos gastos públicos; b) pessoais de interesse público, como o são o nome, domicílio, estado civil etc. e c) sensíveis, relativos à esfera íntima do sujeito, como a sua situação econômica e seus pensamentos. Os dados arquiváveis independentemente da vontade do consumidor são os não sensíveis, porquanto interessariam à proteção da universalidade do crédito e à

---

22. BODIN DE MORAES, Maria Celina. O princípio da dignidade da pessoa humana. In: *Na medida da pessoa humana*: estudos de direito civil-constitucional. Rio de Janeiro: Renovar, 2010, p. 81.
23. Remetemos, no ponto, à perspicaz análise de Michael J. SANDEL em seu O que o dinheiro não compra: os limites morais do mercado, cit., *passim*. A crítica do autor é dirigida à uma necessidade atual de se repensar o alcance do mercado "em nossas práticas sociais, nas relações humanas e na vida cotidiana". Assim, esp. p. 20.
24. Não nos referimos, portanto, aos bancos de dados regulamentados em lei e utilizados dentro de seus parâmetros, os quais são de grande utilidade para o mercado de consumo, a exemplo do Serviço de Proteção ao Crédito (SPC) e do SERASA, na medida em que proporcionam agilidade e segurança às transações comerciais. Registre-se, no entanto, que recente decisão do TJ/DFT reconheceu a ilegalidade da conduta da Serasa Experian ao vender informações pessoais de clientes cadastrados em seu serviço de proteção ao crédito. Em Ação Civil Pública promovida pelo MP/DFT, o Ministério Público pede a suspensão da "comercialização maciça de dados pessoais de brasileiros por meio dos serviços 'Lista Online' e 'Prospecção de Clientes'", que vendem um conjunto de dados como nome, CPF, endereço, idade, gênero, poder aquisitivo e classe social das pessoas que estão nos cadastros de proteção ao crédito, em evidente violação à Lei Geral de Proteção de Dados, ao CDC, ao Código Civil e ao Marco Civil da Internet. A decisão foi proferida em sede de Agravo de Instrumento e a íntegra da Inicial pode ser conferida em: https://www.conjur.com.br/dl/tj-df-manda-serasa-interromper-venda.pdf. Acesso em 28 nov. 2020.
25. Definição utilizada pela primeira vez pela Corte Constitucional alemã (*BundesVerfassungsGericht*), em decisão de 15 de dezembro de 1983, ao julgar a "Lei do Censo" do mesmo ano. Diversas Reclamações Constitucionais foram ajuizadas contra a lei por violação ao direito ao livre desenvolvimento da personalidade dos cidadãos, tendo em vista a proteção que deve ser conferida ao indivíduo contra levantamento, armazenagem, uso e transmissão irrestritos de seus dados pessoais. Com base no referido direito fundamental, que garante o poder do indivíduo de decidir ele mesmo, em princípio, sobre a exibição e o uso de seus dados pessoais, a Corte afirmou a incompatibilidade de dispositivos da Lei com o Art. 2°, I, c. c. o Art. 1°, I, GG, em razão da "autodeterminação informativa". Confira-se em: SCHWABE, Jürgen (Coletânea Original); MARTINS, Leonardo (Org.); HENNIG, Beatriz et al (Trad.). *Cinquenta anos de jurisprudência do Tribunal Constitucional Federal alemão*. Fundação Konrad Adenauer, p. 233-245. Disponível em: <http://biblio.juridicas.unam.mx/libros/5/2241/16.pdf>. Acesso em: 10 jan. 2020.
26. Assim: CARVALHO, Ana Paula Gambogi. O consumidor e o direito à autodeterminação informacional. *Revista de Direito do Consumidor*. n. 46, abr/jun 2003. São Paulo: Editora Revista dos Tribunais, p. 77-119, p. 93.

higidez dos negócios.²⁷ A abusividade, no entanto, não se limita ao arquivamento de dados sensíveis, mas também, e especialmente, à sua divulgação (e nesse aspecto igualmente podem atingir os dados não sensíveis), uma vez que o exercício regular do direito se limita à sua utilização apenas para os fins aos quais foram armazenados²⁸, exceto se, para outro fim, obtiver o seu detentor o consentimento do consumidor. Importante, no entanto, é perceber que as referidas salvaguardas não se fundamentam na proteção da propriedade e sim na proteção da personalidade dos sujeitos,²⁹ isto é, no seu aspecto existencial e não patrimonial, embora seus reflexos possam ser de ambas as ordens, considerando que a afronta ao direito da personalidade do consumidor enseja dano à sua esfera existencial, podendo, ainda, acarretar danos também à sua esfera patrimonial.³⁰

No Brasil, mesmo antes da edição da Lei nº 13.709, de 14 de agosto de 2018, havia normas em vigor que concretizavam parcialmente esta limitação ao direito dos fornecedores relativamente ao uso de banco de dados, a exemplo do Decreto nº 6.523, de 31 de julho de 2008, que regulamenta a Lei nº 8.078/90, para fixar normas gerais sobre o Serviço de Atendimento ao Consumidor, os chamados SACs. No art. 11 do aludido Decreto consta: "Os dados pessoais do consumidor serão preservados, mantidos em sigilo e utilizados exclusivamente para os fins do atendimento". E ainda, a Portaria Federal nº 05/2002/SDE/MJ, que complementa o elenco de cláusulas abusivas do art.

---

27. CARVALHO, Ana Paula Gambogi. O consumidor e o direito à autodeterminação informacional, cit., p. 93.
28. Conforme bem determina o Art. 6º da Lei nº 13.709/2018: "As atividades de tratamento de dados pessoais deverão observar a boa-fé e os seguintes princípios: I - finalidade: realização do tratamento para propósitos legítimos, específicos, explícitos e informados ao titular, sem possibilidade de tratamento posterior de forma incompatível com essas finalidades; II - adequação: compatibilidade do tratamento com as finalidades informadas ao titular, de acordo com o contexto do tratamento; III - necessidade: limitação do tratamento ao mínimo necessário para a realização de suas finalidades, com abrangência dos dados pertinentes, proporcionais e não excessivos em relação às finalidades do tratamento de dados; IV - livre acesso: garantia, aos titulares, de consulta facilitada e gratuita sobre a forma e a duração do tratamento, bem como sobre a integralidade de seus dados pessoais; V - qualidade dos dados: garantia, aos titulares, de exatidão, clareza, relevância e atualização dos dados, de acordo com a necessidade e para o cumprimento da finalidade de seu tratamento; VI - transparência: garantia, aos titulares, de informações claras, precisas e facilmente acessíveis sobre a realização do tratamento e os respectivos agentes de tratamento, observados os segredos comercial e industrial; VII - segurança: utilização de medidas técnicas e administrativas aptas a proteger os dados pessoais de acessos não autorizados e de situações acidentais ou ilícitas de destruição, perda, alteração, comunicação ou difusão; VIII - prevenção: adoção de medidas para prevenir a ocorrência de danos em virtude do tratamento de dados pessoais; IX - não discriminação: impossibilidade de realização do tratamento para fins discriminatórios ilícitos ou abusivos; X - responsabilização e prestação de contas: demonstração, pelo agente, da adoção de medidas eficazes e capazes de comprovar a observância e o cumprimento das normas de proteção de dados pessoais e, inclusive, da eficácia dessas medidas." (g.n.)
29. RODOTÀ, Stefano. A vida na sociedade da vigilância: a privacidade hoje. cit., p. 19.
30. Sob outra mirada, interessante se mostra a análise de TEIXEIRA e KONDER em: Situações jurídicas dúplices: controvérsias na nebulosa fronteira entre patrimonialidade e extrapatrimonialidade, p. 8, ao referirem que "Não se trata de estabelecer uma nova dicotomia. Essa 'separação' [situações existenciais e situações patrimoniais] tem uma complementariedade intrínseca, na medida em que as situações patrimoniais têm como sua finalidade última o livre desenvolvimento da pessoa." E concluem, à pág. 24: "Constata-se que inúmeras hipóteses da vida concreta, a partir do diálogo fato e norma, estão em uma zona de obscuridade, de modo a dificultar a classificação em existenciais ou patrimoniais. Por isso, faz-se essencial a busca da funcionalidade concreta e casuística que exerce naquele recorte fático: se realiza direta e imediatamente a dignidade humana por meio do livre desenvolvimento da personalidade, trata-se de situação existencial; se a realização da dignidade humana é mediata, visando, em primeiro plano, a efetivação da livre iniciativa, trata-se de situação patrimonial". In: Gustavo TEPEDINO; Luiz Edson FACHIN (Org.). Diálogos sobre direito civil. Rio de Janeiro: Renovar, 2012, v. 3, p. 3-24. Para um estudo mais aprofundado sobre situação jurídica patrimonial e situação jurídica existencial, veja-se Meireles, Rose Melo Vencelau. Autonomia privada e dignidade humana. Rio de Janeiro: Renovar, 2009, passim.

51 do CDC, ao resolver, em seu art. 1º, *in verbis*: "Considerar abusiva, nos contratos de fornecimento de produtos e serviços, a cláusula que: I – autorize o envio do nome do consumidor, e/ou seus garantes, a bancos de dados e cadastros de consumidores, sem comprovada notificação prévia; II – imponha ao consumidor, nos contratos de adesão, a obrigação de manifestar-se contra a transferência, onerosa ou não, para terceiros, dos dados cadastrais confiados ao fornecedor; III – autorize o fornecedor a investigar a vida privada do consumidor; [...]".[31]

Em seu discurso na sessão solene de abertura do Congresso Internacional sobre Comunicação e Defesa do Consumidor, realizado na Universidade de Coimbra nos idos de 1993, António Pinto Monteiro salientou que dessa relação de abertura do "eu" ao "outro", que constitui o ato de comunicar, participa o consumidor, como polo do agir intercomunicativo, e proteger o consumidor significa enriquecer o próprio ato de comunicação e lutar pela qualidade do relacionamento humano. Proteger o consumidor, afirma o professor português, "é proteger o acto de comunicação, no que ele implica de respeito pela dignidade do Homem e pelo seu poder de autodeterminação, e no que ele significa de uma solidária e responsável participação na vida em comunidade".[32]

Do art. 21 do Código Civil brasileiro extrai-se, por sua vez, que "A vida privada da pessoa natural é inviolável, e o juiz, a requerimento do interessado, adotará as providências necessárias para impedir ou fazer cessar ato contrário a esta norma". Na Constituição Federal de 1988, da mesma forma, encontra-se expressamente previsto, em seu art. 5º, inciso X, que "são invioláveis a intimidade, a vida privada, a honra e a imagem das pessoas, assegurado o direito a indenização pelo dano material ou moral decorrente de sua violação". Com efeito, a agressão a bens ou atributos da personalidade, cujo fundamento e essência é o princípio fundamental insculpido no art. 1º, inciso III, da CF/88, dariam ensejo à compensação por dano moral.

Para Adriano de Cupis[33], tem-se como objeto dos direitos da personalidade um *modo de ser físico ou moral da pessoa* (grifos no original), que satisfazem aspirações e necessidades próprias do indivíduo considerado em si mesmo. Nesse sentido a sua afronta caracteriza, por si só, o chamado *dano in re ipsa*, cuja compensação impõe-se, e qualifica-se na medida em que o abalo ultrapassa a esfera objetiva do dano provocando na vítima, concretamente, sensações de angústia e desequilíbrio emocional.[34] Direitos

---

31. Na jurisprudência, destaque-se o REsp. n. 1.348.532/SP, Relator Min. Luis Felipe Salomão, no qual se lê:"É abusiva e ilegal cláusula prevista em contrato de prestação de serviços de cartão de crédito, que autoriza o banco contratante a compartilhar dados dos consumidores com outras entidades financeiras, assim como com entidades mantenedoras de cadastros positivos e negativos de consumidores, sem que seja dada opção de discordar daquele compartilhamento." (STJ. REsp. n. 1.348.532/SP, Rel. Min. Luis Felipe Salomão, Quarta Turma, J. 10/10/2017, DJe 30/11/2017.)
32. MONTEIRO, António Pinto. Comunicação e defesa do consumidor. In: *Congresso Internacional Comunicação e Defesa do Consumidor*, 1993. Actas... Coimbra: Instituto Jurídico da Comunicação da Faculdade de Direito de Coimbra, 1996. p. 48.
33. DE CUPIS, Adriano. Os Direitos da Personalidade. Lisboa: Livraria Morais Editora, 1961, p. 29.
34. Cf. MIRAGEM, Bruno. *Direito do Consumidor*: fundamentos do direito do consumidor; direito material e processual do consumidor; proteção administrativa do consumidor; direito penal do consumidor. São Paulo: Editora Revista dos Tribunais, 2008, p. 201: "As amplas possibilidades dos arquivos de consumo como instrumento de fomento à atividade dos fornecedores, no sentido de restringir o acesso dos que eventualmente sejam considerados 'maus consumidores' no mercado, ao mesmo tempo em que procura ampliar a conquista de novos consumidores (me-

da personalidade que, na visão de Maria Celina Bodin de Moraes, se ampliam na medida em que se interpreta a "inviolabilidade da vida privada" (expressão presente no acima referido art. 21 do CC) "não como a tímida tutela do microcosmos da casa, mas como o espaço (inviolável) da liberdade de escolhas existenciais".[35]

Os bancos de dados de consumidores, com seus perfis pessoais a respeito de hábitos de compra, gostos e preferências de toda ordem, inclusive informações médicas, são formados especialmente via acessos à internet.[36] É com esses dados que o fornecedor vai negociar, futuramente, com outras empresas, as quais encherão as caixas de mensagens dos consumidores com "spam". Como refere Andrew Keen,[37] "mais chocante que a quantidade de informação roubada na web, sob muitos aspectos, é a quantidade de informação privada permutada *legalmente* a cada dia. [...]"

Em uma análise retrospectiva, verifica-se que algumas decisões já circundavam o problema no final da década de 90, início dos anos 2000.[38] É preciso lembrar, nas palavras de Stefano Rodotà, que "a proteção de dados constitui não apenas um direito fundamental entre outros: é o mais expressivo da condição humana contemporânea. Relembrar isto a cada momento não é verbosidade, pois toda mudança que afeta a proteção de dados tem impacto sobre o grau de democracia que nós podemos experimentar".[39] No final da primeira década dos anos 2000, o Superior Tribunal de Justiça teve a oportunidade de se manifestar pontualmente sobre o chamado *marketing direto*, que só existe, com a força que hoje assume, em razão das coletas ilegais de dados e das vendas e permutas de banco de dados de consumo.

---

diante segmentação do mercado, por exemplo), coloca em primeiro plano a questão da proteção dos direitos da personalidade pelas normas do CDC. Em especial, os que digam respeito à intimidade e privacidade do consumidor titular das informações."

35. Assim em: Ampliando os direitos da personalidade. In: *Na medida da pessoa humana*: estudos de direito civil-constitucional. Rio de Janeiro: Renovar, 2010, p. 148.
36. Sobre a formação de banco de dados pessoais sensíveis e seu tratamento, veja-se: MULHOLLAND, Caitlin. O tratamento de dados pessoais sensíveis. *In*: MULHOLLAND, Caitlin (Org.). *A Lei Geral de Proteção de Dados e o Novo Marco Normativo no Brasil*. Porto Alegre: Arquipélago Editorial/Série Pautas em Direito, 2020, p. 121-156.
37. KEEN, Andrew. *O Culto do Amador*: como blogs, MySpace, YouTube e a pirataria digital estão destruindo nossa economia, cultura e valores. Rio de Janeiro: Jorge Zahar Editor, 2008, p. 162.
38. RHC - CONSTITUCIONAL - PROCESSUAL PENAL - INFORMAÇÕES CADASTRAIS - SIGILO - Quando uma pessoa celebra contrato especificamente com uma empresa e fornece dados cadastrais, a idade, o salário, endereço é evidente que o faz a fim de atender às exigências do contratante. Contrata-se voluntariamente. Ninguém é compelido, é obrigado a ter aparelho telefônico tradicional ou celular. Entretanto, aquelas informações são reservadas, e aquilo que parece ou aparentemente é algo meramente formal pode ter consequências seríssimas; digamos, uma pessoa, um homem, resolva presentear uma moça com linha telefônica que esteja no seu nome. Não deseja, principalmente se for casado, que isto venha a público. Daí, é o próprio sistema da telefonia tradicional, quando a pessoa celebra contrato, que estabelece, como regra, que o seu nome, seu endereço e o número constarão no catálogo; entretanto, se disser que não o deseja, a companhia não pode, de modo algum, fornecer tais dados. Da mesma maneira, temos cadastro nos bancos, entretanto, de uso confidencial para aquela instituição, e não para ser levado a conhecimento de terceiros. (RHC 8493/SP; Rel. Ministro LUIZ VICENTE CERNICCHIARO; SEXTA TURMA; Data do Julgamento 20/05/1999; Data da Publicação/Fonte DJ 02/08/1999 p. 224). E também: EXECUÇÃO - REQUISIÇÃO DE INFORMAÇÃO DE ENDEREÇO DO RÉU AO BANCO CENTRAL – IMPOSSIBILIDADE. 1. Embora na hipótese dos autos não se pretenda, através de requisição ao Banco Central, obter informações acerca de bens do devedor passíveis de execução, mas tão-somente o endereço, o raciocínio jurídico a ser adotado é o mesmo. 2. O contribuinte ou o titular de conta bancária tem direito à privacidade em relação aos seus dados pessoais, além de que não cabe ao Judiciário substituir a parte autora nas diligências que lhe são cabíveis para demandar em juízo. 3. Recurso especial não conhecido. (REsp 306570/SP; Rela. Ministra ELIANA CALMON; SEGUNDA TURMA; Data do Julgamento 18/10/2001; Data da Publicação/Fonte DJ 18/02/2002 p. 340).
39. Stefano RODOTÀ. *A vida na sociedade da vigilância*: a privacidade hoje, cit., p. 21.

3. EXAME DO RESP Nº 844.736/DF E O CONCEITO DE DANO MORAL

O Superior Tribunal de Justiça, por meio da Quarta Turma, julgou seu primeiro e único pleito envolvendo, especificamente, pedido de indenização por dano moral[40] pelo envio de "spam" (mensagens eletrônicas publicitárias) no ano de 2009.[41] Na contramão do que aqui se defende, entenderam os ministros da Corte Superior por manter a decisão do Tribunal de Justiça do Distrito Federal, que, por sua vez, havia reformado a decisão de primeiro grau que concedia a indenização pleiteada.

O acórdão do TJDF defendeu as teses da inexistência de ilícito em concreto e da necessária demonstração de culpa em sentido *lato* (responsabilidade subjetiva) no que tange à responsabilização pelo envio das mensagens indesejadas. Apontou a inocorrência de violação da vida privada, intimidade, honra e imagem, sustentando que "o simples envio de e-mails não solicitados, ainda que dotados de conotação comercial, não configura propaganda enganosa ou abusiva, a fazer incidir as regras próprias do CDC".

Sob o argumento de que "deter a internet é complicado" e que não teriam sido violadas a intimidade, a vida, a honra e a imagem do destinatário do "spam", ainda que de conteúdo erótico como era o caso dos autos, o STJ, por maioria de votos, manteve a decisão do TJDF. Além do argumento da responsabilidade subjetiva e da ausência de dano indenizável a merecer reparação, o voto vencedor fundamentou-se na ausência de ilícito por "falta de previsão legal, além de não ser visto como dano se não contém ataques a honra ou a dignidade de quem o recebe, formalmente, portanto sem nexo causal entre a pretensão judicial de condenação de dano moral e o fato que a justificaria". O perigo da multiplicidade de recursos à Corte Superior e do uso desenfreado do dano moral em casos de mero aborrecimento também foram utilizados como argumento para a improcedência do pedido[42]. (grifos no original)

A rede de comunicação britânica BBC noticiou, em outubro de 2012, o caso de Richard Herman, de Middlesex, Inglaterra, o qual conseguiu forçar uma empresa que lhe fazia ligações insistentemente a pagar por cada minuto de seu tempo jogado fora, uma vez que, mesmo depois de ter registrado no Serviço de Preferência Telefônica (TPS,

---

40. Sobre a questão terminológica do "dano moral", confira-se Judith MARTINS-COSTA. Os danos à pessoa no direito brasileiro e a natureza de sua reparação. *Revista da Faculdade de Direito da UFRGS*, POA, v. 19, p. 181-201, 2001. Conforme a autora, embora não seja tecnicamente a melhor expressão, seu emprego vem legitimado pelo uso, podendo-se afirmar, no Brasil, sua sinonímia com a expressão "dano não-patrimonial".
41. STJ, REsp n. 844.736, Rel. Min. Luis Felipe Salomão, Data de Julgamento: 27 de outubro de 2009.
42. Nesse sentido, confira-se o seguinte trecho: "Com efeito, Senhor Presidente, após o voto do eminente Relator, preocupa-me realmente a abertura de se abrir um leque muito grande para ações de dano moral por envio de SPAM, que afetaria, sem dúvida, a Política Judiciária de multiplicidade de recursos, de milhares e milhares de ações de igual natureza. Se assim não se entender, acabaremos por banalizar o dano moral, ensejando ações judiciais em busca de indenizações pelos mais simples dos aborrecimentos. Assim, ao abrir divergência com o voto do eminente Ministro Relator, ainda que houvesse Sua Excia. limitado a indenização a um caso concreto, seria um precedente muito perigoso que afetaria todo o sistema recursal desta eg. Corte." Registre-se que, em pesquisa realizada no mês de agosto de 2018 no site do STJ, verificou-se que o julgado ora em análise tem sido referenciado em uma série de decisões da Terceira e da Quarta Turmas da Corte como exemplo de mero aborrecimento, a afastar qualquer pleito indenizatório por dano moral. Assim, exemplificativamente, nos seguintes acórdãos: AgRg no AREsp 693273/RS; Rel. Min. MARIA ISABEL GALLOTTI; J. 21/06/2018; DJe 02/08/2018; AgRg no AREsp 22029/PB; Rel. Min. MARIA ISABEL GALLOTTI; J. 21/08/2012; DJe 28/08/2012; AgRg no REsp 1159867/MG; Rel. Min. PAULO DE TARSO SANSEVERINO; J. 08/05/2012, DJe 14/05/2012.

na sigla em inglês), que não gostaria de receber chamadas não desejadas, continuou a recebê-las por meio de serviço terceirizado de telemarketing contratado pela empresa demandada. Ainda que no caso inglês a discussão, ao que tudo indica, não tenha caminhado para o terreno do dano existencial, o só reconhecimento do caráter perturbador e da agressividade desse tipo de informação publicitária já confere destaque à decisão da corte britânica.[43]

No caso brasileiro em exame é imperioso destacar, antes de mais nada, que o consumidor em questão já havia solicitado a sua exclusão da lista de envio de spam,[44] e mesmo assim continuou a recebê-los em sua caixa de mensagens, constituindo tal conduta, como bem apontou no voto vencido o Min. Luis Felipe Salomão, violação ao direito de privacidade do autor, "pois implica intromissão na vida alheia, perturbando a paz e intimidade da pessoa". Com efeito, se por um lado pode ser difícil deter a internet nos dias de hoje, por outro lado é verdade que os direitos da personalidade estão a correr os maiores riscos frente às novas tecnologias, devendo o jurista e o julgador fazerem sua "escolha" a partir das normas (princípios e regras) jurídicas que estão no sistema à espera da ponderação. A eventual dificuldade em conter uma conduta geradora de dano não pode servir de subterfúgio para o afastamento da responsabilidade de quem a promove ou dela se aproveita. A ciência jurídica possui mecanismos de efetivação do direito do lesado e de distribuição de encargos na falta de uma solução mais consentânea. Se não há como evitar-se o dano, que se reconheça quem deva por ele responder, ainda que de culpa não se trate em sentido estrito.

E é por esta razão que cada vez menos se mostra legítimo cogitar de responsabilidade subjetiva em um terreno onde o que sobressai é, fundamentalmente, a atividade de risco, já que, repise-se, "deter a internet é complicado". Se não há como detê-la, não se pode cogitar de conduta avaliável sob a perspectiva da falta de cuidado e, portanto, da responsabilização subjetiva; é, com efeito, imperativo reconhecer o caráter falacioso de uma tal construção teórica. É por esta razão que, à toda evidência, o paradigma não é mais o da responsabilidade, nos antigos moldes "autor-vítima", para toda uma gama de atividades e sim o da solidariedade, construída sob base constitucional (art. 3º, I, da CF) e ao lado do valor que estabelece "a medida" de todos os demais valores (leia-se, da própria solidariedade e também da liberdade): a dignidade da pessoa humana (art. 1º, III, da CF/88)[45].

---

43. Disponível em: <http://www.bbc.co.uk/portuguese/noticias/2012/10/121031_britanico_telemarketing_lgb.shtml >. Acesso em: 10 jan. 2020.
44. Extrai-se do relatório do REsp: "Narra que, em 13 de setembro de 2004, enviou mensagem à ré, requerendo que seu endereço eletrônico fosse retirado da lista de e-mails da requerida. Como não obteve sucesso, reiterou o pedido em 15 de setembro de 2004, mas, embora tenha recebido confirmação de recebimento do seu requerimento, não obteve êxito em ser excluído da lista. Afirma que a ré continuou enviando as mensagens comerciais indesejadas, invadindo sua privacidade e intimidade e ofendendo sua honra, gerando situações embaraçosas que o desacreditaram frente a esposa, clientes do escritório de advocacia e sócios."
45. Confira-se a tese em Maria Celina BODIN DE MORAES. *Na medida da pessoa humana*: estudos de direito civil--constitucional. Rio de Janeiro: Renovar, 2010, em especial, p. 71-120, "O princípio da dignidade da pessoa humana" (originalmente publicado, no ano de 2003, como "O conceito de dignidade humana: substrato axiológico e conteúdo normativo").

A dignidade da pessoa humana, nesse sentido, determinará tanto o paradigma de responsabilidade como a ocorrência do dano. Consoante tem sido defendido pela melhor doutrina, o dano moral há de ser visto como lesão à dignidade, isto é, "tem como causa a *injusta* violação a uma situação jurídica subjetiva extrapatrimonial, protegida pelo ordenamento jurídico através da cláusula geral de tutela da personalidade que foi instituída e tem sua fonte na Constituição Federal".[46] Mais do que dano a direito da personalidade, ele assim pode ser caracterizado toda vez que, na vida de relações, a pessoa humana tiver diminuída, de algum modo, a essência do que a caracteriza como tal.

4. O DIREITO DO CONSUMIDOR À *NÃO INFORMAÇÃO* EM SEU DUPLO ASPECTO: DA VENDA DE CADASTRO E BANCO DE DADOS DE CONSUMIDORES À PUBLICIDADE AGRESSIVA

Na contramão do sempre propagado - e também aqui reafirmado - direito do consumidor à informação, é chegada a hora de advogar-se o direito do consumidor à *não informação*. Isso quer dizer que o consumidor tem o direito pleno de ser resguardado quanto ao recebimento de e-mails em sua caixa de mensagens eletrônicas com anúncio de produtos e serviços que não deseja e para cuja empresa não forneceu seus dados,[47] bem como direito a não receber chamadas em seus telefones móvel e fixo, especialmente em horários inoportunos e de fornecedores que compraram seus dados cadastrais, situações comuns já vivenciadas pela grande maioria dos consumidores, se não a totalidade deles, o que, em nosso entender, constitui prática abusiva por parte dos fornecedores.

A venda de informações, além de consistir em efetiva violação à cláusula geral da tutela da privacidade e afronta direta ao comando expresso do art. 43 do CDC e da Lei Geral de Proteção de Dados brasileira (LGPD) de 2018 em diversos enunciados, com especial relevo aos arts. 9º, §3º, e 18, cujas violações encontram resposta no direito de danos, constituiria, igualmente, forma de enriquecimento sem causa do fornecedor.[48] Isso

---

46. BODIN DE MORAES, Maria Celina. *Dano à pessoa humana*: uma leitura civil-constitucional dos danos morais. Rio de Janeiro: Renovar, 2003, p. 129 e seg., esp. p. 132. Não se desconhece a existência de entendimentos doutrinários que afirmam, ao que nos parece, uma maior fragilidade da construção do dano moral, ao vinculá-lo a fatores subjetivos como a dor, angústia e sofrimento, vocábulos através dos quais, "não se conceitua juridicamente, apenas se descrevem sensações e emoções desagradáveis, que podem ser justificáveis, compreensíveis, razoáveis, moralmente legítimas, mas que, se não forem decorrentes de 'danos injustos', ou melhor, de danos a situações merecedoras de tutela por parte do ordenamento, não são reparáveis", como salienta Maria Celina BODIN DE MORAES, *Danos à pessoa humana*, cit., p. 130-131.
47. Anderson SCHREIBER aponta que 92% dos consumidores consideram as tentativas de promoção pelo telefone como uma invasão de sua privacidade. Assim em: Direitos da personalidade. São Paulo: Atlas, 2011, p. 157-158.
48. Reconhecemos aqui a chamada "exploração não autorizada de situação jurídica própria", nos dizeres de Cláudio Michelon Jr., configuradora do chamado "enriquecimento por intromissão". O princípio fundamental subjacente aos remédios restituitórios é o da *conservação estática dos patrimônios*, segundo o qual "o valor dos bens e direitos atribuídos a alguém e dos bens e direitos gerados a partir desses bens e direitos já atribuídos deve permanecer, em princípio, no patrimônio desse alguém". Corolário da justiça corretiva aristotélica, "segundo esse princípio, as atribuições patrimoniais só podem ser alteradas por um conjunto de causas materiais justificativas. Se a alteração ocorre sem que ocorra a causa, o princípio ordena, na maior medida possível, a restituição ao estado de coisas anterior". Direito Restituitório. MICHELON JÚNIOR, Claudio. *Direito Restituitório*: enriquecimento sem causa, pagamento indevido, gestão de negócios. São Paulo: Editora Revista dos Tribunais, 2006, *passim*, em especial p. 28, 29 e 184.

porque logra este, à custa do consumidor – que forneceu seus dados com uma finalidade específica (princípio da *finalidade* no que tange à proteção de dados pessoais), normalmente a compra ou contratação de algum produto ou serviço, a qual viu, posteriormente, desvirtuada – ganhos para o qual não concorreu de forma relevante. Saliente-se que um tal reconhecimento não significa, de modo algum, o tratamento da privacidade sobre bases patrimonialistas.

O direito do consumidor à *não informação* desdobra-se aqui em dois aspectos: um no que pertine ao *conteúdo* desta informação, como ocorre quando da divulgação de banco de dados de consumidores, e outro no que toca à sua *forma*, considerando, repise-se, a agressividade com que algumas informações (publicitárias) são impostas aos consumidores por meio de técnicas como o telemarketing, o e-mail marketing e outras. A proposta é, portanto, de uma investigação aprofundada do direito à informação (do consumidor) em seu aspecto negativo, considerando outros direitos fundamentais resguardados explicitamente no Texto Constitucional, como o direito à intimidade e à vida privada. Acolhidos pela primeira vez, segundo Paulo José da Costa Jr., em julgado do Tribunal Civil do Sena, em 16 de junho de 1858,[49] referidos direitos vêm sendo constantemente violados com a crescente flexibilização das fronteiras entre o público e o privado, especialmente diante das novas tecnologias de informação, o que nos leva a perceber "certa defasagem entre a carga semântica de um conceito – e, por que não dizer, de uma palavra – e a ideia que propomos que ele porte"[50]. Conforme anunciava Andrew Keen, "das nossas pesquisas em mecanismos de busca ao conteúdo de nossos e-mails, passando pelas nossas postagens em blogs e os detalhes deletérios que revelamos sobre nós mesmos nas redes sociais *online*, a revolução da web 2.0[51] está apagando as linhas entre público e privado".[52-53]

Em diversos estados brasileiros, há legislação instituindo cadastros para o bloqueio do recebimento de ligações de telemarketing, com o objetivo de impedir que as empresas de telemarketing, ou estabelecimentos que se utilizem deste serviço, efetuem ligações

---

49. COSTA JÚNIOR, Paulo José da. *O Direito de estar só*: tutela penal da intimidade. 4. ed. São Paulo: Editora Revista dos Tribunais, 2007, p. 11-12.
50. DONEDA, Danilo. Da privacidade à proteção de dados pessoais, cit., p. 7. O exame desta defasagem mencionada pelo autor é o ponto de partida para a sua análise da proteção de dados pessoais como nova moldura da privacidade originária.
51. A revolução atual, diga-se, já é a da web 3.0, visto que a Internet das Coisas (IoT) se torna mais proeminente a cada dia. Conforme aponta Eduardo Magrani: "Definições e previsões sobre as próximas webs também já estão sendo realizadas. Alguns estudiosos apontam que a web 4.0 ou 5.0 será uma web simbiótica, capaz de integrar gradativamente as tecnologias ao ser humano, podendo envolver até sentimentos e emoções ou transformando a web em um cérebro paralelo ao nosso. As definições sobre as próximas webs são assumidamente vagas, visto que o termo 2.0 até hoje é alvo de críticas e o conceito de web 3.0 ainda está se consolidando, mas as afirmações possíveis de serem feitas são sobre a maior utilização da inteligência artificial para criar uma web mais inteligente." MAGRANI, Eduardo. *Entre dados e Robôs*: ética e privacidade na era da hiperconectividade. Porto Alegre: Editora Arquipélago/Série Pautas em Direito, 2019.
52. KEEN, Andrew. *O Culto do Amador*: como blogs, MySpace, YouTube e a pirataria digital estão destruindo nossa economia, cultura e valores, cit., p. 167.
53. Não apenas na Internet, mas também nas chamadas e mensagens via aparelhos celulares estaria presente a ideia de que esta fronteira precisa ser reafirmada, com a necessidade de obtenção do consentimento para envio de informação publicitária, em obediência às modernas técnicas do *marketing de permissão*, expressão cunhada por Seth Godin há mais de 10 anos. Disponível em: https://seths.blog/2008/01/permission-mark/. Acesso em: 10 jan. 2020.

telefônicas não autorizadas para os usuários nele inscritos. No art. 5º da lei paulista[54] consta, em seu *caput*, que, "A partir do 30º (trigésimo) dia do ingresso do usuário no Cadastro, as empresas que prestam serviços relacionados ao parágrafo único do artigo 1º ou pessoas físicas contratadas com tal propósito, não poderão efetuar ligações telefônicas destinadas às pessoas inscritas no cadastro supracriado". E disciplina também o artigo 5º do Decreto regulamentador ao dispor que

> O titular de linha telefônica que receber ligação de telemarketing após o transcurso do prazo a que alude o § 1º do artigo 3º poderá, nos 30 (trinta) dias subsequentes, formular reclamação, pessoalmente, junto aos postos de atendimento do POUPATEMPO, ou mediante acesso a campo próprio no sítio mantido pelo PROCON/SP na internet, informando necessariamente a data, o nome da empresa, estabelecimento ou pessoa física infratora e, quando possível, o nome do operador, o horário e o número da linha de que partiu o chamado. Parágrafo único - O autor da reclamação a que se refere o *caput* deverá apresentar relação das chamadas recebidas no dia da ocorrência, fornecida pela concessionária de serviços de telefonia fixa ou móvel, ou autorizar o PROCON/SP a, em seu nome, solicitar a esta última tais informações".

Será que estas medidas são suficientes, no entanto, para resguardar os direitos mais fundamentais do consumidor no que toca à sua esfera existencial?

5. PROPOSTA DE ATUALIZAÇÃO DO CDC: NOVOS TEMPOS PARA A PRIVACIDADE DO CONSUMIDOR

Nos Estado Unidos, a exemplo do *Telephone Consumer Protection Act* (TCPA), de 1991, e do *Junk Fax Prevention Act*, de 2005,[55] algumas condutas já vêm sendo pensadas para a tutela dos direitos da personalidade dos consumidores, como agora ocorre mais fortemente no Brasil. É de se destacar, no entanto, que este comportamento agressivo do chamado marketing direto, que não pode ser evitado pelo consumidor de modo fácil, tem gerado uma outra consequência igualmente danosa no terreno da *confiança* nas relações de consumo, que é o apagamento, na web, das linhas entre publicidade e conteúdo, forte na descrença gerada em relação a negociantes e à publicidade. Aqui, a violação ao direito do consumidor passa pela evidente afronta ao *princípio da confiança*, cuja presença se torna mais marcante justamente neste momento de despersonalização das relações sociais e econômicas[56].

> Como consumidores, tornamo-nos cada vez mais desconfiados de mensagens comerciais, assim como cada vez mais intolerantes em relação a elas. Um relatório de 2005 da empresa de pesquisa de mercado Yankelovich constatou que 69% dos americanos 'estavam interessados em maneiras de bloquear publicidade, deixar de vê-la ou optar por não ser exposto a ela'. [...] Dada a desconfiança na indústria da publicidade, o jeito foi buscar uma forma anônima e não editada, de modo a que o público fosse

---

54. Lei nº 13.226, de 7 de outubro de 2008, regulamentada pelo Decreto n. 53.921, de 30 de dezembro de 2008. No Paraná lei semelhante foi editada: Lei n. 16.135/2009. Da mesma forma no Rio Grande do Sul, Lei nº 13.249/2009 e Decreto n. 47.226; em Minas Gerais, Lei nº 19.095/2010; em Goiás, Lei nº 17.424/2011; e no Rio de Janeiro, Lei nº 7.853/2018.
55. Assim em: < http://fcc.gov/cgb/consumerfacts/unwantedfaxes >. Acesso em: 10 jan. 2020.
56. KEEN, Andrew. *O Culto do Amador*: como blogs, MySpace, YouTube e a pirataria digital estão destruindo nossa economia, cultura e valores, cit., p. 86.

convencido de que o anúncio foi criado por pessoas "como nós", pois o amadorismo rende [g.n]. "Quanto menos oficial for a mensagem, é mais provável que o consumidor a acate".[57]

No ordenamento jurídico espanhol, Ángeles Zurilla Cariñana[58] destaca que o art. 20 da Lei nº 34/2002 (*Ley de Servicios de la Sociedad de la Información y de Comercio Electrónico*-LSSI)[59] determina que as comunicações comerciais eletrônicas devem ser identificadas como tais[60]. Da mesma forma, o art. 21 da Lei exige a prévia autorização do cliente/consumidor para que mensagens eletrônicas dessa natureza sejam enviadas. O art. 38. 3, alínea c da mesma Lei considera, ainda, infração grave o envio massivo de comunicações comerciais por correio eletrônico a quem não as tenha autorizado, referindo textualmente:

> *Artículo 38. Infracciones. (...) 1. Las infracciones de los preceptos de esta Ley se calificarán como muy graves, graves y leves. (...) 3. Son infracciones graves: (...) c) El envío masivo de comunicaciones comerciales por correo electrónico u otro medio de comunicación electrónica equivalente o el envío, en el plazo de un año, de más de tres comunicaciones comerciales por los medios aludidos a un mismo destinatario, cuando en dichos envíos no se cumplan los requisitos establecidos en el artículo 21.*[61]

Relativamente ao ponto central deste estudo – algumas técnicas *abusivas* de marketing - ainda que se possa trazer à reflexão a antiga ideia do "direito de estar só", a doutrina tem acertadamente apontado, no entanto, a sua insuficiência quando associado tal direito à ideia de isolamento e reclusão. Consoante aponta Doneda, na abertura de sua já clássica obra, cuja intenção é, nas palavras do autor,

---

57. KEEN, Andrew. *O Culto do Amador*: como blogs, MySpace, YouTube e a pirataria digital estão destruindo nossa economia, cultura e valores, cit., p. 88.
58. Comercio electrónico y protección de los consumidores en España. *Revista Luso-Brasileira de Direito do Consumidor*, v. 1. Portugal/Brasil: Editora Bonijuris e J.M Editora, junho 2011, pp. 147-158, esp. p. 154-155.
59. Registre-se que permanece em vigor a aludida Lei, nos termos do Informe 0195/2017, do Gabinete Jurísico da Agência Espanhola de Proteção de Dados, que a certa altura assim refere: "La Ley 34/2002 constituye norma especial en relación con estas actividades, por lo que no podría acudirse para resolver la cuestión planteada en este punto a las previsiones del reglamento general de protección de datos, sino que habrá de tenerse en cuenta lo dispuesto en esta norma especial cuando las comunicaciones se lleven a cabo a través de medios electrónicos." Disponível em: https://www.aepd.es/media/informes/2017-0195-interes-legitimo-portabilidad-y-blanqueo.pdf. Acesso em: 10 jan. 2020.
60. "Artículo 20. Información exigida sobre las comunicaciones comerciales, ofertas promocionales y concursos. (Redacción según Ley 56/2007, de 28 de diciembre, de Medidas de Impulso de la Sociedad de la Información). 1. Las comunicaciones comerciales realizadas por vía electrónica deberán ser claramente identificables como tales y la persona física o jurídica en nombre de la cual se realizan también deberá ser claramente identificable." Em redação que vigorou até maio de 2014, ainda constava que: "En el caso en el que tengan lugar a través de correo electrónico u otro medio de comunicación electrónica equivalente incluirán al comienzo del mensaje la palabra "publicidad" o la abreviatura "publi". (...)". Disponível em: < https://www.boe.es/buscar/act.php?id=BOE-A-2002-13758. Acesso: 20 nov. 2020. Suzana Almeida, em análise do tema sob a perspectiva do ordenamento jurídico português sustentava que, a despeito da significativa legislação portuguesa, como a Lei de Defesa do Consumidor (Lei 24/96) e como o Dec.-Lei 7/2004, sobre comunicações publicitárias eletrônicas não solicitadas, o legislador poderia ter aproveitado o ensejo e, à semelhança do estatuído na legislação espanhola, previsto a exigência de uma "etiqueta" com a expressão "publicidade". Dessa forma, diz, "evitar-se-iam dúvidas interpretativas ou perdas de tempo desnecessárias e assegurar-se-ia o pleno respeito pelo princípio da identificabilidade e pela proibição da publicidade oculta". Assim em: As comunicações publicitárias eletrônicas não solicitadas e a proteção dos consumidores: a regra de *opt in* e a opção de inscrição em listas Robinson. *Revista Luso-Brasileira de Direito do Consumidor*, v. 1. Portugal/Brasil: Editora Bonijuris e J.M Editora, junho 2011, pp. 159-190, p. 175.
61. Disponível em: < http://www.minetur.gob.es/telecomunicaciones/lssi/normativa/DocNormativa/Ley%2034_02consolidado_abril2012.pdf >. Acesso em: 10 jan. 2020.

"traçar a 'trajetória' que levou o direito à privacidade a metamorfosear-se na proteção de dados pessoais",[62] [...] As demandas que moldam o perfil da privacidade hoje são de outra ordem, relacionadas à informação e condicionadas pela tecnologia. Hoje, a exposição indesejada de uma pessoa aos olhos alheios se dá com maior frequência através da divulgação de seus dados pessoais do que sua intrusão em sua habitação, pela divulgação de notícias a seu respeito, na imprensa, pela violação de correspondência – enfim, por meios 'clássicos' de violação da privacidade.[63]

Conforme Doneda, a moderna doutrina do direito à privacidade, em seus primórdios, foi marcada por um "individualismo exacerbado e mesmo egoísta", funcionando, o paradigma da privacidade, "como uma *zero relationship*", cuja concepção, posteriormente, ganhou uma maior consciência de que "a privacidade é um aspecto fundamental da realização da pessoa e do desenvolvimento de sua personalidade".[64]

Nesse sentido, deve-se atentar para o acréscimo de importante inciso ao art. 6º do CDC pelo PL 3514/2015 da Câmara dos Deputados (na origem, PL 281 do Senado), consolidando o que até aqui vimos referindo, na forma do seguinte direito básicos do consumidor: "XI- a privacidade e a segurança das informações e dados pessoais prestados ou coletados, por qualquer meio, inclusive o eletrônico, assim como o acesso gratuito do consumidor a estes e a suas fontes".[65]

Note-se, pelo conteúdo do enunciado normativo, que a privacidade do consumidor é o foco deste "novo" direito básico, estando, a autodeterminação e a segurança das informações e dados pessoais, diretamente ligados a ela, sendo mesmo um desdobramento de seu conteúdo essencial. Como direito básico do consumidor, a privacidade assume agora de modo explícito a condição de direito essencial, ou melhor, em sua *potência máxima*, já que em realidade todos os direitos previstos no CDC são inafastáveis enquanto decorrência da previsão do art. 1º da Lei, ao estabelecer ser ela de "ordem pública" e "interesse social". E mais, por encontrar, a proteção do consumidor, lastro constitucional por meio dos arts. 5º, XXXII, 170, V, da CF e 48 do ADCT. Assim, diríamos que a importância do art. 6º está mais em, de fato, resumir o rol de direitos do consumidor, concretizados mais demoradamente ao longo do CDC, do que propriamente conferir um trato especial a eles, uma vez que todo direito do consumidor já possui esse fundamento constitucional e esse reconhecimento do art. 1º de sua relevância como lei de ordem pública. Gabriel Stiglitz refere que a necessidade de incorporar um reconhecimento expresso na Constituição Nacional da Argentina dos direitos do consumidor (explicitando-os) se justificou com particular interesse pelo fato de a lei especial ter se omitido da enunciação dos direitos essenciais dos consumidores em seu texto, o que não aconteceu no caso brasileiro.[66]

---

62. DONEDA, Danilo. *Da privacidade à proteção de dados pessoais*, cit., p. 3.
63. DONEDA, Danilo. *Da privacidade à proteção de dados pessoais*, cit., p. 1
64. DONEDA, Danilo. *Da privacidade à proteção de dados pessoais*, cit., pp. 8-9.
65. Disponível em: http://www.camara.gov.br/proposicoesWeb/fichadetramitacao?idProposicao=2052488. Acesso em: 10 jan. 2020.
66. STIGLITZ, Gabriel. *Reglas para la defensa de los consumidores y usuarios*. Rosario: Juris, 1997, p. 19. A importância desse dispositivo é indiscutível, pois expressamente concede ao Direito do Consumido *status* constitucional, o que dá ainda mais força à normativa específica da Lei nº 24.240, que, embora silente acerca dos direitos essenciais do consumidor, expressamente dispôs acerca do seu caráter de lei de ordem pública. O art. 42 da Constituição Nacional da Argentina assim prevê: "Artículo 42. Los consumidores y usuarios de bienes y servicios tienen derecho, en la relación de consumo, a la protección de su salud, seguridad e intereses económicos; a una información adecuada y veraz; a la libertad de elección y a condiciones de trato equitativo y digno. Las autoridades proveerán

A venda de cadastros pode acarretar, ainda, uma outra ordem de problemas a ser solucionada pelo Direito do Consumidor - e que, em verdade, extrapola suas fronteias – que diz com a comercialização que envolva uma empresa situada fora do território nacional. Em tal hipótese – a qual não se mostra excepcional - os fenômenos da desterritorialização e desregulamentação, que são as marcas do *cyberspace*, se avolumam, na medida em que passam a ser desafiados também o Direito Internacional Privado e suas conexões territoriais[67]. Ao examinar o comércio eletrônico, Claudia Lima Marques[68] lembra, também, que as novas técnicas do marketing "direto ou agressivo", com telefonemas, oferecimento de produtos por meio da televisão (teleshopping) e de computadores (home-pages, e-mails, catálogos informatizados, etc.) atingem o consumidor passivo, "assim entendidos aqueles consumidores que se encontram em seu mercado nacional e, sem necessitarem se deslocar fisicamente de seu país, recebem a oferta ou a publicidade, oriunda de empresas e de fornecedores de outros países", o que potencializaria o dano causado ao consumidor, na medida em que se tornaria mais difícil a busca da recomposição do direito à privacidade ora defendido.

Com o fim de diminuir os danos advindos desta situação fática o PLS 281/2011 (na Câmara dos Deputados, PL 3514/2015) redefiniu os termos do art. 101 do CDC para disciplinar as ações de responsabilidade contratual e extracontratual do fornecedor inclusive no fornecimento à distância internacional, estabelecendo (inciso III) que " nas demandas em que o consumidor residente no Brasil seja autor, ele poderá escolher entre as seguintes opções: a) o foro indicado no inciso I; b) o foro do domicílio do fornecedor de produtos ou serviços; c) o foro do lugar da celebração ou da execução do contrato; ou d) outro foro relacionado ao caso." De seus parágrafos, colhe-se ainda que: "§ 1º São nulas as cláusulas de eleição de foro e de arbitragem celebradas pelo consumidor. § 2º Aos conflitos decorrentes do fornecimento a distância internacional, aplica-se a lei do domicílio do consumidor, ou, desde que mais favorável a este, a norma estatal escolhida pelas partes, assegurado, em qualquer hipótese, o acesso do consumidor à Justiça. (NR)"

O que se está a tratar neste artigo é da técnica conhecida por *spamming*, que consiste no envio de e-mails em grande quantidade e que acabam por congestionar a caixa de correspondência dos destinatários. Comportamentos como esse, de intromissão indevida[69], comprometem a tranquilidade do consumidor e violam efetivamente a vida privada. No Brasil, Amaro Moraes e Silva Neto sustenta que a prática do envio de *spam* poderia

---

a la protección de esos derechos, a la educación para el consumo, a la defensa de la competencia contra toda forma de distorsión de los mercados, al control de los monopolios naturales y legales, al de la calidad y eficiencia de los servicios públicos, y a la constitución de asociaciones de consumidores y de usuarios. La legislación establecerá procedimientos eficaces para la prevención y solución de conflictos, y los marcos regulatorios de los servicios públicos de competencia nacional, previendo la necesaria participación de las asociaciones de consumidores y usuarios y de las provincias interesadas, en los organismos de control. Disponível em: https://www.casarosada.gob.ar/images/stories/constitucion-nacional-argentina.pdf. Acesso em 10 jan. 2020.

67. Para um aprofundamento das questões envolvendo comércio eletrônico e a defesa do consumidor, veja-se: MARQUES, Claudia Lima. *Confiança no comércio eletrônico e a proteção do consumidor*. São Paulo: Revista dos Tribunais, 2004, em especial p. 88.
68. MARQUES, Claudia Lima. *Confiança no comércio eletrônico e a proteção do consumidor*, cit., p. 90.
69. Suzana ALMEIDA aponta que, "Segundo estudos, um usuário da internet perde, em média, 16 segundos - tempo de acesso à rede pago - a identificar e apagar cada mensagem de correio eletrônico não solicitada, ao que acresce a perda de tempo em busca de mensagens que o usuário efetivamente deseja ler." Assim em: As comunicações publicitárias eletrônicas não solicitadas e a proteção dos consumidores: a regra de *opt in* e a opção de inscrição em listas robinson, cit., p. 164.

ser tipificada no art. 265 do Código Penal,[70] com pena de reclusão de 1 (um) a 5 (cinco) anos, além de multa, tendo em vista ser, a Internet, um serviço de utilidade pública.[71]

Independentemente da atuação do direito penal sobre a prática do *spamming*,[72] certo é que o direito civil e o direito do consumidor - mais propriamente - já possuem mecanismos para combater a prática, considerando todo cenário brasileiro no que tange ao seu direito à autodeterminação informacional e à privacidade em face das técnicas agressivas de marketing (que passam, inclusive, pelos problemas acima apontados quanto à "confusão" entre conteúdo e publicidade a que é induzido o consumidor na rede e ao agravamento de sua vulnerabilidade, tendo em vista a internacionalidade das relações). Ademais, a atualização legislativa proposta por meio do PL 281 do Senado (PL 3514/2015 da Câmara dos Deputados) virá em boa hora para consolidar esta proteção e, de forma definitiva, reconhecer dentro de um novo quadro legal já inaugurado pela recente LGPD (Lei nº 13.709/2018) que somente um sistema de controle de dados *Opt-In* - no qual o responsável pelo tratamento dos dados deve obter o consentimento prévio do consumidor, assegurando-lhe o acesso e mantendo-o informado sobre o destino e a utilização feita das informações coligidas[73] - pode conferir uma tutela com amparo constitucional ao consumidor no mercado brasileiro.[74]

Nesse sentido, destaques devem ser dados aos arts. 56 e 59 do CDC na redação conferida pelo PL 281 do Senado (e mantida pela Câmara dos Deputados no PL 3514/2015), que acrescenta ao primeiro o inciso XIII, e com ele a sanção administrativa consistente na "suspensão temporária ou proibição de oferta e de comércio eletrônico" por parte do fornecedor que for condenado no âmbito administrativo, prevendo ainda que, nos termos do § 4º do art. 59,

---

70. O dispositivo tem a seguinte redação: **Atentado contra a segurança de serviço de utilidade pública:** "Art. 265 - Atentar contra a segurança ou o funcionamento de serviço de água, luz, força ou calor, ou qualquer outro de utilidade pública: Pena - reclusão, de um a cinco anos, e multa. Parágrafo único - Aumentar-se-á a pena de 1/3 (um terço) até a metade, se o dano ocorrer em virtude de subtração de material essencial ao funcionamento dos serviços." Ver: < http://www.planalto.gov.br/ccivil_03/decreto-lei/del2848.htm >. Acesso em: 10 jan. 2020.
71. Assim: SILVA NETO, Amaro Moraes e. *Privacidade na Internet*, cit., p. 97, *apud* LEMOS, Ronaldo; DONEDA, Danilo; SOUZA, Carlos Affonso Pereira de; ROSSINI, Carolina Almeida A. *Estudo sobre a regulamentação jurídica do spam no Brasil* (*Trabalho comissionado pelo Comitê Gestor da Internet no Brasil ao Centro de Tecnologia e Sociedade (CTS), da Escola de Direito do Rio de Janeiro / Fundação Getúlio Vargas*). In: < http://www.cgi.br/publicacoes/documentacao/ct-spam-EstudoSpamCGIFGVversaofinal.pdf >. Acesso em: 10 jan. 2020.
72. O PLS 281 acrescenta um tipo penal pertinente aos bancos de dados e cadastros de consumo (não ao marketing direto), assim redigido: "Art. 72-A. Veicular, exibir, licenciar, alienar, compartilhar, doar ou de qualquer forma ceder ou transferir dados, informações ou identificadores pessoais, sem a expressa autorização de seu titular e consentimento informado. Pena – Detenção, de três meses a um ano, e multa. Parágrafo único. Não constitui crime a prática dos atos previstos no caput: I – entre fornecedores que integrem um mesmo conglomerado econômico; II – em razão de determinação, requisição ou solicitação de órgão público. (NR)". Redação aprovada pelo Senado Federal a partir do relatório final da Comissão Temporária de Modernização do Código de Defesa do Consumidor (e mantida pela Câmara dos Deputados no PL 3514/2015), em 26 de março de 2014. Disponível em: < http://brasilcon.org.br/arquivos/arquivos/d1e98ff45b457074c272ac968b7176e7.pdf >. Acesso: 10 jan. 2020.
73. Veja-se:< http://www.ccfb.com.br/pdfs/protecao.pdf >. Acesso em: 10 jan. 2020.
74. Consoante bem aponta Anderson SCHREIBER, *Direitos da personalidade*, cit., p. 158, nosso ordenamento jurídico tutela a privacidade da pessoa humana *ab initio*, daí decorrendo que tal proteção independe de qualquer inscrição do consumidor em um cadastro como etapa prévia (Sistema *Opt-out*). Ainda mais preocupante do que desconsiderar este caráter, assinala Schreiber, é o fato de que a decisão do STJ [aqui relatada no item 2 desta exposição] "tem a assustadora peculiaridade de situar o Brasil em um grau de proteção menor que o modelo *opt-out*, já que desconsidera, por completo, a solicitação do destinatário de não receber mensagens futuras. Assim, a omissão legislativa que já era grave assume contornos verdadeiramente dramáticos diante da postura que vai sendo adotada pelo Superior Tribunal de Justiça na matéria. Cit., p. 161.

Caso o fornecedor por meio eletrônico ou similar descumpra a pena de suspensão ou de proibição de oferta e de comércio eletrônico, sem prejuízo de outras medidas administrativas ou judiciais de prevenção de danos, o Poder Judiciário poderá determinar, no limite estritamente necessário para a garantia da efetividade da sanção, que os prestadores de serviços financeiros e de pagamento utilizados pelo fornecedor, de forma alternativa ou conjunta, sob pena de pagamento de multa diária: I - suspendam os pagamentos e transferências financeiras para o fornecedor de comércio eletrônico; II - bloqueiem as contas bancárias do fornecedor.[75]

Além das atualizações acima mencionadas, destaque-se a criação de uma relevante figura no direito do consumidor: o chamado "assédio de consumo".

6. A FIGURA DO "ASSÉDIO DE CONSUMO"

A figura do "assédio de consumo" ingressa na legislação brasileira por força explícita do inciso XII do art. 6º do CDC, que define ser direito básico do consumidor "a liberdade de escolha, em especial frente a novas tecnologias e redes de dados, sendo vedada qualquer forma de discriminação e assédio de consumo."[76]

O assédio de consumo consolida este direito da pessoa a ser protegida de todo tipo de cerco ao consumo. Em particular, a norma do art. 44-F do PLS 281 (art. 45-F do PL 3514/2015 da Câmara dos Deputados) assim dispõe: "Art. 44-F. É vedado ao fornecedor de produto ou serviço enviar mensagem eletrônica não solicitada a destinatário que: I - não possua relação de consumo anterior com o fornecedor e não tenha manifestado consentimento prévio e expresso em recebê-la; II - esteja inscrito em cadastro de bloqueio de oferta; ou III - tenha manifestado diretamente ao fornecedor a opção de não recebê-la."

No § 1º destaca-se a situação em que há prévia relação de consumo entre o remetente e o destinatário, caso em que o envio de mensagem não solicitada pode ser admitido, "desde que o consumidor tenha tido oportunidade de recusá-la" (hipóteses que se amolda perfeitamente ao caso STJ relatado no item 2 supra). Para que o consumidor possa exercer plenamente o direito de recusa ao recebimento de tais mensagens, os §§ 2º, 3º, 4º e 5º do referido artigo ainda dispõem, respectivamente:

> § 2. O fornecedor deve informar ao destinatário, em cada mensagem enviada: I - o meio adequado, simplificado, seguro e eficaz que lhe permita, a qualquer momento, recusar, sem ônus, o envio de novas mensagens eletrônicas não solicitadas; e II - o modo como obteve os dados do consumidor. § 3. O fornecedor deve cessar imediatamente o envio de ofertas e comunicações eletrônicas ou de dados a consumidor que manifestou a sua recusa em recebê-las. § 4. Para os fins desta seção, entende-se por mensagem eletrônica não solicitada a relacionada a oferta ou publicidade de produto ou serviço e enviada por correio eletrônico ou meio similar. § 5. É também vedado: I- remeter mensagem que oculte, dissimule ou não permita de forma imediata e fácil a identificação da pessoa em nome de quem é efetuada a comunicação e a sua natureza publicitária. II- veicular, exibir, licenciar, alienar, compartilhar,

---

75. Redação aprovada pelo Senado Federal a partir do relatório final da Comissão Temporária de Modernização do Código de Defesa do Consumidor, em 26 de março de 2014. Disponível em: < http://brasilcon.org.br/arquivos/arquivos/d1e98ff45b457074c272ac968b7176e7.pdf >. Acesso em: 10 jan. 2020.

76. Tratamos do assédio de consumo em relação ao consumidor idoso em: MARQUES, Claudia Lima; BARBOSA, Fernanda Nunes. A proteção dispensada à pessoa idosa pelo direito consumerista é suficiente como uma intervenção reequilibradora?. Civilistica.com. Rio de Janeiro, a. 8, n. 1, 2019. Disponível em: <http://civilistica.com/a-protecao-dispensada-a-pessoa-idosa/>. Data de acesso: 20 de out. 2019.

doar ou de qualquer forma ceder ou transferir dados, informações ou identificadores pessoais, sem expressa autorização e consentimento informado do seu titular.

Outro Projeto de Lei do Senado, de nº 283 de 2011 (atual Projeto de Lei 3515/2015 da Câmara dos Deputados), o qual promove a inclusão, *para aperfeiçoar a disciplina do crédito ao consumidor e dispor sobre a prevenção do superendividamento*, de uma Seção IV ao Capítulo VI da Lei n. 8.078/90 (CDC), intitulada: "Da prevenção e do tratamento ao Superendividamento", reforça a proteção deste "assédio de consumo" a que é submetido o consumidor.[77]

A título de contextualização da disciplina, cabe registrar que a doutrina e a jurisprudência já vêm - há algum tempo - se preocupando com o problema do consumidor superendividado, número esse que cresceu significativamente com o *boom* da democratização do crédito das últimas décadas e para o qual também o papel da internet, com a facilitação do contato entre consumidores e fornecedores, foi fundamental. Hoje em dia o *crédito fácil* é um dos principais "produtos" oferecidos no mercado de consumo, e o CDC não permanecerá alheio a esta realidade. Desta forma, prevê o art. 54-C do PLS 283 (PL 3515/2015 da Câmara dos Deputados) que: "É vedado, expressa ou implicitamente, na oferta de crédito ao consumidor, publicitária ou não: [...]IV - assediar ou pressionar o consumidor para contratar o fornecimento de produto, serviço ou crédito, inclusive a distância, por meio eletrônico ou por telefone, principalmente se se tratar de consumidor idoso, analfabeto, doente ou em estado de vulnerabilidade agravada ou se a contratação envolver prêmio."[78]

O relatório final da comissão de juristas responsáveis pela atualização do Código de Defesa do Consumidor descreveu os objetivos do trabalho desempenhado na ocasião como o de promover o *reforço tridimensional da Lei consumerista*. Nesse sentido, os PLSs 281, 282 e 283, de 2011, corporificaram o reforço *a)* da base constitucional, *b)* da base ético-inclusiva e solidarista, e *c)* da base da confiança, efetividade e segurança nas relações de consumo.

Com efeito, com todas as inclusões que se pretendeu introduzir tanto no âmbito do comércio eletrônico como no da proteção ao superendividamento, o consumidor passará a ter sua liberdade de escolha protegida de forma mais efetiva em um grande número de casos, para além dos indiscutíveis ganhos já verificados com a recente aprovação da LGPD no país.

7. ALGUMAS CONCLUSÕES

O exame que nos propusemos a proceder levou em consideração, basicamente, duas ordens de problemas: a transferência de cadastros e bancos de dados de consumi-

---

77. Além da inclusão de uma disciplina inteira no corpo normativo do CDC e de inserções pontuais nos seus arts. 6 e 27, prevê o projeto também a inclusão de norma protetiva do consumidor idoso superendividado na Lei n. 10.741 de 2003 (Estatuto do Idoso).
78. Redação aprovada pelo Senado Federal a partir do relatório final da Comissão Temporária de Modernização do Código de Defesa do Consumidor, em 26 de março de 2014. O texto foi encaminhado para exame da Comissão de Constituição e Justiça (CCJ) em 03 de set. 2014. Disponível em: < http://brasilcon.org.br/arquivos/arquivos/d1e98ff45b457074c272ac968b7176e7.pdf >. Acesso em: 10 jan. 2020.

dores entre agentes do mercado de consumo e a utilização de tais informações para fins publicitários.

A liberdade e a privacidade (esta que também em si contém a primeira), valores muito estimados por um Estado Democrático de Direito foram contrapostas na medida em que se teve de verificar, diante do problema concreto e atual da venda ou permuta de bancos e cadastros de consumo para fins comerciais (a saber, o posterior envio de "spam" a potenciais consumidores), a ocorrência ou não de violação a direitos da personalidade em razão do recebimento de tais mensagens - seja pelo caráter de seu conteúdo, seja pelo fato de quem as recebeu ter expressado o desejo de não mais recebê-las, seja simplesmente pelo fato de que eles nunca forneceram seu endereço eletrônico para tal finalidade comercial.

Em nossa opinião, a violação a direitos e a consequente reparabilidade de danos em casos como o julgado no REsp nº 844.736/DF mostram-se evidentes. A título de exemplo e reforço argumentativo em sede de conclusão, vejam-se dois problemas enfrentados pelos consumidores, em casos julgados monocraticamente pelo STJ, em que danos concretos foram ocasionados a estudantes, ainda que indiretamente, pela prática do *spam*[79]: 1. consumidor que buscou a declaração de inexigibilidade de relação jurídica e de débito e a devolução dos valores pagos em matrícula de curso de pós-graduação on-line, uma vez que não pôde usufrui-lo por falta de adequada comunicação da fornecedora, que sustentou, em síntese, a culpa exclusiva do aluno por não abrir o e-mail da faculdade contendo as informações sobre o início das atividades, direcionado à "caixa **spam**"[80]; 2. estudante que impetrou Mandado de Segurança afirmando que não foi pessoalmente notificado quanto à alteração do local para realização do ENADE, tendo sido prejudicado por vício de comunicação, uma vez que, por razões diversas, como programas anti**spam**, o referido aviso de alteração não fora recebido. Neste caso, decidiu-se pelo deferimento parcial da medida liminar para que o impetrante participasse da solenidade de formatura do curso, bem como para que a autoridade coatora examinasse o pedido de dispensa do exame do ENADE no prazo de 30 (trinta) dias.

---

79. Relativamente à tentativa de barrar o envio de spam (não por proteção ao consumidor final receptor da mensagem, certamente, mas por interesses comerciais do próprio serviço de disponibilização de hospedagem de servidor da internet), o STJ vem julgando alguns casos e apontando, eventualmente, a ilegalidade de cláusula inserida em contrato que permite à prestadora do serviço, sem prévio aviso ou notificação, a rescisão imediata do contrato, até mesmo se houver denúncia de qualquer pessoa acerca da suposta prática de spam. Segundo o STJ, a interrupção abrupta dos serviços causa danos à imagem da empresa, pois seus consumidores, ao tentarem acessar o site, deparam-se com mensagens de erro, o que abala a sua credibilidade e imagem. Portanto, a interrupção inesperada dos serviços com amparo em tal cláusula contratual que veda a prática de spam seria abusiva e suficiente para gerar abalo moral à pessoa jurídica consumidora, independentemente da efetiva prática de spam. (STJ. Decisão monocrática. AREsp 1255670; Rel. Ministro RICARDO VILLAS BÔAS CUEVA; Data da Publicação 23/03/2018). Em sentido oposto, reconhecendo, no caso concreto, a legalidade da cláusula de limitação de mensagens que fora adotada para todos os usuários (e não somente em relação ao autor da ação), decidiu monocraticamente o Ministro João Otávio de Noronha. Da decisão assim constou: "Na relação de direito privado posta, é o contrato que estabelece os direitos e deveres dos contratantes, logo, o entendimento de que alguma prática de envio de mensagens configura 'SPAMMING' ou não cabe exclusivamente à empresa apelada prestadora do serviço. Além disso, a apelada demonstrou ter sido a medida adotada para todos os usuários e não somente em relação ao autor, tendo notificado os mesmos através de sua página de acesso. Logo, acaso não estivesse de acordo com a nova medida adotada pela empresa deveria o apelante ter buscado a solução cabível na esfera contratual. (STJ. Ag 1018389; Rel. Min. JOÃO OTÁVIO DE NORONHA; Data da Publicação 05/05/2009).

80. STJ. AREsp 1240962; Rel. Ministro MARCO AURÉLIO BELLIZZE; Data da Publicação 02/03/2018.

A título de conclusão, cabe registrar que se objetivou, com essas notas sobre a proteção da privacidade do consumidor no mercado contemporâneo da oferta, uma tentativa de construção de fundamentação teórica que, mais do que embasar normas atualmente mais claras que permitam o bloqueio de técnicas agressivas de marketing em benefício da privacidade do consumidor, acabem por inverter a sua lógica, isto é, impondo como regra de conduta aos fornecedores a demonstração do consentimento prévio do consumidor para tais abordagens publicitárias e responsabilizando-os por suas violações. Assim, a utilização do uso de telemarketing e e-mail marketing seria restringida, podendo, o consumidor interessado, autorizar o seu desbloqueio e com isso permitir ser alvo da publicidade desejada.

Não se pretende, claramente, desqualificar a importância do marketing e seus benefícios ao próprio consumidor, como ferramenta que possibilita um melhor aproveitamento do mercado, fazendo chegar ao público o conhecimento sobre produtos e serviços de seu interesse, bem como o patrocínio de ofertas. Considerando, no entanto, os quatro eixos principais de análise propostos, defendemos que: 1. a formação de bancos de dados de consumidores (perfis voluntários e não voluntários) pode gerar consequências nefastas na esfera da privacidade do consumidor; 2. há ilegalidade na venda ou permuta de cadastros e bancos de dados de consumidores, com consequências no âmbito da responsabilidade civil e do enriquecimento sem causa; 3. verifica-se, no mercado contemporâneo da oferta, abusividade na forma da prestação das informações publicitárias ao consumidor, em especial no que se refere ao e-mail marketing e ao telemarketing e, por fim, 4. mostra-se imprescindível para uma mais efetiva proteção do consumidor a atualização do Código de Defesa do Consumidor brasileiro, no que tange às questões ligadas à internet e ao comércio eletrônico.

REFERÊNCIAS

ALBUQUERQUE, Fabíola Santos. O Dever de Informar nas Relações de Consumo. *Revista Trimestral de Direito Civil*, v. 5, 2001.

ALMEIDA, Suzana. As comunicações publicitárias eletrônicas não solicitadas e a proteção dos consumidores: a regra de *opt in* e a opção de inscrição em listas Robinson. *Revista Luso-Brasileira de Revista Luso-Brasileira de Direito do Consumidor*, v. 1. Portugal/Brasil: Editora Bonijuris e J.M Editora, jun. 2011.

BESSA, Leonardo Roscoe. *O Consumidor e os Limites dos Bancos de Dados de Proteção ao Crédito* (Biblioteca de Direito do Consumidor, vol. 25). São Paulo: Revista dos Tribunais, 2003.

BODIN DE MORAES, Maria Celina. A caminho de um direito civil constitucional. *Revista de Direito Civil*, n. 65, 1992.

BODIN DE MORAES, Maria Celina. *Danos à pessoa humana*: – Uma leitura civil-constitucional dos danos morais. Rio de Janeiro: Renovar, 2003.

BODIN DE MORAES, Maria Celina. *Na medida da pessoa humana*: estudos de direitos civil-constitucional. Rio de Janeiro: Renovar, 2010.

CALAIS-AULOY, Jean; STEINMETZ, Frank. *Droit de la Consommation*. 6. ed. Paris: Dalloz, 2003.

CARIÑANA, Ángeles Zurilla. Comercio electrónico y protección de los consumidores en España. *Revista Luso-Brasileira de Direito do Consumidor*, v. 1. Portugal/Brasil: Editora Bonijuris e J.M Editora, junho 2011.

CARNEIRO, Rodrigo Borges; AMARAL, Luiz Henrique do. As informações pessoais em banco de dados e sua utilização em ações de marketing na internet. *Revista da Associação Brasileira da Propriedade Intelectual*, v. 49, nov./dez. de 2000.

CARVALHO, Ana Paula Gambogi. O consumidor e o direito à autodeterminação informacional. *Revista de Direito do Consumidor*. n. 46, abr./jun. 2003.

COSTA JÚNIOR, Paulo José da. *O Direito de Estar Só*: tutela penal da intimidade. São Paulo: Revista dos Tribunais, 2007.

DE CUPIS, Adriano. *Os Direitos da Personalidade*. Lisboa: Livraria Morais Editora, 1961.

DONEDA, Danilo. *Da privacidade à proteção de dados pessoais*. Rio de Janeiro: Renovar, 2006.

FILOMENO, José Geraldo Brito. Consumidor e Cidadania: agente político e econômico. *Revista de Direito do Consumidor*, v.10, n. 40, out./dez. 2001.

FRADERA, Véra Maria Jacob de. A Interpretação da Proibição da Publicidade Enganosa ou Abusiva à Luz do Princípio da Boa-Fé: o dever de informar no Código de Defesa do Consumidor. *Revista de Direito do Consumidor*, n. 4, 1993.

GHERSI, Carlos Alberto. Globalización y derecho de daños: los derechos constitucionales incumplidos. *Revista de Direito do Consumidor*. n. 47, jul./set. 2003.

JAYME, Erik. O Direito Internacional Privado no Novo Milênio: a proteção da pessoa humana face à globalização. *Cadernos do Programa de Pós-Graduação em Direito - PPGDir./UFRGS*, Porto Alegre, v. 1, n. 1, mar. 2003.

KEEN, Andrew. *O Culto do Amador*: como blogs, MySpace, YouTube e a pirataria digital estão destruindo nossa economia, cultura e valores. Rio de Janeiro: Jorge Zahar Editor, 2008.

LEMOS, Ronaldo; DONEDA, Danilo; SOUZA, Carlos Affonso; ROSSINI, Carolina Almeida A. *Estudo sobre a regulamentação jurídica do spam no Brasil* – Trabalho comissionado pelo Comitê Gestor da Internet no Brasil ao Centro de Tecnologia e Sociedade (CTS), da Escola de Direito da FGV-Rio. <http://www.doneda.net/Artigos.html>. Acesso em: 10 jan. 2020.

LÔBO, Paulo Luiz Netto. *A Informação como Direito Fundamental do Consumidor*. Disponível em: <http://www1.jus.com.br/doutrina/texto>. Acesso em: 10 jan. 2020.

LOURENÇO, Eduardo. Dever de informar e ser informado. In: CONGRESSO INTERNACIONAL COMUNICAÇÃO E DEFESA DO CONSUMIDOR, 1993, Coimbra. *Actas...* Coimbra: Instituto Jurídico da Comunicação da Faculdade de Direito de Coimbra, 1996. p. 97-105.

MACEDO JÚNIOR, Ronaldo Porto. Privacidade, Mercado e Informação. *Revista de Direito do Consumidor*, v. 31, 1999.

MAGRANI, Eduardo. *Entre dados e Robôs*: ética e privacidade na era da hiperconectividade. Porto Alegre: Editora Arquipélago/Série Pautas em Direito, 2019.

MAIA, Roberta Mauro Medina. A natureza jurídica da titularidade dos dados pessoais. *In:* MULHOLLAND, Caitlin (Org.). *A Lei Geral de Proteção de Dados e o Novo Marco Normativo no Brasil*. Porto Alegre: Arquipélago Editorial/Série Pautas em Direito, 2020, p. 179-193.

MARQUES, Claudia Lima. *Confiança no comércio eletrônico e a proteção do consumidor*. São Paulo: Revista dos Tribunais, 2004.

MARQUES, Claudia Lima. O diálogo das fontes como método da nova teoria geral do direito: um tributo a Erik Jayme. In: *Diálogo das fontes*: do conflito à coordenação de normas do direito brasileiro. São Paulo: Revista dos Tribunais, 2012.

MARQUES, Claudia Lima. Direitos Básicos do Consumidor na Sociedade Pós-Moderna de Serviços: o aparecimento de um sujeito novo e a realização de seus direitos. *Revista de Direito do Consumidor*, São Paulo, n 35, jul./set. 2000.

MARQUES, Claudia Lima. Le Droit de la Consommation au Brésil à l'épreuve des OGM. In: *Gastronomie, Alimentation et Droit*: Mélanges en l'honneur de Pierre Widmer. Genebra: Institut Suisse de Droit Comparé, 2003.

MARQUES, Claudia Lima. *Contratos no Código de Defesa do Consumidor*: o novo regime das relações contratuais. São Paulo: Revista dos Tribunais, 2006.

MARQUES, Claudia Lima; BARBOSA, Fernanda Nunes. A proteção dispensada à pessoa idosa pelo direito consumerista é suficiente como uma intervenção reequilibradora?. **Civilistica.com**. Rio de Janeiro, a. 8, n. 1, 2019. Disponível em: <http://civilistica.com/a-protecao-dispensada-a-pessoa-idosa/>. Acesso em: 20 de out. 2019.

MARTINS-COSTA, Judith. Os danos à pessoa no direito brasileiro e a natureza de sua reparação. *Revista da Faculdade de Direito da UFRGS*, v. 19, 2001.

MATTELART, Armand. A Era da Informação: gênese de uma denominação descontrolada. Tradução Francisco Rüdiger. *Revista Famecos*: mídia, cultura e tecnologia, n. 15, ago. 2001.

MEIRELES, Rose Melo Vencelau. *Autonomia privada e dignidade humana*. Rio de Janeiro: Renovar, 2009.

MICHELON JÚNIOR, Cláudio. *Direito Restituitório*: enriquecimento sem causa, pagamento indevido, gestão de negócios. São Paulo: Revista dos Tribunais, 2006.

MIRAGEM, Bruno. *Direito do Consumidor*: fundamentos do direito do consumidor; direito material e processual do consumidor; proteção administrativa do consumidor; direito penal do consumidor. São Paulo: Revista dos Tribunais, 2008.

MULHOLLAND, Caitlin. O tratamento de dados pessoais sensíveis. *In:* MULHOLLAND, Caitlin (Org.). *A Lei Geral de Proteção de Dados e o Novo Marco Normativo no Brasil*. Porto Alegre: Arquipélago Editorial/Série Pautas em Direito, 2020, p. 121-156.

RODOTÀ, Stefano. *A vida na sociedade da vigilância*: a privacidade hoje. Trad. Danilo Doneda e Luciana Cabral Doneda. Rio de Janeiro: Renovar, 2008.

SANDEL, Michael J. O que o dinheiro não compra: os limites morais do mercado. Trad. Clóvis Marques. Rio de Janeiro: Civilização Brasileira, 2012.

SCHREIBER, Anderson. *Direitos da Personalidade*. São Paulo: Atlas, 2011.

SCHREIBER, Anderson. *Direitos da Personalidade*. São Paulo: Atlas, 2011.

SCHWABE, Jürgen (Coletânea Original); MARTINS, Leonardo (Org.); HENNIG, Beatriz et al (Trad.). *Cinquenta anos de jurisprudência do Tribunal Constitucional Federal alemão*. Fundação Konrad Adenauer, p. 233-245. Disponível em: <http://biblio.juridicas.unam.mx/libros/5/2241/16.pdf>. Acesso em: 10 jan. 2020.

TEIXEIRA, Ana Carolina Brochado; KONDER, Carlos Nelson. Situações jurídicas dúplices: controvérsias na nebulosa fronteira entre patrimonialidade e extrapatrimonialidade In: TEPEDINO, Gustavo; FACHIN, Luiz Edson (Org.). *Diálogos sobre Direito Civil*, v. 3. Rio de Janeiro: Renovar, 2012.

TEPEDINO, Gustavo. Premissas Metodológicas para a Constitucionalização do Direito Civil. In: *Temas de Direito Civil*. Rio de Janeiro: Renovar, 2001.

WARREN, Samuel; BRANDIES, Louis. The right to privacy. *Harvard Law Review*, vol. IV, dez. 1890, n. 5.

23
COMO A UNIÃO EUROPEIA PROCURA PROTEGER OS CIDADÃOS-CONSUMIDORES EM TEMPOS DE *BIG DATA* [1-2]

Manuel David Masseno

Sumário: 1 A *Big Data* e a defesa dos consumidores: identificação e caraterização breves. 2 As Consequências Normativas. 2.1 No que se refere ao Direito do Consumidor, em sentido estrito. 2.2 Em matéria de Proteção de Dados Pessoais. Posfácio. Referências.

1. A *BIG DATA* E A DEFESA DOS CONSUMIDORES: IDENTIFICAÇÃO E CARATERIZAÇÃO BREVES

Com crescente frequência, mesmo na Comunicação Social generalista, as referências à *Big Data* e suas implicações para a vida das pessoas têm-se multiplicado, embora nem sempre em termos rigorosos. Por esse motivo e antes de quaisquer outras considerações, é necessária uma aproximação aos textos oficiais da União Europeia, de maneira a delimitar a respetiva noção e, consequentemente, o nosso objeto de estudo. Assim, em termos sintéticos:

O termo "Megadados refere-se ao aumento exponencial da disponibilidade e da utilização automatizada de informações: refere-se a conjuntos de dados digitais gigantescos detidos por empresas, governos e outras organizações de grandes dimensões, que são depois extensivamente analisados (daí o nome 'analítica') com recurso a algoritmos informáticos"[3]

E, de um modo mais detalhado:

---

1. Atendendo à origem e à finalidade deste texto, referirei apenas trabalhos de Autores portugueses, publicados no último lustro. Além de os mesmos incorporarem referências aos estudos anteriores, incluindo as obras mais relevantes de outros espaços jusculturais, esta opção tem por objetivo instigar os estudiosos brasileiros no sentido de utilizarem mais a Doutrina em Língua Portuguesa, não se limitando às em Inglês, Espanhol ou até em Francês ou Italiano, com os problemas de transposição de terminologias que frequentemente resultam de tais práticas, muito para além dos "anglicismos bárbaros", que continuam sendo muito mais comuns que o devido, mormente agora, na iminência da aplicabilidade da LGPD.
2. Tendo por título Protegendo os cidadãos-consumidores em tempos de big data: uma perspectiva desde o direito da União Europeia, este estudo foi, inicialmente, realizado no âmbito do Projeto I+D "Big Data, Cloud Computing y otros retos jurídicos planteados por las tecnologías emergentes; en particular, su incidencia en el sector turístico" - DER2015- 63595 (MINECO/FEDER), coordenado pela *Universitat de les Illes Balears*, Espanha, ativo entre 2016 e 2019 e no qual fui *Investigador*. Foi publicado pela Revista Luso-Brasileira de Direito do Consumo. Curitiba. ISSN 2237-1168, 27 (2017), p. 37-60, e selecionado para a BDJur - Biblioteca Digital Jurídica do Superior Tribunal de Justiça, do Brasil.
3. Assim, o Parecer 3/2013 do Grupo de Trabalho do Artigo 29.º para a Proteção dos Dados, sobre a "limitação de finalidade", de 2 de abril de 2013.

"O termo 'grandes volumes de dados' refere-se a grandes quantidades de dados de diferentes tipos produzidos em grande velocidade a partir de um elevado número de diferentes tipos de fontes. Para lidar com os conjuntos de dados altamente variáveis e em tempo real gerados hoje em dia, são necessários novos métodos e ferramentas, como, por exemplo, processadores, software e algoritmos de grande potência. Que vão além das tradicionais ferramentas de 'exploração de dados' (*mining*) concebidas para lidar principalmente com conjuntos de dados estáticos, de pequena escala e baixa variedade, muitas vezes manualmente."[4]

Simplificando, a *Big Data* resulta da confluência de três avanços tecnológicos, de origem diferente, mas que se reforçaram entre si. Designadamente, decorre da *Computação em Nuvem*, a qual passou a possibilitar o armazenamento de volumes crescentes de dados, com disponibilidade permanente e uma fiabilidade assegurada pela redundância, tudo isto com custos cada vez menores. A que se juntaram as *comunicações de banda muito larga*, em fibra ótica e ponto a ponto, com velocidades de acesso tais que deixaram deixou de ser necessário manter centros de dados próprios, também com custos decrescentes. A ambas, acresceram algoritmos de análise assentes em *Inteligência Artificial*, mais do que em força bruta computacional, ainda que distribuída, pelo menos na pendência da computação quântica, os quais vieram acrescentar a viabilidade de gerir pacotes cada vez maiores de dados, em tempo real. Finalmente, a proliferação de sensores interligados, a que se tem dado o nome de *Internet das Coisas*, ou *de Tudo*, conduziu ao multiplicar da informação disponível, a qual respeita sempre e em definitivo aos cidadãos-consumidores.

Desta maneira, a *Big Data* constitui a nova fronteira para a criação de valor, com um aumento radical da eficiência nos processos e na alocação de recursos, como o WEF – Fórum Económico Mundial (Davos) de 2012, pela primeira vez apontou[5].

Isto porque as analíticas subjacentes à *Big Data* viabilizam a detecção de microtendências, indo além dos métodos assentes em amostragens de base estatística, incluindo a *data mining*, por terem como objeto todos os dados, de todas as origens e naturezas, e não apenas amostragens pré-selecionadas, o que multiplica exponencialmente as correlações que passam a ser passíveis de serem inferidas.

No que se refere às relações de consumo, estas ferramentas têm sido sobretudo utilizadas em matéria de *Marketing Direto* e de *OBA – Publicidade Comportamental Em-Linha*, embora sejam igualmente de referir as *Análises de Rede* e as *Informações de Crédito*.

Concretizando nas operações com consumidores, além de facultar um muito melhor apoio à decisão nas empresas, com um enorme acréscimo de eficiência organizacional, a *Big Data* releva essencialmente na estruturação da oferta. Com efeito, a mesma tornou concretizável uma segmentação capilar, focalizada nas aspirações de cada cliente, e já não em conjuntos de pessoas arrumadas por tipos, o que deixara de ser compatível ou necessário atendendo à massificação dos comportamentos e dos gostos que caracterizou a Sociedade Industrial. Essas abordagem passaram a ser viáveis em termos generalizados

---

4. Tal como consta da Comunicação da Comissão ao Parlamento Europeu, ao Conselho, ao Comité Económico e Social Europeu e ao Comité das Regiões, "Para uma economia dos dados próspera" (COM(2014) 442 final, de 2 de julho de 2014).
5. Assim e por todos, o Relatório de Síntese: *Big Data, Big Impact: New Possibilities for International Development*. Para mais referências de estudos, designadamente das Grandes Consultoras internacionais, além do meu artigo sobre o tema (2016), são de atender os desenvolvimentos de Ana Alves LEAL (2017).

mas com custos muito reduzidos, ao deixar de ser necessário dispor de mão de obra especializada e disponível para cada cliente, o que apenas continuava a verificar-se nos Mercados de bens de luxo ou outros de elevado valor unitário. Logo, as empresas têm hoje a possibilidade de alcançar:

- uma personalização fundada nos padrões de comportamento do cliente nas suas relações com o fornecedor, ou na sua ausência;
- uma personalização baseada nas suas relações com terceiros nas redes sociais, indo além dos comportamentos individuais;
- uma personalização relativamente a bens ou serviços adicionais ou alternativos, que possam complementar as experiências de consumo;
- uma personalização decorrente da sua localização, mesmo em tempo real e em movimento, atendendo à circunstância de sermos quase todos utilizadores de smartphones;
- e, ainda, uma personalização da negociação, conduzida por Agentes Inteligentes, nomeadamente *Chatbots*, à partida omniscientes e amorais, programados para obterem resultados através do diálogo com cada cliente.

2. AS CONSEQUÊNCIAS NORMATIVAS

Há anos, as Instituições da União Europeia estão cientes das implicações do uso, sobretudo se generalizado, da *Big Data*. Até porque não existem alternativas a uma aposta muito séria e consistente das Políticas Públicas na "Economia dos Dados", salvo se a Europa renunciar à respetiva competitividade com os Estados Unidos e o Oriente.

Desta maneira, é a própria Comissão Europeia a acentuar que:

"Assistimos a uma nova revolução industrial induzida pelos dados digitais, a informática e a automatização. As atividades humanas, os processos industriais e a investigação conduzem, todos eles, à recolha e ao tratamento de dados numa escala sem precedentes, favorecendo o surgimento de novos produtos e serviços, assim como de novos processos empresariais e metodologias científicas" [pelo que é essencial ter presente que] "O direito fundamental à proteção dos dados pessoais aplica-se aos grandes volumes de dados no caso de se tratar de dados pessoais: o seu tratamento tem de respeitar todas as regras aplicáveis em matéria de proteção de dados." [e que] "O direito horizontal dos consumidores e do *marketing* também se aplica aos produtos baseados na tecnologia dos grandes volumes de dados. A Comissão garantirá que as PME e os consumidores, os fornecedores e os utilizadores recebam todas as informações necessárias, não sejam enganados e possam confiar na lealdade dos contratos, nomeadamente no que respeita à utilização de dados provenientes dos próprios. Estas medidas contribuirão para criar a confiança necessária para explorar o pleno potencial da economia de dados."[6]

---

[6]. Na Comunicação da Comissão, "Para uma economia dos dados próspera", cit. Estas mesmas questões foram retomadas nas Comunicações da Comissão ao Parlamento Europeu, ao Conselho, ao Comité Económico e Social Europeu e ao Comité das Regiões, "Estratégia para o Mercado Único Digital na Europa" (COM(2015) 192 final), de 6 de maio de 2015, e "Rumo a um espaço comum europeu de dados" (COM(2018) 232 final), de 25 de abril de 2018. Sobre os primeiros documentos e em termos gerais sobre o Mercado Único Digital, incluindo a múltipla documentação a que no mesmo é dado acesso, *temos* o artigo de Fernanda Ferreira Dias (2016), assim como as breves considerações de enquadramento no domínio em análise de Jorge Morais de Carvalho (2017) e (2018).

2.1 No que se refere ao Direito do Consumidor, em sentido estrito

Neste domínio, as consequências da utilização da *Big Data* começam a fazer-se sentir, mesmo no que tem constituído núcleo mais duro de defesa do consumidor perante o Poder das empresas na Economia Industrial, o das cláusulas contratuais gerais, ou contratos por adesão, concebidas há mais de um século para obviar as múltiplas assimetrias que caracterizam tais relações.

Com efeito, a aplicabilidade da disciplina constante da Diretiva 93/13/CEE, do Conselho, de 5 de abril de 1993, relativa às cláusulas abusivas nos contratos celebrados com os consumidores, assenta na ausência de "negociação individual", com as seguintes delimitação e consequências[7]:

"1. Uma cláusula contratual que não tenha sido objeto de negociação individual é considerada abusiva quando, a despeito da exigência de boa-fé, der origem a um desequilíbrio significativo em detrimento do consumidor, entre os direitos e obrigações das partes decorrentes do contrato. 2. Considera-se que uma cláusula não foi objeto de negociação individual sempre que a mesma tenha sido redigida previamente e, consequentemente, o consumidor não tenha podido influir no seu conteúdo, em especial no âmbito de um contrato de adesão. O facto de alguns elementos de uma cláusula ou uma cláusula isolada terem sido objeto de negociação individual não exclui a aplicação do presente artigo ao resto de um contrato se a apreciação global revelar que, apesar disso, se trata de um contrato de adesão. Se o profissional sustar que uma cláusula normalizada foi objeto de negociação individual, caber-lhe-á o ónus da prova." (Art.º 3.º)

Ora, com a *Big Data* e os referidos *Chatbots*, isto é, com programas informáticos dotados de Inteligência Artificial capazes manter um diálogo com um interlocutor humano, os custos de transação reduziram-se até ao ponto em que se tornou viável negociar individualmente cada uma das cláusulas contratuais. Mais ainda, o consumidor passou a ter perante si um interlocutor com um conhecimento muito aprofundado das necessidades e aspirações, porventura maior que o próprio tem de si, pelo menos conscientemente. O que vem desequilibrar, de um modo ainda mais acentuado, as posições das partes nas relações de consumo.[8]

Esta nova realidade vem reforçar a importância relativa do regime das comunicações não solicitadas, já não só referidas ao SPAM, constante da Diretiva 2002/58/CE, do Parlamento Europeu e do Conselho, de 12 de julho, relativa ao tratamento de dados pessoais e à proteção da privacidade no setor das comunicações eletrônicas, com as

---

[7]. Em 2008 e pela primeira vez, perspectivei esta possibilidade, na sequência de uma referência incidental de Giovanni Sartor, a propósito da contratação através de "agentes inteligentes", na minha comunicação ao Congresso de Saragoça da FIADI – Federação Ibero-americana de Direito e Informática, matéria essa que retomei há pouco (2019). Embora não considerando as questões ligadas à assimetria resultante do emprego da Inteligência Artificial, Teresa Moura dos SANTOS (2016) chegou a conclusões semelhantes, inclusivamente quanto à articulação a ser feita com a disciplina das "práticas comerciais desleais das empresas nas relações com os consumidores", vide infra.

[8]. Sobre esta questão, além do enquadramento de Teresa Coelho MOREIRA e Francisco Pacheco de ANDRADE (2016), embora centradas na consideração do Setor Financeiro, as considerações de A. Barreto MENEZES CORDEIRO (2018) têm a maior das pertinências.

alterações introduzidas pela Diretiva 2009/136/CE, de 25 de novembro, o qual passou a determinar que[9]:

"1. A utilização de sistemas de chamada e de comunicação automatizados sem intervenção humana (aparelhos de chamada automáticos), de aparelhos de fax ou de correio eletrónico para fins de comercialização direta apenas pode ser autorizada em relação a assinantes que tenham dado o seu consentimento prévio. 2. Não obstante o n.º 1, se uma pessoa singular ou coletiva obtiver dos seus clientes as respetivas coordenadas eletrónicas de contacto para correio eletrónico, no contexto da venda de um produto ou serviço, nos termos da Diretiva 95/46/CE, essa pessoa singular ou coletiva pode usar essas coordenadas eletrónicas de contacto para fins de comercialização direta dos seus próprios produtos ou serviços análogos, desde que aos clientes tenha sido dada clara e distintamente a possibilidade de recusarem, de forma gratuita e fácil, a utilização dessas coordenadas eletrónicas de contacto no momento da respetiva recolha e por ocasião de cada mensagem, quando o cliente não tenha inicialmente recusado essa utilização. 3. Os Estados Membros tomam as medidas adequadas para assegurar que as comunicações não solicitadas para fins de comercialização direta em casos diferentes dos referidos nos n.ºs 1 e 2 não sejam permitidas quer sem o consentimento dos assinantes ou utilizadores em questão, quer em relação a assinantes ou utilizadores que não desejem receber essas comunicações, sendo a escolha entre estas opções determinada pela legislação nacional, tendo em conta que ambas as opções devem ser gratuitas para o assinante ou utilizador. [e] 6. Sem prejuízo de eventuais recursos administrativos que venham a ser previstos, nomeadamente ao abrigo do n.º 2 do Artigo 15.º-A, os Estados Membros asseguram que as pessoas singulares ou coletivas prejudicadas por infrações às disposições nacionais aprovadas nos termos do presente artigo e que tenham um interesse legítimo na cessação ou proibição dessas infrações, nomeadamente um prestador de serviços de comunicações eletrónicas que proteja os seus interesses comerciais legítimos, possam intentar ações judiciais contra tais infrações. Os Estados Membros podem ainda estabelecer regras específicas sobre as sanções aplicáveis a prestadores de serviços de comunicações eletrónicas que pela sua negligência contribuam para infrações às disposições nacionais aprovadas nos termos do presente artigo." (Art.º 13.º)

Regime este que será até reforçado, caso avance o previsto na Proposta de Regulamento relativo ao respeito pela vida privada e à proteção dos dados pessoais nas comunicações eletrónicas (COM(2017) 10 final, de 10 de janeiro de 2017)[10], em cujos termos:

1. As pessoas singulares ou coletivas podem utilizar os serviços de comunicações eletrónicas para o envio de comunicações comerciais diretas a utilizadores finais que sejam pessoas singulares que tenham dado o seu consentimento. [mas]

2. Se uma pessoa singular ou coletiva obtiver do seu cliente coordenadas eletrónicas de contacto para correio eletrónico, no contexto da venda de um produto ou serviço, em conformidade com o Regulamento (UE) 2016/679, essa pessoa singular ou coletiva pode usar essas coordenadas eletrónicas de contacto para fins de marketing direto dos seus próprios produtos ou serviços análogos, desde que aos clientes tenha sido dada clara e distintamente a possibilidade de se oporem, de forma gratuita e fácil, a essa utilização. O direito de oposição deve ser oferecido na data da recolha e sempre que uma mensagem é enviada." (Art.º 16.º)

Além de tornar ainda mais necessário seguir o disposto na Diretiva 2005/29/CE, do Parlamento Europeu e do Conselho, de 11 de maio, relativa às práticas comerciais desle-

---

9. Ainda que os principais contributos da Doutrina tenham ocorrido aquando das transposições destas Diretivas, tem muito interesse os recentes balanços de Marisa DINIS e Susana ALMEIDA (2017) e de Fernanda M.ª Neves REBELO (2018).
10. Sobre esta matéria, remeto para as referências constantes do meu estudo e de Cristiana Teixeira SANTOS (2019), no qual também procuramos enquadrar os impactos previsíveis do futuro Regulamento *ePrivacy* no que se refere aos dispositivos móveis.

ais das empresas nas relações com os consumidores no mercado interno, mormente no que se refere à programação das aplicações dotadas de Inteligência Artificial destinadas à negociação com consumidores. Com efeito, tornou-se imperativa em tal programação a observância de critérios decorrentes da Boa-Fé, não apenas objetiva como também subjetiva,[11] garantido que a uma tal prática não será "desleal", isto é:[12]

> "[...] contrária às exigências relativas à diligência profissional; [e] Distorcer ou for suscetível de distorcer de maneira substancial o comportamento económico, em relação a um produto, do consumidor médio a que se destina ou que afeta, ou do membro médio de um grupo quando a prática comercial for destinada a um determinado grupo de consumidores." (Art.º 5.º n.º 2), tanto por ação (Art.º 6), quanto por omissão (Art.º 7.º)

2.2 Em matéria de Proteção de Dados Pessoais

Como vimos antes, os modelos de negócio assentes na *Big Data* possibilitam um controle permanente sobre os consumidores, com dados obtidos e tratados em tempo real, conservados por tempo indeterminado, com vista a obter informações ainda não evidentes, muitas delas nem sequer previstas no momento de recolha e tratamento inicial dos dados. O que tende a conduzir ao estabelecimento de perfis detalhados para cada cliente, depois usados para prever e avaliar os respetivos comportamentos.[13]

Ademais, hoje estamos cientes que as analíticas de *Big Data* tornam a anonimização dos dados pessoais reversível, mesmo se tiverem sido usadas *PET – Privacy Enhancement Technologies* / Tecnologias de Reforço da Privacidade[14]. Aliás, explicitamente e em con-

---

11. A propósito do imperativo e das possibilidades de programar critérios de Boa-Fé nos contratos realizados através de programas dotados de Inteligência Artificial, relevam as sínteses de Francisco Pacheco de ANDRADE (2015) e (2018), condensando múltiplos trabalhos anteriores. De minha parte (2019), voltei recentemente ao tema, desde a perspectiva da "autonomização" dos "agentes inteligentes". É ainda preciso acrescentar que, apesar da respetiva designação, estas questões não se colocam no âmbito dos *smart contracts*, por estes não incorporarem uma atuação autónoma, antes automática, dos sistemas sobre os quais assentam, sobre estes contamos com os estudos de Delber Pinto GOMES (2018) e de Hugo Ramos ALVES (2019), assim como a apreciação crítica de Jorge Morais de CARVALHO (2018).
12. No que se refere ao conteúdo e alcance desta Diretiva, e do Decreto-Lei n.º 57/2008, de 26 de março, que transpôs para Portugal, nomeadamente no âmbito do Direito do Mercado, são incontornáveis os estudos recentes de Pedro MAIA (2015), de Teresa Moura dos SANTOS (2017), de Mafalda Moreira BARBOSA (2017) e de Sandra PASSINHAS (2017), os quais abordaram as questões após vários anos de aplicação e já com um significativo acervo jurisprudencial, inclusive nacional.
13. Sobre estas questões, a Autoridade Europeia para a Proteção de Dados tem sido bastante assertiva, desde o Parecer preliminar "Privacidade e competitividade na era dos grandes volumes de dados: a articulação entre a proteção de dados, a lei da concorrência e a proteção do consumidor na Economia Digital", de 14 de março de 2014, reforçado pelo Parecer 4/2015 "Rumo a uma nova ética digital: dados, dignidade e tecnologia", de 11 de setembro de 2015, logo seguido do Parecer 7/2015 "Corresponder aos desafios dos Grandes Volumes de Dados: Um apelo à transparência, controlo do utilizador, proteção de dados desde a concessão e responsabilidade", de 19 de novembro do mesmo ano, entretanto atualizado pelo Parecer 8/2016 "Aplicação efetiva da legislação na economia digital", de 23 de setembro de 2016. Por sua vez, o Grupo de Trabalho do Artigo 29.º, que enfrentara estes problemas, pela primeira vez, no seu Parecer 2/2010, sobre "a publicidade comportamental em-linha", voltou a abordá-los com o Parecer 5/2012, sobre a "Computação em Nuvem", de 1 de julho de 2012, e pelo Parecer 3/2013, sobre "limitação de finalidade", *cit.*, bem como e sobretudo pela "Declaração do Grupo do Artigo 29.º sobre o impacto do desenvolvimento da *Big Data* na proteção das pessoas relativamente ao tratamento dos seus dados pessoais na UE", de 16 de setembro de 2016.
14. Como deu conta o Grupo de Trabalho do Artigo 29.º, no seu Parecer n.º 5/2014, sobre "técnicas de anonimização", de 10 de abril. A este propósito, começámos por dispor das considerações de Catarina Sarmento e CASTRO (2016), eu próprio realizei uma primeira abordagem a no que se refere às consequência resultantes das possibilidades propósito da re-identificação dos "dados PNR" através de analíticas de *Big Data*, também com funções preditivas (2017), sendo a questão igualmente tratada por Ana Alves LEAL (2017).

traponto, o Regulamento (UE) 2018/1807, do Parlamento Europeu e do Conselho, de 14 de novembro de 2018, relativo a um regime para o livre fluxo de dados não pessoais na União Europeia, assumiu-o com clareza[15-16]:

"A internet das coisas, a inteligência artificial e a aprendizagem automática, que estão em expansão, representam grandes fontes de dados não pessoais, por exemplo, em consequência da sua utilização em processos automatizados de produção industrial. Exemplos concretos de dados não pessoais incluem conjuntos de dados agregados e anonimizados utilizados para a análise de grandes volumes de dados, os dados relativos à agricultura de precisão que podem ajudar a controlar e a otimizar a utilização de pesticidas e de água ou ainda dados sobre as necessidades de manutenção de máquinas industriais. Se os progressos tecnológicos permitirem transformar dados anonimizados em dados pessoais, esses dados devem ser tratados como dados pessoais, e o Regulamento (UE) 2016/679 deve ser aplicado em conformidade." (Considerando 9)

Por outro lado, o recurso à *Big Data* supõe o acesso a meios técnicos, financeiros e humanos de grande porte, daí resultando uma acentuada assimetria informacional não apenas entre os profissionais e os consumidores, mas também entre as grandes e as pequenas e médias empresas. Isto, além de estabelecer barreiras à entrada de novos competidores, inclusive devido aos denominados "efeitos de rede", bem conhecidos na Economia e no Direito da Concorrência.

Daí, o impacto que o Regulamento 2016/679, do Parlamento Europeu o Conselho, de 27 de abril, relativo à proteção das pessoas singulares no que diz respeito ao tratamento de dados pessoais e à livre circulação desses dados e que revoga a Diretiva 95/46/CE ("Regulamento Geral sobre a Proteção de Dados") tem para toda esta problemática[17].

Aliás e entre outros, a respetiva Proposta teve o objetivo de dar uma resposta cabal às questões suscitadas por tecnologias novas e disruptoras, incluindo a *IoT- Internet das Coisas*, enquanto fonte de dados massivos passíveis de conduzirem a uma vigilância permanente das pessoas pelos Poderes, não só públicos como também privados[18].

---

15. Ao que acresce o explicitado pela Comissão Europeia na sua Comunicação, interpretativa, "Orientações sobre o regulamento relativo a um quadro para o livre fluxo de dados não pessoais na União Europeia" (COM(2019) 250 final, de 25 de maio de 2019). Logo após a publicação do RGPD, esta questão foi identificada e analisada por Ana Alves LEAL (2017).
16. O que pressupõe uma delimitação precisa do que devemos entender por "dados pessoais", desde a definição constante do Art.º 4.º 1) do RGPD (como toda "informação relativa a uma pessoa singular identificada ou identificável («titular dos dados»); é considerada identificável uma pessoa singular que possa ser identificada, direta ou indiretamente, em especial por referência a um identificador, como por exemplo um nome, um número de identificação, dados de localização, identificadores por via eletrónica ou a um ou mais elementos específicos da identidade física, fisiológica, genética, mental, económica, cultural ou social dessa pessoa singular;"), sobre a qual e por todos, são de atender as considerações de Filipa Urbano CALVÃO (2015), esta ainda durante as negociações do RGPD, e de Mafalda Miranda BARBOSA (2017), tal como o estudo de A. Barreto MENEZES CORDEIRO (2018) e ainda o comentário à definição por parte de Alexandre Sousa PINHEIRO (2018 c).
17. Em geral, sobre as consequências jurídicas, antes e depois da adoção do RGPD, remeto para o meu estudo sobre a contratação de viagem organizadas em contextos de *Big Data* (2016), assim como para os estudos e as sínteses de Maria Eduarda AZEVEDO (2016) e (2017) e de Ana Alves LEAL (2017) e (2018), além e para a abordagem de Jorge Morais de CARVALHO (2018), a última na perspectiva da proteção dos consumidores.
18. Desde a Comunicação da Comissão ao Parlamento Europeu, ao Conselho, ao Comité Económico e Social Europeu e ao Comité das Regiões "Proteção da privacidade num mundo interligado - Um quadro europeu de proteção de dados para o século XXI" (COM/2012/09 final, de 25 de janeiro de 2012. Sobre as implicações da proliferação de sensores interconectados para as Liberdades das pessoas, enquanto cidadãos e consumidores, *maxime* para a Privacidade, além das considerações de Catarina Sarmento e CASTRO (2016), de Ana Alves LEAL (2017) e de Jorge Morais de CARVALHO (2017) e (2018), temos o texto breve de Luís Filipe ANTUNES (2016) e o estudo

Embora devamos ter sempre presente que, também devido ao impasse negocial em que se encontrava a *Proposta de Regulamento Geral sobre Proteção de Dados* no primeiro semestre de 2014, o Tribunal de Justiça da União Europeia reinterpretara atualisticamente a Diretiva 95/46/CE, com o *Acórdão Google Spain*. Neste Acórdão, até pelo contraste com as Conclusões do Advogado-Geral Niilo Jääskinen, ficou sinalizado que um eventual fracasso por parte dos Decisores Políticos não impediria a formulação de respostas adequadas às novas realidades tecnológicas, ainda que jurisprudenciais[19].

Antes de mais, tal como a Diretiva 95/46/CE[20], o Regulamento Geral tem por objeto quaisquer tratamentos de dados pessoais, o que constitui, aliás, um dos traços caraterizadores do Modelo Europeu, incluindo os dos consumidores por empresas[21], dado que:

"O presente regulamento estabelece as regras relativas à proteção das pessoas singulares no que diz respeito ao tratamento de dados pessoais e à livre circulação desses dados." (Art.º 1.º n.º 1).

E, ainda mais claramente, no que se refere às relações de consumo, a propósito do âmbito territorial do Regulamento, já que o mesmo:

"[...] aplica-se ao tratamento de dados pessoais efetuado no contexto das atividades de um estabelecimento de um responsável pelo tratamento ou de um subcontratante situado no território da União, independentemente de o tratamento ocorrer dentro ou fora da União [e também] ao tratamento de dados pessoais de titulares residentes no território da União, efetuado por um responsável pelo tratamento ou subcontratante não estabelecido na União, quando as atividades de tratamento estejam relacionadas com: a) A oferta de bens ou serviços a esses titulares de dados na União, independentemente da exigência de os titulares dos dados procederem a um pagamento; b) O controlo do seu comportamento, desde que esse comportamento tenha lugar na União." (Art. 3.º n.ºs 1 e 2)

O que é confirmado, *a contrario*, por outros instrumentos europeus, que pressupõem estes regimes, como são os casos da Diretiva 2011/83/CE, do Parlamento Europeu e do Conselho, de 25 de outubro de 2011, relativa aos direitos dos consumidores, e da Diretiva 2000/31/CE, do Parlamento Europeu e do Conselho de 8 de junho de 2000, relativa a certos aspetos legais dos serviços da sociedade de informação, em especial do comércio eletrónico, no mercado interno ('Diretiva sobre o comércio eletrónico').

---

de Hélder FRIAS (2017). E, já depois da publicação do RGPD, é ainda de referir o Parecer 8/2014 do Grupo de Trabalho do Artigo 29.º, sobre os "recentes desenvolvimentos da Internet das Coisas", de 16 de setembro de 2016.

19. Sobre este aresto, além da minha contextualização na Conferência da APDSI/Google (2015), aponto as reflexões de Filipa Urbano Calvão (2015), de João MARQUES (2016) e de Catarina Sarmento e CASTRO (2016), as considerações mais recentes de Maria de Fátima GALANTE (2018) e de Rui P. Coutinho de Mascarenhas ATAÍDE (2019), sendo ainda de atender às possibilidades colocadas por Francisco Arga e LIMA e Mateus Magalhães de CARVALHO (2019) a propósito da eficácia territorial do "esquecimento", embora estas últimas estejam, em parte, superadas pelo teor do Acórdão do Tribunal de Justiça da União Europeia (Grande Secção), de 24 de setembro de 2019, *Portée territoriale du déréférencement*.

20. A propósito do sentido e conteúdo desta, por todos, *vide* os capítulos, a tanto dedicados, do livro de Alexandre Sousa PINHEIRO (2015), *maxime* p. 573 e ss., tendo ainda interesse as considerações de Catarina Sarmento e CASTRO (2016) e de Angelina TEIXEIRA (2016), nos últimos casos em termos retrospectivos.

21. Entre nós, os trabalhos dedicados ao *Regulamento* começam a somar-se. No que se refere a abordagens gerais, desde os trabalhos iniciais de Catarina Sarmento e CASTRO (2016), de Angelina TEIXEIRA (2016), de Jorge Barros MENDES (2017) e de Mafalda Miranda BARBOSA (2017), até às sínteses de Sónia MOREIRA (2018) e de Alexandre Sousa PINHEIRO (2018 a), podendo também ter interesse o meu com Cristiana Teixeira SANTOS (2018), assim como, e sobretudo, o *Comentário* coordenado por Alexandre Sousa PINHEIRO (2018).

Adicionalmente e, em positivo, a pertinência desta articulação é reforçada pelo teor da nova Diretiva (UE) 2019/770, do Parlamento Europeu e do Conselho, de 20 de maio de 2019, sobre certos aspectos relativos aos contratos de fornecimento de conteúdos e serviços digitais, a qual prevê e disciplina, explicitamente, a possibilidade de os dados pessoais dos consumidores serem monetarizados, isto é, constituírem um meio de pagamento, com caráter oneroso, em alternativa a uma prestação pecuniária, um "preço"[22]:

"A presente diretiva é igualmente aplicável sempre que o profissional forneça ou se comprometa a fornecer conteúdos ou serviços digitais ao consumidor e o consumidor faculte ou se comprometa a facultar dados pessoais ao profissional, exceto se os dados pessoais facultados pelo consumidor forem exclusivamente tratados pelo profissional para fornecer os conteúdos ou serviços digitais em conformidade com a presente diretiva, ou para o profissional cumprir os requisitos legais a que está sujeito, não procedendo ao tratamento desses dados para quaisquer outros fins; [e]

O direito da União em matéria de proteção de dados pessoais é aplicável a todos os dados pessoais tratados no âmbito dos contratos mencionados no n.º 1. Em particular, a presente diretiva não prejudica o Regulamento (UE) 2016/679 e a Diretiva 2002/58/CE. Em caso de conflito entre as disposições da presente diretiva e o direito da União em matéria de proteção de dados pessoais, prevalece este último." (Art.º 3.º n.ºs 1 e 8).

Mas, dando resposta às múltiplas reservas colocadas relativamente ao texto da Proposta da Comissão Europeia, a qual poderia baixar o nível de proteção dos titulares dos dados, foi explicitado que "Em caso de rescisão do contrato [e] No que se refere aos dados pessoais do consumidor, o profissional deve cumprir as obrigações decorrentes do Regulamento (UE) 2016/679." (Art.º 16.º n.ºs 1 e 2), designadamente no que se refere ao "Direito ao apagamento dos dados" (Art.º 17.º), incluindo a "Obrigação de notificação da retificação ou apagamento dos dados pessoais" (Art.º 19.º), ou ao "Direito de portabilidade dos dados" (Art.º 20.º), o mesmo relevando no que se refere à formação dos contratos, designadamente no que se refere às "Condições aplicáveis ao consentimento", em geral (Art.º 7.º), às "Condições aplicáveis ao consentimento de crianças em relação aos serviços da sociedade da informação" (Art.º 8.º) e ao "Tratamento de categorias especiais de dados pessoais" (Art.º 9.º n.º 2 a).

Do antes referido decorrem múltiplas consequências, designadamente a relativa a aplicação do Regulamento Geral sempre que o tratamento tenha por destinatários residentes, consumidores, em território da UE, ainda que o responsável pelo tratamento não conte com um estabelecimento no mesmo, ou proceda a um controle do seu comportamento, ocorrendo este na UE (Art.º 3.º n.º 2 a) e b, *vide supra*)[23] e, bem assim,

---

22. A Doutrina nacional foi-se dando conta das implicações desta Diretiva, desde quando a mesma ainda era uma Proposta (COM (2015) 634 final, de 9 de dezembro de 2015), ainda que sem um aprofundamento de natureza monográfica, como foi ocorreu com Alexandre Dias PEREIRA (2016). Entretanto, Madalena NARCISO (2017) deteve-se no problema, ainda enquanto decorria o procedimento, e, depois da publicação da Diretiva, Jorge Morais de CARVALHO (2019) ficou-se pela respetiva identificação, embora já tivesse enfrentado esta problemática em (2017) e (2018), ainda perante o texto da Proposta da Comissão.

23. Para um aprofundamento a propósito do alcance destes enunciados, remeto para as referências de Catarina Sarmento e CASTRO (2016), assim como para o comentário de Alexandre Sousa PINHEIRO (2018 b), além de o fazer para a minha aula sobre o "âmbito de aplicação territorial" do *Regulamento* (2018).

a proibição do tratamento de 'dados sensíveis' com finalidades comerciais, salvo com consentimento explícito prévio do cidadão-consumidor[24]-[25]:

"É proibido o tratamento de dados pessoais que revelem a origem racial ou étnica, as opiniões políticas, as convicções religiosas ou filosóficas, ou a filiação sindical, bem como o tratamento de dados genéticos, dados biométricos para identificar uma pessoa de forma inequívoca, dados relativos à saúde ou dados relativos à vida sexual ou orientação sexual de uma pessoa"; [mas] "O disposto no n.º 1 não se aplica se se verificar um dos seguintes casos: a) Se o titular dos dados tiver dado o seu consentimento explícito para o tratamento desses dados pessoais para uma ou mais finalidades específicas, exceto se o direito da União ou de um Estado-Membro prever que a proibição a que se refere o n.º 1 não pode ser anulada pelo titular dos dados;" (Art.º 9.º n.ºs 1 e 2)

Ao mesmo tempo e no que se refere à "qualidade dos dados", *rectius* aos "Princípios relativos ao tratamento de dados pessoais", temos que o respetivo tratamento deve ser 'lícito, leal e transparente', com 'limitação das finalidades' e 'minimização dos dados', bem como com uma sua 'limitação da conservação' (Art.º 5.º n.º 1), o que condiciona muito utilização das técnicas de *Big Data*, ao deverem os dados ser[26]:

"Objeto de um tratamento lícito, leal e transparente em relação ao titular dos dados" (a)

"Recolhidos para finalidades determinadas, explícitas e legítimas e não podendo ser tratados posteriormente de uma forma incompatível com essas finalidades; o tratamento posterior para fins de arquivo de interesse público, ou para fins de investigação científica ou histórica ou para fins estatísticos, não é considerado incompatível com as finalidades iniciais, em conformidade com o artigo 89.º, n.º 1 89.º, n.º 1 [O tratamento para fins de arquivo de interesse público, ou para fins de investigação científica ou histórica ou para fins estatísticos, está sujeito a garantias adequadas, nos termos do presente regulamento, para os direitos e liberdades do titular dos dados. Essas garantias asseguram a adoção de medidas técnicas e organizativas a fim de assegurar, nomeadamente, o respeito do princípio da minimização dos dados. Essas medidas podem incluir a pseudonimização, desde que os fins visados possam ser atingidos desse modo. Sempre que esses fins possam ser atingidos por novos tratamentos que não permitam, ou já não permitam, a identificação dos titulares dos dados, os referidos fins são atingidos desse modo]" (b)

"Adequados, pertinentes e limitados ao que é necessário relativamente às finalidades para as quais são tratados" (c)

"Conservados de uma forma que permita a identificação dos titulares dos dados apenas durante o período necessário para as finalidades para as quais são tratados; os dados pessoais podem ser conservados durante períodos mais longos, desde que sejam tratados exclusivamente para fins de arquivo

---

24. Embora a própria *Big Data*, com o profundo desequilíbrio que proporciona entre as grandes empresas e os cidadãos-consumidores, torne o consentimento, em boa medida, ilusório, como nos mostra João FACHANA (2016), a este propósito são de atender as considerações iniciais de Angelina TEIXEIRA (2016) e os enquadramentos dogmáticos de base civilística de Mafalda Miranda BARBOSA (2017) e A. Barreto MENEZES CORDEIRO (2019), bem como ao comentário relativamente à definição de Alexandre Sousa PINHEIRO (2018 b), além da perspetiva específica de Ana Alves LEAL (2017). Sobre esta questão é ainda essencial atender às "Orientações relativas ao consentimento na acessão do Regulamento (UE) 2016/679", do Grupo de Trabalho do Artigo 29, adotadas em 28 de novembro de 2017 (Última redação revista e adotada em 10 de abril de 2018).
25. No que se refere ao tratamento dos vários tipos de "dados sensíveis", além do comentário às definições constantes do Art.º 4.º por Alexandre Sousa Pinheiro (2018 c), relevam os estudos recentes de Alexandre Dias PEREIRA (2018), de Luís POÇAS (2018) e ainda de Inês Camarinha LOPES e outros (2019), assim como o longo comentário de Tatiana DUARTE (2018).
26. Em geral e a este propósito, vejam-se os trabalhos Angelina TEIXEIRA (2018), de Jorge Barros MENDES (2017) e de Marco Alexandre SAIAS (2017), bem como o comentário ao preceito de Alexandre Sousa PINHEIRO e Carlos Jorge GONÇALVES (2018 a) e ainda o meu estudo, com Cristiana Teixeira SANTOS (2018), a propósito da proteção dos turistas, enquanto cidadãos e consumidores, nos "Destinos Turísticos Inteligentes".

de interesse público, ou para fins de investigação científica ou histórica ou para fins estatísticos, em conformidade com o artigo 89.º, n.º 1 [*vide supra*], sujeitos à aplicação das medidas técnicas e organizativas adequadas exigidas pelo presente regulamento, a fim de salvaguardar os direitos e liberdades do titular dos dados." (e)

Adicionalmente e como corolário do direito à autodeterminação do seu titular, é garantido um direito à oposição ao tratamento dos dados (Art.º 21.º):

"1. O titular dos dados tem o direito de se opor a qualquer momento, por motivos relacionados com a sua situação particular, ao tratamento dos dados pessoais que lhe digam respeito com base no artigo 6.º, n.º 1, alínea e) ou f), ou no artigo 6.º, n.º 4, incluindo a definição de perfis com base nessas disposições. O responsável pelo tratamento cessa o tratamento dos dados pessoais, a não ser que apresente razões imperiosas e legítimas para esse tratamento que prevaleçam sobre os interesses, direitos e liberdades do titular dos dados, ou para efeitos de declaração, exercício ou defesa de um direito num processo judicial."; [e]

2. "Quando os dados pessoais forem tratados para efeitos de comercialização direta, o titular dos dados tem o direito de se opor a qualquer momento ao tratamento dos dados pessoais que lhe digam respeito para os efeitos da referida comercialização, o que abrange a definição de perfis na medida em que esteja relacionada com a comercialização direta."; [além disso],

3. "Caso o titular dos dados se oponha ao tratamento para efeitos de comercialização direta, os dados pessoais deixam de ser tratados para esse fim."

O qual tem por consequência a respetiva portabilidade, entre diferentes Prestadores de Serviços da Sociedade da Informação, agora sobretudo estruturados em "ecossistemas" tecnológicos (Art.º 20.º):[27]

"1. O titular dos dados tem o direito de receber os dados pessoais que lhe digam respeito e que tenha fornecido a um responsável pelo tratamento, num formato estruturado, de uso corrente e de leitura automática, e o direito de transmitir esses dados a outro responsável pelo tratamento sem que o responsável a quem os dados pessoais foram fornecidos o possa impedir, se: a) O tratamento se basear no consentimento dado nos termos do artigo 6.º, n.º 1, alínea a), ou do artigo 9.º, n.º 2, alínea a), ou num contrato referido no artigo 6., n.º 1, alínea b); e b) O tratamento for realizado por meios automatizados. [pois]

2. Ao exercer o seu direito de portabilidade dos dados nos termos do n.º 1, o titular dos dados tem o direito a que os dados pessoais sejam transmitidos diretamente entre os responsáveis pelo tratamento, sempre que tal seja tecnicamente possível."

Além de comportar a possibilidade de ser requerido o seu apagamento ('direito a ser esquecido') (Art.º 17.º)[28], já que:

---

27. Para uma análise detalhada das origens e do conteúdo deste regime, são de atender os estudos de Maria da Graça do Canto MONIZ (2018), de Vítor Palmela FIDALGO (2019) e de Diogo Pereira DUARTE e Alexandra GUSEJNOV (2019), assim como as considerações desde uma perspectiva complementar de Rita de Sousa COSTA (2018) e o comentário de Alexandre Sousa PINHEIRO e Carlos Jorge GONÇALVES (2018 c). Além das "Orientações sobre o direito à portabilidade dos dados", do Grupo de Trabalho do Artigo 29.º, adotadas em 13 de dezembro de 2016 (Com a última redação revista e adotada em 5 de abril de 2017).

28. Além do enquadramento deste direito no âmbito dos Direitos Fundamentais, tanto no plano da União Europeia quanto no nacional, feito por Catarina Sarmento e CASTRO (2016), em termos prospetivos, e por Catarina Santos BOTELHO (2017), relevam o estudo de Ana Perestrelo de OLIVEIRA (2019), bem como a análise jurisprudencial de Maria de Fátima GALANTE (2018), além do breve apontamento de Rui P. Coutinho de Mascarenhas ATAÍDE (2019) e do comentário breve de Alexandre Sousa PINHEIRO e Carlos Jorge GONÇALVES (2018b), sem esquecer a abordagem específica de Ana Alves LEAL (2017).

"1. O titular tem o direito de obter do responsável pelo tratamento o apagamento dos seus dados pessoais, sem demora injustificada, e este tem a obrigação de apagar os dados pessoais, sem demora injustificada, quando se aplique um dos seguintes motivos: a) Os dados pessoais deixaram de ser necessários para a finalidade que motivou a sua recolha ou tratamento; b) O titular retira o consentimento em que se baseia o tratamento dos dados nos termos do artigo 6.º, n.º 1, alínea a), ou do artigo 9.º, n.º 2, alínea a) e se não existir outro fundamento jurídico para o referido tratamento; c) O titular opõe-se ao tratamento nos termos do artigo 21.º, n.º 1, e não existem interesses legítimos prevalecentes que justifiquem o tratamento, ou o titular opõe-se ao tratamento nos termos do artigo 21.º, n.º 2; d) Os dados pessoais foram tratados ilicitamente; e) Os dados pessoais têm de ser apagados para o cumprimento de uma obrigação jurídica decorrente do direito da União ou de um Estado-Membro a que o responsável pelo tratamento esteja sujeito; f) Os dados pessoais foram recolhidos no contexto da oferta de serviços da sociedade da informação referida no artigo 8.º, n.º 1."; [adicionalmente],

2."Quando o responsável pelo tratamento tiver tornado públicos os dados pessoais e for obrigado a apagá-los nos termos do n.º 1, toma as medidas que forem razoáveis, incluindo de caráter técnico, tendo em consideração a tecnologia disponível e os custos da sua aplicação, para informar os responsáveis pelo tratamento efetivo dos dados pessoais de que o titular dos dados lhes solicitou o apagamento das ligações para esses dados pessoais, bem como das cópias ou reproduções dos mesmos."

Da mesma maneira, são enunciadas fortes limitações à criação de perfis e à sujeição a decisões individuais automatizadas, com base nestas (Art.º 22.º)[29]:

"1. O titular dos dados tem o direito de não ficar sujeito a nenhuma decisão tomada exclusivamente com base no tratamento automatizado, incluindo a definição de perfis [*id est*, "qualquer forma de tratamento automatizado de dados pessoais que consista em utilizar esses dados pessoais para avaliar certos aspetos pessoais de uma pessoa singular, nomeadamente para analisar ou prever aspetos relacionados com o seu desempenho profissional, a sua situação económica, saúde, preferências pessoais, interesses, fiabilidade, comportamento, localização ou deslocações;", Art.º 4.º 4], que produza efeitos na sua esfera jurídica ou que o afete significativamente de forma similar; [porém, a proteção é limitada, já que]

2. O n.º 1 não se aplica se a decisão: a) For necessária para a celebração ou a execução de um contrato entre o titular dos dados e um responsável pelo tratamento; b) For autorizada pelo direito da União ou do Estado-Membro a que o responsável pelo tratamento estiver sujeito, e na qual estejam igualmente previstas medidas adequadas para salvaguardar os direitos e liberdades e os legítimos interesses do titular dos dados; ou c) For baseada no consentimento explícito do titular dos dados; [ainda assim]

3. Nos casos a que se referem o n.º 2, alíneas a) e c), o responsável pelo tratamento aplica medidas adequadas para salvaguardar os direitos e liberdades e legítimos interesses do titular dos dados, designadamente o direito de, pelo menos, obter intervenção humana por parte do responsável, manifestar o seu ponto de vista e contestar a decisão."

---

29. Quanto a esta questão, uma das mais delicadas e controvertidas no que se refere ao emprego de analíticas de *Big Data* no domínio do tratamento de dados pessoais, são de atender as referências de Catarina Sarmento e CASTRO (2016), assim como os estudos de José Afonso FERREIRA (2018), de Gabriela CALDAS (2019) e de Madalena Perestrelo de OLIVEIRA (2019), bem como o comentário de Alexandre Sousa PINHEIRO e Carlos Jorge GONÇALVES (2018 d); e, especificamente, além da abordagem de Ana Alves LEAL (2017), centrada no Setor Financeiro, aponto a minha abordagem no que se refere às viagens (2016) e o meu trabalho sobre a transparência algorítmica (2018), depois aprofundado com Cristiana Teixeira SANTOS (2019), sempre a propósito da proteção dos turistas enquanto cidadãos e consumidores. Também sobre estas questões, são fundamentais as "Orientações sobre as decisões individuais automatizadas e a definição de perfis para efeitos do Regulamento (UE) 2016/679", do Grupo de Trabalho do Artigo 29.º, adotadas em 3 de outubro de 2017 (Com a última redação revista e adotada em 6 de fevereiro de 2018).

A tudo isto acrescem garantias que passam pela previsão de uma responsabilidade civil objetiva e solidária para os responsáveis pelo tratamento dos dados, e os subcontratantes se for o caso, incluindo explicitamente os danos não patrimoniais (Art.º 82.º)[30]

"1. Qualquer pessoa que tenha sofrido danos materiais ou imateriais devido a uma violação do presente regulamento tem direito a receber uma indemnização do responsável pelo tratamento ou do subcontratante pelos danos sofridos; pelo que,

2. Qualquer responsável pelo tratamento que esteja envolvido no tratamento é responsável pelos danos causados por um tratamento que viole o presente regulamento. O subcontratante é responsável pelos danos causados pelo tratamento apenas se não tiver cumprido as obrigações decorrentes do presente regulamento dirigidas especificamente aos subcontratantes ou se não tiver seguido as instruções lícitas do responsável pelo tratamento; [mas[

3. O responsável pelo tratamento ou o subcontratante fica isento de responsabilidade nos termos do n.º 2, se provar que não é de modo algum responsável pelo evento que deu origem aos danos; [e]

4. Quando mais do que um responsável pelo tratamento ou subcontratante, ou um responsável pelo tratamento e um subcontratante, estejam envolvidos no mesmo tratamento e sejam, nos termos dos n.ºs 2 e 3, responsáveis por eventuais danos causados pelo tratamento, cada responsável pelo tratamento ou subcontratante é responsável pela totalidade dos danos, a fim de assegurar a efetiva indemnização do titular dos dados; [consequentemente]

5. Quando tenha pago, em conformidade com o n.º 4, uma indemnização integral pelos danos sofridos, um responsável pelo tratamento ou um subcontratante tem o direito de reclamar a outros responsáveis pelo tratamento."

E ainda, o que mais continua chamando a atenção da Comunicação Social e das empresas, de sanções pecuniárias muito elevadas[31]. Aliás, com inspiração clara no Direito da Concorrência da União Europeia, cuja eficácia dissuasória ficou comprovada na mais de década e meia de vigência do Regulamento (CE) n.º 1/2003 do Conselho, de 16 de dezembro de 2002. Efetivamente e no limite (Art.º 83.º, n. 6):

"O incumprimento de uma ordem emitida pela autoridade de controlo a que se refere o artigo 58.º, n.º 2, está sujeito, em conformidade com o n.º 2 do presente artigo, a coimas até 20 000 000 EUR ou, no caso de uma empresa, até 4 % do seu volume de negócios anual a nível mundial correspondente ao exercício financeiro anterior, consoante o montante mais elevado."

Isto sem esquecer que, às responsabilidades civil e administrativa, acresce a habilitação para os Estados Membros poderem prever sanções adicionais, inclusive de

---

30. A propósito das implicações deste preceito, nomeadamente para os "responsáveis pela proteção de dados" temos as considerações iniciais de Marco Alexandre SAIAS (2017), assim como as mais recentes de Tiago Branco da COSTA (2019), além das contextualizadas desde a dogmática civilística por Mafalda Miranda BARBOSA (2017), depois aprofundadas (2018), assim como as que se lhe seguiram de A. Barreto MENEZES CORDEIRO (2018), sem esquecer o comentário breve de Cristina Pimenta COELHO (2018 a).
31. Incidindo essencialmente sobre as sanções contraordenacionais, *i.e.*, administrativas, temos as referências prospetivas de Catarina Sarmento e CASTRO (2016), assim como as iniciais de Marco Alexandre SAIAS (2017), além da análise de José Lobo MOUTINHO e David Silva RAMALHO (2017), depois retomada por José Lobo MOUTINHO (2018), estas sobretudo incidindo no exercício de tais poderes por parte da Comissão Nacional de Proteção de Dados, e ainda as considerações de Pedro Miguel FREITAS (2018), sem esquecer o comentário breve de Cristina Pimenta COELHO (2018 b). Depois de densificada nas "Diretrizes de aplicação e fixação de coimas para efeitos do Regulamento 2016/679", do Grupo de Trabalho do Artigo 29.º, adotadas em 3 de outubro de 2017, esta matéria veio a ser regulamentada em Portugal pela Lei n.º 58/2019, de 8 de agosto, a qual assegura a execução, na ordem jurídica nacional, do Regulamento (UE) 2016/679.

natureza penal (Art.º 84.º), as quais seriam inviáveis num Regulamento, atendendo ao teor do disposto no *Tratado sobre o Funcionamento da União Europeia* (Art.º 83.º n.º 1):[32]

> "Os Estados-Membros estabelecem as regras relativas às outras sanções aplicáveis em caso de violação do disposto no presente regulamento, nomeadamente às violações que não são sujeitas a coimas nos termos do artigo 7983, e tomam todas as medidas necessárias para garantir a sua aplicação. As sanções previstas devem ser efetivas, proporcionadas e dissuasivas."

POSFÁCIO

"47. A isto vêm juntar-se as dinâmicas dos *mass-media* e do mundo digital, que, quando se tornam omnipresentes, não favorecem o desenvolvimento duma capacidade de viver com sabedoria, pensar em profundidade, amar com generosidade. Neste contexto, os grandes sábios do passado correriam o risco de ver sufocada a sua sabedoria no meio do ruído dispersivo da informação. Isto exige de nós um esforço para que esses meios se traduzam num novo desenvolvimento cultural da humanidade, e não numa deterioração da sua riqueza mais profunda. A verdadeira sabedoria, fruto da reflexão, do diálogo e do encontro generoso entre as pessoas, não se adquire com uma mera acumulação de dados, que, numa espécie de poluição mental, acabam por saturar e confundir. Ao mesmo tempo tendem a substituir as relações reais com os outros, com todos os desafios que implicam, por um tipo de comunicação mediada pela internet. Isto permite selecionar ou eliminar a nosso arbítrio as relações e, deste modo, frequentemente gera-se um novo tipo de emoções artificiais, que têm a ver mais com dispositivos e monitores do que com as pessoas e a natureza. Os meios atuais permitem-nos comunicar e partilhar conhecimentos e afetos. Mas, às vezes, também nos impedem de tomar contacto direto com a angústia, a trepidação, a alegria do outro e com a complexidade da sua experiência pessoal. Por isso, não deveria surpreender-nos o facto de, a par da oferta sufocante destes produtos, ir crescendo uma profunda e melancólica insatisfação nas relações interpessoais ou um nocivo isolamento." (Carta Encíclica *Laudato Sì*, Francisco, PP, de 24 de maio de 2015)[33]

---

32. É assim reafirmada uma tradição nacional no sentido de criminalizar as condutas mais graves em matéria de proteção de dados pessoais. Esta tradição teve início com a Lei n.º 10/91, de 29 de abril, a *Lei da Proteção de Dados Pessoais face à Informática*, a qual foi até à primeira a criar tipos penais relativos à utilização da informática, antecedendo a própria Lei n.º 109/91, de 17 de agosto, a *Lei da Criminalidade Informática*, orientação esta depois reiterada pela Lei n.º 67/98, de 26 de outubro, que aprovou a *Lei da Proteção de Dados Pessoais*, em transposição da Diretiva n.º 95/46/CE. Agora, a antes referida Lei n.º 58/2019, confirmou-a, sendo tipificados a "utilização de dados de forma incompatível com a finalidade da recolha" (Art.º 46.º), o "acesso indevido" (Art.º 47.º), o "desvio de dados" (Art.º 48.º), a "viciação ou destruição de dados" (Art.º 49.º), a "inserção de dados falsos" (50.º), a "violação do dever de sigilo" (Art.º 51.º) e a "desobediência" à Comissão Nacional de Proteção de Dados (Art.º 52.º). A este propósito, é ainda de recordar que se mantém no *Código Penal* o crime de "devassa por meio da informática" (Art.º 193.º), correspondente ao tratamento ilícito de alguns "dados sensíveis". Quanto a estas questões, remeto para o que referi a propósito do enquadramento do "acesso indevido", ainda com base na Proposta de Lei do Governo (2018), assim como para o brevíssimo comentário de Cristina Pimenta Coelho (2018 c).
33. Oportunamente recordada pelo Parecer 4/2015, da Autoridade Europeia para a Proteção de Dados, "Rumo a uma nova ética digital: dados, dignidade e tecnologia", de 11 de setembro.

REFERÊNCIAS

ALVES, Hugo Ramos. *Smart contracts*: entre a tradição e a inovação. In CORDEIRO, António Menezes; OLIVEIRA, Ana Perestrelo de; DUARTE, Diogo Pereira (Eds.). FinTech II - Novos Estudos sobre Tecnologia Financeira. Coimbra: Almedina, 2019, pp. 181-216.

ANDRADE, Francisco Pacheco de. *Questões de confiança e reputação: da Boa-Fé dos 'Agentes' de Software aos 'Smart Contracts'*. In CARVALHO, Maria Miguel (Ed.). Temas de Direito Privado. 1 - O direito privado na contemporaneidade: desafios e perspetivas. Braga: Escola de Direito da Universidade do Minho, 2015, pp. 105-115. <https://issuu.com/elisa377/docs/temas_de_direito_privado_no_1_out_2>.

ANDRADE, Francisco Pacheco de. *O erro nas declarações emitidas por 'agentes eletrónicos'*. In CALHEIROS, Clara [et al.] (Eds.). Direito na Lusofonia: Direito e Novas Tecnologias / Atas do 5º Congresso Internacional de Direito na Lusofonia. Braga: Escola de Direito Universidade do Minho / Centro de Investigação em Justiça e Governação, 2018, pp. 95-100.

ANTUNES, Luís Filipe. *A Privacidade no Mundo Conectado da Internet das Coisas*. Fórum de proteção de dados, n. 2, 2016, pp. 52-58. <https://www.cnpd.pt/bin/revistaforum/forum2016_2/files/assets/basic-html/page-52.html>.

ATAÍDE, Rui P. Coutinho de Mascarenhas. *Direito ao esquecimento*. Cyberlaw by CIJIC. Lisboa, n. 6, 2019. <https://www.cijic.org/wp-content/uploads/2019/05/Rui-Ata%C3%ADde_Direito-esquecimento.pdf>

BARBOSA, Mafalda Miranda. *O regime das práticas comerciais desleais (No contexto mais amplo do Ordenamento Jurídico): o diálogo com os regimes específicos de proteção dos consumidores e com o regime dos vícios da vontade*. Estudos de Direito do Consumidor. Coimbra, n. 13, 2017, pp. 67-105. <https://www.fd.uc.pt/cdc/pdfs/rev_13_completo.pdf>

BARBOSA, Mafalda Miranda. *Protecção de Dados e Direitos de Personalidade: Uma Relação de Interioridade Constitutiva. Os Benefícios da Protecção e a Responsabilidade Civil*. Estudos de Direito do Consumidor. Coimbra, n. 12, 2017, pp. 75-131. <https://www.fd.uc.pt/cdc/pdfs/rev_12_completo.pdf>

BARBOSA, Mafalda Miranda. *Data controllers e data processors: da responsabilidade pelo tratamento de dados à responsabilidade civil*. Revista de Direito Comercial. Lisboa, n. 2, 2018, pp. 424-494. <https://www.revistadedireitocomercial.com/data-controllers-e-data-processors>

BOTELHO, Catarina Santos. *Novo Ou Velho Direito? – o direito ao esquecimento e o princípio da proporcionalidade no constitucionalismo global*. AB INSTANTIA. Coimbra, n. 7, 2017, pp. 49-71. <https://papers.ssrn.com/sol3/papers.cfm?abstract_id=3130258>

CALDAS, Gabriela. *O direito à explicação no Regulamento Geral sobre a Proteção de Dados*. Anuário da Proteção de Dados. Lisboa, 2019, pp. 37-53. <http://cedis.fd.unl.pt/wp-content/uploads/2019/06/ANUARIO-2019-Eletronico_compressed.pdf>

CALVÃO, Filipa Urbano. *A protecção de dados pessoais na internet: desenvolvimentos recentes*. Revista de Direito Intelectual. Coimbra, n. 2, 2015, pp. 67-84.

CARVALHO, Jorge Morais de. *Desafios do Mercado Digital e a Proteção do Consumidor na União Europeia e em Portugal*. In CARVALHO, Diógenes Faria de; FERREIRA, Vítor Hugo do Amaral; SANTOS, Nivaldo (Eds.). Sociedade de Consumo: Pesquisa em Direito do Consumidor. Goiânia: Espaço Acadêmico, 2017, pp. 259-274. <http://jorgemoraiscarvalho.com/wp-content/uploads/2018/07/Desafios-do-Mercado-Digital-e-a-Prote%C3%A7%C3%A3o-do-Consumidor-na-Uni%C3%A3o--Europeia-e-em-Portugal.pdf>

CARVALHO, Jorge Morais de. *Desafios do Mercado Digital para o Direito do Consumo*. In PAZ, Margarida [et al.] (Eds.). Direito do Consumo 2015-2017. Lisboa: Centro de Estudos Judiciários, 2018, pp. 109-123. <http://www.cej.mj.pt/cej/recursos/ebooks/civil/eb_DrtoConsumo_2015_2017.pdf>

CARVALHO, Jorge Morais de. *Venda de Bens de Consumo e Fornecimento de Conteúdos e Serviços Digitais – As Diretivas 2019/771 e 2019/770 e o seu Impacto no Direito Português*. RED – Revista Eletrónica de Direito. Porto, n. 3, 2019, pp. 63-87. <https://cije.up.pt/pt/red/ultima-edicao/venda-de-bens-de-consumo-e-fornecimento-de-conteudos-e-servicos-digitais-ndash-as-diretivas-2019771-e-2019770-e--o-seu-impacto-no-direito-portugues/>

CASTRO, Catarina Sarmento e. *A jurisprudência do Tribunal de Justiça da União Europeia: o regulamento geral sobre a proteção de dados pessoais e as novas perspetivas para o direito ao esquecimento na Europa*. Estudos em Homenagem ao Conselheiro Presidente Rui Moura Ramos, Vol. I. Coimbra: Almedina, 2016, pp. 1047-1070.

COELHO, Cristina Pimenta. *Artigo 82.º - Direito de indemnização e responsabilidade*. In PINHEIRO, Alexandre Sousa (Ed.). Comentário ao Regulamento Geral de Proteção de Dados. Coimbra: Almedina, 2018 (a), pp. 633-37.

COELHO, Cristina Pimenta. *Artigo 83.º - Condições gerais para a aplicação de coimas*. In PINHEIRO, Alexandre Sousa (Ed.). Comentário ao Regulamento Geral de Proteção de Dados. Coimbra: Almedina, 2018 (b), pp. 637-647.

COELHO, Cristina Pimenta. *Artigo 84.º - Sanções*. In PINHEIRO, Alexandre Sousa (Ed.). Comentário ao Regulamento Geral de Proteção de Dados. Coimbra: Almedina, 2018 (c), pp. 648-650.

COSTA, Rita de Sousa. *O direito à portabilidade dos dados pela lente do direito da concorrência*. C&R – Revista de Concorrência e Regulação. Lisboa, pp. 291-298. <http://www.concorrencia.pt/vPT/Estudos_e_Publicacoes/Revista_CR/Documents/Revista%20C_R%2033-34.pdf>

COSTA, Tiago Branco da. *A responsabilidade civil decorrente da violação do Regulamento Geral sobre a Proteção de Dados*. In SILVEIRA, Alessandra; ABREU, Joana R. S. Covelo; COELHO, Larissa (Eds.). UNIO Ebook Interop 2019: O Mercado Único Digital da União Europeia como desígnio político: a interoperabilidade como o caminho a seguir. Braga: Pensamento Sábio - Associação para o conhecimento e inovação / Universidade do Minho - Escola de Direito, pp. 68-77. <http://repositorium.sdum.uminho.pt/bitstream/1822/61446/3/UNIO_EBOOK_INTEROP_2019.pdf>

DIAS, Fernanda Ferreira. *O Mercado Único Digital Europeu*. Análise Europeia - Revista da Associação Portuguesa de Estudos Europeus. Lisboa, n. 2, 2016, pp. 17-41. <http://www.apeeuropeus.com/uploads/6/6/3/7/66379879/dias_fernanda_2016.pdf>

DINIS, Marisa; ALMEIDA, Susana. *Las comunicaciones comerciales no solicitadas por correo electrónico (spam) y la prueba (electrónica) del 'opting out': breve estudio comparativo de los regímenes portugués y español*. Informática & Derecho - Revista Iberoamericana de Derecho Informático. Salamanca, n. 2, 2017, pp. 67-78. <https://docs.wixstatic.com/ugd/fe8db5_c28b526b477e4208a0f1d65121d39402.pdf>

DUARTE, Diogo Pereira; GUSEINOV, Alexandra. *O direito de portabilidade de dados pessoais*. In CORDEIRO, António Menezes; OLIVEIRA, Ana Perestrelo de; DUARTE, Diogo Pereira (Eds.). FinTech II - Novos Estudos sobre Tecnologia Financeira. Coimbra: Almedina, 2019, pp. 105-127.

DUARTE, Tatiana. *Artigo 9.º - Tratamento de categorias especiais de dados*. In PINHEIRO, Alexandre Sousa (Ed.). Comentário ao Regulamento Geral de Proteção de Dados. Coimbra: Almedina, 2018, pp. 234-335.

FACHANA, João. *Que papel para o consentimento na Sociedade em Rede?* In NETO, Luísa; RIBEIRO, Fernanda (Eds.). IV Colóquio Luso-Brasileiro Direito e Informação - Atas. Porto: Faculdade de Letras da Universidade do Porto, 2016, pp. 91-110 <https://view.joomag.com/direito-e-informa%C3%A7%C3%A3o-na-sociedade-em-rede-atas-direito-e-informa%C3%A7%C3%A3o-na-sociedade-em-rede-atas/0242499001470686892>

FERREIRA, Afonso José. *Profiling e algoritmos autónomos: um verdadeiro direito de não sujeição*. Anuário da Proteção de Dados. Lisboa, 2018, pp. 35-43. <http://cedis.fd.unl.pt/wp-content/uploads/2018/04/ANUARIO-2018-Eletronico.pdf>

FIDALGO, Vítor Palmela. *O direito à portabilidade de dados pessoais*. Revista de Direito e Tecnologia. Lisboa, Vol. 1 n. 1, 2019, pp. 89-135. <https://blook.pt/publications/publication/cec4178f8a58/>

FREITAS, Pedro Miguel. *The General Data Protection Regulation: an overview of the penalties' provisions from a Portuguese standpoint*. UNIO - EU Law Review. Braga, Vol. 4 n. 2, 2018, pp. 99-104. <http://www.unio.cedu.direito.uminho.pt/Uploads/UNIO%204%20.%20Vol%201/Unio%204%20n.%202%20PT/Unio%204%20n.%202%20EN/Pedro%20Miguel%20Freitas%20(1).pdf>

FRIAS, Hélder. *A Internet de Coisas (IoT) e o Mercado Segurador*. In CORDEIRO, António Menezes; OLIVEIRA, Ana Perestrelo de; DUARTE, Diogo Pereira (Eds.). FinTech II - Novos Estudos sobre Tecnologia Financeira. Coimbra: Almedina, 2019, pp. 219-236.

GALANTE, Maria de Fátima. *A Internet e o Direito ao Esquecimento: Análise jurisprudencial*. Data Venia - Revista Jurídica Digital. S.l, n. 9, 2018, pp. 223-250. <http://datavenia.pt/ficheiros/edicao09/datavenia09_p223_250.pdf>

GOMES, Delber Pinto. *Contratos ex machina: breves notas sobre a introdução da tecnologia Blockchain e Smart Contracts*. RED – Revista Eletrónica de Direito. Porto, n. 3, 2018, pp. 40-55. <https://cije.up.pt/pt/red/edicoes-anteriores/2018-nordm-3/contratos-ex-machina-breves-notas-sobre-a-introducao-da-tecnologia-blockchain-e-smart-contracts/>.

GONÇALVES, Maria Eduarda. *The EU Data Protection Reform and the Challenges of Big Data: tensions in the relations between technology and the law*. In NETO, Luísa; RIBEIRO, Fernanda (Eds.). IV Colóquio Luso-Brasileiro Direito e Informação - Atas. Porto: Faculdade de Letras da Universidade do Porto, 2016, pp. 46-63. <https://view.joomag.com/direito-e-informa%c3%a7%c3%a3o-na-sociedade-em-rede-atas-direito-e-informa%c3%a7%c3%a3o-na-sociedade-em-rede-atas/0242499001470686892>

GONÇALVES, Maria Eduarda. *O regulamento europeu sobre protecção de dados pessoais e o desafio do big data*. Boletim da Ordem dos Advogados. Lisboa, n. 2, 2017 <http://ordemdosadvogados.impresa.pt/oa-02/opiniao_maria-eduarda-goncalves>.

LEAL, Ana Alves. *Aspectos Jurídicos da Análise de Dados na Internet (Big Data Analytics) nos Setores Bancário e Financeiro: Proteção de Dados Pessoais e Deveres de Informação*. In CORDEIRO, António Menezes, OLIVEIRA, Ana Perestrelo de; DUARTE, Diogo Pereira (Eds.). FinTech – Desafios da Tecnologia Financeira. Coimbra: Almedina, 2017, pp. 75-202.

LEAL, Ana Alves. *Big data e proteção de dados pessoais – desafios à luz do Regulamento Geral de Proteção de Dados*. Vida Judiciária. Porto, n. 207, 2018, pp. 18-19. <https://www.cidp.pt/Archive/Docs/f826818695653.pdf>

LIMA, Francisco Arga e; CARVALHO, Mateus Magalhães de. *O direito ao apagamento de dados como realidade global*. Anuário da Proteção de Dados. Lisboa, 2019, pp. 55-85. <http://cedis.fd.unl.pt/wp-content/uploads/2019/06/ANUARIO-2019-Eletronico_compressed.pdf>

LOPES, Inês Camarinha et al. *A proteção de dados e o processamento de dados pessoais de crianças nascidas muito prematuramente ou com peso muito baixo para a investigação científica na área da saúde*. RED – Revista Eletrónica de Direito. Porto, n. 3, 2019, pp. 88-112. <https://cije.up.pt/pt/red/ultima-edicao/a-protecao-de-dados-e-o-processamento-de-dados-pessoais-de-criancas-nascidas-muito--prematuramente-ou-com-peso-muito-baixo-para-a-investigacao-cientifica-na-area-da-saude/>

MAIA, Pedro. *Contratação à Distância e Práticas Comerciais Desleais*. Estudos de Direito do Consumidor. Coimbra, n. 9, 2015, pp. 143-176. <https://www.fd.uc.pt/cdc/pdfs/rev_9_completo.pdf>

MARQUES, João. *Direito ao Esquecimento – A Aplicação do Acórdão Google pela CNPD*. Fórum de proteção de dados. Lisboa, n. 3, 2016, pp. 44-55. <https://www.cnpd.pt/bin/revistaforum/forum2016_3/files/assets/basic-html/page-48.html>

MASSENO, Manuel David. *E depois do... Acórdão Google Spain - Levando a sério o Direito à Proteção de Dados Pessoais na União Europeia*. 3.ª Conferência Privacidade, Inovação e Internet. APDSI - Associação para a Promoção e Desenvolvimento da Sociedade da Informação / Google, Lisboa, 2015. <https://www.academia.edu/10387085/E_depois_do_Ac%C3%B3rd%C3%A3o_Google_Spain_-_Levando_a_s%C3%A9rio_o_Direito_%C3%A0_Prote%C3%A7%C3%A3o_de_Dados_Pessoais_na_Uni%-C3%A3o_Europeia_>

MASSENO, Manuel David. *On the relevance of Big Data for the formation of contracts regarding package tours or linked travel arrangements, according to the New Package Travel Directive*. Comparazione e diritto civile. Salerno, n. 4, 2016, pp. 2-13. <http://www.comparazionedirittocivile.it/download/volumi/201604.pdf>

MASSENO, Manuel David. *El tratamiento de datos PNR en tiempos de datos masivos ('Big Data') - un análisis desde la perspectiva de las Sentencias 'Digital Rights Ireland' y 'Tele2 Sverige' del TJUE*. Jornada sobre Derecho, Turismo y Nuevas Tecnologías. Universitat de les Illes Balears, Palma de Mallorca, 2017. <https://www.academia.edu/31301045/El_tratamiento_de_datos_PNR_en_tiempos_de_datos_masivos_Big_Data_-_un_an%C3%A1lisis_desde_la_perspectiva_de_las_Sentencias_Digital_Rights_Ireland_y_Tele2_Sverige_del_TJUE>

MASSENO, Manuel David. *Da criminalização do 'acesso ilícito (hacking) nos Ordenamentos do Brasil e de Portugal*. In CALHEIROS, Clara [et al.] (Eds.). Direito na Lusofonia: Direito e Novas Tecnologias / Atas do 5º Congresso Internacional de Direito na Lusofonia. Braga: Escola de Direito Universidade do Minho / Centro de Investigação em Justiça e Governação, 2018, pp. 279-288. <https://www.academia.edu/37610140/Da_criminaliza%C3%A7%C3%A3o_do_acesso_il%C3%ADcito_Hacking_nos_Ordenamentos_do_Brasil_e_de_Portugal_-_I_Fontes_>

MASSENO, Manuel David. *Da Transparência Algorítmica no Regulamento Geral sobre Proteção de Dados*. Privacy Talks Lisboa'18. Câmara de Comércio e Indústria Portuguesa, Lisboa, 2018. <https://www.academia.edu/37605305/Da_Transpar%C3%AAncia_Algor%C3%ADtmica_no_Regulamento_Geral_sobre_Prote%C3%A7%C3%A3o_de_Dados>

MASSENO, Manuel David. *Do âmbito territorial de aplicação do Regulamento Geral de Proteção de Dados*. Curso Avançado "Proteção de Dados: Regulamento Geral de Proteção de Dados, Diretivas da UE e Legislação Nacional". Instituto de Ciências Jurídico-Políticas da Faculdade de Direito da Universidade de Lisboa, 2018. <https://www.academia.edu/39302551/Do_%C3%A2mbito_territorial_de_aplica%C3%A7%C3%A3o_do_Regulamento_Geral_de_Prote%C3%A7%C3%A3o_de_Dados>

MASSENO, Manuel David. *Da 'autonomização', na oferta de bens e serviços em contratos com consumidores*. Conferência O futuro dos contratos. Instituto Politécnico de Beja, 2019. <https://www.academia.edu/39161239/Da_autonomiza%C3%A7%C3%A3o_na_oferta_de_bens_e_servi%C3%A7os_em_contratos_com_consumidores>

MASSENO, Manuel David; SANTOS, Cristiana Teixeira. *Assuring Privacy and Data Protection within the Framework of Smart Tourism Destinations*. MediaLaws – Rivista di diritto dei media. Milano, n. 2, 2018, pp. 251-266. <http://www.medialaws.eu/rivista/assuring-privacy-and-data-protection-within-the-framework-of-smart-tourism-destinations/>

MASSENO, Manuel David; SANTOS, Cristiana Teixeira Santos. *Personalization and Profiling of Tourists in Smart Tourism Destinations – a Data Protection perspective*. International Journal of Information Systems and Tourism. Huelva, Vol. 4 n. 2, 2019, pp. 7-23. <http://www.uajournals.com/ijist-tourism/journal/4/2/1.pdf>

MENDES, Jorge Barros. *O Novo Regulamento de Proteção de Dados: as principais alterações*. Revista Luso--Brasileira de Direito do Consumo. Curitiba, n. 27, 2017, pp. 13-37. <https://issuu.com/editorabonijuris9/docs/revista_luso-brasileira_de_direito__d0959fdb6ee330>

MENEZES CORDEIRO, A. Barreto. *Inteligência Artificial e Consultoria Robótica (Automation in Financial Advice)*. In CORDEIRO, António Menezes, OLIVEIRA, Ana Perestrelo de; DUARTE, Diogo Pereira (Eds.). FinTech – Desafios da Tecnologia Financeira. Coimbra: Almedina, 2017, pp. 203-218;

MENEZES CORDEIRO, A. Barreto. *Dados pessoais: conceito, extensão e limites*. Revista de Direito Civil. Coimbra, Vol. 3 n. 2, 2018, pp. 297-321. <https://blook.pt/publications/publication/e38a9928dbce/>

MENEZES CORDEIRO, A. Barreto. *Da responsabilidade civil pelo tratamento de dados pessoais – Working paper*. Lisboa: BLOOK, 2018. <https://blook.pt/publications/publication/2ae6399f13bb/>

MENEZES CORDEIRO, A. Barreto. *O consentimento do titular dos dados no RGPD*. In CORDEIRO, António Menezes; OLIVEIRA, Ana Perestrelo de; DUARTE, Diogo Pereira (Eds.). FinTech II - Novos Estudos sobre Tecnologia Financeira. Coimbra: Almedina, 2019, pp. 33-59. <https://blook.pt/publications/fulltext/26666/>

MONIZ, Maria da Graça do Canto. *Direito do titular de dados pessoais: o direito à portabilidade*. Anuário da Proteção de Dados. Lisboa, 2018, pp. 11-34. <http://cedis.fd.unl.pt/wp-content/uploads/2018/04/ANUARIO-2018-Eletronico.pdf>

MOREIRA, Sónia. *A proteção das pessoas singulares no novo Regulamento Geral de Protecção de Dados Pessoais*. In CALHEIROS, Clara [et al.] (Eds.). Direito na Lusofonia: Direito e Novas Tecnologias / Atas do 5º Congresso Internacional de Direito na Lusofonia. Braga: Escola de Direito Universidade do Minho / Centro de Investigação em Justiça e Governação, 2018, pp. 485-492. <http://repositorium.sdum.uminho.pt/bitstream/1822/59737/1/29-Lusofonia%20V%20RGPD%202018.pdf>

MOREIRA, Teresa Coelho; ANDRADE, Francisco Pacheco de. *Personal data and surveillance: the danger of the 'Homo Conectus'*. In NOVAIS, Paulo; KONOMI, Shin'ichi (Eds.). Intelligent Environments - 2016. Amsterdam: IOS Press, 2016, pp. 115-124. <http://ebooks.iospress.nl/volumearticle/45165>

MOUTINHO, José Lobo. *Legislador português precisa-se. Algumas notas sobre o regime sancionatório no Regulamento Geral sobre Protecção de Dados (Regulamento (UE) 2016/679)*. Fórum de proteção de dados. Lisboa, n. 4, 2017, pp. 40-57. <https://www.cnpd.pt/bin/revistaforum/forum2017_1/files/assets/basic-html/page-40.html>

MOUTINHO, José Lobo; RAMALHO, David Silva. *Notas sobre o regime sancionatório da proposta de regulamento geral sobre a protecção de dados do Parlamento Europeu e do Conselho*. Fórum de proteção de dados. Lisboa, n. 1, 2015, pp. 18-33. <https://www.cnpd.pt/bin/revistaforum/forum2015_1/files/assets/basic-html/page-20.html>

NARCISO, Madalena. *Gratuitous' Digital Content Contracts in EU Consumer Law*. Journal of European Consumer and Market Law. Alphen aan den Rijn, Vol 6 n. 5, 2017, pp. 198–206.

OLIVEIRA, Ana Perestrelo de. *Direito ao apagamento ou 'direito a ser esquecido'*. In CORDEIRO, António Menezes; OLIVEIRA, Ana Perestrelo de; DUARTE, Diogo Pereira (Eds.). FinTech II - Novos Estudos sobre Tecnologia Financeira. Coimbra: Almedina, 2019, pp. 89-104.

OLIVEIRA, Madalena Perestrelo de. *Definição de perfis e decisões individuais automatizadas no Regulamento Geral sobre a Proteção de Dados*. In CORDEIRO, António Menezes; OLIVEIRA, Ana Perestrelo de; DUARTE, Diogo Pereira (Eds.). FinTech II - Novos Estudos sobre Tecnologia Financeira. Coimbra: Almedina, 2019, pp. 61-88.

PASSINHAS, Sandra. *A propósito das práticas comerciais desleais: contributo para uma tutela positiva do consumidor*. Estudos de Direito do Consumidor. Coimbra, n. 13, 2017, pp. 107-211. <https://www.fd.uc.pt/cdc/pdfs/rev_13_completo.pdf>

PEREIRA, Alexandre L. Dias. *Novos Direitos do Consumidor no Mercado Único Digital*. Estudos de Direito do Consumidor. Coimbra, n. 10, 2016, pp. 155–175. <https://www.fd.uc.pt/cdc/pdfs/rev_10_completo.pdf>

PEREIRA, Alexandre L. Dias. *Big Data, E-Health e «Autodeterminação Informativa». A Lei 67/98, a Jurisprudência e o Regulamento 2016/679 (GDPR)*. Lex Medicinae - Revista Portuguesa de Direito da Saúde. Coimbra, Vol. 15, n. 29, 2019, pp. 51-70. <https://estudogeral.sib.uc.pt/bitstream/10316/48094/1/Big%20data%20ehealth%20autodeterminacao%20informativa.pdf>

PINHEIRO, Alexandre Sousa. *Privacy e Protecção de Dados Pessoais: A Construção Dogmática do Direito à Identidade Informacional*. Lisboa: AAFD, 2015.

PINHEIRO, Alexandre Sousa. *Apresentação do Regulamento (EU) 216/679 do Parlamento Europeu e do Conselho, de 27 de abril de 2016 – Regulamento Geral de Proteção de Dados (RGPD)*. Revista do Centro de Estudos Judiciários, n. 1 (2018 a). pp. 303-327.

PINHEIRO, Alexandre Sousa. *Artigo 3.º - Âmbito de aplicação territorial.* In PINHEIRO, Alexandre Sousa (Ed.). Comentário ao Regulamento Geral de Proteção de Dados. Coimbra: Almedina, 2018 (b), pp. 109-115.

PINHEIRO, Alexandre Sousa. "Artigo 4.º - Definições". In PINHEIRO, Alexandre Sousa, ed. *Comentário ao Regulamento Geral de Proteção de Dados.* Coimbra: Almedina, 2018 (c). ISBN: 9789724077826. p. 115-204.

PINHEIRO, Alexandre Sousa; GONÇALVES, Carlos Jorge. *Artigo 5.º - Princípios relativos ao tratamento de dados pessoais.* In PINHEIRO, Alexandre Sousa (Ed.). Comentário ao Regulamento Geral de Proteção de Dados. Coimbra: Almedina, 2018 (a), pp. 204-212.

PINHEIRO, Alexandre Sousa; GONÇALVES, Carlos Jorge. *Artigo 17.º - Direito ao apagamento dos dados («direito a ser esquecido»).* In PINHEIRO, Alexandre Sousa (Ed.). Comentário ao Regulamento Geral de Proteção de Dados. Coimbra: Almedina, 2018 (b), pp. 365-371.

PINHEIRO, Alexandre Sousa; GONÇALVES, Carlos Jorge. *Artigo 20.º - Direito de portabilidade dos dados.* In PINHEIRO, Alexandre Sousa (Ed.). Comentário ao Regulamento Geral de Proteção de Dados. Coimbra: Almedina, 2018 (c). pp. 374-383.

PINHEIRO, Alexandre Sousa; GONÇALVES, Carlos Jorge. *Artigo 22.º - Decisões automatizadas, incluindo definição de perfis.* In PINHEIRO, Alexandre Sousa (Ed.). Comentário ao Regulamento Geral de Proteção de Dados. Coimbra: Almedina, 2018 (d), pp. 386-390.

POÇAS, Luís. *Problemas e dilemas do setor segurador: o RGPD e o tratamento de dados de saúde.* BBS - Banca, Bolsa e Seguros, n. 3, 2018, pp. 217-302. <https://www.fd.uc.pt/bbs/wp-content/uploads/2019/01/bbs3_final_2p.pdf>

REBELO, Fernanda M.ª Neves. *O direito à privacidade nas comunicações eletrónicas: Comunicações não solicitadas e proteção do consumidor.* In PANDO BALLESTEROS, María de la Paz; GARRIDO RODRÍGUEZ, Pedro; MUÑOZ RAMÍREZ, Alicia (Eds.). El cincuentenario de los Pactos Internacionales de Derechos Humanos de la ONU: Homenaje a la Profesora Mª. Esther Martínez Quintero. Salamanca: Ediciones Universidad de Salamanca, 2018, pp. 699-716. <http://repositorio.uportu.pt/xmlui/bitstream/handle/11328/2278/O%20direito%20%c3%a0%20privacidade%20nas%20comunica%c3%a7%c3%b5es%20eletr%c3%b3nicas_Comunica%c3%a7%c3%b5es%20n%c3%a3o%20solicitadas.pdf?sequence=3&isAllowed=y>

SAIAS, Marco Alexandre. *Reforço da responsabilização dos responsáveis pelo tratamento de dados.* Revista Luso-Brasileira de Direito do Consumo. Curitiba, n. 27, 2017, pp. 72-90. <https://issuu.com/editorabonijuris9/docs/revista_luso-brasileira_de_direito__d0959fdb6ee330>

SANTOS, Teresa Moura do. *A tutela do consumidor entre os contratos de adesão e as práticas comerciais desleais.* RED – Revista Eletrónica de Direito. Porto, n. 1, 2016, pp. 1-53. <https://cije.up.pt/pt/red/edicoes-anteriores/2016-nordm-1/a-tutela-do-consumidor-entre-os-contratos-de-adesao-e-as-praticas-comerciais-desleais/>

TEIXEIRA, Angelina. *A Chave para a Regulamentação da Protecção de Dados (Das pessoas singulares).* Data Venia - Revista Jurídica Digital. S.l, n. 1, 2016, pp. 6-32. <http://www.datavenia.pt/ficheiros/edicao06/datavenia06_p005-032.pdf>

Jurisprudência

Acórdão do Tribunal de Justiça (Grande Secção), de 13 de maio de 2014, no Processo C-131/12, Google Spain SL e Google Inc. contra a Agencia Española de Protección de Datos (AEPD) e Mario Costeja González (ECLI:EU:C:2014:317). <http://curia.europa.eu/juris/liste.jsf?num=C-131/12>

Acórdão do Tribunal de Justiça da União Europeia (Grande Secção), de 24 de setembro de 2019, C-507/17 - Google LLC contra Commission nationale de l'informatique et des libertés (CNIL) (ECLI:EU:C:2019:772) <http://curia.europa.eu/juris/liste.jsf?language=pt&num=C-507/17>

24
O USO DA INTERNET NA PRESTAÇÃO DE SERVIÇOS MÉDICOS

Paula Moura Francesconi de Lemos Pereira

Sumário: 1 Introdução. 2 A Internet como fonte de informação sobre doenças e tratamentos. 3 Telemedicina: consultas médicas à distância. 4 Envio de prontuários médicos, exames e marcação de consulta pela Internet. 5 Considerações finais. Referências.

1. INTRODUÇÃO

O impacto da tecnologia na comunicação, a grande circulação de dados pelas redes eletrônicas e, em especial, o uso da Internet em diversas áreas do saber, acarretaram o surgimento de novas situações jurídicas, que demandam do operador do direito maior esforço na tutela da pessoa humana.

Na área da saúde esse progresso confere aos médicos diversos meios para melhor atender seus pacientes, desde o telefone, o fax, a videoconferência, até a Internet, flexibilizando todas as barreiras geográficas. Além disso, existem novos tratamentos médicos e novos equipamentos, que facilitam tanto a atuação dos profissionais de saúde quanto o cuidado com os pacientes.

Os avanços na informática conferem maior facilidade no acesso às informações dos dados científicos, das pesquisas e das inovações tecnológicas, e também permite a troca de informações com outros médicos à distância e o envio de dados do paciente, até mesmo, em grande volume. Isso facilita a identificação de doenças, o diagnóstico por meio de recursos mais velozes e eficazes, e uma maior socialização dos dados médicos.

Atualmente, são comuns, e cada vez mais frequentes, as seguintes indagações: Como garantir o acesso, a credibilidade e a veracidade das informações de saúde veiculadas na Internet? São permitidos sites contendo lista com endereços de *e-mail* de médicos para os quais se enviam casos clínicos trazidos por pacientes e que serão respondidos pelos respectivos profissionais? A Internet pode ser utilizada como meio de consulta médica? Como compatibilizar a circulação de imagens, exames médicos, prontuário eletrônico, dados clínicos do paciente na Internet sem causar lesão à intimidade, à privacidade, à confidencialidade e sigilo dos dados pessoais? O agendamento de consultas via Internet e até mesmo cobrança de ato médico por esse meio encontra alguma restrição ética ou jurídica?

Esses questionamentos estão relacionados com o uso da Internet envolvendo os serviços médicos, e que, a título ilustrativo, citam-se:[1] i) a Internet como fonte de informação sobre doenças, tratamento, pesquisas *online*, existência de *websites* médicos; ii) a prática da medicina e da terapia *online*, consultas médicas à distância (telemedicina), que se desenvolveu de forma mais célere com a pandemia da Covid-19, declarada pela Organização Mundial de Saúde (OMS),[2] e que deu ensejo à decretação do estado de emergência da saúde pública[3]; iii) o envio de prontuários, exames médicos e marcação de consultas, por meio eletrônico; iv) a compra e venda de produtos e serviços de saúde *online*; e v) a publicidade médica, se limitando o presente artigo aos três primeiros.

No entanto, o uso da informática no campo da biomedicina e nos serviços de saúde, apesar de considerado, hoje, indispensável, pode acarretar diversos riscos e danos aos pacientes. E não há no ordenamento jurídico brasileiro,[4] nem no âmbito internacional,[5] normas éticas e jurídicas uniformes e específicas capazes de regular a prestação desses serviços médicos pela Internet que se encontram em constante mutação.

As recorrentes mudanças no campo biotecnológico e da comunicação acabam dificultando o acompanhar regulatório, o que abre espaço para a autorregulamentação,[6,7] seja por meio de Códigos Deontológicos ou de Resoluções. Esse conjunto de normas

---

1. Todos esses pontos foram abordados no parecer anexo da Resolução n. 97, de 20 de fevereiro de 2001, do Conselho Regional de Medicina do Estado de São Paulo – CREMESP, que considerando a falta de legislação específica para regulamentar o uso da Internet ou o comércio eletrônico no Brasil, lançou mão de normas deontológicas do setor para estabelecer padrões mínimos de qualidade, segurança e confiabilidade dos sites de Medicina e Saúde. CONSELHO REGIONAL DE MEDICINA DO ESTADO DE SÃO PAULO (Brasil) Resolução n. 97/2001 do CREMESP. Dispõe sobre idealização, criação, manutenção e atuação profissional em domínios, sites, páginas ou portais sobre medicina e saúde na Internet. Disponível em: <http://www.portalmedico.org.br/resolucoes/CRMSP/resolucoes/2001/97_2001.htm>. Acesso em: 31 jan. 2021.
2. MOREIRA, Ardilhes; PINHEIRO, Lara. OMS declara pandemia de coronavírus. G1. Disponível em: <https://g1.globo.com/bemestar/coronavirus/noticia/2020/03/11/oms-declara-pandemia-de-coronavirus.ghtml>. Acesso em: 29 mar. 2020.
3. A Lei n. 13.979/ 2020, que dispõe sobre as medidas para enfrentamento da emergência de saúde pública de importância internacional decorrente do coronavírus responsável pelo surto de 2019.
4. A Lei n. 12.965/2014 estabelece princípios, garantias, direitos e deveres para o uso da Internet no Brasil.
5. Na Europa, alguns regulamentos visam proteger a pessoa e seus dados pessoais, mas nem todos se referem diretamente ao ambiente cibernético e a área da saúde, o que não afasta sua aplicação. Destacam-se a Convenção Europeia dos Direitos do Homem (CEDH); a Carta dos Direitos Fundamentais da UE; as Diretivas do Parlamento Europeu e do Conselho: i) 2011/24/UE do, de 9 de Março de 2011, relativa ao exercício dos direitos dos doentes em matéria de cuidados de saúde transfronteiriços; ii) 2000/31/CE de 8 de Junho de 2000, relativa a certos aspectos legais dos serviços da sociedade de informação, em especial do comércio eletrônico, no mercado interno; iv) 2002/58/CE, de 12 de Julho de 2002, relativa ao tratamento de dados pessoais e à protecção da privacidade no sector das comunicações electrónicas, e v) o Regulamento (UE) 2016/679, de 27 de abril de 2016, relativo à proteção das pessoas singulares no que diz respeito ao tratamento de dados pessoais e à livre circulação desses dados e que revoga a Diretiva 95/46/CE (Regulamento Geral sobre a Proteção de Dados).
6. OLIVEIRA, Guilherme. Autorregulação profissional dos médicos. In: *Temas de Direito da Medicina*. 2 ed. Coimbra: Coimbra Editora, 2005, p. 247-261.
7. Stefano Rodotà defende a necessidade de retirada da norma jurídica de uma série de áreas, confiando a regulação a outras formas e instrumentos, tais como as normas morais, sociais e até a própria força. *"Il legislatore deve adoperare per ciò techniche diverse, recorrendo sempre più spesso a un diritto flessibile e leggero, che encontra la società, promove l'autonomia e il rispetto recíproco, e avvia così la creazione di principi comuni. Deve divenire consapevole dei limiti del diritto, dell'esistenza di aree dove la norma giuridica non deve entrare, o deve farlo con sobrietà e mitezza."* RODOTÀ, Stefano. *La vita e le regole: tra diritto e non diritto*. Milano: Feltrinelli, 2006, p. 58.

éticas que serão abordadas vai cooperar com o arcabouço legislativo já concebido pelo Direito para regular as relações da vida antes mesmo do advento da Internet e dos problemas criados pelas novas tecnologias, permitindo um estudo multidisciplinar com a Bioética[8] e a Medicina.

Aos pacientes usuários da *web* que buscam informações e utilizam serviços ou produtos de saúde *online* devem ser assegurados: i) a transparência;[9] ii) a honestidade, a veracidade[10]; iii) a boa qualidade; iv) boa-fé:[11] v) o exercício do consentimento livre e esclarecido (autonomia, autodeterminação); vi) a privacidade de seus dados pessoais e sensíveis;[12] vii) a confidencialidade; e viii) a ética médica.

A inobservância desses princípios e normas de boa conduta pode implicar na responsabilidade civil, penal e disciplinar dos médicos, bem como na responsabilização civil das instituições e organizações de saúde, e, eventualmente, dos provedores de Internet (arts. 186, 187, 927, todos do Código Civil – CC, arts. 12 e 14 do Código de Defesa do Consumidor – CDC, e arts. 42 a 45 da Lei n. 13.709/2018, Lei Geral de Proteção de Dados Pessoais – LGPD).

Por essas razões, caberá aos operadores do Direito, guiados pelo pluralismo e cientificidade, estudar os instrumentos necessários para garantir maior proteção e segurança para os pacientes, consumidores vulneráveis (art. 5º, XXXII, e 170, ambos da Constituição Federal – CF, art. 2º, 17, e 29, todos do CDC), não só em relação à qualidade das informações veiculadas na Internet, mas também em relação à confiabilidade na transmissão e arquivamento das informações prestadas, bem como na tutela de seus direitos personalíssimos à privacidade, ao sigilo, à confidencialidade dos dados sensíveis[13] e à imagem, que circulam nas redes. Torna-se, portanto, indispensável o consentimento livre e esclarecido, a fim de evitar os danos de ordem patrimonial e extrapatrimonial. O objetivo é salvaguardar os interesses existenciais desses usuários, sua dignidade humana (art. 1º, inciso III, da CF), que abrange a vida, a saúde, a integridade psicofísica, e que, nessa nova era digital, constitui um desafio da contemporaneidade para o intérprete.

---

8. Cf. BARBOZA, Heloisa Helena; SIQUEIRA-BATISTA, Rodrigo. Diálogo entre bioética e o direito. In: LANA, Roberto Lauro; FIGUEIREDO, Antônio Macena de (Orgs.). *Direito Médico*. Rio de Janeiro: Editora Lumen Juris, 2009, p. 57-70.
9. Art. 4º do CDC.
10. Art. 6º, III, do CDC.
11. Arts. 113, 422, ambos do CC, e art. 4º, III, do CDC.
12. Art. 5º, X, da CF e art. 21 do CC.
13. Os dados sensíveis abrangem informações que, caso sejam conhecidas e processadas, podem ser utilizadas de forma discriminatória ou particularmente lesiva e que apresentaria maiores riscos potenciais que a média, para a pessoa e até mesmo para uma coletividade. RODOTÀ, Stefano. *A vida na sociedade da vigilância*: a privacidade hoje. Organização, seleção e apresentação de: Maria Celina Bodin de Moraes; tradução: Danilo Doneda e Luciana Cabral Doneda. Rio de Janeiro: Renovar, 2008. A Lei Geral de Proteção de Dados, Lei n. 13.709/2018, define o que são dados sensíveis no art. 5º, II: "dado pessoal sensível: dado pessoal sobre origem racial ou étnica, convicção religiosa, opinião política, filiação a sindicato ou a organização de caráter religioso, filosófico ou político, dado referente à saúde ou à vida sexual, dado genético ou biométrico, quando vinculado a uma pessoa natural;"

2. A INTERNET COMO FONTE DE INFORMAÇÃO SOBRE DOENÇAS E TRATAMENTOS

A Internet tem sido frequentemente utilizada como veículo para obter informações acerca de assuntos ligados à saúde[14] não só em razão da facilidade no acesso, como da conveniência e anonimato.[15]

O aumento da busca de informações sobre saúde por meio da Internet ocorreu tanto por parte dos profissionais médicos que buscam atualizar seus conhecimentos, se aprimorando, como pelos pacientes que procuram maiores esclarecimentos acerca de uma situação particular ou de doença.

Tradicionalmente, os livros, revistas científicas especializadas, centros de informações e a comunicação social eram fontes de informações para os diversos profissionais de saúde, tais como médicos, enfermeiros, farmacêuticos, psicólogos, nutricionistas. Atualmente, a Internet ganha esse papel, e se verifica um crescente número de *websites* sobre saúde, utilizados, inclusive, para fornecimento de cursos.[16]

Isto se coaduna com a orientação de que o médico tem que sempre aprimorar seus conhecimentos, assimilando as técnicas e recursos mais modernos como contribuição para o melhor desenvolvimento de sua profissão e subsídio aos seus pacientes. Aliás, o Código de Ética Médica – CEM, em seu Capítulo I, inciso V e XXVI, elenca como princípio fundamental a necessidade do médico de aprimorar continuamente seus conhecimentos e usar os meios técnicos e científicos disponíveis e o melhor do progresso científico em favor do paciente.

---

14. Fernanda Schaefer ressalta que as pesquisas sobre saúde realizadas pelo *Google* deu origem, em 2007, ao *Google Health*, que permite que pessoas armazenem e gerenciem informações médicas pessoais (histórico pessoal e familiar, dados clínicos etc.) na rede, como uma espécie de prontuário eletrônico; e o *Google Co-op Health site* que permite buscas personalizadas na área de saúde em páginas consideradas pela empresa confiáveis. Site <www.alexa.com>. E aborda os casos dos cibercondríacos, pessoas, que procuram em sites especializados para respostas sobre seus sintomas antes mesmo de consultar um médico e depois da consulta voltam a vasculhar a rede para buscar informações sobre efeitos colaterais, relatos de outros pacientes, conferir diagnóstico e tratamento propostos. SHAEFER, Fernanda. Proteção de dados de saúde na sociedade da informação: a busca pelo equilíbrio entre privacidade e interesse social. Curitiba: Juruá, 2010, p. 127-128. Em janeiro de 2012 o serviço fornecido pelo *Google Health* foi retirado do ar, permitindo o download até janeiro de 2013 dos dados armazenados, conforme explicado na página: <http://googleblog.blogspot.com.br/2011/06/update-on-google-health-and-google.html>. Acesso em: 1º ago. 2018. Atualmente, é possível conectar pelo site: <https://health.google/>. Acesso em 31 jan. 2021.
15. O Google, em 2007, arquivava todas as pesquisas efetuadas por cada usuário, bem como os resultados da busca acessados e associava esses dados e informações atinentes aos usuários, constituindo assim perfis de cada internauta. COSTA, André Brandão Nery. Direito ao esquecimento na Internet: a *scarlet letter digital*. In: *Direito e Mídia*. São Paulo: Saraiva, 2013. p. 184-206.
16. No tocante aos cursos de medicina via Internet, que diz respeito à teleinformação, o Conselho Federal de Medicina já se pronunciou no processo-consulta n. 3.316/2001, PC/CFM n. 12/2002, em que foi interessado o Conselho Regional de Medicina do Estado do Rio de Janeiro a respeito de curso sobre Neurociência via Internet, de relatoria do Cons. Silo Tadeu Silveira de Holanda Cavalcanti, conforme a seguinte ementa: "Cursos de formação médica via Internet, quando viáveis do ponto de vista científico e ético, devem ser preferencialmente promovidos por instituições de ensino ou sociedades médicas de especialidades". Mais recente cabe mencionar o Parecer n. 11/2020: "Comercialização de cursos oferecidos por médicos via internet. Natureza de serviço médico. Aplicação das regras de publicidade médica. A comercialização de cursos dessa natureza deverá respeitar os dispositivos do Código de Ética Médica, Resolução CFM n. 2.217/2018, da Resolução CFM n. 1.974/2011 e dos critérios estabelecidos no Parecer CFM n. 14/2017." Disponível em:

A curiosidade dos pacientes vai desde questões atinentes à nutrição, tratamentos alternativos, seguros médicos, produtos médicos e de saúde, informações sobre prescrição de medicamentos, até a procura de médicos especialistas ou hospitais. Além disso, podem consultar acerca de doenças sensíveis que não gostariam de falar e têm a possibilidade de "garantir"[17] o anonimato, o direito de acesso aos sites sem identificação, sem um monitoramento do conteúdo.[18] Esse processo de busca de informações cresceu ainda mais com a pandemia da COVID-19 em que diversos sites institucionais, do governo, privados, passaram a dedicar uma parte específica com conteúdos sobre a doença, forma de contágio, medidas preventivas,[19] além do surgimento de aplicativos, chatbot, desenvolvidos por startups cuja finalidade é esclarecer a população, manter o distanciamento social e evitar superlotação dos hospitais.

A disponibilidade fácil e rápida de informações contribui para a prevenção de doenças e para a promoção da saúde,[20] encorajando o paciente a lutar contra a doença, permitindo maior conscientização e melhorando, inclusive, a comunicação com o médico, como vem ocorrendo de forma acentuada na fase da pandemia do novo coronavírus. No entanto, isso tem sido alvo de preocupação por parte dos profissionais médicos, mormente os mais paternalistas,[21] em razão de sua substituição como fonte de informações em questões de saúde pelos recursos eletrônicos disponíveis na Internet, colocando em risco a relação médico-paciente.

---

17. Nesse contexto, surge o problema dos *cookies*, que com a Lei Geral de Proteção de Dados passam a sofrer limitações, impondo readaptação pelos que tratam de dados pessoais. Marcel Leonardi define cookies como "pequenos arquivos de texto oriundos de um *website*, que são gravados no disco rígido de determinado computador e utilizados por seu programa navegador. Seu objetivo básico é tornar mais conveniente a utilização da Internet, evitando que certos dados precisem ser fornecidos a cada vez que uma página é visitada, armazenando informações relativas às preferências de um usuário. Os *cookies* nunca identificam o usuário, mas sim as visitas a *websites* efetuadas por determinado computador, que pode, evidentemente, ser usado por diversos indivíduos. LEONARDI, Marcel. Responsabilidade civil pela violação do sigilo e privacidade na Internet. In: SILVA, Regina Beatriz Tavares da. SANTOS, Manoel J. Pereira dos (Coord.). *Responsabilidade Civil*: responsabilidade civil na Internet e nos demais meios de comunicação. São Paulo: Saraiva, 2007, p. 341-342. GOOGLE. Políticas e Princípios. Disponível em: <http://www.google.com/intl/pt-BR/policies/privacy/key-terms/#toc-terms-personal-info>. Acessado em: 5 set. de 2012. Cf. <https://www.conjur.com.br/2020-fev-22/opiniao-cookies-publicidade-mira-protecao-dados>.
18. Destacam-se as disposições sobre a guarda de registro de conexão e de acesso a aplicações de internet previstas na Lei n. 12.965/2014, Capítulo III. Cf. FURTADO, Gabriel Rocha. O marco civil da internet: a construção da cidadania virtual. SCHREIBER, Anderson (Coord.) In: *Direito e Mídia*. São Paulo: Saraiva, 2013, p. 236-254.
19. GARCIA FILHO, Carlos; VIEIRA, Luiza Jane Eyre de Souza; SILVA, Raimunda Magalhães da. Buscas na internet sobre medidas de enfrentamento à COVID-19 no Brasil: descrição de pesquisas realizadas nos primeiros 100 dias de 2020 Disponível em: <https://www.scielo.br/scielo.php?script=sci_arttext&pid=S2237-96222020000300700&lng=pt&nrm=iso&tlng=pt>. Acesso em: 31 jan. 2021.
20. A *web* também pode ser utilizada como sistema de cooperação, especialmente em situações de emergência em saúde pública, e tem sido de considerável valia os *blogs*, os *wikis* (ferramentas colaborativas em geral), as redes sociais de cooperação, em meio a crises, como ocorreu na divulgação do Tsunami Help, do furacão Katrina, The Flu Wiki – wiki colaborativa criada em 2005 para manter informações atualizadas sobre a gripe aviária – múltiplas dimensões éticas na comunicação de problemas de saúde. A rapidez na difusão de informações pelas redes sociais de cooperação é o elemento-chave, pois auxilia situações de emergência em saúde pública. REVUELTA, Gema; ACED, Cristina. *Conflictos éticos de la comunicación médica en internet*. In: *Dilemas y acuerdos éticos en la comunicación médica*. Espanha: Thomson Reuters, 2010, p. 71-83.
21. SALLES, Alvaro Angelo. Transformações na relação médico-paciente na era da informação. *Revista Bioética*, v. 18, n. 1, 2010, p. 49-60.

Isso porque a posição de autoridade do médico que ministrava conselhos e tratamentos, e que, geralmente, culminava em aceitação pelo paciente, até mesmo em decorrência da falta de conhecimento, sendo o médico considerado o detentor absoluto do saber, foi modificada, contribuindo para a redução do paternalismo hipocrático.[22]

O paciente passou a ser, portanto, agente partícipe da relação, já que, mais consciente dos fatos de sua doença, assume uma nova posição, em que há o compartilhamento das decisões entre o médico e o paciente. Entretanto, apesar das decisões partilhadas, também diminuiu o respeito ao profissional médico e coloca em risco a relação de confiança.[23]

As desvantagens da Internet podem decorrer de diversos fatores, como: i) falta de acesso à Internet pela população, eis que ainda é pequena a parcela da sociedade que pode utilizar esse meio, no qual se inclui o direito à navegação, à produção de conteúdo e à facilidade de acesso, inclusive, por pontos públicos e com velocidade, o que vem diminuindo ao longo dos anos;[24, 25] ii) falta de formação, de cultura digital e sanitária do usuário; iii) falta de normas, de orientações, de critérios uniformes internacionais na veiculação das informações; iv) qualidade da informação sobre saúde; v) incerteza acerca da credibilidade da fonte; e vi) conduta dos próprios usuários que acabam por não buscar uma melhor avaliação, utilizando as informações da Internet para, muitas vezes, se automedicarem, adotando métodos de tratamento sem a devida orientação, podendo ocorrer má interpretação das informações ou dos sintomas, do comportamento de saúde etc.

Esses problemas acabam por afetar a liberdade de escolha que permeia a rede na busca e uso dos recursos, restringindo os usuários-pacientes.

Um dos principais problemas está relacionado com a qualidade das informações, com o seu condicionamento aos interesses econômicos das pessoas que as veiculam e, consequentemente, a automedicação pelos pacientes de forma indevida.

---

22. "Desde os tempos de Hipócrates até os nossos dias, busca-se o bem do paciente, ou seja, aquilo que, do ponto de vista da medicina, se considera benéfico para o paciente, sem que esse em nada intervenha na decisão. Esse tipo de relação, apropriadamente chamada de paternalista, atribui ao médico o poder de decisão sobre o que é melhor para o paciente. Similar à relação dos pais para com os filhos, foi durante longo tempo considerada a relação ética ideal, a despeito de negar ao enfermo sua capacidade de decisão como pessoa adulta". BARBOZA, Heloísa Helena. A autonomia da vontade e a relação médico-paciente no Brasil. *Lex Medicinae. Revista Portuguesa de Direito da Saúde*, Coimbra, v. 1, n. 2, jul./dez. 2004, p. 7.
23. CARDOSO, José Eduardo Dias; COELHO, Augusto Quaresma; COELHO, Elisa Quaresma. Informações médicas na internet afetam a relação médico-paciente? *Revista Bioética*, v. 21, n. 1, 2013, p. 142-149.
24. A Lei n. 12.527, de 18 de novembro de 2011, regula o acesso a informações previsto no inciso XXXIII do art. 5º, no inciso II do § 3º do art. 37 e no § 2º do art. 216 da Constituição Federal, e dá outras providências. Decreto n. 4.829, de 3 de setembro de 2003, dispõe sobre a criação do Comitê Gestor da Internet no Brasil – CGIbr – sobre modelo de governança da Internet, e dá outras providências.
25. Art. 4º da Lei n. 12.965/2014: "A disciplina do uso da internet no Brasil tem por objetivo a promoção: I – do direito de acesso à internet a todos; II – do acesso à informação, ao conhecimento e à participação na vida cultural e na condução dos assuntos públicos; III – da inovação e do fomento à ampla difusão de novas tecnologias e modelos de uso e acesso; e IV – da adesão a padrões tecnológicos abertos que permitam a comunicação, a acessibilidade e a interoperabilidade entre aplicações e bases de dados."

A qualidade da informação engloba sua credibilidade, confiabilidade e precisão, relacionados à seriedade do site, além da disponibilidade consubstanciada na facilidade de busca e navegação, bem como na forma como são apresentadas ao público, havendo grandes dificuldades ou até mesmo impossibilidade de controle dos sites face à ausência de normas jurídicas internacionais uniformes.

As informações de saúde devem se basear em documentação de boa qualidade e se fundamentar em competente e rigorosa bibliografia, não podendo ser usadas como mecanismo de dominação econômico-financeira, como muitas vezes ocorre pelo uso indevido de grandes laboratórios, farmácias,[26] sites de buscas, seguradoras, entre outros, que se aproveitam da Internet para obter informações sobre os pacientes. Tal fato suscita indagações éticas sobre o uso da Internet na coleta de informações de saúde e que não prescinde de uma análise multidisciplinar.

Mas qual seria a solução para esses questionamentos? Alguns estudos têm sugerido como caminho a trilhar, uma maior aproximação e cooperação entre as sociedades médicas científicas para melhor qualificar a informação na Internet, e a criação de códigos éticos de conduta para os fornecedores das informações,[27] apesar do problema da inexistência de um código de ética universal e da impossibilidade de criação de métodos para regularizar as informações de saúde veiculadas nos sites somente a partir da ética normativa.

Gema Revuelta e Cristina Aced[28] defendem o uso do sistema de acreditação, com a criação de *standards* de qualidade, páginas da *web* acreditadas, comprometidas em respeitar os princípios éticos, garantindo, com isso, maior confidencialidade/credibilidade, apesar dos problemas da compra de reputação. Citam, ainda, a WMA Google Search, que permite aos usuários só consultar as *webs* acreditadas. Ressaltam, também, a adoção de sistemas de categorização, como a PageRank, que consiste em uma busca realizada pela *Google* que se baseia em critérios de correspondência entre páginas estabelecidas segundo um número de hipervínculos, ou sites de referência.

No âmbito internacional, conforme estudo efetuado por Lídia Maria Nunes Ferreira,[29] já existem algumas iniciativas de aplicação de critérios de qualidade em *websites* que veiculam informações de saúde, com destaque para: i) HON Foundation, que, em 1996, criou um código de conduta denominado *Health on the Net Foudation Code of Conduct*

---

26. Cf. SCHULMAN, Gabriel. Quer informar o CPF hoje para obter descontos nos medicamentos? Lei estadual n. 17.301/2020 regulamenta a coleta de dados nas farmácias de São Paulo. Disponível em: <https://www.jota.info/paywall?redirect_to=//www.jota.info/opiniao-e-analise/artigos/quer-informar-o-cpf-hoje-para-obter-descontos-nos-medicamentos-19122020>. Acesso em: 31 jan. 2021.
27. Cf. PEREIRA, Paula Moura Francesconi de Lemos; SCHULMAN, Gabriel. Futuro da saúde e saúde do futuro: impactos e limites reais da inteligência artificial. In: TEPEDINO, Gustavo; SILVA, Rodrigo da Guia. (Org.). O Direito Civil na era da Inteligência Artificial. 1ªed.São Paulo: Thomson Reuters, 2020, p. 165-182.
28. REVUELTA, Gema; ACED, Cristina. *Conflictos éticos de la comunicaciòn médica en internet*. In: *Dilemas y acuerdos éticos en la comunicación médica*. Espanha: Thomson Reuters, 2010, p. 71-83.
29. FERREIRA, Lídia Maria Nunes Ferreira. *A internet como fonte de informação sobre saúde um levantamento de percepções dos médicos portugueses*. Dissertação submetida como requisito parcial para obtenção de grau de Mestre em Gestão dos Serviços de Saúde. Orientador Prof. Doutor Paulo Moreira, 2006.

(HONcode);[30] ii) *NetScoring, critères de qualité de l'information de santé sur l'Internet;*[31] iii) a URAC (2006); vi) a DISCERN, criado entre 1996 e 1997 pela British Library, *NHS Executive Anglia* e pelo Oxford Research and Development Programme em conjunto com a Divisão de Saúde Pública e Cuidados Primários da Universidade de Oxford; v) a *Helthcare Coalition*,[32] organização não lucrativa (1997), que criou o *eHealth Code of Ethics*, código de conduta internacional para sites e serviços de saúde na Internet, no ano de 2000, em Washington DC, EUA, que foi adotado pela *Internet Healthcare Coalition*; vi) o MIC, instrumento baseado "num sistema estruturado de autocertificação com referência externa"; vii) a *Europe* 2002, HSWG (1998), *Internet Quality Information ChecKlist* (QUICK) (2000) é um instrumento apoiado pela *Health Development Agency* e *Centre for Health Information Quality* do Reino Unido; e vii) a *Organising Medical Networked Information* (OMNI), fundada em 1995 para fornecer uma base de dados pesquisável de informações filtradas e acreditadas.

Além desses, Marilena Pacios, Carlos José Reis de Campos, Amilton Souza Martha e Paulo Sérgio Barra[33] fazem menção à *American Medical Association* (AMA), que tem como objetivo promover a medicina e a melhoria da saúde pública nos Estados Unidos da América, e que em fevereiro de 2000 aprovou diretrizes para informações médicas e de saúde na Internet e estabeleceu quatro princípios de padrões de qualidade para conteúdo, propaganda, patrocínio, privacidade e comércio eletrônico.

No Brasil, a Lei do Marco Civil da Internet, Lei n. 12.965/2014, traz diretrizes e estabelece princípios, garantias, direitos e deveres para o uso da Internet no país, com destaque para as disposições relativas à conexão de registro de custódia e ao acesso a aplicações de Internet que, embora não tratem diretamente de serviços médicos, lhe são aplicáveis (ex. artigo 3°, II, III, VI, 7°, I, II, III, VIII, 10, 11). E, a Lei Geral de Proteção de

---

30. A HON estabeleceu oito princípios para unificar e padronizar a qualidade da informação em saúde disponível na Internet, bem como orientar os usuários: i) autoridade, em que toda a informação apresentada deve ser atribuída a um autor, profissional na área devidamente treinado e qualificado; ii) complementaridade, a informação disponível foi concebida para apoiar, e não para substituir o relacionamento entre os pacientes ou visitantes do site e os seus médicos; iii) confidencialidade, o *website* deve respeitar o carácter confidencial das informações provenientes dos visitantes, incluindo a identidade pessoal; iv) atribuição, quando se justificar, será feita referência clara às fontes consultadas assim como às datas da publicação, quando possível com *links* HTML, inclusive com a data da última vez que atualizou o site; v) justificação, qualquer informação sobre os benefícios ou desempenho de um tratamento, produto comercial ou serviço será descrita e respaldadas com comprovação adequada e equilibrada; vi) transparência na propriedade, os programadores do *website* devem disponibilizar a informação de forma mais clara possível assim como os endereços de contato válidos e acessível em qualquer lugar do site para os visitantes que desejem mais informação ou ajuda; vii) transparência do patrocínio, o site deve incluir a identidade das organizações que contribuíram para o seu funcionamento; viii) honestidade da publicidade e da política editorial, se a publicidade é uma das fontes de financiamento do *website*, deve ser indicado claramente. Os proprietários do *website* fornecerão uma descrição da política de divulgação adotada. Os anúncios serão apresentados para que os visitantes os diferenciem do material original produzido pela instituição gestora do *website*.
31. Foi criado em 1997 e oferece um conjunto de quarenta e nove critérios agrupados em oito categorias: credibilidade, conteúdo, ligações, concepção, interatividade, aspectos quantitativos, ética e acessibilidade, que têm como objetivo avaliar a qualidade das informações sobre saúde na Internet.
32. BARRA, Paulo Sérgio Cavalcante; MARTHA, Amilton Souza; CAMPOS, Carlos José Reis de; PACIOS, Marilena. Os sites de medicina e saúde frente aos princípios éticos da Health on Net Foundation – HON. *Revista Bioética*, v. 18, n. 2, 2010, p. 486.
33. PACIOS, Marilena; CAMPOS, Carlos José Reis de; MARTHA, Amilton Souza; BARRA, Paulo Sérgio. Os sites da medicina e saúde frente aos princípios éticos da Health on the Net Foundation – HON. *Revista Bioética*, 2010, v. 18, n. 2, p. 483-496.

Dados que impõe uma readequação de todos que lidam com dados pessoais e sensíveis, inclusive no ambiente da rede e o uso de política de privacidade, com esclarecimentos e informações aos titulares dos dados para obter o devido consentimento.

Mas, enquanto não existem leis regulando o tema ligado direto à saúde, deixa-se espaço para as resoluções e códigos deontológicos dos respectivos setores envolvidos, mas que têm força normativa[34,] e devem ser respeitados, salvo se contrariar a Constituição Federal, e outras normas amparadas nos valores e princípios constitucionais.

Como a matéria envolve a ciência médica, caberá aos Conselhos de Medicina, Regional e Federal, por força da Lei n. 3.268/57 e Decreto n. 44.045/58, a função de defender a própria medicina e seu exercício ético por meio de normas reguladoras da profissão.

O Conselho Regional de Medicina do Estado de São Paulo – CREMESP se preocupou com a questão das informações de saúde veiculadas na Internet e editou a Resolução n. 97, em 9 de março de 2001, que instituiu o Manual de Ética para sites de medicina e saúde na Internet.

De acordo com a Resolução n. 97/2001 do CREMESP, o usuário da Internet, no que diz respeito aos serviços ou produtos de saúde *online*, têm direito de exigir das organizações e dos responsáveis pelos sites: i) transparência das informações veiculadas no site, com identificação dos responsáveis, mantenedores e patrocinadores diretos e indiretos do site; ii) honestidade, no sentido de não esconder os interesses econômico-financeiros, deve estar clara quando o conteúdo educativo ou científico divulgado tiver objetivo de publicidade, promoção e venda, interesses dos patrocinadores, de empresas de produtos, equipamentos e indústria farmacêutica;[35] iii) qualidade da informação, que deve ser exata, atualizada, de fácil compreensão, em linguagem objetiva e cientificamente fundamentada; iv) consentimento livre e esclarecido[36] expresso dos usuários para arquivo, uso ou divulgação de quaisquer dados pessoais, que devem saber dos riscos potenciais à privacidade de suas informações; v) privacidade dos dados pessoais de saúde; vi) ética médica, observância das normas éticas regulamentadoras do exercício profissional; vii) responsabilidade e procedência (art. 1º).

Esse Manual de Princípios Éticos para sites de Medicina e Saúde na Internet deve ser observado pelos médicos e instituições de saúde registradas no CREMESP, o qual

---

34. O art. 1º da Lei n. 3.268/1957 garantiu a autonomia administrativa ao Conselho Federal de Medicina, o que vem a conferir a competência normativa do Conselho, até mesmo por uma interpretação analógica em relação às leis que regulamentam outras profissões, como a Lei n. 6.316/1975, art. 5º (fisioterapia), e a Lei n. 8.906/1994, art. 54 (advocacia). Cf. BARBOZA, Heloisa Helena. O que muda com o novo Código de Ética Médica? *Urologia Essencial*. v. 1, n. 4, out./dez. 2011. Disponível em: <http://www.urologiaessencial.org.br> Acesso em: 19 ago. 2018.
35. CONSELHO FEDERAL DE MEDICINA (Brasil). Resolução n. 1.595/2000 do CFM. Proíbe a vinculação da prescrição médica ao recebimento de vantagens materiais oferecidas por agentes econômicos interessados na produção ou comercialização de produtos farmacêuticos ou equipamentos de uso na área médica. Disponível em: <http://www.portalmedico.org.br/resolucoes/cfm/2000/1595_2000.htm>. Acesso em: 10 ago. 2018.
36. "O "consentimento informado" é indispensável em qualquer prática médica. É obrigação do médico esclarecer, em linguagem compreensível para leigo e de acordo com o tipo de prática, tudo o que puder influenciar na decisão do paciente, vale dizer, no seu consentimento, como por exemplo, o diagnóstico, o prognóstico, qual o procedimento adotado, seus efeitos e riscos, alternativas existentes, inclusive custos. A validade do consentimento está subordinada, além do atendimento às regras antes mencionadas, a esses esclarecimentos por parte do profissional, devendo a informação ser efetiva e correta" BARBOZA, Heloisa Helena. Poder familiar em face das práticas médicas. *Revista do Advogado*, v. 24, n. 76, jun. 2004, p. 41.

define os princípios éticos a serem seguidos a fim de promover a saúde, sem causar danos aos usuários e consumidores.[37]

No ano de 2008, o CREMESP, visando estabelecer normas para dar segurança, proteção e garantir a confidencialidade, disponibilidade e integridade dos dados e ativos digitais armazenados nos computadores e redes de processamento de dados do próprio Conselho contra acesso, uso e modificação não autorizada, intencional ou não, editou a Resolução n. 175, alterada em 4 de agosto de 2009 pela Resolução n. 206.[38]

A referida resolução estabeleceu regras de políticas de segurança da informação e de acesso aos recursos de tecnologia da informação, por meio de mecanismos de cadastramento de usuários, uso de senhas pessoais e intransferíveis, criptografadas, uso de assinaturas eletrônicas, registro dos acessos realizados pelos usuários, entre outras medidas.

Estudo feito pela HON em julho e agosto de 2010 sobre a tendência da postura do público em geral e profissionais da área no uso da Internet para fins de saúde, desde 1996, constatou dentro do grupo de 524 pessoas questionadas que a qualidade da informação continua sendo a principal barreira da pesquisa, eis que não há credibilidade nos dados veiculados.

No Brasil já foram feitas várias pesquisas, entre as quais podemos citar a realizada por José Eduardo Dias Cardoso,[39] Elisa Quaresma Coelho e Augusto Quaresma Coelho, que consultaram 221 pacientes e 84 médicos para avaliar o impacto que as informações disponíveis na Internet sobre saúde exercem na relação médico-paciente, a eficácia das medidas terapêuticas propostas e a utilização dos recursos de saúde disponíveis.

De acordo com a pesquisa, o potencial "iatrogênico" da Internet se contrapõe a sua capacidade de difundir informações que facilitam a prevenção e o tratamento das doenças, que contribuem para saúde da população. E conclui que para minimizar o primeiro aspecto deve-se controlar mais o conteúdo dos sites e não censurar o uso da Internet, o que pode ocorrer por meio de sites certificados por entidades reguladoras, além de os próprios médicos, associações especializadas, elaborarem listas de sites de informações confiáveis. Dessa forma, contribuiriam para a disseminação de conteúdos fidedignos, fortalecendo a autonomia do paciente em relação à sua saúde e qualidade de vida.

---

37. No sentido da aplicação do Código de Defesa do Consumidor à relação médico-paciente merecem alusão as seguintes decisões: BRASIL. Superior Tribunal de Justiça. Recurso Especial n. 731078/SP. Recorrente: Leonard Edward Bannet. Recorrido: Maria Elisa Vaz de Almeida Rapacini. Relator: Ministro Castro Filho. Brasília, 13 de dezembro de 2005; BRASIL. Tribunal de Justiça do Estado do Rio de Janeiro. Apelação Cível n. 0031914-10.2010.8.19.0202. Apelante: Marivone Clementino da Silva. Apelante: Doutor Chang Yung Chia. Relator: Des. Ricardo Couto de Castro. Rio de Janeiro, 15 de janeiro de 2015; BRASIL. Tribunal de Justiça do Estado do Rio de Janeiro. Apelação Cível n. 0000396-95.2008.8.19.0032. Apelante: Habib Guirguis Whebe. Apelada: Amazil da Silva. Relatora: Des. Odete Knaack de Souza. Rio de Janeiro, 03 de fevereiro de 2015.
38. CONSELHO REGIONAL DE MEDICINA DO ESTADO DE SÃO PAULO (Brasil). Resolução n. 175/2008 do CREMESP. Alterada pela Resolução n. 206, de 4/8/2009, do CREMESP. Segurança de Acesso ao *Website* – Área do Médico do CREMESP. Disponível em: <http://www.portalmedico.org.br/resolucoes/CRMSP/resolucoes/2008/175_2008.ht>. Acesso em: 2 ago. 2018.
39. CARDOSO, José Eduardo Dias; COELHO, Augusto Quaresma; COELHO, Elisa Quaresma. Informações médicas na internet afetam a relação médico-paciente? *Revista Bioética*, v. 21, n. 1, 2013, p. 142-9.

Marilena Pacios, Carlos José Reis de Campos, Amilton Souza Martha e Paulo Sérgio Barra,[40] tendo em vista os diversos dilemas decorrentes do uso da Internet na busca por informações relacionadas à saúde, mormente em relação à qualidade das informações, que podem trazer benefícios ou prejuízos aos usuários, desenvolveram uma pesquisa estatística descritiva em 80 sites nacionais e internacionais pelos *sites* de busca da *Google* e do *Yahoo*, com informações de duas doenças específicas, as cerebrovasculares e o infarto de miocárdio, que representam as principais causas de óbito no Brasil, verificando se atendem aos oito princípios do código de conduta da HON, a fim de mensurar o grau de confiabilidade que os usuários podem ter em relação às informações neles contidas. A conclusão dos pesquisadores foi de que os sites de medicina analisados não atendem a todos os oito princípios da HON, sendo que o princípio mais atendido foi o da autoridade, e o menos observado foi o da honestidade da publicidade e da política editorial.

Dessa forma, mister se faz uma maior conscientização por parte dos fornecedores,[41] responsáveis pela veiculação das informações de saúde na Internet, e que devem ter como principal compromisso o destinatário final, o consumidor,[42] observando os princípios éticos e jurídicos da transparência, honestidade, da boa-fé, da privacidade, entre outros, que encontram previsão constitucional e infraconstitucional.[43]

A inobservância desses princípios e pressupostos de boa conduta pode acarretar a responsabilidade civil das pessoas físicas ou jurídicas que veiculam as informações, como os provedores[44] (arts. 186, 187, 927 do CC, arts. 12, 14 do CDC, arts. 18 a 21 da Lei n. 12.965/2014),[45] os agentes de tratamento, controladores e operadores (arts. 42 a 45, todos da Lei Geral de Proteção de Dados).

---

40. BARRA, Paulo Sérgio Cavalcante; MARTHA, Amilton Souza; CAMPOS, Carlos José Reis de; PACIOS, Marilena. Os sites de medicina e saúde frente aos princípios éticos da *Health on Net Foundation* – HON. *Revista Bioética*, v. 18, n. 2, 2010, p. 483-496.
41. Art. 3º do CDC.
42. Arts. 2º, 17, 29, todos do CDC.
43. Art. 5º, X, XIV, da CF/88, arts. 4º, 6º, 8º, parágrafo único, 9º, 10, 30, 31, 36, 46, 51, IV, 52, 54, § 4º, todos CDC, arts. 21, 113, 422, todos do CC.
44. "Quanto à espécie de serviços oferecidos, os provedores de Internet podem ser classificados em três espécies distintas: (a) os provedores de conteúdo, caracterizados como autores, editores ou outros titulares de direito que introduzem seu trabalho na rede, estando sujeitos à proteção, em conjunto com as empresas de *software*, das normas relativas aos direitos autorais; (b) os provedores de serviços, identificados tanto com os provedores de acesso, que contratam e oferecem o meio de acesso à Internet, quanto também os provedores de serviços e conteúdos que oferecem no ambiente da Internet conteúdos a serem acessados ou prestam serviços a serem fruídos por intermédio da Internet ou a partir desta, desenvolvendo-se ou concluindo-se o serviço fora da rede de computadores, pelo oferecimento de produto ou execução de serviço; e por fim, (c) os provedores de rede, quais sejam, aqueles que fornecem a infraestrutura física de acesso, ou seja, as linhas de comunicação que permitem a conexão à Internet, tais como as companhias telefônicas ou as empresas de serviços via cabo" MIRAGEM, Bruno. Responsabilidade por danos na sociedade de informação e proteção do consumidor: desafios atuais da regulação jurídica da Internet. *Revista do Direito do Consumidor*, ano 18, n. 70, abr.-jun., 2009, p. 49.
45. "Embora os serviços dos provedores de *backnone*, acesso, conteúdo, hospedagem e e-mail sejam inter-relacionados entre si (de modo que atividades como o fornecimento de caixa postal eletrônica ou do provedor de conteúdo pressuponham a conexão à internet, que, por sua vez, cabe ao provedor de acesso), cada qual responde pelos danos decorrentes de sua própria atividade, tendo como parâmetro não somente as obrigações expressamente assumidas no contrato, como também os deveres laterais, anexos ou instrumentais de conduta gizados pelo princípio da boa-fé objetiva (Código Civil, arts. 113 e 421), que devem ditar o bom cumprimento da obrigação" MARTINS, Guilherme Magalhães. *Responsabilidade civil por acidentes de consumo na internet*. São Paulo: Revista dos Tribunais, 2008, p. 359.

Por outro lado, os usuários devem buscar os sites confiáveis e que observam os padrões de qualidade para conteúdo, propaganda, patrocínio, privacidade e comércio eletrônico.

3. TELEMEDICINA: CONSULTAS MÉDICAS À DISTÂNCIA

O desenvolvimento da medicina exige o acompanhamento das novidades tecnológicas, impondo à prática médica maiores investimentos econômicos, culturais, pessoais e profissionais.

A telecomunicação unida à informática deu origem à telemática, que na área da saúde se caracteriza pela aplicação conjunta desses dois meios às atividades sanitárias, ultrapassando as barreiras das distâncias geográficas, para promoção, prevenção e cura individual ou coletiva que permite o intercâmbio entre profissionais de saúde e entre esses e seus pacientes.

A telemática em saúde permitirá a realização de tratamentos, diagnósticos e cirurgias realizados à distância em todos os sistemas médicos (assistencial, administrativo e privado) e, como bem esquematiza Fernanda Schaefer,[46] foi dividida em dois grupos: a telessaúde e a telemedicina.[47]

A telessaúde engloba todas as ações de medicina à distância, voltadas à coletividade no que tange às políticas de saúde pública e à disseminação do conhecimento. Além disso, abrange a educação e a coleta de dados de determinados grupos e populações isoladas pela distância, bem como o aprimoramento de profissionais de saúde que podem ficar em contato com técnicas, diagnósticos e tratamentos inovadores para um melhor direcionamento da medicina preventiva e a frequente atualização de dados estatísticos e das políticas nacionais e regionais de saúde e controle epidemiológico. Os procedimentos mais utilizados pelas redes de telessaúde são: teledidática; telefonia social; comunidades e bibliotecas virtuais e videoconferências.

A telemedicina[48] abarca toda a prática médica à distância voltada para o tratamento e diagnóstico de pacientes individualizados (identificados ou identificáveis), utilizando a telefonia convencional e a Internet, que possibilita aos profissionais discutir temas de saúde, publicar artigos científicos, realizar videoconferências, ter acesso às bibliotecas

---

46. SCHAEFER, Fernanda. *Proteção de dados de saúde na sociedade de informação*: a busca pelo equilíbrio entre privacidade e interesse social. Curitiba: Juruá, 2010, p. 82-83.
47. Se considerada apenas como a utilização de meios de comunicações, pode-se indicar como origem da Medicina à distância: 1) a utilização da voz na Europa em épocas de grandes epidemias. A essa época médicos posicionaram-se à beira de rios, enquanto agentes comunitários posicionavam-se na outra margem trocando informações sobre sintomas e evolução das doenças em suas respectivas regiões; 2) a utilização de cartas para troca de informações e experiências entre médicos, que remonta ao Egito antigo, no qual já circulavam papiros que explicavam os processos de mumificação. 3) A publicação de periódicos médicos. O primeiro deles foi o Journal de Savans, fundado pelo francês Denis de Sallo em 1665. Disponível no site: <http://www.virtual.epm.br/material/tis/curr-med/temas/med5/med5t12000/tele/ hist_ria_da_telemedicina.html>. Acesso em: 10 ago. 2018.
48. A Resolução n. 1.643/2002 do CFM define telemedicina em seu artigo 1º nos seguintes termos: "exercício da Medicina através da utilização de metodologias interativas de comunicação audiovisual e de dados, com o objetivo de assistência, educação e pesquisa em Saúde."

virtuais, atender o paciente, enviar exames para análise por outros profissionais, trocar informações com outros médicos, formar prestadores. A telemedicina está subordinada a objetivos de melhoria da saúde dos indivíduos e das comunidades.

De acordo com Genival Veloso França,[49] a telemedicina constitui

> todo esforço organizado e eficiente do exercício médico à distância que tenha como objetivos a prevenção, o diagnóstico e o tratamento de indivíduos isoladamente ou em grupo, desde que baseados em dados, documentos ou outro qualquer tipo de informação confiável, sempre transmitida através dos recursos da telecomunicação. Some-se a isto a possibilidade efetiva do acesso à informação através dos diversos modelos de ensino médico continuado.

O conceito acima referido teve como base a Declaração de Tel Aviv, adotada pela 51ª Assembleia Geral da Associação Médica Mundial, em outubro de 1999, em Israel, a qual trata das "Normas éticas na utilização da telemedicina".

A telemedicina, regulada pela Associação de Medicina Mundial,[50] é o exercício da medicina à distância, cujas intervenções, diagnósticos, decisões de tratamentos e recomendações estão baseadas em dados, documentos e outras informações transmitidas por meio de sistemas de telecomunicações. Os procedimentos da telemedicina podem ser classificados em vários tipos, como: i) a teleconsulta;[51] ii) a

---

49. FRANÇA, Genival Veloso de. Telemedicina: breves considerações ético-legais. *Revista Bioética*, v. 8, n. 1, p. 107-125.
50. Disponível em: <http://www.wma.net/en/30publications/10policies/t3/indextml>. Acesso em: 10 ago. 2018. Based upon Communication from the Commission to the European Parliament about on telemedicine for the benefit of patients, healthcare systems and society COM (2008) 689, telemedicine is "the provision of healthcare services, through the use of ICT, in situations where the health professional and the patient (or two health professionals) are not in the same location. It involves secure transmission of medical data and information, through text, sound, images or other forms needed for the prevention, diagnosis, treatment and follow-up of patients".
51. A maioria dessas espécies de telemedicina estavam previstas na Resolução n. 2.227/2018 do CFM, revogada pela Resolução n. 2.228/2019 do CFM. Como por exemplo a teleconsulta: é a consulta médica remota, mediada por tecnologias, com médico e paciente localizados em diferentes espaços geográficos; a teleinterconsulta é a troca de informações e opiniões entre médicos, com ou sem a presença do paciente, para auxílio diagnóstico ou terapêutico, clínico ou cirúrgico; telediagnóstico é o ato médico a distância, geográfica e/ou temporal, com a transmissão de gráficos, imagens e dados para emissão de laudo ou parecer por médico com Registro de Qualificação de Especialista (RQE) na área relacionada ao procedimento; telecirurgia é a realização de procedimento cirúrgico remoto, mediado por tecnologias interativas seguras, com médico executor e equipamento robótico em espaços físicos distintos; teleconferência de ato cirúrgico, por videotransmissão síncrona, pode ser feita para fins de ensino ou treinamento, desde que o grupo de recepção de imagens, dados e áudios seja composto por médicos; teletriagem médica é o ato realizado por um médico com avaliação dos sintomas, a distância, para definição e direcionamento do paciente ao tipo adequado de assistência que necessita ou a um especialista; telemonitoramento é o ato realizado sob orientação e supervisão médica para monitoramento ou vigilância a distância de parâmetros de saúde e/ou doença, por meio de aquisição direta de imagens, sinais e dados de equipamentos e/ou dispositivos agregados ou implantáveis nos pacientes em regime de internação clínica ou domiciliar, em comunidade terapêutica, em instituição de longa permanência de idosos ou no translado de paciente até sua chegada ao estabelecimento de saúde; teleorientação é o ato médico realizado para preenchimento a distância de declaração de saúde e para contratação ou adesão a plano privado de assistência à saúde; teleconsultoria é o ato de consultoria mediada por tecnologias entre médicos e gestores, profissionais e trabalhadores da área da saúde, com a finalidade de esclarecer sobre procedimentos, ações de saúde e questões relativas ao processo de trabalho (arts. 4º, 6º, 7º, 9º, 10, 11, 13, 14).

teleassistência;[52] iii) o teleatendimento; iv) a telepatologia;[53] v) a telerradiologia[54]; vi) o telemonitoramento ou televigilância;[55] vii) o telediagnóstico; viii) a teleconferência; ix) telecirurgia;[56] e x) a teleterapia.[57]

Diversos benefícios trazidos pela telemedicina podem ser enumerados, tais como: i) a redução de tempo e despesas de locomoção dos pacientes; ii) a interação entre profissionais, tornando possível que o conhecimento de especialistas esteja acessível para qualquer paciente sem limitações de espaço ou tempo; iii) a desospitalização; iv) o gerenciamento dos recursos em saúde; v) a descentralização da assistência à saúde; vi) o atendimento em locais remotos; vii) a oportunidade de acesso a especialistas da medicina; viii) a transmissão de imagens e resultados de exames para avaliação à distância, principalmente nas áreas de radiologia, patologia, cardiologia e neurologia; e ix) maior possibilidade de evolução técnica para o prestador de saúde, que aproveita equipamentos disponíveis, informações e maior facilidade de obtenção de segunda opinião nos casos urgentes (equipamentos, infraestrutura de comunicação).

Por outro lado, a telemedicina é alvo de diversos debates[58] e tem sido orientada por alguns instrumentos como a Declaração de Tel Aviv sobre Responsabilidade e Normas Éti-

---

52. Teleassistência é utilizada em casos em que o paciente não tem acesso direto ao médico ou centro hospitalar como, por exemplo, nos casos de calamidade, situação de emergência.
53. Telepatologia, ou seja, o exercício da especialidade médica em patologia mediado por tecnologias para o envio de dados e imagens com o propósito de emissão de relatório, como suporte às atividades anatomopatológicas desenvolvidas localmente. CONSELHO FEDERAL DE MEDICINA (Brasil) Resolução n. 2.264, de 20 de setembro de 2019, art. 1º. Define e disciplina a telepatologia como forma de prestação de serviços de anatomopatologia mediados por tecnologias. Disponível em: <https://sistemas.cfm.org.br/normas/visualizar/resolucoes/BR/2019/2264>. Acesso em: 19 mar. 2020.
54. A telerradiologia é o exercício da Medicina, onde o fator crítico é a distância, utilizando as tecnologias de informação e de comunicação para o envio de dados e imagens radiológicas com o propósito de emissão de relatório, como suporte às atividades desenvolvidas localmente. CONSELHO FEDERAL DE MEDICINA (Brasil) Resolução n. 2.107/2014 do CFM. Define e normatiza a Telerradiologia. Disponível em: <http://www.portalmedico.org.br/resolucoes/cfm/2009/1890_2009.htm>. Acesso em: 2 ago. 2018.
55. O telemonitoramento ou televigilância (*homecare*), que consiste no monitoramento remoto de parâmetros vitais de pacientes com transmissão eletrônica de dados médicos, o que permite ao médico vigiar o estado de saúde de pacientes com enfermidades crônicas, como diabetes, hipertensão, deficiência física ou gravidez difícil. É o caso da telemonitorização em cardiologia ou telecardiologia – dispositivos biomédicos implantáveis para pacientes cardíacos crónicos, que igualmente justificam a existência da telemonitorização (MHI, CDI e ao Pacemaker) (via telemóvel e ISP). Em Portugal os dispositivos médicos são regulados pelo Decreto-lei n. 145/2009, de 17 de junho, que o define em seu artigo 3º, alínea "t" como "qualquer instrumento, aparelho, equipamento, *software*, material ou artigo utilizado isoladamente ou em combinação, incluindo o *software* destinado pelo seu fabricante a ser utilizado especificamente para fins de diagnóstico ou terapêuticos e que seja necessário para o bom funcionamento do dispositivo médico, cujo principal efeito pretendido no corpo humano não seja alcançado por meios farmacológicos, imunológicos ou metabólicos, embora a sua função possa ser apoiada por esses meios, destinado pelo fabricante a ser utilizado em seres humanos para fins de i) Diagnóstico, prevenção, controlo, tratamento ou atenuação de uma doença; ii) Diagnóstico, controlo, tratamento, atenuação ou compensação de uma lesão ou de uma deficiência; iii) Estudo, substituição ou alteração da anatomia ou de um processo fisiológico; iv) Controlo da concepção" (MARTINS, Sandra Ivone Barreiro; SIMÕES, José Augusto. Aspectos éticos na monitorização remota de pacemakers através da Telemedicina. *Revista Portuguesa de Bioética*, n. 16, mar. 2012).
56. A Resolução CREMERJ n. 299/2019 dispõe sobre a necessidade de normatização de habilitação, treinamento e certificação em Cirurgia Robótica. <https://sistemas.cfm.org.br/normas/visualizar/resolucoes/RJ/2019/299>.
57. Teleterapia consiste no sistema de apoio à decisão, como *softwares* destinados a auxiliar os médicos a diagnosticar e/ou prescrever tratamentos; interação entre dois médicos, havendo um médico presente com o paciente e outro não, e aquele transmite informações eletronicamente ao especialista.
58. Questão polêmica e objeto de controvérsias decorre da globalização nos cuidados de saúde oriunda dos avanços tecnológicos proporcionados pela internet como, por exemplo, a busca por cuidados de saúde em outros locais, a

cas na utilização da telemedicina, firmada em 1999 pela Assembleia Geral da Associação Médica Mundial. A declaração dispõe acerca dos princípios da relação médico-paciente na telemedicina além de ser o guia de boas práticas para publicar serviços médicos na Internet do Comitê de Médicos Europeus e as Recomendações da Sociedade Alemã para o Direito da Medicina relativas aos aspectos jurídicos da telemedicina.[59]

O uso da telemedicina acaba por encontrar em alguns locais aplicação restrita, ocorrendo apenas quando houver: i) necessidade da opinião ou do conselho de outro profissional médico; ii) permissão prévia do paciente; iii), consultas eventuais, e, para isso, já deve ser paciente do médico em consulta pessoal, ou seja, já existir relação prévia ou o médico tenha um conhecimento adequado do problema que se apresenta, de modo que o médico possa ter uma ideia clara e justificável: e/ou iv) situações em que o médico não pode estar fisicamente presente num tempo aceitável e seguro, ou em casos emergenciais e urgentes.

A restrição se justifica porque as informações, geralmente, são insuficientes, comprometendo o diagnóstico e o tratamento.

O ordenamento jurídico pátrio não regula diretamente a telemedicina, apenas existem algumas resoluções editadas pelo Conselho Federal de Medicina – CFM que têm força normativa, a despeito de não se enquadrar no conceito de lei em sentido estrito. Essas normas deontológicas, no entanto, não regulam de forma suficiente o sistema eletrônico de trocas de informações no campo da Medicina. As consultas médicas à distância, realizadas por intermédio de qualquer meio de comunicação, no qual se inclui a Internet, podem ocorrer com o uso de *e-mails*,[60] formulários de interatividade de *websites*,[61] *blogs*, aplicativos (WhatsApp) etc.

---

telemedicina, qual a lei aplicável quando envolve conflitos decorrentes da prestação de serviços médicos *online*, a responsabilidade dos entes envolvidos, entre outros. Cf. SIEGAL, Gil. Eletronic medical tourism and the medical Word Wibe Web. In: COHEN, I. Glenn. The globalization of health care: legal and ethical issues. New York: Oxford University Press, 2013, p. 341-358.

59. PEREIRA, André Gonçalo Dias. *O consentimento informado na relação médico-paciente*. Estudo de Direito Civil, 9, Faculdade de Direito da Universidade de Coimbra, Centro de Direito Biomédico, Coimbra: Coimbra Editora, 2004, p. 551-552.
60. Cf. Acess to health care through from e-Medicine and Internet. In DOLGIN, Janet L; SHEPHERD, Lois L. Bioethics and the law. New York: Aspen Publishers, 2005, p. 608-614.
61. É comum a criação de sites em que as pessoas relatam seus casos e os médicos respondem. O Conselho Federal de Medicina já teve a oportunidade de se pronunciar a respeito considerando ilegal tal prática, conforme Processo-consulta n. 4.722/2000 do CFM, NPC/CFM/N. 38/2002. Interessado: Conselho Regional de Medicina do Estado do Paraná. Assunto: Publicidade médica. Relator: Cons. Ricardo José Baptista. EMENTA: As relações entre médicos e pacientes praticadas através de rede de telecomunicações estão a partir desta data regidas pela Resolução CFM n. 1.643/2002. CASO: O presidente do CRM-PR, dr. L. S. E., encaminha ao CFM solicitação de parecer feita pelo sr. R. F. B.: "Gostaria de solicitar um parecer do CFM para o seguinte caso: A empresa MedicMail (<http://www.medicmail.com.br>) mantém uma lista com endereços de e-mail de médicos para os quais envia casos clínicos trazidos por pacientes. Um exemplo pode ser visto na internet no seguinte endereço: <http://forums.obgyn.net/obstet-1/OBSTETL.9704/0007.html>, onde um colega envia mensagem para o responsável pela MedicMail (senhor C. K.) e este repassa a mensagem para os médicos listados em sua página à procura de uma solução para o problema. Alguns trechos do exemplo indicado acima: 'Tenho uma irmã portadora de insuficiência renal, gostaria que alguém que já tenha tido casos semelhantes, me indicasse o melhor método para cessar a menstruação'. PARECER: Com relação à consulta, devem ser denunciados os possíveis colegas para avaliação da veracidade dos seus registros nos CRMs locais, se possível para apurar os delitos.

A prestação de serviços médicos a distância não é regra e deve ocorrer observadas as normas estabelecidas como em casos de comprovada urgência ou emergência.[62]

De acordo com a interpretação do artigo 37 do CEM[63] e do art. 1º, item IV, do Decreto-lei n. 4.113 de 14 de fevereiro de 1942, consultas à distância, diagnóstico ou prescrição por intermédio de qualquer veículo de comunicação em massa são vedados, salvo em algumas hipóteses, em que caberá ao Conselho Federal de Medicina regular.

A utilização da telemedicina na assistência ao paciente encontra-se, hoje, regulada pela Resolução n. 1.643/2002 do Conselho Federal de Medicina[64] que autoriza seu uso, ressalvando a importância do desenvolvimento de novas técnicas de informação e comunicação que permitem melhor intercâmbio entre os médicos e entre estes e os pacientes. No entanto, a prestação de serviço de diagnóstico e terapêutico a paciente para o qual foi emitido laudo à distância só cabe em caso de emergência. Além disso, as pessoas jurídicas que prestam serviço de telemedicina devem estar inscritas no Cadastro de Pessoa Jurídica do Conselho Regional de Medicina do Estado onde estão situadas, cabendo a responsabilidade técnica a um médico regularmente inscrito no Conselho. Ademais, é necessário que haja uma relação dos médicos que atuarão nos seus quadros funcionais.

A Resolução n. 97/2001 do CREMESP já amplamente mencionada em seu parecer sobre consultas médicas e orientações em saúde *online*, ressalta que estas não podem substituir a relação pessoal entre o médico e o paciente, que pressupõe diálogo, exame físico e avaliação mental do paciente e, apesar da Internet ser uma importante ferramenta, encontra limitações que impedem diagnósticos clínicos, prescrição de medicamentos ou tratamentos de doenças e problemas de saúde.

Quando ocorrer consulta pela Internet o *site* deve detalhar e advertir sobre as limitações de cada intervenção ou interação médica *online* e em seguida os usuários deverão ter avaliação pessoal com um médico de sua confiança. O profissional envolvido deve estar habilitado não só para o exercício da medicina, como registrado no CRM e sujeito à fiscalização, sob pena de caracterizar exercício ilegal da Medicina e charlatanismo, cabendo, inclusive, denúncia e punição pelo Poder Judiciário.

---

62. Parecer n. 24/2012 do CRM/MS. Processo Consulta n. 14/2012 do CRM/MS. Assunto: Atendimento pré-hospitalar, protocolo médico e telemedicina. Parecerista: Conselheiro Celso Rafael Gonçalves Codorniz. EMENTA: o atendimento pré-hospitalar poderá ser feito por profissionais de enfermagem nos casos de urgência ou emergência, quando o médico estiver impossibilitado de fazê-lo pessoalmente. A atuação deverá seguir a orientação do médico regulador, utilizando a telemedicina e seguindo protocolos. Deve ser resguardado o sigilo dos dados e a privacidade do paciente. As conversas telefônicas devem ser gravadas e o relatório das orientações dadas deve ser guardado.
63. CONSELHO FEDERAL DE MEDICINA (Brasil). Resolução CFM n. 2.217, de 27 de setembro de 2018, modificada pelas Resoluções CFM n. 2.222/2018 e 2.226/2019. Art. 37 Prescrever tratamento e outros procedimentos sem exame direto do paciente, salvo em casos de urgência ou emergência e impossibilidade comprovada de realizá-lo, devendo, nesse caso, fazê-lo imediatamente depois de cessado o impedimento, assim como consultar, diagnosticar ou prescrever por qualquer meio de comunicação de massa. § 1º O atendimento médico a distância, nos moldes da telemedicina ou de outro método, dar-se-á sob regulamentação do Conselho Federal de Medicina. § 2º Ao utilizar mídias sociais e instrumentos correlatos, o médico deve respeitar as normas elaboradas pelo Conselho Federal de Medicina.
64. CONSELHO FEDERAL DE MEDICINA (Brasil). Resolução n. 1.643/2002 do CFM. Define e disciplina a prestação de serviços através da Telemedicina. Disponível em: <http://www.portalmedico.org.br/resolucoes/cfm/2002/1643_2002.htm>. Acesso em: 2 ago. 2018.

A busca por serviços à distância leva em consideração a dificuldade de locomoção nos grandes centros urbanos, a ausência de profissionais na localidade, a falta de tempo somada ao crescimento das novas tecnologias que facilitam o contato não presencial, mas acaba por aumentar a responsabilidade, a preocupação e o compromisso com o paciente.

A tendência sempre foi restringir essa aplicação para certas modalidades, principalmente, para o modelo assistencial, pelo risco da despersonalização da relação médico-paciente, exposição do paciente, comprometimento do diagnóstico, do tratamento ministrado, e instruções mal interpretadas.

Importante avanço no uso da telemedicina ocorreu com a pandemia do novo coronavírus,[65] colocando o tema no centro das discussões, demonstrando a insuficiência das normas deontológicas postas, a ausência de lei e a insegurança jurídica. Todavia, o vácuo legislativo por si só não afasta a legalidade da prestação de serviços médicos à distância diante da situação excepcional que se vivencia.[66] O estado de emergência em que o COVID-19 coloca os pacientes, com sérios riscos imediatos de vida ou de lesões irreparáveis, torna lícito e legítimo o uso da telemedicina.

A necessidade de evitar contágios e a proliferação da doença fez com que fossem adotadas medidas intensas de distanciamento, isolamento social, com a redução de deslocamentos e frequência de pacientes às unidades assistenciais, até mesmo para que não ocorra a superlotação dos hospitais e impulsionou os órgãos competentes a regularem a Telemedicina.

O estado emergencial vivido acarretou a criação de normas para regular a telemedicina. Primeiro, foi expedido o Ofício CFM n. 1.756/2020,[67] que permitiu, de forma restrita e enquanto durar o combate ao contágio da COVID-19, algumas modalidades de serviço médico à distância como a teleorientação, o telemonitoramento e a teleinterconsulta. Em seguida, o Ministério da Saúde emitiu a Portaria n. 467, de 20 de março de 2020,[68] que previu, em caráter excepcional e temporário, a interação à distância por meio de atendimento pré-clínico, suporte assistencial, consulta, monitoramento e diagnóstico pelo uso de tecnologia da informação e comunicação, no âmbito do SUS, bem como na saúde suplementar e privada. A portaria esclarece sobre a importância em obter o consentimento do paciente, garantir o sigilo dos dados do paciente, realizar o registro em prontuário, além de elencar os elementos que devem conter a receita e atestados médicos realizados por meio eletrônico. Ressalta, ainda, a obrigatoriedade de obter do paciente o consentimento em caso de adoção de medida de isolamento e termo de declaração con-

---

65. A respeito do tema, foram publicados alguns artigos científicos: NOGAROLI, Rafaella. Breves reflexões sobre a pandemia do novo coronavírus (COVID-19) e alguns reflexos no direito médico e da saúde. in: Revista dos Tribunais, v. 1015/2020, Maio, 2020. FALEIROS JUNIOR, José Luiz de Moura; NOGAROLI, Rafaella; CAVET, Caroline Amadori. Telemedicina e proteção de dados: reflexões sobre a pandemia da covid-19 e os impactos jurídicos da tecnologia aplicada à saúde. Revista dos Tribunais. v. 1016/2020. Jun. / 2020. DTR\2020\7434.
66. A respeito do tema vale a leitura da coluna do Migalhas em que Paula Moura Francesconi de Lemos Pereira e Aline Miranda Valverde tratam do tema "Telemedicina no sistema privado de saúde: quando a realidade se impõe". Disponível em: <https://www.migalhas.com.br/coluna/migalhas-de-vulnerabilidade/322083/telemedicina-no-sistema-privado-de-saude-quando-a-realidade-se-impoe>. Acesso em: 26 mar. 2020.
67. Disponível em: http://portal.cfm.org.br/images/PDF/2020_oficio_telemedicina.pdf Acesso em: 20 mar. 2020.
68. Disponível em: <http://www.planalto.gov.br/CCIVIL_03/Portaria/PRT/Portaria%20n%C2%BA%20467-20-ms.htm>. Acesso em: 20 mar. 2020.

tendo a relação das pessoas que residam com o paciente, em observância da Portaria n. 356 GM/MS, de 11 de março de 2020 e Portaria n. 454/GM/MS, de 20 de março de 2020.

Em 24 e 26 de março, respectivamente, o Conselho Regional de Medicina do Distrito Federal, e o Conselho Regional de Medicina do Estado do Rio Janeiro editaram resoluções sobre o tema (Resolução CRM-DF n. 453/2020,[69] e Resolução CREMERJ N. 305/2020),[70] e outros Conselhos Regionais também foram regulando a matéria por meio de resoluções próprias.[71]

No entanto, as normas deontológicas expedidas não são suficientes para sanar todas as dúvidas que surgem em torno da Telemedicina e que têm deixado os médicos apreensivos quanto à forma de proceder a fim de evitar responsabilização, seja no âmbito ético-disciplinar, seja jurídico com eventual responsabilidade civil por danos porventura sofridos pelos pacientes em razão de eventuais erros médicos praticados, falhas no dever de informar, quebra de sigilo médico, entre outros atos. Da mesma forma, os pacientes ficam inseguros quanto à metodologia e a eficácia do atendimento para os cuidados com sua saúde.

Algumas perguntas foram recorrentes como: i) a Telemedicina já foi oficializada no Brasil?; ii) o uso da Telemedicina se restringe apenas ao período da pandemia COVID-19?; iii) a Telemedicina pode ser utilizada por qualquer médico e em qualquer situação, ou só em casos de urgência e emergência e para pessoas com sintomas relacionados ao coronavírus?; iv) é possível atender novos pacientes?; v) quais os meios de comunicação podem ser utilizados para atendimento não presencial?; vi) é possível a cobrança de honorários médicos? Se sim, de que forma?; vii) quando paciente tem plano de saúde, como será feita a cobrança dos honorários?; e viii) é possível fazer propaganda da telemedicina?

Todas essas perguntas devem ser respondidas de forma individualizada, até porque os Conselhos Regionais de Medicina já começaram a regular, trazendo novas orientações para os médicos a eles vinculados.

Em abril de 2020, foi publicada a Lei n. 13.989/2020, que dispõe sobre o uso da telemedicina durante a crise causada pelo coronavírus (SARS-Cov-2), e que foi definida como o "exercício da medicina mediado por tecnologias para fins de assistência, pesquisa, prevenção de doenças e lesões e promoção de saúde." (art. 1º). A lei permite o uso da telemedicina em caráter emergencial, e após esse período caberá ao Conselho Federal de Medicina regular o tema (art. 6º)[72], o que já está em fase de discussão pela Comissão Especial do Conselho Federal de Medicina (CFM).[73]

---

69. Disponível em: <https://sistemas.cfm.org.br/normas/visualizar/resolucoes/DF/2020/453>. Acesso em: 20 mar. 2020.
70. Disponível em: <https://www.cremerj.org.br/resolucoes/exibe/resolucao/1435>. Acesso em: 29 mar. 2020.
71. A título de exemplo: Resolução CRMRO 02/2020: Regulamenta a teleconferência de pacientes que apresentem sintomas de COVID 19; Resolução CREMERS 8/2020: Recomenda medidas éticas aos Médicos do Trabalho para enfrentamento do COVID-19 e Resolução CREMEC 56/2020: Dispõe sobre o atendimento médico por Telemedicina durante a pandemia de SARS-CoV2/COVID-19.
72. Art. 6º Competirá ao Conselho Federal de Medicina a regulamentação da telemedicina após o período consignado no art. 2º desta Lei.
73. Disponível em: <https://portal.cfm.org.br/noticias/cfm-publicara-nova-resolucao-para-regulamentar-telemedicina/>. Acesso em: 12 fev. 2021.

A decisão do uso da telemedicina pelo profissional médico ficará ao final a seu critério, cabendo a ele ponderar os casos que poderá atender sem comprometer a eficácia do seu serviço, até porque, para algumas situações, é imprescindível o exame clínico e o atendimento presencial para uma melhor prescrição e definição de diagnóstico. A título de exemplo, o CREMERJ limita a Telemedicina na modalidade de Teleconsulta (troca de informações clínicas, laboratoriais, e de imagens com possibilidade de prescrição e atestado médico) para pacientes que já são atendidos pelos médicos, vedando a realização da primeira consulta de forma não presencial, o que não está previsto na Lei n. 13.989/2020, nem na Portaria n. 454/GM/MS.

Caso os médicos optem pela prestação de serviço à distância, devem orientar os pacientes a entrarem em contato para maiores esclarecimentos quanto à forma de prestação dos serviços à distância, devendo ser cuidadosos com as expressões usadas, a fim de evitar responsabilidades. Além disso, devem observar os limites de atuação, o uso de meios de comunicação, de mídias sociais adequados (WhatsApp, videoconferência, aplicativos) e com segurança para evitar vazamento dos dados pessoais sensíveis do paciente, garantindo seu sigilo.[74]

Ao paciente, por sua vez, cabe não extrapolar a forma como formula seus questionamentos, informar corretamente os sintomas, de forma clara, observar as prescrições e orientações médicas, manter diálogo transparente e respeitar a autonomia do profissional médico. É fundamental que o paciente conceda seu consentimento livre e esclarecido para a prestação do serviço à distância, inclusive, para que o médico possa passar informações para outros profissionais a fim de possibilitar a teleinterconsulta. Tudo visando que haja uma relação harmônica entre médico-paciente, pautada na boa-fé, já que existe uma via de mão dupla dos deveres e direitos advindos dessa relação, que é de cunho predominantemente existencial.

No que diz respeito à cobrança de honorários médicos por consultas e atendimentos além da Lei n. 13.989/2020 ser expressa quanto à possibilidade (art. 5º),[75] algumas resoluções dos Conselhos Regionais de Medicina já se pronunciaram, já que cabe ao médico a remuneração pelos serviços prestados, valendo citar os Conselhos do Distrito Federal, do Rio de Janeiro, e da Bahia, respectivamente, por meio da Resolução CRM-DF n. 453/2020[76], Resolução CREMERJ n. 305/2020,[77] e Resolução

---

74. Disponível em: <http://legis.senado.leg.br/norma/529199/publicacao/15720302>. Acesso em: 29 mar. 2020.
75. Art. 5º A prestação de serviço de telemedicina seguirá os padrões normativos e éticos usuais do atendimento presencial, inclusive em relação à contraprestação financeira pelo serviço prestado, não cabendo ao poder público custear ou pagar por tais atividades quando não for exclusivamente serviço prestado ao Sistema Único de Saúde (SUS). Disponível em: <https://legis.senado.leg.br/sdleg-getter/documento?dm=8078919&ts=1585940927623&-disposition=inline>. Acesso em: 05 abr. 2020.
76. Art. 4º A forma de remuneração médica, quando aplicável, deve ser acordada diretamente entre o médico e o paciente ou de acordo com o contrato firmado entre o profissional e os planos de saúde, respeitado o disposto no Código de Ética Médica. Disponível em: <https://sistemas.cfm.org.br/normas/visualizar/resolucoes/DF/2020/453>. Acesso em: 05 abr. 2020.
77. Art. 8º Fica a critério médico a cobrança de seus honorários conforme valores definidos previamente à consulta, sendo possível a utilização de termo de consentimento.
   § 1º A Telemedicina é uma alternativa e caso o paciente ou o médico percebam a necessidade da avaliação presencial, esta deve ser sugerida e/ou oferecida.

CREMEB n. 363/2020.[78] Além disso, devem ser observadas as normas éticas, inclusive, o Código de Ética Médica, que regula a remuneração profissional nos artigos 58 a 72, com especial atenção para pacientes que têm planos de saúde,[79] e o Código de Defesa do Consumidor (art. 40).

Os anúncios de preços, formas de pagamento,[80] não podem ser utilizados como meio para angariar clientes, como modalidade de propaganda, concorrência desleal. Por isso, o artigo 71 do CEM veda ao médico "oferecer seus serviços profissionais como prêmio, qualquer que seja sua natureza". O artigo 1º, parágrafo 2º, do Decreto-Lei n. 4.113/42 permite divulgar preços, muito embora as disposições gerais do Anexo I da Resolução n. 1.974/2011 do CFM vedam aos médicos divulgar preços de procedimentos, modalidades aceitas de pagamento, parcelamento ou descontos. A divulgação de atendimento gratuito em consultório particular, por sua vez, é proibida, conforme artigo 1º, VI, Decreto-Lei n. 4.133/1942).

Apesar das restrições ao uso da telemedicina, fora do ambiente pandêmico, em algumas situações os Conselhos de classe admitiram o uso da telemedicina, inclusive em respostas a consultas, como ocorreu em 2018, quando o CFM em processo consulta n. 8732/2009, Parecer n. 17/2018, permitiu o aconselhamento genético por meio de comunicação eletrônica (internet – skype ou e-mail), utilizando recurso de telemedicina, tendo em vista o escasso número de médicos especialistas em genética médica no Brasil e a importância dos profissionais.[81]

No ano de 1997 o CREMESP[82] em parecer consulta sobre a viabilidade de se implantar um sistema de "telemarketing de saúde", no qual profissionais teriam de decidir sobre procedimentos a serem tomados por meio das características apresentadas pela pessoa que ligasse adotou o posicionamento de vedação da consulta médica feita de qualquer forma que não seja pessoalmente. Isso porque é necessário o exame clínico

---

§ 2º Caso o paciente não aceite a cobrança dos honorários médicos através da Telemedicina, deve recorrer à consulta presencial ambulatorial ou hospitalar. Disponível em: <https://www.cremerj.org.br/resolucoes/exibe/resolucao/1435>. Acesso em: 05 abr. 2020.

78. Art. 5º Os serviços prestados nas modalidades de telemedicina e telessaúde a que se referem esta Resolução serão remunerados conforme acordado entre o médico e seu contratante, pessoa física ou jurídica;
Art. 6º Os serviços médicos prestados através de Operadoras de Plano de Saúde, Cooperativas e congêneres, serão remunerados conforme acordos entre os profissionais médicos e tais entidades. Disponível em: <http://www.cremeb.org.br/index.php/normas/resolucao-cremeb-363-2020/>. Acesso em: 05 abr. 2020.

79. Questão controversa é como ficarão as cobranças quando o médico tem contrato com operadoras de plano de saúde. A respeito do tema cabe atentar para as notas técnicas expedidas pela Agência Nacional de Saúde, devendo o médico atentar para os limites dos seus contratos a obter, junto ao plano, uma forma de recebimento pelas consultas a fim de evitar o não recebimento, dupla cobrança e infração contratual. Disponível em: <http://www.ans.gov.br/images/stories/noticias/pdf/NOTA_T%C3%89CNICA_7_DIPRO.pdf>. Acesso em: 05 abr. 2020.

80. Parecer-Consulta CRM-PR n. 774/96, assim se expressou: "Os Contratos celebrados através de empresas especializadas em convênios médicos e outros com fulcro no parcelamento antecipado dos componentes financeiros que envolvem uma cirurgia, bem como a divulgação de valores cobrados, e também os atos médicos que venham a traduzir comércio puro da medicina e exploração do trabalho médico por terceiros com objetivo de lucro, tipificam infração ao Código de Ética Médica." Disponível em: <https://sistemas.cfm.org.br/normas/visualizar/pareceres/PR/1996/774>. Acessado em: 25 mar. 2020.

81. <https://sistemas.cfm.org.br/normas/visualizar/pareceres/BR/2018/17>.

82. Consulta n. 56.905/97 do CREMESP. Assunto: Implantar "Telemarketing de Saúde", via telefone. Relator: Conselheiro Mario Carlos Costa Sposati. Ementa: É vedada a consulta médica feita de qualquer forma que não seja pessoalmente, no paciente.

feito diretamente pelo médico no paciente, não podendo diagnosticar o problema por meio de fatos virtuais, nos termos do art. 37 do CEM.

No mesmo sentido, a decisão proferida pelo Conselho Regional de Medicina do Rio Grande do Norte – CREMERN, no ano de 2009,[83] em relação à consulta formulada por médica que atende em unidade que se propõe a tratar doentes mentais apenas uma vez na semana, e que em certos dias o serviço não dispõe de médico para o atendimento, pelo que questiona se profissionais de saúde, não médicos, atuando, inclusive com atendimento a crises psicóticas, lancem mão, por via telefônica, da sua orientação e prescrição de medicamentos a pacientes que ali aportam.

De acordo com o parecer exarado, para o exercício da telemedicina faz-se necessário o contato entre médicos, um no local, presente ao atendimento, para transmitir as informações necessárias ao colega, que, à distância e suficientemente informado sobre as condições do paciente, possa auxiliar na condução do caso. Além disso, impõe-se que tanto as instituições de assistência à saúde, quanto os profissionais individualmente envolvidos na assistência por telemedicina, estejam registrados no Conselho Regional de Medicina – CRM para o exercício da referida modalidade de atendimento a pacientes. E, no caso em questão, não pode a telemedicina substituir a obrigatoriedade de manter um profissional da medicina no local de atendimento a pacientes, devendo observar a Resolução n. 1.643/2002 do CFM.

Nesse diapasão, o parecer n. 2.190/2010 do Conselho Regional de Medicina do Estado do Paraná[84] – CRMPR – a respeito da teleconsulta em psiquiatria pela Internet que, considerando o disposto nos arts. 62 e 134[85] do CEM de 1988, atual art. 37; a Resolução n. 97/2001 do CREMESP, e Parecer n. 65/98 do Conselho Regional do Estado do Rio de Janeiro – CREMERJ,[86] concluiu que, embora muitas vezes os transtornos psiquiátricos possam dificultar a comunicação do paciente com seu médico e também o deslocamento até o local de atendimento, o uso da Internet não pode substituir a consulta e avaliação médica direta do médico psiquiatra.

Em fevereiro de 2018, foi publicada a Resolução CFM n. 2.178/2017, que regulamenta o funcionamento de aplicativos que oferecem consulta médica em domicílio, tratando, inclusive, da cobrança de honorários, em que veda a divulgação de valores em anúncios promocionais em razão de poder configurar forma de angariar clientela ou concorrência desleal.

---

83. Processo-Consulta CREMERN n. 006/2009. Parecer CREMERN n. 003/2009. Assunto: Prescrição à distância. Relator: Conselheiro Rubens dos Santos Silva. Ementa: Orientação terapêutica e prescrição de medicamentos não podem ser prestadas por médico sem exame direto do paciente quando solicitadas por agentes não médicos. A telemedicina se baseia na troca de informações entre médicos, a partir de serviços com infraestrutura tecnológica adequada para tal, sendo imprescindível a presença de médico na origem das informações transmitidas.
84. Parecer n. 2.190/2010 do CRM/PR, Processo consulta n. 105/2009, Protocolo n. 14.503/2009. Assunto: Consulta psiquiátrica *online*. Parecerista: Cons. Marco Antonio do Socorro Marques Ribeiro Bessa. Ementa: orientação sobre a realização de consulta psiquiátrica pela internet (*on-line*).
85. Artigo 134 – Dar consulta, diagnóstico ou prescrição por intermédio de qualquer veículo de comunicação de massa.
86. Parecer n. 65/98 do CREMERJ, Interessado: Câmara Técnica de Cirurgia Plástica do CREMERJ. Relator: Cons. Cantídio Drumond Neto, Coord. da Equipe de Processo e Consulta do CREMERJ. Ementa: Dispõe que a internet não pode e não deve ser usada para consultas médicas e que é indispensável a presença do paciente junto ao médico.

Um importante meio de comunicação que vem sendo utilizado não só entre os profissionais médicos como entre estes e os seus pacientes é o WhatsApp, que consiste em um aplicativo de mensagens instantâneas para Smartphones, que possibilita envio de imagens, textos e trocas verbais. A ferramenta ao mesmo tempo que permite um maior diálogo e acesso à informações, pode acarretar problemas quanto ao sigilo de dados, confidencialidade, além de riscos quanto ao correto diagnóstico dos casos médicos analisados à distância, erro de prescrição de condutas terapêuticas, entre outros.

O Conselho Regional de Medicina do Estado do Paraná, no ano de 2015, em resposta à consulta formulada acerca do uso do aplicativo WhatsApp por representantes legais de menores com envio de fotos para receber atendimento médico via telefone, não proibiu o seu uso, mas esclareceu que não se trata de ato médico completo, e que não prescinde da realização da anamnese e exame físico prévio, ficando a critério do médico e em acordo com o paciente ou representante legal combinar o envio de exames ou novas informações por meio eletrônico, considerando o disposto nos arts. 5º, 32, 37, 87, todos do Código de Ética Médica e art. 1º da Resolução 1.958/2010 do CFM. Ressalvou, ainda, que o profissional médico não poderá receber remuneração por suas orientações/prescrições via WhatsApp por não se tratar de ato médico completo.

O Conselho Federal de Medicina no parecer n. 14/2017 se pronunciou favorável ao uso do WhatsApp e plataformas similares para comunicação entre os médicos e seus pacientes para envio de dados e como meio para sanar dúvidas, inclusive, em grupos fechados de especialistas e corpo clínico de instituição, fazendo a ressalva quanto ao caráter confidencial das informações trocadas. O parecer decorreu de consulta sobre o uso de WhatsApp em ambiente hospitalar, não adentrando com maior profundidade no que diz respeito às consultas prestadas pelos médicos aos seus pacientes por esse mecanismo, apesar de abordar sua possibilidade, que constitui atendimento à distância, e por isso deve se tratar de pessoas que já recebiam assistência pelo médico, cabendo orientar o paciente a comparecer no consultório.

A questão envolve não apenas aspectos éticos voltados aos profissionais médicos, mas jurídicos, pois diz respeito à forma da prestação de serviços médicos e da tutela e proteção das pessoas envolvidas. Ao médico deve ser resguardada sua autonomia, e aos pacientes a sua privacidade, intimidade, sigilo e confidencialidade de seus dados sensíveis, e acesso à informações, o que encontra respaldo na Constituição Federal (arts. 1º, III, 5º, XIII, XIV e X), no Código Civil (arts. 20, 21, 593), no Código de Defesa do Consumidor (arts. 6º, III, 43) e na Lei Geral de Proteção de Dados.

O uso do WhatsApp também reflete em questões atinentes à propaganda da Medicina, tendo sido qualificado como mídia social pela Resolução n. 1974/2011 do CFM, atualizada pelas Resoluções ns. 2.126 e 2.133, ambas de 2015, sendo vedada a publicação por esse meio de autorretrato (selfie), imagens e/ou áudios que caracterizem sensacionalismo, autopromoção ou concorrência desleal, e imagens do "antes e o depois" de procedimentos (art. 13).

Em se tratando de consulta médica envolvendo cirurgia plástica via Internet, o CREMERJ[87] já se pronunciou no sentido de que a Internet pode ser utilizada para fins

---

87. Parecer n. 65/98 do CREMERJ. Interessado: Câmara Técnica de Cirurgia Plástica do CREMERJ. Relator: Cons. Cantídio Drumond Neto. Coord. da Equipe de Processo e Consulta do CREMERJ. Ementa: Dispõe que a internet não pode e não deve ser usada para consultas médicas e que é indispensável a presença do paciente junto ao mé-

coletivos e não para consultas individuais, eis que indispensável a presença do paciente junto ao médico.

No entanto, para situações excepcionais admite-se o uso da telemedicina, como é o caso do uso em urgência ou emergência ocorridas em embarcações e plataformas, a exemplo de navios em cabotagem ou em rotas internacionais da Petrobras,[88] quando grupos de empregados permanecem durante algum tempo em regime de confinamento, sem assistência médica direta em virtude de o médico não poder comparecer ao local para atendimento direto.

Nesses casos deve-se observar a legislação específica e não imputar ao médico de plantão telefônico ou por rádio total responsabilidade pelo tratamento, já que esta está relacionada às informações que ele obtém por leigos com treinamento parcial, servindo somente como assessor técnico da situação de exceção. Todavia, após cada contato, o médico deve emitir minucioso e detalhado relatório sobre as informações obtidas e a opinião médica exarada, além de arquivar obrigatoriamente a gravação do contato via rádio ou telefone.

Importante especialidade médica que utiliza a telemedicina é a telerradiologia regulada pela Resolução n. 2.107/2014 do CFM[89] e definida no seu art. 1º como "o exercício da Medicina, onde o fator crítico é a distância, utilizando as tecnologias de informação e de comunicação para o envio de dados e imagens radiológicas com o propósito de emissão de relatório, como suporte às atividades desenvolvidas localmente".

Esse serviço deve ser prestado observando as restrições éticas previstas na referida resolução e no CEM, e se restringe a determinadas especialidades ou áreas de atuação (art. 5º da Resolução n. 2.107/2014 do CFM). Em todos os casos os serviços prestados deverão ter a infraestrutura tecnológica apropriada e observar as regras técnicas e éticas do CFM.[90]

Nessa hipótese, mister se faz obter autorização do paciente, por meio de consentimento livre e esclarecido (art. 22 do CEM)[91] para a transmissão eletrônica das imagens e seus dados clínicos, os quais acompanham os exames, cabendo aos profissionais a guarda,

---

dico. Consulta: Consulta solicitada pela Câmara Técnica de Cirurgia Plástica do CREMERJ acerca da existência, ou não, de implicações éticas em consulta médica sobre cirurgia plástica, em particular via internet. Aprovado em Sessão Plenária de 24.4.1998.

88. Processo-Consulta n. 1.738/95 do CFM. PC/CFM/N. 31/97 Interessado: Conselho Regional de Medicina do Estado do Rio de Janeiro. Assunto: Atendimento médico à distância para embarcações e plataformas. Relator: Cons. Lúcio Mário da Cruz Bulhões. Ementa: Pode o médico que, excepcionalmente por força de lei ou função, por obrigação a exercer plantão telefônico para assessoria a situações de urgência ou emergência ocorridas em embarcações e plataformas, oferecer integralmente opinião dentro de princípios éticos e técnicos para tratamento de pessoa necessitada, correlacionando-a às informações obtidas, não sendo responsável pelo exame físico e execução do procedimento a ser adotado por terceiros.
89. CONSELHO FEDERAL DE MEDICINA (Brasil) Resolução n. 2.107/2014 do CFM. Define e normatiza a Telerradiologia. Disponível em: <http://www.portalmedico.org.br/resolucoes/CFM/2014/2107_2014.pdf>. Acesso em: 20 ago. 2018.
90. Parecer n. 25/2012 do CRMMS, Processo Consulta n. 25/2011, Parecerista: Cons. Oldemiro Hardoim Jr. Ementa: Todo médico inscrito no CRM pode exercer a profissão médica em qualquer de seus ramos e especialidades, sendo recomendável habilitação específica e obrigatória, a submissão à legislação que rege a publicidade médica. A telemedicina não contempla, atualmente, a neurofisiologia clínica.
91. Art. 22. Deixar de obter consentimento do paciente ou de seu representante legal após esclarecê-lo sobre o procedimento a ser realizado, salvo em caso de risco iminente de morte.

confidencialidade, privacidade e sigilo dos dados dos pacientes (art. 3º da Resolução n. 2.107/2014 do CFM).

Tal prática implica a responsabilidade solidária do médico especialista do paciente que realizou o exame e do que emitiu o relatório, cabendo ao Conselho Regional de Medicina da jurisdição onde foi realizado o procedimento apurar eventual infração (art. 9º da Resolução n. 2.107/2014 do CFM).

A pessoa jurídica que presta serviço de telerradiologia deverá inscrever-se no Cadastro de Pessoa Jurídica do Conselho Regional de Medicina do Estado onde estão situadas, com a responsabilidade técnica de um radiologista regularmente inscrito no Conselho Regional e apresentação dos demais médicos especialistas que compõem o quadro funcional (art. 11 da Resolução n. 2.107/2014 do CFM). Se for pessoa física basta ser médico especialista ou com título da área de atuação registrado no Conselho Regional de Medicina de sua jurisdição (art. 12 da Resolução n. 2.107/2014 do CFM).

Outros profissionais de saúde, além dos médicos, também utilizam meios tecnológicos de comunicação e informação, tais como as mediações computacionais com acesso à Internet, televisão, aparelhos telefônicos, conjugados ou híbridos, ou qualquer outro meio de interação, como é o caso dos psicólogos, que muitas vezes prestam seus serviços à distância.

O Conselho Federal de Psicologia disciplinou a matéria, estabelecendo que o serviço deve ser pontual, informativo, focado no tema proposto, observando o disposto no Código de Ética Profissional do Psicólogo e na Resolução n. 11, de 11 de maio de 2018, que regulamenta a prestação de serviços psicológicos realizados por meios de tecnologias da informação e da comunicação e revoga a Resolução CFP n. 11/2012, inclusive quanto ao sigilo das informações (art. 2º). O profissional precisará cadastrar esse serviço no Conselho Regional de Psicologia, manter site exclusivo, com registro de domínio próprio mantido no Brasil e respeitar a legislação brasileira (Estatuto da Criança e do Adolescente, o Código de Ética do Psicólogo). Além disso, admite-se o atendimento psicoterapêutico em caráter exclusivamente experimental à distância e por esses meios tecnológicos de comunicação, desde que observada a referida resolução do CFP. Na pandemia foi editada a Resolução n. 4, de 26 de março de 2020, que dispõe sobre a regulamentação de serviços psicológicos prestados por meio de tecnologia da informação e da comunicação durante a pandemia Covid-19.

O Conselho Federal de Nutrição – CFN, no uso de suas atribuições conferidas pela Lei n. 6.583/1978 e Decreto n. 84.444/1980, no Código de Ética do Nutricionista, Resolução n. 599/2018, vedava expressamente, a realização de consultas e diagnósticos nutricionais e prescrição dietética por meio da Internet ou qualquer outro meio de comunicação, conforme art. 36, que foi suspenso pela Resolução 660/2020.[92] Em virtude

---

92. Art. 7º No contexto das responsabilidades profissionais do nutricionista são-lhe vedadas as seguintes condutas: [...] XVII – realizar consultas e diagnósticos nutricionais, bem como prescrição dietética, através da Internet ou qualquer outro meio de comunicação que configure atendimento não presencial. *Parágrafo único.* Para os fins do inciso XVII deste artigo, compreende-se: (a) por consulta, a assistência em ambulatório, consultório e em domicílio; (b) por diagnóstico nutricional, o diagnóstico elaborado a partir de dados clínicos, bioquímicos, antropométricos e dietéticos; e (c) prescrição dietética, a prescrição elaborada com base nas diretrizes estabelecidas no diagnóstico nutricional.

da Covid-19, o CFN publicou a Resolução n. 666, em 30 de setembro de 2020, que disciplina a teleconsulta durante a pandemia permitindo a conduta e procedimentos acerca da assistência nutricional por meio não presencial.

A despeito dos diversos benefícios da telemedicina, merecem atenção os riscos do desenvolvimento dos serviços de saúde à distância, tanto para os pacientes, quanto para os próprios profissionais. Seja, em razão da maior possibilidade de erro de diagnóstico, seja pelo aumento da responsabilidade médica pela quebra da confidencialidade dos dados do doente e segurança da informação transmitida.

Nesse contexto surge a importância da proteção das informações sobre o paciente identificado para serem transmitidas a outros profissionais, pelo que dependem de prévia autorização do paciente, de seu consentimento livre e esclarecido, devendo ter normas de segurança rígidas para garantir os direitos em relação à confidencialidade dos dados, privacidade e sigilo de suas informações.[93]

O exercício da telemedicina deve ocorrer de forma segura, utilizando a infraestrutura tecnológica apropriada, seguindo as normas de guarda, manuseio, transmissão de dados, diretamente relacionados à tutela dos direitos do paciente, respondendo[94] o médico assistente do paciente e demais envolvidos de forma solidária.

4. ENVIO DE PRONTUÁRIOS MÉDICOS, EXAMES E MARCAÇÃO DE CONSULTA PELA INTERNET

As informações acerca de dados clínicos dos pacientes podem circular pela Internet de diversas formas, como: i) acesso a prontuários médicos e envio de exames médicos; ii) conhecimento do próprio paciente ou de outros profissionais de saúde; iii) armazenamento dessas informações, marcação de consultas, entre outros. Esses documentos, por conterem dados considerados sensíveis, impõem um maior controle, pois dizem respeito diretamente à privacidade e intimidade do paciente, ao sigilo profissional das informações

---

93. Art. 3º da Lei 12.965/2014: "A disciplina do uso da internet no Brasil tem os seguintes princípios: I – garantia da liberdade de expressão, comunicação e manifestação de pensamento, nos termos da Constituição Federal; II – proteção da privacidade; III – proteção dos dados pessoais, na forma da lei; IV – preservação e garantia da neutralidade de rede; V – preservação da estabilidade, segurança e funcionalidade da rede, por meio de medidas técnicas compatíveis com os padrões internacionais e pelo estímulo ao uso de boas práticas; VI – responsabilização dos agentes de acordo com suas atividades, nos termos da lei; VII – preservação da natureza participativa da rede; VIII – liberdade dos modelos de negócios promovidos na internet, desde que não conflitem com os demais princípios estabelecidos nesta Lei. Parágrafo único. Os princípios expressos nesta Lei não excluem outros previstos no ordenamento jurídico pátrio relacionados à matéria ou nos tratados internacionais em que a República Federativa do Brasil seja parte.

94. Em relação à responsabilidade criminal de médico que atuou à distância merece trazer à colação a seguinte decisão: "Processo Penal. *Habeas Corpus*. Homicídio Doloso. Médico Plantonista. Sindicância. CRM. Atuação médica legal e tecnicamente correta. Justa Causa. Ausência. 1. Não há falar em justa causa quando o comportamento imputado manifestamente mostra-se atípico. Diante dos princípios do Direito Penal, que o reconhecem como *ultima ratio*, esmaece a persecução penal diante de atuação médica reconhecida pelo Conselho Regional de Medicina, em sindicância requerida pelo Ministério Público Federal, como legal e tecnicamente correta. *In casu*, o Tribunal a quo reconheceu a atipicidade da ação dos demais corréus que, acatando a orientação do paciente, deixaram de realizar cateterismo, diante da precariedade do quadro clínico apresentado pela suposta vítima. 2. Ordem concedida para trancar a ação penal." (STJ, HC 82742/MG, *HABEAS CORPUS* 2007/0106076-4, Relator(a) Ministra MARIA THEREZA DE ASSIS MOURA, Órgão Julgador, T6 – SEXTA TURMA, Data do Julgamento 17.3.2009, Data da Publicação/Fonte, *DJe* 30.3.2009).

e à confidencialidade,[95] aumentando a responsabilidade daqueles que utilizam esse meio, tais como as clínicas, laboratórios, os próprios médicos e os agentes que tratam dados.

Existem algumas orientações aos médicos e instituições de saúde quanto ao controle na circulação desses dados médicos, que ganha novos contornos com a Lei Geral de Proteção de Dados, em que novos cuidados devem ser tomados a fim de proteger a privacidade; a autodeterminação informativa; a liberdade de expressão, de informação, de comunicação e de opinião; a intimidade, a honra e a imagem; os direitos humanos; o livre desenvolvimento da personalidade; a dignidade e o exercício da cidadania pelas pessoas naturais.

Aos médicos é vedado expor os pacientes, exibir seus retratos em anúncios profissionais ou em assuntos médicos em qualquer meio de comunicação, incluindo as redes, como se depreende do disposto no art. 75 do Código de Ética Médica,[96] e regulado pela Resolução n. 1.974/2011 do CFM, alterada pelas Resoluções 2.126/2015 e 2.133/2015, ambas do CFM, referentes à propaganda em Medicina.

Com os avanços da tecnologia da informação e de telecomunicações surgiram novos métodos de armazenamento de transmissão de dados, inclusive, dados do paciente e prontuário, podendo este último ser elaborado por meio eletrônico.

O prontuário do paciente é definido pela Resolução 1.638/2002[97] como:

> o documento único constituído de um conjunto de informações, sinais e imagens registradas, geradas a partir de fatos, acontecimentos e situações sobre a saúde do paciente e a assistência a ele prestada, de caráter legal, sigiloso e científico, que possibilita a comunicação entre membros da equipe multiprofissional e a continuidade da assistência prestada ao indivíduo.

A Resolução n. 1.821/2007 do CFM[98], modificada pela Resolução n. 2.218/2018 do CFM, estabeleceu normas técnicas para elaboração, guarda e manuseio dos documentos que instruem o prontuário eletrônico, permitindo, inclusive, que se elimine o papel e a troca de informação, mas ressalvando a necessidade de ser diária a prescrição no prontuário.

95. O Projeto de Lei n. 281/2012 do Senado Federal, que tramita na Câmara dos Deputados, PL 3514/2015, propõe a alteração o Código de Defesa do Consumidor – Lei n. 8.078/1990, sendo relevante para a veiculação de dados de saúde os seguintes dispositivos: Art. 6º São direitos básicos do consumidor: XI – a autodeterminação, a privacidade e a segurança das informações e dados pessoais prestados ou coletados, por qualquer meio, inclusive o eletrônico; Art. 72-A – Veicular, hospedar, exibir, licenciar, alienar, utilizar, compartilhar, doar ou de qualquer forma ceder ou transferir dados, informações ou identificadores pessoais, sem a expressa autorização de seu titular e consentimento informado, salvo exceções legais. Pena – Reclusão, de um ano a quatro anos, e multa.
96. Art. 75. Fazer referência a casos clínicos identificáveis, exibir pacientes ou imagens que os tornem reconhecíveis em anúncios profissionais ou na divulgação de assuntos médicos em meios de comunicação em geral, mesmo com autorização do paciente.
97. O prontuário médico, na definição de Maria Helena Diniz "é um arquivo médico, em papel ou informatizado, contendo toda a documentação sobre os dados biomédicos, a prescrição terapêutica, os relatórios da enfermagem, da anestesia e da cirurgia e os resultados de exames do paciente, tendo por objetivo facilitar a manutenção e o acesso às informações durante o atendimento ou tratamento" (DINIZ, Maria Helena. *O estado atual do biodireito*. 5. ed. rev. aum. e atual. São Paulo: Saraiva, 2008, p. 630).
98. CONSELHO FEDERAL DE MEDICINA (Brasil) Resolução n 1.821/2007 do CFM. Aprova as normas técnicas concernentes à digitalização e uso dos sistemas informatizados para a guarda e manuseio dos documentos dos prontuários dos pacientes, autorizando a eliminação do papel e a troca de informação identificada em saúde. Disponível em: <http://www.portalmedico.org.br/resolucoes/cfm/2007/1821_2007.htm>. Acesso em: 2 ago. 2018.

Os prontuários armazenados por meio eletrônico devem observar o Manual de Certificação para Sistemas de Registro Eletrônico em Saúde, as normas de digitalização e prévia análise da Comissão de Revisão de Prontuários e as normas da Comissão de Avaliação de Documentos da unidade médico-hospitalar geradora do arquivo (arts. 1º e 2º).

Os prontuários ficam sob os cuidados do médico ou da instituição em que o paciente é assistido, como clínicas, hospitais,[99] prontos-socorros, sanatórios, casas de saúde, laboratórios e empresas que prestam serviços médico-hospitalares, devidamente registradas[100] (art. 87, § 2º do CEM). Esses agentes estão sujeitos às normas previstas no Código de Ética Médica (inciso I e II, do preâmbulo),[101] art. 1º, da Res. n. 1.642/2002[102], bem como se vinculam ao Conselho Federal de Medicina e aos Conselhos Regionais de sua área de atuação, se sujeitando às suas fiscalizações e instruções normativas, assim como dos profissionais médicos, independentemente da forma como é armazenado.

Em 27 dezembro de 2018, foi publicada a Lei n. 13.787, que dispõe sobre a digitalização e a utilização de sistemas informatizados para a guarda, o armazenamento e o manuseio de prontuário de paciente, que deve ocorrer de forma a assegurar a integridade, a autenticidade e a confidencialidade do documento digital (arts. 1º e 2º).

Os dados contidos nos prontuários são exclusivamente do paciente,[103] que deve ter total acesso (art. 88 do CEM), sendo restritas as formas de divulgação e acesso por terceiros. E mesmo que o prontuário esteja na forma de papel[104] ou em meio eletrônico,

---

99. O termo hospital é definido por Ruy Rosado de Aguiar Jr. como universalidade de fato formada por um "conjunto de instalações, aparelhos e instrumentos médicos e cirúrgicos destinados a tratamento da saúde, vinculada a uma pessoa jurídica, sua mantenedora, mas que não realiza ato médico" (AGUIAR, Ruy Rosado de. Responsabilidade civil do médico. *Revista dos Tribunais*, São Paulo, v. 84, n 718, ago. 1995, p. 41).
100. A Lei n 6.839, de 30 de outubro de 1980 dispõe sobre o registro de empresas nas entidades fiscalizadoras do exercício de profissões.
101. I – O presente Código de Ética Médica contém as normas que devem ser seguidas pelos médicos no exercício de sua profissão, inclusive no exercício de atividades relativas ao ensino, à pesquisa e à administração de serviços de saúde, bem como no exercício de quaisquer outras atividades em que se utilize o conhecimento advindo do estudo da Medicina. II – As organizações de prestação de serviços médicos estão sujeitas às normas deste Código.
102. Art. 1 – As empresas de seguro-saúde, de medicina de grupo, cooperativas de trabalho médico, empresas de autogestão ou outras que atuem sob a forma de prestação direta ou intermediação dos serviços médico-hospitalares devem seguir os seguintes princípios em seu relacionamento com os médicos e usuários: respeitar a autonomia do médico e do paciente em relação à escolha de métodos diagnósticos e terapêuticos; admitir a adoção de diretrizes ou protocolos médicos somente quando estes forem elaborados pelas sociedades brasileiras de especialidades, em conjunto com a Associação Médica Brasileira; praticar a justa e digna remuneração profissional pelo trabalho médico, submetendo a tabela de honorários à aprovação do CRM de sua jurisdição; efetuar o pagamento de honorários diretamente ao médico, sem retenção de nenhuma espécie; negociar com entidades representativas dos médicos o reajuste anual da remuneração até o mês de maio, impedindo que o honorário profissional sofra processo de redução ou depreciação; vedar a vinculação dos honorários médicos a quaisquer parâmetros de restrição de solicitação de exames complementares; respeitar o sigilo profissional, sendo vedado a essas empresas estabelecerem qualquer exigência que implique na revelação de diagnósticos e fatos de que o médico tenha conhecimento devido ao exercício profissional.
103. Segundo Genival Veloso de França, o prontuário é de propriedade do paciente, o médico e a instituição de saúde têm apenas a guarda. No entanto, essa leitura no viés patrimonialista de que estaria dentro do direito de propriedade não pode mais ser aplicada, haja vista que esse documento possui informações sobre atributos essenciais da pessoa humana, pelo que deve ser valorado pelo seu aspecto existencial. FRANÇA, Genival Veloso de. *Direito Médico*. 11 ed. rev. atual. e ampl. Rio de Janeiro: Forense, 2013, p. 19-20.
104. Resolução n. 06/2010 do CREMERS. Dispõe sobre os documentos que devem integrar os prontuários médicos de pacientes hospitalizados.

são assegurados o sigilo[105] profissional e a privacidade do paciente, que configuram direito personalíssimo do paciente e dever do médico, calcados na confiança que surge na relação médico-paciente.

O paciente tem o direito de que seus informes médicos sejam tratados com confidencialidade, com total sigilo profissional sobre suas condições, seus dados pessoais sensíveis, as alternativas de tratamento, o que não cessa mesmo que o fato seja de conhecimento público ou após sua morte.

O direito do paciente ao segredo[106] e ao sigilo está diretamente relacionado no ordenamento jurídico pátrio com os princípios constitucionais da proteção da dignidade da pessoa humana, fundamento da República Federativa do Brasil (art. 1º, III, da Constituição Federal),[107] da tutela da honra, da imagem e da vida privada que conferem ao paciente o direito fundamental à intimidade, à privacidade[108] (art. 5º, inciso X, da Constituição Federal, art. 21 do Código Civil).

Ao lado desse direito ao sigilo, têm o médico e sociedades prestadoras de serviços médico-hospitalares o dever de guardar segredo acerca dos fatos dos quais teve ciência em razão de sua atividade profissional, dos dados pessoais do paciente, dos resultados de exames realizados com finalidade terapêutica, diagnóstica ou prognóstica, e das informações contidas no prontuário, arquivo ou boletim médico. Além do dever de se abster de abusos, já que a relação médico-paciente está fundada na confiança, no respeito mútuo, na discrição e na reserva.

Esse dever profissional é tão importante que sua violação constitui crime de inviolabilidade dos segredos, tipificado no art. 154 do Código Penal (arts. 153 e 325), excepcionado, por exemplo, em caso de necessidade de notificação de doença compulsória,[109]

---

105. A respeito do tema, v. PEREIRA, Paula Moura Francesconi de Lemos. *Relação médico-paciente: o respeito à autonomia do paciente e a responsabilidade civil do médico pelo dever de informar*. 1. ed. Rio de Janeiro: Lumen Juris, 2011.
106. "Segredo é o conhecimento de alguém não revelado a outrem, com respeito a fato ou fatos da vida. Para o direito corresponde a conhecimento cuja divulgação é vedada a terceiros, com ou sem interesse direto ou indireto em sua revelação ou que dela devam ser excluídos, ainda que juridicamente desinteressados. A vedação legal pode ser legal ou contratual. Do ponto de vista do sujeito, secreto é aquilo que só a pessoa conhece e mantém em seu foro íntimo. Mas, pode ser conhecido por poucos, não divulgável para outros. Também corresponde, em nível ético e eventualmente jurídico, ao vínculo específico, ideal ou não, imposto a alguém de não divulgar o que é secreto ou reservado. No segredo, o bem da vida garantido pelo direito consiste em omissão obrigatória: o não revelar. [...]. O dever de sigilo consiste na imposição de um não fazer, de um não revelar, pois a ninguém é dado conhecer fatos inerentes a situações protegidas: opera por exclusão, enquanto direito com força de obstar à intrusão de quem a ele não tenha acolhida" CENEVIVA, Walter. Segredos profissionais. São Paulo: Malheiros, 1996, p. 13-15. RUEF, Maria do Céu. *O segredo médico como garantia de não discriminação*. Estudo de caso: HIV/SIDA, 17, Faculdade de Direito da Universidade de Coimbra, Centro de Direito Biomédico, Coimbra: Coimbra Editora, 2009.
107. Art. 1º A República Federativa do Brasil, formada pela união indissolúvel dos Estados e Municípios e do Distrito Federal, constitui-se em Estado Democrático de Direito e tem como fundamentos [...] III – a dignidade da pessoa humana.
108. Tércio Sampaio Ferraz diferencia intimidade de privacidade da seguinte forma: intimidade "é âmbito do exclusivo que alguém reserva para si, sem nenhuma repercussão social", e privacidade "envolve a proteção de formas exclusivas de convivência. Trata-se de situação em que a comunicação é inevitável" FERRAZ JÚNIOR, Tércio Sampaio. Sigilo de dados: o direito à privacidade e os limites à função fiscalizadora do Estado. *Cadernos de Direito Constitucional e Ciência Política*, n. 1, p. 79.
109. Lei n. 6.259/1975; Portaria n. 104, de 25 de janeiro de 2011, do Ministério da Saúde, que define, entre outras, a relação de doenças, agravos e eventos em saúde pública de notificação compulsória em todo o território nacional e estabelece fluxo, critérios, responsabilidades e atribuições aos profissionais e serviços de saúde, e Portaria n. 5, de 21 de fevereiro de 2005, da Agência Nacional de Vigilância Sanitária.

cuja inobservância também constituirá o crime previsto no art. 269 do Código Penal[110] ou contravenção penal (art. 66 do Decreto-lei n. 3.688/1941).

O Código de Ética Médica é expresso ao dispor que constitui sigilo profissional o prontuário médico, sendo vedado ao médico revelar fato que tenha conhecimento em virtude do exercício de sua profissão (art. 73 a 79),[111] e o acesso ao prontuário por pessoas não obrigadas ao sigilo (art. 85 do CEM), mormente em se tratando de empresas seguradoras[112] em caso sobre circunstâncias da morte do paciente sob seus cuidados (art. 77[113]).[114]

---

110. Resolução n. 1.605/2000 do CFM – Art. 2º – Nos casos do art. 269 do Código Penal, onde a comunicação de doença é compulsória, o dever do médico restringe-se exclusivamente a comunicar tal fato à autoridade competente, sendo proibida a remessa do prontuário médico do paciente.
111. Art. 73. Revelar fato de que tenha conhecimento em virtude do exercício de sua profissão, salvo por motivo justo, dever legal ou consentimento, por escrito, do paciente. Parágrafo único. Permanece essa proibição: a) mesmo que o fato seja de conhecimento público ou o paciente tenha falecido; b) quando de seu depoimento como testemunha (nessa hipótese, o médico comparecerá perante a autoridade e declarará seu impedimento); c) na investigação de suspeita de crime, o médico estará impedido de revelar segredo que possa expor o paciente a processo penal. Art. 74. Revelar sigilo profissional relacionado a paciente criança ou adolescente, desde que estes tenham capacidade de discernimento, inclusive a seus pais ou representantes legais, salvo quando a não revelação possa acarretar dano ao paciente. Art. 76. Revelar informações confidenciais obtidas quando do exame médico de trabalhadores, inclusive por exigência dos dirigentes de empresas ou de instituições, salvo se o silêncio puser em risco a saúde dos empregados ou da comunidade.
112. As Cortes Superiores já se pronunciaram acerca do dever de sigilo médico, inclusive, em caso de fornecimento de prontuário para seguradora, conforme as seguintes decisões: Sigilo médico. Ética médica. Prontuário. Clínica. Seguradora. Viola a ética médica a entrega de prontuário de paciente internado a companhia seguradora responsável pelo reembolso das despesas. Recurso conhecido e provido. (REsp 159527/RJ, RECURSO ESPECIAL 1997/0091690-1 Relator(a) Ministro RUY ROSADO DE AGUIAR (1.102) Órgão Julgador T4 – 4ª Turma Data do Julgamento 14/04/1998 Data da Publicação/Fonte DJ 29.6.1998 p. 206 RDR, v. 12 p. 324 RSTJ, v. 112 p. 224). Ação de cobrança. Seguro de vida. Morte do segurado que declarou a realização pretérita de cirurgia antes da contratação. Ausência de má-fé. Doença preexistente não comprovada. Documentos médicos obtidos sem a autorização do paciente ou da beneficiária do seguro de vida. Ilicitude. Sigilo profissional. Sentença confirmada. 1 – O prontuário médico traz informações acerca do diagnóstico do paciente, tratamento a ele ministrado, tempo de duração desse tratamento etc., portanto, é documento que pertence ao paciente, tendo o profissional da saúde a obrigação do sigilo profissional, como dispõe o Código de Ética Médica (art. 102). 2 – Diante da ausência de comprovação da apelante de que conseguiu estes documentos com a autorização do paciente, ou de sua beneficiária, conclui-se que a obtenção dos mesmos foi de maneira ilícita. 3 – A declaração de saúde firmada pelo segurado quando da contratação do seguro de vida possui a informação de que o mesmo se submeteu a uma cirurgia de esôfago e biópsia e, se a seguradora, àquela época, não tomou os devidos cuidados para a celebração da avença, assumiu o risco da contratação, não podendo se eximir com alegações de doença preexistente, até porque houve a boa-fé do contratante." (fl. 382) Segundo orientação sumulada do STF, não cabe recurso extraordinário para simples reexame de prova (Súmula 279). Deve-se anotar que a reapreciação de questões probatórias é diferente da valoração das provas. Enquanto a primeira prática é vedada em sede de recurso extraordinário, a segunda, a valoração, há de ser aceita. Na espécie, o acórdão recorrido decidiu que "[...] o segurado não faltou com a verdade, quando preencheu o cartão proposta de fls. 14, pois, analisando-o, constata-se que o mesmo informou à seguradora que já tinha realizado uma cirurgia no esôfago e exame de biópsia, o que descaracteriza a má-fé alegada ela recorrente. [...]" (fl. 385) Para entender de forma diversa, faz-se imprescindível a revisão dos fatos e provas analisados, o que não é possível nos termos da jurisprudência desta Corte. Nesse sentido, entre outras, as seguintes decisões: RE 165.460, Rel. Min. Sydney Sanches, 1ª Turma, DJ 19.9.1997; RE 102.542, Rel. Min. Djaci Falcão, 2ª Turma, DJ 27.9.1985; RE-AgR 593.550, Rel. Min. Eros Grau, 2ª Turma, DJe 27.2.2009; e AI-AgR 767.152, Rel. Min. Cármen Lúcia, 1ª Turma, DJe 5.2.2010. Incide, portanto, a Súmula 279/STF. Ante o exposto, nego seguimento ao recurso (arts. 21, § 1º do RISTF, e 557 do CPC). (AI 828585/MG – MINAS GERAIS, AGRAVO DE INSTRUMENTO, Relator (a): Min. GILMAR MENDES, Julgamento: 30.11.2010).
113. Art. 77. Prestar informações a empresas seguradoras sobre as circunstâncias da morte do paciente sob seus cuidados, além das contidas na declaração de óbito. (nova redação – Resolução CFM n. 1997/2012).
114. Art. 1º É vedado ao médico assistente o preenchimento de formulários elaborados por empresas seguradoras com informações acerca da assistência prestada a pacientes sob seus cuidados. Resolução n. 2003 do CFM, de 8 de novembro de 2012.

O Conselho Regional de Medicina do Estado do Rio de Janeiro – CREMERJ[115] – em parecer acerca de entrega de prontuário, foi enfático quanto à vedação de seu envio para os planos privados de assistência à saúde, salvo com autorização do paciente.

Por essas razões, ao profissional da área médica é vedado liberar cópias do prontuário que estão sob sua guarda, salvo quando: i) autorizado, por escrito, pelo paciente, ou seu representante legal; ii) para atender ordem judicial; iii) para a sua própria defesa; iv) por dever legal ou justa causa;[116] v) se houver a anuência do Conselho Regional de Medicina da jurisdição. Tudo em conformidade com o art. 89 do CEM[117] e a Resolução n. 1.605/2000 do CFM.

O sigilo dos dados do paciente é tão importante que mesmo após o seu óbito deve ser observado, tanto é que em se tratando de liberação de prontuário médico a representante legal de paciente falecido, tais como cônjuges, ascendentes e descendentes,[118] o parecer n. 6/2010 do CFM orienta que não deve ser liberado diretamente aos parentes do *de cujus*, sucessores ou não, salvo, i) por ordem judicial, para análise do perito nomeado em juízo; ou ii) por requisição do CFM ou de CRM, conforme expresso no artigo 6º da Resolução CFM n. 1.605/2000.

Ocorre, entretanto, que, em virtude de liminar concedida em Ação Civil Pública movida pelo Ministério Público Federal, em trâmite na 3ª Vara Federal da Seção Judiciária do Estado de Goiás,[119] o Conselho Federal de Medicina editou a Recomendação n. 03/2014 indicando, nos termos do seu art. 1º, que os médicos e instituições de saúde forneçam, quando solicitado pelo cônjuge/companheiro sobrevivente do paciente morto,

---

115. Parecer n. 200/2013 do CREMERJ. O envio de cópia de prontuário médico para o plano privado de assistência a saúde só é permitido com autorização expressa do paciente. Disponível em: <http://old.cremerj.org.br/skel.php?page=legislacao/resultados.php>. Acesso em: 10 ago. 2018.
116. "Pode-se dizer que *justa causa* é o interesse de ordem moral ou social que autoriza o não cumprimento de uma regra, contanto que os motivos apresentados sejam relevantes para justificar tal violação. Fundamenta-se na existência do estado de necessidade. Confunde-se seu conceito com a noção de bem e do útil o social, quando capazes de legitimar um ato coativo. Está voltada aos interesses individuais ou coletivos e defendida por reais preocupações, nobres em si mesmas, e condizentes com as prerrogativas oriundas das conquistas de uma sociedade organizada. Enfim, é o ato cuja ocorrência torna lícita uma transgressão" FRANÇA, Genival Veloso de. *Direito Médico*. 11 ed. rev. atual. ampl. Rio de Janeiro: Forense, 2013, p. 138.
117. Art. 89. Liberar cópias do prontuário sob sua guarda exceto para atender a ordem judicial ou para a sua própria defesa, assim como quando autorizado por escrito pelo paciente. § 1º Quando requisitado judicialmente, o prontuário será encaminhado ao juízo requisitante. § 2º Quando o prontuário for apresentado em sua própria defesa, o médico deverá solicitar que seja observado o sigilo profissional.
118. A liberação de prontuário médico de paciente falecido tem acarretado a propositura de ações de exibição de documentos, em que é passível de debate a condenação das instituições hospitalares nos ônus da sucumbência, já que não o fornecem em observância às normas deontológicas vigentes, conforme se depreende dos seguintes julgados em sentidos diversos: Ementa: "Medida Cautelar de exibição de documentos. Recusa do nosocômio réu em apresentar cópia do prontuário médico de paciente falecida enquanto internada a sua filha. Parte ré que confessa a recusa, sob argumento de sigilo médico. Falecida a paciente, assiste a sua filha, representante legal do espólio, na forma dos artigos 985 e 986 do CPC. Julgado procedente o pedido, ante a recusa injustificada, correta a condenação da parte ré nos ônus da sucumbência. Não provimento do recurso." (TJRJ, 0002355-34.2007.8.19.0001 (2009.001.12027) – Apelação, Des. Galdino Siqueira Netto – Julgamento: 3.9.2009 – Décima Quinta Câmara Cível). Ementa: Exibição de documentos Ausência de pretensão resistida Documentos que só poderiam ser exibidos por via judicial. Incabível fixação de honorários sucumbenciais Sentença mantida Recurso desprovido. (TJ-SP – APL: 26867820118260648 SP 0002686-78.2011.8.26.0648, Relator: Fortes Barbosa, Data de Julgamento: 25/10/2012, 6ª Câmara de Direito Privado, Data de Publicação: 26/10/2012. Outros números: 26867820118260648).
119. Ação Civil Pública n. 26798-86.2012.4.01.3500, movida pelo MPF, em trâmite na 3ª Vara Federal da Seção Judiciária do Estado de Goiás;

e sucessivamente pelos sucessores legítimos do paciente em linha reta, ou colaterais até o quarto grau, os prontuários médicos do paciente falecido.[120]

Certo é que a violação desses direitos configura falta ética grave, responsabilidade penal e civil do médico e de todos os agentes que têm acesso a essas informações, com o consequente dever de indenizar pelos prejuízos causados, inclusive, extrapatrimoniais.

Questão relevante é o prazo durante o qual os prontuários médicos devem ser guardados a fim de que os pacientes tenham acesso. A Lei n. 13.787/2018 assegura o prazo de 20 (vinte) anos, a partir do último registro, para guarda dos prontuários tanto em suporte de papel quanto os digitalizados, salvo previsão diversa em regulamento, após esse período poderão ser eliminados ou devolvidos aos pacientes (art. 6º). A Resolução n. 1.821/2007 do CFM, modificada pela Resolução n. 2.218/2018 do CFM, artigo 8º,[121] também prevê o prazo de 20 (vinte) anos,[122] a partir do último registro, para a preservação dos prontuários dos pacientes em suporte de papel, que não foram arquivados eletronicamente em meio óptico, microfilmado ou digitalizado. Todavia, algumas leis e normas deontológicas estabelecem prazos diversos como o Estatuto da Criança e do Adolescente, Lei n. 8.069/90, que em seu artigo 10, I,[123] estabeleceu o prazo de 18 anos para os hospitais manterem os registros das atividades desenvolvidas por meio de prontuários; e a Lei n. 9.434/97, referente à remoção de órgãos, tecidos, e partes do corpo humano para fins de transplantes e tratamento, que em seu artigo 3º, § 1º, prevê o prazo mínimo de 5 anos[124] para guarda de prontuários.

---

120. Art. 1º – Que os médicos e instituições de tratamento médico, clínico, ambulatorial ou hospitalar: a) forneçam, quando solicitados pelo cônjuge/companheiro sobrevivente do paciente morto, e sucessivamente pelos sucessores legítimos do paciente em linha reta, ou colaterais até o quarto grau, os prontuários médicos do paciente falecido: desde que documentalmente comprovado o vínculo familiar e observada a ordem de vocação hereditária, e b) informem os pacientes acerca da necessidade de manifestação expressa da objeção à divulgação do seu prontuário médico após a sua morte.
121. Art. 8º Estabelecer o prazo mínimo de 20 (vinte) anos, a partir do último registro, para a preservação dos prontuários dos pacientes em suporte de papel, que não foram arquivados eletronicamente em meio óptico, microfilmado ou digitalizado.
122. Esse prazo foi utilizado no parecer: Processo-Consulta n. 4.728/08 do CFM – Parecer CFM n. 10/09. Interessado: Colégio Brasileiro de Radiologia e Diagnóstico por Imagem. ASSUNTO: Tempo de guarda de exames radiológicos; responsabilidade pela guarda dos documentos; digitalização. Relator: Cons. José Albertino Souza. Ementa: Os exames radiológicos e seus respectivos laudos são documentos produzidos em decorrência das atividades específicas das Clínicas de Radiologia e Diagnóstico por Imagem, quer sejam unidades isoladas, quer sejam vinculadas a estabelecimento hospitalar, portanto a responsabilidade da sua guarda segue a norma vigente para os prontuários dos pacientes.
123. Art. 10. Os hospitais e demais estabelecimentos de atenção à saúde de gestantes, públicos e particulares são obrigados a: I – manter registro das atividades desenvolvidas, através de prontuários individuais, pelo prazo de dezoito anos.
124. Art. 3º. A retirada *post mortem* de tecidos, órgãos ou partes do corpo humano destinados a transplante ou tratamento deverá ser precedida de diagnóstico de morte encefálica, constatada e registrada por dois médicos não participantes das equipes de remoção e transplante, mediante a utilização de critérios clínicos e tecnológicos definidos por resolução do Conselho Federal de Medicina. § 1º Os prontuários médicos, contendo os resultados ou os laudos dos exames referentes aos diagnósticos de morte encefálica e cópias dos documentos de que tratam os arts. 2º, parágrafo único; 4º e seus parágrafos; 5º; 7º; 9º, §§ 2º, 4º, 6º e 8º, e 10, quando couber, e detalhando os atos cirúrgicos relativos aos transplantes e enxertos, serão mantidos nos arquivos das instituições referidas no art. 2º por um período mínimo de cinco anos.

Independentemente das normas citadas, persistem indagações acerca da maneira como essas informações médicas circulam na Internet, o que tem dado ensejo a várias consultas aos Conselhos de Medicina.

Quanto à divulgação de ficha de evolução clínica do paciente e prescrições médicas, que abrangem o prontuário médico por entidades hospitalares na Internet, o Conselho Regional de Medicina do Estado de Pernambuco[125] teve a oportunidade de abordar o tema. De acordo com os Conselheiros, e com fulcro na Resolução n. 1.638/2002, e nos arts. 75 e 89 do Código de Ética Médica, colocar prescrição médica na internet expõe a intimidade do paciente, fere sua privacidade, viola o sigilo médico, motivo pelo qual tal prática seria vedada.

A transmissão de imagens via Internet nas telecirurgias é prática antiética de acordo com o CREMESP,[126] pelo que seria vedada a transmissão de cirurgias, em tempo real ou não, em sites dirigidos ao público leigo, com fins de promover o sensacionalismo e aumentar a audiência. Isso porque expõe os pacientes, seja por fotos ou imagens, aplicando o disposto no art. 104 do antigo Código de Ética Médica,[127] correspondente ao atual art. 75 do Código de Ética Médica.

Nesse contexto, merece ressalva a simulação de procedimento, muito utilizada nas cirurgias plásticas, como, por exemplo, a demonstração de como ficaria o nariz após a operação, o antes e o depois, utilizando a Internet para demonstrar essas simulações. De acordo com a Resolução n. 97/2001 do CREMESP, essa prática é vedada, pois cria falsas expectativas para o paciente, eis que não há como garantir a certeza dos resultados em face das vicissitudes do organismo humano.

A simulação só será lícita se acompanhada de avaliação médica pessoal e usada com um propósito específico, como nos casos de treinamento de práticas médicas.

A Internet tem sido um bom instrumento para o uso de programas e aplicativos em ambientes colaborativos, aumentando a demanda por sistemas para simulação de procedimentos médicos auxiliados por computador.[128]

Quando o uso da Internet é voltado para atualização e reciclagem profissional do médico, a exemplo das videoconferências, educação e monitoramento à distância, tal recurso é admitido, desde que existam mecanismos seguros (senhas e outros dispositi-

---

125. Parecer Consulta n. 01/2012 do CRM/PB. Conselheiro Relator: Roberto Magliano de Moraes. Assunto: O Consulente informa que trabalha no Hospital de Emergência e Traumas de Campina Grande. Relata que foram divulgadas pela internet imagens de prescrições médicas por ele assinadas naquele nosocômio e quer saber se o modelo de prescrição por ele adotado, e divulgado na rede mundial de computadores é legal. Aprovado 9.2.2012.
126. Parecer n. 107787. Órgão: Conselho Regional de Medicina do Estado de São Paulo Número: Data Emissão: 02-02-2010. Ementa: A exposição pública de pacientes, através de fotos e imagens, é considerada antiética pelo CREMESP. A exceção vale para o uso da Internet em telemedicina, voltada à atualização e reciclagem profissional do médico, a exemplo das videoconferências, educação e monitoramento à distância. Nesses casos, devem existir mecanismos (senhas e outros dispositivos) que impeçam o acesso do público leigo às imagens ou informações, que só podem identificar o paciente mediante consentimento esclarecido do mesmo para este fim.
127. É vedado ao médico: "fazer referência a casos clínicos identificáveis, exibir pacientes ou seus retratos em anúncios profissionais ou na divulgação de assuntos médicos".
128. RODRIGUES, Maria Andréia Formico. MAIA, José Gilvan Rodrigues. MENDONÇA, Nabor das Chagas. Simulação de Procedimentos Médicos Usando Java e tecnologia na Web. Disponível em: <http://www.lbd.dcc.ufmg.br/colecoes/wim/2002/0010.pdf>. Acesso em: 10 ago. 2018.

vos) que impeçam o acesso do público leigo às imagens[129] ou informações. Uma eventual identificação do paciente só pode ocorrer mediante seu prévio consentimento livre e esclarecido para este fim.

No que diz respeito à divulgação de casos médico-legais, dados, fotografias, pela Internet, cujos periciandos sejam identificáveis, o CREMESP[130] já se pronunciou, afirmando que ferem os postulados da Ética Médica, tanto no que se refere ao Segredo Médico, quanto à Publicidade e Trabalho Científico (arts. 102, 104 e 131 do antigo CEM, atuais arts. 111,[131] 73, 75), razão pela qual tal conduta não é recomendada.

Questiona-se o uso de imagem do paciente para fins de pesquisa, pois, de um lado, o direito à imagem, e de outro, o interesse público no estudo científico (art. 218 e 219), ambos assegurados pela Constituição Federal, tornando legítimo quando obtiver do paciente ou de seu representante o devido consentimento livre e esclarecido, conforme estabelecido na Resolução n. 466/2012, editada pelo Conselho Nacional de Saúde.[132] A imagem do paciente deve ser assegurada, e sua proteção encontra respaldo não só constitucional, eis que é considerada direito fundamental, art. 5º, inciso X, como pela legislação infraconstitucional, direito personalíssimo, previsto no art. 20 do Código Civil,[133] sob pena de restar configurada a responsabilidade civil.[134]

Com a pandemia do novo coronavírus novos dilemas foram enfrentados diante da necessidade de divulgação de informações de dados de saúde de pacientes para fins de evitar a propagação da doença em razão do seu alto poder de contaminação. Tal fato impõe a proteção do interesse coletivo por questão de saúde pública e a adoção de medidas sanitárias profiláticas de combate ao novo coronavírus, mas que acaba por afetar o direito fundamental à privacidade, à intimidade e ao sigilo dos dados dos pacientes (art. 5º, I, X, XIV, da CF).

A Covid-19 é uma doença de notificação compulsória (Lista Nacional de Notificação Compulsória contida no anexo da Portaria n. 204, de 17 de fevereiro de 2016 – item 43) e deve ser comunicada pelos médicos (Lei n. 6.259/75 e Decreto n. 49.974-A/61). A Lei n. 13.979/2020, que dispõe sobre as medidas para enfrentamento da emergência de saúde pública decorrente do coronavírus, prevê expressamente a obrigatoriedade de compartilhamento entre órgãos e entidades da administração pública federal, estadual, distrital e municipal dos dados essenciais à identificação de pessoas infectadas ou com suspeita

---

129. ALMEIDA JUNIOR, Vitor de Azevedo. A imagem fora do contexto: o uso de imagens de arquivo. SCHREIBER, Anderson (coord.). In *Direito e Mídia*. São Paulo: Saraiva, 2013, p. 158-183.
130. Consulta n. 27.921/97 do CREMESP. Assunto: Disponibilização e eticidade, a usuários da Rede Internet, de dados e fotografias relativos a perícias médico-legais. Relator: Conselheiro Henrique Carlos Gonçalves. Aprovada na 1.979ª RP em 26.97. Homologada na 1.980ª RP em 29/07/97. Disponível em: <http://www.portalmedico.org.br/pareceres/crmsp/pareceres/1997/27921_1997.htm>. Acesso em: 10 ago. 2018.
131. Art. 111. Permitir que sua participação na divulgação de assuntos médicos, em qualquer meio de comunicação de massa, deixe de ter caráter exclusivamente de esclarecimento e educação da sociedade.
132. Está em tramitação o Projeto de Lei n. 7082/2017, que dispõe sobre a pesquisa clínica.
133. Art. 20. Salvo se autorizadas, ou se necessárias à administração da justiça ou à manutenção da ordem pública, a divulgação de escritos, a transmissão da palavra, ou a publicação, a exposição ou utilização da imagem de uma pessoa poderão ser proibidas, a seu requerimento e sem prejuízo da indenização que couber, se lhe atingirem a honra, a boa fama ou a respeitabilidade, ou se se destinarem a fins comerciais.
134. Súmula 403 do Superior Tribunal de Justiça: "Independe de prova do prejuízo a indenização pela publicação não autorizada de imagem de pessoa com fins econômicos ou comerciais."

de infecção pelo coronavírus, (art. 6º), o que também tem respaldo na Lei n. 12.527/11 (art. 31, § 1º, II, § 3º, V), e na Lei Geral de Proteção de Dados (art. 7º, VIII, 10, 11, II, f).

A inobservância pelo médico desse dever se enquadra no tipo penal – omissão de notificação de doença (art. 269 do Código Penal).[135]

Outra utilidade da Internet é o envio de resultados de exames diagnósticos, tais como radiografias, exames de sangue, urina, entre outros,[136] que compõem o prontuário médico ou até mesmo do próprio prontuário em sua integralidade. Essa prática não é vedada, mas para evitar a quebra de sigilo e privacidade dessas informações, algumas normas devem ser seguidas, como o encaminhamento com elevadas precauções técnicas, podendo utilizar, por exemplo, senhas criptografadas ou servidores especiais que restrinjam o acesso por terceiros.[137]

É crescente a preocupação com segurança da informação nos meios eletrônicos, aumentando a preocupação com o uso de novos mecanismos de controle quanto ao acesso de a áreas sigilosas e que contenham dados pessoais, não só com a criação de senhas, uso de *logs*, mecanismos criptografados, assinatura eletrônica, até de uma terceira fase, que é o uso de dados biométricos.[138] Tem se tornado cada vez mais frequente os ataques cibernéticos tanto no setor público[139] quanto privado,[140] em que o sigilo dos dados dos pacientes é violado e estes são utilizados por terceiros para diversas finalidades, o que coloca em xeque os próprios pacientes não só pelos seus dados pessoais sensíveis que podem ser utilizados de forma discriminatória, como por colocá-los em situação de risco de morte, como ocorreu em um hospital na Alemanha em que foram suspensos os atendimentos agendados e emergenciais ocasionando a morte de uma paciente.[141]

Da mesma forma, o paciente que recebe o exame por *e-mail* deve ter a cautela para que outras pessoas, além do seu médico, não tenham acesso à correspondência.

O Conselho Regional do Paraná, por meio do Parecer n. 1931/2008,[142] referente ao envio pela Internet de exame de Termometria Cutânea (medida da temperatura cutânea

---

135. A respeito do assunto: "O prontuário do paciente na área médica: direito ao sigilo versus interesse público sanitário na pandemia da COVID-19. Leonardo da Rocha de Souza Guilherme Augusto Volles Marcelo Ribeiro Disponível em: <https://fadisp.com.br/revista/ojs/index.php/pensamentojuridico/article/view/223>. Acesso em: 1 fev. 2021.
136. Parecer Consulta n 28.302/96 do CREMESP: "[...] cabe ressaltar que os exames complementares solicitados pelo médico para a formação do diagnóstico do paciente constituem documentos que pertencem exclusivamente ao paciente examinado ou seu representante legal."
137. Parecer n 1925/2008 do CRMPR. Processo-Consulta n 017/2008. Protocolo n 2.296/2008 Assunto: Laudo médico. Parecerista: Cons. Carlos Roberto Goytacaz Rocha. Ementa: Liberação de resultado de exames pela internet – Necessidade de assinatura eletrônica.
138. A respeito dos três fatores de autenticação, de segurança: i) o que você tem; ii) o que você é; e, iii) o que você sabe: Disponível em: <http://pciguru.wordpress.com/2010/05/01/one-two-and-three-factor-authentication>. Acesso em: 10 ago. 2018.
139. Disponível em: <https://canaltech.com.br/hacker/vazamento-de-senhas-do-ministerio-da-saude-expoe-pacientes-da-covid-diz-jornal-175307/>. Acesso em: 12 fev. 2021.
140. Disponível em: <https://www1.folha.uol.com.br/cotidiano/2020/07/apos-tentativa-de-ciberataque-no-sirio-libanes-setor-da-saude-teme-invasoes.shtml>. Acesso em: 12 fev. 2021.
141. Disponível em: <https://g1.globo.com/economia/tecnologia/blog/altieres-rohr/post/2020/09/21/paciente-morre-apos-hospital-que-sofria-ataque-cibernetico-suspender-atendimento-na-alemanha.ghtml>. Acesso em: 12 fev. 2021.
142. Parecer n 1931/2008 do CRMPR. Processo-Consulta n 51/2008– Protocolo n 6018/2008 Assunto: Termometria Parecerista: Alexandre Gustavo Bley.

de alguma parte do corpo) conclui pela possibilidade, desde que seguidas às normas técnicas de segurança em transmissão de dados via Internet para garantir o sigilo e a privacidade do paciente.

Outra questão que merece ser enfrentada é a possibilidade de agendamento de consultas via Internet e até mesmo cobrança de ato médico[143] por esse meio.

De acordo com o Conselho Regional do Paraná – CRMPR,[144] não existe óbice em manter agenda na Internet para a marcação de consultas, desde que a questão do sigilo seja resguardada, o que se dará pela impossibilidade de acesso aos nomes dos outros pacientes eventualmente marcados, não havendo impeditivo ético na cobrança de consulta por cartões de crédito, embora não possa haver cobrança por consultas desmarcadas, eis que o ato médico não foi praticado, observado o art. 59 do Código de Ética Médica.[145]

Essa também foi a orientação dada no parecer da Resolução n. 97/2001 do CREMESP, que ao se referir às consultas médicas e orientações pela Internet, concluiu: "As clínicas, hospitais e consultórios podem usar a Internet para agendamento e marcação de consultas via *e-mail*."

A Prefeitura Municipal de Itapajé formulou consulta ao Conselho Regional de Medicina do Ceará – CREMEC acerca do Projeto de Lei n. 16/2007 de sua Câmara Municipal. O projeto estabelecia a inscrição e listagem dos pacientes que aguardam por cirurgias eletivas pelo Sistema Único de Saúde[146] no sítio oficial da Prefeitura daquela municipalidade, divulgando dados do sistema e a forma de registro dos pacientes, como data, local, discriminação do tipo de intervenção cirúrgica e o médico responsável; aviso do tempo médio previsto para atendimento dos inscritos; relação dos inscritos habilitados para o procedimento cirúrgico e a relação dos pacientes já atendidos especificando o procedimento efetuado.

De acordo com o parecer do CREMEC referida divulgação de dados com acesso por terceiros que não têm comprometimento com o sigilo profissional, seja na Internet, seja em publicações escritas, ou qualquer outro meio, viola os direitos dos pacientes, especialmente, o direito ao sigilo, protegido na Constituição Federal, art. 5º, inciso X, e art. 102 do antigo Código de Ética Médica, atual art. 73 do CEM e Resolução n. 1.639/2002 do CFM, já revogada pela Resolução 1821/2007 e modificada pela Resolução n. 2.218/2018 do CFM.

---

143. Segundo Nelson Grisard, ato médico é aquele ato praticado pontualmente pelo profissional graduado em curso de medicina aprovado e reconhecido no Brasil, exercido de acordo como o saber médico cientificamente construído, devendo o médico ser registrado no Conselho Federal de Medicina do Estado em que atua e seguir os princípios do Código de Ética Médica vigente, cujos principais objetivos são a prevenção, o diagnóstico, o tratamento e a cura de enfermidade. Apud Antônio Gonçalves. O ato médico e os conselhos de medicina: considerações históricas, práticas e administrativas. In: NIGRE, André Luis et al. *Direito e medicina, um estudo interdisciplinar*. Rio de Janeiro: Lumen Juris, 2007, p. 46.
144. Parecer n 2302/2011 do CRMPR. Processo-Consulta n 011/2011. Protocolo n 4249/2011 Assunto: relação médico-paciente. Parecerista: Cons. Alexandre Gustavo Bley. Ementa: Agendamento de consultas via internet – cobrança de ato médico não praticado – taxa de agendamento.
145. É vedado ao médico: [...] Art. 59. Oferecer ou aceitar remuneração ou vantagens por paciente encaminhado ou recebido, bem como por atendimentos não prestados.
146. Parecer CREMEC n. 19/2008, 12/07/2008 Processo-Consulta, Protocolo CREMEC n 5713/07 Assunto – Sigilo médico e internet. Interessado: Prefeitura Municipal de Itapajé – Secretaria Municipal de Saúde. Ementa: Direitos e Garantias Individuais do Cidadão. Sigilo Médico. Divulgação através da Internet.

A inobservância desses direitos pode gerar a responsabilidade, seja do provedor, do médico ou da instituição de saúde,[147] dos agentes que tratam dados (LGPD).

As informações dos pacientes que circulam nos meios eletrônicos, sejam dos prontuários médicos, ou exames isolados, abrangem um conjunto de direitos e liberdades, que devem ser salvaguardados para o livre desenvolvimento da pessoa humana para o exercício de sua integridade pessoal e autodeterminação informativa. E, para concretizar essas liberdades, deve-se conferir aos titulares o direito ao acesso aos registros informáticos para conhecimento de seus dados, aos bancos de dados clínicos, não só para tomar conhecimento de seu conteúdo, bem como possibilidade de retificação, e o direito ao sigilo em relação às responsáveis pela automatização e terceiros, e a sua não interconexão.

A proteção da pessoa humana perante o tratamento de seus dados pessoais informatizados, como bem preceituam J. J. Gomes Canotilho e Vital Moreira[148] ao comentarem o art. 35 da Constituição da República Portuguesa,[149] abrange não só a individualização, a fixação e a recolha de dados, mas também sua conexão, transmissão, utilização e publicação.

Esses direitos já estão assegurados na Constituição Federal, no rol dos direitos e garantias fundamentais, em que se incluem não só o direito à vida privada e à intimidade, mas o meio de proteção, como o *habeas data*[150] (arts. 5º, LXXII, e Lei n. 9.507/97, arts. 43 e 44, do Código de Defesa do Consumidor e a Lei Geral de Proteção de Dados).

---

147. Indenizatória. Plano de Saúde. Desentendimento entre paciente e médico. Divulgação do Prontuário via e-mail. Envio da mensagem eletrônica à empresa em que trabalhava a autora. Dano Moral. Ocorrência. *Quantum* mantido. O contexto processual evidencia que a autora teve seu prontuário médico divulgado, via e-mail, no âmbito da empresa em que trabalhava, sendo que dita mensagem eletrônica foi enviada por preposta da ré, sendo indubitável a legitimidade da administradora do plano de saúde para responder à demanda e compensar os danos causados à demandante. Como é sabido, os documentos relativos às consultas médicas e baixas hospitalares são particulares, de caráter sigiloso, afigurando-se reprovável a atitude da demandada, que poderá, eventualmente, voltar-se, em regresso, contra o responsável pelo envio da correspondência. O dano moral, portanto, é inegável, pois houve a exposição de fatos pessoais da autora, o que viola atributos da personalidade, sendo que o montante fixado na origem está em consonância com os princípios da proporcionalidade e razoabilidade, comportando manutenção. Recurso Improvido (TJRS, Recurso Inominado, Segunda Turma Recursal Cível, n. 71003866340, Comarca de Canoas, Rel. Dra. Fernanda Carravetta Vilande, 18 de julho de 2012).
148. MOREIRA, Vital; CANOTILHO, J. J. Gomes. Constituição da República Portuguesa Anotada: arts. 1º a 107º. v. 1, 4 ed. rev. Coimbra: Coimbra Editora, 2007, p. 550-558.
149. Artigo 35º (Utilização da informática) 1. Todos os cidadãos têm o direito de acesso aos dados informatizados que lhes digam respeito, podendo exigir a sua retificação e atualização, e o direito de conhecer a finalidade a que se destinam, nos termos da lei. 2. A lei define o conceito de dados pessoais, bem como as condições aplicáveis ao seu tratamento automatizado, conexão, transmissão e utilização, e garante a sua proteção, designadamente através de entidade administrativa independente. 3. A informática não pode ser utilizada para tratamento de dados referentes a convicções filosóficas ou políticas, filiação partidária ou sindical, fé religiosa, vida privada e origem étnica, salvo mediante consentimento expresso do titular, autorização prevista por lei com garantias de não discriminação ou para processamento de dados estatísticos não individualmente identificáveis. 4. É proibido o acesso a dados pessoais de terceiros, salvo em casos excepcionais previstos na lei. 5. É proibida a atribuição de um número nacional único aos cidadãos. 6. A todos é garantido livre acesso às redes informáticas de uso público, definindo a lei o regime aplicável aos fluxos de dados transfronteiras e as formas adequadas de proteção de dados pessoais e de outros cuja salvaguarda se justifique por razões de interesse nacional. 7. Os dados pessoais constantes de ficheiros manuais gozam de proteção idêntica à prevista nos números anteriores, nos termos da lei.
150. DONEDA, Danilo. Iguais mas separados: o Habeas Data no ordenamento jurídico brasileiro e a proteção de dados pessoais. *Cadernos da Escola de Direito e Relações Internacionais* (UniBrasil), v. 9, p. 14-32, 2009.

5. CONSIDERAÇÕES FINAIS

A revolução cibernética na área da saúde e a instantaneidade da comunicação por meio da *web* possibilitaram uma interação diferente entre as pessoas, que tem trocado gradualmente a presença física pela virtual. Isso reflete nas relações sociais, inclusive na relação médico-paciente, e na forma como elas serão reguladas, a fim de melhor tutelar a pessoa humana.

A difusão das novas tecnologias da informática e da comunicação somada ao uso da Internet demandam questões que o direito civil e a técnica legislativa ainda não estão preparados para responder. A especificidade da matéria extrapola o aspecto jurídico, por isso, a necessidade de buscar algumas respostas nas diversas ciências do saber e nos ramos especializados, como a Medicina, a Informática etc.

O uso da Internet, atrelado aos serviços médicos, amplia o conhecimento da saúde, permitindo o aprimoramento profissional, o desenvolvimento de novas técnicas, tratamentos, maior acesso a mecanismos de cura e a maior sobrevida para o paciente. Além disso, reduz as barreiras geográficas, possibilita a troca de informações entre profissionais especializados e aumenta a conscientização do paciente. Por outro lado, potencializa os riscos à intimidade e a confidencialidade dos dados sensíveis dos pacientes, que passam a circular nas redes sem a devida proteção.

As relações de consumo formadas via Internet têm algumas peculiaridades em razão da falta de contato pessoal entre o profissional médico e o paciente, dificultando a apuração da idoneidade, da honestidade do produto, do prestador de serviços e vice-versa. Acrescido ao fato de haver grande dificuldade de controle das informações contidas na máquina, o que aumenta a possibilidade de divulgação indevida dos dados clínicos do paciente, já que podem ser manipuladas por interesses dominantes, grupos privilegiados, sob o segmento mais fácil, e o forte risco da proteção da confidencialidade, o que impõe maior proteção do usuário-consumidor.

Para evitar danos irreparáveis aos pacientes-usuários da *web*, mister se faz maior cuidado por parte dos profissionais médicos e das instituições de saúde no uso da Internet. Estes devem se preocupar com a veracidade das informações veiculadas e com a segurança dos dados, usando sites com certificação, mecanismos de controle de senhas e acesso. Além disso, deve obter o consentimento livre e esclarecido do paciente para legitimar seu ato, já que por meio dele exerce seu direito de autodeterminação, componente de sua dignidade e, caso não seja observado, o fornecedor responderá caso se afaste desses deveres de transparência, boa-fé, entre outros.

Nesse contexto, ganha relevo o tratamento automatizado de todo o tipo de informação, incluída a de caráter pessoal, que põe em risco a preservação da privacidade e da liberdade das pessoas.

A tarefa do intérprete é garantir, por meio do quadro axiológico constitucional, da normativa infraconstitucional e das normas deontológicas, a proteção no mundo físico e eletrônico dos dados clínicos de forma a não violar a dignidade da pessoa humana, eis que constitui direito fundamental do paciente.

REFERÊNCIAS

ABELLÁN, Fernando, SÁNCHEZ-CARO, Javier. *Derechos y deberes de los pacientes: Ley 41/2002, de 14 de noviembre: consentimento informado, historia clínica, intimidad e instrucciones previas*. Granada, 2003.

AGUIAR, Ruy Rosado de. Responsabilidade civil do médico. *Revista dos Tribunais*, São Paulo, v. 84, n. 718, ago. 1995, p. 41.

AIETA, Vânia Siciliano. Marco civil da internet e o direito à intimidade. In: LEITE, George Salomão; LEMOS Ronaldo. *Marco Civil da Internet*. São Paulo: Editora Atlas, 2014.

ALMEIDA JUNIOR, Vitor de Azevedo. A imagem fora do contexto: o uso de imagens de arquivo. In: SCHREIBER, Anderson (Coord.). *Direito e Mídia*. São Paulo: Saraiva, 2013.

ALMEIDA FILHO, Flávio Guilherme Vaz; SALVADOR, Valéria Farinazzo Martins. *Aspectos éticos e de segurança do prontuário eletrônico do paciente*. II Jornada do Conhecimento e da Tecnologia, UNIVEM; Marília, SP, 2005.

ARAÚJO, Arakén Almeida; BRITO, Ana Maria de; NOVAES, Moacir de. Saúde e autonomia: novos conceitos são necessários? *Revista Bioética*, v. 16, n. 1, 2008. p. 117-123.

ARRUDA, Mauro J. G. e ARAGÃO, Claus Nogueira. *Os problemas da publicidade de medicamentos*. Disponível em: <http://www.conjur.com.br/2009-fev-14/norma-anvisa-publicidade-medicamentos-onerar-empresas>. Acesso em: 10 jun. 2013.

BARBOSA, Fernanda Nunes. *Informação*: direito e dever nas relações de consumo. São Paulo: Revista dos Tribunais, 2008.

BARBOSA, Fernanda Nunes. Internet e consumo: o paradigma da solidariedade e seus reflexos na responsabilidade civil do provedor de pesquisa. *Revista dos Tribunais*. n. 924, v. 101, 2012. p. 535-561.

BARBOSA, P. R. B. Informática médica e telemedicina. *Anais da Academia Nacional de Medicina*, São Paulo, v. 160, n. 2, jul./dez. 2000, p. 121-123.

BARBOZA, Heloisa Helena; SIQUEIRA-BATISTA, Rodrigo. Diálogo entre Bioética e o Direito. In: LANA, Roberto Lauro, FIGUEIREDO, Antônio Macena de. *Direito Médico*. Rio de Janeiro: Editora Lumen Juris, 2009.

BARBOZA, Heloisa Helena. A autonomia da vontade e a relação médico-paciente no Brasil. *Lex Medicinae. Revista Portuguesa de Direito da Saúde*, Coimbra, v. 1, n. 2, jul./dez. 2004, p. 7.

BARBOZA, Heloisa Helena. Poder familiar em face das práticas médicas. *Revista do Advogado*, v. 24, n. 76, jun. 2004.

BARBOZA, Heloisa Helena. O que muda com o novo Código de Ética Médica? Urologia Essencial. V. 1, n. 4, out./dez. 2011. Disponível em: < http://www.urologiaessencial.org.br> Acesso em: 19 ago. 2018.

BARRA, Paulo Sérgio Cavalcante; MARTHA, Amilton Souza; CAMPOS, Carlos José Reis de; PACIOS, Marilena. Os sites de medicina e saúde frente aos princípios éticos da Health on Net Foundation – HON. *Revista Bioética*, v. 18, n. 2, 2010, p. 483-96.

BENJAMIN, Antônio Herman V.; MARQUES, Claudia Lima; BESSA, Leonardo Roscoe. *Manual de direito do consumidor*. São Paulo: Revista dos Tribunais, 2007.

BESSA, Leonardo Roscoe. *Relação de consumo e aplicação do CDC*. São Paulo: Revista dos Tribunais, 2009.

BINICHESKI, Paulo Roberto. *Responsabilidade civil dos provedores de internet*: direito comparado e perspectivas de regulamentação no direito brasileiro. Curitiba: Juruá, 2011.

BOBBIO, Norberto. A função promocional do direito. In: *Da estrutura à função*: novos estudos de teoria do direito. Barueri: Manole, 2007.

BOMTEMPO, Tiago Vieira. *Aplicação do Código de defesa do consumidor na relação médico-paciente*. Informativo jurídico Consulex. Brasília, v. 28, n. 33, p. 5-6, 18 ago., 2014.

BOMTEMPO, Tiago Vieira. *A informação: direito fundamental do consumidor na relação médico-paciente*. Revista Síntese: Direito Civil e Processual Civil, Porto Alegre, ano XII, n. 83, p. 9-33, 2013.

BORGES, Gustavo Silveira. *Diálogo das fontes e a responsabilidade civil médica*: (re)leitura da relação médico-paciente a partir da interdisciplinaridade. Revista de direito do consumidor, v. 21, n. 84, p. 13-41, out./dez. 2012.

CAMBI, E. O caráter universal do direito moderno e os fundamentais impostos pelo biodireito. In: CORRÊA, E. A. A.; GIACOIA, G.; CONRADO, M. (Coords.). *Biodireito e dignidade da pessoa humana*. Curitiba: Juruá, 2007. p. 49-78.

CARDOSO, José Eduardo Dias; COELHO, Augusto Quaresma; COELHO, Elisa Quaresma. Informações médicas na internet afetam a relação médico-paciente? *Revista Bioética*, v. 21, n. 1, 2013, p. 142-9.

CAVALIERI FILHO, Sérgio, DIREITO, Carlos Alberto Menezes. *Comentários ao novo Código Civil*. v. XIII. 1 ed. Rio de Janeiro: Editora Forense, 2004.

CENEVIVA, Walter. *Segredos profissionais*. São Paulo: Malheiros, 1996.

COHEN, C. A confidencialidade: questões éticas relativas ao segredo profissional. In: SEGRE, M; COHEN, C. (Orgs.). *Bioética*. 3. ed. rev. e amp. São Paulo: EDIUSP, 2002.

COSTA, André Brandão Nery. Direito ao esquecimento na Internet: a scarlet letter digital. In:

COAN, E.I. Biomedicina e biodireito. Desafios bioéticos. Traços semióticos para uma hermenêutica constitucional fundada nos princípios da dignidade da pessoa humana e da inviolabilidade do direito à vida. In: SANTOS, M.C.C.L. (Org.). *Biodireito*: ciência da vida, os novos desafios. São Paulo: Revista dos Tribunais, 2001. p. 246-266.

COLTRI, Marcos, DANTAS, Eduardo. Comentários ao *Código de Ética Médica*: Resolução CFM n. 1.931, de 17 de setembro de 2009. Rio de Janeiro: GZ Ed., 2010.

COUTO FILHO, Antonio Ferreira, SOUZA, Alex Pereira. *Responsabilidade civil médica e hospitalar*. 2 ed. Rio de Janeiro: Lumen Juris, 2008, p. 51.

COUTO FILHO, Antonio Ferreira. O Código de defesa do consumidor e sua aplicação à relação médico-paciente. Consulex: revista jurídica, v. 10, n. 228, p. 28, jul. 2006.

CUNHA, Luissaulo; PATRÍCIO, Zuleica Maria. Confidencialidade e privacidade em planos de saúde. *Revista Bioética*, v. 16, n. 1, 2008, p. 141-54.

DONEDA, Danilo. Iguais mas separados: o *Habeas Data* no ordenamento jurídico brasileiro e a proteção de dados pessoais. *Cadernos da Escola de Direito e Relações Internacionais* (UniBrasil), v. 9, p. 14-32, 2009.

DINIZ, Maria Helena. *O estado atual do biodireito*. 5. ed. rev. aum. e atual. São Paulo: Saraiva, 2008.

DOLGIN, Janet L; SHEPHERD, Lois L. *Bioethics and the law*. New York: Aspen Publishers, 2005, p. 608-614.

DONEDA, Danilo. *Da privacidade à proteção de dados pessoais*. Rio de Janeiro: Renovar, 2006.

EL KHOURI, S.G. *Telemedicina*: análise de sua evolução no Brasil. Dissertação de Mestrado apresentada à Faculdade de Medicina da USP. São Paulo, 2003.

FADDA, Stefano. La tutela dei dati personali. in: CASSANO, Giuseppe. *Commercio elettronico e tutela del consumatore*. Milano: Giuffrè, 2004.

FALEIROS JUNIOR, José Luiz de Moura; NOGAROLI, Rafaella; CAVET, Caroline Amadori. Telemedicina e proteção de dados: reflexões sobre a pandemia da covid-19 e os impactos jurídicos da tecnologia aplicada à saúde. Revista dos Tribunais. vol. 1016/2020. Jun. / 2020. DTR\2020\7334.

FARAH, Elias. Contrato profissional médico-paciente: reflexões sobre obrigações básicas. *Revista do Instituto dos Advogados de São Paulo*: Nova Série, São Paulo, v. 12, n. 23, p. 96-137, jan./jun. 2009.

FERRAZ JÚNIOR, Tércio Sampaio. Sigilo de dados: o direito à privacidade e os limites à função fiscalizadora do Estado. Cadernos de Direito Constitucional e Ciência Política, n. 1, p. 79.

FERREIRA, José Henrique da Costa. *Telemedicina*: dos conceitos à prática. Tese Dissertação de mestrado em Gestão da Informação nas Organizações, especialização em Métodos Científicos de Gestão pela Faculdade de Economia da Universidade de Coimbra, 2002. Coimbra: FEUC, 2002.

FERREIRA, Lídia Maria Nunes Ferreira. *A internet como fonte de informação sobre saúde um levantamento de percepções dos médicos portugueses*. Dissertação submetida como requisito parcial para obtenção de grau de Mestre em Gestão dos Serviços de Saúde Orientador: Prof. Doutor Paulo Moreira, 2006.

FRANÇA, Genival Veloso da. Telemedicina: breves considerações ético-legais. *Bioética*, v. 8, n. 1, jan./jun. 2000, p. 107-126.

FRANÇA, Genival Veloso da. *Direito médico*. 11. ed., rev. atual. e ampl. Rio de Janeiro: Forense, 2013.

FRANÇA, Genival Veloso da. *Comentários ao código de ética médica*. 6. ed. Rio de Janeiro: Guanabara Koogan, 2010.

FURTADO, Gabriel Rocha. O marco civil da internet: a construção da cidadania virtual. In: SCHREIBER, Anderson. *Direito e Mídia*. São Paulo: Saraiva, 2013, p. 236-254.

GARCIA FILHO, Carlos; VIEIRA, Luiza Jane Eyre de Souza; SILVA, Raimunda Magalhães da. Buscas na internet sobre medidas de enfrentamento à COVID-19 no Brasil: descrição de pesquisas realizadas nos primeiros 100 dias de 2020 Disponível em: <https://www.scielo.br/scielo.php?script=sci_arttext&pid=S2237-96222020000300700&lng=pt&nrm=iso&tlng=pt>. Acesso em 31 jan. 2021

GONÇALVES, Antonio Baptista. Intimidade, vida privada, honra, e imagem ante as redes sociais e a relação com a internet. Limites constitucionais e processuais. *Revista de Direito Privado*. Ano 12, v. 48, out./dez. 2011, p. 299-340.

GUERRA, A. Telecomunicações e protecção de dados. In: Instituto Jurídico da Comunicação. As telecomunicações e o direito na sociedade da informação. Coimbra, Portugal: Faculdade de Direito da Universidade de Coimbra, 1999. p. 107-121.

LANDGREEN, Ian R. "Do no harm": a comparative analysis of legal barriers to corporate clinical telemedicine providers in the United States, Australia, and Canada. Georgia Journal of International and Comparative Law, v. 30, n. 2, p. 365-390, Winter 2002.

LEONARDI, Marcel. Responsabilidade Civil pela Violação do Sigilo e Privacidade na Internet. In: SILVA, Regina Beatriz Tavares da. SANTOS, Manoel J. Pereira dos (Coord.). *Responsabilidade Civil*: responsabilidade civil na Internet e nos demais meios de comunicação. São Paulo: Saraiva, 2007, p. 341-357.

LEITE, George Salomão; LEMOS Ronaldo (Org.). *Marco Civil da Internet*. São Paulo: Editora Atlas, 2014.

LEITE, George Salomão. Responsabilidade Civil pela Violação do Sigilo e Privacidade na Internet. In: SILVA, Regina Beatriz Tavares da. SANTOS, Manoel J. Pereira dos (Coord.). *Responsabilidade Civil*: responsabilidade civil na Internet e nos demais meios de comunicação. São Paulo: Saraiva, 2007, p. 341-357.

LIMA, Rogério Montai de. *Relações de consumo via internet*: regulamentação. Revista IOB de Direito Civil e Processual Civil, ano IX, n. 57, jan.-fev. 2009, p. 38-50.

IOB de Direito Civil e Processual Civil, ano IX, n.57, jan.-fev. 2009, p.38-50.

LOCH, Jussara de Azambuja. Confidencialidade: natureza, características e limitações no contexto da relação clínica. *Bioética*, v. 11, n. 1, 2003, p. 51-64.

LOPES, Paulo Robert de Lima; PISA, Ivan Torre; SIGULEM, Daniel. Desafios em telemedicina. *Parcerias estratégicas*, n. 20, p. 367-386, jun. 2005.

LEONARDI, Marcel. Responsabilidade civil pela violação do sigilo e privacidade na Internet. In: SILVA, Regina Beatriz Tavares da; SANTOS, Manoel J. Pereira dos (Coord.). *Responsabilidade civil na Internet e nos demais meios de comunicação*. São Paulo: Saraiva, 2007.

MAIA, Maurílio Casas. O paciente hipervulnerável e o princípio da confiança informada na relação médica de consumo. *Revista de direito do consumidor*, v. 22, n. 86, p. 203-251, mar./abr. 2013.

MARQUES, Cláudia Lima. A responsabilidade dos médicos e do hospital por falha no dever de informar ao consumidor. *Revista dos Tribunais*, São Paulo, v. 93, n. 827, p. 11-48, set. 2004.

MARTINS, Guilherme Magalhães. Confiança e aparência nos contratos eletrônicos de consumo via internet. In: *Doutrinas Essenciais de Responsabilidade Civil*, v. 8, São Paulo: Revista dos Tribunais, 2011.

MARTINS, Guilherme Magalhães. *Formação dos contratos eletrônicos de consumo via internet*. 2. ed., Rio de Janeiro: Lumen Juris, 2010.

MARTINS, Guilherme Magalhães. *Responsabilidade civil por acidentes de consumo na internet*. São Paulo: Revista dos Tribunais, 2008.

MARTINS, Guilherme Magalhães; LONGHI, João Victor Rozatti. A tutela do consumidor nas redes sociais virtuais: responsabilidade civil por acidentes de consumo na sociedade da informação. *Revista de Direito do Consumidor*, ano 20, v. 78, São Paulo: Revista dos Tribunais, abr./jun., 2011, p. 191-221.

MARTINS, Sandra Ivone Barreiro; SIMÕES, José Augusto. Aspectos Éticos na Monitorização Remota de Pacemakers através da Telemedicina. Revista Portuguesa de Bioética, n. 16, mar. 2012.

MARTINS, Paulo Sergio da Costa. Código de Ética Médica e processos éticos profissionais. In: NIGRE, André Luis et al. *Direito e medicina, um estudo interdisciplinar*. Rio de Janeiro: Lumen Juris, 2007, p. 61-84.

MASSUD, Munir. Conflito de interesses entre os médicos e a indústria farmacêutica. *Revista Bioética*, n. 1, v. 18, 2010, p. 75-91.

MIRAGEM, Bruno. Curso de direito do consumidor. 3. ed., rev., atual. e ampl., São Paulo: Revista dos Tribunais, 2012.

MIRAGEM, Bruno. Responsabilidade por danos na sociedade de informação e proteção do consumidor: desafios atuais da regulação jurídica da Internet. *Revista do Direito do Consumidor*, ano 18, n. 70, abr.-jun., 2009, p. 41-92.

MENDES, Nelson Figueiredo. *Responsabilidade ética, civil e penal do médico*. São Paulo: Sarvier, 2006.

MODENESI, Pedro. Comércio eletrônico e a tutela do ciberconsumidor. *Revista Trimestral de Direito Civil*, ano 12, v. 48, out./dez., 2011.

MORAIS, Ruy Brito Nogueira Cabral de. As interferências do marco civil regulatório na tutela da dignidade da pessoa humana no meio ambiente digital. In: LEITE, George Salomão; LEMOS Ronaldo. *Marco Civil da Internet*. São Paulo: Editora Atlas, 2014.

MOREIRA, Ardilhes; PINHEIRO, Lara. OMS declara pandemia de coronavírus. G1. Disponível em: <https://g1.globo.com/bemestar/coronavirus/noticia/2020/03/11/oms-declara-pandemia-de-coronavirus.ghtml>. Acesso em: 29 mar. 2020.

MOREIRA, Vital; CANOTILHO, J. J. Gomes. Constituição da República Portuguesa Anotada: arts. 1º a 107º. v. 1, 4 ed. rev. Coimbra: Coimbra Editora, 2007.

MIRAGEM, Bruno Nubens Barbosa. Responsabilidade por danos na sociedade de informação e proteção do consumidor: desafios atuais da regulação jurídica da internet. *Revista de Direito do Consumidor*. n. 70, v. 18, 2009. 41-92.

MUNIZ, Gilmar Ribeiro. Utilização do sistema de telessaúde no comando da aeronáutica – uma necessidade. *Ideias em destaque*, n. 34, p. 74-93, set./dez. 2010.

NEMETZ, Luiz Carlos e Aline Dalmarco (Coord.). *Estudos e pareceres de direito médico e da saúde*. Florianópolis: Conceito Editorial, 2008.

NOGAROLI, Rafaella. Breves reflexões sobre a pandemia do novo coronavírus (COVID-19) e alguns reflexos no direito médico e da saúde. in: Revista dos Tribunais | vol. 1015/2020 | Maio 2020.

OLIVEIRA, Guilherme. Autorregulação profissional dos médicos. In *Temas de Direito da Medicina*. 2 ed. Coimbra: Coimbra Editora, 2005, p. 247-261.

PACIOS, Marilena; CAMPOS, Carlos José Reis de; MARTHA, Amilton Souza; BARRA, Paulo Sérgio. Os sites da medicina e saúde frente aos princípios éticos da Health on the Net Foundation – HON. *Revista Bioética*, 2010, v. 18, n. 2, p. 483-496.

PEREIRA, André Gonçalo Dias. *O consentimento informado na relação médico-paciente*. Estudo de Direito Civil, 9, Faculdade de Direito da Universidade de Coimbra, Centro de Direito Biomédico, Coimbra: Coimbra Editora, 2004, p. 551-552.

PEREIRA, Paula Moura Francesconi de Lemos. *Relação médico-paciente*: o respeito à autonomia do paciente e a responsabilidade civil do médico pelo dever de informar. 1. ed. Rio de Janeiro: Lumen Juris, 2011.

PEREIRA, Paula Moura Francesconi de Lemos.; SCHULMAN, Gabriel. Futuro da saúde e saúde do futuro: impactos e limites reais da inteligência artificial. In: TEPEDINO, Gustavo; SILVA, Rodrigo da Guia. (Org.). O Direito Civil na era da Inteligência Artificial. 1ªed.São Paulo: Thomson Reuters, 2020, p. 165-182.

SILVA, Rodrigo da Guia. VALVERDE. Aline Miranda. "Telemedicina no sistema privado de saúde: quando a realidade se impõe." Disponível em: <https://www.migalhas.com.br/coluna/migalhas-de-vulnerabilidade/322083/telemedicina-no-sistema-privado-de-saude-quando-a-realidade-se-impoe>. Acesso em: 26 mar. 2020.

PINHEIRO, Antônio Gonçalves. O ato médico e os conselhos de medicina: considerações históricas, práticas e administrativas. In: NIGRE, André Luis et al. *Direito e medicina, um estudo interdisciplinar*. Rio de Janeiro: Lumen Juris, 2007, p. 37-60.

PINHEIRO, Antônio Gonçalves. Publicidade e ética. *Bioética*, n. 12, 2004, p. 169-176.

REVUELTA, Gema, ACED, Cristina. Conflictos éticos de la comunicaciòn médica en internet. In *Dilemas y acuerdos éticos en la comunicación médica*. Espanha: Thomson Reuters, 2010, p. 71-83.

RODOTÀ, Stefano. A identidade em tempo de google. Disponível em: <http://www.ihu.unisinos.br/noticias/noticias-arquivadas/28397-a-identidade-em-tempos-de-google>. Acesso em: 10 jun. 2013.

RODOTÀ, Stefano. La vita e le regole: Tra diritto e non diritto. Milano: Feltrinelli, 2006.

RODOTÀ, Stefano. Transformações do corpo. *Revista trimestral de direito civil*: RTDC, v. 5, n. 19, p. 65-107, jul./set. 2004.

RODOTÀ, Stefano. *A vida na sociedade da vigilância*: a privacidade hoje. Organização, seleção e apresentação de: Maria Celina Bodin de Moraes; tradução: Danilo Doneda e Luciana Cabral Doneda. Rio de Janeiro: Renovar, 2008.

RUEF, Maria do Céu. O segredo médico como garantia de não discriminação. Estudo de caso: HIV/SIDA, 17, Faculdade de Direito da Universidade de Coimbra, Centro de Direito Biomédico, Coimbra: Coimbra Editora, 2009.

RODRIGUES, Maria Andréia Formico, MAIA, José Gilvan Rodrigues. MENDONÇA, Nabor das Chagas. *Simulação de Procedimentos Médicos Usando Java e tecnologia na Web*. Disponível em: <http://www.lbd.dcc.ufmg.br/colecoes/wim/2002/0010.pdf>. Acesso em: 10 jun. 2013.

SANTOS, Alaneir de Fátima dos [et al.] organizadores. *Telessaúde*: um instrumento de suporte assistencial e educação permanente. Belo Horizonte: Ed. UFMG, 2006.

SALLES, Alvaro Angelo. Transformações na relação médico-paciente na era da informação. *Revista Bioética*, v. 18, n. 1, 2010, p. 49-60.

SCHAEFER, Fernanda. *Procedimentos médicos realizados à distância e o Código de Defesa do Consumidor*. Curitiba: Juruá, 2009.

SCHAEFER, Fernanda. *Proteção de Dados de Saúde na Sociedade de Informação*: a busca pelo equilíbrio entre privacidade e interesse social. Curitiba: Juruá, 2010.

SCHREIBER, Anderson. Direito e Mídia. São Paulo: Saraiva, 2013. p. 184-206.

SCHULMAN, Gabriel. Quer informar o CPF hoje para obter descontos nos medicamentos? Lei estadual n. 17.301/2020 regulamenta a coleta de dados nas farmácias de São Paulo. Disponível em: <https://www.jota.info/paywall?redirect_to=//www.jota.info/opiniao-e-analise/artigos/quer-informar-o-cpf-hoje-para-obter-descontos-nos-medicamentos-19122020>. Acesso em 31 jan. 2021.

SEABRA, A.L.R. *Telemedicina*. Disponível no site: <http://www.lava.med.br/livro>, 2001. Acesso em: nov. 2002.

SIEGAL, Gil. Eletronic medical tourism and the medical Word Wibe Web. In COHEN, I. Glenn. *The globalization of health care: legal and ethical issues*. New York: Oxford University Press, 2013, p. 341-358.

SIGULEM, D. *Telemedicina*: uma nova forma de assistência em saúde. Disponível no site <http://www.cibersaude.com.br>. Acesso em 29 out. 2002.

SIGULEM, D. *Introdução à informática em saúde*: um novo paradigma de aprendizado na prática médica da UNIFESP/EPM. São Paulo: UNIFESP/EPM, 1997.

SIQUEIRA, J. E. Tecnologia e Medicina entre encontros e desencontros. *Revista de Bioética*, Brasília: Conselho Federal de Medicina, 2000, v. 8, n. 1, p. 55-61.

SCHREIBER, Anderson. Twitter, Orkut e Facebook – Considerações sobre a responsabilidade civil por danos decorrentes de perfis falsos nas redes sociais. In: *Direito Civil e Constituição*. São Paulo: Atlas, 2013, p. 220-228.

SCHREIBER, Anderson. Atualização do Código de Defesa do Consumidor: lições para o Direito Civil. In: *Direito Civil e Constituição*. São Paulo: Atlas, 2013, p. 480-483.

SCHRAMM, Fermin Roland (Org.) et al. *Bioética, riscos e proteção*. Rio de Janeiro: UFRJ, 2005.

STELLA, R. *Médico virtual*. Disponível no site <http://www.usp.br/jorusp/arquivo/2000/jusp531/manchet/rep_res/rep_int/pesqui3.html>. Acesso em jul. 2003.

TABORDA, José G. V; BINS, Helena Dias de Castro. Ética em psiquiatria forense: antigos dilemas, novos desafios. *Revista Bioética*, v. 17, n. 2, p. 191-201 2009.

TADEU, Silney Alves. A responsabilidade pela informação repassada a terceiros: comparações com o Código de Defesa do Consumidor. *Revista Bioética*, v. 15, n. 2, 2007, p. 186-95.

TEIXEIRA, Ana Carolina Brochado; DE SOUZA, Iara Antunes. *Sistema de responsabilidade civil geral brasileiro e a responsabilidade civil do médico*. Belo Horizonte: Arraes, p. 201-221, 2013

TELEMEDICINA tem aplicações de interesse para o Brasil. Disponível no site: <http://www.comciencia.br>. Acesso em: 6 nov. 2008.

TELEMEDICINE instrumation pack. Disponível no site <http://lsda.jsc.nasa.gov/scripts/hardware/hardw.cfm?hardware_id=1166>. Acesso em: 10 ago. 2009.

TERRANOVA, O.; NISTRI, R.; COLIANNI, P.; MARIOTTI, S. Telemedicina. Itália: Piccin, 2005.

VASCONCELOS, Lia. Cura à distância. *Desafios do desenvolvimento*, v. 2, n. 14, p. 52-56, set. 2005.

TEPEDINO, Gustavo; FACHIN, Luiz Edson (Coords.). *Diálogos sobre direito civil* – v. III. Rio de Janeiro: Renovar, 2012.

VELLOSO, Leandro. A garantia de aplicação das normas de proteção e defesa do consumidor nas relações de consumo realizadas na internet. In: LEITE, George Salomão; LEMOS Ronaldo (Org.). *Marco Civil da Internet*. São Paulo: Editora Atlas, 2014.

25
CONTRATOS ELETRÔNICOS DE CONSUMO: ASPECTOS DOUTRINÁRIO, LEGISLATIVO E JURISPRUDENCIAL[1]

Pedro Modenesi

Sumário: 1 Introdução. 2 Comércio eletrônico de consumo: a revolução da Internet. 3 Contratação eletrônica: "clique para contratar!". 4 Formação do contrato eletrônico: consentimento tecnológico. 5 Complexidade da contratação eletrônica. 6 A acentuada vulnerabilidade do ciberconsumidor. 7 Principais falhas do mercado eletrônico. 8 Da necessidade de regulação legal do comércio eletrônico. 9 Aplicação da boa-fé objetiva ao mercado eletrônico. 10 Projeto de Lei do Senado 281, de 2012 (atual Projeto de Lei 3514, de 2015, da Câmara dos Deputados): proposta de atualização do CDC. 11 A regulamentação do CDC pelo Decreto do Executivo 7.962/13. 12 Resolução on-line de conflitos no comércio eletrônico de consumo. 13 Conclusão. Referências.

1. INTRODUÇÃO

O comércio eletrônico de consumo já é um fenômeno bem consolidado no país, devendo-se dizer que é, antes de tudo, uma realidade global. No mercado nacional, especificamente, esse comércio, que vem apresentando crescimento constante desde 2001, registrou no primeiro semestre de 2020 recorde de faturamento em vinte anos de e-commerce impulsionado pela pandemia do coronavírus (Covid-19), cuja alta de 47% frente ao primeiro semestre de 2019 resultou em um total de mais de trinta e oito bilhões de reais em vendas. Ainda no primeiro semestre de 2020, foram identificados sete milhões de novos ciberconsumidores, o que representa um crescimento de 40% frente ao primeiro semestre de 2019, totalizando quarenta e um milhões de ciberconsumidores no país.[2-3] Todavia, a despeito de já ter alcançado uma dimensão econômica tão significativa, com clara tendência de se intensificar nos próximos anos, o comércio

---

1. Este trabalho é fruto de pesquisa iniciada no Programa mestrado de Pós-Graduação em Direito da Universidade do Estado do Rio de Janeiro, que resultou primeiramente na seguinte publicação: MODENESI, Pedro. Comércio eletrônico e tutela do ciberconsumidor. Revista Trimestral de Direito Civil, Rio de Janeiro, v. 48, out./dez. 2011. A Rui Lyrio Modenesi, agradeço pela revisão do texto deste trabalho e, principalmente, por ter despertado em mim a paixão por ler e escrever.
2. Já nos Estados Unidos, as vendas on-line aumentaram de US$ 155,5 bilhões, em 2009, para US$ 172,9 bilhões, em 2010. Conforme: Consumidores podem comparar preços de lojas com ofertas da Amazon. Valor Econômico, Rio de Janeiro, 23 nov. 2010, p. B2.
3. Confiram-se os relatórios semestrais denominados WebShoppers da e-bit, empresa que monitora os dados e a evolução do mercado eletrônico de consumo nacional, disponíveis em: <http://www.ebit.com.br/webshoppers>. Acesso em: 14 jan. 2020.

via Internet ainda suscita muitos desafios e questionamentos, principalmente no que diz respeito à proteção do ciberconsumidor.

O presente trabalho trata, primeiramente, do comércio eletrônico e de seu instrumento básico, a Internet, sublinhando os mais relevantes aspectos da contratação eletrônica de consumo, que é realizada, majoritariamente, por intermédio dos chamados "contratos por clique". Também é objeto de análise a complexidade da contratação virtual, ilustrando-se mediante casos concretos e decisões judiciais os problemas e falhas mais usualmente verificados no mercado eletrônico, os quais dão ensejo a uma acentuada vulnerabilidade do ciberconsumidor.

Outro tema abordado é a necessidade de regulação legal específica para o comércio eletrônico, a qual, em razão da acelerada dinâmica tecnológica dessa atividade, deverá envolver a consideração dos princípios jurídicos – elementos essenciais à flexibilidade do sistema normativo –, enfatizando-se a especial aptidão da boa-fé objetiva como meio de assegurar a tutela dos direitos da parte mais fraca da relação contratual. Assim, é criticamente analisado o Projeto de Lei do Senado nº 281 de 2012 (PLS nº 281/12), que deu origem ao Projeto de Lei nº 3514, de 2015, na Câmara dos Deputados (PL nº 3514/15), e objetiva atualizar a normativa do Código de Defesa do Consumidor (CDC), frente às peculiaridades da contratação eletrônica de consumo, de modo a fortalecer a proteção e a confiança do consumidor nas transações virtuais. Bem assim, é examinado o Decreto do Executivo nº 7.962 de 2013, que regulamenta o CDC quanto a alguns aspectos da contração *on-line*.

Apresenta-se, ainda, o gênero *resolução online de conflitos* – em inglês *online dispute resolution* (ODR) –, em que há a transposição dos mecanismos tradicionais de solução extrajudicial de litígios para o ambiente virtual, destacando-se o especial papel da mediação e da arbitragem *on-line* para a composição das controvérsias decorrentes da contratação eletrônica de consumo. Por fim, é assinalada a possibilidade de instituição de um tribunal judicial eletrônico, no qual o processo assumiria a forma *on-line* e o contencioso seria realizado virtualmente, sem a necessária presença física dos litigantes ou de seus representantes legais.

2. COMÉRCIO ELETRÔNICO DE CONSUMO: A REVOLUÇÃO DA INTERNET

"We live in both an information age and an age of globalization".[4] Essa afirmação de Iain Ramsay ilustra bem o momento atual vivido pela sociedade contemporânea. Trata-se do que, sociologicamente, se denomina um período de ruptura ou de *transição paradigmática*: supera-se o paradigma da sociedade industrial e consolida-se o da sociedade da informação (ou sociedade digital). A revolução da tecnologia digital vem provocando profundas transformações no plano das relações econômicas e sociais, que repercutem, necessariamente, na esfera jurídica, uma vez

---

4. RAMSAY, Iain. Consumer protection in the era of informational capitalism. In: WILHELMSSON, Thomas; TUOMINEM, Salla; and TUOMOLA, Heli (Ed.). Consumer law in the information society. The Hague: Kluwer Law International, 2001. p. 45.

que o Direito, sendo dotado de socialidade, "é um fenômeno histórico-social sempre sujeito a variações e intercorrências, fluxos e refluxos no espaço e no tempo".[5]

Símbolo maior dessa revolução, a Internet é definida por Guilherme Magalhães Martins como

> [u]ma rede de computadores ligados entre si, perfazendo-se a conexão e comunicação por meio de um conjunto de protocolos, denominados TCP/IP (Transmission Control Protocol/Internet Protocol),[6] de maneira que a identificação das suas fronteiras físicas se torna impossível, em virtude da sua difusão pelo planeta, atravessando várias nações como se fora um rio, tendo englobado milhares de outras redes ao redor do mundo, que passaram a adotar tais protocolos.[7]

Dessa forma, a Internet revela-se um revolucionário veículo de comunicação, que constitui elemento fundamental do paradigma da emergente sociedade digital, destacando-se, sobretudo, como uma nova plataforma para a realização de transações comerciais, uma relevante ferramenta para a difusão do conhecimento e, igualmente, um ambiente (virtual) para o lazer e a diversão.[8] A *World Wide Web*[9] (que se pode traduzir como rede de alcance mundial), também conhecida como *Web* ou WWW, é o sistema que confere o caráter prático da Internet, pois é por meio dela que se torna possível a *navegação* ou a utilização do principal ambiente do ciberespaço,[10] que é a Internet.

Esse novo canal de comunicação reúne alguns atributos, dentre os quais sobressai o fato de ser uma rede aberta e interativa: basta o necessário aparato tecnológico para que o usuário possa trocar informações, nos mais variados formatos, com todos aqueles que também tenham acesso à rede. Outra fundamental propriedade é a sua capacidade de disponibilização – em escala planetária e com uma velocidade antes inimaginável – de dados e informações em um inusitado volume, que no passado era, simplesmente, impossível de ser processado. Ressalte-se, ainda, seu forte caráter internacional, que provoca um abrandamento da relevância das fronteiras geográficas entre os países, com uma aparente diminuição das distâncias físicas.[11]

---

5. Sobre o caráter historicamente condicionado do Direito e, pois, a necessidade de evoluir em consonância com a realidade política e socioeconômica, ver: REALE, Miguel. Lições preliminares de direito. 26. ed. São Paulo: Saraiva, 2002. p. 2 e 14. E, também: TEPEDINO, Gustavo. As relações de consumo e a nova teoria contratual. Temas de Direito Civil, Rio de Janeiro: Renovar, 1999, p. 199-200.
6. Ver: MARTINS, Guilherme Magalhães. Responsabilidade civil por acidentes de consumo na internet. São Paulo: Revista dos Tribunais, 2008. p. 392. Segundo o glossário de termos técnicos de informática constante dessa obra, TCP/IP (que, em inglês, significa Transmission Control Protocol/Interface Program) é a denominação de um "[p]rotocolo de controle da transmissão/programa de interface, ou seja, um protocolo, orientado para a conexão, que utiliza DARPA para sua investigação de operações de interconexão de redes".
7. Cf.: MARTINS, Guilherme Magalhães. Formação dos contratos eletrônicos de consumo via internet. 2. ed. Rio de Janeiro: Lumen Juris, 2010. p. 21.
8. CANUT, Letícia. Proteção do consumidor no comércio eletrônico. Curitiba: Juruá, 2007, p. 54.
9. De acordo com Guilherme Magalhães Martins. Formação dos contratos eletrônicos de consumo via internet. 2. ed. Rio de Janeiro: Lumen Juris, 2010. p. 31: "[a] World Wide Web (Teia de Alcance Global) ou WWW [...] consiste no serviço mais conhecido do grande público, muitas vezes confundido com a própria Internet".
10. Compreende-se o ciberespaço "como o espaço criado de forma artificial, informaticamente, baseado em fluxos de informação (cibernéticos) em formato digital". Cf.: CANUT, Op. cit. p. 52-54.
11. Cf.: LORENZETTI, Ricardo L. Comércio eletrônico. São Paulo: Revista dos Tribunais, 2004. p. 25-26. E também: LORENZETTI, Ricardo L. Informática, cyberlaw, e-commerce. In: DE LUCCA, Newton; SIMÃO FILHO, Adalberto (Coord.). Direito e internet – aspectos jurídicos relevantes. São Paulo: Edipro, 2000. p. 423. Observe-se que as particularidades da Internet delineadas por Ricardo Lorenzetti são igualmente assinaladas nas obras de outros

Já no ano de 2001, Pedro Alberto de Miguel Asensio pioneiramente chamava a atenção para "el alcance mundial y abierto de Internet", ressaltando "la tendencia de este medio a difuminar las fronteras geopolíticas".[12] Esse caráter transfronteiriço e sua velocidade de comunicação, apontados por diversos autores, fazem com que a Internet seja diferente de tudo aquilo já experimentado pela sociedade humana, em termos de comunicação. Seus impactos e desafios são comparados, por Julius Genachowski (atual presidente da *Federal Communications Commission*[13]), com aqueles vividos na época de desenvolvimento da eletricidade, no século XIX.[14] De tal modo que, como ressalta Cristina Coteanu, "consumers can access products and services throughout the world with the click of a mouse".[15] Logo, a Internet – como um novo meio para a realização do consumo – apresenta novos desafios ao sistema legal de defesa dos consumidores, que serão devidamente analisados no decorrer deste capítulo.[16] John Dickie, professor da Universidade de Leicester, observa que a *Web* diferencia-se de outros meios de comunicação de massa, como a televisão e o rádio, tendo em vista que estes consistem, de maneira geral, no que ele denomina de *one-way comunication*, enquanto a maioria dos *websites* seriam vias comunicativas *ativas*, que permitem a troca de informações entre os dois polos da relação comunicacional. O autor acrescenta, ainda, que a *web* constitui, do ponto de vista comercial, o elemento mais relevante da Internet.[17] Adicionalmente, Dickie realça três particularidades da Internet que a distinguem ainda mais de outros meios de comunicação, as quais têm grande repercussão no plano jurídico.

A primeira, denominada em inglês *borderlessness*, pode ser traduzida como a ausência de fronteiras. Conforme o autor, por um lado, uma informação disposta em um *website* é acessível, em princípio, de qualquer lugar do mundo. Por outro lado, no entanto, não há um método independente que permita ao usuário-padrão identificar a origem geográfica da transmissão dos dados recebidos. De modo que "a shop in Germany may maintain '.uk' Website for the purposes of selling to UK consumers, but have no other link whatsoever to the UK. [...] The server from which the communications are made may be located anywhere in the world".[18]

A segunda peculiaridade, *transience*, pode ser entendida como efemeridade ou transitoriedade. É fácil reconhecer esse caráter transitório quando se constata que um *website* capaz de alcançar milhões de internautas pode ser criado, alterado ou extinto em minutos, deixando pouco ou nenhum rastro de sua existência.[19] A transitoriedade representa uma porta para a utilização do anonimato, tendo-se em conta a natureza intangível das comunicações efetuadas via Internet.

---

autores, como: MULHOLLAND, Caitlin. Internet e contratação: panorama das relações contratuais eletrônicas de consumo. Rio de Janeiro: Renovar, 2006. p. 70, e CANUT, Op. cit. p. 58.
12. Cf.: ASENSIO, Pedro Alberto de Miguel. Derecho privado de Internet. 2. ed. Madrid: Civitas, 2001, p. 23 e 26.
13. Federal Communications Commission (FCC) é o órgão regulador da área de telecomunicações e radiodifusão dos Estados Unidos, criado em 1934. No Brasil, equivale à Agência Nacional de Telecomunicações (ANATEL).
14. Cf.: O exemplo lá do norte. O Globo. Rio de Janeiro, 22 mar. 2010, Revista Digital, p. 6-8.
15. COTEANU, Cristina. Cyber consumer law and unfair trading practices. Aldershot: Ashgate, 2005. p. 4.
16. Loc. cit.
17. DICKIE, John. Producers and consumers in EU e-commerce law. Portland: Hart Publishing, 2005, p. 7.
18. Ibidem, p. 7-8.
19. Ibidem, p. 8.

Uma terceira especificidade da Internet é sua enorme extensão, o que faz com que suas dificuldades e falhas tendam a ter significativamente amplificadas suas repercussões e consequências.[20]

Pesquisa realizada em 2003 revelou que havia, então, mais de 40 milhões de *websites* em todo o mundo.[21] Essa estatística vem crescendo, continuamente, nos anos mais recentes. Com base em levantamento feito em junho de 2013, sabe-se que há, atualmente, mais de 672 milhões de *websites* distribuídos pelo globo terrestre.[22]

A partir da exposição das peculiaridades da Internet, chega-se a duas conclusões muito relevantes para este capítulo. De imediato, constata-se que a Internet constitui um meio de comunicação ímpar e diferenciado, muito mais eficiente do que todos os que o precederam.[23] Consequentemente, o comércio realizado via rede mundial de computadores possui uma natureza particularmente complexa (cf., a respeito, a seção 5),[24] que o distingue do comércio em geral e, também, faz com que se torne um dos grandes desafios do mundo contemporâneo, principalmente, tendo-se em vista suas implicações no plano jurídico.[25]

O comércio virtual baseia-se no processamento e transmissão eletrônicos de dados, incluindo texto, som e imagem.[26] De acordo com o documento *Uma iniciativa europeia para o Comércio Electrónico*, esse tipo de comércio

> abrange principalmente dois tipos de atividade: o *comércio electrónico indirecto* – encomenda electrónica de bens corpóreos, que continuam a ter de ser entregues fisicamente utilizando os canais tradicionais, como os serviços postais ou os serviços privados de correio expresso – e o *comércio electrónico directo* – a encomenda, pagamento e entrega directa em linha [*on-line*] de bens incorpóreos e serviços, como *software*, conteúdo recreativo ou serviços de informação à escala mundial (grifou-se).[27]

Segundo a mesma fonte, o comércio eletrônico não se restringe apenas àquele praticado via Internet, compreendendo também transações feitas por intermédio de banda estreita (*videotex*) e de radiodifusão (televendas), bem como as realizadas *off-line* (vendas por catálogo em CD-ROM) e por meio de redes específicas de empresas.[28] Semelhantemente, Claudia Lima Marques entende que o comércio eletrônico inclui contratações a distância concluídas via *e-mail* e mensagem de texto, assim como mediante canais de

---

20. Ibidem, p. 9.
21. Loc. cit.
22. Cf.: NETCRAFT. June 2013 Web Server Survey. Disponível em: <http://news.netcraft.com/archives/2013/06/06/june-2013-web-server-survey-3.html>. Acesso em: 14 jan. 2020. Atente-se que o número de websites tornou-se 16 vezes maior, nos últimos dez anos (2003/2013).
23. Nesse mesmo sentido, também: DICKIE, John. Op. cit. p. 10.
24. DICKIE, Op. cit. p. 2-10, passim.
25. Cf. UNIÃO EUROPEIA. Comissão Europeia. Uma iniciativa para o comércio electrónico. Comunicação ao Parlamento Europeu, ao Conselho, ao Comitê Econômico e Social e ao Comitê das Regiões. Bruxelas, 15 abr. 1997, p. 2. Disponível em: <ftp://ftp.cordis.europa.eu/pub/esprit/docs/ecomcomp.pdf>. Acesso em: 14 jan. 2020. Texto escrito em português de Portugal.
26. ORGANIZATION FOR ECONOMIC CO-OPERATION AND DEVELOPMENT – OECD. Electronic commerce: opportunities and challenges for government. Paris, 1997. Disponível em: <http://www1.oecd.org/dsti/sti/it/ec/prod/elec_e.htm>. Acesso em: 14 jan. 2020. No mesmo sentido: UNIÃO EUROPEIA. Comissão Europeia. Op. cit. p. 7.
27. UNIÃO EUROPEIA. Comissão Europeia. Op. cit. p. 8-9.
28. Loc. cit.

telecomunicação de massa como telefones fixos e móveis e televisão a cabo.[29] Entretanto, dadas a expansão vertiginosa da Internet e sua versatilidade, é por meio dela que se realiza a esmagadora maioria das transações comerciais eletrônicas. Assim, o escopo deste capítulo será restrito ao comércio e à contratação de consumo via Internet.

A contratação eletrônica possibilita a realização de negócios a baixos custos, mesmo que as partes contratuais estejam em diferentes cidades ou, até mesmo, em distintos continentes, proporcionando vantagens para os dois polos da relação de consumo realizada virtualmente. Não obstante isso, ela representa um desafio para os consumidores, os governos e os juristas. Nesse sentido, tem-se a opinião de Lima Marques salientando que a contratação eletrônica

> é efetivamente complexa e diferente daquela que estamos acostumados, contratação presencial e interpessoal (com vendedores, representantes, caixas bancários), na língua natal (contratação oral, por meio de palavras e gestos, ou por escrito, por meio de prospectos, manuais e textos contratuais impressos), geralmente sobre bens corpóreos e nacionais.[30]

A contratação virtual de consumo originou a nova figura do ciberconsumidor, termo que vem sendo empregado por alguns autores como a portuguesa Elsa Dias Oliveira[31] para designar o civil ou leigo que adquire produto ou serviço, pela Internet, de um fornecedor (empresário ou profissional).[32] Na doutrina nacional, a referência ao termo é feita, certamente de forma pioneira, por Claudia Lima Marques ao advertir que, para o autor francês Thibault Verbiest, a "contratação não presencial", via Internet, "importa em considerações especiais do fornecedor que sabe se tratar de um '*cyber*-consumidor'".[33]

3. CONTRATAÇÃO ELETRÔNICA: "CLIQUE PARA CONTRATAR!"

Embora o contrato eletrônico não seja regulamentado pelo ordenamento jurídico brasileiro, ele é definido, pela majoritária doutrina nacional, como o acordo de vontades que utiliza o meio digital para sua celebração ou execução. A peculiaridade basilar dessa nova categoria encontra-se, pois, na aplicação do meio virtual para a conclusão do acordo entre as partes contratantes. Caitlin Sampaio Mulholland é taxativa a esse respeito: "não houve nova tipificação contratual, mas somente uma nova forma de realização, [...] [de] efetivação dos contratos".[34]

---

29. MARQUES, Claudia Lima. Confiança no comércio eletrônico e a proteção do consumidor: um estudo dos negócios jurídicos de consumo no comércio eletrônico. São Paulo: Revista dos Tribunais, 2004. p. 35.
30. Ibidem, p. 57.
31. OLIVEIRA, Elsa Dias. A proteção dos consumidores nos contratos celebrados através da internet. Coimbra: Almedina, 2002. p. 57. De modo conciso, a autora afirma que aquele que "celebra contratos através da Internet [...] [é] correntemente designado por consumidor internauta ou por ciber-consumidor".
32. Cf.: BENJAMIN, Antônio Herman V.; MARQUES, Claudia Lima; BESSA. Leonardo Roscoe. Manual de direito do consumidor. 2. ed. São Paulo: Revista dos Tribunais, 2009. p. 68.
33. MARQUES, Claudia Lima. Op. cit. p. 57. A autora indica, ainda, que a expressão cyber-consummateur integra o título da obra de Thibault Verbiest. La protection juridique du cyber-consummateur. Paris: Litec, 2002.
34. MULHOLLAND, Caitlin. Op. cit. p. 67. Nessa linha, Sheila do Rocio Leal afirma que os contratos eletrônicos, em virtude de não possuírem uma regulamentação legal específica, são espécies de contratos atípicos e de forma livre, ainda que o conteúdo desses contratos esteja previsto e disciplinado em lei, como no caso da compra e venda, da prestação de serviços, da locação etc. Cf.: LEAL, Sheila do Rocio Cercal Santos. Contratos eletrônicos: validade jurídica dos contratos via internet. São Paulo: Atlas, 2007. p. 82.

Em consonância com esse entendimento, o surgimento desse novo modo de contratar significa que contratos ditos "clássicos", como a compra e venda e os de fornecimento de bens e serviços em geral, continuam a ser praticados, só que, agora, com uma particularidade adicional, o emprego da Internet. De tal forma que Ricardo Lorenzetti assenta a questão afirmando que "o contrato eletrônico caracteriza-se pelo meio empregado para a sua celebração, para seu cumprimento ou para a sua execução".[35] Nessa linha, vale trazer, ainda, a conceituação feita por Sérgio Iglesias Nunes de Souza, segundo o qual

> [o]s contratos eletrônicos são negócios jurídicos bilaterais que utilizam o computador e as novas tecnologias como mecanismo responsável pela formação e instrumentalização do vínculo contratual. [...] Portanto, a diferença entre o contrato eletrônico e os tradicionais está tão somente no *meio utilizado para a manifestação da vontade* e na instrumentalização do contrato que assegura aos contratos eletrônicos características próprias (grifou-se).[36]

A contratação eletrônica de consumo é realizada, em sua imensa maioria, mediante a celebração de *click-wrap agreements*, que se traduzem como *acordos por clique*.[37] Na doutrina nacional, Cesar Viterbo Matos Santolim explica que "[e]m razão do contrato se formar através de vários 'clicks' do *mouse* do computador do consumidor, mediante vários passos do processo de compra *on-line*, esses acordos são conhecidos como 'contratos por clique'". O autor destaca, ainda, que essa é a forma mais típica de contrato eletrônico.[38] Cristina Coteanu chama a atenção para uma peculiaridade importante do contrato por clique, qual seja, a exigência de manifestação de assentimento por parte do consumidor – mediante o clique do seu *mouse* no "botão" ou ícone virtual que, normalmente, é identificado pelo termo "aceito" –, de modo que o produto ou serviço não pode ser obtido a menos que esse ícone seja previamente clicado pelo usuário.

A categoria em análise é largamente reconhecida pela doutrina nacional,[39] sendo considerada um contrato eletrônico por adesão, no qual os consumidores, por intermédio de um simples "clique", manifestam a vontade de contratar.[40] O fato de os contratos por clique serem uma espécie de contrato por adesão é de fundamental relevância, uma vez que essa característica é responsável por alguns dos principais desafios no que concerne à

---

35. LORENZETTI, Ricardo L. Comércio eletrônico. São Paulo: Revista dos Tribunais, 2004. p. 285.
36. SOUZA, Sérgio Iglesias Nunes de. Lesão nos contratos eletrônicos na sociedade da informação. São Paulo: Saraiva, 2009. p. 49 e 51.
37. Note-se que é pacífico o entendimento de que os contratos realizados via Internet, entre consumidor e fornecedor, são contratos de consumo, aos quais se aplicam as normas protetivas do Direito do Consumidor. A propósito, confira-se: LORENZETTI, Ricardo L. Comércio eletrônico. São Paulo: Revista dos Tribunais, 2004. p. 362 e 387; MARQUES, Claudia Lima. Op. cit. p. 58; CANUT, Letícia. Op. cit. p. 140.
38. SANTOLIM, Cesar Viterbo Matos. Os princípios de proteção do consumidor e o comércio eletrônico no direito brasileiro. Revista de Direito do Consumidor. São Paulo, v. 55, jul./set. 2005, p. 63.
39. Cf.: LEAL, Sheila. Op. cit. p. 87 e 105; e CANUT, Letícia. Op. cit. p. 139.
40. SOUZA, Op. cit. p. 57. Sublinhe-se que por meio de categorização originalmente proposta por Manoel J. Pereira dos Santos e Mariza Delapieve Rossi – que adota, como critério de classificação, a forma como as novas tecnologias de comunicação são utilizadas para fins de contratação – identificam-se três modalidades de contratação eletrônica, a saber: intersistêmica, interpessoal e interativa. Cf.: SANTOS, Manoel J. Pereira dos; ROSSI, Mariza Delapeive. Aspectos legais do comércio eletrônico – contratos de adesão. Revista de Direito do Consumidor, São Paulo, no 36, 2000. Os contratos por clique integram a categoria dos contratos interativos, nos quais há comunicação entre uma pessoa e um sistema aplicativo previamente programado e disponibilizado em sites, que representam "lojas" virtuais em que se faz a oferta de produtos, serviços e informações. Cf.: LEAL. Op. cit. p. 86-87.

proteção do ciberconsumidor. Para Caitlin Sampaio Mulholland, os contratos eletrônicos de consumo são contratos por adesão,

> na medida em que se constituem por intermédio de um simples clicar de botão, *uma adesão a um esquema contratual já predisposto e eletronicamente fornecido* pelo fornecedor ao consumidor, devendo, portanto, serem analisados estes contratos de acordo com os princípios estabelecidos para a proteção e defesa do consumidor (grifou-se).[41]

Esse entendimento é corroborado por Elsa Dias Oliveira, segundo a qual "na Internet, as propostas difundidas são, por regra, em face do volume potencial de contratação e da necessidade de os fornecedores preverem possíveis vicissitudes decorrentes da contratação, expressas em cláusulas contratuais gerais".[42] A propósito, vale lembrar o disposto no art. 54 do CDC, o qual define o contrato por adesão como aquele cujas condições gerais são elaboradas unilateralmente pelo fornecedor de produtos ou serviços, "sem que o consumidor possa discutir ou modificar substancialmente seu conteúdo".

Observe-se que o desenvolvimento do mercado eletrônico de consumo – realizado com base em transações comerciais em massa – impõe uma padronização dos termos e instrumentos contratuais, possibilitada pelo emprego dos contatos por adesão. Todavia, se constata uma diferença entre a contratação por adesão eletrônica e a contratação por adesão *off-line* ou tradicional. A doutrina especializada entende que essa distinção diz respeito muito mais ao método de formação do contrato do que ao seu conteúdo ou sua substância. Esse é o pensamento de C. Reed, sintetizado da seguinte forma: "[w]hat is different (between online contracts and those made by traditional methods) is the method by wich those contracts are formed [...]. [I]t becomes obvious that *the process of contract formation is not so straightforward as in the physical world*" (grifou-se).[43] Cristina Coteanu subscreve esse entendimento quando afirma que: "[w]hilst from a 'substance' perspective, the online standard contracts seem to be identical to the traditional standardised contracts, *from a 'method' form, the online contracts and specially mass-market licenses are different from negotiated licenses*" (grifou-se).[44]

4. FORMAÇÃO DO CONTRATO ELETRÔNICO: CONSENTIMENTO TECNOLÓGICO

O novo contexto tecnológico em que se realiza crescente atividade de consumo vem trazendo inovações no campo da dogmática contratual. De fato, no mercado eletrônico de consumo, tem-se nova maneira de se verificar o consentimento necessário à formação do acordo. Muito pertinentemente, diz-se que, no mercado eletrônico, opera-se "a transition from the *contract-as-consent* model to the model of *contract-as-technological assent*".[45]

---

41. MULHOLLAND, Caitlin. Op. cit. p. 67. Com idêntico entendimento, Elsa Dias Oliveira afirma que, na Internet, "tudo está ao alcance de um 'clique' num quadrado de ecrã que diz algo como 'Aceito' ou 'Concordo'". Cf.: OLIVEIRA, Elsa Dias. Op. cit. p. 29-30.
42. OLIVEIRA, Elsa Dias. Op. cit. p. 29.
43. Cf. COTEANU, Cristina. Op. cit. p. 62.
44. Loc. cit.
45. COTEANU, Cristina. Op. cit. p. 63.

Segundo Enzo Roppo, "a formação do contrato consiste num *processo*, isto é, numa sequência de actos e comportamentos humanos, coordenados entre si" (grifo original).⁴⁶ Ainda de acordo com o professor italiano, o consenso contratual resulta da manifestação e do encontro das vontades das partes, que, na maioria das vezes, ocorre ao redigir-se um instrumento contratual.⁴⁷ Contudo, lembre-se que manifestar a vontade mediante a redação de um instrumento contratual é apenas um dos possíveis modos de realizar um acordo. Admite-se que, validamente, pode-se manifestar a vontade de contratar mediante um *comportamento concludente*, entendido como uma ação ou conduta humana, mesmo silenciosa, capaz de "denunciar de forma inequívoca, *no quadro das circunstâncias existentes*, a vontade de concluir o contrato" (grifou-se).⁴⁸ Assim, percebe-se que contratos são reputados concluídos, válidos e obrigatórios quando as circunstâncias concretas – baseadas em práticas costumeiras ou nos usos do comércio – permitem a verificação da manifestação de vontade mediante a prática de determinada ação ou atitude dos sujeitos contratantes.

Compreendido que a formação do contrato é um *processo* que pode realizar-se de distintas maneiras – desde que seja possível identificar a vontade do sujeito de aceitar vincular-se⁴⁹ –, é cogente admitir-se que o surgimento daquilo que Cristina Coteanu chama de "contract-as-technological assent" é, perfeitamente, admissível no âmbito do direito contratual.

Assim, se passa a considerar como comportamentos concludentes, aptos a tornar obrigatório e perfeito um contrato, atitudes e ações humanas expressadas com a utilização de tecnologias informáticas como a Internet. É nessa linha o entendimento de Coteanu, ao declarar que '[t]echnological assent' may encompass the whole range of 'clicking or breaking' [...] clicking on a button, breaking the shrink-wrap or commencing to use information".⁵⁰

Entretanto, o entendimento exposto acima de maneira alguma pretende diminuir a importância do assentimento na formação contratual, muito pelo contrário, pois sabe-se que o mútuo assentimento – "a fusão das vontades das partes"⁵¹ – é a pedra fundamental de todo e qualquer contrato que pretenda ser reconhecido e legitimado pelo Direito.⁵²

Reafirme-se que é, justamente, a admissão do *consentimento tecnológico* (*technological assent*) – como, por exemplo, a conclusão de um contrato mediante o clique feito pelo ciberconsumidor em um "botão" virtual nominado "aceito" – que permite que o fenômeno da contratação por adesão seja aproveitado pelo mercado eletrônico de consumo.

Negar que um comportamento concludente – como o clicar de um *mouse* em um ícone virtual que autoriza o pagamento do preço de um produto ou serviço, após a devida leitura dos termos e condições contratuais – possa formar um contrato seria dizer, por via

---

46. ROPPO, Enzo. O contrato. Coimbra: Almedina, 2009. p. 85.
47. Ibidem, p. 93.
48. Ibidem, p. 94.
49. Ibidem, p. 95.
50. COTEANU, Cristina. Op. cit. p. 63.
51. ROPPO, Enzo. Op. cit. p. 93.
52. Cf. COTEANU, Cristina. Op. cit. p. 63.

indireta, que a contratação eletrônica de consumo não é possível, ou seja, é defeituosa, por faltar-lhe elemento essencial à formação do contrato.

Quando precedido pelo adequado conhecimento dos termos contratuais, propostos pelo fornecedor, o consentimento tecnológico do consumidor é um modo inquestionável de comportamento concludente, constituindo, pois, uma forma válida de manifestação da vontade de contratar.

5. COMPLEXIDADE DA CONTRATAÇÃO ELETRÔNICA

A maneira tradicional de contratar – normalmente mediante a presença física e relacionamento interpessoal entre os contratantes, com o uso da língua natal e, mais comumente, por meio de instrumentos contratuais impressos – difere muito da contratação eletrônica.[53] Essa nova modalidade de celebrar acordos, realizada *on-line*, "é efetivamente complexa e diferente" daquela considerada clássica, concretizada *off-line*.[54] A Internet possibilita que se efetue uma contratação peculiar, não presencial e a distância, que, frequentemente, assume caráter internacional e conjuga a imaterialidade do meio – e, às vezes, também do próprio objeto contratual – com uma atemporalidade. Peculiaridades essas que fazem com que a aplicação de alguns mecanismos tradicionais de proteção aos consumidores seja dificultada.[55] Mas não é só.

No meio virtual, o desequilíbrio identificado nas relações de consumo ganha novos contornos, assumindo características muito peculiares, merecendo ser objeto de especial atenção por parte da doutrina e dos tribunais. É inegável que, quando essas relações se perfazem na *World Wide Web*, o domínio e o conhecimento tecnológico representam mais uma vantagem para o fornecedor frente ao consumidor, o que é capaz de aumentar a assimetria entre as partes.[56] Ricardo Lorenzetti sustenta que hipossuficiências estruturais, como *disparidades econômicas, tecnológicas e de informação*, são exacerbadas no mundo virtual.[57]

Assim, a *disparidade econômica* – que, nas relações de consumo tradicionais, foi uma das razões a justificar a criação das normas de proteção ao consumidor – também está presente no comércio eletrônico, sendo considerada uma das causas do desigual poder de barganha e de negociação entre as partes.[58]

Por sua vez, as *disparidades tecnológicas*, por óbvio, são acentuadas no comércio eletrônico. Como é sabido, o desenvolvimento da tecnologia se dá, cada vez mais, de maneira exponencial, sendo que – por mais que os consumidores busquem acompanhar e aprender as novas formas de comunicação, de envio de informações e de realização de pagamentos etc. – constata-se, na prática, que há uma evidente discrepância de co-

---

53. MARQUES, Claudia Lima. Op. cit. p. 57.
54. Ibidem, p. 58.
55. Ibidem, p. 57-59.
56. "O ofertante da contratação eletrônica é um profissional que possui um grau de conhecimento específico que o distancia do aceitante, pois este não tem exata noção se o meio tecnológico o vincula" (LORENZETTI, Ricardo L. Comércio eletrônico. São Paulo: Revista dos Tribunais, 2004. p. 309).
57. Ibidem, p. 362-363.
58. Ibidem, p. 363.

nhecimento sobre o meio tecnológico utilizado pelas partes.[59] A técnica necessária à execução de um negócio jurídico de consumo no comércio eletrônico é a cada dia mais complexa, sendo possível se dizer que muitas das facetas tecnológicas inerentes ao mercado eletrônico só são identificáveis e bem compreendidas pelos fornecedores e por profissionais da área informática. Desse modo, sustenta-se que, no comércio eletrônico, "*a tecnologia aumenta a vulnerabilidade dos consumidores*, instaurando uma relação que não lhes é familiar" (grifou-se).[60]

Nesse sentido, Ross Anderson afirma que os recursos tecnológicos disponíveis na Internet tornam cada vez mais fácil a prática de vendas casadas[61] que, no ordenamento jurídico nacional, são consideradas práticas comerciais abusivas e, assim, proibidas pelo disposto no art. 39, I, do CDC, *in verbis*: "[é] vedado ao fornecedor de produtos ou serviços, dentre outras práticas abusivas: I – condicionar o fornecimento de produto ou de serviço ao fornecimento de outro produto ou serviço, bem como, sem justa causa, a limites quantitativos".

As *disparidades de informação* são compreendidas como grandes responsáveis pelo agravamento da situação do ciberconsumidor, sendo consideradas como um dos maiores desafios decorrentes da contratação eletrônica de consumo. Para tomar conhecimento sobre o produto ou o serviço desejado, o ciberconsumidor depende das informações disponibilizadas e selecionadas pelo fornecedor. As informações relevantes para uma escolha racional não se restringem, apenas, às características do objeto contratual, mas dizem respeito, também, aos modos de pagamento, às modalidades de garantia, à existência de canais de comunicação para orientação do consumidor no período pós-venda, entre outras.

A assimetria informacional concretiza-se, comumente, no mercado eletrônico de consumo mediante a dificuldade do ciberconsumidor em obter informações claras e precisas a respeito dos seguintes tópicos: custos incidentes sobre a transação, como taxas de entrega ou de devolução do objeto contratual; condições de exercício do prazo de reflexão e dos direitos de arrependimento e de garantia; e proteção contra o uso não autorizado ou fraudulento de seu cartão de crédito, entre outros.[62]

Quando o objeto do contrato é um produto ou serviço típicos da sociedade do conhecimento, como os constituídos por informação, despontam particularidades e diferenças inéditas. Com efeito, esses produtos são, frequentemente, intangíveis e mutáveis, podendo ser enigmáticos e refratários à averiguação de sua qualidade e confiabilidade – de modo que o produto, por si só, já "é um verdadeiro desafio para o consumidor".[63]

Como consequência de suas características já mencionadas, o advento do comércio eletrônico veio desencadear o segundo episódio de *despersonalização do contrato*. Tratar-se-ia da segunda crise do instrumento contratual, sendo que a primeira se deu em face

---

59. Ibidem, p. 364.
60. LORENZETTI, Ricardo L. Comércio eletrônico. *São Paulo*: Revista dos Tribunais, 2004. p. 365.
61. ANDERSON, Ross. Cryptography and competition policy – issues with "trusted computing". Disponível em: <http://www.cpppe.umd.edu/rhsmith3/papers/Final_session1_anderson.pdf>. Acesso em: 14 jan. 2020.
62. COTEANU, Cristina. Op. cit. p. 128.
63. LORENZETTI, Comércio eletrônico. São Paulo: Revista dos Tribunais, 2004. p. 364.

da massificação das relações contratuais que demandou a utilização dos contratos por adesão e das condições gerais contratuais.[64] Tem-se, agora, a "despersonalização extrema", em que se chega a verificar uma espécie de *disumanizzazione del contratto* – segundo expressão de Giorgio Oppo.[65] Conforme Claudia Lima Marques, o tráfego negocial, no mercado eletrônico, passa a se realizar por intermédio de um

> [...] tipo de contrato pós-moderno, em que a impessoalidade é elevada a graus antes desconhecidos e no qual todas as técnicas de contratação de massa se reúnem: do contrato de adesão, e das condições gerais contratuais, ao *marketing* agressivo, à catividade do cliente, à internacionalidade intrínseca de muitas relações, e à distância entre o fornecedor e o consumidor.[66]

A propósito, merece ser salientado um atributo relativo ao modo de comunicação na Internet, que é identificado por diversos autores. Com efeito, a *linguagem virtual* utilizada nas ofertas eletrônicas representa uma nova espécie de pressão ou influência sobre a já vulnerável parte consumidora, destacando-se que "a linguagem eletrônica domina, conduz e reduz as possibilidades do consumidor", de modo que ao se entrar

> no mundo virtual dos *sites* (imagens), o caminho é repleto de imagens (e linguagens) e um simples tocar no teclado significa aceitação; um simples continuar um caminho virtual de imagens, sons e de mínimas palavras, significa uma declaração de vontade tácita; um simples continuar no *site*, em silêncio, abrindo *wraps* sem protestar ou cortar a conexão, pode significar um determinado tipo de contratação ou declaração negativa ou positiva.[67]

Ademais, a Internet tem como uma de suas características mais marcantes e fundamentais sua natureza global, sendo considerada "um fenômeno mundial avassalador e que pode ter quebrado muitos de nossos paradigmas territoriais, jurídicos e políticos".[68] De modo que o comércio eletrônico é compreendido como "uma realidade em si transfronteiriça", que, para ser devidamente estudada e entendida, "não pode ser delimitada por barreiras fictícias, sejam nacionais, regionais ou internacionais".[69]

O comércio via Internet é um dos grandes responsáveis pela atual "banalização da contratação internacional de consumo", a qual desafia não só o Direito do Consumidor – que permanece com sua base estatal e nacional –, como também o Direito Internacional Privado e suas conexões clássicas, estritamente territoriais. Chegando alguns autores a asseverar que, no comércio eletrônico, há a *desterritorialização* ou a "desnacionalização dos negócios jurídicos".[70]

Especificamente quanto ao comércio eletrônico de consumo, observe-se que a internacionalidade das relações (e de suas decorrências) vem-se juntar às já conhecidas vulnerabilidades informacional, técnica, jurídica e econômica dos consumidores. Nes-

---

64. MARQUES, Claudia Lima. Op. cit. p. 64.
65. A expressão "despersonalização extrema" (de Claudia Lima Marques) é encontrada, juntamente com a expressão de Giorgio Oppo, em MARQUES, Op. cit. p. 64-65.
66. Ibidem, p. 65.
67. Ibidem, p. 67. Mais adiante, Claudia Lima Marques observa que "[a] forma de contratar na Internet exclui as tratativas e o verdadeiro diálogo".
68. Ibidem, p. 91.
69. Cf.: CANUT, Letícia. Op. cit. p. 19.
70. MARQUES, Claudia Lima. Op. cit. p. 88-90.

se contexto, tornar efetiva a soberania estatal-jurídica e a regulamentação estatal por meio da manutenção da competência das jurisdições nacionais e da defesa dos valores constitucionais e das normas imperativas de proteção do consumidor é tarefa complexa e problemática.[71] Fato que, no Brasil, agrava-se em razão da ausência de normas legais próprias para a regulação da contratação internacional de consumo.

6. A ACENTUADA VULNERABILIDADE DO CIBERCONSUMIDOR

A acentuada vulnerabilidade do ciberconsumidor é reconhecida pela maioria da doutrina que se dedica ao estudo da contratação eletrônica de consumo. Segundo Ricardo Lorenzetti, as disparidades de informação e tecnológicas somadas às econômicas, entre fornecedores profissionais e consumidores leigos, amplificam a vulnerabilidade dos últimos. Considera, então, o autor inafastável "a necessidade de desenvolvimento do princípio protetivo no âmbito da economia da informação e da tecnologia digital".[72]

Claudia Lima Marques salienta que, no mercado eletrônico, "a distância física, a imaterialidade do meio eletrônico, a atemporalidade e a internacionalidade eventual da contratação, dificultam a eficácia do uso dos instrumentos tradicionais de proteção dos consumidores", concluindo pela "importância de revisitar as linhas da boa-fé no comércio e adaptá-las ao comércio eletrônico".[73] Segundo a autora, na Internet a vulnerabilidade do consumidor aumenta, em razão do profundo déficit de informação, da complexidade das negociações e da diminuição da privacidade, da segurança e da confiança.[74] Lima Marques assevera, ainda, ao tratar da extrema vulnerabilidade do consumidor em matéria de serviços financeiros e bancários *on-line*, que "não se trata de um problema do terceiro mundo ou do nível educacional dos indivíduos, mas sim do meio" pelo qual esses atos negociais se realizam.[75]

Sérgio Iglesias Nunes de Souza admite que a vontade nas negociações virtuais fica mais vulnerável diante da facilidade de engano de uma das partes.[76] E, finalmente, Sheila do Rocio Cercal Santos Leal afirma sofrer normalmente o internauta uma deficiência informativa quanto a vários aspectos do meio virtual, como a tecnologia, a linguagem, a solvência do ofertante e a segurança do sistema, os quais incrementam a condição de hipossuficiência do ciberconsumidor.[77]

Nesse sentido, já decidiu a 2ª Turma Recursal Cível do Tribunal de Justiça do Estado do Rio de Janeiro (TJ-RJ) que "a exigência de utilização de correio eletrônico como única

---

71. Ibidem, p. 89, 90 e 93.
72. LORENZETTI, Ricardo L. *Comércio eletrônico*. São Paulo: Revista dos Tribunais, 2004. p. 363-365.
73. MARQUES, Claudia Lima. Op. cit., p. 59 e 41. Sobre o princípio da boa-fé objetiva, veja-se: MODENESI, Pedro. A relação entre o abuso do direito e a boa-fé objetiva. *Revista Direitos Fundamentais e Democracia*, v. 7, nº 7, jan./jun. 2010. Disponível em: <http://revistaeletronicardfd.unibrasil.com.br/index.php/rdfd/article/view/327/218>. Acesso em: 14 jan. 2020.
74. MARQUES, Claudia Lima. Op. cit. p. 72.
75. Ibidem, p. 236.
76. SOUZA, Sérgio. Op. cit. p. 133.
77. LEAL, Sheila. Op. cit. p. 148-149.

via [...] de contato efetivo não leva em consideração a *debilidade acentuada* da maioria da *população com as atividades informatizadas*" (grifou-se).[78]

Os efeitos negativos inerentes ao comércio eletrônico merecem especial atenção para que se viabilize uma adequada proteção aos ciberconsumidores, de modo que eles possam desenvolver e ampliar a confiança nesse novo contexto de realização de transações comerciais. Nessa linha, são as palavras de Per Eklund: "there is a risk that the new communication situation may give rise to *some detrimental effects* for the consumer to some extent, wich *may call for special attention*" (grifou-se).[79]

As particulares características da Internet – como sua rapidez de comunicação, sua volatilidade e a facilidade que proporciona ao usuário de, por exemplo, mediante um simples clique em um ícone, ingressar em uma obrigação contratual – demandam dos empresários e fornecedores, que tiram proveito dessa tecnologia, uma maior e mais cautelosa consideração sobre esses peculiares aspectos do mercado eletrônico.[80]

A Internet proporcionou a concepção e o desenvolvimento de um mercado de consumo radicalmente novo, que traz para o consumidor implicações efetivamente distintas daquelas decorrentes dos tradicionais meios e modos de realizar negócios. O método de vendas eletrônicas – muitas vezes feitas mediante comunicações comerciais automaticamente customizadas, a partir de uma anterior navegação do ciberconsumidor no *site* do fornecedor – é mais intenso, rápido e intrusivo, o que pode ocasionar maiores riscos de engano e confusão para o usuário.[81] Especificamente quanto à comercialização e ao marketing eletrônico dirigido a crianças e jovens, Per Eklund defende que especiais cuidados devem ser tomados, tendo em conta que a publicidade eletrônica interativa é mais que uma simples apresentação de produto ou serviço.[82]

Novas técnicas publicitárias como, por exemplo, os *advergames* – "jogos eletrônicos criados para funcionar como ferramenta de marketing" – são um perigo a mais para o consumidor pois, frequentemente, a mensagem publicitária está disfarçada ou oculta.[83] Hipótese que contraria o princípio da identificação obrigatória da mensagem publicitária previsto no art. 9º do Código de Auto-regulamentação Publicitária e, também, no art. 36 do CDC, o qual preceitua, *in verbis*, que: "[a] publicidade deve ser veiculada de tal forma que o consumidor, fácil e imediatamente, a identifique como tal".

---

78. TJRJ. 2ª Turma Recursal dos Juizados Especiais Cíveis. Recurso Inominado 2008.700.041214-2. Juiz Relator André Luiz Cidra. Julgado em 15.9.2008.
79. EKLUND, Per. Electronic marketing from a consumer law perspective. In: WILHELMSSON, Thomas; TUOMINEM, Salla; TUOMOLA, Heli (Ed.). *Consumer law in the information society*. The Hague: Kluwer law international, 2001. p. 84.
80. Cf.: loc. cit., em que se lê: "[t]he special character of the Internet and the possibility of a quick and easy response to an Internet commercial by simply clicking on an icon, e.g., which may, in principle, be sufficient for entering into a contract, makes it incumbent upon advertisers and marketers to take due and special consideration of this aspect".
81. Ibidem, p. 85.
82. Loc. cit.
83. Cf.: Publicidade em jogo. *O Globo*. Rio de Janeiro, 9 abr. 2010, p. 30. Na reportagem, noticia-se o crescimento do uso dessa ferramenta de marketing no Brasil. Nela, Klaus Demecke, professor de comunicação digital da ESPM-Rio, afirma que "[o] *advergame* não é necessariamente uma forma mais barata de anunciar, mas tem custo-benefício interessante por permitir o direcionamento", haja vista que as campanhas podem ser orientadas por segmentos de consumo, o que possibilita que a empresa tenha acesso a estatísticas de uso e consumo.

Observe-se, contudo, que, apesar das previsões constantes do Código de Defesa do Consumidor e do Código de Auto-regulamentação Publicitária, parece que a publicidade ainda navega sem limites no território livre da Internet, onde grandes empresas – como *Google*, *Yahoo!* e *Microsoft* – reinventam a relação do marketing com os consumidores ao desenvolver novas ferramentas que permitem maior integração da propaganda ao conteúdo e ao próprio destinatário.

A situação pode ser ilustrada por intermédio do caso da Google, que oferece, no Brasil, o serviço de disponibilização de mapas nos *links* patrocinados, durante a utilização pelo consumidor de seu serviço de buscas. A empresa integra o *link* patrocinado ao serviço de buscas e, assim, "a publicidade nem parece publicidade", confundindo-se com o serviço, haja vista que o recurso disponibiliza endereço com localização no mapa, telefones e até descrições e resenhas de livrarias, lojas virtuais, restaurantes etc.[84]

Benoît De Nayer destaca que, no mercado eletrônico, o equilíbrio entre consumidor e profissional está mais do que nunca em jogo, uma vez que no ambiente virtual o profissional domina e controla os aspectos essenciais da transação – o que pode ensejar o aparecimento de novas falhas de mercado (denominadas *market failures*, em inglês), tais como práticas comerciais e publicitárias abusivas e desleais.[85] Segundo o autor, no *e-commerce* o consumidor assume uma posição mais fraca, *rectius*, vulnerável *vis-à-vis* à do fornecedor, que normalmente domina as informações sobre o produto ou o serviço que vende e, também, possui amplo conhecimento acerca dos meios tecnológicos necessários à realização da transação.

O funcionamento de assinaturas e certificados digitais, o modo pelo qual dados e informações são transmitidos e armazenados nas redes, entre outros aspectos, são verdadeiros mistérios para a maioria dos consumidores que buscam realizar seus hábitos de consumo por meio desse novo e complexo sistema de redes eletrônicas.[86] Conclui De Nayer que "parece óbvio que o advento do comércio eletrônico acrescenta um nível de complexidade às transações realizadas entre consumidores e fornecedores".[87] O desequilíbrio informacional entre consumidor e fornecedor – que sempre foi considerado uma das principais falhas do mercado de consumo a justificar uma intervenção protetiva – tende, com a utilização das novas tecnologias, a agravar-se nas relações de consumo *on-line*.

Assim sendo, é razoável se acreditar que a expansão do comércio *on-line* continuará a suscitar problemas específicos para os ciberconsumidores, nos próximos anos.[88] De modo que se defende, no presente capítulo, que as peculiaridades do comércio eletrônico

---

84. Uma nova publicidade na Internet. *O Globo*, Rio de Janeiro, 7 mar. 2010, p. 36.
85. DE NAYER, Benoît. The consumer in electronic commerce: beyond confidence. In: WILHELMSSON, Thomas; TUOMINEM, Salla; and TUOMOLA, Heli (Ed.). *Consumer law in the information society*. The Hague: Kluwer Law International, 2001. p. 118. Na expressão do autor, "the balance between consumers and professionals is more than ever at stake".
86. Ibidem, p. 119.
87. Tradução da seguinte sentença: "[i]t seems obvious that the advent of the electronic commerce adds a level of complexity to transactions between consumers and sellers". Cf.: loc. cit.
88. ROTHCHILD, John. Co-regulating the Internet. In: WILHELMSSON, Thomas; TUOMINEM, Salla; and TUOMOLA, Heli (ed.). *Consumer law in the information society*. The Hague: Kluwer Law International, 2001, p. 180. Confira as palavras do autor: "[t]he growth in online commerce will inevitably be accompanied by a rise in deceptive marketing practices directed at consumers".

de consumo exigem soluções igualmente particulares, as quais podem diferenciar-se das já existentes e previstas para regular as relações consumeristas realizadas no mundo *off-line*.[89]

7. PRINCIPAIS FALHAS DO MERCADO ELETRÔNICO

O desenvolvimento do mercado eletrônico proporciona o surgimento de uma diversidade de novas formas de contratar e realizar negócios de consumo. E, na medida em que despontam originais práticas comerciais, verificam-se inéditas falhas de mercado prejudiciais ao ciberconsumidor. Especificamente nos contratos eletrônicos, pode-se identificar um extenso rol de falhas e condutas abusivas e desleais no atendimento ao ciberconsumidor, sendo mais frequentes as seguintes:

> [a] não entrega, ou entrega em endereço errado, as taxas não especificadas de correio ou de recebimento, o retardo na entrega, a falta de sanção pelo retardo na entrega, a falta de garantia para o produto, a impossibilidade de executar o direito de arrependimento (produto aberto, *software* já enviado, endereço incongruente ou incompleto), a lei aplicável e a jurisdição competente, por vezes até uma jurisdição arbitral compulsória, a venda casada, a recusa de venda, a falha na segurança com os dados do consumidor, dados privados e dados sensíveis, como o seu número de cartão de crédito, a falha na cobrança do cartão de crédito (cobrança a mais, cobrança antes da entrega etc.), as diferenças entre as fotografias do *site* e os produtos recebidos, a compra involuntária ao apertar o ícone, o erro não sanável na contratação etc.[90]

O comércio eletrônico – por ser um fenômeno internacional que se verifica em um mundo altamente globalizado – partilha características, condições, efeitos e falhas de maneira também igualmente planetária. Assim, deficiências com que se defrontam os ciberconsumidores norte-americanos ou europeus afetam também ciberconsumidores brasileiros. Isso se comprova mediante o exame da relação das falhas e condutas abusivas e desleais mais comuns na contratação eletrônica, verificadas mundialmente, que, segundo Cristina Coteanu, seriam as seguintes:

> late delivery, non-delivery, non-conformity of the goods or the service purchased, excessive delivery costs, absence of information on possible associated costs, non-reimbursement of goods returned as non-payment for goods or services, misrepresentations, breach of the privacy policy, breach of security of confidential information.[91]

Dentre toda a relação de falhas do mercado eletrônico de consumo, o retardo na entrega de produtos comprados *on-line* é uma das mais frequentes. Quanto a isso a jurisprudência nacional não deixa dúvidas, o que se pode exemplificar com a ementa do Recurso Inominado nº 2008.700.018409-1 julgado pela 4ª Turma Recursal Cível do Tribunal de Justiça do Rio de Janeiro:

> [T]rês *multiprocessadores* de R$ 29,99 cada (totalizando R$ 89,00) *adquiridos* em 17/09/07 *pela Internet*, com frete pago pela consumidora. *Promessa de entrega das mercadorias em três dias úteis*, fl. 11. *Produtos*

---

89. Cf.: HOWELLS, Gary. Series editor's introduction. In: COTEANU, Cristina. *Cyber consumer law and unfair trading practices*. Aldershot: Ashgate, 2005. p. vii.
90. MARQUES, Claudia Lima. Op. cit. p. 206-207.
91. COTEANU, Cristina. Op. cit. p. 17.

expedidos em 18/09/07 e entregues, somente, em 01/10/07, fl. 15, quando deveriam ter sido entregues até 21/09/07. Atraso de dez dias que frustrou a finalidade a qual se destinavam as mercadorias. [...] Provimento parcial para condenar a 1ª ré, Sociedade Comercial Importadora Hermes S/A (Comprafácil), a pagar R$ 1.500,00, com correção e juros do art. 406 do CC/02, a partir da publicação do acórdão, como compensação pelo desgaste, desconforto, constrangimento e frustração experimentados em razão do atraso de dez dias na entrega dos produtos, o que esvaziou a finalidade para a qual foram adquiridos, qual seja, a autora presentear conhecidos no dia 22/09/07, o que justifica a rescisão do contrato por culpa do empreendedor, atraindo a necessidade de responsabilização do fornecedor, em busca do caráter pedagógico-preventivo da indenização (grifou-se).[92]

Outro interessante exemplo consta do Recurso Inominado nº 2009.700.029947-9 julgado pela 3ª Turma Recursal Cível do Tribunal de Justiça do Estado do Rio de Janeiro. Nesse caso, houve a conjugação de duas falhas do mercado eletrônico de consumo, quais sejam: a não entrega da mercadoria e o não estorno do valor pago pelo ciberconsumidor. Ressalte-se que, segundo o entendimento do Juiz Relator, o descumprimento do prazo de entrega do produto adquirido via Internet configura dano moral. Vejam-se os próprios termos da ementa:

[A]legação da parte autora de que efetuou a *compra de um aparelho, via Internet*, para pagamento em 6 parcelas no valor de R$ 74,83, no cartão de crédito. Esclarece que a ré não entregou o aparelho na data aprazada. Noticia que aguardou novo prazo e mais uma vez, *o aparelho não foi entregue em sua residência*. Pondera que, *insatisfeita com os serviços, solicitou o cancelamento da compra* em 28/10/2007. Aduz que no dia seguinte do cancelamento, a ré compareceu em sua residência para a entregar [sic] do aparelho, o qual não foi aceito. Sustenta que a ré informou do prazo de 48h para o estorno do valor da compra de seu cartão de crédito. Acrescenta que não foi autorizada a compra de novo aparelho em seu cartão de crédito pois não possuía limite, devido à ré não ter estornado o valor da compra. *Por fim, diz que a ré se mantém inerte em relação ao estorno da compra cancelada.* [...] *Quem celebra contrato de compra e venda e não recebe o bem, no prazo acordado, experimenta dano moral.* Não foi mero aborrecimento. Insatisfação do consumidor que culminou no cancelamento do contrato. *Dever de indenizar*. Arbitramento que se mostra justo na quantia de R$ 3.000,00, com base nos critérios punitivo, pedagógico e compensatório (grifou-se).[93]

Reportagem do jornal *O Globo* corrobora e completa a lista de problemas levantados pela doutrina, os quais já vêm sendo objeto de análise por parte do Judiciário nacional. Segundo o registro jornalístico, as queixas dos consumidores são várias e referem-se a

"produtos que não são entregues ou que só chegam depois de meses; aparelhos que vêm quebrados e sem nota fiscal; dificuldade na hora da troca e para falar com Serviço de Atendimento ao Consumidor (SAC), cujas ligações não são gratuitas como a lei determina".[94]

As imperfeições que, atualmente, se observam no mercado eletrônico podem ser exemplificadas com base em dois depoimentos de ciberconsumidores lesados por fornecedores, reproduzidos nessa matéria jornalística.

No primeiro caso, uma ciberconsumidora adquiriu um celular MP9 (com câmera, TV e tela sensível ao toque), a partir de um *site* que vende produtos eletrônicos impor-

---

92. TJRJ. 4ª Turma Recursal dos Juizados Especiais Cíveis. Recurso Inominado 2008.700.018409-1. Juiz Relator Flavio Citro Vieira de Mello. Julgado em 6.5.2008.
93. TJRJ. 3ª Turma Recursal dos Juizados Especiais Cíveis. Recurso Inominado 2009.700.029947-9. Juiz Relator Paulo Roberto Sampaio Jangutta. Julgado em 2.6.2009.
94. Importação de dor de cabeça "made in China". *O Globo*, Rio de Janeiro, 27 jun. 2010, p. 34.

tados de Hong Kong. De acordo com o depoimento da ciberconsumidora, o aparelho apresentou defeito um mês após seu recebimento e apesar do envio de 28 *e-mails* e de ter gasto mais de duzentos reais em ligações para o fornecedor, ela continua sem qualquer resposta sobre a possibilidade de troca do produto ou de devolução do dinheiro pago. Suas palavras ilustram bem a situação experimentada pelos ciberconsumidores nas compras *on-line*: "[c]aí como um patinho. Fui atraída pelo visual bonito da página e pelos preços baixos. [...] Eu só não imaginava que daria defeito tão rápido e que seria impossível falar com a empresa depois".[95]

Em outro caso, a ciberconsumidora recebeu apenas parte do que havia comprado em um *site* chamado *compredachina.com*: o cartão de memória chegou; o celular, não.[96] A empresa Fênix do Oriente Prestadora de Serviços Ltda., responsável pelos *sites compredachina.com* e *mptudo.com*, é ré em 152 processos perante o Poder Judiciário fluminense, sendo 143 deles por danos morais. O Ministério Público do Rio de Janeiro instaurou dois inquéritos civis públicos para investigar a referida empresa – um sobre a falta de informações em relação a taxas cobradas dos ciberconsumidores e outro acerca da não emissão de nota fiscal. Ao final, a matéria jornalística cita o Promotor Rodrigo Terra, titular da 2ª Promotoria de Defesa do Consumidor, esclarecendo que a loja virtual que não emite nota fiscal pratica sonegação tributária e crime na relação de consumo, uma vez que o consumidor fica impossibilitado de fazer prova da existência da relação consumerista.[97]

Na contratação eletrônica de bens imateriais ou informacionais como os programas de computador, *e-books*, músicas, filmes e acesso a informações e a bancos de dados, as falhas mais usuais referem-se às condições em si de utilização do bem (cópia, *download* etc.), aos empecilhos e obstáculos para fazer sua devolução e para efetuar o direito de arrependimento (art. 49 do CDC) e, ainda, à imprecisão das informações e dados disponibilizados a respeito dos produtos oferecidos.[98]

A desterritorialização do comércio eletrônico pode propiciar uma falha capaz de enganar e prejudicar o ciberconsumidor na busca por efetivação de seus direitos. O endereço de um *site* na Internet ou seu URL (*Uniform Resource Locator*) pode ser diferente do verdadeiro nome da empresa, o que, juntamente com a ausência de estabelecimento físico, pode inviabilizar ou prejudicar a defesa dos direitos do consumidor.[99]

O pagamento por meios eletrônicos, como o realizado mediante cartões de crédito ou de débito, está diretamente relacionado com a questão da confiança do ciberconsumidor no mercado eletrônico. Nos dias de hoje – apesar de toda a expansão do comércio eletrônico –, ainda há muita desconfiança e relutância dos consumidores em realizar transações *on-line*.

Especificamente quanto aos sistemas eletrônicos de pagamento, o temor costuma vir de possíveis falhas ocasionadas por intervenção humana como, por exemplo, pela

---

95. Loc. cit.
96. Loc. cit.
97. Loc. cit.
98. MARQUES, Claudia Lima. Op. cit. p. 209.
99. COTEANU, Cristina. Op. cit. p. 25.

ação de um *hacker* visando obter senhas e dados bancários de ciberconsumidores. As falhas podem ser, também, de natureza tecnológica, como no caso de o ciberconsumidor receber uma cobrança extra e indevida na fatura de seu cartão de crédito, após efetuar uma compra em uma loja virtual. Esta última hipótese é agravada pelo fato de que os problemas técnicos virtuais permanecem sob o domínio do fornecedor (i. e., em sua rede e sistemas computacionais), sendo, assim, muito difícil a obtenção de elementos de prova por parte do ciberconsumidor lesado.[100]

Além disso, a complexidade presente nos sistemas de segurança e pagamentos *on-line* faz com que um número muito restrito de ciberconsumidores seja capaz de compreender os meios disponíveis, seus níveis de segurança, suas vicissitudes e suas vulnerabilidades. Não é muito comum que ciberconsumidores compreendam, efetivamente, recursos de segurança, como a criptografia,[101] o que faz com que a maioria deles seja incapaz de determinar em que medida certo sistema de pagamento e transação *on-line* é mais seguro e confiável do que outro. Segundo Cristina Coteanu "there is a natural propensity not to be confident in electronic payment over the Internet due to the fact that consumers are not capable of understanding the significance of secure payment systems and their vulnerabilities".[102]

Sendo assim, com o passar do tempo e o aumento da diversidade dos sistemas tecnológicos, fica cada vez mais patente a necessidade de se reforçar a confiança do ciberconsumidor nas técnicas utilizadas em transações *on-line*. No país, isso poderá ser feito a partir de uma maior observância de princípios – integrantes da Política Nacional das Relações de Consumo – como, por exemplo, os constantes do art. 4º, IV e VIII do CDC, que preveem a educação, informação e o estudo constante das modificações do mercado de consumo como essenciais para a transparência e harmonia das relações de consumo. Assim, é possível aumentar a confiança dos ciberconsumidores no comércio eletrônico a partir, por exemplo, de cartilhas de conscientização nas quais as tecnologias, as peculiaridades e as vulnerabilidades próprias do mercado eletrônico sejam devidamente explanadas para que, desse modo, o ciberconsumidor possa facilmente interar-se do tráfico virtual e, assim, tomar decisões refletidas e racionais.[103]

Ainda com referência às falhas de mercado relacionadas com o desequilíbrio informacional típico do comércio eletrônico, cabe destacar a prática negocial consistente em disponibilizar diversas páginas com informações sobre os termos do negócio, sobre a política de privacidade e os sistemas de segurança adotados, entre outras.[104] Dessa

---

100. Ibidem, p. 32.
101. MARTINS, Guilherme Magalhães. *Responsabilidade civil por acidentes de consumo na internet*. São Paulo: Revista dos Tribunais, 2008. p. 385. Segundo o glossário de termos técnicos de informática constante dessa obra, criptografia "[é] considerada uma ramificação da criptologia que torna possível o envio de mensagens codificadas, incompreensíveis para um terceiro que eventualmente venha a interceptá-las, mas que poderão ser lidas pelo destinatário, que conhece o critério para decifrar o texto".
102. COTEANU, Cristina. Op. cit. p. 32.
103. Mencione-se, a propósito, que duas cartilhas de conscientização, visando intensificar a educação para o consumo, foram lançadas, no mês de março de 2010, pelo Fórum Estadual de Defesa do Consumidor (Rio-Con) – formado por Procon-RJ, Ministério Público, Defensoria Pública, Ipem-RJ e Inmetro. Cf.: Direitos do consumidor em HQHH HQ. *O Globo*, Rio de Janeiro, 21 mar. 2010, p. 28.
104. Sobre privacidade e proteção de dados pessoais na sociedade da informação veja-se: MODENESI, Pedro. *Privacy by design* e código digital: a tecnologia a favor de direitos e valores fundamentais. *In*: FALEIROS JÚNIOR, José Luiz

forma, para que o consumidor possa decidir entrar ou não no *site*, ou concluir ou não o negócio, há a necessidade de que ele leia uma grande quantidade de textos e documentos disponibilizados *on-line*, os quais, muitas das vezes, são excessivos, desnecessários e empregados com o intuito de ludibriar o ciberconsumidor, impondo-lhe ônus e restrições a seus direitos.[105]

Segundo a interpretação de Fernanda Nunes Barbosa, a informação que não acrescenta ou aquela redundante "poderá configurar até mesmo fuga do dever imposto pelo ordenamento jurídico, na medida em que, ao informar em excesso, acaba desinformando".[106] Particularmente quanto ao conteúdo do dever de informar exigido em ofertas e apresentações de produtos ou serviços, mencione-se o *caput* do art. 31 do CDC, o qual preceitua que as informações devem ser corretas, claras, precisas, ostensivas e em língua portuguesa. Donde se extrai que "o modelo da transparência implica não só a difusão da informação, mas também a eficiência da mensagem informativa".[107]

Desse modo, nas comunicações e mensagens veiculadas na Internet, alguns requisitos do dever de informar assumem relevância, destacando-se a precisão – que se concretiza por meio do atendimento do princípio da economia da mensagem – e a adequação, prevista no art. 6º, III, do CDC, que se verifica mediante a compatibilidade dos meios de informação com o produto ou serviço oferecidos e o consumidor destinatário típico.[108] A divulgação de informações, no caso específico do mercado eletrônico, visa essencialmente informar o ciberconsumidor sobre as características do produto ou serviço, bem como acerca dos termos e condições contratuais, visando diminuir a distância física que o separa tanto do objeto contratual quanto do fornecedor.

Por fim, sublinhe-se que as normas acima mencionadas devem ser observadas nas transações comerciais eletrônicas sempre que na relação, por haver um consumidor brasileiro ou estrangeiro residentes no país, for aplicável a normativa nacional. Pois, como é sabido, no ordenamento jurídico brasileiro, a proteção do consumidor é constitucionalmente tutelada por meio do art. 5º, XXXII da Constituição Federal (CF), o qual inclui a defesa dos consumidores no rol das garantias fundamentais, que têm por escopo basilar a tutela da dignidade da pessoa humana e demais valores existenciais. Tratando-se de comando constitucional, a defesa do consumidor brasileiro "não pode comportar qualquer mitigação, seja fundada em razões econômicas ou de eficiência técnica, dentre outras",[109] o que permite concluir que o sistema de defesa do consumidor – em consonância e de acordo com a axiologia e a principiologia consti-

---

de Moura; LONGHI, João Victor Rozatti; GUGLIARA, Rodrigo (coords.). *Proteção de dados pessoais na sociedade da informação*: entre dados e danos. Indaiatuba: Foco, 2021.
105. Sobre essa questão, ver: COTEANU, Cristina. Op. cit. p. 21.
106. BARBOSA, Fernanda Nunes. *Informação*: direito e dever nas relações de consumo. São Paulo: Revista dos Tribunais, 2008. p. 59.
107. Loc. cit. Todavia, ressalta a autora que "[p]or outro lado, tampouco deve ser rechaçada, de todo, a informação redundante, uma vez que, em alguns casos, o excesso de 'novidade' pode tornar incompreensível a mensagem, cuja eficácia, então, somente se obterá do equilíbrio entre a originalidade e a redundância".
108. Ibidem, p. 61-62.
109. MARTINS, Guilherme Magalhães. A defesa do consumidor como direito fundamental na ordem constitucional. In: MARTINS, Guilherme Magalhães. (Coord.). *Temas de direito do consumidor*. Rio de Janeiro: Lumen Iuris, 2010. p. 13.

tucional – merece observância, devendo ser privilegiado quando houver conflito com uma normativa estrangeira.[110]

8. DA NECESSIDADE DE REGULAÇÃO LEGAL DO COMÉRCIO ELETRÔNICO

O Direito, como instrumento de regulação das relações sociais, "está em permanente aperfeiçoamento"[111] e "nunca é [o] resultado de uma descoberta, mas sim de um processo de construção".[112]

O surgimento e o desenvolvimento, como prática social, de relações comerciais por intermédio da tecnologia digital constitui um fenômeno novo, a demandar regulação jurídica, sendo inconteste "que sem esse elemento fundamental estará abortada a possibilidade de que o uso deste instrumento tecnológico possa ser feito".[113] Desse original modo de comércio surgem novas e relevantes questões, dentre as quais se destacam: uma nova situação de vulnerabilidade para o consumidor; a despersonalização das relações contratuais; a desmaterialização do objeto e dos vícios contratuais. Essas, muitas das vezes, não se encaixam nas "categorias tradicionais nas quais se baseia o Direito", gerando "a convicção sobre a necessidade de um tratamento diferenciado daquele que se fez no passado, em relação a outras inovações tecnológicas".[114]

Baseando-se no descompasso entre as novas práticas comerciais, sociais e jurídicas – surgidas com o mercado eletrônico – e a realidade legislativa vigente, a maioria da doutrina brasileira defende a necessidade de elaboração de legislação específica para regular o comércio eletrônico.[115] Esse entendimento não se restringe apenas ao âmbito acadêmico, podendo ser observado na práxis legislativa brasileira tanto a partir da recente promulgação do Decreto do Executivo nº 7.962, de 2013 – que regulamenta o CDC relativamente a alguns aspectos da contração on-line –, quanto por meio da existência de algumas propostas legislativas em tramitação no Congresso Nacional. Dentre essas, há dois projetos de lei cuja tramitação se arrasta há vários anos na Câmara dos Deputados, os quais dificilmente serão aprovados.[116] São eles: o Projeto de Lei nº 1.589, de 1999,

---

110. É como leciona Mulholland: "Neste sentido, quando estiver em questão a proteção dos direitos do consumidor brasileiro, não haverá dúvidas de que, por tratar-se a defesa do consumidor de matéria constitucionalmente tutelada e por ingressar a mesma em um ordenamento jurídico em que se privilegia a igualdade substancial – através da consideração da pessoa humana e de sua dignidade – e a justiça distributiva – através da realização da solidariedade contratual –, os conflitos que porventura surjam de uma relação contratual eletrônica de consumo deverão ser solucionados com base na sistemática do direito do consumidor e do direito constitucional internos, deixando-se de lado a possibilidade de aplicação de uma *lex mercatoria* a estes contratos e de uma normativa estrangeira que afronte os princípios e valores tutelados em nossa Carta Magna" (Op. cit. p. 55).
111. SANTOLIM, Cesar Viterbo Matos. Os princípios de proteção do consumidor e o comércio eletrônico no direito brasileiro. *Revista de Direito do Consumidor*, São Paulo, v. 55, jul./set. 2005, p. 53.
112. Ibidem, p. 54.
113. Ibidem, p. 53.
114. Ibidem, p. 54.
115. MARQUES, Claudia Lima. Op. cit. p. 289.
116. Ibidem, p. 148. Claudia Lima Marques, no ano de 2004, ressaltava que o Projeto de Lei nº 1.589, de 1999, já não tinha muitas chances de ser aprovado. No mesmo sentido, tem-se: MARTINS, Guilherme Magalhães. A reforma do Código de Defesa do Consumidor brasileiro. *Revista Luso-Brasileira de Direito do Consumo*, Curitiba, v. 1, dez./fev. 2011, p. 17. Esse último trabalho merece destaque por ser pioneiro na análise do PLS nº 281/12, que dispõe sobre o comércio eletrônico.

o qual dispõe sobre o comércio eletrônico de modo geral, compreendendo a validade jurídica do documento eletrônico e a questão da assinatura digital, e o Projeto de Lei nº 4.906, de 2001, que surgiu em decorrência do apensamento dos Projetos de Lei nºˢ 1.483, de 1999, e o já citado 1.589, de 1999.[117]

Ademais, no Senado, foi elaborado o PLS nº 281/12, com o objetivo de atualizar o CDC, mediante o aperfeiçoamento de algumas disposições gerais do Capítulo I do Título I e a inclusão de regramento específico para o comércio eletrônico. A versão aprovada pelo Plenário foi encaminhada à Câmara dos Deputados, onde deu origem ao PL nº 3514/15. Em razão da atualidade de seu texto e de suas reais chances de aprovação, a proposição legislativa passa a ocupar posição de destaque no âmbito da proteção do ciberconsumidor, merecendo, assim, análise na seção 10 deste capítulo.

Antes, porém, cumpre observar que já em 2005 rejeitava-se a ideia de que "as categorias, conceitos e princípios teriam de ser todos refeitos", repelindo-se o entendimento de que um Direito completamente novo e reformulado seria imprescindível para a devida regulação desse novo fenômeno sócio-jurídico.[118]

Cesar Santolim defendia a possibilidade do disciplinamento das relações de consumo na Internet com base na complementaridade entre duas abordagens de regulação do comércio eletrônico. Uma de caráter reformista, segundo a qual é conveniente uma reformulação legislativa mediante "a elaboração de novas regras, seja em diplomas legais já existentes (alterações nos Códigos já existentes, por exemplo), seja pela produção de leis específicas", quanto ao comércio eletrônico em geral.[119] E a outra, de cunho conservador, sustentando que "as normas já existentes, submetidas a correta hermenêutica, são suficientes para a construção de um 'piso mínimo' que suporte as demandas trazidas pela tecnologia da informação". Para o autor, não há dúvida quanto à possibilidade de integração dos dois enfoques:

> [S]em perder de vista a conveniência da produção de novas normas, até para acelerar a ruptura com certos padrões culturais, pode-se, com o uso de outros instrumentos, fornecer um quadro suficiente a dar segurança às pessoas que travam contato com as questões jurídicas decorrentes da implementação da tecnologia da informação.[120]

A complementaridade entre as duas abordagens encontra apoio nas seguintes razões. Uma reformulação legislativa visando ao estabelecimento de novas soluções normativas para o comércio eletrônico não significa, necessariamente, mais proteção e segurança para os ciberconsumidores. Isso porque, apesar de se reconhecer a relevância e a necessidade do estabelecimento de um conjunto normativo específico para as novas demandas sociais, "também não é possível ignorar a dificuldade de serem encontradas

---

117. Para uma melhor compreensão a respeito dos referidos Projetos de Lei, veja-se: LAWAND, José Jorge. *Teoria dos contratos eletrônicos*. São Paulo: Juarez de Oliveira, 2003. p. 62-63.
118. SANTOLIM, Cesar Viterbo Matos. Os princípios de proteção do consumidor e o comércio eletrônico no direito brasileiro. *Revista de Direito do Consumidor*, São Paulo, v. 55, jul./set. 2005, p. 54.
119. SANTOLIM, Cesar Viterbo Matos. *Os princípios de proteção do consumidor e o comércio eletrônico no Direito brasileiro*. 2004. Tese (Doutorado em Direito) – Programa de Pós-Graduação, Universidade Federal do Rio Grande do Sul, Porto Alegre, 2004, p. 12.
120. SANTOLIM, Cesar Viterbo Matos. Os princípios de proteção do consumidor e o comércio eletrônico no direito brasileiro. *Revista de Direito do Consumidor*, São Paulo, v. 55, jul./set. 2005, p. 56.

estas mesmas regras em áreas de intensa e dinâmica transição".[121] É esse, justamente, o caso do comércio eletrônico, em que as questões e desafios jurídicos se sucedem com a mesma celeridade percebida no desenvolvimento de novas tecnologias, ou seja, em velocidade exponencial. De modo que, "[q]uando parece ter sido encontrada a fórmula para resolver um problema, surge outro, ou se repõe aquele, sob novo prisma, muitas vezes resultante de uma mudança tecnológica razoavelmente previsível".[122] Assim, Santolim infere que

> [q]uando se conjuga (a) a intensidade e (b) a velocidade do efeito da tecnologia da informação sobre o fenômeno jurídico com (c) a impossibilidade de se produzirem leis com a capacidade de tratar minudentemente destes avanços, (muitas vezes, quando um texto estiver sendo promulgado, a tecnologia adotada pode já ser outra) *evidencia-se a necessidade da utilização dos princípios*, como responsáveis pela manutenção da coesão do sistema jurídico, ainda que reconhecido como um "sistema aberto" (grifou-se).[123]

A relevância dos princípios jurídicos resta evidente para o comércio eletrônico – em que há "forte dinamicidade socioeconômica" –, assumindo, assim, *status* de elementos essenciais à flexibilidade do sistema normativo.[124] Vale recorrer novamente a Santolim pela clareza com que explicita que

> [a] *utilização de princípios* instrumentais, *como o da transparência e o da vulnerabilidade*, ou finalísticos, como são *a boa-fé* e a autonomia privada, *pode ser o melhor caminho para orientar a atuação dos aplicadores do Direito*, mormente no exercício de competências administrativas e jurisdicionais, *mas também como um referencial para os legisladores* (grifou-se).[125]

Observe-se que Claudia Lima Marques – que sempre defendeu a necessidade de regulação legislativa própria para o consumo *on-line* e é a atual relatora da Comissão de Juristas responsável pela reforma legislativa do CDC, no Senado –, ao examinar as Diretivas da União Europeia nº 97/7/CE sobre contratação a distância e nº 2000/31/CE sobre comércio eletrônico, reconhece que

> aplicando o Código de Defesa do Consumidor e as linhas gerais de boa-fé aqui especificadas, em uma visão contratual renovada, parece-me que podemos impor os mesmos deveres de conduta de boa-fé aos fornecedores no mercado eletrônico brasileiro, *mesmo antes da aprovação de lei específica* (grifou-se).[126]

Logo, conforme restou demonstrado, foi e ainda é possível que, mediante a aplicação dos princípios já consagrados no Direito Civil e no Direito do Consumidor, encontrem-se soluções para as novas demandas sociais e jurídicas advindas do desenvolvimento do consumo *on-line*.[127] Isso se comprova pelo fato de que o CDC já vem, há alguns anos,

---

121. Ibidem, p. 83.
122. Loc. cit.
123. Ibidem, p. 56.
124. Ibidem, p. 69.
125. Ibidem, p. 83.
126. MARQUES, Claudia Lima. Op. cit. p. 258. A autora, já em 2004, propunha alterações específicas ao CDC para os negócios jurídicos no comércio eletrônico. Cf. p. 289-300. Partilhando desse entendimento, tem-se também: MATTOS, Analice Castor de. *Aspectos relevantes dos contratos de consumo eletrônico*. Curitiba: Juruá, 2009. p. 117.
127. Ibidem, p. 57 e 69.

sendo aplicado de forma relativamente bem-sucedida às relações de consumo na Internet e não são muitas as hipóteses não solucionadas pelas suas normas e principiologia.¹²⁸

Não se está aqui defendendo a desnecessidade de regulação legislativa específica para as relações de consumo no mercado eletrônico, pelo contrário, reconhece-se sua conveniência e oportunidade. Apenas quer-se destacar que a formulação de um adequado arcabouço normativo do comércio eletrônico – capaz de tutelar os legítimos interesses e expectativas dos ciberconsumidores – envolve a devida consideração dos princípios jurídicos e deve preservar a lógica do microssistema do Direito Consumerista – reafirmando seus fundamentos e finalidade voltados para a proteção do vulnerável no mercado de consumo –, de forma a concretizar a diretriz constitucional de defesa do consumidor (art. 5°, XXXII, CF).¹²⁹, ¹³⁰

9. APLICAÇÃO DA BOA-FÉ OBJETIVA AO MERCADO ELETRÔNICO

Conforme demonstrado anteriormente, o comércio eletrônico ainda constitui um desafio para o Direito, tanto no plano teórico quanto na esfera prática. Designadamente na relação contratual de consumo via Internet, há tantas disparidades que a parte consumidora se torna alvo fácil da ambição desmedida e, às vezes, da eventual atuação inescrupulosa de empresas fornecedoras de serviços e produtos. Diante desse quadro fático, vêm-se estabelecendo limitações à liberdade contratual, como explica Maria Celina Bodin de Moraes:

> [O] princípio, tantas vezes repetido, segundo o qual "o que não é proibido, é permitido" há muito não corresponde aos valores que presidem as relações jurídicas de matriz privada. A liberdade dos privados mudou: encontra-se hoje circunscrita por todos os lados [...]. Além disso, *limitam a vontade privada institutos tais como o já aludido abuso do direito*, a fraude à lei, *os princípios da boa-fé, da probidade bem como o da função social dos contratos*, dentre outros (grifou-se).¹³¹

Do conjunto de princípios da renovada teoria contratual, destaca-se o da boa-fé objetiva como o merecedor de maior atenção quando se trata da proteção ao ciberconsumidor e do combate a práticas comerciais enganosas e desleais e condutas contratuais abusivas no meio virtual. Dada a aplicação maleável da boa-fé objetiva, quanto maiores as disparidades e a vulnerabilidade entre os sujeitos contratuais, tanto maior deve ser a observância e incidência desse princípio, que funciona como "instrumento de controle da vontade do contratante mais forte e consequente proteção do lado mais fraco da relação

---

128. CÂMARA BRASILEIRA DE COMÉRCIO ELETRÔNICO – CAMARA-E.NET. *Projeto de Lei no. 281/12:* alteração do Código de Defesa do Consumidor. Disponível em: <http://www.senado.gov.br/atividade/materia/getPDF.asp?t=116237&tp=1>. Acesso em: 14 jan. 2020.
129. MIRAGEM, Bruno. Mercado, direito e sociedade de informação: desafios atuais do Direito do Consumidor no Brasil. In: MARTINS, Guilherme Magalhães (Coord.). *Temas de direito do consumidor.* Rio de Janeiro: Lumen Iuris, 2010. p. 74 e 99.
130. Sobre a aplicação de princípios jurídicos, veja-se: ALEXY, Robert. *Teoria dos direitos fundamentais.* São Paulo: Malheiros, 2008. p. 90. Esse autor os compreende como mandamentos de otimização que se caracterizam "por poderem ser satisfeitos em graus variados e pelo fato de que a medida de sua satisfação não depende somente das possibilidades fáticas, mas também das possibilidades jurídicas".
131. BODIN DE MORAES, Maria Celina. A causa dos contratos. *Revista Trimestral de Direito Civil*, Rio de Janeiro, v. 21, jan./mar. 2005, p. 101. Especificamente sobre o princípio da função social dos contratos, remete-se a Pedro Modenesi. Função social dos contratos: questões polêmicas na doutrina e jurisprudência do STJ. *Revista Trimestral de Direito Civil*, Rio de Janeiro, v. 39, jul./set. 2009.

jurídica contratual".[132] Essa é a opinião de Ricardo Lorenzetti, para quem, no comércio eletrônico, "quanto menor for a objetividade da situação e menos generalizado o conhecimento sobre determinada prática, aumentam os deveres de informação", que constituem um dos principais deveres anexos ou laterais derivados do princípio da boa-fé objetiva.[133] Logo, a divulgação apropriada de informação serve como instrumento de "reequilíbrio da relação de consumo, de compensação da vulnerabilidade informacional do consumidor, de seu 'déficit informacional' clássico".[134] Segundo Fernanda Nunes Barbosa,

> (...) o dever de informar consiste num meio de proteção do consentimento, das expectativas geradas, da confiança empreendida, que ganha ainda maior destaque nas contratações a distância, "globalizadas e desmaterializadas", tendo em vista a falta do contato pessoal, da comunicação "olho no olho" (grifou-se).[135]

Judith Martins-Costa esclarece que os deveres impostos pela boa-fé e a medida da sua intensidade são variáveis conforme as circunstâncias e as peculiaridades do caso concreto.[136] Desse modo, é possível exigir uma maior observância desse princípio, nas relações contratuais eletrônicas de consumo, do que usualmente se exige nas relações de consumo realizadas sem a intermediação da Internet. Confirma-se essa proposição mediante a análise do dever de informação, um dos deveres anexos decorrentes da boa-fé objetiva. Sabe-se que a observância desse dever já é considerada imperativa nas relações contratuais paritárias e, com maior ênfase, nas relações de consumo. Entretanto, acredita-se que "na economia da informação e no mundo virtual ele se acentua [...], adquirindo características específicas".[137] Ressalte-se, ainda, que "a imposição deste dever é uma constante no direito comparado".[138]

Defende-se, com arrimo na doutrina de Claudia Lima Marques que, nas relações contratuais de consumo realizadas via Internet – em razão da especial vulnerabilidade de uma das partes –, nascem "deveres específicos de uma boa-fé atualizados às práticas (e perigos) do meio eletrônico ou virtual". A título ilustrativo citem-se: deveres de perenização da oferta e do contrato e deveres de cooperação na comunicação, na execução e no pagamento a distância, acrescidos a cuidados especiais quanto aos riscos do meio virtual.[139]

Assim, sustenta-se a relevância do princípio da boa-fé objetiva nesse tipo peculiar de relação contratual. Para Sheila Leal, ele desponta como "princípio vital" da contratação

---

132. LEAL, Sheila. Op. cit. p. 94-95.
133. LORENZETTI, Ricardo L. *Comércio eletrônico*. São Paulo: Revista dos Tribunais, 2004. p. 284.
134. MARQUES, Claudia Lima. Apresentação. In: BARBOSA, Fernanda Nunes. *Informação*: direito e dever nas relações de consumo. São Paulo: Revista dos Tribunais, 2008. p. 18.
135. BARBOSA, Fernanda Nunes. Op. cit. p. 94.
136. MARTINS-COSTA, Judith. *A boa-fé no direito privado*. São Paulo: Revista dos Tribunais, 2000, p. 449. Ricardo Lorenzetti, ao prever que os comerciantes têm um dever geral de agir de boa-fé que se aplica ao uso da tecnologia, também defende que esse princípio "como sinônimo de lealdade revela-se em deveres concretos, como, por exemplo, na vedação da utilização de atributos especiais da tecnologia para ocultar a identidade ou aspectos essenciais da prestação oferecida" (LORENZETTI, Ricardo L. *Comércio eletrônico*. São Paulo: Revista dos Tribunais, 2004. p. 402).
137. LORENZETTI, Ricardo L. *Comércio eletrônico*. São Paulo: Revista dos Tribunais, 2004. p. 398. Veja-se também: MODENESI, Pedro. *A proteção do ciberconsumidor e o princípio da boa-fé objetiva*. 2010. Dissertação (Mestrado em Direito) – Programa de Pós-Graduação, Universidade Estadual do Rio de Janeiro, Rio de Janeiro.
138. LORENZETTI, Ricardo L. *Comércio eletrônico*. São Paulo: Revista dos Tribunais, 2004. p. 397.
139. MARQUES, Claudia Lima. *Confiança no comércio eletrônico e a proteção do consumidor*: um estudo dos negócios jurídicos de consumo no comércio eletrônico. São Paulo: Revista dos Tribunais, 2004. p. 263-264.

eletrônica. Afirma, ainda, a autora que a ausência de regulação legal específica[140] sobre o comércio eletrônico é mais um fator que robustece a essencialidade desse princípio, dada sua vocação para a "correção de abusos e injustiças".[141]

Dessa forma, ganha relevância o exame dos reflexos desse princípio no âmbito da Internet, "já que a utilização de tecnologia por parte de quem a domina possibilita uma importante vantagem comparativa na negociação", haja vista que nas relações eletrônicas de consumo surge um desequilíbrio relacionado diretamente com o emprego de tecnologias e elementos virtuais.[142]

Finalmente, saliente-se que há "um consenso no cenário internacional sobre a existência de um dever de boa-fé que deve ser observado pelas partes" em todas as fases contratuais: desde as tratativas, durante a execução propriamente dita e no período pós-contratual.[143] Mencione-se, a propósito, que, no contexto europeu, o princípio da boa-fé possui expressa previsão na Diretiva da Comunidade Europeia n° 2005/29/CE, relativa às práticas comerciais desleais, a qual se aplica ao comércio eletrônico de consumo.[144] Alude-se ao princípio no art. 2°, alínea h, que define "diligência profissional" como

> (...) o padrão de competência especializada e de cuidado que se pode razoavelmente esperar de um profissional em relação aos consumidores, avaliado de acordo com a prática de mercado honesta e/ou o *princípio geral da boa-fé* no âmbito da actividade do profissional (grifou-se).[145]

Dado o exposto, resta evidenciado que há, de fato, uma nova e especial vulnerabilidade experimentada pelos ciberconsumidores nessa contemporânea maneira de contratar. Vulnerabilidade que algumas vezes não é levada em conta por fornecedores, que a aproveitam para auferir lucro abusando de consumidores leigos, mediante práticas comerciais desleais e condutas contratuais abusivas. Em função de sua maleabilidade e especial aptidão para prevenir condutas abusivas e desleais, a boa-fé objetiva revela-se o princípio basilar para reger a contratação eletrônica de consumo.

10. PROJETO DE LEI DO SENADO 281, DE 2012 (ATUAL PROJETO DE LEI 3.514, DE 2015, DA CÂMARA DOS DEPUTADOS): PROPOSTA DE ATUALIZAÇÃO DO CDC

Em dezembro de 2010 – ano em que o CDC completou 20 anos de vigência –, a Presidência do Senado instalou Comissão de Juristas com o objetivo de elaborar propostas de reformulação do CDC. Presidida pelo Ministro do Superior Tribunal de Justiça (STJ)

---

140. Ressalte-se que o Projeto de Lei n° 1.589, de 1999, de autoria do Deputado Luciano Pizzatto – que foi apensado ao Projeto de Lei n° 4.906-A, de 2001 –, faz referência expressa à "boa-fé das relações comerciais" em seu art. 2°.
141. LEAL, Sheila. Op. cit. p. 97.
142. LORENZETTI, Ricardo L. *Comércio eletrônico*. São Paulo: Revista dos Tribunais, 2004. p. 402.
143. LORENZETTI, Ricardo L. *Comércio eletrônico*. São Paulo: Revista dos Tribunais, 2004. p. 402.
144. Cf.: COTEANU, Cristina. Op. cit. p. 175 e 181-182, em que se lê: "[the] directive attempts to fashion a standard of 'good faith' based on professional diligence. Its approach represents a step further in the development of the principle of 'good faith' performance by its incorporation as a standard of professional diligence and its extension to unfair commercial practices".
145. UNIÃO EUROPEIA. Comissão Europeia. Directiva n° 2005/29/CE do Parlamento Europeu e do Conselho, de 11 de maio de 2005, relativa às práticas comerciais desleais das empresas face aos consumidores no mercado interno, cognominada sinteticamente "Diretiva relativa às práticas comerciais desleais". Disponível em: <http://europa.eu/index_pt.htm>. Acesso em: 14 jan. 2020.

Antônio Herman Benjamin e composta pelos juristas Claudia Lima Marques, Ada Pellegrini Grinover, Kazuo Watanabe, Leonardo Roscoe Bessa e Roberto Augusto Castellanos Pfeiffer, a Comissão – em março de 2012, após 66 reuniões e oito audiências públicas – elaborou três Projetos de Lei, dentre os quais o de nº 281/12, que versa especificamente sobre a regulação do comércio eletrônico de consumo.[146]

A elaboração do arcabouço normativo sobre as relações eletrônicas de consumo é justificada pela Comissão de Juristas pelo fato de que a Internet é atualmente o meio de fornecimento a distância de produtos e serviços mais utilizado no mundo, alcançando recordes de faturamento – conforme comprovam os números apresentados na introdução deste capítulo –, porém, igualmente, vem proporcionando um enorme crescimento do número de reclamações e demandas judiciais de consumidores que de algum modo tiveram seus direitos desrespeitados.[147] Observe-se, a título exemplificativo, que, segundo o Procon-SP, houve, entre os anos de 2011 e 2012, um aumento da ordem de 86,57% no número de reclamações de consumidores em face de fornecedores virtuais.[148]

Dessa forma, para a Comissão de Juristas é indispensável a inclusão de seção específica sobre a proteção do consumidor no mercado eletrônico, visando atualizar a normativa do CDC a uma nova realidade na qual proliferam desafios advindos das transformações sociais, econômicas e tecnológicas vivenciadas nos últimos 20 anos – em boa medida associadas à crescente utilização da Internet em todos os domínios da atividade humana.

A Comissão assumiu o compromisso do não retrocesso, partindo do princípio de que a atualização legislativa deverá ampliar os direitos e garantias do consumidor, conferindo maior segurança jurídica às relações de consumo travadas na Internet.[149] Com esse escopo, a reforma legislativa propõe pontuais modificações ao texto do CDC, de modo que seja preservada sua estrutura generalista e principiológica, evitando-se previsões casuísticas e particulares que pudessem mitigar o caráter protetivo amplo e geral da Lei Consumerista – o que é chamado, por Antônio Herman Benjamin, de "atualização cirúrgica do Código de Defesa do Consumidor".[150] Espera-se, dessa forma, preservar as

---

146. Cf. SENADO FEDERAL. Comissão temporária destinada a examinar os projetos de lei de modernização do Código de Defesa do Consumidor. *Plano de Trabalho*. Disponível em: < http://www.senado.gov.br/atividade/materia/getPDF.asp?t=113993&tp=1>. Acesso em: 14 jan. 2020. Os outros projetos de lei elaborados pela Comissão são o de nº 282, o qual versa sobre ações coletivas, e o de nº 283, que dispõe sobre a proteção do consumidor contra o superendividamento e sobre a oferta de crédito ao consumidor.
147. SENADO FEDERAL. *Projeto de Lei do Senado no. 281, de 2012*. Justificação, p. 7. Disponível em: <http://www.senado.gov.br/atividade/materia/getPDF.asp?t=112481&tp=1>. Acesso em: 14 jan. 2020.
148. Comércio eletrônico afunda em reclamações. *Jornal da Tarde*. Disponível em: <http://blogs.estadao.com.br/jt-seu-bolso/comercio-eletronico-afunda-em-reclamacoes/>. Acesso em: 14 jan. 2020.
149. PFEIFFER, Roberto Augusto Castellanos. Palestra sobre informação e segurança. *Seminário sobre a Regulamentação do Comércio Eletrônico no Brasil*. Associação Comercial do Rio de Janeiro, 14 set. 2012. Veja-se também: SENADO FEDERAL/Comissão Temporária Destinada a Examinar os Projetos de Lei de Modernização do Código de Defesa do Consumidor. *Plano de Trabalho*. Disponível em: <http://www.senado.gov.br/atividade/materia/getPDF.asp?t=113993&tp=1>. Acesso em: 14 jan. 2020.
150. Cf.: MARTINS, Guilherme Magalhães. A reforma do Código de Defesa do Consumidor brasileiro. *Revista Luso-Brasileira de Direito do Consumo*, Curitiba, v. 1, dez./fev. 2011, p. 17-18; PASQUALOTO, Adalberto. Dará a reforma ao Código de Defesa do Consumidor um sopro de vida? *Revista de Direito do Consumidor*, São Paulo, v. 78, abr./jun. 2011, p. 12-13; SANTOLIM, Cesar. Anotações sobre o anteprojeto da Comissão de Juristas para a atualização do Código de Defesa do Consumidor. *Revista de Direito do Consumidor*, São Paulo, v. 83, jul./set. 2012, p. 74; e

conquistas alcançadas pela Lei nº 8.078, de 1990, reafirmando, também, dois fundamentos do direito consumerista: "a defesa do consumidor é direito fundamental consagrado na Constituição"; e o "princípio da vulnerabilidade do consumidor, decorrente de uma desigualdade estrutural do mercado e que fundamenta a concepção, interpretação e aplicação das normas protetivas estabelecidas no Código de Defesa do Consumidor".[151]

O PLS nº 281/12 foi aprovado pelo Plenário do Senado e encaminhado à Câmara dos Deputados, em 04 de novembro de 2015. Nesta Casa legislativa, o PLS nº 281/12 deu origem ao Projeto de Lei nº 3514/15, que será submetido à revisão e, caso aprovado, será enviado à sanção ou promulgação. Todavia, caso seja emendado, voltará ao Senado, que é a Casa iniciadora do projeto de lei, nos termos do art. 65, *caput* e parágrafo único da Constituição da República.

Diante desse contexto e da ampla manutenção do conteúdo originário do PLS nº 281/12 no PL nº 3514/15, conservou-se, na atualização da 4ª edição desta obra, a análise da primeira redação da proposição legislativa especialmente elaborada pela Comissão de Juristas, presidida pelo Ministro Herman Benjamin, no Senado. Assim, passa-se ao exame das disposições iniciais da versão original do PLS nº 281/12, destacadas a seguir, *in verbis*:

> Art. 1º O presente Código estabelece normas de proteção e defesa do consumidor, de ordem pública e interesse social, nos termos dos arts. 5º, inciso XXXII, 170, inciso V, da Constituição Federal e artigo 48 de suas Disposições Transitórias.
>
> Parágrafo único. *As normas e os negócios jurídicos devem ser interpretados e integrados da maneira mais favorável ao consumidor.*
>
> [...]
>
> Art. 5º Para a execução da Política Nacional das Relações de Consumo, contará o Poder Público com os seguintes instrumentos, entre outros:
>
> [...]
>
> VI – o conhecimento de ofício pelo Poder Judiciário, no âmbito do processo em curso e assegurado o contraditório, e pela Administração Pública de violação a normas de defesa do consumidor;
>
> VII – a interpretação e a integração das normas e negócios jurídicos da maneira *mais favorável* ao consumidor.
>
> Art. 6º São direitos básicos do consumidor:
>
> [...]
>
> XI – a autodeterminação, a privacidade e a segurança das informações e dados pessoais prestados ou coletados, por qualquer meio, inclusive o eletrônico;
>
> XII – a liberdade de escolha, em especial frente a novas tecnologias e redes de dados, sendo vedada qualquer forma de discriminação e assédio de consumo.
>
> Art. 7º Os direitos previstos neste Código não excluem outros decorrentes de tratados ou convenções internacionais de que o Brasil seja signatário, da legislação interna ordinária, de regulamentos expedidos pelas autoridades administrativas competentes, bem como dos que derivem dos princípios gerais de direito, analogia, costumes e equidade.
>
> [...]
>
> § 2º Aplica-se ao consumidor a norma *mais favorável* ao exercício de seus direitos e pretensões (grifou-se).

PFEIFFER, Roberto Augusto Castellanos. *PLS 281 – Proteção do consumidor no comércio eletrônico*. Disponível em: <http://www.senado.gov.br/atividade/materia/getPDF.asp?t=116238&tp=1>. Acesso em: 14 jan. 2020.
151. MIRAGEM, Bruno. Op. cit. p. 99.

Já na proposta Seção VII, que trata especificamente do comércio eletrônico – a exemplo do que já ocorreu na União Europeia com a edição das Diretivas n°s 97/7/CE sobre contratação a distância, 2000/31/CE sobre comércio eletrônico e 2005/29/CE relativa às práticas comerciais desleais –, são enfatizados os deveres de informação, aviso, esclarecimento, transparência, segurança, lealdade, cooperação, cuidado e sigilo, todos decorrentes do princípio da boa-fé objetiva. O que faz concluir que, apesar de não ser mencionada expressamente no PLS nº 281/12, a boa-fé objetiva é reconhecida e coroada, definitivamente, como princípio capital do comércio eletrônico de consumo. Esse entendimento é reforçado pela menção à confiança logo no primeiro artigo da referida Seção (art. 45-A), pois, como ensina António Manuel da Rocha e Menezes Cordeiro, "[a] ideia da confiança surgiu, de modo repetido, nas diversas manifestações da boa-fé", podendo-se mesmo dizer que é "assente a realidade da confiança como um dos factores materiais da boa-fé". Confirma esse juízo Claudia Lima Marques, para quem "'boa-fé' e 'confiança' são duas faces da mesma moeda, ou dois 'pontos de vista' de um só fenômeno social", chegando a considerar "que a confiança é o paradigma-mãe da boa-fé".[152-153]

Além disso, no art. 45-A desponta, de acordo com Cesar Santolim, "uma das mais significativas contribuições do anteprojeto" ao se estabelecer "a diminuição da assimetria de informações" como desígnio basilar da disciplina normativa sobre o comércio cibernético.[154]

A deficiência informativa é amplamente reconhecida pelos autores como uma das principais causas do agravamento da hipossuficiência do ciberconsumidor e um dos maiores desafios da contratação eletrônica de consumo, conforme demonstrado anteriormente. Assim sendo, impõem-se deveres de informação e transparência especializados ao meio virtual, notadamente, no art. 45-B e também, de alguma forma, nos arts. 45-C e 45-D.[155]

No art. 45-B, estabelece-se um rol de informações a serem prestadas pelo fornecedor ao consumidor com o intuito de minimizar as disparidades de informação, revitalizando-se a importância da declaração de vontade racional e da autonomia privada como

---

152. CORDEIRO, António Manuel da R. e M. *Da boa-fé no direito civil*. Coimbra: Edições Almedina, 2007, p. 1234. O autor acrescenta, ainda, que "[a] aproximação entre confiança e boa-fé constitui um passo da Ciência Jurídica que não mais se pode perder" (p. 1241).
153. MARQUES, Claudia Lima. *Confiança no comércio eletrônico e a proteção do consumidor*: um estudo dos negócios jurídicos de consumo no comércio eletrônico. São Paulo: Revista dos Tribunais, 2004. p 155. Infere, ainda, a autora ser "*[i]nútil discutir quem vem primeiro*, seja no mundo jurídico (*confiança*) *ou* no mundo dos fatos (conduta de *boa-fé*)" (grifou-se). Advirta-se, entretanto, que a autora reconhece a distinção entre boa-fé e confiança ao compreender que "o uso de um meio virtual, ou a entrada em uma cultura visual leva a uma perda de significado ou de eficiência do princípio da boa-fé, que guiou o Direito Privado e, em especial, o Direito do Consumidor no século XX. Para alcançar a mesma eficácia em tempos virtuais pós-modernos, parece-me necessário evoluir para o uso de um paradigma mais 'visual' (de 'aparência'), de menos fidelidade e personalização (*fides*), de menos eticidade (valoração – *bona*), e sim de mais socialidade (qualquer forma de 'declaração' vincula o profissional organizador da cadeia de fornecimento) e de coletiva repersonalização (realizar as expectativas legítimas de todo um grupo difuso de consumidores virtuais), a confiança, o paradigma-mãe da boa-fé! Confiar na aparência, na imagem, no som, na informação, no *click*, na presença de um ser humano ou de uma pessoa jurídica organizadora, em qualquer um dos computadores interligados no mundo. Confiança no meio eletrônico, na entrega, nos dados, na contratação, no armazenamento, na possibilidade de perenizar o negócio jurídico e de seu bom fim! Confiança na realização das expectativas legítimas do consumidor também nos negócios jurídicos do comércio eletrônico é a meta!" Op. cit. p. 46-47.
154. SANTOLIM, Cesar. Anotações sobre o anteprojeto da Comissão de Juristas para a Atualização do Código de Defesa do Consumidor. *Revista de Direito do Consumidor*, São Paulo, v. 83, jul./set. 2012, p. 76.
155. Observe-se que o disposto no art. 45-B é muito semelhante ao que dispõe o art. 5º da "Diretiva sobre comércio eletrônico" da Comunidade Europeia.

partes integrantes e fundamentais de uma efetiva tutela do ciberconsumidor.[156] Busca-se mediante a apropriada identificação do fornecedor contribuir para a superação da chamada *segunda crise do contrato*, a da despersonalização extrema, em que se verifica certa "desumanização do contrato".[157]

Dimana do citado dispositivo a obrigação do fornecedor de "estabelecer, com a precisão necessária, o conteúdo do negócio, em toda sua extensão (obrigações principais e acessórias)", como, por exemplo, o "preço total do produto ou do serviço, incluindo a discriminação de quaisquer eventuais despesas, tais como a de entrega e seguro" (cf. inciso III).[158]

Dentre os incisos constantes do art. 45-B, especial relevância assume o VII, que aborda o "prazo da execução do serviço ou da entrega ou disponibilização do produto", haja vista o retardo e a não entrega de produtos comprados *on-line* configurarem as mais habituais falhas do mercado eletrônico de consumo, conforme comprovam as decisões judiciais e os relatos de consumidores, citados em reportagem jornalística, examinados na seção 7 deste capítulo.

O projeto de lei também atualiza o art. 49 do CDC, que dispõe sobre o direito de arrependimento e de desistência do contrato. Com a redação proposta para o § 2º, o conceito de "contratação a distância" passa a compreender, expressamente, a hipótese realizada por meio eletrônico, consolidando, assim, o entendimento majoritário observado em doutrina, o qual já vem sendo amplamente reconhecido na jurisprudência brasileira.[159]

Quanto à duração do prazo de reflexão, foi mantido em sete dias pelo sugerido *caput* do art. 49, do PLS nº 281/12. Acredita-se estar sendo desperdiçada a oportunidade de se alargar esse prazo, como já foi feito na União Europeia em relação à comercialização à distância de serviços financeiros, hipótese contemplada com prazo de 14 dias, por intermédio da Diretiva nº 2002/65/CE. O que faria com que a legislação brasileira intensificasse seu caráter protetivo.[160]

Relevante contribuição, que não se deve restringir ao comércio eletrônico, vem sugerida nos §§ 4º e 5º do art. 49, os quais versam sobre os efeitos do direito de arrepen-

---

156. SANTOLIM, Cesar. Anotações sobre o anteprojeto da Comissão de Juristas para a Atualização do Código de Defesa do Consumidor. *Revista de Direito do Consumidor*, São Paulo, v. 83, jul./set. 2012, p. 77.
157. MARQUES, Claudia Lima. *Confiança no comércio eletrônico e a proteção do consumidor*: um estudo dos negócios jurídicos de consumo no comércio eletrônico. São Paulo: Revista dos Tribunais, 2004. p. 64-65; e SANTOLIM, César. Op. cit. p. 78.
158. SANTOLIM, César. Op. cit. p. 78.
159. Observe-se que Cesar Santolim critica a aplicação do direito de retratação ao comércio eletrônico sob o argumento – de cunho econômico – de que "a amplitude desnecessária do 'direito de arrependimento' importará em custo de transação adicional, que, fatalmente, será suportado por todos os consumidores", e que, além disso, não se verificam disparidades de informação ou outra razão a justificarem sua aplicação à contratação eletrônica. Cf.: SANTOLIM, Op. cit., p. 81. Por outro lado, Claudia Lima Marques perfilha a posição majoritária, defendendo uma aplicabilidade ampla do art. 49, CDC, de modo a alcançar a contratação eletrônica. Cf. MARQUES, Claudia Lima. *Confiança no comércio eletrônico e a proteção do consumidor*: um estudo dos negócios jurídicos de consumo no comércio eletrônico. São Paulo: Revista dos Tribunais, 2004. p. 278.
160. UNIÃO EUROPEIA. Directiva nº 2002/65/CE do Parlamento Europeu e do Conselho, de 23 de setembro de 2002, relativa à comercialização à distância de serviços financeiros prestados a consumidores. Disponível em: <http://eurlex.europa.eu/LexUriServ/LexUriServ.do?uri=OJ:L:2002:271:0016:0024:PT:PDF>. Acesso em: 14 jan. 2020. A respeito, consulte-se também: MARTINS, Guilherme Magalhães. A reforma do Código de Defesa do Consumidor brasileiro. *Revista Luso-Brasileira de Direito do Consumo*, Curitiba, v. 1, dez./fev. 2011, p. 26.

dimento na coligação contratual: hipótese na qual há pluralidade de contratos e vínculo de dependência unilateral ou recíproca entre eles, que advém, normalmente, mas nem sempre, de uma mesma finalidade ou "unidade de interesse econômico".[161]

Por meio do § 4º, o PLS nº 281/12 normatiza uma das mais reconhecidas hipóteses de coligação contratual: a venda financiada de bens ou serviços para o consumo.[162] Ressalte-se que, mesmo antes de haver qualquer previsão legislativa sobre o tema, o Judiciário nacional já reconhecia a conexão entre contrato de compra e venda e contrato de crédito realizado pelo consumidor com instituição financeira que possui relação negocial com o fornecedor.[163] A título exemplificativo, mencionem-se trechos do acórdão proferido nos autos da Apelação Cível nº 70001462845, julgada, em fevereiro de 2001, pela 6ª Câmara Cível do Tribunal de Justiça do Rio Grande do Sul, cujo relator foi o Desembargador Carlos Alberto Álvaro de Oliveira:

> [N]o presente litígio, possível depreender-se o caráter acessório do financiamento em relação à compra e venda, visto que o primeiro, como fica evidenciado a partir dos elementos constantes dos autos, vinculava-se à realização do segundo, conquanto este último dependesse do financiamento para a sua perfectibilização. [...]. Na espécie, a rescisão do contrato principal reflete-se no outro negócio jurídico, visto que pela prova dos autos, inclusive declarações expressas das partes, demonstrado ficou que o financiamento somente foi concluído em função da compra e venda.[164]

Dessa forma, o referido § 4º, juntamente com o art. 5º, § 2º do Decreto do Executivo nº 7.962/13, consolidará a teoria da coligação contratual no ordenamento jurídico brasileiro ao assegurarem que o exercício do direito de retratação implica a automática rescisão de contratos acessórios, sem qualquer custo para o consumidor.

No § 5º, é estabelecida a obrigação do fornecedor de comunicar imediatamente a retratação do consumidor à instituição financeira ou à administradora do cartão de crédito, visando, alternativamente, que

I – a transação não seja lançada na fatura do consumidor;

II – seja efetivado o estorno do valor, caso a fatura já tenha sido emitida no momento da comunicação;

III – caso o preço já tenha sido total ou parcialmente pago, seja lançado o crédito do respectivo valor na fatura imediatamente posterior à comunicação.

Por certo, essa é uma relevante obrigação a cargo do fornecedor que – juntamente com o estabelecimento da devolução em dobro do valor pago nas hipóteses de descumprimento dos §§ 1º e 5º, conforme dispõe o parágrafo 6º – conferirá maior efetividade ao direito de arrependimento, estimulando cada vez mais consumidores a exercerem esse seu direito na hipótese de contratação a distância.

---

161. A expressão entre aspas é de Roberto Rosas apud Carlos N. Konder. *Contratos conexos*: grupos de contratos, redes contratuais e contratos coligados. Rio de Janeiro: Renovar, 2006. p. 137. Sobre a dificuldade de uma conceituação jurídica de coligação contratual, veja-se a p. 95: "[a] conexão contratual é normalmente explicada pela singela e demasiado genérica ideia de utilização de vários contratos para a realização de uma mesma operação econômica". Veja-se também: MARINO, Francisco P. de C. *Contratos coligados no direito brasileiro*. São Paulo: Saraiva, 2009. p. 99.
162. Assim: MARINO, Francisco. Op. cit. p. 40 e 215.
163. Ibidem, p. 218.
164. TJRS. 6ª Câmara Cível. Apelação Cível nº 70001462845. Desembargador Relator Carlos Alberto Álvaro de Oliveira. Julgada em 7.2.2001.

Nos §§ 7º e 8º, encontram-se mais manifestações do princípio da boa-fé objetiva sob a forma de deveres de informação, esclarecimento e cooperação, que determinam que o fornecedor informe claramente os meios adequados e facilitados disponíveis para o exercício do direito de retratação (§ 7º) e, também, que o fornecedor envie "ao consumidor confirmação individualizada e imediata do recebimento da manifestação de arrependimento" (§ 8º).

Observe-se que o descumprimento dos deveres do fornecedor fixados no, ora analisado, art. 49 e nos artigos da *Seção VII – Do Comércio Eletrônico*, anteriormente examinados, enseja, de acordo com o sugerido § 9º do art. 49,

> *a aplicação* pelo Poder Judiciário *de multa civil em valor* adequado à gravidade da conduta e *suficiente para inibir novas violações,* sem prejuízo das sanções penais e administrativas cabíveis e da indenização por perdas e danos, patrimoniais e morais, ocasionados aos consumidores (grifou-se).

Trata-se de um dos mais significativos preceitos estabelecidos no PLS nº 281/12. Acredita-se que a multa civil poderá ser um meio que, efetivamente, desestimule a reiterada prática de ilícitos e condutas abusivas e desleais verificada no mercado eletrônico. O que não vem sendo alcançado com os baixos valores das indenizações – por danos patrimoniais e morais – estipuladas pelo Judiciário aos fornecedores, haja vista o enorme crescimento do número de reclamações e demandas judiciais de ciberconsumidores que de algum modo tiveram seus direitos desrespeitados.[165] Ademais, a contumaz inobservância de normas legais e de direitos dos ciberconsumidores é evidenciada por uma lista divulgada pelo Procon-SP, em novembro de 2012, na qual constam mais de 200 *sites* que devem ser evitados ao se fazer compras pela Internet. A maioria dos *sites* listados foi alvo de reclamações "por irregularidades, principalmente não entrega do produto e total falta de resposta para a solução do problema".[166]

Questão polêmica da maior relevância que, no entanto, não foi prevista no PLS nº 281/12 refere-se à aplicação do direito de arrependimento às hipóteses de venda de serviços e produtos digitais ou imateriais, nos quais a entrega ou a prestação prescinde do meio físico, isto é, se realiza *on-line*, como no caso de *softwares*, *e-books*, vídeos, jogos e arquivos de áudio. A polêmica surge em razão da possibilidade de consumidores de má-fé copiarem o conteúdo do arquivo digital e, posteriormente, efetuarem sua devolução pleiteando a restituição do valor pago, invocando o direito de retratação previsto no art. 49 do CDC.

Em vista da possibilidade de exercício abusivo do direito de arrependimento, há quem defenda sua não aplicação no caso de vendas de serviços e de bens digitais – considerando-o antifuncional e prejudicial aos fornecedores. Seguindo esse entendimento, o Senador Antonio Carlos Rodrigues, em 27 de novembro de 2012, apresentou emenda ao PLS nº 281/12, visando acrescentar o § 10 ao art. 49 do CDC, com a seguinte redação: "[o] direito de arrependimento não é aplicável para o comércio de produtos e serviços

---

165. De acordo com o Procon-SP, houve um aumento da ordem de 86,57%, no ano de 2011, em relação a 2010, no número de reclamações de consumidores em face de fornecedores virtuais. Cf. Comércio eletrônico afunda em reclamações. *Jornal da Tarde*. Disponível em: <http://blogs.estadao.com.br/jt-seu-bolso/comercio-eletronico-a-funda-em-reclamacoes/>. Acesso em: 14 jan. 2020.
166. Cf. Procon-SP denuncia 200 *sites* por golpes. *O Globo*, Rio de Janeiro, 28 nov. 2012, p. 30.

exclusivamente digitais, que são entregues ou prestados eletronicamente, não havendo entrega de produtos ou prestação de serviços por meio físico".[167]

Entretanto, acredita-se que eventuais condutas de consumidores de má-fé não podem servir de parâmetro para o legislador estabelecer norma legal que privará todos os consumidores (inclusive os de boa-fé) do exercício do direito de arrependimento – quando da contratação de arquivos digitais –, considerado fundamental para o bom funcionamento do mercado eletrônico. Uma melhor solução – capaz de evitar que consumidores de boa-fé sejam prejudicados – seria a aplicação de sanções civis e penais aos consumidores que, de má-fé, retenham o conteúdo do arquivo digital e posteriormente devolvam o "arquivo original", pleiteando a devolução do valor pago. Note-se que, nessa linha de raciocínio, já há a Lei nº 9.610, de 1998, chamada *Lei de Direitos Autorais*, a qual determina a responsabilidade por perdas e danos, sem prejuízo das penas cabíveis, daqueles que, de alguma forma, alterem ou inutilizem dispositivos técnicos destinados a evitar a cópia de obras e criações e sua transmissão ao público.[168]

Some-se a isso o fato de que os fornecedores se beneficiam ao utilizar o meio eletrônico para o comércio de bens e serviços, reduzindo seus custos, muitas das vezes, de maneira significativa. Logo, como afirma Claudia Lima Marques,[169] "*cujus commodum eius periculum*", ou seja, o ônus da desmaterialização do objeto deve ser assumido pelo fornecedor, pois é "um risco inerente ao seu empreendimento".[170]

Ademais, caberia aos fornecedores buscar alternativas técnicas aptas a evitar o exercício abusivo do direito de arrependimento nos casos de venda de produtos ou serviços digitais. Uma possibilidade apresentada pelo mestre em informática, Carlos Eduardo Mendes de Azevedo, seria o emprego de dispositivos tecnológicos que impedissem a realização de cópias de arquivos digitais apenas durante o prazo de reflexão estipulado no art. 49 do CDC – possibilitando que, após esse prazo, o consumidor possa criar uma cópia de segurança de seu arquivo digital para uso privado.[171]

Em vista dos argumentos acima expostos conclui-se, juntamente com o Instituto Brasileiro de Defesa do Consumidor – Idec, pela plausibilidade da aplicação do direito de arrependimento, previsto no art. 49 do CDC, à comercialização de produtos e serviços digitais.[172]

O PLS nº 281/12 traz alterações, ainda, ao Capítulo VII, do Título I, do CDC, que dispõe sobre sanções administrativas. Modifica-se o art. 56, por meio da inclusão do inciso XIII, que prevê a pretensamente "nova" hipótese de pena administrativa – consistente na

---

167. SENADO FEDERAL. *Emenda ao Projeto de Lei do Senado nº 281, de 2012*. Disponível em: <http://www.senado.gov.br/atividade/materia/getPDF.asp?t=118478&tp=1>. Acesso em: 14 jan. 2020.
168. Cf. art. 107, incisos I e II, da referida lei.
169. MARQUES, Claudia Lima. *Confiança no comércio eletrônico e a proteção do consumidor*: um estudo dos negócios jurídicos de consumo no comércio eletrônico. São Paulo: Revista dos Tribunais, 2004. p. 224-225.
170. AZEVEDO, Carlos Eduardo M de. Direito de arrependimento do consumidor nas contratações eletrônicas. In: MARTINS, G. M. (Coord.). *Temas de direito do consumidor*. Rio de Janeiro: Lumen Iuris, 2010, p. 113.
171. Carlos Eduardo Mendes de Azevedo cita como exemplo desse tipo de tecnologia o *Digital Rights Management* (DRM). Para um aprofundamento sobre o tema veja-se: AZEVEDO, Carlos. Op. cit., p. 113-114.
172. INSTITUTO BRASILEIRO DE DEFESA DO CONSUMIDOR – IDEC. *Atualização do CDC* – comércio eletrônico (PLS nº 281/2012). Disponível em: <http://www.senado.gov.br/atividade/materia/getPDF.asp?t=116239&tp=1>. Acesso em: 14 jan. 2020.

"suspensão temporária ou proibição de oferta e de comércio eletrônico" –, a ser aplicada no caso de infrações das normas de defesa do consumidor, sem prejuízo das sanções de natureza civil, penal e das estabelecidas em normas específicas.

Guilherme Magalhães Martins, em pioneiro artigo que examina de forma detalhada o PLS nº 281/12, observa que, na sanção administrativa a ser incluída no CDC, manifesta-se "o princípio da precaução, voltado à eliminação prévia (anterior à produção do dano) dos riscos da lesão", no qual sobressai um caráter preventivo que visa preservar "o direito de alguém não mais ser vítima de danos".[173]

Não obstante, parece que a disposição normativa em exame contraria o propósito da Comissão de Juristas de realizar pequenas modificações no texto do CDC de modo a preservar sua estrutura generalista e principiológica, evitando-se previsões casuísticas e particulares que pudessem comprometer o caráter protetivo amplo e geral da Lei Consumerista.

Explica-se: há no inciso VI do próprio art. 56 do CDC previsão de pena administrativa que consiste na "suspensão de fornecimento de produtos ou serviço", a qual se destina à tutela das normas do microssistema de proteção do consumidor. Sua semelhança com a redação do proposto inciso XIII é evidente. As duas hipóteses de penalidade, sob apreciação, buscam cessar as atividades comerciais de fornecedores que infrinjam as normas consumeristas.

Mas não é só. O mais relevante é que o inciso VI do art. 56 já vem sendo utilizado como fundamento de decisões administrativas em que se ordena a suspensão temporária da atividade de comércio eletrônico de fornecedores virtuais. A título ilustrativo, mencione-se a decisão do Procon-SP, de 14 de março de 2012, na qual se determinou a interrupção das vendas *on-line* dos *sites* www.americanas.com.br, www.submarino.com.br e www.shoptime.com.br por 72 horas, no estado de São Paulo, em razão do grande número de reclamações de ciberconsumidores registrado pelo órgão paulista nos anos de 2010 e de 2011 – a maioria das quais se referiam ao atraso ou à não entrega do produto adquirido. A decisão estabeleceu ainda multa de mais de R$ 1,7 milhão à B2W – Companhia Global do Varejo, responsável pelos três *sites*.[174]

---

173. MARTINS, Guilherme Magalhães. A reforma do Código de Defesa do Consumidor brasileiro. *Revista Luso-Brasileira de Direito do Consumo*, Curitiba, v. 1, dez./fev. 2011, p. 27.
174. Veja-se a decisão do Procon-SP, *in verbis*: "Nego provimento ao recurso interposto, mantendo-se a subsistência do auto de infração abaixo, fixando-se a multa no valor abaixo descrito, E DETERMINANDO A SUSPENSÃO TEMPORÁRIA DA ATIVIDADE PELO PRAZO DE 72 (SETENTA E DUAS) HORAS. Determino, ainda, a intimação do autuado para: o pagamento da multa no valor de R$ 1.744.320,00 (hum milhão, setecentos e quarenta e quatro mil, trezentos e vinte reais); cumprimento à *sanção de suspensão temporária da atividade de* e-commerce *dos domínios* WWW.AMERICANAS.COM.BR, WWW.SUBMARINO.COM.BR *e* WWW.SHOPTIME.COM.BR, com base no artigo 56, VI *do Código de Defesa do Consumidor*, para todo o Estado de São Paulo, ou seja, para os CEPs (Código de Endereçamento Postal) iniciados em 0 (zero) e 1 (um), por 72 (setenta e duas) horas, a contar a partir de 24 (vinte e quatro) horas da intimação desta decisão, bloqueando-os para a efetivação das compras, sob o aviso de que se trata de suspensão temporária das atividades, nos seguintes termos: 'O Grupo B2W, em virtude de decisão proferida pela Fundação PROCON – SP, em processo administrativo de nº 2573/2010, está com as atividades de e-commerce suspensas em todo o Estado de São Paulo, por 72 (setenta e duas) horas, a partir de 15 de março de 2012'. Tomada esta decisão em sede de recurso administrativo hierárquico, nos termos dos arts. 39, 40, inciso II, e 63, inciso VIII, da Lei Estadual nº 10.177, de 30.12.1998, bem como do art. 13 da Portaria Normativa Procon-SP nº 26/06, com nova redação dada pela Portaria Normativa nº 33/09, não é cabível a interposição de novos recursos ou pedido de reconsideração. Processo/Ano – Auto Infração – Autuado – CNPJ – Multa em Reais – Advogado – OAB – Proc.

Então, fica a pergunta: qual a razão de se incluir, por meio do proposto inciso XIII, sanção administrativa que praticamente repete a redação do inciso VI do art. 56 do CDC e, na praxe consumerista, já vem sendo aplicada pela autoridade administrativa competente, alcançando a finalidade almejada de suspender a atividade comercial, inclusive, de fornecedores do mercado eletrônico?

Acrescente-se que a inclusão do proposto inciso XIII poderá pôr em risco a sistemática do CDC, prejudicando a interpretação do art. 56 ao desautorizar a aplicação – que já vem sendo feita – do inciso VI ao comércio eletrônico.[175] Ademais, nessa hipótese em particular, há também o risco de que o detalhamento e a especificidade da norma proposta restrinjam sua incidência.[176]

Como forma de garantir a efetividade da sanção administrativa de "suspensão temporária ou proibição de oferta e de comércio eletrônico", propõe-se no PLS nº 281/12 a inclusão de um parágrafo (o 4º) ao art. 59 do CDC. Nesse dispositivo, é previsto que, havendo descumprimento da referida sanção, o Poder Judiciário determinará – a pedido da autoridade administrativa ou do Ministério Público – aos prestadores de serviços financeiros utilizados pelo fornecedor que lhe suspendam os pagamentos e/ou bloqueiem suas contas bancárias, sem prejuízo da aplicação de outras medidas administrativas ou judiciais de prevenção de danos.

As últimas alterações normativas, propostas pelo PLS nº 281/12, a merecerem análise neste trabalho, destinam-se a modificar o *caput* do art. 101 do CDC e seus incisos e a acrescentar-lhe um parágrafo único. Nessas proposições, contempla-se tema complexo e da maior relevância para o comércio eletrônico: a contratação internacional de consumo. Sua importância advém do fato de a Internet, com seu inerente alcance global, desconsiderar limites territoriais e estatais, possibilitando que relações negociais internacionais de consumo tornem-se triviais e corriqueiras. Nesse contexto, duas questões são centrais para as partes contratantes: qual será a legislação aplicável ao negócio jurídico realizado e qual será o foro competente para dirimir eventuais litígios decorrentes da relação negocial.

Seguindo a tradição do sistema pátrio de Direito Internacional Privado (DIPr.), aplicar-se-iam o art. 9º, *caput* e § 2º da Lei de Introdução às Normas do Direito Brasileiro e o art. 435 do Código Civil (CC), que preveem regras de solução de conflito de leis relativas à formação dos contratos, as quais se baseiam em critérios territoriais. Esses dispositivos legais, ao prescreverem *locus regit actum*, partem de um critério de localização geográfica

---

2573/10-ACP – AI 06375 D7 – B2W – Companhia Global do Varejo – 776.574/0001-56 – R$ 1.744.320,00 – Sérgio Bermudes – 17.587/RJ – Luiza Perrelli Bartolo – 309.970/SP" (grifou-se). Cf. PROCON-SP. *Audiência pública*: PLS nº 281/12 (Nov. 2012. Disponível em: <http://www.senado.gov.br/atividade/materia/getPDF.asp?t=116314&tp=1>. Acesso em: 14 jan. 2020).

Veja-se também: CONSULTOR JURÍDICO. *Procon-SP suspende Americanas, Submarino e Shoptime*. Disponível em: <http://www.conjur.com.br/2012-mar-14/procon-sp-suspende-vendas-sites-americanascom-submarino--shoptime>. Acesso em: 14 jan. 2020. Confira-se ainda: ÉPOCA NEGÓCIOS. *Procon-SP proíbe os sites Fator Digital e Planeta Ofertas de continuarem vendendo*. Disponível em: <http://epocanegocios.globo.com/Revista/Common/0,,EMI297151-16355,00-PROCONSP+PROIBE+OS+SITES+FATOR+DIGITAL+E+PLANETA+OFERTAS+DE+CONTINUAREM+VEN.html>. Acesso em: 14 jan. 2020.

175. INSTITUTO BRASILEIRO DE DEFESA DO CONSUMIDOR – IDEC, Op. cit.
176. PROCON-SP. *Audiência pública*: PLS nº 281/12 (Nov. 2012). Disponível em: <http://www.senado.gov.br/atividade/materia/getPDF.asp?t=116314&tp=1>. Acesso em: 14 jan. 2020.

para determinar a celebração do contrato no lugar onde foi proposto. Assim, em contrato de consumo celebrado via Internet com fornecedor estrangeiro seria aplicável a lei do domicílio do proponente, isto é, a legislação estrangeira.[177]

Porém, a lei do domicílio do fornecedor estrangeiro poderá prever um *standard* de proteção ao consumidor abaixo do que é estabelecido pelo ordenamento jurídico nacional, o qual define a defesa do consumidor como direito fundamental e princípio da ordem econômica – de acordo com os arts. 5°, XXXII, e 170, V, da CF – e também confere origem constitucional ao CDC, conforme o art. 48 da ADCT.

Logo, quando a tutela do consumidor *brasileiro ou estrangeiro residentes no País* (cf. *o caput do art. 5°, CF*) restar prejudicada, em razão da adoção de lei estrangeira, há argumentos jurídicos constitucionais a fundamentar o afastamento da regra conflitual *locus regit actum*. Ademais, as normas do CDC podem ser consideradas "'imperativas', de ordem pública internacional ou leis de aplicação imediata, normas, pois, que se aplicam diretamente, neste último caso, mesmo antes das normas de DIPr. ou de colisão".[178]

Note-se, ainda, que a efetividade da regra *locus regit actum*, no caso de contratos internacionais de consumo via Internet, poderia ser questionada, "na medida em que em não raras ocasiões seria difícil, senão impossível, determinar-se com absoluta exatidão o local onde a obrigação se constitui", em razão da complexidade do ambiente virtual.[179]

Destarte, apoia-se o raciocínio da doutrina internacionalista e consumerista contemporâneas – verificado na "maioria dos países de primeiro mundo" e já observado na jurisprudência pátria – de que as normas tutelares nacionais, no caso brasileiro, o

---

177. "[O] Código de Defesa do Consumidor determina que o proponente nos contratos de consumo é sempre o fornecedor (art. 30, CDC)" (MARQUES, Claudia Lima. *Confiança no comércio eletrônico e a proteção do consumidor*: um estudo dos negócios jurídicos de consumo no comércio eletrônico. São Paulo: Revista dos Tribunais 2004, p. 440-441. A propósito, veja-se também: MULHOLLAND, Caitlin. Op. cit. p. 115, 125, 126).

178. MARQUES, ClaudiaClaudia Lima. *Confiança no comércio eletrônico e a proteção do consumidor*: um estudo dos negócios jurídicos de consumo no comércio eletrônico. São Paulo: Revista dos Tribunais, 2004. p. 446. Mencione-se, como exemplo de doutrinadores que sustentam a primeira hipótese de fundamentação (a de que as normas do CDC são "imperativas, de ordem pública internacional"), Caitlin Sampaio Mulholland, a qual afirma que "por terem os consumidores proteção especial das *leis internas de cunho imperativo* – como é o caso do Brasil –, deve-se aplicar a lei do domicílio do consumidor" (grifou-se). A autora, citando a internacionalista Nádia de Araújo, aduz ainda que "[a] *ordem pública* é considerada como uma exceção quando, após a determinação da lei aplicável pela regra de conexão, esta deixa de ser considerada pelo juiz para solucionar a questão porque contrária à concepção do foro a este respeito e, portanto, inaplicável" (grifou-se). Cf.: MULHOLLAND, Caitlin. Op. cit. p. 126, 129 e 131.

Afigura-se ser, também, pelo menos a partir do trecho a seguir, o juízo de Paulo Henrique dos Santos Lucon, o qual declara que "[s]endo prevalente o entendimento de que *as regras de proteção e defesa das relações de consumo são de ordem pública e têm caráter indisponível*, as ofertas de produtos e serviços feitas por fornecedor situado no exterior são disciplinadas pelo Código de Defesa do Consumidor" (grifou-se). Note-se, contudo, que mais adiante o autor faz a ressalva de que "não se pode afirmar categoricamente que o Código Brasileiro de Defesa do Consumidor será sempre aplicado, principalmente porque algumas ofertas de contratação serão expressamente regidas pela lei estrangeira" (LUCON, Paulo Henrique dos S. Competência no comércio e no ato ilícito eletrônico. In: DE LUCCA, Newton; SIMÃO FILHO, A. *Direito & Internet*: aspectos jurídicos relevantes. Bauru: Edipro, 2000. p. 354-355).

Ressalte-se, todavia, a crítica de Claudia Lima Marques à fundamentação apresentada pelos autores citados acima. Em suas palavras: "[d]ata maxima venia a este esforço louvável de proteção dos contratantes mais fracos, o uso excessivo da *order public international*, se bem que comum nos países latino-americanos (veja-se o Código Bustamente), traz sérias perturbações ao sistema de DIPr" (MARQUES, Claudia Lima. Op. cit. p. 452). Para o leitor interessado em mais conhecimento sobre a controvérsia, sugere-se ler as páginas 446-453.

179. MULHOLLAND, Caitlin. Op. cit. p. 130.

CDC, é *lei de aplicação imediata*. Ou seja, sua normativa estabelece um padrão mínimo de proteção ao consumidor nacional e ao estrangeiro residente no Brasil, o qual deve ser observado de forma obrigatória, antes do recurso às normas tradicionais de DIPr. Não se devendo, contudo, impedir que "outras normas estrangeiras sejam aplicadas, se assegurarem um nível superior de defesa ao alcançado pelo Código de Defesa do Consumidor", o que faz com que sejam atendidos os "ditames constitucionais da tutela do consumidor e do acesso efetivo à justiça".[180, 181] Entendimento este que, a partir da aprovação do PLS nº 281/12, passará a ter expressa previsão legal no parágrafo único do art. 101 do CDC, o qual irá dispor que: "[a]os conflitos decorrentes do fornecimento a distância internacional, aplica-se a lei do domicílio do consumidor, ou a norma estatal escolhida pelas partes, desde que mais favorável ao consumidor, assegurando igualmente o seu acesso à Justiça".

Quanto à determinação do foro competente para julgar eventuais controvérsias decorrentes de relação de consumo, analisa-se, inicialmente, a validade de cláusula de eleição de foro, que figura com frequência em contratos eletrônicos – realizados por adesão –, sejam eles nacionais ou internacionais.[182] A princípio, essa cláusula é considerada "abusiva por sua natureza em dificultar o acesso do consumidor à Justiça de uma forma geral".[183] Explique-se: a eleição de foro distinto daquele do domicílio do consumidor implica em um obstáculo à defesa de suas prerrogativas, em que se violam direitos básicos de efetivo acesso ao Judiciário e de facilitação da defesa de seus interesses – previstos nos incisos VII e VIII do art. 6º do CDC –, configurando-se assim cláusula abusiva – nula de pleno direito segundo o art. 51, IV, do CDC – em razão de sua incompatibilidade com a boa-fé ao impor posição de extrema desvantagem ao consumidor.[184]

Nesse sentido, em se tratando de contratações entre domiciliados no país, há grande número de julgados no âmbito do STJ como, por exemplo, o proferido pela 4ª Turma, em maio de 2010, e relatado pelo Ministro João Otávio de Noronha, em cuja ementa se lê:

> [A] *jurisprudência do STJ* firmou-se, seguindo os ditames do Código de Defesa do Consumidor, *no sentido de que a cláusula de eleição de foro* estipulada em contrato de consórcio *há que ser tida como*

---

180. Em termos práticos, deve-se aplicar a norma mais benéfica ao consumidor. Nesse sentido, também indica o § 2º do art. 7º, do PLS nº 281/12. Assinale-se que no âmbito dos direitos humanos, especificamente no sistema regional americano (OEA), a Convenção Americana de Direitos Humanos ou Pacto de San José da Costa Rica reconhece, desde 1969, em seu art. 29, o "princípio da norma mais favorável ao indivíduo", cabendo ao intérprete adotar, entre duas normas (não importando a origem, se nacional ou internacional), a norma mais protetiva ao indivíduo. Sobre o tema confira-se: RAMOS, André de Carvalho. *Curso de direitos humanos*. 2. ed. São Paulo: Saraiva, 2015. p. 260-261.
181. "Segundo a doutrina francesa, a proteção dos contratantes mais fracos é mais bem realizada se as normas tutelares nacionais são consideradas 'leis de aplicação imediata'. A doutrina estrangeira conclui que esta é a prática da maioria dos países de primeiro mundo. Esta teoria parece ser compartilhada pela jurisprudência do Superior Tribunal de Justiça". Esta e a citação feita no texto se encontram em: MARQUES, Claudia Lima. *Confiança no comércio eletrônico e a proteção do consumidor*: um estudo dos negócios jurídicos de consumo no comércio eletrônico. São Paulo: Revista dos Tribunais, 2004. p. 451. Veja-se, ainda, as páginas 447, 448 e 453. Para uma análise das decisões judiciais que reconhecem o CDC como lei de aplicação imediata, estenda-se a leitura para as páginas 453 a 458. Cf. também: MULLHOLLAND, Caitlin. Op. cit. p. 131.
182. Lembre-se: os contratos eletrônicos de consumo são espécies de contratos por adesão. Cf. a seção 3 deste trabalho.
183. MULHOLLAND, Caitlin. Op. cit. p. 137.
184. "Não há dúvida, portanto, de que a cláusula de eleição de foro configura uma abusividade, haja vista o disposto no art. 51, IV, do Código de Defesa do Consumidor" (MULLHOLLAND, Caitlin. Op. cit. p. 138).

nula, devendo ser eleito o foro do domicílio do consumidor a fim de facilitar a defesa da parte hipossuficiente da relação (grifou-se).[185]

Mencione-se, também, acórdão da 2ª Seção do STJ, decidido por unanimidade, no qual se assevera que

> "[e]m se tratando de relação de consumo, tendo em vista o princípio da facilitação de defesa do consumidor, *não prevalece o foro contratual de eleição, por ser considerada cláusula abusiva*, devendo a ação ser proposta no domicílio do réu [que no caso era o consumidor] (...)" (grifou-se).[186]

Em outra decisão unânime, proclamada pela 4ª Turma do STJ, o Ministro Relator Jorge Scartezzini conclui que "[u]ma vez adotado o sistema de proteção ao consumidor, *reputam-se nulas* não apenas *as cláusulas contratuais* que impossibilitem, mas *que* simplesmente dificultem ou *deixem de facilitar o livre acesso do hipossuficiente ao Judiciário*" (grifou-se).[187]

Entretanto, Caitlin Mulholland relata que "[a] cláusula de eleição, apesar de tida por muitos como abusiva, na medida em que impede ou dificulta o acesso dos consumidores à justiça, é aceita como passível de ser inserida em um contrato de consumo, mesmo de adesão". Assinala ainda que, para tanto, é necessária sua celebração por escrito e que haja real consentimento das partes contratantes sobre essa cláusula.[188] Um dos defensores desse posicionamento é Kazuo Watanabe, para quem a regra – do vigente art. 101, I, do CDC – que fixa o foro no domicílio do autor configura uma "opção dada ao consumidor, que dela poderá abrir mão para, em benefício do réu, eleger a regra geral, que é a do domicílio do demandado (art. 94, CPC)".[189]

Essa corrente jurídica segue raciocínio oposto ao do que foi inicialmente apresentado. Seus defensores sustentam a excepcionalidade da nulidade de cláusula de eleição de foro, afirmando que ela é, em princípio, válida e eficaz, salvo "se do pactuado resultar *inviabilidade ou especial dificuldade* de acesso ao Judiciário" (grifou-se).[190] Desenvolvendo esse juízo, Paulo Lucon chega a sustentar que

> [n]a verdade, a cláusula de eleição de foro no contrato de adesão eletrônico deve ser qualificada como *abusiva se dificultar sensivelmente o acesso à justiça* ou o direito de defesa. Esse é o aspecto principal, que deve ser considerado decisivo para afastar a cláusula abusiva, imposta por meio de contrato de adesão virtual (grifou-se).[191]

O autor apoia sua compreensão em julgado da 3ª Turma do STJ, no qual se decidiu que

> a cláusula de eleição de foro inserida em contrato de adesão é, *em princípio, válida e eficaz, salvo*: a) se, no momento da celebração, a parte aderente não dispunha de intelecção suficiente para compreender o sentido e os efeitos da estipulação contratual; b) *se da prevalência de tal estipulação resultar*

---

185. STJ. 4ª Turma. AgRg. no Ag. 1070671/SC. Rel. Min. João Otávio de Noronha. *DJe* de 10.5.2010.
186. STJ. 2ª Seção. CC 48647/RS. Rel. Min. Fernando Gonçalves, *DJ* de 5.12.2005.
187. STJ. 4ª Turma. REsp 669990/CE. Rel. Min. Jorge Scartezzini, *DJ* de 11.9.2006.
188. MULHOLLAND, Caitlin. Op. cit. 139.
189. WATANABE, Kazuo. Das ações de responsabilidade do fornecedor de produtos e serviços. In: GRINOVER, Ada P. et al. *Código brasileiro de Defesa do Consumidor*: comentado pelos autores do anteprojeto. 7. ed. Rio de Janeiro: Forense Universitária, 2001. p. 827.
190. Cf.: LUCON, Paulo Henrique dos S. Op. cit. p. 359, nota 23, e p. 361-362.
191. Ibidem, p. 358. No mesmo sentido: MULHOLLAND, Caitlin. Op. cit. p. 138.

inviabilidade ou especial dificuldade de acesso ao Judiciário; c) se se tratar de contrato de obrigatória adesão, assim entendido o que tenha por objeto produto ou serviço fornecido com exclusividade por determinada empresa (grifou-se).[192]

Acórdão proferido pela 3ª Turma do STJ, em fevereiro de 2010, parece seguir a mesma linha de intelecção verificada na decisão citada acima e defendida por Paulo Lucon. Confiram-se seus próprios termos:

> [O] fato isoladamente considerado de que a relação entabulada entre as partes é de consumo não conduz à imediata conclusão de que a cláusula de eleição de foro inserida em contrato de adesão é abusiva, sendo *necessário* para tanto, nos termos propostos, *perscrutar, no caso concreto, se o foro eleito* pelas partes *inviabiliza ou mesmo dificulta*, de alguma forma, *o acesso ao Poder Judiciário*.[193]

No campo da contratação eletrônica internacional, a fixação do foro na sede do fornecedor estrangeiro configura abusividade ainda mais evidente, uma vez que a distância física entre as partes litigantes pode vir a significar "uma quase impossibilidade fática de defesa dos interesses do consumidor".[194] Some-se, ainda, a diferença entre os baixos valores das transações *on-line* e os altos custos de uma demanda internacional, o que faz com que uma disputa judicial, nesses casos, seja despropositada. Essa disparidade de valores também é destacada por Zheng Sophia Tang: "It is necessary to notice that the most online business-to-consumer transactions are of small value, which will make the cost of international litigation unreasonable".[195]

A partir do exposto, percebe-se, atualmente, uma dissonância na interpretação sobre a validade de cláusula de eleição de foro inserida em contratos de consumo: para muitos, essa previsão contratual é, em regra, abusiva e nula de pleno direito, enquanto alguns outros destacam a excepcionalidade de sua nulidade. Porém, essa divergência interpretativa pode ter fim com a aprovação do PLS nº 281/12, uma vez que ele acrescentará um inciso de número III ao art. 101, do CDC, que passará a prever direta e literalmente a nulidade das cláusulas de eleição de foro em contratos de consumo – sejam eles eletrônicos ou não, nacionais ou internacionais.

Quando não houver cláusula de eleição de foro nas operações realizadas entre domiciliados no país, prevalece o foro do domicílio do consumidor para solucionar litígios decorrentes de relações de consumo via Internet, de acordo com os termos do CDC.

Já nas transações internacionais em que não houver cláusula de eleição de foro, a questão fica mais tormentosa, uma vez que, em razão da presença de um elemento de estraneidade, caberia, em princípio, aplicarem-se as normas de solução de conflito de DIPr. – as quais se baseiam exclusivamente em critérios de conexão territorial, que consideram o espaço físico –, cujo escopo é a identificação da lei aplicável e do foro competente

---

192. Ver LUCON, Op. cit. p. 359.
193. STJ. 3ª Turma. REsp 1089993/SP. Rel. Min. Massami Uyeda. *DJe* de 8.3.2010.
194. MULHOLLAND, Caitlin. Op. cit. p. 138.
195. TANG, Zheng. Sophia. *Studies in private international Law*. v. 1. Electronic consumer contracts in the conflicting law. Oxford: Hart Publishing, 2009. v. 1. p. 149. Ainda nesse sentido: COTEANU, Cristina. Op. cit. 87: "[T]hese disputes are usually characterized as time consuming and by a difference between the low economic value of the electronic transaction and the costs of a judicial settlement".

nas hipóteses em que há conflito entre diferentes jurisdições.¹⁹⁶ Porém, conforme visto, dada sua natureza virtual transnacional, a Internet desconsidera limites territoriais e estatais, o que prejudica a aplicação das tradicionais regras de DIPr., revelando, assim, a desatualização e a consequente inaptidão de tais normas para a regulação das modernas relações de consumo eletrônicas. Esse cenário de desatualização é compreensível, pois como observou Tang em 2009, "consumer protection was not a private international Law concern until very recently and e-commerce has only become an important commercial activity within the last 15 years".¹⁹⁷

Destarte, reconhece-se a necessidade de se repensar a aplicação das clássicas normas de DIPr., a partir da consideração das peculiares características e deficiências do comércio eletrônico de consumo.¹⁹⁸ Em outras palavras, é mandatório "que se adaptem as regras de competência judicial internacional às exigências derivadas do direito fundamental à tutela jurídica específica dos direitos do consumidor".¹⁹⁹ Nesse sentido, a doutrina nacional e a estrangeira, diante da presente revolução tecnológica e da consolidação mundial do *e-commerce*, defendem "uma nova prevalência pela *residência habitual do consumidor* como novo elemento de conexão para determinar a lei aplicável ao comércio eletrônico *business to consumer* (B2C) e o *novo critério para determinar a competência do foro*" (grifou-se).²⁰⁰

Chega-se, assim, à solução consentânea na qual se concretiza a tutela do consumidor – reconhecida pela ordem pública constitucional brasileira como direito fundamental, conforme o art. 5º, XXXII, da CF –, garantindo-se os princípios basilares do direito consumerista de efetivo acesso ao Judiciário e de facilitação da defesa de suas prerrogativas.

Essa linha de intelecção deverá ser seguida pelo CDC – *lei de aplicação imediata* em DIPr. – que, a partir da aprovação do PLS nº 281/12, reconhecerá, no art. 101, *caput*, I e II, o foro do domicílio do consumidor residente no Brasil como o competente para – no fornecimento de produtos e serviços a distância tanto nacional quanto internacional – julgar as ações de responsabilidade contratual e extracontratual em que o consumidor for réu. Nas demandas em que o consumidor for autor, haverá, ainda, a possibilidade de escolha do foro dentre o de seu domicílio, o do domicílio do fornecedor, o do lugar

---

196. MULHOLLAND, Caitlin. Op. cit. p. 114-116.
197. TANG, Zheng. Op. cit. p. i.
198. Claudia Lima Marques reconhece "a necessidade de uma visão renovada dos princípios de DIPr. em matéria de consumo internacional e as especificidades deste crescente fenômeno" (MARQUES, Claudia Lima. *Confiança no comércio eletrônico e a proteção do consumidor*: um estudo dos negócios jurídicos de consumo no comércio eletrônico. São Paulo: Revista dos Tribunais, 2004. p. 445).
199. Ibidem. p. 444.
200. Loc. cit. Mencione-se que, no âmbito do Mercosul, o Protocolo de Santa Maria sobre Jurisdição Internacional em Matéria de Relações de Consumo foi aprovado, mas ainda não entrou em vigor, sendo seu futuro incerto, haja vista que sua vigência ficou condicionada à aprovação – que não ocorreu – do "Regulamento Comum do MERCOSUL de Defesa do Consumidor", nos termos do art. 18 do Protocolo. Para fins didáticos, relate-se que o Protocolo de Santa Maria visa a ser aplicado às relações de consumo que envolvam países integrantes do Mercosul, prevendo, como regra geral, a competência jurisdicional do país onde seja domiciliado o consumidor (art. 4º). Alternativamente, no art. 5º, reconhece-se a possibilidade de o consumidor ajuizar a demanda no país de celebração do contrato, no de cumprimento da prestação do serviço ou da entrega do bem e, ainda, no de domicílio do demandado. Sobre o Protocolo de Santa Maria leia-se: MARQUES, Claudia Lima. Op. cit. p. 430-435.

da celebração ou da execução do contrato ou, até mesmo, algum outro desde que seja conectado ao caso.

Não obstante, o novo Código de Processo Civil (CPC) já estabeleceu a competência da Justiça brasileira para processar e julgar as ações decorrentes de relações de consumo, quando o consumidor for domiciliado ou residente no país – nos termos do art. 22, II.[201]

Dessa forma, já existe previsão legal da aplicação da jurisdição nacional aos contratos eletrônicos internacionais celebrados por consumidor domiciliado no Brasil.

Contudo, a despeito do avanço promovido pela citada norma processual civil, a atualização do CDC em seu art. 101, *caput* e seus incisos, e a inclusão nele de um parágrafo único ainda são necessárias, uma vez que conferem maior guarida ao consumidor, possibilitando a opção pelo foro que lhe for mais conveniente, desde que seja de algum modo conectado ao caso.

Essas atualizações normativas são indispensáveis para a continuidade da expansão do comércio eletrônico internacional, pois caso fossem aceitas soluções distintas da que foi estabelecida pelo novo CPC e das que serão adotadas na modernização do CDC – adotando-se, por exemplo, como lei aplicável a do país do fornecedor estrangeiro e como foro competente o de sua sede –, haveria a transferência de um risco exacerbado para o ciberconsumidor, que, desencorajado, poderia vir a deixar de contratar, implicando, no final das contas, em uma diminuição do número de transações internacionais via Internet.

Reforça essa compreensão o fato de que a utilização do meio eletrônico é uma benesse para o fornecedor. Além de reduzir os custos de sua atividade empresarial, amplia de maneira quase ilimitada o número de consumidores que poderão contratar seus produtos e serviços, o que se traduz em maiores lucros. Logo, a aplicação da lei e do foro do domicílio do consumidor deve ser compreendida como parte do risco profissional do fornecedor, eis que *cujus commodum eius periculum*.[202]

Ainda no que se refere à alteração do art. 101, do CDC, há que se examinar a propositura, do PLS nº 281/12, para seu inciso III, que decreta a nulidade das cláusulas arbitrais celebradas pelo consumidor. Essa proposição vem reforçar o inciso VII do art. 51 do CDC, o qual estabelece como nulas de pleno direito as cláusulas contratuais que "determinem a utilização *compulsória* de arbitragem" (grifou-se).

Contudo, parece que o legislador não quis apenas repetir uma norma já prevista no CDC. Afigura-se que se pretende ir além, prescrevendo a nulidade da cláusula arbitral mesmo quando haja sido "celebrada" pelo consumidor, i. e., ainda quando observado o disposto no art. 4º da Lei de Arbitragem (Lei nº 9.307/96). A impressão transmitida pela proposta normativa é a da "impossibilidade de instituição de arbitragem nas relações de consumo".[203] Essa interpretação leva em conta a vulnerabilidade consumerista, especialmente quando se tratar de pessoa física, para afirmar que a instituição de arbitragem "é extremamente desvantajosa para o consumidor". Alega-se, também, haver argumento

---

201. MARINONI, Luiz G. et al. *Novo código de processo civil comentado*. São Paulo: Revista dos Tribunais, 2015. p. 123-124.
202. Ibidem, p. 224 e 450.
203. Nesse sentido: BENJAMIN, Antônio Herman et al. Op. cit. p. 305.

constitucional que fundamenta a não aceitação da arbitragem nas relações de consumo. O art. 5º, XXXII, CF prevê como dever do Estado a promoção da defesa do consumidor na forma da lei, e o CDC é a norma fundamental para a tutela do hipossuficiente.[204] Normativa essa considerada de ordem pública e interesse social de acordo com seu art. 1º. Por meio desses argumentos, chega-se à compreensão de que as normas do CDC têm caráter indisponível, não podendo ser afastadas por ajuste de vontade.

Sendo assim, para alguns doutrinadores manifesta estaria a incompatibilidade do sistema protetivo consumerista com o juízo arbitral, que, de acordo com o art. 1º da Lei nº 9.307/96, somente se destina à composição de litígios atinentes a direitos patrimoniais disponíveis.[205] Dentre esses, Leonardo Roscoe Bessa assevera que

> a instituição de arbitragem nas relações de consumo esvazia por completo o disposto no art. 5º, XXXII, da Constituição Federal e encontra óbice na própria Lei 9.307/96, ao se estabelecer que apenas os litígios concernentes a direitos patrimoniais disponíveis podem ser submetidos à arbitragem.[206]

Identifica-se, por outro lado, maior número de autores defendendo que as relações de consumo são conciliáveis com o procedimento arbitral sob o argumento inicial de que a Política Nacional de Relações de Consumo tem como princípio incentivar a criação de "mecanismos alternativos de solução de conflitos de consumo", conforme o art. 4º, V, *in fine*, do CDC.[207]

Carlos Alberto Carmona compreende que o disposto no art. 51, VII, do CDC seria destinado a impedir a imposição, pelo contratante mais forte, do meio de solução extrajudicial de litígios, destinando-se, assim, a vedar *cláusulas compromissórias* (art. 4º, Lei nº 9.307/96). O que não impediria a instituição de arbitragem mediante a celebração, de comum acordo, de *compromisso arbitral*, após o surgimento do litígio (art. 9º, Lei nº 9.307/96).[208] O autor discrepa do posicionamento anteriormente analisado: sustenta o caráter disponível das normas protetivas do CDC, afirmando que "podem as partes, diante de litígio que diga respeito a fornecimento de bens e serviços, transigir, desistir, renunciar aos respectivos direitos, o que demonstra, de modo claro, não estar excluída a possibilidade da solução arbitral".[209]

---

204. Loc. cit.
205. Robustece ainda essa opinião o art. 25 da referida lei: "[S]obrevindo no curso da arbitragem controvérsia acerca de direitos indisponíveis e verificando-se que de sua existência, ou não, dependerá o julgamento, o árbitro ou o tribunal arbitral remeterá as partes à autoridade competente do Poder Judiciário, suspendendo o procedimento arbitral".
206. O autor adverte que "o julgamento arbitral não precisa necessariamente se basear na lei – pode ser apenas de equidade, faculta-se às partes 'escolher, livremente, as regras de direito que serão aplicadas na arbitragem' (art. 2º)". Cf. BENJAMIN, Antônio Herman V. et al. Op. cit. p. 305.
207. Veja-se: CARMONA, Carlos Alberto. *Arbitragem e processo*: um comentário à Lei nº 9.307/96. São Paulo: Atlas, 2009. p. 53; e, também: LEMES, Selma Ferreira. *O uso da arbitragem nas relações de consumo*, p. 1-3. Disponível em: <http://www.mundojuridico.adv.br/cgi-bin/upload/texto614.pdf>. Acesso em: 14 jan. 2020.
208. ANDRIGHI, Fátima Nancy. *Arbitragem nas relações de consumo*: uma proposta concreta. Disponível em: <http://bdjur.stj.gov.br/xmlui/bitstream/handle/2011/3043/Arbitragem_Rela%C3%A7%C3%B5es_Consumo.pdf?sequence=4>. Acesso em: 14 jan. 2020. Aduz mais a autora: "[P]roibiu-se, com isso, a adoção prévia e compulsória da arbitragem no momento da celebração do contrato. No entanto, é possível que, posteriormente, quando já configurado o conflito, havendo consenso entre o consumidor e o fornecedor, seja instaurado o procedimento arbitral. Assim, constata-se que não há óbice legal à implementação da arbitragem nos conflitos de consumo" (p. 9).
209. CARMONA, Carlos Alberto. Op. cit. p. 53.

Dessa mesma forma entende Nelson Nery Júnior, para quem "[a] interpretação *a contrario sensu* da norma sob comento [art. 51, VII, do CDC] indica que, não sendo determinada compulsoriamente, é possível instituir-se a arbitragem". Para ele a justiça arbitral não é vedada pelo CDC, constituindo, pelo contrário, "importante fator de composição dos litígios de consumo", desde que observado o art. 4°, § 2°, da Lei n° 9.307/96, o qual exige efetiva bilateralidade na contratação, i. e., que haja consentimento informado e real manifestação de vontade do aderente.[210]

Nessa linha de compreensão, o STJ, em acórdão proferido pela 3ª Turma, em novembro de 2012, cuja relatora foi a Ministra Nancy Andrighi, estabeleceu os contornos para a validade do procedimento arbitral nas relações de consumo. Confira-se, *in verbis*, trecho da ementa da decisão:

> [O] art. 51, VII, do CDC se limita a vedar a adoção prévia e compulsória da arbitragem, no momento da celebração do contrato, mas não impede que, posteriormente, diante de eventual litígio, havendo consenso entre as partes (em especial a aquiescência do consumidor), seja instaurado o procedimento arbitral.[211]

A Ministra Nancy Andrighi, em artigo doutrinário, tendo em conta que os litígios submetidos à jurisdição arbitral são decididos em aproximadamente 30 dias – de acordo com dados do Conselho Arbitral do Estado de São Paulo (CAESP) –, ao passo que, em Juizados Especiais Cíveis, leva-se até dois meses de espera para a realização da primeira audiência de conciliação, chega à incisiva conclusão de que, no Brasil, é desafio atual

> incentivar a implementação de um sistema arbitral de consumo para que os consumidores possam ter acesso à solução célere e eficaz de seus conflitos, já antevendo a impotência dos Juizados Especiais Cíveis ou de Consumo de proporcionar a prestação jurisdicional em um tempo razoável, segundo o Direito Constitucional assegurado a todos os cidadãos.

Na doutrina estrangeira, segundo alguns autores, a arbitragem não é meio adequado para a solução de litígios de consumo.[212] Nos Estados Unidos da América (EUA), a validade de cláusula arbitral em contratos de consumo é verificada de acordo com as leis aplicáveis do foro competente. Assim, em alguns estados norte-americanos, invalida-se a convenção de arbitragem. Não obstante, como o critério de aferição de validade é distinto entre os diferentes juízos, há um número grande de casos nos quais se decide pela validade e obrigatoriedade da cláusula de arbitragem.[213]

Na Europa, o emprego da arbitragem nos contratos de consumo é circunscrito pela Diretiva da Comunidade Econômica Europeia n° 93/13/CEE, de 1993, relativa às cláusulas abusivas nos contratos de consumo, a qual prevê, na alínea *q* de seu Anexo,

---

210. NERY JÚNIOR, Nelson. Da proteção contratual. In: GRINOVER, Ada P. et al. *Código brasileiro de Defesa do Consumidor*: comentado pelos autores do anteprojeto. 7. ed. Rio de Janeiro: Forense Universitária, 2001. p. 524-525. Lemes defende o emprego do juízo arbitral nas controvérsias de consumo, porém, sob a argumentação de que a Lei n° 9.307/96 revogou o art. 51, VII, do CDC. Cf. também LEMES, Selma Ferreira. Op. cit. p. 1-3. Sobre a controversa revogação ou não do art. 51, VII, CDC pela Lei n° 9.307/96, veja-se: ANDRIGHI, Fátima Nancy. Op. cit. p. 5-9.
211. STJ. 3ª Turma. REsp 1169841/RJ. Rel. Min. Nancy Andrighi. *DJ* de 14.11.2012.
212. "It is generally considered that arbitration is not suitable for consumer transactions" (COTEANU, Cristina. Op. cit. p. 92).
213. TANG, Zheng Sophia. Op. cit. 155-156.

como abusiva a cláusula que "[s]uprimir ou entravar a possibilidade de intentar acções judiciais ou seguir outras vias de recurso, por parte do consumidor, nomeadamente obrigando-o a *submeter-se exclusivamente a uma jurisdição de arbitragem* não abrangida por disposições legais" (grifou-se).[214]

No entanto, não se deve concluir que toda e qualquer cláusula de arbitragem, em contratos de consumo, será considerada abusiva. Deve-se interpretar a referida Diretiva juntamente com a posterior Recomendação da Comissão Europeia, de 1998, a qual em seus *considerandos* assevera

> que os procedimentos extrajudiciais não podem ter por objectivo substituir o sistema judicial; que, em consequência, a utilização da via extrajudicial só pode privar o consumidor do seu direito de acesso aos tribunais se este o aceitar expressamente, em pleno conhecimento de causa, e posteriormente à emergência do litígio.[215]

Para Zheng Sophia Tang, a inclusão de cláusula de arbitragem compulsória deve presumir-se contrária aos requisitos de boa-fé. Todavia, a autora conclui que a arbitragem pode ser permitida quando for objeto de negociação individual, ou não afetar o direito do consumidor de recorrer aos órgãos judiciários.[216]

A arbitragem é uma espécie do gênero *resolução alternativa de conflitos* – em inglês *alternative dispute resolution* (ADR) –, o qual compreende outros métodos como, por exemplo, a mediação. Em comparação com o procedimento judicial, esse gênero é descrito como mais célere, econômico e viável. Sua aplicação se dá, também, no meio eletrônico, onde passa a ser denominado *resolução on-line de conflitos* – em inglês *online dispute resolution* (ODR) –, em que há a transposição dos mecanismos tradicionais e conhecidos de resolução extrajudicial de litígios para o ambiente virtual, o que pode ensejar mais conveniência e eficácia.[217] Despontam, assim, a mediação e a arbitragem *on-line*, que serão delineadas na seção a seguir.

Da precedente análise, pode-se concluir que a atualização do CDC, mediante a aprovação do PLS nº 281/12, é oportuna e será capaz de, em grande medida, atualizar a normativa consumerista frente a certas particularidades da moderna contratação eletrônica de consumo. Apesar de ser passível de aprimoramento, o projeto de lei será capaz de aumentar a confiança do ciberconsumidor – ainda tão receoso quanto às transações virtuais –, permitindo que "passe do ócio para o negócio", nas palavras de Claudia Lima Marques.[218]

---

214. UNIÃO EUROPEIA. Directiva nº 93/13/CEE do Conselho, de 5 de abril de 1993, relativa às cláusulas abusivas nos contratos celebrados com os consumidores.
215. COMISSÃO DAS COMUNIDADES EUROPEIAS. Recomendação da Comissão, de 30 de Março de 1998, relativa aos princípios aplicáveis aos organismos responsáveis pela resolução extrajudicial de litígios de consumo. Disponível em: <http://eur-lex.europa.eu/LexUriServ/LexUriServ.do?uri=OJ:L:1998:115:0031:0034:PT:PDF>. Acesso em: 14 jan. 2020.
216. Cf.: TANG, Zheng Sophia. Op. cit. p. 157: "[R]eading the Commission Recommendation together with the Unfair Terms Directive, it is conclued that in consumer contracts arbitration is permitted only when (1) it is individually negotiated, or (2) it does not affect consumers' right to resort to court".
217. Ibidem, p. 152.
218. Cf.: MARQUES, C. L. Palestra sobre a atualização do Código de Defesa do Consumidor. *Seminário sobre a Regulamentação do Comércio Eletrônico no Brasil*. Associação Comercial do Rio de Janeiro, 14 set. 2012. Com o mesmo

11. A REGULAMENTAÇÃO DO CDC PELO DECRETO DO EXECUTIVO 7.962/13

Em 15 de março de 2013, a despeito da avançada tramitação no Senado Federal do PLS nº 281/12, o Poder Executivo antecipou-se ao Congresso Nacional e, mediante atividade normativa secundária, expediu o Decreto nº 7.962, que regulamenta a Lei nº 8.078/90 para dispor sobre o comércio eletrônico.[219]

O decreto do Executivo, de acordo com seu art. 1º, centra sua atenção em apenas três aspectos da contratação *on-line*: direito de arrependimento, disponibilização de informações e atendimento facilitado ao consumidor. Seu propósito é regulamentar o CDC, atualizando sua normativa frente a algumas peculiaridades do complexo mercado virtual.

Há indícios de que o Decreto nº 7.962/13 teve como fonte de inspiração a versão original do PLS nº 281/12. No entanto, esta última faz uma previsão muito mais ampla e detalhada do que a feita pelo decreto, que reproduz muito do que consta da referida versão original, distinguindo-se e inovando apenas em poucos pontos.

Quanto à disponibilização de informações e ao atendimento facilitado ao consumidor, têm-se os arts. 2º e 4º do decreto – os quais reproduzem em grande medida o disposto nos arts. 45-B, 45-C e 45-D do PLS nº 281/12 –, que reforçam a importância e a necessidade de se equilibrar o conteúdo informacional entre as partes contratantes virtuais, de modo a tornar a relação contratual eletrônica menos hostil ao consumidor.

Isso porque é habitual no mercado virtual o fornecedor possuir todas as informações do consumidor necessárias para cobrar o preço, mas, por outro lado, este último não ter informações indispensáveis para o regular desenvolvimento da relação contratual, como, por exemplo: o conhecimento pleno das características do produto ou serviço, das condições e restrições da oferta e despesas adicionais incidentes sobre o preço (art. 2º, III, IV, V e VI), o nome empresarial e seu número de inscrição no cadastro competente, bem como os endereços físico e eletrônico e demais informações úteis para localização e contato (art. 2º, I e II).

O Decreto nº 7.962/13, assim como o PLS nº 281/12 e sua atual versão na Câmara dos Deputados, têm a boa-fé objetiva como seu princípio fundante, servindo como pano de fundo a toda sua normativa. Especificamente no art. 4º, I, verifica-se a manifestação pré-contratual da boa-fé, a qual deve pautar a fase das tratativas a respeito dos deveres principais da obrigação. Assim, o fornecedor deve "apresentar sumário do contrato *antes da contratação*, com as informações necessárias ao pleno exercício do direito de escolha do consumidor, enfatizadas as cláusulas que limitem direitos" (grifou-se) – estas últimas são denominadas em inglês *disclaimers*. A responsabilidade pré-contratual é reconhecida, inclusive, pelo Enunciado nº 170 da III Jornada de Direito Civil do Conselho da Justiça Federal, o qual dispõe que "[a] *boa-fé objetiva deve ser observada* pelas partes *na fase de*

---

entendimento, tem-se: MARTINS, Guilherme Magalhães. A reforma do Código de Defesa do Consumidor brasileiro. *Revista Luso-Brasileira de Direito do Consumo*. Curitiba, v. 1, dez./fev. 2011, p. 35.

219. Sobre o poder regulamentar conferido ao Presidente da República pela Constituição, confira-se: MENDES, Gilmar Ferreira; BRANCO, Paulo G. G. *Curso de direito constitucional*. São Paulo: Saraiva, 2011. p. 944-946.

negociações preliminares e após a execução do contrato, quando tal exigência decorrer da natureza do contrato" (grifou-se).

Ainda no âmbito de incidência pré-contratual da boa-fé objetiva, tem-se o art. 4º, II, que prevê a obrigação do fornecedor de disponibilizar "ferramentas eficazes ao consumidor para identificação e correção imediata de erros ocorridos *nas etapas anteriores à finalização da contratação*" (grifou-se).

Os incisos III e IV do art. 4º do decreto – que repetem o disposto no art. 45-D, I e II, do PLS nº 281/12 – visam fortalecer a confiança do consumidor quanto ao processo de contratação virtual. Para isso, obrigam o fornecedor a disponibilizar informações sobre a conclusão do negócio, por meio da confirmação do recebimento da aceitação da oferta (inciso III) e, bem assim, acerca da íntegra do contrato mediante a disponibilização de seu instrumento ao consumidor em meio, inclusive o eletrônico, que permita sua conservação e reprodução, após a transação (inciso IV).

Já no inciso VII, há relevante preceito para o comércio eletrônico, no qual se determina a utilização de "mecanismos de segurança eficazes para pagamento e para tratamento de dados do consumidor". Isso porque é o fornecedor quem cria as condições técnicas para a negociação virtual e quem aufere os ganhos da atividade econômica, o que justifica sua responsabilidade, com base no risco-proveito, pelos danos que o consumidor venha a sofrer em decorrência da utilização da tecnologia virtual.[220]

Por fim, nos incisos V e VI estipulam-se deveres anexos ou instrumentais da boa-fé objetiva como os de aviso, esclarecimento e cooperação ao se determinar que o fornecedor mantenha "serviço adequado e eficaz de atendimento em meio eletrônico, que possibilite ao consumidor a resolução de demandas referentes a informação, dúvida, reclamação, suspensão ou cancelamento do contrato". Deve ainda o fornecedor confirmar, imediatamente, o recebimento de solicitações do consumidor, pelo mesmo meio por este utilizado.

Busca-se, desse modo, solucionar um dos grandes problemas enfrentados pelo ciberconsumidor: a falta de diálogo com o fornecedor, vez que este recebe suas solicitações, porém frequentemente não as responde, deixando-o à míngua sem a informação desejada.

Nesse ponto, o decreto, no parágrafo único do art. 4º, inova – em relação ao PLS nº 281/12 – ao prever um prazo de cinco dias para a resposta do fornecedor às demandas do consumidor elencadas no inciso V do *caput*.

No art. 5º, assim como ocorre no art. 49 do PLS nº 281/12, o decreto busca conferir, no mercado eletrônico, maior eficácia ao direito de arrependimento, que é previsto desde 1990 pelo art. 49 do CDC. Especial relevância assume esse dispositivo legal, vez que parcela considerável dos consumidores desconhece esse direito, e muitos daqueles que sabem de sua existência deixam de exercê-lo em razão de não saberem os meios adequados para tal.

Assim, torna-se obrigação do fornecedor divulgar e esclarecer os modos de execução apropriados tanto à manifestação da retratação pelo consumidor quanto ao efetivo

---

220. SANTOLIM, Cesar. Anotações sobre o anteprojeto da Comissão de Juristas para a atualização do Código de Defesa do Consumidor. *Revista de Direito do Consumidor*. São Paulo, v. 83, jul./set. 2012, p. 78-79.

cancelamento do contrato, inclusive com o detalhamento, por exemplo, do modo de devolução dos produtos adquiridos.

Visando facilitar o exercício do direito de retratação, prevê o § 1º do art. 5º que o consumidor poderá comunicar seu arrependimento ao fornecedor pelo mesmo canal utilizado para a contratação, admitindo-se destarte o meio eletrônico como o *e-mail* ou outra forma de comunicação digital.

Interessante observar que, de acordo com o § 4º do art. 5º, a confirmação do fornecedor sobre a manifestação de arrependimento do consumidor deve ocorrer imediatamente ao seu recebimento. De outro lado, a resposta do fornecedor sobre demais solicitações a respeito do cancelamento do contrato deve ser enviada ao consumidor no prazo máximo de cinco dias, conforme determinado pelo parágrafo único do art. 4º.

O § 2º do art. 5º do decreto – à semelhança do § 4º do art. 49, PLS nº 281/12 – prevê expressamente uma consequência jurídica da coligação contratual, qual seja, a rescisão dos contratos conexos, quando o consumidor exercer seu direito de arrependimento. A previsão feita pelo dispositivo é ampla, não restringindo seus efeitos aos contratos acessórios de crédito – como faz o § 4º do art. 49 do referido PLS –, podendo estender a rescisão a outros ajustes que sejam coligados ao negócio em relação ao qual o consumidor exerceu seu direito de retratação.

A norma tem como pano de fundo a "lógica da coligação contratual, que é justamente a dependência entre os contratos coligados". Logo, se não há mais interesse em se alcançar (ou se manter) o fim concreto a que se destina o contrato em razão do qual foram estabelecidos os acordos conexos, estes são necessariamente afetados, não mais havendo fundamento para serem mantidos.[221]

O § 3º do art. 5º do decreto busca impor uma maior efetividade ao direito de arrependimento – repetindo o preceito do art. 49, § 5º, incisos I e II, do PLS nº 281/2012 (já analisado na seção anterior) – ao determinar que o fornecedor comunique a retratação, imediatamente, à instituição financeira ou à administradora do cartão de crédito a fim de que não seja lançada a transação na fatura do consumidor ou, caso o lançamento já tenha sido realizado, seja efetivado o estorno da quantia.

As condições da oferta[222] – um conjunto de informações disponibilizado ao público sobre os termos essenciais de um negócio – ganham, no comércio eletrônico, especial relevância, haja vista a disparidade informacional entre o fornecedor e o consumidor e o distanciamento físico entre este último e o objeto de contratação.

Assim, o art. 6º do decreto vem em reforço aos arts. 30 e 31 do CDC, que estabelecem que toda informação ou publicidade, veiculada por qualquer meio de comunicação sobre produtos e serviços, obriga o fornecedor e integra o contrato, devendo ser precisa sobre características, qualidades, quantidade e preço, entre outros dados. Vejam-se os termos do decreto: "[A]s contratações no comércio eletrônico deverão observar o cumprimento

---

221. MARINO, Francisco P. de C. Op. cit. p. 192-193.
222. BENJAMIN, Antônio Herman de Vasconcellos e. Das práticas comerciais. In: GRINOVER, Ada P. et al. *Código brasileiro de Defesa do Consumidor*: comentado pelos autores do anteprojeto. 7. ed. Rio de Janeiro: Forense Universitária, 2001. p. 228-229.

das condições da oferta, com a entrega dos produtos e serviços contratados, observados prazos, quantidade, qualidade e adequação".[223]

Do citado dispositivo legal destaca-se a obrigação de cumprimento dos prazos de entrega de produtos e de execução de serviços contratados, uma vez que estes são frequentemente inadimplidos pelos fornecedores, o que configura uma das mais comuns causas de litígio no âmbito do comércio eletrônico.

A violação da normativa do Decreto nº 7.962/13 enseja a aplicação das sanções administrativas elencadas no art. 56 do CDC, como, por exemplo, multa e suspensão de fornecimento de produtos ou serviços, que poderão ser aplicadas cumulativamente, sem prejuízo das sanções de natureza civil e penal.[224]

O art. 8º do Decreto nº 7.962/13 acrescenta um parágrafo único ao art. 10 do Decreto nº 5.903/06, que determina a aplicação de seus arts. 2º, 3º e 9º à contratação eletrônica. Os referidos artigos regulamentam o direito básico do consumidor de obter informações adequadas e claras sobre produtos e serviços, conforme previsto no art. 6º, III, do CDC. Desse modo, passa-se a exigir no mercado virtual, de acordo com o art. 3º do Decreto nº 5.903/06, que o fornecedor especifique o preço total à vista do produto ou do serviço ou, na hipótese de financiamento ou parcelamento, sejam discriminados o valor total a ser pago com financiamento, o número, periodicidade e valor das prestações, os juros aplicados e quaisquer outros acréscimos e encargos incidentes sobre o valor financiado ou parcelado.

No art. 9º do Decreto nº 5.903/2006, é estabelecido um rol exemplificativo de condutas violadoras do direito básico do consumidor à informação, podendo-se destacar: a utilização de letras cujo tamanho dificulte a percepção da informação; a divulgação de preços apenas em parcelas, obrigando o consumidor ao cálculo do total; e a exposição de preços em moeda estrangeira, sem a devida conversão para a moeda corrente nacional. O fornecedor que vier a praticar alguma dessas condutas ou outras que violem o direito básico à informação do ciberconsumidor sujeita-se às sanções administrativas tipificadas no art. 56 do CDC.

Em 2010, surge no Brasil nova modalidade de comércio eletrônico denominada "compras coletivas". O Estado do Rio de Janeiro, de forma pioneira, promulgou em janeiro de 2012 a Lei nº 6.161, que estabelece parâmetros para o comércio coletivo via Internet. Aludida lei estadual, que teve sua constitucionalidade questionada, foi declarada válida, em 2014, pelo Órgão Especial do TJ-RJ, no âmbito da arguição de inconstitucionalidade nº 23824-66.2012.8.19.0000.[225] Não obstante, o Decreto Presidencial nº 7.962, de março de 2013 regulamenta o tema em âmbito federal.

---

223. Observe-se que, no art. 45-B, IV e VII, do PLS nº 281/12, há previsão similar àquela estabelecida no art. 6º do Decreto nº 7.962/13.
224. Conforme o art. 7º do Decreto nº 7.962/13.
225. A Lei nº 6.161 do Estado do Rio de Janeiro teve sua inconstitucionalidade arguida sob a alegação de invasão da competência legislativa privativa da União para legislar sobre direito civil e comercial (art. 22, I, CR). Entretanto, a constitucionalidade da norma estadual foi reconhecida, uma vez que versa sobre direito do consumidor, cuja competência legislativa é concorrente entre União e Estados, cf. o art. 24, V, CR. Confira também: Rio é o primeiro Estado a ter lei para compras coletivas, *Valor Econômico*, Rio de Janeiro, 2 fev. 2012, Legislação & Tributos.

Trata-se de metodologia de vendas em que um *site* divulga ofertas de fornecedores selecionados como parceiros, que vendem seus produtos ou serviços a preços abaixo do mercado, em razão de um grande volume de vendas proporcionado pela ampla exposição ao público de seus anúncios.

O *site* de compras coletivas funciona como expositor de ofertas, já que não vende os produtos nem presta os serviços por ele anunciados. Sua remuneração se dá mediante comissão sobre as vendas realizadas pelos fornecedores parceiros.

Sendo assim, trata-se de espécie peculiar de contratação eletrônica, na qual se introduz um novo participante na cadeia de fornecimento, que deverá prestar informações peculiares a esse novo modo de comercialização – além daquelas exigidas pelo art. 2º do Decreto nº 7.962/13.

Destarte, conforme o art. 3º do referido decreto, o fornecedor responsável pela plataforma eletrônica de compras coletivas deve informar a quantidade mínima necessária de compradores para a efetivação do contrato e o prazo da oferta, no qual o consumidor terá o direito à aquisição do produto ou à prestação do serviço. Além disso, devem ser informados o nome empresarial, o número de inscrição no CNPJ, os endereços físico e eletrônico e demais dados para localização e contato, tanto do responsável pelo *site* de compras coletivas, quanto daquele que efetivamente fornecerá o produto ou o serviço ofertado.

O Decreto nº 7.962/13 – que está em vigor desde 14 de maio de 2013 – foi alvo de uma pesquisa realizada pelo Instituto Ibero-Brasileiro de Relacionamento com o Cliente (IBRC), que visava aferir seu grau de cumprimento por parte dos fornecedores *on-line*. Dos 30 *sites* avaliados, apenas dois satisfaziam as normas estabelecidas pelo decreto na ordem de 90% a 100%. Outros dez observavam de 80% a 89%, ao passo que 18 deles cumpriam de 43% a 79% e, por isso, foram considerados "não conformes" ao decreto.[226]

O resultado do estudo, apesar de negativo, deve ser visto com cautela, haja vista que a avaliação realizou-se nos dois dias seguintes à entrada em vigor do Decreto nº 7.962/13. O diretor do Departamento de Proteção e Defesa do Consumidor (DPDC), do Ministério da Justiça, Amaury Oliva, afirma que "[n]ão dá para dizer se um decreto pegou dois, dez ou quinze dias depois que entrou em vigor. Até porque ele especifica questões do CDC que não eram propriamente vinculadas ao comércio eletrônico".[227]

O baixo grau de cumprimento do Decreto nº 7.962/13 pelos fornecedores virtuais, verificado a partir da mencionada pesquisa, foi considerado superável. A fim de reverter o quadro identificado, o DPDC elaborou uma nota técnica para esclarecer as dúvidas sobre a aplicação das novas normas, bem como o órgão se reuniu com Procons, entidades de proteção ao consumidor, defensorias e ministérios públicos para debater um sistema de monitoramento e fiscalização da aplicação do decreto.[228]

---

226. Cf.: Pesquisa revela que lei do comércio eletrônico não pegou. *O Globo*. Rio de Janeiro, 16 jun. 2013, p. 32.
227. Loc. cit.
228. Loc. cit.

12. RESOLUÇÃO *ON-LINE* DE CONFLITOS NO COMÉRCIO ELETRÔNICO DE CONSUMO

Hoje em dia, vive-se um paradoxal descompasso no mercado eletrônico. Enquanto o *e-commerce* possibilita a realização de transações nacionais e internacionais de modo simples, rápido e econômico, as lides levadas aos sistemas jurídicos convencionais são solucionadas de maneira complexa, morosa e dispendiosa – o que demonstra a dificuldade do Judiciário em resolver os conflitos da contemporânea sociedade de consumo.[229]

O comércio eletrônico requer um sistema de resolução de conflitos igualmente célere, conveniente e internacionalmente acessível. Nesse contexto, já se observam autoridades, acadêmicos e operadores do direito pesquisando e buscando maneiras que sejam mais eficientes, justas, rápidas e econômicas para a solução de controvérsias advindas de contratos eletrônicos de consumo.[230]

A título exemplificativo, cite-se a Organização de Cooperação e de Desenvolvimento Económicos (OCDE) – organização intergovernamental composta por 29 países membros, que representa os países desenvolvidos do mundo – que, em suas *linhas diretrizes que regem a proteção dos consumidores no contexto do comércio eletrônico*, endossa o emprego de vias alternativas de resolução de litígios, bem como o seu desenvolvimento por meio da utilização de tecnologias de informação. Confira-se sua seção VI, *b*:

> iii) As empresas, os representantes dos consumidores e os governos devem trabalhar em conjunto para continuar a *fornecer aos consumidores opções alternativas de mecanismos de resolução de litígios*, que assegurem a resolução eficaz dos litígios de forma equitativa e rápida, sem encargos nem custos indevidos para o consumidor.
>
> iv) Na implementação das estipulações precedentes, as empresas, os representantes dos consumidores e os governos devem *utilizar de forma inovadora as tecnologias de informação e tirar partido das mesmas para aperfeiçoar* a sensibilização e a *liberdade de escolha dos consumidores* (grifou-se).[231]

Compreende-se que, ao proporcionar um meio e um ambiente adequado para atividades comerciais, a tecnologia digital pode, também, possibilitar uma via para a composição dos litígios decorrentes do mercado virtual. "It would be effective to build *on-line* alternatives to the physical dispute resolution system to resolve disputes arising out of electronic contracts".[232] A resolução *on-line* de conflitos é apoiada também pela Diretiva sobre comércio eletrônico da União Europeia, a qual, em seu art. 17, prevê que

> 1. Os Estados-Membros devem assegurar que, em caso de desacordo entre o prestador de um serviço da sociedade da informação e o destinatário desse serviço, a sua legislação não impeça a utilização de mecanismos de resolução extrajudicial disponíveis nos termos da legislação nacional para a *resolução de litígios*, inclusive *através de meios electrónicos* adequados (grifou-se).[233]

---

229. TANG, Zheng Sophia. Op. cit. p. 150.
230. Ibidem, p. 149.
231. ORGANIZAÇÃO DE COOPERAÇÃO E DESENVOLVIMENTO ECONÓMICOS – OCDE. Op. cit. Disponível em: <http://www.ocde.org>. Acesso em: 14 jan. 2020.
232. TANG, Zheng Sophia. Op. cit. p. 150. No mesmo sentido: EKLUND, Per. Op. cit., p. 93: "[I]t is undoubtedly important to promote international and national out-of-court procedures".
233. UNIÃO EUROPEIA. Directiva 2000/31/CE do Parlamento Europeu e do Conselho, de 8 de junho de 2000, relativa a certos aspectos legais dos serviços da sociedade de informação, em especial do comércio electrónico, no mercado

Percebe-se que o caminho para a evolução dos métodos extrajudiciais e dos sistemas jurídicos tradicionais já foi aberto. Reflexões sobre procedimentos de resolução *on-line* de conflitos (ODR) são estimuladas ao redor do mundo com base no interesse geral de promover a confiança e a proteção do consumidor no comércio eletrônico.[234] Pesquisar e escrever sobre mediação, arbitragem e processo judicial *on-line* não pode mais causar estranhamentos aos doutrinadores contemporâneos e seus leitores – é o que se propõe deva ser feito.

O desenvolvimento almejado dar-se-á a partir da atualização dos mecanismos de comunicação e dos canais de transmissão de informação empregados tanto na Justiça estatal quanto na resolução alternativa de conflitos (ADR), assegurando-se, ao mesmo tempo, que o uso de tecnologia informacional não irá alterar, em sua substância, a composição de litígios.[235]

A resolução *on-line* de conflitos afigura-se como propício método sobretudo para a composição dos litígios decorrentes da contratação eletrônica, mas pode ainda ser estendida para a solução das controvérsias advindas de relações de consumo tradicionais, i.e., realizadas *off-line*.[236]

A mediação *on-line* nada mais é que o clássico método de resolução consensual de litígios no qual, a partir de uma plataforma de comunicação digital, um terceiro chamado mediador auxilia as partes envolvidas na disputa a alcançarem um acordo. A Diretiva da União Europeia nº 2008/52/CE sobre mediação em matéria civil e comercial é clara ao permitir a "utilização das modernas tecnologias da comunicação no processo de mediação".[237] Particularmente quanto à resolução consensual de litígios de consumo, a Comissão Europeia aprovou a *Recomendação relativa aos princípios aplicáveis aos organismos extrajudiciais envolvidos na resolução consensual de litígios do consumidor*, na qual o tema ora em análise é abordado de modo extremamente feliz. Veja-se:

> [O] comércio electrónico facilita as transacções transfronteiriças entre empresas e consumidores. Dadas as referidas transacções serem muitas vezes de valor económico baixo, a resolução de quaisquer litígios deve ser simples, célere e pouco onerosa. As novas tecnologias podem contribuir para o desenvolvimento de sistemas electrónicos de resolução de litígios, através do fornecimento de mecanismos que estabeleçam a resolução eficaz de litígios ocorridos entre diferentes jurisdições, sem necessidade de um contacto pessoal, devendo, assim, ser encorajada através de princípios que assegurem medidas coerentes e fiáveis no sentido de aumentar a confiança dos consumidores.[238]

De acordo com a citada Recomendação, para que seja garantida a eficácia da mediação, deve-se tornar o sistema facilmente acessível – independentemente do local onde

---

interno (Diretiva sobre comércio eletrônico). Disponível em: <http://eur-lex.europa.eu/LexUriServ/LexUriServ.do?uri=OJ:L:2000:178:0001:0016:PT:PDF>. Acesso em: 14 jan. 2020.
234. COTEANU, Cristina. Op. cit. p. 89.
235. TANG, Zheng Sophia. Op. cit. p. 154.
236. COTEANU, Cristina. Op. cit. p. 89.
237. Cf.: UNIÃO EUROPEIA. Directiva 2008/52/CE do Parlamento Europeu e do Conselho, de 21 de maio de 2008, relativa a certos aspectos da mediação em matéria civil e comercial. Considerando nº 9.
238. Cf.: COMISSÃO DAS COMUNIDADES EUROPEIAS. Recomendação da Comissão, de 4 de abril de 2001, relativa aos princípios aplicáveis aos organismos extrajudiciais envolvidos na resolução consensual de litígios do consumidor, art. II, C, 2. Disponível em: <http://eur-lex.europa.eu/LexUriServ/LexUriServ.do?uri=OJ:L:2001:109:0056:0061:PT:PDF>. Acesso em: 14 jan. 2020, Considerando nº 6.

estejam localizadas as partes –, sobretudo por meios eletrônicos.[239] Sugere-se, também, que o procedimento seja gratuito para os consumidores ou, quando haja custos, estes sejam moderados e proporcionais ao valor da demanda.[240] É ressaltado, ainda, o direito de as partes de recorrerem ao sistema judiciário ou a qualquer outro método de resolução extrajudicial antes, durante e após o processo de mediação.

Donde se extrai que as partes podem negar-se a participar, desistir do procedimento em qualquer fase e que a solução sugerida, ao final, não deve ser obrigatória, podendo ser por elas recusada. A liberdade de escolha entre as vias judicial e extrajudicial é de fundamental importância para a confiança do consumidor, de modo a encorajá-lo a conhecer e a utilizar o procedimento alternativo.[241]

Na linha de compreensão inaugurada internacionalmente, seguiu o Brasil que, em 2015, promulgou a Lei n. 13.140, estabelecendo que "[a] mediação poderá ser feita pela internet ou por outro meio de comunicação que permita a transação à distância, desde que as partes estejam de acordo". Prevê-se, ainda, a faculdade de a parte domiciliada no exterior submeter-se à mediação conforme a normativa estabelecida na referida lei brasileira.[242]

Alguns autores consideram a mediação *on-line* como o método mais adequado para a solução de conflitos de consumo. Ao passo que outros põem em dúvida sua eficácia, valendo-se de argumentos questionáveis como sua inadequação para as hipóteses em que não haja relação duradoura entre as partes.[243]

Ainda que a adequação e a eficácia da mediação *on-line* para as relações de consumo sejam controvertidas, já há diversos provedores fomentando a resolução *on-line* de disputas.[244] Com base em pesquisa feita em um desses provedores (o "Square Trade"), Zheng Tang afirma que a mediação *on-line*, de fato, tem-se mostrado bem sucedida na composição de controvérsias decorrentes da contratação eletrônica de consumo – verificando-se taxa de êxito da ordem de 80% na mediação *on-line*.[245]

O método convencional (realizado *off-line*) de resolução alternativa de conflitos (ADR) é caracterizado pela intervenção de um terceiro independente, cujas soluções podem ser recomendações ou propostas não vinculativas – caso da mediação – ou decisões com caráter coercitivo, cujo exemplo é a arbitragem.

Na doutrina estrangeira, é comum referir-se à arbitragem como um procedimento de natureza quase judicial, no qual os laudos arbitrais têm força obrigatória similar à de uma sentença judicial.[246] No Brasil, não é diferente: a Lei de Arbitragem preceitua

---

239. Ibidem, art. II, C, 2.
240. Ibidem, art. II, C, 3.
241. Ibidem, art. II, D, 1, *a*, e art. II, D, 2, *a* e *d*.
242. Cf. art. 46, *caput* e parágrafo único.
243. Sobre essa discordância, confira-se Coteanu. Op. cit. p. 93, onde se lê: "[O]nline mediation is considered by some authors as the most suitable for small consumer disputes".
244. Há muitos outros provedores na lista do principal *site* sobre resolução *on-line* de conflitos (ODR). Disponível em: <http://odr.info/node/32>. Acesso em: 14 jan. 2020.
245. Cf. TANG, Zheng Sophia. Op. cit. p. 154-155; e Square Trade. Disponível em: <www.squaretrade.com>.
246. Cf. TANG, Zheng Sophia. Op. cit. 155: "Traditional arbitration is characterized by its binding feature, wich makes it a quasi-judicial procedure". Seguindo essa linha, tem-se também: COTEANU, Cristina. Op. cit. p. 92: "Traditional arbitration produces awards, wich have a binding force that is similar to a judgment".

que "a sentença arbitral produz, entre as partes, e seus sucessores, os mesmos efeitos da sentença proferida pelos órgãos do Poder Judiciário".[247]

Todavia, diferentemente da arbitragem tradicional, o método *on-line* de arbitragem vem-se caracterizando pela não compulsoriedade da sentença arbitral. Segundo Cristina Coteanu, "the essence of online arbitration consists in the fact that non-binding arbitration is much more developed online". O caráter não coercitivo da arbitragem online gera críticas como a de Zheng Tang, para quem "the non-binding feature makes the nature of this type of dispute resolution mechanism obscure".[248]

Estatísticas mostram que a arbitragem *on-line* não se tem revelado atrativa no mercado eletrônico. Tang relata que o "Square Trade" realizou um acordo com o eBay (maior *site* de comércio eletrônico do mundo) para fornecer serviços de resolução *on-line* de conflitos, porém – apesar do sucesso verificado na mediação *on-line* – o serviço de arbitragem *on-line* não havia ainda sido utilizado pelos usuários do eBay, em suas transações eletrônicas de consumo.[249]

Acredita-se que esse insucesso pode ser devido, em parte, ao seu caráter não vinculativo, que gera total imprevisibilidade quanto à execução da sentença arbitral. Além disso, as partes contratuais podem estar mais dispostas a implementar um acordo por elas elaborado juntamente com um mediador, ao invés de cumprir uma decisão proferida por um árbitro autônomo.[250]

Considerando-se a complexidade e as falhas próprias do mercado eletrônico e levando-se em conta, também, que é característica da sentença arbitral tradicional ser compulsória, já se observam autores, associações de consumidores e institutos de arbitragem concebendo uma solução intermediária, que pode ser mais profícua: a arbitragem *on-line* parcialmente obrigatória para contratos de consumo. Nessa hipótese, o laudo arbitral seria obrigatório apenas para os fornecedores, ao passo que os consumidores teriam a liberdade de buscar outros meios de resolução de litígios, tanto judiciais quanto extrajudiciais, caso a decisão arbitral fosse por eles considerada desarrazoada.[251]

Essa solução leva em conta um atributo basilar do direito consumerista, ao buscar preservar o consumidor como a parte fraca da relação. Transpõe um instituto de uso tipicamente comercial – onde há equivalência de forças entre as partes – para o âmbito das relações de consumo, nas quais há evidente desequilíbrio e hipossuficiência do consumidor. Razoável seria, ainda, que os custos da arbitragem ficassem a cargo do fornecedor.

Contudo, é quase despiciendo afirmar que, ainda que seja eficaz, o método de resolução alternativa de conflitos (ADR) nunca virá a substituir, inteiramente, o Poder Judiciário, o qual deve sempre estar acessível para proporcionar a última opção de composição de litígios e de reparação de danos. Como resultado, um adequado sistema de solução de lides deve-se compor de um equilibrado conjunto de métodos de resolução

---

247. Cf. art. 31 da Lei nº 9.307, de 1996. Ver também o art. 515, VII, do CPC.
248. TANG, Zheng Sophia. Op. cit. p. 157.
249. Loc. cit.
250. Loc. cit.
251. Cite-se, como exemplo, o modelo estabelecido entre a *Which?* (Associação de Consumidores do Reino Unido) e o *UK Chartered Institute of Arbitrators*. Cf.: COTEANU, Cristina. Op. cit. p. 92.

de conflitos. Assim, não se deve confiar apenas na tradicional via judicial e ignorar-se a importância dos mecanismos de solução extrajudicial, até porque eles já vêm desempenhando, na prática, uma significativa contribuição no que se refere à resolução de controvérsias de consumo.

Ademais, mencione-se que, não apenas os mecanismos alternativos de resolução de conflitos (ADR), mas, também, o processo judicial, podem assumir a forma *on-line*. Já se considera a possibilidade de um tribunal judicial eletrônico (em inglês *e-court*), no qual o contencioso seria realizado virtualmente, sem a necessária presença física dos litigantes e seus representantes legais.[252]

A ideia de se implantar uma via judicial *on-line* parecia, há bem pouco tempo, uma utopia, porém importantes avanços nesse sentido vêm sendo promovidos no âmbito internacional e domesticamente. Essa evolução foi pioneiramente sinalizada pela Diretiva da União Europeia nº 2000/31/CE sobre comércio eletrônico, a qual, de forma inovadora, sustenta que "[o]s Estados-Membros devem estudar a necessidade de acesso a procedimentos judiciais por meios electrónicos adequados".[253]

Nessa linha, já em 2006 foi promulgada no Brasil a Lei n. 11.419, que dispõe sobre a informatização do processo judicial. Logo no art. 1º é admitido o uso do meio eletrônico na tramitação de processos judiciais, na comunicação de atos e transmissão de peças processuais, no âmbito cível, criminal e trabalhista, bem como nos juizados especiais, em qualquer grau de jurisdição. Determina-se, ainda, que "[n]o processo eletrônico, todas as citações, intimações e notificações, inclusive da Fazenda Pública, serão feitas por meio eletrônico", de acordo o art. 9º.

O reconhecimento da necessidade de informatização do processo judicial foi reforçado, recentemente, pelo legislador nacional a partir da aprovação da Lei n. 13.105, de 16 de março de 2015, que estabelece o novo Código de Processo Civil.

A nova lei processual civil adota preferencialmente o meio eletrônico para a realização de atos de comunicação e transmissão de dados, destinando uma seção exclusiva para tratar da prática eletrônica de atos processuais, conforme os arts. 193 a 199.[254]

Ainda que, presentemente, uma *e-court* na qual as demandas sejam julgadas, integralmente, de forma virtual, não seja de simples implementação, alguns procedimentos judiciais, conforme visto, já vêm sendo efetuados eletronicamente.

A partir das conjunturas nacional e internacional conclui-se com Zheng Sophia Tang que "[o]nline litigation could be a step forward in protecting consumers in e-contracts and reducing costs of dispute resolution".[255]

---

252. TANG, Zheng Sophia. Op. cit. p. 161.
253. UNIÃO EUROPEIA. Directiva nº 2000/31/CE do Parlamento Europeu e do Conselho, de 8 de junho de 2000, relativa a certos aspectos legais dos serviços da sociedade de informação, em especial do comércio electrónico, no mercado interno (Diretiva sobre comércio eletrônico). Considerando nº 52. Disponível em: <http://eur-lex.europa.eu/LexUriServ/LexUriServ.do?uri=OJ:L:2000:178:0001:0016:PT:PDF>. Acesso em: 14 jan. 2020.
254. Frise-se que a Lei n. 11.419/06 permanece em vigor, devendo ser aplicada em consonância com o novo CPC. Cf.: BUENO, Cassio Scarpinella. *Novo código de processo civil anotado*. São Paulo: Saraiva, 2015. p. 166. Mencionem-se ainda os arts. 439 a 441, do novo CPC, que formam seção sobre documentos eletrônicos.
255. TANG, Zheng Sophia. Op. cit. p. 166.

Apesar de tratar-se de tema relevante, o processo judicial eletrônico foge ao escopo do presente capítulo, merecendo ser aprofundado em estudo próprio. Fica a sugestão para futuras pesquisas.

13. CONCLUSÃO

Atualmente, pode-se dizer que o mundo ou, pelo menos sua porção mais desenvolvida, vive o processo de superação do paradigma da sociedade industrial pelo da sociedade em rede, informacional ou digital. Essa transição paradigmática, que resultará na definitiva consolidação da Era da Informação, gera profundas, aceleradas e irreversíveis transformações no plano das relações econômicas, sociais e culturais, que repercutem, necessariamente, na esfera jurídica. Destarte, doutrinadores e operadores do direito, bem como legisladores, devem estar atentos e dispostos a evoluir com as mudanças de seu tempo, pois a Revolução Digital é um caminho sem volta, no qual há duas opções: adaptar-se e acompanhá-la ou ignorá-la e ficar para trás.

Nesse contexto, a economia informacional deverá se tornar a base do novo estilo de desenvolvimento – que se espera seja o denominado sustentável – e se constituir a mais relevante fonte de geração de renda e riqueza das nações ao longo do século XXI. Sendo assim, imprescindível a atualização dos ordenamentos legal e jurídico, de modo a preservar, reforçar e avançar na proteção do sujeito-protagonista do comércio eletrônico: o ciberconsumidor.

No decorrer deste capítulo, restaram claras a complexidade e a singularidade das transações eletrônicas de consumo. A partir de análise doutrinária e jurisprudencial e de informações jornalísticas, comprovou-se que as falhas e os problemas próprios do mercado cibernético – somados à ausência de regulação legal específica, que no Brasil perdurou até muito recentemente, i. e., março de 2013 – implicavam, e por enquanto ainda implicam, na exacerbação da vulnerabilidade do ciberconsumidor.

A análise exposta neste texto respalda o entendimento de que o princípio da boa-fé objetiva – dada sua versatilidade e sua ampla vocação para limitar condutas contratuais abusivas e desleais – constitui princípio basilar para reger a contratação eletrônica de consumo, devendo servir, assim, como vetor fundamental a pautar a atuação dos aplicadores do Direito, bem como a elaboração do arcabouço normativo do comércio via Internet. Mostrou-se, também, que esse entendimento se vem firmando há mais tempo no plano internacional e, mais recentemente, no país.

Em relação especificamente ao caso brasileiro, foi evidenciada, ainda, a indispensabilidade de legislação própria para regular o mercado virtual. Nesse sentido, promulgou-se, em março de 2013, o Decreto Presidencial nº 7.962, que regulamenta o CDC quanto a três aspectos da contratação *on-line*. Não obstante, a necessidade e a carência de apropriada regulamentação legal sobre o tema poderão ser melhor superadas com a aprovação do Projeto de Lei n. 3514 de 2015, em tramitação na Câmara dos Deputados, atual versão do Projeto de Lei do Senado n. 281 de 2012, que dispõe de forma mais ampla e mais aprofundada sobre o comércio eletrônico.

A promulgação do citado projeto de lei poderá atualizar a normativa do CDC em relação a determinadas peculiaridades da contemporânea contratação virtual – não abordadas pelo Decreto nº 7.962/13 –, aumentando a confiança do ainda inseguro ciberconsumidor.

Sem embargo, o projeto de lei não incorpora alguns dos dispositivos constantes dos mundialmente mais avançados marcos normativos consumeristas, como, por exemplo, os que preveem: direito de arrependimento na contratação de serviços e bens digitais; prazo mais extenso para manifestação da desistência da contratação a distância de quaisquer bens e serviços; meios de solução extrajudicial de litígios, em inglês, *alternative dispute resolution* (ADR), como a arbitragem e a mediação; e as formas *on-line* destas últimas, em inglês *online dispute resolution* (ODR).

Finalmente, não há dúvida de que a expansão do comércio eletrônico vai seguir suscitando inéditas falhas de mercado (*market failures*) e imprevistos litígios que irão continuar a exigir atualizado e flexível arcabouço normativo, originais mecanismos de resolução de controvérsias e, sobretudo, arejada mentalidade daqueles que se propõem a (re)pensar o Direito e o mundo contemporâneos.

REFERÊNCIAS

ALEXY, Robert. *Teoria dos direitos fundamentais*. São Paulo: Malheiros, 2008.

ANDERSON, Ross. *Cryptography and competition policy* – issues with "trusted computing". Disponível em: <http://www.cpppe.umd.edu/rhsmith3/papers/Final_session1_anderson.pdf>. Acesso em: 14 jan. 2020.

ANDRIGHI, Fátima Nancy. *Arbitragem nas relações de consumo*: uma proposta concreta. Disponível em: <http://bdjur.stj.gov.br/xmlui/bitstream/handle/2011/3043/Arbitragem_Rela%C3%A7%C3%B5es_Consumo.pdf?sequence=4>. Acesso em: 14 jan. 2020.

ASENSIO, Pedro Alberto de Miguel. *Derecho privado de Internet*. 2. ed. Madrid: Civitas, 2001.

AZEVEDO, Carlos Eduardo M de. Direito de arrependimento do consumidor nas contratações eletrônicas. In: MARTINS, G. M. (Coord.). *Temas de direito do consumidor*. Rio de Janeiro: Lumen Iuris, 2010.

BARBOSA, Fernanda Nunes. *Informação*: direito e dever nas relações de consumo. São Paulo: Revista dos Tribunais, 2008.

BENJAMIN, Antônio Herman V.; MARQUES, Claudia Lima.; BESSA. Leonardo Roscoe. *Manual de direito do consumidor*. 2. ed. São Paulo: Revista dos Tribunais, 2009.

BODIN DE MORAES, Maria Celina. A causa dos contratos. *Revista Trimestral de Direito Civil*, Rio de Janeiro, v. 21, jan./mar. 2005.

BUENO, Cassio Scarpinella. *Novo código de processo civil anotado*. São Paulo: Saraiva, 2015.

CÂMARA BRASILEIRA DE COMÉRCIO ELETRÔNICO – CAMARA-E.NET. *Projeto de Lei nº 281/12*: alteração do Código de Defesa do Consumidor. Disponível em: <http://www.senado.gov.br/atividade/materia/getPDF.asp?t=116237&tp=1>. Acesso em: 14 jan. 2020.

CANUT, Letícia. *Proteção do consumidor no comércio eletrônico*. Curitiba: Juruá, 2007.

CARMONA, Carlos Alberto. *Arbitragem e processo*: um comentário à Lei nº 9.307/96. São Paulo: Atlas, 2009.

COMÉRCIO eletrônico afunda em reclamações. *Jornal da Tarde*. Disponível em: <http://blogs.estadao.com.br/jt-seu-bolso/comercio-eletronico-afunda-em-reclamacoes/>. Acesso em: 14 jan. 2020.

COMISSÃO DAS COMUNIDADES EUROPEIAS. Recomendação da Comissão, de 30 de março de 1998, relativa aos princípios aplicáveis aos organismos responsáveis pela resolução extrajudicial de litígios de consumo. Disponível em: <http://eur-lex.europa.eu/LexUriServ/LexUriServ.do?uri=OJ:L:1998:115:0031:0034:PT:PDF>. Acesso em: 14 jan. 2020.

COMISSÃO DAS COMUNIDADES EUROPEIAS. Recomendação da Comissão, de 4 de abril de 2001, relativa aos princípios aplicáveis aos organismos extrajudiciais envolvidos na resolução consensual de litígios do consumidor, art. II, C, 2. Disponível em: <http://eur-lex.europa.eu/LexUriServ/LexUriServ.do?uri=OJ:L:2001:109:0056:0061:PT:PDF>. Acesso em: 14 jan. 2020.

CONSULTOR JURÍDICO. *Procon-SP suspende Americanas, Submarino e Shoptime*. Disponível em: <http://www.conjur.com.br/2012-mar-14/procon-sp-suspende-vendas-sites-americanascom-submarino-shoptime>. Acesso em: 14 jan. 2020.

CONSUMIDORES podem comparar preços de lojas com ofertas da Amazon. *Valor Econômico*, Rio de Janeiro, 23 ago. 2018.

COTEANU, Cristina. *Cyber consumer law and unfair trading practices*. Aldershot: Ashgate, 2005.

DE NAYER, Benoît. The consumer in electronic commerce: beyond confidence. In: WILHELMSSON, Thomas; TUOMINEM, Salla; and TUOMOLA, Heli (Ed.). *Consumer law in the information society*. The Hague: Kluwer Law International, 2001.

DICKIE, John. *Producers and consumers in EU e-commerce law*. Portland: Hart Publishing, 2005.

DIREITOS do consumidor em HQ. *O Globo*, Rio de Janeiro, 21 mar. 2010.

É clicar e levar. *O Globo*, Rio de Janeiro, 24 jan. 2010.

EKLUND, Per. Electronic marketing from a consumer law perspective. In: WILHELMSONS, Thomas; TUOMINEM, Salla; and TUOMOLA, Heli (Ed.). *Consumer law in the information society*. The Hague: Kluwer Law International, 2001.

ÉPOCA NEGÓCIOS. *Procon-SP proíbe os sites Fator Digital e Planeta Ofertas de continuarem vendendo*. Disponível em: <http://epocanegocios.globo.com/Revista/Common/0,,EMI297151-16355,00PROCONSP+PROIBE+OS+SITES+FATOR+DIGITAL+E+PLANETA+OFERTAS+DE+CONTINUAREM+-VEN.html>. Acesso em: 14 jan. 2020.

HOWELLS, Gary. Series editor´s introduction. In: COTEANU, Cristina. *Cyber consumer law and unfair trading practices*. Aldershot: Ashgate, 2005.

IMPORTAÇÃO de dor de cabeça "made in China". *O Globo*, Rio de Janeiro, 27 jun. 2010.

INSTITUTO BRASILEIRO DE DEFESA DO CONSUMIDOR – IDEC. *Atualização do CDC* – comércio eletrônico (PLS 281/12).

KONDER, Carlos N. *Contratos conexos*: grupos de contratos, redes contratuais e contratos coligados. Rio de Janeiro: Renovar, 2006.

LAWAND, José Jorge. *Teoria dos contratos eletrônicos*. São Paulo: Juarez de Oliveira, 2003.

LEAL, Sheila do Rocio Cercal Santos. *Contratos eletrônicos*: validade jurídica dos contratos via Internet. São Paulo: Atlas, 2007.

LEMES, Selma Ferreira. *O uso da arbitragem nas relações de consumo*, p. 1-3. Disponível em: <http://www.mundojuridico.adv.br/cgi-bin/upload/texto614.pdf>. Acesso em: 14 jan. 2020.

LORENZETTI, Ricardo L. *Comércio eletrônico*. São Paulo: Revista dos Tribunais, 2004.

LORENZETTI, Ricardo L. Informática, *Cyberlaw, e-commerce*. In: DE LUCCA, Newton e SIMÃO FILHO, Adalberto (Coord.). *Direito e internet*: aspectos jurídicos relevantes. São Paulo: Edipro, 2000.

LUCON, Paulo Henrique dos S. Competência no comércio e no ato ilícito eletrônico. In: DE LUCCA, Newton; SIMÃO FILHO, A. *Direito & Internet*: aspectos jurídicos relevantes. Bauru: Edipro, 2000.

MARINO, Francisco P. de C. *Contratos coligados no direito brasileiro*. São Paulo: Saraiva, 2009.

MARINONI, Luiz G. et al. *Novo código de processo civil comentado*. São Paulo: Revista dos Tribunais, 2015.

MARQUES, Claudia Lima. Apresentação. In: BARBOSA, Fernanda Nunes. *Informação*: direito e dever nas relações de consumo. São Paulo: Revista dos Tribunais, 2008.

MARQUES, Claudia Lima. *Confiança no comércio eletrônico e a proteção do consumidor*: um estudo dos negócios jurídicos de consumo no comércio eletrônico. São Paulo: Revista dos Tribunais, 2004.

MARQUES, Claudia Lima. Palestra sobre a atualização do Código de Defesa do Consumidor. *Seminário sobre a Regulamentação do Comércio Eletrônico no Brasil*. Associação Comercial do Rio de Janeiro, 14 set. 2012.

MARTINS, Guilherme Magalhães. A defesa do consumidor como Direito Fundamental na ordem constitucional. In: MARTINS, Guilherme Magalhães (Coord.). *Temas de direito do consumidor*. Rio de Janeiro: Lumen Juris, 2010.

MARTINS, Guilherme Magalhães. *Responsabilidade civil por acidentes de consumo na internet*. São Paulo: Revista dos Tribunais, 2008.

MARTINS, Guilherme Magalhães. *Formação dos contratos eletrônicos de consumo via internet*. 2. ed. Rio de Janeiro: Lumen Juris, 2010.

MARTINS, Guilherme Magalhães. A reforma do Código de Defesa do Consumidor brasileiro. *Revista Luso-Brasileira de Direito do Consumo*, Curitiba, v. 1, dez./fev. 2011.

MARTINS-COSTA, Judith. *A boa-fé no direito privado*. São Paulo: Revista dos Tribunais, 2000.

MATTOS, Analice Castor de. *Aspectos relevantes dos contratos de consumo eletrônico*. Curitiba: Juruá, 2009.

MENDES, Gilmar Ferreira; BRANCO, Paulo G. G. *Curso de direito constitucional*. São Paulo: Saraiva, 2011.

MIRAGEM, Bruno. Mercado, direito e sociedade de informação: desafios atuais do direito do consumidor no Brasil. In: MARTINS, Guilherme Magalhães (Coord.). *Temas de direito do consumidor*. Rio de Janeiro: Lumen Iuris, 2010.

MODENESI, Pedro. Função social dos contratos: questões polêmicas na doutrina e na jurisprudência do STJ. *Revista Trimestral de Direito do Civil*, Rio de Janeiro, v. 39, jul./set. 2009.

MODENESI, Pedro. *Privacy by design e código digital*: a tecnologia a favor de direitos e valores fundamentais. In: FALEIROS JÚNIRO, José Luiz de Moura; LONGHI, João Victor Rozatti; GUGLIARA, Rodrigo (coords.). *Proteção de dados pessoais na sociedade da informação*: entre dados e danos. Indaiatuba: Foco, 2021.

MODENESI, Pedro. A relação entre o abuso do direito e a boa-fé objetiva. *Revista Direitos Fundamentais e Democracia*, v. 7, nº 7, jan./jun. 2010. Disponível em: <http://revistaeletronicardfd.unibrasil.com.br/index.php/rdfd/article/view/327/218/>. Acesso em: 14 jan. 2020.

MODENESI, Pedro. *A proteção do ciberconsumidor e o princípio da boa-fé objetiva*. 2010. 155 f. Dissertação (Mestrado em Direito) – Programa de Pós-Graduação, Universidade do Estado do Rio de Janeiro, Rio de Janeiro.

MODENESI, Pedro. Comércio eletrônico e tutela do *ciberconsumidor*. *Revista Trimestral de Direito Civil*, Rio de Janeiro, v. 48, out./dez. 2011.

MULHOLLAND, Caitlin. *Internet e contratação: panorama das relações contratuais eletrônicas de consumo*. Rio de Janeiro: Renovar, 2006.

NERY JÚNIOR, Nelson. Da proteção contratual. In: GRINOVER, Ada P. et al. *Código brasileiro de Defesa do Consumidor*: comentado pelos autores do anteprojeto. 7. ed. Rio de Janeiro: Forense Universitária, 2001.

NETCRAFT. *June 2013 Web Server Survey*. Disponível em: <http://news.netcraft.com/archives/2013/06/06/june-2013-web-server-survey-3.html>. Acesso em: 14 jan. 2020.

O exemplo lá do norte. *O Globo*, Rio de Janeiro, 22 mar. 2010, revista digital.

OLIVEIRA, Elsa Dias. *A proteção dos consumidores nos contratos celebrados através da internet*. Coimbra: Almedina, 2002.

ORGANIZATION FOR ECONOMIC CO-OPERATION AND DEVELOPMENT – OECD. *Electronic commerce*: opportunities and challenges for government. Paris, 1997. Disponível em: <http://www1.oecd.org/dsti/sti/it/ec/prod/elec_e.htm>. Acesso em: 14 jan. 2020.

PASQUALOTO, Adalberto. Dará a reforma ao Código de Defesa do Consumidor um sopro de vida? *Revista de Direito do Consumidor*, São Paulo, v. 78, abr./jun. 2011.

PESQUISA revela que lei do comércio eletrônico não pegou. *O Globo*, Rio de Janeiro, 16 jun. 2013.

PFEIFFER, Roberto Augusto Castellanos. Palestra sobre informação e segurança. *Seminário sobre a Regulamentação do Comércio Eletrônico no Brasil*. Associação Comercial do Rio de Janeiro, 14 set. 2012.

PFEIFFER, Roberto Augusto Castellanos. *PLS 281 – Proteção do consumidor no comércio eletrônico*. Disponível em: <http://www.senado.gov.br/atividade/materia/getPDF.asp?t=116238&tp=1>. Acesso em: 14 jan. 2020.

PROCON-SP denuncia 200 sites por golpes. *O Globo*, Rio de Janeiro, 28 nov. 2012.

PUBLICIDADE em jogo. *O Globo*, Rio de Janeiro, 9 abr. 2010.

RAMOS, André de Carvalho. *Curso de direitos humanos*. 2. ed. São Paulo: Saraiva, 2015.

RAMSAY, Iain. Consumer protection in the era of informational capitalism. In: WILHELMSONS, Thomas; TUOMINEM, Salla; TUOMOLA, Heli (Ed.). *Consumer law in the information society*. The Hague: Kluwer Law International, 2001.

REALE, Miguel. *Lições preliminares de direito*. 26. ed. São Paulo: Saraiva, 2002.

RIO é o primeiro Estado a ter lei para compras coletivas. *Valor Econômico*, Rio de Janeiro, 2 fev. 2012.

ROPPO, Enzo. *O contrato*. Coimbra: Almedina, 2009.

ROTHCHILD, John. Co-regulating the Internet. In: WILHELMSSON, Thomas (Ed.). *Consumer law in the information society*. The Hague: Kluwer Law International, 2001.

SANTOLIM, Cesar Viterbo Matos. Os princípios de proteção do consumidor e o comércio eletrônico no direito brasileiro. *Revista de Direito do Consumidor*, São Paulo, v. 55, jul./set. 2005.

SANTOLIM, Cesar Viterbo Matos. *Os princípios de proteção do consumidor e o comércio eletrônico no direito brasileiro*. 2004. 126 f. Tese (Doutorado em Direito) – Programa de Pós-Graduação, Universidade Federal do Rio Grande do Sul, Porto Alegre.

SANTOLIM, Cesar Viterbo Matos. Anotações sobre o anteprojeto da Comissão de Juristas para a atualização do Código de Defesa do Consumidor. *Revista de Direito do Consumidor*. São Paulo, v. 83, jul./set. 2012.

SENADO FEDERAL. Comissão temporária destinada a examinar os projetos de lei de modernização do Código de Defesa do Consumidor. *Plano de Trabalho*. Disponível em: <http://www.senado.gov.br/atividade/materia/getPDF>. Acesso em: 14 jan. 2020.

SENADO FEDERAL. *Projeto de Lei do Senado no. 281, de 2012*. Justificação. Disponível em: <http://www.senado.gov.br/atividade/materia/getPDF.asp?t=112481&tp=1>. Acesso em: 14 jan. 2020.

SOUZA, Sérgio Iglesias Nunes de. *Lesão nos contratos eletrônicos na sociedade da informação*: teoria e prática da juscibernética. São Paulo: Saraiva, 2009.

TANG, Zheng Sophia. *Studies in private international law*. v. 1. Electronic consumer contracts in the conflict of laws. Oxford: Hart Publishing, 2009.

TEPEDINO, Gustavo. As relações de consumo e a nova teoria contratual. T*emas de direito civil*. Rio de Janeiro: Renovar, 1999.

UMA nova publicidade na Internet. *O Globo*, Rio de Janeiro, 7 mar. 2010.

UNIÃO EUROPEIA. Directiva nº 93/13/CEE do Conselho, de 5 de abril de 1993, relativa às cláusulas abusivas nos contratos celebrados com os consumidores.

UNIÃO EUROPEIA. Comissão Europeia. Uma iniciativa para o comércio electrónico europeu. *Comunicação ao Parlamento Europeu, ao Conselho, ao Comité Económico e Social e ao Comité das Regiões*. Bruxelas, 15 abr. 1997. Disponível em: <ftp://ftp.cordis.europa.eu/pub/esprit/docs/ecomcomp.pdf>. Acesso em: 14 jan. 2020.

UNIÃO EUROPEIA. Directiva nº 2000/31/CE do Parlamento Europeu e do Conselho, de 8 de junho de 2000, relativa a certos aspectos legais dos serviços da sociedade de informação, em especial do comércio electrónico, no mercado interno. Diretiva sobre comércio eletrônico. Disponível em: <http://eur-lex.europa.eu/LexUriServ/LexUriServ.do?uri=OJ:L:2000:178:0001:0016:PT:PDF>. Acesso em: 14 jan. 2020.

UNIÃO EUROPEIA. Directiva nº 2002/65/CE do Parlamento Europeu e do Conselho, de 23 de setembro de 2002, relativa à comercialização à distância de serviços financeiros prestados a consumidores. Disponível em: <http://eurlex.europa.eu/LexUriServ/LexUriServ.do?uri=OJ:L:2002:271:0016:0024:PT:PDF>. Acesso em: 14 jan. 2020.

UNIÃO EUROPEIA. Comissão Europeia. Directiva nº 2005/29/CE do Parlamento Europeu e do Conselho, de 11 de maio de 2005, relativa às práticas comerciais desleais das empresas face aos consumidores no mercado interno, cognominada sinteticamente "Diretiva relativa às práticas comerciais desleais". Disponível em: <http://europa.eu/index_pt.htm>. Acesso em: 14 jan. 2020.

UNIÃO EUROPEIA. Directiva nº 2008/52/CE do Parlamento Europeu e do Conselho, de 21 de maio de 2008, relativa a certos aspectos da mediação em matéria civil e comercial.

WEBSHOPPERS. Relatório semestral. 40. ed. Disponível em: <http:// www.ebit.com.br/webshoppers>. Acesso em: 14 jan. 2020.

26
PEQUENOS NAVEGANTES: A INFLUÊNCIA DA MÍDIA NOS HÁBITOS DE CONSUMO DO PÚBLICO INFANTOJUVENIL

Renato Porto

Sumário: 1 Introdução. 2 A importância do consumo infantil. 3 Formas de convencimento do público infantojuvenil. 4 A vulnerabilidade de crianças e adolescentes. 5 A influência da criança no consumo familiar. 6 A Internet como centro do universo digital. 7 Conclusão. Referências.

1. INTRODUÇÃO

Infância "é o período de crescimento, no ser humano, que vai do nascimento até a puberdade".[1] É importante perceber que a conceituação atual não guarda qualquer tipo de relação com as percepções medievais de infância, quando a criança era considerada como adulto em miniatura, não diferindo o tratamento entre elas e adultos.

Os pais não se apegavam a seus filhos, pois, a qualquer momento, aquele ser poderia deixar de existir devido às condições precárias de existência, principalmente vinculadas à deficiência do sistema sanitário, que elevava os índices de mortalidade infantil.

Somente nos séculos XV e XVI, as relações familiares tomaram feições similares à atual, pois as crianças passam a ser consideradas como diferentes dos adultos.

No século XVII, apesar da evolução, as crianças ainda eram tratadas de maneira desidiosa; porém, as famílias mais abastadas passaram a vesti-las de forma diferente dos adultos. Com o advento das instituições de ensino, o encargo com as crianças deixou de ser atribuído a membros da família ou agregados e passou a ser confiado a escolas de ensino rigoroso, até estarem prontas para a vida adulta.[2]

Aos poucos, a evolução cultural produz mudança nos valores sociais e, nesse contexto, a sociedade lançou novo olhar para as crianças, considerando-as como parte integrante de um novo e complexo sistema familiar.

Todos os integrantes desse microssistema são afetados pelas transformações culturais, e a criança como ente mais vulnerável do ponto de vista físico e de desenvolvi-

---

1. FERREIRA, Aurélio Buarque de Holanda. *Dicionário Aurélio eletrônico século XXI*. São Paulo: Nova Fronteira, 1999. p. 1101.
2. ARIÉS, Philippe. *História social da criança e da família*. Rio de Janeiro: LTC, 1981. p. 17.

mento intelectual, passou a merecer cuidado especial de pais, avós, irmãos mais velhos e demais parentes.

Mais recentemente, descortina-se um fenômeno sociocultural de comando que a criança passa a exercer sobre os demais integrantes do grupo familiar, conforme descreveremos melhor no correr do presente. Abaixo vou explicar bem isso tudo...

2. A IMPORTÂNCIA DO CONSUMO INFANTIL

Em paralelo ao início de "descoberta da criança" como ser individual e distinto dos adultos, na segunda metade do século XVIII desenvolveu-se a Revolução Industrial, e, como desdobramento, entre outros fenômenos culturais e econômicos, descortina-se a sociedade do consumo.

Essa nova sociedade assenta-se no modelo capitalista monopolista, que, em sua origem, buscou na burguesia o apoio e o capital necessário para o seu desenvolvimento.[3] Entre os valores preconizados pelo liberalismo clássico, predominava a liberdade de iniciativa e a isenção do Estado em relação aos atores do cenário econômico.

Com a evolução da sociedade e agravamento das desigualdades sociais, implementou-se o Estado de Bem-estar Social.

Porém, em paralelo às iniciativas do ente estatal no cumprimento de suas novas funções, criaram-se novas e atualizadas formas de domínio de interesses privados, no cenário do capitalismo, hoje com feição mais globalizada.

Nesse cenário, a comunicação de massa desempenhou papel essencial no fortalecimento do mundo dos negócios, o que, entre outros reflexos, se evidenciou na criação de uma sociedade consumista.[4] Dimantas exemplifica de maneira didática a afirmação:

> Certa vez um grupo de cientistas colocou cinco macacos numa sala de testes. Bem ao centro havia uma escada e, sobre ela, um cacho de bananas. Quando um macaco subia na escada para pegar as bananas um jato de água fria era acionado em cima daqueles que estavam no chão. Depois de um certo tempo, quando um macaco ia subir a escada, os outros pegavam e enchiam de pancada. Com mais algum tempo, nenhum macaco mais subia a escada, apesar da tentação de bananas. Então os cientistas substituíram os macacos. A primeira coisa que o recém-chegado fez foi subir a escada, sendo retirado pelos outros, que o surraram. Depois de algumas surras o novo integrante não mais subia a escada. Um segundo macaco veterano foi substituído e o mesmo ocorreu, tendo o primeiro substituído participado com entusiasmo da surra do novato. Um terceiro foi trocado e a cena se repetiu. Um quarto foi substituído e por fim o último dos veteranos.
>
> Os cientistas então ficaram com um grupo de cinco macacos, que mesmo nunca tendo tomado banho frio, continuavam batendo naquele que tentasse pegar as bananas. Se fosse possível perguntar a um deles porque eles batiam em quem tentasse subir a escada, com certeza a resposta seria: "Não sei, mas as coisas aqui sempre foram assim." É o que as empresas pensam como os macacos. O mundo dos negócios se comporta da maneira que conhecemos porque ... bem ... sempre foi assim.[5]

---

3. PIETROCOLLA, L. G. *Sociedade de consumo*. São Paulo: Global, 1989.
4. DIMANTAS, H. *Marketing hacker*: a revolução dos mercados. Rio de Janeiro: Garamond, 2003. p. 140.
5. Idem, p. 141.

É interessante reiterar que o compromisso do ente estatal com os setores mais dinâmicos da economia (empresas multinacionais, grandes empresas nacionais) perdura até os dias atuais, mas com características diferentes, posto que, de certa forma, a cultura consumista encontra-se tão arraigada na vida do ser humano pós-moderno que o ter sobrepõe-se ao ser. Somos o que temos e não somos e o que somos. Assim, o grande psicotrópico para os males da vida moderna se denomina consumo.

Esse remédio do século XXI parece atender ao propósito de satisfazer desejos, suprir carências ou criar coragem para projetar ambições. Sob essa perspectiva materialista, as relações interpessoais encontram esteio na perspectiva da materialização; ou seja, através de bens de consumo os homens procuram em vão atingir a estabilidade emocional e a autoafirmação.[6]

Nesse cenário, a criança apresenta-se como protagonista, responsável por boa parte das escolhas de consumo de um ambiente familiar. É interessante notar, por exemplo, que os dormitórios infantis são um excelente exemplo para ser estudado, pois esses ambientes são verdadeiros santuários do remorso do ser humano pós-moderno. Explicitando melhor: para suprir carências decorrentes de sua ausência no seio do lar, os pais recorrem à aquisição de bens materiais e proporcionam a seus filhos toda sorte de conforto e recursos modernos.

Em contrapartida, nunca o ser humano trabalhou tanto. Nem nos períodos feudais o ser humano esteve tão assoberbado. Nos Estados Unidos, o trabalhador médio trabalha 200 horas a mais por ano do que o operário há 30 anos. Há 50 anos as horas trabalhadas eram inferiores às da Europa Ocidental; na atualidade, elas excedem 300 horas ao ano, ou seja, mais de oito semanas a mais de trabalho. A cultura ocidental superou até mesmo a média horária do Japão, um país em que a cultura superdimensiona o trabalho como valor.[7]

Atentas a esse fato, as corporações (nova denominação para a burguesia do período industrial) iniciaram processos orientados para convencer os consumidores desde cedo. Mesmo porque, como seus pais não se encontram em casa, tornam-se presas fáceis da mídia, sobretudo quando se encontram encastelados em seus quartos.

Como exemplo, destaca-se que a cervejaria americana Budweiser realizou extensa campanha por meio da qual aliou sua marca a animais graciosos, como cães, répteis e rãs talentosas, tanto que, em 1998, a Kidcom, divisão infantil de uma das maiores agências de publicidade americana, a Campbell Mithun Esty, mostrou que o comercial preferido das crianças entre 6 e 17 anos era o anúncio da Rã da Budweiser, ao lado de outro produto alcoólico difundido pela mesma empresa.[8]

Valendo-se da ingenuidade e credulidade infantil, fornecedores massificam ideias para formar convencimento. Vale ressaltar que toda vontade, quando muito estimulada, torna-se um desejo, o qual, muito estimulado, transforma-se em necessidade.

---

6. SANTOS, A. M. *Sociedade do consumo*: criança e propaganda, uma relação que dá peso. Rio de Janeiro: ediPUCRS, 2009. p. 75.
7. SCHOR, Juliet B. *Nascidos para comprar*: uma leitura essencial para orientarmos nossas crianças na era do consumismo. São Paulo: Gente, 2009. p. 2.
8. SCHOR, Juliet B. *Nascidos para comprar*: uma leitura essencial para orientarmos nossas crianças na era do consumismo. São Paulo: Gente, 2009. p. 75.

O objetivo do marketing é trazer à tona desejos que já existiam. Os arquitetos dessa cultura, as empresas de propaganda incessantemente se voltam para a criança: nesse intuito demandam atenção, criatividade e dólares dos anunciantes; suas decisões modelam os espectros corporativos. No entanto, são poucos os adultos que reconhecem a magnitude da mudança e de suas consequências para o futuro de nossas crianças e de nossa cultura.[9]

No Brasil, o reconhecimento da participação da criança no mercado de consumo brasileiro impulsiona vigorosamente sua visibilidade na mídia. Nessa linha de pensamento, entre os argumentos que privilegiam o público infantil destacam-se: sua característica privilegiada de consumidor no presente e no futuro, conquistando uma fidelização precoce perante as marcas, e seu poder de influência sobre o consumo da família, na medida em que ocupa o lugar de ditadores da tendência de consumo de um lar.[10]

Por isso, as formas de convencimento merecem reflexão mais cuidadosa.

3. FORMAS DE CONVENCIMENTO DO PÚBLICO INFANTOJUVENIL

A formação da identidade baseia-se no processo de construção de significados fundamentados em atributos culturais. A identidade leva em consideração suprimentos oriundos de diversas áreas, tais como religião, história, entre outras. A partir desse fundamento, faz uso da memória coletiva e fantasias para conquistar e preservar seu espaço na sociedade.[11]

Em seu processo de desenvolvimento, o ser humano sofre a influência de muitos fatores, com realce a amigos, parentes e pessoas famosas. Sabedores desse mecanismo de confiança, corporações se especializam em formar convencimentos com base na memória emocional do cidadão e, a partir desse mecanismo, novas identidades são formadas cada vez mais cedo.

As celebridades estão presentes nas "fantasias pessoais" oriundas da memória coletiva; com isso, as celebridades tornam-se promotores de agregação de grupos sociais em função da imagem que sustentam.[12]

Homens e mulheres se reúnem em grupos, a partir do vínculo volátil que traz embutida a sensação de convivência por afinidade. Sob esse viés, o ato do consumo torna-se o momento de congregação maior:[13] são carros, roupas, chaveiros, pulseiras e um sem-fim de ícones que distinguem determinadas pessoas das demais, com base no senso de exclusividade. Ao utilizar um bem de consumo que faça lembrar uma celebridade, a pessoa apropria-se da "alma" da celebridade, e, com isso, sente-se parte de determinado meio social.

Em síntese, trata-se da exploração da necessidade de ser aceito, imanente ao ato de viver, pois todos internamente possuem o desejo de serem aceitos. No caso das crianças, as maiores celebridades estão nas personagens de animações infantis.

---

9. SCHOR, Juliet B. *Nascidos para comprar*: uma leitura essencial para orientarmos nossas crianças na era do consumismo. São Paulo: Gente, 2009. p. 2.
10. SAMPAIO, Ines Silva Vitorino. *Televisão, publicidade e infância*. São Paulo: Anablume, 2000. p. 152
11. CASTELLS, Manuel. *O poder da identidade*. São Paulo: Paz e Terra, 1999.
12. ZOVIN, C. *Celebridades*: a influência nos padrões de consumo no Brasil. Rio de Janeiro: e-paper, 2010, p. 15.
13. ZOVIN, C. *Celebridades*: a influência nos padrões de consumo no Brasil. Rio de Janeiro: e-paper, 2010. p. 16.

Tanto crianças quanto adultos, estamos imersos em um mar de fontes de mídia que incluem desde a televisão, o rádio, o cinema, a Internet, os jornais e as revistas, os vídeos, cds etc.[14]

Nessa linha de argumentação, os estudos que se debruçam sobre a relação das crianças com os meios de comunicação indicam que a publicidade voltada ao público infantojuvenil é uma realidade; porém, a atenção dispensada com a mesma, nem tanto... Seu desenvolvimento adquire contorno próprio, tendo em vista que o sujeito passivo da relação civil não possui todos os elementos constitutivos da personalidade.

Como consequência, crianças que expandiam seus horizontes do imaginário através de atividades lúdicas e de interação com o espaço exterior tornam-se alvo fácil das técnicas de marketing, capazes de influenciá-las no momento das contratações concretizadas por seus pais.

O grande problema não está simplesmente no conteúdo, que sempre existiu, mas preponderantemente no tempo de exposição à mídia. Os números são impressionantes, pois demonstram que crianças com idades de 2 a 18 anos ficam sintonizadas cerca de 40 horas por semana, fora de seus horários escolares. J. P. Marcum, poderoso executivo do grupo interativo SESAME, tratando do contrato que sua empresa acabara de fechar com o grupo VERIZON para baixar conteúdo televisivo para telefones celulares, afirmou categoricamente: "De acordo com o New York Times o celular é o novo chocalho".[15]

Sem sombra de dúvidas, estamos cercados por celulares, dvds, *tablets*, entre outros utensílios tecnológicos. É muito comum encontrar em mesas de restaurantes famílias inteiras interconectadas, sem trocar uma palavra sequer. Suzan Linn, pesquisadora, apresenta números reveladores no que tange ao avanço desse tipo de marketing que migra a passos largos para o ambiente *web*:

> O *site* norte-americano Nicckelodeon teve um rendimento de 9,6 milhões de dólares entre julho de 2004 e julho de 2005 – mais recursos publicitários do que qualquer outro *site* para crianças ou adultos. Quando a Kaiser Family Fundation examinou os 77 itens que as companhias de alimentos usam para atingir o público infantil, descobriu que eles receberam mais de 12,2 milhões de visitas de crianças com idades entre 2 e 11 anos no segundo semestre de 2005. De fato, à medida que a tecnologia digital foi se tornando mais sofisticada, TV e Internet se fundem para ser uma inteiramente nova experiência de marketing e mídia interativa voltada para crianças.[16]

Esse fenômeno repercute nos hábitos de consumo da população mundial, e, quando o debate adquire matizes cibernéticas, traz a lume uma realidade inconveniente: crianças, jovens e adolescentes brasileiros estão entre aqueles que mais se expõem a esse tipo de tecnologia.

Segundo pesquisa do Instituto Brasileiro de Opinião Pública e Estatística (IBOPE),[17] 28,5 milhões de brasileiros navegaram na Internet em dezembro de 2009. Destes, quatro

---

14. VILAR, N. M. *La influencia de la publicidad audiovisual en los niños*. Barcelona: Boch, 2007.
15. LINN, S. *Em defesa do faz de conta*. Tradução de D. G. Isidoro. Rio de Janeiro: Best Seller, 2010. p. 49.
16. Idem, p. 49-50.
17. Notícia divulgada pela agência Plenarinho, *site* da Câmara dos Deputados voltado para crianças, em 2 de fevereiro de 2010, com informações do IBOPE Nielsen *On-line* sobre a utilização da Internet. O Plenarinho fez uma pergunta na enquete: "O que você está fazendo nas férias?" Sabe o que a grande maioria dos plenamigos respondeu? "Só vejo televisão e jogo no computador" (resposta de 64,71%). Somente 11,76% disseram que brincaram muito na rua e em parques e outros 17,65% estavam viajando. Só um plenamigo disse que aproveitou as férias para estudar.

milhões eram crianças de dois a onze anos, o que não configura reflexo momentâneo ou sazonal de um novo aparato tecnológico, eis que indica o surgimento de um conceito, cuja irretroatividade é comprovada pelos números.

As crianças estão criando vínculos "afetivos" e de dependência com a *web*. Dessa forma, entregamos sua imaginação e criatividade nas mãos de grandes corporações.

Sob esse ângulo, é evidente a importância da abordagem do tema sob um ponto de vista multidisciplinar, no intuito de buscar fundamento para uma análise robusta da influência da Internet nos hábitos de consumo do público infantojuvenil.

4. A VULNERABILIDADE DE CRIANÇAS E ADOLESCENTES

A ingenuidade das crianças faz com que as mesmas sejam consideradas como o público particularmente vulnerável à manipulação. O problema se agiganta quando se parte da premissa de que as crianças, por se encontrarem em etapa peculiar de desenvolvimento, ainda se encontram desprovidas de senso crítico, necessário para dissociar a publicidade da manipulação que se esconde por trás da mesma.

No curto prazo, a publicidade exerce influência na formação das crianças, no momento da compra de produtos, quando estão na presença de seus pais. Seja no mercado, *shopping center*, lojas de rua, ou em qualquer outro local que apresente os produtos anteriormente ofertados, as crianças, em sua ingênua fragilidade, conjugada com a superproteção que desfrutam junto aos pais e, justamente por razões emocionais, interferem em suas decisões no momento das contratações. Nesse processo, acabam por adquirir determinados produtos ou serviços para agradar a seus filhos...

Uma das práticas mais comuns e lesivas são aquelas em que empresas de *fast-food* associam alimentos hipercalóricos a "presentes" alusivos a heróis midiáticos, como Homem-aranha, Super-homem, Batman, entre outros mais modernos. Nesse compasso, as crianças tendem a associar a alegria de ter acesso ao brinquedo ao ato de consumir aquele produto. Inicia-se então um ciclo vicioso, que tende a se repetir indefinidamente.

É importante ressaltar ainda que crianças que nascem dentro de um ambiente absolutamente virtualizado não conseguem distinguir com clareza a diferença entre mundo real e mundo virtual, fazendo com isso que se tornem ainda mais vulneráveis.

Por esse motivo, verifica-se que alguns países entenderam por bem abolir toda forma publicitária voltada para as crianças. Como exemplo, pode-se citar a Suécia, em que é vedada essa prática. Outros países optam pela autorregulamentação além da conjugação com o código de boas condutas, como ocorre no Brasil através do CONAR em sua seção 11[18] do Código Brasileiro de Autorregulamentação Publicitária, onde existe a previsão de resguardo dos interesses de crianças e adolescentes.

---

18. "Art. 37. Os esforços de pais, educadores, autoridades e da comunidade devem encontrar na publicidade fator coadjuvante na formação de cidadãos responsáveis e consumidores conscientes. Diante de tal perspectiva, nenhum anúncio dirigirá apelo imperativo de consumo diretamente à criança. E mais:
   I – Os anúncios deverão refletir cuidados especiais em relação à segurança e às boas maneiras e, ainda, abster-se de:
   a) desmerecer valores sociais positivos, tais como, dentre outros, amizade, urbanidade, honestidade, justiça, generosidade e respeito a pessoas, animais e ao meio ambiente;

5. A INFLUÊNCIA DA CRIANÇA NO CONSUMO FAMILIAR

Informar trata-se do ato efetivo de dar informe ou parecer sobre[19] algo. Essa definição, apesar de tecnicamente viável, não traduz com perfeição o sentido do termo.

O alicerce da história da civilização humana está umbilicalmente ligado à informação: não há sociedade sem comunicação de informação. A história do homem é a história da luta entre ideias, é o caminhar dos pensamentos. O pensar e o transmitir o pensamento são tão vitais para o homem como a liberdade física.[20] Toda informação tem como base uma ideia e, por sua vez, todas as ideias derivam de uma sensação ou de uma reflexão.

Suponhamos que a mente seja um papel branco, desprovido de todos os caracteres, sem quaisquer ideias. Como ela será suprida? De onde provém o vasto estoque que a ativa e que a ilimitada fantasia do homem pintou com uma variedade quase infinita? De onde apreende todos os materiais da razão e do conhecimento?

---

b) provocar deliberadamente qualquer tipo de discriminação, em particular daqueles que, por qualquer motivo, não sejam consumidores do produto;

c) associar crianças e adolescentes a situações incompatíveis com sua condição, sejam elas ilegais, perigosas ou socialmente condenáveis;

d) impor a noção de que o consumo do produto proporcione superioridade ou, na sua falta, a inferioridade;

e) provocar situações de constrangimento aos pais ou responsáveis, ou molestar terceiros, com o propósito de impingir o consumo;

f) empregar crianças e adolescentes como modelos para vocalizar apelo direto, recomendação ou sugestão de uso ou consumo, admitida, entretanto, a participação deles nas demonstrações pertinentes de serviço ou produto;

g) utilizar formato jornalístico, a fim de evitar que anúncio seja confundido com notícia;

h) apregoar que produto destinado ao consumo por crianças e adolescentes contenha características peculiares que, na verdade, são encontradas em todos os similares;

i) utilizar situações de pressão psicológica ou violência que sejam capazes de infundir medo.

II – Quando os produtos forem destinados ao consumo por crianças e adolescentes, seus anúncios deverão:

a) procurar contribuir para o desenvolvimento positivo das relações entre pais e filhos, alunos e professores, e demais relacionamentos que envolvam o público-alvo;

b) respeitar a dignidade, ingenuidade, credulidade, e inexperiência e o sentimento de lealdade do público-alvo;

c) dar atenção especial às características psicológicas do público-alvo, presumida sua menor capacidade de discernimento;

d) obedecer a cuidados tais que evitem eventuais distorções psicológicas nos modelos publicitários e no público-alvo;

e) abster-se de estimular comportamentos socialmente condenáveis.

Parágrafo 1º

Crianças e adolescentes não deverão figurar como modelos publicitários em anúncio que promova o consumo de quaisquer bens e serviços incompatíveis com sua condição, tais como armas de fogo, bebidas alcoólicas, cigarros, fogos de artifício e loterias, e todos os demais igualmente afetados por restrição legal.

Parágrafo 2º

O planejamento de mídia dos anúncios de produtos de que trata o inciso II levará em conta que crianças e adolescentes têm sua atenção especialmente despertada para eles. Assim, tais anúncios refletirão as restrições técnica e eticamente recomendáveis, e adotar-se-á a interpretação mais restritiva para todas as normas aqui dispostas.

Nota: Nesta Seção foram adotados os parâmetros definidos no art. 2º do Estatuto da Criança e do Adolescente (Lei nº 8.069/90): 'Considera-se criança, para os efeitos desta Lei, a pessoa até doze anos de idade incompletos, e adolescente aquela entre doze e dezoito anos de idade'".

19. FERREIRA, Aurélio Buarque de Holanda. *Novo dicionário da língua portuguesa*. Curitiba: Positivo, 2009. p. 1104.
20. CARVALHO, Luis Gustavo Grandinetti Castanho de. *A informação como bem de consumo*. Rio de Janeiro: Nova Era, 2003. p. 253.

Todo o nosso conhecimento está fundado na experiência e dela deriva fundamentalmente o próprio conhecimento. Empregada tanto nos objetos sensíveis externos, como nas operações internas de nossas mentes, a observação supre nossos entendimentos com todos os materiais do pensamento. Dessas duas fontes de conhecimento emergem nossas ideias.[21]

O tratamento da informação deve estar sempre vinculado à conjugação de subprincípios, que possam servir como uma espécie de incubadora de ideias. Sob esse prisma de análise, procedimentos de coexistência trabalham com uma base organizacional de subprincípios e, por esse viés, a informação, ao dialogar com o princípio da transparência, o princípio da boa-fé, o princípio da equidade, entre outros, pode ser considerada como a base de uma relação jurídica digna.

Nessa trilha, a autonomia da vontade passa por processo de revisão, pois a faculdade do ser humano de querer ou não querer alguma coisa, quando desprovida da devida informação e destituída desses subprincípios, pode induzir pessoas ao erro, imaginando que agem dentro de suas convicções, quando em realidade são "presas" de técnica astuta de mercancia.

A preocupação reside não só no que é ofertado diretamente pelo fornecedor, mas também pelas técnicas subliminares. Através de um estudo da psicologia das massas verifica-se que cada civilização deriva de um número de ideias fundamentais e raramente renovadas.[22] Dessa forma, incorporam-se costumes ao cotidiano das pessoas e, sabedores desse tipo de premissa, fornecedores de produtos ou serviços desenvolvem bens de consumo absolutamente absortos por desejos de determinado grupo social (crianças, jovens etc.). Um costume, por sua vez, desenvolve-se quando a relação social é regular, ao passo que o hábito requer relação de longa tradição, a ponto de transformar-se em algo como uma segunda natureza.

Não bastando isso, os hábitos e vontades coexistem de maneira simbiótica: como a criança, por todos os fundamentos históricos, tornou-se o epicentro do amor, ou do remorso de uma família pós-moderna, seus hábitos e costumes acabam por irradiar (teoria da irradiação) em todos que a cercam, verdadeiros comandos de absorção de bens de consumo.

Diante do exposto, a máxima "compra quem quer" merece ser inteiramente repensada. O querer apresenta-se manipulado diante de tais circunstâncias, ainda mais em se tratando de um público extremamente vulnerável como aquele que convive diretamente com crianças e adolescentes. Sob esse enfoque, vulneráveis realmente somos todos nós.

6. A INTERNET COMO CENTRO DO UNIVERSO DIGITAL

Após o *boom* da indústria digital, tornou-se inconcebível a vida sem a utilização de recursos tecnológicos, os quais efetivamente facilitam o cotidiano: a era digital, além de necessária, é uma realidade com a qual precisamos conviver harmoniosamente e com bom-senso.

---
21. LOCKE. Coleção Os pensadores, p. 165 e 154.
22. LE BON, Gustave. *Psicologia das massas*. Lisboa: Ésquilo, 2005. p. 69.

Crianças que nascem dentro desse universo sem precedentes na história do homem já adquirem características próprias da chamada geração Y, senão vejamos: a geração Y desenvolveu uma habilidade própria com o dedo polegar ao manusear celulares, habilidade não experimentada pela geração passada, que habitualmente digitava os números de telefones com o dedo indicador. Em contrapartida, daí surgem dilemas muito próprios dessa geração, como a tendinite proporcionada por esse peculiar manuseio.

A partir desse exemplo podemos refletir de maneira analógica sobre uma série de outras situações que exacerbam essa dualidade, e nunca poderemos tratar os dois agentes (jovens e empresas do ramo tecnológico) de maneira equiparada, pois não são. Essa deve ser a premissa. Não foi o jovem que adquiriu o bem tecnológico e tornou-se vítima de lesão por esforço repetitivo, mas o agente que, pela teoria do risco do empreendimento, se predispôs a desenvolver aquele tipo de tecnologia.

Podemos também tomar como exemplo os *sites* de rede social que se espalham com tamanha rapidez e há tempo deixaram de ser uma opção entre jovens, homens e mulheres, pois os seus inventores tocaram em uma corda sensível e que há muito esperava o tipo certo de estímulo.[23] O seu cerne se assemelha à hipótese anteriormente referida sobre a influência dos famosos; ou seja, a divulgação de interesses individuais que dissociam os seres dos demais.

As pessoas ficam felizes por revelar detalhes de sua vida pessoal, compartilhar fotografias e fornecer informações precisas sobre o seu cotidiano. Estima-se que 61% dos adolescentes britânicos entre 13 e 17 anos tenham um perfil em rede. Se esses dados forem observados em países do Extremo Oriente, onde as inovações tecnológicas chegam com maior brevidade, a vida eletrônica ou *cibervida* já se apresenta como uma realidade, pois a maior parte das pessoas tem seus dias acompanhados por um computador, um celular ou qualquer outro artifício tecnológico. Por óbvio que os jovens não têm qualquer espaço de escolha.[24]

Zygmunt Baumam trata do tema e esclarece:

> Seria um erro grave, contudo, supor que o impulso que leva à exibição pública do "eu interior" e a disposição de satisfazer esse impulso sejam manifestações de um vício/anseio singular, puramente geracional e relacionado aos adolescentes, por natureza ávidos, como tendem a ser, para colocar um pé na "rede" (termo que está rapidamente substituindo "sociedade", tanto no discurso das ciências sociais quanto na linguagem popular) e lá permanecer, embora sem muita certeza quanto à melhor maneira de atingir tal objetivo.[25]

Ademais, crianças e adolescentes equipados de seus confessionários eletrônicos portáteis são apenas aprendizes aplicados da arte de treinar e serem treinados na arte de conviver em uma sociedade cada vez mais vocacionada à confissão pública. Como se sabe, vivemos em uma sociedade que se caracteriza pela eliminação de fronteiras entre o público e o privado, por transformar a exposição pública numa virtude, ou em um grande

---

23. BAUMAN, Z. *Vida para o consumo*. Rio de Janeiro: Zahar, 2008. p. 8.
24. Idem, p. 8-9.
25. Idem, p. 9.

playground. Mas, no caso, o parque não se encontra acompanhado de fiscais, inspetores ou qualquer outro meio de coerção.[26]

7. CONCLUSÃO

A atividade publicitária, prioritariamente aquela especialmente dirigida ao público infantojuvenil, merece tratamento especial e supervisão ante a forte tendência a influenciar o sujeito passivo da relação jurídica. A problemática da oferta se estampa de maneira patente, não havendo que se falar em criação de meios de coibição, mesmo porque, nos dias atuais, isso seria impossível, seja pelo advento das ofertas via Internet, seja pela adoção de técnicas ligadas ao neuromarketing, ou outras que ainda desconhecemos, mas certamente advirão, dada a rápida evolução científico-tecnológica atual.

Vale sublinhar que a presente proposta não se confunde com estímulo à tecnofobia, muito pelo contrário, o que se pretende é promover reflexão que sirva como alerta para a sociedade dos riscos, proporcionados pelo consumo virtual.

REFERÊNCIAS

ARIÉS, P. *História Social da criança e da família*. Rio de Janeiro: LTC, 1981.

BAUMAN, Z. *Vida para o consumo*. Rio de Janeiro: Zahar. 2008.

BON, G. L. *Psicologia das massas*. Lisboa: Ésquilo, 2005.

CASTELLS, M. *O poder da identidade*. São Paulo: Paz e Terra, 1999.

DIMANTAS, H. *Marketing hacker*: a revolução dos mercados. Rio de Janeiro: Garamond, 2003.

FERREIRA, A. B. *Dicionário Aurélio século XXI*. Curitiba: Positivo, 2009.

KARSAKLIAN, E. *Comportamento do consumidor*. São Paulo: Atlas, 2008.

LINN, S. *Em defesa do faz de conta*. Tradução de D. G. Isidoro. Rio de Janeiro: Best Seller, 2010.

PIETROCOLLA, L. G. *Sociedade de consumo*. São Paulo: Global, 1989.

SAMPAIO, I. S. *Televisão, publicidade e infância*. São Paulo: Anablumme, 2000.

SANTOS, A. M. *Sociedade do consumo*: criança e propaganda, uma relação que dá peso. Rio de Janeiro: ediPUCRS, 2009.

SCHOR, J. B. *Nascidos para comprar*: uma leitura essencial para orientarmos nossas crianças na era do consumismo. São Paulo: Gente, 2009.

VILAR, N. M. *La influencia de la publicidad audiovisual en los niños*. Barcelona: Boch, 2007.

ZOVIN, C. *Celebridades*: a influência nos padrões de consumo no Brasil. Rio de janeiro: e-paper, 2010.

---

26. Idem, p. 10.

27
VIRTUALIZAÇÃO DA MOEDA: ASPECTOS, FUNÇÕES E PROBLEMAS DO *E-MONEY*

Sophia Martini Vial

Sumário: 1 Considerações Iniciais. 2 Breve histórico da evolução do conceito de moeda. 3 Surgimento de novos modelos de contratação na internet. 3.1 O dinheiro plástico como solução. 3.2 A desmaterialização total como tendência. 3.3 A aproximação entre setor bancário e telecoms no Brasil. 4 Considerações Finais. Referências.

1. CONSIDERAÇÕES INICIAIS

> *"Para a conexidade das relações a explicação é simples: na sociedade moderna por vezes as relações contratuais são tão conexas, essenciais, interdependentes e complexas que é impossível distingui-las, realizar uma sem a outra, deixar de realizá-las ou separá-las. E assim, se uma das atividades (ou fins) é de consumo acaba por 'contaminar', por determinar a natureza acessória de consumo da relação ou do contrato comercial (...). Mister, pois estudar e estar ciente das redes de contratos, as redes de consumidores e os atuais contratos coletivos ou sistêmicos. A união de contratos, seu encadeamento em redes, cadeias de fornecimento, formação de grupos de consumidores alvo, é o novo meio que se utiliza o mercado para a satisfação de um interesse, o qual não se poderia realizar através das figuras típicas contratuais existentes e do modo de negociação e contratação clássico, mas que o encadeamento/simultaneidade de contratos permite"*[1]

A proteção do consumidor enquanto cidadão nunca esteve tão presente na nossa sociedade de consumo. A reaproximação possível entre direito do consumidor e o seu próprio fundamento constitucional deve-se à maturidade atual atingida. A gentileza da doutrinadora Claudia Lima Marques e seus esforços em apresentar o diálogo das fontes enquanto teoria geral do direito possibilitaram também o entendimento do direito privado em uma inserção nova enquanto lhe empresta uma visão mais solidária.

A maturidade atingida passou por um período de necessidade de independência, uma vez que o consumidor precisava se afirmar frente às relações estabelecidas e sentia-se tutelado apenas pelo Código de Defesa do Consumidor, mas após esse *adolescer* do CDC não se olvidaram esforços para que tal plenitude fosse atingida.

Neste sentido, ao completar 20 anos, o CDC passou a necessitar de diversas atualizações. O termo "atualização" para se referir às mudanças legislativas trazidas pela Comissão de Juristas é proposital, isso porque conforme as palavras do Presidente da

---

1. MARQUES, Claudia Lima. *Confiança no Comércio Eletrônico e a Proteção do Consumidor.* São Paulo: Revista dos Tribunais, 2004, p. 63.

Comissão, Min. Herman Benjamin "*a atualização tem como objetivo somente acrescentar, nunca reduzir a proteção ao consumidor no Brasil*"[2].

É neste espírito de proteger e de somar esforços a mitigar a disparidade informacional que as atualizações foram muito bem recebidas pela comunidade acadêmica, que, com a liderança da Prof. Claudia Lima Marques e de todo o corpo do Brasilcon, empenharam-se em organizar audiências públicas para discutir de forma colaborativa e democrática as necessidades de todos nós vulneráveis.

Esta ideia de vulnerabilidade, ademais, fica mais abalada a cada especialização do mercado, a cada nova técnica aplicada para a criação de perfis dos consumidores. É justamente aqui que se insere o tema deste ensaio. Denomino como ensaio em razão de acreditar que a falta de aprofundamento sobre o tema impossibilita que surjam verdadeiras sugestões. Desta maneira, é um verdadeiro chamado ao debate que se faz com muita vontade e humildade para uma construção colaborativa, modelo mais do que aplicado nas nossas relações diárias a partir da difusão da internet em seu atual estado.

Kennedy afirmava que somos todos consumidores, entretanto no Brasil somos diversos tipos de consumidores, sendo assim vale lembrar que uma grande parcela destes movimentou o ano de 2016 com mais de 85 bilhões de reais em compras feitas pela Internet, a propósito, apenas no final de semana da Black Friday – outro anseio de consumismo que importamos do modelo norte americano -, compramos 1,95 bilhão de reais[3]. Estas compras foram, em sua maioria, feitas a partir de cartões de crédito ou o que convencionaremos chamar aqui de *e-money*.

Assim, nós consumidores, nós *homus economicus et culturalis*, na expressão de Claudia Lima Marques, temos nossa própria característica no Brasil, revelando um imenso superendividamento da população através da disponibilização de crédito irresponsável pelas empresas fornecedoras.

Sendo assim, consistirá este trabalho na apresentação de breves ideias sobre o atual estado do comércio eletrônico brasileiro com o advento da Lei nº 12.865/13 que introduziu o *e-money*, ou melhor, que instituiu arranjos de pagamento em nosso país, assim como suas regulamentações subsequentes por parte da CMN e do Bacen. Também nos atreveremos a apresentar, de forma bastante superficial, o conceito de *Virtual Money* e como ele tem sido explorado no Brasil. Para tanto, será necessário encontrar o conceito de moeda/dinheiro, como também de apresentar esses novos modelos de contratação na Internet.

Após essa breve explicação, esperamos que o leitor aceite o convite e possa estabelecer um diálogo com as novas ideias a partir do primordial conceito de proteção do consumidor enquanto cidadão vulnerável.

---

2. Nesse sentido, veja o Relatório Geral da Comissão de Juristas de Atualização do Código de Defesa do Consumidor: BRASIL. BENJAMIN, Antônio Herman et al. Senado Federal. *Relatório Geral*: Comissão de Juristas de Atualização do Código de Defesa do Consumidor. Brasília: 2012. Disponível em: <http://www.senado.gov.br/senado/codconsumidor/pdf/extrato_relatorio_final.pdf>. Acesso em: 12 jan. 2020.
3. EBIT. *Webschoppers*. 34. ed. 2016. Disponível em: < http://www.fecomercio.com.br/public/upload/editor/pdfs/ws34_pt.pdf>. Acesso em: 12 jan. 2020.

2. BREVE HISTÓRICO DA EVOLUÇÃO DO CONCEITO DE MOEDA

A história da moeda[4] é quase sempre contada e relembrada pelo seu início no escambo (*barter*). Neste sentido, vários eram os produtos que poderiam ser trocados, desde sal (salário), gado, sementes de café, escravos, conchas, peixe seco, tecido, etc. A superação do escambo pela dificuldade na interpolação das relações, na determinação da equivalência, bem como na dificuldade de transporte de muitos bens, como o gado e sua não durabilidade, fez logo iniciar a primeira revolução monetária da história[5] que ocorreu na Lídia (Turquia) com a cunhagem de moedas de ouro e prata provavelmente em 630 a. C.

Junto com a cunhagem das primeiras moedas veio a sua falsificação pelos próprios emitentes e a sua necessidade de sustentação dos reinos. Dentre as invenções levadas por Marco Polo ao velho mundo estava o papel moeda da China, no entanto a *mágica do pagamento bancário* desenvolveu-se com a decadência da Igreja e do poder do Estado junto a ascensão das famílias banqueiras italianas, para as quais não havia escopo religioso. A semântica permitiu a criação das letras de câmbio e, consequentemente, o sistema baseado na confiança, que no caso da família mais conhecida, família Médici durou até que Carlos VIII invadisse Florença e a expulsasse da cidade.

Com a colonização da América Latina foi possível difundir a cultura monetária entre todas as classes sociais, ainda assim, muitas vezes, era importuno o transporte de moedas que facilmente poderiam ser falsificadas ou roubadas durante o transporte.

Ainda assim, o sistema colonial dificultava a circulação de moedas no novo continente e, em especial nas 13 colônias, desenvolveu-se a ideia de que a impressão de papel-moeda poderia significar um ato de independência.

A história dos EUA possibilitou a difusão do papel-moeda como hoje conhecemos, além de sua ganância por poder e por território também nos proporcionaram chegar ao estado do dinheiro como é hoje, desindexado do modelo de padrão-ouro.

Logo depois, experimentamos um longo período de cisão e polarização mundial em que as moedas se regulavam umas pelas outras, ou melhor, havia, na verdade, uma indexação ao próprio dólar americano. A confiança das moedas e dos mercados baseava-se na volatilidade do dólar americano.

---

4. "The term money is not an eternal entity. Its formation is contingent on a given set of social, economic, technological and legal conditions. The concept, nonetheless, appears among the earliest writing of the ancient moral thinkers. Whilst these authors have called attention to some contemporary forms of money, their account of the origin of money is neither clearly contemplated nor explicitly stated. The theory is by no means fully elaborated. For reasons which will be expounded in the subsequent chapters, the validity of this theory is open to grave doubts. But the subsequent importance of the theory is considerable. In essence, the theory in one form or another has sustained its presence ever since ancient times. On the whole, this is the same exposition of the origin of money that we find in any modern economics textbook. Money is an indisputable fact. Equally undeniable is the fact that money must have come into being at some location and point in time. It would be futile to try to pinpoint the exact time and place where money first originated. We will never be able to experience and know the exact concrete circumstance, even if there was one. Neither will be able by mere collection of evidence, no matter how extensive and methodical we may be, to get the exact point of the formation of money." (KARIMZADI, Shahzavar. *Money and its origins*. London: Routledge, 2013, p. 35).

5. WHATERFORD, Jack. *A história do dinheiro*. Trad. June Camargo. Rio de Janeiro: Elsevier, 2006, p. 30.

Após este breve apanhado histórico e, propriamente dele, é que se pode apresentar as funções da moeda. A moeda desempenha três funções fundamentais: *a de intermediário das trocas, a de unidade de valor e a de reserva de valor*[6]. O papel da moeda como intermediário das trocas revela-se na definição de moeda. O papel moeda como unidade de valor origina os sistemas de preço que utilizamos. Por fim, enquanto na função de reserva de valor é consequências de compras e vendas, já que o detentor do dinheiro pode acumulá-lo ou gastá-lo, sendo assim, a moeda é uma *reserva de valor imperfeita*, pois quando os preços sobem, o montante que se pode gastar diminui[7].

A existência da moeda de forma complexa como conhecemos hoje há muito vem evoluindo. Para tanto, podemos referir a diferença conceitual entre moeda e dinheiro. A moeda é o meio para efetuar transações monetárias. É todo o ativo que constitui uma forma imediata de solver débitos, com aceitabilidade geral e disponibilidade imediata e que confere ao seu titular um direito de saque. O dinheiro é constituído pelas notas (geralmente em papel) e moedas (peças metálicas) admitidas em circulação. Assim, a definição de moeda é mais abrangente, já que engloba não só o dinheiro, mas também o valor depositado em contas correntes.

Em geral, a moeda é emitida e controlada pelo governo de um país, sendo o único que pode fixar e controlar o seu valor. Portanto, podemos falar na sua evolução.

Ao contar a evolução da moeda, já nos ensina Crowther[8] que obviamente contamos uma história imaginária, em parte já confirmada pela antropologia, mas o que realmente deve ser observado é a *significação* e as ideias embutidas no conceito de moeda.

É neste sentido, ou seja, de entender a *significação* que a moeda eletrônica se apresenta como uma forma mais prática de circular moeda e, além disso, vermos o desenvolvimento da moeda virtual que traz à tona toda a ideia de democratização do *cyberespaço*, assim como a liberdade individual de criação, retornando, portanto, ao primeiro estágio da moeda.

3. SURGIMENTO DE NOVOS MODELOS DE CONTRATAÇÃO NA INTERNET

Daniel Lynch, fundador do CyberCash, Inc, hoje em parte transformado no PayPal, em 1996, publicou um livro chamado *"Dinheiro Digital: o Comércio na Internet"*. Neste livro, indicou três motivos para que o comércio eletrônico tivesse se desenvolvido em seu primeiro estágio: o conceito de tempo, a falta de tempo e o valor do tempo; a democratização e popularização dos *personal computers* e, por fim, a familiarização das pessoas com o acesso remoto e as barreiras técnicas de utilização de serviços na rede.

O meio pelo qual o comércio eletrônico se desenvolveu baseia-se na venda através de cartões de crédito e *travellerchecks* (basicamente imitavam os cartões *private label*). Novos modelos, porém, passaram a surgir.

---

6. SIMONSEN, Mario Henrique; CYSNE, Rubens Penha. *Macroeconomia*. 4. ed. Porto Alegre, Editora Atlas, 2009.
7. MANKIW, N. Gregory. *Macroeconomia*. 8. ed. Rio de Janeiro: LTC, 2015.
8. "We may well begin on our task of describing money by relating the history of its development. This history is partly imaginary, though anthropological research has confirmed much of it. But in any case we are more concerned with the orderly logical development of the ideas now embodied in money than with scientific anthropology, and imagination may be allowed occasionally to usurp the place of recorded fact." (CROWTHER, Geoffrey. *An outline Money*. 1. ed. London: Thomas Nelson and Sons, 1940, p.12.)

A moeda tem funções descritas pela economia clássica cuja primeira é aquela de servir como instrumento de troca, a segunda é servir como meio de pagamento e a terceira é servir como reserva de valor.

A introdução da moeda nos fez despersonalizar o pensamento, o pastor não podia apenas saber contar, ele precisava saber qual vaca estava perdida, mas abandonar 100 vacas para procurar 1 poderia ser muito custoso, assim a racionalidade passa a reger as relações humanas com a introdução dos valores econômicos.

No entanto, a tecnologia traz uma segunda reviravolta do pensamento, uma vez que as informações desestabilizam mercados, fazendo os mercados subir e descer, agirem com emoção. Desta forma, a crise de confiança se instala, mas mesmo assim o interesse econômico na internet foi despertado e as empresas passaram a estudar e propor formas de relacionamento direto com o consumidor.

Kurtzman fez uma boa comparação com o mercado e o corpo humano, afirmando que aquele se comporta como se tivéssemos dado LSD a ele, já que se assim fizéssemos com nosso corpo, o nosso *corpus callossum,* a comunicação entre lado esquerdo e lado direito do cérebro ficaria confusa e a nossa capacidade de raciocínio estaria tomada pela sensibilidade artística do lado direito. Para ele, assim funciona o mercado, todas as informações deixam de ser filtradas e todas elas podem afetar de igual maneira o mercado.

Entretanto, é justamente nesse mercado que o consumidor se vê colocado, sua posição de rei do mercado fica absolutamente abalada, ainda mais com tanta informação: ele precisa decidir entre contratar e não contratar, precisa decidir o que e quando contratar e, além disso, precisa confiar que o produto ou serviço adquirido lhe será entregue.

A utilização do cartão de crédito passa então a ser uma solução e ligação entre consumidor e fornecedor, mas uma solução para o fornecedor, já que o consumidor continua sem saber se seus produtos ou serviços serão entregues.

Do mesmo modo que deixo de se utilizar a moeda e passo a utilizar papel-moeda, também começo a deixar de lado o papel-moeda pelo dinheiro plástico.

Dentre as características desse dinheiro plástico é que se insere o conceito de *e-money*: é moeda eletrônica aquela cujo valor monetário, representado por um crédito sobre o emitente e que seja: i) armazenado num suporte eletrônico; ii) emitido contra a recepção de fundos de valor não inferior ao valor monetário emitido; e iii) aceite como meio de pagamento por outras empresas que não a emitente.

Aqui o *e-money* diferencia-se do *digital money* ou *virtual money*, isso porque o primeiro continua sendo moeda de curso forçado controlada pelo banco central, enquanto a outra é moeda com denominação própria, sem autoridade central e ainda sem controle de seu fluxo, inflação, isto é, há muito utilizamos *e-money*, apenas não o chamávamos ou classificávamos assim.

A natureza jurídica enquanto bem jurídico e não coisa da moeda depositada convertida para puro registro eletrônico continua sendo moeda escritural no Brasil e normatizada pela Lei nº 12.865/13 e mais algumas normas da CMN e Bacen.

Assim, a moeda eletrônica diferencia-se ainda mais das moedas virtuais, já que é denominada em reais. Vale lembrar que o real tem curso forçado de acordo com a Lei nº

10.192/01 e, ainda, tem curso legal, mesmo que os fornecedores não sejam obrigados a aceitar todos os arranjos de pagamento. Inclusive, no que diz respeito às práticas abusivas do art. 39 do CDC, em especial à prática do inciso IX, não será prática abusiva a não aceitação de cartão de crédito ou de débito, pois a obrigação é de aceitar apenas a moeda de custo forçado em moedas ou dinheiro.

Após toda essa explanação, segue a dúvida de quais seriam efetivamente as características do *e-money*. No Brasil ele obedece à legislação do Banco Central: Lei nº 12.865/13, bem como pelas Circulares 3.680 e 3.347 do Bacen, assim como à Resolução 4.282 da CMN. O Banco Central do Brasil emitiu o Comunicado 25.306/2014 que "*esclarece sobre os riscos decorrentes da aquisição das chamadas 'moedas virtuais'*"[9].

Feita a distinção, podemos dizer que os exemplos relativos ao *e-money* não faltam: cartões pré-pagos para utilizar em ônibus, cartões pré-pagos para refeições e até cartões pré-pagos de débito. Assim, a moeda eletrônica no Brasil foi regulamentada e faz parte dos instrumentos de pagamento do Sistema Brasileiro de Pagamentos.

Por outro lado, a questão do dinheiro virtual diz respeito àquele dinheiro sem uma autoridade central que regule ou regulamente seu funcionamento, assim sua emissão muitas vezes não tem regras claras e transparentes causando, por consequência, em uma quebra na confiança daquele que a utiliza. Podemos usar como exemplo de dinheiro virtual o *Bitcoin* que vem tomando espaço na mídia e no mercado virtual de *capitais*.

Neste sentido, se porventura o Bacen passasse a reconhecer o dinheiro virtual enquanto moeda seria ele um meio de pagamento e não um instrumento de pagamento como é o dinheiro eletrônico.

Ainda há uma grande discussão acerca da possibilidade de regulamentação do dinheiro virtual, porém devemos lembrar que ele está no ciberespaço e, por isso, deve respeitar as regras deste meio.

É impensável falar sobre liberdade total enquanto existem outros princípios a serem ponderados como liberdade, privacidade e inimputabilidade da rede. Entretanto, é sim necessário que se atente à internet enquanto espaço colaborativo pronto para as *inovações*.

Neste sentido de respeitar a inovação e o cenário de colaboração que ideias como a do *bitcoin* e outras moedas virtuais não são contabilizadas no sistema de pagamento de países e, portanto, não são regulamentadas.

Ademais, sobre os novos instrumentos de pagamento, há de se referir que muito se questiona sobre a sociedade do futuro como uma *cashless society*. Neste sentido, é que pensamos na expressão *cashless society* como a simples transição entre o papel-moeda para uma economia movida por dinheiro plástico.

Por óbvio que a facilidade de se utilizar cartão de crédito ou débito, se dá em função da segurança, facilidade de transporte, enfim, pela comodidade, mas ainda assim esbarramos na questão tecnológica.

---

9. BACEN. *Comunicado nº 25.306, de 19 de fevereiro de 2014*. Disponível em: <https://www3.bcb.gov.br/normativo/detalharNormativo.do?method=detalharNormativo&N=114009277>. Acesso em: 12 jan. 2020.

Enquanto a facilidade de transporte e de segurança representam um bom motivo para usar dinheiro plástico, também são motivos claros a diminuição dos custos de transação, redução dos custos de produção do papel-moeda, redução dos custos de manutenção da moeda circulante e, ainda, redução de problemas sanitários resultantes do manuseio do papel-moeda. Entretanto, ainda há quem defenda que a internet permite que a despersonalização do dinheiro, e, assim, *tornando o elo entre consumidores e comerciantes mais impessoais*[10]. Essa impessoalidade torna-se mais visível quando o consumidor passa a necessitar de diversas ferramentas para acessar bens de consumo. Assim, o dinheiro eletrônico, enquanto for virtual, se reaproximará do dinheiro primitivo, já que os indivíduos terão liberdade de criação e de designação da sua utilização.

Neste mercado sem fronteiras vemos grandes corporações lutando para se tornarem a principal instituição monetária, mas ainda confundimos o dinheiro virtual com o eletrônico, uma vez que nossos bancos centrais não conseguem lidar com novos meios de pagamento, somente inserem novos instrumentos de pagamento. Por este motivo é que será objeto do presente trabalho o consumidor enquanto o mais abalado por esta crise de confiança que a insegurança dos sistemas monetários é constantemente excitado por novas moedas.

3.1. O dinheiro plástico como solução

Como já se demonstrou, há uma diferença entre *e-money*, considerado o dinheiro plástico e aquele determinado como dinheiro virtual. Enquanto os sistemas de moeda eletrônica seguem os esquemas legais de câmbio e obedecem às normativas dos bancos centrais, as moedas virtuais dependem de uma taxa de câmbio variável, de acordo com a demanda e a oferta dessa moeda virtual.

Vale lembrar que existem problemas relativos ao valor da moeda virtual quando for convertida; e, além disso, a moeda virtual, ao contrário da moeda eletrônica, quando denominada de forma diferente, que não a moeda corrente, p.ex. euros, dólares ou reais, significa que o controle desta moeda é deixado ao seu emitente que, via de regra, não é uma empresa financeira, assim não obedecendo às normas específicas e nem sequer gerando confiança ao mercado de consumo.

O surgimento do *e-money* pode ser encontrado na própria história do que chamamos de dinheiro. Do escambo até o papel a mudança deu-se em razão da facilidade de armazenamento do seu utilizador, o que também é uma característica da revolução tecnológica do século 21 que culminou na desmaterialização[11]. O mercado está sempre pronto para inovações e o *e-money* é fruto desta revolução e mudança constante.

---

10. WEATHEREFORD, Jack McIver. *A história do dinheiro*: do arenito ao cyberspace. São Paulo: Negócio, 1999, p. 251.
11. A desmaterialização aqui deve ser entendida também como digitalização, nesse sentido: "[t]he history of money is one of its progressive dematerialization, a trend illustrated foremost when metal money gave way to paper money". (GUTTMANN, Robert. *Cybercash*: The Coming Era of Electronic Money. New York: Palgrave Macmillan, 2003, p. 56.)

Em relação ao dinheiro plástico, há um risco ao consumidor que é justamente a falta de proteção no que diz respeito ao seu direito de privacidade[12], o que veremos adiante.

3.2. A desmaterialização total como tendência

Assim como o *e-money*, devemos também fazer referência as moedas virtuais, consideradas como desmaterialização da ideia inicial de moeda. Dentre um dos maiores exemplos está o *Bitcoin*, uma moeda virtual criptografada sem uma autoridade central, ou seja, nenhum administrador pode controlar seu valor devido a sua natureza descentralizada, trazendo tanto benefícios, quanto problemas à tona.

Alguns autores têm escrito que a existência do *Bitcoin* se resume em três grandes benefícios: *menores custos de transação, uma arma contra a pobreza e opressão e estímulo à inovação financeira*[13].

De fato, não há custos de transação na utilização de BTC, já que é uma rede totalmente colaborativa. Porém, ao lado desse baixo custo, há também problemas que são abordados pelos órgãos reguladores de alguns países como os Estados Unidos e os blocos econômicos como a União Europeia.

Assim, essa diferenciação entre a moeda corrente e a moeda virtual acarreta também na necessidade de cuidados por alguns Bancos Centrais, como foi o caso do Banco Central da União Europeia que ao cuidar dos BTC publicou um manual[14] sobre as moedas virtuais e os seus métodos, enfocando nos potenciais impactos destes sobre as questões monetárias dos países da União Europeia, em especial sobre a) estabilidade dos preços; b) estabilidade financeira e sobre c) a estabilidade dos meios de pagamento. Estas pautas somente têm reflexo na economia nacional enquanto a moeda virtual puder ser trocada por bens e serviços ou ainda ser trocada por moeda corrente.

Sobre as desvantagens e os desafios do *Bitcoin* em relação ao consumidor há que se mencionar a volatilidade, o anonimato, o processo deflacionário, a impossibilidade de desistência da negociação bem como sua característica totalmente online e a segurança.

Muitos defensores do BTC têm mostrado que a discussão gira em torno da característica do *Bitcoin* mais como um bem do que como uma moeda, o que não refletiria estes problemas. Por outro lado, a violação da segurança do BTC já ocorreu, assim como a volatilidade levou há mais de cinco ajustes de preço desta moeda.

---

12. Nesse sentido, veja: "no comércio eletrônico, os meios de pagamento podem ser, em geral, cartão de crédito, via boleto de pagamento ou depósito em conta corrente, cartão inteligente, cheque eletrônico e, ainda, a moeda eletrônica ou *e-cash*. [...] Nessa hipótese, há riscos, pois as informações do consumidor ficam armazenadas na base de dados do lojista e podem vir a ser mal utilizadas ou roubadas por terceiro, o que será de plena responsabilidade do fornecedor. [...]Em geral, os pagamentos efetuados pela rede são seguros se estiverem bem protegidos por dispositivo de segurança, mas assim mesmo podem ocorrer falhas no sistema, violação por terceiros, no caso de ação fraudulenta ou mesmo a perda da senha pelo consumidor que não tomou as cautelas necessárias para preserva-la em sigilo". (MATTOS, Analice Castor de. *Aspectos Relevantes dos Contratos de Consumo Eletrônicos*. Curitiba: Juruá, 2012, p. 109-110.)
13. ULRICH, Fernando. *Bitcoin* – A moeda na Era Digital. São Paulo: Instituto Ludwig von Mises Brasil, 2014, p. 25-27.
14. EUROPEAN CENTRAL BANK. *Virtual Currency Schemes*, out. 2012. Disponível em: < http://www.ecb.europa.eu/pub/pdf/other/virtualcurrencyschemes201210en.pdf>. Acesso em: 12 jan. 2020.

O que importa neste trabalho, no entanto, é justamente a proteção do consumidor enquanto utilitário da moeda virtual. Assim sendo, ainda que se pense na liberdade criativa na rede é importante que se ponderem os princípios da inimputabilidade da rede, de modo que o consumidor, quando lesado, seja protegido pela legislação aplicável.

Neste sentido, o próprio Marco Civil da Internet no Brasil reconhece a proteção do consumidor como fundamento do uso da Internet (art. 2°, V da Lei n° 12.965/2014), assim como assegura a aplicação do próprio CDC às relações de consumo viabilizadas pelo meio eletrônico (art. 7°, XIII da Lei n° 12.965/2014).

3.3. A aproximação entre setor bancário e telecoms no Brasil

O grande problema que se apresenta atualmente é o que diz respeito à conceituação de *e-money* no Brasil. A Lei n° 12.865/13 conceituou arranjos e instituições de pagamento, bem como esclareceu que não necessariamente as instituições de pagamento se confundam com as instituições bancarias (a quem foi facultado aderir ao sistema de arranjos de pagamento). O grande problema é que as instituições de pagamento estão cada vez mais ligadas ao setor de telecomunicações no Brasil.

Por princípio, entenderemos o que o marco regulatório trouxe ao Brasil sobre a moeda eletrônica. Pelos poderes outorgados pela Lei n° 12.865/13, o CMN e o BACEN instituíram um primeiro marco regulatório disciplinando o funcionamento de arranjos e instituições de pagamento, por meio das Resoluções 4.282 e 4.283 e das Circulares 3.680, 3.681, 3.682 e 3.683, todas datadas de 4/11/13 e publicadas em 6/11/13.

A resolução 4.282 do Bacen estabelece as diretrizes que devem ser observadas na regulamentação, na vigilância e na supervisão das instituições de pagamento e dos arranjos de pagamento integrantes do Sistema de Pagamentos Brasileiro (SPB), de que trata a Lei n° 12.865/13 em especial sobre interoperabilidade dos arranjos de pagamento, confiabilidade, qualidade e segurança dos serviços de pagamento e inclusão financeira.

Por sua vez, a Resolução 4.283 do Bacen dispõe sobre a prevenção de riscos na contratação de operações e na prestação de serviços por parte de instituições financeiras e demais instituições autorizadas a funcionar pelo Banco Central do Brasil.

Alguns desses procedimentos estão relacionados com o direito consumerista, por exemplo, a necessidade de solicitação prévia para envio de instrumentos de pagamento ao domicílio do cliente, enquanto outros focam na prevenção dos crimes de lavagem de dinheiro, como a necessidade de identificação dos usuários finais beneficiários de pagamento.

As novas circulares, por sua vez, dividem-se em quatro assuntos: (i) instituições de pagamento, (ii) arranjos de pagamento, (iii) contas de pagamento e (iv) gerenciamento de riscos das instituições de pagamento.

Tratando-se da circular 3.680, ela dispõe sobre as contas de pagamento, dividindo estas em contas pré-pagas e contas pós-pagas. Com o objetivo de proteger a poupança popular, todo o valor dos saldos das contas de pagamento deverá ser alocado exclusivamente em uma conta específica no BACEN ou títulos públicos federais. Interessante notar que a referida circular prevê um cadastro simplificado para contas de pagamento pré-pagas com baixos valores, o que era uma das grandes demandas do setor para a viabilização do acesso especialmente de pessoas de baixa renda a cartões pré-pagos.

Neste sentido, são de elevada importância os dados relativos pré-existente na parceria entre empresas de telefonia e empresas de cartão de crédito, já que o *e-payment* pode ser considerado como nova forma de acesso ao crédito da população que não possuem contas ativas nos bancos em geral.

Além disso, é de se pontuar que crédito e telefonia são alvo de grandes reclamações dos consumidores junto ao balcão dos Procons. Mister se faz então reforçar que a Constituição Federal de 1988 elenca o Direito do Consumidor no rol dos direitos e garantias fundamentais do cidadão e da coletividade (art. 5º, inciso XXXII) e estabelece que é dever do Estado promover a defesa do consumidor, além de determinar ser a proteção do consumidor baliza para a atividade econômica (art. 170, inciso V)[15].

O art. 170 da Constituição Federal trata dos Princípios Gerais da Atividade Econômica, apresentando como um dos princípios desta a defesa do consumidor e da livre concorrência[16]. Já o art. 175 da CF define o regime de concessão ou permissão na prestação de serviços públicos, indicando como necessária a existência de Lei (posteriormente Lei Geral de Telecomunicações) que garanta o direito dos usuários (inciso II). O Art. 37 da Constituição Federal, em especial em seu §3º, inciso I, destaca que deverá haver lei específica para formas de participação do usuário/consumidor na administração pública, em especial no que tange às reclamações relativas a prestação destes serviços e sua adequação.

Neste sentido, torna-se de suma importância estabelecer que o sujeito de direitos a ser tutelado é o cidadão, independentemente de denominação como usuário, consumidor ou até cliente, pois mais que ser protegido pelas normativas especiais (próprias do setor de telecomunicações ou pelo Código de Defesa do Consumidor) o é primordialmente pela Constituição Federal.

A Lei nº 8.987/95, Lei de Concessão e Permissão, apresenta em seu *Capítulo III – Dos direitos e obrigações dos usuários*, o direito de receber um serviço adequado (art. 7º). Colocam-se, ainda, nesta lei, os parâmetros e cláusulas essenciais dos contratos de concessão, sendo uma delas relativa aos critérios, indicadores, fórmulas e parâmetros definidores da qualidade do serviço (art. 23, III). No que tange à fiscalização dos critérios e parâmetros de qualidade do serviço é de encargo expresso do poder concedente (art. 29, VII), sendo motivo de caducidade da concessão a sua inobservância por parte dos concessionários (art. 38, §1º, I).

---

15. "No art. 170, V, da CF/1988, a defesa deste novo sujeito de direitos, o consumidor, foi consagrada como princípio da ordem econômica, princípio limitador da iniciativa privada ou da autonomia da vontade". (MARQUES, Claudia Lima; MIRAGEM, Bruno. *O novo direito privado e a proteção dos vulneráveis*. São Paulo: Revista dos Tribunais, 2012, p. 149.)
16. Nesse sentido: "A necessidade de proteção – tanto do consumidor quanto da concorrência – advém das falhas do mercado. Estas, por seu turno, podem ser externas ou internas, as primeiras constituindo infração à concorrência, e outras, violação ao direito do consumidor. As falas externas, portanto, dizem respeito à gama de opções oferecidas ao consumidor, enquanto as internas referem-se à capacidade deste exercem plena e livremente seu direito de escolha, dentre as opções disponíveis. Ambos são aspectos da mesma realidade, ou seja, não se pode falar em direito de escolha sem garantir a presença dos dois elementos simultaneamente". (CARPENA, Heloisa. *O Consumidor no Direito da Concorrência*. Rio de Janeiro: Renovar, 2005, p 242-243.)

Por sua vez a Lei nº 9.472/97, Lei Geral de Telecomunicações, dispõe em seu art. 2º o dever do Poder Público de adotar medidas que promovam a competição e a diversidade dos serviços, incrementem sua oferta e propiciem padrões de qualidade compatíveis com a exigência dos usuários. Já no seu art. 3º assegura o direito dos usuários a ter acesso a esses serviços com padrões de qualidade e regularidade adequados à sua natureza, bem como à informação adequada sobre as condições de prestação dos serviços, suas tarifas e preços. Também no que tange ao contrato de concessão esse deverá indicar indicadores e parâmetros definidores da implantação, expansão, alteração e modernização do serviço, bem como de sua qualidade, sempre atendendo ao previsto no art. 127.

Vale lembrar que a disciplina da exploração dos serviços no regime privado terá por objetivo viabilizar o cumprimento das leis, em especial das relativas às telecomunicações, à ordem econômica e aos direitos dos consumidores, destinando-se a garantir: I - a diversidade de serviços, o incremento de sua oferta e sua qualidade.

Importa observar que, independentemente da existência de normas esparsas para regular o acesso dos consumidores aos serviços prestados e a garantia de meios de resolutividade para eventuais conflitos, a interpretação do direito de acesso não pode mais ser vista como era no início dos anos 2000.

A atual sociedade de consumo brasileira se transformou e também se tornaram mais complexas as demandas dos consumidores-cidadãos. Com a ampliação significativa do acesso aos bens de consumo proporcionada pelas intensas mudanças sociais, novos desafios se impõem na prestação dos serviços, em particular os de telecomunicações, envolvendo a infraestrutura para a sua prestação, a comercialização dos serviços, o atendimento aos consumidores.

Assim, em um primeiro momento, observa-se o acesso aos bens e aos serviços que favorecem a comunicação, conhecendo-os. Em seguida, nota-se o surgimento de questões mais complexas, sendo que, por vezes, o consumidor já não mais consegue ou não mais quer viver sem a tecnologia, passando a exigir qualidade e adequação.

Por isso é que não basta ao consumidor/usuário/cidadão ter acesso ao canal de comunicação com a empresa, não basta que a empresa tenha um SAC disponível 24 horas nos 7 dias da semana, não basta apenas que a empresa transfira a ligação em 60 segundos. Novas exigências passam a ser feitas, notadamente no que se refere a qualidade e a adequação do serviço prestado e, no que se refere ao atendimento, busca-se fundamentalmente a resolução de eventuais conflitos.

Sendo assim, infere-se que as crescentes demandas resultantes de conflitos entre prestadoras de serviços e consumidores deflui de diversos movimentos, desde a ampliação do acesso e massificação dos serviços, até a qualificação das exigências pleiteadas ante a percepção de uma deficiência no fornecimento destes serviços.

No mesmo sentido, não basta que haja disponibilização de sinal em todo o território brasileiro, que haja preços justos e competição no mercado brasileiro. É necessário garantir a qualidade do sinal, bem como manutenção de sua qualidade. Ou seja, não pode haver *falta de eficiência* (serviço não funciona), *falta de adequação* (funciona mal), *falta de continuidade* (funciona tardiamente), inclusive sob pena de responsabilização objetiva do Estado – pois trata-se de prestação de serviço delegada pelo Estado a terceiros.

Vale lembrar que a qualidade dos serviços prestados – seja por concessionários ou não – é protegida pelo CDC por meio do princípio da adequação, decorrente não só dos artigos já mencionados, mas também e, principalmente, do art. 22 do CDC.

Não se trata aqui do atendimento ao consumidor, ao usuário, mas ao cidadão, não àquele que tem direitos básicos no CDC ou direitos garantidos na LGT, mas sim àqueles que tem *direitos fundamentais garantidos pela Constituição Federal como cláusulas pétreas*, em especial, *direito à dignidade*.

A inclusão da necessária observância de qualidade e do desempenho de serviços públicos não é apenas norma do microssistema representado pelo CDC, mas, a bem na verdade, decorrência do princípio da eficiência que a Administração Pública deve observar, conforme mandamento constitucional (art. 37, §3º, *I* da CF).

Neste contexto é que a parceria entre os Órgãos da Administração Pública (especificamente no caso tutela administrativa e atuação de agência reguladoras) torna-se fundamental para que efetivamente ocorra a fiscalização relativa não apenas à falta do serviço, mas também à adequação do mesmo.

A administração pública pauta-se pelas regras de Responsabilidade Civil estabelecidas no art. 37, §6º da Constituição Federal. Se assim não bastasse, o art. 14 do CDC trata dos defeitos no serviço, seja na prestação deles, seja quando houver defeito informacional relativos à sua fruição ou mesmo riscos. Também na legislação consumerista define-se, pelo art. 20 os vícios de qualidade, sendo reforçado pelo art. 22; tratando-se, portanto, da adequação, eficiência e segurança dos serviços públicos e da continuidade àqueles essenciais.

Sendo assim, no que se refere à responsabilização por danos causados ao indivíduo, ao cidadão, ao consumidor-usuário, haverá sempre a aplicação do regime da responsabilidade objetiva por meio do Código de Defesa do Consumidor. Quando se tratar de relação Administração-Administrado também se verificará a responsabilidade civil com base na Constituição Federal. É neste sentido que a omissão do Estado enseja também a reparação do dano, para tanto o dever da Administração de fiscalizar o Administrado deve ser sempre observado.

O regime de Responsabilidade Civil e seus conceitos estão diretamente atrelados à ideia e a ocorrência de um dano. Neste sentido, ainda que a culpa não seja levada em conta, mas sim o risco-proveito, não é suficiente para prevenção dos danos. Portanto, mostra-se interessante a utilização de outros mecanismos contratuais na prevenção de danos, assim como a utilização de contratos de concessão com cláusulas expressas relacionadas à proteção dos direitos dos consumidores-cidadãos.

Os *Contratos de concessão 2.0* tomam cena na medida em que a defesa do consumidor torna-se cada dia mais complexa pela especialização e especificação das áreas tecnológicas. Na medida em que o Estado passa à figura de fiscalizador, com eficiência tende o mercado a seguir uma Regulamentação, dando espaços menores às práticas comerciais abusivas e práticas de mercado anticoncorrenciais.

Há na Doutrina o que se chama de *materialização de fazeres* que verdadeiramente consiste na aproximação entre obrigações de fazer e dar no CDC, o que gera a obrigação de qualidade do serviço característica da *Defesa do Consumidor 2.0*[17].

A questão da transparência e acesso as informações tem uma dimensão constitucional. Sendo assim, no ordenamento jurídico brasileiro o acesso a informação tem tomado grande parte da agenda política, contando com lei própria (Lei nº 12.527/2011) que regula o acesso à informação previsto no inciso XXXIII do art. 5º da Constituição, dando cumprimento aos princípios básicos que a Administração Pública deve observar.

4. CONSIDERAÇÕES FINAIS

A moeda abarca diversas mudanças ao longo de sua existência, incluindo sua virtualização, tendo como consequência a criação de um maior amadurecimento na sociedade que aceita a pluralidade. Entre grandes corporações lutando para se tornarem a principal instituição monetária e a confusão entre dinheiro virtual e eletrônico, encontra-se o consumidor, cada vez mais vulnerável nessa crise de confiança em que a insegurança permeia os sistemas monetários que são constantemente modificados.

Há grandes avanços na proteção do consumidor vulnerável, seja em códigos específicos, seja em nossa magna carta, com o aproveitamento da teoria indispensável do diálogo das fontes. No entanto, imprescindível, em meio aos aspectos, funções e, principalmente, aos problemas da virtualização da moeda, a proteção do consumidor enquanto utilizador dessa tendência de desmaterialização total, ou seja, o uso da moeda virtual.

Sendo assim, ainda que se pense na liberdade criativa, com a aproximação do sistema bancário com as telecoms no Brasil, mister que se ponderem os princípios da inimputabilidade da rede, de modo que o consumidor, que somos todos nós, ao ser lesado, seja protegido adequadamente pela legislação aplicável.

REFERÊNCIAS

BACEN. *Comunicado nº 25.306, de 19 de fevereiro de 2014*. Disponível em: <https://www3.bcb.gov.br/normativo/detalharNormativo.do?method=detalharNormativo&N=114009277>. Acesso em: 12 jan. 2020.

BRASIL. BENJAMIN, Antônio Herman *et al*. Senado Federal. *Relatório Geral*: Comissão de Juristas de Atualização do Código de Defesa do Consumidor. Brasília: 2012. Disponível em: <http://www.senado.gov.br/senado/codconsumidor/pdf/extrato_relatorio_final.pdf>. Acesso em: 12 jan. 2020.

---

17. Nesse sentido: "Serviço é obrigação de fazer, em contraposição às obrigações de dar. No plano da eficácia, observamos como resultado o nascimento de um direito de crédito (pessoal/patrimonial). O direito ou pretensão resultante do serviço é um crédito, que alguém faça algo, não um direito real sobre coisa. O regime destes dois tipos de relação sempre foi distinto. No sistema do Código de Defesa do Consumidor, há uma clara tentativa de aproximar estes regimes. As opções do consumidor são as mesmas, conserto ou reexecução, *quanti minoris* e rescisão com perdas e danos (compare arts. 18 e 20 do CDC). O dever de qualidade adequação (dever eminentemente contratual) é imposto a todas as cadeias de fornecedores (art. 20 do CDC), logo solidariamente nasce para todos o dever de qualidade de serviço, responsabilidade não mais importando a fonte, se contratual ou extracontratual em relação àquele consumidor específico (isto é, se o fornecedor indireto ou direto do serviço contratou ou não com aquele consumidor ou ex-terceiro)". (MARQUES, Claudia Lima. A Evolução das obrigações envolvendo serviços remunerados direta ou indiretamente. São Paulo: *Revista de Direito Consumidor*, v. 33, jan./mar. 2000, p. 79-122.)

CARPENA, Heloisa. *O Consumidor no Direito da Concorrência*. Rio de Janeiro: Renovar, 2005.

CROWTHER, Geoffrey. *An outline Money*. 1. ed. London: Thomas Nelson and Sons, 1940.

EBIT. *Webschoppers*. 34. ed. 2016. Disponível em: < http://www.fecomercio.com.br/public/upload/editor/pdfs/ws34_pt.pdf>. Acesso em: 12 jan. 2020.

EUROPEAN CENTRAL BANK. *Virtual Currency Schemes*, out. 2012. Disponível em: < http://www.ecb.europa.eu/pub/pdf/other/virtualcurrencyschemes201210en.pdf>. Acesso em: 12 jan. 2020.

GUTTMANN, Robert. Cybercash: *The Coming Era of Electronic Money*. New York: Palgrave Macmillan, 2003.

KARIMZADI, Shahzavar. *Money and its origins*. London: Routledge, 2013.

MANKIW, N. Gregory. *Macroeconomia*. 8. ed. Rio de Janeiro: LTC, 2015.

MARQUES, Claudia Lima. A Evolução das obrigações envolvendo serviços remunerados direta ou indiretamente. São Paulo: *Revista de Direito Consumidor*, v. 33, jan./mar. 2000.

MARQUES, Claudia Lima. *Confiança no Comércio Eletrônico e a Proteção do Consumidor*. São Paulo: Revista dos Tribunais, 2004.

MARQUES, Claudia Lima.; MIRAGEM, Bruno. *O novo direito privado e a proteção dos vulneráveis*. São Paulo: Revista dos Tribunais, 2012.

MATTOS, Analice Castor de. *Aspectos Relevantes dos Contratos de Consumo Eletrônico*. Curitiba: Juruá, 2012.

SIMONSEN, Mario Henrique; CYSNE, Rubens Penha. *Macroeconomia*. 4. ed. Porto Alegre, Atlas, 2009.

ULRICH, Fernando. *Bitcoin* – A moeda na Era Digital. São Paulo: Instituto Ludwig von Mises Brasil, 2014.

WEATHEREFORD, Jack McIver. *A história do dinheiro: do arenito ao cyberspace*. São Paulo: Negócio, 1999.

WHATERFORD, Jack. *A história do dinheiro*. Trad. June Camargo. Rio de Janeiro: Elsevier, 2006.

28
AS CONTRATAÇÕES ELETRÔNICAS INTEREMPRESARIAIS E O PRINCÍPIO DA BOA-FÉ OBJETIVA: O CASO DO EDI

Vinícius Klein

Sumário: 1 Introdução. 2 A contratação eletrônica no ambiente empresarial. 3 O princípio da boa-fé objetiva nos contratos empresariais. 4 Uma aplicação: o EDI. 5 Conclusão. Referências.

1. INTRODUÇÃO

A contratação eletrônica cada vez mais se consolida como uma ferramenta essencial na atividade empresarial. Assim, a compreensão e a regulação do comércio eletrônico e dos seus mecanismos são prementes. As questões jurídicas decorrentes de contratos eletrônicos trazidas aos tribunais são diversas e nem sempre têm sido acompanhadas de uma discussão doutrinária mais profunda ou mesmo de uma produção normativa mais adequada. Esta situação inclusive mantém-se inclusive após a promulgação do Marco Civil da Internet (Lei nº 12.965/14), uma vez que o referido diploma legal não tem dispositivos específicos sobre os contratos eletrônicos empresariais.

Dentre as formas de contratação eletrônica, o presente artigo irá tratar das contratações interempresariais, ambiente em que o uso da Internet e das ferramentas de comércio eletrônico tornou-se um requisito essencial para o sucesso da atividade econômica. No ambiente empresarial dinâmico e globalizado que se apresenta, o comércio eletrônico não é uma escolha, mas sim uma necessidade para o empresário, mesmo que de pequeno porte.

O objeto deste capítulo, os contratos empresariais realizados no âmbito eletrônico, tem recebido pouca atenção da doutrina, mesmo pelos estudiosos do direito empresarial. Afinal, o próprio estudo dos contratos empresariais passou muito tempo relegado a segundo plano no direito empresarial.[1]

A contratação eletrônica no ambiente empresarial traz novos desafios aos empresários e vem acompanhada de diversos mecanismos. O presente capítulo irá tratar de uma

---

1. Nesse sentido tem-se o entendimento de Forgioni: "O correr dos olhos pelas estruturas das obras que versam sobre contratos comerciais editadas no Brasil nas últimas décadas evidencia que poucas páginas deitam-se sobre sua teoria geral. [...] Alguns traços não muito bem delineados são indicados como características próprias dos contratos mercantis (informalidade, cosmopolitismo etc.), mas não há um esforço dogmático para a compreensão do mecanismo de funcionamento comum desses negócios; tampouco, encontramos o desenvolvimento de conceitos aptos a explicá-los em sua lógica peculiar, dos quais os juristas pudessem lançar mão na interpretação e na sistematização de normas jurídicas" (FORGIONI, Paula A. *Teoria geral dos contratos empresariais*. São Paulo: Revista dos Tribunais, 2009. p. 17).

forma de contratação eletrônica em especial: o EDI (Intercâmbio Eletrônico de Dados ou *Eletronic Data Interchange*). A definição de EDI não é unânime na doutrina especializada, mas um conceito bastante aceito é o trazido na Lei Modelo sobre Comércio Eletrônico da UNCITRAL, que define EDI como "*a transferência eletrônica de computador para computador de informações estruturadas de acordo com um padrão estabelecido para tal fim*".[2]

Outro conceito importante é o constante da Recomendação nº 94/820/CE de 19.10.1994 da Comissão Europeia, que traz o acordo-tipo relativo aos aspectos jurídicos da transferência eletrônica de dados e define EDI como "*transferência eletrónica, de computador para computador, de dados comerciais e administrativos utilizando uma norma acordada para estruturar uma mensagem EDI*".

O EDI não é a única forma de contratação eletrônica posta à disposição dos empresários, já que existem outras opções, tais como o agente inteligente.[3] O agente inteligente é um programa de computador que, a partir de um algoritmo definido pelo programador, procura por ofertas de bens na Internet que se encaixem nos parâmetros previamente definidos e realiza as compras sempre que a oferta se encaixar nesses parâmetros. Nesse caso, não há necessidade de um padrão standartizado de comunicação, como o EDI.

A importância do EDI nos contratos empresariais pode ser ilustrada pelos seguintes números: em 1987, nos EUA, o número de usuários registrados de EDI era de 1.046 e, em 1990, era de 9.400,[4] tornando-se praticamente um pré-requisito para a participação ativa no ambiente competitivo global, já que estimativas apontam que em 2005, nos EUA, entre 80% e 90% das transações B2B eram feitas por meio de EDI.[5] No Brasil, tem-se como

---

2. "Art. 2º. Definições – Para os fins desta Lei: Entende-se por 'mensagem eletrônica' a informação gerada, enviada, recebida ou arquivada eletronicamente, por meio óptico ou por meios similares incluindo, entre outros, 'intercâmbio eletrônico de dados' (EDI), correio eletrônico, telegrama, telex e fax; Entende-se por 'intercâmbio eletrônico de dados' (EDI) a transferência eletrônica de computador para computador de informações estruturadas de acordo com um padrão estabelecido para tal fim; Entende-se por 'remetente' de uma mensagem eletrônica a pessoa pela qual, ou em cujo nome, a referida mensagem eletrônica seja enviada ou gerada antes de seu armazenamento, caso este se efetue, mas não quem atue como intermediário em relação a esta mensagem eletrônica; 'Destinatário' de uma mensagem eletrônica é a pessoa designada pelo remetente para receber a mensagem eletrônica, mas não quem atue como intermediário em relação a esta mensagem eletrônica; 'Intermediário', com respeito a uma mensagem eletrônica particular, é a pessoa que em nome de outrem envie, receba ou armazene esta mensagem eletrônica ou preste outros serviços com relação a esta mensagem; 'Sistema de Informação' é um sistema para geração, envio, recepção, armazenamento ou outra forma de processamento de mensagens eletrônicas."
3. O agente inteligente é definido por Jennings e Wooldridge como: "um sistema computacional que é capaz de adotar ações autônomas flexíveis visando atingir os objetivos para os quais ele foi desenhado". Tradução livre de: "An intelligent agent is a computer system that is capable of flexible autonomous action in order to meet its design objectives" (JENNINGS, Nicholas R.; WOOLDRIDGE, Michael J. Applications of intelligent agents. In: JENNINGS, Nicholas R.; WOOLDRIDGE, Michael J. *Agent technology*: foundations, applications, and markets. Berlin: Springer, 1998. p. 4). Assim, o agente inteligente é capaz de interagir de forma autônoma, ou seja, sem a necessidade de intervenção humana, em ambientes complexos. Ainda, a ação é flexível sempre que o agente responde de forma diferenciada e não meramente responsiva a cada mudança ocorrida no ambiente, bem como determina a melhor atitude a partir de interações com outros sistemas artificiais ou humanos, adaptando-se a esses novos inputs.
4. Esses números estão em: MORRISSON, Douglas Robert. The statute of frauds online: can a computer sign a contract for a sale of goods? *George Mason University Law Review*, no 14, 1992. p. 637.
5. A estimativa foi obtida em: VICTOR, Cindy Rhodes. Electronic Data Interchange and Electronic Funds Transfer. *Encyclopedia of Management*. 2009. Encyclopedia.com. Disponível em: <http://www.encyclopedia.com/doc/1G2-3273100082.html>. Acesso em: 12 jan. 2020.

fonte de dados a 12ª edição da Pesquisa FGV-EAESP publicada em março de 2010,[6] que traz os seguintes dados: 62,21% das transações B2B foram realizadas por meio eletrônico em 2010 e, dentre os aplicativos de comércio eletrônico, o EDI é utilizado por cerca de 60% das empresas.

Por fim, a problemática jurídica do EDI nas contratações interempresariais será analisada sob uma perspectiva teórica específica, a da aplicação do princípio da boa-fé objetiva. A posição aqui defendida é a da aplicação da boa-fé objetiva nos contratos de consumo, nos contratos civis e nos contratos empresariais, afinal trata-se de princípio norteador do direito privado, com assento constitucional, como será demonstrado.

O comércio eletrônico em geral, e o EDI em especial, ainda não foram objeto de tratamento legal explícito no Brasil. Atualmente, destaca-se, somente, a Medida Provisória nº 2.200-2 de 24.8.2001, que institui a infraestrutura brasileira de chaves públicas e trata da assinatura digital. O anteprojeto de Marco Civil da Internet,[7] em discussão no Congresso Nacional, não trata explicitamente do EDI.

Assim, a questão central deste artigo é a seguinte: com o uso cada vez mais intenso do EDI no ambiente empresarial, quais os desafios que essa forma de contratação traz aos contratos empresariais e as possíveis soluções que a aplicação da boa-fé objetiva pode atingir? Para que se possa, mesmo que de forma parcial, responder a essa pergunta, o presente artigo irá inicialmente analisar a contratação eletrônica no ambiente empresarial de forma mais geral e, posteriormente, as especificidades do EDI. Após, serão enfrentadas as questões referentes à aplicação do princípio da boa-fé nos contratos empresariais. Por fim, os desafios advindos do EDI serão analisados sob o ponto de vista da boa-fé objetiva.

2. A CONTRATAÇÃO ELETRÔNICA NO AMBIENTE EMPRESARIAL

O direito empresarial é o *locus* jurídico privilegiado para que se demonstre a incapacidade da regulação pública de alcançar a complexidade e o dinamismo do mundo dos fatos. No caso do comércio eletrônico, não há diferença; em realidade, tem-se um agravante: a perda de importância relativa do direito, que passa a enfrentar uma concorrência mais significativa de outras fontes de regulação. A questão da regulação a partir do avanço da Internet é o cerne da perspectiva defendida por Lessig,[8] intitulada Nova Escola de Chicago. Nessa perspectiva, a regulação é definida a partir do conjunto de restrições impostas no indivíduo regulado. Essas restrições são provenientes de quatro fontes principais: o direito, as normas sociais, o mercado e a arquitetura. Essas formas de relação interagem entre si. A diferença do ambiente cibernético, que torna a desregulação contingente, é o papel representado pela arquitetura, que funciona através do Código (*Code*). A regulação pelo Código é a mais efetiva e a menos custosa dentre as possíveis, já que os espaços cibernéticos são construções artificiais e as opções de conduta e decisão

---

6. O resultado da pesquisa encontra-se disponível em: <http://www.eaesp.fgvsp.br/subportais/interna/Sobre/Pesquisa%20FGV- AESP%20de%20Com%C3%A9rcio%20Eletr%C3%B4ncio%202010.pdf>. Acesso em: 12 jan. 2020.
7. O texto do anteprojeto pode ser consultado em: < http://culturadigital.br/marcocivil >.
8. O argumento, no âmbito da Internet, é apresentado em: LESSIG, Lawrence. *Code version 2.0*. New York: Basic Books, 2006. p. 120-137. Para uma tentativa de generalização do argumento pelo autor, ver: LESSIG, Lawrence. The new Chicago school. *The Journal of Legal Studies*, v. XXVII, no 2, 1998, p. 661-191.

são dadas pela programação do *software/hardware* utilizado. Desse modo, a imposição privada das normas – sem a participação de um órgão público – passa a ser a regra, adquirindo uma significância superior à imposição judicial. O avanço da regulação pelo Código, para Lessig, tem um grave inconveniente: a falta de transparência. Ademais, o ambiente virtual torna a atuação estatal ainda mais distante e menos necessária que no espaço físico, permitindo a imposição privada inclusive de sanções. A seguinte passagem é bastante ilustrativa do pensamento de Lessig:

> On the internet however, there is no check on silly rules, because on the Internet, increasingly, rules are enforced not by a human but by a machine: Increasingly, the rules of copyright law, as interpreted by the copyright owner, get built into the technology that delivers copyright content. It is code, rather than law, that rules. And the problem with code regulations is that, unlike law, code has no shame.[9]

A proposição de Lessig é objeto de algumas críticas. Dentre os críticos pode-se destacar Wu,[10] que entende que o Código deve ser visto como um mecanismo de antirregulação, em que se objetiva alterar os ônus que a lei impõe em benefício de um determinado grupo de interesses. Apesar de a interação com a legislação ser inevitável, tem-se uma atuação muito próxima à atuação de um *lobby*. Portanto, não se trata de uma fonte de regulação, mas sim de uma nova forma de resposta dos indivíduos às regulações impostas. O Código passa a funcionar sob a perspectiva de influência na trajetória de mudança legislativa e de evasão dos custos que a legislação em vigor impõe.[11]

Pode-se observar, portanto, que o debate diz respeito ao espaço virtual como um espaço mais regulado ou menos regulado ou anárquico do que o espaço físico. As políticas públicas defendidas pelos dois autores, por exemplo, quanto a compartilhamento de arquivos P2P (*peer-to-peer*) na rede, é diametralmente oposta. Enquanto Wu entende que os programas que facilitam a troca de arquivos musicais, por exemplo, são uma violação das normas legais, só possível no espaço virtual, Lessig entende que a proibição dessa prática por meio de arquivos protegidos é implantada pelo Código. Contudo, sob o ponto de vista teórico, existe um consenso relevante: a Internet e a proeminência do ambiente virtual impactam de forma significativa a maneira pela qual as normas jurídicas são capazes de regular o comportamento dos indivíduos. Trata-se de um dado que afasta o possível argumento de que o comércio eletrônico não traz mudanças qualitativas para o direito, mas apenas um novo espaço em que as normas jurídicas existentes são aplicadas da mesma forma que nos espaços físicos.

Ainda, deve-se observar que a busca de mecanismos privados de solução de controvérsias e a construção de cláusulas contratuais passíveis de serem impostas sem a necessidade de intervenção do Poder Judiciário não é uma novidade para a teoria jurídica. No ambiente empresarial, em especial, os operadores do direito buscam, de forma

---

9. LESSIG, Lawrence. *Free culture*: the nature and future of creativity. New York: The Penguin Press, 2004. p. 148.
10. WU, Tim. When code isn't law. *Virginia Law Review*, v. 89, n. 4, 2003, p. 679-412.
11. Esse posicionamento pode ser observado no seguinte trecho: "This article will propose a new and concrete way to understand the relationship between code and compliance with law. O propose to study the design of code as an aspect of interest group behavior: as simply one of several mechanisms that groups use to minimize legal costs. Code design, in other words, can be usefully studied as an alternative to lobbying campaigns, tax avoidance, or any other approach that a group might use to seek legal advantage" (WU, Tim. When code isn't law. *Virginia Law Review*, v. 89, n. 4, 2003. p. 682).

cada vez mais direta, a construção de contratos em que os eventuais desentendimentos possam ser resolvidos sem que se recorra ao Poder Judiciário ou mesmo à arbitragem. A constatação da importância da chamada vida não judicial dos contratos[12] não é recente e tem sido confirmada pelos estudos empíricos, podendo-se citar dentre outros os trabalhos de Macaulay[13] e Bernstein[14]. A questão a ser enfrentada pela teoria jurídica no ambiente virtual não é a proliferação desses mecanismos, mas sim a sua imposição unilateral, reduzindo a autonomia do contratante com menor poder de barganha.

As relações contratuais eletrônicas são encetadas em um *locus* específico, que é intitulado espaço virtual ou cibernético, ou mesmo na Internet. Para evitar confusões terminológicas será utilizada nesse artigo a expressão *espaço virtual*.

O espaço virtual é descrito por Lorenzetti como

> um espaço do anonimato, um não lugar pela despersonalização que representa, no qual o indivíduo ingressa sem que a sua história individual e características interessem, e no qual prolifera o simulacro das identidades. É um "não lugar global" no sentido da sua transnacionalidade e atemporalidade, já que parece indiferente à história e ao futuro."[15]

Nessa descrição destaca-se a ideia de um espaço em que a construção de uma relação ou mesmo de uma interação encontra a barreira da dificuldade em se identificar o interlocutor. Afinal, como se construir uma relação contratual baseada na cooperação e na confiança entre os contratantes se não se consegue identificar os agentes? A utilização da linguagem, essencial para que se construa uma relação de confiança, é prejudicada.

O comércio eletrônico, realizado nesse espaço virtual, acaba por adquirir essas características. Nesse sentido, Marques,[16] em estudo focado na perspectiva do consumidor, entende que as principais características do comércio eletrônico são a despersonalização da relação contratual – já que o ambiente virtual exacerba a impessoalidade e o anonimato – e a desmaterialização do meio de contratação, desterritorialização e desregulamentação,[17] o que pode levar à desconfiança do consumidor quanto às relações contratuais eletrônicas.

Essas considerações têm impactos significativos também na contratação interempresarial. Afinal, a desconfiança de um dos contratantes, em especial o contratante com menos poder de barganha, é igualmente uma ameaça à contratação eletrônica. Ainda, a

---

12. Essa expressão foi definida por RUBIN como englobando três principais atividades: solução não judicial de controvérsias, formação do contrato e interpretação não judicial do contrato. A posição do autor pode ser encontrada em: RUBIN, Edward L. The non judical life of contract: beyond the shadow of law. *Northwestern University Law Review*, Chicago, v. 90, n. 1, p. 107-131, 1995.
13. MACAULAY, Stewart. Non-Contractual relations in business: a preliminary study. *American Sociological Review*, v. 28, n. 1, 1963, p. 55-67.
14. BERNSTEIN, Lisa. Opting out of the legal system: extralegal contractual relations in the diamond industry. *Journal of Legal Studies*, vol. 21, 1992, p.115-157.
15. LORENZETTI, Ricardo L. *Comércio eletrônico*. São Paulo: Revista dos Tribunais, 2004. p. 31.
16. De acordo com Claudia Lima Marques. *Confiança no comércio eletrônico e a proteção do consumidor*: um estudo dos negócios jurídicos de consumo no comércio eletrônico. São Paulo: Revista dos Tribunais, 2004. p. 62-99.
17. Trata-se de afirmação polêmica, como já demonstrado. Lessig entende que se trata de um espaço mais regulado que o espaço físico. Mas se a afirmação for restringida a regulação exclusivamente jurídica, tem-se um consenso maior na doutrina.

dificuldade de comunicação entre os contratantes no ambiente virtual pode trazer sérios prejuízos para os contratos empresariais, sobretudo os contratos relacionais.

A teoria dos contratos relacionais está associada ao jurista anglo-saxão Ian Macneil. Para analisar o contrato relacional, Macneil[18] inicialmente enumera as raízes primárias do contrato, que seriam os fundamentos primários do contrato. A primeira é a sociedade, já que um contrato somente pode ocorrer e ser analisado dentro de determinado contexto social. Contrato sem linguagem, hábitos e instituições sociais não é possível. A segunda é a especialização do trabalho e a troca. A necessidade de contratar deriva claramente da especialização do trabalho. A troca remonta à pré-história e deriva da especialização do trabalho. A terceira raiz é a escolha, real ou aparente. A quarta raiz é a consciência do futuro.

O contrato relacional pode ser definido como aquele em que as partes se relacionam de forma primária. O conceito de relação primária envolve três elementos: a relação se dá com o indivíduo de forma completa, ou seja, não segmentada; a comunicação é profunda e extensa, já que não há uma limitação aos modelos públicos e formais de interação; e os benefícios buscados são soberanos, não se limitando a meros objetivos práticos, mas voltados ao desenvolvimento individual amplo.[19]

Assim, se a contratação eletrônica traz desafios para os contratos de execução instantânea, esses desafios são amplificados nos contratos relacionais ou de longo prazo, cada vez mais comuns nas relações empresariais.

Por fim, segundo Lorenzetti,[20] os principais problemas jurídicos do comércio eletrônico são: imputabilidade da declaração de vontade, distribuição de riscos, formação de consentimento, local e momento da celebração, graus de utilização do meio digital.

Após essa rápida descrição do comércio eletrônico deve-se analisar com mais profundidade a aplicação da boa-fé objetiva aos contratos empresariais.

3. O PRINCÍPIO DA BOA-FÉ OBJETIVA NOS CONTRATOS EMPRESARIAIS

A boa-fé objetiva tem desempenhado um papel central no direito civil brasileiro. Para uma parcela da doutrina, inclusive, a maior ameaça ao princípio da boa-fé objetiva não é a resistência na sua aplicação, mas sim a sua utilização excessiva, que pode acabar por banalizar o conceito.

No campo doutrinário, a boa-fé objetiva ganhou força no contexto metodológico da constitucionalização do direito civil e da utilização das técnicas das cláusulas gerais e abertas. Ainda, no âmbito da teoria obrigacional, a boa-fé objetiva representa um declínio da teoria contratual oitocentista, em que a autonomia privada e a igualdade formal deixavam pouco espaço para a imposição de deveres não derivados da vontade.

---

18. A exposição da teoria relacional será fundada precipuamente na obra de: MACNEIL, Ian R. *O novo contrato social*. Rio de Janeiro: Elsevier, 2009.
19. De acordo com: MACNEIL, Ian. The many futures of contracts. *Southern California Law Review*, v. 47, 1974, p. 722. Para uma análise da teoria relacional aplicada aos contratos empresariais ver: KLEIN, Vinicius. *Os contratos Empresariais de Longo Prazo*: uma análise a partir da argumentação judicial. Rio de Janeiro: Lumen Juris, 2015.
20. LORENZETTI, Ricardo L. *Comércio eletrônico*. São Paulo: Revista dos Tribunais, 2004. p. 274-276.

Para traçar de forma mais precisa essa evolução devem-se analisar rapidamente os fenômenos acima citados. A utilização da técnica das cláusulas gerais representa um abandono do fetiche da normatização exclusivamente por meio de regras que, em princípio, seriam passíveis de simples subsunção. A cláusula geral pode ser vista como um canal privilegiado de integração da legislação infraconstitucional por meio dos princípios constitucionais; privilegiado porque não é o único, já que mesmo a aplicação da regra depende do substrato constitucional, mas a indeterminação abstrata inerente à cláusula geral permite um juízo hermenêutico mais rico e poroso. Nesse aspecto, a relação com a constitucionalização do direito civil é evidente, uma vez que nessa perspectiva teórica se caracteriza pela fundamentação de cada instituto e conceito nos princípios constitucionais e nos valores a eles inerentes. Ainda, tem-se uma funcionalização dos institutos jurídicos, reduzindo-se a importância do perfil estrutural, que é estático e pouco afeta as análises dos interesses concretos presentes nas relações jurídicas. Perlingieri define a expressão *perfil funcional* como a síntese dos efeitos essenciais do fato.[21] A análise funcional, por conseguinte, envolve a análise dos interesses iniciais presentes nas situações subjetivas que antecedem o fato jurídico, o resultado efetivamente atingido e o percurso percorrido. Desse modo, fica evidente a razão pela qual a mesma função pode ser realizada por diversas estruturas. A análise é feita a partir da conformação dos interesses na situação concreta em que o negócio foi realizado, o que é mutável mesmo se mantida a estrutura. Nesse contexto, a legalidade de qualquer disposição privada dependerá de uma análise funcional. Assim, todo ato de autonomia negocial não encerra um ato de liberdade com um valor absoluto ínsito, ao contrário, o ato deve ser visto em seu perfil funcional e demonstrar a adequação aos valores constitucionais, por meio do juízo de merecimento de tutela (*meritevolezza*).[22] A questão do alcance desse juízo nas relações existenciais será aprofundada posteriormente. Por enquanto basta afirmar que nessa construção teórica o princípio da boa-fé objetiva passa a ser visto com outras lentes.

A boa-fé objetiva diferencia-se da subjetiva por referir-se a uma obrigatoriedade de um determinado comportamento em um caso concreto e não a consciência ou a reserva mental dos indivíduos. A definição desse comportamento varia entre os autores. Enquanto Negreiros[23] o qualifica como leal e confiável Couto e Silva[24] fala em comportamento cooperativo para com o outro. Para uma definição mais ampla pode-se citar Marques:[25]

Boa-fé objetiva, significa, portanto, uma atuação "refletida", uma atuação refletindo, pensando no outro, pensando no parceiro contratual, respeitando-o, respeitando seus interesses legítimos, suas expectativas razoáveis, seus direitos, agindo com lealdade, sem abuso, sem obstrução, sem causar lesão ou desvantagem excessiva, cooperando para

---

21. PERLINGIERI, Pietro. *O direito civil na legalidade constitucional.* Rio de Janeiro: Renovar, 2008, p. 653.
22. A necessidade do juízo de merecimento de tutela é defendida por Perlingieri, que afirma: "A atividade administrativa e a negocial (especialmente a contratual), para terem validade, deverão ser concretizadoras de normas e princípios que têm força de lei formal" (PERLINGIERI, Pietro. *O direito civil na legalidade constitucional.* Rio de Janeiro: Renovar, 2008, p. 950).
23. NEGREIROS, Tereza. *Teoria do contrato:* novos paradigmas. Rio de Janeiro: Renovar, 2006, p. 122-124.
24. COUTO E SILVA, Clóvis. *A obrigação como processo.* Rio de Janeiro: Editora FGV, 2006, p. 33.
25. MARQUES, Claudia Lima. *Contratos no Código de Defesa do Consumidor:* o novo regime das relações contratuais. 4. ed. São Paulo: Revista dos Tribunais, 2000, p. 181-182.

atingir o bom fim das obrigações: o cumprimento do objetivo contratual e a realização dos interesses das partes.

As definições apresentadas em essência pouco diferem, já que em todas a boa-fé objetiva é uma fonte de deveres que independem da vontade e obrigam o indivíduo a agir de forma não exclusivamente individualista. Assim, a boa-fé objetiva resulta em uma limitação da autonomia privada, já que as escolhas individuais dependem não apenas da manifestação da vontade, mas também da adequação a um padrão objetivo de comportamento adequado a um juízo ético. Alguns autores enfatizam o componente da lealdade e da confiança e outros o da cooperação, mas não há dúvida que esse padrão objetivo é aquele mais adequado aos valores constitucionais, em especial a dignidade da pessoa humana.

As funções da boa-fé, na esteira do pensamento de Martins-Costa,[26] são três: como cânone hermenêutico, como criadora de deveres jurídicos e como limitadora de direitos subjetivos. Essas três funções podem ser melhor analisadas a partir da análise da localização da boa-fé. Apesar de a positivação da boa-fé objetiva no direito pátrio ter ocorrido quando da promulgação do Código de Defesa do Consumidor, não se poderia afirmar, mesmo antes da promulgação do Código Civil em vigor, que se trataria de um princípio exclusivo das relações de consumo. A boa-fé objetiva tem assento constitucional, já que a concepção solidarista presente na Constituição assim o exige.[27] A sua qualificação princípio constitucional a torna um valor a ser observado pelos indivíduos no exercício da sua autonomia, sem a necessidade da mediação das regras. Nesse sentido, afirma Tepedino:

> A atividade interpretativa deverá, para além do juízo de ilicitude, verificar se a atividade econômica privada atende concretamente aos valores constitucionais, só merecendo tutela jurídica quando a resposta for positiva. E tal critério se aplica não só às relações de consumo mas aos negócios jurídicos em geral, ao exercício do direito de propriedade, às relações familiares e ao conjunto de relações de direito civil.[28]

Assim, se trata de princípio que se irradia para todo o ordenamento. Contudo, como qualquer princípio constitucional, não é absoluto e indiferente aos outros valores constitucionais e tampouco imune às especificidades dos fatos. Portanto, apesar de a positivação ser positiva, a sua ausência não permite comportamentos de má-fé. Observe-se, portanto, que as funções da boa-fé objetiva acima elencadas explicitam funções comuns aos princípios constitucionais.

A doutrina brasileira, inspirada nos contornos do instituto no direito alemão,[29] além da boa-fé objetiva como padrão de conduta, traz alguns deveres anexos: o dever de informar ou de esclarecimento, o dever de cooperação ou lealdade e o dever de proteção ou cuidado. Esses deveres devem ser entendidos como aspectos essenciais de uma conduta que atenda efetivamente às exigências da boa-fé. Ainda, no campo obrigacional e,

---

26. MARTINS-COSTA, Judith. *A boa-fé no direito privado*. São Paulo: Revista dos Tribunais, 2004, p. 437.
27. Nesse sentido: NEGREIROS, Tereza. *Teoria do contrato*: novos paradigmas. Rio de Janeiro: Renovar, 2006, p. 117.
28. TEPEDINO, Gustavo. As relações de consumo e a nova teoria contratual. *Temas de direito civil*. 4. ed. Rio de Janeiro: Renovar, 2008, t. I, p. 242.
29. Para uma análise da importância do direito alemão na evolução histórica da boa-fé objetiva, ver: MENEZES CORDEIRO, Antônio Manuel da Rocha e. *Da boa-fé no Direito Civil*. Coimbra: Almedina, 1997.

em especial, nos contratos, a incidência da boa-fé é aplicável tanto antes da formação do contrato quanto após a sua execução.

Dentre os deveres anexos o dever de informar é o que tem ganhado maior destaque no debate doutrinário, já que sobretudo nas relações de consumo, em função da hipossuficiência do consumidor frente ao fornecedor, a diferença de informação está quase sempre presente.

Outro ponto que merece atenção é a ligação da boa-fé objetiva com o abuso de direito, já que em ambos os casos tem-se uma valoração e consequentemente uma limitação da autonomia privada, que independe de uma tipificação abstrata da conduta como ilícita. Um caso típico de conduta eivada de má-fé e abusiva é a conduta contraditória (*venire contra factum proprium*). Menezes Cordeiro[30] define o *venire contra factum proprium* como "o exercício de uma posição jurídica em contradição com o comportamento assumido anteriormente". Nesse caso, apesar de criar expectativas legítimas na outra parte, indicando que vai adotar ou manter determinada conduta, o indivíduo age em sentido diverso do indicado, traindo a confiança nele depositada e agindo com manifesta deslealdade.

Por fim, em algumas situações em que se quer impor um comportamento solidarista aos indivíduos, de forma contrária a sua vontade manifesta, a boa-fé objetiva enfrenta obstáculos relevantes e significância igualmente constitucional. Um exemplo no âmbito patrimonial é a revisão contratual, em que o dever anexo de cooperação, nos contratos empresariais, tem que ser temperado para não impor a necessidade de um equilíbrio perfeito entre os empresários nos ganhos com a contratação. Afinal, levada a esse extremo, a boa-fé objetiva impediria a busca do lucro nas negociações empresariais, impedindo a competitividade e a concorrência que devem, por disposição constitucional, imperar no mercado. Uma outra limitação importante da boa-fé objetiva diz respeito à possibilidade de imposição de padrões de conduta nas escolhas existenciais, como será abordado na seção seguinte.

Após uma descrição, mesmo que apressada, da boa-fé, pode-se enfrentar uma segunda questão: Seria o princípio da boa-fé aplicável aos contratos interempresariais, ou estaria restrita aos contratos civis e/ou de consumo? Se sim, de qual forma se daria essa aplicação? A resposta mais adequada constitucionalmente é a de que a boa-fé é sim aplicável aos contratos empresariais. Ainda que as diferenças na aplicação concreta derivam de forma muito mais intensa da realidade fática de aplicação do que do contexto normativo.

A afirmação de que a boa-fé estaria restrita às relações de consumo ou civis baseia-se na premissa de que a boa-fé é um princípio sem hierarquia constitucional, mas fundamentado no Código de Defesa do Consumidor e posteriormente no Código Civil ou na hipótese de que existem microssistemas, com princípios próprios, e que no microssistema dos contratos empresariais a boa-fé estaria ausente.

Na realidade, a boa-fé tem assento constitucional e, portanto, em função da interpretação necessariamente unitária do ordenamento jurídico, não pode ser excluída do juízo hermenêutico relativo aos contratos empresariais.

---

30. MENEZES CORDEIRO, Antônio Manuel da Rocha e. *Da boa-fé no Direito Civil*. Coimbra: Almeidina, 1997. p. 742.

Todavia, falar que a aplicação é uniforme é desconhecer que na interpretação e aplicação da norma a realidade diversa de cada contrato irá gerar uma norma concreta diversa, assim não haveria diálogo metodológico, mas sim transposição da proteção do CDC para todos os contratos.

Os juízos avaliatórios da realidade fática à luz dos valores constitucionais têm que ser diversos para situações diversas, mas qual a diferença entre um contrato civil/consumo/empresarial? Não é a paridade, já que podemos ter contratos não paritários em todas as situações. A diferença relevante nos contratos empresariais diz respeito a lucratividade inerente e a existência, de forma predominante, de questões patrimoniais entre pessoas que visam ao lucro e, em regra, têm capacidade para assumir riscos.

A imposição de uma necessária igualdade entre os poderes relativos de cada empresa por meio do contrato iria aniquilar com a possibilidade de concorrência/competição entre os empresários, com prejuízos aos consumidores, destinatários finais da ordem econômica. Já nas relações de consumo, evidentemente o Estado tem interesse em alterar a relação de poder anterior ao contrato de consumo, dando maior poder de negociação ao consumidor, que é protegido de forma especial. Faria sentido proteger uma empresa que fez um negócio ruim ou tomou uma decisão equivocada com um consumidor, impedindo as consequências negativas dessa atitude ou elevando o poder de negociação de determinados empresários em relação aos outros?

Um exemplo dessa questão pode ser observado na cláusula de estoque mínimo nos contratos de distribuição exclusiva ou concessão de veículos automotores. Trata-se de cláusula lícita que, se transportada para as relações de consumo, seria ilícita. No caso empresarial, a cláusula visa garantir a pronta-entrega, mas a determinação de um número mínimo para o ano inteiro, por exemplo, acaba por reforçar a posição de parte mais forte do fornecedor/concedente. O direito deixa de alterar o desequilíbrio dessa relação social ao permitir que o distribuidor/concessionário assuma o risco, com base no consentimento/adesão, de ao fim do ano ter um encalhe no estoque se o produto tiver uma queda nas vendas. No caso do CDC, uma compra mínima seria uma venda casada ilícita, já que tem-se a necessidade de equilibrar as relações naturalmente desiguais. Nos dois casos, os princípios da boa-fé, equilíbrio e função social estão presentes, já que a cláusula deve constar expressamente do contrato de concessão/distribuição (a sua inserção posterior em um contexto de fragilidade do distribuidor/concessionário é discutível), deve atender a sua função econômica/social de garantir a pronta-entrega e não pode impor uma compra mínima muito superior às vendas sob pena de ser abusiva, já que na prática iria além da finalidade e se transformaria em desova de bens. Portanto, enquanto no CDC a cláusula tem uma má-fé presumida nas relações empresariais, ela tem que ser construída com boa-fé, respeitando a sua função social/econômica, e não pode ser desarrazoada e gerar um desequilíbrio. Os princípios estão presentes mas são aplicados com intensidade diversa.

4. UMA APLICAÇÃO: O EDI

A contratação eletrônica por meio do EDI traz alguns desafios que ilustram as dificuldades de regular o espaço virtual. A contratação por EDI, segundo Barceló,[31] tem três

---

31. BARCELO, Rosa Julia. *Comercio electrónico entre empresarios*: la formación y prueba del contracto electrónico (EOI). Valencia: Tirant lo Blanch, 2000, p. 38-40.

requisitos caracterizadores: forma padronizada, intercâmbio entre sistemas informáticos e comunicação eletrônica.

Esse tipo específico de contratação eletrônica exacerba uma característica do ambiente virtual: a restrição da comunicação e a possibilidade de maior imposição de padrões contratuais por uma das partes, em geral, a parte mais forte. A restrição da comunicação dá-se pela necessidade de comunicação por meio de padrões de linguagem e interação predeterminados. Ainda, a escolha de programação do sistema é feita uma única vez, mas pode gerar diversos contratos. Por exemplo, se um empresário, usuário do EDI, programa o seu sistema para emitir pedidos de compra sempre que o seu estoque de algumas mercadorias ficar abaixo de um determinado nível e mantém essa programação por um lapso razoável de tempo, uma única decisão humana é responsável por diversos contratos de compra e venda. Nesse caso em cada contratação feita houve um nível inferior de comunicação e interação do que ocorreria na contratação física. Mas os eventuais problemas que venham a surgir nesses contratos exigem algo diverso em termo de boa-fé objetiva.

Para uma análise dessa questão inicialmente será mencionada a posição defendida por Marques, que afirma:

A minha hipótese de trabalho é que a nova linguagem visual, fluida, rápida, agressiva, pseudo-individual e massificada dos negócios jurídicos de consumo a distância pela Internet propõe desafios sérios para o Direito Privado, em especial para o Direito do Consumidor e o seu paradigma moderno da "boa-fé" nas relações contratuais. Em outras palavras, o uso do meio virtual, ou a entrada em uma cultura visual leva a uma perda de significado ou de eficiência do princípio da boa-fé, que guiou o Direito Privado e, em especial, o Direito do Consumidor no século XX. Para alcançar a mesma eficácia em tempos virtuais pós-modernos, parece-me necessário evoluir para o uso de um paradigma mais "visual" (de "aparência"), de menos fidelidade e personalização (fides), de menos eticidade (valoração – bona), e sim de mais sociabilidade (qualquer forma de declaração vincula o profissional organizador da cadeia de fornecimento) e de coletiva repersonalização (realizar as expectativas legítimas de todo um grupo difuso de consumidores virtuais), a confiança, o paradigma-mãe da boa-fé![32]

Observa-se que a contratação eletrônica, na concepção defendida por Marques, prega um redimensionamento do princípio da boa-fé objetiva em face do comércio eletrônico. Como já demonstrado, mesmo que a construção teórica citada tenha sido feita sob a perspectiva do consumidor, não há razão para afastá-la do direito empresarial, já que o princípio da boa-fé é aplicável aos contratos empresariais, sofrendo alterações em função do mundo dos fatos e não pela aplicação de uma versão "*light*" da boa-fé.

O ambiente do comércio eletrônico, como já citado, traz algumas complicações para que se constituam relações contratuais longevas. Os contratos relacionais demandam relações primárias entre os contratantes, bem como uma comunicação extensa e profunda. Seria isso possível na contratação por meio de EDI?

---

32. MARQUES, Claudia Lima. *Confiança no comércio eletrônico e a proteção do consumidor*: um estudo dos negócios jurídicos de consumo no comércio eletrônico. São Paulo: Revista dos Tribunais, 2004, p. 46-47.

A resposta é afirmativa, mas com algumas ressalvas. A primeira diz respeito à construção da confiança, algo essencial para que a relação contratual não seja interrompida por uma disputa entre os contratantes. Como a interação humana é reduzida, tem-se uma dificuldade maior na construção de relações de confiança. Ainda, a tomada de decisão baseada exclusivamente em parâmetros objetivos, por exemplo, sempre que a empresa tiver menos de 100 toneladas de açúcar, empobrece a quantidade de informação transmitida pela decisão de contratar. Afinal, a escolha por determinada cláusula contratual representa uma sinalização para o outro contratante. Por exemplo, no mesmo exemplo anterior, a decisão humana de manter o parâmetro de 100 toneladas pode ser vista como uma sinalização de que o nível de produção será mantida, já o aumento do estoque pode sinalizar para o fornecedor que haverá aumento do nível de produção.

Mas se a confiança é mais difícil de ser construída numa contratação por EDI, como pode-se redimensionar a boa-fé em função dela? Ora, a perspectiva defendida por Marques é a de que a boa-fé objetiva deve ser vista numa perspectiva menos individual e mais impessoal. Assim, deve-se atentar para padrões de comportamento independentes da identidade do agente contratante, em função das expectativas legítimas de uma determinada comunidade e não de cada agente. Desse modo, tem-se a mecânica da contratação de massas elevada a um patamar de paradigma contratual.

Essa posição encontra alguns obstáculos de natureza teórica e outros de natureza prática. Não se trata do redimensionamento de um princípio, mas sim da sua aplicação em um contexto fático diverso. Analogamente à discussão da aplicação da boa-fé aos contratos empresariais pode-se afirmar que a posição de Marques não resiste à necessidade de interpretação unitária do ordenamento e à perspectiva da norma em abstrato como algo incompleto.

No princípio da boa-fé objetiva, como em qualquer princípio constitucional, pode ser identificado um mínimo essencial, mas isso não é equivalente à afirmação de que seu conteúdo em abstrato é imutável e não sofre os efeitos da riqueza dos fatos. O juízo hermenêutico enseja, de forma inevitável, a construção de uma norma em concreto diversa da norma em abstrato. Portanto, a expressão *redimensionamento* não é uma forma adequada de descrição do fenômeno em questão.

Ainda, a confiança pode ser construída para os fins deste capítulo em duas formas principais: em função de um indivíduo e em função de regras ou práticas. No primeiro caso tem-se a confiança em um contratante que possui uma reputação de cumprir os contratos que assina; no segundo caso tem-se a confiança que determinado conjunto de práticas, por exemplo de governança corporativa, é capaz de garantir as expectativas legítimas dos indivíduos.

No caso do comércio eletrônico e em especial no EDI, a confiança em indivíduos é de difícil construção, dado o anonimato e a ausência de interação entre os contratantes, que estão apenas a aplicar padrões predefinidos. Assim, resta a confiança nas práticas, mas nesse caso não se tem a perspectiva de sociabilidade, mas sim de padrões impessoais, válidos para agentes anônimos.

Portanto, não se verifica a necessidade de um redimensionamento da boa-fé objetiva nos moldes propostos por Marques. Em realidade, a boa-fé objetiva continua sendo uma ferramenta essencial para regular a conduta dos contratantes. O EDI não impede que o contrato seja imputado a determinado indivíduo, já que o contrato não é realizado entre máquinas, mas entre seres humanos. Esses indivíduos optaram por manifestar a sua vontade no ambiente virtual através de um sistema informatizado e devem responder por todos os atos produzidos nesse sistema, mesmo que no caso específico uma falha de processamento tenha transmitido de forma deturpada a vontade de contratar.

A questão mais interessante diz respeito ao avanço da imposição de sanções privadas e à possibilidade de um dos contratantes impor a estrutura de comunicação e limitar as opções de contratar do outro por meio do código, na acepção dada ao termo por Lessig. Nesse caso, a boa-fé tem um papel especial, já que a arquitetura e a construção do código serão responsáveis pela determinação de qual informação é relevante e influenciará o EDI e qual são as escolhas de cada um dos sistemas.

Não há dúvida de que a boa-fé objetiva e seus deveres anexos demandam interação e comunicação; por conseguinte, no EDI, além da sua aplicação em cada caso concreto, como no ambiente físico, deverá ser complementada pela boa-fé objetiva na estruturação da comunicação entre os sistemas, de modo a permitir, sempre que possível e necessário, uma comunicação efetiva e, consequentemente, uma relação contratual pautada pela cooperação entre os contratantes.

5. CONCLUSÃO

Assim, pode-se concluir que o comércio eletrônico e o EDI trazem uma perspectiva diversa para a contratação em geral e, sobretudo, para a contratação eletrônica.

O ambiente virtual é caracterizado pela despersonalização, ou seja, pela dificuldade de identificação dos participantes. Ainda, como trata-se de um ambiente artificialmente criado, ganha importância a chamada regulação pela arquitetura, em especial pelo código. Essa regulação pelo código permite de forma mais efetiva e intensa do que no ambiente físico uma imposição privada de sanções e uma fuga do Poder Judiciário.

Nesse contexto, a necessária imposição da boa-fé objetiva nos contratos empresariais torna-se ainda mais relevante. Não se trata, todavia, de uma redefinição da boa-fé objetiva a partir da confiança, mas sim de ampliação horizontal da sua aplicação, de modo a permitir que as partes efetivamente se comuniquem, possibilitando a construção de uma relação contratual de confiança e cooperação entre as partes.

No caso do EDI, a questão da comunicação e da interação é ainda mais dramática, já que a restrição é maior, uma vez que a comunicação deve ser feita em um meio já previamente estruturado e com padrões definidos de forma impessoal. Ainda, a ausência de uma decisão humana em cada contrato traz dificuldades, pois a decisão puramente racional da máquina transmite pouca informação.

Esse quadro torna extremamente complexa a construção de relações contratuais mais profundas, como nos contratos relacionais, pois depende de uma interação profunda entre os contratantes, o que somente é possível fora do EDI ou do ambiente estritamente virtual.

REFERÊNCIAS

BARCELÒ, Rosa Julià. *Comercio electronico entre empresarios*: la formación y prueba del contracto electrónico (EDI). Valencia: Tirant lo Blanch, 2000.

BERSTEIN, Lisa. Opting out of the legal system: extralegal contractual realtions in the Diamond industry. *Journal of Legal Studies*, vol. 21, 1992, pp. 115-157.

COUTO E SILVA, Clóvis V. do. *A obrigação como processo*. Rio de Janeiro: Editora FGV, 2006.

FORGIONI, Paula A. *Teoria geral dos contratos empresariais*. São Paulo: Revista dos Tribunais, 2009.

JENNINGS, Nicholas R.; WOOLDRIDGE, Michael J. *Agent technology*: foundations, applications, and markets. Berlin: Springer, 1998.

KLEIN, Vinicius. *Os contratos Empresariais de Longo Prazo*: uma análise a partir da argumentação judicial. Rio de Janeiro: Lumen Juris, 2015.

KLEIN, Vinicius. *A Economia dos Contratos*: uma análise macroeconômica. Curitiba: CRV, 2015.

LESSIG, Lawrence. *Code version 2.0*. New York: Basic Books, 2006.

LESSIG, Lawrence. *Free culture*: the nature and future of creativity. New York: The Penguin Press, 2004.

LESSIG, Lawrence. The New Chicago School. *The Journal of Legal Studies*, v. XXVII, n° 2, 1998, p. 661-191.

LORENZETTI, Ricardo L. *Comércio eletrônico*. São Paulo: Revista dos Tribunais, 2004.

MACAULAY, Stewart. Non-Contractual relations in business: a preliminary study. *American Sociological Review*, vol. 28, n° 1, 1963, pp. 57-67.

MACNEIL, Ian R. *O novo contrato social*. Rio de Janeiro: Elsevier, 2009.

MACNEIL, Ian R. Contracts: adjustments of long-term economic relations under classical, neoclassical, and relational contract law. *Northwestern University Law Review*, v. 72, 1978, p. 854-906.

MACNEIL, Ian R. The many futures of contracts. *Southern California Law Review*, v. 47, 1974, p. 691-816.

MARQUES, Claudia Lima. *Confiança no comércio eletrônico e a proteção do consumidor*: um estudo dos negócios jurídicos de consumo no comércio eletrônico. São Paulo: Revista dos Tribunais, 2004.

MARTINS, Guilherme Magalhães. *Formação dos contratos eletrônicos de consumo via Internet*. 2. ed. Rio de Janeiro: Lumen Juris, 2010.

MARTINS-COSTA, Judith. *A boa-fé no direito privado*. São Paulo: Revista dos Tribunais, 2000.

MORRISSON, Douglas Robert. The Statute of Frauds Online: can a computer sign a contract for a sale of goods? *George Mason University Law Review*, n° 14, 1992, p. 637-662.

NEGREIROS, Tereza. *Teoria do contrato*: novos paradigmas. Rio de Janeiro: Renovar, 2006.

PERLINGIERI, Pietro. *O direito civil na legalidade constitucional*. Rio de Janeiro: Renovar, 2008.

TEPEDINO, Gustavo. As relações de consumo e a nova teoria contratual. *Temas de Direito Civil*. 4. ed. Rio de Janeiro: Renovar, 2008. t. I.

VICTOR, Cindy Rhodes. Electronic Data Interchange and Electronic Funds Transfer. *Encyclopedia of Management*. 2009. Encyclopedia.com. Disponível em:<http://www.encyclopedia.com/doc/1G2-3273100082.html>. Acesso em: 12 jan. 2020.

WU, Tim. When code isn't law. *Virginia Law Review*, v. 89, n° 4, 2003, p. 679-412.

29
A TUTELA DO CONSUMIDOR E O COMÉRCIO ELETRÔNICO COLETIVO: NOVOS DESAFIOS

Gabriel Rocha Furtado
Vitor Almeida

Sumário: 1 Introdução. 2 A solidariedade como fundamento da proteção ao consumidor. A unidade do ordenamento e o Código de Defesa do Consumidor. 3 As relações de consumo na era da Internet: da vulnerabilidade do consumidor à hipervulnerabilidade do ciberconsumidor. 4 A defesa do consumidor, os contratos eletrônicos de consumo e comércio eletrônico coletivo. 5 A responsabilidade civil nas relações de consumo dos provedores de intermediação. A responsabilidade solidária dos sites de compra coletiva. 6 O direito à informação no comércio eletrônico coletivo. 7 O direito de arrependimento no comércio eletrônico coletivo. 8 Considerações finais. Referências.

1. INTRODUÇÃO

O Código de Defesa do Consumidor[1] inaugurou no ordenamento brasileiro uma tutela mais equilibrada em prol do consumidor nas relações de consumo, buscando compensar sua intrínseca vulnerabilidade frente ao conhecimento técnico e/ou do poder econômico dos fornecedores.

Em razão do reconhecimento do histórico desequilíbrio desfavorável ao consumidor, o legislador ordinário, por determinação da Constituição da República de 1988,[2] estabeleceu diversos dispositivos que visam assegurar, numa relação tradicionalmente desigual, uma proteção mais efetiva e protetiva em relação à parte mais vulnerável.

Assim, na ordem constitucional brasileira, a defesa do consumidor é um direito fundamental,[3] prevista no art. 5º, inciso XXXII, e um princípio geral da atividade econômica, segundo o art. 170, inciso V.

A partir de 1988, os consumidores não foram os únicos que mereceram uma tutela própria e específica a fim de proteger os grupos sociais mais frágeis; crianças, adolescen-

---

1. A Lei Federal nº 8.078, de 11 de setembro de 1990, dispõe sobre a proteção do consumidor.
2. O legislador constituinte, no Ato de Disposições Constitucionais Transitórias (ADCT), estabeleceu, de acordo com o art. 48, que o "Congresso Nacional, dentro de cento e vinte dias da promulgação da Constituição, elaborará código de defesa do consumidor".
3. Ver, por todos: MARTINS, Guilherme Magalhães. A defesa do consumidor como direito fundamental na ordem constitucional. In: MARTINS, Guilherme Magalhães (Coord.). *Temas de direito do consumidor*. Rio de Janeiro: Lumen Juris, 2010.

tes,[4] pessoas idosas,[5] entre outros, foram igualmente acobertados por um conjunto de regras e princípios específicos que visam equilibrar a situação fática mediante a proteção concedida pelo ordenamento ante a vulnerabilidade percebida na realidade social.[6]

Contudo, a constante evolução dos meios nos quais são desenvolvidas e travadas as relações de consumo não deixou ileso o Código de Defesa do Consumidor, internacionalmente reconhecido por seu caráter protetivo e vanguardista, principalmente face ao advento da Internet[7].

Não são rarefeitas as perplexidades trazidas com a rede mundial de computadores, as quais são intensificadas com a participação cada vez mais acentuada dos usuários através das ferramentas de interatividade, de modo que foram facilitadas as formas e modelos de inserção de conteúdo *on-line* por parte de internautas leigos, que passaram a produzir e fomentar a rede com conteúdo produzido por meios próprios. Os *sites* de redes sociais são o exemplo, por excelência, da interação incessantemente mais ágil e interligada entre usuários em escala global.

Com isso, não se deve olvidar, aumentaram exponencialmente as violações aos direitos da personalidade em ambiente eletrônico, ensejando acirrada controvérsia quanto ao regime de responsabilidade civil aplicável aos provedores de redes sociais[8] e a proteção mais adequada da pessoa humana na era digital.[9] Igualmente se discute sobre a tutela da privacidade[10] e dos dados pessoais na Internet,[11] em razão da extrema dificuldade em impor limites ao tratamento dessas informações que são fornecidas pelo usuário, em que são desconhecidos os usos e finalidades, não raras vezes, caracterizados como ilícitos.

Inegável é, contudo, que a contratação eletrônica de consumo rompeu com a tradicional sistemática assentada no caráter de pessoalidade e materialidade dos contratos

---

4. A Lei nº 8.069, de 13 de julho de 1990, dispõe sobre o Estatuto da Criança e do Adolescente.
5. A Lei nº 10.741, de 1º de outubro de 2003, dispõe sobre o Estatuto do Idoso.
6. Cf.: TEPEDINO, Gustavo. Normas constitucionais e direito civil na construção unitária do ordenamento. *Temas de direito civil*. t. III, Rio de Janeiro: Renovar, 2009, p. 13-17.
7. Durante muito tempo, no Brasil, somente o item 3.a, da Norma n. 4/95, da Agência Nacional de Telecomunicações (Anatel), que dispunha sobre o uso de meios da rede pública de telecomunicações para acesso à Internet, fazia referência ao conceito legal de Internet como "nome genérico que designa o conjunto de redes, os meios de transmissão e comutação, roteadores, equipamentos e protocolos necessários à comunicação entre computadores, bem como o *software* e os dados contidos nestes computadores". Atualmente, o Marco Civil da Internet (Lei n. 12.965/2014) conceitua internet nos seguintes termos: "Art. 5o Para os efeitos desta Lei, considera-se: I – internet: o sistema constituído do conjunto de protocolos lógicos, estruturado em escala mundial para uso público e irrestrito, com a finalidade de possibilitar a comunicação de dados entre terminais por meio de diferentes redes".
8. Cf.: SCHREIBER, Anderson. *Twitter, Orkut e Facebook* – Considerações sobre a responsabilidade civil por danos decorrentes de perfis falsos nas redes sociais. In: TEPEDINO, Gustavo; FACHIN, Luiz Edson (Coord.). *Diálogos sobre direito civil*. Rio de Janeiro: Renovar, 2012. v. III, p. 155-167; e MARTINS, Guilherme Magalhães; LONGHI, João Victor Rozatti. A tutela do consumidor nas redes sociais virtuais – responsabilidade civil por acidentes de consumo na sociedade da informação. *Revista de Direito do Consumidor*, ano 20, v. 78, São Paulo: Revista dos Tribunais, abr./jun. 2011.
9. Cf. SCHREIBER, Anderson. *Direitos da personalidade*. São Paulo: Atlas, 2011. p. 159-166.
10. V.: LEONARDI, Marcel. Responsabilidade civil pela violação do sigilo e privacidade na Internet. In: SILVA, Regina Beatriz Tavares da; SANTOS, Manoel J. Pereira dos (Coord.). *Responsabilidade civil na Internet e nos demais meios de comunicação*. São Paulo: Saraiva, 2007.
11. Sobre o tema recomenda-se a leitura de Danilo Doneda. *Da privacidade à proteção dos dados pessoais*. Rio de Janeiro: Renovar, 2006. A respeito do tema, ver, ainda: BRASIL. Escola Nacional de Defesa do Consumidor. *A proteção de dados pessoais nas relações de consumo*: para além da informação creditícia. Elaborado por Danilo Doneda. Brasília: SDE/DPDC, 2010.

de consumo. Ainda que os contratos eletrônicos tenham suscitado controvérsias quanto à sua formação,[12] condições e validade, eles apenas se diferenciam em relação ao meio em que o contrato de consumo é celebrado.[13]

Nos últimos anos, o comércio eletrônico coletivo trouxe novos desafios no tocante à extensão dos preceitos insculpidos no Código de Defesa do Consumidor, tendo em vista suas peculiaridades. Diante desse quadro, o intérprete tem que se esforçar para moldar às contratações virtuais um diploma normativo elaborado para as relações de consumo travadas em estabelecimentos comerciais físicos – quando muito, por telefone.

O crescimento do comércio eletrônico coletivo no Brasil como novo modelo de negócio parecia irrefreável até poucos anos atrás, vive hoje uma renovação após apresentar certo desgaste.[14] A veloz multiplicação dos *sites* de intermediação entre o *ciberconsumidor* e o fornecedor detentor do domínio do bem a ser comercializado no início da década de vinte deste século demonstravam que os descontos ofertados para as vendas coletivas eram altamente atrativos e captavam uma parcela cada vez maior de consumidores, apesar dos riscos inerentes. Após esse vertiginoso crescimento, observou-se uma queda no número de consumidores que procuravam os sites de compras coletivas para adquirir produtos e serviços[15]. Apesar desse cenário, as demandas continuam a chegar aos tribunais nacionais e o modelo de negócio apenas se renova com outras características e formas de assédio ao consumidor[16]. Após a desaceleração do formato das compras coletivas, observou-se a sua migração para as redes sociais com uso contínuo da inteligência artificial para moldar a "perfilização" do consumidor e atingi-los com ofertas exclusivas durante a navegação pela internet. É patente que os sites de compras coletivas tiveram que se renovar diante do uso cada vez maior da internet em aparelhos móveis como celulares e *tablets*.

---

12. Ver, por todos: MARTINS, Guilherme Magalhães. *Formação dos contratos eletrônicos de consumo via internet*. 2. ed. Rio de Janeiro: Lumen Juris, 2010.
13. Nesse sentido se posiciona Sergio Cavalieri Filho: "A designação *contratos eletrônicos*, tal como a expressão *contratos de adesão*, não indica um novo tipo de contrato, ou categoria autônoma; refere-se apenas ao meio ou instrumento pelo qual é celebrado. [...] O objeto dos contratos eletrônicos, portanto, o mesmo dos contratos tradicionais (produtos, serviços, transferência de numerário, compra de ações), diferindo apenas no que diz respeito à forma da contratação ou meio de entrega" (grifos no original) (*Programa de direito do consumidor*. 3. ed. São Paulo: Atlas, 2011. p. 280).
14. De acordo com José Furian Filho, vice-presidente de negócios dos Correios, "a taxa média de crescimento anual [do comércio eletrônico no Brasil] nos últimos cinco anos foi de 35% e a tendência é a manutenção da taxa de crescimento" (*Revista Época Negócios*. Disponível em: <http://epocanegocios.globo.com>. Acesso em: 16 jan. 2020).
15. "A queda nas intenções de adquirir produtos ou serviços por sites de compras coletivas reflete a maior consciência do consumidor. O perfil deixou de ser a compra por impulso e, agora, esses consumidores observam melhor as condições de uso oferecidas. A avaliação é do Serviço de Proteção ao Crédito (SPC Brasil), que divulgou essa semana uma pesquisa sobre hábitos de compra pela internet. A pesquisa foi feita em todas as capitais do país, de 5 a 8 de janeiro deste ano, e respondida pela internet por 662 pessoas maiores de idade de ambos os sexos e todas as classes sociais. Os dados mostram que 47% dos consumidores de compras coletivas diminuíram a frequência de consumo pelos sites, 42% adquiriram produtos e serviços e 61% fizeram ao menos uma compra a cada seis meses" (Disponível em: <http://www.correiobraziliense.com.br/app/noticia/economia/2015/03/22/internas_economia,476494/queda-de-compras-coletivas-pela-internet-reflete-consumidor-mais-exigente.shtml>. Acesso em 16 jan. 2020).
16. "Com nova roupagem, sites de compra coletiva voltam ao radar do brasileiro. Chamados agora de portais de descontos, Peixe Urbano e Groupon recuperam relevância na crise e ajudam restaurantes a elevarem em até 80% as vendas por meio de um forte apelo promocional" (Disponível em: <http://www.abrasel.com.br/component/content/article/7-noticias/4068-08012016-com-nova-roupagem-sites-de-compra-coletiva-voltam-ao-radar-do-brasileiro.html>. Acesso em 16 jan. 2020).

Da mesma forma em que se alargam e consolidam como modelo de negócio altamente rentável na Internet, as demandas judiciais referentes ao comércio eletrônico coletivo inundam os tribunais pátrios, os quais ainda não definiram uma orientação sólida quanto à disciplina e ao regime jurídico aplicável, sobretudo no que concerne à responsabilidade dos *sites* de compra coletiva.

Enquanto a contratação eletrônica ainda aguarda a aprovação do projeto de modernização do Código de Defesa do Consumidor, mais especificamente do projeto de lei nº 3514/2015[17], cuja origem foi o PLS nº 281/2012, que trata especificamente da regulamentação do comércio eletrônico[18], foi promulgada a Lei n. 12.965/2014, que dispõe sobre os princípios, garantias, direitos e deveres para o uso da internet no Brasil, estabelecendo a defesa do consumidor como um dos seus fundamentos.

Nesta senda, a ausência de regulamentação específica através de lei ordinária, no entanto, não isenta o intérprete de solucionar os conflitos advindos dessa nova forma de contratação eletrônica de consumo, que deve evitar eventuais mitigações aos direitos básicos do consumidor, em respeito ao princípio da proibição do retrocesso social.

Cabe ao operador do direito guiar sua interpretação com base no amplo arsenal protetivo existente na área do direito do consumidor no ordenamento brasileiro, conferindo aos respectivos dispositivos uma leitura de acordo com suas potencialidades e servindo-se de uma compreensão histórica, sistêmica e unitária do ordenamento jurídico a fim de promover a integral defesa do consumidor, como determina a Constituição da República de 1988.

2. A SOLIDARIEDADE COMO FUNDAMENTO DA PROTEÇÃO AO CONSUMIDOR. A UNIDADE DO ORDENAMENTO E O CÓDIGO DE DEFESA DO CONSUMIDOR

O reconhecimento jurídico da existência de grupos sociais vulneráveis exige o estabelecimento de um arsenal legal e a criação de instrumentos jurídicos protetivos como forma, inclusive, de atender ao princípio constitucional da solidariedade social.[19] A proteção das minorias,[20] dos grupos marginalizados e excluídos, não pode ser considerada como uma benesse do ordenamento, mas deve ser vista como uma determinação, de cunho constitucional, para o alcance de um dos objetivos fundamentais da República, que é a construção de uma sociedade justa, livre e solidária.

O projeto constitucional foi desenhado, portanto, de modo a promover uma sociedade mais solidária, na qual se visa reduzir as desigualdades sociais e regionais, superando uma postura individualista em favor da justiça social. Nessa esteira, o paradigma da solidariedade nas relações de consumo rompeu com a ótica individualista e

---

17. O referido projeto de lei foi apensado ao PL 4906/2001.
18. Diz a ementa do projeto: "Altera a Lei no 8.078, de 11 de setembro de 1990 (Código de Defesa do Consumidor), para aperfeiçoar as disposições gerais do Capítulo I do Título I e dispor sobre o comércio eletrônico".
19. BODIN DE MORAES, Maria Celina. O princípio da solidariedade. *Na medida da pessoa humana*. Rio de Janeiro: Renovar, 2010.
20. TEPEDINO, Gustavo; SCHREIBER, Anderson. Minorias no direito civil brasileiro. *Revista Trimestral de Direito Civil*, v. 10, Rio de Janeiro, p. 135-155, 2002.

patrimonialista do direito privado nacional que, sob a égide do liberalismo, era calcado numa visão igualitária formal, permitindo e chancelando relações de cunho notadamente desiguais, que reforçavam um modelo injusto e de concentração de poder nas mãos de quem já o detinha.

A defesa do consumidor no direito brasileiro é um imperativo da Constituição da República de 1988. Consagrou, o legislador constituinte, a defesa do consumidor como direito fundamental (art. 5º, XXXII) e princípio geral da atividade econômica (art. 170, V). Optou, assim, não por proteger as relações de consumo, mas, especialmente, o consumidor, em virtude de sua reconhecida vulnerabilidade. Mais adiante, estabeleceu que o desenvolvimento econômico deve, necessariamente, observar a proteção do consumidor, não sendo permitido que os direitos básicos do consumidor sejam sufragados em prol do livre jogo de mercado e dos interesses econômicos dos fornecedores de produtos e serviços.

Argumenta Guilherme Martins Magalhães que

"a opção da Constituição de 1988 de albergar a defesa do consumidor se dá pela inegável necessidade de que certas situações de desequilíbrio social sofram incisiva ação terapêutica do Estado, seja esta ação de cunho econômico ou jurídico".[21]

Assim, por força de expressa determinação do constituinte originário (art. 48 do ADCT), foi promulgado o Código de Defesa do Consumidor (CDC), que surge para dispor, em sede infraconstitucional, sobre os princípios e regras orientados para a tutela da parte mais vulnerável da relação de consumo.

A vulnerabilidade é o elemento justificador de uma legislação mais favorável ao consumidor, em detrimento dos fornecedores, que assumem o risco de sua atividade em razão das vantagens econômicas obtidas nas operações empresariais. Busca-se reduzir as desigualdades fáticas existentes entre os polos de uma relação de consumo, fundada em razões socioeconômicas e informacionais, de modo a proteger e promover a pessoa do consumidor. Serve, ainda, para abrandar o cenário de hiperconsumo na sociedade contemporânea,[22] na medida em que se estabelecem mecanismos inibitórios para o estímulo desenfreado à aquisição de bens e serviços.

De acordo com Gustavo Tepedino, o *coligamento* dos dispositivos garantidores da proteção reforçada do consumidor (arts. 5º, XXXII, e 170, V) "com os princípios fundamentais da Constituição, que incluem entre os fundamentos da República 'a dignidade da pessoa humana' (art. 1º, III), e entre os objetivos da República 'erradicar a pobreza e a marginalização, e reduzir as desigualdades sociais e regionais' (art. 3º, III)", tem por finalidade demonstrar "a clara intenção do legislador constituinte no sentido de romper

---

21. MARTINS, Guilherme Magalhães. A defesa do consumidor como direito fundamental na ordem constitucional. Op. cit. p. 2.
22. O sociólogo Zygmunt Bauman observou que "a vida líquida é uma vida de consumo. Projeta o mundo e todos os seus fragmentos animados e inanimados como objetos de consumo, ou seja, objetos que perdem a utilidade (e portanto o viço, a atração, o poder de sedução e valor) enquanto são usados. Molda o julgamento e a avaliação de todos os fragmentos animados e inanimados do mundo segundo o padrão dos objetos de consumo" (*A vida líquida*. Tradução de Carlos Alberto Medeiros. Rio de Janeiro: Jorge Zahar, 2007. p. 16-17). Sobre os consumidores na sociedade líquido-moderna, Bauman desenvolve com maior profundidade as reflexões sobre o tema no Capítulo 5 do livro, nas páginas 106-151.

a ótica produtivista e patrimonialista que muitas vezes prevalece no exame dos interesses dos consumidores".[23]

A partir do CDC, pelo menos, na órbita do consumo, a proteção legal da parte mais frágil se impôs como indispensável para que o mercado de consumo se tornasse mais solidarista e menos injusto. O princípio da solidariedade social é, nessa linha, o fundamento de um regime jurídico protetivo em relação ao consumidor, na medida em que visa diminuir as escancaradas disparidades existentes, tornando as relações de consumo mais condizentes com a ótica solidária, que deve permear todos os setores do ordenamento brasileiro.

O fundamento da proteção do consumidor na ordem civil-constitucional deve, ainda, ser extraído do princípio maior da dignidade da pessoa humana. Nesse sentido, leciona Guilherme Magalhães Martins que a defesa do consumidor é um direito fundamental que encontra suas raízes na cláusula geral de proteção à dignidade da pessoa humana, razão pela qual defende que o "cidadão-consumidor, ou melhor, a pessoa-consumidor, se projeta na dimensão constitucional, de modo que, na hipótese de conflito entre o respectivo direito fundamental – sobretudo quando traduzido nas situações jurídicas existenciais – e as exigências de mercado livre, sua primazia se mostra fora de discussão".[24] O fundamento, portanto, da enérgica tutela do consumidor é de inequívoca índole constitucional.

Guilherme Magalhães Martins ressalta, ainda, com base em entendimento de Claudia Lima Marques, que enquanto o direito do consumidor funciona como um direito fundamental para as pessoas físicas, "para os demais agentes econômicos, especialmente pessoas jurídicas, trata-se especialmente de um sistema limitador da livre iniciativa do art. 170, caput", da Constituição de 1988.[25] Demonstra-se, assim, que as normas em exame têm funções distintas, pois enquanto o disposto no art. 5º, inciso XXXII, da CRFB/1988, volta-se à garantia dos direitos fundamentais dos consumidores, o dispositivo inserido no capítulo dedicado à atividade econômica atua como limite ao princípio da livre iniciativa privada, moldando o desenvolvimento econômico aos valores insculpidos na Constituição de 1988.

Se o comando constitucional impõe uma tutela protetiva do consumidor, é a partir dele que é definido o âmbito de abrangência da Lei Federal nº 8.078/90. Desse modo, o campo de incidência do CDC se apresenta organizado sob o manto da identificação da pessoa beneficiada, no caso da pessoa-consumidora. Ressalta Claudia Lima Marques que "o direito do consumidor é um direito para desiguais, forte, protetor, e assim tem um campo de aplicação subjetivamente especial".[26] A definição do sujeito tutelado é complexa, tendo em vista que sua caracterização deve ser realizada de modo relacional,

---

23. TEPEDINO, Gustavo. A responsabilidade civil por acidentes de consumo na ótica civil-constitucional. Temas de direito civil. 4. ed. rev. e atual. Rio de Janeiro: Renovar, 2008. p. 293.
24. MARTINS, Guilherme Magalhães. A defesa do consumidor como direito fundamental na ordem constitucional. Op. cit. p. 6.
25. MARTINS, Guilherme Magalhães. A defesa do consumidor como direito fundamental na ordem constitucional. Op. cit. p. 4.
26. BENJAMIN, Antônio Herman V.; MARQUES, Claudia Lima; BESSA, Leonardo Roscoe. Manual de direito do consumidor. São Paulo: Revista dos Tribunais, 2007. p. 67.

ou seja, o campo de aplicação do CDC é *ratione personae*, "uma vez que materialmente ele se aplica em princípio a todas as relações contratuais e extracontratuais entre consumidores e fornecedores".[27]

A respeito do conceito jurídico de consumidor, o CDC reservou quatro dispositivos que cuidam da matéria (art. 2°, *caput* e parágrafo único, art. 17 e art. 29), forçando o intérprete a interpretá-los sistemicamente e em defesa do débil consumidor. Intenso debate já se travou acerca da extensão do art. 2° do CDC, polarizando as correntes doutrinárias em finalistas[28] e maximalistas.[29]

Marcelo Junqueira Calixto observou que o Superior Tribunal de Justiça enfraqueceu o debate entre maximalistas e finalistas, na medida em que "a doutrina mais atenta afirma ter o STJ consagrado um *finalismo aprofundado*", tendo em vista que passou a reconhecer que o que determina a incidência do CDC é a "vulnerabilidade de uma das partes da relação jurídica".[30]

O mesmo autor já havia afirmado em estudo anterior que "em relação à Lei n° 8.078/90 pode-se considerar que o princípio da vulnerabilidade é aquele que informa todas as demais normas nele estabelecidas. Assim, é a vulnerabilidade elemento essencial do conceito jurídico de consumidor, seja *strictu sensu*, seja equiparado".[31] Reitera, desse modo, que o "reconhecimento da vulnerabilidade do consumidor, afirmado pelo próprio CDC (art. 4°, I), deveria ser um requisito comum para que o intérprete afastasse eventual relação jurídica do âmbito do Código Civil e aplicasse a legislação protetiva".[32] Sob essa ótica, muito mais consentânea com os valores constitucionais, é a interpretação finalista para revelar o conceito de consumidor, e, assim, atrair a aplicação do diploma consumerista.

Nesse diapasão, Guilherme Magalhães Martins aduz que "a interpretação finalista nada mais é do que uma interpretação conforme a Constituição, a partir dos valores fundamentais da igualdade, dignidade e proteção do Estado". Complementa, ainda, que "o Código de Defesa do consumidor, para tanto, funciona como um sistema, codi-

---

27. BENJAMIN, Antônio Herman V.; MARQUES, Claudia Lima; BESSA, Leonardo Roscoe. *Manual de direito do consumidor*. Op. cit. p. 65.
28. De acordo com Claudia Lima Marques, defensora da posição finalista, "a definição de consumidor é o pilar que sustenta a tutela especial, agora concedida aos consumidores. Esta tutela só existe porque o consumidor é a parte vulnerável nas relações contratuais no mercado, como afirma o próprio CDC no art. 4°, inciso I. Logo, conviria delimitar claramente quem merece esta tutela e quem não necessita dela, quem é consumidor e quem não é. Os finalistas propõem, então, que se interprete a expressão "destinatário final" do art. 2° de maneira restrita, como requerem os princípios básicos do CDC, exposto nos arts. 4° e 6°" (BENJAMIN, Antônio Herman V.; MARQUES, Claudia Lima; BESSA, Leonardo Roscoe. *Manual de direito do consumidor*. Op. cit. p. 68).
29. "Já os *maximalistas* viam nas normas do CDC o novo regulamento do mercado de consumo brasileiro, e não em normas orientadas para proteger somente o consumidor não profissional. O CDC seria um código geral sobre o consumo, um código para a sociedade de consumo, que institui normas e princípios para todos os agentes do mercado, os quais podem assumir os papéis ora de fornecedores, ora de consumidores. A definição do art. 2° deve ser interpretada o mais extensamente possível" (BENJAMIN, Antônio Herman V.; MARQUES, Claudia Lima; BESSA, Leonardo Roscoe. *Manual de direito do consumidor*. Op. cit. p. 69).
30. CALIXTO, Marcelo Junqueira. Ainda o conceito de consumidor: breves considerações a partir de dois julgados do Supremo Tribunal Federal. In: MARTINS, Guilherme Magalhães (Coord.). *Temas de direito do consumidor*. Rio de Janeiro: Lumen Juris, 2010. p. 366.
31. CALIXTO, Marcelo Junqueira. O princípio da vulnerabilidade do consumidor. In: BODIN DE MORAES, Maria Celina (Coord.). *Princípios do direito civil contemporâneo*. Rio de Janeiro: Renovar, 2006. p. 356.
32. CALIXTO, Marcelo Junqueira. Ainda o conceito de consumidor: breves considerações a partir de dois julgados do Supremo Tribunal Federal. Op. cit. p. 365.

ficado, construído e organizado justamente tendo como base a identificação do sujeito beneficiado".[33]

Após mais de três décadas de promulgação do Código de Defesa do Consumidor, parece que as "hesitações" e "perplexidades" que teimavam em obstaculizar a sua "enorme força normativa"[34] se dissiparam. Primeiro, porque a própria jurisprudência, progressivamente, vem suplantando as restrições impingidas à aplicabilidade do estatuto consumerista, alargando o conceito jurídico de consumidor com base no critério da finalidade, o qual reconhece que é a vulnerabilidade *in concreto* o elemento essencial para a atração da incidência. Em seguida, o paulatino alargamento da consciência de que o Código Civil e o Código de Defesa do Consumidor encontram-se no mesmo plano de hierarquia, visto que são leis ordinárias, possuindo, contudo, campos de incidência diferenciados.

Qualquer visão reducionista da legislação consumerista deve ser afastada, principalmente aquela que a considera como um microssistema.[35] Apregoa-se o afastamento da ideia de microssistema em razão dos perigos que a expressão subjaz em seu interior, visto que a deturpada visão de círculos legislativos autônomos, herméticos e incomunicáveis deve ser de todo afastada de nossa compreensão por contrariar a indispensável construção unitária do ordenamento jurídico. O fenômeno da pluralidade de fontes não altera o caráter unitário do sistema jurídico, mas tão somente impõe ao intérprete a tarefa de harmonizá-los à luz da tábua axiológica constitucional.

Sob a ótica da teoria unitária do ordenamento jurídico,[36] deve-se promover uma interpretação sistêmica, orgânica e una de todos os setores do sistema normativo,[37] que precisam dialogar e harmonizarem-se entre si, sempre sob a égide dos ditames constitucionais. Nessa senda, já ressaltou Gustavo Tepedino que o "Código civil e o Código de Defesa do Consumidor não podem ser considerados diplomas contrastantes senão complementares, no âmbito da complexidade do ordenamento, instrumentos para a promoção da solidariedade e do personalismo constitucionais".[38]

---

33. MARTINS, Guilherme Magalhães. *A defesa do consumidor como direito fundamental na ordem constitucional.* Op. cit. p. 5.
34. TEPEDINO, Gustavo. *A responsabilidade civil por acidentes de consumo na ótica civil-constitucional.* Op. cit. p. 278.
35. Imputa-se a Natalino Irti a expressão *microcodificação* ou *microcódigo* para designar os novos códigos do final do século XX surgidos na esteira do fenômeno da descodificação, os quais se diferenciavam dos chamados códigos gerais por não mais possuírem a pretensão de completude em exaurir um determinado setor do direito. (*L'età dela decodificazione*. Milano: Giuffrè, 1976). Nessa esteira, Claudia Lima Marques defende a necessidade de se analisar o CDC "como sistema, como contexto construído, codificado, organizado, de identificação do sujeito beneficiado. Como é um pequeno sistema, especial, subjetivamente, e geral, materialmente, utilizaremos aqui a expressão de Natalino Irti, microssistema, para o descrever" (BENJAMIN, Antônio Herman V.; MARQUES, Claudia Lima; BESSA, Leonardo Roscoe. *Manual de direito do consumidor.* Op. cit. p. 45).
36. Cf., por todos: CANARIS, Claus-Wilhelm. *Pensamento sistemático e conceito de sistema na ciência do direito.* Introdução e tradução de A. Menezes Cordeiro. Lisboa: Fundação Calouste Gulbenkian, 1989.
37. A esse respeito, expõe Gustavo Tepedino que o "conceito de ordenamento implica, necessariamente rejeição aos chamados microssistemas, que pressupõe a existência de centros de gravidade autônomos. Isto porque, para que possa ser designado como tal, o ordenamento há de ser sistemático, orgânico, axiológico, prescritivo, ainda que composto por uma pluralidade de fontes normativas" (Itinerário para um imprescindível debate metodológico. *Revista Trimestral de Direito Civil*, Editorial, v. 35, 2009).
38. TEPEDINO, Gustavo. Código de Defesa do Consumidor, Código Civil e Complexidade do Ordenamento. *Revista Trimestral de Direito Civil*, Editorial, v. 22, 2005.

Nessa linha, extremamente útil se apresenta a metodologia do "diálogo das fontes", cuja expressão e criação teórica se atribuem a Erik Jayme e, no Brasil, é capitaneada e desenvolvida por Claudia Lima Marques.[39] Essa metodologia de aplicação do direito, com base na coordenação entre as fontes legislativas, já ingressou definitivamente no direito brasileiro, seja no plano doutrinário,[40] seja no campo jurisprudencial.[41] Segundo a autora, em nosso ordenamento, o diálogo das fontes significa:

> a aplicação simultânea, coerente e coordenada das plúrimas fontes legislativas, leis especiais (como o Código de Defesa do Consumidor e a lei de planos de saúde) e leis gerais (como o Código Civil de 2002), de origem internacional (como a Convenção de Varsóvia e Montreal) e nacional (como o Código Aeronáutico e as mudanças no Código de Defesa do Consumidor), que, como afirma o mestre de Heidelberg, tem campos de aplicação convergentes, mas não mais totalmente coincidentes ou iguais.[42]

A diversidade de fontes normativas encontra na Lei Maior os vetores responsáveis pela unificação da ordem jurídica. Sob o marco teórico do direito civil-constitucional não restam dúvidas de que "no ápice da hierarquia está a Constituição, cujo fundamento reside na sua legitimidade",[43] de onde se extrai que as normas infraconstitucionais devem ser conformes aos ditames da Constituição, sob pena, além da mácula da inconstitucionalidade, de invalidade.[44] A partir da perspectiva metodológica do diálogo das fontes, essa premissa encontra eco e é complementada, na medida em que "a luz que ilumina o diálogo das fontes em direito privado é (e deve ser) sempre a constitucional, valores dados e não escolhidos pelo aplicador da lei – daí por que o resultado do diálogo das fontes só pode ser a favor do valor constitucional de proteção dos consumidores".[45]

Com efeito, cabe ao intérprete, após análise holística de todos os setores do ordenamento jurídico, detectar e aplicar a norma mais favorável ao vulnerável consumidor, independentemente do marco legal no qual a norma se encontra disposta. Assim, presente a vulnerabilidade do consumidor, busca-se pelo preceito normativo mais benéfico para disciplinar e atuar em prol da defesa do consumidor.

---

39. Por todos, recomenda-se a leitura de Claudia Lima Marques. O "diálogo das fontes" como método da nova teoria geral do direito: um tributo a Erik Jayme. MARQUES, Claudia Lima (Coord.). *Diálogo das fontes*: do conflito à coordenação de normas do direito brasileiro. São Paulo: Revista dos Tribunais, 2012. p. 17-66.
40. Cf., ainda: MARQUES, Claudia Lima. Diálogo entre o Código de Defesa do Consumidor e o novo Código Civil: do "diálogo das fontes" no combate às cláusulas abusivas. *Revista de Direito do Consumidor*, v. 45, jan./mar. 2003. p. 71 e ss.; e BESSA, Leonardo Roscoe. *Relação de consumo e aplicação do CDC*. São Paulo: Revista dos Tribunais, 2009.
41. Cita-se o histórico julgamento, pelo Supremo Tribunal Federal, da ADIn nº 2.591, que concluiu pela constitucionalidade da aplicação do CDC a todas as atividades bancárias (BRASIL. Supremo Tribunal Federal. Ação Declaratória de Inconstitucionalidade nº 2.591. Tribunal Pleno. Relatoria: Min. Carlos Velloso. Relatoria p/Acórdão: Min. Eros Grau. Julg. 7 6. 2006).
42. MARQUES, Claudia Lima. O "diálogo das fontes" como método da nova teoria geral do direito: um tributo a Erik Jayme. Op. cit. p. 19-20.
43. PERLINGIERI, Pietro. *Direito civil na legalidade constitucional*. Tradução de Maria Cristina De Cicco. Rio de Janeiro: Renovar, 2008. p. 308.
44. Pietro Perlingieri e Pasquale Femia observam que a lei estatal "é válida somente se respeita e concretiza os valores (expressos pelos princípios correspondentes) constitucionais. Lei inconstitucional equivale a lei inválida: é exercício de poder em violação ao seu princípio de legitimação (concretização dos valores constitucionais) e, portanto, exercício não justificado" (*Nozione introduttive*, p. 35, apud, Pietro Perlingieri. Op. cit. p. 308).
45. MARQUES, Claudia Lima. O "diálogo das fontes" como método da nova teoria geral do direito: um tributo a Erik Jayme. Op. cit. p. 61.

Lido a partir da Constituição da República de 1988, o Código de Defesa do Consumidor deve ser encarado como o marco normativo indispensável à promoção dos direitos fundamentais do consumidor, cujo atual desafio é implementá-lo e expandi-lo a todos os confins onde se constate a presença da vulnerabilidade do consumidor, sobretudo num ambiente cada vez mais digitalizado.

3. AS RELAÇÕES DE CONSUMO NA ERA DA INTERNET: DA VULNERABILIDADE DO CONSUMIDOR À HIPERVULNERABILIDADE DO CIBERCONSUMIDOR

Desde fins da década de 1990, acentuaram-se as relações de consumo em ambiente virtual no Brasil. Com o movimento de democratização da Internet, cresceu exponencialmente o número de usuários que se tornaram potenciais consumidores de produtos e serviços oferecidos na rede.[46] Entretanto, a vertiginosa expansão da contratação de consumo via Internet não foi acompanhada de uma regulamentação específica que se dispusesse a estabelecer os princípios e as regras atinentes a essas relações travadas em âmbito eletrônico, prevendo os direitos dos consumidores-usuários e definindo *standards* de conduta dos fornecedores pautados nos deveres de confiança e informação, os quais devem ser robustecidos nessa seara ante as características da impessoalidade e velocidade das contratações eletrônicas via Internet.

Desamparados por uma legislação protetiva específica a respeito do comércio eletrônico, os consumidores são expostos a novos riscos e sujeitos a uma gama inteiramente nova de práticas comerciais abusivas de fornecedores virtuais, agravadas pela impessoalidade e velocidade das transações virtuais.[47] Diante da inércia do legislador ordinário, ao intérprete se impõe uma interpretação extensiva e finalística das normas consumeristas, cujo objetivo é fornecer segurança e tutelar a confiança dos *ciberconsumidores*.[48]

É necessário, portanto, a ampliação da extensão das normas consumeristas vigentes de modo a proteger os consumidores de produtos e serviços adquiridos via Internet. Isto, contudo, não retira a relevância de uma lei específica ou a modernização no Código de

---

46. "O comércio B2C [*business to consumer*] ganha importância a cada dia, dada sua facilitação para consumidores e fornecedores, a despeito das desconfianças, principalmente sobre segurança e confiabilidade, merecendo atenção maior em nosso estudo. Para certos mercados, como o fonográfico e o editorial, a Internet já representa o principal canal de venda com os consumidores" (LIMA, Eduardo Weiss Martins de. *Proteção do consumidor brasileiro no comércio eletrônico internacional*. São Paulo: Atlas, 2006. p. 16).

47. "Os riscos para os consumidores nos negócios eletrônicos seriam: a impossibilidade de ver e de experimentar o produto, riscos de erros e manipulações no momento de concluir ou de se arrepender do negócio, fornecedores não sérios ou falsários, a perda do valor pago, a demora extrema no fornecimento do produto ou serviço, riscos com os dados sensíveis enviados, perturbação da privacidade, uso indevido dos dados sensíveis, das senhas e dos dados financeiros. [...] o erro quanto à identificação do consumidor, o *spam* indesejado, a retirada indevida de quantias de seu cartão de crédito, a dificuldade de prova e perenização da transação, os efeitos vinculativos ou não da oferta publicitária eletrônica, o fim abusivo de uma relação contratual de fornecimento eletrônico etc." (MARQUES, Claudia Lima. *Confiança no comércio eletrônico e a proteção do consumidor*: um estudo dos negócios jurídicos de consumo no comércio eletrônico. São Paulo: Revista dos Tribunais, 2004. p. 52-53).

48. O termo *ciberconsumidor* tem sido utilizado pela doutrina estrangeira e nacional. Alhures vem sendo empregado em Portugal por Elisa Dias Oliveira. *A proteção dos consumidores nos contratos celebrados através da internet*. Coimbra, Almedina, 2002; e VERBIEST, Thilbaut. *La protection juridique du cyber-consummateur*. Paris: Litec, 2002. Na doutrina nacional, o neologismo é amplamente utilizado por Pedro Modenesi. Comércio eletrônico e tutela do *ciberconsumidor*. Revista Trimestral de Direito Civil, ano 12, v. 48, out./dez. 2011, p. 63 ss, embora o autor ressalte que certamente de forma pioneira foi entre nós mencionado por Claudia Lima Marques.

Defesa do Consumidor, como tem sido proposto e se encontra atualmente em tramitação no Congresso Nacional, muito embora não imune às críticas.[49]

Assim, o Governo Federal, buscando instituir uma regulamentação central para a Internet, em âmbito cível, encaminhou ao Congresso Nacional, em 24 de agosto de 2011,[50] o Projeto de Lei do Marco Civil da Internet (PL no 2.126/11)[51]. Após alguns anos de debates, finalmente, foi promulgada a Lei n. 12.965, de 23 de abril de 2014, que dispõe sobre os princípios, garantias, direitos e deveres para o uso da Internet no país.[52] No Brasil, com a promulgação do chamado Marco Civil da Internet, o legislador se posicionou claramente pela necessidade de regulamentação da internet, mas garantindo a liberdade de expressão e de criação de novos modelos de negócio. Assim, nos termos do art. 3º, da Lei 12.965/2014:

> Art. 3º A disciplina do uso da internet no Brasil tem os seguintes princípios:
> I – garantia da liberdade de expressão, comunicação e manifestação de pensamento, nos termos da Constituição Federal;
> II – proteção da privacidade;
> III – proteção dos dados pessoais, na forma da lei;
> IV – preservação e garantia da neutralidade de rede;
> V – preservação da estabilidade, segurança e funcionalidade da rede, por meio de medidas técnicas compatíveis com os padrões internacionais e pelo estímulo ao uso de boas práticas;
> VI – responsabilização dos agentes de acordo com suas atividades, nos termos da lei;
> VII – preservação da natureza participativa da rede;
> VIII – liberdade dos modelos de negócios promovidos na internet, desde que não conflitem com os demais princípios estabelecidos nesta Lei.

Resta nítido o balanceamento dos valores constitucionais realizado pelo legislador, eis que, ao mesmo tempo, em que se preservou a privacidade, os dados pessoais[53], e a neutralidade da rede, por outro lado, quis o legislador reafirmar o espaço virtual como um *locus* genuíno para o exercício das liberdades fundamentais, constitucionalmente garantidas, mas desde que sejam exercidas dentro do contexto de solidariedade social.

Nesta senda, a Lei n. 12.965/2014 estabelece em seu at. 7º uma série de direitos dos usuários de internet, fortalecendo a proteção daqueles que utilizam a internet e garantindo o exercício dos direitos fundamentais na rede. Tal dispositivo se preocupou

---

49. PL nº 3514/2015, cuja origem foi o PLS nº 281/2012.
50. Mensagem Presidencial nº 326/11.
51. Disponível em: <http://www.camara.gov.br/proposicoesWeb/fichadetramitacao?idProposicao=517255>. Acesso em: 16 jan. 2020.
52. Sua origem remonta a um movimento de oposição a outros projetos de lei voltados à regulamentação da Internet por um viés penalista, tipificando como criminosas determinadas condutas típicas do mundo virtual. Assim, o Ministério da Justiça, em parceria com o Centro de Tecnologia e Sociedade da Escola de Direito da Fundação Getúlio Vargas do Rio de Janeiro, começou a elaborar um anteprojeto de lei que tivesse por escopo regulamentar o uso da Internet no Brasil por um viés civil-constitucionalista, e não penal. O texto apresentado traz como um dos fundamentos da disciplina do uso da Internet no Brasil "a livre iniciativa, a livre concorrência e a defesa do consumidor", o que vem a corroborar a Constituição da República (em especial os arts. 5º, XXXII, e 170, IV e V) e o Código de Defesa do Consumidor (como disposto logo em seu art. 1º).
53. Cabe registrar a promulgação da Lei n. 13.709, de 14 de agosto de 2018, que dispõe sobre a Lei Geral de Proteção de Dados Pessoais (LGPD). Após diversos adiamentos, finalmente, a referida Lei entrou em vigor em 18 de setembro de 2020.

precipuamente com a proteção da privacidade do usuário e o direito à informação em relação à coleta, armazenamento e uso dos dados pessoais dos usuários.[54]

Nessa linha, o art. 8º, parágrafo único, da Lei n. 12.965/2014, estabelece a nulidade de pleno direito de cláusulas contratuais que violem a garantia do direito à privacidade e à liberdade de expressão nas comunicações, uma vez que são condições indispensáveis para o pleno exercício do direito de acesso à internet. A mencionada lei ainda aponta exemplificativamente algumas disposições vedadas em cláusulas contratuais, dentre elas, destacam-se as que impliquem ofensa à inviolabilidade e ao sigilo das comunicações privadas, pela internet, e as que em contratos de adesão, fixem cláusula de foro sem que exista a alternativa de escolha pelo usuário do foro brasileiro a respeito de controvérsias sobre serviço prestado no território nacional.

Enquanto se aguarda uma posição do legislador infraconstitucional, não deve haver dúvidas quanto à incidência das normas de defesa do consumidor albergadas no Código vigente ao comércio eletrônico, mesmo diante de suas peculiaridades e da ausência de regras específicas, mesmo porque sua promulgação é anterior ao desenvolvimento e expansão da Internet no país. O caráter historicamente condicionado do Direito descortina a necessidade de uma interpretação vocacionada a superar o imobilismo dos textos legislativos através de uma visão sistêmica e promocional do ordenamento jurídico.[55]

Além disso, o Marco Civil da Internet assegurou a defesa do consumidor tanto como um dos fundamentos da disciplina do uso da Internet no Brasil (art. 2º, V), bem como

---

54. "Art. 7o O acesso à internet é essencial ao exercício da cidadania, e ao usuário são assegurados os seguintes direitos:
   I – inviolabilidade da intimidade e da vida privada, sua proteção e indenização pelo dano material ou moral decorrente de sua violação;
   II – inviolabilidade e sigilo do fluxo de suas comunicações pela internet, salvo por ordem judicial, na forma da lei;
   III – inviolabilidade e sigilo de suas comunicações privadas armazenadas, salvo por ordem judicial;
   IV – não suspensão da conexão à internet, salvo por débito diretamente decorrente de sua utilização;
   V – manutenção da qualidade contratada da conexão à internet;
   VI – informações claras e completas constantes dos contratos de prestação de serviços, com detalhamento sobre o regime de proteção aos registros de conexão e aos registros de acesso a aplicações de internet, bem como sobre práticas de gerenciamento da rede que possam afetar sua qualidade;
   VII – não fornecimento a terceiros de seus dados pessoais, inclusive registros de conexão, e de acesso a aplicações de internet, salvo mediante consentimento livre, expresso e informado ou nas hipóteses previstas em lei;
   VIII – informações claras e completas sobre coleta, uso, armazenamento, tratamento e proteção de seus dados pessoais, que somente poderão ser utilizados para finalidades que:
      a) justifiquem sua coleta;
      b) não sejam vedadas pela legislação; e
      c) estejam especificadas nos contratos de prestação de serviços ou em termos de uso de aplicações de internet;
   IX – consentimento expresso sobre coleta, uso, armazenamento e tratamento de dados pessoais, que deverá ocorrer de forma destacada das demais cláusulas contratuais;
   X – exclusão definitiva dos dados pessoais que tiver fornecido a determinada aplicação de internet, a seu requerimento, ao término da relação entre as partes, ressalvadas as hipóteses de guarda obrigatória de registros previstas nesta Lei;
   XI – publicidade e clareza de eventuais políticas de uso dos provedores de conexão à internet e de aplicações de internet;
   XII – acessibilidade, consideradas as características físico-motoras, perceptivas, sensoriais, intelectuais e mentais do usuário, nos termos da lei; e
   XIII – aplicação das normas de proteção e defesa do consumidor nas relações de consumo realizadas na internet."
55. Sobre a função promocional do direito recomenda-se Norberto Bobbio. A função promocional do direito. *Da estrutura à função*: novos estudos de teoria do direito. Barueri: Manole, 2007.

assegurou a aplicação das normas de proteção e defesa do consumidor nas relações de consumo na internet como um dos direitos dos usuários (art. 7º, XIII). Assim, resta claro que embora o Marco Civil da Internet não discipline especificamente a proteção do usuário-consumidor, ele assegurou a defesa do consumidor como um de seus pilares, deixando para lei específica o tratamento do tema. Por isso, há que se repisar que a alteração dos meios em que as relações de consumo ocorrem – como no comércio eletrônico, por exemplo – não implica no afastamento da incidência das normas protetivas do consumidor. Pelo contrário, há de se preservar o Código de Defesa do Consumidor como normativa geral dessas relações, sendo que qualquer legislação específica vindoura ou atualização no próprio Código não pode contrariar e nem diminuir a proteção atualmente já concedida aos consumidores, sob pena de odioso retrocesso social. A atual consolidação normativa e social dos direitos do consumidor em nosso país não mais permite, enquanto durar a ordem constitucional vigente, podas no arcabouço legal existente.

Ademais, o requisito de incidência das normas de defesa do consumidor, a vulnerabilidade deste, encontra-se especialmente agravado no domínio cibernético, notadamente no que concerne à desigualdade informacional constatada entre os polos da relação. As aviltantes disparidades impõem uma tutela voltada à proteção mais veemente da confiança dos consumidores-usuários.

A intensidade do princípio da boa-fé objetiva[56] deve ser reforçada para a melhor equalização do desnivelamento de informação existente entre os lados da relação de consumo na Internet. É através do fortalecimento dos deveres de confiança e lealdade, estabelecidos através de *standards* de conduta, que o mandamento constitucional de proteção do consumidor se efetivará nas contratações de consumo via Internet.

No tocante à incidência do princípio da confiança nas relações contratuais de consumo via Internet,[57] Guilherme Magalhães Martins defende:

> Na contratação eletrônica via Internet, a confiança dos contratantes, que integra parte do conteúdo substancial da boa-fé, deve ser tutelada em face da especificidade do meio, garantindo uma expectativa legítima da parte sob o ponto de vista da segurança e informação.[58]

A revolução social gerada pelo advento da Internet trouxe em seu bojo a facilitação das comunicações a distância e das transações negociais, revelando-se uma ferramenta extremamente útil e necessária em um mundo globalizado. Isso implica, contudo, no surgimento de novos riscos ao consumidor no ambiente eletrônico, agravando sua condição de vulnerabilidade. E isso faz com que a preocupação com a proteção do consumidor seja ainda mais robusta, tendo-se em conta que a impessoalidade, a distância entre si e os fornecedores e a velocidade dos anúncios e das transações diminuem o poder de análise e reflexão dos consumidores em relação à aquisição de produtos e serviços.

---

56. Ver a respeito da aplicação do princípio da boa-fé objetiva no direito civil e no direito do consumidor Gustavo Tepedino e Anderson Schreiber. A boa-fé objetiva no Código de Defesa do Consumidor e no Novo Código Civil. In: TEPEDINO, Gustavo (Coord.). *Obrigações*: estudos na perspectiva civil-constitucional. Rio de Janeiro: Renovar, 2005, p. 29-44.
57. Para uma análise mais aprofundada sobre o tema permita-nos remeter a Guilherme Magalhães Martins. *Responsabilidade civil por acidente de consumo na internet*. São Paulo: Revista dos Tribunais, 2008, p. 86-106.
58. MARTINS, Guilherme Magalhães. *Responsabilidade civil por acidente de consumo na internet*. Op. cit. p. 88.

Pedro Modenesi afirma que "resta evidenciado que há, de fato, uma nova e especial vulnerabilidade experimentada pelos *ciberconsumidores* nessa contemporânea maneira de contratar".[59] Daí se falar da passagem do estado de vulnerabilidade do consumidor para a hipervulnerabilidade do *ciberconsumidor*.

Como consequência, tem-se que o perfil da confiança é, nesse viés, alterado qualitativamente diante da celebração de contratos de consumo via Internet.[60] Na sociedade tecnológica e informacional, é o paradigma da confiança que merece primazia no campo do comércio eletrônico via Internet. Segundo Guilherme Magalhães Martins, a confiança "deve funcionar como o parâmetro para a distribuição dos novos riscos trazidos pela comodidade e facilidade decorrentes da evolução tecnológica".[61]

Apresenta-se, assim, como indispensável a construção de parâmetros objetivos de confiança e lealdade hábeis a regulamentar as relações de consumo na Internet. Nesse ponto, referenda-se a utilidade da boa-fé objetiva como princípio capaz de "prevenir condutas abusivas e desleais" em virtude de sua "maleabilidade e especial aptidão".[62]

Anderson Schreiber defende que "regras específicas podem e devem ser editadas para o comércio eletrônico (como, por exemplo, as que dizem respeito à identificação clara e precisa do fornecedor nos sites de ofertas), mas isso não faz da contratação virtual um mundo apartado do sistema jurídico, sujeito a conclusões de ocasião", por isso, conclui que "os chamados contratos eletrônicos não representam um mundo à parte, estranho ao direito dos contratos ou governado por regras próprias".[63]

É, portanto, a partir dessas premissas assentadas que se volta ao exame das nuances dos contratos eletrônicos de consumo,[64] especialmente frente ao novo modelo de negócios desenvolvido na Internet: o do comércio eletrônico coletivo.

4. A DEFESA DO CONSUMIDOR, OS CONTRATOS ELETRÔNICOS DE CONSUMO E O COMÉRCIO ELETRÔNICO COLETIVO

As novas tecnologias de informação e comunicação criadas a partir da revolução tecnológica possibilitaram o surgimento da chamada economia digital. Na sociedade de

---

59. MODENESI, Pedro. Comércio eletrônico e tutela do *ciberconsumidor*. Op. cit. p. 98.
60. "O paradigma atual do Direito, visando a proteger equitativamente o mais fraco, deve ser aquele que valoriza a informação declarada no meio eletrônico, que valoriza o déficit informativo dos leigos sem se importar com sua nacionalidade ou território, valoriza o 'outro' e toda a coletividade que receba informação, o paradigma da confiança (das Vertrauensparadigma)!" (MARQUES, Claudia Lima. *Confiança no comércio eletrônico e a proteção do consumidor*. Op. cit. p. 48).
61. MARTINS, Guilherme Magalhães. *Responsabilidade civil por acidente de consumo na internet*. Op. cit. p. 89.
62. MODENESI, Pedro. Comércio eletrônico e tutela do *ciberconsumidor*. Op. cit. p. 98.
63. SCHREIBER, Anderson. Contratos eletrônicos e consumo. *Revista Brasileira de Direito Civil*, v. 1, jul./set., 2014, pp. 117-119.
64. Na definição de Guilherme Magalhães Martins, são "contratos a distância, eis que formados e executados sem contato físico entre as partes, funcionando o computador ligado à Internet não só como meio de comunicação de vontades já aperfeiçoadas, mas como auxiliar no processo de formação da vontade, de modo a externar a sua manifestação, a partir de uma oferta permanente contida num *site*, o que pressupõe tenha sido o sistema previamente programado para tanto" (Contratos eletrônicos via Internet. In: MARQUES, Claudia Lima; MIRAGEM, Bruno (Org.). *Direito do consumidor*: proteção da confiança e práticas comerciais. Coleção Doutrinas essenciais. São Paulo: Revista dos Tribunais, 2011. v. III, p. 1324).

consumo e informacional, os negócios celebrados no ambiente eletrônico ampliam-se significativamente. Se, por um lado, as tecnologias facilitaram as transações negociais por meio do encurtamento das distâncias e do tempo, por outro, fomentam e estimulam o hiperconsumo.

O comércio eletrônico é uma das facetas dessa nova economia. Segundo Ricardo Luis Lorenzetti, comércio eletrônico é aquele "realizado por meios eletrônicos diversos e, principalmente, pela Internet".⁶⁵ Novos modelos de negócios eletrônicos surgem a todo o momento na Internet, a exemplo do comércio *mobile*⁶⁶ e do comércio eletrônico coletivo.

Anderson Schreiber pontua que o que se tem chamado de "contratos eletrônicos", a rigor, "nada mais são que contratos formados por meios eletrônicos de comunicação à distância, especialmente a internet, de tal modo que o mais correto talvez fosse se referir a contratação eletrônica ou contratação via internet, sem sugerir o surgimento de um novo gênero contratual". Por isso, embora os desafios da matéria não se restrinjam à validade da prova da contratação por meio eletrônico, indispensável observar que tal forma de contratação envolve "diversos aspectos da teoria geral dos contratos que vêm sendo colocados em xeque por essa significativa transformação no modo de celebração dos contratos e no próprio desenvolvimento da relação jurídica entre os contratantes".⁶⁷

É possível afirmar que grande parte do aumento nas relações eletrônicas de consumo se deve a um modelo de negócios adotado no início da década de vinte do século XXI no Brasil: as compras coletivas. Os provedores de *sites* de compras coletivas são identificados pela veiculação de anúncios de produtos e serviços de outras empresas, cuja contratação deve ocorrer exclusivamente com o provedor e sob a condição de um número mínimo de consumidores que venham a celebrar o contrato a fim de que a oferta se confirme. Em contrapartida, os consumidores recebem uma vantagem, geralmente por intermédio de descontos substanciais no preço em comparação ao valor do mercado de varejo.⁶⁸

A princípio, todos sairiam ganhando: os anunciantes por venderem em larga escala seus produtos e serviços e, sobretudo, pela publicidade que sobre eles é gerada; os *sites* que veiculam os anúncios, por auferirem um percentual sobre as vendas; e o consumidor,

---

65. LORENZETTI, Ricardo L. *Comércio eletrônico*. Tradução de Fabiano Menke. Notas de Claudia Lima Marques. São Paulo: Revista dos Tribunais, 2004. p. 91.
66. O *mobile commerce*, enquanto feixe do comércio eletrônico, é aquele realizado através dos aparelhos de celulares/ *smartsphones*. De acordo com pesquisa realizada pela *Mobile Entertainment Forum*, uma associação global para a indústria de mídia e entretenimento móvel, 79% (setenta e nove) dos brasileiros já utilizou o celular em alguma fase do processo de compra (<http://www.m-e-f.org>). A associação criou, ainda, um código de conduta para o setor no Brasil, que pode ser acessado em: <http://www.mefmobile.org/files/Downloads/LATAM%20VAS%20Code/ MEF%20-%20C%C3%B3digo%20de%20Conduta%20Brasil%202.0%20(final)%20-%2001.03.2012.pdf>. Acesso em: 16 jan. 2020.
67. SCHREIBER, Anderson. Contratos eletrônicos e consumo, cit., p. 91.
68. "O modelo mais comum funciona assim: um *site* oferece um serviço ou produto com descontão, de 50% a 90%, durante 24 horas. Mas esse preço baixinho só tem valor se um número determinado de pessoas comprar a oferta. Depois de atingido esse número mínimo, todos ganham cupons que dão direito à promoção. Os *sites* de compra coletiva mexem com um fator que é fundamental na hora da compra: o tempo. O relógio está correndo e o consumidor faz a compra por impulso. Muitas vezes, ele não precisa tanto daquilo que está levando, mas ele compra. A promoção está lá, vai durar muito pouco e, na dúvida, muitos escolhem aproveitar" (Compra coletiva oferece descontos e gera visibilidade para o vendedor. Disponível em: <http://g1.globo.com/jornal-da-globo/noticia/2010/10/ compra-coletiva-oferece-descontos-e-gera-visibilidade-para-o-vendedor.html>. Acesso em: 16 jan. 2020.

que obtém um robusto desconto sobre os produtos e serviços contratados. No entanto, os consumidores se submetem a alguns riscos, conforme bem observado por Bruno Miragem:

> a) o fato de a oferta ser feita, na maioria das vezes, por prazo determinado, pode submeter o consumidor à pressão, prejudicando sua avaliação sobre a conveniência do negócio; b) a facilitação do consumo leva o consumidor, muitas vezes, a adquirir produtos e serviços desnecessários ou de utilidade reduzida, estimulando o hiperconsumo; c) há claro apelo à vantagem do preço, sem maior atenção à qualidade dos produtos e serviços; d) as ofertas anunciadas não divulgam com o mesmo destaque as vantagens e as demais condições do negócio (prazos, horários, ou dias específicos para fruição da oferta), vindo, muitas vezes, a surpreender o consumidor.

Diante desse quadro, é possível inferir, ainda, que nem sempre as ofertas são verdadeiras ou o cumprimento ocorre em conformidade com a forma contratada.[69] Desse modo, em paralelo ao crescimento desse modelo de negócios observa-se o aumento das reclamações e demandas dos consumidores nos órgãos administrativos e jurisdicionais competentes contra os *sites* de compras coletivas e anunciantes.[70]

Os tribunais pátrios começaram a se manifestar sobre a responsabilidade dos provedores de intermediação, sem que ainda se possa apontar uma orientação sólida. A intervenção do judiciário descortina um debate ainda não plenamente solucionado no minado campo da Internet, mas já direcionado após a promulgação do Marco Civil da Internet. Se, por um lado, uma corrente de estudiosos clama por uma regulamentação legal, de modo a reger as condutas de provedores e usuários, por outro, a defesa da autorregulamentação cresce no âmbito dos próprios gestores dessas atividades.

Nesse passo, o crescimento acelerado forçou o próprio mercado a formular um Código de Ética em Compras Coletivas,[71] de modo a fornecer maior segurança a essas relações de consumo através da autorregulamentação e evitar que, diante do considerável volume de acidentes de consumo, ocorresse uma fuga de consumidores e, assim, o esvaziamento do novo nicho comercial, o que parecer ter ocorrido em 2015.[72]

Essa iniciativa, contudo, não impediu que projetos de lei fossem propostos no Congresso Nacional[73] e, no Estado do Rio de Janeiro, de forma pioneira, fosse editada

---

69. De acordo com a Fundação Procon-SP, as mais frequentes condutas lesivas ao CDC nas compras coletivas são: a não garantia da qualidade dos serviços ou produtos oferecidos, a negativa da devolução dos valores pagos nos casos de não prestação do serviço, informes errôneos sobre o percentual de descontos, entre outros. Informações disponíveis em: <http://www.procon.sp.gov.br/noticia.asp?id=2505>. Acesso em: 16 jan. 2020.
70. Notícias veiculadas em *sites* revelam que "Reclamações sobre compras on-line crescem quase 87%, diz Procon-SP". Disponível em: <http://g1.globo.com/sao-paulo/noticia/2012/03/reclamacoes-sobre-compras-line-crescem-quase-87-diz-procon-sp.html>. Acesso em: 16 jan. 2020.
71. O Código de Ética em Compras Coletivas foi elaborado pelo Comitê de Compras Coletivas da Câmara Brasileira de Comércio Eletrônico, criado em julho de 2011. Para fins de aplicação deste Código, o art. 1º define que compra coletiva é: "Uma modalidade de *e-commerce* que tem como objetivo vender produtos e serviços de diversos tipos de estabelecimentos empresariais para um número mínimo pré-estabelecido de consumidores por oferta". Disponível em: <http://www.camara-e.net/Compras-Coletivas/etica/codigo-de-etica-em-compras-coletivas.pdf>. Acesso em: 16 jan. 2020.
72. Sobre a atuação política do setor de compras coletivas quanto à definição do regime legal a si aplicável, veja-se matéria de Arthur Rosa: Setor de compras coletivas tenta evitar proliferação de leis estaduais, *Valor Econômico*, em 12 jun. 2012.
73. Nesse específico, o principal projeto de lei é o Projeto de lei nº 281/12, já antes referido e atualmente em tramitação no Senado Federal.

a Lei Estadual nº 6.161, de 9 de janeiro de 2012,[74] que estabelece os parâmetros para o comércio coletivo de produtos e serviços através de sítios eletrônicos no âmbito da unidade federativa.[75]

Discute-se, ainda assim, a competência legislativa dos estados-membros para a regulamentação da matéria[76] e aguarda-se, diante da inércia do legislador ordinário, uma lei federal para assegurar a defesa do consumidor nesse novo feixe do comércio eletrônico.

Não se pode desconsiderar que o modelo de autorregulamentação é interessante e pode ser, inclusive, benéfico para os gestores dos provedores de intermediação, no caso, os *sites* de compras coletivas, e para os próprios consumidores-usuários.[77]

No entanto, não se pode menosprezar a força jurígena dos preceitos legais e nem se pode sustentar o afastamento da aplicação das normas de proteção ao consumidor, mormente aquelas previstas no CDC. Por conseguinte, não seria de todo despiciendo

---

74. O Estado do Rio de Janeiro interpôs Agravo de Instrumento nº 23824-66.2012.8.19.000 contra decisão que deferiu a antecipação dos efeitos da tutela jurisdicional, nos autos da Ação Ordinária nº 119260-49.2012.8.19.0001, determinando que o Estado fluminense se abstenha de impor à empresas Autoras qualquer embaraço, sanção, penalidade ou restrição ao exercício de suas atividades comerciais, com base na Lei Estadual nº 6.161/12, sob pena de multa. O objeto da lide se assenta na constitucionalidade da mencionada lei, tendo em vista os limites da competência dos Estados para a regulamentação da matéria. Ao verificar que há dúvida a respeito da constitucionalidade da referida lei, o relator suspendeu o julgamento do recurso, suscitando incidente de inconstitucionalidade, a ser apreciado pelo Egrégio Órgão Especial do Tribunal de Justiça do Rio de Janeiro, em obediência ao art. 97 da CRFB/1988. A decisão restou assim ementada: "Constitucional. Antecipação dos efeitos da tutela jurisdicional. Controle difuso de constitucionalidade. Deferimento em face do estado do Rio de Janeiro. Inaplicabilidade da lei 6.161/12. Estabelecimento de regras para o comércio de produtos e serviços em *sites* de compra coletiva. Relação de consumo. Usurpação de competência legislativa da união. Legislação sobre informação e mecanismo de defesa. Alegação de que a matéria ultrapassa a competência suplementar. Questão de ordem. Cláusula de reserva de plenário. Necessidade de submissão da questão ao órgão especial deste tribunal. Suspensão do julgamento do recurso".
75. Logo depois da promulgação da lei estadual fluminense, foi sancionada a lei paranaense nº 16.107, de 10 de abril de 2012, que passou a reger a matéria. Cabe destacar a determinação de que o prazo para utilização da oferta pelo consumidor deverá ser de, no mínimo, seis meses (art. 4º, II) e a devolução dos valores pagos, nos casos em que o número mínimo de participantes não seja atingido, deverá ser realizado em até setenta e duas horas (art. 5º).
76. A Constituição da República de 1988 dispôs, com fulcro no art. 24, a competência concorrente da União, Estados e Distrito Federal para legislar sobre direito econômico (inciso I), produção e consumo (inciso V) e responsabilidade por dano ao consumidor (inciso VIII). O § 1º, do mencionado dispositivo, estabelece que "no âmbito da legislação concorrente, a competência da União limitar-se-á a estabelecer normas gerais", advertindo-se, contudo, que, conforme o § 2º, "a competência da União para legislar sobre normas gerais não exclui a competência suplementar dos Estados". Por outro lado, estabelece no art. 22 que é de competência privativa da União legislar sobre direito civil e comercial (inciso I) e propaganda comercial (inciso XXIX). O direito do consumidor se caracteriza como conjunto de regras e princípios que atuam em prol da defesa do consumidor e, para tanto, se utiliza de regras típicas do direito civil, direito comercial, direito administrativo, direito penal, entre outros. Sabe-se também da dificuldade em delimitar os espaços de cada setor do ordenamento a partir de seu entendimento unitário. A flexibilidade do instrumentário do direito do consumidor e a unidade do ordenamento implicam, em certa medida, na dificuldade em estabelecer, em alguns casos, a competência legislativa do ente político. A regulamentação dos *sites* de compras coletivas parece ser um destes casos, pois suas normas contêm regras de naturezas distintas que tangenciam tanto temas relativos ao direito econômico quanto da civilística, sobretudo quando se relacionam às questões contratuais. Além disso, há de se ressalvar que a existência de plúrimas leis estaduais pode gerar regras destoantes, criando normas mais favoráveis para o consumidor em determinado Estado em detrimento dos demais consumidores. Isto se agrava com a possibilidade de um consumidor realizar a compra em determinado local ou em trânsito, mas que não coincida com seu domicílio. A questão da competência legislativa a respeito dos direitos do consumidor, e, por consequência, da regulamentação do comércio eletrônico coletivo transborda os limites do presente trabalho, demandando reflexão específica.
77. Pode-se mencionar como bom exemplo de atuação na área da autorregulamentação o CONAR (Conselho Nacional de Autorregulamentação Publicitária).

a edição de lei específica, desde que em conformidade com as normas gerais de defesa do consumidor já em vigor e em consonância com o Marco Civil da Internet e com a Lei Geral de Proteção de Dados Pessoais (LGPD).

Tem-se, assim, que um dos primeiros problemas enfrentados é a atração da incidência do CDC aos contratos celebrados em *sites* de compras coletivas. A partir da interpretação mais consentânea com os princípios constitucionais depreende-se que a legislação nacional aponta para a defesa do consumidor em todas as relações que mantém com fornecedores de produtos e serviços, inclusive naquelas mantidas por meio de contratações pela Internet. Como já foi afirmado, a vulnerabilidade é o elemento essencial para ensejar a aplicação do diploma consumerista, o que deve ser reforçado com a hipervulnerabilidade do *ciberconsumidor*.

Nesse passo, os preceitos relativos à defesa do consumidor são plenamente aplicáveis às contratações eletrônicas coletivas. Qualquer discurso que procure mitigar a aplicação e extensão das normas de proteção ao consumidor atenta contra a arquitetura constitucional, que alçou a proteção do consumidor como um de seus princípios fundamentais.[78]

Além do fundamento constitucional que alicerça a expansão da incidência normativa do Código de Defesa do Consumidor, a finalidade das normas protetivas de consumo é um dos elementos que deve amparar e guiar o intérprete na interpretação do campo de aplicação do aludido diploma.

É desarrazoado supor que seria legítimo manter os obstáculos colocados à plena aplicabilidade das normas de defesa do consumidor ao ambiente de consumo eletrônico de modo a deixar descoberta uma parcela considerável de pessoas que migraram do meio físico para o virtual nas relações de consumo. A defesa dessa posição não encontraria respaldo em uma interpretação conforme a Constituição da República de 1988, bem como descura da flexibilidade das normas consumeristas, que são hábeis a incidir nas relações contratuais eletrônicas coletivas.

Deve-se empreender uma interpretação com base na finalidade das normas de consumo à luz da garantia constitucional de proteção do consumidor. Nesse sentido, Bruno Miragem leciona que nos casos de provedores de intermediação cuja atuação transborda a mera divulgação de produtos oferecidos por terceiros, "torna-se fornecedor de serviços quem queria vender ou comprar por intermédio da internet, atraindo a incidência do CDC, na medida em que, ao menos, em um dos polos esteja presente o consumidor".[79]

Sobre a incidência do CDC nas relações de consumo de intermediação em ambiente eletrônico, o STJ decidiu em importante julgado que o provedor de intermediação responde pela segurança do serviço por ele implementado, considerando vedada a possibilidade de estipulação contratual exoneratória ou atenuante de responsabilidade, nos termos do art. 25 do CDC.[80]

---

78. V. art. 5º, inciso XXXII, da CRFB/1988.
79. MIRAGEM, Bruno. *Curso de direito do consumidor*. 3. ed. rev., atual. e ampl. São Paulo: Revista dos Tribunais, 2012. p. 419.
80. BRASIL. *Superior Tribunal de Justiça*. Recurso Especial nº 1.107.024/DF, 4ª Turma. Relatoria: Min. Maria Isabel Gallotti. Julg. 1.12.2011.

Questão ainda mais tormentosa é o regime de responsabilidade civil dos provedores de intermediação, mais especificamente dos *sites* de compras coletivas. Ainda não há um consenso acerca da natureza da responsabilidade aplicável a esses provedores, o que motiva uma análise mais detida a seguir.

5. A RESPONSABILIDADE CIVIL NAS RELAÇÕES DE CONSUMO DOS PROVEDORES DE INTERMEDIAÇÃO. A RESPONSABILIDADE SOLIDÁRIA DOS *SITES* DE COMPRA COLETIVA

O Código de Defesa do Consumidor optou pelo sistema da responsabilização de natureza objetiva, que tem por fundamento a solidariedade social,[81] na medida em que os custos provenientes dos danos advindos da atividade de risco no fornecimento de produtos e serviços são pulverizados no interior da própria cadeia de consumo. É cediço que um dos campos mais substancialmente alterados pelo diploma consumerista foi a responsabilidade civil, que se distanciou, em larga medida, da sistematização adotada pelo Código Civil, mantendo-se, contudo, sua estrutura tradicional.[82]

A responsabilidade civil objetiva, hoje, nas relações de consumo, se fundamenta essencialmente na teoria do risco-proveito, segundo a qual respondem "pelos riscos de danos causados por atividades que dão causa a tais riscos aqueles que a promovem, obtendo delas vantagem econômica".[83] De fato, como alerta Bruno Miragem:

> Apenas se elege um critério eficiente de sua redistribuição por toda a cadeia de fornecimento, uma vez que os mesmos serão necessariamente repassados, por intermédio do sistema de preços, a todos os consumidores que terminam por remunerar o fornecedor também em consideração dos custos representados pelas eventuais indenizações que ele venha a suportar.[84]

Nessa linha, há de se considerar que eventual lesão aos interesses legítimos dos consumidores gera a obrigação de indenizar por parte do fornecedor, seja porque restou frustrada a expectativa de segurança, configurando a responsabilidade pelo fato do produto ou do serviço (arts. 12, § 1º, e 14, CDC), ou de adequação, gerando o dever de reparar pelos vícios do produto ou do serviço (arts. 18, *caput*, 20, *caput*, CDC). Bruno Miragem defende, nessa senda, que a "proteção legítima dos consumidores, sistematizada no CDC, é o fundamento da responsabilidade civil de consumo".[85] A partir dessas considerações, cabe-nos examinar a responsabilidade civil dos *sites* de compras coletivas.

Na esteira dos novos modelos de negócios desenvolvidos na Internet, é crescente a oferta de produtos e serviços através dos chamados provedores de intermediação, os quais se destinam a aproximar os interessados na celebração do contrato de consumo, usualmente, através de uma compra e venda. A multiplicidade de formas de atuação

---

81. Cf.: BODIN DE MORAES, Maria Celina. O princípio da solidariedade. Op. cit. Ver, ainda: BODIN de MORAES, Maria Celina. Risco, solidariedade e responsabilidade objetiva. In: TEPEDINO, Gustavo; FACHIN, Luiz Edson. (Org.). *O direito e o tempo*: estudos em homenagem ao Professor Ricardo Pereira Lira. Rio de Janeiro: Renovar, 2008. p. 847-881.
82. MIRAGEM, Bruno. *Curso de direito do consumidor*. Op. cit. p. 422.
83. MIRAGEM, Bruno. *Curso de direito do consumidor*. Op. cit. p. 427.
84. MIRAGEM, Bruno. *Curso de direito do consumidor*. Op. cit. p. 428.
85. MIRAGEM, Bruno. *Curso de direito do consumidor*. Op. cit. p. 425.

desses *sites* não permite uma análise padronizada, carecendo, assim, que se perquira a função pretendida de cada modalidade de intermediação via Internet, notadamente, para que seja possível determinar o regime de responsabilidade civil atinente a cada um desses provedores.

Sabe-se que os contratos de compra e venda realizados pela Internet não se tratam de novos tipos contratuais, mas são qualificados como contratos eletrônicos tão somente para identificar o meio no qual o acordo foi celebrado, ainda que o regime jurídico incidente seja o mesmo caso ele fosse celebrado de outra forma. Cabe percorrer se as especificidades dos contratos celebrados em *sites* de compras coletivas não nos induzem a antever uma nova espécie contratual, ainda que inominada. Afinal de contas, não basta a vontade declarada do consumidor e o pagamento do preço ajustado para a realização do negócio, tendo-se ainda que verificar se foi atingido o número mínimo de consumidores durante certo prazo de tempo.

Indaga-se, contudo, se esses elementos são essenciais para a conclusão do negócio jurídico, dependendo deles, inclusive, para a verificação da validade; ou se se trata somente de elementos acidentais do ajuste, atuando apenas no momento da produção de efeitos. Assim, a eficácia do contrato celebrado entre o consumidor e o *site* ofertante careceria da regular produção de efeitos, enquanto os elementos não fossem observadas.

Parece, contudo, que tais elementos – a saber: (*i*) o tempo estabelecido para a compra do produto ou do serviço e (*ii*) o número mínimo de compradores – integram a própria essência do contrato, visto que a própria validade do ajuste dependerá do preenchimento dos requisitos mencionados, ou seja, constituem o motivo determinante de tais avenças.

O entendimento da relação contratual existente entre o *site* ofertante, o fornecedor detentor do bem físico e o consumidor é crucial para a delimitação da responsabilidade contratual dos provedores de intermediação de compra coletiva. Assim, não só existem especificidades no ajuste estabelecido entre o provedor e o usuário-consumidor, como também cabe, ainda, perscrutar se se está diante de um caso de coligação contratual,[86] haja vista que existe não só essa relação contratual, mas deve-se considerar igualmente o contrato celebrado entre o *site* ofertante e o fornecedor direto dos bens e serviços.

Nesse cenário se faz fundamental a compreensão de toda a cadeia produtiva dos produtos e serviços ofertados através dos *sites* de compra coletiva e a individualização das condutas de cada fornecedor que dela participa a fim de que se delimite a responsabilidade de todos os atores envolvidos frente aos danos que possam ser gerados aos consumidores por meio da atividade dos *sites* de compra coletiva.

Cabe ao direito acompanhar a criação dos novos modelos de contratação eletrônica a fim de evitar que os agentes por trás dessas atividades econômicas a utilizem como uma forma de burlar os direitos dos consumidores. Ainda que a atividade dos provedores de intermediação escape à característica convencional da relação entre fornecedores e consumidores, não se deve olvidar sua finalidade econômica e natureza de risco, o

---

86. Sobre o tema ver, por todos: KONDER, Carlos Nelson. *Contratos conexos*: grupos de contratos, redes contratuais e contratos coligados. Rio de Janeiro: Renovar, 2006; e Qualificação e coligação contratual. *Revista Forense* (Impresso), v. 406, 2010, p. 55-86. Cf., também: KATAOKA, Eduardo. *Coligação contratual*. Rio de Janeiro: Lumen Juris, 2008.

que as habilita a ingressar na cadeia de consumo. As peculiaridades desses provedores devem ser levadas em consideração, notadamente para fins de responsabilização civil, no entanto, qualquer redução ou supressão dos direitos básicos dos consumidores deve ser de todo afastada.

Os *sites* de intermediação possuem como característica comum a prática de atividades relacionadas à convergência de partes interessadas na aquisição de produtos e serviços via Internet, facilitando a realização de contratos eletrônicos de consumo. É de se considerar ainda que, no caso da compra coletiva, a aproximação realizada pelos *sites* entre os consumidores e os fornecedores de bens e serviços gera proveito econômico para aqueles, o que reforça a tese de que eles devem responder pelos riscos que ajudam a criar e na medida em que auferem lucro por essa atividade.

No entanto, há de se ressaltar que os intermediadores virtuais diferenciam-se na medida em que enquanto alguns atuam exclusivamente na oferta e publicidade de bens oferecidos por terceiros, mas asseguram sua segurança e qualidade frente aos consumidores, outros apenas funcionam como responsáveis pela aproximação dos potenciais interessados, sem se imiscuir na relação contratual eventualmente pactuada; e, ainda, há aqueles que organizam e realizam a oferta e comercialização dos produtos e serviço.

Numa hipótese e noutra, todavia, tais *sites* entram na cadeia de produção e comercialização de produtos e serviços e devem ser classificados como fornecedores dos bens e atividades anunciadas, nos termos do art. 3º do CDC:

> Fornecedor é toda pessoa física ou jurídica, pública ou privada, nacional ou estrangeira, bem como os entes despersonalizados, que desenvolvem atividade de produção, montagem, criação, construção, transformação, importação, exportação, distribuição ou comercialização de produtos ou prestação de serviços.

De acordo com Bruno Miragem, em relação aos *sites* de compras coletivas "não há dúvida de que pertencem à cadeia de fornecimento, não apenas porque se remuneram com a oferta, mas igualmente porque organizam e viabilizam a oferta nas condições diferenciadas em que é realizada".[87] Diante disso, defende que os *sites* de compras coletivas

> "respondem solidariamente pelos vícios do produto e do serviço comercializados por seu intermédio (arts. 18 e 20, do CDC), da mesma forma, como se equiparam a comerciantes no caso de responsabilidade por fato do produto (art. 13, do CDC), assim como respondem solidariamente no caso de fato do serviço (art. 14, do CDC)".[88]

O Tribunal de Justiça do Rio de Janeiro, no julgamento da Apelação Cível nº 1387-41.2011.8.19.0202, cujo substrato fático dizia respeito à oferta e aquisição de mercadoria em *site* de compra coletiva, frustrada em razão de problemas técnicos, acordou, nos termos do voto do desembargador relator, que era "inegável a responsabilidade de ambos [*site* e anunciante] quanto aos fatos narrados na inicial, à luz das disposições inseridas no Código de Defesa do Consumidor, que estabelece a solidariedade entre os

---

87. MIRAGEM, Bruno. *Curso de direito do consumidor*. Op. cit. p. 420.
88. MIRAGEM, Bruno. *Curso de direito do consumidor*. Op. cit. p. 420.

integrantes da cadeia de consumo"[89]. Em outro caso, o tribunal fluminense reafirmou seu entendimento da responsabilização solidária entre os fornecedores por danos morais e materiais decorrentes de cancelamento do pacote de viagem por culpa exclusiva dos réus em razão da frustração da legítima expectativa do consumidor que adquiriu o pacote via site de compra coletiva.[90]

---

89. O acórdão foi assim ementado: "Consumidor. Responsabilidade civil objetiva. *Site* de compra coletiva. Oferta de aparelho celular vinculado a plano de utilização da linha telefônica. Aquisição de cupom sem a respectiva entrega do produto. Falha na prestação do serviço. Dano moral configurado. Precedentes deste TJERJ. Responsabilidade solidária dos integrantes da cadeia de consumo. Verba reparatória fixada em conformidade com os princípios da proporcionalidade e da razoabilidade. Recursos a que se nega seguimento" (RIO DE JANEIRO. *Tribunal de Justiça do Estado do Rio de Janeiro*. Apelação Cível nº 1387-41.2011.8.19.0202. 23ª Câmara Cível. Rel. Des. Marco Antônio Ibrahim. Julg. 12.9.2011). Em caso mais recente, o TJRJ reafirmou a solidariedade entre o site de compra coletiva e o fornecedor do bem, cuja ementa segue transcrita: "APELAÇÃO CÍVEL. DIREITO DO CONSUMIDOR. AÇÃO INDENIZATÓRIA. COMPRA DE PRODUTOS ADQUIRIDOS PELA INTERNET ATRAVÉS DE SITE DE COMPRAS COLETIVAS. MERCADORIA NÃO ENTREGUE. FALHA NA PRESTAÇÃO DO SERVIÇO. FORTUITO INTERNO. TEORIA DO RISCO DO EMPREENDIMENTO. SOLIDARIEDADE. DANO MORAL CARACTERIZADO. PRECEDENTES DESTA CORTE. DEVE-SE RECONHECER A RESPONSABILIDADE CIVIL DOS RÉUS, DEVENDO COMPENSAR A AUTORA PELO DANO MORAL SOFRIDO, RESSALTANDO-SE QUE O DANO MORAL É INEQUÍVOCO, DECORRENTE DO PRÓPRIO FATO, IN RE IPSA, SENDO INDISCUTÍVEIS OS ABALOS EMOCIONAIS E PSICOLÓGICOS SUPORTADOS. RECURSO A QUE SE DÁ PARCIAL PROVIMENTO, PARA INDENIZAR A AUTORA PELO DANO MORAL SUPORTADO EM R$3.000,00 (TRÊS MIL REAIS), OBSERVADOS OS PRINCÍPIOS DA RAZOABILIDADE E DA PROPORCIONALIDADE. CONDENO, AINDA, AO PAGAMENTO DAS CUSTAS JUDICIAIS E HONORÁRIOS ADVOCATÍCIOS QUE FIXO EM 10% SOBRE O VALOR DA CONDENAÇÃO. DÁ-SE PROVIMENTO AO RECURSO NA FORMA DO ARTIGO 557, § 1º-A, DO CÓDIGO DE PROCESSO CIVIL" (RIO DE JANEIRO. *Tribunal de Justiça do Estado do Rio de Janeiro*. Apelação Cível nº 0038426-32.2012.8.19.0204. 20ª Câmara Cível Consumidor. Rel. Des. Antônio Carlos Bitencourt. Julg. 23.7.2015).

90. "APELAÇÃO CÍVEL. DIREITO DO CONSUMIDOR. AÇÃO DE OBRIGAÇÃO DE FAZER C/C INDENIZATÓRIA. DANOS MATERIAIS E MORAIS. SITE DE COMPRA COLETIVA. GROUPON. SENTENÇA QUE CONDENA OS RÉUS, SOLIDARIAMENTE, AO PAGAMENTO DE R$10.000,00 PARA CADA AUTOR. APELOS DOS AUTORES E DO 1º RÉU. VALOR DA INDENIZAÇÃO A TÍTULO DE DANO MORAL QUE DEVE SER REDUZIDO AO PATAMAR DE R$ 3.000,00 (TRÊS MIL REAIS) PARA CADA AUTOR, EM ATENDIMENTO AOS PRINCÍPIOS DA RAZOABILIDADE E DA PROPORCIONALIDADE. A AUSÊNCIA DE INCIDÊNCIA DE CORREÇÃO MONETÁRIA E JUROS SOBRE OS VALORES PAGOS E DEVOLVIDOS EM RAZÃO DO CANCELAMENTO DOS PACOTES DE VIAGEM IMPLICARIA ENRIQUECIMENTO SEM CAUSA DOS RÉUS. OS VALORES DEVOLVIDOS DEVERÃO SER CORRIGIDOS MONETARIAMENTE E COM JUROS DE MORA DE 1% AO MÊS A CONTAR DE CADA DESEMBOLSO ATÉ A DEVOLUÇÃO DOS VALORES AOS AUTORES, A SER APURADO EM LIQUIDAÇÃO DE SENTENÇA. PROVIMENTO PARCIAL AO RECURSO DO 1º RÉU E PROVIMENTO AO RECURSO DOS AUTORES" (RIO DE JANEIRO. *Tribunal de Justiça do Estado do Rio de Janeiro*. Apelação Cível no 0026512-53.2012.8.19.0209. 23a Câmara Cível Consumidor. Rel. Des. Antônio Carlos Arrabida Paes. Julg. 28.6.2017). No mesmo sentido, decisão do Tribunal gaúcho: "APELAÇÕES CÍVEIS. DIREITO PRIVADO NÃO ESPECIFICADO. AÇÃO DE INDENIZAÇÃO POR DANOS MATERIAIS E MORAIS. AQUISIÇÃO DE PACOTE TURÍSTICO EM SITE DE COMPRAS COLETIVAS. PRELIMINAR DE ILEGITIMIDADE PASSIVA. REJEIÇÃO. DEVER DE INDENIZAR CONFIGURADO. MAJORAÇÃO DO QUANTUM. POSSIBILIDADE. Ilegitimidade passiva ad causam. Não há o que se falar em ilegitimidade passiva, na medida em a apelante atuou como intermediadora da venda do pacote de turismo, respondendo, assim, pela falha na prestação dos serviços juntamente com as empresas que mantém parcerias, nos termos dos artigos 7º, parágrafo único, e 14, ambos, do CDC. Mérito. Quanto aos danos morais, o episódio extrapolou o que se poderia entender como mero descumprimento contratual, pois feriu a confiança depositada pela parte consumidora diante da operação segura realizada por meio do site da corre (apelante), impondo aos demandantes desgaste por certo desnecessário e imerecido, não fosse a falha da demandada. Por tal razão, encontram-se presentes, também, os danos extrapatrimoniais indenizáveis, cuja reparação, fixada, na origem, além de não merecer afastamento, se encontra aquém da média praticada pelo colegiado em situações parelhas, devendo ser, todavia, ante impugnação por parte dos interessados, autores, majorada para garantir um alento aos lesados e uma punição as empresas. REJEITARAM A PRELIMINAR E NEGARAM PROVIMENTO AO APELO DA RÉ E DERAM PROVIMENTO AO APELO DOS AUTORES. UNÂNIME" (RIO GRANDE DO SUL. *Tribunal de Justiça do Estado do Rio Grande do Sul*. Apelação Cível nº 70075734038, Décima Sétima Câmara Cível, Rel. Des. Giovanni Conti, julg. 22.2.2018).

Há, pois, desenganadamente a responsabilidade objetiva e solidária – salvo na hipótese de fato do produto quando o comerciante responde subsidiariamente – tanto do anunciante dos produtos e serviços quanto dos *sites* de compra coletiva que os ofertam e que atuam, portanto, na qualidade de comerciantes, integrando a cadeia de fornecimento. Só poderão se eximir de tal responsabilidade (*a*) quando demonstrarem cabalmente que não há o defeito arguido pelo consumidor ou (*b*) quando fizerem inegável prova de que os danos decorrem de exclusiva culpa do próprio consumidor ou de terceiro, que há de ser pessoa que não interveio em toda a cadeia de produção e comercialização dos produtos e serviços.[91]

6. O DIREITO À INFORMAÇÃO NO COMÉRCIO ELETRÔNICO COLETIVO

As controvérsias a respeito do modelo de negócios conhecido como compra coletiva repercutem ainda sobre o conteúdo e a extensão do dever de informar dos provedores de intermediação, bem como seus efeitos sobre a responsabilidade civil.

A informação adequada e clara é um dos direitos básicos do consumidor previstos no Código de Defesa do Consumidor (art. 6º, III), dotado inclusive de caráter de fundamentalidade, tendo em vista a previsão no art. 5º, inciso XIV, da Constituição da República de 1988.[92] Segundo Fernanda Nunes Barbosa, "o reconhecimento do direito à informação como direito fundamental decorre basicamente da verificação de que o consumidor é, antes de tudo, pessoa humana, e como tal não pode ser considerada apenas em sua esfera econômica".[93]

Bruno Miragem leciona, ainda, que

o direito básico à informação do consumidor constitui-se em uma das bases da proteção normativa do consumidor no direito brasileiro, uma vez que sua garantia tem por finalidade promover o equilíbrio de poder de fato nas relações entre consumidores e fornecedores, ao assegurar a existência de uma equidade informacional das partes.[94]

A informação,[95] enquanto fato jurídico, ora se reveste como um direito fundamental do consumidor, ora é qualificada como um dever do fornecedor. Sob o perfil da situação jurídica passiva, o dever de informar se fundamenta nos princípios da boa-fé objetiva[96] e transparência.[97] A relevância da informação nas relações de consumo justifica a respon-

---

91. Ver CDC, art. 14, § 3º.
92. Sobre o direito à informação nas relações de consumo, remete-se ao rico e profundo estudo de Fernanda Nunes Barbosa. *Informação*: direito e dever nas relações de consumo. São Paulo: Revista dos Tribunais, 2008.
93. BARBOSA, Fernanda Nunes. *Informação*: direito e dever nas relações de consumo. Op. cit. p. 47.
94. MIRAGEM, Bruno. *Curso de direito do consumidor*. Op. cit. p. 169.
95. Fernanda Nunes Barbosa leciona que "a informação em sentido amplo, isto é, como mensagem, constitui elemento do ato de comunicação e abarca tanto conteúdos conceituais já incorporados pelo receptor, como conteúdos conceituais novos; em sentido estrito, a informação é o conteúdo conceitual novo, e, mais do que isso, o resultado de sua codificação" (*Informação*: direito e dever nas relações de consumo. Op. cit. p. 113).
96. Fernanda Nunes Barbosa afirma que "constitui fonte primordial do dever de informar o princípio da boa-fé objetiva, em sua função criadora de deveres (função integradora)" (*Informação*: direito e dever nas relações de consumo. Op. cit. p. 91-92).
97. "O direito à informação no Código de Defesa do Consumidor constitui ainda um reflexo do princípio da transparência, que significa maior clareza, veracidade e respeito, por meio da maior troca de informações entre as partes (consumidor e fornecedor)" (BARBOSA, Fernanda Nunes. *Informação*: direito e dever nas relações de consumo. Op. cit. p. 100).

sabilidade civil dos fornecedores pelo dever de informar, que vem sendo crescentemente acolhida pela jurisprudência.

Se for certo que o provedor de intermediação de compras coletivas deve ser tido como comerciante, visto que é um dos agentes de fornecimento da cadeia de consumo, igualmente sobre ele deve recair o dever de informar. Contudo, considerando que o tempo de duração da oferta é elemento relevante para a conclusão do negócio, realizado no *site* do provedor de serviço de comércio eletrônico coletivo, com maior razão deve se imputar a este o fortalecimento do dever de informação, pois o consumidor vê substancialmente reduzido seu tempo para a conclusão da compra. Assim, ao *site* de compra coletiva não só cabe realizar a oferta, mas igualmente informar o consumidor sobre a quantidade, características, composição, qualidade e preço, bem como os riscos que apresentam, nos termos do art. 6°, incisos II e III, do CDC. Garante-se assim a efetivação do direito à educação e divulgação sobre o consumo adequado de produtos e serviços e assegura-se a "liberdade de escolha e a igualdade nas contratações" (art. 6°, inciso II, CDC).

A característica da celeridade na conclusão dos contratos de consumo coletivo via Internet implica no reforço de uma informação adequada e clara a respeito das condições contratuais e especificidades dos produtos e serviços. Assim, além das informações a respeito dos produtos e serviços comercializados, ressalta-se a importância do esclarecimento sobre, por exemplo, a quantidade mínima de compradores para a conclusão da contratação, a quantidade máxima de cupons passíveis de aquisição de cada consumidor, o prazo para a utilização da oferta ou da entrega do produto, a forma de atendimento e agendamento para a utilização da oferta. Nesse sentido, parece salutar a previsão do art. 3° da Lei estadual fluminense n° 6.161/12,[98] que especifica as informações mínimas que as ofertas de *sites* de compras coletivas devem conter.

Partindo-se da premissa de que "o conteúdo do direito à informação do consumidor não é determinado *a priori*",[99] sabe-se, contudo, que a informação deve ser transmitida de forma clara, adequada, veraz e de fácil compreensão. É a partir desses parâmetros que se densifica o conteúdo do dever de informar nas relações de consumo respectivas, cujos contornos são preenchidos com base naquelas informações substanciais e relevantes em que recai sobre o fornecedor o dever intransferível de transmitir.

Sob essa ótica, a preocupação deve-se voltar à "eficácia do direito à informação do consumidor que não se satisfaz com o cumprimento formal do dever de indicar dados e demais elementos informativos, sem o cuidado ou a preocupação de que estejam sendo devidamente entendidos pelos destinatários destas informações".[100]

---

98. "Art. 3° As ofertas deverão conter no mínimo, as seguintes informações: I – Quantidade mínima de compradores para a liberação da oferta; II – Prazo para a utilização da oferta por parte do comprador, que deverá ser de, no mínimo, 03 (três) meses; III – Endereço e telefone da empresa responsável pela oferta; IV – Em se tratando se alimentos, deverá constar da oferta informações acerca de eventuais complicações alérgicas e outras complicações que o produto pode causar; V – Quando a oferta consistir em tratamentos estéticos ou assemelhados, deverá constar no anúncio as contra indicações para sua utilização; VI – A informação acerca da quantidade de clientes que serão atendidos por dia e a forma de agendamento para a utilização da oferta por parte dos compradores; VII – A quantidade máxima de cupons que poderão ser adquiridos por cliente, bem como o período do ano, os dias de semana e horários em que o cupom da oferta poderá ser utilizado."
99. MIRAGEM, Bruno. *Curso de direito do consumidor*. Op. cit. p. 168.
100. MIRAGEM, Bruno. *Curso de direito do consumidor*. Op. cit. p. 168.

A preocupação com o direito do consumidor à informação clara e ostensiva, facilitação do atendimento do usuário e respeito ao direito de arrependimento na contratação eletrônica foi objeto de regulamentação através do Decreto nº 7.962, editado em 15 de março de 2013. No que tange à garantia de informações claras a respeito do produto, serviço e fornecedores, o referido decreto dispôs no art. 2º um rol exemplificativo a respeito das informações básicas que os sítios eletrônicos e demais meios eletrônicos de oferta de produtos e serviços devem disponibilizar "em local de destaque e de fácil visualização". O Decreto nº 7.962/13 estabeleceu nos incisos do art. 3º as informações adicionais que os sítios eletrônicos ou demais meios eletrônicos de contratação na modalidade coletiva ou análoga devem disponibilizar, além das já previstas no art. 2º Dispõe, assim, que é obrigatório informar a quantidade mínima de consumidores para a efetivação do contrato (inciso I), o prazo para utilização da oferta pelo consumidor (inciso II) e a identificação do fornecedor responsável pelo sítio eletrônico e do fornecedor do produto ou serviço ofertado, nos termos dos incisos I e II do art. 2º.

O direito à informação, como já afirmado, é um dos direitos básicos para a efetivação da garantia constitucional de defesa do consumidor. No entanto, esse direito carece de preenchimento e densidade a partir dos parâmetros hábeis a incidir nas diferentes modalidades de oferta de produtos e serviços no mercado de consumo. O Decreto nº 7.962/13 cumpre seu papel, na medida em que confere eficácia e instrumentalidade ao direito à informação adequada e clara, nos termos do art. 6º, inciso III, do CDC.

7. O DIREITO DE ARREPENDIMENTO NO COMÉRCIO ELETRÔNICO COLETIVO

É com base na efemeridade das ofertas nos *sites* de compras coletivas que devem ser tecidas algumas observações acerca do direito ao arrependimento. O Código de Defesa do Consumidor previu, em seu art. 49, a possibilidade de o consumidor

> desistir do contrato, no prazo de 7 dias a contar de sua assinatura ou do ato de recebimento do produto ou serviço, sempre que a contratação de fornecimento de produtos e serviços ocorrer fora do estabelecimento comercial, especialmente por telefone ou a domicílio.

Essa regra possui como escopo garantir ao consumidor – uma vez que tenha celebrado o contrato sem contato direto com o produto ou serviço, ou sem que tenha tido a oportunidade para atentar e refletir sobre todos os elementos do negócio – o direito de desistir da contratação já celebrada. Tem por interesse último, portanto, a proteção do consentimento livre e da reflexão do consumidor, livre de vícios e pressões típicas do mercado de consumo.[101]

Assim, apesar de a literalidade da lei não falar em contratações realizadas pela Internet – até mesmo pelo fato de a lei que instituiu o CDC ser anterior à popularização dessa ferramenta de comunicação –, não há óbices para que o direito ao arrependimento seja assegurado às contratações ocorridas fora dos estabelecimentos comerciais, englobando,

---

101. EBERLIN, Fernando Büscher Von Teschenhausen. Contratação refletida na sociedade de consumo: o direito de arrependimento como proteção do consentimento do consumidor. *Revista de Direito do Consumidor*, v. 76, São Paulo: Revista dos Tribunais, 2010.

assim, aquelas ocorridas virtualmente, mesmo diante da atual redação do dispositivo legal.¹⁰² A extensão da regra para os contratos celebrados via Internet é medida salutar para a defesa do consumidor nos mais diversos meios de contratação, aplicando-se, inclusive, nas contratações coletivas de consumo via Internet – como ratificado pelo Decreto nº 7.962, de 15 de março de 2013.¹⁰³ Com a edição do Decreto nº 7.962/13, o respeito ao direito de arrependimento foi assegurado nas diferentes modalidades de contratação no comércio eletrônico, conforme determina o art. 1º.

É esse, sobretudo, o manejo da regra do art. 49 do CDC mais consentâneo com uma interpretação teleológica: em todas as hipóteses o consumidor terá celebrado um contrato sem um contato direto com o produto ou serviço e sem tempo hábil para melhor conhecer e refletir sobre todos os elementos do contrato celebrado e se determinado produto ou serviço terá utilidade, evitando-se, dessa maneira, as compras por impulso.

Convém ressaltar que esse prazo de reflexão não se encontra condicionado à existência de vício ou defeito do produto, mesmo porque não se exige nenhuma justificativa para a desistência do contrato. Nesses casos, basta que o consumidor realize a comunicação ao fornecedor, dentro do prazo legal. O parágrafo único prevê, ainda, que eventuais gastos e despesas pagos pelo consumidor, a qualquer título, devem ser imediatamente devolvidos, após atualização monetária.¹⁰⁴

Dispõe o Decreto nº 7.962/13 no *caput* de seu art. 5º que "o fornecedor deve informar, de forma clara e ostensiva, os meios adequados e eficazes para o exercício do direito de arrependimento pelo consumidor". Preceitua ainda que esse direito poderá ser exercido pela mesma ferramenta utilizada na contratação, sem prejuízo de outros que venham a ser disponibilizados (§ 1º); que o arrependimento implicará na rescisão também dos contratos acessórios (§ 2º); que a instituição financeira ou a administradora de cartão de crédito que houver intermediado a contratação deverá ser informada imediatamente para suspender o lançamento da transação na fatura do consumidor, ou efetuar o estorno do que já tiver sido lançado (§ 3º); e, por fim, que o fornecedor comunicará imediatamente ao consumidor o recebimento da manifestação de arrependimento (§ 4º).

O referido decreto veio em boa hora para sanar as dúvidas existentes acerca da aplicação do direito de arrependimento na contratação eletrônica. Além do mais, facilitou e instrumentalizou o exercício do direito de reflexão no ambiente eletrônico. Deixou, contudo, de prever o termo para contagem do prazo no comércio eletrônico na modalidade coletiva, mantendo a insegurança jurídica advinda do silêncio normativo.

---

102. Para Sergio Cavalieri Filho, "a referência a *telefone* ou a *domicílio* contida no seu final é meramente exemplificativa, porquanto o texto faz uso do advérbio *especialmente*. Estão, portanto, na abrangência da norma todos os sistemas de vendas externas, como em domicílio mediante a visita do vendedor; vendas por *telemarketing* ou por telefone; por correspondência – mala direta, ou carta-resposta, correio; pela TV, Internet ou qualquer outro meio eletrônico" (grifos no original) (*Programa de direito do consumidor*. Op. cit. p. 159).
103. Preceitua o seu art. 1º: "Este Decreto regulamenta a Lei nº 8.078, de 11 de setembro de 1990, para dispor sobre a contratação no comércio eletrônico, abrangendo os seguintes aspectos: III – respeito ao direito de arrependimento."
104. "Art. 49. [...] Parágrafo único. Se o consumidor exercitar o direito de arrependimento previsto neste artigo, os valores eventualmente pagos, a qualquer título, durante o prazo de reflexão, serão devolvidos, de imediato, monetariamente atualizados."

Uma última questão a ser enfrentada é quanto ao termo *a quo* para o exercício do direito, de natureza potestativa, de arrependimento pelo consumidor. Afinal, considerando que a conclusão da contratação em *sites* de compra coletiva depende do tempo de duração da promoção e do número mínimo de compradores, é preciso moldar a regra do dispositivo em exame às peculiaridades desse modelo de negócio.

Segundo doutrina abalizada, no caso de compra por Internet, "a contagem deve iniciar-se a partir do recebimento do produto e não do dia da solicitação (contratação)".[105] Isso decorre da necessidade de "proteger o comprador que, até o recebimento físico do bem, não pode examinar adequadamente o produto", prestigiando, desse modo, uma interpretação consoante a finalidade da norma. Nesse sentido, Sergio Cavalieri Filho leciona que "tratando-se de aquisição de produtos ou serviços, cuja entrega é posterior à celebração do contrato, o prazo de arrependimento só começa a correr a partir do efetivo recebimento do produto ou da prestação do serviço".[106] Pela mesma razão entende-se que é cabível idêntico raciocínio para as compras eletrônicas coletivas.[107]

No entanto, em se tratando de compra de determinado produto ou serviço em que não há efetiva entrega de um produto físico (bens virtuais, como *e-books*), ou em que a fruição do serviço contratado pode ocorrer durante um determinado período (a exemplo de entradas para cinema, peças de teatro, *shows* e concertos), parece que a melhor exegese é aquela na qual o termo inicial para a contagem do prazo flui a partir da comunicação ao consumidor da conclusão da compra, tendo em mira que no momento em que o consumidor realiza a compra, a perfeita conclusão do ajuste negocial ainda depende da verificação do término do tempo estabelecido para a oferta e do alcance da quantidade mínima de consumidores.

Diante dessas peculiaridades é que não se deve permitir que a contagem do prazo escorra com a assinatura do contrato. Esse entendimento se mostra mais benéfico ao consumidor na medida em que se garante a sua mais ampla rede de proteção e a mais larga concretização do princípio fundamental da defesa do consumidor.

---

105. BENJAMIN, Antônio Herman V.; MARQUES, Claudia Lima; BESSA, Leonardo Roscoe. *Manual de direito do consumidor*. Op. cit. p. 292.
106. CAVALIERI FILHO, Sergio. *Programa de direito do consumidor*. Op. cit. p. 160.
107. Assim, é correto o entendimento exarado pela 31ª Câmara de Direito Privado do Tribunal de Justiça do Estado de São Paulo em julgamento cujo acórdão foi assim ementado: "APELAÇÃO. COMPRA E VENDA DE PRODUTO EFETUADA PELA INTERNET. CONSUMIDORA QUE SE ARREPENDEU, NO PRAZO DO ART. 49 DO CDC, DA AQUISIÇÃO DE UMA TESOURA. DESNECESSIDADE DE JUSTIFICATIVA, INDEPENDENTE DA QUALIDADE E VALOR ECONÔMICO DO PRODUTO. PROVA DOCUMENTAL DEMONSTRADA SOBRE A CONTRATAÇÃO. RECURSO PROVIDO PARA ESSE FIM. A desistência formulada pela autora em permanecer com o produto adquirido da ré, dentro do período de sete dias, permite o desfazimento do negócio de compra e venda realizado pela internet. Essa previsão encontrada no art. 49 do CDC garante ao consumidor exercer o direito de arrependimento nas contratações celebradas fora do estabelecimento comercial, telefone, domicílio ou comércio eletrônico. No caso, vislumbra-se que a autora recebeu a mercadoria em 24/04/2014 e até 02/05/2014, segundo a regra de contagem do prazo de reflexão, a consumidora poderia exercer, independentemente de qualquer justificativa, o direito de arrependimento, o que não ocorreu. Há verossimilhança na pretensão do direito alegado, pois realizado contato telefônico pela autora para devolução, a ré resistiu a tal pedido e não se desincumbiu do ônus de afastar os fatos constitutivos" (SÃO PAULO. Tribunal de Justiça do Estado de São Paulo. *Apelação* n 1011446162014826057 6 SP 1011446-16.2014.8.26.0576, Relator: Adilson de Araujo, Data de Julgamento: 14/04/2015, 31ª Câmara de Direito Privado, Data de Publicação: 15/04/2015).

8. CONSIDERAÇÕES FINAIS

O reconhecimento, em sede constitucional, da proteção afirmativa do consumidor deve irradiar seus efeitos sobre todo o ordenamento jurídico brasileiro. O Código de Defesa do Consumidor deve ser enxergado como um instrumento de realização dos próprios anseios do legislador constituinte, razão pela qual não se pode reduzi-lo a um microssistema, na medida em que não se constitui como um círculo isolado e hermético em relação ao ordenamento. Ao contrário, é expressão da vontade do constituinte, o qual expressamente determinou a tutela reforçada da pessoa-consumidor. É parte integrante do complexo, porém unitário, sistema normativo.

Por isso, as tentativas de temperar a força e aplicabilidade dos princípios e regras insculpidos no Código de Defesa do Consumidor constituem um verdadeiro atentado à própria Constituição. Independentemente do meio, forma ou canal utilizado para a aquisição de produtos e serviços por parte de um vulnerável consumidor – tendo um fornecedor na outra ponta da relação jurídica –, há a atração da incidência do referido diploma. Não há argumentos razoáveis que possam permitir a flexibilização dos direitos do consumidor em prol de agentes que auferem, imediata ou mediatamente, proveito econômico em decorrência de uma relação de consumo, como é o caso dos provedores de intermediação em compras coletivas.

Razões não há também para o afastamento da responsabilidade pelo vício do produto e do serviço solidária do provedor de intermediação e o anunciante, sendo ambos considerados fornecedores para os efeitos de aplicação do CDC. Na medida em que os sítios eletrônicos de compra coletiva não atuam como um mero canal de publicidade, mas sim como agente econômico diretamente envolvido na transação comercial, integrando a cadeia de consumo, a solidariedade se impõe como regime de responsabilidade civil adequado a incidir nas relações de consumo.

A solidariedade é convocada a atuar como fundamento atual da responsabilidade civil objetiva,[108] e não somente como regra de imputação das responsabilidades, como expresso nos dispositivos do CDC. A pulverização dos danos na sociedade dos riscos é associada ao comando de defesa do consumidor sob a finalidade de diluir os prejuízos, reduzir os riscos e garantir a reparação ao consumidor sempre que seus direitos básicos forem violados.

Deve-se apressar o intérprete em sair do estado de perplexidade diante das novas relações virtuais de consumo, especificamente em relação aos chamados "*sites* de compras coletivas", e envidar seus esforços em extrair a potencialidade dos preceitos do CDC que são hábeis a incidir e regular as relações daí advindas.

Ao intérprete e aplicador do direito não é permitido refletir a inércia do legislador ordinário qualquer redução da proteção do consumidor na contratação coletiva eletrô-

---

108. De acordo com Maria Celina Bodin de Moraes, à luz do direito civil-constitucional, "caberá [...] buscar o fundamento ético-jurídico na Constituição da República e lá será fácil identificar o princípio que dá foros de constitucionalidade, generalidade e eticidade à responsabilidade objetiva em todas as hipóteses em que ela se manifesta: é o princípio da solidariedade social" (Risco, solidariedade e responsabilidade objetiva. In: TEPEDINO, Gustavo; FACHIN, Luiz Edson (Coord.). *O direito e o tempo*: embates e utopias jurídicas contemporâneas – Estudos em homenagem ao Professor Ricardo Pereira Lira. Rio de Janeiro: Renovar, 2008. p. 866.

nica significa ferir o CDC e mesmo a Constituição da República. Ademais, a edição do Marco Civil da Internet (Lei n. 12.965/14) reflete a preocupação com a regulamentação da internet, embora tenha, por um lado, garantido a liberdade de expressão e de criação de novos modelos de negócios, por outro, assegurou também como fundamentos da disciplina do uso da internet no Brasil os direitos humanos, o livre desenvolvimento da personalidade, o exercício da cidadania, a finalidade social da rede e a defesa do consumidor, entre outros. Assim, por força da Lei n. 12.965/14, incontestavelmente, deve-se perseguir a proteção do consumidor nos meios digitais, notadamente para fins de responsabilização dos agentes econômicos que atuam nesse ambiente de acordo com suas atividades, nos termos da lei. O direito consumerista, na legalidade constitucional brasileira, deve ser construído de modo a dar concretude e vigor aos princípios e interesses protetivos do consumidor, mesmo diante de aparente lacuna na lei. A interpretação unitária e conglobante do ordenamento brasileiro fornece as ferramentas aplicáveis e eficazes para a proteção integral do consumidor nas contratações coletivas de consumo.

Diante dos novos formatos que o modelo de compras coletivas descortina no ambiente virtual, indispensável reforçar não somente os aspectos ligados à responsabilidade civil pelo fato e pelo vício dos produtos e serviços, além da necessária conformação do dever de informação e do exercício do direito de arrependimento, mas há que se tutelar os dados pessoais, na forma da LGPD, uma vez que a "perfilização" do consumidor assume ares cada vez mais desafiadores diante da captura das preferências de consumo do usuário por meio dos mecanismos de inteligência artificial, que potencializa o tratamento dos dados em velocidade nunca antes vista. Além disso, o assédio de consumo é potencializado na medida em que os consumidores são seduzidos com ofertas quanto navegam em redes sociais e outros aplicativos, tonando-se alvos mais fáceis ao induzimento para a ação de consumo. Tais artimanhas revelam a privacidade utópica do consumidor e colocam em xeque sua real liberdade de escolha.

REFERÊNCIAS

BARBOSA, Fernanda Nunes. *Informação*: direito e dever nas relações de consumo. São Paulo: Revista dos Tribunais, 2008.

BAUMAN, Zygmunt. *A vida líquida*. Tradução de Carlos Alberto Medeiros. Rio de Janeiro: Jorge Zahar, 2007.

BENJAMIN, Antônio Herman V.; MARQUES, Claudia Lima; BESSA, Leonardo Roscoe. *Manual de direito do consumidor*. São Paulo: Revista dos Tribunais, 2007.

BESSA, Leonardo Roscoe. *Relação de consumo e aplicação do CDC*. São Paulo: Revista dos Tribunais, 2009.

BOBBIO, Norberto. A função promocional do direito. *Da estrutura à função*: novos estudos de teoria do direito. Barueri: Manole, 2007.

BRASIL. Escola Nacional de Defesa do Consumidor. *A proteção de dados pessoais nas relações de consumo*: para além da informação creditícia. Elaborado por Danilo Doneda. Brasília: SDE/DPDC, 2010.

BRASIL. *Tribunal de Justiça do Estado do Rio de Janeiro*. Apelação Cível nº 1387-41.2011.8.19.0202. 20ª Câmara Cível. Relatoria: Desembargador Marco Antonio Ibrahim. Julgado 17 out. 2011.

BRASIL. Superior Tribunal de Justiça. *Recurso Especial nº 1.107.024/DF*, 4ª Turma. Relatoria: Min. Maria Isabel Gallotti. Julg. 1.12.2011.

CALIXTO, Marcelo Junqueira. Ainda o conceito de consumidor: breves considerações a partir de dois julgados do Supremo Tribunal Federal. In: MARTINS, Guilherme Magalhães (Coord.). *Temas de direito do consumidor*. Rio de Janeiro: Lumen Juris, 2010.

CALIXTO, Marcelo Junqueira. O princípio da vulnerabilidade do consumidor. In: BODIN DE MORAES, Maria Celina (Coord.). *Princípios do direito civil contemporâneo*. Rio de Janeiro: Renovar, 2006.

CANARIS, Claus-Wilhelm. *Pensamento sistemático e conceito de sistema na ciência do direito*. Introdução e tradução de A. Menezes Cordeiro. Lisboa: Fundação Calouste Gulbenkian, 1989.

CANUT, Letícia. *Proteção do consumidor no comércio eletrônico*. Curitiba: Juruá, 2007.

CARVALHO, Ana Paula Gambogi. A celebração de contratos via internet segundo os ordenamentos jurídicos alemão e brasileiro. *Doutrinas essenciais de responsabilidade civil*. São Paulo: Revista dos Tribunais, 2011. v. 8.

CAVALIERI FILHO, Sergio. *Programa de direito do consumidor*. 3. ed. São Paulo: Atlas, 2011.

EBERLIN, Fernando Büscher Von Teschenhausen. Contratação refletida na sociedade de consumo: o direito de arrependimento como proteção do consentimento do consumidor. *Revista de Direito do Consumidor*, v. 76. São Paulo: Revista dos Tribunais, 2010.

GLANZ, Semy. Consumidor e contrato eletrônico. In: MARQUES, Claudia Lima; MIRAGEM, Bruno (Org.). *Direito do consumidor*: proteção da confiança e práticas comerciais. Coleção Doutrinas essenciais. São Paulo: Revista dos Tribunais, 2011. v. III.

GLANZ, Semy. Internet e contrato eletrônico. In: TEPEDINO, Gustavo; FACHIN, Luiz Edson (Org.). *Contratos*: formação e regime. Coleção Doutrinas essenciais. São Paulo: Revista dos Tribunais, 2011. v. IV.

KLEE, Antonia Espíndola Longoni. O diálogo das fontes nos contratos pela internet do vínculo contratual ao conceito de estabelecimento empresarial virtual e a proteção do consumidor. *Revista de Direito do Consumidor*, v. 77, São Paulo: Revista dos Tribunais, 2011.

LEONARDI, Marcel. *Responsabilidade civil dos provedores de serviços de internet*. São Paulo: Editora Juarez de Oliveira, 2005.

LEONARDI, Marcel. Responsabilidade civil pela violação do sigilo e privacidade na Internet. In: SILVA, Regina Beatriz Tavares da; SANTOS, Manoel J. Pereira dos (Coord.). *Responsabilidade civil na Internet e nos demais meios de comunicação*. São Paulo: Saraiva, 2007.

LIMA, Eduardo Weiss Martins de. *Proteção do consumidor brasileiro no comércio eletrônico internacional*. São Paulo: Atlas, 2006.

LORENZETTI, Ricardo L. *Comércio eletrônico*. São Paulo: Revista dos Tribunais, 2004.

MARQUES, Claudia Lima. O "diálogo das fontes" como método da nova teoria geral do direito: um tributo a Erik Jayme. In: MARQUES, Claudia Lima (Coord.). *Diálogo das fontes*: do conflito à coordenação de normas do direito brasileiro. São Paulo: Revista dos Tribunais, 2012.

MARQUES, Claudia Lima. A proteção do consumidor de produtos e serviços estrangeiros no Brasil: primeiras observações sobre os contratos a distância no comércio eletrônico. *Doutrinas essenciais de direito do consumidor*. São Paulo: Revista dos Tribunais, 2011. v. 3.

MARQUES, Claudia Lima. *Confiança no comércio eletrônico e a proteção do consumidor*: um estudo dos negócios jurídicos de consumo no comércio eletrônico. São Paulo: Revista dos Tribunais, 2004.

MARQUES, Claudia Lima. Diálogo entre o Código de Defesa do Consumidor e o novo Código Civil: do "diálogo das fontes" no combate às cláusulas abusivas. *Revista de Direito do Consumidor*, v. 45, jan./mar. 2003.

MARTINS, Guilherme Magalhães. Confiança e aparência nos contratos eletrônicos de consumo via internet. *Doutrinas essenciais de responsabilidade civil*. São Paulo: Revista dos Tribunais, 2011. v. 8.

MARTINS, Guilherme Magalhães. Contratos eletrônicos via Internet. In: MARQUES, Claudia Lima; MIRAGEM, Bruno (Org.). *Direito do consumidor*: proteção da confiança e práticas comerciais. Coleção Doutrinas essenciais. São Paulo: Revista dos Tribunais, 2011. v. III.

MARTINS, Guilherme Magalhães. A defesa do consumidor como direito fundamental na ordem constitucional. In: MARTINS, Magalhães (Coord.). *Temas de direito do consumidor*. Rio de Janeiro: Lumen Juris, 2010.

MARTINS, Guilherme Magalhães. *Formação dos contratos eletrônicos de consumo via internet*. 2. ed. Rio de Janeiro: Lumen Juris, 2010.

MARTINS, Guilherme Magalhães. *Responsabilidade civil por acidentes de consumo na internet*. São Paulo: Revista dos Tribunais, 2008.

MARTINS, Guilherme Magalhães; LONGHI, João Victor Rozatti. A tutela do consumidor nas redes sociais virtuais – responsabilidade civil por acidentes de consumo na sociedade da informação. *Revista de Direito do Consumidor*, ano 20, v. 78, São Paulo: Revista dos Tribunais, abr./jun. 2011.

MATTOS, Analice Castor de. *Aspectos relevantes dos contratos de consumo eletrônico*. Curitiba: Juruá, 2009.

MIRAGEM, Bruno. *Curso de direito do consumidor*. 3. ed. rev., atual. e ampl. São Paulo: Revista dos Tribunais, 2012.

MIRAGEM, Bruno. Responsabilidade por danos na sociedade de informação e proteção do consumidor: desafios atuais da regulação jurídica da Internet. In: MARQUES, Claudia Lima; MIRAGEM, Bruno (Org.). *Direito do consumidor*: proteção da confiança e práticas comerciais. Coleção Doutrinas essenciais. São Paulo: Revista dos Tribunais, 2011. v. III.

MODENESI, Pedro. Comércio eletrônico e a tutela do *ciberconsumidor*. *Revista Trimestral de Direito Civil*, ano 12, v. 48, out./dez. 2011.

RIO DE JANEIRO. Tribunal de Justiça do Estado do Rio de Janeiro. *Apelação Cível no 1387-41.2011.8.19.0202*. 23a Câmara Cível. Rel. Des. Marco Antônio Ibrahim. Julg. 12.9.2011.

RIO DE JANEIRO. Tribunal de Justiça do Estado do Rio de Janeiro. *Apelação Cível no 0038426-32.2012.8.19.0204*. 20a Câmara Cível Consumidor. Rel. Des. Antônio Carlos Bitencourt. Julg. 23.7.2015.

RIO DE JANEIRO. Tribunal de Justiça do Estado do Rio de Janeiro. *Apelação Cível no 0026512-53.2012.8.19.0209*. 23a Câmara Cível Consumidor. Rel. Des. Antônio Carlos Arrabida Paes. Julg. 28.6.2017.

SANTOLIM, Cesar Viterbo Matos. Os princípios de proteção do consumidor e o comércio eletrônico no direito brasileiro. *Revista de Direito do Consumidor*, v. 55, São Paulo, jul./set. 2005.

SÃO PAULO. Tribunal de Justiça do Estado de São Paulo. *Apelação n. 10114461620148260576*. SP 1011446-16.2014.8.26.0576, Relator: Adilson de Araujo, Data de Julgamento: 14/04/2015, 31ª Câmara de Direito Privado, Data de Publicação: 15/04/2015.

SCHREIBER, Anderson. Contratos eletrônicos e consumo. *Revista Brasileira de Direito Civil*, v. 1, jul./set., 2014, pp. 117-119.

SCHREIBER, Anderson. *Twitter, Orkut e Facebook* – Considerações sobre a responsabilidade civil por danos decorrentes de perfis falsos nas redes sociais. In: TEPEDINO, Gustavo; FACHIN, Luiz Edson (Coord.). *Diálogos sobre direito civil*. Rio de Janeiro: Renovar, 2012. v. III.

SCHREIBER, Anderson. *Direitos da personalidade*. São Paulo: Atlas, 2011.

TEPEDINO, Gustavo; SCHREIBER, Anderson. A boa-fé objetiva no Código de Defesa do Consumidor e no novo Código Civil. In: TEPEDINO, Gustavo (Coord.). *Obrigações*: estudos na perspectiva civil-constitucional. Rio de Janeiro: Renovar, 2005.

TEPEDINO, Gustavo. Itinerário para um imprescindível debate metodológico. *Revista Trimestral de Direito Civil*, Editorial, v. 35, 2009.

TEPEDINO, Gustavo. Normas constitucionais e direito civil na construção unitária do ordenamento. *Temas de direito civil*. Rio de Janeiro: Renovar, 2009. t. III.

TEPEDINO, Gustavo. Código de Defesa do Consumidor, Código Civil e Complexidade do Ordenamento. *Revista Trimestral de Direito Civil*. Editorial, v. 22, 2005.

TEPEDINO, Gustavo. A responsabilidade civil por acidentes de consumo na ótica civil-constitucional. *Temas de direito civil*. 3. ed. Rio de Janeiro: Renovar, 2004.

ZAMPAR JÚNIOR, José Américo. O *site* como estabelecimento virtual: novo meio de interação entre a empresa e o consumidor ou nova categoria jurídica? *Revista de Direito Privado*, v. 35, São Paulo: Revista dos Tribunais, 2008.

30
NOTAS SOBRE PUBLICIDADE DIGITAL: *COOKIES* E *SPAMS*

Roberta Densa
Cecília Dantas

Sumário: 1 Introdução. 2 Publicidade na Internet. 2.1 A aplicação das regras do Código de Defesa do Consumidor. 3 *Cookies*. 4 *Spam*. 5 Conclusões. Referências.

1. INTRODUÇÃO

As transformações experimentadas no século XXI advindas da *internet* alcançaram também, e principalmente, a forma de consumir e de os fornecedores apresentarem os produtos e serviços aos consumidores.

Inúmeras foram as comodidades oferecidas pela tecnologia e pelo advento das redes, junto com elas, os desafios pelo uso das suas ferramentas que evoluíram sobremaneira e tornaram-se complexas, não só pelos usuários como também pelos anunciantes e legisladores. De fato, são diversos os temas e impactos no mundo jurídico pelo uso da tecnologia também em relação aos anúncios publicitários, alguns superados e normatizados e outros em lento e tímido processo de estudo e regulamentação[1].

---

1. "Destarte, num cenário hodierno em que os consumidores estão cada vez mais sofisticados, sensíveis, seletivos e céticos, sendo cada vez mais exigentes e apresentando novos comportamentos que forçam frequentemente a eficácia do marketing praticado na rede, denota-se um desafio às empresas – especialmente quando operam na Internet – a revisitarem suas práticas comerciais e publicitárias, de modo que possam ser verdadeiramente competitivas em face da grande concorrência e, ainda, estejam realmente aptas a assumir e explicitar ao consumidor uma postura confiável, prática e de qualidade de forma a convencer o consumidor a investir no produto oferecido.

Para cumprir tal meta, as empresas recorrem a recursos tecnológicos que permitem o exercício do chamado marketing segmentado, pelo qual as estratégias empresariais são remodeladas para que se faça determinado anúncio ser apresentado ao consumidor que se saiba ter a necessidade de consumir o produto ou serviço respectivo (LIMEIRA 2003, p. 9) – e isto se faz com mecanismos como *machine learning* e algoritmos. Nesse sentido, se antes a venda em domicílio era feita de porta em porta, com a entrega de catálogos de produtos pelo próprio vendedor ou por correspondência, hoje tais catálogos adentram a residência do consumidor pela tela do computador.

Outrossim, muito embora a publicidade em si seja uma atividade lícita, é utilizada cada vez mais em detrimento do discernimento do consumidor, recorrendo a práticas que, no extremado propósito de seduzir o comprador a qualquer preço, podem ser consideradas abusivas, tal como se dá por exemplo com a publicidade indutiva, as distorções de informações sobre produtos e serviços, incitação a superstições, violação de valores morais, à segurança, as vendas casadas, dentre outras (LORENZETTI, 2004, p. 390)".

ROSA, Luiz Carlos Goiabeira; FALEIROS JÚNIOR, José Luiz de Moura; VERSIANI, Rodrigo Luiz da Silva. A proteção do consumidor diante das práticas publicitárias abusivas do comércio eletrônico. *Revista da Faculdade Mineira de Direito.* v. 23, n.45.

O presente artigo tem por finalidade apresentar os principais desafios relacionados à publicidade digital relativos ao uso de *cookies* e *spams*. Pretende-se demonstrar a necessidade de proteção dos consumidores em razão do uso das novas tecnologias e uso dos dados coletados pelos provedores.

2. PUBLICIDADE NA INTERNET

Ao traçar uma teoria geral do direito digital, Juliano Madalena afirma que os desafios relacionados à internet demandam respostas jurídicas aos questionamentos postos por esse fenômeno, sugerindo a criação de um microssistema jurídico próprio, especialmente em razão da ubiquidade. Pondera o autor:

> Com efeito, a virtualização é a característica que instrumentaliza a internet, mas é a ubiquidade que instiga muitas estruturas jurídicas e sociais da vida contemporânea. Instiga, pois, ao permitir a aproximação das pessoas, empresas e estados, também os distancia. A mesma internet que aproxima, afasta. Nesse ponto, Antonio Segura-Serrano discorre que em virtude da natureza virtualizada da internet, a primeira discussão a ser feita sobre a sua regulação versa sobre a sua resistência natural para ser regulada. Daí, porque ocorre a ruptura do ordenamento jurídico, principalmente quanto a sua efetividade para regular fatos da vida virtual. Efetividade, pois do ponto de vista estrutural, a norma é eficaz, mas pouco efetiva em situações virtualizadas. Um exemplo é a coibição de crimes praticados pela internet onde o agente infrator, caso detenha a técnica, poderá criar inúmeros entraves às autoridades e ao Estado. É que pela ubiquidade o ato poderá ocorrer em diversos *locus*, países, estruturas ou região[2].

Em relação aos aspectos da publicidade digital, tanto o provedor, quanto anunciantes, consumidores, fornecedores e legisladores devem estar atentos e em consonância e equilíbrio das relações nesse meio estabelecidas, evitando conflitos que podem surgir a partir do uso e compartilhamento de dados, da eventual ausência de clareza das informações e dos anúncios, além de outras questões que podem ser suscitadas.

Nesse sentido, Basan afirma que a publicidade e o e-commerce passaram a ser repensados a partir de novos instrumentos de marketing, com uso de recursos tecnológicos, interatividade, animações, além da contratação de influenciadores digitais. Dentre as técnicas de publicidade virtual, o autor enumera os seguintes exemplos: o *microssite*, o *banner*, o *pop up*, os *links patrocinados*, o *email marketing*, o *adverlog*, o *Search Engine Marketing*, o *podcasting* e os *spams*[3]. Podemos também citar aqui o *advergame* como técnica de publicidade virtual que muito interessa na seara da proteção da infância.

O autor define *microssite* como sendo "pequenos sites de marcas que se transversa em links dentro de sites de conteúdo" e *banner* com sendo "o tipo de publicidade feita por meio de espécies de cartazes virtuais inseridos em algum lugar da página, como uma espécie de outdoor virtual". Já o *pop up* pode ser, conforme o autor, definido como "uma pequena janela que se abre automaticamente assim que o internauta visualiza determinada página na Internet", os *links patrocinados* "promove-se por meio da associação entre uma marca e um site, visando oferecer o conteúdo da página ao patrocinador, divulgando

---

2. In: MARTINS. Guilherme Magalhães; LONGHI. João Victor Rozatti. *Direito digital*: direito privado e internet. 3. ed. Indaiatuba: Editora Foco. 2020, p. 173.

3. BASAN, Arthur Pinheiro. *Publicidade digital e proteção de dados*: o direito ao sossego. Indaiatuba: Editora Foco. 2020, p. 162.

ao consumidor como se tivesse mero cunho informativo". O *email marketing* "consiste no envio de mala direta através de e-mails", o *adverlog* "promove-se por meio de uma espécie de diário eletrônico, usado para elogiar um produto ou serviço", o *Search Engine Marketing* "é uma ferramenta paga para promover anúncios diretamente nos mecanismos de buscas, como o Google e o Yahoo". Por fim, o *podcasting* é um arquivo "de som, onde empresas patrocinam de maneira velada os produtores de conteúdo"[4].

De fato, é possível observar uma crescente necessidade de se regulamentar a publicidade em meio digital, de modo a suprir necessidade específica aos usuários das redes, provendo proteção às informações por eles fornecidas bem como tornando-os conscientes da utilização e do uso de seus dados, tanto para questões publicitárias e promocionais, quanto para eventuais outras finalidades.

A problemática vai além quando se percebe que o usuário passa "vida estendida" no meio cibernético em razão do perfil criado em meios virtuais. A personalidade do indivíduo, gostos, aparência, competências profissionais e vida familiar estão, em sua grande maioria, expostas aos outros usuários, anunciantes e provedores, criando-se um perfil do usuário na rede de computadores. É através do *profiling* que os fornecedores utilizam algoritmos para direcionar a publicidade pela da rede mundial de computadores.

A utilização dos dados dos consumidores para direcionamento da publicidade fez surgir a denominada "publicidade comportamental". O debate do tema é absolutamente essencial quando se trata de publicidade digital e proteção de dados do consumidor, em especial pelo uso de *cookies* e *spams*, conforme abaixo será estudado.

De fato, a coleta de informações sobre o perfil do consumidor na rede, suas preferências em relação à produtos e serviços, entre outros dados, torna a publicidade direcionada ao consumidor muito poderosa no sentido de que, ao conhecer o comportamento do consumidor, o algoritmo pode ser utilizado para direcionar publicidade de produtos e serviços que, teoricamente, são de interesse daquele consumidor.

Daí a necessidade expressa de o consumidor consentir com o uso dos seus dados para o direcionamento da publicidade. Sobre o tema, Laura Schertel já afirmou:

> Primeiramente, não há dúvida de que o pressuposto inicial de legitimidade da publicidade comportamental é o consentimento do consumidor, que deve ser informado, expresso, específico e anterior, nos moldes do sistema *opt in* (art. 7º, VII e IX, Marco Civil e 6º, II, CDC). Tendo em vista os riscos dessa atividade, não restam dúvidas de que um modelo de consentimento *opt out* não supriria em absoluto os seus requisitos de legitimação. Não obstante, outros critérios relacionados ao consentimento precisam ser observados para que essa prática seja tida como legítima: a) é preciso que o consentimento seja específico em relação a essa prática e se refira à autorização do monitoramento da sua navegação; assim, não basta o consumidor concordar com termos genéricos de navegação da página ou funcionamento do serviço; b) se a decisão do consumidor se basear em informações enganosas ou omissivas, o consentimento não será válido e a prática será considerada abusiva; c) se o consentimento for obtido a partir da veiculação de informações enganosas ou por meio de práticas abusivas (como, por exemplo, por meio da prática de requerer incessantemente o consentimento do consumidor a cada acesso ou não permitir que ele acesse outro *site* enquanto não consentir), ele será claramente inválido; o consentimento deve

---

4. BASAN, Arthur Pinheiro. *Publicidade digital e proteção de dados*: o direito ao sossego. Indaiatuba: Editora Foco. 2020, p. 162.

ser limitado a um curto período de tempo, devendo ser constantemente renovado; d) mecanismos de revogação do consentimento devem estar facilmente disponíveis ao consumidor[5].

Diante dessas questões, surgem as divergências sobre os limites da atuação dos provedores na *internet*, *sites* de busca, bem como da maneira como se explora a publicidade no meio digital. O fato de sermos, por diversas vezes, representados pelas informações que ali foram guardadas, traz a necessidade de se alcançar regulamentação eficaz e adequada a balancear os princípios constitucionais da intimidade e privacidade com os direitos de expressão e liberdade comercial.

É premente a necessidade de preservar a autonomia e a intimidade do usuário da internet. Nesse contexto, Magalhães, Faleiros e Basan complementam:

> "Se a formação de uma projeção da personalidade, um avatar, corpo eletrônico ou persona digital dá indícios de um novo arcabouço de valores da dignidade individual – passível de proteção e tutela jurídica –, nasce uma preocupação desdobrada das inúmeras consequências que esse indivíduo enfrentará em sua 'vida tecnológica'. Se 'cada ser humano possui um valor intrínseco e desfruta de uma posição especial no universo', com uma dimensão individual e própria, dotada de valor, e outra extrínseca, orbitada por deveres para com outrem, será desumano, portanto, tudo aquilo que puder reduzir o indivíduo à condição de objeto"[6].

Os autores trazem o conceito denominado *habeas mente* a proteção à liberdade mental dos indivíduos e com ela a dignidade, efetivando as liberdades físicas (do corpo) e psíquicas (da mente), no mundo real e virtual, sempre em busca do desenvolvimento e autodeterminação do sujeito.

Faz-se mister observar a necessidade de proteção contra as práticas e publicidades abusivas que podem ocorrer no mundo digital. É necessário ter atenção aos limites legislativos e de autorregulação da publicidade e dos negócios jurídicos que se realizam na internet, trazendo garantias dos direitos fundamentais aos consumidores já contemplados pelo nosso sistema normativo.

2.1 A APLICAÇÃO DAS REGRAS DO CÓDIGO DE DEFESA DO CONSUMIDOR

De acordo com o art. 2º do Código de Defesa do Consumidor, "consumidor é toda pessoa física ou jurídica que adquire ou utiliza produto ou serviço como destinatário final". O mesmo dispositivo equipara consumidor "a coletividade de pessoas, ainda que indetermináveis, que haja intervindo nas relações de consumo".

No mesmo sentido, em seu art. 3º, o código consumerista traz a definição de fornecedor, estabelecendo-o como "toda pessoa física ou jurídica, pública ou privada, nacional ou estrangeira, bem como os entes despersonalizados que desenvolvem atividade de produção, montagem, criação, construção, transformação, exportação, distribuição ou comercialização de produtos ou prestação de serviços".

---

5. MENDES, Laura Schertel. O diálogo entre o marco civil da internet e o código de defesa do consumidor. *Revista de Direito do Consumidor.* v. 106/2016. p. 37-69, Jul./Ago.
6. MARTINS, Guilherme Magalhães; FALEIROS JÚNIOR, José Luiz; BASAN, Arthur. A responsabilidade civil pela perturbação do sossego na internet. *Revista de Direito do Consumidor.* v. 128. ano 29. p. 227-253. São Paulo: Ed. RT, mar.-abr./2020.

Dadas as definições dos termos pelo nosso ordenamento jurídico, importante destacar que não existe tratamento específico em relação aos consumidores e fornecedores em ambiente virtual. Dessa forma, independente do ambiente em que a relação comercial é estabelecida, o mesmo tratamento é destinado aos consumidores e fornecedores, seja virtual ou presencial, ressalvando o direito de arrependimento em relação à compra quando essa for realizada à distância[7].

Em relação ao estabelecimento comercial virtual, esse não carrega grandes discussões sobre seu tratamento em nosso ordenamento jurídico. O art. 1.142 do Código Civil o definiu estabelecimento comercial como "todo complexo de bens organizado para o exercício da empresa, por empresário ou por sociedade empresária".

Nesse sentido, sua existência deve ser real, com área constituída de bens corpóreos, como imóveis, móveis e bens corpóreos e incorpóreos (como marca, registro de patente, entre outros). Notadamente, independentemente do tipo de serviço ou produto oferecido através de plataforma da internet, o estabelecimento comercial é necessário para realização da atividade econômica.

Claro é que, dependendo do tipo de atividade desenvolvida, o chamado estabelecimento comercial pode se dar através de espaço físico, *website* da internet ou aplicativo. No último caso, não existe diferença no tratamento jurídico dado aos direitos e deveres da atividade empresária, que se sujeita às regras dispostas pelo Código de Defesa do Consumidor, ainda que questionamentos sejam levantados em relação à localização do estabelecimento.

Nessa toada, ressalta-se que ainda que a página da *internet* represente o estabelecimento comercial de determinada empresa, a doutrina entende ser necessário que exista uma sede física entre outros elementos, que permitam encontrar o anunciante, caso necessário.

De acordo com Cristina Cantú Prates:

> Na prática, o que se verifica por parte dos legisladores e operadores do direito é a tendência de que todo estabelecimento virtual, ou seja, que comercializa na internet, se faça representar por uma sede física, endereço, telefone, nome do representante legal e CNPJ.
>
> (...) essa exigência faz sentido sob a ótica do Código de Defesa do Consumidor, eis que o fornecedor tem o dever de prestar informações claras e precisas, não somente sobre o produto vendido, mas sobre sua própria identidade[8].

Nesse contexto, importante ressaltar que, apesar de a lei consumerista não trazer previsão ou qualquer especificidade relacionada ao comércio eletrônico, os princípios e regras ali estabelecidos levam ao dever de informação ao consumidor, seja qual for o ambiente em que a atividade se desenvolve.

Assim, de acordo com o art. 31 CDC, a oferta e apresentação de produtos e serviços no meio virtual também devem assegurar informações corretas, claras, precisas, osten-

---

7. Antonia Klee conceitua comércio eletrônico como sendo "termo utilizado para expressar toda e qualquer forma de transação comercial em que as partes interagem eletronicamente". KLEE, Antonia Espíndola Longoni. *Comércio eletrônico*. São Paulo: Ed. RT. 2014, p. 71.
8. PRATES, Cristina Cantú. *Publicidade na internet*: consequências jurídicas. Curitiba: Editora Juruá. 2015, p. 66.

sivas e em linguagem portuguesa, com todos os atributos do produto, desde o preço até a validade e composição desse.

Ademais, um dos princípios mais importantes aplicados à publicidade no Código de Defesa do Consumidor refere-se ao *princípio da identificação*, que determina a proibição de que o anunciante faça anúncio que seja de difícil identificação ao consumidor.

Ou seja, por esse princípio, o consumidor deve identificar fácil e imediatamente a mensagem passada pelo fornecedor através da publicidade que tem como objetivo convencê-lo a adquirir produto ou serviço disponível no mercado de consumo. É extraído do art. 36 do código consumerista, que dispõe que "a publicidade deve ser veiculada de tal forma que o consumidor, fácil e imediatamente, a identifique como tal".

Por força do parágrafo único do art. 36, o fornecedor tem o dever de manter em seu poder os dados fáticos, técnicos e científicos que dão sustentação à mensagem para o fim de esclarecer a qualquer interessado sobre a veracidade e transparência da publicidade, podendo o consumidor lesado requerer indenização perante o anunciante, sendo essa a finalidade prática desse dispositivo.

O ônus de comprovar a veracidade da campanha publicitária é sempre do fornecedor, o que demonstra a natureza objetiva da responsabilidade estabelecida ao anunciante.

Vale ressaltar que o legislador brasileiro admite que a mensagem publicitária honesta e declarada seja enviada ao consumidor, sendo nítida a necessidade de adoção de limites na abordagem do anunciante, que deve afastar-se de possível clandestinidade. Assim, ao anunciante é permitido utilizar métodos de convencimento aos consumidores, desde que o faça de forma clara, permitindo ao consumidor fácil e imediatamente perceber que a mensagem tem objetivo econômico.

Evidentemente que o cerne do art. 36 e do princípio da identificação reside na necessidade de tornar clara a finalidade da mensagem publicitária ao consumidor. Visa o dispositivo protegê-lo de falsas impressões em relação a veracidade e neutralidade da mensagem publicitária.

Vale notar que o CONAR procurou regulamentar, inserindo no art. 27 do Código de Ética Publicitário, de forma explícita e detalhada, a respeito da veracidade da publicidade, trazendo mais segurança quanto ao princípio genérico insculpido no art. 36 do CDC.

De outra banda, o art. 37 prevê a proibição da publicidade enganosa ou abusiva, definindo os conceitos, inclusive quanto à chamada publicidade enganosa por omissão. Tal dispositivo reforça o princípio da veracidade estampado no art. 31 do CDC, obrigando o fornecedor de disponibilizar apenas conteúdo publicitário com informações corretas, claras, precisas e ostensivas sobre seu produto ou serviço.

3. COOKIES

No meio digital, um instrumento muito utilizado para armazenar dados e direcionar publicidade denomina-se *cookie*. Um *cookie* é um fragmento de texto armazenado por servidor da web no disco rígido do usuário, amplamente utilizado por páginas da internet com a finalidade de identificar e armazenar dados dos visitantes. Tais dados podem ter diversos propósitos, como facilitar o *login* no site através da conservação de senhas de acesso e preservar o idioma e configurações escolhidas pelo usuário e suas preferências de navegação.

Dessa forma, cada usuário gera uma espécie de número de identificação, que contém as informações de como o cliente utiliza a página da *internet*, além dos dados pessoais fornecidos por ele, de forma a facilitar, teoricamente, o acesso do cliente à página da internet. De acordo com Cristina Cantú:

> Em tese, os *cookies* não podem acessar informações do sistema. Podem apenas armazenar uma cópia dos dados que são fornecidos no momento do preenchimento de formulários e gravar informações sobre a maneira pela qual os usuários se movimentam dentro do sítio consultado e apenas nele (pelo menos em teoria nenhum sítio pode consultar cookies enviados por outro). Em suma: um cookie armazena em seu próprio disco rígido informações sobre as preferências pessoais exclusivamente referentes ao sítio que o enviou e teoricamente serve para tornar a navegação mais confortável e proveitosa.[9]

Ana Paula Gambogi Carvalho conceitua *cookie* como sendo:

> programas de dados gerados com objetivo principal de identificação do usuário e de rastreamento e obtenção de dados úteis a seu respeito, tais como seus hábitos de navegação e de consumo. Frequentemente utilizados por provedores da internet, estes fichários de dados são enviados aos programas navegadores (browsers) e salvos em diretórios específicos do computador do usuário[10].

Nesse sentido, os *cookies* se tornaram importante ferramenta de obtenção de informações sobre o perfil do cliente e seus interesses nas páginas da web. A ferramenta é bastante útil aos fornecedores no comércio eletrônico principalmente para os provedores e anunciantes da *internet*, podendo inclusive ser considerado como o um dos principais instrumentos desses, tornando a utilidade do consumidor irrelevante, quando comparada com a dos fornecedores.

Isso porque é bastante utilizado para entender o comportamento dos clientes dentro daquele ambiente. Dentre suas finalidades, é fácil compreender os gostos, preferencias, hábitos e principalmente, suas prioridades de consumo. Essa última, inclusive, tornou-se bastante proveitosa ao fornecedor, sendo fonte de informações sobre potenciais consumidores de seus produtos e serviços.

Nessa toada, Fabíola Meira esclarece a utilidade e os riscos envolvidos na utilização dos *cookies*:

> Entre as inúmeras consequências da existência de cookies nos computadores, pode-se citar que possuem a função de: (i) avisar o 'fornecedor' que um consumidor específico retornou ao site para uma busca; (ii) automaticamente customizar a tela com as preferências daquele consumidor identificado ou até mesmo para sua última compra, que não pode ser concluída, por exemplo, pois a conexão 'caiu', visto que com o cookie, se o cliente quiser continuar a compra no ponto em que parou estes 'lembrarão' o que possuía em seu 'carrinho', tornando desnecessário que o consumidor reinicie o processo; (iii) conservar a identificação do consumidor e própria senha quando transportado para outra página; (iv) manter a lista das páginas visitadas pelo consumidor em determinado dia e hora, ou seja, possuem todo o histórico de visitas virtuais do consumidor.

---

9. PRATES, Cristina Cantú. *Publicidade na internet*: consequências jurídicas. Curitiba: Editora Juruá. 2015, p. 162.
10. CARVALHO, Ana Paula Gambogi. O consumidor e o direito à autodeterminação informacional: considerações sobre os bancos de dados eletrônicos. *Revista de Direito do Consumidor*. São Paulo: Ed. RT, n. 46, 2004, p. 114.

Uma das graves consequências da instalação de cookies diz respeito à comercialização das informações da esfera íntima do consumidor-internauta para que os fornecedores, de posse de ditos cadastros, utilizem os perfis dos usuários e, por meio de spams 'bombardeiem' as caixas de correio eletrônico do internauta ofertando produtos ou serviços não solicitados[11].

Ainda, de acordo com Cristina Cantú "a utilidade dos cookies para a publicidade no meio eletrônico reside na salutar importância do estudo do comportamento do cliente como uma estratégia de planejamento empresarial através do filtro trazido pelo cookie"[12]. Tal aspecto torna possível que o fornecedor entenda se a divulgação de seus produtos ou serviços é ou não interessante para aquele usuário da internet, e, principalmente, qual as chances de que a publicidade inserida naquele contexto resulte em lucros para aquele fornecedor.

Fabíola Meira, por sua vez, ressalta a relação entre os *cookies* e a falta de informação aos consumidores quanto a automática sujeição a este tipo de prática comercial eletrônica, tema esse que fora devidamente regulamentado pela Lei Geral de Proteção de Dados. Antes da regulamentação legal, os consumidores não tinham conhecimento de que seus dados estão sendo capturados em sua máquina, o que já denotava violação à legislação consumerista[13].

Nessa toada, verifica-se a possibilidade de o fornecedor tratar os dados dos consumidores conforme seus próprios interesses, que incluiu ou exclui consumidores de acordo com seus perfis (*profiling*), escolhendo aqueles que pretendem alcançar e aqueles que não lhe são interessantes. Tal prática pode tornar-se abusiva à medida que discrimina o consumidor de acordo com seu poder aquisitivo, sexo, idade, nível intelectual e outros[14].

Nesse sentido, adverte Laura Mendes:

---

11. SANTOS, Fabíola Meira de Almeida. *O marketing digital e a proteção do consumidor*. Dissertação defendida na Pontifícia Universidade de São Paulo, 2009. p. 84.
12. PRATES, Cristina Cantú. *Publicidade na internet*: consequências jurídicas. Curitiba: Editora Juruá, 2015. p. 157.
13. Antes da regulamentação pela LGPD, a ABA editou o denominado Código de Ética AntiSpam e melhores práticas de uso de mensagens eletrônicas. Em seu artigo 11, trazia regulação sobre a coleta de informação e uso de dados dos usuários: "Artigo 11º. Para a Coleta de Informações e Dados de Consumidores ou Usuários de meios eletrônicos, deve ser observado o seguinte: a) As informações dos usuários para uso e envio de Mensagens Eletrônicas deverão ser coletadas para esse fim exclusivo através de formulários de cadastramento nos sites e/ou e-mails; participação em concursos ou promoções; formulários de "e-commerce" ou qualquer outra forma que exponha explicitamente a finalidade de captação das informações; b) Constará obrigatoriamente do documento eletrônico acima referido a autorização do usuário para o posterior recebimento de Mensagens Eletrônicas e Mala Direta Digital, que jamais poderá ser presumida; c) O usuário deverá ter livre acesso e a qualquer tempo ao seu cadastro no Banco de Dados, seja para retirar seus dados do mesmo, seja para editar seus dados, seja ainda para suspender ou cancelar a autorização antes dada para o recebimento de Mensagens Eletrônicas ou Mala Direta Digital; d) É vedada a coleta de quaisquer dados que possam expor o usuário a situações de constrangimento de qualquer tipo; e) A pessoa física ou jurídica responsável pela coleta de informações deve apresentar ao usuário sua "Política de Privacidade de Dados"; f) A "Política de Privacidade de Dados" acima referida deve descrever claramente como serão utilizadas ou comercializadas as informações coletadas, assim como se serão utilizados "cookies" nos navegadores de acesso à Rede Internet".
14. "Verifica-se que conhecer o comportamento do consumidor surge como uma necessidade em tempos de pós-modernidade. Se de um lado a alta competitividade do mercado exige a habilidade do fornecedor em oferecer produtos e serviços que vão ao encontro das necessidades e dos interesses do consumidor; de outro, os fornecedores passam a ter uma ferramenta poderosíssima em suas mãos, que lhes permite estreitar relações com os consumidores potenciais e afastar os indesejáveis." PRATES, Cristina Cantú. *Publicidade na internet*: consequências jurídicas. Curitiba: Editora Juruá, 2015. p. 161.

Ao mesmo tempo que são úteis, por possibilitar a memorização de senhas e a personalização de serviços, os *cookies* podem trazer riscos à privacidade, quando o computador passa a ser associado a um determinado usuário, a partir dos dados pessoais fornecidos a um *site* ou por meio dos dados pessoais armazenados pelo provedor de conexão que possui um contrato de prestação de serviços com o usuário. Além disso, se armazenados por um longo período de tempo, esses marcadores podem rastrear o comportamento do usuário *online* em diversos *sites*"[15].

Evidencia-se, portanto, a invasão à privacidade e intimidade do consumidor, que tem seus dados e comportamentos rastreados, muitas das vezes sem a permissão para tanto e sem sequer ter conhecimento do consumidor sobre esse fato. Tal circunstância representa transgressão de diversos dispositivos da legislação vigente, tais como art. 5º da Constituição Federal, e, mais atualmente, a Lei Geral de Proteção de Dados (Lei 13.709/2018)[16].

A preservação da privacidade e da intimidade e o direito à informação são consagrados na Constituição Federal, além dos recentemente deveres impostos às empresas que manipulam dados de consumidores na internet. De fato, agora, o tratamento de dados fornecidos por consumidores online só deve podem ocorrer mediante autorização, conforme disposto pelo artigo 7º da Lei Geral de Proteção de Dados[17], e nos limites por ela estabelecidos.

---

15. MENDES, Laura Schertel. O diálogo entre o marco civil da internet e o código de defesa do consumidor. *Revista de Direito do Consumidor*. v. 106/2016. p. 37-69, Jul./Ago.
16. Nesse sentido, afirma Basan: "Em verdade, o uso do monitoramento permite ao fornecedor saber, dentre outras informações relevantes, se o consumidor é novo ou está retornando no acesso à página virtual, qual foi o tempo de acesso, os períodos de acesso mais comum, além da origem geográfica do internauta. Obviamente, todas as informações são utilizadas posteriormente para promover o convencimento do ato de consumo. Conforme se nota, surgem polêmicas questões envolvendo a proteção de dados, que é evidentemente violada a partir do momento em que as empresas, por meio dos *cookies*, promovem a vigilância do usuário em rede. Além disso, outra questão ilícita relacionada a essa prática é utilização dos perfis dos usuários para a promoção de publicidades de produtos e serviços não solicitados, os *spams*. Assim, tendo como base as regras contidas no CDC e, ainda mais, as previsões contidas na LGPD, *não se admite que os cookies sejam utilizados automaticamente em desfavor dos consumidores, coletando informações e alimentando banco de dados, sem a necessária informação das finalidades e sem exigida a permissão do consumidor, na figura do consentimento esclarecido*" (grifo nosso). BASAN, Arthur Pinheiro. *Publicidade digital e proteção de dados*: o direito ao sossego. Indaiatuba: Editora Foco. 2020, p. 165-166.
17. Art. 7º O tratamento de dados pessoais somente poderá ser realizado nas seguintes hipóteses:

    I – mediante o fornecimento de consentimento pelo titular;

    II – para o cumprimento de obrigação legal ou regulatória pelo controlador;

    III – pela administração pública, para o tratamento e uso compartilhado de dados necessários à execução de políticas públicas previstas em leis e regulamentos ou respaldadas em contratos, convênios ou instrumentos congêneres, observadas as disposições do Capítulo IV desta Lei;

    IV –4 para a realização de estudos por órgão de pesquisa, garantida, sempre que possível, a anonimização dos dados pessoais;

    V – quando necessário para a execução de contrato ou de procedimentos preliminares relacionados a contrato do qual seja parte o titular, a pedido do titular dos dados;

    VI – para o exercício regular de direitos em processo judicial, administrativo ou arbitral, esse último nos termos da Lei 9.307, de 23 de setembro de 1996 (Lei de Arbitragem);

    VII – para a proteção da vida ou da incolumidade física do titular ou de terceiro;

    VIII – para a tutela da saúde, exclusivamente, em procedimento realizado por profissionais de saúde, serviços de saúde ou autoridade sanitária; *(Redação dada pela Lei 13.853, de 2019)*

    IX – quando necessário para atender aos interesses legítimos do controlador ou de terceiro, exceto no caso de prevalecerem direitos e liberdades fundamentais do titular que exijam a proteção dos dados pessoais; ou

    X – para a proteção do crédito, inclusive quanto ao disposto na legislação pertinente.

    § 1º Revogado *(Redação dada pela Lei 13.853, de 2019)*.

O conhecimento de informações pessoais e sensíveis sobre a intimidade dos usuários da rede através de *cookies*, desde informações como nome, endereço e profissão, as páginas acessadas, preferências de consumo e dados bancários dos usuários dependem do consentimento expresso do portador dos dados, ou diante das hipóteses tratadas no referido artigo.

A vista do mencionado sobre as utilidades dos *cookies* na internet, é perfeitamente possível (e fácil) que muitos consumidores sejam enganados quanto à destinação daqueles dados por ele fornecidos ao entrar numa página da web. Dessa forma, para que exista harmonia com as regras estabelecidas pela nova Lei Geral de Proteção de dados bem como com a lei consumerista, é necessário que os *cookies* sejam claramente explicados ao consumidor, bem como todas suas utilidades, trazendo clareza aos usuários que fornecem suas informações pessoais.

Laura Mendes já afirmava a necessidade de consentimento expresso do consumidor para a utilização dos *cookies* com fundamento no Código de Defesa do Consumidor e do Marco Civil da Internet, antes mesmo da Lei de Proteção de Dados. Vejamos:

> À luz do direito básico do consumidor à proteção de dados pessoais, é importante analisar quais os pressupostos de legitimidade para a utilização de *cookies*. Partindo da condição de legitimidade do tratamento de dados pessoais nas relações de consumo, segundo a qual o processamento de dados pessoais deve ser autorizado pelo consumidor (art. 7º, VII e IX, Marco Civil), ao menos que seja imprescindível para o cumprimento do contrato, é preciso analisar em que situações será exigido o consentimento pelo consumidor e em que situações o consentimento será dispensado.
>
> Adaptado ao mundo virtual e baseado nas funções que os *cookies* podem exercer para facilitar a comunicação e a navegação, o pressuposto da necessidade da execução do contrato pode ser reinterpretado. Isto é, se o *cookie* for utilizado exclusivamente para a transmissão de comunicações na Internet ou for estritamente necessário para a realização de um serviço *online* solicitado pelo consumidor, não lhe acarretando riscos, não será necessário o seu consentimento.
>
> Por outro lado, sempre que o *cookie* visar outras funções, será necessário a obtenção do consentimento prévio do consumidor. Esse é o caso, por exemplo, dos *cookies* das redes sociais (*social plug-in tracking cookies*), que são capazes de monitorar tanto os membros como os não membros dessas redes. Além disso, os *cookies* utilizados para realizar a publicidade comportamental (*third party advertising*) também não são isentos do consentimento, pois, ao visarem a coleta de dados pessoais para terceiros, naturalmente não são essenciais para a relação entre o usuário e o *site*. Por isso, todos os *cookies* de terceiros exigem o consentimento prévio do consumidor, antes de serem instalados. Por

---

§ 2º Revogado (*Redação dada pela Lei 13.853, de 2019*).

§ 3º O tratamento de dados pessoais cujo acesso é público deve considerar a finalidade, a boa-fé e o interesse público que justificaram sua disponibilização.

§ 4º É dispensada a exigência do consentimento previsto no caput deste artigo para os dados tornados manifestamente públicos pelo titular, resguardados os direitos do titular e os princípios previstos nesta Lei.

§ 5º O controlador que obteve o consentimento referido no inciso I do caput deste artigo que necessitar comunicar ou compartilhar dados pessoais com outros controladores deverá obter consentimento específico do titular para esse fim, ressalvadas as hipóteses de dispensa do consentimento previstas nesta Lei.

§ 6º A eventual dispensa da exigência do consentimento não desobriga os agentes de tratamento das demais obrigações previstas nesta Lei, especialmente da observância dos princípios gerais e da garantia dos direitos do titular.

§ 7º O tratamento posterior dos dados pessoais a que se referem os §§ 3º e 4º deste artigo poderá ser realizado para novas finalidades, desde que observados os propósitos legítimos e específicos para o novo tratamento e a preservação dos direitos do titular, assim como os fundamentos e os princípios previstos nesta Lei. (*Incluído pela Lei 13.853, de 2019*).

fim, os *cookies* dos *sites* chamados de *first part analytics* também necessitam do prévio consentimento do consumidor. Esses *cookies* geralmente são usados pelos responsáveis dos *websites* para estimar o número de visitas ou para monitorar a navegação do usuário.

Para passar pelo pressuposto objetivo de legitimidade, os *cookies*, em nenhum dos casos, podem apresentar graves riscos para os usuários. Isto é, em nenhuma hipótese é legítimo submeter o usuário a uma vigilância ininterrupta, transformando-o em mero objeto de monitoramento, o que, naturalmente, violaria o seu direito à intimidade e à vida privada e o princípio da dignidade, protegidos constitucionalmente. Além disso, em qualquer dos casos é preciso que seja divulgada por meio da política de privacidade ou no contrato de prestação de serviços da empresa publicado no *site* a forma de utilização dos *cookies* e para quais finalidades eles são instalados (7.º, VI, VIII e XI, Marco Civil, e art. 6.º, III do CDC).[18]

No âmbito da comunidade europeia, a Diretiva 2009/136 alterou importantes Diretivas Europeias relativas à utilização da proteção da privacidade e dos usuários das redes e comunicações eletrônicas[19]. Em relação aos *cookies*, a alteração do art. 5º da Diretiva 2002/58, trouxe a seguinte redação ao dispositivo:

Artigo 5.o Confidencialidade das comunicações 1. Os Estados-Membros garantirão, através da sua legislação nacional, a confidencialidade das comunicações e respectivos dados de tráfego realizadas através de redes públicas de comunicações e de serviços de comunicações electrónicas publicamente disponíveis. Proibirão, nomeadamente, a escuta, a instalação de dispositivos de escuta, o armazenamento ou outras formas de intercepção ou vigilância de comunicações e dos respectivos dados de tráfego por pessoas que não os utilizadores, sem o consentimento dos utilizadores em causa, excepto quando legalmente autorizados a fazê-lo, de acordo com o disposto no n. 1 do artigo 15.o O presente número não impede o armazenamento técnico que é necessário para o envio de uma comunicação, sem prejuízo do princípio da confidencialidade.

2. O n. 1 não se aplica às gravações legalmente autorizadas de comunicações e dos respectivos dados de tráfego, quando realizadas no âmbito de práticas comerciais lícitas para o efeito de constituir prova de uma transacção comercial ou de outra comunicação de negócios.

3. Os Estados-Membros velarão por que a utilização de redes de comunicações electrónicas *para a armazenagem de informações ou para obter acesso à informação armazenada no equipamento terminal de um assinante ou utilizador só seja permitida na condição de serem fornecidas ao assinante ou ao utilizador em causa informações claras e completas, nomeadamente sobre os objectivos do processamento*, em conformidade com a Directiva 95/46/CE, e de lhe ter sido dado, pelo controlador dos dados, o direito de recusar esse processamento. Tal não impedirá qualquer armazenamento técnico ou acesso que tenham como finalidade exclusiva efectuar ou facilitar a transmissão de uma comunicação através de uma rede de comunicações electrónicas, ou que sejam estritamente necessários para fornecer um

---

18. MENDES, Laura Schertel. O diálogo entre o marco civil da internet e o código de defesa do consumidor. *Revista de Direito do Consumidor*. v. 106/2016. p. 37-69, Jul./Ago.
19. Sobre as alterações introduzidas pela Diretiva, afirma Cintia Rosa: Esta revisão teve como pontos principais: – garantir o acesso à Internet e às comunicações eletrônicas a todos os cidadãos europeus em prol de uma sociedade da informação inclusiva, com destaque para os portadores de necessidades especiais; – mais qualidades nos serviços prestados pelos provedores de acesso à Internet e aplicativos de Internet; – elevar o grau de harmonização das regras dos Estados-Membros quanto à proteção de dados pessoais e ao direito à privacidade, já garantidos pela Dir. 2002/58/CE, independentemente da tecnologia adotada (em especial, os dispositivos de identificação ou localização por radiofrequência – RFID devem respeitar estes direitos fundamentais); – impõe, aos provedores de acesso à Internet e de aplicativos de Internet, a obrigação de adotar medidas para evitar que sejam instalados *spyware* nas máquinas dos usuários de maneira inadvertida; – em consequência, impõe um dever de informação destes provedores; – as regras aplicadas ao *spam* são estendidas aos serviços SMS, MMS e outros semelhantes; – estimula a cooperação entre os Estados-Membros para o combate de *spam* ilícitos e *spyware* transfronteiriço, dentre outros". LIMA, Cíntia Rosa Pereira de. Direito ao esquecimento e internet: o fundamento legal no direito comunitário europeu, no direito italiano e no direito brasileiro. *Doutrinas Essenciais de Direito Constitucional*. v. 8/2015, p. 511-543. Ago/2015.

serviço no âmbito da sociedade de informação que tenha sido explicitamente solicitado pelo assinante ou pelo utilizador. (grifo nosso)

A diretiva é conhecida como *cookies directive* tendo ficado esclarecido que, no âmbito da comunidade europeia, a utilização do cookie não é proibida, devendo ser regulamentada e sempre deve haver o consentimento prévio e esclarecido do usuário para que a prática seja admitida[20][21].

4. SPAM

O *spam*, termo originário da língua inglesa, é designado para descrever mensagens eletrônicas recebidas, mas não solicitadas pelos usuários de páginas na internet. Pode, nesse contexto, significar "Sending and Posting Advertisement in Mass", ainda que outros significados sejam encontrados para a sigla.

Na prática, são mensagens eletrônicas que chegam ao consumidor de conteúdos cibernéticos, sem que tenham sido solicitadas ou permitidas, podendo causar incômodos e problemas aos navegantes da internet. No magistério de Fabíola Meira, o *spam* é:

> "a técnica de marketing digital mais conhecida, mais antiga e também a mais criticada. Trata-se de envio de mensagens eletrônicas com anúncios publicitários não solicitadas pelo usuário da rede e que lhe acarretam inúmeras dificuldades, tais como recebimento de vírus, saturação da caixa postal, invasão de privacidade, entre outros graves problemas da Era Digital[22]

Nesse sentido, Basan acrescenta que não apenas as mensagens enviadas por correio eletrônico podem ser consideradas um *spam*. Deve-se acrescentar, aqui, as mensagens envidadas através de computadores, smartfones, notificações de aplicativos, entre outras possibilidades:

> "(...) o spam não se limita unicamente à mensagem enviada por correio eletrônico, isto é, parte-se da ideia de que essa prática perturbadora deve ser considerada também a partir de outras vertentes, de modo que se pode qualificar como spam qualquer tipo de publicidade não solicitada e importunadora

---

20. "Tendo em vista a regulamentação do uso de *cookies* por esta diretiva que alterou o art. 5 (3) da Diretiva 2002/58/CE, esta diretiva é conhecida como *Cookies Directive*. Assim, a utilização destes softwares não é totalmente proibida, mas deve ser limitada segundo as regras estabelecidas, ou seja, mediante o consentimento prévio e esclarecido do usuário (que teve informações claras e completas sobre a prática). Mas não só, observada também a finalidade para qual a informação foi coletada". LIMA, Cíntia Rosa Pereira de. Direito ao esquecimento e internet: o fundamento legal no direito comunitário europeu, no direito italiano e no direito brasileiro. *Doutrinas Essenciais de Direito Constitucional*. v. 8/2015, p. 511 – 543. Ago / 2015.
21. Ainda sobre os cookies na comunidade europeia, Cíntia Rosa esclarece: "Em uma obra que analisa os sete anos de proteção de dados pessoais na Itália, faz-se um balanço sobre a proteção dos dados pessoais na legislação italiana e sugestões para o futuro. Nesta oportunidade, destacou-se o atual esforço para regular o *marketing* no contexto das novas tecnologias, em especial os *cookies*. A sugestão é alcançar um ponto de equilíbrio entre a tutela da pessoa mediante a proteção de seus dados e os interesses mercadológicos. Por isso, proibir realmente não seria a melhor saída, mas limitar a utilização desta tecnologia em favor do *marketing* na medida em que se condiciona a utilização dos *cookies* ao prévio consentimento esclarecido e informado do usuário e segundo a finalidade proposta. Tanto a *riservatezza*, quanto a proteção dos dados pessoais, deve ser tutelada mediante a ponderação em cada caso concreto. O direito ao esquecimento ora é fundamentado na primeira; ora, na segunda". LIMA, Cíntia Rosa Pereira de. Direito ao esquecimento e internet: o fundamento legal no direito comunitário europeu, no direito italiano e no direito brasileiro. *Doutrinas Essenciais de Direito Constitucional*. v. 8/2015, p. 511-543. Ago/2015.
22. SANTOS, Fabíola Meira de Almeida. *O marketing digital e a proteção do consumidor*. Dissertação defendida na Pontifícia Universidade de São Paulo, 2009. p. 90.

enviada por meio de tecnologias de informação e comunicação, como por meio de computadores, smartphones, smartwatch, através de e-mail, short message servisse (mensagem sms), ligações telefônicas, notificações em aplicativos etc. Inegavelmente, a questão deve ser tratada com vistas à imposição de limites aos abusos da publicidade virtual, que além de assediar indevidamente ao consumo, é perturbadora de sossego[23].

Código de Ética AntiSpam das melhores práticas de uso de mensagens eletrônicas da ABA define *spam* como sendo:

"'Spam' é a designação para a atividade de envio de Mensagens Eletrônicas e Mala Direta Digital que não possam ser consideradas nem Marketing Eletrônico, nem Newsletter, e nas quais se verifique a simultânea ocorrência de pelo menos 2 (duas) das seguintes situações: a) Inexistência de identificação ou falsa identificação do Remetente; b) Ausência de prévia autorização (opt-in) do Destinatário; c) Inexistência da opção "opt-out"; d) Abordagem enganosa – tema do assunto da mensagem é distinto de seu conteúdo de modo a induzir o destinatário em erro de acionamento na mensagem; e) Ausência da sigla NS no campo Assunto, quando a mensagem não houver sido previamente solicitada; f) Impossibilidade de identificação de quem é de fato o Remetente; g) Alteração do Remetente ou do Assunto em mensagens de conteúdo semelhante e enviadas ao mesmo Destinatário com intervalos inferiores a 10 (dez) dias".

Assim, tais mensagens são recebidas através de e-mail ou pela navegação nas redes sociais e outros websites diversos. Seu conteúdo é majoritariamente publicitário, com a finalidade de promover marca, produto ou serviço, podendo, entretanto, conter intenção criminosa ao difundir notícias falsas ou requerer dados financeiro e pessoais dos usuários.

Nesse sentido, tem grande poder de propagação das mencionadas mensagens indesejáveis, podendo atingir um número maciço de usuários na internet, assumindo diversos meios: e-mails, canais de bate-papo, grupos de interesse, mensagens de texto em telefones celular e outros meios de comunicação, as mensagens são disparadas aos usuários, sem que tenham demonstrado interesse em recebê-las.

É incontestável que o *spam* afeta a todos os usuários da rede, em maior ou menor grau. Em virtude da sua grande propagação, é causa de aborrecimento e transtorno pelos navegantes, caracterizando inclusive em prejuízos ao consumidor, que, de acordo com Cristina Cantú[24] "paga a conta da remessa indevida dos e-mails".

Ainda nesse sentido, são diversos os dispositivos de nosso ordenamento transgredidos pelo uso inadequado da ferramenta. Os princípios constitucionais da intimidade e privacidade, o direito consumerista à informação e a proteção advinda da recente Lei Geral de Proteção de Dados abarcam o tema.

Embora haja incontestável prejuízos aos consumidores o recebimento indevido de mensagens eletrônicas, o Superior Tribunal de Justiça, no passado, já se manifestou no sentido que de não configura dano moral o envio de mensagens em massa. Vejamos:

INTERNET – ENVIO DE MENSAGENS ELETRÔNICAS – SPAM – POSSIBILIDADE DE RECUSA POR SIMPLES DELETAÇÃO – DANO MORAL NÃO CONFIGURADO – RECURSO ESPECIAL NÃO CONHECIDO. 1 – segundo a doutrina pátria "só deve ser reputado como dano moral a dor, vexame, sofrimento ou humilhação que, fugindo à normalidade, interfira intensamente no comportamento psicológico do

---

23. BASAN, Arthur Pinheiro. *Publicidade digital e proteção de dados*: o direito ao sossego. Indaiatuba: Editora Foco, 2020. p. 163.
24. PRATES, Cristina Cantú. *Publicidade na internet*: consequências jurídicas. Curitiba: Editora Juruá, 2015. p. 173.

indivíduo, causando-lhe aflições, angústia e desequilíbrio em seu bem-estar. Mero dissabor, aborrecimento, mágoa, irritação ou sensibilidade exacerbada estão fora da órbita do dano moral, porquanto tais situações não são intensas e duradouras, a ponto de romper o equilíbrio psicológico do indivíduo". 2 – Não obstante o inegável incômodo, o envio de mensagens eletrônicas em massa – SPAM – por si só não consubstancia fundamento para justificar a ação de dano moral, notadamente em face da evolução tecnológica que permite o bloqueio, a deletação ou simplesmente recusada de tais mensagens. 3 – Inexistindo ataques a honra ou a dignidade de quem o recebe as mensagens eletrônicas, não há que se falar em nexo de causalidade a justificar uma condenação por danos morais. 4 – Recurso Especial não conhecido. (STJ, REsp 844.736/DF, Rel. Min. Luis Felipe Salomão, DJe 02/09/2010).

No entanto, com a Lei Geral de Proteção de Dados e a expressa necessidade de proteção dos direitos de personalidade do usuário da rede, há que ser revisitado o entendimento do Superior Tribunal de Justiça, posto que, se antes pudesse haver qualquer dúvida sobre a afetação dos direitos de personalidade da rede em razão do uso do *spam*, hoje ficou clara a obrigação de expressa autorização do usuário para o uso de tal ferramenta.

Outro exemplo de infração ao ordenamento jurídico em razão do uso do *spam* está na possiblidade de configuração de concorrência desleal. De fato, esse tipo de divulgação pode tornar desonesta a competição daquelas empresas que usam dos meios mais caros e tradicionais (e legais) para difusão de publicidade. A utilização indevida do uso de dados, em verdadeira afronta os direitos dos usuários da rede, pode impedir a veiculação adequada da publicidade, além de expor o consumidor a possíveis ações fraudulentas no comércio.

Cristina Cantú Prates[25] enumera diversas iniciativas de regulamentação jurídica acerca do tema no Brasil. De acordo com a autora, foram apresentados dez Projetos da Lei na Câmara de Deputados e a mesma quantidade no Senado Federal. De acordo com o número de projetos em tramitação, é possível perceber que o assunto tem chamado a atenção das casas legislativas, mostrando a crescente necessidade de regulamentação sobre as tais ferramentas e meios de propagação de publicidade dentro da internet.

Nesse sentido, podemos observar a variedade de assuntos que envolvem a seara jurídica e a necessidade de legislação específica. Observa-se, da mesma maneira, a importância de que a legislação acompanhe o ritmo no qual essas ferramentas se desenvolvam, adaptando as leis as novas realidades da atualidade tecnológica. A razão é clara: ainda que existam diversas legislações abrangentes, que protegem a integridade do usuário da internet, os avanços tecnológicos por muitas vezes são mais dinâmicos que o processo legislativo.

5. CONCLUSÕES

A internet trouxe inúmeros desafios aos operadores do Direito. Sem dúvida, quando foi pensado e redigido o Código de Defesa do Consumidor, não era possível imaginar os impactos que a publicidade e o comércio eletrônico trariam aos consumidores. A proteção dos direitos de personalidade, em especial a intimidade e vida privada, ganhou novos contornos com a Lei Geral de Proteção de Dados que, somando-se ao Marco Civil da Internet oferecem ferramentas importantes para a defesa do consumidor.

---

25. PRATES, Cristina Cantú. *Publicidade na internet*: consequências jurídicas. Curitiba: Editora Juruá, 2015. p. 180.

REFERÊNCIAS

BASAN, Arthur Pinheiro. *Publicidade digital e proteção de dados*: o direito ao sossego. Indaiatuba: Editora Foco, 2020.

LIMA, Cíntia Rosa Pereira de. Direito ao esquecimento e internet: o fundamento legal no direito comunitário europeu, no direito italiano e no direito brasileiro. *Doutrinas Essenciais de Direito Constitucional.* v. 8/2015, p. 511 – 543. Ago / 2015.

LONGHI, João Victor; FALEIROS JÚNIOR, José Luiz de Moura; GUGLIARA, Rodrigo. *Proteção de dados pessoais na sociedade da informação*: entre dados e danos. Indaiatuba: Editora Foco, 2021.

MARTINS, Guilherme Magalhães; FALEIROS JÚNIOR, José Luiz; BASAN, Arthur. A responsabilidade civil pela perturbação do sossego na internet. *Revista de Direito do Consumidor*. v. 128. ano 29. p. 227-253. São Paulo: Ed. RT, mar.-abr./2020.

MENDES, Laura Schertel. O diálogo entre o marco civil da internet e o código de defesa do consumidor. *Revista de Direito do Consumidor*. v. 106/2016. p. 37-69, Jul./Ago.

PRATES, Cristina Cantú. *Publicidade na internet*: consequências jurídicas. Curitiba: Editora Juruá, 2015.

RIEFA, Christine; CLAUSEN, Laura, Towards Fairness in Digital Influencers' Marketing Practices (April 12, 2019). 8 (2019) *Journal of European Consumer and Market Law (EuCML)*, Available at SSRN: https://ssrn.com/abstract=3364251.

ROSA, Luiz Carlos Goiabeira; FALEIROS JÚNIOR, José Luiz de Moura; VERSIANI, Rodrigo Luiz da Silva. A proteção do consumidor diante das práticas publicitárias abusivas do comércio eletrônico. *Revista da Faculdade Mineira de Direito*. V.23 N .45

SANTOS, Fabíola Meira de Almeida. *O marketing digital e a proteção do consumidor*. Dissertação defendida na Pontifícia Universidade de São Paulo, 2009.

31
OS DESAFIOS DA COOPERAÇÃO JUDICIAL DAS EMPRESAS DE INTERNET

Walter Aranha Capanema

Sumário: 1 Introdução. 2 Da cooperação judicial e sua fundamentação. 3 Dos argumentos apresentados pelas empresas de Internet para não colaborar com o Poder Judiciário. 4 Medidas coercitivas. 5 Sanções. 6 Conclusão. Referências.

1. INTRODUÇÃO

A vida moderna está cada vez mais dependente da Internet e dos computadores. É praticamente impossível pensar em se viver sem o acesso às funcionalidades e informações rápidas fornecidas em tempo real, e ao alcance de nossos dedos.

Por outro lado, as empresas que fornecem esses programas e serviços "mágicos", muitas vezes de forma aparentemente gratuita, armazenam e catalogam todas as informações produzidas por seus usuários, criando um gigantesco e valiosíssimo banco de dados,

As pessoas não têm a ideia da quantidade gigantesca de informações que produzem diariamente, e que em muitas das vezes, é captada de forma sub-reptícia.

Com isso, a Internet e, principalmente, as empresas de tecnologia, se tornaram onipresentes e oniscientes, criando o maior banco de dados que o mundo já viu.

É possível, todavia, ter uma ideia aproximada da "onisciência de dados" dessas empresas. O site *My Activity* ("Minha Atividade")[1], do Google, apresenta uma vasta lista de informações e atividades do usuário, colhidas pelos serviços, aplicativos e pelo seu sistema operacional para *smartphones*, o Android.

O site, por exemplo, armazena todas as procuras realizadas pelo usuário, os vídeos que assistiu no Youtube e, por meio do item "Histórico de Localização", apresenta um mapa digno de um filme de ficção científica, com todas as cidades e locais visitados, com datas e horários, inclusive, o meio de deslocamento (carro, avião etc.).

Essas informações podem e devem ser utilizadas em processos judiciais. Imagine, por exemplo, localizar um réu desaparecido por meio de seu histórico de atividades do Google.

Assim como o Google, diversas outras empresas guardam dados que podem ser utilizados em inquéritos policiais e processos administrativos e judiciais. As possibilidades são infinitas.

---

1. GOOGLE. *Minha Atividade*. Disponível em: <https://myactivity.google.com/myactivity>. Acesso em: 10 jan. 2020.

O grande problema é que essas empresas de Internet – leia-se – de aplicativos, serviços e utilidades prestados pela rede – não costumam colaborar com o Poder Judiciário de forma efetiva.

O presente artigo visa apresentar as principais alegações dessas empresas em resistir ao cumprimento de ordens judiciais, bem como estabelecer argumentos jurídicos para ultrapassá-las.

O debate entre liberdade de imprensa e direitos da personalidade, como direito à imagem e à vida privada, já é quase um clichê acadêmico no meio jurídico. Contudo, decisão recente do Tribunal de Justiça do Estado de São Paulo levantou interessante pergunta, já que condenou veículos de imprensa a retirarem do ar reportagens e imagens sobre uma ex-celebridade, que foram retiradas de sua conta na rede social *Facebook*, na qual a divulgação foi realizada 'em modo público'. Tais veículos foram condenados, também, a compensá-la pelos danos morais sofridos.

Apresentada a premissa fática desse estudo, cumpre registrar que o fenômeno da multiplicação e difusão da informação conduz a uma modificação substancial do comportamento humano frente às novas formas de expressão e, paralelamente, faz surgir uma importante indagação de cariz filosófico acerca da dificuldade de se distinguir o que é público do que é privado na sociedade da informação.

Sendo assim, o *leitmotiv* do presente estudo consiste na seguinte pergunta-problema: "o fato de uma imagem estar postada nas redes sociais em modo público autoriza os veículos de imprensa a reproduzirem-na sem autorização?".

Para responder a tal questionamento, em um primeiro momento, analisaremos o supracitado *case* e, posteriormente, trabalharemos o que diz a doutrina sobre a matéria. Portanto, pode-se dizer que o método de abordagem será o indutivo.

2. DA COOPERAÇÃO JUDICIAL E SUA FUNDAMENTAÇÃO

O art. 6º do CPC/2015 estabelece que os "sujeitos do processo" devem cooperar entre si para se buscar o objetivo da decisão de mérito justa, efetiva e em tempo razoável.

Em decorrência desse princípio, deveres são impostos a esses sujeitos do processo, sendo ilícitas as práticas contrárias à obtenção de uma decisão judicial efetiva, em um processo leal[2].

Deve-se entender que a expressão "sujeitos do processo" inclui todos aqueles que, de alguma forma, contribuem e participam do processo, ainda que na qualidade de destinatários de uma ordem judicial.

A doutrina desdobra a cooperação em deveres[3], destinados às partes e ao magistrado. Quanto às partes, a cooperação assim se manifestará:

---

2. DIDIER JUNIOR, Fredie. *Curso de Direito Processual Civil:* Introdução ao Direito Processual Civil, Parte Geral e Processo de Conhecimento. 19. ed. Salvador: Juspodivm, 2017. p. 143
3. DIDIER JUNIOR. Op. cit. p. 127-128.

1. *dever de esclarecimento*: pelo qual as manifestações e decisões devem ser claras, de modo a permitir o contraditório e a interposição de recursos;

2. *dever de lealdade:* não litigar de má-fé e atuar segundo a boa-fé processual;

3. *dever de proteção*: as partes não podem prejudicar o *ex adverso*.

Em relação ao magistrado, a cooperação ocorrerá por meio dos seguintes deveres, dentre outros:

1. *dever de lealdade:* se manifesta, por exemplo, na vedação de decisões que surpreendam as partes (art. 10, CPC/2015);

2. *dever de esclarecimento:* pelo qual o juízo busca esclarecimento junto às partes em relação às dúvidas que tenham sobre seus arrazoados;

3. *dever de consulta*: o magistrado não pode decidir sem conferir o contraditório às partes.

Se a cooperação abrange também os terceiros que colaboram com o processo, deve-se estipular os seus deveres:

1. *dever de auxílio*: que consiste no atendimento das ordens judiciais. Assim, por exemplo, se o juiz determina ao Facebook a entrega de informações sobre determinado perfil de usuário, a empresa deverá colaborar com o Judiciário, apresentando as informações;

2. *dever de informação*: deverá o terceiro informar ao magistrado as razões pelas quais não pode cumprir a decisão judicial, apresentando, todavia, provas para tanto. Se o famoso aplicativo de mensagens instantâneas *Whatsapp* não pode ter as suas comunicações interceptadas[4], sob o fundamento de que são criptografadas, é imperioso que se justifique suas razões ao juízo.

O princípio da colaboração decorre[5], dentre outros, do princípio da boa-fé processual, previsto no art. 5º do CPC/2015, pelo qual se impõe "deveres de cooperação entre os sujeitos do processo"[6], com uma atuação que não prejudique as partes e não impeça a efetiva prestação jurisdicional.

A cooperação judicial das empresas de Internet encontra amparo no Marco Civil da Internet (Lei 12.965/2014), por meio da previsão de normas que determinam a entrega de determinados documentos e informações mediante ordem judicial.

O art. 10, *caput* c/c §1º, determina que as empresas de internet deverão disponibilizar apenas por ordem judicial dados pessoais, o conteúdo de comunicações privadas e os registros de conexão[7] e os de acesso a aplicações[8].

---

4. WHATSAPP. *Informação Legal do Whatsapp*. Disponível em: <https://www.whatsapp.com/legal/?lang=pt_br#key-updates>. Acesso em: 10 jan. 2020.
5. PINHO, Humberto dalla Bernardina de. *Direito Processual Civil Contemporâneo:* Teoria Geral do Processo. 7. ed. São Paulo: Saraiva, 2017. p. 133.
6. DIDIER JUNIOR. Op. cit. p. 128.
7. O registro de conexão, de acordo com o art. 5º, VI do Marco Civil, é "o conjunto de informações referentes à data e hora de início e término de uma conexão à internet, sua duração e o endereço IP utilizado pelo terminal para o envio e recebimento de pacotes de dados". É um documento que registra o uso do número IP – número que identifica temporariamente uma rede ou um terminal na Internet.
8. O registro de aplicação, de acordo com o art. 5º, VIII do Marco Civil, "é o conjunto de informações referentes à data e hora de uso de uma determinada aplicação de internet a partir de um determinado endereço IP".

Essa disponibilização será realizada de "de forma autônoma ou associados a dados pessoais ou a outras informações que possam contribuir para a identificação do usuário ou do terminal" (§1º).

O art. 15 do Decreto 8.771/2016, que regulamenta o Marco Civil, estabelece que os registros, dados pessoais ou comunicações armazenadas "deverão ser mantidos em formato *interoperável* e estruturado, para facilitar o acesso decorrente de decisão judicial ou determinação legal" (grifo). Interoperável é aquele dado disponibilizado em um formato que permita "conversar" com outros, possibilitando análises e combinações.

O art. 22, por sua vez, prevê o direito da parte interessada de requerer judicialmente o acesso às informações constantes nos registros de conexão ou de acesso a aplicações na Internet, desde que seja com a finalidade de formar "conteúdo probatório", atendendo aos requisitos legais previstos no seu parágrafo único, sob pena de inadmissibilidade/indeferimento:

1. *fundados indícios da ocorrência do ilícito*: Victor Hugo Pereira Gonçalves entende que o requerente deverá possuir provas para fundamentar o seu requerimento[9]. A obtenção dos registros de conexão e de aplicação busca identificar o autor de uma conduta lesiva. Logo, o primeiro requisito é mostrar o requerente ao juiz que há o requisito da *necessidade* em seu pedido.

2. *justificativa motivada da utilidade dos registros solicitados para fins de investigação ou instrução probatória*: trata-se do elemento *utilidade*, em que, por meio de argumentação, o requerente mostra que a prova requerida é indispensável para fins probatórios. Na grande maioria das vezes, a justificativa a ser utilizada é que a obtenção dos registros visa identificar o autor do ilícito;

3. *período ao qual se referem os registros*: a limitação temporal fundamenta-se na proteção da intimidade e da privacidade do investigado. O acesso só deverá ser conferido a um período que guarde correlação com o ilícito, observando-se que, por expressa previsão do Marco Civil, as empresas de Internet possuem o dever de guarda dos registros por um prazo máximo de *1 ano* (art. 13), para os registros de conexão, e por *6 meses* (art. 15), no caso dos registros de aplicação.

Em que pese toda a fundamentação doutrinária e legal acima exposta, há séria resistência das empresas de Internet em colaborar com o Poder Judiciário, conforme os argumentos a seguir elencados.

3. DOS ARGUMENTOS APRESENTADOS PELAS EMPRESAS DE INTERNET PARA NÃO COLABORAR COM O PODER JUDICIÁRIO

As empresas de Internet, infelizmente, costumam apresentar resistência ao cumprimento de ordens judiciais para a entrega de informações. Não rara das vezes, quando fornecem tais dados de forma incompleta.

Passa-se, portanto, a listar os principais argumentos normalmente apresentados pelas empresas para justificar a não-colaboração:

---

9. GONÇALVES, Victor Hugo Pereira. *Marco Civil da Internet Comentado*. São Paulo: Atlas, 2017. p. 107.

a) Necessidade de atendimento do MLAT:

O Brasil assinou com os Estados Unidos um MLAT – *Mutual Legal Assistance Treaty* ("Tratado de Assistência Jurídica Mútua") voltado apenas à matéria penal. Foi internalizado no Direito Pátrio pelo Decreto 3.810/2001.

O MLAT é um procedimento de cooperação jurídica internacional[10], celebrados entre dois ou mais países, de forma a dispensar o procedimento moroso da carta rogatória.

As empresas de Internet, mesmo com filial ou representação no Brasil, alegam que não podem cumprir diretamente as ordens de juízes brasileiros, mas que se deve observar o procedimento do MLAT[11].

A questão é tão polêmica que está em trâmite no Supremo Tribunal Federal a Ação de Declaração de Constitucionalidade nº 51[12], na qual a Federação das Associações das Empresas Brasileiras de Tecnologia da Informação – ASSESPRO NACIONAL busca a declaração de constitucionalidade do Decreto 3.810/2001; do art. 237, II, do CPC/2015; e dos arts. 780 e 783 do CPP, argumentando, em síntese, que os tribunais devem aplicar sempre o procedimento do MLAT em relação às empresas de internet.

Não procedem as alegações das empresas e do autor da ADC.

Só se aplica o MLAT ou a carta rogatória quando a jurisdição nacional **não alcança** determinada pessoa, seja o autor, o réu ou, no caso, a empresa de internet.

Há hipótese de competência nacional prevista no Marco Civil, o qual, em seu art. 11, dispõe o que Gonçalves denomina de "competência legal e judicial brasileira por tráfego de dados"[13]:

> Art. 11. Em qualquer operação de coleta, armazenamento, guarda e tratamento de registros, de dados pessoais ou de comunicações por provedores de conexão e de aplicações de internet em que pelo menos um desses atos ocorra em território nacional, deverão ser obrigatoriamente respeitados a legislação brasileira e os direitos à privacidade, à proteção dos dados pessoais e ao sigilo das comunicações privadas e dos registros.
>
> § 1º O disposto no caput aplica-se aos dados coletados em território nacional e ao conteúdo das comunicações, desde que pelo menos um dos terminais esteja localizado no Brasil.
>
> § 2º *O disposto no caput aplica-se mesmo que as atividades sejam realizadas por pessoa jurídica sediada no exterior*, desde que oferte serviço ao público brasileiro ou pelo menos uma integrante do mesmo grupo econômico possua estabelecimento no Brasil. (grifo)

Dessa forma, de acordo com a norma supramencionada, o juiz brasileiro será competente quando:

1. houver operações de operação de coleta, armazenamento, guarda e tratamento de registros, de dados pessoais ou de comunicações por provedores de conexão e de aplicações de internet;

---

10. O CPC/2015 trouxe normas de cooperação jurídica internacional nos arts. 26 a 41.
11. BARRETO, Alessandro Gonçalves; WENDT, Emerson. *Marco Civil da Internet e Acordos de Cooperação Internacional:* análise da prevalência pela aplicação da legislação nacional aos provedores de conteúdo internacionais com usuários no Brasil. Disponível em: <http://direitoeti.com.br/artigos/mlat-x-marco-civil-da-internet/>. Acesso em: 10 jan. 2020.
12. STF – ADC nº 51 – Relator: Ministro Gilmar Mendes
13. GONÇALVES. Op. cit. 71.

2. que pelo menos uma dessas operações ocorra em território nacional *e, caso essas sejam realizadas por pessoa jurídica sediada no exterior,*

3. que se oferte serviço ao público brasileiro ou, pelo menos, uma integrante do mesmo grupo econômico possua estabelecimento no Brasil.

Configurados os requisitos acima, há a competência do juiz brasileiro, dispensando-se o procedimento do MLAT.

b) Vedação da Stored Communications Act:

Um outro argumento trazido pela ASSESPRO NACIONAL na ADC nº 51 é que a lei americana *Stored Communications Act – SCA* ("Lei das Comunicações Armazenadas")[14], de 1986, que protege a privacidade na Internet, veda, como regra geral, a disponibilização do conteúdo das comunicações armazenadas de seus usuários, salvo se configuradas alguma das exceções da Seção 2702 da norma, limitadas, em grande parte, às autoridades policiais e judiciárias locais.

Tal argumentação, *data venia*, viola a boa-fé processual. A empresa de Internet pretende gozar dos bônus de lucrar com um serviço prestado aos usuários nacionais, contudo, no que se refere aos ônus, invoca uma lei local para desatender as ordens judiciais.

É o "sou brasileiro para direitos, e americano para deveres"

O Superior Tribunal de Justiça, na Questão de Ordem do Inquérito 784 em 2012, entendeu que a Google Brasil deveria quebrar o sigilo de e-mails de um investigado por diversos crimes, dentre os quais corrupção e lavagem de dinheiro. A empresa alegou a necessidade de se respeitar o SCA, com a solicitação dos dados por meio do MLAT[15].

A Ministra Laurita Vaz advertiu a empresa, afirmando que "Não se pode admitir que uma empresa se estabeleça no país, explore o lucrativo serviço de troca de mensagens por meio da internet – o que lhe é absolutamente lícito –, mas se esquive de cumprir as leis locais".

c) a empresa não armazena dados / os dados são criptografados:

A presente argumentação diz respeito ao aplicativo *Whatsapp*, cuja empresa, Whastapp Inc., foi adquirida pelo Facebook em 2014[16].

Como o aplicativo se tornou uma febre no Brasil para a troca de mensagens, é óbvio que o crime organizado iria utilizá-lo para suas atividades ilícitas.

Buscou-se o acesso ao conteúdo de conversas em diversas ações judiciais, sem sucesso, com a imposição do bloqueio de acesso ao aplicativo.

Uma decisão que cassou o bloqueio entendeu que a suspensão dos serviços do *Whatsapp* "gerou um caos social"[17].

---

14. Disponível em < https://www.law.cornell.edu/uscode/text/18/part-I/chapter-121 >. Acesso em: 10 jan. 2020.
15. VIEIRA, Victor. *STJ manda que Gmail entregue dados arquivados nos EUA.* Disponível em: <https://www.conjur.com.br/2013-jun-06/stj-ordena-google-quebre-sigilo-mails-guardados-eua>. Acesso em: 10 jan. 2020.
16. WHATSAPP. Op. cit.
17. "É certo que a Justiça, ao decretar a interrupção dos serviços de whatsapp, o está fazendo como punição para garantir o bem comum. Este mesmo bem comum deve ser resguardado com o desembaraço no uso da internet e

A repercussão social dos bloqueios determinados pela Justiça ao *Whatsapp* como medida coercitiva resultou na Arguição de Descumprimento de Preceito Fundamental nº 403[18] perante o STF, proposta pelo Partido Popular Socialista – PPS, objetivando proteger o direito à comunicação que seria usufruído por meio do aplicativo. A ação é, no mínimo, curiosa: trata-se de partido político defendendo direitos relacionados a uma empresa privada estrangeira.

No documento "Informação Legal do Whatsapp", a empresa afirma que não pode ter acesso às conversas dos seus usuários, devido a implementação da tecnologia de "criptografia ponta-a-ponta", na qual o conteúdo da conversa é "embaralhado" desde a ponta do remetente até a do destinatário:

> "Implementamos privacidade, criptografia de ponta-a-ponta e outras ferramentas de segurança no WhatsApp. *Nós não mantemos suas mensagens após o envio das mesmas* (sic). *Quando elas estão criptografadas de ponta a ponta, nós e terceiros, não podemos lê-las de maneira alguma.*" (grifo)

No trecho acima, a empresa também alega que não armazena o conteúdo das conversas de seus usuários, em contradição com uma outra parte do mesmo documento:

> Se uma mensagem não puder ser entregue imediatamente (por exemplo, se você estiver desconectado), *podemos mantê-la em nossos servidores por até 30 (trinta) dias* enquanto tentamos entregá-la. Se a mensagem não puder ser entregue nesses 30 (trinta) dias, nós a excluiremos. *Para melhorar o desempenho e entregar mensagens com mídia de maneira mais eficaz, por exemplo, quando há o compartilhamento de fotos ou vídeos populares, podemos guardar esse conteúdo em nossos servidores por mais tempo.*

A empresa, portanto, reconhece que armazena as comunicações: as mensagens de texto, por um período de até 30 dias. Os arquivos de mídia, como fotos e vídeo, desde que "populares", podem ser armazenados por um período indeterminado.

Mas ficam dúvidas. Se a empresa não tem acesso ao conteúdo das comunicações, como sabe que o conteúdo de um arquivo é "popular"?

E, por qual razão a empresa armazenaria os arquivos mais populares?

E, mais ainda: se a empresa não tem acesso ao conteúdo das comunicações, como lucra? Qual o seu modelo de negócio? Simplesmente fornece um meio de envio de mensagens gratuito?

Há diversos casos de usuários que afirmaram que receberam mensagens publicitárias em suas redes sociais relativas ao conteúdo das suas conversas via *Whatsapp*.

Seria "mera coincidência", de acordo com a comitiva da empresa que visitou o STF em 2017[19].

Computadores não trabalham com coincidências...

---

das comunicações. (...) A suspensão dos serviços do whatsapp já dura 24 horas e certo é também que gerou caos social em todo o território, com dificuldade de desenvolvimento de atividades laborativas, lazer, família, etc." (TJSE – Mandado de Segurança nº 201600110899).

18. STF – ADPF nº 403 – Relator Ministro Edson Fachin.

19. RODRIGUES, Mateus; SALVIANO, Murilo. *'Coincidência', diz diretor do WhatsApp sobre anúncios relacionados às mensagens trocadas no app*. Disponível em: <https://g1.globo.com/distrito-federal/noticia/coincidencia-diz-diretor-do-whatsapp-sobre-anuncios-relacionados-as-mensagens-trocadas-no-app.ghtml>. Acesso em: 10 jan. 2020.

É fundamental, portanto, que a empresa colabore com a Justiça, entregando as informações solicitadas ou, em caso de impossibilidade, que exerça seu dever de esclarecimento, apresentando razões fundamentadas e provas.

Percebe-se que, na atualidade, as empresas de Internet realmente não querem colaborar com o Poder Judiciário, razão pela qual é importante a imposição de medidas coercitivas e de sanções.

4. MEDIDAS COERCITIVAS

O art. 139, IV do CPC/2015 determina que incumbe ao juiz "determinar todas as medidas indutivas, coercitivas, mandamentais ou sub-rogatórias necessárias para assegurar o cumprimento de ordem judicial, inclusive nas ações que tenham por objeto prestação pecuniária".

Em casos envolvendo o *Whatsapp*, foi comum a imposição do bloqueio como medida coercitiva, por meio de uma ordem judicial dirigida aos grandes provedores de conexão/internet brasileiros, de forma a impedir o acesso dos números IPs brasileiros aos servidores.

Na legislação eleitoral, há previsão dessa medida no art.57-I da Lei 9.504/97, redigida como "suspensão de acesso":

> Art. 57-I. A requerimento de candidato, partido ou coligação, observado o rito previsto no art. 96 desta Lei, a Justiça Eleitoral poderá determinar, no âmbito e nos limites técnicos de cada aplicação de internet, *a suspensão do acesso a todo conteúdo veiculado* que deixar de cumprir as disposições desta Lei, devendo o número de horas de suspensão ser definida proporcionalmente à gravidade da infração cometida em cada caso, observado o limite máximo de vinte e quatro horas. (grifo)

Na verdade, verifica-se que a medida de bloqueio é polêmica e costuma ser severamente criticada pela sociedade.

Dessa forma, é importante utilizar o espaço criativo garantido pelo Novo CPC para se pensar em novas modalidades de medidas coercitivas, além das tradicionais astreintes, compatíveis com o ambiente digital, e que não onerem ou prejudiquem os usuários das empresas de internet.

Com base no conhecimento e na experiência do brilhante professor e Promotor de Justiça (MP-BA) Fabrício Patury[20], observa-se que a medida coercitiva mais eficiente para as empresas de Internet é o "congelamento do seu CNPJ", que consiste na expedição de ofício às Receitas para congelar todas as operações financeiras, fiscais e tributárias vinculadas ao CNPJ de quem descumpriu uma ordem judicial. Não se suspende a atividade, mas se dificulta a sua manutenção.

Como as empresas de Internet, principalmente as redes sociais, lucram por meio de mensagens publicitárias, é possível que a medida de "congelamento" consiga convencê-las a cumprir as ordens judiciais.

---

20. Conferência com o Professor Fabrício Patury, 02.08.2018.

Uma outra opção é o bloqueio de bens e valores existentes em nome da empresa, até o cumprimento da ordem judicial. As quantias pecuniárias ficariam bloqueadas nas respectivas contas ou aplicações. O bloqueio de bens, todavia, deverá ser executado de forma a não inviabilizar o exercício da atividade empresarial.

É possível, ainda, o magistrado impor sanções pelo descumprimento do comando judicial.

5. SANÇÕES

As sanções relativas ao desatendimento das ordens judiciais de colaboração na entrega de informações e dados estão previstas no art. 12 do Marco Civil da Internet. O artigo merece críticas, pois apenas arrola as punições, sem incluir as hipóteses de aplicação e nem, em sua maioria, os critérios de imposição.

A lei também é silente quanto ao legitimado para a sua imposição. A jurisprudência tem admitido o sancionamento pelos magistrados[21].

A sanção da advertência (inciso I) é de pouca utilidade. De acordo com a lei, só pode ser imposta para que se atenda medidas corretivas, o que não é o caso do tema em exame.

A multa (inciso II), tem o limite máximo de até "até 10% (dez por cento) do faturamento do grupo econômico no Brasil no seu último exercício, excluídos os tributos", ou seja, o parâmetro é o faturamento líquido. O Marco Civil teria sido mais eficiente se incluísse o grupo econômico por completo, incluindo as matrizes localizadas fora do Brasil, e que costumam ser bilionárias.

O parágrafo único determina que, em caso de empresa estrangeira, "responde solidariamente pelo pagamento da multa de que trata o caput sua filial, sucursal, escritório ou estabelecimento situado no País".

Para o caso específico da multa, utilizou-se os seguintes critérios para imposição da sanção, que poderiam servir de balizas para as demais: condição econômica do infrator e a proporcionalidade entre a gravidade da falta e a intensidade da sanção.

A suspensão temporária das atividades (inciso III), está relacionada com os atos previstos no art. 11 do Marco Civil, dizendo respeito, como já foi exposto à proteção da intimidade e da privacidade dos usuários. Difere-se do bloqueio, que consiste na suspensão do **acesso**, com a manutenção do funcionamento do serviço. Na hipótese do inciso III, há a completa paralisação da atividade.

A lei não estabeleceu prazos máximos e mínimos para a suspensão, dificultando – e muito – a sua aplicação.

Por fim, há a proibição de exercício das atividades que envolvam os atos previstos no art. 11 (inciso IV), pelo qual o serviço prestado pela empresa de Internet é permanentemente proibido em solo nacional. Deve-se guardar essa sanção, a mais gravosa, para violações mais contundentes.

---

21. "Não há necessidade de uma tutela coletiva que venha apenas repetir o que a lei já determina, cabendo ao magistrado sopesar a aplicação das sanções do art. 12 da Lei nº 12.965/2014 em cada caso concreto (TRF 3 – Processo nº 0013254-29.2015.4.03.6100)

6. CONCLUSÃO

O presente artigo não é um manifesto contra as empresas de Internet. Reconhece-se a sua importância para o progresso da sociedade, para as comunicações e para a obtenção de conhecimento.

Contudo, fica o alerta para o gigantesco poder que exercem em nossa sociedade, como verdadeiros monopólios internacionais, influenciando a elaboração de normas e pressionando órgãos públicos.

É possível que o panorama se altere com a aprovação de uma Lei de Proteção de Dados, estabelecendo requisitos mais eficazes para a guarda e disponibilização de dados pessoais.

Busca-se, aqui, munir os magistrados brasileiros de elementos para que preservem a nossa soberania e, principalmente, a nossa liberdade.

A "real" e a digital.

REFERÊNCIAS

BARRETO, Alesandro Gonçalves; WENDT, Emerson. *Marco Civil da Internet e Acordos de Cooperação Internacional*: análise da prevalência pela aplicação da legislação nacional aos provedores de conteúdo internacionais com usuários no Brasil. Disponível em: <http://direitoeti.com.br/artigos/mlat-x-marco-civil-da-internet/>. Acesso em: 10 jan. 2020.

DIDIER JUNIOR, Fredie. *Curso de Direito Processual Civil*: Introdução ao Direito Processual Civil, Parte Geral e Processo de Conhecimento. 19. ed. Salvador: Juspodivm, 2017.

GONÇALVES, Victor Hugo Pereira. *Marco Civil da Internet Comentado*. São Paulo: Atlas, 2017.

GOOGLE. *Minha Atividade*. Disponível em: <https://myactivity.google.com/myactivity>. Acesso em: 10 jan. 2020.

PINHO, Humberto dalla Bernardina de. *Direito Processual Civil Contemporâneo*: Teoria Geral do Processo. 7. ed. São Paulo: Saraiva, 2017.

RODRIGUES, Mateus; SALVIANO, Murilo. *'Coincidência', diz diretor do WhatsApp sobre anúncios relacionados às mensagens trocadas no app*. Disponível em: <https://g1.globo.com/distrito-federal/noticia/coincidencia-diz-diretor-do-whatsapp-sobre-anuncios-relacionados-as-mensagens-trocadas-no-app.ghtml>. Acesso em: 10 jan. 2020.

VIEIRA, Victor. *STJ manda que Gmail entregue dados arquivados nos EUA*. Disponível em: <https://www.conjur.com.br/2013-jun-06/stj-ordena-google-quebre-sigilo-mails-guardados-eua>. Acesso em: 10 jan. 2020.

WHATSAPP. *Informação Legal do Whatsapp*. Disponível em: <https://www.whatsapp.com/legal/?lang=pt_br#key-updates>. Acesso em: 10 jan. 2020.

PARTE III
DIREITOS AUTORAIS E TECNOLOGIA

32
CULTURA, REVOLUÇÃO TECNOLÓGICA E OS DIREITOS AUTORAIS

Allan Rocha de Souza

Sumário: 1 Introdução: tecnologia e transformação social. 2 Comodificação da informação e da cultura. 3 Arte e cultura. 4 O gosto pela arte. 5 Comunicação e identidade na sociedade contemporânea. Referências.

1. INTRODUÇÃO: TECNOLOGIA E TRANSFORMAÇÃO SOCIAL

Os processos naturais da vida biológica não transcorrem linearmente. Ao contrário, são intercalados momentos de longa estabilidade pontuados por períodos de intensa transformação.[1] Os processos históricos parecem padecer da mesma característica e, ao se observar a sociedade contemporânea, é patente o acelerado e profundo processo de mudança social em andamento.[2]

As interdependências no plano global e o multiculturalismo são vistos como características marcantes dos tempos atuais.[3] Igualmente característico dessa época é a fragilidade das tradições como fator de coesão e a reformulação das estruturas e relações sociais, transformando constante e velozmente as experiências individuais e, por isso mesmo, causando forte sensação de insegurança e ansiedade.[4]

A intensidade e alcance das mudanças impõem ao estudo jurídico uma especial atenção às transitoriedades socioculturais e particular esforço na renovação dos institutos, de maneira a adequá-los às novas formas de relação entre indivíduos e coletividades, aos movimentos dinâmicos de reelaboração do Ser e à contínua reformulação das estruturas econômicas. Nesse cenário, a reconfiguração da *ratio*, a superação da estaticidade e a incorporação de novos elementos de análise tornam-se mister à legitimidade e funcionalidade do Direito.

---

1. O paleontólogo Sthephen J. Gould denomina esse processo de *punctuated equilibrium*, asseverando que os elementos geológicos e paleontológicos jamais indicaram uma história gradual, suave, lenta da vida na terra (GOULD, Sthephen J. *The panda's thumb*. New York: W. W. Norton, 1992. p. 266).
2. Há diversos nomes atribuídos a essa etapa histórica da humanidade, dentre os quais se destacam pós-modernidade, alta modernidade, sociedade pós-industrial, era da informação, sociedade do conhecimento.
3. Manuel Castells propõe que esse mundo multicultural e interdependente "só poderá ser entendido e transformado a partir de uma perspectiva múltipla que reúna identidade cultural, sistemas de redes globais e políticas multidimensionais" (CASTELLS, Manuel. *A era da informação*: economia, sociedade e cultura: sociedade em rede. São Paulo: Paz e Terra, 1999. v. 1, p. 43).
4. Zygmunt Bauman caracteriza esse momento histórico como reflexos de uma modernidade líquida. (BAUMAN, Zygmunt. *Liquid modernity*. Cambridge: Polity Press, 2000).

A revolução tecnológica é um dos elementos mais representativos desses tempos. As inovações ocorridas com as tecnologias da informação destacam-se pelo seu impacto social, econômico e político. Como elementos da cultura material de dada sociedade, reelaboram os processos de comunicação, reorganizam a produção econômica, intermedeiam novas formas de relacionamento. A penetrabilidade dessas tecnologias na sociedade justifica sua utilização como ponto de partida da reflexão sobre as mudanças em andamento na sociedade atual.[5]

A relação entre sociedade e tecnologia é dinâmica e não determinística. As transformações tecnológicas dependem de muitos fatores em complexo padrão interativo.[6] É provável que, embora não determine, a sociedade pode, através dos poderes constituídos, sufocar ou alavancar o desenvolvimento tecnológico.[7] Dois apontamentos podem ser elaborados sobre essas relações: o primeiro se refere ao papel dos governos; e o segundo, às características das tecnologias e seus entrelaçamentos sociais.

Com relação às funções do Estado, é importante ressaltar seu papel decisivo, tanto na promoção quanto na restrição à inovação e difusão tecnológica. Entre os fatores que podem levar a uma estagnação tecnológica induzida[8] destaca-se o receio dos governantes dos possíveis impactos da transformação tecnológica sobre a estabilidade social e política.[9] Ao mesmo tempo, podem os poderes constituídos promover o desenvolvimento da tecnologia através da organização das forças produtivas, incentivo e direcionamento da inovação e difusão tecnológica.[10]

Os próprios elementos sociais constitutivos da tecnologia e seus usos parecem ser condicionados pelo processo histórico de seu desenvolvimento. Os fatores que in-

---

5. Esse é o mesmo elemento utilizado para o início da reflexão sobre as transformações em andamento em Manuel Castells: "Devido a sua penetrabilidade em todas as esferas da atividade humana, a revolução da tecnologia da informação será meu ponto inicial para analisar a complexidade da nova economia, sociedade e cultura em formação" (Op. cit. p. 24).
6. Sustentado principalmente por Joel Mokyr. *The lever of riches*: technological creativity and economic progress. New York: Oxford University Press, 1990; Wen-yuan Qian. *The great inertia*: scientifica stagnation in traditional China. Londres: Croom Helm, 1985, como exemplo o autor aponta a China, país extremamente avançado tecnologicamente até 1400, quando, sob as dinastias Ming e Qing, perderam interesse na inovação tecnológica, resultando numa estagnação que durou séculos e possibilitou a mudança no poder global em favor da Europa. Um outro exemplo, mais recente, explorado pelo autor, é a falha da antiga URSS em dominar e acompanhar a atual revolução tecnológica – talvez pelas características dessa mesma revolução. O Japão é igualmente indicado, mas como contraexemplo. Ver: CASTELLS, Manuel. Op. cit. p. 27 e ss.
7. Pode-se utilizar, como faz Castells, o exemplo da atual revolução tecnológica, em que, a partir da Califórnia dos anos 1970, um segmento da sociedade norte-americana, em interação com elementos da economia global e geopolítica mundial, a partir de uma cultura da liberdade, inovação e empreendedorismo, concretizou "um novo estilo de produção, comunicação, gerenciamento e vida, que foi mundialmente difundido e apropriado e adequado às mais diversas culturas e usos, que por sua vez acelerou a velocidade, aumentou o escopo e diversificou as fontes da transformação tecnológica" (CASTELLS, Manuel. Op. cit. p. 25).
8. Carece de estudos qualificados a análise dos efeitos das barreiras informáticas praticadas no Brasil na segunda metade da década de 1980.
9. MOKYR, Joel. Op. cit. apud CASTELLS, Manuel. Op. cit. p. 28.
10. O autor assevera que "o que deve ser guardado para o entendimento da relação entre a tecnologia e a sociedade é que o papel do Estado, seja interrompendo, seja promovendo, seja liderando a inovação tecnológica, é um fator decisivo no processo geral, à medida que expressa e organiza as forças sociais dominantes em um espaço e uma época determinados. Em grande parte, a tecnologia expressa a habilidade de uma sociedade de impulsionar seu domínio tecnológico por intermédio das instituições sociais, inclusive o Estado. O processo histórico em que este desenvolvimento de forças produtivas ocorre assinala as características da tecnologia e seus entrelaçamentos com as relações sociais" (CASTELLS, Manuel. Op. cit. p. 31).

fluenciam o surgimento e adensamento das transformações tecnológicas são de diversas ordens – institucionais, econômicos, culturais – e dependem de sua interação sinergética. As relações fortuitas entre um grande número de variáveis independentes firmam a indeterminabilidade de seu desenvolvimento histórico, mesmo que alguns aspectos isolados possam ser conscientemente direcionados.[11]

Assim, as inovações isoladas, o apoio e incentivo econômico do Estado através do aparelho militar, as transformações culturais das décadas de 1950 e 1960, a crise econômica e a consequente necessidade de reorganização do sistema capitalista na década de 1970, em conjunto, propiciaram as bases para a primeira etapa dessa revolução nos EUA, especificamente na Califórnia. O desenvolvimento tecnológico alcançado nos anos 1970 foi, por sua vez, fundamental no processo de reestruturação socioeconômica concretizada durante os anos 1980, que, ao final, condicionou os usos e trajetórias das tecnologias de informação nos anos 1990.[12]

Esse processo atual de mutação diz respeito primordialmente às tecnologias de informação, processamento e comunicação.[13] Como aparenta ser em todas as demais mutações tecnológicas com caráter de revolução, sua característica essencial é a sua penetração em todos os domínios da vida humana como tecido sobre o qual essas atividades são exercidas, concebidas e entendidas.[14]

Uma das oposições inicialmente previstas,[15] mas que essa mutação parece superar, é a da informação *versus* produção econômica, pois assistimos hoje a uma interação umbilical entre elas, com aquela sendo parte desta, e esta dependendo daquela.[16] Os estágios sequenciais dessas tecnologias foram de "automação das tarefas, experiências de usos e reconfiguração das aplicações"[17], e o alcance da terceira etapa implica numa apropriação da tecnologia pelo cidadão, com sua consequente redefinição, deixando de ser percebidas como "meras ferramentas a serem aplicadas, mas processos a serem desenvolvidos".[18]

A difusão desses instrumentos de informação e comunicação e as reformulações socioeconômicas e culturais implicam e "induzem um padrão de descontinuidade nas bases materiais da economia, sociedade e cultura",[19] e isso caracteriza o processo como

---

11. Idem, ibidem, p. 68-69.
12. Idem, ibidem, p. 68-69.
13. Idem, ibidem, p. 50.
14. Ver por exemplo: KRANZBERG, Melvin; PURSELL, Caroll (Org.). *Technology in western civilization*. New York: Oxford University Press, 1967. 2 v.
15. Ver: BELL, Daniel. *The coming of the post-industrial society*. New York: Basic Books, 1973.
16. O autor afirma ainda que os países mais competitivos nessa nova era são aqueles que "melhor souberam, simultaneamente 'organizar eficazmente a produção' e 'tratar a informação', tanto na indústria quanto nos serviços". E assevera que, nesse contexto, os melhores capacitados são a Alemanha e o Japão. LOJKINE, Jean. *A revolução informacional*. São Paulo: Cortez, 1999. p. 15-16.
17. CASTELLS, Manuel. Op. cit. p. 51.
18. O autor complementa afirmando que "pela primeira vez na história, a mente humana é uma força direta de produção, não apenas um elemento decisivo no sistema produtivo" (Idem, ibidem, p. 51).
19. Idem, ibidem, p. 50.

revolucionário.[20] São indicados alguns paradigmas[21] sobre essas mudanças, tais como a penetrabilidade social das transformações tecnológicas,[22] que indica que as inovações tecnológicas, embora condicionadas pelas estruturas sócio-históricas presentes em um dado espaço no tempo, uma vez apropriadas por determinada sociedade, interagem umbilicalmente com esta, causando, em seu turno, alterações nas formas de sociabilidade.

A revolução tecnológica, em andamento, é caracterizada por ser um sistema aberto de redes, com múltiplas portas de entrada, materialmente específico, flexível e adaptável em seu desenvolvimento e utilização, abrangente e integrativo nos seus efeitos.[23] E parece comprovar ainda a validade do apontamento sobre as relações entre tecnologia e sociedade, elaborado sob a forma de *leis* por Melvin Kranzberg, cujo primeiro enunciado diz que "a tecnologia não é nem boa, nem ruim e também não é neutra".[24]

2. COMODIFICAÇÃO DA INFORMAÇÃO E DA CULTURA

Como resultado da reestruturação socioeconômica ocorrida nos anos 1980, facilitada pelas tecnologias disponíveis e identificada com a progressiva desregulamentação e liberalização do comércio em nível supranacional, ergueu-se uma nova economia, de alcance global e organizada a partir da informação, conhecimento e expressões culturais.

Essa nova economia pode ser caracterizada como informacional, ou do conhecimento, porque a capacidade de produção e competição dos atores depende essencialmente de sua habilidade em manusear as informações baseadas em conhecimentos. É global porque sua produção, circulação e demanda são organizadas em escala universal, diretamente ou mediante redes de conexão entre diversos agentes. É informacional e global ao mesmo tempo porque tanto a produção quanto a concorrência são feitas através de redes de interação, funcionando como unidades em tempo real, em escala planetária.[25]

Os produtos e serviços cujo valor principal reside nas informações e expressões culturais representam, atualmente e de forma crescente, parte substancial do comércio doméstico

---

20. Discute-se ainda o alcance e significado histórico das transformações contemporâneas. Manuel Castells aponta esse momento como "no mínimo, um evento da mesma importância histórica da revolução industrial do século XVIII" (Idem, ibidem, p. 50). Enquanto isso, Jean Lojkine vai além e indica que "este fim de século acena com uma mutação revolucionária para toda a humanidade, mutação só comparável à invenção da ferramenta e da escrita, no albor das sociedades de classe, e que ultrapassa largamente a revolução industrial do século XVIII" (LOJKINE, Jean. Op. cit. p. 11).
21. O termo é utilizado no sentido elaborado por Thomas Kuhn. *A estrutura das revoluções científicas*. 5. ed. São Paulo: Perspectiva, 1998; e reelaborado por Giovanni Dosi. *Technical change and economic theory*. Londres: Pinter, 1988.
22. Outros paradigmas são a informação como matéria-prima; o favorecimento da lógica das redes; a flexibilidade de arranjos; a contínua convergência e integração das tecnologias (CASTELLS, Manuel. Op. cit. p. 77-79).
23. Nas palavras de Manuel Castells: "O paradigma da tecnologia da informação não evolui para o seu fechamento como um sistema, mas rumo a abertura como uma rede de acessos múltiplos. É forte e impositivo em sua materialidade, mas adaptável e aberto em seu desenvolvimento histórico. Abrangência, complexidade e disposição em forma de rede são seus principais atributos" (CASTELLS, Manuel. Op. cit. p. 81).
24. As demais leis de Kranzberg são, respectivamente: 2. A invenção é a mãe da necessidade; 3. A tecnologia vem em pacotes, grandes e pequenos; 4. Embora a tecnologia possa ser o principal elemento em diversas questões públicas, fatores não técnicos têm precedência nas decisões de políticas públicas de tecnologia; 5. Toda história é relevante, mas a história da tecnologia é a mais relevante; 6. Tecnologia é uma atividade humana, bem como a história da tecnologia (KRANZBERG, Melvin. Technology and history: "Kranzberg laws". *Technology and culture*, v. 27, nº 3, Baltimore: John Hopkins University Press, jul. 1986. p. 544-560).
25. CASTELLS, Manuel. Op. cit. p. 87 e 111.

e internacional. Em curso, esse processo de mudança social, econômica e também política coloca a informação baseada em conhecimento em um papel central e apresenta duas tendências conflitantes, representando liberdade e controle. De um lado, a promessa de um espaço descentralizado e público de interação, não submetido às hegemonias estatais e empresariais, com potencial para libertar o discurso público e as expressões das amarras estruturais anteriores à difusão da tecnologia digital. Por outro lado, uma tendência em direção a uma maior comercialização, comodificação e apropriação dos sistemas de informação, conhecimento e expressão cultural, conduz à subordinação da discricionariedade artística e editorial às estratégias corporativas e demandas dos investidores.[26]

A organização das atividades de troca, apoiada pela infraestrutura legal de propriedade privada e liberdade contratual, constitui a essência do processo tradicional de comodificação. Já os espaços não comodificados envolvem, quando o foco é a pessoa física, questões referentes à dignidade humana e autonomia existencial e, quando o foco é a comunidade ou a identidade coletiva, concentram-se nas interconexões livres, trocas não monetarizadas e interação comunicativa.[27] Enquanto a comodificação[28] da informação, das expressões e do conhecimento avança, observa-se uma mudança na retórica, na medida em que passam a ser descritos e pensados a partir do funcionamento do mercado, com referências às funções de oferta e demanda, maximização dos lucros ou análises de custo-benefício econômico.[29]

Esse processo de progressiva comodificação pode ser identificado, por exemplo, na crescente restritividade na interpretação da cláusula geral de *fair-use* norte-americana e o avanço de sua leitura em termos econômicos, ou ainda na utilização de argumentos proprietários e econômicos na própria defesa contra os avanços desse processo.[30]

26. Os autores, ao identificarem os movimentos de apropriação e controle, exemplificam da seguinte maneira: "Government funding of broadcasting, the press, the arts, and scientific research has steadily dwindled in relation to the rapidly growing, avaricious sector of market-driven speech and science. Copyright and other intellectual property has dramatically expanded in scope and duration, given content providers unprecedented proprietary control over expression and information and threatening the continued viability of the public domain. Indeed, personal decisions regarding the sorts of information and expression one recieves and creates have themselves been transformed into marketable data, creating na enourmeous industry in personal profiling and data collection, aggregation and management" (NETANEL, Neil Weinstock; ELKIN-KOREN, Niva. *The commodification of information*. Londres: Kluwer Law International, 2002. p. viii).
27. RADIN, Margaret Jane. Incomplete commodification in the computerized world. In: NETANEL, Neil Weinstock; ELKIN-KOREN, Niva. Op. cit. p. 4.
28. Os sentidos da expressão comodificação da informação são ambíguos e variados. Mais comumente, comodificação é identificada pela dimensão comercial; caracterizada pela massificação – com produção em série e distribuição em cadeia – e pela homogeneidade – que permite a negociação por amostragem; vista como representativa dos interesses dos grandes conglomerados de mídia e refletida na expansão da proteção à propriedade intelectual. Pode, assim, ser entendido como excesso de controle ou excesso de competição, como libertária ou como proprietária, resultando em um barateamento ou encarecimento dos bens, embora, em comum quase sempre seus sentidos tenham conotações negativas. Ver: NOAM, Eli. Two cheers for the commodification of information. In: NETANEL, Neil Weinstock; ELKIN-KOREN, Niva. Op. cit. p. 46-54.
29. RADIN, Margaret Jane. *Incomplete commodification in the computerized world*. In: NETANEL, Neil Weinstock; ELKIN-KOREN, Niva. Op. cit. p. 4-5.
30. A autora defende ainda que parte da utilização dos argumentos econômicos e proprietários na compreensão da extensão dos diretos autorais deriva da própria atratividade e mesmo fetichização da propriedade e direitos privados como soluções aos problemas, bem como da noção de que é necessário um direito igualmente forte para combater os excessos de um outro direito fortemente enraizado no sistema. RADIN, Margaret Jane. Incomplete commodification in the computerized world. In: NETANEL, Neil Weinstock; ELKIN-KOREn, Niva. *The commodification of information*. Londres: Kluwer Law International, 2002. p. 8-9, 20-21.

Contudo, a retórica da progressiva e contínua comodificação da informação, conhecimento e expressões culturais não adequadamente reflete a permanência de esquemas conceituais conflituosos, que perpassam por todo o sistema de proteção e utilização econômica desses bens, e que pode ser entendido pela noção de comodificação incompleta, representando os compromissos políticos e culturais sobre o controle e liberdade da informação, conhecimento e comunicação.[31]

Porém, é possível defender – ainda que em termos econômicos – que não é necessário excluir uma lógica em proveito da outra, mas repensar os termos e fundamentos da discussão, através do qual se reconhece o papel da informação enquanto dados organizados, ao mesmo tempo em que são justificados não no incentivo à criação, mas na necessidade de organizar o fluxo econômico. Isso altera o debate de bem público *versus* propriedade privada para um focado na centralização em oposição à distribuição das transações, reformulando as apreciações feitas em termos proprietários e transformando-as em análises das transações.[32] Nesse modelo, não haveria um direcionamento e controle contínuo por parte dos que produzem as informações e expressões, mas a identificação e cobrança pelos usos a partir das transações realizadas, permitindo a sua distribuição e utilização a partir de políticas públicas socialmente definidas.[33]

Paralelamente e interligado com o processo de comodificação, vivemos igualmente um processo de globalização das relações políticas, econômicas, culturais e sociais. Esse movimento pode ser entendido como um processo de aproximação e integração entre países, organizações e pessoas, que ultrapassa as fronteiras dos Estados nacionais. Decorre tanto da intensa e progressiva diminuição dos custos de transporte e comunicação quanto da redução das barreiras artificiais à circulação de bens, serviços, capital, conhecimento e pessoas. É acompanhado da criação de novas ou renovadas instituições, governamentais ou representativas da sociedade civil, capazes de agir internacionalmente.[34]

As três principais instituições que comandaram (ou ainda comandam?) o processo de globalização são: o Fundo Monetário Internacional, o Banco Mundial e a Organização Mundial do Comércio. Também contribuem e participam, ainda que acessoriamente, algumas agências especializadas das Nações Unidas, como o Programa de Desenvolvimento das Nações Unidas e a UNCTAD (*UN Conference on Trade and Development*).[35]

Fortemente direcionada por corporações internacionais, que movimentam bens, serviços e tecnologia através das fronteiras nacionais, a redução das análises aos aspectos

---

31. RADIN, Margaret Jane. Incomplete commodification in the computerized world. In: NETANEL, Neil Weinstock; ELKIN-KOREn, Niva. *The commodification of information*. Londres: Kluwer Law International, 2002. p. 21.
32. NOAM, Eli. *Two cheers for the commodification of information*. In: NETANEL, Neil Weinstock; ELKIN-KOREn, Niva. Op. cit. p. 43, 44, 58, 59.
33. Idem, ibidem, p. 55-59.
34. Em suas próprias palavras: "What is this phenomenon of globalization that has been subject, at the same time, to such vilification and such praise? Fundamentally, it is the closer integration of the countries and peoples of the world which has been brought about by the enourmous reduction of costs of transpostation and communication, and the breaking down of artificial barriers to the flows of goods, services, capital, knowledge and (to a lesser) people across borders. Globalization has been accompanied by the creation of new institutions that have joined with existing ones to work accross borders" (STIGLITZ, Joseph. *Globalization and its discontnts*. Nova York: Penguin books, 2002. p. 9).
35. Idem, ibidem, p. 10.

econômicos estreitos, junto com as instituições que o promovem, configuram as principais fontes de controvérsias.³⁶

Sob a promessa de que a liberalização, que seria feita através da redução das barreiras ao comércio e da desregulamentação financeira, traria redução da pobreza e asseguraria estabilidade econômica,³⁷ o processo de globalização da década de 1980 foi intensificado. Os benefícios viriam principalmente em razão da redução da sensação de isolamento dos países, do enriquecimento advindo do aumento de exportações e do financiamento externo.³⁸

Os resultados desse processo de liberalização econômica, fortemente associado à globalização, foram bastante diferentes do prometido, ainda que tenham trazido alguns benefícios econômicos localizados. Não se concretizou a redução da pobreza que, ao contrário do prometido, aumentou. Os ganhos produzidos foram desproporcionalmente divididos, ampliando a vantagem econômica dos países desenvolvidos sobre os demais.³⁹

As apressadas privatizações relegaram para posteriormente questões essenciais ao bom funcionamento econômico do mercado, a exemplo da competição e regulamentação e, como resultado, houve a exploração abusiva da posição de monopólio, acarretando em prejuízos ao consumidor.⁴⁰ A alta dos juros reduziu a possibilidade de empreendedorismo, que, associado à redução dos impostos, engessou os governos, impedindo-os de agir na promoção da economia, causando, em muitos casos, recessão ao invés de crescimento.⁴¹

Os resultados das negociações de livre comércio que, entre outras coisas, resultaram na Organização Mundial do Comércio (OMC), trouxeram a abertura dos países em desenvolvimento aos serviços e à propriedade intelectual, sem a necessária e prometida contrapartida de abertura dos países industrializados à produção agrícola e à construção, resultando num enorme ganho para os países desenvolvidos e grande perda para os países em desenvolvimento e pobres.⁴²

---

36. Idem, ibidem, p. 10.
37. Idem, ibidem, p. 5-7.
38. Idem, ibidem, p. 4-5.
39. Segundo o estudo: "The world has deep poverty amid plenty. Of the world's 6 billion people, 2.8 billion—almost half—live on less than $ 2 a day, and 1.2 billion—a fifth—live on less than $ 1 a day, with 44 percent living in South Asia (figure 1). In rich countries fewer than 1 child in 100 does not reach its fifth birthday, while in the poorest countries as many as a fifth of children do not. And while in rich countries fewer than 5 percent of all children under five are malnourished, in poor countries as many as 50 percent are. This destitution persists even though human conditions have improved more in the past century than in the rest of history—global wealth, global connections, and technological capabilities have never been greater. But the distribution of these global gains is extraordinarily unequal. The average income in the richest 20 countries is 37 times the average in the poorest 20—a gap that has doubled in the past 40 years. And the experience in different parts of the world has been very diverse. In East Asia the number of people living on less than $ 1 a day fell from around 420 million to around 280 million between 1987 and 1998—even after the setbacks of the financial crisis. Yet in Latin America, South Asia, and Sub-Saharan Africa the numbers of poor people have been rising. And in the countries of Europe and Central Asia in transition to market economies, the number of people living on less than $ 1 a day rose more than twentyfold" (BANCO MUNDIAL. *Attacking poverty*: opportunity, empowerment and security, 2000. p. 13. Disponível em: <http://siteresources.worldbank.org/INTPOVERTY/Resources/WDR/overview.pdf.>. Acesso em: 10 jan. 2020).
40. STIGLITZ, Joseph. Op. cit. p. 36.
41. Idem, ibidem, p. 54.
42. Idem, ibidem, p. 61.

Parte do problema consiste na forma como essas políticas foram conduzidas. Uma vez vistas como fins em si mesma, deixaram de buscar o crescimento sustentável e equitativo, tendo, por isso, sido impostas e executadas de forma excessivamente rápida e extensa, à custa de outras políticas necessárias.[43]

O descontentamento[44] revolve ao redor de alguns tópicos específicos. Em primeiro lugar, as regras do jogo são injustas e especificamente desenhadas para privilegiar os países industrializados. O processo em curso valoriza avanços puramente materiais, desconsiderando aspectos essenciais como o meio ambiente, a saúde e a própria vida. Enfraquece-se a soberania e diminuem-se as possibilidades dos Estados nacionais de agirem em benefício do melhor para seus cidadãos, o que acaba por resultar na fragilização da própria democracia. Por fim, o sistema econômico sugerido e imposto aos países em desenvolvimento é, no mínimo, inapropriado, quando não claramente danoso.[45]

As objeções ao processo foram simbolicamente explicitadas quando do primeiro grande protesto nos países desenvolvidos, ocorrido em Seattle, em 1999, durante uma reunião que deveria iniciar uma nova onda de negociações multilaterais, que conduziriam a intensificação da liberalização do comércio. Os movimentos de reação resultaram em algumas ações tendenciosas a um maior equilíbrio, porém ainda frágeis.[46]

Em decorrência da excessiva desregulamentação da economia e a redução do papel do Estado, desde 2008 o mundo já globalizado enfrenta uma profunda crise em razão dos abusos e equívocos cometidos por organizações financeiras privadas, possíveis pela falta de regramento e supervisão estatal, que leva a uma reestruturação do papel do próprio Fundo Monetário Internacional,[47] com maior participação decisória dos países em desenvolvimento,[48] e a uma profunda reflexão sobre o futuro do sistema capitalista global.[49]

A própria internacionalização política antecipou a econômica e financeira.[50] Contudo, suas estruturas imaturas e excessivamente permeáveis à desproporcional influência de alguns poucos países industrializados não foram capazes de assegurar um debate transparente e minimamente democrático.[51] Com isso, as instituições econô-

---

43. Idem, ibidem, p. 53-54.
44. É interessante notar que se alcança hoje um novo consenso, de que a globalização de fato não produziu os resultados previstos, prometidos e esperados. A diferença é que nas reuniões em Davos, Suíça, os países desenvolvidos responsabilizam os países em desenvolvimento pelo fracasso, argumentando que estes deveriam liberalizar ainda mais suas economias e globalizar-se mais rapidamente. Enquanto que seus antípodas apontam a comunidade internacional como responsável. Ver: STIGLITZ, Joseph. *Making globalization work*. Nova York: Penguin books, 2007. p. 7-8.
45. STIGLITZ, Joseph. *Making globalization work*. Nova York: Penguin books, 2007. p. 9.
46. Como exemplo, pode-se destacar a Declaração da 4ª Reunião Ministerial da Organização Mundial do Comércio, em 14 de novembro de 2001, no Catar.
47. Conforme acordado na reunião dos países constitutivos do Fundo, encerrada em 26 de abril de 2009, em Washington D. C., EUA.
48. Ver entrevista de Paulo Nogueira Batista Jr., diretor-executivo do Brasil, e mais oito países do Brasil e América Latina no FMI, concedida à Folha de S. Paulo e publicada no dia 27 de abril de 2009. p. B4. Nessa entrevista, aponta que os países emergentes, integrantes do grupo conhecido como G20, devem aproveitar as oportunidades para consolidar suas propostas de equilíbrio decisório para as ações do FMI.
49. Como pode ser visto em matéria veiculada na Harper's Magazine, *How to save capitalism? Fundamental fixes for a collapsing system*, nov. 2008. p. 34 ss.
50. WOLTON, Dominique. *Il faut sauver la communication*. Paris: Flammarion, 2005. p. 220.
51. STIGLITZ, Joseph. *Making globalization work*. New York: Penguin books, 2007. p. 276-285.

micas internacionais puderam forjar um consenso vinculado aos interesses privados e corporativos fortemente representados nos países desenvolvidos, que assumiram para si a defesa desses interesses nos fóruns internacionais.[52] Reformar esse sistema para torná-lo funcional aos múltiplos interesses e necessidades é o desafio atual de reorganização no plano internacional.

As análises da sociedade de informação revelam contradições emblemáticas, dentre as quais se destacam a primazia da economia sobre os demais campos, que pode ser observada pelo debate inconcluso sobre o valor e o preço, a liberdade e o controle dos seus usos e disseminação da informação; a segmentação social, ao reforçar o individualismo e divisão territorial; a fragilidade da informação, fenômeno resultante de sua profusão, remetendo ao enfraquecimento da relação entre emitente, mensagem e receptor e ao progressivo enfraquecimento dos seus elementos essenciais, como a confiança e a legitimidade.[53] As próprias contradições da sociedade de informação contribuem para o florescimento das diferenças, e o vazio comunicativo que se instala promove a distensão ao invés da interação.

Nesse cenário, a globalização, cujas forças políticas e econômicas se encontram em movimento, parece alcançar uma nova etapa, a cultural,[54] cerne dos debates contemporâneos sobre os limites desse processo. E nesse momento revigora-se a importância de compreender os fenômenos culturais e seus efeitos sobre as pessoas, grupos e sociedades.

A terceira mundialização, cultural, coloca no centro das questões as relações entre cultura e comunicação, e é resultado da percepção, de um lado, das ligações entre cultura e comunicação e, de outro lado, da necessidade de um plano de organização da coabitação cultural.[55] Após a valorização da simples transmissão de informações e mensagens, a preocupação atual é com a questão da comunicação, e, portanto, da reciprocidade, o que torna mais complexos os problemas.[56]

No centro da questão está a necessidade de construir vias de diálogo intra e extra-grupos, cuja proeminência é reflexo da unilateralidade dos processos de globalização e do domínio dos espaços pelas vozes e visões de mundo ocidentais, onde destacam-se as perspectivas norte-americanas.

A perspectiva do mundo globalizado como sendo uma vila global,[57] interconectada e de movimentação instantânea da informação, não resulta em uma aproximação de pontos de vista, ao contrário, torna menos suportáveis as diferenças culturais, aprofundando os contrastes e não necessariamente aproximando as culturas.[58]

---

52. SELL, Susan K. *Private power, public law*: the globalization of intellectual property rights. New York: Cambridge University Press, 2003.
53. WOLTON, Dominique. *Il faut sauver la communication*. Paris: Flammarion, 2005. p. 86-92.
54. Idem, ibidem, p. 220.
55. Idem, ibidem, p. 122-123.
56. Dito de outra forma: "la mondialisation de la communication ne simplifie rien, et complique tout". Idem, ibidem, p. 122-123.
57. Para melhor compreensão do conceito, é indispensável a leitura de Marsall Mcluhan; Bruce Powers. *Global village*: transformations in world life and media in the XXI Century. New York: Oxford University Press, 1989.
58. WOLTON, Dominique. *Il faut sauver la communication*. Paris: Flammarion, 2005. p. 122-123.

E para compreender o papel das culturas e das artes na construção desse espaço de interação permitido e exigido pela penetrabilidade e difusão das tecnologias de comunicação e informação, para então avaliar o papel dos direitos autorais nesse contexto, será necessário antes explorar as relações entre arte, cultura e sociedade, que fazemos a seguir.

3. ARTE E CULTURA

A estreita associação entre as artes e cultura vem do surgimento desta última palavra no sentido alemão dado à *kultur*, pois a legitimação dos grupos burgueses médios alemães, círculo social onde se cunhou esse significado, consistia essencialmente em suas realizações intelectuais, artísticas ou científicas.[59] No contexto francês, em que cultura e civilização estavam semanticamente associadas, as artes eram tomadas como medidas de civilização de um povo, e prevalecia a visão evolucionista. Atualmente, o entendimento das artes como fenômeno cultural e social atrela especial importância aos seus movimentos, seja na estrutura de sua produção, distribuição ou consumo, seja em seus significados e relações com a organização social onde floresce.[60]

Os sentimentos e sentidos de vida de povos e pessoas são refletidos em diversas áreas da existência e os diálogos sobre a arte objetivam primordialmente localizá-la no contexto das demais expressões humanas.[61] As discussões e definições de arte jamais são totalmente sobre sua esteticidade, mas principalmente sobre sua contextualização, sua incorporação na textura de um modo de vida particular, e têm por objetivo a atribuição aos artefatos artísticos de um significado cultural.[62]

O estudo das formas artísticas é a exploração de seus sentidos, cuja formação é essencialmente coletiva e profundamente sustentada na própria existência social. Essa percepção afasta o observador da análise puramente estética da arte e o aproxima da compreensão de que os trabalhos artísticos são "mecanismos elaborados para definição das relações sociais, sustentação das normas sociais e fortalecimento dos valores sociais".[63] A relação entre as artes e a vida coletiva não é instrumental, mas semiótica, pois materializa uma visão particular no mundo dos objetos. São documentos primários da vida social, concepções para as quais as pessoas buscam atribuir sentido dentro do conjunto de outros documentos igualmente primários,[64] na medida em que tanto refletem quanto impactam o conjunto de significados da ordem social onde se inserem.

---

59. ELIAS, Norbert. *O processo civilizador*. Rio de Janeiro: Jorge Zahar Editora, 1994. p. 28.
60. Para maior aprofundamento, ver: WILLIAMS, Raymond. *Cultura*. Rio de Janeiro: Paz e Terra, 2008; e, em especial: HEINICH, Nathalie. *A sociologia da arte*. Bauru: EDUSC, 2008.
61. Em suas próprias palavras, Clifford Geertz ensina que "the feeling a people has for life appears, of course, in many other places than in their art. It appears in their religion, their morality, their science, their commerce, their technology, their politics, their amusements, their law, even in the way they organize their everyday political experience. The talk about art that is not merely technical or a spiritualization of the technical – that is, most of it – is largely directed to placing it within the context of these other expressions of human purpose and the pattern of experience they collectively sustain" (Art as a cultural system. In: GEERTZ, Clifford. *Local knowledge*. New York: Basic Books, 1983. p. 96).
62. Idem, ibidem, p. 97.
63. Idem, ibidem, p. 99.
64. GEERTZ, Clifford. Art as a cultural system. In: GEERTZ, Clifford. *Local knowledge*. New York: Basic Books, 1983. p. 99-100.

As obras artísticas são significativas porque conectadas com os sentidos que elas mesmas ajudam a criar.[65] Assim, independentemente de capacidades inatas, biológicas, de estímulo sensível, as respostas que suscitam estão atreladas aos sentidos mais amplos da vida social, que resultam das interações entre os membros do grupo.[66] Refletem ainda as visões de mundo dos criadores, como aponta Henri Matisse quando afirma que "eu sou incapaz de distinguir entre os sentimentos que tenho pela vida e a minha forma de expressá-lo",[67] ou seja, "os meios de uma arte e o sentimento pela vida que os anima são inseparáveis".[68]

A capacidade de perceber os significados de uma obra de arte é, como a competência para produzi-la, produto resultante da experiência coletiva. É da "participação no sistema geral de formas simbólicas – que chamamos de cultura – que a participação no sistema particular que chamamos de arte é possível".[69] O próprio senso estético é um produto cultural. O artista trabalha com as possibilidades de sua audiência perceber o seu trabalho e essas habilidades são desenvolvidas através da experiência de viver entre as coisas para ver, ouvir, ler, pensar, lidar, reagir. Os equipamentos socioculturais para produzir e absorver os sentidos das artes têm a mesma origem.[70] As artes são sensíveis aos tipos de interpretação que a mente as traz, e seus sentidos possíveis são socialmente construídos.

Então, pode-se preliminarmente concluir que as expressões artísticas refletem as atitudes e entendimento da vida por parte dos criadores e também que a percepção, apreensão e atribuição dos sentidos a esses artefatos pelo público estão calcadas em sua inserção no universo simbólico que moderam as interpretações, que, por sua vez, dependem de sua exposição não só aos artefatos, mas igualmente ao conjunto significativo que pauta a produção e compreensão dessas obras. Na medida em que as visões de mundo e sentidos da vida são resultantes das construções simbólicas elaboradas a partir das interações sociais, a exposição às obras artísticas é condição para participação na construção desse universo, dos significados dessas obras e para a sua produção.

Não é difícil vislumbrar, a partir desses pressupostos, que as condições sociais, que possibilitam e limitam as experiências individuais, estão diretamente ligadas às expressões criativas. A arte é, portanto, socialmente condicionada.[71] O significado das experiências coletivas para o desenvolvimento dos artistas e de sua obra só pode ser percebido a partir tanto da descrição das estruturas da sociedade de sua época, principalmente com relação

---

65. O autor afirma que: "(artistic objects) are meaningful because they connect to a sensibility they join in creating". Idem, ibidem, p. 101.
66. Idem, ibidem, p. 102.
67. Nas palavras do autor: "The purpose of a painter must not be conceived as separated from his pictorial means, and these pictorial means must be more completed (I do not mean more complicated) the deeper his thought. I am unable to distinguish between the feeling I have for life and my way of expressing it" (MATISSE, Henri. Apud Idem, ibidem, p. 96).
68. Idem, ibidem, p. 98.
69. Idem, ibidem, p. 108-109.
70. Idem, ibidem, p. 118.
71. Clássico exemplo desse tipo de análise pode ser encontrado em Norbert Elias, ao analisar Mozart e sua obra (ELIAS, Norbert. *Mozart: sociologia de um gênio*. Rio de Janeiro: Jorge Zahar Editor, 1994).

às diferenças de poder, como de seus destinos pessoais.[72] Só assim é possível entender as coerções que agem sobre o artista e suas reações a elas.[73]

Contemporaneamente, a necessidade de adaptação às demandas – de gosto inclusive – dos grupos estabelecidos é dada como óbvia pelos socialmente dependentes, que "logo aprendem a ajustar seu comportamento aos padrões da empresa",[74] embora as diferenças de poder, em razão da existência de um mercado razoavelmente livre de oferta e demanda, entre os grupos economicamente dominantes e os demais membros sejam menores que entre cortes absolutistas e seus subalternos.

Contudo, um pleno entendimento do desenvolvimento das artes em geral só é possível se não for restrita aos processos econômicos ou aos desenvolvimentos históricos de uma forma de arte, mas sim se for feita considerando igualmente os destinos dos que produziam e recepcionavam as artes dentro da estrutura social onde se encontram.[75]

A noção comum de que a criação das obras de arte "é independente da existência social de seu criador, de seu desenvolvimento e experiência como ser humano no meio de outros seres humanos",[76] não merece prosperar. Ainda que não seja possível especificar incisivamente todas as relações e conexões entre as obras de um artista e sua vida, é possível identificar sua existência, e mesmo investigá-la com alguma profundidade.[77] Nem a autonomia das obras artísticas nem a complexidade de problemas que as envolvem afastam a obrigatoriedade de analisar e considerar "a conexão entre a experiência e o destino do artista criador em sua sociedade, ou seja, entre esta sociedade e as obras produzidas pelo artista".[78]

Como elemento envolvido pelas teias de significado, socialmente constituídas e constituintes, desde a sua concepção até sua apreensão, passando pela produção, circulação e acesso, as obras de arte, e, principalmente, o gosto por elas, são artifícios de distinção social, sendo efetivos marcadores de classe, uma vez que "a obra de arte só adquire sentido e só tem interesse para quem é dotado do código segundo o qual ela é codificada".[79]

4. O GOSTO PELA ARTE

A discussão sobre as formas de aquisição e os papéis e hierarquias sociais que o gosto por determinadas formas artísticas revelam, demanda uma análise própria, que se procede.

---

72. No tempo de Mozart, "no que se referia à música, ainda se tinha como certo que o artista devia seguir o gosto da audiência, socialmente superior. A estrutura de poder que dava a nobreza de corte precedência sobre todas as outras classes também determinava que tipo de música um artista burguês poderia tocar nos círculos cortesãos e até que ponto suas inovações poderiam ir. Mesmo como 'artista autônomo', Mozart estava preso a tal estrutura" (Idem, ibidem, p. 41).
73. No caso específico de Mozart e seu tempo, "o gosto da nobreza da corte estabelecia o padrão para os artistas de todas as origens sociais, acompanhando a distribuição geral de poder" (p. 17). Igualmente, os conflitos entre sociais entre a aristocracia decadente e a burguesia ascendente "ocorria também no interior de muitos indivíduos como um conflito que perpassava toda a existência social" (p. 16). Idem, ibidem, p. 19.
74. Idem, ibidem, p. 20.
75. Idem, ibidem, p. 28.
76. ELIAS, Norbert. *Mozart*: sociologia de um gênio. Rio de Janeiro: Jorge Zahar Editor, 1994. p. 53.
77. Idem, ibidem, p. 53-54.
78. Idem, ibidem, p. 57.
79. BOURDIEU, Pierre. *A distinção*: crítica social do julgamento. São Paulo: EDUSP, 2008. p. 10.

Contrapondo-se à visão naturalizada de que a apreciação estética é um dom intrínseco, a pesquisa científica indica que as práticas culturais, as preferências por tipos de arte e, dentro do mesmo tipo, as opções por determinados estilos "estão estritamente relacionadas ao nível de instrução e, secundariamente, à origem social".[80] Há uma nítida correlação entre a "hierarquia socialmente reconhecida das artes" e a hierarquia social de seus consumidores. É justamente isso que predispõe os gostos a funcionarem como "marcadores privilegiados de 'classe'".[81] As distinções operadas entre o belo e o feio, o distinto e o vulgar, o merecedor de apreço ou de desprezo qualificam aqueles que classificam as formas de arte, pois exprimem ou traduzem sua condição social, seja adquirida ou de origem.[82]

A escola e suas certificações, como condição objetiva para ingresso em determinada classe social, abrem o acesso aos direitos e deveres desse grupo. A exposição escolar e a titularidade obtida permitem a compreensão dos códigos necessários à apreensão da cultura legítima (em oposição à cultura ilegítima do autodidata), de alto valor social agregado, pois assegura formalmente uma competência específica, que se traduz na disposição, propensão, aptidão em reconhecer a legitimidade de certas obras e "percebê-las como dignas de serem admiradas em si mesmas que é, inseparavelmente, aptidão para reconhecer nelas algo já conhecido".[83]

Porém, o processo de inculturação através da escola não é suficiente para explicar as distinções observáveis em termos de apreço estético. Ao título de nobreza cultural deve-se acrescer a ascendência como fator de marcação pelo gosto. Nos casos de capital escolar equivalente, as diferenças de origem social são relevantes, principalmente, em dois aspectos: o recurso a conhecimentos não formalmente legitimados pela educação escolar e o maior distanciamento do indivíduo dos conhecimentos adquiridos institucionalmente. O primeiro aspecto permite uma ampla familiaridade com expressões culturais não desenvolvidas escolarmente. O segundo permite uma maior digressão dos conteúdos institucionalmente legitimados. Justamente por não ser ensinada, e, portanto, à disposição de vários, a apreciação cultural estética desses conteúdos proporciona um "altíssimo rendimento simbólico e (podem) proporcionar um grande benefício de distinção".[84]

Como as definições da competência cultural são resultantes das condições de sua aquisição, "funcionam como uma espécie de 'marca de origem' e contribuem (ainda) para definir o valor de seus produtos em diferentes mercados".[85] O valor econômico atribuído a certas obras ou experiências artísticas – que aumenta na medida em que são apreciados pelas classes abastadas – colabora para sua utilização enquanto elemento distintivo.

A condição cultural expressa no gosto pelas artes é fonte dessas divisões, pois, de fato, "a consagração cultural submete os objetos, pessoas e situações que ela toca a uma espécie de promoção ontológica que se assemelha a uma transubstanciação".[86] E assim:

---

80. Idem, ibidem, p. 9.
81. Idem, ibidem, p. 9.
82. Interessante notar que as análises estatísticas mostram oposições de estrutura semelhantes tanto no caso do consumo cultural como no do consumo alimentar. (Idem, ibidem, p. 13).
83. BOURDIEU, Pierre. A distinção: crítica social do julgamento. São Paulo: EDUSP, 2008. p. 29.
84. Idem, ibidem, p. 62-64.
85. Idem, ibidem, p. 64.
86. Idem, ibidem, p. 14.

A negação da fruição inferior, grosseira, vulgar, venal, servil, em poucas palavras, natural, que constitui como tal o sagrado cultural, traz em seu bojo, a afirmação da superioridade daqueles que sabem se satisfazer com prazeres sublimados, requintados, desinteressados, gratuitos, distintos, interditados para sempre aos simples profanos. É assim que a arte e o consumo artístico estão predispostos a desempenhar, independentemente de nossa vontade e de nosso saber, uma função social de legitimação das diferenças sociais.[87]

As conclusões dessa análise indicam ainda a necessidade de superação de uma fronteira que pretende ver o universo artístico como separado das relações mais mundanas,[88] como preferências em esportes e cardápio, e com isso,

> revoga a oposição entre o "gosto dos sentidos" e o "gosto pela reflexão"; entre o prazer "fácil", prazer sensível reduzido a um prazer dos sentidos, e o prazer "puro" que está predisposto a tornar-se um símbolo de excelência moral e a dimensão da capacidade de sublimação que define o homem verdadeiramente humano.[89]

Esses entendimentos permitem concluir que a prática e o gosto pela arte, seja como usuário ou criador, são atividades como qualquer outra, socialmente aprendidas e culturalmente localizadas, temporal e espacialmente, prestando também o campo artístico às funções de hierarquização e distinção social.

Cumpre ressaltar ainda que a transformação ocorrida "da obra do artesão para a obra do artista" possibilitou uma maior independência destes últimos. Porém, estudos sobre o campo artístico na sociedade contemporânea mostram ser a autonomia criativa mais aparência que realidade.

5. COMUNICAÇÃO E IDENTIDADE NA SOCIEDADE CONTEMPORÂNEA

A partir da revolução tecnológica, da disseminação cada vez maior do acesso à rede mundial de computadores – que se torna cada vez mais difundido, barato e rápido –, da alteração dos meios de apreensão e transmissão das informações e das novas formas possíveis de interação e comunicação, a exposição cultural torna-se cada vez mais presente. Ao mesmo tempo, os sistemas de comunicação internacionalizam-se e tornam-se concentrados sob o domínio de poucos grupos, trazendo consigo o perigo de dominação cultural e a resistência a essa dominação, além de questões relacionadas à própria existência e experiência individual.

Embora seja inegável a relação entre sociedades e modelos de comunicação, os entendimentos de como se desenrolam são diversos. Há os que veem relações muito próximas entre os modelos e conteúdos comunicativos das mídias e os processos sociais de massificação social e homogeneização cultural.[90] Outros vislumbram que a mídia – tomada pelo conjunto dos meios de comunicação – expressa em estrutura e conteúdo

---

87. Idem, ibidem, p. 14.
88. Ou mesmo dentro do próprio universo artístico, quando tenta estabelecer, entre outras, distinções entre arte erudita e arte popular, a partir da audiência a que presumidamente se destina. Para aprofundamento, ver: CHAUÍ, Marilena. *Cidadania cultural*. São Paulo: Editora Fundação Perseu Abramo, 2006. p. 12.
89. BOURDIEU, Pierre. Op. cit. p. 14.
90. Os filósofos da Escola de Frankfurt, por exemplo, representam essa linha de reflexão. Verificar, em especial: ADORNO, Theodor. *Indústria cultural e sociedade*. Rio de Janeiro: Paz e Terra, 2002.

a sociedade em que é gerada e utilizada.[91] Há ainda os que defendem uma relação de complementaridade, onde prevalece a noção de influência sobre a noção de impacto, ressaltando que aos usuários corresponde uma rede própria de relações que medeiam e condicionam a recepção, absorção e aplicação das mensagens e seu conteúdo.[92]

O ponto de vista adotado aqui vislumbra que as complexidades específicas da sociedade contemporânea refletem nos sistemas de comunicação existentes e na forma como são utilizados, alterando-os. Esse emergente modelo de comunicação exprime uma proximidade com a reflexividade,[93] elemento fundamental para a decisão individual e construção da experiência subjetiva contemporânea, em que, dispostos ao mesmo tempo a um sem-número de receptores, os conteúdos são contextualizados, compreendidos, absorvidos ou rejeitados a partir das relações em rede estabelecidas pelos destinatários.

Vive-se atualmente em um processo contínuo de convergência de mídias, representado pelos fluxos de conteúdo através de diversas plataformas, pela cooperação e coordenação entre as indústrias de conteúdo e pelo comportamento migratório das audiências em busca das experiências que deseja.[94] As mudanças na mídia – entendida como estruturas de comunicação socialmente concretizadas – correspondem ao surgimento de um novo modelo de comunicação, que convive e interage com outros preexistentes.[95]

Sugere-se, hoje, a existência de um modelo em construção, denominado de comunicação sintética,[96] que associa a rapidez da lógica binária à busca de relações interpessoais, e funda-se no paradigma da comunicação em rede. Funciona de acordo com "uma lógica hipertextual, no sentido em que promove a articulação entre o conceito clássico de texto, o conceito de fluxo e a comunicação interpessoal".[97]

O papel atual exercido pela comunicação no processo de mundialização não é somente o de transmissão de passagens, mas de desempenhar a função de tradução entre universos simbólicos diferentes. A globalização, na verdade, não elimina fronteiras, ela cria essa necessidade, não de barreiras físicas, mas simbólicas ou culturais. Essas alterações afetam a própria função das estruturas de comunicação, que passam de transmissores a mediadores.[98] A inquietação com o controle privado dos canais de comunicação e do tráfego de bens culturais é questão fundamental para os Estados hodiernos. A regulação da radiodifusão na Europa é sintomática desse quadro.

Durante a década de 1980, a transmissão via satélite instigou a formulação de políticas continentais que almejavam regular a radiodifusão – e posteriormente a produção

---

91. Marshall McLuhan, por exemplo, representaria essa corrente.
92. Representativo desse ponto de vista, cf.: LEVY, Pierre. *Ciberculture*. Minnesota: University of Minnesota Press, 2001.
93. GIDDENS, Anthony. *The consequences of modernity*. Califórnia: Stanford University Press, 1990. p. 36 ss.
94. JENKINS, Henry. *Convergence culture*: where old and new media collide. New York: New York University Press, 2006. p. 2-3.
95. Historicamente, podem ser apontados três modelos preexistentes, que são, primeiramente, o modelo interpessoal bidirecional, em que duas pessoas dialogam entre si ou várias pessoas dentro de um grupo; em segundo lugar, o modelo onde um indivíduo dirige a mensagem a um grupo determinado de pessoas; em terceiro, a comunicação de massa, onde uma única mensagem é dirigida a um grupo indeterminado de pessoas.
96. CARDOSO, Gustavo. *A mídia na sociedade em rede*. Rio de Janeiro: Editora FGV, 2007. p. 130.
97. Idem, ibidem, p. 131.
98. WOLTON, Dominique. *Il faut sauver la communication*. Paris: Flammarion, 2005. p. 134-135.

de conteúdo – entre os países da Europa,[99] em busca de aumentar a integração entre os membros e criar um robusto mercado doméstico, comparável ao norte-americano. O objetivo de equiparar-se ao mercado doméstico americano foi frustrado devido às diferenças linguísticas e culturais, que dificultavam uma programação única por parte das emissoras que interessasse aos espectadores dos diferentes lugares. Da mesma forma, não conduziu a audiência europeia a uma cultura comum, na medida em que não dividiam as mesmas preferências e gostos.[100]

Os argumentos apresentados demonstravam, porém, uma intensa divisão entre os que propunham uma plena liberalização e desregulamentação do setor e os que, ao contrário, defendiam uma regulação e atuação mais direta por parte dos poderes comunitários. Os últimos vislumbravam o setor como um veículo para construção de uma consciência coletiva europeia, enquanto os primeiros entreviam um ganho para o consumidor e para o próprio mercado em razão da competição. Em qualquer dos casos, apoiavam uma política supranacional para o setor, inescapável em razão do avanço tecnológico.[101]

A internacionalização da comunicação reforça as preocupações com a cultura. O resultado pode conduzir à conformação de identidades culturais refugiadas, em uma rejeição do outro dominante, ou em identidades culturais relacionais, que indicam a capacidade de gerir simultaneamente as identidades particulares e suas interações com a comunidade internacional.[102] Na medida em que a construção da subjetividade deriva das experiências individuais dos sujeitos, a preocupação em assegurar, em uma sociedade complexa e multicultural, a possibilidade de experiências culturais diversificadas torna-se prioritária. A necessidade de diálogo intercultural implica na exposição, promoção e preservação da diversidade de visões de mundo. A gestão pacífica do *triângulo infernal (identidade – cultura – comunicação)* depende da coabitação cultural, de respeito à diversidade cultural e à organização de uma base democrática de convivência.[103]

Essas discussões revelam o entendimento de que a mídia – e o audiovisual em especial – tem um papel central na criação e manutenção da legitimidade política, e, portanto, da unidade de um grupo. Essa relação (entre cultura e política) é especialmente forte nos debates sobre nacionalismo, onde se vislumbra que o sentimento nacional promovia o amálgama social necessário à constituição das nações. Assim, as visões a partir desse paradigma antecipam a dissolução social que viria com o enfraquecimento dos vínculos simbólicos, culturais.[104]

O contra-argumento é de que essa é uma visão especificamente moderna, e que a proliferação de culturas e identidades híbridas é inofensiva e característica da nova ordem sociocultural denominada pós-modernidade.[105] As discussões então conduzem ao debate sobre se o momento histórico atual representa uma ruptura com a moderni-

---

99. Três iniciativas são especialmente relevantes: a Diretiva de 1989 "Televisão sem fronteiras", as diretivas sobre os padrões de transmissão via satélite (1986 e 1992) e o programa MEDIA, de apoio à produção e difusão audiovisual.
100. COLLINS, Richard. *Media and identity in contemporary Europe*. Oregon: Intellect Books, 2002. p. 18-19.
101. Idem, ibidem, p. 14.
102. WOLTON, Dominique. Op. cit. p. 218.
103. WOLTON, Dominique. *Il faut sauver la communication*. Paris: Flammarion, 2005. p. 220.
104. COLLINS, Richard. *Media and identity in contemporary Europe*. Oregon: Intellect Books, 2002. p. 26-28.
105. Idem, ibidem, p. 28-29.

dade – daí pós-modernismo – ou o completar do projeto original da modernidade – daí alta modernidade.[106]

Um padrão plural de relações entre os povos parece surgir, ainda que de forma vaga, irregular, retalhado e indeterminado. A compreender esses movimentos duas linhas teóricas confrontam-se. Uma que defende a impossibilidade de grandes narrativas que sintetizem e expliquem os acontecimentos, pois só há eventos, pessoas e particularidades desconectadas de um padrão apreensível, sendo típica do paradigma pós-moderno. Em compensação, há os que substituem as grandes, genéricas e abrangentes explicações por outras ainda mais amplas, integrativas e totalizantes, insistindo nos preceitos da modernidade.[107]

Há muitas maneiras de integração numa coletividade, que ocorrem paralelamente em níveis, escalas, domínios diferentes. A teia integrada de informação e causalidade não é acompanhada pela redução das demarcações culturais e progressiva uniformização – como dá a entender a metáfora de uma vila global –, mas da reconstrução, multiplicação e intensificação dessas fronteiras. Por isso, talvez o que se precisa, de fato, são visões que respondam à profunda diversidade e pluralidade sem perder o senso de conexão que "não é nem compreensivo nem uniforme, nem frugal nem estático, mas nem por isso menos real".[108]

REFERÊNCIAS

ASCENSÃO, José de Oliveira. *Direito da Internet e da sociedade da informação*. Rio de Janeiro: Forense, 2002.

BARTH, Frednik. *O guru, o iniciador e outras variações antropológicas*. Rio de Janeiro: Contracapa Livraria, 2000.

BAUMAN, Zygmunt. *Liquid modernity*. Cambridge: Polity Press, 2000.

BELL, Daniel. *The coming of the post-industrial society*. New York: Basic Books, 1973.

BOURDIEU, Pierre. *A distinção*: crítica social do julgamento. São Paulo: EDUSP, 2008.

BOURDIEU, Pierre. DARBEL, Alain. *O amor pela arte*. São Paulo: Editora da Universidade de São Paulo: Zouk, 2003.

BRANCO JÚNIOR, Sérgio Vieira. *Direitos autorais na internet e o uso de obras alheias*. Rio de Janeiro: Lumen Juris, 2007.

---

106. Entre os principais autores e obras filiados à corrente que imagina essas mudanças como movimentos de complementação do projeto da modernidade, se destacam: HABERMAS, Jungen. Modernity versus postmodernity. *New German Critique*, n° 22, 1981; GIDDENS, Anthony. *The consequences of modernity*. Califórnia: Stanford University Press, 1990. Ao passo que entre os defensores da existência de uma ruptura com os valores da modernidade encontram-se: LYOTARD, Jean-françois. *The post-modern condition*: a report on knowledge. Minnesota: University of Minnesota Press, 1984; JAMESON, Fedric, *Postmodernism, or the cultural logic of late capitalism*. Duke: Duke University Press, 1991.
107. GEERTZ, Clifford. The world in pieces: culture and politics at the end of the century. In: GEERTZ, Clifford. *Available light*: anthropological reflections on philosophical topics. Princeton: Princeton University Press, 2000. p. 210-224.
108. GEERTZ, Clifford. The world in pieces: culture and politics at the end of the century. In: GEERTZ, Clifford. *Available light*: anthropological reflections on philosophical topics. Princeton: Princeton University Press, 2000. p. 246 ss.

CASTELLS, Manuel. *A era da informação*: economia, sociedade e cultura: sociedade em rede. São Paulo: Paz e Terra, 1999. v. 1.

CHAUÍ, Marilena. *Cidadania cultural*. São Paulo: Editora Fundação Perseu Abramo, 2006.

DOSI, Giovanni, *Technical change and economic theory*. Londres: Pinter, 1988.

ELIAS, Norbert. *Mozart*: sociologia de um gênio. Rio de Janeiro: Jorge Zahar Editor, 1994.

ELIAS, Norbert. *O processo civilizador*. Rio de Janeiro: Jorge Zahar Editora, 1994.

GEERTZ, Clifford. Art as a cultural system. In: GEERTZ, Clifford. *Local knowledge*. New York: Basic Books, 1983.

GEERTZ, Clifford. *The interpretation of cultures*. USA: Basic Books, 1973.

GOULD, Sthephen J. *The panda's thumb*. New York: W. W. Norton & Company, 1992.

HEINICH, Nathalie. *A sociologia da arte*. Bauru: EDUSC, 2008.

KRANZBERG, Melvin. Technology and history: "kranzberg laws". *Technology and culture*, v. 27, n° 3, Baltimore: John Hopkins University Press, July, 1986.

KRANZBERG, Melvin; PURSELL, Caroll (Org.). *Technology in western civilization*. New York: Oxford University Press, 1967. 2. v.

KUHN, Thomas, *A estrutura das revoluções científicas*. 5. ed. São Paulo: Perspectiva, 1998.

LEWICKI, Bruno Costa. Limitações aos direitos do autor: releitura na perspectiva do direito civil contemporâneo. 2007. Tese (Doutorado) – Universidade do Estado do Rio de Janeiro, Faculdade de Direito.

LORENZETTI, Ricardo L. *Comércio eletrônico*. Tradução de Fabiano Menke. São Paulo: Revista dos Tribunais, 2004.

MARTINS, Guilherme Magalhães. *Responsabilidade civil por acidente de consumo na internet*. São Paulo: Revista dos Tribunais, 2008.

MOKYR, Joel. *The lever of riches*: technological creativity and economic progress. New York: Oxford University Press, 1990.

PERLINGIERI, Pietro. *O direito civil na legalidade constitucional*. Tradução de Maria Cristina de Cicco. Rio de Janeiro: Renovar, 2008.

TEPEDINO, Gustavo. Notas sobre nexo de causalidade. In: TEPEDINO, Gustavo. (Coord.). *Temas de direito civil*. Rio de Janeiro: Renovar, 2006. t. II.

VELHO, Gilberto. *Subjetividade e sociedade*: uma experiência de relação. Rio de Janeiro: Jorge Zahar Editor, 1986.

WILLIAMS, Raymond. *Cultura*. Rio de Janeiro: Paz e Terra, 2008.

33
DIREITOS AUTORAIS, TECNOLOGIA E TRANSFORMAÇÕES NA CRIAÇÃO E NO LICENCIAMENTO DE OBRAS INTELECTUAIS

Carlos Affonso Pereira de Souza

Sumário: 1 Introdução. 2 A função promocional do direito autoral: incentivo à criação através da exclusividade. 3 Repensando a função promocional do direito autoral à luz das tecnologias de informação e comunicação (TICs). 4 Wikipedia e as obras colaborativas. 5 Transformações na autorização: *software* livre e *Creative Commons*. 6 Conclusão. Referências.

1. INTRODUÇÃO

A noção de que o direito autoral existe para estimular a criação intelectual é bastante difundida. Essa percepção parte da premissa de que uma primeira função a ser desempenhada pelo direito autoral é incentivar autores a criar. Todavia, não raramente se confunde essa primeira função com a remuneração devida ao autor decorrente do exercício de seu direito de exclusividade sobre as utilizações de suas obras.

Não se pode confundir a essência dessa função do direito autoral, ou seja, o estímulo à criação, com a metodologia adotada pela legislação para alcançar esse objetivo, ou, em outras palavras, para fazer cumprir essa função. A metodologia adotada pelas legislações nacionais, e constantes dos tratados e convenções internacionais, se vale da concessão de uma exclusividade limitada e temporária sobre a utilização da obra. Em regra, nos países que seguem o sistema dos direitos autorais conforme desenhado na Europa (*droit d'auteur*), caso alguém queira utilizar determinada obra e o seu uso não se enquadre nas exceções e limitações derivadas da legislação, nem esteja a obra em domínio público, deverá a pessoa solicitar autorização do autor para legitimamente utilizá-la da forma pretendida.

Pode-se dizer então que essa função promocional possui um núcleo, consistente no estímulo à criação intelectual, que poderá ser alcançado através de várias metodologias, sendo a outorga de uma exclusividade aquela que se provou mais adequada ao longo dos anos, fazendo constar dos textos legais. O desenvolvimento tecnológico, por outro lado, coloca em xeque a efetividade da dinâmica de exclusividade, demandando uma transformação nas formas de autorização tradicionalmente concebidas, quando não mesmo forçando a ampliação das hipóteses em que a própria autorização seria dispensada em nome de outros interesses que não os do autor ou dos titulares do direito autoral.

Este capítulo procura debater essas transformações na função promocional do direito autoral, analisando os questionamentos sobre como a exclusividade, instrumentalizada pelo regime de autorizações de uso, é impactada pelo progresso tecnológico, modificando não apenas o licenciamento de obras, mas até mesmo a concepção tradicional sobre os incentivos para a criação intelectual.

2. A FUNÇÃO PROMOCIONAL DO DIREITO AUTORAL: INCENTIVO À CRIAÇÃO ATRAVÉS DA EXCLUSIVIDADE

A outorga de uma exclusividade ao autor encontra-se prevista na legislação brasileira a partir do preceito constitucional inscrito no art. 5º, XXVII, assim redigido:

> Art. 5º Todos são iguais perante a lei, sem distinção de qualquer natureza, garantindo-se aos brasileiros e aos estrangeiros residentes no País a inviolabilidade do direito à vida, à liberdade, à igualdade, à segurança e à propriedade, nos termos seguintes:
>
> XXVII – aos autores pertence o direito exclusivo de utilização, publicação ou reprodução de suas obras, transmissível aos herdeiros pelo tempo que a lei fixar.

Dessa forma, a tutela autoral está inserida no rol dos direitos e garantias fundamentais da Constituição Federal, juntamente com outros dispositivos que detalham a forma pela qual será protegida a criação intelectual, tanto no campo do direito autoral,[1] como no campo da propriedade industrial.[2]

A opção por se conceder ao autor uma exclusividade na exploração da obra intelectual não é novidade da Constituição em vigor, já que o direito autoral, especificamente no que diz respeito ao exercício de seus direitos patrimoniais,[3] integrou o texto de todas as Constituições brasileiras desde a Constituição de 1891, com exceção feita à Carta de 1937.

Nas Constituições que antecederam a atual, e que continham uma disposição sobre a tutela autoral, percebe-se como o texto pouco se alterou no que diz respeito à concessão de uma exclusividade ao autor para utilizar a obra, variando sempre em torno da expressão "aos autores de obras literárias, artísticas ou científicas pertence o direito exclusivo de reproduzi-las".[4] A Constituição de 1988 inovou ao dispor sobre as formas

---

1. O mesmo art. 5º ainda trata dos direitos autorais no seu inciso XXVIII, assim redigido: "XXVIII – são assegurados, nos termos da lei: a) a proteção às participações individuais em obras coletivas e à reprodução da imagem e voz humanas, inclusive nas atividades desportivas; b) o direito de fiscalização do aproveitamento econômico das obras que criarem ou de que participarem aos criadores, aos intérpretes e às respectivas representações sindicais e associativas".
2. O direito de exclusividade referente à propriedade industrial está disposto no art. 5º, XXIX, da Constituição Federal, da seguinte forma: "XXIX – a lei assegurará aos autores de inventos industriais privilégio temporário para sua utilização, bem como proteção às criações industriais, à propriedade das marcas, aos nomes de empresas e a outros signos distintivos, tendo em vista o interesse social e o desenvolvimento tecnológico e econômico do País".
3. Giorgio Jarach critica a expressão *direitos patrimoniais*, pois ela vincula o exercício do direito de exclusividade à obtenção de proveito econômico. Segundo o autor, essa exclusividade apenas diz respeito à forma de exercício de uma série de direitos outorgados pela lei, sem que se faça qualquer distinção sobre a sua utilização para fins econômicos ou não (*Manuale del diritto d'autore*. Milão: Mursia, 1991. p. 57).
4. Constituição de 1891, art. 72, § 26: "Aos autores de obras literárias e artísticas é garantindo o direito exclusivo de reproduzi-las pela imprensa ou por outro processo mecânico. Aos herdeiros não é garantido o direito exclusivo de reproduzi-las pela imprensa ou por outro processo mecânico. Os herdeiros dos autores gozarão desse direito pelo tempo que a lei determinar." Constituição de 1934, art. 113, inciso 20: "Aos autores de obras literárias, artísticas

pelas quais a obra pode ser utilizada, ampliando assim o espectro da proteção autoral para outras aplicações que não apenas a reprodução.

De forma geral, pode-se dizer que a estrutura dos preceitos constitucionais sobre direito autoral gira em torno de três elementos: as categorias de obra, a afirmação da exclusividade outorgada ao autor e a sua transmissibilidade.[5]

Essa função promocional pode ainda ser percebida na Constituição Federal quando ela relaciona o desenvolvimento da cultura e do acesso ao conhecimento – elementos típicos da chamada função social dos direitos autorais – com certas formas de "incentivos". Sendo assim, o texto constitucional confirma a sua inserção no movimento de definição de sanções positivas, procurando estimular condutas benéficas para a sociedade.[6]

A relação entre o acesso ao conhecimento e a criação de um patrimônio cultural – esse, por sua vez, tornado possível pelos incentivos oferecidos aos autores (geralmente na forma de uma exclusividade sobre a exploração da obra) – está expressa nos seguintes artigos do texto constitucional:

> Art. 215. O Estado garantirá a todos o pleno exercício dos direitos culturais e acesso às fontes da cultura nacional, e apoiará e incentivará a valorização e a difusão das manifestações culturais.
>
> Art. 216. Constituem patrimônio cultural brasileiro os bens de natureza material e imaterial, tomados individualmente ou em conjunto, portadores de referência à identidade, à ação, à memória dos diferentes grupos formadores da sociedade brasileira [...]
>
> § 3º A lei estabelecerá incentivos para a produção e o conhecimento de bens e valores culturais.

Esses incentivos mencionados nos dois dispositivos não devem apenas ser percebidos como sendo de natureza fiscal, mas sim ser compreendidos como qualquer forma de estímulo à criação de manifestações culturais, o que de imediato se relaciona com a tutela autoral através da exclusividade.[7]

O desdobramento sobre como se dá o exercício dessa exclusividade outorgada ao autor, identificando as aplicações da obra que demandam autorização, encontra-se na Lei de Direitos Autorais (Lei nº 9.610/98). O art. 28 da LDA enuncia que cumpre ao autor exercer a referida exclusividade.[8]

---

e científicas é assegurado o direito exclusivo de reproduzi-las. Esse direito transmitir-se á aos seus herdeiros pelo tempo que a lei determinar". Constituição de 1946, art. 141, § 19: "Aos autores de obras literárias, artísticas ou científicas pertence o direito exclusivo de reproduzi-las. Os herdeiros dos autores gozarão desse direito pelo tempo que a lei fixar".

5. ABRÃO, Eliane Y. *Direitos de autor e direitos conexos*. São Paulo: Editora do Brasil, 2002. p. 62.
6. Sobre o recurso a sanções positivas como instrumento da chamada função promocional, assim se manifestam André-Jean Arnaud e María Fariñas Dulce: "O que se chama função de promoção do direito representaria um tipo de técnica de controle social utilizado pelo estado social ou estado providencial, que consistiria no uso de procedimentos de 'encorajamento', a saber: as sanções positivas (recompensas, favores, gratificações, facilidades etc.) e as leis de motivação. Isso, ademais, dá lugar a um tipo de controle social ativo e preventivo, pelo qual se tenta favorecer a realização de comportamentos socialmente vantajosos, que procuram obter melhores níveis de igualdade material e de solidariedade entre aqueles que compõem um grupo social" (*Introdução à análise sociológica dos sistemas jurídicos*. Rio de Janeiro: Renovar, 2000. p. 156).
7. CARBONI, Guilherme. *Função social do direito de autor*. Curitiba: Juruá, 2006. p. 73.
8. Assim está redigido o art. 28 da LDA: "Cabe ao autor o direito exclusivo de utilizar, fruir e dispor da obra literária, artística ou científica".

O referido artigo trata, de início, do sujeito legitimado a atuar na tutela conferida pela legislação. Nesse particular, ele reafirma o preceito constitucional no sentido de que a exclusividade aqui tratada deverá ser exercida, em princípio, pelo autor, ainda que o mesmo possa autorizar terceiros a dela fazerem uso, tornando-se assim "titulares de direitos autorais".

Ainda segundo o art. 28 da LDA, o direito de exclusividade outorgado pela lei recairia sobre a utilização, a fruição e a disposição da obra. A diferença entre o texto do artigo da LDA e a redação do art. 5º, XXVII, da Constituição Federal, parece pouco relevante na medida em que o texto constitucional menciona que a exclusividade incidiria sobre a "utilização, publicação ou reprodução" da obra. Embora apenas exista identidade entre os dois preceitos no que concerne à "utilização" da obra, pode-se afirmar que essa expressão, por demais genérica, poderia já dar a entender que o autor, se pode utilizar a sua obra, teria também o direito de dela retirar as suas vantagens e, atendendo ao princípio da autonomia da vontade no que diz respeito aos direitos patrimoniais, deles dispor para fins de licenciamentos e autorizações afins.[9]

Por isso, pode-se dizer que o art. 28 estipula a enunciação genérica sobre o direito de exclusividade concedido ao autor. O art. 29, por sua vez, especifica como essa exclusividade será exercida, elencando uma série de situações que demandarão a autorização do autor para que a sua realização por terceiros seja reputada como legítima.[10]

O art. 29 da LDA, de forte apelo descritivo, consagra a autorização como o instrumento de exercício da exclusividade elegida pela legislação como forma de estimular a criação intelectual. Em todas as suas hipóteses, deverá o interessado em utilizar uma obra solicitar a devida autorização do autor.

Adicionalmente, o dispositivo menciona que essa autorização deverá ser "prévia e expressa", claramente impondo duas travas de segurança para impedir o uso ilegítimo da obra: de início faz-se necessário que a autorização seja concedida para que qualquer utilização da obra seja iniciada, o que atende a um preceito lógico dentro da metodologia criada pela lei; e, além disso, essa autorização deve ser expressa, impondo-se assim uma

---

9. Em reforço a essa tese, vale lembrar que o art. 29, logo a seguir, inclui a reprodução como uma modalidade de "utilização" da obra, motivo pelo qual se valerá dos termos *utilização* e *utilizar* para fazer referência a todas as modalidades de aplicação de uma obra para os fins deste capítulo.
10. Assim está redigido o art. 29 da LDA: "Depende de autorização prévia e expressa do autor a utilização da obra, por quaisquer modalidades, tais como: I – a reprodução parcial ou integral; II – a edição; III – a adaptação, o arranjo musical e quaisquer outras transformações; IV – a tradução para qualquer idioma; V – a inclusão em fonograma ou produção audiovisual; VI – a distribuição, quando não intrínseca ao contrato firmado pelo autor com terceiros para uso ou exploração da obra; VII – a distribuição para oferta de obras ou produções mediante cabo, fibra ótica, satélite, ondas ou qualquer outro sistema que permita ao usuário realizar a seleção da obra ou produção para percebê-la em um tempo e lugar previamente determinados por quem formula a demanda, e nos casos em que o acesso às obras ou produções se faça por qualquer sistema que importe em pagamento pelo usuário; VIII – a utilização, direta ou indireta, da obra literária, artística ou científica, mediante: a) representação, recitação ou declamação; b) execução musical; c) emprego de alto-falante ou de sistemas análogos; d) radiodifusão sonora ou televisiva; e) captação de transmissão de radiodifusão em locais de frequência coletiva; f) sonorização ambiental; g) a exibição audiovisual, cinematográfica ou por processo assemelhado; h) emprego de satélites artificiais; i) emprego de sistemas óticos, fios telefônicos ou não, cabos de qualquer tipo e meios de comunicação similares que venham a ser adotados; j) exposição de obras de artes plásticas e figurativas; IX – a inclusão em base de dados, o armazenamento em computador, a microfilmagem e as demais formas de arquivamento do gênero; X – quaisquer outras modalidades de utilização existentes ou que venham a ser inventadas".

restrição quanto ao modo de comunicação da autorização e excluindo a possibilidade de essa autorização ser tácita ou induzida a partir de um comportamento desempenhado pelo autor.

A motivação do art. 29 parece não deixar espaços para que interpretações ampliativas possam criar utilizações da obra que não passem pelo crivo do autor. Não por outro motivo, o último inciso que elenca as situações que demandam autorização determina que a mesma deverá ainda ser necessária "para quaisquer outras modalidades de utilização existentes ou que venham a ser inventadas". Cria-se assim um sistema aberto para incluir novas situações que demandem a autorização como instrumento que torna efetivo o direito de exclusividade do autor.[11]

Esse verdadeiro sistema de proteção do direito autoral consiste então na forma encontrada pela lei para incentivar autores a criarem obras intelectuais. A metodologia da exclusividade, instrumentalizada pelo pedido de autorização prévio e expresso, é por fim reforçada por uma associação dos direitos autorais com o regime de direito de propriedade na legislação nacional. Essa vinculação, que enfrenta sérios problemas conceituais, é, de certa forma, um dos principais veículos para reforçar a função promocional dos direitos autorais. Ao afirmar que o direito que o autor possui sobre sua obra é assemelhado ao direito do proprietário sobre bens materiais, a tutela autoral ingressa em plano de análise bastante peculiar.

A discussão sobre a natureza do direito autoral e o seu assemelhamento ao direito de propriedade tem sido uma das questões mais controvertidas na construção de uma doutrina autoralista no Brasil. Cada autor torna-se partidário de uma teoria distinta e mesmo o elenco do número de concepções adotadas sobre a natureza do direito autoral varia de acordo com o autor consultado.[12]

Curioso é o espectro de teorias encontrado na doutrina brasileira, que, se por um lado, identifica a natureza do direito autoral como um típico direito da personalidade, por outro, chega mesmo a afirmar que a tutela autoral estaria subsumida no conceito de propriedade, tal qual aquela concedida sobre bens corpóreos.

A partir do reconhecimento de que ao se criar uma obra nascem para o seu autor tanto direitos patrimoniais como direitos morais, a doutrina passa a oscilar entre esses dois extremos, ou ainda a optar por uma definição que não afirme uma natureza unificada do direito autoral com o risco de atender mais às características morais ou aos elementos de exploração econômica desses direitos.

---

11. De outro lado, um sistema fechado é criado no que diz respeito ao rol de limitações e exceções ao direito autoral, ou seja, situações nas quais a obra pode ser utilizada sem prévia e expressa autorização do autor, pois a doutrina majoritariamente entende que esse elenco deve ser interpretado restritivamente. Aplicando o adágio de interpretação jurídica no sentido de que as exceções à regra são sempre interpretadas de forma restritiva, isola-se o sistema de exceções e limitações, que atendem à função social do direito autoral, e geram-se meios, na própria letra da lei, para expandir a proteção autoral, uma "regra" para toda e qualquer modalidade de utilização existente ou que venha a ser inventada no futuro.

12. A título exemplificativo, Antonio Chaves elenca nove principais teorias sobre a natureza do direito autoral (*Criador da obra intelectual*. São Paulo: LTr, 1995. p. 18 ss), ao passo que José Carlos Costa Netto identifica cinco dessas denominadas "principais teorias" (*Direito autoral no Brasil*. São Paulo: FTD, 1998. p. 47).

Nesse sentido, conforme exposto por José de Oliveira Ascensão, o denominador comum de boa parte da doutrina brasileira sobre a natureza do direito autoral parece residir na constatação de que tal direito possui "no seu conteúdo faculdades de caráter patrimonial e faculdades de caráter pessoal".[13]

Ao analisar qual teoria seria mais adequada para caracterizar a natureza do direito autoral – se uma teoria que favorece o aspecto da personalidade, ou uma que enfoque o exercício da exclusividade, assemelhada, portanto, à tutela de um direito real –, afirma Carlos Alberto Bittar que

> [o]s direito autorais não se cingem, nem à categoria dos direitos reais, de que se revestem apenas os direitos denominados patrimoniais, nem à dos direitos pessoais, em que se alojam os direitos morais. Exatamente porque se bipartem nos dois citados feixes de direitos – mas que, em análise de fundo, estão por sua natureza e sua finalidade, intimamente ligados, em conjunto incindível – não podem os direitos autorais se enquadrar nesta ou naquela das categorias citadas, mas constituem nova modalidade de direitos privados.[14]

Poderia parecer, à primeira análise, que para a função promocional do direito autoral (ou seja, o estímulo à criação) apenas a exclusividade derivada da exploração dos direitos patrimoniais interessaria. Todavia, cumpre perceber que os direitos de natureza moral também contribuem para incentivar o autor a criar, pois esses direitos garantem, dentre outras prerrogativas, a integridade da obra e o reconhecimento de sua autoria. Essas garantias disponibilizadas ao autor são também de grande relevo para estimular a criação, embora a prática dos direitos morais tenha sido guiada por interesses de forte caráter patrimonial, encobertos pelo discurso de proteção da personalidade do criador.[15]

Especificamente no que diz respeito à exclusividade concedida ao autor para explorar economicamente a sua obra, a associação com o direito de propriedade parece bastante natural na medida em que ambos os direitos excluem, salvo exceções legais, qualquer interferência de terceiros no uso, gozo e fruição de determinado bem. Todavia, associar o direito autoral ao direito de propriedade encontra graves problemas conceituais na medida em que a exclusividade concedida pela lei autoral é temporária, e não perpétua. Ao fixar um prazo máximo para que o autor, seus representantes e herdeiros possam explorar a obra autoral, retira-se do direito autoral a principal característica que identifica o direito de propriedade.

Por outro lado, a associação entre direito autoral e direito de propriedade também pode ser explicada por uma conotação histórica, tendo em vista que o direito autoral, conforme exercitado nos países que seguem a tradição de dividi-lo entre direitos patrimoniais e morais, se encontra vinculado historicamente às conquistas da Revolução Francesa.

A revolução, ao afirmar os valores burgueses sobre os privilégios do Antigo Regime, inaugurou uma nova perspectiva sobre a propriedade pautada pelos ideais do individualismo e do liberalismo. No que concerne ao direito autoral, a criação intelectual seria assemelhada, para fins de proteção contra terceiros, como a "mais sagrada das proprie-

---

13. ASCENSÃO, José de Oliveira. *Direito autoral*. 2. ed. Rio de Janeiro: Renovar, 2007. p. 129.
14. BITTAR, Carlos Alberto. *Direito de autor*. 3. ed. Rio de Janeiro: Forense Universitária, 2001. p.11.
15. Nesse sentido, vide ASCENSÃO, José de Oliveira. *Direito da Internet e da sociedade da informação*. Rio de Janeiro: Forense, 2002. p. 130-132.

dades", e essa expressão terminaria por associar a criação intelectual à posse de um bem corpóreo nas legislações em diante.[16]

Dessa forma, pode-se compreender por que a função promocional do direito de autor encontra-se centralizada na concessão de uma exclusividade e na sua consequente, e eventual, necessidade de autorização para que usos legítimos possam ser feitos por terceiros. Proteger uma obra autoral conforme se protege um bem corpóreo garante ao autor o incentivo para criar sabendo que o ordenamento coloca à sua disposição um regime aperfeiçoado ao longo do tempo para garantir a propriedade como um dos principais direitos de repercussão patrimonial.

Se por um lado a vinculação da criação intelectual ao direito de propriedade parece trazer benefícios ao autor da obra, que garante para si todo esse instrumental, existe também um fator que interessa ao desenvolvimento da função social do direito autoral, privilegiando interesses outros que não os do autor.

Isso se dá porque a Constituição Federal em vigor estipula que a propriedade deverá, para ser tutelada no direito brasileiro, atender a sua função social (arts. 5°, XXIII, e 170, III). É justamente para o atingimento dessa função social que a doutrina brasileira buscará as bases para construir uma interpretação do regime de direito autoral mais equilibrado, que garanta meios para o autor explorar economicamente a sua obra, mas sem que isso implique num esvaziamento considerável das formas de utilização da obra por terceiros sem a necessidade de se buscar autorização ou pagamento.

Sendo assim, se defender a função social da propriedade intelectual, e especialmente do direito autoral, tem sido uma linha adotada crescentemente na doutrina brasileira,[17] é importante destacar que esse viés de compreensão do direito autoral gera tanto uma vantagem como uma desvantagem para a busca do equilíbrio na tutela autoral.

A utilização dessa expressão é, de início, vantajosa no sentido de que torna possível desenvolver uma interpretação que toma por base preceitos constitucionais para flexibilizar a proteção concedida ao autor. Por outro lado, ela traz uma desvantagem consistente no agravamento desse desequilíbrio, uma vez que afirma a natureza do direito autoral como um direito de propriedade outorgado ao autor, a seus representantes e herdeiros. Dessa forma, a defesa da função social da propriedade intelectual levaria a uma opção sobre as diversas teorias sobre a natureza do direito autoral, adotando-se aquela que é mais benéfica ao prisma de exploração da obra e menos benéfica à compreensão do papel desempenhado pelos interesses coletivos nessa tutela.[18]

---

16. A perspectiva do direito autoral como uma propriedade sagrada e ligada aos valores do individualismo deu origem, ainda na época revolucionária, ao chamado "mito do autor romântico", na expressão de Thomas Paris, que identifica o ato de criação intelectual como uma tarefa solitária e quase transcendental (*Le droit d'auteur*: l'ideologie et le système. Paris: PUF, 2002. p. 122 ss).

17. Sobre a função social do direito autoral, vide, dentre outros: CARBONI, Guilherme. *Função social do direito de autor*. Curitiba: Juruá, 2006; e SOUZA, Allan Rocha de. *A função social dos direitos autorais*. Campos dos Goytacazes: Editora da Faculdade de Direito de Campos, 2006.

18. É nessa perspectiva que afirma Fernando Brant: "Este é um conceito que deve ficar claro: o direito autoral é um direito de propriedade. A obra original, criada por alguém, pertence ao seu criador e é protegida moral e materialmente" (A pedra de Sísifo autoral, *Revista Propriedade e Ética*, n° 6, nov./8 jan./09, p. 21). Uma desvantagem clara dessa percepção é opor autores e titulares de direitos autorais como defensores da propriedade e aqueles que buscam enfatizar as demandas sociais por acesso ao conhecimento como ativistas que questionam o conceito de

Em síntese, esses são os debates iniciais que a afirmação da função promocional do direito autoral desperta. Ao garantir ao autor uma exclusividade sobre a utilização da obra, o ordenamento cria uma metodologia que depende, em regra, da autorização do autor para que terceiros possam utilizar legitimamente a criação intelectual alheia. Esse regime fomenta o debate sobre a natureza do direito autoral, como visto, e atualmente é foco de grandes transformações incentivadas principalmente pelo desenvolvimento tecnológico.

3. REPENSANDO A FUNÇÃO PROMOCIONAL DO DIREITO AUTORAL À LUZ DAS TECNOLOGIAS DE INFORMAÇÃO E COMUNICAÇÃO (TICS)

Um dos pontos mais relevantes das críticas para uma reforma do direito autoral, ou para o reequilíbrio entre os interesses existentes na tutela autoral, é certamente a extensão do direito de exclusividade concedido pelo ordenamento ao autor e a dinâmica de autorização prévia e expressa necessária para a maior parte das hipóteses de uso de obra por terceiros.

A necessidade de autorização poderia ser utilizada para descrever o direito autoral como um direito criado pela legislação a partir de uma metodologia eminentemente restritiva. Ou seja, a regra do direito autoral não seria a permissão, mas sim a negativa de certo uso, já que a maior parte das hipóteses necessitaria de autorização. Assim sendo, para se editar, copiar, distribuir, traduzir, reproduzir através de radiodifusão uma obra intelectual é preciso obter o consentimento de seu respectivo autor.

A *mens legis* desse dispositivo legal, como visto, é tutelar a criação da obra intelectual, fornecendo ao autor, através de todas as restrições impostas por lei para o uso de sua obra por terceiros, o privilégio de exploração da obra por um determinado período de tempo. Essa proteção, por fim, terminaria por estimular a produção de novas obras intelectuais, incentivando o crescimento da produção cultural do país.

Desde a primeira legislação sobre direitos autorais da qual se tem notícia – o *Copyright Act* inglês, baixado pela Rainha Ana em 1710 –, o *leitmotiv* de todo o regramento sobre a matéria tem sido proteger o autor mediante a proibição de qualquer uso sem a devida autorização.[19] Partindo-se dessa visão puramente individual da produção cultural, pretendia-se que o autor fosse efetivamente incentivado a continuar a criar.

Essa perspectiva mostrou-se verdadeira e contribui para o amplo desenvolvimento da produção intelectual até o início do século XX. No século passado, por seu turno, o surgimento sucessivo de modernas tecnologias de reprodução (reprografia) e comunicação demandou uma constante transformação da legislação autoral.

---

propriedade, aproximando qualquer discurso de legitimação da função social do direito autoral a ideais políticos antiproprietários. Conforme critica Lawrence Lessig: "As batalhas sobre o direito autoral parecem distantes para a maior parte das pessoas. Para as poucas que acompanham esse debate, ele parece estar reduzido a um punhado de questões simples – se a 'pirataria' será permitida, ou se a 'propriedade' será protegida. A guerra que foi declarada contra as tecnologias da Internet [...] foi enquadrada como uma batalha sobre a aplicação da lei e o respeito da propriedade. Para saber qual lado tomar nessa guerra, a maior parte das pessoas pensa que bastaria decidir se você é a favor ou contra a propriedade" (*Free culture*. New York: Penguin, 2004. p. 9-10).

19. O *Copyright Act* concedia ao autor o direito exclusivo de impressão da sua obra por 14 anos, passível de prorrogação pelo mesmo prazo caso o autor ainda vivesse quando do encerramento do prazo inicialmente estabelecido.

No entanto, o insucesso das legislações autorais modernas em acompanhar o progresso tecnológico, protegendo o autor e estimulando a criação intelectual, pode ser apurado com facilidade.[20] O hiato existente entre o regramento dos direitos autorais e a prática proporcionada pelo avanço tecnológico produziu e tem produzido situações de extrema iniquidade.[21]

Para superar essa situação, dois discursos opostos são possíveis: o primeiro partiria do pressuposto de que o estímulo à criação apenas pode partir da concessão de uma exclusividade e, com isso, reforçar através da legislação as formas pelas quais essa exclusividade é exercitada; o segundo seria a tentativa de rever a dinâmica da autorização, derivada do exercício do direito de exclusividade, percebendo que o desenvolvimento tecnológico traz possibilidades de uso que não deveriam depender de autorização, ou ainda possibilitam a transformação do modo pelo qual se dá a autorização por parte do autor.

A superação do dilema encontrado atualmente pelas legislações sobre direito autoral requer a compreensão das relações existentes entre produção intelectual e progresso tecnológico. Adicionalmente, o trabalho de reformulação da legislação autoral não pode prescindir de uma análise voltada para novas formas de se atingir a função promocional dos direitos autorais consubstanciada no incentivo à criação.

O desafio de compatibilizar essa função promocional com a função social dos direitos autorais não é simples, mas ela certamente pode ser facilitada se ambas as funções forem exercidas de modo a se valer regularmente da tecnologia hoje disponível, tanto para criar novas formas de acesso como para garantir níveis de proteção adequados para o autor de uma obra. Sem compreender os reflexos da tecnologia na proteção do direito de autor não será possível alcançar o entendimento sobre esse equilíbrio entre o autor originário e um eventual outro autor que deseje se valer da obra produzida, ou mesmo entre autor e espectadores, leitores e consumidores em geral.

Diversos são os desafios a serem superados para que se atinja esse objetivo. Conforme ressaltado por Mangabeira Unger, uma das principais características do pensamento jurídico dominante na contemporaneidade é a sua limitação quanto às possibilidades de transformação institucional. Sendo assim, quando confrontada com um novo desafio,

---

20. Nesse sentido, a doutrina tem indicado a existência de um descompasso entre a legislação autoral e a realidade da produção criativa. Diversos textos chega a mencionar um verdadeiro "crepúsculo" ou "fim" do Direito Autoral, como o fazem Bernard Edelman. Le crépuscule du droit d'auteur, *La personne en danger*, Paris: PUF, 1999. p. 227-242, e Eben Moglen. Anarchism triumphant: free software and the death of copyright. Disponível em: <http://old.law.columbia.edu/my_pubs/anarchism.html>. Acesso em: 10 jan. 2020.

21. Pode-se citar como exemplos os diversos processos criminais movidos pela RIAA – Records Industry Association of America contra usuários de programas de compartilhamento de arquivos na Internet. As notícias sobre as mencionadas ações judiciais explicitam o teor da controvérsia: Na luta contra a pirataria, RIAA ameaça até avô de internauta (*Folha de S. Paulo*, 30.7.2003. Disponível em: <http://www1.folha.uol.com.br/folha/informatica/ult124u13519.shtml>. Acesso em: 10 jan. 2020); Gravadoras processam menina de 12 anos por trocar músicas na Web (*Folha de S. Paulo*, 9 set. 2003. Disponível em: <http://www1.folha.uol.com.br/folha/informatica/ult124u13843.shtml>. Acesso em: 10 jan. 2020); e Provedor processa gravadoras como forma de se proteger de ações (*JB*, 1.8.2003. Disponível em: <http://jbonline.terra.com.br/jb/online/internet/destaque/2003/08/onlintdes20030801001.html>. Acesso em: 10 jan. 2020).

a análise jurídica reluta em se adaptar a novos conceitos e metodologias, socorrendo-se com exagerado apego aos modelos institucionais disponíveis.[22]

É importante aqui não tomar a tecnologia simplesmente como uma ameaça ao exercício do direito autoral. Essa perspectiva, bastante difundida na doutrina e na imprensa, dissemina a percepção de que as novas tecnologias apenas poderiam ser utilizadas para diminuir, ou eliminar por completo, o controle que o autor possui sobre sua obra.

É compreensível porque essa percepção de que existe uma verdadeira "ameaça tecnológica" ao direito autoral recebe tamanha atenção, pois sem dúvida as novas formas de arquivamento, comunicação e transformação da informação permitem que obras intelectuais sejam reproduzidas e modificadas sem qualquer ingerência de seu respectivo autor. A formação de redes de trocas de arquivos, as chamadas redes *peer to peer* (p2p), são o maior exemplo de inovações tecnológicas que modificam a forma pela qual o usuário toma contato com a produção autoral, permitindo que todos os integrantes da rede possam trocar músicas, vídeos e imagens de forma desautorizada com grande facilidade.

Todavia, existe o perigo de que as lesões possibilitadas ao direito autoral levem os seus titulares a tomar medidas que busquem suprimir por completo a tecnologia em questão. Buscar judicialmente uma tutela que praticamente inviabiliza o desenvolvimento de uma tecnologia, como já se tentou algumas vezes na história da proteção autoral,[23] é um nítido exemplo de abuso do próprio direito autoral, fazendo com que a função promocional seja exercida de forma irregular, impossibilitando o alcance dos valores tutelados pela função social desse mesmo direito.

Adicionalmente, ao enfocar apenas como a tecnologia pode permitir a burla do direito de exclusividade, a análise jurídica traz o seu foco apenas para o momento patológico da tutela autoral, perdendo de vista uma série de situações nas quais a tecnologia atua tanto de modo a garantir novas formas de exercício do direito autoral, como também transformando o modo pelo qual a autorização é concedida para que terceiros possam utilizar a criação intelectual alheia.

A primeira situação faz referência ao desenvolvimento de sistemas de gestão de direitos autorais (*digital rights management systems*, ou simplesmente DRM), através dos quais o autor, ou o titular do direito autoral, se vale da tecnologia para criar formas de controlar o seu direito de exclusividade. O uso de DRMs sobre obras intelectuais tem sido bastante desenvolvido, tanto no Brasil como no exterior, e a polêmica sobre os limites de inserção dessas medidas tecnológicas de controle dos direitos autorais tem obtido grande repercussão quando os referidos sistemas se tornam verdadeiras formas de restringir direitos que, não fosse pela trava tecnológica, poderiam ser legitimamente

---

22. Roberto Mangabeira Unger. *What should legal analysis become?* New York: Verso, 1996. p. 17. Lembra ainda Stefano Rodotà que a primeira reação do jurista quando confrontado com a necessidade de inovação no pensamento jurídico é negar a demanda por inovação, buscando adequar ao fenômeno que se apresenta as fórmulas preestabelecidas (*Tecnologie e diritti*. Bolonha: Il Mulino, 1998. p. 146).
23. Talvez o caso mais representativo nesse sentido seja a ação judicial movida pela Universal Studios contra a Sony Corporation, então fabricante do vídeo-cassete Betamax, apreciada em última instância pela Suprema Corte dos Estados Unidos em 1984. A ação pretendida tornar a fabricante do aparelho responsável pelas infrações ao direito autoral cometidas mediante gravações de programas de televisão em fitas cassetes no formato Betamax. Decisões procedentes em ações como essa podem representar um sério impacto para o desenvolvimento de certa tecnologia.

exercidos pelos usuários. Nesses casos, essas medidas tecnológicas de proteção (chamadas de *technological protection mesaures*, ou TPMs) têm sido alvo de críticas que buscam enquadrá-las como um ilícito contra o consumidor ou mesmo como um abuso do direito autoral.[24]

A segunda situação investiga como o desenvolvimento tecnológico transforma a metodologia da exclusividade como fator de estímulo à produção intelectual, proporcionando cenários em que autores renunciam aos benefícios da exclusividade tal qual tradicionalmente concebida e permitem que terceiros tenham a mais ampla liberdade em utilizar suas obras. Nessas hipóteses, comprova-se a ascensão das chamadas obras colaborativas, um fenômeno típico dos últimos anos de desenvolvimento acentuado da Internet. Permitir a colaboração de terceiros, ao invés de exercer de modo restritivo a sua exclusividade, tornou-se uma ferramenta bastante difundida para gerar inovação em muitas comunidades interligadas pela Internet.

Adicionalmente, não explorando todo o potencial que a exclusividade poderia oferecer, essas hipóteses demonstram como existem outras formas de estímulo à produção intelectual que não apenas a restrição proprietária da regra constante dos arts. 28 e 29 da LDA. A função promocional do direito autoral continua a ser desempenhada nos cenários de produção colaborativa; ela apenas não se realiza através da exclusão, mas sim da inclusão de terceiros no processo de criação e transformação da obra intelectual.

Essas novas formas de produção colaborativa estão ainda gerando novas oportunidades de negócio que podem ser exploradas por aqueles que percebem a mudança no regime de incentivos movido pela propriedade intelectual, e todo um movimento de modelos abertos de negócio (*open business models*) surge a partir dessa perspectiva.

Mas não foi apenas a exclusividade em si que sofreu transformações com as novas tecnologias, passando a conviver com formas colaborativas de produção intelectual; o próprio instrumento por excelência da exclusividade, a autorização, também se modificou com o desenvolvimento tecnológico, continuando "prévia e expressa", mas ganhando contornos de licenças gerais públicas.

Trata-se de um fenômeno que não se iniciou com a Internet, mas que foi bastante potencializado pela mesma, pois parte do pressuposto de que o licenciamento de uma produção intelectual não precisa ser feito na base individual, atendendo sempre às peculiaridades do caso concreto. Na era das contratações em massa, o direito autoral sofreu uma transformação próxima daquela que deu origem ao direito do consumidor, destacando esse campo dos estudos do direito contratual tradicional. De modo aproximado, a possibilidade de pessoas licenciarem suas obras na Internet através de termos que garantam uma série de liberdades a quem quer que aceite aquelas condições cria todo um novo campo de aplicação dos contratos envolvendo direitos autorais, englobados pela expressão *licenciamento geral público*.

---

24. Nesse sentido, vide ASCENSÃO, José de Oliveira. *Direito da Internet e da sociedade da informação*. Rio de Janeiro: Forense, 2002. p. 166-169; BRANCO, Sérgio. *O domínio público no direito autoral brasileiro*. Rio de Janeiro: Lumen Juris, 2011. p. 269-272; e LEMOS, Ronaldo; PARANAGUÁ, Pedro; BRANCO, Sergio; e MAGRANI, Bruno. Estudo técnico-jurídico: sistema brasileiro de TV digital (SBTVD) e implementação de tecnologia anticópia. *Revista de Direito de Informática e Telecomunicações* (RDIT), Belo Horizonte: Fórum, ano 2, n° 3, jul./dez. 2007. p. 147-166.

As formas de licenciamento da produção de *software* em modelo livre, através da adoção da chamada licença GPL, e a afirmação do Creative Commons, modo de licenciamento de obras que utiliza a tecnologia para que o autor possa escolher quais usos permite da obra e assim disponibilizá-la, são os dois exemplos com os quais se trabalhará para evidenciar essa transformação na própria autorização.

Sendo assim, a exagerada proteção de um sistema autoral, apegado em leis que foram pensadas em descompasso com a realidade da inovação tecnológica, somada à crescente ampliação do conceito de "pirataria", a abranger todas as formas de uso não licenciado diretamente pelo autor, oblitera a discussão sobre como a função promocional do direito autoral também pode ser exercitada para fora do campo da patologia jurídica, privilegiando-se situações em que as facilidades proporcionadas pela tecnologia estimulam o autor a criar e a licenciar suas obras, especialmente através de ferramentas existentes na Internet que garantem o seu direito autoral, ao mesmo tempo em que possibilitam formas inovadoras de utilização da produção intelectual.

São justamente as utilizações que se concede a uma obra intelectual que determinam o atendimento às funções do direito autoral. Por isso, para investigar o estímulo à criação hoje em dia, não se pode conduzir a análise de costas para a realidade tecnológica, que viabiliza novas formas de criação e acesso ao conteúdo intelectual. Conforme ilustra John Perry Barlow em sua sempre referida metáfora, é necessário que se renove a reflexão sobre os direitos autorais frente às modernas tecnologias, concedendo destaque ao conteúdo da criação e sobre como melhor essa criação pode ser estimulada. É preciso privilegiar o vinho em detrimento de considerações que se atenham apenas à garrafa.[25]

4. WIKIPEDIA E AS OBRAS COLABORATIVAS

Um dos fenômenos que melhor exemplificam as transformações ocorridas na percepção de que a exclusividade seria a única ou pelo menos a melhor forma de incentivar a criação intelectual é a ascensão das chamadas obras colaborativas.

A constatação de que o maior grau de liberdade concedido ao usuário da obra gera benefícios em grande escala para a coletividade, revertendo até mesmo para o próprio autor, pode ser encontrada no sucesso hoje alcançado por uma série de iniciativas exploradas na Internet, como ocorre com a Wikipedia. Nessas hipóteses, existe um maior ou menor grau de liberdade concedido à criação intelectual e à sua posterior transformação que incentiva o aumento quantitativo de produção autoral e, consequentemente, do grau de inovação que essas redes alcançam.

A Wikipedia, que conta com mais de 2 milhões e 700 mil verbetes, é uma enciclopédia existente na Internet que possui a particularidade de permitir que qualquer usuário crie, altere ou elimine um verbete.[26] Por trás do seu imenso sucesso está uma espécie de *software*

---

25. PERRY-BARLOW, John. *The economy of ideas*: selling wines without bottles on the global net. Disponível em: <http://www.eff.org/~barlow/EconomyOfIdeas.html>. Acesso em: 10 jan. 2020.
26. Disponível em: <http://www.wikipedia.org>. Acesso em: 10 jan. 2020. Vale destacar que os 4.110.000 verbetes da Wikipedia referem-se apenas àqueles redigidos em inglês. Segundo notícia o próprio *website*, o número de verbetes em português é de 760.000 em 2013.

chamada de *groupware*. Segundo definição encontrada na própria Wikipedia, *groupware* é o programa de computador que permite a integração simultânea de diversos usuários, localizados em estações de trabalho distintas, para a conclusão de um único projeto.[27]

A pesquisa na Wikipedia apresenta inegáveis vantagens sobre a consulta a enciclopédias tradicionais, podendo-se destacar, por exemplo, a existência de *hyperlinks*, que direcionam o leitor para um determinado assunto através do simples clique com o *mouse*, ou ainda a facilidade de se buscar o conteúdo desejado através de pesquisa em um mecanismo de chave de busca.

Nenhuma dessas características, todavia, particulariza a Wikipedia como a forma de colaboração que ela permite, com a possibilidade de se alterar o conteúdo de qualquer verbete ou de se criar um novo verbete. Essa facilidade, proporcionada por um programa de computador, gera um resultado que ultrapassa qualquer consideração de natureza estritamente técnica. Em outras palavras, essa facilidade possibilita uma forma de produção de conhecimento característica da sociedade contemporânea: a produção colaborativa de conhecimento.[28]

Esse conhecimento não é apresentado como um produto elaborado, analisado e aprovado por uma autoridade centralizada à qual se pode, em última instância, imputar eventuais equívocos. A ausência de uma autoridade que avalize, em tempo real, o conteúdo exibido como correto ou atualizado caracteriza o momento de dispersão de conhecimento na rede mundial de computadores, devendo-se compreender como novas formas de produção de conteúdo, e suas respectivas autoridades, são desenvolvidas.[29]

É justamente a colaboração entre pessoas do mundo inteiro que forma o acervo impressionante da Wikipedia. A participação de um universo tão extenso de pessoas, dotadas de conhecimentos tão abrangentes, permite que a compilação de dados seja

27. Disponível em: <http://en.wikipedia.org/wiki/Collaborative_software>. Acesso em: 10 jan. 2020.
28. Não por outro motivo, a plataforma para inserção e modificação de artigos denominada *wiki*, que se tornou famosa por conta da Wikipedia, é hoje em dia explorada para as mais diversas finalidades como um *software* que permite agrupar usuários para discussão e troca de informações. Vários outros projetos nasceram a partir dessa plataforma aberta para a construção de *websites*, como a Wikinews, Wikitravel, por exemplo. A definição do que seria uma *wiki*, segundo o verbete próprio encontrado na Wikipedia, gira em torno do conceito de *software* colaborativo. Segundo explicita o mesmo verbete, "[o] que faz a 'wiki' tão diferente das outras páginas da internet é certamente o fato de poder ser editada pelos usuários que por ela navegam. Por exemplo, essa parte do artigo foi adicionada anos após a criação do próprio, e, com certeza, não será a última edição; ela será modificada por usuários e visitantes ao longo do tempo. Desse jeito, é possível corrigir erros, complementar ideias e inserir novas informações. Assim, o conteúdo de um artigo se atualiza graças à coletividade. Os problemas que se podem encontrar em wikis são artigos feitos por pessoas que nem sempre são especialistas no assunto, ou até vandalismo, substituindo o conteúdo do artigo. Porém, o intuito é, justamente, que a página acabe por ser editada por alguém com mais conhecimentos" (Disponível em: <http://pt.wikipedia.org/wiki/Wiki>. Acesso em: 10 jan. 2020).
29. Nesse sentido, dissertando sobre o fenômeno de desordem na apresentação do conhecimento disponibilizado na Internet (chamado de "miscelânea"), afirma David Weinberger que "há muito as autoridades filtram e organizam as informações que chegam até nós, protegendo-nos daquilo que supostamente não vale o nosso tempo e ajudando-nos a descobrir o que precisamos para conferir às nossas crenças uma fundação sólida. Mas com a miscelânea, tudo está ao nosso alcance, sem filtragem" (*A nova desordem digital*. Rio de Janeiro: Campus, 2007. p. 133). Se por um lado a ausência de filtros predeterminados parece potencializar o desenvolvimento da personalidade individual, por outro é importante ressaltar que a maior exposição a uma gama maior de conteúdos também aumenta o risco de que danos venham a ser causados. É sobre esse cenário que a imputação de responsabilidades, especialmente aquelas derivadas do risco, com base no art. 927, parágrafo único, do Código Civil, deve ser observada com cautela para não legitimar uma série de ações indenizatórias que podem justamente minar as bases dessa diversidade cultural presente e acessível na rede mundial de computadores.

realmente efetiva e alcance o resultado aqui mencionado. Esse resultado, por sua vez, dificilmente seria alcançado caso a Wikipedia fosse uma "obra fechada", cujo conteúdo pudesse ser apenas visualizado pelo usuário da rede mundial de computadores, sem permitir qualquer forma de interatividade.

Ao se indagar sobre as razões do sucesso da Wikipedia, tanto em termos quantitativos, como em termos qualitativos, Cass R. Sustein argumenta que

> uma parte essencial da resposta decorre do fato de que um grupo grande de pessoas com algum conhecimento está interessado em criar a Wikipedia, e qualquer erro que elas venham a cometer é rapidamente corrigido simplesmente porque existem muitas mentes envolvidas nesse processo. Esse envolvimento de muitas pessoas permite que os usuários da Wikipedia possam produzir um acervo muito maior e mais consistente em comparação com o que poderia produzir um grupo menor, mesmo que composto apenas por *experts*. É fantástico e verdadeiro: a Wikipedia é revisada centenas de vezes por hora. As últimas contas apontavam que cerca de 700 (setecentos) artigos são acrescentados por dia. A Wikipedia é assim capaz de lidar com uma gama de informações dispersa e diversificada.[30]

A Wikipedia representa um exemplo de como uma maior liberdade concedida sobre as utilizações de uma obra autoral pode gerar um resultado benéfico tanto para o autor como para a coletividade que se vale daquele repositório de informações criado. A enciclopédia utiliza uma licença GNU de Documentação Livre, ou seja, um modo de licenciamento geral público, típico de projetos que envolvem o desenvolvimento de *software* livre e a disponibilização de obras através de licenças Creative Commons, temas que serão abordados em maior detalhamento no tópico a seguir. Por ora, pode-se dizer que, ao criar um verbete no referido *website*, o autor retém para si o direito autoral, mas autoriza desde o momento de criação da obra que ela venha a ser copiada, distribuída e modificada de acordo com os termos da licença.[31]

Assim, o autor renuncia ao direito de autorizar cada utilização que venha a ser feita da obra, permitindo determinados usos da obra, através do licenciamento geral público, a qualquer pessoa. Esse sistema de licenciamento de obras altera radicalmente a premissa sob a qual foi construída a necessidade de uma autorização "prévia e expressa", conforme consta da LDA. Note-se que esse tipo de licenciamento está de acordo com a legislação, na medida em que a adesão aos termos da licença do *website* é prévia à utilização da obra por terceiros e ela é expressa por concordar o usuário do *website* com os seus termos logo ao se registrar no mesmo (o que inclui o modo de licenciamento) e ao contribuir para o conjunto de verbetes.

A Wikipedia talvez seja o exemplo mais conhecido de experiência de criação colaborativa propiciada pela Internet e já demonstra como o incentivo para criar pode ser obtido não pela concessão de uma exclusividade, mas sim por outros fatores. Se não há uma exclusividade, conforme tradicionalmente concebida, no exercício dos direitos autorais derivados dos verbetes que os usuários da Wikipedia criam e inserem diariamente em suas páginas, cumpre indagar qual seria o fator que motivaria então essas pessoas a continuarem a contribuir com o *website*.

---

30. SUNSTEIN, Cass R. *Infotopia*: how many minds produce knowledge. New Yorque: Oxford University Press, 2006. p. 151-152.
31. Disponível em: <http://pt.wikipedia.org/wiki/Wikipedia:Direitos_de_autor>. Acesso em: 10 jan. 2020.

Nesse ponto pode-se perceber que vários outros fatores devem ser considerados para que o autor seja estimulado a criar uma obra intelectual. No caso da Wikipedia, a vontade de participar de um projeto com visibilidade internacional, o desejo de compartilhar conhecimento, ou mesmo o sentimento de pertencimento a certa comunidade na rede mundial de computadores, pode estimular alguém a contribuir nas páginas da enciclopédia.

O resultado é a criação de um ambiente de intensa colaboração, inovação e difusão do conhecimento, baseado em graus maiores de liberdade na utilização de obras autorais. Conforme define Yochai Benkler:

> Colaborações criativas como o *software* livre e a Wikipedia, que contam com uma grande quantidade de atos de criação interativos, gerados a partir de um grande número de contribuições, adotaram uma estrutura de constituição na qual cada usuário renunciou ao seu direito de exclusividade. Eles assim criam um *commons*, do qual qualquer um é livre para utilizar o que desejar, contanto que as novas obras criadas sejam também inseridas nesse conjunto criativo. Construindo assim o seu ambiente institucional, esses usuários criaram sistemas bastante eficientes e sustentáveis de produção colaborativa, ao mesmo tempo garantindo bastante liberdade de ação para que os seus participantes criem novas obras, superando as restrições de um sistema no qual a autorização tivesse que ser solicitada cada vez que alguém desejasse utilizar a criação de terceiro.[32]

Fora do ambiente estritamente digital, pode-se ainda refletir sobre o exemplo das publicações acadêmicas nas mais diversas áreas do conhecimento. Nesses casos, pode-se afirmar que o exercício de uma exclusividade que possa render algum proveito econômico não é o único incentivo para a inovação na pesquisa em universidades pelo mundo afora.[33] O reconhecimento como autor de certa obra ou integrante de equipe de certa pesquisa são elementos que estimulam também a criação intelectual. No âmbito da pesquisa acadêmica em Direito, pode-se afirmar que os proveitos de uma futura exclusividade não parecem figurar como o principal fator motivacional de monografias, dissertações e teses produzidas.

A ascensão das obras coletivas, seja no caso da Wikipedia, seja no caso dos "mundos virtuais", traz consigo uma segunda transformação que se direciona ao instrumento pelo qual a exclusividade se vale para restringir o uso da obra por terceiros: a autorização. Nesse sentido, cabe perceber como a autorização tem sido transformada pela aplicação das novas tecnologias, enfocando o exemplo do *software* livre e do Creative Commons como modelos que conciliam a tecnologia com a possibilidade de se criarem autorizações que propiciem um acesso maior e mais facilitado à obra autoral, sem abrir mão dos direitos autorais inerentes à obra licenciada.

---

32. BENKLER, Yochai. There is no spoon. In: BALKIN, Jack M.; NOVECK, Beth Simone (Org). *The state of play*: law, games and virtual worlds. New Yorque: New York University Press, 2006. p. 180-186.
33. Vários são os estímulos que alguém pode encontrar para criar uma obra, e não necessariamente esse incentivo encontra-se ligado à remuneração direta por autorizações que se façam para permitir usos da mesma por terceiros. Nessa direção, explicita Guilherme Carboni que "muitos criadores são motivados a criar, independentemente de uma motivação financeira, tal como ocorreu em grande parte da história e ocorre ainda hoje. Alguns criam estimulados pelo prazer de proporcionar alegria à plateia. Outros se veem como simples transmissores de conteúdo. O desejo pela fama e respeito também estimula muitos criadores. Há os que até mesmo pagam para terem o seu livro publicado ou a sua música gravada em CD, ainda que tais produtos não venham a ser comercializados posteriormente" (*Função social do direito autoral*. Curitiba: Juruá, 2006. p. 75).

5. TRANSFORMAÇÕES NA AUTORIZAÇÃO: *SOFTWARE* LIVRE E *CREATIVE COMMONS*

O fenômeno referido das obras colaborativas encontra no desenvolvimento e licenciamento de *software* livre uma das suas mais significativas formas. Do mesmo modo, o licenciamento de *software* livre atua como um bom exemplo a ser explorado para se identificar como as licenças gerais públicas, amplamente difundidas na Internet, modificaram a concepção tradicional de autorização.

Como toda forma de licenciamento livre, o *software* assim disponibilizado surge como uma resposta à redução do espaço que legislações pelo mundo afora dedicam ao domínio público, cenário esse que se agrava com o recrudescimento das formas de aplicação da legislação autoral, especialmente no que diz respeito aos casos de eventuais infrações à tutela outorgada pelo ordenamento jurídico.[34] Por criar regimes nos quais obras podem ser disponibilizadas e apropriadas com amplas liberdades, pode-se de alguma forma caracterizar licenciamentos gerais públicos, nos quais se incluem o *software* livre e o Creative Commons, como verdadeiras antecipações dos efeitos do domínio público.[35]

Nos projetos de desenvolvimento de *software* livre, pessoas do mundo inteiro cooperam para a elaboração de um programa de computador que melhor atenda às suas necessidades.[36] Essa colaboração, por sua vez, só é possível por dois motivos de natureza tecnológica: (i) o acesso ao código-fonte, que permite a cada pessoa efetivamente alterar a composição do programa de computador, aperfeiçoando as suas utilidades; e (ii) a utilização da Internet, que através de fóruns de discussão síncronos (*chats*) ou assíncronos (*message boards*), ou mesmo através de correio eletrônico (*e-mail*), possibilita uma interatividade inédita entre os seus usuários.[37]

Percebe-se, então, que a tecnologia tem propiciado novas formas de produção de conhecimento, isto é, a partir de criação e da troca de bens intelectuais. Todavia, a legislação autoral, elaborada para proteger e estimular a referida criação, parte do pressuposto

---

34. LIANG, Lawrence. *Guide to open content licenses*. Roterdã: Piet Zwart Institute, 2004. v. 1, 2, p. 34.
35. Nesse sentido, César Iglesias Rebollo. Software libre y otras formas de dominio público anticipado. In: VIDE, Carlos Rigel (Coord.). *La duración de la propiedad intelectual y las obras en dominio público*. Madrid: Reus, 2005. p. 187-218. No direito brasileiro, é controvertida a dedicação de obra autoral para o domínio público enquanto perdurar a sua proteção, diferente do que ocorre com outros ordenamentos jurídicos. Como esse ato é possível nos Estados Unidos, o próprio sistema de licenciamento do *Creative Commons* possui uma licença que dedica a obra ao domínio público. Essa licença não foi incorporada ao rol das licenças Creative Commons brasileiras justamente por existir controvérsia na doutrina nacional. Para uma revisão da literatura e posicionamento a favor da dedicação da obra ao domínio público pelo autor, vide: BRANCO, Sérgio. *O domínio público no direito autoral brasileiro*. Rio de Janeiro: Lumen Juris, 2011.
36. Sobre o aspecto da colaboração nos projetos de desenvolvimento de *software* livre, vide: SILVA JÚNIOR, Ronaldo Lemos da. Abolição do *software* em cativeiro: a revolução das formas cooperativas. *Revista Insight Inteligência*, nº 24, jan./mar. 2004, p. 86-95.
37. A interatividade é, segundo Pierre Levy, o grau de participação ativa do beneficiário de uma transação de informações (*Cibercultura*. São Paulo: Quatro, 1999. p. 79). É preciso verificar a possibilidade de recombinação da mensagem por seu receptor e a existência de um canal, simultâneo ou não, de resposta à primeira mensagem para que se avalie a interatividade possibilitada por uma tecnologia. A Internet, por sua vez, possibilita a comunicação entre pessoas em todas as escalas usualmente identificáveis de interatividade, com destaque para a chamada interatividade plúrima, ou "muitos-com-muitos", permitindo a troca de informação simultânea entre os agentes da comunicação. Sobre a interatividade proporcionada pela Internet, vide ainda Paul Mathias. *La ciudad de Internet*. Barcelona: Bellaterra, 1998, p. 109 ss.

de que a exclusividade gera a necessidade de uma autorização e que esta deve ser obtida prévia e expressamente à utilização que se queira dar à obra. Nesse ponto, se a legislação brasileira sobre direitos autorais não proíbe o licenciamento geral público, ela também não contribui com dispositivos que abordem diretamente esse problema. Cabe então ao intérprete analisar se as práticas de licenciamento comentadas estão adequadas ao que prevê o ordenamento jurídico para fins de contratação envolvendo obras intelectuais.

A adequação das leis sobre direito autoral ao progresso tecnológico não é uma temática de todo moderna. A evolução da proteção autoral através do tempo demonstra que, paulatinamente, a tutela da liberdade de criação intelectual oferecida pelo ordenamento jurídico foi se conformando aos avanços tecnológicos, com destaque para a própria invenção da tipografia por Gutenberg.[38] Todavia, a velocidade com que o progresso tecnológico recente tem alterado as instituições sobre as quais atua demanda uma análise destacada. Essa inédita velocidade de transformação impõe ao estudo jurídico um teste de velocidade de aplicação inédito para que se possa acompanhar o desenvolvimento tecnológico, protegendo os valores e atendendo as finalidades inerentes aos seus institutos e demandada pela sociedade sobre a qual atua.

Investigando o *software* livre como primeiro caso dessas possíveis adequações e transformações sofridas pela tutela autoral, percebe-se de imediato existir na sua própria concepção a garantia de certo grau de liberdade para se criarem e desenvolverem novos programas de computador. Essas liberdades precisam estar respaldadas por algum instrumento jurídico e é justamente nesse ponto que a forma de licenciamento geral público atua para assegurar os preceitos que caracterizam o movimento.

Tais licenciamentos terão como objeto *softwares* que poderão ser estudados por qualquer pessoa e utilizados para quaisquer finalidades, desde que estejam em conformidade com os princípios destacados na licença. O *software* livre mais conhecido, licenciado exatamente através de uma licença geral pública, é o sistema operacional GNU/Linux, que compete com o sistema operacional Microsoft Windows, este de uso hegemônico em grande parte dos computadores do mundo.[39]

O termo *software livre* é uma tradução do original em inglês "*free software*". Não se trata, na verdade, de "*software* gratuito", como poderia ser imaginado em um primeiro momento, uma vez que o termo "*free*" em inglês comporta tanto a tradução "livre" como "gratuito".[40]

---

38. Sobre o impacto da invenção da tipografia na proteção autoral, vide: GANDELMAN, Henrique. *De Gutenberg à Internet*: direitos autorais na era digital. Rio de Janeiro: Record, 2001. p. 17 ss.
39. São inúmeros os projetos de *software* livre em atividade atualmente na Internet. Além do GNU/Linux, pode-se mencionar o programa de navegação na rede mundial (*browser*) Mozilla Firefox, o servidor Apache e o pacote de programas para escritórios OpenOffice.org como *softwares* de grande sucesso.
40. Nessa direção, vale destacar que a utilização de uma licença como a GPL não impede que o licenciado venha a comercializar o *software* obtido, de acordo com a cláusula 1ª da GNU General Public License. Todavia, a mesma liberdade deverá ser garantida, de modo que aquele que adquire o programa em seguida, mediante pagamento, também poderá fazer o mesmo. Essa proibição de se fechar o acesso ao código e de se manter a forma de licenciamento aberto garante o fluxo de conhecimento ao mesmo tempo em que viabiliza novos modelos de negócio com *software* que não necessariamente partam da exploração de uma exclusividade, o que por si só demonstra como os licenciamentos gerais públicos, e o licenciamento através de *software* livre em especial, derrubam a identificação da função promocional do direito autoral com o simples recebimento de remuneração pelo exercício do direito

Nesse sentido, segundo exposto por Richard Stallman, são quatro as liberdades fundamentais que caracterizam o *software* livre: (i) liberdade de executar o programa independentemente de sua finalidade; (ii) liberdade de estudo do programa para melhor adequá-lo às suas necessidades; (iii) liberdade de redistribuição de cópias do programa, de forma gratuita ou onerosa; e (iv) liberdade de modificação do programa.[41]

Sendo assim, o foco do *software* livre está nas liberdades concedidas aos seus usuários e não na gratuidade. Os programas de computador gratuitos (*freeware*) não necessariamente serão classificados como *software* livre, pois nem sempre cumprem as quatro liberdades expostas acima. O *software* somente será livre, portanto, quando permitir a sua utilização, cópia, modificação e distribuição de acordo com as premissas apontadas.

Os questionamentos sobre o alcance da tutela autoral na questão do *software* livre se destacam desde o modo de elaboração do próprio *software*. Usualmente, o *software* livre é o resultado de um esforço coletivo, congregando o trabalho intelectual de diversos programadores. Todavia, essa circunstância não retira o *software* livre da órbita dos direitos autorais. A distribuição do *software* livre depende de um instrumento jurídico que formalize a situação de circulação da obra.

O licenciamento de *software* livre é usualmente realizado por uma espécie de licença denominada GPL – *General Public License*, ou Licença Pública Geral. A sua redação foi concebida pela Free Software Foundation,[42] entidade que possui Richard Stallman como um dos seus principais representantes.

Em síntese, a GPL é um contrato de licença por meio do qual o autor de um *software* autoriza o uso, cópia, modificação e distribuição do programa por ele desenvolvido, nos termos da licença. As restrições inseridas no texto da licença de *software* livre visam, por sua vez, a manter a característica do programa como sendo *software* livre. A legislação brasileira pouco dispõe sobre os contratos de licenciamento de *software*, constituindo-se a GPL, no entender de Marcos da Costa e Augusto Marcacini, em verdadeiro contrato atípico.[43]

Sendo assim, é usual encontrar em licenças de *software* livre a vedação não à exploração comercial do programa, mas sim ao fechamento do código-fonte do programa de computador, o que terminaria por descaracterizar as liberdades conferidas pelo *software*.

O modelo tradicional de licenciamento de programas de computador se dá pelo denominado modelo de *software* "proprietário". A expressão é repleta de vícios, uma vez que o *software* livre, por não abdicar dos direitos autorais, não é um objeto desvinculado do conceito de propriedade. Adicionalmente, o termo *proprietário* não evidencia a principal distinção entre os dois métodos de desenvolvimento de programas de computador: a liberdade de usar, distribuir, copiar e modificar o *software*.

---

de exclusividade outorgado pela lei. Sobre a interpretação das cláusulas da GPL, vide, dentre outros: LAURENT, Andrew M. St. *Understanding open source & free software licensing*. Sebastopol: O'Reilly, 2004. p. 38.
41. The GNU Project. Disponível em: <http://www.fsf.org/gnu/thegnuproject.html>. Acesso em: 10 jan. 2020.
42. Disponível em: <http://www.fsf.org>. Acesso em: 10 jan. 2020.
43. COSTA, Marcos da; MARCACINI, Augusto Tavares. *Primeiras linhas sobre* software *livre*. Disponível em: <http://www.marcosdacosta.adv.br/documento.asp?ID_Documento=467. Acesso em: 10 jan. 2020.

Ao licenciar um programa de computador através da GPL, o seu autor está assim autorizando terceiros a dar à sua obra as utilizações que não contrariem a licença, independentemente de quem venham a ser esses terceiros.

Analisando-se a legislação autoral, pode-se perceber que o licenciamento geral público é prévio, na medida em que a obra será utilizada depois de devidamente licenciada nessa forma pelo seu autor, e expresso, conforme determina o art. 29 da LDA, pois ao vincular a sua obra, no caso o programa, ao texto da GPL, por exemplo, essa manifestação de vontade geralmente se opera de forma expressa, indicando os termos de licenciamento no próprio programa, em arquivo de texto que o acompanha, na página através da qual ele pode ser encontrado e em outras formas que a tecnologia trata de desenvolver. Em todas elas, existe uma autorização prévia e expressa, que apenas não determina quem será o licenciado.

A não identificação do licenciado não é, no direito brasileiro, um problema para a validade do licenciamento geral público, pois o Código Civil, no art. 104, estabelece que o sujeito de um negócio jurídico pode ser determinado ou determinável. No caso do licenciamento geral público, está-se diante de um caso de sujeito determinável, estando assim essa modalidade de licença adequada aos requisitos constantes da legislação em vigor.

Outro exemplo de como a regulamentação jurídica depende de considerações tecnológicas para melhor tutelar o exercício dos direitos autorais na rede mundial de computadores pode ser buscado no projeto Creative Commons.[44]

O Creative Commons é uma organização não governamental norte-americana que, em seu *website*, disponibiliza para autores de diversas espécies de obras intelectuais modelos de licenças jurídicas para a veiculação de sua obra na Internet. Cabe assim ao autor selecionar quais são os usos que ele autoriza de sua obra e, mediante o preenchimento de um formulário no *website*, ele terá ao final três tipos de licenças que se aplicam a sua obra: (i) uma licença para leigos, que apenas explicita, de modo claro e sucinto, quais usos são permitidos para aquela obra; (ii) uma licença para advogados, que possui uma redação contratual mais próxima da tradicional e aborda de forma mais detalhada os direitos e deveres daquele que se vale da obra licenciada; e (iii) uma licença-código, que identifica o modelo de licenciamento escolhido, podendo esse código ser utilizado para auxiliar na leitura sobre as formas permitidas de utilização da obra por computadores.

As licenças Creative Commons têm a existência, a validade e a eficácia jurídica tal qual qualquer outro contrato envolvendo direitos autorais, mas como a sua formação é realizada pelo próprio autor através de simples escolhas feitas em um *website*, existem questionamentos sobre se essa forma de contratação seria admitida pelo ordenamento jurídico.

Tal como visto acima para o licenciamento público em geral, do qual o Creative Commons é apenas uma espécie, essa forma de contratação atende aos requisitos do art. 104 do Código Civil, sendo assim perfeitamente adequado aos requisitos legais para constituir um licenciamento.

---

44. Disponível em: <http://www.creativecommons.org>. Acesso em: 10 jan. 2020.

No direito estrangeiro, a licença Creative Commons já foi objeto de ação judicial que pretendia fazer valer os seus termos. Em 2006, a revista holandesa Weekend utilizou fotos de autoria de Adam Curry em desconformidade com os termos do licenciamento utilizado pelo autor para a disponibilização das mesmas no *website* Flickr.[45] O autor havia optado por disponibilizar as suas fotos no *website* através de uma licença Creative Commons "Atribuição – Uso não comercial – Compartilhamento pela mesma licença". Como a revista era de fato comercializada, a utilização de fotos licenciadas apenas para usos não comerciais representaria uma violação dos termos do contrato.

Adam Curry ingressou com ação indenizatória contra a editora Audax, que publica a revista, tendo a Corte Distrital de Amsterdã decidido que a licença Creative Commons possui validade e eficácia em termos jurídicos, podendo o autor que optou por licenciar suas obras através desse modo de contratação fazer valer os seus termos em juízo, se assim for preciso, em casos de violação.[46]

6. CONCLUSÃO

É importante perceber como a função promocional do direito autoral passa por intensas transformações: tanto na sua essência, ao conferir à exclusividade papel de incentivo principal à criação, como na autorização, instrumento por excelência para tornar efetiva a restrição imposta pelo direito de exclusividade.

O progresso tecnológico tem um papel destacado nessas transformações, por impulsionar novas modalidades de utilização de obras autorais, recebidas por alguns como novas formas de infração, aumentando o discurso sobre a existência de uma "ameaça tecnológica", que transforma toda a disciplina do direito autoral em verdadeiro direito de classe, protetivo e focado em seu momento patológico.[47]

---

45. Disponível em: <http://www.flickr.com/>. Acesso em: 10 jan. 2020. Uma amostra dos tipos de licenças Creative Commons que podem ser utilizadas para a disponibilização de fotos e vídeos nesse website pode ser encontrada no endereço <http://www.flickr.com/creativecommons/>. Acesso em: 10 jan. 2020.
46. Corte Distrital de Amsterdã. *Curry vs. Audax*. Processo nº 334492/KG 06-176 SR. j. em 9.3.2006. A íntegra da decisão em inglês pode ser encontrada em: <http://mirrors.creativecommons.org/judgements/Curry-Audax-English.pdf>. Acesso em: 10 jan. 2020. Por entender que a interface do *website* Flckr não contribuía para esclarecer as opções de licenciamento feitas pelo autor, a Corte holandesa não condenou a empresa Audax ao pagamento de indenização, pois ela estaria de boa-fé, mas advertiu a ré no sentido de que qualquer nova utilização de fotos do autor em desacordo com os termos da licença resultaria na aplicação de multa no valor de EUR 1.000,00 por cada foto. Mais relevante do que o resultado específico desse caso, no qual a interface gráfica do *website* Flickr foi determinante para a apreciação do comportamento da ré, foi o reconhecimento da aplicabilidade das licenças *Creative Commons*, superando as eventuais críticas no sentido de que a não determinação de um licenciante quando da disponibilização da obra intelectual seria um impeditivo para que se conferissem efeitos jurídicos a esse tipo de licenciamento.
47. Dentre as manifestações contrárias ao *Creative Commons*, por identificar nessa forma de licenciamento um risco para a proteção dos direitos autorais, vide o comentário de João Carlos Éboli ao afirmar que o regime de licenciamento proporcionado pelo *Creative Commons*, "a pretexto de assegurar o acesso do povo à cultura e às artes através da Internet, pode estimular a afronta à propriedade intelectual dos titulares de direitos autorais, acarretando incalculáveis prejuízos para os autores e para os artistas. [...] O *Creative Commons* não deve ultrapassar os limites de uma grande licença para converter-se numa desmesurada licenciosidade, altamente nociva aos direitos autorais, capaz mesmo de desestimular a produção intelectual, na medida em que reduzirá substancialmente o faturamento dos criadores do espírito pelo uso de suas obras e interpretações" (A tutela dos direitos autorais no campo dos direitos fundamentais. Instituto Dannemann Siemsen de Estudos Jurídicos e Técnicos (IDS). *Propriedade intelectual*: plataforma para o desenvolvimento. Rio de Janeiro: Renovar, 2009. p. 97). É importante perceber como esse

Ao enfatizar essa mudança de perspectiva no direito autoral, que deixa de ser um mero instrumento protetor de uma classe para descobrir novas formas de potencializar as suas funções com auxílio da tecnologia, assim se manifesta José de Oliveira Ascensão:

> Sustentamos que o paradigma da propriedade intelectual, que foi repetido até a exaustão desde a viragem para o século XIX, está esgotado. É impossível continuar a pretender que o direito intelectual tem como objetivo a defesa do criador intelectual. Porque a entender assim, seriam os aspectos mais relevantes da evolução hodierna que ficariam por explicar.[48]

Procurou-se com os exemplos acima elencados demonstrar como o progresso tecnológico revoluciona a função promocional, não apenas para desafiar os seus termos, mas também para possibilitar que a mesma seja alcançada de novas formas e através de renovadas condutas e metodologias. Nesse sentido, a ascensão das obras colaborativas e o licenciamento geral público mostram um caminho que concilia o atendimento da função promocional em sintonia com o desenvolvimento de novas tecnologias.

REFERÊNCIAS

ABRÃO, Eliane Y. *Direitos de autor e direitos conexos*. São Paulo: Editora do Brasil, 2002.

ARNAUD, André-Jean; DULCE, María Fariñas. *Introdução à análise sociológica dos sistemas jurídicos*. Rio de Janeiro: Renovar, 2000.

ASCENSÃO, José de Oliveira. *Direito autoral*. 2. ed. Rio de Janeiro: Renovar, 2007.

ASCENSÃO, José de Oliveira. *Direito da Internet e da sociedade da informação*. Rio de Janeiro: Forense, 2002.

ASCENSÃO, José de Oliveira. Direito de autor e desenvolvimento tecnológico: controvérsias e estratégias. *Revista Forense*. Rio de Janeiro: Forense, n° 374, p. 151-169, jul./ago. 2004.

BENKLER, Yochai. There is no spoon. In: BALKIN, Jack M.; NOVECK, Beth Simone (Org). *The state of play*: law, games and virtual worlds. Nova Yorque: New York University Press, 2006.

BITTAR, Carlos Alberto. *Direito de autor*. 3. ed. Rio de Janeiro: Forense Universitária, 2001.

BRANCO, Sérgio. *O domínio público no direito autoral brasileiro*. Rio de Janeiro: Lumen Juris, 2011.

BRANT, Fernando. A pedra de Sísifo autoral. *Revista Propriedade e Ética*, n° 6, p. 20-22, nov. 2008 – jan. 2009.

CARBONI, Guilherme. *Função social do direito de autor*. Curitiba: Juruá, 2006.

---

argumento encontra-se centrado na figura do faturamento, obtido, pode-se dizer, através dos modelos de negócio tradicionais, diretamente vinculado à utilização que se permite que terceiros façam de certa obra intelectual. Não existe um nexo causal direto entre a adoção de um licenciamento mais aberto, através do qual o autor abre mão de parte de sua exclusividade em prol de um maior acesso à sua criação, e a perda patrimonial. Até porque, com o crescimento exponencial das mais diversas formas de criação intelectual proporcionadas pelas novas tecnologias, os modelos tradicionais de divulgação de novos autores certamente se esgotaram ou, na melhor das hipóteses, atendem a um grupo muito reduzido de pessoas. Nesse sentido, procurar restringir as novas formas de licenciamento sob o argumento de que a adoção desse tipo de disponibilização da obra, por si só, implica em desestímulo à criação, ou em redução do faturamento, é um discurso que desconsidera toda a diversidade cultural gerada pelas formas de licenciamento geral público, especialmente na rede mundial de computadores, e os seus respectivos sucessos, além daqueles autores que buscam incentivos em outros fatores que não apenas na remuneração direta pelo acesso às suas obras.

48. ASCENSÃO, José de Oliveira. Direito de autor e desenvolvimento tecnológico: controvérsias e estratégias. *Revista Forense*, Rio de Janeiro: Forense, n° 374, p. 155.

CHAVES, Antonio. *Criador da obra intelectual*. São Paulo: LTr, 1995.

COSTA, Marcos da; MARCACINI, Augusto Tavares. Primeiras linhas sobre *software* livre. Disponível em: <http://www.marcosdacosta.adv.br/documento.asp?ID_Documento=467>. Acesso em: 10 jan. 2020.

COSTA NETTO, José Carlos. *Direito autoral no Brasil*. São Paulo: FTD, 1998.

ÉBOLI, João Carlos. A tutela dos direitos autorais no campo dos direitos fundamentais. Instituto Dannemann Siemsen de Estudos Jurídicos e Técnicos (IDS). *Propriedade intelectual*: plataforma para o desenvolvimento. Rio de Janeiro: Renovar, 2009.

EDELMAN, Bernard. *La personne en danger*. Paris: PUF, 1999.

GANDELMAN, Henrique. *De Gutenberg à Internet*: direitos autorais na era digital. Rio de Janeiro: Record, 2001.

JARACH, Giorgio. *Manuale del diritto d'autore*. Milão: Mursia, 1991.

LEMOS, Ronaldo. Abolição do *software* em cativeiro: a revolução das formas cooperativas. *Revista Insight Inteligência*, nº 24, jan./mar. 2004, p. 86-95.

LEMOS, Ronaldo; PARANAGUÁ, Pedro; BRANCO, Sérgio; MAGRANI, Bruno. Estudo técnico-jurídico: sistema brasileiro de TV digital (SBTVD) e implementação de tecnologia anticópia. *Revista de Direito de Informática e Telecomunicações* (RDIT). Belo Horizonte: Fórum, ano 2, nº 3, jul.dez. 2007, p. 147-166.

LESSIG, Lawrence. *Free culture*. New Yorque: Penguin, 2004.

LEVY, Pierre. *Cibercultura*. São Paulo: Quatro, 1999.

LIANG, Lawrence. *Guide to open content licenses*. Roterdã: Piet Zwart Institute, 2004. v. 12.

MATHIAS, Paul. *La ciudad de Internet*. Barcelona: Bellaterra, 1998.

MOGLEN, Eben. *Anarchism triumphant*: free *software* and the death of copyright. Disponível em: <http://old.law.columbia.edu/my_pubs/anarchism.html>. Acesso em: 10 jan. 2020.

PARIS, Thomas. *Le droit d'auteur*: l'idéologie et le système. Paris: PUF, 2002.

PERRY-BARLOW, John. *The economy of ideas*: selling wines without bottles on the global net. Disponível em: <http://www.eff.org/~barlow/EconomyOfIdeas.html>. Acesso em: 10 jan. 2020.

REBOLLO, César Iglesias. Software Libre y otras formas de dominio público anticipado. In: VIDE, Carlos Rigel (Coord.). *La duración de la propiedad intelectual y las obras en dominio público*. Madrid: Reus, 2005.

RODOTÀ, Stefano. *Tecnologie e diritti*. Bolonha: Il Mulino, 1998.

SOUZA, Allan Rocha de. *A função social dos direitos autorais*. Campos dos Goytacazes: Editora da Faculdade de Direito de Campos, 2006.

ST. LAURENT, Andrew M. *Understanding open source & free software licensing*. Sebastopol: O'Reilly, 2004.

SUNSTEIN, Cass R. *Infotopia*: how many minds produce knowledge. New Yorque: Oxford University Press, 2006.

UNGER, Roberto Mangabeira. *What Should Legal Analysis Become?* New Yorque: Verso, 1996.

WEINBERGER, David. *A nova desordem digital*. Rio de Janeiro: Campus, 2007.

34
AS LIMITAÇÕES, O *FAIR USE* E A GUINADA UTILITARISTA DO DIREITO AUTORAL BRASILEIRO[1]

Cláudio Lins de Vasconcelos

Sumário: 1 Introdução. 2 Limitações e *fair use*: a raiz da diferença. 3 O sistema brasileiro: das causas naturais às consequências práticas. 4 Conclusão. Referências.

1. INTRODUÇÃO

Na ordem constitucional brasileira, e mesmo na ordem jurídica internacional, ao contrário do que reza um dos mitos mais repetidos do mundo jurídico, há, sim, direitos absolutos.[1] Tome-se aqui emprestado um exemplo de difícil contestação, oferecido pelo Ministro Carlos Ayres Britto: o brasileiro nato tem o direito constitucional de não ser extraditado e nada parece autorizar qualquer espécie de ponderação em sentido contrário.[2] Não importa o quão sanguinário tenha sido o crime praticado no exterior, quão repulsivas tenham sido suas motivações ou quão relevantes sejam as relações diplomáticas com o Estado requerente. Se o réu é brasileiro nato, não há hipótese legal para sua extradição.

Transpondo essa mesma lógica para o direito internacional público, perceberemos que nenhum Estado, por mais convicto de sua soberania que esteja, teria a audácia de contestar abertamente a existência de uma proibição universal e absoluta à utilização de trabalho escravo.[3] O direito de não ser escravizado, portanto, é absoluto, e sua estrita observância se impõe a todos os Estados, sem qualquer exceção, na paz ou na guerra. É uma norma imperativa de direito internacional, ou *jus*

---

1. Absolutos dentro da ordem jurídica estabelecida, claro. Modificada essa ordem, ou a fonte de onde emana o poder de efetivamente estabelecer o direito, a criação ou revogação de qualquer conteúdo normativo torna-se teoricamente possível. (N. A.).
2. BRITTO, Carlos Ayres. A liberdade de expressão e as obras biográficas. Palestra ministrada no seminário Justiça e Comunicação Social. Mangaratiba, Rio de Janeiro, 6-9 de outubro de 2011. (Anotações do autor). Para outras manifestações do Ministro Ayres Britto no mesmo sentido, cf., p. ex.: BUCCI, Eugênio. *Liberdade de imprensa, direito absoluto*. Observatório da Imprensa, edição 585, 15.4.2010. Disponível em: <http://www.observatoriodaimprensa.com.br/news/view/liberdade-de-imprensa-direito-absoluto>. Acesso em: 10 jan. 2020.
3. Pode-se aqui ponderar que condições sub-humanas de trabalho, por vezes análogas às de escravos, persistem de forma velada em diversos países e que o uso do trabalho forçado como pena, ainda que alternativa à privação da liberdade, é relativamente comum. Mas o uso de trabalho forçado como direito *prima facie* contra determinadas pessoas, em especial contra certos grupos étnicos – o que talvez defina "escravidão" –, é prática incontestavelmente banida da ordem jurídica internacional (N. A.).

cogens, definida pela Convenção de Viena sobre o Direito dos Tratados – talvez sua mais relevante fonte normativa –,[4] como aquela sobre a qual nenhuma derrogação é possível.[5] Absoluta, por definição.

Esse não é, contudo, o caso dos direitos de propriedade, em geral, e nem dos direitos de propriedade intelectual, em particular. Nem na esfera industrial, nem na autoral. Direitos de propriedade intelectual são fundamentais, o que é reconhecido pelo ordenamento doméstico[6] e pelo direito internacional.[7] Mas isso não significa que não sejam sempre limitados, de uma forma ou de outra, no mínimo quanto ao seu prazo de duração. E desde pelo menos a gênese das convenções de Paris[8] e Berna,[9] instrumentos fundadores do sistema internacional de proteção à propriedade intelectual como o conhecemos, os limites impostos aos direitos exclusivos se guiam essencialmente pelo

---

4. CONVENÇÃO DE VIENA SOBRE O DIREITO DOS TRATADOS, adotada em 26 de maio de 1969, em vigor desde 27 de janeiro de 1980 (doravante, Convenção de Viena). A Convenção de Viena prevê, em seu art. 4°, sua própria irretroatividade, mas no mesmo artigo reconhece a existência de regras no corpo da Convenção que já eram parte do direito internacional e às quais os Estados membros já estavam sujeitos antes da Convenção. Por isso, a maioria dos internacionalistas não hesitaria em aplicar seus princípios, e algumas de suas provisões, mesmo a tratados firmados anteriormente à sua adoção e mesmo que as circunstâncias envolvam Estados não signatários. Cf., e. g., HENKIN; PUGH; SCHACHTER; SMITH. International Law: Cases and Materials. 3. ed. St. Paul, MN: West Publishing, 1993, p. 416-417 ("*The [Vienna] Convention is regarded as in large part (but not entirely) declaratory of existing law, and on that basis it has been invoked and applied by tribunal and by states prior to its entry into force and in regard to non-parties as well as parties [...] It is perhaps more significant that states tend to refer to all of the provisions of the Convention as an authoritative source of law, thus gradually transforming its innovative features into customary law through such application*"). Cf., ainda: Convenção de Viena, art. 4: "*Sem prejuízo da aplicação de quaisquer regras enunciadas na presente Convenção a que os tratados estariam sujeitos em virtude do Direito Internacional, independentemente da Convenção, esta somente se aplicará aos tratados concluídos por Estados após sua entrada em vigor em relação a esses Estados*".
5. CONVENÇÃO DE VIENA, art. 53: "*É nulo um tratado que, no momento de sua conclusão, conflite com uma norma imperativa de Direito Internacional geral. Para os fins da presente Convenção, uma norma imperativa de Direito Internacional geral é uma norma aceita e reconhecida pela comunidade internacional dos Estados como um todo, como norma da qual nenhuma derrogação é permitida e que só pode ser modificada por norma ulterior de Direito Internacional geral da mesma natureza*".
6. CONSTITUIÇÃO FEDERAL, art. 5°, inciso XXVII: "*[A]os autores pertence o direito exclusivo de utilização, publicação ou reprodução de suas obras, transmissível aos herdeiros pelo tempo que a lei fixar*". CF, art. 5°, inciso XXIX: "*[A] lei assegurará aos autores de inventos industriais privilégio temporário para sua utilização, bem como proteção às criações industriais, à propriedade das marcas, aos nomes de empresas e a outros signos distintivos, tendo em vista o interesse social e o desenvolvimento tecnológico e econômico do País*".
7. PACTO INTERNACIONAL SOBRE OS DIREITOS ECONÔMICOS, SOCIAIS E CULTURAIS (adotado pela Assembleia Geral das Nações Unidas em 16 de dezembro de 1966), art. 15, 1 (c): "*Os Estados Partes no presente Pacto reconhecem a todos o direito [...] de [se] beneficiar da proteção dos interesses morais e materiais que decorrem de toda a produção científica, literária ou artística de que cada um é autor*". Analisando especificamente esse dispositivo, o Comitê sobre Direitos Econômicos, Sociais e Culturais, órgão colegiado máximo das Nações Unidas nessa esfera do Direito Internacional dos Direitos Humanos, reafirmou a jusfundamentalidade dos princípios básicos do direito de autor. Cf.: COMMITTEE ON ECONOMIC, SOCIAL AND CULTURAL RIGHTS. General Comment n° 17 – The right of everyone to benefit from the protection of the moral and material interests resulting from any scientific, literary or artistic production of which he or she is the author (article 15, paragraph 1 (c), of the Covenant). E/C.12/GC/17, de 12 de janeiro de 2006. Disponível em: <http://www2.ohchr.org/english/bodies/cescr/comments.htm.> Acesso em: 10 jan. 2020. "*The right of everyone to benefit from the protection of the moral and material interests resulting from any scientific, literary or artistic production of which he or she is the author is a human right, which derives from the inherent dignity and worth of all persons.*"
8. CONVENÇÃO DE PARIS PARA A PROTEÇÃO DA PROPRIEDADE INDUSTRIAL (adotada em 20 de março de 1883; emendada em 2 de outubro de 1979).
9. CONVENÇÃO DE BERNA PARA PROTEÇÃO DE TRABALHOS ARTÍSTICOS E LITERÁRIOS (adotada em 9 de setembro de 1886; emendada em 28 de setembro de 1979).

interesse público,[10] princípio abstrato que no âmbito autoral se traduz na complicada busca pelo livre desenvolvimento e fruição das artes, da cultura e da ciência dentro de uma lógica economicamente sustentável.

2. LIMITAÇÕES E *FAIR USE*: A RAIZ DA DIFERENÇA

As chamadas "limitações" aos direitos autorais – hipóteses em que uma determinada obra artística ou literária, ainda no prazo de proteção legal, pode ser livremente utilizada, sem a anuência prévia de seu autor ou titular – representam um *locus* privilegiado do interesse público dentro da esfera regulatória de um direito eminentemente privado, que é a propriedade intelectual. Relevante notar, contudo, que as duas principais tradições jurídicas ocidentais – a romano-germânica, também chamada de continental-europeia ou civilista (*civil law*), e a anglo-saxônica (*common law*) – tratam essas hipóteses de uso livre de forma distinta. Até porque possuem diferentes visões filosóficas a respeito do próprio conceito de propriedade intelectual e de suas justificativas éticas profundas, que envolvem algumas questões de ordem moral e outras puramente pragmáticas. E para compreendermos a diferença essencial entre elas, e as razões que nos levam a crer que o sistema brasileiro se aproxima a passos largos da essência anglo-saxônica, faz-se necessária uma breve revisão dos pressupostos teóricos das duas tradições autoralistas.

As justificativas de ordem moral para o direito de autor se fazem especialmente presentes entre seguidores da tradição civilista do *droit d'auteur*, caso da maior parte dos países da Europa continental e suas ex-colônias, entre as quais o Brasil. Nesses sistemas, não soaria estranha a afirmação de que os autores possuem um vínculo personalíssimo com o fruto de sua criação intelectual, que lhes "pertence" como projeção (o "ser-aí") de sua própria liberdade (*will*) individual, na linha da teoria da personalidade de Hegel.[11] Talvez seja possível, portanto, atribuir-lhes um "direito natural"[12] pelo menos ao reconhecimento público de sua autoria e, nos limites de sua honra, à integridade intelectual dessa criação. O recurso a Hegel certamente bastaria para justificar a noção de "pertencimento" entre autor e obra, mas talvez não fosse suficiente para justificar sua "propriedade", no

---

10. RICKETSON, S. Wipo study on limitations and exceptions of copyright and related rights in the digital environment. Estudo preparado para a 9ª Sessão do Comitê Permanente de Direitos Autorais e Conexos da OMPI – SCCR/9/7 (Genebra, 23 a 27 de junho de 2003), p. 3. (*"It has long been recognized that restrictions or limitations upon authors, and related rights may be justified in particular cases. Thus, at the outset of the negotiations that led to the formation of the Berne Convention in 1884, the distinguished Swiss delegate Numa Droz stated that it should be remembered that 'limits to absolute protection are rightly set by the public interest'").*

11. Cf.: HUGHES, Justin. The philosophy of intellectual property. 77 *Georgetown Law Journal* 287 (1988), p. 2. Disponível em: <http://www.justinhughes.net/docs/a-ip01.pdf.> Acesso em: 10 jan. 2020 (*"'[P]ersonality theory' [...] describes property as an expression of the self. This theory [...] is relatively foreign to Anglo-Saxon jurisprudence. Instead, its origins lie in continental philosophy, especially the work of Georg Wilhelm Friedrich Hegel"*). Para a teoria original de Hegel, cf.: HEGEL, G. W. F. *Princípios da filosofia do direito*. São Paulo: Martins Fontes, 1997. Em especial p. 39-69. Uma versão eletrônica do texto está disponível em: <http://www.ufsm.br/gpforma/1senafe/biblioteca/Principiosda.pdf>. Acesso em: 10 jan. 2020.

12. Na definição de Hugo Grócio (apud Bittar e Almeida), o direito natural é "*o mandamento da reta razão que indica a lealdade moral ou a necessidade moral inerente a uma ação qualquer, mediante o acordo ou o desacordo desta com a natureza racional*" (BITTAR, Eduardo C. B.; ALMEIDA, Guilherme Assis. *Curso de filosofia do direito*. 7. ed. São Paulo: Atlas, 2009. p. 262).

sentido de "direito exclusivo" que lhe dá o liberalismo clássico.[13] Ainda assim, notam-se resquícios da moral jusnaturalista na base que sustenta também os direitos patrimoniais do autor, pois em sua origem o direito autoral foi igualmente influenciado pela noção lockeana[14] da propriedade como "justa remuneração" do trabalho humano.[15]

Em sua gênese moderna, portanto, a propriedade intelectual do autor se reveste de certo ar "sagrado" que, embora mais diretamente relacionado com a tradição do *droit d'auteur*,[16] não pode ser totalmente dissociado da sacralização mais ampla do direito de propriedade como um todo, essencial à moral liberal-iluminista. Em sua essência, a legitimidade moral do direito de propriedade, especialmente como proposta por John Locke, está na base dos principais sistemas jurídicos contemporâneos, tanto nos países do *civil law* quanto do *common law*, na medida em que está também na base do próprio sistema econômico capitalista.[17] No âmbito específico dos *direitos imateriais*, contudo,

---

13. HUGHES, Justin. *The philosophy of intellectual property*. Op. cit. p. 29 (*"To the classical liberal, true freedom is a freedom from external restraint. For Hegel, freedom is increasingly realized as the individual unites with and is expressed through a higher objective order: a unity which, to the classic liberal, is tantamount to drowning the individual in the larger 'geist' of social groups"*).
14. Craig Dallon ensina que o pensamento de John Locke influenciou diretamente a adoção do chamado "Estatuto da Rainha Ana", promulgado na Inglaterra em 1710 e considerado pela maioria da doutrina internacional como a primeira lei de direitos autorais do mundo. Segundo Dallon, *"locke opposed perpetual copyrights as both harmful and unreasonable, remarking: 'of [t]his I am sure, it is very absurd and ridiculous that any one now living should pretend to have a property in, or a power to dispose of any copy or writings of authors who lived before printing press was known or used in Europe'. Locke also advocated limited duration copyrights for works of modern authors, and suggested that 'it may be reasonable to limit their property to a certain number of years after the death of the author, or the first printing of the book, as, suppose, fifty or seventy years"* (DALLON, Craig. The problem with congress and copyright law: forgetting the past and ignoring the public interest. *Santa Clara Law Review*, v. 44, 2004). Sobre o pioneirismo regulatório do Estatuto da Rainha Ana, cf., entre outros: MOORE, Adam D. *Intellectual property and information control*: philosophical foundations and contemporary issues. New Brunswick: Transactions Publishers, 2006. p. 12. Pelo calendário britânico vigente à época (o ano começava no mês de março), o Estatuto teria sido promulgado em 1709. Em 1750, com a mudança do início do ano-calendário britânico para janeiro, a data de promulgação do Estatuto foi atualizada para 1710, o que explica a existência de referências díspares na doutrina. Cf.: PATTERSON, Lyman R. *Copyright in historical perspective*. Nashville: Vanderbilt University Press, 1968, p. 3, nº 3.
15. Cf.: HUGHES, Justin. *The philosophy of intellectual property*. Op. cit. p. 6-7 (*"The general outline of Locke's property theory is familiar to generations of students. In Chapter V of the Second Treatise of Government, Locke begins the discussion by describing a state of nature in which goods are held in common through a grant from God. God grants this bounty to humanity for its enjoyment but these goods cannot be enjoyed in their natural state. The labor adds value to the goods, if in no other way than by allowing them to be enjoyed by a human being."*). Para o texto original de Locke, cf.: LOCKE, John. *Segundo tratado sobre governo civil*: ensaio sobre a origem, os limites e os fins verdadeiros do governo civil. Petrópolis: Vozes, 1994. p. 97-112. Uma versão eletrônica do texto original está disponível em: <http://www.xr.pro.br/IF/LOCKE-Segundo_Tratado_Sobre_O_Governo.pdf>. Acesso em: 10 jan. 2020.
16. Cf.: VILLALBA, Carlos A.; LIPZIC, Delia. *El derecho de autor en la Argentina*. Buenos Aires: La Ley, 2001. p. 3. Apud ADOLFO, Luiz Gonzaga Silva. *Obras privadas, benefícios coletivos*: a dimensão pública do direito autoral na sociedade da informação. 387 fls. Tese (Doutorado) – UNISINOS, São Leopoldo, p. 84, nota 215. Disponível em: <http://bdtd.unisinos.br/tde_busca/arquivo.php?codArquivo=246.> Acesso em: 10 jan. 2020 (*"Es célebre la frase 'La más sagrada, la más personal de todas las propiedades' con que La Chapelier calificó al derecho de autor en el informe al que siguió al decreto 13-19 de enero de 1791 que consagró a favor de los autores el derecho de representación pública sobre sus obras y que fue reiterada por Lakanal en el informe que precedió al decreto 19-24 de julio de 1793 que reconoció a los creadores el derecho de reproducción de sus obras"*). A tese de Adolfo foi publicada sob a forma de livro. Cf.: ADOLFO, Luiz Gonzaga Silva. *Obras privadas, benefícios coletivos*: a dimensão pública do direito autoral na sociedade da informação. Porto Alegre: Sergio Antonio Fabris Editor, 2008.
17. Opositor da dinastia Stuart, Locke retornou do exílio na Holanda ao final da Revolução Gloriosa e, entre 1689 e 1690, publicou suas principais obras: *Cartas sobre a tolerância*, *Ensaio sobre o entendimento humano*, e os dois *Tratados sobre o governo civil*, para muitos a base filosófica do liberalismo moderno. Cf.: MELLO, Leonel Itaussu Almeida. John Locke e o individualismo liberal. In: WEFFORT, Francisco (Org.). *Os clássicos da política*. São Paulo: Ática, 1995. p. 81-110. Cf., ainda: HONDERICH, Ted (Ed.). *The Oxford companion to philosophy*. New York:

pode-se dizer que essa noção de jusfundamentalidade encontrou mais guarida entre os civilistas. Até porque o sistema continental-europeu é historicamente mais apegado a noções deontológicas, como a de "justiça retributiva" – princípio arcaico[18] modernizado no século XVIII por Immanuel Kant[19] e plenamente incorporado pelo normativismo de Hans Kelsen (ele próprio um pensador neokantiano[20] e ainda hoje uma referência filosófica central dos ordenamentos do *civil law*).[21]

O pragmatismo econômico, por outro lado, foi mais influente na formação do direito autoral dos países filiados à tradição anglo-saxônica do *common law*, onde o instituto é conhecido como *copyright*, a exemplo dos Estados Unidos da América e do Reino Unido (muito embora o pragmatismo econômico esteja presente, até certo ponto, na racionalidade de todos os sistemas autorais contemporâneos). Por essa ótica, a justificativa central para a existência do direito autoral está na convicção de que a garantia de direitos exclusivos de exploração econômica é a forma mais eficiente até aqui encontrada para remunerar e, com isso, incentivar investimentos na criação e produção de obras literárias ou artísticas no futuro. Na ausência desse incentivo – caracterizado por uma espécie de

---

Oxford University Press, 1995. p. 723 (*"One specific form of property is private property. This form, associated with John Locke's political philosophy and with capitalism, assigns to owners the rights to use what they own in any way they choose so long as they respect the moral or natural rights of others"*).

18. Cf.: CÓDIGO DE HAMMURABI (c. 1750 a. C.), leis 196 e 200. (*"Se alguém arranca o olho a um outro, se lhe deverá arrancar o olho. Se alguém parte os dentes de um outro, de igual condição, deverá ter partidos os seus dentes"*). Cf., ainda: LEVÍTICO 24:16-24:21 (*"E aquele que blasfemar o nome do Senhor, certamente morrerá; toda a congregação certamente o apedrejará; assim o estrangeiro como o natural, blasfemando o nome do SENHOR, será morto. E quem matar a alguém certamente morrerá. Mas quem matar um animal, o restituirá, vida por vida. Quando também alguém desfigurar o seu próximo, como ele fez, assim lhe será feito: Quebradura por quebradura, olho por olho, dente por dente; como ele tiver desfigurado a algum homem, assim se lhe fará. Quem, pois, matar um animal, restitui-lo-á, mas quem matar um homem será morto"*). Cf., no mesmo sentido: DEUTERONÔMIO 19:16-19:21 e ÊXODO 21:22-21:27.

19. Em Kant, o direito é a tutela institucional de uma "lei universal de liberdade", única válida *a priori*, independentemente da experiência. Essa espécie de "espaço comum" hipotético não pode ser violada pelo arbítrio de um indivíduo ou grupo de indivíduos. Uma vez violada, cabe ao Estado impor a sanção correspondente, segundo a lei, como ato de afirmação da liberdade geral. Assim Kant enunciou o imperativo categórico que reflete, na visão do filósofo, a racionalidade humana universal: *"age só segundo máxima tal que possas ao mesmo tempo querer que ela se torne lei universal"* (KANT, Immanuel. *Fundamentação da metafísica dos costumes e outros escritos*. São Paulo: Martin Claret, 2005. p. 51). Muitos teóricos identificam principalmente no pensamento de Kant a origem filosófica moderna da noção da justiça em sua faceta retributiva. Eduardo Rezende de Melo cita, por exemplo: ROXIN, Claus. Sentido e limites da pena estatal. *Problemas fundamentais de direito penal*. Lisboa: Veja, 1986. p. 15 ss; HASSEMER, Winfried. *Fundamentos del derecho penal*. Barcelona: Bosch, 1984. p. 348 ss; CATTANEO, Mario A. Pena. *Diritto e dignità umana. Saggio sulla filosofia del diritto penale*. Torino: G. Giappichelli editore, 1990. Cf.: MELO, Eduardo Rezende. *Justiça restaurativa e seus desafios histórico-culturais*: um ensaio crítico sobre os fundamentos ético-filosóficos da justiça restaurativa em contraposição à justiça retributiva. In: SLAKMON, C.; VITTO, R. de; GOMES PINTO, R. (Org.). *Justiça restaurativa*. Brasília: Ministério da Justiça e Programa das Nações Unidas para o Desenvolvimento – PNUD, 2005.

20. Cf.: REALE, Miguel. *Filosofia do direito*. São Paulo: Saraiva, 2002. p. 458. (*"Sendo um neokantiano ligado à Escola de Cohen, o princípio fundamental de Kelsen é a distinção a que tantas vezes nos temos referido, entre **ser** e **dever ser**, que, a princípio, se apresenta com caráter irredutível e quase que 'entitativo'"*) (Grifos no original).

21. Em sua clássica proposição da norma jurídica como um juízo hipotético condicional, Hans Kelsen ensina que, dada a não prestação (hipótese de incidência), deve ser sanção (consequência jurídica), dessa forma relacionando a pena a um fundamento pretérito. Objetivos futuros – sejam políticos, econômicos ou sociais – não fazem parte do enunciado. Como destaca Alexandre Picolli: *"A representação lógica do juízo hipotético condicional é por Kelsen concentrada na seguinte fórmula: 'Se A é, B deve ser'. A primeira parte do juízo lógico ('Se A é') recebe a denominação de condição, hipótese legal, hipótese de incidência, suporte fático ou preceito. A segunda parte ('B deve ser') é chamada consequência jurídica. A hipótese legal consiste num fato ou conduta, comissivo ou omissivo, livre, obrigado ou proibido, que tem como consequência a sua validação ou uma sanção"* (PICCOLI, Alexandre. *Norma jurídica e proposição jurídica*: estudo diferenciativo. Espumoso: Alexandre Picolli Editor, 2008. p. 12).

"monopólio"[22] temporário em sentido lato –, artistas, intelectuais e todos que decidissem investir profissionalmente no processo criativo desses atores dependeriam de subsídios ou favores para continuar no mercado, alternativas que a teoria econômica clássica tende a considerar menos eficientes no longo prazo.[23] Isso poderia reduzir, no futuro, as oportunidades de livre expressão (*free speech*), cuja defesa é, em última instância, a própria razão de ser do *copyright*.

Indo ainda mais fundo nas considerações de ordem prática, presume-se que expor criadores e produtores de conteúdo intelectual à concorrência dos que não arcaram com os custos e riscos do investimento inicial ameaçaria a sustentabilidade de uma série de indústrias que, ao longo do século XX, assumiram um papel estratégico na economia mundial, em especial para os grandes exportadores de capital intelectual. A racionalidade do *copyright* reconhece que, no curto prazo, a concessão de direitos exclusivos de exploração gera o que os economistas chamam de "ineficiências", resultado lógico da escassez artificial por eles imposta. Acredita, contudo, que tais ineficiências são mais que compensadas no longo prazo pelos ganhos advindos do contínuo desenvolvimento cultural da sociedade em geral. Nota-se, portanto, uma relação de troca (*quid pro quo*) entre o Estado outorgante e os criadores outorgados, que forma a essência da doutrina utilitarista do direito da propriedade intelectual, inspirada principalmente no pensamento de Jeremy Bentham e John Stuart Mill[24] (pensamento este que, apesar das duras

---

22. Muitos autores discordam da aplicação do termo *monopólio*, ainda que em sentido aproximado, para definir os efeitos econômicos gerados pelos direitos de PI. A favor dessa terminologia, desde que aplicada de forma *sui generis*, fora da acepção que tem no direito da concorrência, Landes e Posner assim se manifestaram: "*Information is a scarce good, just like land. Both are commodified – that is, made excludable property – in order to create incentives to alleviate their scarcity.* **Talk of patent and copyright 'monopolies' is conventional;** *we have used this terminology ourselves in this book. The usage is harmless as long as it is understood to be different from how the same word is used in antitrust analysis*" (LANDES, William M.; POSNER, Richard A. *The economic structure of intellectual property law*. Boston: Harvard University Press, 2003. p. 374. (Grifos nossos)). Já Keith Maskus se manifesta no sentido contrário: "*Intellectual property rights define the extent to which their owners may exclude others from activities that infringe or damage the property. Thus, IPRs set out and protect the boundaries of legal means of competition among firms seeking to exploit the value of creative assets. Efforts to extend the rights beyond these boundaries are denied, in principle. In this context, it is more fruitful to conceive of IPRs as rules regulating the terms of static and dynamic competition, rather than mechanisms for creating legal monopolies, which is the standard economic conception. While IPRs do create market power, the impact on competition varies as widely across products, technologies, and countries as it does across the scope of protection*" (MASKUS, Keith. *The international regulation...* Op. cit. p. 2. (Grifos nossos)).
23. Cf.: VASCONCELOS, Cláudio L. *Mídia e propriedade intelectual*: a crônica de um modelo em transformação. Rio de Janeiro: Lumen Juris, 2010. p. 19-20.
24. William Fisher cita Landes e Posner para descrever a proposição básica da doutrina utilitarista da PI, tendo Bentham e Stuart Mill como base doutrinária: "*A good example of scholarship in this vein is William Landes' and Richard Posner's essay on copyright law. The distinctive characteristics of most intellectual products, Landes and Posner argue, are that they are easily replicated and that enjoyment of them by one person does not prevent enjoyment of them by other persons. Those characteristics in combination create a danger that the creators of such products will be unable to recoup their 'costs of expression' (the time and effort devoted to writing or composing and the costs of negotiating with publishers or record companies), because they will be undercut by copyists who bear only the low 'costs of production' (the costs of manufacturing and distributing books or CDs) and thus can offer consumers identical products at very low prices. Awareness of that danger will deter creators from making socially valuable intellectual products in the first instance. We can avoid this economically inefficient outcome by allocating to the creators (for limited times) the exclusive right to make copies of their creations. The creators of works that consumers find valuable – i.e., for which there are not, in the opinion of consumers, equally attractive substitutes – will be empowered thereby to charge prices for access to those works substantially greater than they could in a competitive market. All of the various alternative ways in which creators might be empowered to recover their costs, Landes and Posner contend, are, for one reason or another, more wasteful of social resources. This utilitarian rationale, they argue, should be -- and, for the most part, has been – used*

críticas que Bentham fazia ao *common law* inglês, influenciou profundamente o direito econômico anglo-saxão, particularmente o norte-americano).[25]

Em suma, pode-se dizer que a principal diferença entre as justificativas filosóficas que estão na base dos sistemas *droit d'auteur* e *copyright* está no *foco temporal* de cada uma. Na tradição civilista, o direito autoral existe *por causa* da realização de um *trabalho no passado*, no qual o autor imprimiu sua *personalidade*, merecendo por isso ser honrado e remunerado. Entre utilitaristas, por outro lado, qualquer direito, inclusive o autoral, só se justifica por sua capacidade de contribuir para o "bem-estar comum".[26] O direito exclusivo é um meio para se atingir, *no futuro*, um fim socialmente desejável (útil),[27] que é o aumento das oportunidades de expressão e aprendizado.

---

to shape specific doctrines within the field" (FISHER, William W. *Theories of intellectual property*. New Essays in the Legal and Political Theory of Property. Cambridge: University Press, 2001. p. 2. Disponível em: <http://cyber.law.harvard.edu/people/tfisher/iptheory.pdf>. Acesso em: 10 jan. 2020. Cf.: LANDES, William; POSNER, Richard. An economic analysis of copyright. *Law. Journal of Legal Studies*, 18, 1989. p. 325.

25. Cf., p. ex.: PARISI, Francesco. Positive, normative and functional schools in law and economics. *European Journal of Law and Economics*, 18, p. 259–272, 2004. Como já tivemos a ocasião de observar em trabalho anterior, existe uma estreita relação entre a Análise Econômica do Direito (*Law and Economics*), movimento contemporâneo que tem no pensamento de Bentham e Mill uma de suas principais raízes, e o direito anglo-saxão da propriedade intelectual, hoje sem dúvida a principal referência normativa do direito internacional da propriedade intelectual. Cf.: VASCONCELOS, Cláudio Lins de. *Mídia e propriedade intelectual...* Op. cit. p. 124.

26. A noção de "bem-estar" é essencial à proposição ética do utilitarismo, que a define, de forma simplificada, como "a maior felicidade possível para o maior número possível de pessoas". Bentham, inspirado no pensamento do francês Helvetius, identificou o *prazer* ao "bem", sendo seu oposto, a *dor*, o mal. E com base no *princípio da utilidade* – presente, de forma menos sistemática, já em Locke e Hume – propôs que moralmente *correto* é tudo aquilo que maximiza o prazer ("bem") e minimiza a dor ("mal"), o que, se for realizado por todos, levará à "**felicidade**", bem maior e objetivo supremo de todo o sistema político, inclusive do direito. A proposição hedonista de Bentham foi submetida a todo tipo de crítica, inclusive entre seus sucessores na escola do utilitarismo, mas esse conceito básico – o "prazer" como bem supremo – não era exatamente uma novidade. Já estava presente em Epicuro (341-270 a. C.), por exemplo, mas entre os antigos essa busca pela felicidade se colocava mais como uma meta pessoal, enquanto em Bentham ela se torna um objetivo de Estado. De qualquer forma, a noção contemporânea do utilitarismo tende a se basear mais na doutrina de John Stuart Mill (filho do também filósofo James Mill, contemporâneo e amigo de Bentham), que refinou bastante a proposição do mestre. Mais importante para nossa análise, no entanto, é o fato de que Bentham jogou para o *futuro* o fundamento ético da política e, por consequência, do próprio direito. Antes dele, as justificativas teóricas do direito em geral recorriam à prevalência de algum *dever* (sagrado ou natural) sem origem identificada ou comprovável, mas ainda assim válido *a priori*. O próprio Bentham as nomeou "deontológicas" (deontologia: estudo do dever). A teoria kantiana, por exemplo, é deontológica, pois seu imperativo categórico não é apreensível pela experiência. Assim como a de William Blackstone, talvez o jurista inglês mais importante de sua época, e um dos fundadores do *common law* moderno, a quem Bentham também criticava, com base nas mesmas premissas. Todos os pensadores que sucederam Bentham na defesa do conceito de que o direito se legitima por sua função são, de certa forma, herdeiros de sua ideia básica. (N. A.). Sobre a influência de Helvetius sobre Bentham, cf.: MILL, John Stuart. Bentham. *London and Westminster Review* (agosto de 1838, rev. em 1859). *Dissertations and discussion*, v. 1. Disponível em: <http://socserv2.socsci.mcmaster.ca/~econ/ugcm/3ll3/bentham/bentham>. Acesso em: 10 jan. 2020. Sobre as justificativas primordiais de Hume, cf.: FOSL, Peter S. Doubt and divinity: cicero's influence on hume's religious skepticism. *Hume Studies*, v. XX, nº 1 (abril de 1994) p. 103-120. Disponível em: <http://www.humesociety.org/hs/issues/v20n1/fosl/fosl-v20n1.pdf>. Acesso em: 10 jan. 2020. Sobre o conceito de felicidade em Epicuro, cf.: WARBURTON, Nigel. *Uma breve história da filosofia*. 2. ed. Porto Alegre: L&PM, 2012. p. 22-28.

27. Sobre o utilitarismo, em geral, cf.: HONDERICH, Ted (Ed.). *The Oxford companion to philosophy*. Op. cit. p. 890-893. Em trabalho anterior, tivemos a oportunidade de contrastar o kantismo e o utilitarismo. Cf.: VASCONCELOS, Cláudio Lins de. Sobre feitiços e feiticeiros: a "cruzada da retaliação" no comércio internacional. *Revista Eletrônica do Instituto Brasileiro de Propriedade Intelectual* – IBPI, nº 3, p. 89. Disponível em: <http://www.klsc.com.br/pdf/REVELnumero3.pdf>. Acesso em: 10 jan. 2020 ("*O utilitarismo se funda no princípio iluminista do bem-estar máximo. Transposta para o mundo do direito, a teoria utilitarista defende que a norma jurídica deve ser utilizada para atingir o bem-estar comum. A sanção é, portanto, o complemento que torna a norma mais 'eficiente', o que deve ser compreendido em termos paretianos, indicando uma situação que beneficia ao menos uma pessoa sem com isso prejudi-*

Longe de serem meras divagações, essas características filosóficas deixaram profundas marcas no direito autoral vigente em cada um desses sistemas. Influenciados na origem pelas doutrinas jusnaturalistas da *personalidade* e do *trabalho*, os países do *droit d'auteur* separaram os elementos morais dos patrimoniais, tornaram os primeiros inalienáveis e equipararam os últimos a um "direito real" de exploração condicionada. Já os do *copyright*, influenciados pela doutrina da utilidade, compreendem o instituto do direito autoral como um instrumento de política econômica, cultural ou social e, como regra geral, reconhecem apenas seu elemento material.[28] Mas talvez seja no campo das limitações que a diferença entre as duas escolas se mostra mais clara. Nos sistemas civilistas, a fundamentação deontológica supõe que o direito exclusivo "nasce" com o trabalho criativo e, assim sendo, a regra geral é a proteção, sendo as limitações exceções à regra. Por isso, as hipóteses de limitação aos direitos exclusivos do autor são normalmente interpretadas, na tradição do *droit d'auteur*, como uma lista fechada (*numerus clausus*) ou substancialmente fechada, além da qual pouca ou nenhuma extensão hermenêutica é permitida, enquanto nos países do *copyright* ocorre precisamente o inverso.

Terminologicamente, o *Copyright Act* dos EUA se refere ao *fair use* como uma "limitação" (*limitation*),[29] mas existe uma diferença fundamental entre os limites impostos por esse instituto e os impostos pelas "limitações" do *droit d'auteur*. O direito do autor, no *common law* contemporâneo, *não é* um dever da sociedade para com o autor, válido *a priori*, mas uma proposição funcional do Estado, válida por suas consequências previsíveis. O *copyright* em si é uma exceção talhada para confirmar, no longo prazo, a regra geral do *free speech*. É comum entre os anglo-saxões, especialmente nos EUA, referir-se ao *fair use* como um "porto seguro" (*safe harbor*) onde o direito exclusivo não se aplica. É, antes de tudo, uma *tese de defesa* que pode ser alegada em um número indefinido de

---

car qualquer outra pessoa. Alerte-se para o fato de que, contrariamente ao que muitos críticos da doutrina utilitarista apontam, não se trata de buscar uma 'média' positiva entre 'beneficiados' e 'prejudicados', mas de buscar um resultado em que o conjunto nada perde; apenas ganha. Note-se que entre as doutrinas kantiana e utilitarista há um importante ponto de confluência filosófica: o bem comum passa pela ausência de perdas individuais relevantes. A diferença é que, em Kant, o foco está no passado, em um dever (portanto, 'dívida') moral original que se revela por meio de uma razão pura inatingível, talvez divina, mas certamente metafísica (porque inapreensível pela experiência); em Bentham/Mill, o foco está no futuro, em um destino moralmente virtuoso – o 'bem-estar' – que também interessa à metafísica, porque atrelado à (ou a uma) moral, com a diferença de ser teoricamente atingível pela experiência. Este é um ponto-chave na bipartição filosófica entre as tradições do [direito da propriedade intelectual no] common-law, mais utilitarista, e [no] civil law, mais normativista. Ambas são, no entanto, marcadamente humanistas e igualmente modernas").

28. Cf. RIGAMONTI, Cyrill P. Deconstructing moral rights. *Harvard International Law Journal*, v. 47, n° 2 (Verão de 2006), p. 354. Disponível em: < http://www.harvardilj.org/print/58 >. Acesso em: 10 jan. 2020 ("[I]t had been a canon of comparative copyright scholarship that the most significant difference between Anglo-American and Continental European copyright law was their respective attitudes toward moral rights. The inclusion of moral rights in statutory copyright law was generally understood to be the defining feature of the Continental copyright tradition, while the lack of statutory moral rights protection was considered to be a crucial component of the Anglo-American copyright tradition. This dichotomy had been celebrated and cultivated since World War II on both sides of the Atlantic to the point where the statutory protection of moral rights or the lack thereof had become an integral part of each legal system's identity, essentially dividing the world of copyright into two fundamentally different ideal types, one that includes moral rights, and another that excludes moral rights. The common law courts were fully aware of this dichotomy, and while they recognized the existence of the concept of moral rights in civil law countries, they uniformly rejected its applicability in their own jurisdictions.")

29. UNITED STATES COPYRIGHT ACT (17 U.C.C.A., 1976), § 107.

situações concretas.³⁰ Por isso, o *fair use* não se apresenta como uma lista fechada de hipóteses, mas como um conjunto de parâmetros hermenêuticos, cujas linhas gerais foram incorporadas ao direito escrito (*statutory law*) norte-americano em meados da década de 1970, mas que têm origem na jurisprudência das cortes (*case law*) e são quase tão antigos quanto o próprio instituto jurídico do *copyright*.³¹

3. O SISTEMA BRASILEIRO: DAS CAUSAS NATURAIS ÀS CONSEQUÊNCIAS PRÁTICAS

O direito civil brasileiro é profundamente influenciado pelo pensamento continental-europeu, sendo o Brasil classificado, no âmbito maior do direito comparado, entre os países de tradição civilista,³² muito embora a influência das escolas de pensamento deontológicas, típicas dessa tradição jurídica, já tenha sido maior em outros momentos. No âmbito específico do direito autoral, contudo, a filiação ao *civil law* sempre foi muito clara, o que não quer dizer que direitos autorais não possam ser ponderados frente a outros direitos fundamentais, como a liberdade de expressão (incluindo a liberdade de imprensa), a livre participação na vida cultural, entre outros. Contudo – e em que pese a existência de respeitáveis opiniões em contrário³³ –, quer nos parecer que tal ponderação não se confunde com uma autorização constitucional para a interpretação extensiva das limitações aos direitos autorais listadas no art. 46 da Lei de Direitos Autorais³⁴ ou para a afirmação correlata de que suas hipóteses sejam

---

30. Cf.: LUCCHI, Nicola. Intellectual property rights in digital media: a comparative analysis of legal protection, technological measures, and new business models under EU and U.S. law. *Buffalo Law Review*, v. 53, nº 4, Fall 2005, p. 122, nota 93 (*"Fair use is not an affirmative right but a sort of defense. It is essentially a safety valve operating in the absence of licensing that can be structured in different ways but that is recognized by all modern copyright systems. While common law countries generally recognize a general defense, civil law countries generally provide a strict list of exceptions, even though at present there are no pure systems that adhere strictly to any of the above models. In the U.S. system there is a strong relation between fair use and free speech."*)
31. LEVAL, Pierre N. Toward a Fair Use Standard. 103, *Harvard Law Review*, 1105, 1989-1990, p. 1105 (*"Not long after the creation of the copyright by the Statute of Anne of 1709, courts recognized that certain instances of unauthorized reproduction of copyrighted material, first described as 'fair abridgment', later 'fair use,' would not infringe the author's rights. In the United States, the doctrine was received and eventually incorporated into the Copyright Act of 1976, which provides that 'the fair use of a copyrighted work [...] is not an infringement of copyright'."*)
32. Cf., p. ex., OEA. *O ordenamento jurídico brasileiro*. Disponível em: <http://www.oas.org/juridico/mla/pt/bra/pt_bra-int-des-ordrjur.html>. Acesso em: 10 jan. 2020. (*"O ordenamento jurídico brasileiro é baseado na tradição romano-germânica, isto é, civilista."*)
33. No Brasil, discordâncias acerca do caráter exaustivo ou exemplificativo das limitações aos direitos do autor são cada vez mais comuns, tanto na doutrina quanto na jurisprudência. A tradição civilista pura, no entanto, trata as limitações como hipóteses em *numerus clausus*. Entre os que acreditam que impor limitações em *numerus clausus* viola o princípio constitucional da função social da propriedade está Guilherme Carboni, para quem "*[a]s limitações aos direitos autorais traçadas pela Lei 9.610/98 não são suficientes para resolver os conflitos entre o direito individual do autor e o interesse público à livre utilização de obras intelectuais. A previsão numerus clausus dessas limitações contraria a função social do direito de autor*". Cf.: CARBONI, Guilherme. Aspectos gerais da teoria da função social do direito de autor. *Estudos em homenagem ao professor Carlos Fernando Mathias*, no prelo. Disponível em: <http://www.gcarboni.com.br/pdf/G6.pdf>. Acesso em: 10 jan. 2020. O autor cita, corroborando sua posição: ASCENSÃO, José de Oliveira. Direito intelectual, exclusivo e liberdade. *Revista da ABPI – Associação Brasileira da Propriedade Intelectual*, nº 59, jul./ago. 2002, p. 48.
34. Lei nº 9.610, de 19 de fevereiro de 1998 (altera, atualiza e consolida a legislação sobre direitos autorais e dá outras providências). Muitos autores preferem a denominação "Lei de Direito Autoral", nomenclatura adotada pelo próprio Ministério da Cultura. Embora essa área do direito seja famosa pelas divergências terminológicas, quer nos parecer que a expressão *direito autoral* se refere mais propriamente à disciplina jurídica homônima, apesar de

meramente exemplificativas. Circunstâncias de uso não expressamente previstas entre as limitações aos direitos do autor podem até ser interpretadas pelo Judiciário como justificáveis em face de uma ponderação principiológica de natureza constitucional. Mas isso não implica, necessariamente, na extensão ou restrição a qualquer dispositivo ou categoria de dispositivos em particular, pois *qualquer dispositivo* legal poderia ser objeto de interferência semelhante. Trata-se, em outras palavras, de uma relação horizontal entre direitos do mesmo nível.

O *copyright*, em contraste, existe *em função* de sua finalidade social.[35] Na célebre definição do *Justice* O'Connor, trata-se de um "privilégio limitado", pelo qual se pode atingir "um objetivo público relevante", com os propósitos fundamentais de "motivar a atividade criativa de autores [...] pela provisão de uma recompensa especial" e permitir livre acesso aos "produtos de seu gênio", após expirado o prazo de proteção.[36] Sua legitimidade está nos resultados esperados ou, mais precisamente, na "utilidade esperada" (*expected utility*) do direito. No espaço hipotético onde o direito exclusivo não incide, o uso livre é um direito *prima facie*, sendo por isso "razoável" (*fair*), na medida em que confirma – e não subverte – a racionalidade do sistema, que é a busca pela máxima "eficiência" na fruição dos recursos disponíveis.

Tradições são referências ancestrais com inegável impacto sobre convenções sociais, entre as quais o direito, mas não são imunes – nada é – ao espírito de seu tempo. E embora aspectos geográficos sejam em regra essenciais à sua caracterização, a influência das tradições tende, naturalmente, a ultrapassar fronteiras. Na atualidade, pode-se dizer que não existem sistemas autorais *exclusivamente* vinculados à racionalidade de uma ou outra tradição. Os EUA, por exemplo, como aqui já se disse, seguem a tradição do *copyright*, de viés utilitarista, o que em princípio excluiria o elemento moral do direito autoral. Mas, contrariando a tradição anglo-saxônica, o *Visual Artists Rights Act* de 1990[37] conferiu

---

também se referir a cada um dos direitos específicos garantidos pela lei aos autores, intérpretes e outros titulares a título de "direitos de autor" e os que lhes são "conexos". Por causa dessa dubiedade, a nomenclatura "Lei de Direito Autoral" pode gerar a impressão (equivocada) de que é possível que uma disciplina caiba no escopo de uma lei, embora o texto legal, em si, seja apenas um elemento constitutivo (talvez o mais importante, mas não o único) da disciplina. O objeto de estudo do direito autoral, ou de qualquer disciplina jurídica, não se esgota, ou mesmo se guia, *prima facie*, pelo texto de uma lei, por mais relevante que seja. Seria como chamar a Constituição Federal de "Lei de Direito Constitucional". (N. A.)

35. Cf. declaração de Abraham Kaminstein (ex-*Register of Copyrights*, cargo máximo do órgão oficial norte-americano para a administração de direitos autorais) em audiência perante a Subcomissão de Patentes, Marcas e Direitos Autorais do Congresso, realizada em 1965, reproduzida em Madeleine Schachter e Joel Kurtzberg. *Law of the Internet speech*. 3. ed. DURHAM: Carolina Academic Press, 2008. p. 732. ("*The basic purpose of copyright is the public interest, to make sure that the wellsprings of creation do not dry up through lack of incentive, and to provide an alternative to the evils of an authorship dependent upon private or public patronage. As the founders of this country were wise enough to see, the most important elements of any civilization include its independent creators – its authors, composers and artists – who create as a matter of personal initiative and spontaneous expression rather than a result of patronage or subsidy. A strong, practical copyright is the only assurance we have this creative activity will continue.*")
36. SONY CORP. v. UNIVERSAL CITY STUDIOS. 464 U.S. 417 (1984). Opinião (*Opinion*) de *Justice* O'Connor. Apud BARRET, Margreth. *Intellectual property cases and materials*. St. Paul: West, 2007. p. 619. ("*[This] limited grant is a means by which an important public purpose may be achieved. It is intended to motivate the creative activity of authors and inventors by the provision of a special reward, and to allow the public access to the products of their genius after the limited period of exclusive control has expired.*")
37. VISUAL ARTISTS RIGHTS ACT OF 1990 ("VARA"), §§ 601–10, 17 U.S.C. §§ 101, 106A, 107, 113, 301, 411, 412, 506 (1990).

expressamente aos autores de obras enquadradas no conceito de "artes visuais"[38] – e apenas a estes – os direitos de atribuição e integridade,[39] que são essencialmente direitos morais. Para muitos, essa guinada foi resultado direto da adesão (tardia, mas bem vinda) do país à Convenção de Berna, ocorrida um ano antes.[40]

Mas vento que sopra lá sopra cá, e não é difícil perceber no direito civil brasileiro uma crescente presença de recursos normativos típicos do *common law*, como é o caso das chamadas "cláusulas gerais", que deixam basicamente para a jurisprudência a definição do exato conteúdo normativo de conceitos essenciais como o de "boa-fé subjetiva" ou "onerosidade excessiva".[41] Outro ponto de aproximação do sistema brasileiro em relação à tradição anglo-saxônica é a introdução de mecanismos processuais explicitamente consuetudinários na rotina judiciária, como a súmula vinculante, que na verdade apenas refletem uma mudança de postura cultural, onde a opinião das cortes assume papel cada vez mais relevante como fonte do direito. E quanto mais se sobe na hierarquia do ordenamento, mais se percebe a profundidade desse movimento, como indica a presença de dispositivos francamente consequencialistas, para não dizer utilitaristas, na própria Constituição Federal.

O art. 5º, inciso XXIII, da Carta Magna, por exemplo, reza que "[a] propriedade atenderá a sua função social". A instrumentalização do direito – ou seja, sua utilização para atingir um fim socialmente desejável – é a proposição filosófica básica do utilitarismo

---

38. VARA, § 21: *"A 'work of visual art' is — (1) a painting, drawing, print, or sculpture, existing in a single copy, in a limited edition of 200 copies or fewer that are signed and consecutively numbered by the author, or, in the case of a sculpture, in multiple cast, carved, or fabricated sculptures of 200 or fewer that are consecutively numbered by the author and bear the signature or other identifying mark of the author; or (2) a still photographic image produced for exhibition purposes only, existing in a single copy that is signed by the author, or in a limited edition of 200 copies or fewer that are signed and consecutively numbered by the author."*
39. VARA, § 106A: *"(a) Rights of Attribution and Integrity.– Subject to section 107 and independent of the exclusive rights provided in section 106, the author of a work of visual art – (1) shall have the right – (A) to claim authorship of that work, and (B) to prevent the use of his or her name as the author of any work of visual art which he or she did not create; (2) shall have the right to prevent the use of his or her name as the author of the work of visual art in the event of a distortion, mutilation, or other modification of the work which would be prejudicial to his or her honor or reputation; and (3) subject to the limitations set forth in section 113(d), shall have the right – (A) to prevent any intentional distortion, mutilation, or other modification of that work which would be prejudicial to his or her honor or reputation, and any intentional distortion, mutilation, or modification of that work is a violation of that right, and (B) to prevent any destruction of a work of recognized stature, and any intentional or grossly negligent destruction of that work is a violation of that right. (b) Scope and Exercise of Rights. – Only the author of a work of visual art has the rights conferred by subsection (a) in that work, whether or not the author is the copyright owner. The authors of a joint work of visual art are coowners of the rights conferred by subsection (a) in that work."*
40. Diferentemente do que ocorreu com sua "irmã" da área industrial, a Convenção de Paris, a Convenção de Berna nasceu quase que exclusivamente sob a doutrina civilista, embora o escopo da proteção ali prevista seja perfeitamente compatível em termos práticos com o instituto do *copyright*. Ainda assim, EUA e Reino Unido levaram um século para ratificar a Convenção de Berna. Entre as razões "oficiais" estava a alegação de que o instituto dos direitos morais, expressamente previsto na Convenção, era incompatível com a doutrina autoralista anglo-saxônica. Cf.: CONVENÇÃO DE BERNA. Op. cit. art. 6 (bis). (N. A.)
41. Cf.: DIDIER Jr., Fredie. Cláusulas gerais processuais. *Revista de Processo*, v. 187, 69-83, 2010, p. 73-74. *"A relação entre cláusula geral e o precedente judicial é bastante íntima. Já se advertiu, a propósito, que a utilização da técnica das cláusulas gerais aproximou o sistema do civil law do sistema do common law. Esta relação revela-se, sobretudo, em dois aspectos. Primeiramente, a cláusula geral reforça o papel da jurisprudência na criação de normas gerais: a reiteração da aplicação de uma mesma ratio decidendi dá especificidade ao conteúdo normativo de uma cláusula geral, sem, contudo, esvaziá-la; assim ocorre, por exemplo, quando se entende que tal conduta típica é ou não exigida pelo princípio da boa-fé. Além disso, a cláusula geral funciona como elemento de conexão, permitindo ao juiz fundamentar a sua decisão em casos precedentemente julgados."*

e não encontra qualquer guarida na doutrina retributiva de Kant[42] nem no normativismo kelseniano dela derivado.[43] A funcionalização do direito, por qualquer forma ou com qualquer conteúdo, o atrela necessariamente a um objetivo (futuro). E não há como negar que o direito brasileiro, em especial o constitucional, está cada vez mais funcionalista, portanto consequencialista. *Onde há função, há utilidade esperada*. Apenas imprópria ou figurativamente seria possível se falar em "função" deontológica, assim como em "dever" consequencialista. No mínimo, há que se reconhecer que todos os consequencialistas, independentemente das (muitas) nuances filosóficas que os diferenciam, dividem a mesma raiz utilitarista,[44] embora muitos prefiram não ser chamados assim. Repita-se: não há, certamente, sistema jurídico na contemporaneidade inspirado exclusivamente neste ou naquele tronco da filosofia moral, o que não nos impede de reconhecer que seus princípios podem se aproximar ou se afastar de uma ou outra linha teórica.

Se foi claramente consequencialista ao conferir "função social" à propriedade em geral, o constituinte foi bem menos explícito no que tange ao direito autoral, especificamente. Embora não se possa excluir a propriedade intelectual do alcance dos princípios relacionados com a propriedade em geral, tampouco se pode dizer que os direitos autorais, na ordem constitucional brasileira, existem *para* a consecução de qualquer objetivo específico além da remuneração do autor ou de quem tenha adquirido seus direitos patrimoniais, na forma da lei. No limite, os direitos reservados pela Constituição Federal aos autores estão no mesmo nível dos demais direitos fundamentais, diferentemente do que ocorre na ordem constitucional norte-americana, por exemplo, onde tais direitos estão desde sempre subordinados à função de "promover o progresso da ciência e das artes aplicadas".[45] E também não será na ordem infraconstitucional que o observador encontrará qualquer vestígio funcionalista no direito autoral pátrio. Em consonância com a tradição civilista do *droit d'auteur*, a Lei de Direitos Autorais brasileira não relaciona os direitos exclusivos a qualquer objetivo específico, seja econômico, político ou social.

Daí a importância de se refletir sobre a mudança estrutural proposta pelo Anteprojeto de Reforma da Lei nº 9.610/98, preparado pelo Ministério da Cultura, enviado em 2012 à Casa Civil da Presidência da República e ainda hoje aguardando o encaminhamento ao Congresso Nacional. O texto, cuja versão final não foi divulgada, é resultado

---

42. Cf.: MELO, Eduardo Rezende. *Justiça restaurativa*... Op. cit. p. 55-56. ("*Quando vemos que Kant defende, para o caso da dissolução da sociedade civil por todos os seus membros, que a pena haveria de ser imposta e cumprida ao último criminoso para que cada qual recebesse o que merece por seus atos e o povo não se torne cúmplice desta violação pública da justiça, entendemos então que, para além do rigor e coerência interna de seu sistema, em jogo está uma relação precisa com o tempo, em que as questões do presente que sobrelevam são basicamente aquelas decorrentes de uma situação passada, ante a qual há de se fazer um acertamento de contas. Fecha-se, com isso, toda consideração a aspectos outros do presente e, sobretudo, do porvir.*")
43. Muito embora tal funcionalização já tenha sido abertamente defendida por pensadores de origem normativista como Norberto Bobbio. Cf.: BOBBIO, Norberto. *Da estrutura à função*: novos estudos de teoria do direito. Barueri: Manole, 2007.
44. Não há consenso entre estudiosos sobre se há e qual seria a fronteira entre consequencialismo e utilitarismo. Ambos têm como *moralmente correto* aquilo que gera o *bem maior*. Consequencialistas divergem profundamente sobre o que vem a ser "bem" e a quem cabe tal definição, mas concordam que é um destino, mais que uma origem, diferentemente do que defendem as teorias deontológicas. (N. A.)
45. CONSTITUIÇÃO DOS ESTADOS UNIDOS DA AMÉRICA (promulgada em 17.9.1787), seção 8, cláusula 1: "*The Congress shall have Power To [...] promote the Progress of Science and useful Arts, by securing for limited Times to Authors and Inventors the exclusive Right to their respective Writings and Discoveries.*"

de uma série de encontros intitulada "Fórum Nacional de Direito Autoral", realizada entre 2007 e 2009, origem das versões submetidas a duas consultas públicas entre os anos de 2010 e 2011. O discurso oficial apontava para a necessidade de se "modernizar" a legislação autoral em face da revolução tecnológica provocada pela digitalização de praticamente todos os processos de criação, produção e distribuição de conteúdo em escala economicamente relevante. Um pouco menos decididamente, defendia a correção do que considerava como distorções econômicas no mercado de bens simbólicos, não tendo sido raro que certos titulares fossem acusados, explícita ou veladamente, de "abuso de direito". Os alvos preferenciais da crítica oficial pareciam ser: (a) os herdeiros de artistas mortos; (b) as entidades de gestão coletiva de direitos, muito particularmente o Escritório Central de Arrecadação de Direitos – ECAD; e (c) a indústria de mídia em geral. Em suma, os propositores da reforma autoral alegavam que o texto vigente estaria historicamente superado, sendo incapaz de assegurar que os direitos autorais por ela regulados cumprissem sua função social, como direitos de propriedade que também são.

Em outras palavras, o Anteprojeto pretende estabelecer um novo equilíbrio entre os direitos privados do titular da obra protegida e os direitos difusos de acesso à cultura e à informação, objetivo este que já se encontra positivado no âmbito do direito internacional, mais especificamente no art. 7º do Acordo TRIPS da Organização Mundial do Comércio,[46] devidamente internalizado pelo ordenamento brasileiro. A proposta do governo, até onde se sabe, não modifica as características mais visíveis dos direitos autorais, como seu campo de incidência material ou o prazo de validade dos direitos exclusivos, mas introduz um caráter expressamente funcionalista ao direito autoral brasileiro, o que ainda não se havia tentado no contexto do direito positivo. Essa guinada filosófica – que, como vimos, é mais profunda do que possa à primeira vista parecer – se expressa logo no parágrafo único que o texto acrescenta ao art. 1º da Lei nº 9.610/98, onde se lê:

> A interpretação e a aplicação desta Lei atenderão às **finalidades** de estimular a criação intelectual e a diversidade cultural e garantir a liberdade de expressão e orientar-se-ão pelos ditames constitucionais de proteção aos direitos autorais em equilíbrio com os demais direitos fundamentais e os direitos sociais.[47] (Grifos nossos)

E reitera seu viés funcionalizante em outro dispositivo inédito, o parágrafo único do art. 28, que reza:

> O **objeto fundamental** da proteção desta lei, do ponto de vista econômico, é a garantia das vantagens patrimoniais **resultantes** da exploração das obras literárias, artísticas ou científicas em harmonia com os princípios Constitucionais da atividade econômica.[48] (Grifos nossos)

---

46. ACORDO SOBRE ASPECTOS DE DIREITOS DE PROPRIEDADE INTELECTUAL RELACIONADOS AO COMÉRCIO (Anexo 1C do Acordo de Marrakesh estabelecendo a Organização Mundial do Comércio, adotado em 15 de abril de 1994, vigente desde 1º de janeiro de 1995) – Acordo TRIPS, art. 7º: *"A proteção e a aplicação de normas de proteção dos direitos de propriedade intelectual devem contribuir para a promoção da inovação tecnológica e para a transferência e difusão de tecnologia, em benefício mútuo de produtores e usuários de conhecimento tecnológico e de uma forma conducente ao bem-estar social econômico e a um equilíbrio entre direitos e obrigações."*
47. ANTEPROJETO DE REFORMA DA LEI DE DIREITO AUTORAL, art. 1º, parágrafo único. Disponível em: <http://www.cultura.gov.br/consultadireitoautoral/consulta/>. Acesso em: 10 jan. 2020.
48. ANTEPROJETO DE REFORMA DA LEI DE DIREITO AUTORAL, art. 28, parágrafo único. Disponível em: <http://www.cultura.gov.br/consultadireitoautoral/consulta/>. Acesso em: 10 jan. 2020.

Note-se que o texto confere "finalidades" e um "objeto fundamental" à proteção autoral em sua esfera econômica, que é a "garantia das vantagens patrimoniais resultantes da exploração das obras". Ao mesmo tempo, relativiza (ou mesmo afasta) a jusfundamentalidade de seu componente patrimonial ao equipará-lo aos "princípios constitucionais da atividade econômica", que não constam entre as "garantias fundamentais", diferentemente do dispositivo constitucional que trata dos direitos autorais.[49] Como já diagnosticado pela Associação Brasileira da Propriedade Intelectual – APBI,

> [e]sses dois elementos – a explícita relativização do direito autoral em face de outros direitos; e sua subordinação a um objetivo maior de Estado – aproximam como nunca o direito autoral brasileiro da doutrina utilitarista da propriedade intelectual, filosoficamente relacionada à tradição anglo-saxã [...]".[50]

Em outras palavras, o Anteprojeto deixa claro que o bem jurídico tutelado pelo direito autoral, ao menos no que tange a seus aspectos patrimoniais, não é o trabalho nem a obra intelectual em si, mas sua *utilidade econômica* futura.

Mais importante, contudo, é notar que o Anteprojeto não apenas insere automaticamente o direito de propriedade intelectual do autor no contexto mais amplo da função social da propriedade em geral como, na verdade, dá conteúdo a essa função social, que consistiria em: (a) estimular a criação intelectual e a diversidade cultural; e (b) garantir a liberdade de expressão. Aceitando-se a premissa de que os direitos autorais podem (ou talvez devam) ter uma função, tais objetivos nos parecem inatacáveis, mas seria perfeitamente razoável questionar por que foram estes os únicos a merecer menção expressa na lei. Assegurar uma remuneração digna ao trabalhador intelectual, fortalecer a indústria de conteúdo nacional ou ampliar a presença do produto cultural brasileiro no mercado internacional de bens simbólicos seriam objetivos relevantes o bastante? Quem, afinal, escolhe o que entra ou não na lista? Indo mais fundo, seria a lei ordinária um instrumento apropriado para dar conteúdo a um princípio constitucional tão abstrato como "função social"? Não seria tecnicamente necessário explicitar a mudança de paradigma do direito autoral brasileiro – de deontológico para utilitário – na própria Constituição, como ocorre, por exemplo, nos EUA (e, na ordem constitucional brasileira, com a pro-

---

49. Descartada nos países do *common law*, a questão da jusfundamentalidade dos direitos patrimoniais de autor é bem menos clara nos países civilistas. Analisando especificamente a situação brasileira, Denis Barbosa atribui a uma inadequação classificatória a presença de direitos patrimoniais de autor entre os direitos fundamentais relacionados pela Constituição Federal. Cita, na mesma linha, José Afonso da Silva, para quem "*o dispositivo que [...] define [a PI] está entre os direitos individuais, sem razão plausível para isso, pois evidentemente não tem natureza de direito fundamental do homem. Caberia entre as normas da ordem econômica*" (BARBOSA, Denis B. *Propriedade intelectual*: a aplicação do acordo TRIPs. Rio de Janeiro: Lumen Juris, 2003. p. 26). Quer nos parecer que a verdadeira questão está na medida. Como ocorre com o direito de propriedade em si, os direitos de PI, tanto nos aspectos morais quanto patrimoniais, são direitos fundamentais enquanto princípio, mas não necessariamente com este ou aquele escopo, conforme opinião do Comitê sobre Direitos Econômicos, Sociais e Culturais das Nações Unidas (*General Comment nº 17*. Op. cit.), aqui já citada. (N. A.)
50. RESOLUÇÃO DA ABPI nº 80 – O Anteprojeto de Lei que altera a Lei 9.610/98 e seus impactos nas indústrias de criação, produção e distribuição de conteúdo intelectual, p. 2. Disponível em: <http://www.abpi.org.br/biblioteca.asp?idioma=Portugu%EAs&secao=Biblioteca&subsecao=Resolu%E7%F5es%20da%20ABPI&assunto=Rela%E7%E3o%20completa>. Acesso em: 10 jan. 2020. A referida Resolução teve por base um Relatório produzido pela Comissão de Direitos Autorais e da Personalidade e pelo Comitê Empresarial da ABPI, cuja produção foi coordenada pelo autor do presente artigo. (N. A.)

priedade industrial),[51] para somente então detalhar, no âmbito infraconstitucional, que "função" seria essa?

Mais adiante, seguindo em seu movimento de aproximação do *common law* – e mantendo o foco sobre as *consequências* da utilização –, o Anteprojeto amplia de oito para 21 as hipóteses de limitação listadas no art. 46 e agrega, no § 2°, uma espécie de cláusula geral de indisfarçável inspiração consuetudinária:

> O Poder Judiciário, em casos análogos aos incisos deste artigo, ao conhecer que não há ofensa aos direitos autorais, observará cumulativamente as seguintes condições:
>
> I – que a utilização não tenha finalidade comercial nem intuito de lucro direto ou indireto;
>
> II – que a utilização não concorra com a exploração comercial da obra;
>
> III – que a utilização não prejudique injustificadamente os interesses do autor.

Essa inspiração era ainda mais evidente na cláusula geral proposta pela primeira versão do Anteprojeto,[52] que foi sensivelmente atenuada após a primeira consulta pública, talvez para caber no escopo da chamada Regra dos Três Passos de Berna.[53] Ainda assim, isso significa que mesmo usos não expressamente previstos na lista de limitações poderiam, pelo Anteprojeto, ser considerados lícitos pelo Judiciário, desde que o uso analisado seja análogo aos expressamente previstos. Trata-se, portanto, de um conceito muito próximo ao *fair use*, perfeitamente adequado ao realismo jurídico anglo-saxão, onde a construção jurisprudencial está no topo da hierarquia normativa. O direito no *common law* é, por definição, fortemente influenciado pela inteligência das cortes (*case law*), e, embora exista uma complexa relação hierárquica entre os diversos precedentes, a aderência dos magistrados ao *case law* é um pressuposto do próprio sistema, o que favorece a criação de posicionamentos paradigmáticos que condicionam e dão objetividade às cláusulas gerais.[54] Na tradição formalista romano-germânica, à qual se afiliam não apenas as leis brasileiras, mas os tribunais que as aplicam, o peso dos precedentes judiciais é, em geral, significativamente menor.

Do ponto de vista dos setores da economia nacional que integram a cadeia produtiva dos bens simbólicos, o ponto central dessa discussão é saber se a "americanização" do direito autoral brasileiro será capaz de gerar o que, em última análise, qualquer indústria

---

51. Constituição Federal, art. 5°, inciso XXIX: "*[A] lei assegurará aos autores de inventos industriais privilégio temporário para sua utilização, bem como proteção às criações industriais, à propriedade das marcas, aos nomes de empresas e a outros signos distintivos, **tendo em vista o interesse social e o desenvolvimento tecnológico e econômico do País***" (Grifos nossos).

52. Cf.: ANTEPROJETO DE REFORMA DA LEI DE DIREITO AUTORAL (Primeira Versão), art. 46, parágrafo único: "*Além dos casos previstos expressamente neste artigo, também não constitui ofensa aos direitos autorais a reprodução, distribuição e comunicação ao público de obras protegidas, dispensando-se, inclusive, a prévia e expressa autorização do titular e a necessidade de remuneração por parte de quem as utiliza, quando essa utilização for: I – para fins educacionais, didáticos, informativos, de pesquisa ou para uso como recurso criativo; e II – feita na medida justificada para o fim a se atingir, sem prejudicar a exploração normal da obra utilizada e nem causar prejuízo injustificado aos legítimos interesses dos autores.*"

53. CONVENÇÃO DE BERNA, art. 9.2: "*Às legislações dos países da União reserva-se a faculdade de permitir a reprodução das referidas obras em certos casos especiais, contanto que tal reprodução não afete a exploração normal da obra nem cause prejuízo injustificado aos interesses legítimos do autor.*"

54. Sobre as características hermenêuticas do *common law* e como elas se comparam às do *civil law*, cf.: MELLO, Patrícia Perrone Campos. *Precedentes*: o desenvolvimento judicial do direito constitucional contemporâneo. Rio de Janeiro: Renovar, 2008.

espera: segurança jurídica. A presença de cláusulas gerais e conceitos abertos, como "onerosidade excessiva" ou "acontecimentos extraordinários e imprevisíveis",[55] não é, em si, uma inovação, pois, como já mencionado, estão presentes tanto na Constituição quanto no Código Civil. Mas é importante ressaltar que a densidade jurisprudencial do direito autoral brasileiro é relativamente baixa em comparação a outras esferas do direito civil e que, por mais ilustrados que sejam – e são –, os operadores do direito no Brasil têm, em geral, baixíssima exposição teórica à doutrina autoralista, sendo que a esmagadora maioria sequer estudou a matéria em sua formação básica.

4. CONCLUSÃO

Nada há de moralmente "errado" com o utilitarismo ou qualquer forma de consequencialismo jurídico, como também não há com as correntes deontológicas *em si*. Ambas as perspectivas apresentam pontos fortes e fracos. Na deontologia do *droit d'auteur*, é mais difícil justificar uma busca dinâmica pelo equilíbrio entre os direitos autorais e outros direitos, notadamente os de caráter econômico, pois, por definição, sua validade apriorística não se sujeita à verificação pela experiência. O utilitarismo do *copyright* tem a vantagem de pressupor esse equilíbrio, mas a análise da relação custo-benefício da proteção intelectual na economia como um todo apresenta tantas variáveis que é preciso estabelecer um consenso *a priori* que delimite minimamente o que se espera a título de "bem-estar", decisão sujeita a todo tipo de influência circunstancial.

Ao tomar o rumo do consequencialismo, contudo, o legislador precisa compreender que está criando objetivos, e não traduzindo pressupostos, razão pela qual deve considerar com especial atenção os impactos práticos que a mudança proposta poderá vir a ter sobre a criação, produção e distribuição de conteúdo autoral no futuro. No percurso do anteprojeto de lei até aqui, o governo não demonstrou grande preocupação com a coleta e análise de dados objetivos capazes de justificar as mudanças propostas, ou mesmo em fornecer detalhes sobre os efeitos macroeconômicos esperados com medidas como, por exemplo, a que dá aos produtores e coautores de obras audiovisuais, inclusive estrangeiros, o direito de arrecadar direitos de exibição pública no Brasil,[56] sendo que os produtores e coautores brasileiros não terão o mesmo direito em outros países (inclusive nos EUA, o maior mercado audiovisual do mundo). Em outras palavras, faltam, se não evidências, ao menos dados indicativos de que a aplicação da normativa proposta levará à consecução dos objetivos que o próprio texto legal se impõe.[57]

---

55. Cf.: ANTEPROJETO DE REFORMA DA LEI DE DIREITO AUTORAL, art. 4º, § 2º: *"Nos contratos de execução continuada ou diferida, qualquer uma das partes poderá pleitear sua revisão ou resolução, por onerosidade excessiva, quando para a outra parte decorrer extrema vantagem em virtude de acontecimentos extraordinários e imprevisíveis."*
56. Cf.: ANTEPROJETO DE REFORMA DA LEI DE DIREITO AUTORAL, art. 81, § 3º: *"O produtor responsável pela primeira fixação de obra audiovisual terá o direito a uma remuneração referente a cada exibição pública a que se refere o art. 68".* Cf., ainda, art. 86: *"Os direitos autorais, decorrentes da exibição pública de obras audiovisuais e da execução pública de obras musicais [...] serão devidos aos seus titulares pelos responsáveis dos locais ou estabelecimentos [...] que as exibirem, ou pelas empresas que as transmitirem.* **Parágrafo único**. *Os proventos pecuniários resultantes de cada exibição pública de obras audiovisuais serão repartidos entre seus autores, artistas intérpretes e produtores, na forma convencionada entre eles ou suas associações."*
57. Em palestra sobre o Anteprojeto de Reforma Autoral, proferida durante o XXXII Congresso Internacional da Propriedade Intelectual (São Paulo, 27 e 28 de agosto de 2012), o advogado Fábio Barboza ressaltou que o Reino

Para um texto legal que se propõe explicitamente funcionalista, isso pode ser um problema sério. Em especial quando se sabe que o direito há muito se vale da análise de dados objetivos para avaliar o grau de "eficiência" das leis e demais instrumentos normativos, ou seja, se tais normas são efetivamente capazes de gerar os resultados socioeconômicos esperados. Em todo o mundo, dados coletados de acordo com a metodologia de outras ciências são utilizados para justificar ou rejeitar propostas legislativas e decisões administrativas. Na área ambiental, por exemplo, não se concebe uma medida de caráter normativo que, tendo claras implicações em um dado ecossistema, prescinda de uma análise prévia de impactos, tão detalhada quanto possível. Por isso, antes de mudar as regras gerais para a atividade exploração de petróleo em alto-mar, por exemplo, espera-se que o Estado proceda a uma cuidadosa análise dos riscos ambientais (poluição das águas, diversidade da fauna marinha etc.), humanos (sustentabilidade das atividades de pesca artesanal, mudanças no perfil demográfico das cidades costeiras etc.) e também econômicos ("doença holandesa",[58] redução do fluxo turístico etc.) da medida proposta.[59]

Claro que, por outro lado, o mesmo proponente deverá considerar os efeitos positivos da medida: como (e o quanto) as novas regras favoreceriam o aumento da arrecadação de tributos, quantos novos empregos diretos e indiretos podem ser razoavelmente esperados, e assim por diante. Adivinhar o futuro é impossível, mas as lições do passado mostram que é melhor tentar prever *algo*, mesmo errando, do que simplesmente esperar *tudo* acontecer. Vazamentos de óleo em alto-mar acontecem e por isso os riscos associados devem ser qualificados, controlados e, na medida do possível, quantificados. A mesma lógica serve para os impactos positivos. Ao final, o que se tem é uma análise da relação custo-benefício da medida regulatória proposta, ferramental intimamente relacionado ao movimento conhecido nos países anglo-saxões como *Law and Economics* (em portu-

---

Unido promoveu quatro revisões da política geral de propriedade intelectual nos últimos sete anos, com o objetivo de manter a eficiência econômica do sistema em face das recentes mudanças tecnológicas, com forte base em dados objetivos do mercado relevante em que atuam as indústrias de conteúdo (que os britânicos, em especial, costumam chamar de "indústrias criativas"). O advogado comparou a experiência britânica à brasileira, concluindo que, no Brasil, não há evidências de que o processo se valeu de dados objetivos similares. Cf.: BERENZIN, Ricardo Z. Lei de direito autoral deve garantir segurança jurídica. *Consultor Jurídico*, 29 de agosto de 2012. Disponível em: <http://www.conjur.com.br/2012-ago-29/lei-direito-autoral-garantir-seguranca-juridica-empresas>. Acesso em: 10 jan. 2020.

58. Na definição de Bresser Pereira, a chamada "doença holandesa" é *"uma falha de mercado decorrente da existência de recursos naturais baratos e abundantes usados para produzir commodities (e da possível elevação dos preços das mesmas) que são compatíveis com uma taxa de câmbio mais apreciada do que aquela necessária para tornar competitivos os demais bens comercializáveis"*. Essa falha de mercado gera condições macroeconômicas, notadamente cambiais, relativamente desfavoráveis às demais atividades econômicas, comprometendo sua competitividade. O resultado é uma concentração excessiva de investimento em um ou algumas indústrias específicas, tipicamente de *commodities*, atrasando o desenvolvimento tecnológico do país. Cf.: BRESSER-PEREIRA, Luiz Carlos. Doença holandesa e sua neutralização: uma abordagem ricardiana. *Revista de Economia Política* 28 (1), p. 47-71. Versão eletrônica da versão em língua portuguesa está disponível em: <http://www.bresserpereira.org.br/papers/2007/07.26.Doen%E-7aHolandesa.15dezembro.pdf>. Acesso em: 10 jan. 2020.

59. Para um exemplo concreto, ligado à exploração brasileira de petróleo na camada pré-sal, cf., p. ex.: PETROBRAS; ICF Consultoria do Brasil. RIMA – Relatório de Impacto Ambiental: Projetos Integrados de Produção e Escoamento de Petróleo e Gás Natural no Polo Pré-Sal, Bacia de Santos. Rev. 2 (Março de 2011). Disponível em: <http://www.observatoriodopresal.com.br/wp-content/uploads/2011/07/rima_2011-PRÉ-SAL-ICF.pdf>. Acesso em: 10 jan. 2020.

guês, normalmente chamado de Análise Econômica do Direito – AED),[60] ainda muito pouco estudado no Brasil.

Em suma, pode-se dizer que o processo de reforma da legislação autoral brasileira tem se desenrolado sobre bases quase que exclusivamente retóricas, construídas a partir de uma sucessão de seminários e consultas públicas em que a argumentação subjetiva prevaleceu sobre a análise técnica de dados objetivos a respeito do mercado de criação, produção e distribuição de conteúdo literário e artístico. Tais dados são, de fato, escassos no Brasil, o que não os torna menos necessários ao processo de reforma, em especial quando se adota uma visão consequencialista dos direitos de autor e os que lhes são conexos. Se em outras esferas regulatórias que têm no "futuro" a sua própria razão de existir, como é o caso do direito ambiental, os estudos de impacto tornaram-se uma ferramenta essencial para a tomada de decisões, por que prescindir do mesmo cuidado em relação ao direito autoral? O futuro da produção cultural é pelo menos tão importante quanto o de qualquer bioma, pode-se argumentar. Pelo menos na medida em que se aceitem os pressupostos da racionalidade humanista de onde surgiu o próprio direito da propriedade intelectual como o conhecemos, em todas as suas variantes.

REFERÊNCIAS

ABPI. *Resolução da ABPI nº 80*. Disponível em: http://www.abpi.org.br/biblioteca.asp?idioma =Portugu%EAs&secao=Biblioteca&subsecao=Resolu%E7%F5es%20da%20ABPI&assunto =Rela%E7%E3o%20completa. Acesso em: 10 jan. 2020.

ADOLFO, Luiz Gonzaga Silva. *Obras privadas, benefícios coletivos*: a dimensão pública do direito autoral na sociedade da informação. Porto Alegre: Sérgio Antônio Fabris Editor, 2008.

ASCENSÃO, José de Oliveira. *Direito intelectual, exclusivo e liberdade*. In: Revista da ABPI – Associação Brasileira da Propriedade Intelectual, nº 59, jul./ago. 2002.

BARBOSA, Denis B. *Propriedade intelectual*: a aplicação do acordo TRIPs. Rio de Janeiro: Lumen Juris, 2003.

BARRET, Margreth. *Intellectual property cases and materials*. St. Paul: MN: West, 2007.

---

60. Cf.: VASCONCELOS, Cláudio Lins de. *Mídia e propriedade intelectual...* Op. cit. p. 124. ("A AED não é uma disciplina jurídica propriamente dita, mas uma abordagem do Direito a partir de suas características e desdobramentos de natureza econômica. O resultado dessa análise será tipicamente um diagnóstico de eficiência, ou seja, de como os custos da aplicação legal se comparam aos seus benefícios, tendo por objetivo o cumprimento das finalidades socioeconômicas da lei, dentro de uma escala subjetiva de valores [...] [E]ssa análise exercerá em muitos casos função meramente acessória, como na hipótese de uma medida qualquer que, embora ineficiente do ponto de vista estritamente econômico, será a mais adequada para a consecução de objetivos específicos. Em outros, contudo, a AED tende a ser fundamental, particularmente nas áreas em que a eficiência econômica consiste no próprio bem jurídico a ser tutelado. Em sua concepção contemporânea, [...] o [direito internacional da propriedade intelectual] tem como principal preocupação a busca do equilíbrio entre os interesses econômicos de titulares e usuários de bens intelectuais, o que equivale dizer que busca conceitualmente a melhor alocação possível dos recursos destinados tanto à produção quanto ao consumo desses bens. Não por acaso, alguns dos maiores nomes da AED são também referências obrigatórias em matéria de PI"). Em nota de rodapé, no mesmo trabalho, exemplificamos: "Richard Posner e William Landes talvez sejam os exemplos mais óbvios, mas não os únicos. Nomes como Steven Shavell, Stanley Besen, Carlos Alberto Primo Braga, Harold Demsetz, Paul Goldstein, Wendy Gordon, Michael Katz, Carl Shapiro, Sanford Liebovitz, Edwin Mansfield e George Stigler, entre outros, se debruçaram sobre o tema e se tornaram fontes autoritativas tanto no estudo da PI quanto na AED."

BERENZIN, Ricardo Z. Lei de direito autoral deve garantir segurança jurídica. *Consultor Jurídico*, 29 de agosto de 2012. Disponível em: <http://www.conjur.com.br/2012-ago-29/lei-direito-autoral-garantir-seguranca-juridica-empresas>. Acesso em: 10 jan. 2020.

BITTAR, Eduardo C. B.; ALMEIDA, Guilherme Assis. *Curso de filosofia do direito*. 7. ed. São Paulo: Atlas, 2009.

BOBBIO, Norberto. *Da estrutura à função: novos estudos de teoria do direito*. Barueri: Manole, 2007.

BRASIL. Anteprojeto de Reforma da Lei de Direito Autoral. Disponível em: <http://www.cultura.gov.br/consultadireitoautoral/consulta/>. Acesso em: 10 jan. 2020.

BRASIL. Constituição Federal.

BRASIL. Lei nº 9.610, de 19 de fevereiro de 1998 (altera, atualiza e consolida a legislação sobre direitos autorais e dá outras providências).

BRESSER-PEREIRA, Luiz Carlos. Doença holandesa e sua neutralização: uma abordagem ricardiana. *Revista de Economia Política* 28 (1), p. 47-71.

BRITTO, Carlos Ayres. A liberdade de expressão e as obras biográficas. Palestra ministrada no seminário *Justiça e Comunicação Social*. Mangaratiba, 6-9 out. 2011.

BUCCI, Eugênio. Liberdade de imprensa, direito absoluto. *Observatório da Imprensa*, ed. 585, 15 abr. 2010. Disponível em: <http://www.observatoriodaimprensa.com.br/news/view/liberdade-de-imprensa-direito-absoluto>. Acesso em: 10 jan. 2020.

CARBONI, Guilherme. Aspectos gerais da teoria da função social do direito de autor. *Estudos em Homenagem ao Professor Carlos Fernando Mathias*, no prelo. Disponível em: <http://www.gcarboni.com.br/pdf/G6.pdf>. Acesso em: 10 jan. 2020.

CATTANEO, Mario A. Pena. *Diritto e dignità umana. Saggio sulla filosofia del diritto penale*. Torino: G. Giappichelli Editore, 1990.

CÓDIGO DE HAMMURABI (Mesopotâmia, c. 1750 a. C.) Disponível em: <http://www.culturabrasil.org/zip/hamurabi.pdf>. Acesso em: 10 jan. 2020.

DALLON, Craig. The problem with congress and copyright law: forgetting the past and ignoring the public interest. *Santa Clara Law Review*, v. 44, 2004.

DEUTERONÔMIO 19:16-19:21.

DIDIER JR., Fredie. Cláusulas gerais processuais. *Revista de Processo*, v. 187, p. 69-83, 2010.

EUA. CONSTITUIÇÃO DOS ESTADOS UNIDOS DA AMÉRICA (promulgada em 17.9.1787).

EUA. CONSTITUIÇÃO DOS ESTADOS UNIDOS DA AMÉRICAConstituição DOS Estados Unidos Da América (promulgada em 17.9.1787).

EUA. SONY CORPSony Corp. v. UNIVERSAL CITY STUDIOS.Universal City Studios. 464 U.S. 417 (1984).

EUA. UNITED STATES COPYRIGHT ACTUnited States Copyright Act (17 U.C.C.A., 1976), § 107.

EUA. VISUAL ARTISTS RIGHTS ACT OFVisual Artists Rights Act of 1990 ("VARA"), §§ 601–10, 17 U.S.C. §§ 101, 106A, 107, 113, 301, 411, 412, 506 (2000).

ÊXODO 21:22-21:27.

FISHER, William W. Theories of intellectual property. *New Essays in the Legal and Political Theory of Property*. Cambridge: University Press, 2001. Disponível em: <http://cyber.law.harvard.edu/people/tfisher/iptheory.pdf>. Acesso em: 10 jan. 2020.

HASSEMER, Winfried. *Fundamentos del derecho penal*. Barcelona: Bosch, 1984.

HEGEL, G. W. F. *Princípios da filosofia do direito*. São Paulo: Martins Fontes, 1997.

HONDERICH, Ted (Ed.). *The Oxford companion to philosophy*. New York: Oxford University Press, 1995.

HUGHES, Justin. The philosophy of intellectual property. 77 *Georgetown Law Journal* 287, 1988.

KANT, Immanuel. *Fundamentação da metafísica dos costumes e outros escritos*. São Paulo: Martin Claret, 2005.

LANDES, William; POSNER, Richard. An economic analysis of copyright. *Law Journal of Legal Studies* 18, 1989, p. 325.

LANDES, William; POSNER, Richard. . *The economic structure of intellectual property law*. Boston: Harvard University Press, 2003.

LEVAL, Pierre N. Toward a fair use standard. 103 *Harvard Law Review* 1105, 1989-1990.

LEVÍTICO 24:16-24:21.

LOCKE, John. *Segundo tratado sobre governo civil*: ensaio sobre a origem, os limites e os fins verdadeiros do governo civil. Petrópolis: Vozes, 1994.

LUCCHI, Nicola. Intellectual property rights in digital media: a comparative analysis of legal protection, technological measures, and new business models under EU and U.S. law. *Buffalo Law Review*, v. 53, nº 4, Fall 2005.

MASKUS, Keith. The International Regulation of Intellectual Property. Anais da conferência. *Regulation of International Trade and Investment*, promovida pelo Internet Engineering Steering Group – IESG. Universidade de Nottingham, 12 a 14 de setembro de 1997. Disponível em <http://siteresources.worldbank.org/INTRANETTRADE/Resources/maskus3.pdf.> Acesso em: 10 jan. 2020.

MELLO, Leonel Itaussu Almeida. John Locke e o individualismo liberal. In: WEFFORT, Francisco (Org.). *Os clássicos da política*. São Paulo: Ática, 1995.

MELLO, Patrícia Perrone Campos. *Precedentes*: o desenvolvimento judicial do direito constitucional contemporâneo. Rio de Janeiro: Renovar, 2008.

MELO, Eduardo Rezende. Justiça restaurativa e seus desafios histórico-culturais: um ensaio crítico sobre os fundamentos ético-filosóficos da justiça restaurativa em contraposição à justiça retributiva. In: SLAKMON, C., R. de Vitto; GOMES PINTO, R. (Org.). *Justiça restaurativa*. Brasília: Ministério da Justiça e Programa das Nações Unidas para o Desenvolvimento – PNUD, 2005.

MILL, John Stuart. Bentham. *London and Westminster Review* (agosto de 1838), revisado em 1859. Dissertations and Discussion, v. 1. Disponível em: <http://socserv2.socsci.mcmaster.ca/~econ/ugcm/3ll3/bentham/bentham>. Acesso em: 10 jan. 2020.

MOORE, Adam D. *Intellectual property and information control* – philosophical foundations and contemporary issues. New Brunswick: Transactions Publishers, 2006.

OEA. *O ordenamento jurídico brasileiro*. Disponível em: <http://www.oas.org/juridico/mla/pt/bra/pt_bra-int-des-ordrjur.html>. Acesso em: 10 jan. 2020.

OMC. ACORDO SOBRE ASPECTOS DE DIREITOS DE PROPRIEDADE INTELECTUAL RELACIONADOS AO COMÉRCIOAcordo Sobre Aspectos DE Direitos De Propriedade Intelectual Relacionados AO Comércio (Anexo 1C do Acordo de Marrakesh estabelecendo a Organização Mundial do Comércio, adotado em 15 de abril de 1994, vigente desde 1º de janeiro de 1995).

ONU. COMMITTEE ON ECONOMIC, SOCIAL AND CULTURAL RIGHTS.Committee on Economic, Social and Cultural Rights. General Comment nº 17 – The right of everyone to benefit from the protection of the moral and material interests resulting from any scientific, literary or artistic production of which he or she is the author (article 15, paragraph 1 (c), of the Covenant). E/C.12/GC/17, de 12 de janeiro de 2006.

ONU. CONVENÇÃO DE BERNA PARA PROTEÇÃO DE TRABALHOS ARTÍSTICOS E LITERÁRIOS- Convenção de Berna Para Proteção de Trabalhos Artísticos e Literários (adotada em 9 de setembro de 1886; emendada em 28 de setembro de 1979).

ONU. CONVENÇÃO DE PARIS PARA A PROTEÇÃO DA PROPRIEDADE INDUSTRIALConvenção de Paris Para a Proteção Da Propriedade Industrial (adotada em 20 de março de 1883; emendada em 2 de outubro de 1979).

ONU. CONVENÇÃO DE VIENA SOBRE O DIREITO DOS TRATADOSConvenção de Viena Sobre o Direito Dos Tratados (adotada em 26 de maio de 1969; em vigor desde 27 de janeiro de 1980).

ONU. PACTO INTERNACIONAL SOBRE OS DIREITOS ECONÔMICOS, SOCIAIS E CULTURAISPacto Internacional Sobre os Direitos Econômicos, Sociais e Culturais (adotada pela Assembleia Geral das Nações Unidas em 16 de dezembro de 1966).

PARISI, Francesco. Positive, Normative and functional schools in law and economics. *European Journal of Law and Economics*, 18, p. 259–272, 2004.

PATTERSON, Lyman R. *Copyright in historical perspective*. Nashville: Vanderbilt University Press, 1968.

PETROBRÁS; ICF Consultoria do Brasil. RIMA – Relatório de Impacto Ambiental: Projetos Integrados de Produção e Escoamento de Petróleo e Gás Natural no Polo Pré-Sal, Bacia de Santos. Rev. 2 (Março de 2011). Disponível em: <http://www.observatoriodopresal.com.br/wp-content/uploads/2011/07/rima_2011-PRÉ-SAL-ICF.pdf>. Acesso em: 10 jan. 2020.

PICCOLI, Alexandre. *Norma jurídica e proposição jurídica*: estudo diferenciativo. Espumoso: Alexandre Picolli Editor, 2008. p. 12.

PUGH, Schachter; SMITH. *International law: cases and materials*. 3. ed. St. Paul: West, 1993.

REALE, Miguel. *Filosofia do direito*. São Paulo: Saraiva, 2002.

RICKETSON, S. *Wipo study on limitations and exceptions of copyright and related rights in the digital environment*. Estudo preparado para a 9ª Sessão do Comitê Permanente de Direitos Autorais e Conexos da OMPI – SCCR/9/7 (Genebra, 23 a 27 de junho de 2003).

RIGAMONTI, Cyrill P. Deconstructing moral rights. *Harvard International Law Journal*, v. 47, n° 2 (Verão de 2006). Disponível em: <http://www.harvardilj.org/print/58>. Acesso em: 10 jan. 2020.

ROXIN, Claus. Sentido e limites da pena estatal. *Problemas fundamentais de direito penal*. Lisboa: Veja, 1986.

SCHACHTER, Madeleine; KURTZBERG, Joel. *Law of the internet speech*. 3. ed. Durham: Carolina Academic Press, 2008.

VASCONCELOS, Cláudio L. *Mídia e propriedade intelectual*: a crônica de um modelo em transformação. Rio de Janeiro: Lumen Juris, 2010.

VASCONCELOS, Cláudio L. Sobre feitiços e feiticeiros: a "cruzada da retaliação" no comércio internacional. *Revista Eletrônica do IBPI*, n° 3 (2010). Disponível em: <http://www.klsc.com.br/pdf/REVELnumero3.pdf>. Acesso em: 10 jan. 2020.

VILLALBA, Carlos A.; LIPZIC, Delia. *El derecho de autor en la Argentina*. Buenos Aires: La Ley, 2001.

WARBURTON, Nigel. *Uma breve história da filosofia*. 2. ed. Porto Alegre: L&PM, 2012.

35
PLÁGIO E INTERNET

Helder Galvão

Sumário: 1 Breve ensaio. 2 De tudo um pouco sobre o plágio. 3 O plágio e as leis. 4 Plagiar ou não plagiar. Eis a questão. 5 A busca para se caracterizar o plágio. 6 Duas situações de fato. 6.1. Apple vs. BRAUN – Inspiração?; 6.2. Episódio Imperador da Selva vs. Rei Leão – Coincidência? 7 A responsabilização dos provedores de conteúdo digital. 8 Conclusão. Referências.

1. BREVE ENSAIO

Nada surge do nada.[1] Daí que no processo criativo as referências, as influências e o aproveitamento de obras já existentes são elementos indispensáveis para o surgimento de novas obras.[2] Até porque cultura se faz por reaproveitamento e reelaboração, ou seja, na realimentação contínua de elementos preexistentes.[3]

Contudo, o processo criativo pode pecar pela falta de originalidade, lançando mão até mesmo de recursos maliciosos na criação dessas obras novas. É o que se convencionou chamar de *plágio*.

A imprecisão técnica, um luxo de definições e a abundância de parâmetros para identificá-lo faz do plágio uma expressão peculiar, que tanto pode ser caracterizada como uma violação de direitos autorais, como também uma infração ética, moral, de concorrência desleal, da boa-fé, quanto a um tipo penal.

De outro lado, o alargamento do acesso à informação[4] com o advento da Internet permitiu não só o incremento do processo criativo e, por consequência, numa enxurrada de novas obras,[5] mas também uma maior circulação desses bens culturais. É, pois, um

---

1. Há quem atribua a expressão latina *Ex nihilo hihil fit* ao filósofo grego Parmênides, quando se referia a um princípio metafísico segundo o qual o ser não pode começar a existir a partir do nada. Outros atribuem ao filósofo grego Lucrécio. A expressão também está ligada aos filósofos alemães Martin Heidegger e Gottfried Wilhelm Leibniz. Veremos adiante que se trata de um fenômeno na Internet, num típico caso de "quase plágio" ou "plágio às avessas", ou seja, quando uma expressão ou texto é atribuída a uma pessoa indevidamente só para lhe emprestar um *status*.
2. Décio Valente, ao citar Monteiro Lobato: "a imitação é, de fato, a maior das forças criadoras. Mas, imita quem assimila processos. Quem decalca não imita: furta. Quem plagia não imita: macaqueia" (*O plágio*. São Paulo: Livraria Farah, 1986. p. 2).
3. BARBOSA, Denis Borges. *Propriedade intelectual. Normas deontológicas relativas a textos de doutrina jurídica. Vedação ao plágio, mediante ocultação de quem é o originador de ideias e expressões alheias.* p. 2.
4. Parafraseando José de Oliveira Ascensão, é supérfluo tecer louvores à sociedade digital. As potencialidades abertas pela revolução informática são de conhecimento e prática generalizados. *Sociedade digital e o consumidor*. Propriedade Intelectual [...]. São Paulo: Letras Jurídicas, 2009. p. 320.
5. Com a facilidade de acesso, a abundância de recursos digitais, ferramentas de edição e banco de dados virtuais. O que era escasso se tornou abundante pela Internet. Hermano Vianna diz também que os novos habitantes – todos aqueles da geração Internet – são produto de uma cultura do "ilimitado", num bombardeio de informações, publicidade e consumo. *Gerações*, blog <hermanovianna.wordpress.com>. Acesso em: 10 jan. 2020.

autêntico sistema cíclico, na medida em que expande-se o processo de criação mas, ao mesmo tempo, aumenta-se a possibilidade de identificação das reproduções servis e das cópias astutamente disfarçadas, duas definições de plágio que veremos a seguir.

Diga-se, ainda, que não só os sujeitos diretamente envolvidos nas ocorrências de plágios assumem responsabilidades. Muito pelo contrário: com a era digital, os provedores de Internet passaram a ser considerados responsáveis solidários pela circulação de obras de origem duvidosa.

Veremos, então, como a figura do plágio é mais abundante do que parece no processo criativo e como a Internet tem contribuído para essa ocorrência.

2. DE TUDO UM POUCO SOBRE O PLÁGIO

Muito se fala do plágio. Imitação, fraude, roubo de ideias, decalque, pasticho,[6] até mesmo um estupro intelectual. Historicamente, significava o desvio, a venda fraudulenta de escravos.[7] Evoluindo, o termo *plágio* passou a ser empregado no segmento literário, na medida em que os textos da época eram literalmente apropriados por outros, que se passavam, ao menos de fachada, como os verdadeiros escritores.[8]

Hermano Duval, já na década de 1960, definia o plágio como nada mais que pilhar o âmago do sucesso alheio sob uma falsa roupagem. E vai além, ao afirmar que o sujeito inescrupuloso, como um industrial, procura batizar seus produtos, ora desconhecidos, com denominações semelhantes de marcas acreditadas.[9]

Carlos Alberto Bittar procura definir o plágio justamente como uma imitação servil ou fraudulenta de obra alheia, repleta do intuito malicioso.[10] Já Henrique Gandelman apresenta o plágio como uma violação de direito de autor, tal como uma cópia ou reprodução não autorizada.[11]

José de Oliveira Ascensão, por sua vez, defende que o plágio não se limita a uma cópia servil. Os elementos de deslealdade e dolo são preponderantes, de modo a se distinguir, por exemplo, da usurpação, figura na qual um sujeito se apropria da obra de outrem, de modo a apenas substituir o seu nome e, ainda, da reprodução não autorizada, a contrafação, onde o sujeito contrafator não tem o interesse em dar outro crédito, ou seja, trata-se pura e simplesmente de uma cópia. Vejamos:

---

6. Para Décio Valente, o plágio se apresenta sob dois aspectos: decalque e pasticho. Aquele, como apenas uma cópia ou reprodução servil de parte ou de toda a obra. Este, como uma imitação astutamente disfarçada, feita com dois intuitos: ou como imitação habilidosa do estilo alheio, para se inculcar como de outrem a autoria de uma obra falsificada (fraude esta comum em artes plásticas e em antiguidades raras) ou, então, como apropriação de ideias e expressões alheias, que o pasticheiro incorpora disfarçadamente às suas e as apresenta como própria, original. Op. cit. p. 4.
7. SOUZA, Carlos Fernando Mathias de Souza. *Direito autoral*. 2. ed. Brasília. Brasília Jurídica, 1998.
8. KROKOSCZ, Marcelo. *Autoria e plágio*: um guia para estudantes, professores, pesquisadores e editores. São Paulo: Atlas, 2012. p. 10.
9. DUVAL, Hermano. *Violações aos direitos autorais*. Rio de Janeiro: Borsoi, 1996. p. 101.
10. BITTAR, Carlos Alberto. *Direito do autor*. 2. ed. Rio de Janeiro: Forense, 1994.
11. GANDELMAN, Henrique. O que é plágio?, *Revista da Associação Brasileira da Propriedade Intelectual – ABPI*, nº 75, mar./abr. 2005.

Plágio não é cópia servil; é mais insidioso, porque se apodera da essência criadora da obra sob veste ou forma diferente. Por isso se distinguem a usurpação e a contrafação. Na usurpação apresenta-se sob próprio nome a obra alheia. A contrafação permitiria já abranger os casos em que a obra não é simplesmente reproduzida mas retocada, de maneira a parecer obra nova.[12]

O autoralista angolano vai além. Segundo ele, o critério da individualidade deve ser levado em consideração, tendo uma estreita relação com a originalidade, este, sem dúvida, o principal elemento para desconstruir o plágio. Ademais, não se pode ter o monopólio sobre um determinado tema. Muito pelo contrário: as temáticas são livres, podendo ser aproveitada por todos. O que não se permite é o processo de apropriação da composição, correspondente a estruturação e a apresentação do tema.

> Não há porém plágio se, apesar das semelhanças decorrentes da identidade do objeto, tiverem uma individualidade própria. O critério da individualidade prevalece sobre a semelhança objetiva. Mas individualidade tem aqui o exato sentido de criatividade. Decisivo é que nada se acrescenta à criação alheia a que se recorreu. Já sabemos que a essência criativa não é a ideia pura, que como tal é livre. Esta funcionará como *tema*: mas um tema pode ser milhares de vezes aproveitado sem haver plágio. Pode ser um tema histórico, um tema de ficção, como o de Romeu e Julieta, ou qualquer outro. O plágio só surge quando a própria estruturação ou apresentação do tema é aproveitada. Refere-se pois àquilo a que outros autores chamam *composição*, para distinguir quer da ideia quer da forma.[13]

Para Denis Borges Barbosa, trata-se do ocultamento da origem alheia de uma produção que se apresenta como própria. Diz, ainda, que o plágio representa a simulação da originalidade. Para tanto, Barbosa evita o termo *autor*, optando pelo termo *originador*, na medida em que o processo criativo envolve, justamente, o reaproveitamento e reelaboração, ou seja, a realimentação contínua de elementos preexistentes. Eis as suas palavras:

> Para muitos, o que caracteriza o plágio, pelo menos no âmbito do direito autoral, é precisamente a ocultação da origem do elemento emprestado, ou, olhando-se do outro lado da conduta, a simulação da originalidade; preferimos usar para tais propósitos outra palavra: originação. Imputa-se como próprio o que é alheio, seja simplesmente ocultando quem realmente está na origem da criação emprestada, seja elaborando o empréstimo com miríades de disfarces e enublamentos. Essa é nossa acepção de plágio: é a ocultação da origem alheia de um elemento da produção que se apresenta como própria. Fica claro, assim, que ao escolhermos a expressão *plágio* para denotar o ocultamento do sujeito originador da criação intelectual, adotamos uma estratégia de análise pertinente ao nosso presente estudo: o que nos concerne aqui é o encobrimento da relação de originação.[14]

Vale também a citação de Dirceu de Oliveira e Silva, que considera o plágio a modalidade de contrafação mais repulsiva. Diz ainda que o plágio não se limita ao furto intelectual, mas principalmente pelo ato de dissimular. Frisa-se que o plágio é sempre parcial, já que se constitui como um aproveitamento apenas de parte do trabalho original. Não foge, então, da definição de que o plágio é o aproveitamento indevido de uma obra original, com a dissimulação desse aproveitamento.[15]

A conclusão a que se chega, portanto, é que o plágio está *pari passu* com o caráter da originalidade. Se há o truque sujo, de modo a se aproveitar da essência de uma criação

---

12. ASCENSÃO, José de Oliveira. *Direito autoral*. 2. ed. Rio de Janeiro: Renovar, 1997.
13. BARBOSA, Denis Borges. Op. cit. p. 2.
14. BARBOSA, Denis Borges. Op. cit. p. 4.
15. SILVA, Dirceu de Oliveira. *O direito de autor*. Rio de Janeiro: Ed. Nacional de Direito, 1956. p. 64-65.

intelectual já existente e, assim, empregar como própria uma obra de outrem, restará configurado o ato ilegal e imoral.

3. O PLÁGIO E AS LEIS

Como visto, o plágio é expressão de sentido impreciso e são raras as normas legais que a definem, como é o caso da Lei de Direitos Autorais (Lei nº 9.610/98, "LDA").[16]

Ao menos de passagem, o art. 8º, VII, trata sobre a hipótese de um não plágio, visto que o mero aproveitamento comercial das ideias contidas nas obras não representa, necessariamente, uma violação ao direito de autor. Ou seja, o fato de o originador tomar para si uma ideia presente numa obra já existente para criar a sua própria acaba por excluir o caráter insidioso que configura o plágio. Nunca é demais ressaltar que as ideias, por si só, não recebem a proteção conferida pela LDA, sendo, portanto, indispensável a formalização dessa ideia, ou seja, a forma de expressão, fixada num suporte tangível ou intangível, para se obter o *status* de autor, somada à originalidade.

Já o art. 47, da LDA, inserido no capítulo das limitações aos direitos de autor, informa que são livres as paráfrases e paródias que não forem verdadeiras reproduções da obra originária nem lhe implicarem descrédito. É, pois, nas paráfrases que se desconstrói o plágio, ressalvado o aspecto da vedação à reprodução *ipsis litteris* e no respeito aos direitos morais de autor, com a inserção do crédito.

No que tange às sanções civis, os arts. 102 a 104 da LDA[17] dispõem, mesmo superficialmente, sobre as hipóteses de reprodução fraudulenta ou de qualquer forma a violar os direitos de autor.

Na legislação penal, os arts. 184 a 186, sob a epígrafe "Dos crimes contra a Propriedade Intelectual",[18] empregam o tipo genérico violar direito de autor.[19] Essa violação pode referir-se à paternidade da obra, à sua integralidade ou à publicação não autorizada.

Também não se descarta o espírito do plágio contido na concorrência desleal, afinal o elemento da dissimulação, ilusão a terceiros ou dar uma falsa roupagem a um determinado produto são características presentes na legislação da propriedade industrial.[20]

---

16. Denis Borges Barbosa lembra que uma rara exceção é a legislação da Armênia, de 2006. "Article 65. Considered to be infringment of copyright and related right [...] 4 – Compilation of extracts, ideas from other Works without creative adaptation and without mentioning of the source and appropriation of it or submission of the whole work by this name shall be considered to be plagiarism" (Op. cit. p. 7).
17. Resumidamente, o art. 102 diz que o titular cuja obra seja fraudulentamente reproduzida, divulgada ou de qualquer forma utilizada poderá requerer a apreensão dos exemplares reproduzidos ou a suspensão da divulgação, sem prejuízo da indenização cabível. Já o art. 103 apresenta um parâmetro para a apuração dos danos. Caso não se conheça o número de exemplares que constituem a edição fraudulenta, pagará o transgressor o valor de três mil exemplares, além dos apreendidos. O art. 104 assegura a solidariedade nos casos em que o receptador vender, ocultar, adquirir, distribuir, tiver em depósito ou utilizar obra com fraude.
18. Alterada pela Lei nº 10.695/03. Já o art. 185 foi revogado.
19. Para Ivette Senise Ferreira, o crime consuma-se com a publicação ou comunicação pública da obra. O elemento subjetivo do tipo é somente o dolo: vontade livre e consciente de violar direito autoral alheio (In: NAZO, Georgette N. (Coord.). *A tutela jurídica do direito de autor.* São Paulo: Saraiva, 1991. p. 30).
20. Nos termos do art. 195 da Lei nº 9.279/96.

A esse respeito, destacam-se dois julgados envolvendo formatos de televisão. O primeiro, referente ao programa "Gente Inocente", da TV Globo, cujo simulacro foi lançado pelo SBT, intitulado "Pequenos Brilhantes". Na sentença, restou caracterizada a intenção desta emissora de apoderar-se da visibilidade da outra emissora, com o objetivo de angariar público alheio, o que configuraria prática de concorrência desleal, passível de ressarcimento pelos prejuízos causados, tanto moral quanto material.

Já o outro, envolvendo o programa "Got Talent", cujos direitos pertenciam a uma produtora estrangeira, e também o SBT, com a reprodução do programa televisivo "Qual é o seu talento". Reconheceu-se que a ré, ao criar programa com as mesmas características, tentou atrair a atenção dos telespectadores, muitos dos quais, certamente, em virtude da semelhança com a fórmula de sucesso mundial criado pela produtora estrangeira.[21]

Não se pode perder de vista, ainda, os aspectos previstos no Direito Civil. A esse respeito, a conduta fraudulenta configura um ato ilícito, sujeito a reparação.

Isso sem contar na violação do princípio da boa-fé[22] e nos seus deveres laterais de correção e lealdade.[23] Recorrer a esse princípio é uma saída frente à possibilidade de o objeto da conduta ilícita se tratar de uma ideia ou de obra que não guarda os pressupostos autorizadores da proteção de direitos autorais, como é o caso da obra não ser considerada simplesmente como original.[24]

Como se vê, portanto, o plágio não se limita aos direitos autorais.[25]

4. PLAGIAR OU NÃO PLAGIAR. EIS A QUESTÃO

A maioria das peças de Shakespeare teve por base uma história já preexistente. Como esclarece o especialista em dramaturgia Ronald Peacock: "E sabemos que grandes gênios, como Shakespeare, Bach ou Mozart, geralmente se mostram bem mais na elaboração do que na criação" (*A arte do drama*. São Paulo: Realizações, 2011. p. 144). No mesmo sentido, Ralph Waldo Emerson, que coloca Shakespeare entre os grandes homens da civilização, inicia a tratar do dramaturgo reconhecendo: "Os grandes homens se distinguem mais por sua amplitude e extensão do que pela originalidade" (*Homens representativos*. Rio de Janeiro: Imago, 1996. p. 131).[26]

---

21. *Revista da ABPI*, nº 119, jul./ago. 2012.
22. A repercussão do plágio ganha, ainda, contornos políticos. É o exemplo do Ministro da Defesa, o alemão Karl-Theodor zu Guttenberg, e da Ministra da Educação do governo de Angela Merkel, Annette Schavan. Ambos foram acusados de plágio na tese de doutorado e, além de sofrerem cassação do diploma, renunciaram aos cargos. Disponível em: <http://oglobo.globo.com/mundo/apos-perder-doutorado-por-plagio-ministra-alema-se-demite-7537238>. Acesso em: 10 jan. 2020.
23. NEVES, José Roberto de Castro. *Direito das obrigações*. Rio de Janeiro: GZ, 2012. p. 23.
24. Nesse sentido: TJ/SP – Apelação Cível nº 552.845.4/1-00. E também: TJ/RJ – Apelação Cível nº 83826-92.1995.8.19.0001.
25. Denis Borges Barbosa vai além. Destaca diversos Estatutos Profissionais que identificavam o plágio como uma infração ético-disciplinar. Op. cit. p. 36. Como também lembra Marcelo Krokoscz, sobre plágio acadêmico, a Fundação de Amparo à Pesquisa do Estado de São Paulo (FAPESP) publicou um Código de Boas Práticas Científicas, justamente para orientar os estudantes com vistas a prevenir práticas de más condutas relacionadas à pesquisa científica. *Autoria e plágio*: um guia para estudantes, professores, pesquisadores e editores. São Paulo: Atlas, 2012. p. 2.
26. NEVES, José Roberto de Castro. *Medida por medida*: o direito em Shakespeare. Rio de Janeiro: GZ, 2013. p. 153.

Não só Shakespeare teve a originalidade de suas vastas criações intelectuais colocada em xeque. De igual modo, Albert Einstein[27] e Sigmund Freud.[28]

O filósofo francês Roland Barthes, nos idos dos anos 1950, chamava a atenção para a noção arcaica de autoria. Segundo ele, a coletividade está encharcada de referências, limitando-se à criação na pura combinação de textos preexistentes sob novas formas. Daí que a denominação autor seria um equívoco, cabendo a expressão *scriptor* como a mais adequada para se definir um criador intelectual.

Denis Borges Barbosa, por sua vez, defende o contributo mínimo de originalidade como uma atividade própria, que acrescente algo novo à realidade existente. É preciso, então, que a criação intelectual represente uma contribuição objetiva à sociedade como um aporte intelectual.

Como dito, a LDA exige o caráter da originalidade, que se refere, necessariamente, à criatividade do autor ou originador impressa na obra. Segundo Antonio Chaves, é desse resultado criativo numa obra de certa consistência que se encontra o objeto da tutela jurídica.[29]

Daí, e tomando como referência todo o exposto, o processo de criação não se limita ao *insight*. Muito pelo contrário: ele é resultado de elementos preexistentes. Eis que então surgem as antíteses contra o plágio. É o exemplo do comumente chamado plágio incidental ou não intencional.[30]

Como bem lembra Eduardo Lycurgo Leite, ao citar Hermano Duval, dificilmente dois autores escreverão acerca de um mesmo assunto da mesma forma, se valendo de idêntica linguagem e escrita e as mesmas frases.[31] A percepção desses elementos preexistentes leva cada indivíduo a expressar-se de forma diversa, com sua própria feição. Mas, se houver semelhanças de composições, recairá a suspeita de plágio.

Tal argumento, portanto, assim como uma mera coincidência, ainda mais diante do contexto da era digital, certamente será o recurso menos criativo para se desvencilhar do plágio.[32] Não é, pois, o caso das *inspirações*. Estas sim, livres, a partir do momento em que, como já vimos, o direito de autor somente resguarda a sua formalização, ou seja, a sua forma de expressão.

A ausência de um conceito de plágio na LDA leva também a uma abundância de definições dos mais diversos tipos de plágio, sendo que cada intérprete dá o seu próprio

---

27. Carlos Alberto Santos comenta que em 1905, Einstein publicou um trabalho com a famosa equação E=mc2. Em 1985, o historiador Umberto Bartocci descobriu que Olinto de Pretto, um cientista amador italiano, também apresentara um trabalho com a mesma equação, dois anos antes de Einstein. *O plágio de Einstein*. Porto Alegre: WS, 2003.
28. O próprio Sigmund Freud sofreu uma acusação de plágio por seu estreito amigo e também psicanalista Wilhelm Fliess. Maiores detalhes em *Roubo de ideias?*, de Erik Porge. Rio de Janeiro: Companhia de Freud, 1998.
29. *A tutela jurídica do direito de autor.* São Paulo: Saraiva, 1991. p. 20.
30. É o caso emblemático envolvendo o famoso cantor Roberto Carlos e Sebastião Braga. A ação versava justamente sobre a semelhança entre duas composições musicais, "O Careta", de Roberto Carlos, e "Loucuras de Amor", de Braga. Invocou-se uma mera coincidência, mas que diante da prova pericial restaram caracterizadas diversas semelhanças técnicas musicais, deixando de lado a possibilidade do tal incidente (TJRJ, Processo nº 10.122/90).
31. LEITE, Eduardo Lycurgo. *Plágio e outros estudos em direito de autor.* Rio de Janeiro: Lumen Juris, 2009. p. 31.
32. Uma crônica a respeito de inspirações, coincidências e reminiscências foi publicada por este autor em: <http://www.conjur.com.br/2012-dez-07/helder-galvao-influencia-coincidencia-reminiscencia-nao-sao-plagio>.

nome. Henrique Gandelman,[33] por exemplo, chama de *plágio material*, correspondente a reprodução integral da obra alheia, com supressão do crédito. É o típico caso de fácil identificação, embora essa definição se encaixe melhor como usurpação do direito autoral. Gandelman apelida, ainda, de *plágio virtual ou ideológico*, nas hipóteses em que o malfeitor procura se aproveitar do labor intelectual de outrem. Ao contrário do anterior, nesse plágio a perícia é indispensável, por se tratar de ato complexo, repleto de malícia.

Um precedente judicial, inclusive, adotou tais tipos de plágio, nos termos da ementa a seguir:

> PLÁGIO. SEMELHANÇAS ENTRE DUAS OBRAS. PLÁGIO VIRTUAL OU IDEOLÓGICO. As semelhanças entre duas obras e a utilização de parte substancial de uma na outra podem comprovar um eventual plágio. Deve ser testado é se a cópia de uma obra original utilizou substancialmente a habilidade técnica e o labor intelectual da obra original. Ocorre o denominado plágio virtual ou ideológico quando alguém utiliza e/ou explora o labor intelectual alheio. Por mais que se considere o caráter de revisão bibliográfica de uma monografia, não houve o simples aproveitamento e coleta pela demandada de ideias, dados fáticos e históricos, levantados pelo autor na sua obra, alguns de manifesto domínio público. A ré não preservou a sua identidade na elaboração da monografia, usurpando de elementos da estrutura da obra do autor, empregando meios de disfarce na sua reprodução, tudo a evidenciar o seu dolo na perpetuação do plágio. De outro lado, o art. 46, inciso III, da Lei nº 9.610/98, que prevê a necessidade de fazer citação entre aspas, acompanhada da integral citação da fonte, foi infringido, porquanto, o exame comparativo de alguns excertos apontados pelo autor como plagiados denota a falta de citação da obra como fonte de pesquisa de autores não consultados no original.[34]

As definições de tipos de plágio não param por aí. Marcelo Krokoscz, debruçado no fenômeno da ocorrência de plágio no âmbito educacional, sugere o *plágio direto*, o *plágio indireto*, o *plágio mosaico* e até mesmo o *autoplagio*, este quando um mesmo trabalho intelectual é entregue a pessoas diferentes em situações distintas, mas ambos sob o manto do ineditismo.[35]

Curiosa definição e lembrança quem também faz é Sarah Helena Linke, ao definir o *quase plágio ou plágio às avessas*.[36] Tratou-se de um episódio verdadeiro, cujo texto, original, circulou pela Internet como se de autoria do famoso escritor Luis Fernando Veríssimo. A história ganhou grandes proporções, tendo a verdadeira autora, cujo crédito foi usurpado, Sarah Westphal, desfeito o mal entendido de forma cortês, ganhando até mesmo fama e projeção nos noticiários. Não foi o caso, mas geralmente o *plágio às avessas* ocorre quando um autor desconhecido ou amador, em busca de prestígio social, dá o crédito do texto a um autor conhecido do grande público.

Independentemente dos tipos abundantes de plágios, somente com a aplicação de testes é que apurará, ou se tentará apurar a sua ocorrência. Eis que então surgem diversos tipos de testes, filtros, balizas ou parâmetros.

---

33. GANDELMAN, Henrique. *Revista da Associação Brasileira da Propriedade Intelectual – ABPI*, nº 75, mar./abr. 2005. p. 5.
34. Apelação Cível nº 70021205489. TJRS. 9ª Câmara Cível. Des. Odone Sanguiné. J. 27.11.2007.
35. KROKOSCZ, Marcelo. *Autoria e plágio*: um guia para estudantes, professores, pesquisadores e editores. São Paulo: Atlas, 2012. p. 53.
36. Grupo de Estudos de Direitos Autorais e Informação – GEDAI. *Boletim Informativo*, v. 1, ano 2, abr. 2011.

5. A BUSCA PARA SE CARACTERIZAR O PLÁGIO

É cediço que a busca de parâmetros é o caminho mais objetivo para identificar a ocorrência do plágio. Hermano Duval, por exemplo, adota o teste das semelhanças, consistente na confrontação de duas obras.[37]

Nesse teste, busca-se enaltecer as semelhanças e não as diferenças, razão pelo qual, por evidência, somente com a maior incidência de semelhanças é que restará configurada a maldade, a malícia, o ato de dissimular, que é o que se busca na caracterização do plágio. O mais curioso, para Duval, é o fato de se constatar, ao se aplicar esse teste, a repetição dos erros. Ora, se até nesse aspecto as obras paradigma e comparada se equivalem, a ocorrência do plágio será, então, flagrante, afinal o plagiador sequer foi diligente na correção ou modificação dos erros da obra primária.

Eduardo Lycurgo destaca também outros três testes.[38] O primeiro é chamado de teste da prova circunstancial ou similaridade substanciais. Consiste, em síntese, na combinação da prova de acesso à obra tida como original com a comparação das obras a partir de similaridades substanciais.

O segundo teste, que não é necessariamente aplicado em conjunto, chama-se teste das abstrações. Citando um caso norte-americano, o teste adota como metodologia a comparação, considerando que com o aumento crescente do número de criações retratando situações do cotidiano, eventualmente, algumas obras poderão ser abstratamente similares, ou seja, poderão ser concebidas a partir das mesmas ideias, não ocorrendo o plágio se apenas as ideias forem similares.

Já o terceiro teste proposto por Lycurgo chama-se teste da plateia. Tal teste busca analisar as reações subjetivas de uma plateia, composta por pessoas específicas que possuem gosto, conhecimento ou técnica comparável ao público em geral, a fim de apurar a ocorrência de plágio. Nesse teste, a subjetividade poderá, de certa forma, prejudicar a precisão da conclusão.

Não se pode perder de vista, ainda, a aplicação de filtros. Este, talvez, o procedimento mais prudente.

O que se sugere, então, é adotar os três seguintes e concomitantes passos: (i) comprovar o acesso. Ou seja, o sujeito tido como plagiador teve possibilidade de acesso sobre a obra tida como originária? Esse grau de acessibilidade ganha maiores contornos com a Internet, a partir do momento em que a rede mundial, de fato, alargou esse acesso; (ii) traçar as semelhanças essenciais e descartar as não elementares, ou seja, o teste deve se ater aos elementos principais das obras paradigma e objeto da confrontação. Jamais se ater nos elementos secundários, de uso comum, pois estes pertencem à coletividade, ao bem comum; (iii) analisar a originalidade.[39] Porém, esbarraremos no conceito do contributo mínimo apresentado anteriormente, ficando, portanto, ao alvedrio do operador.

---

37. DUVAL, Hermano. *Violações dos direitos autorais*. Rio de Janeiro: Borsoi, 1968. p. 104.
38. LEITE, Eduardo Lycurgo. *Plágio e outros estudos em direito de autor*. Rio de Janeiro: Lumen Juris, 2009. p. 31-37.
39. Essas questões foram abordadas na Palestra Plágio e Responsabilidade Civil, realizada na sede do Instituto dos Advogados Brasileiros (IAB), no Rio de Janeiro, em 27.6.2013.

Em suma: somente aplicando os filtros, com destaque para o das semelhanças, indicado por Duval e mais comumente adotado pelos tribunais, é que se poderá apurar o plágio.

6. DUAS SITUAÇÕES DE FATO

A relação do plágio com a Internet não se limita ao alargamento do acesso a conteúdos e, por consequência, numa maior onda de influências, reminiscências ou até mesmo da tese de plágio incidental. A fonte para se discutir casos e, assim, aperfeiçoar as balizas acima indicadas, também funciona como uma importante ferramenta.

Com efeito, é por meio dela, a Internet, que diversos, para não dizer milhares, de novos casos vieram à tona, que antes eram restritos à literatura, ao boca a boca ou ao conhecimento técnico e específico. Vejamos, então, alguns deles, justamente para aplicarmos os filtros acima citados.

6.1. Apple vs. BRAUN – Inspiração?

O britânico Jonathan Ive é o diretor de *designer* da Apple. Mais conhecido como Jony Ive, coube a ele a autoria ou coautoria dos principais *gadgets* da Apple que revolucionaram o mundo. O talento de Ive é tão latente que o próprio Steve Jobs, de temperamento controverso, o reverenciava. Não foi à toa também que Ive foi condecorado pela Coroa Britânica com o título de *Sir*.

O processo de criação de Ive, no entanto, e como qualquer outro, decorre de influências, inspirações e reminiscências. Nada mais natural, como já dito neste artigo. A polêmica, no entanto, impera no fato de que Ive, abertamente, se revela um grande admirador dos produtos da tradicional marca alemã Braun, liderada pelo designer Dieter Rams.[40]

Na figura acima, envolvendo um rádio comum e o notório *Ipod*, onde se aplicaria superficialmente o teste da comparação, notar-se-á algumas semelhanças em ambos os produtos. Evidentemente que a proteção conferida pelos direitos da propriedade intelectual, seja ela do *design*, da patente ou dos direitos autorais, não se remeteria ao simples fato da semelhança entre a simplicidade de ambos, a quem Jobs cunhava a frase "a simplicidade é o máximo da sofisticação", como também da cor, escassa, da seleção dos materiais e das formas arredondadas, privilegiando a estética como poder de atratividade ao consumo.

Excetuados esses elementos, recaria o questionamento do plágio, como é comum nos fóruns entre os *designers*, no que se refere à projeção, pela Apple, da roda de rolagem mecânica, mais conhecida como *scroll whell*, em seguida substituída por uma roda de rolagem sensível ao toque, apelidada de *touch whell*, cuja característica já era encontrada, com as devidas diferenças inovadoras, no produto da Braun.

---

40. Mais detalhes sobre os *gadgets* da Apple e a influência da Braun em: <http://gizmodo.com/343641/1960s braun-products-hold-the-secrets-to-apples-future>.

Neste presente caso, e seguindo os critérios norteadores indicados nos casos de suspeita de plágio, também reverenciaremos Ive, que apenas tomou como influência o talento do seu mestre, Dieter Rams, como é comum na humanidade.

6.2. Episódio Imperador da Selva vs. Rei Leão – Coincidência?

Em 1965, Osamu Tezuka criou uma série de televisão chamada "O Imperador da Selva", obra audiovisual que apresenta como personagem principal um leão branco, órfão, chamado de "Kimba", e cujo argumento consistia no retorno de Kimba, depois de anos, ao seu reino natal para resgatar o seu reinado na selva. A obra continha, ainda, diversos personagens, entre eles um babuíno de características exóticas, uma ave falante e atrapalhada, uma dupla de raposas más, sob o comando e orientações de um leão vingativo. A estrutura narrativa contava, ainda, com a atração de Kimba, ainda jovem, a uma pequena e charmosa leoa, além de uma série de situações desafiadoras e tormentosas, já que seu pai havia morrido em circunstâncias misteriosas.

Já em 1994, a Disney lança uma obra audiovisual de animação de longa-metragem intitulada "Rei Leão". Na obra, o personagem principal, um leão, também órfão, chamado "Simba", retorna ao seu reino natal depois de muitos anos afastado em razão da morte de seu pai. Seu regresso implica não só no resgate do reinado do seu pai, mas também numa série de revelações, que envolvem a trama de raposas maquiavélicas, um leão vingativo e a ajuda de companheiros, como um babuíno de características exóticas e uma ave falante e atrapalhada.[41]

Hermano Duval, que, tratando de duas obras audiovisuais com a mesma temática, afirma que "plágio haveria se o 'andamento' de ambas versões houvesse sido decalcado com base no mesmo cenário, sob as mesmas cenas, vistas sob os mesmos ângulos e sob os mesmos efeitos de luz e sombra".[42] Ademais, e para fins de identificação do ato ilícito, adota-se a sugestão de Denis Borges Barbosa, que denomina como "teste da grelha", ou seja, criam-se indagações diversas, numa tabela e, havendo a maioria das afirmações verdadeiras, superando as falsas, o plágio restará configurado.

Eis, então, algumas das indagações, do ponto de vista jurídico: (i) "O Imperador da Selva" pode ser considerada uma obra original? (ou seja, tida como uma obra protegível?) (ii) "O Imperador da Selva" pode ser considerada uma obra derivada? (iii) "O Imperador da Selva" já ingressou no domínio público, logo, suscetível de utilização, das mais variadas formas, por terceiros? (iv) "O Imperador da Selva" foi exteriorizada, ou seja, tornada acessível ao público antes de "Rei Leão" (princípio da anterioridade)? (v) Por consequência, os sujeitos envolvidos na produção de "Rei Leão" tiveram acesso à obra originária "O Imperador da Selva"? (vi) "Rei Leão" é uma adaptação autorizada, logo, legalmente existente? (vii) "Rei Leão" faz menção expressa que é livremente baseada em "O Imperador da Selva" (em respeito aos direitos autorais morais)?

Por essa primeira avaliação, constata-se que "Kimba" goza de proteção de direitos autorais e, por consequência, passível de sofrer uma violação. Frisa-se que

---

41. Maiores detalhes em: <http://www.kimbawlion.com/kimbawlion/rant2.htm>.
42. DUVAL, Hermano. *Violações dos direitos autorais*. Rio de Janeiro: Borsoi, 1968. p. 104.

se o terceiro índice tivesse sido considerado verdadeiro, ou seja, se "Kimba" tivesse ingressado no domínio público, a análise pela ocorrência de plágio já teria restado prejudicada.

De outro lado, e sempre na busca pelo senso da justiça, o sistema de "grelha" deve adotar, também, as indagações técnicas. São elas: (i) Existe identidade do assunto ou tema entre "O Imperador da Selva" e "Rei Leão"? (ii) O argumento, ou seja, a narrativa da obra sem indicação de cenas e diálogos de "Rei Leão" guarda semelhança com "O Imperador da Selva"? (iii) É possível identificar a similitude do tipo de narrativa entre "O Imperador da Selva" e "Rei Leão", seja ela direta, inversa, episódica ou fracionada/não linear? (iv) O roteirista de "Rei Leão" seguiu o mesmo arco da narrativa, composta, por exemplo, da exposição, da ação crescente, clímax, ação decrescente e resolução que de "O Imperador da Selva"? (v) O roteirista de "Rei Leão" adota recursos como, por exemplo, *foreshadowing, flashforwads* e *set pieces*, tal como explorado pelo roteirista de "O Imperador da Selva"? (vi) O diretor de "Rei Leão" explora técnicas como *extreme long shot* na tomada para apresentar a selva como cenário e, também, *close up*, de modo a despertar no público uma empatia e compaixão ao pequeno leão, cujo recurso também foi utilizado pelo diretor de "O Imperador da Selva"?; e (vii) No que se refere a montagem, é possível apontar semelhanças entre as obras como, por exemplo, a opção de ferramentas *fade in, fade out* (uma lenta transição entre uma imagem e outra) e cortes contínuos, consistente numa montagem contínua, de modo a se criar uma ilusão de continuidade da ação?

Frisa-se que esse segundo teste pode ser objeto de fraude, na medida em que o sujeito que comete o plágio pode se valer da dissimulação, uma mudança sutil ou proposital, de modo a descaracterizar, por exemplo, a semelhança do arco narrativo ou de outro tipo de técnica (o *jump cult* é o oposto do método do corte contínuo, sendo esse modelo usual do cinema americano e aquele comumente utilizado na *Nouvelle Vague* para "descontruir o cinema"). Logo, não obstante a maior parte dos índices indicar o campo "negativo", o operador deverá partir para o terceiro teste, denominado de "geral", pois se valerá do espectador para apurar se houve, ou não, a ocorrência de *dirty tricks,* os truques sujos.[43]

Tomando emprestadas as palavras de Ana Maria Bahiana,[44] a jornada de um filme, da primeira ideia à chegada ao cinema com um saco de pipoca nas mãos, cumpre diversas etapas distintas. Porém, e como bem lembrado, é o público quem assiste, distingue e critica a obra audiovisual. Ele, então, é o sujeito qualificado para dar o veredito final sobre o teste. Assim, denominado como "teste geral", essa derradeira análise irá se ater à visão externa, isenta e imparcial, de modo a apontar se as obras em conflito podem conviver harmonicamente, sem causar confusão ao público. Ao público, então, as seguintes indagações: (i) Os sujeitos envolvidos na produção de "Rei Leão" se valeram de algum "truque sujo", seja ele a mudança sutil, quase que imperceptível, nas cenas e personagens da obra "O Imperador da Selva"? (ii) É possível traçar paralelos sobre cada

---

43. IDS – Instituto Dannemann Siemsen de Estudos de Propriedade Intelectual. Comentários à lei de propriedade industrial. Rio de Janeiro: Renovar, 2004. p. 391.
44. BAHIANA, Ana Maria. *Como ver um filme*. Rio de Janeiro: Nova Fronteira, 2012. p. 21.

uma das histórias de modo a distingui-las? (iii) Se um amigo contar a trama, ou seja, a história de "Kimba" a um outro amigo que não viu a obra, é capaz de esse assistir ao "Rei Leão" achando que assistiu ao "O Imperador da Selva"? (iv) Se lançadas em conjunto no circuito exibidor, o público poderá se confundir ou causar certa crítica de que uma obra é cópia dissimulada da outra? Em outras palavras: é possível a ridicularização de quem assistiu "Rei Leão" e, em seguida, "O Imperador da Selva"? e (v) A existência de "Rei Leão" representa a perda do ineditismo de "O Imperador da Selva" para o público que ainda não o assistiu?

A notícia que se tem é que não houve ação judicial. Porém, certo mesmo, de acordo com a rigorosa análise acima, em forma de parecer, conclui-se que "Rei Leão" é plágio de "Kimba".[45]

7. A RESPONSABILIZAÇÃO DOS PROVEDORES DE CONTEÚDO DIGITAL

A identificação dos exemplos acima foi fruto das informações que trafegam na Internet. A inovação, contudo, é que os provedores desses conteúdos digitais passaram a ter responsabilidade civil no que se refere à manutenção e circulação de obras tidas como objeto de plágio.

Até o presente momento está em curso no Congresso Nacional brasileiro a criação de uma legislação específica para regular o uso da Internet no país. Não é possível afirmar o tempo em que entrará em vigor, haja vista a complexidade da matéria e a sucessão de revisões pelas instâncias legislativas. Desse modo, ainda não se sabe qual o critério a ser adotado no que tange à retirada de conteúdos tidos como ilícitos, seja pelo aspecto da propriedade intelectual ou de direitos da personalidade. Existem correntes a favor da notificação e retirada (*notice and take down*) que, em resumo, consiste no fato de que o provedor, assim que acionado pelo sujeito tido como violado, deverá retirar imediatamente o conteúdo apontado, com o objetivo de se evitar a consumação do dano ou a sua difícil reparação.

Outra corrente é adepta ao princípio do contraditório, consistente no sistema de *notice and notice*, prática adotada no Canadá, por exemplo, em que o provedor, assim que acionado, deverá comunicar o responsável pelo conteúdo e, desse modo, buscar a composição extrajudicialmente.

Enquanto não se define o melhor sistema, relega-se ao já assoberbado Poder Judiciário o enfrentamento dessas matérias. Foi o caso do julgamento, pelo Superior Tribunal de Justiça, de uma sociedade educacional que identificou a livre circulação na Internet e também a hospedagem em *sites* especializados de diversas obras literárias de sua ti-

---

45. Segundo Lawrence Lessig, a Disney pegou histórias antigas e criou versões que as puseram em uma nova era. A empresa teria, então, dado vida às histórias, com personagens e luz. Sem remover todos os elementos perigosos e assustadores de uma vez, tornou divertido o que era sombrio e injetou uma dose de compaixão genuína onde antes só havia medo. E fez isso não só com as obras dos irmãos Grimm (Branca de Neve, por exemplo), mas também Pinóquio, Dumbo, A Bela Adormecida, Alice no País das Maravilhas, A Dama e o Vagabundo etc. Em todos esses casos, a Disney extraiu algo da cultura ao redor, combinou com seu talento extraordinário e depois gravou o resultado na alma da sua cultura. *Cultura livre*. São Paulo: Francis, 2005. p. 47.

tularidade com fortes indícios de plágio.[46] Ato contínuo, coube à empresa a notícia ao provedor do conteúdo sobre a existência do ato ilícito e, por consequência, a sua imediata retirada, uma vez que a sua manutenção representava não só a ocorrência de prejuízos materiais, mas principalmente morais.

Contudo, e diante de matéria de prova, principalmente da aplicação das balizas acima referidas, o provedor de conteúdo manteve-se omisso, sujeitando a matéria à análise judicial. Transcorrido, portanto, o curso da ação, restou o entendimento de que o provedor de conteúdo, a partir do momento da notícia da violação dos direitos autorais, deveria ter retirado o conteúdo do ambiente digital, motivo pelo qual foi condenado a indenizar a titular da obra plagiada. Vem prevalecendo, portanto, a tese de que o provedor não responde objetivamente pelo conteúdo inserido pelo usuário em sítio eletrônico, por não se tratar de risco inerente à sua atividade. Está obrigado, no entanto, a retirar imediatamente o conteúdo moralmente ofensivo, sob pena de responder solidariamente com o autor direto do dano. O desafio, contudo, é atribuir ao provedor a identificação do plágio, pois como visto nos testes acima, não se trata de questão simples e imediata, requisitando uma maior dilação probatória.

8. CONCLUSÃO

O atual posicionamento do Superior Tribunal de Justiça, portanto, no que se refere ao plágio e Internet, é que o provedor de conteúdo também responde por sua ocorrência, devendo retirá-lo do ambiente virtual assim que notificado.

Acirra-se, assim, o dilema da era digital, afinal, com o advento da Internet, os recursos tecnológicos, como as obras transformativas, potencializaram o surgimento do plágio. De outro lado, com a integração social imposta pela Internet, restou-se mais fácil identificar as ocorrências de plágio, estando ao alcance de qualquer um, principalmente do autor ou titular, apontar a infração.

São extensos os exemplos de imitações de obras já existentes, sob um astuto disfarce e que acaba por não receber o crédito do sujeito que a origina. A tendência é o alargamento do seu conceito e o aumento das suas ocorrências, na medida em que o alto grau de acesso aos bens culturais e o fluxo de informações geradas pela Internet repercutem consideravelmente no processo criativo.

Daí, não só o reaproveitamento de obras existentes, sejam elas de domínio público ou não, mas também a reelaboração e a realimentação de elementos preexistentes, passarão a conviver num rigoroso e nocivo policiamento, visto que cada autor ou titular, em razão dos interesses morais e principalmente patrimoniais, buscará meios para defender o seu ativo no ambiente digital na ocorrência da mínima suspeita de plágio que, como vimos, é muito sutil e que requer a aplicação de testes prévios e rigorosos para a sua identificação.

Restará, então, saber como impedir o plágio na Internet, seja por meio de *notice and take down*, *notice and notice*, ou por meio da tutela judicial. Em todos eles, no entanto, o operador deverá adotar os referidos testes, de forma dinâmica, daí o desafio.

---

46. Superior Tribunal de Justiça. Agravo em Recurso Especial nº 259.482.

REFERÊNCIAS

ASCENSÃO, José de Oliveira. *Direito autoral*. 2. ed. Rio de Janeiro: Renovar, 1997.

BAHIANA, Ana Maria. *Como ver um filme*. Rio de Janeiro: Nova Fronteira, 2012.

BARBOSA, Denis Borges. *Propriedade intelectual. Normas deontológicas relativas a textos de doutrina jurídica. Vedação ao plágio, mediante ocultação de quem é o originador de ideias e expressões alheias.*

BITTAR, Carlos Alberto. *Direito do autor.* 2 ed. Rio de Janeiro: Forense, 1994.

CHAVES, Antonio. *Tutela jurídica do direito de autor*. São Paulo: Saraiva, 1991.

DUVAL, Hermano. *Violações aos direitos autorais*. Rio de Janeiro: Borsoi, 1961.

GANDELMAN, Henrique. O que é plágio? *Revista da Associação Brasileira da Propriedade Intelectual – ABPI*, n° 75, mar./abr. 2005.

ISAACSON, Walter. *Steve Jobs*: a biografia. São Paulo: Companhia das Letras, 2011.

KROKOSCZ, Marcelo. *Autoria e plágio*: um guia para estudantes, professores, pesquisadores e editores. São Paulo: Atlas, 2012.

LEITE, Eduardo Lycurgo. *Plágio e outros estudos em direito de autor*. Rio de Janeiro: Lumen Juris, 2009.

LESSIG, Lawrence. *Cultura livre*. São Paulo: Francis, 2005.

NAZO, Georgette N. *A tutela jurídica do direito de autor*. São Paulo: Saraiva, 1991.

NEVES, José Roberto de Castro. *Direito das obrigações*. Rio de Janeiro: GZ, 2012.

NEVES, José Roberto de Castro. *Medida por medida*: o direito em Shakespeare. Rio de Janeiro: GZ, 2013.

PORGE, Erik. *Roubo de ideias?* Rio de Janeiro: Companhia de Freud, 1998.

SANTOS, Carlos Alberto. *O plágio de Einstein*. Porto Alegre: WS, 2003.

SILVA, Dirceu de Oliveira. *O direito de autor*. Rio de Janeiro: Nacional de Direito, 1956.

SOUZA, Carlos Fernando Mathias de Souza. *Direito autoral*. 2. ed. Brasília. Brasília Jurídica, 1998.

VALENTE, Décio. *O plágio*. São Paulo: Farah, 1986.

36
¿QUÉ PERSPECTIVAS TIENE EL DERECHO DE AUTOR EN LA ERA *BLOCKCHAIN*?

Pedro Goic Martinic
Antonio Vecchio
Angelo Viglianisi Ferraro

> **Sumário:** 1 Introducción. 2 La normativa sobre el derecho de autor en la Unión Europea. 3 La difícil identificación de las herramientas más adecuadas para la protección del derecho de autor en la era de la revolución digital. 4 La lucha contra la piratería mediante las nuevas tecnologías. 5 La distribución de las royalties y las posibles ventajas derivadas del uso de *blockchain*. 6 Conclusiones. Referencias.

1. INTRODUCCIÓN

La expresión "propiedad intelectual" suele indicar el conjunto de derechos "destinados a garantizar la protección de las creaciones de la mente humana en los campos científicos, industriales y artísticos"[1].

Según otra definición, más completa, "el derecho de propiedad intelectual (DPI) se refiere a la protección de ideas nuevas y únicas, de productos y creaciones resultantes de la creatividad humana y de la innovación"[2].

Por lo tanto, no entrarían en esta amplia categoría los productos y las creaciones (es decir, bienes materiales y los procedimientos productivos) que son el resultado de una actividad inventiva dirigida a la mera elaboración (o simple innovación) de cosas y/o procesos ya existentes y conocidos.

El derecho de propiedad intelectual puede asumir diversas naturalezas (y, como consecuencia, estar sujetos a una diferente disciplina normativa) dependiendo del propósito que persigan.

---

1. NICOLLI, F.; RIZZO, U. voce *Proprietà intellettuale* in *Dizionario di Economia e Finanza*, 2012, in http://www.treccani.it/enciclopedia/proprieta-intellettuale_%28Dizionario-di-Economia-e-Finanza%29/. Sobre el tema, ver también, entre muchos otros, POLETTI, D. *Qualche notazione sul risarcimento del danno da lesione della proprietà intellettuale, tra regole speciali e disciplina generale*. In: Aa.Vv., *Liber amicorum per Francesco D. Busnelli*, vol. I, Milano: Giuffrè, 2008, pp. 339 y ss.; y UBERTAZZI, L.C. *I diritti d'autore e connessi*, Milano: Giuffrè, 2003.
2. BERTI, F. voce *Diritto di proprietà intellettuale*, Nuovissima enciclopedia di banca, borsa e finanza, in http://www.bankpedia.org/index.php/it/96-italian/d/23700-diritto-di-proprieta-intellettuale. Véase también, UBERTAZZI, L.C. (a cura di), *Commentario breve alle leggi su proprietà intellettuale e concorrenza*. Padova: Cedam, 2016.

En general, es posible hacer una distinción puramente clasificatoria de estos derechos. Así, los derechos de propiedad intelectual *tout court* se distinguen de los derechos de propiedad industrial.

El concepto de propiedad intelectual debe, seguramente, reconducir al derecho de autor, que comprende una serie de derechos conexos tendientes principalmente a la explotación de las obras del ingenio[3].

Por su parte, en la definición de propiedad industrial se incluye "el complejo de nombres, atributos, creaciones, descubrimientos, reconducibles a la amplia categoría de bienes intangibles que el empresario utiliza para distinguirse de sus competidores, incrementando con estos su fuerza de penetración en el mercado, enriqueciendo su propio equipo de arranque y la clientela"[4].

La importancia de este sector del derecho ha obligado a la Unión Europea a intervenir con una serie de regulaciones *ad hoc*.

2. LA NORMATIVA SOBRE EL DERECHO DE AUTOR EN LA UNIÓN EUROPEA

El proceso relativo a la protección de los derechos de autor en Europa, iniciado en el año 1886 con la ratificación del Convenio de Berna y continuado de manera lenta pero decidida durante todo el siglo XX, tuvo inmediatamente una aceleración con el nacimiento de la Comunidad Económica Europea. Y, posteriormente, de la Unión Europea.

El legislador europeo se ha interesado a menudo en el tema de la protección del derecho de autor, con el fin de fomentar los intercambios comerciales de los contenidos subyacentes a tal derecho hacia el interior del Mercado Común[5].

Significativa, en esta parte, ha sido también la decisión de incluir la propiedad intelectual entre las situaciones jurídicas subjetivas protegidas por la Carta de los Derechos Fundamentales de la Unión Europea del año 2000 (que entró en vigor con el Tratado de Lisboa)[6].

---

3. *Véase* el art. 1 della Legge 22 aprile 1941, n. 633 (*Legge sul diritto d'autore*). Cfr., por todos, GRECO, P.; VERCELLONE, P. *I diritti sulle opere dell'ingegno*, Torino: UTET, 1974, pp. 218 y ss.; OPPO, G. Creazioni intellettuali, creazioni industriali e diritti di utilizzazione economica. Rivista di diritto civile, 1969, pp. 8 y ss.

4. SPIOTTA, M. Spunti in materia di diritto industriale. In: COTTINO, G. (a cura di), *Lineamenti di diritto commerciale*. Bologna: Zanichelli, 2014, p. 91. Cfr. el art. 1 del D. Lgs. n. 30 del 10 febbraio 2005 (Código de la propiedad industrial, a norma del artículo 15 della legge 12 dicembre 2002, n. 273).

5. Esto sucedió desde finales de la década de 1980 cuando se iniciaron los trabajos preparatorios que dieron lugar a la Directiva 91/250/CEE del Consejo, de 14 de mayo de 1991, que equiparaba los programas informáticos con las obras literarias, a la que siguió en pocos años la Directiva 93/98/CEE del Consejo, de 29 de octubre de 1993, que amplió la protección de los derechos de autor sobre una obra hasta los setenta años siguientes a la muerte del autor de forma armonizada en todo el territorio de la Unión, Directiva 96/9/CE del Parlamento Europeo y del Consejo, de 11 de marzo de 1996, "relativa a la tutela jurídica de las bases de datos", y la Directiva 2001/29 / CE del Parlamento Europeo y del Consejo, de 22 de mayo de 2001, "sobre la armonización de determinados aspectos del derecho de autor y derechos conexos en la sociedad de la información".

6. La literatura sobre tal documento es interminable. Cfr., per tutti, CARTABIA, M. L'efficacia della carta dei diritti fondamentali: un problema del futuro dell'Unione o una realtà del presente? *Quad. cost.*, 2001; BIFULCO, R., CARTABIA, M. e CELOTTO A.: L'Europa dei diritti. *Commento alla Carta dei diritti fondamentali dell'Unione Europea*. Bologna: Il Mulino. 2001; FERRARI, G.F. (a cura di). *I diritti fondamentali dopo la Carta di Nizza*. Milano: Giuffrè. 2001; FERRARI BRAVO, L., DI MAJO, F.M. e RIZZO, A. *Carta dei diritti fondamentali dell'Unione Europea*. Milano: Giuffrè. 2001; MANZELLA, A., MELOGRANI, P., PACIOTTI, E., e RODOTÀ, S. *Riscrivere i diritti in Europa*.

No obstante, la elección no ha estado exenta de crítica por parte de un amplio sector. Esto porque se ha hecho notar un "enfoque dominante" de la tutela de la propiedad intelectual, "perfectamente comprensivo respeto a las sentencias más recientes tanto del Tribunal de Estrasburgo como del Tribunal de Luxemburgo". Lo anterior porque podría *"contribuir a reforzar una no recomendable derivación sobreprotectora (y sobre proteccionista) de la propiedad intelectual, y del copyright en particular"*[7].

La mas reciente intervención normativa es la de la Directiva (UE) 2019/790 del Parlamento Europeo y del Consejo, de 17 de abril de 2019, sobre el derecho de autor y derechos conexos en el mercado único digital, expresión de un trabajo plurianual de las instituciones europeas basado en tres "Pilares" (el primero de los cuales, destinado a "mejorar el acceso a bienes y servicios digitales en toda Europa para los consumidores y las empresas", que prevé expresamente una actualización de la legislación sobre derechos de autor, con el fin de modernizarla y armonizarla al nivel nacional)[8].

Procediendo en tal sentido se debería llegar a la creación de nuevas oportunidades de *business* para las empresas y una serie de beneficios para los consumidores finales.

La finalidad principal de la Directiva es indicada en el artículo 1. Aquí, se afirma que establece normas destinadas a armonizar aún más el marco jurídico de la Unión aplicable al derecho de autor y de los derechos conexos en el ámbito del mercado interior, teniendo en cuenta en particular los usos digitales y transfronterizos de contenido protegido. También establece normas sobre las excepciones, limitaciones y facilitación de las concesiones de las licencias, así como normas predestinadas a asegurar el buen funcionamiento del mercado para la explotación de obras y otros materiales.

Sin embargo, la obligación de transparencia no es absoluta. En efecto, existen excepciones y limitaciones a la norma en cuestión, que los Estados miembros pueden invocar en caso de necesidad. También en este caso aparecen oscuros los conceptos de "proporcionalidad", "eficacia" y "adecuación" de tal obligación informativa.

Finalmente, reviste especial importancia la disposición del artículo 22, que otorga al autor la facultad de revocar la licencia sobre la obra cedida al licenciatario por su falta de explotación.

Bologna: Il Mulino. 2001; PACIOTTI, E. *Carta dei diritti fondamentali e costituzione dell'Unione europea*. Milano: Giuffrè. 2002; PANEBIANCO, M. *Repertorio della Carta dei diritti fondamentali dell'Unione europea*. Milano: Giuffrè, 2001.; ROSSI, L.S. (a cura di). *Carta dei diritti fondamentali e costituzione dell'Unione europea*. Milano: Giuffrè, 2002; VETTORI, G. (a cura di). *Carta europea e diritti dei privati*. Padova: Cedam, 2002.

7. Así, ABRIANI, N. La proprietà come diritto dell'individuo: tra diritto internazionale, diritto comunitario e disciplina interna. *Giur. it.*, 2010, p. 2229. Similar preocupación ha manifestado: MOSCARINI, A. *Proprietà privata e tradizioni costituzionali comuni*. Milano: Giuffrè, 2006, p. 304, señalando tobavía que la inclusión de la norma en cuestión en la disposición que tutela la propiedad *tout court* como derecho fundamental «es considerada en términos positivos por parte de la doctrina mayoritaria». Sobre el tema v. también: RICOLFI, M. La proprietà intellettuale e le libertà antagoniste. *In:* CAGGIA, F.; RESTA, G. (a cura di). *I diritti fondamentali in Europa e il diritto privato*, Roma: Roma Tre Press, 2019, pp. 203 y ss.

8. Véase, por todos, BERTI, C. Tutela dei contenuti editoriali on line e problemi di enforcement. *Responsabilità civile e previdenza*, 2019, pp. 2063 y ss; GHIDINI, G. *Rethinking Intellectual Property*: Balancing Conflicts of Interest in the constitutional paradigm. Cheltenham: Edward Elgar, 2018; ALBERTINI, L. La modifica al diritto d'autore europeo per tener conto del contesto digitale: note sugli artt. 11 (diritto degli editori) e 13 (responsabilità dei provider) della bozza di direttiva UE nel febbraio 2019, uscita dalla fase cd. Trilogue. *Media laws*, 2019, pp. 2 y ss.; POJAGHI, A. Il diritto d'autore nel mercato unico digitale. *Iustitia*, 2018, 445 y ss.

Es demasiado pronto para saber qué efectos producirá esta directiva, porque los Estados miembros han tenido más de un año de tiempo (la fecha límite es el 6 de junio de 2020) para implementar el texto supranacional.

3. LA DIFÍCIL IDENTIFICACIÓN DE LAS HERRAMIENTAS MÁS ADECUADAS PARA LA PROTECCIÓN DEL DERECHO DE AUTOR EN LA ERA DE LA REVOLUCIÓN DIGITAL

Los profundos cambios que han comenzado a afectar (y seguirán cada vez más) a la sociedad del siglo XXI, producirán, por supuesto, cambios profundos en la forma de comunicarse, trabajar y estudiar de todos los ciudadanos.

Es decir, estos últimos deberán revisar los paradigmas, estructurados y cristalizados durante siglos de sus vidas[9].

Y lo mismo ocurrirá para las empresas, teniendo en cuenta que en los últimos años muchos países se han visto obligados a abrirse a la necesaria innovación en el sector tecnológico, indisolublemente ligada al desarrollo de tecnologías como a la inteligencia artificial. Con esto, se ha aumentado el grado de automatización de las empresas, con profundas repercusiones tanto (en sentido positivo) en la producción como (en sentido negativo) en el empleo.

Hasta aquí nada nuevo, dado que estos procesos han sido estudiados y profundizados por eminentes especialistas en la materia.

Para los que quizá no estaban adecuadamente preparados es para que esos cambios también afecten cada vez más al sector público.

Como ya se mencionó, muchos países en los últimos años se han interesado en estos problemas y han elaborado las primeras regulaciones.

Los casos de Estonia y Malta son ciertamente emblemáticos en Europa.

Así como, fuera del Viejo Continente, lo son los intereses y las inversiones realizas de China.

En cuanto al derecho de autor, que no requieren procedimientos de registro para obtener protección, dos son las temáticas de especial importancia: la lucha contra la piratería informática y la distribución de los *royalties* a los artistas[10].

4. LA LUCHA CONTRA LA PIRATERÍA MEDIANTE LAS NUEVAS TECNOLOGÍAS

El uso creciente de computadoras y la creación de redes de Internet cada vez más potentes y eficaces ha dado a millones de personas acceso a una cantidad incalculable de información.

---

9. A mayor abundamiento, v., las reflexiones de ATTIAS, L.; SCORZA, G. La consapevolezza digitale al servizio dell'etica. *Diritto dell'Informazione e dell'Informatica*, 2019, pp. 1191 y ss.; e GATTI, A. Istituzioni e anarchia nella Rete. I paradigmi tradizionali della sovranità alla prova di Internet. *Diritto dell'Informazione e dell'Informatica*, 2019, pp. 711 y ss.
10. Pera una sistematizzazione interesante del problema, v., TOSI, E. La tutela degli audiovisivi e dei contenuti digitali nelle reti di comunicazione elettronica tra diritto d'autore online e responsabilità civile degli internet service provider. *In*: FINOCCHIARO, G.; DELFINI, F. (a cura di) *Diritto dell'informatica*, Padova: UTET, 2014, pp. 984 y ss.

Esto, al principio, fue funcional para el rápido intercambio de datos de un lugar a otro.

Pero si en un principio era posible intercambiar información simple y cantidades de datos muy limitadas, con el aumento de la potencia de los ordenadores y con la introducción de las primeras redes de Internet de alta velocidad, el intercambio de grandes cantidades de datos se ha hecho cada vez más fácil.

Todo esto ha provocado problemas de no poca importancia, desde el punto de vista de la protección del derecho de autor[11].

Las primeras infraestructuras *peer-to-peer* permitieron a cientos de miles de usuarios compartir de manera directa y no rastreable los datos contenidos al interno de los *mainframes* de sus dispositivos, utilizando una conexión directa entre terminales sin pasar por un servidor centralizado.

A través de algunas plataformas ilegales (por ejemplo, E-mule, Torrent, etc.) fue posible intercambiar en formato digital películas, libros, música, imágenes, series de televisión, etc., de forma completamente anónima y gratuita, con un daño incalculable para los autores y/o a los propietarios de las obras del ingenio.

Sobre el tema de la responsabilidad por la difusión de datos a través de redes P2P, cabe mencionar la jurisprudencia de algunos tribunales estadounidenses que, al cuestionarse sobre la posibilidad de encabezar tal responsabilidad a desarrolladores de los *softwares* para redes P2P o a los Internet Service Providers (ISP), han producido fallos calificados como históricos en la materia.

Pensemos en el conocido *Metro-Goldwyn-Mayer Studios Inc. v. Grokster, Ltd.* del 2005, que resultó en la condena de Grokster por parte de la Corte Suprema de los Estados Unidos, una sociedad de software que distribuía programas idóneos de utilizar los protocolos P2P.

En lo específico, los jueces estadounidenses sostuvieron que existía una responsabilidad directa por parte de la compañía en cuestión, subrayando que «*one who distributes a device with the object of promoting its use to infringe copyright, as shown by clear expression or other affirmative steps taken to foster infringement, is liable for the resulting acts of infringement by third parties*».

Sin embargo, otras veces, se han emitido decisiones judiciales contra proveedores de servicios de Internet: los llamados "Internet Service Providers" (ISP)[12]

Uno de los primeros fue, por ejemplo, aquel relacionado con el caso *Playboy Enterprises, Inc. v. Frena* de 1993, con el cual el órgano jurisdiccional competente dictaminó que existía una "*vicarious liability*" (una especie de responsabilidad "objetiva")

---

11. V., entre otros tantos, BASSINI, M. *Enforcement del Diritto d'autore Online e tutela dei diritti "degli altri". Profili costituzionali del regolamento AGCOM*, in www.federalismi.it, pp. 10 y ss.; e STAZI, A. La tutela del diritto d'autore in rete: bilanciamento degli interessi, opzioni regolatorie europee e "modello italiano". *Diritto dell'informazione e dell'informatica*, 2015, pp. 89 y ss.
12. Sobre el tema, cfr., por todos, MANTELERO, A. La responsabilità on-line: il controllo nella prospettiva dell'impresa. *Diritto dell'informazione e dell'Informatica*, 2010, pp. 405 y ss.; BERTONI, A.; MONTAGNANI, M.L. Il ruolo degli intermediari Internet tra tutela del diritto d'autore e valorizzazione della creatività in rete. *Giurisprudenza commerciale*, 2013, pp. 537 y ss.; y MUSSO, A. La proprietà intellettuale nel futuro della responsabilità sulla rete: un regime speciale? *Diritto dell'informazione e dell'informatica*, 2010, p. 795 y ss.

del proveedor del servicio de Internet. Frena, el administrador de la red, fue acusado de favorecer la difusión de imágenes protegidas de *copyright* de propiedad de Playboy y su intento de afirmar que no se le podía culpar por el contenido de los datos intercambiados por los usuarios.

Unos años más tarde, en 1995, en la controversia *Religious Technology Center v. Netcom On-Line Communication Services, Inc.*, un caso de difusión de documentos de una secta religiosa por parte de uno de los adeptos, la Corte competente no consideró reconocer la responsabilidad del Proveedor de Internet acusado[13].

La larga jurisprudencia sobre el tema, ciertamente, constituyó una primera base sólida para la adopción de la *Digital Millennium Copyright Act* (DMCA), aprobada en 1998 por el Senado de los Estados Unidos y de sus posteriores modificaciones[14].

Y la DMCA se utilizó como modelo de la Directiva 2001/29/CE del Parlamento Europeo y del Consejo de 22 de mayo de 2001, "sobre la armonización de ciertos aspectos del derecho de autor y los derechos conexos en la sociedad de la información", y de la posterior Directiva 2004/48/CE del Parlamento Europeo y del Consejo de 29 de abril de 2004, "sobre el respeto de los derechos de propiedad intelectual".

En los años siguientes estas directivas dieron lugar a una serie de leyes nacionales en varios países europeos.

A modo de ejemplo, la ley núm. 2009-669 de 12 de junio de 2009 (HADOPI 1), posteriormente integrada por la ley núm. 2009-1311 de 31 de diciembre de 2009, relativa a la protección de la propiedad literaria y artística en Internet (HADOPI 2), que en Francia creó la *Haute Autorité pour la diffusion des oeuvres et la protection des droits sur l'Internet*, un ente que se ocupa del control de las actividades de los usuarios en Internet potencialmente perjudiciales para los derechos de autor.

En otros países, como el Reino Unido, en cambio, se adoptó una estrategia más *soft*, lo que resultó en acuerdos entre *Internet Provider* y las empresas del sector[15].

5. LA DISTRIBUCIÓN DE LAS *ROYALTIES* Y LAS POSIBLES VENTAJAS DERIVADAS DEL USO DE *BLOCKCHAIN*

Otro aspecto, particularmente problemático de la legislación que protege el derecho de autor, se refiere a la distribución de los *royalties*. Es decir, los emolumentos derivados de la concesión del uso de derechos de propiedad intelectual a terceros.

El porcentaje que recibe el autor (la denominada *equitable remuneration*[16]) viene definida, generalmente, en sede de contratación y, en cualquier caso, varía de un país a otro.

---

13. Cfr. VOGEL, N. The Great Decentralization: How Web 3.0 Will Weaken Copyrights. *The John Marshall Review of Intellectual Property Law*, 2015, p.144-145.
14. NIMMER, D. *Copyright. Sacred Text, Technology and the DMCA*, L'Aja: Kluwer Law International, 2003. COBIA, J. The Digital Millennium Copyright Act Take Down Notice Procedure: Misuses, Abuses, and Shortcomings of the Process. *The Minnesota Journal of Law, Science and Technology*, 2009, p. 387 y ss.
15. MORGESE, G. *Limiti alla tutela della proprietà intellettuale su internet nell'UE*, in *Sud in Europa*, aprile 2012, p. 13.
16. Sobre el concepto de remuneración equitativa y sobre la legislación aplicable en la Unión Europea cfr. RIIS, T. Remuneration Rights in EU Copyright Law. *International Review of Intellectual Property and Competition Law*, n. 51, 2020, p. 446 y ss.

Esta cantidad puede calcularse sobre la cantidad de ventas o puede identificarse con una suma global.

En cada caso, puede ocurrir que existan discrepancias entre el uso efectivo del derecho de propiedad intelectual por parte de terceros y el monto del valor pagado al autor, especialmente en el caso de acuerdos de tipo alzado.

Y esto podría hacerse tanto en sentido perjudicial para el autor (si hay un uso superior al calculado) como hacia el tercero (si el uso efectivo es inferior al esperado).

La herramienta *blockchain* podría intervenir, con resultados especialmente positivos, en la fase de liquidación de los emolumentos derivados de las concesiones sobre los títulos conferidos por los autores a terceros[17].

Es posible imaginar que, en el futuro, gracias a protocolos de segunda generación (Blockchain 2.0)[18], como los *smart contracts*, dichos pagos se podrán realizar de forma automática e inmediata cuando el usuario individual decida aprovecharse de una determinada obra[19].

Y ello supondrá, claramente, una mayor protección de los intereses de los autores y de las sociedades que la comercializan, dada la posibilidad de realizar un control *ex post* sobre la cantidad de bienes intangibles que son objeto de venta[20].

Sin embargo, el uso de estos "contratos inteligentes" podría resultar antieconómico. Esto debido a los altos costos de transacción asociados. En efecto, el uso de los algoritmos de verificación de los llamados *proof-of-work*, en el caso de transacciones de bajo valor para el disfrute de obras de ingenio, no produciría otra cosa que pérdidas.

Por lo tanto, el funcionamiento de dicho sistema debe basarse en la difusión más amplia posible del mismo, a fin de garantizar la producción de economías de escala[21].

Y en este punto es inevitable que la relación concerniente a la cesión del bien no venga creada directamente entre autores y usuarios finales, ya que aún sería necesario crear las herramientas adecuadas para realizar la transacción, pero a través de un intermediario (yendo así en contra de un principio considerado como piedra angular del sistema *blockchain*. Es decir, la eliminación de cualquier interposición personal con el fin de ejecutar el contrato).

Ha estado satisfecha con la teorización de la denominada "Decentralized Autonomous Organizations" (DAO), o nuevas entidades, similares a las personas jurídicas, que

---

17. SARTOR, G. *L'informatica giuridica e le tecnologie dell'informazione. Corso di informatica giuridica*. II ed. Torino: Giappichelli, 2010, 37 y ss.; GIULIANO, M. La blockchain e gli smart contracts nell'innovazione del diritto nel terzo millennio. *Dir. inf. inform.*, 2018, pp. 989 y ss.; SARZANA DI S. IPPOLITO, F.; NICOTRA, M. *Diritto della blockchain, intelligenza artificiale e IoT*. Milano: Wolters Kluwer, 2018, pp. 9 y ss.
18. Sobre las etapas de desarrollo de la tecnología *blockchain*, v. SWAN, M. *Blockchain. Blueprint for a new economy*. Sebastopol: O'Reilly Media, Inc., 2015, *passim*.
19. FINOCCHIARO, G. Il contratto nell'era dell'intelligenza artificiale. *Riv. trim. dir. proc. civ.*, 2018, pp. 441 y ss.
20. Como es señalado por DA CUNHA, R.M.R. Uma análise histórica da proteção do direito de autor e dos novos mecanismos de proteção de obras musicais na era digital. *Revista da Esmam*, v. 12, n. 13, 2019, pp. 251-254.
21. BODÓ, B.; GERVAIS, D.; QUINTAIS, J.P. Blockchain and smart contracts: the missing link in copyright licensing? *International Journal of Law and Information Technology*, n. 26, 2018, pp. 329 y ss.

operarían en el mundo del derecho a través de una serie de *smart contracts*, utilizados para lograr los propósitos de vuelta en vuelta identificados[22].

A pesar de las importantes críticas, relacionadas por ejemplo con la identificación de la ley aplicable y el tribunal competente, en el caso de los *smart contracts* estipulados entre sujetos que operan en diferentes países (sin una elección previa de estas reglas por pacto) o la posible creación de un sistema de verificación de las transacciones alternativas respecto al *Proof-of-work*, que implican un menor consumo de recursos energéticos (pensemos en el llamado *Proof-of-Stake*), los beneficios que conlleva el uso del *blockchain* en este sector serían absolutamente relevantes.

Esto garantizaría la seguridad de las operaciones, así como una adecuada remuneración a los titulares del derecho de autor (todo con un procedimiento automatizado que, además, si se conecta a sistemas de identificación digital, aseguraría la trazabilidad de las transacciones).

Tampoco se puede descartar una bajada generalizada de los precios de los productos finales, resultante de una mayor protección de la propiedad intelectual que desincentivaría a los sitios "piratas" de publicar contenidos protegidos, desencadenando un círculo virtuoso en el que el menor precio del bien comercializado sigue una menor difusión de contenido ilegal, que a su vez se traduce en mayores economías de escala por parte de las empresas (que se verían incentivadas a bajar aún más los precios para ampliar la base de usuarios).

6. CONCLUSIONES

Razonamientos similares podrían ser efectuados en relación con el derecho de propiedad industrial, aunque para lograr propósitos parcialmente diferentes.

Y así, al igual que para el derecho de autor, se podría usar el *blockchain* para registrar los derechos sobre marcas y patentes, para garantizar y proteger la paternidad y certificar las transferencias de propiedad así como la univocidad del título, a través de la función de identificación unívoca (denominada "*hashing*") y el procedimiento de validación descentralizado (la denominada "*proof of existence*")[23].

Se podría, por lo tanto, utilizar la marca temporal usada para las transacciones a fin de definir de manera incuestionable el momento de formación del título, lo que produciría, como primera implicancia, una drástica disminución de las controversias relativas al momento de la registración.

---

22. Sobre este punto, v., a WRIGHT, A.; DE FILIPPI, P. Decentralized blockchain technology and the rise of Lex Cryptographia. *SSRN Electronic Journal*, 2015, pp. 15-17, disponibile all'indirizzo https://papers.ssrn.com/sol3/papers.cfm?abstract_id=2580664, en cuyo los autores reenvían a: a JENSEN, M.C.; MECKLING, W.H. Theory of the Firm: Managerial Behavior, Agency Costs and Ownership Structure. *Journal of Finance and Economy*, n. 305, 1976, pp. 310-11, en el cual estos ultimos sostienen que: "*that corporation – or, more generally, a firm—is a collection of consensual relationships among shareholders, creditors, managers and perhaps others*", reconociendo que cualquier empresa puede describirse como la suma de todas las relaciones jurídicas que le son atribuibles.

23. BOUCHER, P. *Come la tecnologia blockchain può cambiarci la vita*, Servizio ricerca del Parlamento Europeo – Unità Prospettiva scientifica, 2017, p. 11, in https://www.europarl.europa.eu/RegData/etudes/IDAN/2017/581948/EPRS_IDA(2017)581948_IT.pdf

Se podría pensar, finalmente, en garantizar una tutela provisoria *in fieri*, o durante la formación de la obra del ingenio, depositando al interno del *blockchain* las distintas versiones actualizadas que, en caso de ser necesario, podrían ser analizadas para evaluar las posibles hipótesis de plagio.

Permanecería, de otra parte, descubierto el problema de la evaluación de los requisitos del carácter distintivo de la marca y la novedad de la patente.

Pero, consideremos que una serie de entidades, entre ellas la World Intellectual Property Organization (WIPO), han expresado su interés en el uso de *machine* e *deep learning* con el objetivo de evaluar los datos, tanto en el caso de marcas como en relación con las patentes, con el fin de detectar el grado de distintividad de la marca y la similitud de la patente[24].

¿Reemplazarán estas herramientas por completo a los seres humanos o seguirá siendo necesaria la intervención humana en la evaluación de los requisitos relativos a los títulos que se intenten registrar?

Hasta el momento no se sabe.

Sin embargo, podemos predecir en los próximos años un uso cada vez más frecuente de estas nuevas tecnologías, que, si no pueden gestionar el sistema de forma autónoma, sin duda mejorarán la eficiencia de las oficinas supervisoras y reducirán los litigios.

REFERENCIAS

ABRIANI, N. La proprietà come diritto dell'individuo: tra diritto internazionale, diritto comunitario e disciplina interna. *Giur. it.*, 2010.

ALBERTINI, L. La modifica al diritto d'autore europeo per tener conto del contesto digitale: note sugli artt. 11 (diritto degli editori) e 13 (responsabilità dei provider) della bozza di direttiva UE nel febbraio 2019, uscita dalla fase cd. Trilogue. *Media laws*, 2019.

ATTIAS, L.; SCORZA, G. La consapevolezza digitale al servizio dell'etica. *Diritto dell'Informazione e dell'Informatica*, 2019.

BALICE, S. L'Italia si prepara per il brevetto unitario ed il tribunale unificato dei brevetti *Diritto 24 – Il Sole 24 Ore*, 08 aprile 2019, in https://www.diritto24.ilsole24ore.com/art/dirittoCivile/2019-04-08/l-italia-si-prepara-il-brevetto-unitario-ed-tribunale-unificato-brevetti-094400.php.

BASSINI, M. *Enforcement del Diritto d'autore Online e tutela dei diritti "degli altri". Profili costituzionali del regolamento AGCOM*, in www.federalismi.it

BERTI, F. voce *Diritto di proprietà intellettuale*, Nuovissima enciclopedia di banca, borsa e finanza, in http://www.bankpedia.org/index.php/it/96-italian/d/23700-diritto-di-proprieta-intellettuale.

BERTI, C. Tutela dei contenuti editoriali on line e problemi di enforcement. *Responsabilità civile e previdenza*, 2019.

BERTONI, A.; MONTAGNANI, M.L. Il ruolo degli intermediari Internet tra tutela del diritto d'autore e valorizzazione della creatività in rete. *Giurisprudenza commerciale*, 2013.

BIFULCO, R., CARTABIA, M. e CELOTTO A.: *L'Europa dei diritti. Commento alla Carta dei diritti fondamentali dell'Unione Europea*. Bologna: Il Mulino. 2001.

---

24. CASTETS-RENARD, C. The Intersection Between AI and IP: Conflict or Complementarity? *International Review of Intellectual Property and Competition Law*, n. 51, 2020, p. 142.

BODÓ, B.; GERVAIS, D.; QUINTAIS, J.P. Blockchain and smart contracts: the missing link in copyright licensing? *International Journal of Law and Information Technology*, n. 26, 2018.

BOUCHER, P. *Come la tecnologia blockchain può cambiarci la vita*, Servizio ricerca del Parlamento Europeo – Unità Prospettiva scientifica, 2017, p. 11, in https://www.europarl.europa.eu/RegData/etudes/IDAN/2017/581948/EPRS_IDA(2017)581948_IT.pdf.

CARTABIA, M. L'efficacia della carta dei diritti fondamentali: un problema del futuro dell'Unione o una realtà del presente? *Quad. cost.*, 2001.

CASTETS-RENARD, C. The Intersection Between AI and IP: Conflict or Complementarity? *International Review of Intellectual Property and Competition Law*, n. 51, 2020.

COBIA, J. The Digital Millennium Copyright Act Take Down Notice Procedure: Misuses, Abuses, and Shortcomings of the Process. *The Minnesota Journal of Law, Science and Technology*, 2009.

DA CUNHA, R.M.R. Uma análise histórica da proteção do direito de autor e os novos mecanismos de proteção de obras musicais na era digital. *Revista da Esmam*, vol. 12, n. 13, 2019.

FERRARI, G.F. (a cura di). *I diritti fondamentali dopo la Carta di Nizza*. Milano: Giuffrè. 2001.

FERRARI BRAVO, L., DI MAJO, F.M. e RIZZO, A. *Carta dei diritti fondamentali dell'Unione Europea*. Milano: Giuffrè. 2001.

FINOCCHIARO, G. Il contratto nell'era dell'intelligenza artificiale. *Riv. trim. dir. proc. civ.*, 2018.

GATTI, A. Istituzioni e anarchia nella Rete. I paradigmi tradizionali della sovranità alla prova di Internet. *Diritto dell'Informazione e dell'Informatica*, 2019.

GHIDINI, G. *Rethinking Intellectual Property*: Balancing Conflicts of Interest in the constitutional paradigm. Cheltenham: Edward Elgar, 2018.

GIULIANO, M. La blockchain e gli smart contracts nell'innovazione del diritto nel terzo millennio. *Dir. inf. inform.*, 2018.

GRECO, P.; VERCELLONE, P. *I diritti sulle opere dell'ingegno*, Torino: UTET, 1974.

HONORATI, C. L'accordo per il Tribunale unificato dei brevetti: quali prospettive dopo la ratifica italiana e la Brexit? *European Papers*, 2016.

IASELLI, M. The Pirate Bay viola il diritto d'autore. *Altalex*, 18 luglio 2017, in https://www.altalex.com/documents/news/2017/06/28/pirate-bay-diritto-d-autore.

JENSEN, M.C.; MECKLING, W.H. Theory of the Firm: Managerial Behavior, Agency Costs and Ownership Structure. *Journal of Finance and Economy*, n. 305, 1976.

MANTELERO, A. La responsabilità on-line: il controllo nella prospettiva dell'impresa. *Diritto dell'informazione e dell'Informatica*, 2010.

MANZELLA, A., MELOGRANI, P., PACIOTTI, E., e RODOTÀ, S. *Riscrivere i diritti in Europa*. Bologna: Il Mulino. 2001.

MASCHIO, F. *Proprietà intellettuale. Principi costituzionali e fattispecie in conflitto*. Roma: Aracne, 2006.

MORGESE, G. Limiti alla tutela della proprietà intellettuale su internet nell'UE, in *Sud in Europa*, aprile 2012.

MOSCARINI, A. *Proprietà privata e tradizioni costituzionali comuni*. Milano: Giuffrè, 2006.

MOSCATI, L. Il Code Civil e il destino della proprietà intellettuale in Europa. *Riv. dir. Civ.*, n. 4, luglio-agosto 2008.

MUSSO, A. La proprietà intellettuale nel futuro della responsabilità sulla rete: un regime speciale? *Diritto dell'informazione e dell'informatica*, 2010.

NICOLLI, F.; RIZZO, U. voce *Proprietà intellettuale* in *Dizionario di Economia e Finanza*, 2012, in http://www.treccani.it/enciclopedia/proprieta-intellettuale_%28Dizionario-di-Economia-e-Finanza%29/.

NIMMER, D. *Copyright. Sacred Text, Technology and the DMCA*, L'Aja: Kluwer Law International, 2003.

OPPO, G. Creazioni intellettuali, creazioni industriali e diritti di utilizzazione económica. Rivista di diritto civile, 1969.

PACIOTTI, E. *Carta dei diritti fondamentali e costituzione dell'Unione europea*. Milano: Giuffrè. 2002

PANEBIANCO, M. *Repertorio della Carta dei diritti fondamentali dell'Unione europea*. Milano: Giuffrè, 2001.

POJAGHI, A. Il diritto d'autore nel mercato unico digitale. *Iustitia*, 2018.

POLETTI, D. Qualche notazione sul risarcimento del danno da lesione della proprietà intellettuale, tra regole speciali e disciplina generale. *In*: Aa.Vv., *Liber amicorum per Francesco D. Busnelli*, vol. I, Milano: Giuffrè, 2008.;

RICOLFI, M. La proprietà intellettuale e le libertà antagoniste. *In*: CAGGIA, F.; RESTA, G. (a cura di). *I diritti fondamentali in Europa e il diritto privato*, Roma: Roma Tre Press, 2019.

RIIS, T. Remuneration Rights in EU Copyright Law. *International Review of Intellectual Property and Competition Law*, n. 51, 2020.

ROSSI, L.S. (a cura di). *Carta dei diritti fondamentali e costituzione dell'Unione europea*. Milano: Giuffrè, 2002.

SARTOR, G. *L'informatica giuridica e le tecnologie dell'informazione. Corso di informatica giuridica*. II ed. Torino: Giappichelli, 2010.

SARZANA DI S. IPPOLITO, F.; NICOTRA, M. *Diritto della blockchain, intelligenza artificiale e IoT*. Milano: Wolters Kluwer, 2018.

SPADA, L.; DI GERONIMO, F. Brevetto unitario europeo e "pacchetto marchi": l'Italia si adegua alle riforme europee. *PwC TLS – Avvocati e Commercialisti*, 14 marzo 2019, disponibile in https://www.pwc-tls.it/it/publications/assets/docs/tls-newsalert-14032019.pdf.

SPIOTTA, M. Spunti in materia di diritto industriale. *In*: COTTINO, G. (a cura di), *Lineamenti di diritto commerciale*. Bologna: Zanichelli, 2014.

STAZI, A. La tutela del diritto d'autore in rete: bilanciamento degli interessi, opzioni regolatorie europee e "modello italiano". *Diritto dell'informazione e dell'informatica*, 2015.

SWAN, M. *Blockchain. Blueprint for a new economy*. Sebastopol: O'Reilly Media, Inc., 2015.

TOSI, E. La tutela degli audiovisivi e dei contenuti digitali nelle reti di comunicazione elettronica tra diritto d'autore online e responsabilità civile degli internet service provider. *In*: FINOCCHIARO, G.; DELFINI, F. (a cura di) *Diritto dell'informatica*, Padova: UTET, 2014.

UBERTAZZI, L.C. *I diritti d'autore e connessi*, Milano: Giuffrè, 2003.

UBERTAZZI, L.C. (a cura di), *Commentario breve alle leggi su proprietà intellettuale e concorrenza*. Padova: Cedam, 2016.

VETTORI, G. (a cura di). *Carta europea e diritti dei privati*. Padova: Cedam, 2002.

VOGEL, N. The Great Decentralization: How Web 3.0 Will Weaken Copyrights. *The John Marshall Review of Intellectual Property Law*, 2015.

WRIGHT, A.; DE FILIPPI, P. Decentralized blockchain technology and the rise of Lex Cryptographia. *SSRN Electronic Journal*, 2015, pp. 15-17, disponibile all'indirizzo https://papers.ssrn.com/sol3/papers.cfm?abstract_id=2580664.

Anotações